中国一带一路年鉴

(2017)

商务部国际贸易经济合作研究院
《中国一带一路年鉴》编辑委员会　编

中国商务出版社

图书在版编目（CIP）数据

中国一带一路年鉴·2017 / 商务部国际贸易经济合作研究院《中国一带一路年鉴》编辑委员会编. —北京：中国商务出版社，2017.5

ISBN 978-7-5103-1891-7

Ⅰ.①中… Ⅱ.①中… Ⅲ.①一带一路—国际合作—中国—年鉴 Ⅳ.①F125-54

中国版本图书馆 CIP 数据核字（2017）第 111849 号

中国一带一路年鉴（2017）

Yearbook of China's Belt and Road Initiative

商务部国际贸易经济合作研究院
《中国一带一路年鉴》编辑委员会 编

出　　版：中国商务出版社
地　　址：北京市东城区安定门外大街东后巷 28 号　　邮　　编：100710
责任部门：国际经济贸易事业部（010-64269744）
项目统筹：张高平
责任编辑：张永生　闫红广
装祯设计：刘之君　翟艳玲
责任校对：龚利霞　卓文娟
组稿发行：《中国一带一路年鉴》编辑部（010-64266119　88189596）
网　　址：http://www.cctpress.com
邮　　箱：bjys@cctpress.com
印　　刷：廊坊市蓝海德彩印有限公司
开　　本：889 毫米×1194 毫米　1/16
印　　张：38.5　　彩页：96 面　　字　　数：918 千字
版　　次：2017 年 10 月第 1 版　　印　　次：2017 年 10 月第 1 次印刷
书　　号：ISBN 978-7-5103-1891-7
定　　价：480.00 元

《中国一带一路年鉴》编辑委员会

编辑说明

自从习近平总书记提出“一带一路”倡议后，商务部研究院作为国家高端智库，承担了多项中央和地方政府有关“一带一路”建设方面的研究任务，提供了大量和有效的政策咨询和发展规划，取得了一系列丰硕的研究成果。特别是，商务部研究院与相关机构或专家合作，编纂出版《中国一带一路年鉴》，这是一件很有意义的事情。

《中国一带一路年鉴》统计了中国与“一带一路”沿线国家贸易投资合作数据，汇编了“一带一路”重大倡议提出以来的重大成果、大事记、重大项目信息，详细总结了 2014—2016 年工作进展情况并为深入推进“一带一路”建设提出建设性意见，有针对性地收录了国家发改委、商务部、外交部、财政部、教育部、工信部、国家能源局、福建省、广东省、江西省、河南省、陕西省、甘肃省等部委和地方政府规划方案、建设情况和专题文章，同时分产业园区、国际陆港、商贸物流等领域汇编了有代表性的实践案例，最后引用了“一带一路”沿线国家的五通指数、国内相关省份政策设施经贸人文等情况的评分。

本年鉴的编写出版是一项开创性工作，面临着不少的困难。从稿件来源看，需要国内“一带一路”相关省市自治区、重要节点城市及有关部委机关等单位的支持与配合。从数据来源来看，每年需要及时更新相关数据，有些数据统计不完全、公布时间也较晚，这方面挑战也不小。尽管困难重重，但我们将努力探索，砥砺前行；不苛求完美，但愿逐步完善。

本年鉴的编写出版工作得到国内外政府部门、科研院所、高校、企业、行业协会等单位领导及工作人员的大力支持与积极帮助，在此表示衷心感谢。由于编者能力水平有限，书中差错难免，希望广大读者不吝批评指正，以便我们进一步完善《中国一带一路年鉴》，使其成为各方洞察、分析、预判、推动“一带一路”建设工作的重要参考资料。

商务部研究院《中国一带一路年鉴》编辑部

2017 年 6 月于北京

“一带一路”开创中国改革开放新局面

（代序）

商务部国际贸易经济合作研究院

院长　顾学明

党的十八大以来，面对复杂的国际政治经济形势和繁重的国内发展改革任务，以习近平同志为核心的党中央着眼于我国“十三五”乃至更长发展时期，统筹国内国际两个大局，提出了建设“丝绸之路经济带”和“21世纪海上丝绸之路”的伟大构想。倡议提出四年来，“一带一路”建设已取得丰硕成果，为推动各国合作发展、繁荣稳定作出了重大贡献。2017年5月14日至15日，“一带一路”国际合作高峰论坛在北京举行，习近平总书记发表重要讲话，对“一带一路”倡议作出新的阐述，这标志着中国改革开放和世界合作发展步入新的历史阶段。

一、“一带一路”提供中国经济增长的新方略

随着中国进入以速度变化、结构优化、动力转换为特点的经济发展新常态，主要依靠要素投入、投资驱动的传统增长模式难以为继，亟待以新的战略来推动新一轮发展。“一带一路”倡议正是针对制约中国经济持续健康发展的重大问题开出的治本良方，不仅符合解决区域经济失衡的客观需求，也是实现经济结构转型升级的必然选择。

“一带一路”是扭转中国区域发展失衡的新契机。改革开放以来，受自然条件、历史沿革、政策倾向等因素影响，我国对外开放在区域空间上并不平衡。东部沿海地区经济发展水平高，资金技术聚集度高。中西部地区由于起步晚，经济发展水平与东部地区相比总体上存在较大差距。特别是西部地区基础设施落后，沿边地区与邻近国家连而不通、通而不畅，交通条件成为束缚发展的绊脚石。如不及时有效扭转这一格局，有可能成为稳人心、保增长、促发展的重大隐患，影响国家经济稳定和发展水平的全面提升。“一带一路”首先要实现的就是“设施联通”，六大经济走廊建设将为中西部地区开启开放发展的快车道，中欧班列的运营也将加速中西部地区经济的腾飞。

“一带一路”是提升中国经济发展质量的新引擎。推动中国经济向形态更高级、分工更复杂、结构更合理阶段演进，是我们做好经济工作的出发点。“一带一路”贯穿

欧亚非大陆，覆盖全球经济增长最活跃的多个国家和地区。通过扩大与沿线国家双向广泛务实的经贸合作，能够改善和拓宽中国经济发展的国际环境与市场空间，有利于促进产业转型升级，促进经济朝着提质增效方向发展。“一带一路”致力于实现“五通”，将疏通世界经济脉络，促进要素自由流动，实现资源高效合理配置，为中国充分发挥比较优势提供舞台。例如：“一带”覆盖的中亚五国，能源资源相对富集，但缺乏人力保障与技术支撑，基础设施建设囿于资金短缺而举步维艰；“一路”覆盖的东南亚地区，人力成本较低，但就业岗位不足，资金和技术相对紧缺。通过“一带一路”建设，不仅可以进一步发挥我国在资本、技术、市场等方面的比较优势，也有助于推动市场、产业和项目实现彼此深度融合，形成各取所需、优势互补、互惠互利、共享共赢的良好局面。

二、“一带一路”是改革开放实践的新篇章

中国近40年的发展历程充分说明，改革开放是决定当代中国命运的关键抉择。习近平总书记指出，中国经济发展进入新常态，妥善应对经济社会发展中面临的困难和挑战，更加需要扩大对外开放。“一带一路”倡议正式确立并上升为国家战略，展现了中国负责任大国的形象，开启了中国发展的新征程，将谱写出新一轮改革开放的历史篇章。

“一带一路”标志着中国进入全方位开放的新时期。长期以来，中国改革开放主要依托东部沿海港口优势，借助东向的海上贸易发展经济，并逐步向中西部内陆延伸。“一带一路”倡议既强调海上合作，也强调陆路联通；既鼓励与欧美等发达国家和地区合作，也积极推动对发展中国家的开放。通过向西开放，连接亚欧陆路大通道，推动向东开放和向西开放均衡发展。“一带一路”建设强调同京津冀协同发展、长江经济带发展等国家战略的对接，同西部大开发、东北振兴、中部崛起、东部率先发展、沿边开发开放的结合，真正实现了与国内发展战略的全面对接与贯通，带动形成了内外联动、陆海统筹和东西互济的全方位开放新格局。

“一带一路”标志着中国逐步迈入主动引领全球经济合作的新阶段。四年来，“一带一路”建设成果丰硕，已有100多个国家和国际组织积极响应支持，40多个国家和国际组织同中国签署合作协议，30多个国家同中国开展机制化产能合作，“一带一路”的“朋友圈”不断扩大。中国同“一带一路”沿线国家贸易总额超过3万亿美元，对沿线国家投资累计超过500亿美元，中国企业已在20多个国家建设56个经贸合作区，一系列重大项目落地开花，带动了各国经济发展，创造了大量就业机会。当前，全球总需求不振，新的经济增长点尚未形成，扩大经贸合作是“一带一路”沿线各国的共同愿望。中国发挥贸易和投资大国优势，以开放的胸怀持续向世界释放发展正能量，有力带动了沿线国家实现贸易优化升级。“一带一路”倡议不仅提振了我国与各国共同应对复杂严峻国际经济形势的信心，也提振了我国与新兴经济体共同推动全球经济朝着更加开放方向发展的信心。

三、"一带一路"铸造世界共同繁荣的新起点

"一带一路"源自中国，但属于世界。习近平总书记指出："'一带一路'倡议是中国根据古丝绸之路留下的宝贵启示，着眼于各国人民追求和平与发展的共同梦想，为世界提供的一项充满东方智慧的共同繁荣发展的方案。""一带一路"倡议既顺应了沿线国家实现共同发展的良好诉求，也顺应了发展中国家要求变革全球治理体系的合理诉求，是中国与沿线国家和地区携手筑梦的新起点。

"一带一路"是推动全球化更均衡包容的新载体。经济全球化是一把"双刃剑"，既为全球发展提供强劲动能，也带来一些新情况新挑战，需要认真面对。我们要适应和引导好经济全球化，消解负面影响，更好惠及每个国家、每个民族。"一带一路"倡议正是中国促进全球化均衡发展的最好阐释。"一带一路"沿线多为发展中国家和新兴经济体，要素禀赋差异较大，基础设施、资源开发、产业发展等水平普遍较低。中国改革开放积累的经验为"一带一路"倡议提供了丰富的给养，中国工业园区、经济走廊、产业转型升级等经验对广大发展中国家非常有吸引力。"一带一路"强调共商、共建、共享，不附带任何政治条件，不是一家唱独角戏，而是欢迎各方共同参与。沿线国家无论大小、强弱，都可以平等参与，发挥经济互补性，在合作中共享成果。这充分体现了"一带一路"与"马歇尔计划"的本质不同。中国通过"一带一路"倡议，实现全球化的包容发展，带动沿线国家共同富裕，造福沿线各国人民。

"一带一路"是完善全球经济治理体系的新尝试。现行全球经济治理体系是以第二次世界大战后逐步形成的国际经贸规则与制度安排为核心的，以美国为首的西方发达国家在规则制定与实施中长期占据绝对主导地位。进入21世纪后，世界经济格局发生深刻调整，全球经济增长重心发生转移，以中国为代表的一大批新兴市场国家和发展中国家的国际影响力不断增强。全球经济治理需要与时俱进、因时而变，必须以平等为基础，更好反映世界经济格局新现实，增加新兴市场国家和发展中国家代表性和发言权，确保各国在国际经济合作中权利平等、机会平等、规则平等。"一带一路"倡议是中国积极参与全球经济治理的重大实践，也是中国致力于维护世界和平、促进共同发展的体现。中国坚持睦邻、安邻、富邻，秉持亲、诚、惠、容理念，希望沿线国家乃至世界各国能够分享中国改革开放的成果和经济发展的红利。"一带一路"建设不是另起炉灶，而是对现有国际机制的有益补充和完善，它致力于建设开放、包容、普惠、平衡、共赢的经济全球化，推动构建公正、合理、透明的国际经贸投资规则体系，降低了少数国家对全球经济规则从制定到实施的"垄断"。这是我们避免陷入"修昔底德陷阱"的中国智慧，是推动沿线国家在互利共赢的基础上深化区域合作的中国方

案，是我们对全球经济治理理论和新型国际关系的中国贡献。

四、“一带一路”开创人类发展理念的新境界

发展是人类社会永恒的主题。习近平总书记指出：“推进‘一带一路’建设，要聚焦发展这个根本性问题，释放各国发展潜力，实现经济大融合、发展大联动、成果大共享。”“一带一路”倡议致力于在全球视野中谋划开放大格局、在开放格局中谋划世界大发展，赓续了古丝绸之路“开放包容、和平共处、互利共赢”的精神，承载着中国希望与世界和平共处、包容共享、连接彼此发展梦想的美好愿望，开创了当代人类社会关于和平发展与共赢发展的发展理念新境界。

“一带一路”是和平发展理念的新诠释。长期以来，以西方“人权、自由、民主”等为核心的所谓“普世价值”席卷全球，“霸权稳定论”和“民主和平论”大行其道，发展中国家经济发展受到压制。随着国际金融危机的爆发和持续发酵，西方“普世价值”逐渐被越来越多的国家抛弃，以“德行天下”“义利合一”等为核心的中华传统文化价值观的全球吸引力和影响力悄然上升。“一带一路”倡议是中国提供给国际社会的公共产品，彰显了中国勇于担当的精神风貌和包容发展的合作态度，集中体现了中国和平发展的正确义利观。同时，“一带一路”倡议也是世界上各个国家共同合作的开放性平台，它跨越不同地域、不同发展阶段、不同文明，秉持正义公道，顺应天下人心，坚持所有国家不分大小、一律平等相待，旗帜鲜明地反对霸权主义和强权政治，反映了人类社会共同的主张与行动，彰显了人间正道。

“一带一路”是互利共赢理念的新演绎。“孤举者难起，众行者易趋。”“一带一路”的最终目标是要实现合作共赢，不仅着眼于中国自身发展，而且以中国发展为契机，让更多国家搭上中国发展快车。习近平总书记指出，世界繁荣稳定是中国的机遇，中国发展也是世界的机遇。要把世界的机遇转变为中国的机遇，把中国的机遇转变为世界的机遇，在中国和各国良性互动、互利共赢中开拓前进。“一带一路”以推动区域内政策沟通、设施联通、贸易畅通、资金融通、民心相通为重点，与沿线国家共同打造命运共同体、利益共同体和责任共同体，是“中国梦”与“世界梦”的桥梁和纽带。“一带一路”倡议致力于形成“五色交辉，相得益彰；八音合奏，终和且平”的当代文明盛况，为中华文明与世界交融耦合创造战略机遇。承载着中国梦与世界梦的“一带一路”倡议，已经成为全球繁荣发展的共同蓝图。

编写出版《中国一带一路年鉴》是一项开创性、系统性、实用性较强的工作，难免存在不完美的地方。希望此工作能坚持不懈地逐步做好、做精、做细，为国内外有关方面了解、认识、推进“一带一路”重大倡议发挥积极作用。

2017 年 6 月

目　录

数据统计

规划方案

地方行动

专 文

实践案例

成果清单

重大项目

指数排名

大事记

附 录

关键词

丝绸之路经济带

丝绸之路经济带，是在古丝绸之路概念基础上形成的一个新的经济发展区域，包括西北五省区（陕西、甘肃、青海、宁夏、新疆）和西南四省区市（重庆、四川、云南、广西）。丝绸之路经济带，东边牵着亚太经济圈，西边系着发达的欧洲经济圈，被认为是世界上最长、最具发展潜力的经济大走廊。丝绸之路经济带地域辽阔，拥有丰富的自然资源、矿产资源、能源资源、土地资源和宝贵的旅游资源，被誉为“21世纪战略能源资源基地”，但该区域交通不够便利，自然环境较差，经济发展水平与两端的经济圈存在巨大落差，整个区域存在“两边高、中间低”的现象。

2000多年前，亚欧大陆上勤劳勇敢的人民，探索出多条连接亚欧非几大文明的贸易和人文交流通路，后人将其统称为“丝绸之路”。千百年来，“和平合作、开放包容、互学互鉴、互利共赢”的丝绸之路精神薪火相传，推进了人类文明进步，是促进沿线各国繁荣发展的重要纽带，是东西方交流合作的象征，是世界各国共有的历史文化遗产。进入21世纪，在以和平、发展、合作、共赢为主题的新时代，面对复苏乏力的全球经济形势，纷繁复杂的国际和地区局面，传承和弘扬丝绸之路精神更显重要和珍贵。

2013年9月7日，中国国家主席习近平在哈萨克斯坦纳扎尔巴耶夫大学作重要演讲，提出共建“丝绸之路经济带”，得到国际社会高度关注。习近平主席指出，为了使欧亚各国经济联系更加紧密、相互合作更加深入、发展空间更加广阔，可以用创新的合作模式，共同建设“丝绸之路经济带”，这是一项造福沿线各国人民的大事业。中国政府的基本设想是：这一“丝绸之路经济带”可从以下几个方面先做起来，以点带面，从线到片，逐步形成区域大合作。第一，加强政策沟通。各国就经济发展战略和对策进行充分交流，本着求同存异的原则，协商制定推进区域合作的规划和措施，在政策和法律上为区域经济融合“开绿灯”。第二，加强道路联通。打通从太平洋到波罗的海的运输大通道，逐步形成连接东亚、西亚、南亚的交通运输网络。第三，加强贸易畅通。丝绸之路经济带总人口近30亿，市场规模和潜力独一无二。各方应该就贸易和投资便利化问题进行探讨并做出适当安排，消除贸易壁垒，降低贸易和投资成本，提高区域经济循环速度和质量，实现互利共赢。第四，加强货币流通。推动实现本币兑换和结算，增强抵御金融风险能力，提高本地区经济国际竞争力。第五，加强民心相通，加强人民友好往来，增进相互了解和传统友谊，为开展区域合作奠定坚实的民意基础和社会基础。

“丝绸之路经济带”体现了中国政府在坚持全球经济开放、自由、合作主旨下促进世界经济繁荣的新理念，也高度揭示了中国和中亚经济与能源合作进程中如何惠及其他区域、带动相关区域经济一体化进程的新思路，更是中国站在全球经济繁荣的战略高度推进中国与中亚跨区域合作的新举措。

21世纪海上丝绸之路

海上丝绸之路自秦汉时期开通以来，一直是沟通东西方经济文化交流的重要桥梁，而东南亚地区自古就是海上丝绸之路的重要枢纽和组成部分。中国着眼于与东盟建立战略伙伴十周年这一新的历史起点，为进一步深化中国与东盟的合作，提出“21世纪海上丝绸之路”的战略构想。

2013年10月3日，中国国家主席习近平应邀在印度尼西亚国会发表重要演讲，他指出，东南亚地区自古以来就是“海上丝绸之路”的重要枢纽，中国愿同东盟国家加强海上合作，使用好中国政府设立的中国—东盟海上合作基金，发展好海洋合作伙伴关系，共同建设21世纪“海上丝绸之路”。中国愿通过扩大同东盟国家各领域务实合作，互通有无、优势互补，同东盟国家共享机遇、共迎挑战，实现共同发展、共同繁荣。中国国务院总理李克强参加2013年中国—东盟博览会时强调，铺就面向东盟的海上丝绸之路，打造带动腹地发展的战略支点。

中国国家发展改革委、外交部、商务部联合发布的《推动共建丝绸之路经济带和21世纪海上丝绸之路的愿景与行动》指出：21世纪海上丝绸之路重点方向是从中国沿海港口过南海到印度洋，延伸至欧洲；从中国沿海港口过南海到南太平洋。

西南地区。发挥广西与东盟国家陆海相邻的独特优势，加快北部湾经济区和珠江—西江经济带开放发展，构建面向东盟区域的国际通道，打造西南、中南地区开放发展新的战略支点，形成21世纪海上丝绸之路与丝绸之路经济带有机衔接的重要门户。发挥云南区位优势，推进与周边国家的国际运输通道建设，打造大湄公河次区域经济合作新高地，建设成为面向南亚、东南亚的辐射中心。推进西藏与尼泊尔等国家边境贸易和旅游文化合作。

沿海和港澳台地区。利用长三角、珠三角、海峡西岸、环渤海等经济区开放程度高、经济实力强、辐射带动作用大的优势，加快推进中国（上海）自由贸易试验区建设，支持福建建设21世纪海上丝绸之路核心区。充分发挥深圳前海、广州南沙、珠海横琴、福建平潭等开放合作区作用，深化与港澳台合作，打造粤港澳大湾区。推进浙江海洋经济发展示范区、福建海峡蓝色经济试验区和舟山群岛新区建设，加大海南国际旅游岛开发开放力度。加强上海、天津、宁波—舟山、广州、深圳、湛江、汕头、青岛、烟台、大连、福州、厦门、泉州、海口、三亚等沿海城市港口建设，强化上海、广州等国际枢纽机场功能。以扩大开放倒逼深层次改革，创新开放型经济体制机制，加大科技创新力度，形成参与和引领国际合作竞争新优势，使这些沿海城市成为“一带一路”特别是21世纪海上丝绸之路建设的排头兵和主力军。发挥海外侨胞以及香港、澳门特别行政区独特优势作用，使其积极参与和助力“一带一路”建设，同时为台湾地区参与“一带一路”建设作出妥善安排。

“一带一路”倡议

“一带一路”是指丝绸之路经济带和21世纪海上丝绸之路。2013年9月和10月，中国国家主席习近平在出访中亚和东南亚国家期间，先后提出共建“丝绸之路经济带”和“21世纪海上丝绸之路”的重大倡议，得到国际社会高度关注。党的十八大以后，党中央着眼于我国“十三五”时期和更长时期的发展，逐步明确了“一带一路”建设、京津冀协同发展、长江经济带发展三大发展战略。2014年通过了《丝绸之路经济带和21世纪海上丝绸之路建设战略规划》，2015年国家发展改革委、外交部、商务部联合发布《推动共建丝绸之路经济带和21世纪海上丝绸之路的愿景与行动》，有关地方和部门也出台了配套实施方案，在国际上引起较大反响。

“一带一路”倡议的提出，契合沿线国家的共同需求，为沿线国家优势互补、开放发展开启了新的机遇之窗，是国际合作的新平台。“一带一路”倡议在平等的文化认同框架下谈合作，是国家的战略性决策，体现了“和平、交流、理解、包容、合作、共赢”的精神。

2013年9月7日，习近平在哈萨克斯坦纳扎尔巴耶夫大学发表演讲时表示：为了使各国经济联系更加紧密、相互合作更加深入、发展空间更加广阔，我们可以用创新的合作模式。共同建设“丝绸之路经济带”，以点带面，从线到片，逐步形成区域大合作。

2013年10月3日，习近平在印度尼西亚国会发表演讲时表示：中国愿同东盟国家加强海上合作，使用好中国政府设立的中国—东盟海上合作基金，发展好海洋合作伙伴关系，共同建设21世纪“海上丝绸之路”。

2014年5月21日，习近平在上海亚信峰会上做主旨发言时指出：中国将同各国一道，加快推进“丝绸之路经济带”和“21世纪海上丝绸之路”建设，尽早启动亚洲基础设施投资银行，更加深入参与区域合作进程，推动亚洲发展和安全相互促进、相得益彰。

2014年11月8日，习近平在“加强互联互通伙伴关系”东道主伙伴对话会上指出：共同建设丝绸之路经济带和21世纪海上丝绸之路与互联互通相融相近、相辅相成。如果将“一带一路”比喻为亚洲腾飞的两只翅膀，那么互联互通就是两只翅膀的血脉经络。

2014年11月11日，在亚太经合组织（APEC）第22次领导人非正式会议上，习近平提出亚太自由贸易区（FTAAP）发展设想，会议就《亚太经合组织推动实现亚太自贸区北京路线图》达成共识。

2014年12月16日，第三次中国—中东欧国家领导人会晤在塞尔维亚贝尔格莱德举行。与会各方发表《中国—中东欧国家合作贝尔格莱德纲要》。该《纲要》支持2015年适时启动制订《中国—中东欧国家中期合作规划》。

2015年3月28日，中国国家发展改革委、外交部、商务部联合发布了《推动共建丝绸之路经济带和21世纪海上丝绸之路的愿景与行动》。愿景与行动从时代背景、共建原则、框架思路、合作重点、合作机制等方面阐述了“一带一路”的主张与内涵，提出了共建“一带一路”的方向和任务。

2016年8月17日，中共中央总书记、国家主席、中央军委主席习近平在北京人民大会堂出席推进“一带一路”建设工作座谈会并发表重要讲话，并就推进“一带一路”建设提出八项要求。

六大经济走廊

2015年3月28日，中国国家发展改革委、外交部、商务部联合发布了《推动共建丝绸之路经济带和21世纪海上丝绸之路的愿景与行动》，在“框架思路”部分提出，根据“一带一路”走向，陆上依托国际大通道，以沿线中心城市为支撑，以重点经贸产业园区为合作平台，共同打造新亚欧大陆桥、中蒙俄、中国—中亚—西亚、中国—中南半岛等国际经济合作走廊；海上以重点港口为节点，共同建设通畅安全高效的运输大通道。中巴、孟中印缅两个经济走廊与推进“一带一路”建设关联紧密，要进一步推动合作，取得更大进展。

中国是亚欧大家庭的一员，中国的发展与亚欧的整体发展密不可分。中国提出的“一带一路”倡议得到沿线国家积极响应，已成为兼顾各方利益、反映各方诉求的共同愿望。中国正与“一带一路”沿线国家一道，积极规划中蒙俄、新亚欧大陆桥、中国—中亚—西亚、中国—中南半岛、中巴、孟中印缅六大经济走廊建设。亚洲基础设施投资银行和丝路基金将为亚欧互联互通产业合作提供有力的资金支持。“一带一路”和互联互通相融相近、相辅相成，亚欧互联互通产业合作前景光明。

中蒙俄经济走廊。国家发改委确定的中蒙俄经济走廊分为两条线路：一是从华北京津冀到呼和浩特，再到蒙古和俄罗斯；二是东北地区从大连、沈阳、长春、哈尔滨到满洲里和俄罗斯的赤塔。两条走廊互动互补形成一个新的开放开发经济带，统称为中蒙俄经济走廊。

新亚欧大陆桥。新亚欧大陆桥又名“第二亚欧大陆桥”，是从江苏省连云港市到荷兰鹿特丹港的国际化铁路交通干线，国内由陇海铁路和兰新铁路组成。大陆桥途经江苏、安徽、河南、陕西、甘肃、青海、新疆7个省区，到中哈边界的阿拉山口出国境。出国境后可经3条线路抵达荷兰的鹿特丹港。中线与俄罗斯铁路友谊站接轨，进入俄罗斯铁路网，途经斯摩棱斯克、布列斯特、华沙、柏林达荷兰的鹿特丹港，全长10900公里，辐射世界30多个国家和地区。

中国—中亚—西亚经济走廊。从新疆出发，抵达波斯湾、地中海沿岸和阿拉伯半岛，主要涉及中亚五国（哈萨克斯坦、吉尔吉斯斯坦、塔吉克斯坦、乌兹别克斯坦、土库曼斯坦）、伊朗、土耳其等国。

中国—中南半岛经济走廊。东起珠三角经济区，沿南广高速公路、南广高铁，经南宁、凭祥、河内至新加坡，将以沿线中心城市为依托，以铁路、公路为载体和纽带，以人流、物流、资金流、信息流为基础，加快形成优势互补、区域分工、联动开发、共同发展的区域经济体，开拓新的战略通道和战略空间。

中巴经济走廊。起点在新疆喀什，终点在巴基斯坦瓜达尔港，全长3000公里，贯通南北丝路关键枢纽，北接“丝路经济带”、南连“21世纪海丝之路”，是一条包括公路、铁路、油气和光缆通道在内的贸易走廊。2015年4月，中巴两国政府初步制定了修建新疆喀什市到巴方西南港口瓜达尔港的公路、铁路、油气管道及光缆覆盖“四位一体”通道的远景规划。其间，中巴签订51项合作协议和备忘录，其中超过30项涉及中巴经济走廊。

孟中印缅经济走廊。2013年5月，国务院总理李克强访问印度期间，提出孟中印缅经济走廊倡议，得到印度、孟加拉国、缅甸三国的积极响应。2013年12月，孟中印缅经济走廊联合工作组第一次会议在昆明召开，各方签署了会议纪要和孟中印缅经济走廊联合研究计划，正式建立了四国政府推进孟中印缅合作的机制。

六大经济走廊中，中巴经济走廊和孟中印缅经济走廊是优先推进的两个项目，是中国与中亚、南亚、中南亚国家发生紧密联系的大通道。以中巴经济走廊为例，中巴两国政府合作意愿比较强烈，它被称为“一带一路”交响乐中的“第一乐章”，是最为优先推进的项目，也是一个示范项目（先行项目），涉及中巴铁路、公路、港口以及一些工业园区建设，可为其他经济走廊的建设提供经验参考。

两核心、四门户、八高地、十五港口

中国国家发改委、外交部、商务部联合发布的《推动共建丝绸之路经济带和21世纪海上丝绸之路的愿景与行动》(下称《愿景与行动》),在原来14个省份的基础上,“一带一路”涉及范围大扩容,几乎中国全部省份都纳入其中。

两个核心区。《愿景与行动》提出,发挥新疆独特的区位优势和向西开放重要窗口作用,深化与中亚、南亚、西亚等国家交流合作,形成丝绸之路经济带上重要的交通枢纽、商贸物流和文化科教中心,打造丝绸之路经济带核心区。同时,《愿景与行动》支持福建建设21世纪海上丝绸之路核心区。

四个面向。《愿景与行动》确立了西北、东北和广西、云南在四个方向的开放地位。《愿景与行动》提出,发挥陕西、甘肃综合经济文化优势和宁夏、青海民族人文优势,打造西安内陆型改革开放新高地,加快兰州、西宁开发开放,推进宁夏内陆开放型经济试验区建设,形成面向中亚、南亚、西亚国家的通道、商贸物流枢纽、重要产业和人文交流基地。同时,发挥内蒙古联通俄蒙的区位优势,完善黑龙江对俄铁路通道和区域铁路网,以及黑龙江、吉林、辽宁与俄远东地区陆海联运合作,推进构建北京—莫斯科欧亚高速运输走廊,建设向北开放的重要窗口。发挥广西与东盟国家陆海相邻的独特优势,加快北部湾经济区和珠江—西江经济带开放发展,构建面向东盟区域的国际通道,打造西南、中南地区开放发展新的战略支点,形成21世纪海上丝绸之路与丝绸之路经济带有机衔接的重要门户。要发挥云南区位优势,推进与周边国家的国际运输通道建设,打造大湄公河次区域经济合作新高地,使之成为面向南亚、东南亚的辐射中心。

八大开放高地。《愿景与行动》提出,打造西安内陆型改革开放新高地。打造重庆西部开发开放重要支撑和成都、郑州、武汉、长沙、南昌、合肥等内陆开放型经济高地。这八个城市是中西部的中心城市,是各自区域经济发展、改革开放的引领者。《愿景与行动》将其作为开放重点加以支持。

十五个港口建设。基础设施建设是“一带一路”建设的优先方向。《愿景与行动》提出,加强上海、天津、宁波—舟山、广州、深圳、湛江、汕头、青岛、烟台、大连、福州、厦门、泉州、海口、三亚等沿海城市港口建设。另外,还要强化上海、广州等国际枢纽机场功能。支持郑州、西安等内陆城市建设航空港、国际陆港。

“五通”

《推动共建丝绸之路经济带和21世纪海上丝绸之路的愿景与行动》在其第四章“合作重点”中指出,沿线各国资源禀赋各异,经济互补性较强,彼此合作潜力和空间很大。以政策沟通、设施联通、贸易畅通、资金融通、民心相通为主要内容,重点在以下方面加强合作。

政策沟通。加强政策沟通是“一带一路”建设的重要保障。加强政府间合作,积极构建多层次政府间宏观政策沟通交流机制,深化利益融合,促进政治互信,达成合作新共识。沿线各国可以就经济发展战略和对策进行充分交流对接,共同制定推进区域合作的规划和措施,协商解决合作中的问题,共同为务实合作及大型项目实施提供政策支持。

设施联通。基础设施互联互通是“一带一路”建设的优先领域。在尊重相关国家主权和安全关切的基础上,沿线国家宜加强基础设施建设规划、技术标准体系的对接,共同推进国际骨干通道建设,逐步形成连接亚洲各次区域以及亚欧非之间的基础设施网络。强化基础设施绿色低碳化建设和运营管理,在建设中充分考虑气候变化影响。

贸易畅通。投资贸易合作是“一带一路”建设的重点内容。宜着力研究解决投资贸易便利化问题，消除投资和贸易壁垒，构建区域内和各国良好的营商环境，积极同沿线国家和地区共同商建自由贸易区，激发释放合作潜力，做大做好合作“蛋糕”。

资金融通。资金融通是“一带一路”建设的重要支撑。深化金融合作，推进亚洲货币稳定体系、投融资体系和信用体系建设。扩大沿线国家双边本币互换、结算的范围和规模。推动亚洲债券市场的开放和发展。共同推进亚洲基础设施投资银行、金砖国家开发银行筹建，有关各方就建立上海合作组织融资机构开展磋商。加快丝路基金组建运营。深化中国—东盟银行联合体、上合组织银行联合体务实合作，以银团贷款、银行授信等方式开展多边金融合作。支持沿线国家政府和信用等级较高的企业以及金融机构在中国境内发行人民币债券。符合条件的中国境内金融机构和企业可以在境外发行人民币债券和外币债券，鼓励在沿线国家使用所筹资金。

民心相通。民心相通是“一带一路”建设的社会根基。传承和弘扬丝绸之路友好合作精神，广泛开展文化交流、学术往来、人才交流合作、媒体合作、青年和妇女交往、志愿者服务等，为深化双多边合作奠定坚实的民意基础。

2016年8月17日，习近平主席在北京人民大会堂出席推进“一带一路”建设工作座谈会并发表重要讲话强调，总结经验、坚定信心、扎实推进，聚焦政策沟通、设施联通、贸易畅通、资金融通、民心相通，聚焦构建互利合作网络、新型合作模式、多元合作平台，聚焦携手打造绿色丝绸之路、健康丝绸之路、智力丝绸之路、和平丝绸之路，以钉钉子精神抓下去，一步一步把“一带一路”建设推向前进，让“一带一路”建设造福沿线各国人民。

三同（即利益共同体、命运共同体和责任共同体）

《推动共建丝绸之路经济带和21世纪海上丝绸之路的愿景与行动》指出，“一带一路”是促进共同发展、实现共同繁荣的合作共赢之路，是增进理解信任、加强全方位交流的和平友谊之路。中国政府倡议，秉持和平合作、开放包容、互学互鉴、互利共赢的理念，全方位推进务实合作，打造政治互信、经济融合、文化包容的利益共同体、命运共同体和责任共同体。

“一带一路”贯穿亚欧非大陆，一头是活跃的东亚经济圈，一头是发达的欧洲经济圈，中间广大腹地国家经济发展潜力巨大。丝绸之路经济带重点畅通中国经中亚、俄罗斯至欧洲（波罗的海）；中国经中亚、西亚至波斯湾、地中海；中国至东南亚、南亚、印度洋。21世纪海上丝绸之路重点方向是从中国沿海港口过南海到印度洋，延伸至欧洲；从中国沿海港口过南海到南太平洋。

根据“一带一路”走向，陆上依托国际大通道，以沿线中心城市为支撑，以重点经贸产业园区为合作平台，共同打造新亚欧大陆桥、中蒙俄、中国—中亚—西亚、中国—中南半岛等国际经济合作走廊；海上以重点港口为节点，共同建设通畅安全高效的运输大通道。中巴、孟中印缅两个经济走廊与推进“一带一路”建设关联紧密，要进一步推动合作，取得更大进展。

“一带一路”建设是沿线各国开放合作的宏大经济愿景，需各国携手努力，朝着互利互惠、共同安全的目标相向而行。努力实现区域基础设施更加完善，安全高效的陆海空通道网络基本形成，互联互通达到新水平；投资贸易便利化水平进一步提升，高标准自由贸易区网络基本形成，经济联系更加紧密，政治互信更加深入；人文交流更加广泛深入，不同文明互鉴共荣，各国人民相知相交、和平友好。

八切实

2016 年 8 月 17 日，中共中央总书记、国家主席、中央军委主席习近平在北京出席推进“一带一路”建设工作座谈会并发表重要讲话。

习近平就推进“一带一路”建设提出八项要求。一是要切实推进思想统一，坚持各国共商、共建、共享，遵循平等、追求互利，牢牢把握重点方向，聚焦重点地区、重点国家、重点项目，抓住发展这个最大公约数，不仅造福中国人民，更造福沿线各国人民。中国欢迎各方搭乘中国发展的快车、便车，欢迎世界各国和国际组织参与到合作中来。二是要切实推进规划落实，周密组织，精准发力，进一步研究出台推进“一带一路”建设的具体政策措施，创新运用方式，完善配套服务，重点支持基础设施互联互通、能源资源开发利用、经贸产业合作区建设、产业核心技术研发支撑等战略性优先项目。三是要切实推进统筹协调，坚持陆海统筹，坚持内外统筹，加强政企统筹，鼓励国内企业到沿线国家投资经营，也欢迎沿线国家企业到我国投资兴业，加强“一带一路”建设同京津冀协同发展、长江经济带发展等国家战略的对接，同西部开发、东北振兴、中部崛起、东部率先发展、沿边开发开放的结合，带动形成全方位开放、东中西部联动发展的局面。四是要切实推进关键项目落地，以基础设施互联互通、产能合作、经贸产业合作区为抓手，实施好一批示范性项目，多搞一点早期收获，让有关国家不断有实实在在的获得感。五是要切实推进金融创新，创新国际化的融资模式，深化金融领域合作，打造多层次金融平台，建立服务“一带一路”建设长期、稳定、可持续、风险可控的金融保障体系。六是要切实推进民心相通，弘扬丝路精神，推进文明交流互鉴，重视人文合作。七是要切实推进舆论宣传，积极宣传“一带一路”建设的实实在在成果，加强“一带一路”建设学术研究、理论支撑、话语体系建设。八是要切实推进安全保障，完善安全风险评估、监测预警、应急处置，建立健全工作机制，细化工作方案，确保有关部署和举措落实到每个部门、每个项目执行单位和企业。

丝路基金

丝路基金由中国外汇储备、中国投资有限责任公司、中国进出口银行、国家开发银行共同出资，于 2014 年 12 月 29 日在北京注册成立。

发起时间。2014 年 11 月 4 日，中共中央总书记、国家主席、中央军委主席、中央财经领导小组组长习近平主持召开中央财经领导小组第八次会议，研究丝绸之路经济带和 21 世纪海上丝绸之路（即“一带一路”）规划、发起建立亚洲基础设施投资银行和设立丝路基金。这是“丝路基金”首次出现在公众视野。同年 11 月 8 日，在北京举行的“加强互联互通伙伴关系”东道主伙伴对话会上，习近平宣布，中国将出资 400 亿美元成立丝路基金，为“一带一路”沿线国家基础设施、资源开发、产业合作和金融合作等与互联互通有关的项目提供投融资支持。同年 11 月 9 日，在亚太经合组织工商领导人峰会上，习近平发出邀请：丝路基金是开放的，可以根据地区、行业或者项目类型设立子基金，欢迎亚洲域内外的投资者积极参与。

基金成立。2014 年 12 月 29 日，丝路基金有限责任公司在北京注册成立，并正式开始运行。在全国企业信用信息公示系统查询可见，其注册资本 6152500 万元人民币，即 100 亿美元。丝路基金是由外汇储备、中国投资有限责任公司、中国进出口银行、国家开发银行共同出资，依照《中华人民共和国公司法》，按照市场化、国际化、专业化原则设立的中长期开发投资基金，重点是在“一带一路”发展进程中寻找投资机会并提供相应的投融资服务。

宗旨目标。丝路基金秉承“开放包容、互利共赢”的理念，重点致力于为“一带一路”框架内的经贸合作和双边多边互联互通提供投融资支持，与境内外企业、金融机构一道，促进中国与“一带一路”沿线国家和地区实现共同发展、共同繁荣。

公司定位。丝路基金是中长期开发投资基金，通过以股权为主的多种投融资方式，重点围绕“一带一路”建设推进与相关国家和地区的基础设施、资源开发、产能合作和金融合作等项目，确保中长期财务可持续和合理的投资回报。

投资方式。丝路基金按照市场化、国际化、专业化的原则开展投资业务，可以运用股权、债权、基金、贷款等多种方式提供投融资服务，也可与国际开发机构、境内外金融机构等发起设立共同投资基金，进行资产受托管理、对外委托投资等。

公司治理。丝路基金依照《中华人民共和国公司法》，设立董事会、监事会和管理层，按市场化方式引入各类专业人才，建立与公司发展相匹配的、科学规范、运转高效的公司治理机制。

股权结构。丝路基金中国出资规模为400亿美元，首期资本金100亿美元。其中，外汇储备（通过梧桐树投资平台有限责任公司）、中国投资有限责任公司（通过赛里斯投资有限责任公司）、中国进出口银行、国家开发银行（通过国开金融有限责任公司）分别出资65亿、15亿、15亿和5亿美元。

丝路倡议

2015年3月26日，博鳌亚洲论坛2015年年会“媒体领袖圆桌会议”在海南博鳌举行。经过一天的坦诚交流和热烈讨论，来自俄罗斯、美国、英国等17个国家的20多位媒体负责人就当前媒体创新发展、互利合作等话题深入交换意见，达成了诸多共识，共同签署了《丝路倡议》。

《丝路倡议》称，跨越不同文明媒体间的合作与发展，将有助于增进各国民众之间的了解与互信，促进不同文明间的交流对话与和谐共生，最终推动人类文明的发展和进步。倡议书承诺，将在“媒体领袖圆桌会议”的平台上进一步确立定期交流机制，促进人员交往，实现资源共享，创新合作模式，并在适当的时机推动丝绸之路经济带及21世纪海上丝绸之路沿线媒体合作组织的成立。

（商务部研究院对外贸易研究所副研究员、博士　刘建颖）

中白工业园—丝绸之路经济带新地标

- 高端产业集聚地
- 亲水宜居梦之城
- 欧亚合作新典范

中白工业园区开发股份有限公司于2012年8月27日成立，是中白工业园的开发运营商，公司成立的主要目的为负责工业园土地的开发与经营、招商引资和物业管理。

公司的主要职能为园区基础设施建设，并完善园区生活、科研、医疗、旅游等配套功能，为入园企业提供项目用地及运营咨询服务。

公司目前股东注资额为1.1875亿美元，由中白双方股东共同出资组建，其中中方股东包括:中国机械工业集团、招商局集团、中工国际工程股份有限公司、哈尔滨投资集团，总计股份比例为68%，白方股东包括：明斯克州执行委员会、明斯克市执行委员会、地平线控股集团公司，总计股份比例为32%。

到2016年底，园区共有8家企业签订正式入园协议，分别为：招商局集团，中国一拖集团股份有限公司，中联重科有限公司，华为股份有限公司，中兴通讯股份有限公司，新筑路桥股份有限公司，白俄纳米果胶有限责任公司以及浙江永康弘福工贸有限公司。同时有25家企业已经与公司签订了入园意向协议。

中白工业园区开发股份有限公司将逐渐融合世界各国的先进制造业和科技优势，把中白工业园打造成为“丝绸之路经济带”上的明珠和标志性工程，使园区成为现代化国际生态新城。

白俄罗斯・明斯克
电话：+375 17 240 8631
传真：+375 17 240 8627
中国・北京
电话：+86（10）8255 9029/9026
+86（10）8268 8661/8443/8083
传真：+86（10）8268 8006
www.industrialpark.by

The profile of the China-Belarus Industrial Park Development Company

The China-Belarus Industrial Park Development Company was founded on August 27, 2012，it’s the development operator of China-Belarus industrial park, the main purposes of the establishment of the company are: responsibility for the development and management of industrial, investment and property.

The Joint-Stock management company solves tasks connected with: infrastructure facilities in the park and improving the life, scientific research, medical, tour and other functions; land resources and real estate management; providing maintenance and consulting services.

The Shareholders' Capital Injection of the company is about 118.75 million dollars at the moment, two sides jointly funded the formation of shareholders, and Chinese shareholders are: China National Machinery Industry Corporation, China Merchants Group, CAMCE Co. Ltd, Harbin Investment Group. The proportion of Chinese shareholders is totally about 68%. Belarus shareholders are: Minsk Region Executive Committee, Minsk City Executive Committee, HORIZONT Holding Management Company. The proportion of Belarus shareholders is totally about 32%.

To the end of 2016, there are already eight companies have signed a formal admission agreement, such as: China Merchants Group, YTO Group Corporation, Zoomlion, Huawei, ZTE, XinZhu Corporation, Nanopectin limited liability company，and Zhejiang YongkangHongfu Industry and Trade Co., Ltd. At the same time, there are 25 enterprises have signed the cooperation agreement with company.

The China-Belarus Joint-Stock Closed Company “Industrial Park, Development Company” gradually integrates new production technologies and scientific and technical advantages of all countries of the world and will make the China-Belarus Industrial park a pearl and the model project of the Silk Road Economic belt and also will create the international modern ecological city.

中匈宝思德经贸合作区

Sino-Hungarian Borsod Industrial Park

合作区概况

中匈宝思德经贸合作区（合作区）是由全球最大的异氰酸酯制造企业——万华实业集团有限公司（万华）作为境内实施企业，以万华收购的匈牙利最大的化工公司宝思德化学（BorsodChem，以下简称“BC”）公司作为境外建区企业主导开发的，以化工和生物化工为主导产业，配套轻工和机械加工、节能环保产业等绿色产业为一体的加工制造型合作区。

合作区主体位于匈牙利东北部包尔绍德州卡辛茨巴茨卡市，横跨三个城市，规划面积6平方公里，占地4.58平方公里，已完成2.68平方公里的建设。合作区经过近20年的发展已拥有为化工产业提供支持的完备的基础设施，以及丰富的大型制造业园区运营管理经验。合作区位于欧盟境内，享受欧盟及匈牙利多项优惠政策，与匈牙利铁路网络无缝对接，并紧邻中东欧新兴市场，是中国企业进入欧洲市场，规避欧盟贸易壁垒的合作发展平台。合作区规划总投资约30亿美元，其中基础设施投资8亿美元，实现销售收入约30亿美元/年, 新增当地就业约1000人，新增入区企业10家以上。

合作区设立招商办公室，中国、匈牙利均有专员负责招商、洽谈、咨询、接待等服务。同时，合作区与匈牙利投资贸易促进局(HIPA)合作，为投资者与匈牙利政府的沟通提供一站式服务。

合作区依托建区企业BC公司完善的销售、采购渠道，以及丰富的工程设计、项目管理经验，为投资者提供多个领域专业咨询服务，并可根据投资者需求，提供投资前期、中期和后期的各项支持。

合作区拥有24小时持枪警卫巡逻，生产园区内采用西门子安全监控系统，保证园区的生产、生活安全。

Sino-Hungarian Borsod Industrial Park is built by Wanhua Industrial Group Co., Ltd and executed by Hungarian biggest chemical player-BorsodChem Zrt. Its leading industry is chemicals production and bio-chemicals production with upstream and downstream integration. Relevant mechanical production, light industries and environmental protection and energy insulation industries are also parts.

The Industrial Park locates mainly in Kazincbarcika, the Northeastern part of Hungary with a planned area of 6 km² and is now 2.68 km² developed in its captive land area of 4.58 km² . The industrial park inherited its prior name in 1997, when the Hungarian government entitled. In the past 2 decades, the industrial park has formed its complete infrastructure, mature operational experience of an international large-scale chemical park. Under the same European Union policy environment, the industrial park belongs to the high incentive density areas, well-centered in the clusters of the EU railway system and the fast developing emerging markets of Europe. Its unique advantageous investment environment and location is able to support Chinese investors to be involved in the European value chain. The total investment amount planned to be 3 bn USD, with infrastructure capex 800mm USD. It is expected to have a sum revenue of 3 bn USD/year, create more jobs opportunity for over 1000 people and new investors above 10.

The Industrial Park has its Promotion Office in China and Hungary. Dedicated teams are responsible for its promotion, negotiations, consultations and receptions. Meanwhile, The Industrial Park signed agreements with Hungarian Investment Promotion Agency to provide One-Stop Service to the investors for all potential discussions with the Hungarian government and all walks of the society.

The Industrial Park shares the advantageous resources of the biggest chemical manufacturer in Hungary, providing supports in various sales, purchases, engineering design and projection management functions, etc.

The Industrial Park has its Advanced Siemens Protection System, 24 hours police guarding to ensure its security production and operation.

联系方式/Contact:

洪凯/Mr. Kai Hong

电话：0535–3388309

Landline：0535–3388309

手机：13723977130

Mob：13723977130

地址： szabadsag ter 7. Bank Center 1054 Budapest（Hungary）

Address:： szabadsag ter 7. Bank Center 1054 Budapest（Hungary）

电子信箱：hongkai@whchem.com

Email：hongkai@whchem.com

以人文交流推动“一带一路”沿线国家经贸合作

由印尼PULAUINTAN建筑公司和印尼宝鹰建设集团共同承建位于印尼雅加达的陆军总医院于2015年5月13日下午举行奠基仪式。

宝鹰集团董事局主席古少明与印尼总统佐科维共同出席奠基仪式。

2015年9月，宝鹰集团董事局主席古少明应邀出席第13届世界华商大会，并在大会的“机遇与挑战：东盟区域一体化合作”论坛上发表了题为《新形势下中国企业应主动在经贸、人文交流中融入东盟一体化进程》的主题演讲。

2015年11月，印尼宝鹰中国书画邀请展在印尼雅加达鸣锣开幕，来自印尼教育文化部、印尼旅游部多名政要、多国驻印尼大使、印尼工商界代表、21世纪海上丝绸之路协同创新中心代表、宝鹰集团代表、印尼《国际日报》代表约600人共同见证了活动开幕式。

2016年5月24日上午，在雅加达印尼红十字会总部，宝鹰股份董事长古少波代表印尼宝鹰中国书画邀请展中国组委会向印尼红十字会捐赠了20亿印尼盾善款。

印尼副总统、印尼红十字会总主席卡拉见证捐赠并发表致辞。

2015年度，宝鹰集团与广东广播电视台携手举办国际性文化赛事——“宝鹰杯•国际书画印创作大赛”，掀起了全社会学习书、画、印的热潮。最终，中、美、印尼三国92件作品获宝鹰杯国际书画印大赛大奖。

宝鹰集团股东宝贤投资公司投资拍摄的首部反映中印尼伟大友谊的电视剧《亲亲中国爹娘》目前已制作完成，进入发行阶段。该剧根据印尼华人、宝鹰合作伙伴熊德龙先生的真实故事改编，反映了中华民族的仁孝礼义在海外的传播。

中工国际工程股份有限公司

中工国际工程股份有限公司（简称“中工国际”）隶属于中国机械工业集团有限公司，成立于2001年5月，并于2006年6月在深圳证券交易所挂牌上市，是中国股市实施全流通股改后第一家获准发行新股(IPO)的公司。

中工国际核心业务是国际工程总承包、海内外投资和贸易，具有丰富的国际工程总承包管理经验。目前，中工国际已完成近百个大型交钥匙工程和成套设备出口项目，业务范围涉及亚洲、非洲、美洲和东欧地区，业务领域涵盖工业工程、农业工程、水务工程、电力工程、交通工程、石化工程及矿业工程等，已完成的项目获得了所在国家业主的广泛认可和好评。

中工国际在经营中一直紧跟国家战略方针和布局，并结合自身优势，有计划有步骤地参与国家战略实施进程。公司将“一带一路”沿线的重点国家与公司制定的支柱市场规划相结合，以此指导市场开发的布局，有目标有重点地进行深入开发，承建了一批事关项目所在国国计民生的大项目。

愿景集团有限公司

愿景集团有限公司简称愿景集团，以国际贸易、房地产开发、商贸物流城开发、资产管理、商业运营等业务为主。

2013年9月7日，中国首次向亚欧大陆各国提出用创新的合作模式，共同建设“丝绸之路经济带”，共同谱写丝路文明发展新篇章的战略构想。愿景集团积极响应“丝绸之路经济带”倡议的号召，在新常态下，站在世界新高度，洞悉全球产业升级和中国与亚欧大陆商品结构互补商机，在丝绸之路经济带与欧亚大陆桥中枢——新疆，建设“一带一路国际商贸物流园”，即新疆愿景城，创建中国规模最大的库存商品交易集散中心、丝路国家库存商品进出口基地、全球化现代仓储物流基地。

新疆愿景城借由自身地理坐标优势，向西联通巴基斯坦瓜达尔港，打通丝绸之路经济带“中巴经济走廊”通道，联通中亚各国；向东联通连云港，打通海上丝绸之路起点城市，形成以新疆愿景城为重要节点的陆路物流大动脉，并结合新疆愿景城“中国库存商品交易中心”，打造“亚欧大陆桥世界级内陆港商务区”，将产品与物流成本在此降至最低，最终通过“价格低洼效应”不断吸引来自世界各地的库存产品在此集散。

未来，愿景集团将根据市场变化和公司进一步发展的需求，重新逐步进行战略部署，拓宽投资领域，重点加大对商贸城、养老产业、物流产业的投资和建设力度，在“一带一路”倡议的号令下，努力让愿景更有作为、创造更精彩的未来。

联系人：张女士　手机:18384281233　座机：028－82277019

Vision Group Co., Ltd. (hereinafter referred to as Vision Group) operates its main business in the fields of international trade, real estate development, development of commercial logistics city, property management and commercial operation. Vision Group (Sichuan) is fully responsible for real estate, industrial property and regional related businesses.

China raised the initiative of jointly building Silk Road Economic Belt and writing a brand new chapter of Silk Road development. In proactive response to the call of initiative, Vision Group built an international trade and commerce logistics park on the Belt and Road, namely Xinjiang Vision City in Xinjiang province, the hub of silk road economic belt and Eurasia continental bridge. With deep insight into the global industrial upgrading and the opportunity of commodity composition complementation between China and Eurasian continent, Vision Group will make this park to be the largest trading and distributing center of merchandise inventory, the import and export base of inventory for Silk Road countries and the globalized modern stock and logistics base in China.

Relying on its geographic advantage, Xinjiang Vision City connects with Gwadar port of Pakistan in the west, which can open up the China–Pakistan Economic Corridor on the Silk Road to connect with countries of central Asia. In the east, it connects with Lian Yungang, the starting point of Maritime Silk Road, to form a land logistics artery based on its important location. By giving full play to its role as a trading center of merchandise inventory, it will be developed to be a world–class inland business district for Eurasia continental bridge, aiming to minimize costs of products and logistics and attract inventory merchandise from allover the world to be distributed here.

In the future, Vision Group will redeploy its business according to market changes and requirements of further development, by expanding investment and strengthening construction in the fields of trade and commercial city, pension industry and logistics. With the Belt and Road Initiatives, Vision Group will make great efforts to write a brand new and splendid chapter for the future.

甘肃（兰州）国际陆港

The Profile of International Land Port of Lanzhou

兰州国际港务区位于“丝绸之路经济带甘肃黄金段”重要节点、兰州市西固区“西大门”，规划区建设用地面积14平方公里，属全国城镇体系9大综合交通枢纽、21个物流节点、18个铁路集装箱中心站之列，在全国大物流格局中拥有重要地位，属国家铁路一级物流基地、国家多式联运示范工程之一。先后被确定为甘肃国际陆港的龙头、甘肃实施“十三五”规划的标志性工程和兰州市“一号工程”。

兰州国际港务区以“三主五辅”（即：现代物流、现代商贸、出口加工三大主导产业，新能源新材料、商务服务、信息服务、金融服务、旅游文体五大辅助产业）为产业发展方向，重点建设：中欧国际班列、中亚国际班列、南亚国际班列三大国际贸易经济通道；铁路集装箱功能、口岸功能、保税功能、多式联运功能、智慧陆港功能五大核心功能；国际综合物流园、公路集装箱分拨物流园、国际商务贸易中心、大宗物资物流园、进出口加工物流中心、跨境电商产业园、金凤国际陆港博览中心、冷链物流产业园、汽车物流产业园、综合客运枢纽中心十大产业园（中心）。

港务区力争到2020年，总产值将达到1000亿元以上，进出口贸易总额将达到150亿美元以上。以打造“一带一路”上重要的国际货运班列核心编组枢纽、国际物流集散转运中心、国家向西开放战略的重要门户和平台为发展总目标。

International Land Port of Lanzhou is located in the prime junction of Gansu Province through the Silk Road Economic Belt, it also lies in the west of Xigu District in Lanzhou. The planning construction area accounts for 14 square kilometers. It is ranked among the 9 comprehensive transport hubs of the national urban system, 21 logistics nodes and 18 railway container central stations. It plays a vital role in the national logistics structure. It is the National Primary Railway Logistics Base and one of the National Demonstration Projects of Multimodal Transport. It is known as the leading project of International Land Port of Gansu. It is the Symbolized Project of Gansu’s 13th Five-Year Plan, also named the Lanzhou No.1 Project.

The industrial orientation of International Land Port summaries “Three Main, Five Assistance.” The three main leading industries are modern logistics, modern commerce and trade, export processing. The five assistance industries are new energy and new material, business service, information service, financial service, tourism, recreation and sports. We make every effort to run the three international trade and economic passages: China-Europe International Block Trains, China-Central Asia International Block Trains and China-South Asia International Block Trains. We strive for building the five core functions: Railway Container Function, Port Function, Bonded Function, Multimodal Transport Function and Smarter Land Port Function. We focus on the construction of ten industrial parks (centers): International Integrated Logistics Park, Logistics Park of Highway Container Distribution, International Business Trade Center, Bulk Cargo Logistics Park, Export-Import Processing Logistics Center, Cross-border E-commerce Industrial Park, Golden Phoenix International Convention and Exhibition Center, Cold-chain Logistics Industrial Park, Automobile Logistics Industrial Park and Complex Passenger Transportation Hub Center.

We struggle for the total output value of Land Port will reach above 100 billion yuan and the export and import trade volume will attain above 15 billion yuan by the end of 2020. Our general objectives aim to build the crucial international freight trains marshalling hub, the international logistics center of distribution and transportation and the national portal and platform for Western Development through the Belt and Road Initiative.

国际陆港物流信息中心
International Logistics Information Center of Land Port

保税物流中心（B型）
Bonded Logistics Center (Type B)

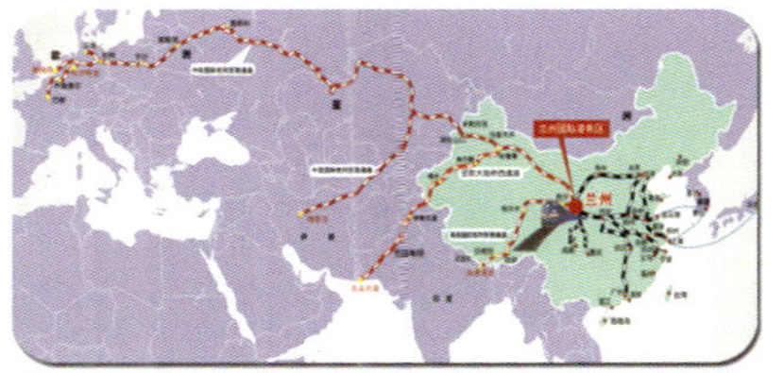

一带一路兰州号中欧国际班列铁路通道示意图（欧洲、中亚、南亚）
Lanzhou, China-Europe International Block Trains on the Belt and Road Initiative in the Sketch Map of Railway Passage (Europe, Central Asia, South Asia)

兰州铁路口岸东川铁路物流中心
Lanzhou Dongchuan Railway Logistics Center

兰州国际港务区地理位置示意图
Geographic Location Sketch Map of International Land Port of Lanzhou

甘肃国际陆港（兰州国际港务区）规划图
The Overall Planning of International Land Port of Gansu (International Land Port of Lanzhou)

微信　　微博

地址：兰州市西固新城镇96号
ADD：No. 96, Xincheng Town, Xigu District of Lanzhou, Gansu
微信：Wechat（QR Code）
微博：Sina Blog（QR Code）

乌鲁木齐国际陆港区

乌鲁木齐国际陆港区的规划建设始于2015年11月12日，是自治区、乌鲁木齐市推进丝绸之路经济带核心区建设的重大举措。港区立足服务丝绸之路经济带，连接国内、国外两个市场的战略定位，发挥铁路、公路、航空及仓储资源等综合交通运输优势，拉动现代物流业、国际商贸业、高端服务业、先进制造业集聚发展，成为辐射世界、服务全国的国际物流通道。

乌鲁木齐国际陆港区是以乌鲁木齐火车西站片区为核心，涵盖北站片区、八钢铁路场站区、三坪片区、高铁片区、机场片区等面积约120平方公里的产城联动发展区域。产业布局为“四场站四中心四园区”，即乌鲁木齐火车西站、火车北站、三坪中心站、国际机场；多式联运海关监管中心、保税物流中心(B型)、西行班列集结中心、铁路国际快件交易中心；综合保税区、北站商贸物流产业区、空港物流服务产业区、铁路西站口岸服务产业区。

乌鲁木齐国际陆港区发展目标是实现年货运吞吐量近期80万TEU，远期400万TEU，建成“口岸功能领先，物流设施先进，物流效率最高，物流成本最低，产业环境友好”，引领新疆向西开放，促进首府国际化建设的创新发展区和推动新疆对外开放的功能引领区，成为丝绸之路经济带核心区综合交通枢纽和商贸物流中心的重要承载区，打造丝绸之路经济带中国国际铁路主港。

乌鲁木齐国际陆港区围绕构建互动合作、内外联动、海陆统筹的“一带、两核、多支点”开放格局，主动融入欧洲物流体系（一带：面向丝绸之路经济带，共商、共建、共享的共同发展理念；两核：欧洲以德国杜伊斯堡港为核心、亚洲以乌鲁木齐国际陆港为核心；多支点：欧洲主要物流节点港、国内主要枢纽港）。国际方面，经开区（头屯河区）已与德国、波兰、卢森堡、法国等主要物流节点地区港口公司签约，同时已经与白俄罗斯、荷兰等国的国外港口公司建立友好联系。国内方面，与环渤海经济圈（沧州黄骅港/青岛保税港区/天津滨海新区）、长三角经济带（宁波北仑港/苏州高新区/南通港）、珠三角经济带（深圳盐田港/广州南沙港/广西北部湾港务集团）、海西经济带（厦门自贸区/福州江阴港）等国内主要港口城市建立友好联系，不仅直接改善西向国际通道环境，也有利于吸引国内班列在国际陆港集结。

目前，乌鲁木齐国际陆港区已开行从新疆到中亚、西亚、欧洲及国内方向的班列。新疆–中亚国际货运班列已实现每周1-2列常态化运行；新疆–西亚、俄罗斯已开通测试班列；2016首次开通以乌鲁木齐为起始点和终点的“乌鲁木齐—杜伊斯堡”中欧班列，并即将开通波兰、卢森堡等国班列。

新疆丝绸之路经济带核心区区位图
The District of XinJiang the Core Area of Silk Road Economic Belt

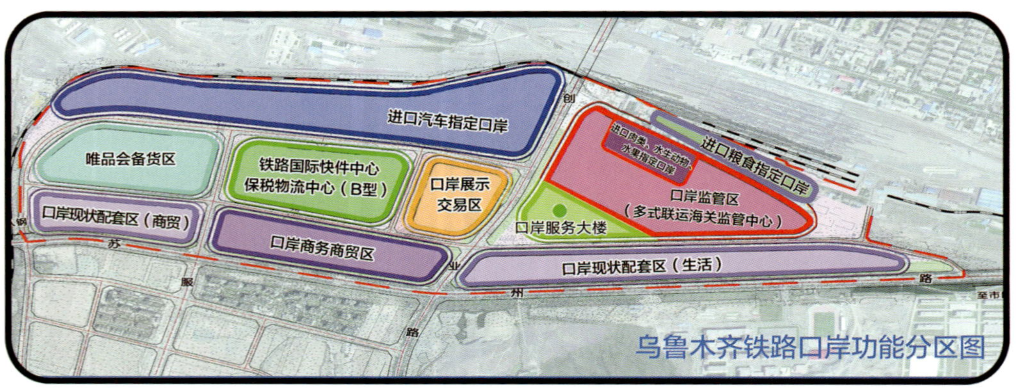

乌鲁木齐铁路口岸功能分区示意图
The functional layout picture of Urumqi railway port

乌鲁木齐国际陆港区产业图
The Industry picture of Urumqi International Inland Port Area

乌鲁木齐国际陆港区对外开放示意图
The layout of Open-door to the outside world of Urumqi International Inland Port Area

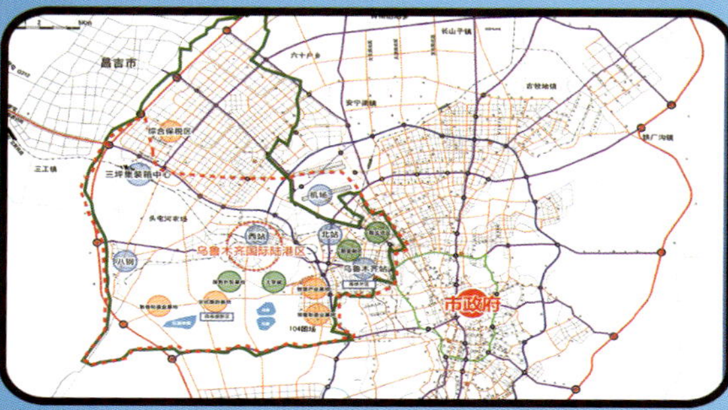

丝绸之路经济带核心区“五大中心”示意图
The Stretch of the Core Area “Five Centers” of Silk Road Economic Belt

西行班列集结中心示意图
The Stretch of the freight outbound trains centralized at west station

乌鲁木齐铁路口岸整体效果图
The Effect picture of the Urumqi railway port

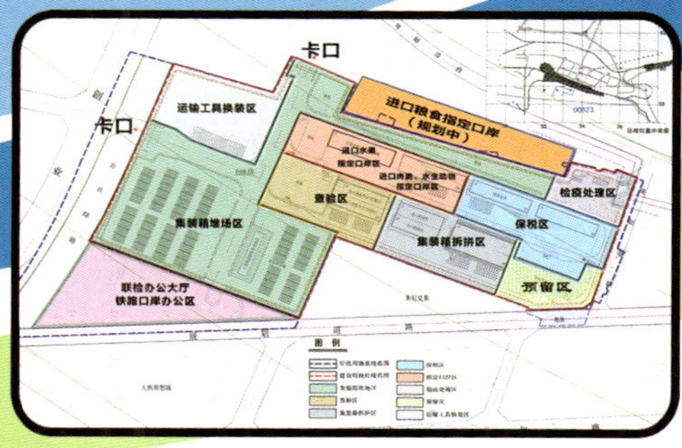

乌鲁木齐多式联运海关监管中心功能分区图
The functional layout picture of Urumqi Mutimodal transport costoms supervision center

新疆-德国杜伊斯堡首发班列
The first freight outbound train from Xinjiang to Duisburg in Germany

经开区与德国杜伊斯堡港签约
Urumqi Economic and Technological Development Zone(Toutunhe District) and duisport signed Memorandum of Understanding

乌鲁木齐多式联运海关监管中心整体效果图
The Effect picture of Urumqi Mutimodal transport costoms supervision center

郑州经济技术开发区

Zhengzhou Economic and Technological Development Zone

郑州经济技术开发区成立于1993年4月，2000年2月获批为河南省首个国家级经济技术开发区，规划控制面积158.7平方公里，常住和从业人口约38万人。

郑州经开区区位交通得天独厚。区内高铁（石武高铁、郑万高铁）、普铁（陇海铁路）、城铁（郑机城铁）、地铁（3号、5号线）、专铁（中欧班列）“五铁同城”；四条高速公路（京港澳高速、郑民高速、郑州绕城高速、机场高速）与两条国道（107、310国道）实现“六路贯通”；区内骨干道路四通八达，与高速、国道、市区无缝对接。

郑州经开区经济社会发展迅猛。十二五末，全区地区生产总值实现680亿元。汽车及零部件、装备制造、现代物流三个千亿级产业集群初步形成，集聚企业近万家，其中外商投资企业205家，世界和国内500强企业78家，规模以上企业497家。

郑州经开区前程似锦。国家自主创新示范区、国家跨境电商综试区、国家双创示范基地、河南自贸区和经开综保区“五区叠加”，中欧班列（郑州）开行班次、质量、效益领跑全国。

郑州经开区先后荣获国家新型工业化（装备制造）产业示范基地、国家生态工业示范园区、全省对外开放先进单位、省级文明单位等荣誉。2014、2015年连续两年被评为河南省六星级产业集聚区。

Zhengzhou Economic and Technological Development Zone was established in April 1993, and approved as the first state-level economic and technological development zone in Henan Province in February 2000. The planned controlling area is 158.7 square meters, with residents and working population of about 380,000.

Zhengzhou Economic and Technological Development Zone holds unique location and very convenient transportation conditions. In the zone, there are high speed rails inner-zone (Shijiazhuang-Wuhan High Speed Rail, Zhengzhou-Wanzhou High Speed Rail), ordinary railway (Longhai Railway), urban railway (Zheng Ji Intercity Railway), subways (Line 3, Line 5), special railway (Zhengzhou-Europe International Block Train), and achieved “five types of railways in one city”; four expressways (Beijing- Hong Kong-Macau Expressway, Zhengzhou-Minquan Expressway, Zhengzhou Belt Highway, Airport Expressway) and two national highways (G107, G310) achieved “six highways connection”; the main roads in the zone extend in all directions and forms seamless transportation network with those expressways, national highways and the center of the city.

The economic and social development of Zhengzhou Economic and Technological Development Zone is rapid, with gross value of regional production of the whole zone achieved 68 billion at the end of the 12th Five-Year Plan. Three industry clusters of hundreds of billions level as, automobile and parts, equipment manufacturing and modern logistics has initially formed. It attracted nearly 10,000 enterprises gathered there, of which 205 foreign-invested enterprises, 78 world and domestic Top 500 enterprises, and 497 large-scale enterprises.

Zhengzhou Economic and Technological Development Zone will have a bright future. National Independent Innovation Demonstration Zone, National Cross-border Electricity Comprehensive Test Zone, National Double-Creation Demonstration Base, Henan Free Trade Area and Jingkai Integrated Free Trade Zone realized “five zones in one area”, combined with the travelling frequency of China-Europe International Block Train (Zhengzhou), makes its quality and efficiency lead the country.

Zhengzhou Economic and Technological Development Zone has won national new industrialization (equipment manufacturing) industry demonstration base, national demonstration eco-industrial park, advanced unit of opening up in the whole province, and provincial civilized unit, etc. honors, and rated as six-star industry cluster area of Henan province in both 2014 and 2015 for two consecutive years.

郑州国际陆港·中欧班列（郑州）

中大门保税直购体验中心

郑州宇通客车股份有限公司

中铁工程装备集团有限公司

丰树（郑州）产业园

国家郑州市高新技术创业中心

CBE浐灞生态区

做有爱心负责任的建设者

融通欧亚发展 架起丝路桥梁

——西安浐灞欧亚经济综合园区核心区

西安领事馆区

浐灞商务中心

浐灞国家湿地公园

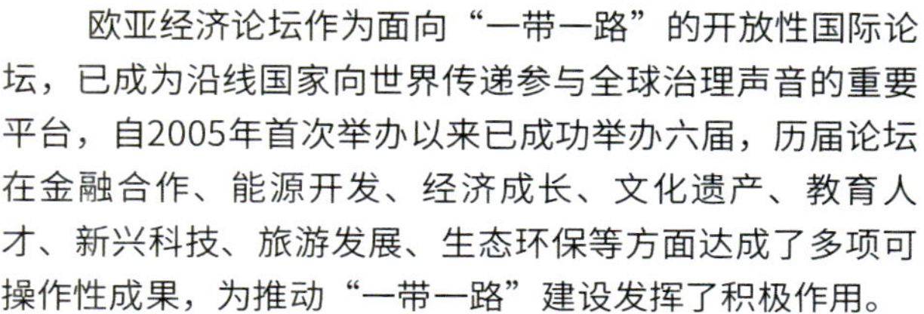

欧亚经济论坛作为面向“一带一路”的开放性国际论坛，已成为沿线国家向世界传递参与全球治理声音的重要平台，自2005年首次举办以来已成功举办六届，历届论坛在金融合作、能源开发、经济成长、文化遗产、教育人才、新兴科技、旅游发展、生态环保等方面达成了多项可操作性成果，为推动“一带一路”建设发挥了积极作用。

欧亚经济论坛永久会址设在西安浐灞生态区，为了推进论坛实体化，中、省、市高度重视欧亚经济论坛综合园区建设。党和国家领导人在不同国际场合多次提议建设欧亚经济论坛综合园区；《陕西省“一带一路”建设2015年行动计划》，《陕西省推进丝绸之路经济带和21世纪海上丝绸之路实施方案（2015-2020年）》,明确提出“加快推进国家级欧亚经济论坛综合园区核心区建设”。2013年12月，西安市政府召开专题会议，明确提出以浐灞生态区为核心，按照先行先试的原则，实质性推进综合园区建设。

目前，浐灞生态区作为欧亚综合园区核心区，已全面启动45平方公里核心区建设，产业发展上突出“绿色、环保、低碳、休闲”四大理念，重点打造以现代金融、会议会展、生态旅游为核心，以新兴产业、文化创意和现代商贸业为主导，以涉外商务、健康养老为特色的产业体系。依托欧亚经济论坛永久会址，启动了西安金融商务区、丝路国际会展中心、丝路文化艺术中心、西安领事馆区、欧亚创意设计园、华夏文旅等重点项目建设，将成为西安对外开放的重要平台。

西安金融商务区灞柳基金小镇

西安华夏文化旅游综合体演艺剧场

浐灞生态区航拍图

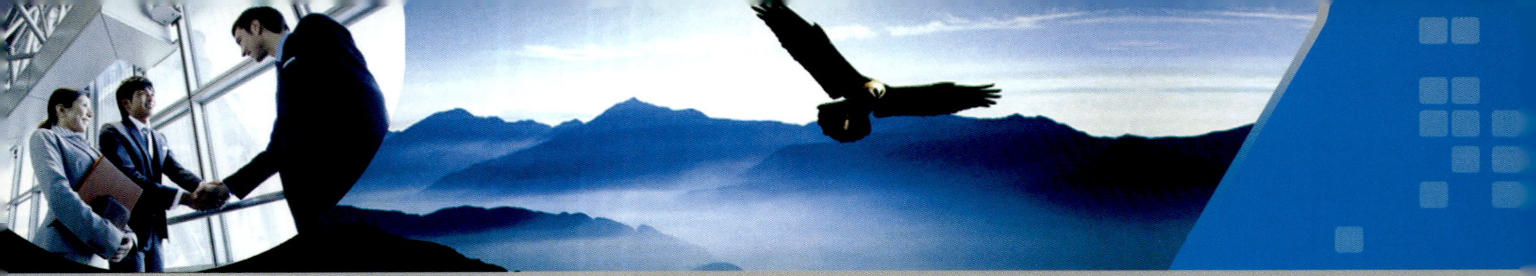

临沂商城
Linyi Trade City

临沂商城/ LinYI Trade City

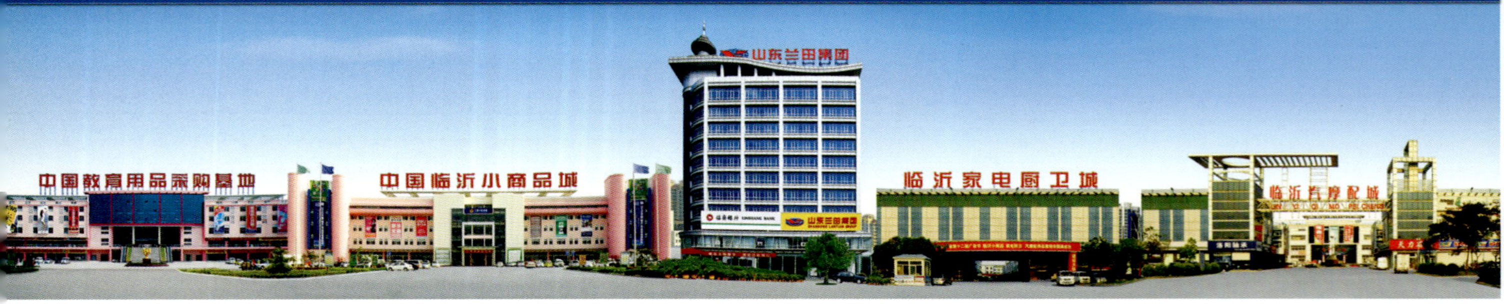

临沂商城简介

临沂商城起步于改革开放初期，经过30年的培育发展已成长为中国最大的商品交易市场集群、重要的物流周转中心和商贸批发中心，是著名的中国市场名城、物流之都。

现有专业批发市场131处，物流公司、经营业户2065户，物流园区19处，国内配载线路2000多条。

2016年，临沂商城主动融入国家“一带一路”和自贸区发展战略，坚持国际化、电商化、集约化“三化并举”、市场、物流、仓储、加工、服务“五位一体”，扎实推进省级临沂商城国际贸易综合改革试点的建设，努力打造全国最大的商品交易批发中心、物流分拨调运中心、电商集聚中心和“一带一路”国际贸易新高地、国际会展经济新高地，商城国际化进程明显加快。

2016年，临沂商城市场交易额为3783.48亿元，同比增长18.1%；物流总额为5825.59亿元，同比增长16%；电子商务交易额为942.31亿元，同比增长63.2%；直接进出口额为313.09亿元，同比增长1.6%。

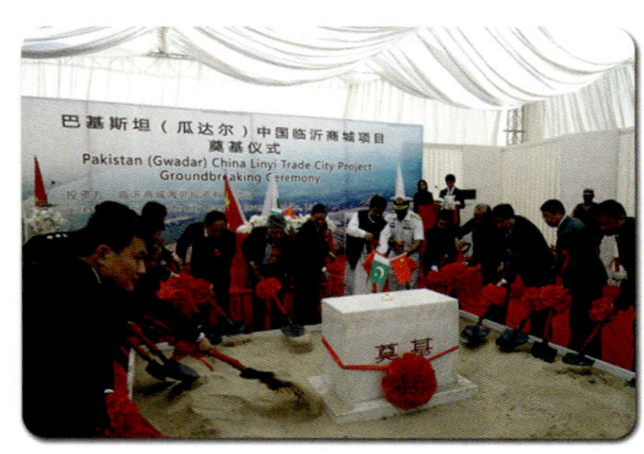

巴基斯坦（瓜达尔）中国临沂商城项目奠基
Pkistan(Gwader) China Linyi Trade City Project

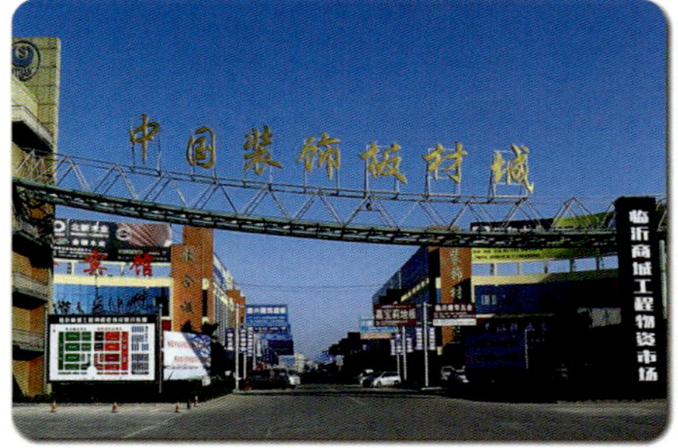

临沂商城工程物资市场
International Purchase-supply Integration Export Base for Building Materials

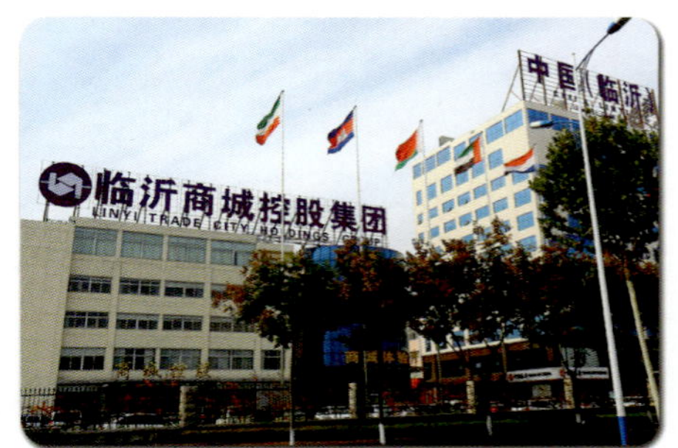

临沂商城控股集团
Linyi Trade City Holding Group

商贸通五洲 大美新临沂

Linyi Trade City started in the early stage of Reform and Opening-Up.After 30 years of development,Linyi Trade City has became a well-known specialized market cluster with the largest scale of China, important logistics center and wholesale trade center. It is a famous Chinese market and logistics city.

There are 131 specialized wholesale markets,2065 logistics companies,19 modern logistics parks and 2000 lines of stowage lines.

In 2016 ,Linyi Trade City is actively implementing the “One Belt One Road” national initiative, insisting on the principal of “Internationalization, Electronic-commercialization, Intensification” . Develop the five aspects of market, logistics, warehousing, processing, and service together.

Linyi Trade City carries out the international trade comprehensive pilot reform at the provincial level, and works hard to create the largest wholesale center, logistics distribution center, E-commerce suppliers gathering center and the new heights of foreign trade linking “One Belt One Road” as well as the new heights of the international conference and exhibition.The internationalization of Linyi Trade City has quickened significantly.

In 2016, Linyi Trade City realized a trade volume of 378.34 billion RMB, with year-on-year growth of 18.1% ; logistical trade volume of 582.55 billion RMB, with year-on-year growth of 16%; an e-commerce trade volume of 94.23 billion RMB, with year-on-year growth of 63.2%; an import-export volume of 31.3billion RMB, with year-on-year growth of 1.6%.

临沂商城号临新欧集装箱快速班列
Linyi—Xnjiang—Europe line

中国（临沂）国际商贸物流博览会
Linyi International Trade and Logistics Fair

青岛胶州湾国际物流园

建设多式联运全国示范区
打造“一带一路”双向开放桥头堡

青岛胶州湾国际物流园位于青岛胶州市胶北街道办事处，规划面积17.8平方公里，占地面积10.6平方公里，其中物流运营面积6.87平方公里，是山东半岛最大、青岛市唯一的陆路综合物流中心，是青岛市“十二五”现代物流业发展规划重点项目、东北亚航运中心的重要枢纽。

该园区是经山东省经贸委和青岛市政府批准的山东省重点物流园区，2010年被省发改委确定为省级重点服务业园区，目前是山东半岛最大的“一带一路”双向多式联运交汇点桥头堡枢纽、国际综合物流中心。园区规划建设“综合保税区、物流工业区、物流产业区及加工配送区”三大区域，“物流综合配套、电子商务、口岸市场、铁路整车作业、公路港、生活服务配套”六大功能。园区综合配套服务完善，海关、国检入驻园区全面开展业务，提高了通关便利化水平，青岛胶州湾国际物流园综合服务平台建筑面积1.5万平方米，配备商务办公区、物流信息服务区和生活配套服务区。

作为青岛胶州湾国际物流园核心项目的中铁联集青岛集装箱中心站，是全国18个特大型集装箱中心站之一。海关总署于2014年12月11日,正式批复成立“青岛多式联运海关监管中心”，该中心是沿海地区首家多式联运海关监管中心。青岛胶州湾国际物流园已相继开通“胶黄小运转”省内循环班列，胶州至乌鲁木齐、西安、郑州、洛阳等7条国内班列，“中亚”“中韩”“中蒙”“青凭越”等4条国际班列，对全国600多个站点开展业务办理。先后荣获“全国优秀物流园”“全国第一批多式联运示范工程”等“国字号”荣誉,特别是2016年7月，青岛胶州湾国际物流园正式获批“首批国家级示范物流园区”，这对统筹海运、陆运、空运、铁路等运输功能，全面深化国家“一带一路”倡议具有重大意义。目前,随着国内国际班列的逐步增开，一个服务山东半岛、辐射东北亚的国际物流港正在强势崛起。

五区叠加　融合发展

福州——拥有国家级新区、自贸试验区、海丝核心区

福州简称榕城，福建省省会，是一座伴海而生、因海而兴、拓海而荣的千年名城，地处长江、珠江三角洲的连接地带，与宝岛台湾隔海相望，坐拥1.1万平方公里的宽广海域,自古就是海上丝绸之路的重要发祥地。

进入新时期，福州迎来了千载难逢的“五区叠加”历史机遇——福州新区获批成为全国第14个国家级新区；中国（福建）自由贸易试验区福州片区正式揭牌；国家将福建省确定为21世纪海上丝绸之路核心区，福州为战略支点城市；中央支持福建建设生态文明先行示范区；国家正式批准福州、厦门和泉州3个国家级高新技术产业开发区建设国家自主创新示范区。福州成为全国唯一拥有国家级新区、自贸试验区、海丝核心区、生态文明先行示范区、国家自主创新示范区“五区叠加”独特优势的国家重点开发区域。今天的福州，正在“马上就办、真抓实干”精神的推动下，坚定不移地实施大开放战略，发展开放型经济，努力打造21世纪海上丝绸之路战略支点城市，加快建设“机制活、产业优、百姓富、生态美”的新福州。

经济高速发展的福州，已形成以电子信息、机械制造、纺织化纤、轻工食品、冶金建材等五大产业共同支撑，石油化工、新材料与能源、生物医药加快发展的新产业格局。特别是在福州新区的带动作用下，新签约三批项目共5000多亿元的先进制造业、高新技术产业、战略性新兴产业项目。下一步，福州将充分发挥“五区叠加”的政策优势，大力发展先进制造业，培育发展战略性新兴产业，积极引进一批能够延伸产业链、带动全局、增强后劲、产生重大拉动和深远影响的大项目、好项目，努力建设两岸交流合作重要承载区、扩大对外开放的重要门户、东南沿海现代产业重要基地和改革创新示范区、生态文明先行区。

承载着在更高起点上建设闽江口金三角经济圈的伟大使命，福州新区、福建自贸试验区福州片区正逐步成为两岸交流合作重要承载区、扩大对外开放的重要门户、东南沿海现代产业重要基地和改革创新示范区、生态文明先行区。近五年来，全市实际利用外资72.73亿美元，93家世界500强企业在福州投资或设立机构，落地民资回归项目143项、总投资1855亿元。福州新区全面推进5大方面18条改革任务，福建自贸试验区福州片区推出7批77项体制创新举措。榕台交流合作深入拓展，五年累计批准台资项目328项、合同台资18.77亿美元，海峡青年节等重大活动成功举办、黄岐至马祖的海上客运航线实现通航，福州被列为海峡两岸电子商务经济合作试验区、赴台个人游试点城市，成为大陆省会城市中台湾银行入驻最多的城市。下一步，福州新区将紧盯实现投资贸易便利化、营商环境国际化的目标，创新建设发展理念，加快推进新区“多规合一”工作，推动新区建设与产业升级“双轮驱动”，实现产城联动、协同发展。同时，加快自贸区福州片区建设，特别是抓住制度创新这一核心任务，争取推出更多可复制、可推广的举措，促进更多投资贸易便利政策向自贸区外辐射延伸。

“海丝”倡议的实施，为重点推进与海上丝绸之路沿线国家和地区的交流合作、加快建设“海上福州”提供了更加广阔的空间。互联互通枢纽、经贸合作基地、人文交流建设取得明显成效。福州港是国家沿海25个主枢纽港之一，已与40多个国家和地区保持通航；福州长乐国际机场是全国重要的干线枢纽机场，已开通国内外航线106条。福州市与东盟、中东、非洲等国家和地区贸易总额超过65亿美元，东盟已经成为了福州的第三大外贸伙伴。福州企业对“海丝”沿线国家投资协议总额8.78亿美元，在印尼、缅甸、毛里塔利亚等国建立了6个境外远洋渔业综合基地、5个境外水产养殖基地。中国—东盟海产品交易所首期实现6大类海产品线上交易，交易额突破3200亿元。海峡两岸经贸交易会、ACD大会、中国（福州）渔业博览会、丝绸之路国际电影节、海丝国际旅游节等“海丝”系列活动成功举办。《海上丝绸之路：福州史迹》成功入选中国世界文化遗产预备名录。下一步，福州将全面对接国家战略、发挥五区叠加优势，以开创性新思路、跨越式新发展持之以恒地贯彻推进习近平同志主政福州期间关于建设“海上福州”这一跨世纪嘱托，坚持海岛、海岸带和海洋的“点线面”有机联系综合开发，坚持海陆统筹、集聚发展、重点突破，举全市之力集中实施一系列重点举措和一批重点海洋经济项目，为建设“机制活、产业优、百姓富、生态美”的新福州增添新优势。

海上福州 扬帆起航

生态文明先行示范区、国家自主创新示范区的国家重点开发区域

丝路电影节在福州举办

江阴港是福建的两集区域中心之一，20万吨级以上大型船舶可在此通航、靠泊和调头，全年全日进出港不受航道和潮水的限制，全国少有、福建最佳的深水良港

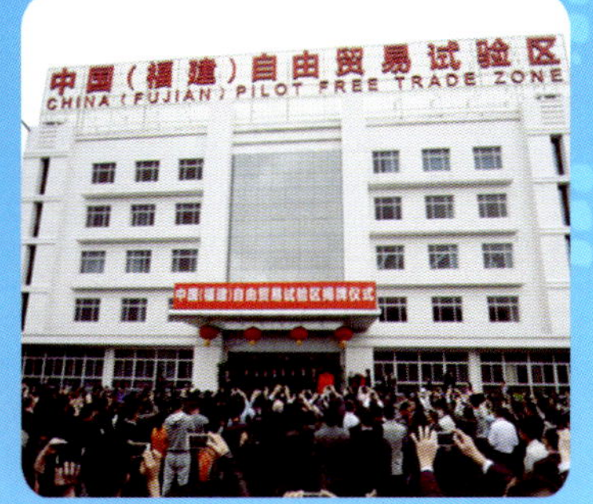

2015年4月21日,中国（福建）自由贸易试验区揭牌仪式在福州举行

目前，共有93家世界500强企业在福州投资或设立分支机构、代表处

2016年5月18日,首届联合国海陆丝绸之路城市联盟城市论坛在福州举办

国际空港—福州长乐国际机场，已开通国内外航线106条，2015年的旅客吞吐量超1000万人次，被国家民航局确定为“海丝”门户枢纽机场

2015年8月，国务院正式批复同意设立福州新区。福州新区成为第十四个国家级新区，首期规划面积800平方公里

闽江两岸–跨江大桥

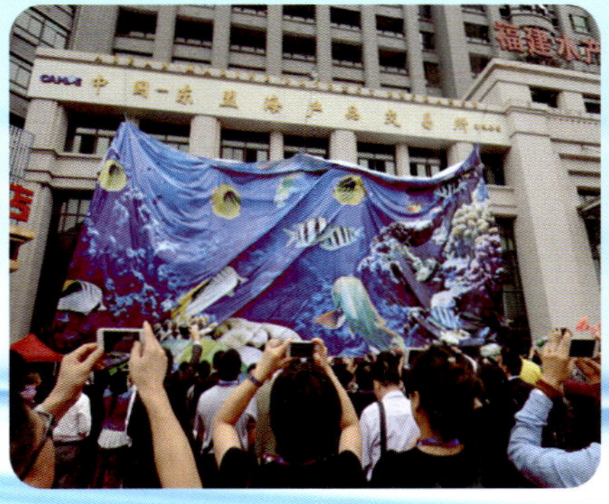

中国东盟海产品交易所，全国唯一的大宗海产品交易市场，首批中国–东盟海上合作基金18个项目之一

国家AAAAA级景区三坊七巷，是福州的历史之源、文化之根，自晋、唐形成起，便是贵族和士大夫的聚居地，清至民国走向辉煌

厦门市位于台湾海峡西岸中部、闽南金三角的中心，是一座现代化国际港口风景旅游城市。厦门在历史上就是海上丝绸之路的重要节点，是与东南亚国家经贸往来的重要门户。

厦门鹭江两岸风光

厦门国家级火炬高新区

厦门市积极打造先进制造业高地，电子、机械两大支柱产业稳步增长，生物医药、海洋高新、新材料、节能环保等战略新兴产业快速成长。

创新

- 建设国家自主创新示范区
- 打造海峡西岸强大的高端制造业高地
- 打造海峡西岸最具竞争力的现代服务业集聚区

协调

- 荣获全国文明城市“四连冠”
- 建设海陆空现代化立体化综合交通体系
- 加快厦漳泉龙同城化进程

- 荣获联合
- 空气质量
- 建设国家

厦门——建设五大发展示范市

2017年金砖国家领导人会议举办城市

厦门是国家确立的四大国际航运物流中心之一，获评最具创新力国际会展城市和国家旅游示范城市，软件信息、文化创意、服务外包、网络零售等产业大幅增长。

厦门海沧港

厦门市行政服务中心

厦门市全力打造国际一流的营商环境，推动投资贸易便利化，名列中国服务型政府十佳城市，国际贸易“单一窗口”获评全国自贸试验区最佳实践案例。

、国际花园城市称号

前列

态文明示范区

开放

◆打造自贸试验区升级版

◆打造“一带一路”倡议支点

◆打造两岸融合发展示范区

◆建设最具安全感的城市

◆构建城乡一体全国领先的公共服务体系

◆构筑更加公平可持续的社会保障网

截至2016年底，共60家全球500强企业在厦投资109个项目，投资总额达67.7亿美元

青岛 建设国际城市

按照国家提出的构建开放型经济新体制“建立市场配置资源新机制、形成经济运行管理新模式、形成全方位开放新格局、形成国际合作竞争新优势”的“四新”总体要求，青岛市启动推进国际城市的建设工作。2016年2月份，先后印发实施了《青岛市落实开放发展理念推进国际城市战略实施纲要》《青岛市国际城市战略指标体系》和《青岛市推进“国际化+”行动计划（2016-2017年）》等文件，明确了国际城市建设的方向、路径和重点工作事项。青岛市各区市及有关经济功能区均落实了工作推进机构；市直有关部门都明确了责任处室，制定了工作实施方案；市推进办与市考核办共同研究制定了国际城市战略区市和部门实施工作考核办法；市贸促会启动了青岛市国际城市战略专家咨询委员会组建工作。在实施国际城市战略工作推动下，青岛市的国际化建设水平不断提高，立足城市发展全域营商环境建设，全面启动构建开放性经济新体制的改革创新工作，取得明显成效。

优秀奖——韩美堂《帆影》

优秀奖——王海滨《千帆竞发》

成都

成都简称"蓉"，
别称"锦城""锦官城"，
拥有2300年建城史，
自古被誉为"天府之国"，
辖10区5市5县，
总面积1.43万平方公里，
常住人口1600万，
列全国特大城市第四位。
成都是四川省省会，国家中心城市，
国家历史文化名城，
西部地区重要的经济中心、
科技中心、文创中心、对外交往中心和
综合交通枢纽。

成都先后获得世界美食之都、中国最佳旅游城市、全球未来10年最具发展潜力城市等美誉。截至2016年9月，已与228个国家和地区建立经贸合作关系，世界500强企业已有278家在成都落户，企业数量、投资额及行业面均居中西部城市之首。外国驻成都领事机构达16家，是"中国领馆第三城"。成都作为中国内地第四个、西部地区首个实施"72小时过境免签"的城市，已开通国际国内航线260条，其中国际及地区航线91条，是"中国航空第四城"。成都拥有亚洲最大的铁路集装箱中心站，开通的"蓉欧快铁"国际铁路货运直达班列通达欧洲，是中国第五大铁路枢纽。成都是内陆连接"一带一路"和"长江经济带"的天然交汇点，是"一带一路"支点城市。随着国家全面创新改革、内陆自贸试验区、成渝城市群等战略实施，成都正面临一系列重大历史机遇。

乌兰察布市 深度融入“一带一路”建设

乌兰察布位于祖国正北方、内蒙古自治区中部，总面积5.45万平方公里，总人口287万，是一个以蒙古族为主体、汉族居多数的少数民族地区。素有“中国薯都、风电之都、草原皮都、神舟家园、中国草原避暑之都”等美誉。乌兰察布曾是中原通往中亚的驿道——木柃道（即马道）上的一个重要驿站，是草原丝绸之路、欧亚茶驼之路的重要通道和货物集散地。

新的历史时期，乌兰察布市深入贯彻国家扩大开放战略，认真践行国家领导人考察内蒙古自治区时提出跳出当地、跳出自然条件限制、跳出内蒙古“三个跳出”指示精神，着力构建全方位、宽领域、多层次的开放新格局，努力建成对接俄蒙欧的“桥头堡”“丝绸之路经济带”和“中蒙俄经济走廊”的重要节点城市。《京津冀协同发展规划纲要》明确提出“支持蒙晋冀毗邻地区（乌兰察布—大同—张家口）开展区域合作”。《中欧班列建设发展规划（2016-2020）》将乌兰察布（集宁）确定为中欧班列枢纽节点城市，是唯一一个不是省会城市的铁路枢纽节点城市。

2017年2月，内蒙古自治区党委李纪恒书记在我市调研时指出，“乌兰察布市发展最大的优势是区位，最大的潜力在开放”，要求我市要加快开放,加快面向区内外、俄蒙欧特别是京津冀开放，进一步明确了我市扩大对外开放的根本优势和发展方向。乌兰察布市第四次党代会上提出了实施开放合作和参与“一带一路”的战略目标,围绕建设区域性物流中心、国际物流中心和中欧班列枢纽节点城市，全力打造“五区三港两个口岸”的对外开放载体格局，即提升打造七苏木中欧班列枢纽物流基地、庙梁综合物流产业园区、森诺国际木材加工园区、北方食品药品跨境电商区、万益物流园区“五区”，依托天津港、曹妃甸港、航空港“三港”，加快建设乌兰察布电子口岸中心和集宁机场航空口岸“两个口岸”，构筑最为便捷、通畅、高效的对外开放与国际交通物流大通道。

乌兰察布市位于“丝绸之路经济带”北连俄蒙的线路上，与蒙古国接壤，边境线长达104公里，北通陆地口岸二连浩特市，是我国西北地区向东南出海的必经之地，是连接东北、华北、西北三大经济区的交通枢纽，也是我国通往蒙古、俄罗斯和东欧国家的重要通道。境内京包、集二、集张、集通、大准、北京—莫斯科等铁路纵横交错，京藏、京新、二广高速和110、208国道以及呼满省际大通道在市内交汇。中欧班列北通道中线经二连浩特出境并实现“重去重回”，集宁机场被确定为国际货运机场，临空产业园获批，集宁海关实现区域通关便利化，规划面积100平方公里的庙梁物流产业园区与曹妃甸港、天津港共建内陆港加速推进，北京新雅宝路市场和天津自贸区东疆保税港进口商品集宁直营中心运营良好，占地2000亩的七苏木中欧班列国际物流基地加紧建设，公路港、铁路港、航空港、内陆港“四港一体”渐趋成熟，使乌兰察布由沿海开放的腹地变身为陆路开放的前沿。

风劲扬帆正当时。乌兰察布市将立足历史地缘、区位交通、战略政策、平台载体等优势，实施更加主动的开放策略，面向京津冀、俄蒙欧、沿海沿边经济开放区，打造航空口岸、内陆港、跨境电商区等开放载体，拓宽商贸物流、对外经贸、旅游、社会事业、人文交流等合作领域，全方位扩大对内对外开放，切实承担起参与、融入、助力丝绸之路经济带建设的历史使命。

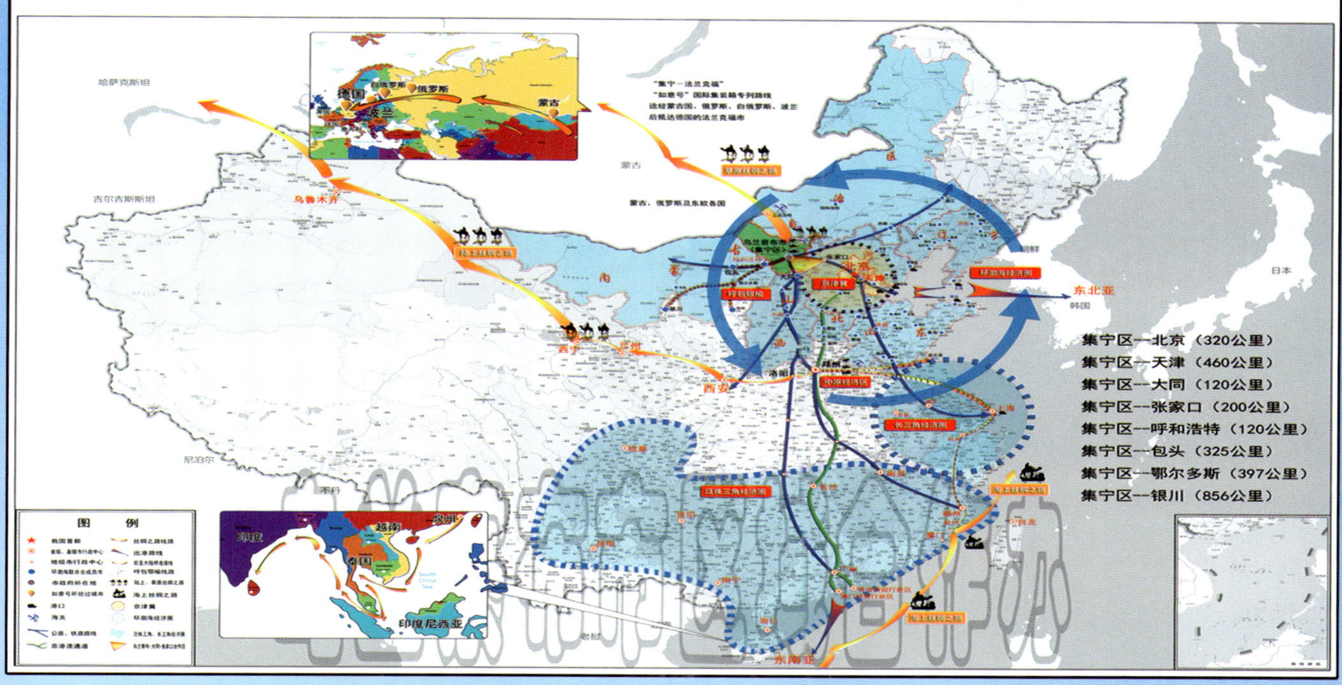

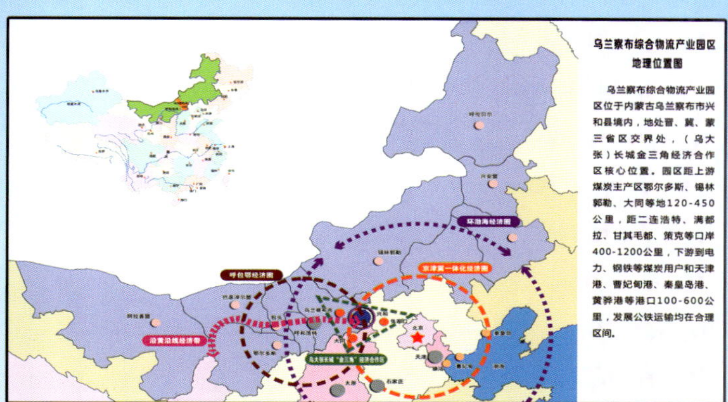

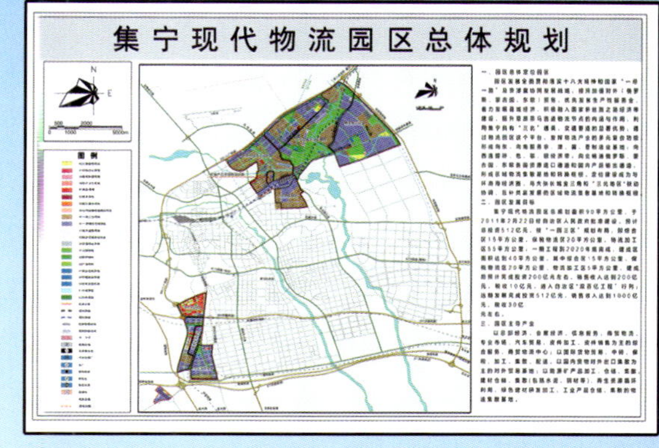

乌兰察布集宁机场

首趟俄罗斯至乌兰察布中欧班列重载返程

乌兰察布市构筑陆路交通大通道

中国 · 新雅宝路商城

中韩盐城产业园

盐城综合保税区

汽车总装线（DYK三工厂）

盐城经济技术开发区

盐城位于黄海之滨，处于“一带一路”和长江经济带交汇区域，长三角一体化和江苏沿海开发两大国家战略在此叠加。盐城是中韩FTA指定的中韩产业园地方合作城市，与韩国方面在政策沟通、设施联通、贸易畅通、资金融通、民心相通等各方面基础坚实、发展前景广阔。

发展定位高端。以“五大发展理念”为指引，以“第四代中外合作园区”为目标定位，致力于“为国家试制度、为开放探路径、为转型作示范、为未来谋发展”。近期规划面积30平方公里，以国家级盐城经济技术开发区为核心区，初步形成“一园三区”、“十大功能平台”、“十大优势合作产业”的发展格局，努力建成“一带一路”倡议实施的重要支点和平台、中国对韩经贸往来的重要通道和基地、促进江苏沿海发展的重要窗口和纽带。

要素保障有力。中韩FTA各项政策可以在园区先行先试，江苏省政府给予20条专项政策支持，盐城市政府与韩国新万金开发厅签署了园区合作共建协议。省、市、区政府共同设立20亿元的中韩盐城产业园发展母基金，带动200亿元银行信贷投资，用于基础设施建设和中韩经济合作项目支持。区内设有韩国新韩银行盐城分行和东方集团公司、世纪新城公司2家国有融资平台和20多家科技金融机构。

经贸合作广泛。盐城已落户现代起亚、摩比斯、京信电子、现代工程等1000多家韩资企业，总投资70多亿美元，其中东风悦达起亚汽车有限公司被誉为中韩两国产业合作成功典范，累计销售乘用车突破450万台。目前，盐韩合作已从单体项目向产业链延伸，从单一工业领域拓展到经贸科技、健康美容、文化创意、旅游观光等诸多领域，从单一的韩资企业扩展至韩国国家部委、地方政府、产业公团、行业协会等多个方面，盐城已成为中国与韩国产业合作密切、韩资企业集聚、投资回报最好的城市之一。2016年，成功举办第15届泛黄海中日韩经济技术交流会议、第5届中韩CEO圆桌会议等重大经贸交流活动。

环境配套优越。盐城同时拥有空港、海港两个国家一类开放口岸，且均已开通直达韩国的航班航线。三条高速公路和新长铁路贯穿境内，通往北京、上海的高速铁路加快建设。2万多名韩国友人常年在盐城工作生活，市区分布150多家韩式餐饮、娱乐、购物场所。园区配套有韩资工业园、韩国社区、国际医院、外国语学校、进口商品直销中心、汽车主题公园等功能设施，韩国元素随处可见，盐城已成为韩国人的“第二故乡”。

中韩盐城产业园将进一步推动中韩FTA政策先行先试，不断深化贸易自由化、投资便利化、金融国际化、管理法治化等改革创新，致力建成引领江苏新时期对外开放的标杆园区和中韩地方合作的典范。

中韩盐城产业园
중한 염성 산업원

韩资工业园

盐城大数据产业园

大丰港

www.ycckip.gov.cn　电子邮箱：zhyccyy@126.com　电话：(86 515) 68821552

中泰崇左产业园

中泰崇左产业园位于崇左城区的东部和北部，处于崇左行政区划的中心位置，规划面积100平方公里，与崇左市中心城区互动发展，具有良好的投资条件。建设这个中泰两国合作的产业园有两个基础：一是中国—东盟多年良好的合作关系，特别是崇左与泰国莫拉限府等建立的友好城市关系；二是崇左市与泰国两仪集团等泰资企业有20多年良好的合作基础。

一、区位

中泰崇左产业园位于中国—中南半岛经济走廊东线南宁至新加坡经济走廊南崇经济产业带的中心位置，距南宁70公里，距钦州海港130公里，距越南首都河内240公里，距泰国首都曼谷1700公里，具有沿边、沿江、近海港、近首府的区位优势。

铁路方面：莫斯科—北京—河内国际联运铁路线和即将开工建设的高速铁路经过产业园。

水路方面：穿过产业园的左江黄金水道上可通达越南，下可通达广州、香港，在产业园内正在建设的崇左港，将成为园区永远的重要枢纽。

公路方面：南友、崇钦、崇靖等高速公路于产业园内交汇，与322国道、多条省道组成产业园出海、达边的公路交通网络。

航空方面：距离吴圩国际机场约70公里，处于南宁空港经济区辐射范围。

二、产业基础

中泰崇左产业园现已引进了泰国两仪、法国康密劳、中国铝业、中粮集团、中国建材、安琪酵母、中信大锰等一批国际、国内知名企业。目前已经具备了从甘蔗初加工——精深加工——副产品综合利用的产业基础，形成了一个完整的甘蔗制糖循环产业链；具备了锰、稀土精深加工的矿业产业基础；引进了一批牛奶、饮料、农副产品加工等企业，食品、药品产业初具规模；引进了一批板材、包装、家具生产企业，家具产业初步形成。产业园现有入园企业全部建成达产后，年产值将超过220亿元人民币；2015年，产业园实现产值超过50亿元人民币。

三、产业发展方向

中泰崇左产业园积极利用“打开门就是越南，走两步就近东盟”的独特区位优势和丰富的资源，开发东南亚及国内市场，重点发展以下产业：

1.特色资源生态加工和新材料加工产业。重点是本地锰、膨润土、稀土等优势矿产资源精深加工和储能材料、记忆材料、合金材料等新材料。

2.东盟特色食品加工业。利用东盟和崇左特色农副产品资源的食品加工业，主要是坚果、饮料、休闲食品、水果、东盟特色食品等加工生产和依托崇左蔗糖资源的功能糖、特种糖、糖基食品的开发生产。

3.木材制造业。利用丰富的林业资源发展林产加工业、利用前店后厂模式推进，集加工、旅游、商贸于一体的创意家具、家饰等泛家居加工产业。

4.对外贸易加工产业。开发东盟市场的五金机电制造、机械装备制造、服装生产、日化产品生产等。

5.物流与仓储业。面向东盟的国际联运联检贸易、进出口商贸零售、服务外包业和包装业等，重点打造东盟产品物流交流平台。

6.服务业。为中国－东盟博览会提供商务、会展服务及为城市提供配套的金融、教育、休闲旅游等服务业。

联系电话：86-771-7824202

电子邮箱：czsgyq@163.com

FELB

数据统计

2014—2016 年“一带一路”沿线部分国家/地区对华投资情况

（单位：万美元）

国别（地区）	2014 年	2015 年	2016 年
埃及	126	50	269
巴基斯坦	2323	65	65
巴林	15	0	0
德国	207056	155636	271046
俄罗斯联邦	4088	1312	499
法国	71207	122390	86975
菲律宾	9707	3867	7760
哈萨克斯坦	3655	953	275
荷兰	63873	75179	55586
捷克	3371	1627	1148
卡塔尔	0	90	0
科威特	694	220	152
马来西亚	15749	48048	22113
蒙古	16	0	0
塞浦路斯	673	195	216
沙特阿拉伯	3061	27774	1345
泰国	6052	4438	5615
土耳其	1272	2701	3205
乌克兰	38	50	172
希腊	147	7	9
新加坡	582668	690407	604668
匈牙利	45	317	325
伊朗	380	246	382
以色列	1342	523	5008
意大利	37200	24519	22317
印度	5075	8080	5181
印度尼西亚	7802	10754	6399
英国	73534	49648	135368
越南	7	0	0

数据来源：商务部

2016年中国企业对“一带一路”沿线国家地区投资情况表

单位：万美元

国家（地区）	2016年流量	2016年底存量
合计	1533968	12941390
阿尔巴尼亚	1	727
阿富汗	221	44050
阿拉伯联合酋长国*	-39138	488830
阿曼*	462	8663
阿塞拜疆*	-2466	2842
埃及	11983	88891
爱沙尼亚	—	350
巴基斯坦*	63294	475911
巴勒斯坦	20	23
巴林	3646	3736
白俄罗斯*	16094	49793
保加利亚*	-1503	16607
波黑	85	860
波兰*	-2411	32132
东帝汶	5533	14794
俄罗斯联邦*	129307	1297951
菲律宾*	3221	71893
格鲁吉亚	2077	55023
哈塞克斯坦	48770	543227
黑山	—	443
吉尔吉斯坦	15874	123782
柬埔寨	62567	436858
捷克	185	22777
卡塔尔	9613	102565
科威特*	5055	57810
克罗地亚	22	1199
拉脱维亚	—	94
老挝	32758	550014
黎巴嫩	—	301

续 表

国家（地区）	2016 年流量	2016 年底存量
立陶宛	225	1529
罗马尼亚	1588	39150
马尔代夫	3341	3578
马来西亚	182996	363396
马其顿	—	210
蒙古	7912	383859
孟加拉	4080	22517
缅甸	28769	462042
摩尔多瓦	—	387
尼泊尔	-4882	24705
塞尔维亚	3079	8268
沙特阿拉伯	2390	260729
斯里兰卡	-6023	72891
斯洛伐克*	—	8277
斯洛文尼亚	2186	2686
塔吉克斯坦*	27241	116703
泰国*	112169	453348
土耳其	-9612	106138
土库曼斯坦	-2376	24908
文莱	14210	20377
乌克兰*	192	6671
乌兹别克斯坦	17887	105771
新加坡*	317186	3344564
匈牙利*	5746	31370
叙利亚	-69	1031
亚美利亚	—	751
也门	-41315	3921
伊拉克	-5287	55781
伊朗	39037	333081
以色列*	184130	422988
印度*	9293	310751
印度尼西亚	146088	954554
约旦	613	3949
越南	127904	498363

注：“*”表示该国家（地区）2016 年末存量数据中包含对以往历史数据进行的调整。

2016 年中国对“一带一路”沿线国家贸易情况

序号	国家	进出口总额（万美元）	进口总额（万美元）	出口总额（万美元）
1	阿尔巴尼亚	635568	129049	506519
2	阿富汗	435119	4533	430587
3	阿联酋	40057197	9989852	30067345
4	阿曼	14170146	12022471	2147675
5	阿塞拜疆	757941	412082	345859
6	埃及	10986877	552547	10434330
7	埃塞俄比亚	3633866	419421	3214445
8	爱沙尼亚	1175246	211679	963567
9	巴基斯坦	19134763	1906647	17228116
10	巴勒斯坦	59617	309	59308
11	巴林	854161	63748	790413
12	白俄罗斯	1524388	435163	1089225
13	保加利亚	1643708	588250	1055458
14	波黑	107579	43551	64028
15	波兰	17625677	2533963	15091714
16	不丹	4961	132	4829
17	东帝汶	164485	292	164194
18	俄罗斯	69562671	32228585	37334085
19	菲律宾	47207509	17374726	29832783
20	格鲁吉亚	798718	53563	745154
21	哈萨克斯坦	13093302	4803911	8289391
22	韩国	252575901	158867739	93708162
23	黑山	141255	32585	108670
24	吉尔吉斯斯坦	5676363	71235	5605128
25	柬埔寨	4758852	830202	3928650
26	捷克	11006923	2948277	8058646
27	卡塔尔	5525250	4009716	1515535
28	科威特	9367102	6366405	3000698
29	克罗地亚	114053	161414	1016662
30	拉脱维亚	1194480	132158	1062323
31	老挝	2338454	1352631	985823
32	黎巴嫩	2116989	17667	2099322

续表

序号	国家	进出口总额（万美元）	进口总额（万美元）	出口总额（万美元）
33	立陶宛	1454121	163578	1290543
34	罗马尼亚	4899273	1451840	3447433
35	马尔代夫	320968	238	320730
36	马来西亚	86875853	49212513	37663339
37	马其顿	136720	46675	90045
38	蒙古国	4606588	3618642	987946
39	孟加拉国	15167849	869079	14298769
40	缅甸	12284412	4095777	8188634
41	摩尔多瓦	101086	24372	76715
42	南非	35338880	22490589	12848291
43	尼泊尔	888256	22207	866049
44	塞尔维亚	593932	162657	431275
45	沙特阿拉伯	42263594	23614500	18649094
46	斯里兰卡	4559897	273377	4286520
47	斯洛伐克	5271144	2409898	2861246
48	斯洛文尼亚	2705544	436540	2269004
49	塔吉克斯坦	1755834	31245	1724589
50	泰国	75865394	38678610	37186784
51	土耳其	19468781	2784869	16683912
52	土库曼斯坦	5901738	5563295	338443
53	文莱	718604	207921	510683
54	乌克兰	6704427	2487605	4216822
55	乌兹别克斯坦	3614147	1607024	2007123
56	新加坡	70423736	25947950	44475786
57	新西兰	11903254	7139705	4763548
58	匈牙利	8884806	3462246	5422560
59	叙利亚	918479	3262	915217
60	亚美尼亚	388050	276995	111055
61	也门	1858359	166028	1692331
62	伊拉克	18200319	10653707	7546612
63	伊朗	31233582	14817102	16416480
64	以色列	11352920	3178673	8174247
65	印度	70147595	11757139	58390456
66	印度尼西亚	53508106	21393011	32115095
67	约旦	3165218	211180	2954038
68	越南	98225896	37125960	61099936

数据来源：中国海关统计、国家统计局

2016年中国对“一带一路”沿线国家贸易投资合作情况

2016年，中国与“一带一路”沿线国家的进出口总额为6.3万亿元人民币，增长0.6%。其中出口3.8万亿元，增长0.7%；进口2.4万亿元，增长0.5%。

2016年，我国企业共对“一带一路”沿线的53个国家进行了非金融类直接投资145.3亿美元，同比下降2%，占同期总额的8.5%，主要流向新加坡、印尼、印度、泰国、马来西亚等国家地区。

对外承包工程方面，2016年我国企业在“一带一路”沿线61个国家新签对外承包工程项目合同8158份，新签合同额1260.3亿美元，占同期我国对外承包工程新签合同额的51.6%，同比增长36%；完成营业额759.7亿美元，占同期总额的47.7%，同比增长9.7%。

截至2016年底，我企业在“一带一路”沿线国家建立初具规模的合作区56家，累计投资185.5亿美元，入区企业1082家，总产值506.9亿美元，上缴东道国税费10.7亿美元，为当地创造就业岗位17.7万个。

资料来源：商务部网站

2003—2016年中国对“一带一路”沿线国家的直接投资规模及比例

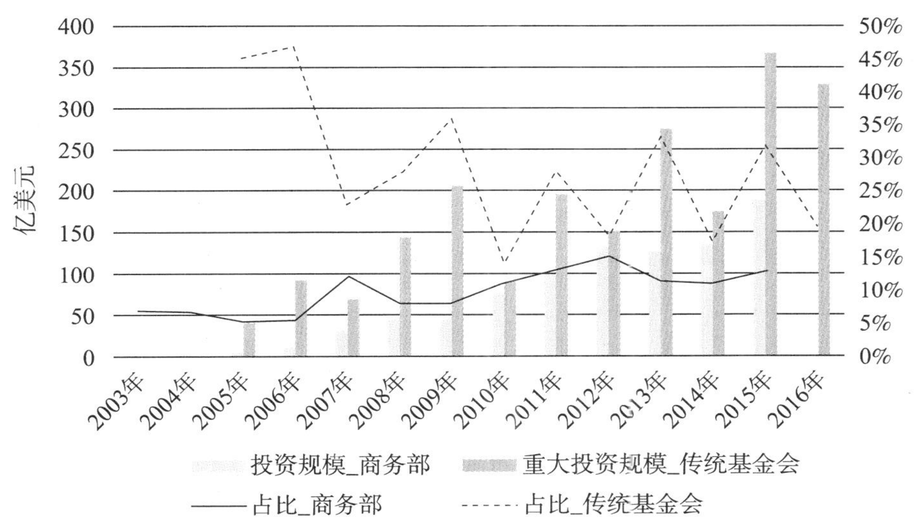

资料来源：商务部、The Heritage Foundation

2005—2016年中国对“一带一路”沿线国家大型投资项目的行业结构

（单位：亿美元）

时间	能源	交通	金属矿石	不动产	技术	农业	金融	化学	其他
2005	46.9								
2006	60	9.7	9.4	13					1.2
2007	20.1	1.5	43.2		4.6				0
2008	72.2	49.1	21.6			2			0
2009	184.6	4.7	4.8		5		5.3		2.8
2010	40.5	1.5	21.4	6	3	14.4		1.9	3
2011	115.9	14.3	27.4	16.9		1	1	19.2	1.2
2012	57.2	10.2	28.8	26.7	15		10		4.7
2013	174.4	9.1	21.3	30.5	3.5	20.4	2	1.1	9.1
2014	84.9	15.2	11.9	5	30.6	15.6	3.2		9.4
2015	217.5	48.1	20.4	13.2	19.2	4.4	17		29.1
2016	121.7	61.7	4.1	16.7	19.3	17.6	21.2		66.7
合计	1195.9	225.1	214.3	128	100.2	75.4	59.7	22.2	127.2

数据来源：The Heritage Foundation

2005—2016年中国对“一带一路”沿线国家并购投资的规模及比例

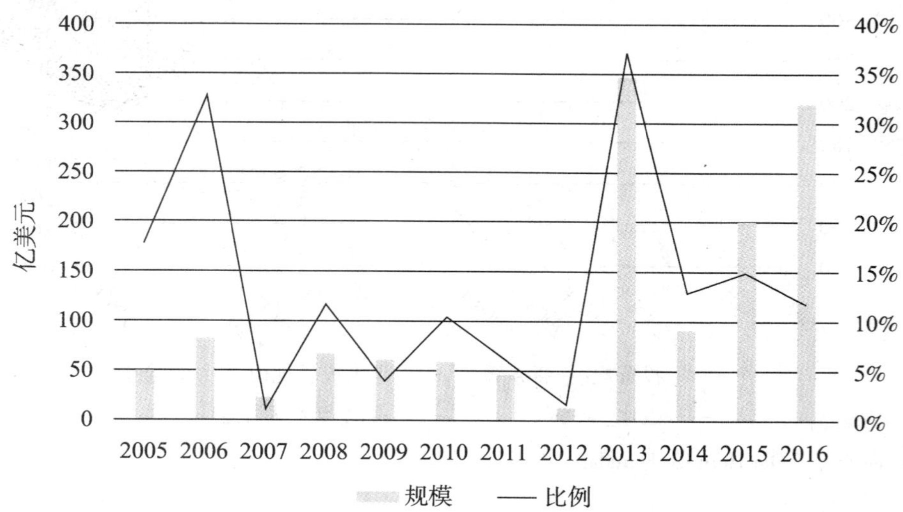

数据来源：Dealogic 数据库

2005—2016 年中国对“一带一路”沿线国家并购的区域分布

（单位：亿美元）

时间	东盟	独联体	中亚	西亚	东亚	南亚	中东欧
2005	8.1		41.8	0.0	0.9		0.1
2006	20.2	41.5	20.7	0.0	0.5	0.0	
2007	13.1	0.4	0.6	6.2	0.0	4.2	
2008	57.0	10.3	0.3			0.2	0.5
2009	35.9	4.9	11.5	3.0	0.4	3.3	2.1
2010	19.2	14.7	0.6	24.0	0.8	0.5	0.3
2011	12.8	0.9	11.6	1.8	1.6	1.6	17.0
2012	6.1	5.8	0.7	0.3	0.2	0.8	0.4
2013	50.5	131.6	129.5	34.3	1.0	0.9	0.3
2014	53.4	0.0	15.0	19.6	0.6	0.4	2.6
2015	80.9	28.9	15.8	27.0	20.0	17.4	11.2
2016	58.1	44.5	25.8	123.2		43.7	26.2
合计	415.3	283.6	274.0	239.4	26.1	72.8	60.8

数据来源：Dealogic 数据库

2005—2016 年中国对“一带一路”沿线国家并购的行业分布

（单位：亿美元）

	油气	IT 通信	采矿	公用和能源	化学	金融	不动产	运输	医保	消费品	食品饮料	其他
2005	50.0		0.0	0.0			0.8				0.0	0.1
2006	62.3		10.0	0.5		9.8				0.0		0.3
2007	6.2	4.2	4.7	0.9		0.6	0.6	0.0	1.2	0.0	0.2	5.8
2008	3.6	0.7	0.3	36.2	1.1	20.1	0.0			2.1	0.1	4.2
2009	37.5	0.1	7.4	1.2	2.2	5.3	0.5	0.2	0.0	0.1	0.0	6.6
2010	17.8	0.8	2.4	1.8	21.1	0.1	2.2	5.5	0.1			8.2
2011	5.0	1.5	11.2	0.2	15.6	0.8	2.8	1.4	1.2	1.2	0.8	5.5
2012	0.6	0.8	7.6	0.1	1.1	1.0	1.6	0.1	0.1	0.5		0.8
2013	253.6	0.6	35.7	0.2	22.0	13.3	10.9	1.4	2.7	0.7	0.4	6.6
2014	15.3	28.9	3.0	1.0		3.2	4.4	2.7	1.3	0.0	13.9	18.0
015	42.6	24.1	21.2	49.9	0.0	6.8	9.6	14.6	6.2	12.8	7.5	5.9
2016	34.0	89.3	44.0	35.7	51.2	5.1	21.5	14.0	14.8	8.1	0.2	3.6
合计	528.6	151.1	147.5	127.5	114.3	66.1	54.9	39.9	27.7	25.4	23.1	65.8

数据来源：Dealogic 数据库

2005—2016 年中国在“一带一路”沿线国家承接的大型工程项目的规模及比例

（单位：亿美元）

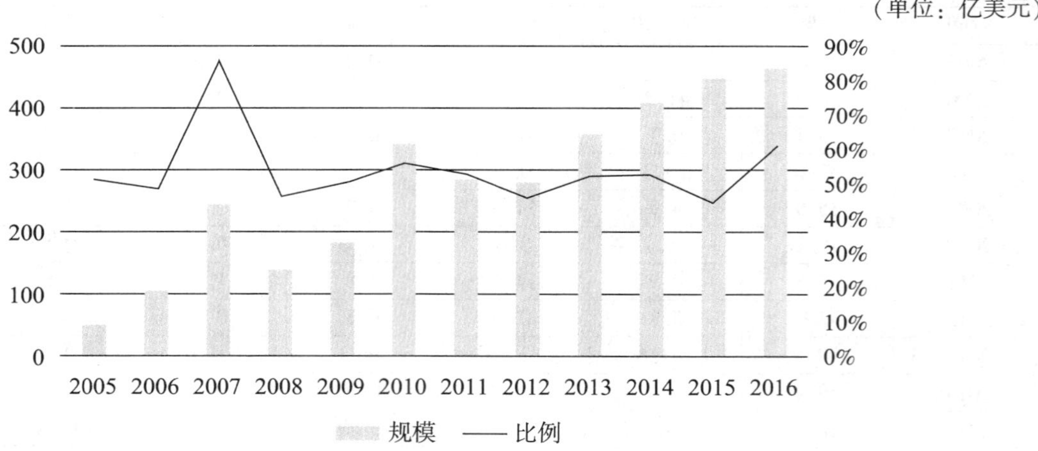

数据来源：The Heritage Foundation

2005—2016 年中国在“一带一路”沿线国家承接的大型工程项目的区域分布

（单位：亿美元）

	西亚	东盟	南亚	独联体	中亚	中东欧
2005	35. 2	13. 1			3. 0	
2006	44. 7	23. 9	30. 0		7. 0	
2007	86. 3	68. 4	54. 9	8. 3	24. 5	1. 7
2008	56. 0	59. 1	11. 7	11. 8	1. 7	1. 3
2009	64. 5	45. 1	30. 6	8. 2	33. 9	1. 0
2010	83. 4	132. 9	69. 1	30. 5	19. 9	7. 3
2011	71. 8	73. 2	29. 1	99. 4	12. 4	
2012	73. 3	82. 0	21. 5	8. 7	71. 4	25. 0
2013	106. 2	80. 3	129. 2	2. 5	4. 6	35. 9
2014	101. 5	72. 4	126. 6	46. 7	50. 4	12. 5
2015	86. 6	134. 1	142. 1	38. 6	24. 2	13. 3
2016	195. 4	149. 4	99. 4	6. 0	4. 9	9. 0
合计	1004. 9	933. 9	744. 2	260. 7	257. 9	107. 0

数据来源：The Heritage Foundation

2005—2016年中国在“一带一路”沿线国家承接的大型工程项目的行业结构

（单位：亿美元）

	能源	交通	不动产	金属矿石	农业	化学	公共事业	技术	其他
2005	11.1	15.7	7.5	12.0		3.5	1.5		
2006	71.6	11.0	13.2		4.3			5.5	
2007	158.3	14.4	23.0	41.0	3.5		1.0	1.5	1.4
2008	69.7	20.9	17.2	6.6	14.6		1.4	4.0	7.2
2009	108.9	36.0	24.9	4.4			1.1	9.2	
2010	224.6	27.8	26.3	24.4	19.0	12.6	2.9	4.2	1.3
2011	135.2	78.5	22.8	27.3	12.2	1.3			8.6
2012	126.6	37.3	57.4	16.0	12.6		4.4	9.5	18.1
2013	200.2	80.2	13.7	30.4		11.0	13.5	4.3	5.4
2014	188.5	124.8	41.6	22.8	6.9	14.3	6.7	1.2	3.3
2015	134.8	188.3	27.5	11.2	12.6	22.7	24.9		26.8
2016	215.9	140.0	68.3	5.8	8.9	7.5	2.7	9.1	7
合计	1645.4	774.9	343.4	201.9	94.6	72.9	60.1	48.5	79.1

数据来源：The Heritage Foundation

规划方案

推动共建丝绸之路经济带和21世纪海上丝绸之路的愿景与行动

国家发展改革委　外交部　商务部

前言

2000多年前，亚欧大陆上勤劳勇敢的人民，探索出多条连接亚欧非几大文明的贸易和人文交流通路，后人将其统称为“丝绸之路”。千百年来，“和平合作、开放包容、互学互鉴、互利共赢”的丝绸之路精神薪火相传，推进了人类文明进步，是促进沿线各国繁荣发展的重要纽带，是东西方交流合作的象征，是世界各国共有的历史文化遗产。

进入21世纪，在以和平、发展、合作、共赢为主题的新时代，面对复苏乏力的全球经济形势，纷繁复杂的国际和地区局面，传承和弘扬丝绸之路精神更显重要和珍贵。

2013年9月和10月，中国国家主席习近平在出访中亚和东南亚国家期间，先后提出共建“丝绸之路经济带”和“21世纪海上丝绸之路”（以下简称“一带一路”）的重大倡议，得到国际社会高度关注。中国国务院总理李克强参加2013年中国—东盟博览会时强调，铺就面向东盟的海上丝绸之路，打造带动腹地发展的战略支点。加快“一带一路”建设，有利于促进沿线各国经济繁荣与区域经济合作，加强不同文明交流互鉴，促进世界和平发展，是一项造福世界各国人民的伟大事业。

“一带一路”建设是一项系统工程，要坚持共商、共建、共享原则，积极推进沿线国家发展战略的相互对接。为推进实施“一带一路”重大倡议，让古丝绸之路焕发新的生机活力，以新的形式使亚欧非各国联系更加紧密，互利合作迈向新的历史高度，中国政府特制定并发布《推动共建丝绸之路经济带和21世纪海上丝绸之路的愿景与行动》。

一、时代背景

当今世界正发生复杂深刻的变化，国际金融危机深层次影响继续显现，世界经济缓慢复苏、发展分化，国际投资贸易格局和多边投资贸易规则酝酿深刻调整，各国面临的发展问题依然严峻。共建“一带一路”顺应世界多极化、经济全球化、文化多样化、社会信息化的潮流，秉持开放的区域合作精神，致力于维护全球自由贸易体系和开放型世界经济。共建“一带一路”旨在促进经济要素有序自由流动、资源高效配置和市场深度融合，推动沿线各国实现经济政策协调，开展更大范围、更高水平、更深层次的区域合作，共同打造开放、包容、均衡、普惠的区域经济合作架构。共建“一带一路”符合国际社会的根本利益，彰显人类社会共同理想和美好追求，是国际合作以及全球治理新模式的积极探索，将为世界和平发展增添新的正能量。

共建“一带一路”致力于亚欧非大陆及附近海洋的互联互通，建立和加强沿线各国互联互通伙伴关系，构建全方位、多层次、复合型的互联互通网络，实现沿线各国多元、自主、平衡、可持续的发展。“一带一路”的互联互通项目将推动沿线各国发展战略的对接与耦合，发掘区域内市场的潜力，促进投资和消费，创造需求和就业，增进沿线各国人民的人文交流与文明互鉴，让各国人民相逢相知、互信互敬，共享和谐、安宁、富裕的生活。

当前，中国经济和世界经济高度关联。中国将一以贯之地坚持对外开放的基本国策，构建全方位开放新格局，深度融入世界经济体系。推进“一带一路”建设既是中国扩大和深化对外开放的需要，也是加强和亚欧非及世界各国互利合作的需要，中国愿意在力所能及的范围内承担更多责任义务，为人类和平发展作出更大的贡献。

二、共建原则

恪守联合国宪章的宗旨和原则。遵守和平共处五项原则，即尊重各国主权和领土完整、互不侵犯、互不干涉内政、和平共处、平等互利。

坚持开放合作。“一带一路”相关的国家基于但不限于古代丝绸之路的范围，各国和国际、地区组织均可参与，让共建成果惠及更广泛的区域。

坚持和谐包容。倡导文明宽容，尊重各国发展道路和模式的选择，加强不同文明之间的对话，求同存异、兼容并蓄、和平共处、共生共荣。

坚持市场运作。遵循市场规律和国际通行规则，充分发挥市场在资源配置中的决定性作用和各类企业的主体作用，同时发挥好政府的作用。

坚持互利共赢。兼顾各方利益和关切，寻求利益契合点和合作最大公约数，体现各方智慧和创意，各施所长，各尽所能，把各方优势和潜力充分发挥出来。

三、框架思路

“一带一路”是促进共同发展、实现共同繁荣的合作共赢之路，是增进理解信任、加强全方位交流的和平友谊之路。中国政府倡议，秉持和平合作、开放包容、互学互鉴、互利共赢的理念，全方位推进务实合作，打造政治互信、经济融合、文化包容的利益共同体、命运共同体和责任共同体。

“一带一路”贯穿亚欧非大陆，一头是活跃的东亚经济圈，一头是发达的欧洲经济圈，中间广大腹地国家经济发展潜力巨大。丝绸之路经济带重点畅通中国经中亚、俄罗斯至欧洲（波罗的海）；中国经中亚、西亚至波斯湾、地中海；中国至东南亚、南亚、印度洋。21世纪海上丝绸之路重点方向是从中国沿海港口过南海到印度洋，延伸至欧洲；从中国沿海港口过南海到南太平洋。

根据“一带一路”走向，陆上依托国际大通道，以沿线中心城市为支撑，以重点经贸产业园区为合作平台，共同打造新亚欧大陆桥、中蒙俄、中国—中亚—西亚、中国—中南半岛等国际经济合作走廊；海上以重点港口为节点，共同建设通畅安全高效的运输大通道。中巴、孟中印缅两个经济走廊与推进“一带一路”建设关联紧密，要进一步推动合作，取得更大进展。

“一带一路”建设是沿线各国开放合作的宏大经济愿景，需各国携手努力，朝着互利互惠、共同安全的目标相向而行。努力实现区域基础设施更加完善，安全高效的陆海空通道网络基本形成，互联互通达到新水平；投资贸易便利化水平进一步提升，高标准自由贸易区网络基本形成，经济联系更加紧密，政治互信更加深入；人文交流更加广泛深入，不同文明互鉴共荣，各国人民相知相交、和平友好。

四、合作重点

沿线各国资源禀赋各异，经济互补性较强，彼此合作潜力和空间很大。以政策沟通、设施联通、贸易畅通、资金融通、民心相通为主要内容，重点在以下方面加强合作。

政策沟通。加强政策沟通是“一带一路”建设的重要保障。加强政府间合作，积极构建多层次政府间宏观政策沟通交流机制，深化利益融合，促进政治互信，达成合作新共识。沿线各国可以就经济发展战略和对策进行充分交流对接，共同制定推进区域合作的规划和措施，协商解决合作中的问题，共同为务实合作及大型项目实施提供政策支持。

设施联通。基础设施互联互通是“一带一路”建设的优先领域。在尊重相关国家主权和安全关切的基础上，沿线国家宜加强基础设施建设规划、技术标准体系的对接，共同推进国际骨干通道建设，逐步形成连接亚洲各次区域以及亚欧非之间的基础设施网络。强化基础设施绿色低碳化建设和运营管理，在建设中充分考虑气候变化影响。

抓住交通基础设施的关键通道、关键节点和重点工程，优先打通缺失路段，畅通瓶颈路段，配套完善道路安全防护设施和交通管理设施设备，提升道路通达水平。推进建立统一的全程运输协调机制，促进国际通关、换装、多式联运有机衔接，逐步形成兼容规范的运输规则，实现国际运输便利化。推动口岸基础设施建设，畅通陆水联运通道，推进港口合作建设，增加海上航线和班次，加强海上物流信息化合作。拓展建立民航全面合作的平台和机制，加快提升航空基础设施水平。

加强能源基础设施互联互通合作，共同维护输油、输气管道等运输通道安全，推进跨境电力与输电通道建设，积极开展区域电网升级改造合作。

共同推进跨境光缆等通信干线网络建设，提高国际通信互联互通水平，畅通信息丝绸之路。加快推进双边跨境光缆等建设，规划建设洲际海底光缆项目，完善空中（卫星）信息通道，扩大信息交流与合作。

贸易畅通。投资贸易合作是“一带一路”建设的重点内容。宜着力研究解决投资贸易便利化问题，消除投资和贸易壁垒，构建区域内和各国良好的营商环境，积极同沿线国家和地区共同商建自由贸易区，激发释放合作潜力，做大做好合作“蛋糕”。

沿线国家宜加强信息互换、监管互认、执法互助的海关合作，以及检验检疫、认证认可、标准计量、统计信息等方面的双多边合作，推动世界贸易组织《贸易便利化协定》生效和实施。改善边境口岸通关设施条件，加快边境口岸“单一窗口”建设，降低通关成本，提升通关能力。加强供应链安全与便利化合作，推进跨境监管程序协调，推动检验检疫证书国际互联网核查，开展“经认证的经营者”（AEO）互认。降低非关税壁垒，共同提高技术性贸易措施透明度，提高贸易自由化便利化水平。

拓宽贸易领域，优化贸易结构，挖掘贸易新增长点，促进贸易平衡。创新贸易方式，发展跨境电子商务等新的商业业态。建立健全服务贸易促进体系，巩固和扩大传统贸易，大力发展现代服务贸易。把投资和贸易有机结合起来，以投资带动贸易发展。

加快投资便利化进程，消除投资壁垒。加强双边投资保护协定、避免双重征税协定磋商，保护投资者的合法权益。

拓展相互投资领域，开展农林牧渔业、农机及农产品生产加工等领域深度合作，积极推进海水养殖、远洋渔业、水产品加工、海水淡化、海洋生物制药、海洋工程技术、环保产业和海上旅游等领域合作。加大煤炭、油气、金属矿产等传统能源资源勘探开发合作，积极推动水电、核电、风电、太阳能等清洁、可再生能源合作，推进能源资源就地就近加工转化合作，形成能源资源合作上下游一体化产业链。加强能源资源深加工技术、装备与工程服务合作。

推动新兴产业合作，按照优势互补、互利共赢的原则，促进沿线国家加强在新一代信息技术、生物、新能源、新材料等新兴产业领域的深入合作，推动建立创业投资合作机制。

优化产业链分工布局，推动上下游产业链和关联产业协同发展，鼓励建立研发、生产和营销体系，提升区域产业配套能力和综合竞争力。扩大服务业相互开放，推动区域服务业加快发展。探索投资合作新模式，鼓励合作建设境外经贸合作区、跨境经济合作区等各类产业园区，促进产业集群发展。在投资贸易中突出生态文明理念，加强生态环境、生物多样性和应对气候变化合作，共建绿色丝绸之路。

中国欢迎各国企业来华投资。鼓励本国企业参与沿线国家基础设施建设和产业投资。促进企业按属地化原则经营管理，积极帮助当地发展经济、增加就业、改善民生，主动承担社会责任，严格保护生物多样性和生态环境。

资金融通。资金融通是“一带一路”建设的重要支撑。深化金融合作，推进亚洲货币稳定体系、投融资体系和信用体系建设。扩大沿线国家双边本币互换、结算的范围和规模。推动亚洲债券市场的开放和发展。共同推进亚洲基础设施投资银行、金砖国家开发银行筹建，有关各方就建立上海合作组织融资机构开展磋商。加快丝路基金组建运营。深化中国—东盟银行联合体、上合组织银行联合体务实合作，以银团贷款、银行授信等方式开展多边金融合作。支持沿线国家政府和信用等级较高的企业以及金融机构在中国境内发行人民币债券。符合条件的中国境内金融机构和企业可以在境外发行人民币债券和外币债券，鼓励在沿线国家使用所筹资金。

加强金融监管合作，推动签署双边监管合作谅解备忘录，逐步在区域内建立高效监管协调机制。完善风险应对和危机处置制度安排，构建区域性金融风险预警系统，形成应对跨境风险和危机处置的交流合作机制。加强征信管理部门、征信机构和评级机构之间的跨境交流与合作。充分发挥丝路基金以及各国主权基金作用，引导商业性股权投资基金和社会资金共同参与“一带一路”重点项目建设。

民心相通。民心相通是“一带一路”建设的社会根基。传承和弘扬丝绸之路友好合作精神，广泛开展文化交流、学术往来、人才交流合作、媒体合作、青年和妇女交往、志愿者服务等，为深化双多边合作奠定坚实的民意基础。

扩大相互间留学生规模，开展合作办学，中国每年向沿线国家提供1万个政府奖学金名额。沿线国家间互办文化年、艺术节、电影节、电视周和图书展等活动，合作开展广播影视剧精品创作及翻译，联合申请世界文化遗产，共同开展世界遗产的联合保护工作。深化沿线国家间人才交流合作。

加强旅游合作，扩大旅游规模，互办旅游推广周、宣传月等活动，联合打造具有丝绸之路特色的国际精品旅游线路和旅游产品，提高沿线各国游客签证便利化水平。推动21世纪海上丝绸之路邮轮旅游合作。积极开展体育交流活动，支持沿线国家申办重大国际体育赛事。

强化与周边国家在传染病疫情信息沟通、防治技术交流、专业人才培养等方面的合作，提高合作处理突发公共卫生事件的能力。为有关国家提供医疗援助和应急医疗救助，在妇幼健康、残疾人康复以及艾滋病、结核、疟疾等主要传染病领域开展务实合作，扩大在传统医药领域的合作。

加强科技合作，共建联合实验室（研究中心）、国际技术转移中心、海上合作中心，促进科技人员交流，合作开展重大科技攻关，共同提升科技创新能力。

整合现有资源，积极开拓和推进与沿线国家在青年就业、创业培训、职业技能开发、社会保障管理服务、公共行政管理等共同关心领域的务实合作。

充分发挥政党、议会交往的桥梁作用，加强沿线国家之间立法机构、主要党派和政治组织的友好往来。开展城市交流合作，欢迎沿线国家重要城市之间互结友好城市，以人文交流为重点，突出务实合作，形成更多鲜活的合作范例。欢迎沿线国家智库之间开展联合研究、合作举办论坛等。

加强沿线国家民间组织的交流合作，重点面向基层民众，广泛开展教育医疗、减贫开发、生物多样性和生态环保等各类公益慈善活动，促进沿线贫困地区生产生活条件改善。加强文化传媒的国际交流合作，积极利用网络平台，运用新媒体工具，塑造和谐友好的文化生态和舆论环境。

五、合作机制

当前，世界经济融合加速发展，区域合作方兴未艾。积极利用现有双多边合作机制，推动“一带一路”建设，促进区域合作蓬勃发展。

加强双边合作，开展多层次、多渠道沟通磋商，推动双边关系全面发展。推动签署合作备忘录或合作规划，建设一批双边合作示范。建立完善双边联合工作机制，研究推进“一带一路”建设的实施方案、行动路线图。充分发挥现有联委会、混委会、协委会、指导委员会、管理委员会等双边机制作用，协调推动合作项目实施。

强化多边合作机制作用，发挥上海合作组织（SCO）、中国—东盟“10+1”、亚太经合组织（APEC）、亚欧会议（ASEM）、亚洲合作对话（ACD）、亚信会议（CICA）、中阿合作论坛、中国—海合会战略对话、大湄公河次区域（GMS）经济合作、中亚区域经济合作（CAREC）等现有多边合作机制作用，相关国家加强沟通，让更多国家和地区参与“一带一路”建设。

继续发挥沿线各国区域、次区域相关国际论坛、展会以及博鳌亚洲论坛、中国—东盟博览会、中国—亚欧博览会、欧亚经济论坛、中国国际投资贸易洽谈会，以及中国—南亚博览会、中国—阿拉伯博览会、中国西部国际博览会、中国—俄罗斯博览会、前海合作论坛等平台的建设性作用。支持沿线国家地方、民间挖掘“一带一路”历史文化遗产，联合举办专项投资、贸易、文化交流活动，办好丝绸之路（敦煌）国际文化博览会、丝绸之路国际电影节和图书展。倡议建立“一带一路”国际高峰论坛。

六、中国各地方开放态势

推进“一带一路”建设，中国将充分发挥国内各地区比较优势，实行更加积极主动的开放战略，加强东中西互动合作，全面提升开放型经济水平。

西北、东北地区。发挥新疆独特的区位优势和向西开放重要窗口作用，深化与中亚、南亚、西亚等国家交流合作，形成丝绸之路经济带上重要的交通枢纽、商贸物流和文化科教中心，打造丝绸之路经济带核心区。发挥陕西、甘肃综合经济文化和宁夏、青海民族人文优势，打造西安内陆型改革开放新高地，加快兰州、西宁开发开放，推进宁夏内陆开放型经济试验区建设，形成面向中亚、南亚、西亚国家的通道、商贸物流枢纽、重要产业和人文交流基地。发挥内蒙古联通俄蒙的区位优势，完善黑龙江对俄铁路通道和区域铁路网，以及黑龙江、吉林、辽宁与俄远东地区陆海联运合作，推进构建北京—莫斯科欧亚高速运输走廊，建设向北开放的重要窗口。

西南地区。发挥广西与东盟国家陆海相邻的独特优势，加快北部湾经济区和珠江—西江经济带开放发展，构建面向东盟区域的国际通道，打造西南、中南地区开放发展新的战略支点，形成21世纪海上丝绸之路与丝绸之路经济带有机衔接的重要门户。发挥云南区位优势，推进与周边国家的国际运输通道建设，打造大湄公河次区域经济合作新高地，建设成为面向南亚、东南亚的辐射中心。推进西藏与尼泊尔等国家边境贸易和旅游文化合作。

沿海和港澳台地区。利用长三角、珠三角、海峡西岸、环渤海等经济区开放程度高、经济实力强、辐射带动作用大的优势，加快推进中国（上海）自由贸易试验区建设，支持福建建设21世纪海上丝绸之路核心区。充分发挥深圳前海、广州南沙、珠海横琴、福建平潭等开放合作区作用，深化与港澳台合作，打造粤港澳大湾区。推进浙江海洋经济发展示范区、福建海峡蓝色经济试验区和舟山群岛新区建设，加大海南国际旅游岛开发开放力度。加强上海、天津、宁波—舟山、广州、深圳、湛江、汕头、青岛、烟台、大连、福州、厦门、泉州、海口、三亚等沿海城市港口建设，强化上海、广州等国际枢纽机场功能。以扩大开放倒逼深层次改革，创新开放型经济体制机制，加大科技创新力度，形成参与和引领国际合作竞争新优势，成为“一带一路”特别是21世纪海上丝绸之路建设的排头兵和主力军。发挥海外侨胞以及香港、澳门特别行政区独特优势作用，积极参与和助力“一带一路”建设。为台湾地区参与“一带一路”建设作出妥善安排。

内陆地区。利用内陆纵深广阔、人力资源丰富、产业基础较好优势，依托长江中游城市群、成渝城市群、中原城市群、呼包鄂榆城市群、哈长城市群等重点区域，推动区域互动合作和产业集聚发展，打造重庆西部开发开放重要支撑和成都、郑州、武汉、长沙、南昌、合肥等内陆开放型经济高地。加快推动长江中上游地区和俄罗斯伏尔加河沿岸联邦区的合作。建立中欧通道铁路运输、口岸通关协调机制，打造“中欧班列”品牌，建设沟通境内外、连接东中西的运输通道。支持郑州、西安等内陆城市建设航空港、国际陆港，加强内陆口岸与沿海、沿边口岸通关合作，开展跨境贸易电子商务服务试点。优化海关特殊监管区域布局，创新加工贸易模式，深化与沿线国家的产业合作。

七、中国积极行动

一年多来，中国政府积极推动“一带一路”建设，加强与沿线国家的沟通磋商，推动与沿线国家的务实合作，实施了一系列政策措施，努力收获早期成果。

高层引领推动。习近平主席、李克强总理等国家领导人先后出访20多个国家，出席加强互联互通伙伴关系对话会、中阿合作论坛第六届部长级会议，就双边关系和地区发展问题，多次与有关国家元首和政府首脑进行会晤，深入阐释“一带一路”的深刻内涵和积极意义，就共建“一带一路”达成广泛共识。

签署合作框架。与部分国家签署了共建“一带一路”合作备忘录，与一些毗邻国家签署了地区合作和边境合作的备忘录以及经贸合作中长期发展规划。研究编制与一些毗邻国家的地区合作规划纲要。

推动项目建设。加强与沿线有关国家的沟通磋商，在基础设施互联互通、产业投资、资源开发、经贸合作、金融合作、人文交流、生态保护、海上合作等领域，推进了一批条件成熟的重点合作项目。

完善政策措施。中国政府统筹国内各种资源，强化政策支持。推动亚洲基础设施投资银行筹建，发起设立丝路基金，强化中国—欧亚经济合作基金投资功能。推动银行卡清算机构开展跨境清算业务和支付机构开展跨境支付业务。积极推进投资贸易便利化，推进区域通关一体化改革。

发挥平台作用。各地成功举办了一系列以

“一带一路”为主题的国际峰会、论坛、研讨会、博览会，对增进理解、凝聚共识、深化合作发挥了重要作用。

八、共创美好未来

共建“一带一路”是中国的倡议，也是中国与沿线国家的共同愿望。站在新的起点上，中国愿与沿线国家一道，以共建“一带一路”为契机，平等协商，兼顾各方利益，反映各方诉求，携手推动更大范围、更高水平、更深层次的大开放、大交流、大融合。“一带一路”建设是开放的、包容的，欢迎世界各国和国际、地区组织积极参与。

共建“一带一路”的途径是以目标协调、政策沟通为主，不刻意追求一致性，可高度灵活，富有弹性，是多元开放的合作进程。中国愿与沿线国家一道，不断充实完善“一带一路”的合作内容和方式，共同制定时间表、路线图，积极对接沿线国家发展和区域合作规划。

中国愿与沿线国家一道，在既有双多边和区域次区域合作机制框架下，通过合作研究、论坛展会、人员培训、交流访问等多种形式，促进沿线国家对共建“一带一路”内涵、目标、任务等方面的进一步理解和认同。

中国愿与沿线国家一道，稳步推进示范项目建设，共同确定一批能够照顾双多边利益的项目，对各方认可、条件成熟的项目抓紧启动实施，争取早日开花结果。

“一带一路”是一条互尊互信之路，一条合作共赢之路，一条文明互鉴之路。只要沿线各国和衷共济、相向而行，就一定能够谱写建设丝绸之路经济带和21世纪海上丝绸之路的新篇章，让沿线各国人民共享“一带一路”共建成果。

标准联通“一带一路”行动计划（2015—2017）

推进“一带一路”建设工作领导小组办公室

为贯彻落实《推动共建丝绸之路经济带和21世纪海上丝绸之路的愿景与行动》（以下简称《愿景与行动》）中提出的各项标准化工作任务，充分发挥标准化在推进“一带一路”建设中的基础和支撑作用，制定本行动计划。

一、指导思想

全面贯彻党的十八大和十八届三中、四中全会精神，深入贯彻落实习近平总书记系列重要讲话精神，主动适应经济发展新常态，积极培育国际竞争新优势，紧密围绕“政策沟通、设施联通、贸易畅通、资金融通、民心相通”的总体要求，不断深化与“一带一路”沿线国家标准化双多边合作和互联互通，大力推动中国标准“走出去”，加快提高标准国际化水平，全面服务“一带一路”建设。

二、工作目标

以“推动标准‘走出去’、促进投资贸易便利化、深化国际合作、提升标准国际化水平、支撑互联互通建设”为目标，全面对接服务《愿景与行动》，力争尽快形成加快标准“走出去”，助推国际产能和装备制造合作，完善推动标准“走出去”的政策措施；深化与沿线重点国家标准化互利合作，加快推进标准互认；促进共同制定国际标准，提升标准国际化水平；组织翻译500项急需的国家标准、行业标准的外文版，支撑设施联通和贸易畅通；组织开展重点国别大宗贸易商品标准比对分析，提升标准信息服务水平；建设东盟农业标准化示范区，以点带面，积极推广国内农业标准和管理经验；开展专家交流和人才培训，支持标准化能力建设，不断提升沿线国家的标准化水平。

三、工作原则

（一）统筹规划，需求导向

紧密围绕《愿景与行动》提出的任务要求，立足于建立和深化与沿线国家的标准化务实合作，更好地发挥政府宏观谋划、政策支持和指导服务作用，作好顶层设计。同时面向重要产业、重点企业，瞄准技术、产品和服务“走出去”过程中对标准化的迫切需求，确定标准联通“一带一路”的重点国别、优先领域和关键项目。

（二）分工负责，协同推进

充分发挥各级标准化主管部门作用，调动企业、相关标准化和专业研究机构、标准化技术委员会和区域标准化研究中心的积极性，加强全局规划和统筹管理，形成分工协作、步调一致、共同推进的工作格局。

（三）突出重点，以点带面

聚焦《愿景与行动》中明确的标准化工作和任务，把握重点方向，抓好重点项目，充分发挥在沿线国家重大建设项目和标准化示范区的引领带动效应，形成可复制推广的经验，逐步推进与沿线国家更加全面的合作。

（四）内外联动，互利共赢

秉承全方位开放精神，加强与“一带一路”沿线国家的协调沟通，综合考虑沿线国家发展战略、产业布局、合作诉求，寻求利益汇合点，在此基础上，探索与沿线国家建立标准化合作长效机制，广泛吸纳各方共同参与、共同建设、共同发展。

四、重点任务

（一）制定完善中国标准“走出去”专项规划和政策措施

针对重点国家、优先领域、关键项目，提出标准“走出去”规划，在国际产能和装备制造合作重点领域，制定实施《加快中国标准“走出去”，助推国际产能和装备制造合作工作方案》。研究制定翻译出版国家标准外文版快速程序、中国标准海外授权使用版权政策等相关管理办法，完善推动标准“走出去”的政策环境。

（二）深化与沿线重点国家的标准化互利合作

以经中亚、俄罗斯至欧洲，经中亚、西亚至波斯湾、地中海，以及东盟国家和南亚国家等为重点方向，以中蒙俄、中国—中亚—西亚等国际经济合作走廊为重点，寻求利益契合点，研究构建稳定通畅的标准化合作机制。

着力推动与蒙古、俄罗斯、哈萨克斯坦、塔吉克斯坦、乌兹别克斯坦、越南、柬埔寨、泰国、马来西亚、新加坡、印尼、印度、亚美尼亚、海合会标准化组织及沙特等主要海合会国家、埃及和苏丹等重点国家标准化机构签署标准化合作协议，积极推动与阿塞拜疆探讨解决标准化合作问题。探索形成沿线国家认可的标准互认程序与工作机制，加快推进标准互认工作。

聚焦沿线重点国家产业需求，充分发挥各行业、地方、企业、学协会和产业技术联盟作用，建立标准化合作工作组，深化关键项目的标准化务实合作。在钢铁、有色、铁路、公路、水运工程、石油天然气等领域，配合我国海外工程服务推广中国标准。

（三）推动共同制定国际标准

认真履行我国担任国际标准化组织常任理事国和技术机构负责人的职责。鼓励各行业实质性参与相关专业性国际、区域组织的标准化活动。发挥骨干企业积极性，在电力、铁路、海洋、航空航天等基础设施领域，节能环保、新一代信息技术、智能交通、高端装备制造、生物、新能源、新材料等新兴产业领域，以及中医药、烟花爆竹、茶叶、纺织、制鞋等传统优势领域，依托我国具有优势的技术标准，主动联系沿线重点国家开展国际标准研究，共同制定国际标准，提升标准国际化水平。在对双方产业均有重要影响的领域，联合推动国际标准化组织成立新技术机构。

（四）组织翻译优先领域急需标准外文版

围绕装备、产能、动植物检疫等“走出去”优先领域，发挥国内专业标准化技术委员会的平台作用，开展面向“一带一路”沿线国家标准“走出去”需求调研，梳理形成优先领域标准外文版目录，分步下达国家标准外文版制定计划。优先组织开展服务设施联通、贸易畅通等急需的铁路、公路、水运工程、电力、海洋、冶金、建材、工程机械、航空航天、中医药等领域500项国家、行业标准外文版翻译及出版工作。

（五）开展大宗进出口商品标准比对分析

开展我国与东盟、中亚、西亚、东南亚四个区域重点国家的进出口商品贸易情况和相关国家标准分析，梳理分析沿线重点国家大宗进出口商品类别，发挥行业、地方优势，依托相关标准化技术委员会、区域标准化研究中心，研究沿线重点国家技术法规和标准，开展优先领域大宗商品标准比对分析，形成优先领域大宗进出口商品标准比对分析研究报告，为“一带一路”建设提供标准信息服务。

（六）开展东盟农业标准化示范区建设

依托与东盟国家气候、环境、人文相似的地方省市，有效利用中国—东盟自贸区建设成果，积极推广我国农业标准化生产和管理经验。在水稻、甘蔗、茶叶、果蔬等特色农产品领域，宣传推介我国现行有效的农作物种子化肥等农业投入品、良好种植操作规范、产品质量分等分级、农产品流通等产前产中产后的相关标准，以及我国农业标准化示范区管理制度，开展本地化研究与示范推广，以点带线、以线带面，有效提高当地标准化种植技术水平。

（七）加强沿线国家标准化专家交流及能力建设充分利用我国科技、商务等合作项目，加强与“一带一路”沿线国家有关部门的协调，面向沿线国家标准化发展和交流需求，采取多种方式，分批开展面向亚洲和非洲的标准化专家交流及人才培训项目，有针对性地举办综合知识类、专业领域类标准化援外培训班。派遣相关专业领域的高级别顾问和专家，支持沿线国家标准化能力建设，提升我国标准海外影响。加强“一带一路”标准化人才队伍建设，制定实施国际标准化人才培训规划，邀请一批国际标准化专家来我国讲学交流，培育一批标准化管理和专业人才，为开展沿线国家标准化合作交流提供人才保障。

（八）实施标准化互联互通重点项目

在电力电子设备、防爆设备、家用电器、数字电视广播、半导体照明、中医药、海洋技术、TD-LTE 信息通信等领域，支持一批由相关行业协会、产业联盟、科研机构、高等院校和企业等牵头组织，面向东盟、俄罗斯、中亚、中东欧等重点国家和区域开展的标准化互联互通项目，夯实标准化合作基础。研究建立“一带一路”标准化合作关键项目沟通机制，加强项目储备，为产业合作和互联互通提供标准化支撑。

（九）加强沿线重点国家和区域标准化研究

切实发挥地方的区位优势、技术优势和人才优势，推动建立沿线重点国家和区域标准化研究中心。积极组织开展面向阿拉伯国家、中亚、蒙俄、东盟、欧洲、北美等重点国家和区域的标准化法律法规、标准化体系、发展战略及重点领域相关标准研究，初步建立“标准化智库”体系并发挥好作用，推动形成早期成效。

（十）支持各地开展特色标准化合作

充分发挥各地区地缘优势、文化优势、语言优势和特色产业优势，研究制定本地区推进“一带一路”建设标准化实施方案，挖掘一批具备标准化工作基础的优势领域、优势技术和特色产品，提炼一批重点工作任务和标志性合作项目，开展中国城市与国外相关城市间的标准化合作试点。

五、保障措施

（一）组建标准联通“一带一路”专项领导小组

设立标准联通“一带一路”专项领导小组，统筹协调对内对外两方面工作，督促落实行动计划各项工作任务，指导各有关方面开展工作。领导小组以国家发展改革委分管领导和国家标准委主要领导为联合组长、相关部门有关司局主要负责人作为专项领导小组成员，办公室设在国家标准委。

（二）加强经费保障

在充分利用现有资金渠道，盘活存量资金的基础上，加大对初见成效的标准化项目的资金投入，并探索建立市场化、多元化的经费投入机制，做好行动计划有关项目的经费保障工作。

（三）强化工作落实与监督检查

按照行动计划的职责分工，各部门要进一步梳理落实重点任务和优先推进项目，制定实施计划和时间表，推动形成“一带一路”早期收获。加强对行动计划的督促检查，及时解决存在的问题。加强对行动计划实施情况的跟踪评估，及时提出调整计划、完善政策的意见和建议。

（四）做好政策宣传和引导工作

切实加强对行动计划的宣传引导，加大对相关工作政策和信息的宣传力度，加强对企业的宣传引导，营造社会各界积极参与标准联通“一带一路”建设的良好氛围。

中欧班列建设发展规划（2016—2020年）

推进“一带一路”建设工作领导小组办公室

中欧班列（英文名称 CHINA RAILWAY Express，缩写 CR express）是由中国铁路总公司组织，按照固定车次、线路、班期和全程运行时刻开行，运行于中国与欧洲以及“一带一路”沿线国家间的集装箱等铁路国际联运列车，是深化我国与沿线国家经贸合作的重要载体和推进“一带一路”建设的重要抓手。为推进中欧班列健康有序发展，根据《中华人民共和国国民经济和社会发展第十三个五年规划纲要》《推动共建丝绸之路经济带和21世纪海上丝绸之路的愿景与行动》《中长期铁路网规划》，制定本规划。

一、发展环境

亚欧大陆拥有世界人口的75%，地区生产总值约占世界总额的60%，东面是活跃的东亚经济圈，西面是发达的欧洲经济圈，中间广大腹地经济发展潜力巨大，特别是“一带一路”沿线国家资源禀赋各异，经济互补性强，合作空间广阔。“十二五”期间，中欧进出口贸易总额30230亿美元，同比增长33%，双向开放、产业联动效益初显。为促进中欧及沿线国家经贸往来，我国充分利用多双边机制，推动与沿线国家铁路、海关、检验检疫等方面合作，简化国际铁路运输过境手续，为班列开行创造有利条件。目前，依托西伯利亚大陆桥和新亚欧大陆桥，已初步形成西中东三条中欧班列运输通道。自2011年首次开行以来，中欧班列发展势头迅猛，辐射范围快速扩大，货物品类逐步拓展，开行质量大幅提高。截至2016年6月底，中欧班列累计开行1881列，其中回程502列，国内始发城市16个，境外到达城市12个，运行线达到39条，实现进出口贸易总额约170亿美元。中欧班列全程服务平台组建运行，服务范围逐步拓展，全程服务能力稳步提升。随着“一带一路”建设不断推进，我国与欧洲及沿线国家的经贸往来发展迅速，物流需求旺盛，贸易通道和贸易方式不断丰富和完善，为中欧班列带来了难得的发展机遇，也对中欧班列建设提出了新的更高要求。但是也要看到，中欧班列仍处于发展初期，还存在综合运输成本偏高、无序竞争时有发生、供需对接不充分、通关便利化有待提升，以及沿线交通基础设施和配套服务支撑能力不足等问题，迫切需要加以规范和发展完善。

二、总体要求

（一）指导思想

全面贯彻落实中央关于推进“一带一路”建设的战略部署，牢固树立和贯彻落实创新、协调、绿色、开放、共享的新发展理念，以提高发展质量和综合效率为中心，以优化服务、提供有效供给为主线，统筹兼顾当前和长远、地方和全局、陆运和海运、我国与沿线国家利益的关系，充分发挥政府、市场、企业的作用，着力完善国际贸易通道，提升贸易便利化水平；着力优化运输组织，提高班列运行质量；着力加强资源整合，降低全程物流成本；着力创新服务模式，增强综合服务能力，将中欧班列打造成为具有国际竞争力和良好商誉度的世界知名物流品牌，成为“一带一路”建设的重要平台。

（二）基本原则

合理布局、畅通联运。以铁路基础设施互联互通为支撑，强化向东联接，扩大向西开放，优化空间布局，合理布设枢纽节点，更好地利用国内国际两种资源、两个市场，打造安全高效便捷的国际联运走廊。统筹协调、区域联动。围绕中欧班列组织和运营，加强跨行业、跨部门、跨地区的统筹协调，完善合作机制，加强分工协作，实现优势互补，避免无序竞争，推动形成联动发展新格局。市场运作、政府引导。遵循市场经济规律，充分发挥市场在资源配置中的决定性作用，提升班列质量和效益。更好发挥政府作用，完善体制机制，营造良好发展环境，推动中欧班列健康有序发展。开放包容、共建共享。发扬和平合作、开放包容、互学互鉴、互利共赢的丝绸之路精神，密切与沿线国家合作，寻找利益契合点和合作最大公约数，充分发挥各方优势与潜能，努力实现互利共赢。

（三）发展目标

到2020年，基本形成布局合理、设施完善、运量稳定、便捷高效、安全畅通的中欧班列综合服务体系。中欧铁路运输通道基本完善，中欧班列枢纽节点基本建成，货运集聚效应初显；中欧班列年开行5000列左右，回程班列运量明显提高，国际邮件业务常态化开展；方便快捷、安全高效、绿色环保的全程物流服务平台基本建成，品牌影响力大幅提升；通关便利化水平大幅提升，“单一窗口”模式基本实现全线覆盖。

三、空间布局

（一）中欧铁路运输通道

——西通道。一是由新疆阿拉山口（霍尔果斯）口岸出境，经哈萨克斯坦与俄罗斯西伯利亚铁路相连，途经白俄罗斯、波兰、德国等，通达欧洲其他各国。二是由霍尔果斯（阿拉山口）口岸出境，经哈萨克斯坦、土库曼斯坦、伊朗、土耳其等国，通达欧洲各国；或经哈萨克斯坦跨里海，进入阿塞拜疆、格鲁吉亚、保加利亚等国，通达欧洲各国。三是由吐尔尕特（伊尔克什坦），与规划中的中吉乌铁路等连接，通向吉尔吉斯斯坦、乌兹别克斯坦、土库曼斯坦、伊朗、土耳其等国，通达欧洲各国。

——中通道。由内蒙古二连浩特口岸出境，途经蒙古国与俄罗斯西伯利亚铁路相连，通达欧洲各国。

——东通道。由内蒙古满洲里（黑龙江绥芬河）口岸出境，接入俄罗斯西伯利亚铁路，通达欧洲各国。中欧班列通道不仅连通欧洲及沿线国家，也连通东亚、东南亚及其他地区；不仅是铁路通道，也是多式联运走廊。

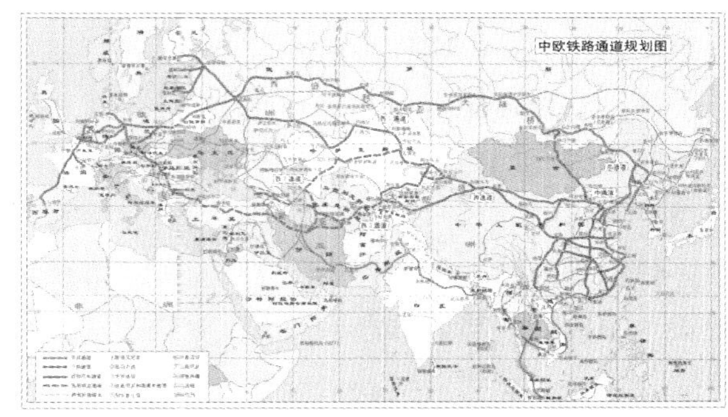

中欧铁路通道规划图

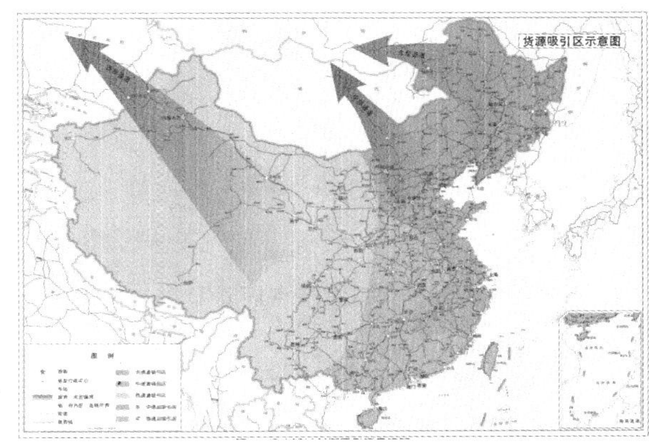

三大通道货源吸引区示意图

（二）中欧班列枢纽节点

按照铁路“干支结合、枢纽集散”的班列组织方式，在内陆主要货源地、主要铁路枢纽、沿海重要港口、沿边陆路口岸等地规划设立一批中欧班列枢纽节点。

——内陆主要货源节点。具备稳定货源，每周开行2列以上点对点直达班列，具有回程班列组织能力，承担中欧班列货源集结直达功能。

——主要铁路枢纽节点。在国家综合交通网络中具有重要地位，具备较强的集结编组能力，承担中欧班列集零成整、中转集散的功能。

——沿海重要港口节点。在过境运输中具有重要地位，具备完善的铁水联运条件，每周开行3列以上点对点直达班列，承担中欧班列国际海铁联运功能。

——沿边陆路口岸节点。中欧班列通道上的重要铁路国境口岸，承担出入境检验检疫、通关便利化、货物换装等功能。

鼓励其他城市（地区）积极组织货源，在中欧班列枢纽节点集结，以提高整体效率和效益。

依据境外货源集散点及铁路枢纽情况，合理设置中欧班列境外节点。

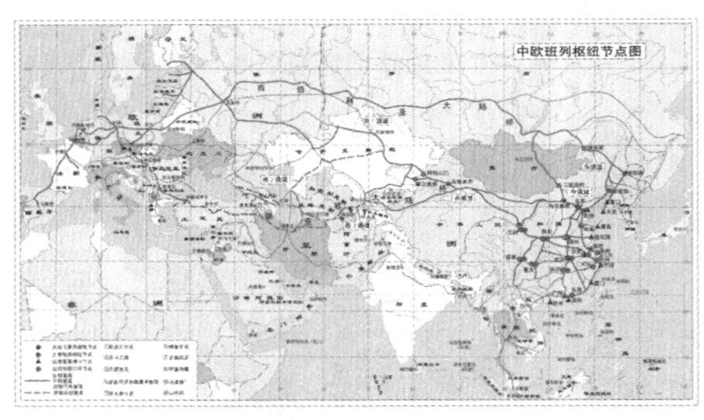

中欧班列枢纽节点规划图

（三）中欧班列运行线

中欧班列运行线分为中欧班列直达线和中欧班列中转线。中欧班列直达线是指内陆主要货源地节点、沿海重要港口节点与国外城市之间开行的点对点班列线；中欧班列中转线是指经主要铁路枢纽节点集结本地区及其他城市零散货源开行的班列线。

四、重点任务

（一）完善国际贸易通道

1. 重点完善境内通道网络。畅通瓶颈路段，提升三大通道境内段路网运能。加快库尔勒—格尔木、兰渝等铁路建设，推进集宁—二连浩特等铁路扩能改造。根据需要和进展情况，适时开展阿克苏—喀什段扩能、和田—若羌—罗布泊、喀什—红其拉甫等铁路项目前期研究。

2. 有序推动境外通道建设。积极推动与中欧班列沿线国家共同制定欧亚铁路规划，稳步推进境外铁路建设。加快推动中吉乌、中巴等铁路项目前期研究。欢迎蒙古国和俄罗斯铁路对陈旧线路进行升级改造，改善沿线国境站、换装站的场站布局和配套设施设备，促进中俄蒙三方铁路点线能力的匹配衔接。

（二）加强物流枢纽设施建设

围绕中欧班列枢纽节点打造一批具有多式联运功能的大型综合物流基地，完善冷链物流基地、城市配送中心布局，支持在物流基地建设具有海关、检验检疫等功能的铁路口岸，加强与港口、机场、公路货运站以及产业园区的统筹布局和联动发展，形成水铁、空铁、公铁国际多式联运体系，实现无缝高效衔接。鼓励国内企业在国外重要节点城市和与我国产能合作密切城市，通过收购、合资、合作等方式，加强物流基地、分拨集散中心、海外仓等建设，提升物流辐射和服务能力。

（三）加大资源整合力度

1. 优化运输组织。加大中欧班列组织力度，稳定既有直达班列，发展中转班列，力争到2020年，集装箱铁路国际联运总量中班列占比达到80%。加强调度指挥和监督考核，完善过程组织，实现全程盯控，强化应急处理，提高班列正点率。根据市场需求增加班列线，结合中欧通道实际运输能力，组织制订中欧班列开行及优化调整方案。加强与国外铁路协作，建立班列运行信息交换机制，强化班列全程监控，联合铺画全程运行图，压缩班列全程运行时间，达到日均运行1300公里左右运输组织水平。

2. 强化货源支撑。国家有关部门、单位在对外投资、物流园区建设时，要将中欧班列作为物流配套方式，同步规划、同步建设、同步推进。加强与沿线国家政府相关方面的合作，以国际产能和装备制造合作为契机，推动中欧班列向我国在沿线国家建设的境外经贸合作区、有关国家工业园区、自由港区延伸，吸引更多货源通过中欧班列运输。地方政府支持区域内企业扩大与中欧班列沿线国家的产能合作、贸易往来，增加中欧班列货源。铁路部门要加强与国内外大型物流企业、港口企业、货代公司合作，发挥集货作用，促进优势互补。鼓励我国企业在境外重点区域设立办事机构，推进合资建立经营网点，提高境外物流经营能力。

3. 加强品牌建设。中欧班列品牌由中国铁路总公司负责建设与管理。作为国家支持建设的国际物流知名品牌，地方政府、企业要按照《中欧班列品牌建设方案》的要求共同推进中欧班列品牌建设。中国铁路总公司制定出台管理办法，加强中欧班列品牌管理。

4. 加快境外经营网点建设。按照中欧铁路通道、节点、境外产业、贸易等布局，分批建设境外分拨集散中心，形成中欧班列境外快捷集疏运能力。

（四）创新运输服务模式

1. 提供全程物流服务。围绕物流链全流程，强化运输、仓储、配送、检验检疫、通关、结算等环节高效对接，提供一站式综合服务。鼓励公路、水运、航空等运输方式与中欧班列有效衔接，打造全程化物流服务链条。建立中欧班列客户服务中心，为客户提供业务受理、单证制作、报关报检、货物追踪、应急处置等服务。

2. 拓展国际邮件运输。参照货物监管方式，结合国际邮件特性，推行国际邮件“属地查验、口岸验放”模式。大力推进电子化通关，加强与国外邮政、海关、检验检疫、铁路部门合作，推进邮递物品海关监管互认。设立若干国际邮件铁路口岸重点交换站，加快推进中欧班列进出口国际邮件相关工作，实现国际邮件常态化运输。进一步优化国际铁路运邮作业组织、通关和换装流程，提升邮件运输时效，改善数据反馈的及时性和准确性。

3. 推行电子货物清单。根据跨境电商的运输需求，采用拼箱运输方式，协调国外铁路、海关和检验检疫等部门，推行电子快递清单，研究开展中欧班列国际快件运输。

4. 提升物流增值服务。拓展国际代理采购、国际保险理赔、货物质押等增值服务。利用相关口岸节点及综合保税区布局优势，支持跨境货物加工与转口贸易。

5. 推动建立统一的规则体系。积极推动与铁路合作组织、国际铁路联盟、世界海关组织、万国邮政联盟等国际组织的合作，建立统一互认的单证格式、货物安全、保险理赔、通关便利、数据共享等相关规则和技术标准，提高班列运行质量和效率。

（五）建立完善价格机制

遵循市场规则，根据运量变化情况，按照量价捆绑原则，建立灵活的中欧班列全程定价机制。有效集中各地货源，依托常态化、规模化运营能力，统一开展境外价格谈判，提高全程价格主导权，有效降低国际联运全程物流成本。

（六）构建信息服务平台

1. 推进物流公共信息平台发展。整合国内相关行业、部门、企业信息资源，建设中欧班列信息服务平台，逐步实现与沿线国家铁路、海关、检验检疫等信息系统的电子数据交换与共享，打通物流信息链，推行海关、检验检疫、铁路、港口单据电子化，打造“数字化”中欧班列。

2. 强化智能监控监管。引入北斗卫星定位技术实施全程定位，增加集装箱安全智能防盗设施；保持与沿途国家的密切沟通，建立中欧班列安全合作机制，提高班列运行全程监控能力，保障货物运输安全。

（七）推进便利化大通关

1. 加强沿线国家海关国际合作。与中欧班列沿线国家海关建立国际合作机制，推进信息互换、监管互认、执法互助的海关合作，扩大海关间监管结果参考互认、商签海关合作协定等，推行中欧“经认证经营者”互认合作，提高通关效率。支持将铁路运输模式纳入中欧安全智能贸易（简称“安智贸”）航行试点计划。推动全国通关一体化，企业可以选择任何一个海关申报、缴纳税款。加强重要物流节点的多式联运监管中心建设，实现一次申报、指运地（出境地）一次查验，对换装地不改变施封状态的直接放行。海关、检验检疫等口岸查验机构加强协作，力争使班列在口岸停留时间不超过6小时。加快推进物流监控信息化建设，提高多式联运管控的信息化、智能化、规范化水平，建立集约、快速、便捷、安全的多式联运监管模式。

2. 推进检验检疫一体化。加强沿线国家检验检疫国际合作，推进疫情区域化管理和互认，在中欧班列沿线区域打造无特定动植物疾病绿色通道，在班列沿线检验检疫机构间实施“通报、通检、通放”，实现沿线“出口直放、进口直通”，对符合条件的中欧班列集装箱货物实施免于开箱查验、口岸换证等政策。打造铁海（水、陆）联运国际中转（过境）物流通道，建立中欧班列检验检疫信息化系统，实现全口径进出境班列数据共享，简化纸质单证，推进检验检疫无纸化，实施“进境口岸检疫、境内全程监控、出境直接核放”监管模式。

3. 进一步扩大口岸开放。支持有条件的地方建设进境肉类、水产品、粮食、水果、种苗、汽车整车、木材等国家指定口岸，对符合国家要求的，优先审批，优先安排验收。在获得指定口岸正式资质前，对具备相应检验检疫监管条件的，允许其作为相应品类进口口岸，先行先试。加强与沿线国家（地区）间的口岸交流合作，适时修订和完善双边陆地边境口岸管理协定。加强边境口岸设施建设，提高进出境通关能力。科学布设内陆铁路口岸，满足中欧班列发展需要。推进国际贸易“单一窗口”、口岸管理共享平台建设，简化单证格式，统一数据标准，优化口岸监管、执法、通关流程，提高口岸智能化水平。

五、保障措施

（一）加强组织领导

发挥推进“一带一路”建设工作领导小组办公室专题协调机制作用，加强各部门、各地方政府的沟通协调，提升整体竞争优势。发挥好中央、地方、企业等各方作用，统筹协调，为中欧班列营造良好运营环境和发展条件。

（二）推进对外协调

国家发展和改革委员会、外交部、商务部、交通运输部等国家部委将中欧班列有关议题纳入我国与沿线国家双多边投资、贸易、外交、运输等磋商机制。发挥我驻外使领馆与驻在国政府对接协调作用，做好国内外信息沟通和情况通报。利用多双边机制，强化与国际机构及相关行业协会、智库合作，加强与沿线各国海关及检验检疫部门合作。视需要要求驻中欧班列沿线重点国家使馆指定外交人员协调相关工作，逐步建立涵盖境内外铁路、海关、检验检疫等部门以及地方政府和货代、物流等企业的中欧班列协调机制。

（三）加大资金投入

在遵循多边程序和市场化规则的基础上，利用亚洲基础设施投资银行、丝路基金等金融投资机构，在规定业务范围内支持中欧铁路通道和节点建设，支持重大动植物疾病疫情防控与交流合作。发挥各类投融资基金作用，鼓励境内基金机构“走出去”，以股权投资、债务融资等方式支持中欧班列建设。加大中央预算内投资对中欧铁路通道国内段建设的支持力度。吸引社会资本投入，鼓励铁路、地方、企业共同出资建设，共享投资收益。

（四）完善政策支持

加大土地等政策支持力度，保障通道、枢纽等建设用地。落实相关税收政策、执行相关税收协定，清理不合规的口岸收费，加大对阿拉山口（霍尔果斯）口岸建设和运行支持力度，保证口岸的正常建设和运营。加大进出口配额等贸易政策支持力度。完善境外投资管理制度，提高企业对外投资便利化水平。利用领事磋商等渠道，推动人员往来便利化。

（五）加强科技创新

统筹利用国家铁路智能运输系统工程技术研究中心和轨道交通系统测试国家工程实验室等相关国家科技创新平台，开展铁路物流科技装备、冷链关键技术等研发工作。充分发挥科研机构、高校、协会的积极作用，及时开展中欧班列建设发展相关问题研究。广泛吸纳国内外科技人才，加强精通语言、熟知专业知识的复合型人才培养。

“一带一路”建设海上合作设想

国家发展改革委　国家海洋局

2013年，中国国家主席习近平先后提出共建“丝绸之路经济带”和“21世纪海上丝绸之路”的重大倡议。2015年，中国政府发布《推动共建丝绸之路经济带和21世纪海上丝绸之路的愿景与行动》，提出以政策沟通、设施联通、贸易畅通、资金融通、民心相通为主要内容，坚持共商、共建、共享原则，积极推动“一带一路”建设，得到国际社会的广泛关注和积极回应。为进一步与沿线国加强战略对接与共同行动，推动建立全方位、多层次、宽领域的蓝色伙伴关系，保护和可持续利用海洋和海洋资源，实现人海和谐、共同发展，共同增进海洋福祉，共筑和繁荣21世纪海上丝绸之路，国家发展和改革委员会、国家海洋局特制定并发布《“一带一路”建设海上合作设想》。

一、时代背景

海洋是地球最大的生态系统，是人类生存和可持续发展的共同空间和宝贵财富。随着经济全球化和区域经济一体化的进一步发展，以海洋为载体和纽带的市场、技术、信息等合作日益紧密，发展蓝色经济逐步成为国际共识，一个更加注重和依赖海上合作与发展的时代已经到来。“独行快，众行远”。加强海上合作顺应了世界发展潮流与开放合作大势，是促进世界各国经济联系更趋紧密、互惠合作更加深入、发展空间更为广阔的必然选择，也是世界各国一道共同应对危机挑战、促进地区和平稳定的重要途径。

中国政府秉持和平合作、开放包容、互学互鉴、互利共赢的丝绸之路精神，致力于推动联合国制定的《2030年可持续发展议程》在海洋领域的落实，愿与21世纪海上丝绸之路沿线各国一道开展全方位、多领域的海上合作，共同打造开放、包容的合作平台，建立积极务实的蓝色伙伴关系，铸造可持续发展的“蓝色引擎”。

二、合作原则

求同存异，凝聚共识。维护国际海洋秩序，尊重沿线国多样化的海洋发展理念，照顾彼此关切，弥合认知差异，求大同，存小异，广泛协商，逐步达成合作共识。

开放合作，包容发展。进一步开放市场，改善投资环境，消除贸易壁垒，促进贸易和投资便利化。增强政治互信，加强不同文明之间的对话，倡导包容发展、和谐共生。

市场运作，多方参与。遵循市场规律和国际通行规则，充分发挥企业的主体作用。支持建立多利益攸关方伙伴关系，推动各国政府、国际组织、民间社团、工商界等广泛参与海上合作。

共商共建，利益共享。尊重沿线国发展意愿，兼顾各方利益，发挥各方比较优势，共谋合作、共同建设、共享成果，促进发展中国家消除贫困，推动形成海上合作的利益共同体。

三、合作思路

以海洋为纽带增进共同福祉、发展共同利益，以共享蓝色空间、发展蓝色经济为主线，加强与21世纪海上丝绸之路沿线国战略对接，全方位推动各领域务实合作，共同建设通畅安全高效的海上大通道，共同推动建立海上合作平台，共同发展蓝色伙伴关系，沿着绿色发展、依海繁荣、安全保障、智慧创新、合作治理的人海和谐发展之路相向而行，造福沿线各国人民。

根据21世纪海上丝绸之路的重点方向，“一带一路”建设海上合作以中国沿海经济带为支撑，密切与沿线国的合作，连接中国—中南半岛经济走廊，经南海向西进入印度洋，衔接中巴、孟中印缅经济走廊，共同建设中国—印度洋—非洲—地中海蓝色经济通道；经南海向南进入太平洋，共建中国—大洋洲—南太平洋蓝色经济通道；积极推动共建经北冰洋连接欧洲的蓝色经济通道。

四、合作重点

围绕构建互利共赢的蓝色伙伴关系，创新合作模式，搭建合作平台，共同制定若干行动计划，实施一批具有示范性、带动性的合作项目，共走绿色发展之路，共创依海繁荣之路，共筑安全保障之路，共建智慧创新之路，共谋合作治理之路。

（一）共走绿色发展之路

维护海洋健康是最普惠的民生福祉，功在当代、利在千秋。中国政府倡议沿线国共同发起海洋生态环境保护行动，提供更多优质的海洋生态服务，维护全球海洋生态安全。

保护海洋生态系统健康和生物多样性。加强在海洋生态保护与修复、海洋濒危物种保护等领域务实合作，推动建立长效合作机制，共建跨界海洋生态廊道。联合开展红树林、海草床、珊瑚礁等典型海洋生态系统监视监测、健康评价与保护修复，保护海岛生态系统和滨海湿地，举办滨海湿地国际论坛。

推动区域海洋环境保护。加强在海洋环境污染、海洋垃圾、海洋酸化、赤潮监测、污染应急等领域合作，推动建立海洋污染防治和应急协作机制，联合开展海洋环境评价，联合发布海洋环境状况报告。建立中国—东盟海洋环境保护合作机制。在中国—东盟环境合作战略与行动计划框架下，推动开展海洋环境保护合作。倡议沿线国共同发起和实施绿色丝绸之路使者计划，提高沿线各国海洋环境污染防治能力。

加强海洋领域应对气候变化合作。推动开展海洋领域的循环低碳发展应用示范。中国政府支持沿线小岛屿国家应对全球气候变化，愿意在应对海洋灾害、海平面上升、海岸侵蚀、海洋生态系统退化等方面提供技术援助，支持沿线国开展海岛、海岸带状况调查与评估。

加强蓝碳国际合作。中国政府倡议发起21世纪海上丝绸之路蓝碳计划，与沿线国共同开展海洋和海岸带蓝碳生态系统监测、标准规范与碳汇研究，联合发布21世纪海上丝绸之路蓝碳报告，推动建立国际蓝碳论坛与合作机制。

（二）共创依海繁荣之路

促进发展、消除贫困是沿线各国人民的共同愿望。发挥各国比较优势，科学开发利用海洋资源，实现互联互通，促进蓝色经济发展，共享美好生活。

加强海洋资源开发利用合作。与沿线国合作开展资源调查、建立资源名录和资源库，协助沿线国编制海洋资源开发利用规划，并提供必要的技术援助。引导企业有序参与海洋资源开发项目。积极参与涉海国际组织开展的海洋资源调查与评估。

提升海洋产业合作水平。与沿线国共建海洋产业园区和经贸合作区，引导中国涉海企业参与园区建设。实施一批蓝色经济合作示范项目，支持沿线发展中国家发展海水养殖，改善生活水平，减轻贫困。与沿线国共同规划开发海洋旅游线路，打造精品海洋旅游产品，建立旅游信息交流共享机制。

推进海上互联互通。加强国际海运合作，

完善沿线国之间的航运服务网络，共建国际和区域性航运中心。通过缔结友好港或姐妹港协议、组建港口联盟等形式加强沿线港口合作，支持中国企业以多种方式参与沿线港口的建设和运营。推动共同规划建设海底光缆项目，提高国际通信互联互通水平。

提升海运便利化水平。加强与有关国家的沟通协调，围绕规范国际运输市场、提升运输便利化水平等方面紧密合作。加快与有关国家在口岸监管互认、执法互助、信息互换等方面的合作。

推动信息基础设施联通建设。共建覆盖21世纪海上丝绸之路的信息传输、处理、管理、应用体系以及信息标准规范体系和信息安全保障体系，为实现网络互联互通、信息资源共享提供公共平台。

积极参与北极开发利用。中国政府愿与各方共同开展北极航道综合科学考察，合作建立北极岸基观测站，研究北极气候与环境变化及其影响，开展航道预报服务。支持北冰洋周边国家改善北极航道运输条件，鼓励中国企业参与北极航道的商业化利用。愿同北极有关国家合作开展北极地区资源潜力评估，鼓励中国企业有序参与北极资源的可持续开发，加强与北极国家的清洁能源合作。积极参与北极相关国际组织的活动。

（三）共筑安全保障之路

维护海上安全是发展蓝色经济的重要保障。倡导互利合作共赢的海洋共同安全观，加强海洋公共服务、海事管理、海上搜救、海洋防灾减灾、海上执法等领域合作，提高防范和抵御风险能力，共同维护海上安全。

加强海洋公共服务合作。中国政府倡议发起21世纪海上丝绸之路海洋公共服务共建共享计划，倡导沿线国共建共享海洋观测监测网和海洋环境综合调查测量成果，加大对沿线发展中国家海洋观测监测基础设施的技术和设备援助。中国政府愿加强北斗卫星导航和遥感卫星系统在海洋领域应用的国际合作，为沿线国提供卫星定位和遥感信息应用与服务。

开展海上航行安全合作。中国政府愿承担相应的国际义务，参与双多边海上航行安全与危机管控机制，共同开展打击海上犯罪等非传统安全领域活动，共同维护海上航行安全。

开展海上联合搜救。在国际公约框架下，中国政府愿承担相应的国际义务，加强与沿线国信息交流和联合搜救，建立海上搜救力量互访、搜救信息共享、搜救人员交流培训与联合演练，提升灾难处置、旅游安全等海上突发事件的共同应急与行动能力。

共同提升海洋防灾减灾能力。倡议共建南海、阿拉伯海和亚丁湾等重点海域的海洋灾害预警报系统，共同研发海洋灾害预警报产品，为海上运输、海上护航、灾害防御等提供服务。支持南海海啸预警中心业务化运行，为周边国家提供海啸预警服务。推动与沿线国共建海洋防灾减灾合作机制，设立培训基地，开展海洋灾害风险防范、巨灾应对合作研究和应用示范，为沿线国提供技术援助。

推动海上执法合作。加强与沿线国对话，管控分歧，在双多边框架下推动海上执法合作，建立完善海上联合执法、渔业执法、海上反恐防暴等合作机制，推动构筑海上执法联络网，共同制定突发事件应急预案。加强与沿线国海上执法部门的交流合作，为海上执法培训提供必要帮助。

（四）共建智慧创新之路

创新是引领海洋可持续发展的源动力。深化海洋科学研究、教育培训、文化交流等领域合作，增进海洋认知，促进科技成果应用，为深化海上合作奠定民意基础。

深化海洋科学研究与技术合作。与沿线各国共同发起海洋科技合作伙伴计划，联合开展21世纪海上丝绸之路重点海域和通道科学调查与研究、季风—海洋相互作用观测研究以及异常预测与影响评估等重大项目。深化在海洋调查、观测装备、可再生能源、海水淡化、海洋生物制药、海洋食品技术、海上无人机、无人船等领域合作，加强海洋技术标准体系对接与技术转让合作，支持科研机构和企业共建海外技术示范和推广基地。

共建海洋科技合作平台。与沿线国共建海洋研究基础设施和科技资源互联共享平台，合作建设海洋科技合作园。推进亚太经合组织海洋可持续发展中心、东亚海洋合作平台、中国—东盟海洋合作中心、中国—东盟海洋学院、中国—东亚海环境管理伙伴关系计划海岸带可持续管理合作中心、中马海洋联合研究中心、中印尼海洋与气候中心、中泰气候与海洋生态系统联合实验室、中巴联合海洋研究中心、中以海水淡化联合研究中心等建设，共同提高海洋科技创新能力。

共建共享智慧海洋应用平台。共同推动国家间海洋数据和信息产品共享，建立海洋数据中心之间的合作机制和网络，共同开展海洋数据再分析研究与应用，建设21世纪海上丝绸之路海洋和海洋气候数据中心。共同研发海洋大数据和云平台技术，建设服务经济社会发展的海洋公共信息共享服务平台。

开展海洋教育与文化交流。继续实施中国政府海洋奖学金计划，扩大沿线国来华人员的研修与培训规模。推动实施海洋知识与文化交流融通计划，支持中国沿海城市与沿线国城市结为友好城市，加强与沿线国海洋公益组织和科普机构的交流与合作。弘扬妈祖海洋文化，推进世界妈祖海洋文化中心建设，促进海洋文化遗产保护、水下考古与发掘等方面的交流合作，与沿线国互办海洋文化年、海洋艺术节，传承和弘扬21世纪海上丝绸之路友好合作精神。

共同推进涉海文化传播。加强媒体合作，开展跨境采访活动，共建21世纪海上丝绸之路媒体朋友圈。创新传播方式，共同打造体现多国文明、融合多语种的媒介形态。携手开展涉海文艺创作，共同制作展现沿线各国风土人情、友好往来的文艺作品，夯实民意基础。

（五）共谋合作治理之路

建立紧密的蓝色伙伴关系是推动海上合作的有效渠道。加强战略对接与对话磋商，深化合作共识，增进政治互信，建立双多边合作机制，共同参与海洋治理，为深化海上合作提供制度性保障。

建立海洋高层对话机制。与沿线国建立多层次、多渠道的沟通磋商与对话机制，推动签署政府间、部门间海洋合作文件，共同制定合作计划、实施方案和路线图，共同推动重大项目实施。推动建立21世纪海上丝绸之路沿线国高层对话机制，共同推动行动计划的实施，共同应对海洋重大问题。办好中国—小岛屿国家海洋部长圆桌会议、中国—南欧国家海洋合作论坛。

建立蓝色经济合作机制。设立全球蓝色经济伙伴论坛，推广蓝色经济新理念和新实践，推动产业对接与产能合作。共同制定并推广蓝色经济统计分类国际标准，建立数据共享平台，开展21世纪海上丝绸之路沿线国蓝色经济评估，编制发布蓝色经济发展报告，分享成功经验。打造海洋金融公共产品，支持蓝色经济发展。

开展海洋规划研究与应用。共同推动制定以促进蓝色增长为目标的跨边界海洋空间规划、实施共同原则与标准规范，分享最佳实践和评估方法，推动建立包括相关利益方的海洋空间规划国际论坛。中国政府愿为沿线国提供海洋发展规划相关培训与技术援助，为制定海洋发展规划提供帮助。

加强与多边机制的合作。支持在亚太经合组织、东亚合作领导人系列会议、中非合作论坛、中国—太平洋岛国经济发展合作论坛等多边合作机制下，建立海洋合作机制与制度规则。支持联合国政府间海洋学委员会、东亚海环境合作伙伴、环印度洋联盟、国际海洋学院等发挥作用，共同组织推进重大计划和项目。

加强智库交流合作。推动沿线国智库对话交流，合作开展战略、政策对接研究，共同发起重大倡议，为共建21世纪海上丝绸之路提供智力支撑。中国政府支持国内智库与沿线国相关机构和国际性海洋组织建立战略合作伙伴关系，推动建立21世纪海上丝绸之路智库联盟，打造合作平台与协作网络。

加强民间组织合作。鼓励与沿线国民间组织开展海洋公益服务、学术研讨、文化交流、科技合作、知识传播等活动，推动民间组织合作与政府间合作相互促进，共同参与海洋治理。

五、积极行动

中国政府高度重视与有关国家的海上合作，加强战略沟通，搭建合作平台，开展了一系列合作项目，总体进展顺利。

高层引领推动。在中国与相关国家领导人的见证下，与泰国、马来西亚、柬埔寨、印度、巴基斯坦、马尔代夫、南非等国签署了政府间海洋领域合作协议、合作备忘录和联合声明，与多个沿线国开展战略对接，建立了广泛的海洋合作伙伴关系。

搭建合作平台。在亚太经合组织、东亚合作领导人系列会议、中国—东盟合作框架等机制下建立了蓝色经济论坛、海洋环保研讨会、海事磋商、海洋合作论坛、中国—东盟海洋合作中心、东亚海洋合作平台等合作机制。相继举办21世纪海上丝绸之路博览会、21世纪海上丝绸之路国际艺术节、世界妈祖海洋文化论坛等一系列以21世纪海上丝绸之路为主题的活动，对增进理解、凝聚共识、深化海上合作发挥了重要作用。

加大资金投入。中国政府统筹国内资源，设立中国—东盟海上合作基金和中国—印尼海上合作基金，实施《南海及其周边海洋国际合作框架计划》。亚洲基础设施投资银行、丝路基金对重大海上合作项目提供了资金支持。

推进内外对接。中国政府鼓励环渤海、长三角、海峡西岸、珠三角等经济区和沿海港口城市发挥地方特色，加大开放力度，深化与沿线国的务实合作。支持福建21世纪海上丝绸之路核心区、浙江海洋经济发展示范区、福建海峡蓝色经济试验区和舟山群岛海洋新区建设，加大海南国际旅游岛开发开放力度。推进海洋经济创新发展示范城市建设，启动海洋经济发展示范区建设。

促成项目落地。马来西亚马六甲临海工业园区建设加紧推进。巴基斯坦瓜达尔港运营能力提升，港口自由区建设、招商工作稳步推进。缅甸皎漂港“港口+园区+城市”综合一体化开发取得进展。斯里兰卡科伦坡港口城、汉班托塔港二期工程有序推进。埃塞俄比亚至吉布提铁路建成通车，肯尼亚蒙巴萨至内罗毕铁路即将通车。希腊比雷埃夫斯港已建设成为重要的中转枢纽港。中国与荷兰合作开发海上风力发电，与印尼、哈萨克斯坦、伊朗等国的海水淡化合作项目正在推动落实。海底通信互联互通水平大幅提高，亚太直达海底光缆（APG）正式运营。中马钦州—关丹“两国双园”、柬埔寨西哈努克港经济特区、埃及苏伊士经贸合作区等境外园区建设成效显著。

展望未来，中国政府愿用信心和诚意与沿线各国共同推进“一带一路”建设海上合作，共享机遇，共迎挑战，共谋发展，共同行动，珍爱共有海洋，守护蓝色家园，共同推动实现21世纪海上丝绸之路的宏伟蓝图。

推动丝绸之路经济带和21世纪海上丝绸之路能源合作愿景与行动

国家发展改革委　国家能源局

（经国务院授权发布）

2013年下半年，中国国家主席习近平在出访中亚和东南亚国家期间，先后提出共建“丝绸之路经济带”和“21世纪海上丝绸之路”（以下简称“一带一路”）的重大倡议，得到国际社会的高度关注。2015年3月，中国政府发布《推动共建丝绸之路经济带和21世纪海上丝绸之路的愿景与行动》，提出“一带一路”建设是开放的、包容的，欢迎世界各国和国际、地区组织积极参与，得到了国际社会的广泛认同与积极响应。

能源是人类社会发展的重要物质基础，攸关各国国计民生，加强“一带一路”能源合作有利于带动更大范围、更高水平、更深层次的区域合作，促进世界经济繁荣，这是中国与各国的共同愿望。为推进“一带一路”建设，让古丝绸之路在能源合作领域焕发新的活力，促进各国能源务实合作迈上新的台阶，中国国家发展和改革委员会和国家能源局共同制定并发布《推动丝绸之路经济带和21世纪海上丝绸之路能源合作愿景与行动》。

一、全球能源发展形势

当今世界能源形势正发生复杂深刻的变化，全球能源供求关系总体缓和，应对气候变化进入新阶段，新一轮能源科技革命加速推进，全球能源治理新机制正在逐步形成，人人享有可持续能源的目标还远未实现，各国能源发展面临的问题依然严峻。

加强“一带一路”能源合作旨在共同打造开放包容、普惠共享的能源利益共同体、责任共同体和命运共同体，提升区域能源安全保障水平，提高区域能源资源优化配置能力，实现区域能源市场深度融合，促进区域能源绿色低碳发展，以满足各国能源消费增长需求，推动各国经济社会快速发展。

当前，中国能源与世界能源发展高度关联。中国将持续不断地推进能源国际合作，深度融入世界能源体系。加强“一带一路”能源合作既是中国能源发展的需要，也是促进各国能源协同发展的需要，中国愿意在力所能及的范围内承担更多的责任和义务，为全球能源发展作出更大的贡献。

二、合作原则

（1）坚持开放包容

各国和国际、地区组织均可参与“一带一路”能源合作，加强各国间对话，求同存异，共商共建共享，让合作成果惠及更广泛区域。

（2）坚持互利共赢

兼顾各方利益关切和合作意愿，寻求利益契合点和合作最大公约数，各施所长，各尽所能，优势互补、充分发挥各方潜力，实现共同发展。

（3）坚持市场运作

遵循市场规律和国际通行规则开展能源合作，充分发挥市场在资源配置中的决定性作用和更好发挥政府作用。

（4）坚持安全发展

加强沟通，增进互信，提高能源供应抗风险能力，共同维护国际能源生产和输送通道安全，构建安全高效的能源保障体系。

（5）坚持绿色发展

高度重视能源发展中的环境保护问题，积极推进清洁能源开发利用，严格控制污染物及温室气体排放，提高能源利用效率，推动各国能源绿色高效发展。

（6）坚持和谐发展

坚持能源发展与社会责任并重，重视技术转让与当地人员培训，尊重当地宗教信仰和文化习俗，积极支持社会公益事业，带动地方经济社会发展，造福民众。

三、合作重点

我们倡议，在以下七个领域加强合作：

（1）加强政策沟通

我们愿与各国就能源发展政策和规划进行充分交流和协调，联合制定合作规划和实施方案，协商解决合作中的问题，共同为推进务实合作提供政策支持。

（2）加强贸易畅通

积极推动传统能源资源贸易便利化，降低交易成本，实现能源资源更大范围内的优化配置，增强能源供应抗风险能力，形成开放、稳定的全球能源市场。

（3）加强能源投资合作

鼓励企业以直接投资、收购并购、政府与社会资本合作模式（PPP）等多种方式，深化能源投资合作。加强金融机构在能源合作项目全周期的深度参与，形成良好的能源“产业+金融”合作模式。

（4）加强能源产能合作

我们愿与各国开展能源装备和工程建设合作，共同提高能源全产业链发展水平，实现互惠互利。开展能源领域高端关键技术和装备联合研发，共同推动能源科技创新发展。深化能源各领域的标准化互利合作。

（5）加强能源基础设施互联互通

不断完善和扩大油气互联通道规模，共同维护油气管道安全。推进跨境电力联网工程建设，积极开展区域电网升级改造合作，探讨建立区域电力市场，不断提升电力贸易水平。

（6）推动人人享有可持续能源

落实2030年可持续发展议程和气候变化《巴黎协定》，推动实现各国人人能够享有负担得起、可靠和可持续的现代能源服务，促进各国清洁能源投资和开发利用，积极开展能效领域的国际合作。

（7）完善全球能源治理结构

以“一带一路”能源合作为基础，凝聚各国力量，共同构建绿色低碳的全球能源治理格局，推动全球绿色发展合作。

四、中国积极行动

我们将依托多双边能源合作机制，促进“一带一路”能源合作向更深更广发展。

建立完善双边联合工作机制，研究共同推进能源合作的实施方案、行动路线图。充分发挥双边能源合作机制的作用，协调推动能源合作项目实施。

积极参与联合国、二十国集团、亚太经合组织、上海合作组织、金砖国家、澜沧江—湄公河合作、大湄公河次区域、中亚区域经济合作、中国—东盟、东盟与中日韩、东亚峰会、亚洲合作对话、中国—中东欧国家合作、中国—阿盟、中国—海合会等多边框架下的能源合作。

继续加强与国际能源署、石油输出国组织、国际能源论坛、国际可再生能源署、能源宪章、世界能源理事会等能源国际组织的合作。

积极实施中国—东盟清洁能源能力建设计划，推动中国—阿盟清洁能源中心和中国—中东欧能源项目对话与合作中心建设。继续发挥国际能源变革论坛、东亚峰会清洁能源论坛等平台的建设性作用。

共建“一带一路”能源合作俱乐部，为更多国家和地区参与“一带一路”能源合作提供平台，增进理解、凝聚共识。扩大各国间能源智库的合作与交流，推动各国间人才交流和信息共享。

五、共创美好未来

推动“一带一路”能源合作是中国的倡议，也是各国的利益所在。站在新的起点上，中国愿与各国携手推动更大范围、更高水平、更深层次的能源合作，并欢迎各国和国际、地区组织积极参与。

中国愿与各国一道，共同确定一批能够照顾各方利益的项目，对条件成熟的项目抓紧启动实施，争取早日开花结果。

“一带一路”能源合作是互尊互信、合作共赢之路。只要各国携起手来，精诚合作，就一定能够建成开放包容、普惠共享的能源利益共同体、责任共同体和命运共同体。

推进“一带一路”贸易畅通合作倡议

商务部

2017年5月14日，中国商务部主办的“一带一路”国际合作高峰论坛高级别会议“推进贸易畅通”平行主题会议在北京举行。来自相关国家和国际机构的代表围绕“畅通、高效、共赢、发展，深化‘一带一路’经贸合作”主题，进行了深入和富有成效的讨论，达成广泛共识。本倡议根据此次会议讨论情况制定，由相关国家和国际机构在自愿基础上参与，并对未来参与保持开放。

倡议参与方（以下简称“参与方”）认识到，在当前全球经济增长动力不足的背景下，有必要在尊重各国发展目标的同时，推动更具活力、更加包容、更可持续的经济全球化，促进贸易投资自由化和便利化，抵制保护主义，推进“一带一路”贸易畅通合作，实现合作共赢。

参与方注意到，各方为加强“一带一路”倡议与其他倡议和计划的合作与对接做出积极努力，这些努力有助于推动在欧洲、亚洲、南美洲、非洲以及其他区域间构建合作伙伴关系。与此同时，对于最不发达国家，要给予特别关注。

一、促进贸易增长

参与方强调，愿通过推进贸易便利化、发展新业态、促进服务贸易合作，推动和扩大贸易往来。参与方重申，支持以世贸组织为基石的多边贸易体制，参与方中的世贸组织成员愿推动世贸组织第11届部长级会议取得积极成果。中方愿继续扩大市场开放，实施积极进口政策，为更多外国产品进入中国市场提供便利。中国将从2018年起举办中国国际进口博览会，为有关国家客商来华参展参会提供支持，并愿与感兴趣的国家和地区商建自由贸易区。预计未来5年，中国将从沿线国家和地区进口2万亿美元的商品。

二、振兴相互投资

参与方表示，愿加强投资合作，探索创新投资合作模式，促进更多富有质量和效率的投资。参与方将继续保护投资者的合法权益，营造有利的投资环境。同时，将加强投资与贸易的联动，以投资带动贸易。“一带一路”沿线国家呼吁加大区域价值链投资，开展国际产能合作，共建经贸产业合作区，并采取其他增进优势互补的举措，实现互利共赢。中方愿深化与有关国家和地区的投资合作。未来5年，中方对沿线国家和地区的投资预计将达到1500亿美元。

三、促进包容可持续发展

参与方重申，愿共同履行推进联合国2030年可持续发展议程的承诺，加强贸易投资领域的经济技术合作和能力建设，全面均衡地促进经济、社会和环境的包容和可持续发展。中方愿为沿线国家和地区提供1万个来华研修和培训名额，帮助有关国家加强贸易投资人才培养。中方还愿支持联合国相关机构和世贸组织为沿线国家量身打造贸易投资合作方案，推动实现包容和可持续发展。

四、展望

展望未来，参与方期待进一步加强贸易投资和经济合作，提升经济活力，密切商务往来，促进贸易畅通，让沿线各国和各地区人民在合作中更多获益，共享经济全球化红利。

中小企业“一带一路”同行计划（摘要）

工信部中小企业发展促进中心

该计划旨在通过组织国际合作服务机构陪伴中小企业走向“一带一路”沿线国家和地区，联结国内中小企业与“一带一路”中小企业合作发展，打造中国与相关各国互利共赢的“利益共同体”和共同发展繁荣“命运共同体”。计划中公布的重点工作包括：

第一，成立走出去服务联盟，聚合国际合作服务机构与企业，共同为走出去企业保驾护航。

第二，在境外国家设立工作窗口、办事处、境外园区以及中外合作直通车基地，为走出国门中小企业提供一站式服务点。

第三，在国内共建中外合作园区，扶持外向型中小企业在国内集聚发展，通过展览展销、团组考察、人才培训、招商引资、项目对接、服务体系建设等方式培养园区企业国际合作能力。

第四，总结走出去企业成功经验，以影像记录中小企业“走出去”历程，帮助企业进行宣传推广；通过中小企业国际合作案例中心“一带一路”案例组等智库，为中小企业提供智力、咨询支持。

第五，开展中小企业远程创新合作平台创新技术撮合服务，通过技术咨询、技术需求展示、国外先进技术引进等方式，推动对接落地，引导推动地方产业转型升级。

第六，实施中小企业“一带一路”合作培训工程，组织专家和服务机构开展政策宣讲和服务对接活动，提高企业走出去的能力。

第七，探索建立“一带一路”中小企业发展基金，帮助缓解中小企业对外投资合作融资难、融资贵等困难。

工业和信息化部中小企业发展促进中心将于2017年开始正式实施“中小企业‘一带一路’同行计划”，帮助中小企业“走出去”和“引进来”，扩大发展空间，实现国际化发展。

共同推进“一带一路”建设农业合作的愿景与行动

农业部　国家发展改革委　商务部　外交部

前言

进入21世纪，世界经济一体化加快推进，以和平、发展、合作、共赢为主题的新时代已经开启。2013年9月和10月，中国国家主席习近平在出访中亚和东南亚国家期间，先后提出共建“丝绸之路经济带”和“21世纪海上丝绸之路”(以下简称“一带一路”)的重大倡议，得到国际社会高度关注。“一带一路”倡议秉承共商、共建、共享原则，致力于维护全球自由贸易体系和开放型世界经济，推动沿线各国实现经济政策协调，共同打造开放、包容、均衡、普惠的区域经济合作架构。

农业交流和农产品贸易自古以来就是丝绸之路的主要合作内容。借古丝绸之路，中国从西方引入了胡麻、石榴、苜蓿、葡萄等作物品种，并把掘井、丝绸、茶等生产技术和产品带到了中亚，促进了沿线国家间农业技术和产品的传播交流，亚欧非的农业文明沿着古丝绸之路交流互通，不断发扬光大。新时期，农业发展仍然是“一带一路”沿线国家国民经济发展的重要基础，沿线大部分国家对解决饥饿和贫困问题、保障粮食安全与营养的愿望强烈，开展农业合作是沿线国家的共同诉求。在“一带一路”倡议下，农业国际合作成为沿线国家共建利益共同体和命运共同体的最佳结合点之一。

“一带一路”倡议提出三年来，中国与沿线国家在双、多边合作机制下积极开展农业领域产业对接，合作领域不断拓展，链条不断延伸，合作主体和方式不断丰富，取得了显著成效。为进一步加强“一带一路”农业合作的顶层设计，制定《共同推进“一带一路”建设农业合作的愿景与行动》。

一、时代背景

当今世界正在发生复杂而深刻的变化，国际金融危机深层次影响继续显现，世界经济复苏缓慢、发展分化，国际投资贸易格局和多边投资贸易规则酝酿深刻调整。共建“一带一路”顺应世界多极化、经济全球化、文化多样化、社会信息化的潮流，是国际合作以及全球治理新模式的积极探索。

近年来，全球农业发展格局深度调整，气候变化对粮食主产区影响不断加深，生物质能源、金融投机活动等非传统因素使农产品国际市场不确定性持续加强，全球粮食安全及贫困问题仍然困扰着很多发展中国家，世界上仍有7.95亿人忍受长期饥饿，20亿人遭受营养不良。农业持续增长动力不足和农产品市场供求结构显著变化，已经成为世界各国需要共同面对的新问题、新挑战，尤其在“一带一路”沿线，许多国家实现粮食安全与营养、解决饥饿与贫困的形势仍十分紧迫，亟待通过开展农业合作，共同促进农业可持续发展。

后金融危机时代，各国更加重视农业基础地位，更加注重全球农业资源的整合利用和农产品市场的深度开发，对开展农业国际合作的诉求也更加强烈，为“一带一路”建设农业合作提供了难得的历史机遇。当前，中国正与沿线国家积极开展战略对接，共同构建“一带一路”合作框架，双、多边合作机制日益完善，为开展农业合作提供了有利平台。“一带一路”建设基础设施互联互通、资金融通为开展农业合作提供了保障，为沿线国家实现农业产业优势互补、共享发展机遇创造了良好条件。

当前，中国农业与世界农业高度关联，推进“一带一路”建设农业合作意义重大，既是中国扩大和深化对外开放的需要，也是世界农业持续健康发展的需要，有利于推动形成全球农业国际合作新格局，有利于沿线各国发挥比较优势，促进区域内农业要素有序流动、农业资源高效配置、农产品市场深度融合，推动沿线各国实现经济互利共赢发展。中国自改革开放以来，农业农村发展取得了巨大的成就，对世界粮食安全作出了重大贡献。中国愿意在力所能及的范围内承担更多责任义务，在国际粮农治理体系建设中贡献中国智慧，与沿线国家分享中国经验，为全球农业发展和经济增长作出更大的贡献。

二、合作原则

坚持政策协同。支持“一带一路”沿线国家开展愿景对接和政策对话，寻求农业合作利益契合点和最大公约数，围绕共同关切的重点区域、主导产业、重要产品共同开展顶层设计。充分利用沿线已有合作机制，创新推动“一带一路”农业合作持续发展。

坚持市场运作。充分发挥各类企业的主体作用和市场在资源配置中的决定性作用，遵循市场规律和国际通行规则，促进沿线各国企业间开展产业合作，实现优势互补，联动发展。

坚持政府服务。发挥沿线国家政府间合作机制在推进“一带一路”建设农业合作中的引导和服务作用，深化对外开放，进一步提高跨境投资贸易便利化水平，建立健全农业对外合作服务体系，优化农业国际合作环境。

坚持绿色共享。尊重各国农业发展道路和模式选择，深化“一带一路”建设农业合作与落实2030年可持续发展议程粮农目标有机结合，共商、共建、共享绿色丝绸之路理念，携手走产出高效、产品安全、资源节约、环境友好的农业现代化道路。

坚持互利合作。兼顾各方利益和关切，积聚各国农业发展优势，充分挖掘合作潜力，加强各大经济走廊农业合作，以点带面、从线到片推进合作进程，构建相互依存、互利共赢、平等合作、安全高效的“一带一路”新型农业国际合作关系。

三、框架思路

“一带一路”贯穿亚欧非大陆，一头是活跃的东亚经济圈，农业发展历史悠久，一头是发达的欧洲经济圈，现代农业优势明显，中间广大腹地农业资源丰富，发展潜力巨大，各区域在农业资源、技术、产能、市场等方面各具优势，具有较强的互补性。

推进“一带一路”建设农业合作是沿线各国农业发展、对外开放的共同愿景，中国愿与沿线各国携手努力，共同规划实施一批重点建设项目，创建“一带一路”陆海联动、双向开放的农业国际合作新格局，为“一带一路”利益共同体、责任共同体和命运共同体的形成提供有力支撑。

中国政府倡议，沿线国家加强农业合作战略对接，秉承“一带一路”共商、共建、共享的原则与和平合作、开放包容、互学互鉴、互利共赢的理念，兼顾各方利益和诉求，围绕政策沟通、设施联通、贸易畅通、资金融通、民心相通的重点合作内容，以农业科技交流合作为先导，深化新亚欧大陆桥、中蒙俄、中国—中亚—西亚、中国—中南半岛、中巴、孟中印缅等六大经济走廊的农业贸易投资合作，打造优势技术、重点产品农业合作大通道，朝着共建全方位、宽领域、多层次、高水平的新型农业国际合作关系而努力。

四、合作重点

“一带一路”沿线各国合作潜力和空间巨大，围绕“一带一路”沿线国家共同发展需求和优势，着重在以下方面加强合作。

构建农业政策对话平台。加强政策沟通，完善沿线国家间多层次农业政策对话机制，探索建立沿线国家政府、科研机构、企业“三位一体”的政策对话平台，就农业发展战略充分交流对接，共同制定推进农业合作的规划和措施，协商解决合作中的问题，共同为务实合作及大型项目实施提供政策支持。

强化农业科技交流合作。突出科技合作的先导地位，多渠道加强沿线国家间知识分享、技术转移、信息沟通和人员交流。结合各国需求并综合考虑国际农业科技合作总体布局，在“一带一路”沿线共建国际联合实验室、技术试验示范基地和科技示范园区，开展动植物疫病疫情防控、种质资源交换、共同研发和成果示范，促进品种、技术和产品合作交流。共建“一带一路”农业合作公共信息服务平台、技术咨询服务体系、高端智库和培训基地，推动区域农业物联网技术发展，提升“一带一路”沿线国家农业综合发展能力。

优化农产品贸易合作。推动共建“一带一路”农产品贸易通道，合作开展运输、仓储等农产品贸易基础设施一体化建设，提升贸易便利化水平，扩大贸易规模，拓展贸易范围。鼓励建设多元稳定的“一带一路”农产品贸易渠道，发展农产品跨境电子商务。加强“一带一路”沿线国家农产品检验检疫合作交流，共建安全、高效、便捷的进出境农产品检验检疫监管措施和农产品质量安全追溯系统，共同规范市场行为，提高沿线国家动植物安全卫生水平。

拓展农业投资合作。发挥沿线国家农业比较优势，充分利用相关国际金融机构合作机制与渠道，加大农业基础设施和生产、加工、储运、流通等全产业链环节投资，推进关键项目落地。提升沿线国家间企业跨国合作水平，采取多种方式提升企业跨国投资能力和水平，促进沿线国家涉农企业互利合作、共同发展。推动沿线国家之间开展农业双向投资，中国欢迎各国企业来华开展农业领域投资，鼓励本国企业参与沿线国家农业发展进程，帮助所在国发展农业、增加就业、改善民生，履行社会责任。

加强能力建设与民间交流。加强以农民为主体的能力建设和民间交流，共同开展“一带一路”沿线国家农民职业教育培训，提高农民素质以及农民组织化水平，增进沿线国家间交流互信。加强“一带一路”沿线国家企业之间交流合作，共建跨国经营管理人员培训基地，培养复合型跨国经营管理人才。

五、合作机制

为保障“一带一路”建设农业合作顺利实施，沿线国家应携起手来，以现有合作机制为基础，不断完善和创新方式，促进“一带一路”农业合作蓬勃发展。

加强政府间双边合作。开展多层次、多渠道沟通磋商，推动双边关系全面发展，为农业合作提供有力保障。在“一带一路”建设政府间谅解备忘录下推动签署农业合作备忘录或编制农业合作规划。充分发挥现有双边高层合作机制作用，推动更多沿线国家和地区以及相关国际和地区组织建立高水平、常态化农业合作机制。强化政府间条法磋商，加快商签“一带一路”沿线双边投资贸易协定，加强政府间交流协调，加强投资保护、金融、税收、通关、检验检疫、人员往来等方面合作，促进企业实践与政府服务有效对接，为开展“一带一路”农业国际合作创造更佳环境、争取更好条件。

强化多边合作机制作用。深化与国际机构的交流与合作，充分利用二十国集团、亚太经合组织、上海合作组织、联合国亚太经社会、亚洲合作对话、阿拉伯国家联盟、中国—东盟、澜沧江—湄公河合作等现有涉农多边机制，深化与世界贸易组织、联合国粮食及农业组织、世界动物卫生组织、国际植物保护组织、国际农业发展基金、联合国世界粮食计划署、国际农业研究磋商组织等交流合作，加强与世界银行、亚洲开发银行、金砖国家新开发银行、亚洲基础设施投资银行、丝路基金合作，探索利用全球及区域开发性金融机构创新农业国际合作的金融服务模式，积极营造开放包容、公平竞争、互利共赢的农业国际合作环境。发挥重大会议论坛平台作用。充分利用中非合作论坛、博鳌亚洲论坛、“10+3”粮食安全圆桌会议、中国—东盟博览会、中国—南亚博览会、中国—亚欧博览会、中国—中东欧经贸论坛、中国—中东欧进出境动植物检疫暨农产品质量安全合作论坛、中国—阿拉伯博览会等重大会议论坛平台，加强“一带一路”农业合作交流。在“一带一路”国际合作高峰论坛框架下，逐步建立“一带一路”农业合作对话机制、农业规划研究交流平台，依托“一带一路”网站建立农业资源、产业、技术、政策等信息共享平台。

共建境外农业合作园区。推动沿线国家企业合作共建农业产业园区，形成产业集群和平台带动效应，降低农业合作成本，增强风险防范能力。引导和支持企业参与农业合作园区建设和运营，围绕种植、养殖、深加工、农产品物流等领域加强基础设施建设，优化农业产业链条，为实现经济走廊和海上通道互联互通提供支撑。结合“一带一路”沿线国家的意愿和基础条件，共建一批农业合作示范区，构建“一带一路”农业合作的新载体和新样板。

六、行动与未来

长期以来，中国政府一直坚定不移地推进和扩大农业对外开放，优化政策体系，主动融入农业全球化发展进程。“一带一路”沿线一直是中国开展农业国际合作的重点区域，许多省区利用山水相连、文化相通等优势，与“一带一路”沿线国家开展了富有成效的互利合作。中国西部省区立足旱作农业与中亚国家开展粮食、畜牧、棉花等领域合作，北部省区在俄罗斯远东地区开展粮食、蔬菜等种植合作，中国南部省区立足热带农业，与东南亚、南亚国家开展粮食、热带经济作物等种植合作，发展态势良好，势头强劲，均取得了显著成效。另外，中国通过援建农业技术示范中心、派遣农业技术专家、培训农业技术和管理人员等方式，积极帮助“一带一路”沿线发展中国家提高农业生产和安全卫生保障能力，为保障世界粮食安全做出了积极贡献。

面向未来，中国将继续推动“一带一路”农业合作，积极参与区域性农业国际交流合作平台建设，支持多双边涉农国际贸易投资协定谈判，共同编制双边农业投资合作规划，增强对最不发达国家农业投资，推进实施“中非十大合作计划”，积极利用“南南合作援助基金”开展农业领域南南合作，支持发展中国家落实2030年可持续发展议程，创新与发达国家农业合作方式，全面构建新型农业国际合作关系，推动全球实现农业可持续发展。

下一步，中国将积极推动境外农业合作示范区和境内农业对外开放合作试验区建设，内外统筹，与沿线国家在金融、税收、保险、动植物检验检疫等方面开展务实合作，加强人才交流和信息互通，分享农业技术、经验和农业发展模式，共同规划实施区域粮食综合生产能力提升、农业科技合作与示范、动植物疫病疫情联合防控、农产品产业一体化建设、贸易基础设施强化、农业研发促进培训综合平台、农业信息化体系建设等七大重点工程。

共建“一带一路”是中国的倡议，也是中国与沿线国家的共同愿望。中国愿与沿线国家一道，在既有的多双边合作机制框架下，兼顾各方利益，尊重各方诉求，相向而行，携手推动“一带一路”建设农业合作迈向更大范围、更高水平、更深层次，共同为提高全球粮食安全与营养水平，推进全球农业可持续健康发展做出更大贡献。

“丝绸之路经济带”检验检疫区域一体化工作方案

国家质量监督检验检疫总局

为认真贯彻落实党的十八届三中全会关于全面深化改革的要求，建立检验检疫系统内部“信息互换、监管互认、执法互助”机制，实现丝绸之路经济带检验检疫区域一体化模式改革，促进贸易便利化，根据国家质检总局关于检验检疫区域一体化工作要求，制定本工作方案。

一、指导思想

认真贯彻落实十八届三中全会精神，以科学发展观为指导，积极开展检验检疫模式改革与机制创新，在确保有效监管的前提下，构建丝绸之路经济带检验检疫区域一体化工作体系，进一步加强和完善口岸局与内地局、内地局之间的协作配合，推动检验检疫跨辖区协同执法监管，支持丝绸之路经济带区域经济平稳发展。

二、工作目标

在丝绸之路经济带区域内实施检验检疫业务流程再造，实现跨辖区检验检疫一体化作业，实行区域内“通报、通检、通放”，推进检验检疫信息互换、监管互认、执法互助，达到科学监管、便利外贸、优化职能的工作目标。

一是实现科学监管。运用信用管理和风险管理方法手段，实行区域一体化的差别化管理和“负面清单”管理制度，对信用B级以上等级企业和“负面清单”以外的进出口产品实施区域一体化政策，实行执法联动，动态调整，提升检验检疫监管的科学性。

二是实现便利外贸。设立多种区域一体化工作模式，由企业自主自愿选择报检地、监管查验地和通关放行地。实现无纸化通关，实行“进口直通、出口直放”，提升检验检疫服务外贸发展的有效性。

三是实现优化职能。调整口岸内地检验检疫业务职能，实现检验检疫业务前推后移，减少口岸局压力，增强内地局职能，通过合理配置和共享口岸内地检验检疫资源，使区域内检验检疫监管职能得以进一步优化。

三、实施内容

在丝绸之路经济带全面建立和运行检验检疫区域一体化工作模式，打造“一个平台”，建设“两大中心”，推进“三项机制”，实现“四个统一”。

（一）打造“一个平台”

在现有业务管理信息化主干框架下，打造“丝绸之路经济带检验检疫区域一体化工作平台”，近期建立区域一体化业务的辅助功能模块，远期实现与ECIQ主干系统互通互联，形成集“信用管理、执法监管、风险防控、统一申报、转入转出、工作联系单、集装箱流向管理、进境大宗农产品联合监管、食品原料基地互认”等为主要内容的区域一体化统一信息化平台。

（二）建设“两大中心”

建设统一的“决策指挥中心”和“运行维护中心”，作为丝绸之路经济带检验检疫区域一体化两大业务运作中心。

“决策指挥中心”负责区域一体化总体方案的设计制定以及工作模式的确定，负责与海关等部门的外部关系的协调，负责直属局之间业务合作事项的确定和部署，负责区域一体化工作中的重大问题的协调。

“运行维护中心”负责协调日常工作，可分若干工作小组，沟通和解决日常工作中遇到的问题。依据工作方案和工作模式，细化和制定具体的工作程序，不断完善相关工作制度。组织开展联合调研、专题研究，提出区域一体化工作建议供决策指挥中心决策部署。负责直属局之间的沟通联系、调整目录清单和职责分工以及信息化平台的开发应用和完善，及时更新一体化工作规则和信息。

（三）推进“三项机制”

一是实行“出口直放”。出口货物经产地检验检疫合格后直接放行，与海关协调对接，实现跨关区电子通关，缩短出口货物检验检疫时限，提高工作效率，减少物流成本。

二是实行“进口直通”。对企业自主选择、内地局具备监管条件的进口集装箱等可转检应检物，由口岸局实施必要的检疫后，直接转检到目的地局实施检验检疫和监管，集装箱查验工作随同货物检验检疫监管一并实施，进一步缩短口岸滞留时间，实现监管后移，提速增效。

三是实行“执法联动”。区域内执法监管联合联动，对检验检疫业务过程实施严密监控，对违法违规或突发异常事件实施快速反应，严厉打击逃漏检等违法行为，注重事后监管和稽查，为区域一体化机制顺利实施做好保障措施和法律支持。

（四）实现“四个统一”

一是统一检务管理。建立完善“大检务”工作机制，实行流程再造，区域内各机构之间可以互通互联业务流程，任一检务工作点都能受理报检、放行出证。遵循权责一致原则，制定相应的报检、计费、出证、放行流程的检务一体化管理工作作业文件，厘清各环节的责任分工。以便利企业为原则，设置多种“通报、通检、通放”模式，实现进出口贸易关系人自主选择报检地、检验检疫地、放行通关地等。逐步推进检验检疫全程无纸化，改革授权签字人管理制度。

二是统一信用管理。实施区域内企业信用管理等级信息共享和互认，动态更新发布企业信用等级信息。根据企业信用管理等级，对区域一体化业务实施差别化管理。对列入黑名单的企业不适用区域检验检疫一体化政策，实施加严监管。

三是统一风险管理。对区域内进出口货物，实施统一的风险管理制度。按照产品风险，动态发布“不适用区域一体化管理的产品目录清单”（由相关直属局报总局批准后实施），确定并调整局与局之间可直通货物目录，按照货物风险等级来选择“通报、通检、通放”相应模式，对不同风险级别的货物实行基于合格假定的相应放行模式，确保进出口货物检验检疫监管风险可控。

四是统一统计管理。改革业务统计制度，弱化对业务统计、收费统计考核评价的指标导向。对现行统计方法进行调整，明确各种业务量和收费的具体统计方法，实行“按实际施检地”统计制度。

四、工作要求

一是提高思想认识。推进丝绸之路经济带检验检疫区域一体化是检验检疫服务丝绸之路经济带国家战略的一项重大改革措施。各局应高度重视，树立“沿带各局如一局”观念，弱化传统的业务收费排名的思想导向，弱化模式改革带来的利益调整，弱化条线和区域分割、各自为政的现象，强化工作组织推进的一体性。同时应把便利企业和有效监管结合起来，把口岸履职和促进内地发展结合起来，把条线协同和部门联动结合起来。

二是强化工作部署。各局应开展工作动员，全面落实检验检疫区域一体化政策，有效实施模式改革措施，及时研究解决区域一体化工作中遇到的问题。应高度重视“一个平台”和“两个中心”的建立和配合运行，信息化开发和建设应先行先导，相关机制同步推进，确保各项政策措施得以有效落实。

三是注重措施配套。各局应建立和健全工作机制，确保监管职能不缺失。建立检验检疫无纸化工作制度，实现报检、查验、证书证稿、检务档案的无纸化。建立企业信用等级和产品风险等级动态管理制度，对区域一体化政策实施差别化管理。加强区域执法稽查和溯源管理，对违法行为实现区域内联合联动，快速处置。注重推进口岸信息全申报，采取物流监控系统、电子闸口系统、物联网设备等有效信息化方式和手段，加强货物运输物流监管。

四是形成工作合力。各局应构建良好的区域沟通衔接机制和渠道，围绕模式改革的方向，注重协同配合，统一工作原则，确保有序运行。沿线各局应加强执法队伍和专业技术力量建设，重视检测设备配备，做好口岸转检业务的承接工作。应注重加强与政府、企业的沟通，积极向社会各界宣传，引导企业用足用好相关政策，在丝绸之路经济带检验检疫区域一体化工作上形成合力，抓出成效。

“一带一路”融资指导原则

财政部

“一带一路”建设旨在加强沿线国家的政策沟通、设施联通、贸易畅通、资金融通、民心相通，促进经济要素有序自由流动、资源高效配置和市场深度融合，共同打造开放、包容、均衡、普惠的区域经济合作架构。

资金融通是“一带一路”建设的重要支撑。为此，我们，阿根廷、白俄罗斯、柬埔寨、智利、中国、捷克、埃塞俄比亚、斐济、格鲁吉亚、希腊、匈牙利、印度尼西亚、伊朗、肯尼亚、老挝、马来西亚、蒙古、缅甸、巴基斯坦、卡塔尔、俄罗斯、塞尔维亚、苏丹、瑞士、泰国、土耳其、英国财长呼吁沿线国家政府、金融机构、企业共同行动，本着“平等参与、利益共享、风险共担”的原则，推动建设长期、稳定、可持续、风险可控的融资体系。

1. 我们认识到，良好的融资体系和融资环境离不开沿线国家政府强有力的支持。沿线国家政府应加强政策沟通，巩固合作意向，共同释放支持“一带一路”建设和融资的积极信号。

2. 我们鼓励沿线国家建立共同平台，在促进本地区国别发展战略及投资计划对接的基础上，共同制定区域基础设施发展战略或规划，确定重大项目识别和优先选择的原则，协调各国支持政策与融资安排，交流实施经验。

3. 我们支持金融资源服务于沿线国家和地区的实体经济发展。重点加大对基础设施互联互通、贸易投资、产能合作、能源能效、资源以及中小企业等领域的融资支持力度。

4. 我们重申基础设施对经济社会可持续发展的重要作用。我们鼓励沿线国家视情开放公共服务市场，维护良好、稳定的法律、政策和监管框架，积极发展政府和社会资本合作以吸引各类资金，提高基础设施的供给效率和质量。我们鼓励有意愿的相关方在私营部门和金融机构之间建立有效的信息交流，通过基础设施融资支持可持续发展。

5. 我们重视公共资金在规划、建设重大项目上的引领作用。我们将继续利用政府间合作基金、对外援助资金等现有公共资金渠道，协调配合其它资金渠道，共同支持“一带一路”建设，包括加强沿线国家和地区在民生发展、人文交流等领域的交流合作。

6. 我们鼓励各国政策性金融机构、出口信用机构继续为“一带一路”建设提供政策性金融支持。我们鼓励上述机构加强协调合作，通过贷款、担保、股权投资、联合融资等多种方式，发挥融资促进和风险分担作用。

7. 我们呼吁开发性金融机构考虑为“一带一路”沿线国家提供更多融资支持和技术援助。我们鼓励多边开发银行和各国开发性金融机构在其职责范围内通过贷款、股权投资、担保和联合融资及其他融资渠道等各种方式，积极参与“一带一路”建设，特别是跨境基础设施建设。我们支持多边开发银行与各国开发性金融机构加强协调合作，为沿线国家提供可持续性的融资、机构专有技术和融智服务。

8. 我们认识到市场机制在金融资源配置中应发挥决定性作用。我们期待商业银行、股权投资基金、保险、租赁和担保公司等各类商业性金融机构为“一带一路”建设提供资金及其他金融服务。我们欢迎养老基金、主权财富基金等长期机构投资者，在符合其机构职能的情况下视情积极参与，特别是参与基础设施建设。

9. 我们支持进一步发展本地与区域金融市场。我们欢迎发展沿线国家的本币债券市场和股权投资市场，以扩大长期融资来源，并降低货币错配风险。

10. 我们支持金融市场的有序开放，并尊重有关国家可能承担的国际义务。我们鼓励根据国情，在符合国内法律法规的前提下，逐步扩大银行、保险、证券等市场准入，支持金融机构跨境互设子公司和（或）分支机构，促进金融机构设立申请与审批流程的便利化。

11. 我们鼓励基于“一带一路”建设需求和沿线国家需求的金融创新。我们支持金融机构在风险可控前提下创新融资模式、渠道、工具与服务。

12. 我们呼吁沿线各国深化金融监管合作，加强跨境监管协调，共同为金融机构创造公平、高效、稳定的监管环境，并尊重有关国家可能承担的国际义务。

13. 我们倡导建设透明、友好、非歧视和可预见的融资环境。我们支持视情提高对外国直接投资的开放度，加快必要的投资便利化进程，反对一切形式的贸易和投资保护主义。我们倡导建立和完善公平、公正、公开、高效的法律制度，以及互惠互利、投资友好型的税收制度。我们支持通过公正、合法、合理的方式妥善解决债务和投资争端，切实保护债权人和投资人合法权益。

14. 我们强调应加强对融资项目社会环境影响的评价和风险管理，重视节能环保合作，履行社会责任，促进当地就业，推动经济社会可持续发展。在动员资金时，应兼顾债务可持续性。

15. 我们认识到，“一带一路”建设的融资安排应惠及所有企业和人群，支持可持续、包容性发展。应为提高科技能力、技术发展以及创造就业，特别是年轻人与妇女的就业提供融资。我们积极支持推进普惠金融的努力，鼓励沿线国家政府、政策性金融机构、开发性金融机构及商业性金融机构加强合作，努力让所有人享受金融信息和服务，并为中小企业提供适当、稳定、可负担的融资服务。

关于保险业服务“一带一路”建设的指导意见

中国保监会

机关各部门，各保监局，培训中心、服务中心，中国保险保障基金有限责任公司、中国保险信息技术管理有限责任公司、中保投资有限责任公司、上海保险交易所股份有限公司、中国保险报业股份有限公司，中国保险行业协会、中国保险学会、中国精算师协会、中国保险资产管理业协会，各保险集团（控股）公司、保险公司、保险资产管理公司、保险专业中介机构：

建设丝绸之路经济带和21世纪海上丝绸之路（以下简称“一带一路”），是以习近平同志为核心的党中央审时度势、主动应对经济全球化形势深刻变化，统筹国际国内两个大局，为实现中华民族伟大复兴中国梦做出的重大战略决策。为充分发挥保险功能作用，全方位服务和保障“一带一路”建设，现提出以下指导意见。

一、充分认识保险业服务“一带一路”建设的重要意义

（一）发挥保险功能作用，是顺利推进“一带一路”战略的重要助力

“一带一路”战略辐射区域涉及国别众多，人口数量庞大，地缘政治、经济关系复杂多变，我国企业“走出去”过程中将面临较多的政治、经济、法律风险和违约风险。保险业作为管理风险的特殊行业，自身特点决定了行业服务“一带一路”建设具有天然优势，能够为“一带一路”跨境合作提供全面的风险保障与服务，减轻我国企业“走出去”的后顾之忧，为加快推进“一带一路”建设提供有力支撑。

（二）融入“一带一路”建设，是建设保险强国的必由之路

“一带一路”战略的实施，必将开创我国全方位对外开放新格局。“一带一路”建设为保险业创造了巨大的战略机遇，是保险业全面融入国家战略，扩大对外开放，实现行业跨越式发展的有利契机，对于提升我国保险业国际化能力和水平、增强国际竞争力、促进我国由保险大国向保险强国转变具有重要意义。

二、基本原则

（三）坚持“保险业姓保”、服务大局

围绕“一带一路”建设总体规划和扩大开放宏观布局，坚守“保险业姓保”的行业根基，充分发挥保险功能作用，主动对接“一带一路”建设过程中的各类保障需求和融资需求，不断创新保险产品服务，努力使保险成为“一带一路”建设的重要支撑。

（四）坚持统筹推进、重点突破

统筹做好保险业服务“一带一路”建设顶层设计，从行业层面整体推进，在产品、资金、机构、人才等领域协同发力，提升保险业服务“一带一路”建设的渗透度和覆盖面。坚持问题导向，围绕“一带一路”建设的重点区域、重点方向、重点领域，先易后难、由点及面，积极探索更高效、更便捷的保险服务方式，及时总结可复制可推广的经验。

（五）坚持市场运作、持续发展

遵循市场规律和国际通行规则，充分发挥保险功能作用，增强对“一带一路”建设的服务和保障能力，培育我国保险业核心竞争力。

在支持国家战略落地的过程中，加强“一带一路”沿线国家和地区的政策及形势研判，切实做好风险管控，提高保险运行效率和保障水平，推动可持续发展。

（六）坚持开放创新、合作共赢

抓住机遇，顺应“一带一路”互联互通的趋势，加快保险业国际化步伐，推动保险业互联互通，提高我国保险业在国际上的影响力和话语权。积极开展跨境业务合作和监管合作，着力实现合作共赢，在“一带一路”建设中构建更为广泛的利益共同体，不断丰富我国保险业开放合作内涵，为我国保险业发展注入新动力、增添新活力、拓展新空间。

三、构建“一带一路”建设保险支持体系，为“一带一路”建设提供全方位的服务和保障

（七）大力发展出口信用保险和海外投资保险，服务“一带一路”贸易畅通

综合运用中长期出口信用保险、短期出口信用保险、海外投资保险、资信评估等产品和服务，加大对“一带一路”沿线国家的支持力度，对风险可控的项目应保尽保，推动国家重大项目加快落地。鼓励政策性保险机构扩大中长期出口信用保险覆盖面，增强交通运输、电力、电信、建筑等对外工程承包重点行业的竞争能力，支持“一带一路”示范项目及相关共建行动的落实。推动放开短期出口信用保险市场。鼓励政策性保险机构加快发展海外投资保险，创新保险品种，扩大承保范围，支持优势产业产能输出，推动高铁、核电等高端行业向外发展，促进钢铁、水泥和船舶等行业优势产能转移。

积极构建国别风险咨询服务体系。充分发挥保险机构、保险中介机构在资信渠道、风险管理、数据收集、信息处理等方面的优势，提供“一带一路”沿线国家的国别和行业风险指导以及信息咨询，为我国企业开展跨境投资贸易合作提供决策参考，提高我国企业风险管理水平，提升国际竞争力。

（八）创新保险产品服务，为“一带一路”沿线重大项目建设保驾护航

鼓励保险机构根据国内“一带一路”核心区和节点城市建设中的特殊风险保障需求，积极发展各类责任保险、货物运输保险、企业财产保险、工程保险、失地农民养老保险、务工人员意外伤害保险等个性化的保险产品服务，化解核心区和节点城市建设中出现的各类风险，减轻政府和企业压力，优化社会治理，保障民生。

鼓励保险机构大力发展跨境保险服务，根据“一带一路”沿线国家和地区的风险特点，有针对性地开发机动车出境保险、航运保险、雇主责任保险等跨境保险业务，为沿线“互联互通”重要产业、重点企业和重大建设项目提供风险保障。大力发展建筑工程、交通、恐怖事件等意外伤害保险和流行性疾病等人身保险产品，完善海外急难救助等附加服务措施。加快特种保险业务国际化进程，服务航空航天、核能及新能源等高新领域的国际合作。鼓励保险机构针对“一带一路”沿线不同国家、地区的差异化保险需求，努力提供一揽子综合保险解决方案。鼓励保险中介机构主动发挥专业技术优势，为“一带一路”建设重大项目提供风险管理、保险及再保险安排、损失评估等全方位的保险中介服务。

（九）创新保险资金运用方式，为“一带一路”建设提供资金支持

充分发挥保险资金规模大、期限长、稳定性高的优势，支持保险机构在依法合规、风险可控的前提下，多种方式参与“一带一路”重大项目建设。支持保险资金通过债权、股权、股债结合、股权投资计划、资产支持计划和私募基金等方式，直接或间接投资“一带一路”重大投资项目，促进共同发展、共同繁荣。支

持保险机构通过投资亚洲基础设施投资银行、丝路基金和其他金融机构推出的债权股权等金融产品，间接投资“一带一路”互联互通项目。推动保险机构不断提高境外投资管理能力，进一步拓展保险资金境外投资国别范围，完善境外重大投资监管政策，加强保险资金境外投资监管。积极发展出口信用保险项下的融资服务，发挥撬动融资的杠杆作用，满足“一带一路”建设多样化的融资需求。

四、加快保险业国际化步伐，推动保险业“一带一路”互联互通

（十）支持保险业稳步“走出去”，构建“一带一路”保险服务网络

鼓励保险机构加大对“一带一路”项目的承保支持、技术支持和本地服务支持，加快建设海外承保、理赔作业、救援等境外服务网络，为服务“一带一路”建设提供有效网络依托。稳步推动国内有条件的保险机构“走出去”，积极支持资本实力雄厚、经营管理经验丰富的保险机构在“一带一路”沿线的重点区域铺设机构网点，鼓励保险机构加强国际合作，为“一带一路”保险服务提供有效载体。鼓励保险机构为“一带一路”沿线国家和地区居民提供保险保障服务，助力实现“民心互通”。

（十一）打造交流合作平台，提升保险业服务“一带一路”建设的整体能力

建立健全协同推进机制，推动保险机构加强业务协作，为我国企业“走出去”构建全方位保障体系。组建行业战略联盟，探索建立保险业“一带一路”国际保险再保险共同体和投资共同体，打造国内外保险行业资源共享和发展平台，提升整体承保和服务能力。推动搭建“一带一路”建设保险需求与供给对接平台，探索建立全行业风险数据库和保险资金运用项目库，加强行业内外部信息共享。加快区域性再保险中心建设，为我国保险机构“走出去”提供支撑。

（十二）加强保险监管互联互通，推动我国保险监管标准和技术输出

借助国际保险监督官协会、亚洲保险监督官论坛等平台，加强与“一带一路”沿线国家保险监管部门的沟通和联系，建立双边、多边监管合作机制，宣讲“丝路故事”，争取沿线重要国家和地区对我国保险业参与“一带一路”建设的支持，优化企业“走出去”的政策环境。推进中国风险导向偿付能力体系的国际化，提升其国际影响力，力争成为新兴市场和亚洲地区代表性偿付能力监管体系。推进与“一带一路”沿线国家和地区开展保险偿付能力监管体系等效评估。继续组织“亚洲偿付能力监管与合作研修班”，将其打造为国际监管合作的精品项目。面向“一带一路”沿线国家和地区积极开展监管技术合作和技术援助。向国际保险监督官协会反馈“一带一路”沿线国家和地区监管实际与经验。增强我国对国际监管规则的影响力，建设我国保险业国际合作新格局。

五、保障措施

（十三）加强组织，抓好落实

保险业要充分认识参与和服务“一带一路”建设的重要意义，切实增强责任感和使命感，把支持“一带一路”建设作为深化改革的一项重点工作持续加以推进。保险监管部门要结合行业实际，把握区域特色，制定配套政策措施。保险机构要从产品创新、资金运用、组织和人才保障等方面统筹部署，积极主动对接“一带一路”建设需求，进一步提高服务能力和水平。

（十四）统筹协调，形成合力

要统筹各方资源和力量，形成合力，系统服务“一带一路”建设。保险监管部门要加强与政府相关部门的沟通协调，推动搭建与政府、金融机构“互联互通”的政策协调与信息交流平台，及时向行业传递“一带一路”建设相关

政策、重大项目和保险需求等信息，引导保险机构发挥自身特色和优势，合力支持“一带一路”建设。保险机构要加强与保险同业以及其他金融机构的业务协作，为“一带一路”重大项目建设提供一站式、全方位的金融保险服务。

（十五）完善机制，注重长效

保险业在服务“一带一路”建设中，既要立足于现阶段的行业实际，找准切入点，主动作为，更要着眼长远，以全面提升行业国际竞争力和全球服务能力为目标，全面对接“一带一路”建设的需求，不断深化改革创新，积极探索新产品、新渠道、新模式，为“一带一路”建设提供综合保险服务。同时，根据“一带一路”战略实施推进情况，在更大范围、更宽领域、更深层次为国际和地区合作提供保险服务。

（十六）严控风险，守住底线

保险业在服务“一带一路”建设过程中，要加强对国际局势、宏观经济形势的研判，密切关注沿线国家和地区监管规定和法律法规的变化，进一步强化合规意识和风险意识，完善合规管控体系，增强行业的境外风险防控能力，切实守住不发生系统性风险底线。

推进共建“一带一路”教育行动

教育部

推进共建“丝绸之路经济带”和“21世纪海上丝绸之路”(以下简称“一带一路”),为推动区域教育大开放、大交流、大融合提供了大契机。“一带一路”沿线国家教育加强合作、共同行动,既是共建“一带一路”的重要组成部分,又为共建“一带一路”提供人才支撑。中国愿与沿线国家一道,扩大人文交流,加强人才培养,共同开创教育美好明天。

一、教育使命

教育为国家富强、民族繁荣、人民幸福之本,在共建“一带一路”中具有基础性和先导性作用。教育交流为沿线各国民心相通架设桥梁,人才培养为沿线各国政策沟通、设施联通、贸易畅通、资金融通提供支撑。沿线各国唇齿相依,教育交流源远流长,教育合作前景广阔,大家携手发展教育,合力推进共建“一带一路”,是造福沿线各国人民的伟大事业。

中国将一以贯之地坚持教育对外开放,深度融入世界教育改革发展潮流。推进“一带一路”教育共同繁荣,既是加强与沿线各国教育互利合作的需要,也是推进中国教育改革发展的需要,中国愿意在力所能及的范围内承担更多责任义务,为区域教育大发展做出更大的贡献。

二、合作愿景

沿线各国携起手来,增进理解、扩大开放、加强合作、互学互鉴,谋求共同利益、直面共同命运、勇担共同责任,聚力构建“一带一路”教育共同体,形成平等、包容、互惠、活跃的教育合作态势,促进区域教育发展,全面支撑共建“一带一路”,共同致力于:

推进民心相通。开展更大范围、更高水平、更深层次的人文交流,不断推进沿线各国人民相知相亲。

提供人才支撑。培养大批共建“一带一路”急需人才,支持沿线各国实现政策互通、设施联通、贸易畅通、资金融通。

实现共同发展。推动教育深度合作、互学互鉴,携手促进沿线各国教育发展,全面提升区域教育影响力。

三、合作原则

育人为本,人文先行。加强合作育人,提高区域人口素质,为共建“一带一路”提供人才支撑。坚持人文交流先行,建立区域人文交流机制,搭建民心相通桥梁。

政府引导,民间主体。沿线国家政府加强沟通协调,整合多种资源,引导教育融合发展。发挥学校、企业及其他社会力量的主体作用,活跃教育合作局面,丰富教育交流内涵。

共商共建,开放合作。坚持沿线国家共商、共建、共享,推进各国教育发展规划相互衔接,实现沿线各国教育融通发展、互动发展。

和谐包容,互利共赢。加强不同文明之间的对话,寻求教育发展最佳契合点和教育合作最大公约数,促进沿线各国在教育领域互利互惠。

四、合作重点

沿线各国教育特色鲜明、资源丰富、互补

性强、合作空间巨大。中国将以基础性、支撑性、引领性三方面举措为建议框架，开展三方面重点合作，对接沿线各国意愿，互鉴先进教育经验，共享优质教育资源，全面推动各国教育提速发展。

（一）开展教育互联互通合作

加强教育政策沟通。开展“一带一路”教育法律、政策协同研究，构建沿线各国教育政策信息交流通报机制，为沿线各国政府推进教育政策互通提供决策建议，为沿线各国学校和社会力量开展教育合作交流提供政策咨询。积极签署双边、多边和次区域教育合作框架协议，制定沿线各国教育合作交流国际公约，逐步疏通教育合作交流政策性瓶颈，实现学分互认、学位互授联授，协力推进教育共同体建设。

助力教育合作渠道畅通。推进“一带一路”国家间签证便利化，扩大教育领域合作交流，形成往来频繁、合作众多、交流活跃、关系密切的携手发展局面。鼓励有合作基础、相同研究课题和发展目标的学校缔结姊妹关系，逐步深化拓展教育合作交流。举办沿线国家校长论坛，推进学校间开展多层次多领域的务实合作。支持高等学校依托学科优势专业，建立产学研用结合的国际合作联合实验室（研究中心）、国际技术转移中心，共同应对经济发展、资源利用、生态保护等沿线各国面临的重大挑战与机遇。打造“一带一路”学术交流平台，吸引各国专家学者、青年学生开展研究和学术交流。推进“一带一路”优质教育资源共享。

促进沿线国家语言互通。研究构建语言互通协调机制，共同开发语言互通开放课程，逐步将沿线国家语言课程纳入各国学校教育课程体系。拓展政府间语言学习交换项目，联合培养、相互培养高层次语言人才。发挥外国语院校人才培养优势，推进基础教育多语种师资队伍建设和外语教育教学工作。扩大语言学习国家公派留学人员规模，倡导沿线各国与中国院校合作在华开办本国语言专业。支持更多社会力量助力孔子学院和孔子课堂建设，加强汉语教师和汉语教学志愿者队伍建设，全力满足沿线国家汉语学习需求。

推进沿线国家民心相通。鼓励沿线国家学者开展或合作开展中国课题研究，增进沿线各国对中国发展模式、国家政策、教育文化等各方面的理解。建设国别和区域研究基地，与对象国合作开展经济、政治、教育、文化等领域研究。逐步将理解教育课程、丝路文化遗产保护纳入沿线各国中小学教育课程体系，加强青少年对不同国家文化的理解。加强“丝绸之路”青少年交流，注重利用社会实践和志愿服务、文化体验、体育竞赛、创新创业活动和新媒体社交等途径，增进不同国家青少年对其他国家文化的理解。

推动学历学位认证标准连通。推动落实联合国教科文组织《亚太地区承认高等教育资历公约》，支持教科文组织建立世界范围学历互认机制，实现区域内双边多边学历学位关联互认。呼吁各国完善教育质量保障体系和认证机制，加快推进本国教育资历框架开发，助力各国学习者在不同种类和不同阶段教育之间进行转换，促进终身学习社会建设。共商共建区域性职业教育资历框架，逐步实现就业市场的从业标准一体化。探索建立沿线各国教师专业发展标准，促进教师流动。

（二）开展人才培养培训合作

实施“丝绸之路”留学推进计划。设立“丝绸之路”中国政府奖学金，为沿线各国专项培养行业领军人才和优秀技能人才。全面提升来华留学人才培养质量，把中国打造成为深受沿线各国学子欢迎的留学目的地国。以国家公派留学为引领，推动更多中国学生到沿线国家留学。坚持“出国留学和来华留学并重、公费留学和自费留学并重、扩大规模和提高质量并重、依法管理和完善服务并重、人才培养和发挥作用并重”，完善全链条的留学人员管理服务体系，保障平安留学、健康留学、成功留学。

实施“丝绸之路”合作办学推进计划。有条件的中国高等学校开展境外办学要集中优势学科，选好合作契合点，做好前期论证工作，构建人才培养模式、运行管理模式、服务当地模式、公共关系模式，使学校顺利落地生根、开花结果。发挥政府引领、行业主导作用，促进高等学校、职业院校与行业企业深化产教融合。鼓励中国优质职业教育配合高铁、电信运营等行业企业走出去，探索开展多种形式的境外合作办学，合作设立职业院校、培训中心，合作开发教学资源和项目，开展多层次职业教育和培训，培养当地急需的各类“一带一路”建设者。整合资源，积极推进与沿线各国在青年就业培训等共同关心领域的务实合作。倡议沿线国家之间开展高水平合作办学。

实施“丝绸之路”师资培训推进计划。开展“丝绸之路”教师培训，加强先进教育经验交流，提升区域教育质量。加强“丝绸之路”教师交流，推动沿线各国校长交流访问、教师及管理人员交流研修，推进优质教育模式在沿线各国互学互鉴。大力推进沿线各国优质教学仪器设备、教材课件和整体教学解决方案输出，跟进教师培训工作，促进沿线各国教育资源和教学水平均衡发展。

实施“丝绸之路”人才联合培养推进计划。推进沿线国家间的研修访学活动。鼓励沿线各国高等学校在语言、交通运输、建筑、医学、能源、环境工程、水利工程、生物科学、海洋科学、生态保护、文化遗产保护等沿线国家发展急需的专业领域联合培养学生，推动联盟内或校际间教育资源共享。

（三）共建丝路合作机制

加强“丝绸之路”人文交流高层磋商。开展沿线国家双边多边人文交流高层磋商，商定“一带一路”教育合作交流总体布局，协调推动沿线各国建立教育双边多边合作机制、教育质量保障协作机制和跨境教育市场监管协作机制，统筹推进“一带一路”教育共同行动。

充分发挥国际合作平台作用。发挥上海合作组织、东亚峰会、亚太经合组织、亚欧会议、亚洲相互协作与信任措施会议、中阿合作论坛、东南亚教育部长组织、中非合作论坛、中巴经济走廊、孟中印缅经济走廊、中蒙俄经济走廊等现有双边多边合作机制作用，增加教育合作的新内涵。借助联合国教科文组织等国际组织力量，推动沿线各国围绕实现世界教育发展目标形成协作机制。充分利用中国—东盟教育交流周、中日韩大学交流合作促进委员会、中阿大学校长论坛、中非高校20+20合作计划、中日大学校长论坛、中韩大学校长论坛、中俄大学联盟等已有平台，开展务实教育合作交流。支持在共同区域、有合作基础、具备相同专业背景的学校组建联盟，不断延展教育务实合作平台。

实施“丝绸之路”教育援助计划。发挥教育援助在“一带一路”教育共同行动中的重要作用，逐步加大教育援助力度，重点投资于人、援助于人、惠及于人。发挥教育援助在“南南合作”中的重要作用，加大对沿线国家尤其是最不发达国家的支持力度。统筹利用国家、教育系统和民间资源，为沿线国家培养培训教师、学者和各类技能人才。积极开展优质教学仪器设备、整体教学方案、配套师资培训一体化援助。加强中国教育培训中心和教育援外基地建设。倡议各国建立政府引导、社会参与的多元化经费筹措机制，通过国家资助、社会融资、民间捐赠等渠道，拓宽教育经费来源，做大教育援助格局，实现教育共同发展。

开展“丝路金驼金帆”表彰工作。对于在“一带一路”教育合作交流和区域教育共同发展中做出杰出贡献、产生重要影响的国际人士、团队和组织给予表彰。

五、中国教育行动起来

中国倡导沿线各国建立教育共同体，聚力推进共建“一带一路”，首先需要中国教育领域和社会各界率先垂范、积极行动。

加强协调推动。加强国内各部门各地方的统筹协调工作，有序开展“一带一路”教育合作交流。推动中国教育治理体系完善、相关法律法规修订和教育综合改革，提升中国开展“一带一路”教育行动的质量和水平。教育部与国家发展改革委、外交部、商务部等部门和全国性行业组织紧密配合，围绕共建“一带一路”大局，寻找合作重点、建立运行保障机制，畅通教育国际合作交流渠道，对接沿线各国教育发展战略规划。

地方重点推进。突出地方推进共建“一带一路”的主体性、支撑性和落地性，要求各地发挥区位优势和地方特色，抓紧制定本地教育和经济携手走出去行动计划，紧密对接国家总体布局。有序与沿线国家地方政府建立“友好省州”“姊妹城市”关系，做好做实彼此间人文交流。充分利用地方调配资源优势，积极搭建海内外平台，促进校企优势互补、良性合作、共同发展。多措并举，支持指导本地教育系统与“一带一路”沿线国家广泛开展合作交流，打造教育合作交流区域高地，助力做强本地教育。

各级学校有序前行。各级各类学校秉承“己欲立而立人”的中国传统，有序与沿线各国学校扩大合作交流，整合优质资源走出去，选择优质资源引进来，兼容并包、互学互鉴，共同提升教育国际化水平和服务共建“一带一路”能力。中小学校要广泛建立校际合作交流关系，重点开展师生交流、教师培训和国际理解教育。高等学校、职业院校要立足各自发展战略和本地区参与共建“一带一路”规划，与沿线各国开展形式多样的合作交流，重点做好完善现代大学制度、创新人才培养模式、提升来华留学质量、优化境外合作办学、助推企业成长等各项工作的协同发展。

社会力量顺势而行。开展更大范围、更深层次、更高水平的“一带一路”教育民间合作交流，吸纳更多民间智慧、民间力量、民间方案、民间行动。大力培育和发展我国非营利组织，通过购买服务、市场调配等举措，大力支持社会机构和专业组织投身教育对外开放事业，活跃民间教育国际合作交流。加快推动教学仪器和中医诊疗服务走出去步伐，支持企业和个人按照市场规则依法参与中外合作办学、合作科研、涉外服务等教育对外开放活动。企业要积极与学校合作走出去，联合开展人才培养、科技创新和成果转化，积极服务“一带一路”国家经贸发展。

助力形成早期成果。实施高度灵活、富有弹性的合作机制，优先启动各方认可度高、条件成熟的项目，明确时间节点，争取短期内开花结果。2016 年，各省市制定并呈报本地“一带一路”教育行动计划，有序推进教育互联互通、人才培养培训及丝路合作机制建设。2017 年，基于三方面重点合作的沿线各国教育共同行动深入开展。未来 3 年，中国每年面向沿线国家公派留学生 2500 人；未来 5 年，建成 10 个海外科教基地，每年资助 1 万名沿线国家新生来华学习或研修。

六、共创教育美好明天

独行快，众行远。合作交流是沿线各国共建“一带一路”教育共同体的主要方式。通过教育合作交流，培养高素质人才，推进经济社会发展，提高沿线各国人民生活福祉，是我们共同的愿望。通过教育合作交流，扩大人文往来，筑牢地区和平基础，是我们共同的责任。

中国愿与沿线各国一道，秉持开放合作、互利共赢理念，共同构建多元化教育合作机制，制订时间表和路线图，推动弹性化合作进程，打造示范性合作项目，满足各方发展需要，促进共同发展。

中国教育部倡议沿线各国积极行动起来，加强战略规划对接和政策磋商，探索教育合作交流的机制与模式，增进教育合作交流的广度和深度，追求教育合作交流的质量和效益，互知互信、互帮互助、互学互鉴，携手推动教育发展，促进民心相通，构建“一带一路”教育共同体，共创人类美好生活新篇章。

推进"一带一路"建设科技创新合作专项规划

科技部　国家发展改革委　外交部　商务部

推进"丝绸之路经济带"和"21 世纪海上丝绸之路"（以下简称"一带一路"）建设是我国政府根据时代特征和全球形势提出的重大倡议，对促进沿线各国经济繁荣与区域经济合作，加强不同文明交流互鉴，促进世界和平发展，都具有划时代的重大意义。为贯彻落实《推动共建丝绸之路经济带和 21 世纪海上丝绸之路的愿景与行动》，发挥科技创新在"一带一路"建设中的引领和支撑作用，特制定《推进"一带一路"建设科技创新合作专项规划》。

一、深刻认识重要意义

（一）时代背景

当前，新一轮科技革命和产业变革正在重塑世界经济结构和竞争格局。在全球化、信息化和网络化深入发展的背景下，创新要素开放性、流动性显著增强，科技研究与产业化的边界日趋模糊，科学技术加速在全球的普及与扩散，推动世界经济成为一个紧密联系的整体，用科技促进经济社会发展成为国际共识。世界经济和创新格局的深度调整，需要我国在"一带一路"建设中大力推进科技创新合作。同时，实施创新驱动发展战略，推动经济社会转型升级成为我国发展的必然选择。解决我国面临的经济发展难题，迫切需要提升产业技术水平。推动"一带一路"科技创新合作是我国应对世情国情变化、扩大开放、实施创新驱动发展战略的重大需求。

我国与沿线国家围绕"一带一路"科技创新合作迎来良好机遇。一是我国与许多沿线国家发展阶段类似，发展需求和条件有共同之处，在发展路径的选择上容易达成共识。我国积累的大量先进适用技术和科技人才，能够为沿线国家提供更具借鉴意义的发展经验。二是科技创新在与沿线国家开展国际合作中具有先行优势，已成为政策沟通、设施联通、贸易畅通、资金融通、民心相通的关键支撑。三是科技创新在支撑"一带一路"建设中已发挥了积极作用，并取得良好成效。我国与大多数沿线国家建立了较为稳定的政府间科技创新合作关系，与沿线国家共建了一批科研合作、技术转移与资源共享平台，广泛举办各类技术培训班，接收大批沿线国家杰出青年科学家来华工作。

（二）重要意义

科技创新合作是"一带一路"人文交流的重要组成部分，是促进民心相通的有效途径。通过科技合作，惠及民生，成为国家沟通和民心相通的桥梁。科技合作示范和推广效应好，有利于在合作中增强对我国的认知与互信。

科技创新合作是共建"一带一路"的重要内容，是提升我国与沿线国家合作水平的重点领域。与沿线国家相比，我国科技创新资源丰富，在装备制造、空间、农业、减灾防灾、生命科学与健康、能源环境和气候变化等领域形成的技术优势，有利于提升国际合作层次。深化科技合作，有利于发挥科技创新优势，推动由过去传统产业"优势产能"合作向科技"新产能"合作转变。

科技创新合作是我国推进"一带一路"重大工程项目顺利实施的技术保障。科技创新在"一带一路"建设中具有重要先导作用，为"一带一路"重大工程建设中突破技术瓶颈、提升工程质量以及创立品牌等提供有力支撑保障。

二、准确把握总体要求

（一）指导思想

秉持和平合作、开放包容、互学互鉴、互利共赢理念，以全面发挥科技创新合作对共建“一带一路”的支撑引领作用为主线，以增强战略互信、促进共同发展为导向，全面提升科技创新合作的层次和水平，推动政策沟通、设施联通、贸易畅通、资金融通、民心相通，打造发展理念相通、要素流动畅通、科技设施联通、创新链条融通、人员交流顺通的创新共同体，为开创“一带一路”建设新局面提供有力支撑。

（二）基本原则

共建共享，互利共赢。充分尊重沿线国家发展需求，积极对接沿线国家的发展战略，共同参与“一带一路”科技创新合作，共享科技成果和科技发展经验，打造利益共同体和命运共同体，促进可持续发展和共同繁荣。

以人为本，增进互信。突出科技人才在支撑“一带一路”建设中的关键核心作用，以人才交流深化科技创新合作，激发科技人才的积极性和创造性，为深化合作奠定坚实的人才基础。

分类施策，聚焦重点。聚焦战略重点，有序推进，制定和实施有针对性的科技创新合作政策，集中力量取得突破，形成示范带动效应。

改革创新，内外统筹。加快推动体制机制改革创新，加强与沿线国家科技管理机构、社会组织运行机制的对接，统筹利用国内国际两个市场、两种资源，形成分工协作、步调一致、共同推进的工作局面。

政府引领，市场主导。充分发挥政府在重大合作活动中的引导作用，发挥市场在资源配置中的决定性作用和各类企业在科技创新合作中的主体作用。

（三）战略目标

近期目标。用3~5年时间，夯实基础，打开局面。科技人员交流合作大幅提升，来华交流（培训）的科技人员达到150，000人次以上，来华工作杰出青年科学家人数达到5，000名以上；与沿线国家就深化科技创新合作、共同走创新驱动发展道路形成广泛共识，与重点国家合作规划、实施方案基本形成，并签署合作备忘录或协议；建设一批联合实验室（联合研究中心）、技术转移中心、技术示范推广基地和科技园区等国际科技创新合作平台，鼓励企业在沿线国家建成若干研发中心，重点项目实施初见成效。

中期目标。用10年左右的时间，重点突破，实质推进。以周边国家为基础、面向更大范围的协同创新网络建设初见成效，形成吸引“一带一路”沿线国家科技人才的良好环境，重点科技基础设施建设、联合实验室（联合研究中心）、平台网络建设等投入使用并发挥成效，重大科技合作项目取得重要成果，重点产业技术合作推动下的国际产业分工体系初步形成，“一带一路”创新共同体建设稳步推进。

远期目标。到本世纪中叶，“一带一路”两翼齐飞，全面收获。科技创新合作推动“五通”目标全面实现，建成“一带一路”创新共同体，形成互学互鉴、互利共赢的区域协同创新格局。

三、明确重点任务

结合沿线国家科技创新合作需求，密切科技人文交流合作，加强合作平台建设，促进基础设施互联互通，强化合作研究，逐步形成区域创新合作格局。

（一）密切科技沟通，深化人文交流

深化科技人文交流，增进科技界的互信和理解，是推动“一带一路”科技创新合作的基础，也是与沿线国家持续开展人文交流活动的核心。与沿线国家合作共同培养科技人才，扩大杰出青年科学家来华工作计划规模，建设一批不同类型的培训中心和培训基地，广泛开展先进适用技术、科技管理与政策、科技评估、科技创业等培训。实施国际科技特派员计划，开展科技志愿服务，解决技术问题，满足技术需求。合作开展科普活动，促进青少年科普交流。

加强科技创新政策沟通，支持沿线国家开展政策能力建设。积极与沿线国家共同开展科技创新规划编制、科技创新政策制定、国家创新体系建设等，推动开展重大科技活动联合评估，形成科技创新政策协作网络。

构建多层次的科技人文交流平台。充分利用博鳌亚洲论坛、中国—东盟博览会、中国—亚欧博览会、中国—南亚博览会、中国—阿拉伯国家博览会、中国—俄罗斯博览会、中国西部国际博览会等平台，继续建设好与东盟、南亚和阿拉伯国家的国际技术转移与创新合作大会、中国—中东欧国家创新技术合作及国际技术转移研讨会等科技创新合作平台。

（二）加强平台建设，推动技术转移

共建一批国家联合实验室（联合研究中心）。结合沿线国家的重大科技需求，鼓励我国科研机构、高等学校和企业与沿线国家相关机构合作，围绕重点领域共建联合实验室（联合研究中心），联合推进高水平科学研究，开展科技人才的交流与培养，促进适用技术转移和成果转化，构建长期稳定的合作关系，提升沿线国家的科技能力。

共建一批技术转移中心。充分发挥我国与东盟、中亚、南亚和阿拉伯国家技术转移中心等作用，进一步完善技术转移协作网络和信息对接平台建设，鼓励各技术转移中心构建国际技术转移服务联盟，共同推动先进适用技术转移，加强我国的科技、人才、信息等资源与沿线国家的需求相结合，深化产学研合作。

共建一批先进适用技术示范与推广基地。结合沿线国家的技术需求，鼓励我国科研机构、高等学校和企业积极推广重点领域先进适用技术。

（三）支撑重大工程建设，促进科技资源互联互通

科技支撑铁路、公路联运联通，突破特殊环境条件下铁路公路建设、技术装备等适应性关键技术，加强技术标准的对接。以沿岸重点港口为节点，建设环境、水文气象、海洋等相关数据监测网络，突破港口、水上通道建设、航运支持保障系统等关键技术。

依托特高压和智能电网技术，支撑沿线国家电网建设和升级，加快电网建设互联互通。支撑信息通信网络互联互通，开展跨境陆缆、洲际海底光缆、通信网络等建设的关键技术攻关；加快数据共享平台与信息服务设施建设，实现科学数据资源的高速传输、关联融合和服务共享。

促进科研仪器与设施、科研数据、科技文献、生物种质等科技资源互联互通。以先期面向国际试点开放共享的大型研究基础设施为基础，推动数据、文献等科技资源共享。建立综合地球观测系统与科学数据共享服务平台，实现亚太主要地球观测数据中心互联互通。建立生物技术信息网络，实现生物资源和技术成果数据库的共建共享。

（四）共建特色园区，鼓励企业创新创业

共建一批特色鲜明的科技园区，引导鼓励我国高新区、自主创新示范区、农业科技园区、海洋科技产业园区、环保产业园和绿色建材产业园等与沿线国家主动对接。鼓励有实力企业与沿线国家共建科技园区，探索多元化建设模式。

鼓励科技型企业在沿线国家创新创业。培育一批具有国际竞争力的跨国创新型企业，促进新业态和新商业模式互利合作。鼓励有条件的企业到科技实力较强的沿线国家设立研发中

心，加强知识产权保护和利用，促进产业向价值链中高端攀升。

（五）聚焦共性技术，强化合作研究

聚焦沿线国家在经济社会发展中面临的关键共性技术问题，加强合作研究。在基础研究领域，开展高能物理、生物物理、生态气候、天文观测、极端天气气候、冰雪带与气候变化关系以及地球综合观测等重大科学问题的合作研究。在应对共同挑战方面，重点在生态环境、能源安全、人口健康、粮食安全、自然灾害、文化遗产保护与传承等领域开展联合攻关，鼓励国际科技组织和相关区域性组织积极参与。

四、明确重点领域

（一）农业

与沿线国家广泛开展作物种质资源联合收集与共享，共同开展水稻、玉米、小麦、棉花、油菜、蔬菜等大宗作物，橡胶、香蕉、木薯、林木、畜禽、水产等特色作物的种质创制与新品种的选育推广。共同开展农业有害生物的监测预警和绿色防控技术、农业气象灾害的监测预警和调控技术、重大跨境动物疫病预警及防减技术的联合研究与推广应用，合作建设农情信息监测与共享体系、重要农产品风险监测与评估技术体系。积极开展高效节水与节能农业、海洋农业、设施园艺、有机废弃物综合利用等技术和农机装备的联合开发与示范，推广环境友好型和气候智慧型农业发展模式。加强资源利用、环境治理以及生态修复等绿色农村发展技术合作与推广。加强高效农产品深加工技术的合作与推广应用，加快建设清真食品研发与快速检测技术体系。

（二）能源

加强适合沿线国家实际的太阳能、生物质能、风能、海洋能、水能等可再生能源，煤油气等传统能源清洁高效利用技术的研发和示范推广与合作，加强重点行业节能减排先进适用技术的推广应用。积极推广三代、四代核电技术。加强节能技术、能源装备与重要部件的联合研发与生产。加强对海外油气资源投资、风险勘探和开发合作。合作构建因地制宜的多能互补、冷热电联产的分布式和区域新型能源系统。开展能效标准标识合作，研究多种形式的能源互联互通，构建安全高效智慧的未来能源体系。

（三）交通

重点加强适应沿线国家科技人文环境和泛欧亚互联互通需求的高速动车组及其运行安全保障技术的合作研究，加强恶劣环境交通基础设施建养、先进智能交通系统、交通安全监管与应急救助、交通节能减排和环境保护等技术与装备研究，构建互联互通的交通基础设施网络和便利高效的跨境国际物流服务系统。促进沿线港口信息互联互通，深化国际绿色港口枢纽建设关键技术合作。积极推动新能源汽车及其关键共性技术合作开发。

（四）信息通信

共同开展大数据、云计算、物联网、智慧城市等领域的合作与应用，加强信息安全技术开发，合作开发面向文化娱乐消费市场、广播电视事业的数字媒体内容处理关键技术。共同开展新一代移动通信技术研发和网络部署。开展跨境电子商务联合创新研发合作，推动基于移动互联网的消费者群组识别关键技术和移动支付技术开发。

（五）资源

加强矿产、生物等资源的勘查开发与综合利用。加强工业固体废物和可再生资源综合利用技术创新合作，共同开展产业技术示范。推动矿山资源的高效开发技术合作，开展绿色矿业发展技术示范。推动水资源综合规划、海水利用、水循环利用和饮用水安全等技术示范。合作提高沿线国家生物资源保护与开发水平。

（六）环境

加强生态环境科学调查，与沿线国家合作开展生态环境专题研究及区域性生态环境问题的长期监测与遥感调查，构建立体化生态环境科学观测网。建设“一带一路”环境监测预警应急系统；加强区域环境生态承载力分析，开展生态环境保护、应对气候变化、荒漠化治理、气象预报预警和重污染行业清洁生产、环保技术装备等合作研发与示范；实施各方共同参与、共同受益的生态环保项目，开展低碳生态城市建设应用示范，推动绿色丝绸之路建设。继续推动“世界第三极”综合观测，深化高原地区生态系统变化的全球影响研究。

（七）海洋

加强海洋合作平台建设，推动海洋环境观测技术合作，开展海洋海岛生物多样性、海岸带侵蚀、海洋动力环境、海洋气象和海洋卫星等科学观测和数据共享。开展海洋资源科学调查，推动海洋油气及矿产勘探开发、海洋工程装备制造、海岛动态监测及多能互补、海洋灾害监测预警与保障服务等关键技术研发与应用。

（八）先进制造

与沿线国家合作开展高端装备研发和产业化应用，支撑重大基础设施建设。促进绿色加工业、再制造关键技术研发和产业化应用。开展汽车、轨道客车、船舶等交通装备设计和研发。

（九）新材料

共同开展高品质特殊钢等重点基础材料产业化关键技术，高性能膜材料、第三代半导体、纳米材料、光电材料、绿色节能建筑材料等先进材料制造技术合作研发。推动高温合金、高性能复合材料、海洋工程材料、新型功能与智能材料等技术和产品的联合攻关。

（十）航空航天

开展对地观测、通用航空、深空探测、天地往返等航空航天技术联合研发与产业化应用。推动导航、对地观测及通信一体化的空天信息综合服务平台建设，开展多边各国间的综合地球观测、导航与位置服务、航空飞行器实时监控协作。

（十一）医药健康

加强对沿线国家特色药材和传统医药的挖掘与合作研发，构建传统药物种质资源库和标准化体系，推动中医药传承创新，推进中医药的养生保健、治未病等传统医学技术应用，促进中医药（包含其他民族医药）健康文化传播，开展高附加值传统药物、化学药、生物药等合作研发与产业化。积极推广应用基因检测等新技术，加强区域性重点疾病防治防控合作，攻克若干重大疾病预防和诊治关键技术，提高合作处理突发公共卫生事件的能力。共同开展新型药物研发、国际临床研究等，加强先进医疗器械的联合开发和推广应用，推广移动健康和数字医疗服务。

（十二）防灾减灾

开展气象探测、活动断层探测、地震安全性评价和结构震害预测等技术推广，开展大陆强震机理研究；加强海洋灾害、极端天气气候、地质灾害、洪旱灾害等数据共享、技术和经验推广。加强灾害风险管理及应急处理能力建设，研发和推广应用先进适用的救灾产品和工具，构建区域联合救灾工作机制。加强灾后恢复重建能力建设，开展灾后恢复重建设计、疫病防治、通信交通建设等技术应用推广与示范。

五、完善体制机制

（一）加强政府间科技创新合作

建立健全双边和多边政府间科技创新合作及对话机制。主动设计一批科技创新合作项目。充分发挥国际科技组织的作用，鼓励与国际科技组织围绕“一带一路”重大科技问题和共同发展挑战开展合作。引导和推动地方政府与沿线国家或地区开展各具特色的科技创新合作与交流。

（二）发挥企业创新主体作用

引导企业成为“一带一路”科技创新合作的投入、执行和收益主体，形成骨干企业先导带动、中小企业大规模参与的合作局面，并吸引社会力量参与。鼓励企业设立海外研发中心。

（三）发挥各地科技创新合作优势

发挥地方在科技创新合作方面形成的基础优势，探索建立各具特色的地方合作机制。沿边省区市充分发挥地缘优势，在人员交流、应对共同挑战、科技基础设施联通等方面起到前沿作用。腹地省区市发挥战略支撑作用，重点开展技术转移、共建研发机构和科技园区等。

（四）促进协同创新

加强中央与地方多层次创新主体之间的协同，引导各类创新主体在沿线国家共建创新平台，深化产学研合作。围绕面临的共同发展挑战，建立重大项目协作研发机制，围绕重要技术领域合作建立国际技术转移机制，促进不同国家的创新主体在优势互补基础上开展协同创新。

（五）发挥民间组织作用

充分发挥民间科技组织在“一带一路”科技创新合作中的重要作用，促进民间科技创新合作交流，搭建民间科技组织合作网络平台。鼓励通过青年交往、志愿者派遣、学术往来与交流等方式，丰富民间科技交往内容。鼓励民间科技组织广泛开展各类科技公益活动。

（六）优化国内政策环境

加强部门协调，推动国内科研经费管理制度改革，以及国内科研院所和高等学校评价制度改革，支持科研人员参与沿线国家科技创新合作。

六、加大支持力度

（一）加大财政支持力度

加大中央财政投入，加强与现有科技计划和项目的衔接与统筹，重点支持“一带一路科技创新合作”。鼓励地方加强投入，设立配套项目资金支持“一带一路”科技创新合作。建立多元化投入体系，通过政府和社会资本合作（PPP）等多种方式引导企业、科研院所、高等学校等加大投入。

（二）提升科技援助水平

扩大科技援助规模，加大对相关沿线国家的援助力度。完善援助方式，积极开展先进适用技术和科技管理培训，帮助沿线国家制定科技创新政策与发展规划，援建联合实验室（联合研究中心）、科技园区等科技合作平台，培养优秀科学家，加强沿线国家科技创新能力建设。

（三）强化人才支撑

促进科技人才往来便利化，推动国际交流，建立双向互动的人才体系。促进科技人才与金融资本对接，推进面向“一带一路”的大众创业、万众创新。充分发挥驻沿线国家使领馆作用。加大科技管理干部队伍培训力度，提升科技管理国际化能力。

（四）加强战略研究

加强科技创新合作战略研究，打造科技人才智库。积极发挥科技智库的评估与决策咨询作用，针对“一带一路”科技创新合作重点方向开展长期跟踪研究，定期发布科技创新合作研究报告。

（五）深化科技金融合作

鼓励我国各类金融机构和科技中介服务机构合作，建立面向沿线国家的区域性科技金融服务平台和投融资机制。加强与亚洲基础设施投资银行、金砖国家银行和丝路基金等金融机构合作，重点支持面向沿线国家的科技基础设施建设和重大科技攻关项目。

七、加强组织实施

（一）强化组织领导

由科技部、发展改革委、外交部和商务部

联合牵头，负责本规划实施的统筹协调，制定实施方案，分解落实各项任务和配套政策，推进各项任务全面落实。建立年度工作推进会议机制，研究提出或调整科技创新合作项目和相关政策等，制定下一阶段工作计划。

（二）加强分工协作

各部门要各司其职，各尽其责，加强协调配合，细化落实规划制定的相关任务，制定具体行动计划。各地方要结合当地实际，积极开展特色鲜明、各有侧重的科技创新合作。科研院所和高等学校、企业要发挥自身优势，主动开展科技创新合作。各类科技中介组织要发挥协调推动作用，加强宣传和组织，营造良好合作氛围。驻外使领馆要跟踪合作动态，密切信息沟通，对我国开展科技创新合作提供支撑。

（三）抓好督查评估

建立督促检查工作制度，拟定方案和工作计划，对规划实施、政策落实和项目建设情况开展督促检查，及时解决存在的问题。加强跟踪评估，适时提出调整规划、完善政策的意见建议。

“一带一路”文化发展行动计划（2016—2020年）

文化部

为深入贯彻十八大和十八届三中、四中、五中、六中全会精神，深入贯彻习近平总书记系列重要讲话精神，落实经国务院授权，由国家发展改革委、外交部、商务部联合发布的《推动共建丝绸之路经济带和21世纪海上丝绸之路的愿景与行动》（以下简称《愿景与行动》），加强与“一带一路”沿线国家和地区的文明互鉴与民心相通，切实推动文化交流、文化传播、文化贸易创新发展，特制定本行动计划。

一、指导思想与基本原则

（一）指导思想

高举中国特色社会主义伟大旗帜，以邓小平理论、“三个代表”重要思想和科学发展观为指导，深入贯彻落实习近平总书记系列重要讲话精神，坚持社会主义先进文化前进方向，认真贯彻落实《愿景与行动》的整体部署，助推“一带一路”沿线国家和地区积极参与文化交流与合作，传承丝路精神，促进文明互鉴，实现亲诚惠容、民心相通，推动中华文化“走出去”，扩大中华文化的国际影响力，为实现《愿景与行动》总体目标和全面推进“一带一路”建设，夯实民意基础。

（二）基本原则

政府主导，开放包容。坚持文化对外开放战略布局，发挥政府引领统筹作用，加强与“一带一路”沿线国家和地区政府间文化交流，着力建立长效合作机制，充分发挥国内各省区市优势，鼓励社会力量积极参与、共同建设。

交融互鉴，创新发展。秉承和而不同、互鉴互惠的理念，尊重“一带一路”沿线国家和地区人民的精神创造和文化传统，以创新为动力，充分运用互联网思维和新科技手段，推动“一带一路”多元文化深度融合。

市场引导，互利共赢。兼顾各方利益和关切，遵循国际规则和市场规律，充分发挥市场在资源配置中的重要作用，调动各方积极性，将文化与外交、经贸密切结合，形成文化交流、文化传播、文化贸易协调发展态势，实现互利共赢。

二、发展目标

准确把握“一带一路”倡议精神，全方位提升我国文化领域开放水平，秉承立足周边、辐射“一带一路”、面向全球的合作理念，构建文化交融的命运共同体。着力实现以下目标：

——文化交流合作机制逐步完善。与“一带一路”沿线国家和地区政府、民间文化交流合作机制进一步健全，部际、部省等工作机制进一步完善。形成政府统筹、社会参与、市场运作的整体发展机制和跨地区、跨部门、跨行业的文化交流合作协调发展态势。

——文化交流合作平台基本形成。加快在“一带一路”沿线国家和地区设立中国文化中心，形成布局合理、功能完备的设施网络。以“一带一路”为主题的各类艺术节、博览会、交易会、论坛、公共信息服务等平台建设逐步实现规范化和常态化。

——文化交流合作品牌效应充分显现。打

造文化交流合作知名品牌，继续扩大“欢乐春节”品牌在沿线国家的影响，充分发挥“丝绸之路文化之旅”、“丝绸之路文化使者”等重大文化交流品牌活动的载体作用。

——文化产业及对外文化贸易渐成规模。面向“一带一路”国际文化市场的文化产业发展格局初步形成，文化企业规模不断壮大，文化贸易渠道持续拓展，服务体系建设初见成效。

三、重点任务

（一）健全“一带一路”文化交流合作机制

积极与“一带一路”沿线国家和地区签署政府间文件，深化人文合作委员会、文化联委会等合作机制，为“一带一路”文化发展提供有效保障。加强上海合作组织成员国文化部长会晤、中国—中东欧国家文化部长会议、中阿文化部长论坛、中国与东盟“10+1”文化部长会议等高级别文化磋商。推动与沿线国家和地区建立非物质文化遗产交流与合作机制。与沿线国家和地区建立文化遗产保护和世界遗产申报等方面的长效合作机制。支持国家艺术基金与沿线国家和地区的同类机构建立合作机制。

完善部省合作机制，鼓励各省区市在文化交流、遗产保护、文艺创作、文化旅游等领域开展区域性合作。发挥海外侨胞以及港澳台地区的独特优势，积极搭建港澳台与“一带一路”沿线国家和地区文化交流平台。充分考虑和包含以妈祖文化为代表的海洋文化，构建21世纪海上丝绸之路文化纽带。引导和扶持社会力量参与“一带一路”文化交流与合作。

专栏1　“一带一路”文化交流合作机制建设

1.“一带一路”国际交流机制建设计划

积极贯彻落实我国与“一带一路”沿线国家和地区签订的文化合作（含文化遗产保护）协定、年度执行计划、谅解备忘录等政府间文件，加强我国与“一带一路”沿线国家和地区文化交流与合作机制化发展，推动成立“丝绸之路国际剧院联盟”、“丝绸之路国际图书馆联盟”、“丝绸之路国际博物馆联盟”、“丝绸之路国际美术馆联盟”、“丝绸之路国际艺术节联盟”、“丝绸之路国际艺术院校联盟”等，与“一带一路”沿线地区组织和重点国家逐步建立城际文化交流合作机制。

2.“一带一路”国内合作机制建设计划

建立“一带一路”部省对口合作机制，共同研究制定中长期合作规划，在项目审批、资金、人才、技术等方面予以支持，建立对口项目合作机制和目标任务考核机制，研究提出绩效评估办法。

（二）完善“一带一路”文化交流合作平台

优先推动“一带一路”沿线国家和地区的中国文化中心建设，完善沿线国家和地区的中心布局。着力打造以“一带一路”为主题的国际艺术节、博览会、艺术公园等国际交流合作平台。鼓励和支持各类综合性国际论坛、交易会等设立“一带一路”文化交流板块。逐步建立“丝绸之路”文化数据库，打造公共数字文化支撑平台。

专栏2　“一带一路”文化交流合作平台建设

3.“一带一路”沿线国家中国文化中心建设计划

落实《海外中国文化中心发展规划（2012—2020年）》，优先在缅甸、马来西亚、印度尼西亚、越南、匈牙利、罗马尼亚、保加利亚、哈萨克斯坦、白俄罗斯、塞尔维亚、拉脱维亚、土库曼斯坦、以色列等“一带一路”沿线国家设立中国文化中心。

4.“一带一路”文化交流合作平台建设计划

将“中国新疆国际民族舞蹈节”“丝绸之路国际艺术节”‘海上丝绸之路国际艺术节”“丝绸之路（敦煌）国际文化博览会”“厦门国际海洋周”“中国海洋文化节”等活动打造成国际交

流合作平台，建设“海上丝绸之路（泉州）艺术公园”和“中阿友谊雕塑园”等重点项目平台。

鼓励中国—亚欧博览会、中国—阿拉伯国家博览会、中国—东盟博览会、中国西部国际博览会、中国（深圳）国际文化产业博览交易会、中国西部文化产业博览会等综合性平台设立“一带一路”文化交流板块。

（三）打造“一带一路”文化交流品牌

在“一带一路”沿线国家和地区打造“欢乐春节”“丝绸之路文化之旅”等重点交流品牌以及互办文化节（年、季、周、日）等活动，扩大文化交流规模。

与“一带一路”沿线国家和地区共同遴选“丝绸之路文化使者”，通过智库学者、汉学家、翻译家交流对话和青年人才培养，促进思想文化交流。推动中外文化经典作品互译和推广。

积极探索与“一带一路”沿线国家和地区开展同源共享的非物质文化遗产的联合保护、研究、人员培训、项目交流和联合申报。加大“一带一路”文化遗产保护力度，促进与沿线国家和地区在考古研究、文物修复、文物展览、人员培训、博物馆交流、世界遗产申报与管理等方面开展国际合作。鼓励地方和社会力量参与文化遗产领域的对外交流与合作。

繁荣“一带一路”主题文化艺术生产，倡导与沿线国家和地区的艺术人才和文化机构联合创作、共同推介，搭建展示平台，提升艺术人才的专业水准和综合素质，为丝路主题艺术创作储备人才资源。

专栏3 “一带一路”文化交流品牌建设

5.“丝绸之路文化之旅”计划

打造“丝绸之路文化之旅”品牌，到2020年，实现与“一带一路”沿线国家和地区文化交流规模达3万人次、1000家中外文化机构、200名专家和100项大型文化年（节、季、周、日）活动。联合沿线国家和地区共同开发丝绸之路文化旅游精品线路及相关文创产品。邀请“一带一路”沿线国家和地区知名艺术家来华举行“意会中国”采风创作活动，推动沿线国家的国家级艺术院团及代表性舞台艺术作品开展交流互访，形成品牌活动。

6.“丝绸之路文化使者”计划

开展与“一带一路”沿线国家和地区的智库交流与合作，举办青年汉学家、翻译家研修活动，邀请800名著名智库学者、汉学家、翻译家来华交流、研修。实施“一带一路”中国文化译介人才发展计划。与周边国家举办文化论坛。与沿线国家和地区合办代表国家水准和民族特色的优秀艺术家互访、文化艺术人才培训和青少年交流活动。培养150名国际青年文物修复和博物馆管理人才。

7.“一带一路”艺术创作扶持计划

支持与“一带一路”沿线国家和地区文化机构在戏剧、音乐、舞蹈、美术等领域开展联合创作，在国内“一带一路”沿线区域实施“中华优秀传统艺术传承发展计划”，通过国家艺术基金对“一带一路”主题艺术创作优秀项目予以支持。

8.“一带一路”文化遗产长廊建设计划

与“一带一路”沿线国家和地区共同实施考古合作、文物科技保护与修复、人员培训等项目，实施文物保护援助工程。举办以“丝绸之路文化遗产”为主题的研讨交流活动。推进海上丝绸之路申遗以及世界文化遗产“丝绸之路：长安—天山廊道的路网”扩展项目。

（四）推动“一带一路”文化产业繁荣发展

建立和完善文化产业国际合作机制，加快国内“丝绸之路文化产业带”建设。以文化旅游、演艺娱乐、工艺美术、创意设计、数字文化为重点领域，支持“一带一路”沿线地区根据地域特色和民族特点实施特色文化产业项目，加强与“一带一路”国家在文化资源数字化保护与开发中的合作，积极利用“一带一路”文化交流合作平台推介文化创意产品，推动动漫游戏产业面向“一带一路”国家发展。顺应“互联网+”发展趋势，推进互联网与文化产业融合发展，鼓励和引导社会资本投入“丝绸之路文化产业带”建设。持续推进藏羌彝文化产业走廊建设。

专栏4 “一带一路”文化产业发展

9.“丝绸之路文化产业带”建设计划

鼓励国内“一带一路”沿线文化企业跨区域经营，实现文化旅游互为目的地和客源地，建设具有代表性的特色文化产品生产和销售基地。运用文化产业项目服务平台，加强对丝绸之路文化产业重点项目征集发布、宣传推介、融资洽谈、对接落地等全方位服务。将国内“一带一路”沿线区域符合条件的城市纳入扩大文化消费试点范围，逐步建立促进文化消费的长效机制。

10. 动漫游戏产业“一带一路”国际合作行动计划

发挥动漫游戏产业在文化产业国际合作中的先导作用，面向“一带一路”各国，聚焦重点，广泛开展。搭建交流合作平台、开展交流推广活动，促进互联互通，构建产业生态体系。发挥中国动漫游戏产业创新能力强、产业规模大的优势，培育重点企业，实施重点项目，开展国际产能合作，实现中国动漫游戏产业与沿线国家合作规模显著扩展、水平显著提升，为青少年民心相通发挥独特作用。

11.“一带一路”文博产业繁荣计划

推进“互联网+中华文明”及“文物带你看中国”项目，提高“一带一路”文化遗产与旅游、影视、出版、动漫、游戏、建筑、设计等产业结合度，促进文物资源、新技术和创意人才等产业要素的国际流通。

（五）促进“一带一路”文化贸易合作

围绕演艺、电影、电视、广播、音乐、动漫、游戏、游艺、数字文化、创意设计、文化科技装备、艺术品及授权产品等领域，开拓完善国际合作渠道。推广民族文化品牌，鼓励文化企业在“一带一路”沿线国家和地区投资。鼓励国有企业及社会资本参与“一带一路”文化贸易，依托国家对外文化贸易基地，推动骨干和中小文化企业的联动整合、融合创新，带动文化生产与消费良性互动。

专栏5 “一带一路”文化贸易合作

12.“一带一路”文化贸易拓展计划

扶持外向型骨干文化企业与“一带一路”沿线国家和地区文化企业围绕重点领域开展项目合作。开展1000人次文化贸易职业经理人、创意策划人和经营管理人才的交流互访。在国内举办的国际文化会展推出“一带一路”专馆或专区，支持国内文化企业到“一带一路”沿线国家和地区参加知名文化会展。

四、保障措施

（一）组织保障

运用好对外文化工作部际联席会议机制，在文化部“一带一路”工作领导小组指导下，根据本规划明确职责分工，制定实施方案，强化督促检查，形成工作合力。

（二）政策法规保障

签署和落实国际间政府文化合作协定，全面落实国家文化、外交和贸易政策，加强文化领域知识产权保护。建立和完善文化事业、文化产业和对外文化贸易的相关法律法规体系，引导企业自觉遵守国际法律和贸易规则。

（三）资金保障

完善财政投入机制，设立文化部“一带一路”文化交流专项资金。鼓励社会力量参与，引导社会资本投入“一带一路”文化发展建设。鼓励政策性、商业性金融机构发挥优势，探索支持“一带一路”文化发展建设的有效模式，为“一带一路”文化项目提供多元化金融服务。

（四）人才保障

培养一支政治坚定、业务精通、外语娴熟、

纪律严明、作风过硬的文化外交人才队伍。加大非通用语人才储备，引导文化艺术专业技术人才和复合型经营管理人才投身于“一带一路”文化工作。有针对性地开展“一带一路”文化交流培训工作，加强“一带一路”文化人才队伍建设，提升人才队伍的素质和能力。

（五）评估落实

建立“一带一路”文化发展重点项目库，定期对落实情况进行检查、评估、总结，宣传推广先进经验和有效做法。

关于推进“一带一路”卫生交流合作三年实施方案（2015—2017）

国家卫生计生委

建设“丝绸之路经济带”和“21世纪海上丝绸之路”（以下简称“一带一路”）是党中央、国务院作出的重大战略决策，对我国开创全方位对外开放新格局，推进中华民族伟大复兴进程，促进世界和平发展具有重大意义。为推进“一带一路”建设，坚持经济合作与人文交流共同推进，促进我国同沿线国家卫生领域的交流与合作，制定以下实施方案。

一、重要意义

推进“一带一路”卫生交流合作是维护国家安全促进我国和沿线国家经济社会发展的重要保障。健康是发展的核心，是推动经济可持续发展的重要支柱。加强与“一带一路”沿线国家卫生交流与合作，提高我国同沿线国家国民健康水平，既是经济社会发展的目的，也是促进经济增长的必要条件。随着“一带一路”建设不断推进，人员交流往来日益频繁，我国同沿线国家传染性疾病暴发与传播等风险不断升高。强化我国与沿线国家的卫生交流合作，提高联合应对突发公共卫生事件的能力，将为维护我国同沿线国家卫生安全和社会稳定提供有力支撑，为“一带一路”建设保驾护航。

推进卫生交流合作为“一带一路”倡议实施打下坚实的社会民意基础。医疗卫生作为社会发展水平的重要指标之一，是各国政府重点关注的民生问题。卫生交流合作以改善人民健康福祉为宗旨，是“一带一路”倡议中社会认同度高的合作领域，既是各国政策沟通、设施联通、贸易畅通、资金融通的重要内容，也是各国民心相通的重要纽带。传承和弘扬丝绸之路友好合作精神，推动卫生领域的学术交流、人员往来和项目合作直接惠及各国百姓，有利于为“一带一路”倡议推进营造良好的舆论氛围，为深化多领域的合作奠定坚实民意基础。

推进“一带一路”卫生交流合作有助于分享中国医疗卫生领域成功经验。新中国成立以来，中国医疗卫生事业发展取得巨大成就，国民健康水平大幅提高，形成了许多值得发展中国家借鉴的理念和经验。中医药作为我国独特的卫生资源，是古丝绸之路商贸活动的重要组成部分，在“一带一路”沿线国家具有一定群众基础。推动大国卫生外交，加强中国医疗卫生体制政策经验和理念的国际交流，推广中国传统中医药文化，将有力提升中国在区域和全球卫生治理领域的软实力和影响力，提升我大国地位。

推进“一带一路”卫生交流合作是促进健康产业发展与转型的重要机遇。随着“一带一路”倡议的实施及卫生对外交流合作的推进，沿线各国在产业合作和服务贸易方面的合作将不断深入，为我国健康产业发展与转型提供了良好机遇。抓住机遇推动我国药品和医疗器械产业，以及保健食品、医疗旅游和健康信息化等健康相关产业快速发展，不仅可以增加健康服务和产品的供给，促进健康服务模式和医疗产品技术创新，同时还有利于促进经济结构调整，释放和拉动消费需求，促进服务贸易增长，为构筑国家全方位对外开放新格局作出重要贡献。

二、总体思路、战略目标和合作原则

（一）总体思路

按照中央关于推进“一带一路”建设的总体部署，紧密围绕《关于贯彻落实<丝绸之路经济带和21世纪海上丝绸之路建设战略规划>重要政策举措的分工方案》中我委主要职责和《推进丝绸之路经济带和21世纪海上丝绸之路建设三年（2015—2017年）滚动计划》中我委具体任务，高举和平、发展、合作、共赢的旗帜，积极践行亲诚惠容的周边外交理念，以全方位加强对外卫生合作为主题，以全面提升中国同沿线国家人民健康水平为主线，坚持和平合作、开放包容、互学互鉴、互利共赢的核心价值理念，秉持共商、共建、共赢的合作前提，以周边国家为重点，以多双边合作机制为基础，创新合作模式，推进务实合作，促进我国及沿线国家卫生事业发展，打造“健康丝绸之路”，为“一带一路”建设提供有力支持并作出应有贡献。

根据“一带一路”倡议走向，综合考虑沿线国家经济社会和医疗卫生事业发展情况，以及我国与沿线国家的合作基础和比较优势等因素，“一带一路”卫生交流合作将主要按照以下走向展开：一是“丝绸之路经济带”沿线：以中东欧和中亚为重点区域，辐射西亚，以捷克、俄罗斯、蒙古和中亚作为重点国家，以中国—中东欧国家卫生部长论坛和上合组织为主要合作机制。二是“21世纪海上丝绸之路”沿线：以南亚和东南亚为重点区域，以东盟、印度、巴基斯坦、澳大利亚和斐济为重点国家，以中国—东盟、大湄公河次区域经济合作、澜湄合作、亚太经合组织、中巴经济走廊和孟中印缅经济走廊为主要合作机制。

（二）战略目标

近期目标：用1~3年时间，做好对“一带一路”卫生合作的战略研究和实施方案制定工作，夯实合作基础；在前期合作基础上，与沿线有关国家形成广泛共识，初步建立“一带一路”卫生合作机制；稳步实施《推进丝绸之路经济带和21世纪海上丝绸之路建设三年（2015—2017年）滚动计划》中的卫生合作项目，围绕重点合作领域实现先期收获。

中期目标：用3~5年时间，以周边国家和重点国家为基础、面向沿线国家的卫生合作网络初步形成，合作机制进一步稳固；国内政策支持保障体系和协调机制逐步完善，在传染病防治和人才培养等重点领域启动一批具有战略意义的新项目；我在地区性、全球性卫生多边治理机制中的话语权和影响力逐步提高。

远期目标：用5~10年时间，各重点领域合作项目取得显著成效，新一轮合作项目培育形成，惠及各国百姓；我国在地区性、全球性卫生多边治理能力和作用明显增强，与沿线国家在医疗卫生领域合作实现互利共赢，各国朝着互利互惠、共同安全的目标相向而行，“一带一路”沿线国家卫生领域全方位合作新格局基本形成。

（三）合作原则

中央与地方相结合。将中央层面行动计划和实施方案与省级层面的项目活动相统筹，充分调动各省（区、市）的积极性，指导、引导地方发挥主观能动性，开展与沿线国家的卫生合作。发挥国内各省（区、市）比较优势，加强东中西部互动合作，建立国家级和省级各层面合作机制，实施多种形式的合作交流项目，逐步形成中央和地方上下联动的合作格局。

重点与全面相结合。在既往合作基础上，结合沿线国家需求，首先从政治基础和合作基础良好的重要支点国家入手，积极利用现有双多边合作机制，加快在执行项目的实施，对重点领域和优先项目，集中力量取得突破，形成示范带动效应。通过重要支点国家的辐射作用，以点带面，吸纳更多沿线国家参与，逐步形成与“一带一路”沿线国家卫生各领域全方位的合作关系。

多边与双边相结合。强化多边合作机制，发挥上海合作组织、中国—东盟（“10+1”）、亚太经合组织（APEC）、大湄公河次区域（GMS）经济合作等现有多边合作机制作用及中国—中东欧国家卫生合作机制、中阿卫生论坛等平台的建设性作用，同时强化与重点国家在重点领域的双边合作，积极签署合作协议，共同实施合作项目，让更多的国家和地区参与“一带一路”建设，实现互利共赢。

政府与民间相结合。“一带一路”卫生合作交流，在发挥政府宏观统筹、政策支持和引导服务作用的同时，动员事业单位、企业、民间团体积极参与，加强与沿线国家非政府组织、民间组织和社会团体的交流合作，重点面向基层民众，开展学术交流、医疗服务和慈善救助等活动。政府与民间互为补充、互相协作，共同推动实现沿线国家国民的健康福祉。

援助与合作相结合。以开展与“一带一路”沿线国家政府间、机构间和人员间交流合作为基础，通过派遣长、短期政府医疗队，应需求派遣紧急医学救援队伍开展灾害卫生应急，实施“光明行”义诊活动等方式为沿线国家提供医疗援助，通过援助与合作相结合的模式促进沿线国家医疗卫生事业的发展。

三、重点合作领域

（一）合作机制建设

加强与“一带一路”沿线国家卫生领域高层互访，推动与沿线国家，特别是周边国家，签署卫生合作协议。逐步形成“一带一路”建设框架下集政府间政策合作、机构间技术交流和健康产业展会为一体的系列卫生合作论坛。在“丝绸之路经济带”方向，举办“丝绸之路卫生合作论坛”“中国—中东欧国家卫生部长论坛”和“中阿卫生合作论坛”；在“21世纪海上丝绸之路”方向，举办“中国—东盟卫生合作论坛”。

（二）传染病防控

逐步建立与周边及沿线国家的常见和突发急性传染病信息沟通机制，强化与周边国家的传染病跨境联防联控机制。重点加强与大湄公河次区域国家在艾滋病、疟疾、登革热、鼠疫、禽流感、流感和结核病等防控方面的合作，加强与中亚国家在包虫病、鼠疫等人畜共患病防控方面的合作，与西亚国家开展脊髓灰质炎消除等方面的合作，建立重大传染病疫情通报制度和卫生应急处置协调机制，提高传染病防控快速响应能力。加强传染病防治技术交流合作。

（三）能力建设与人才培养

加强与沿线国家卫生领域专业人才培养合作，帮助沿线国家提高公共卫生管理和疾病防控能力。依托新疆、广西、云南、黑龙江、内蒙古和福建等省（区）建立高层次医疗卫生人才培养基地，继续开展多种形式、长短期结合的进修和培训项目，实施中国—东盟公共卫生人才培养百人计划。建设中国—中东欧国家医院和公共卫生机构合作网络和中俄医科大学联盟，鼓励学术机构、医学院校及民间团体开展教学、科研和人员交流活动。三年实现与沿线国家卫生人才交流和培养1000人次。

（四）卫生应急和紧急医疗援助

积极推进与沿线国家在卫生应急领域的交流合作，提高与周边及沿线国家合作处理突发公共卫生事件的能力，开展联合卫生应急演练。建立短期医疗援助和应急医疗救助处置协调机制，根据有关国家的实际需求，派遣短期医疗和卫生防疫队伍，为沿线国家提供紧急医疗援助，并提供力所能及的防护和救治物资。

（五）传统医药

巩固并拓展与沿线国家在传统医药领域的合作，积极推动中医药“走出去”。根据沿线各国传统医药及民族医药特点，开展有针对性的中医药医疗、教育、科研及产业等领域合作。通过政府引导与市场运作相结合的模式，积极扶植和鼓励中医药企业“走出去”，拓展国外中药市场。积极推动传统医药相关标准的联合开发与制定，推进传统医药国际认证认可体系建设，提升传统中医药的竞争力和影响力。

（六）卫生体制和政策

推动建立与沿线国家卫生体制和政策交流的长效合作机制，增进与沿线国家在全民健康覆盖、医药卫生体制改革、卫生法制建设、卫生执法和监督、健康促进、人口与发展、家庭发展和人口老龄化等方面的相互了解和交流，促进中国卫生发展理念的传播，鼓励与沿线国家学术机构和专家开展卫生政策研究和交流活动，分享中国在卫生政策制定和卫生体制改革中的经验。

（七）卫生发展援助

在充分调研沿线国家卫生需求的基础上，向部分欠发达国家或地区提供多种形式的卫生援助，派遣中国政府医疗队，可以长短期相结合的方式，先从接壤的国家做起，逐步向沿线国家扩展。派遣医疗卫生人员与公共卫生专家开展技术援助。援建医疗卫生基础设施，捐助药品和物资。开展多种形式的培训项目以及开展“光明行”等短期义诊活动。

（八）健康产业发展

发挥政府的宏观调控和引导作用，鼓励有条件的地区发展医疗旅游和养生保健服务，推动医疗服务与周边国家医疗保险的有效衔接，与周边国家建立跨境远程医疗服务网络，实现优质医疗资源共享。努力推动我国药品和医疗器械产品“走出去”，加大对产品的宣传推介，扶持有实力的医药企业境外投资设厂，鼓励在双边协商的基础上减少贸易壁垒，创新贸易和投资方式，推动健康产业发展。

四、重点项目和活动

根据“一带一路”卫生交流合作总体思路、战略目标和重点领域，计划在3年内开展以下重点项目和活动：

（一）合作机制建设

1. 举办“丝绸之路卫生合作论坛”

为有效发挥新疆丝绸之路经济带核心区作用，推动新疆区域医疗服务中心的建设进程，增进我国与周边国家在医疗卫生领域的交流合作，国家卫生计生委、新疆维吾尔族自治区政府将联合举办“丝绸之路卫生合作论坛”，搭建“丝绸之路经济带”沿线国家卫生合作的高层平台。

牵头单位：新疆维吾尔族自治区政府、国家卫生计生委

参与单位：国家中医药管理局、新疆维吾尔族自治区卫生计生委

2. 举办“中国—东盟卫生合作论坛”

在中国—东盟建立对话关系25周年之际，2016年中国—东盟博览会举办期间，国家卫生计生委和广西壮族自治区政府将联合举办首届“中国—东盟卫生论坛”，与“21世纪海上丝绸之路”沿线国家围绕公共卫生领域开展政策对话与交流活动。

牵头单位：广西壮族自治区政府、国家卫生计生委

参与单位：国家中医药管理局、广西壮族自治区卫生计生委、广西壮族自治区博览局

3. 举办“中国—中东欧国家卫生部长论坛”

在中国—中东欧国家领导人会晤、部长级会议等合作框架下，中国与中东欧国家在卫生合作领域不断拓展，内容不断丰富。在成功举办两届“中捷卫生论坛”的基础上，与捷克共和国卫生部于2015年在布拉格共同举办“中国—中东欧国家卫生部长论坛”，搭建中国—中东欧国家卫生合作平台，开拓中国—中东欧国家全方位合作新局面，促进中欧全面战略伙伴关系全面、均衡、可持续发展。

牵头单位：国家卫生计生委

参与单位：国家中医药管理局、国家卫生计生委医政医管局和疾控局等，中国疾控中心、中国医院协会

4. 举办“中阿卫生合作论坛”

在2015年中阿博览会期间，国家卫生计生委、宁夏回族自治区政府和阿盟秘书处等共同举办“2015中阿卫生合作论坛”，通过大会、商务洽谈、医药展览等形式围绕论坛“加强医药技术合作推动卫生事业发展”的主题开展相关合作交流活动并讨论通过“银川宣言”。届时，由宁夏医科大学总医院、宁夏区人民医院、宁夏区中医医院牵头国内近20家大型医疗机构将与阿盟相关国家医疗机构筹备组建中阿医疗健康合作发展联盟。

牵头单位：宁夏回族自治区政府、国家卫生计生委

参与单位：宁夏回族自治区卫生计生委、宁夏回族自治区博览局、宁夏回族自治区食品药品监督管理局、国家中医药管理局

（二）传染病防控

5. 中亚地区传染病联防联控机制合作

2015年第四次上合组织防疫部门领导人会议就本地区卫生防疫领域所面临的威胁与挑战，包括主要传染性疾病的预防和控制、大型活动期间卫生防疫保障、食品质量安全与风险评估等议题进行讨论。利用上合组织这一平台和新疆的地理优势，进一步拓展与中亚、西亚国家在传染病防控领域的交流合作，建立跨境传染病疫情通报制度和卫生应急处置协调机制，构建区域传染病联防联控工作网络，帮助巴基斯坦、阿富汗等国消除脊髓灰质炎，提高中亚和西亚国家重点传染病的综合应对能力。

牵头单位：国家卫生计生委

参与单位：国家卫生计生委国际司、应急办、疾控局，新疆卫生计生委

6. 大湄公河次区域传染病监测与防控项目

根据2015年与大湄公河次区域国家续签的《关于湄公河流域疾病监测合作的谅解备忘录》，联合广西、云南等边境省份，进一步推进与大湄公河次区域国家开展传染性疾病的联合监测合作，形成有效的联防联控机制，提升湄公河次区域传染病防控能力。

牵头单位：国家卫生计生委

参与单位：国家卫生计生委国际司、应急办、疾控局，云南省卫生计生委、广西自治区卫生计生委

7. 大湄公河次区域跨境传染病联防联控项目

由中央财政支持，继续开展大湄公河次区域跨境传染病联防联控项目，与老挝、缅甸和越南开展边境地区艾滋病、疟疾、登革热和鼠疫等传染性疾病防控合作。联合广西、云南等边境省份，进一步推进与东盟国家和大湄公河次区域国家跨境传染病联防联控力度，扩大跨境疾病联防联控的涵盖病种和地域覆盖范围，形成有效的联防联控机制，帮助周边国家提高疾病防控能力。

牵头单位：国家卫生计生委

参与单位：国家卫生计生委国际司、应急办、疾控局，云南省卫生计生委、广西壮族自治区卫生计生委

8. 湄公河流域青蒿素类疟疾治疗药物抗药性联防项目

通过开展湄公河地区青蒿素类疟疾治疗药物抗药性实时监测、研究和信息分享，进一步巩固湄公河地区青蒿素类疟疾治疗药物抗药性流域联防，监测并遏制流域青蒿素类抗疟药抗性传播，确保我国消除疟疾进程。通过合作机制的建立，推动湄公河地区2030年消除疟疾规划目标的按期实现。

牵头单位：中国疾控中心

参与单位：国家卫生计生委疾控局，云南省寄生虫病防治所

9. 湄公河流域血吸虫病消除与控制的合作项目

在亚洲血吸虫病及其他重要蠕虫病防治研究网络（RNAS+）核心国家17年合作的基础

上，沿着21世纪海上丝绸之路所经的主要血吸虫病流行或潜在流行国家（包括老挝、柬埔寨、泰国、缅甸、菲律宾、印度尼西亚等国），建立湄公河流域消除血吸虫病联合研究中心，推动湄公河流域血吸虫病消除的策略与关键技术研究与应用，培养青年技术骨干，提升整个疾病防控能力与体系的建设，为该地区发展因地制宜的综合防控策略提供理论依据和实践基础。

牵头单位：中国疾控中心

参与单位：国家卫生计生委疾控局

（三）能力建设与人才培养

10. 中国—东盟卫生人才培养百人计划

实施“中国—东盟公共卫生人才培养百人计划（2015—2017）”，在三年内为东盟国家培养100名公共卫生行政管理人才和专业技术人才。借助广西与东盟国家陆海相邻的独特优势，开展“中国—东盟护理人才培训合作项目”、“中国—东盟保健人员培训项目”，以广西医科大学、广西医科大学第一附属医院等单位为依托，与东盟国家的医学院校开展多种形式的教学和培训活动，培养一批具有较强实践能力的高素质卫生专业技术人员。

牵头单位：国家卫生计生委

参与单位：国家卫生计生委国际司、国家卫生计生委国际交流合作中心、国家卫生计生委人才交流服务中心、中国疾病预防控制中心、国家食品安全风险评估中心、广西医科大学、广西医科大学第一附属医院

11. 中国—印尼公共卫生人才合作培训计划

2015年5月，中印尼副总理级人文交流机制联委会第一次会议上宣布将实施中国—印尼公共卫生人才合作培训计划（2015年—2017年），三年为印尼方合作培训100名公共卫生专家和专业技术人员。2015年3月，印尼总统佐科访华期间，两国发表联合声明，将建立中印尼人文交流机制。5月27日，中印尼副总理级人文交流机制联委会第一次会议在雅加达顺利召开，刘延东副总理率中国代表团参会。该机制的成立，将中印尼人文交流提升到了新的高度，也为双方卫生领域的交流提供了新的契机。会上，延东同志宣布将实施中国—印尼公共卫生人才合作培训计划（2015年—2017年），三年为印尼方合作培训100名公共卫生专家和专业技术人员。会议发表《联合公报》，双方卫生部门将继续加强在公共卫生、全面健康覆盖、卫生人力发展和健康教育等领域的合作。会后，我委积极联系各方，认真、逐条落实会议成果：继续通过我驻印尼使馆与印尼方商签关于卫生合作的谅解备忘录。落实中国—印尼公共卫生人才合作培训计划，请印尼方提出感兴趣的公共卫生合作领域及合作方式，以便尽快启动活动设计；并积极联系有关单位，通过亚洲区域合作专项资金等资金渠道提出项目申请，开展针对印尼的公共卫生领域培训班；利用现有培训项目邀请印尼代表参加等。

牵头单位：国家卫生计生委

参与单位：国家卫生计生委国际司、中国疾控中心、国家卫生计生委人才交流服务中心

12. 中国—中东欧国家公立医院合作网络

为加强中国—中东欧国家医疗机构之间的直接交往，提高公立医疗服务系统效能，在首届“中国—中东欧国家卫生部长论坛”上，推动成立“中国—中东欧国家医院和公共卫生机构合作网络”，促进医疗资源规划与配置、医疗质量管理、公私合作伙伴关系、医疗旅游、医学科研与教育、公共卫生等领域的人员交流与务实合作。

牵头单位：国家卫生计生委

参与单位：国家卫生计生委国际司、医政医管局、疾控局，中国疾控中心、中国医院协会

13. 中俄医科大学联盟

为落实中俄两国元首关于加强两国高校交往和加强医药卫生领域合作的共识，哈尔滨医

科大学与莫斯科第一国立医科大学于2014年7月共同发起成立中俄医科大学联盟，成为中俄两国建立的规模最大、参与院校最多的合作联盟，目前有成员院校101所。联盟将开展切实可行的医学交流活动，如共同举办大型国际会议、成立中俄医学研究中心、设立国家医学专业俄语人才培训项目、中俄留学专项基金等，提升双方在医学教育、科研领域的交流合作。

牵头单位：哈尔滨医科大学

参与单位：国家卫生计生委国际司、科教司，北京大学、清华大学等院校

14．中国—老挝医疗服务共同体项目

由中央财政专项支持，开展北京大学人民医院—西双版纳州医疗单位—老挝北部五省医疗卫生服务共同体项目，旨在依托已建立的北京大学人民医院—西双版纳州医疗单位医疗共同体，以信息化为支撑，通过学科合作、专业技术人员互访交流、举办学术论坛、开展人员培训等多种方式，加强与老挝北部5省医院的交流与合作，提升其医疗机构和人员的能力水平。推进中国—老挝医疗服务共同体项目从2014年起，由中央财政专项支持，我委启动了北京大学人民医院—西双版纳州医疗单位—老挝北部五省医疗卫生服务共同体项目，委托云南省西双版纳州人民医院与老挝北部五省开展医疗合作建设，逐步探索建立区域医疗合作新机制。2014年、2015年，项目经费均为200万元人民币。目前，该项目正按照项目年度计划推进实施。

牵头单位：国家卫生计生委

参与单位：国家卫生计生委国际司、医政医管局，北京大学人民医院，云南省西双版纳州人民医院

15．举办2016年第五届世界全球儿科学共识行动儿科健康大会

2016年3月，在陕西省西安市举办第五届世界全球儿科学共识行动儿科健康大会。该项国际性儿科学会议由陕西省医学会与全球儿科学共识行动（CIP）共同举办，通过举办本次国际性专业学术会议，加强国内儿科学界与国际儿科学术界交流，提升我国儿童保健与儿童临床等领域的国际影响力。

牵头单位：陕西省医学会、全球儿科学共识行动（CIP）

参与单位：陕西省卫生计生委

（四）卫生应急和紧急医疗援助

16．中俄灾害医学合作项目

2015年9月中俄联合在边境地区举行灾害卫生应急联合演练。演练将分为以中方为主导的救援演练、以俄方为主导的救援演练和救援演练整体评估三大部分。拟在此合作基础上，以俄罗斯为支点国家，吸纳和带动更多中亚国家参与灾害医学领域的交流与合作，开展多种形式的培训、交流和合作项目，推动中国与中亚国家在灾害医学与应急救援领域的经验分享，提高沿线国家对各种灾难和突发事件的应急反应能力和医疗救援水平。

牵头单位：国家卫生计生委

参与单位：国家卫生计生委国际司、应急办，上海市卫生计生委、黑龙江省卫生计生委、上海市东方医院

17．广西海难紧急医学救援中心建设项目

随着“一带一路”战略的推进，广西北部湾海上交通运输量和船舶交通量将不断增长，海上紧急救援面临的压力将日益增大。广西拟依托北海市人民医院建设广西海难救援中心，并考虑在广西设立海难紧急医学救援国家卫生应急队伍。

牵头单位：广西壮族自治区北海市政府、北海市人民医院

参与单位：国家卫生计生委应急办、广西壮族自治区卫生计生委

（五）传统医药

18．“海上丝绸之路东盟行”

通过公开展览形式宣传中医药发展成果，

开展中医专家咨询活动向公众普及中医药知识，通过组织合作国与中国中医科学院的中医药专家学者召开中医药学术交流会，探讨合作项目，参观合作国当地医院，举办专题讲座等，开展学术交流工作。项目旨在在东盟地区宣传中医药发展与成果，了解中医药在合作国发展的问题与需求，建立与合作国的进一步科研与交流合作，推动未来相关领域发展。

牵头单位：国家中医药管理局

参与单位：中国中医科学院

19. 中国—东盟传统医药交流合作中心建设项目

2011年11月举行的第十次中国—东盟（10+1）领导人会议上，温家宝总理提出倡议设立中国—东盟传统医药交流合作中心。2013年经国家中医药管理局和外交部同意，设立中国—东盟传统医药交流合作中心，争取到2017年，建成“一中心、二平台、三基地、四园区”。

牵头单位：广西壮族自治区人民政府

参与单位：广西壮族自治区卫生计生委

20. 第十六届世界传统药物学大会

广西在继2006年承办第九届世界传统药物学大会基础上，经国际传统药物学会理事会同意，将于2016年5月在广西自治区玉林市举办第十六届世界传统药物学大会。届时，来自世界多个国家的专家与学者将主要围绕传统药物学的“保护、继承、创新、发展”展开深入的探讨，推广中国在中药资源研究、保护和开发利用领域的成功经验，提升影响力，促进玉林市中医药产业的快速发展。

牵头单位：中国中医科学院、广西玉林市人民政府

参与单位：广西壮族自治区政府卫生计生委、广西壮族自治区药用植物园

21. 2015中国—东盟传统医药健康旅游国际论坛（巴马论坛）

此为中国—东盟博览会系列国际性论坛之一，邀请国内外政府官员及行业专家就传统医药健康旅游的多边交流与发展，共建中国—东盟传统医药健康旅游合作机制等议题进行研讨，从而推进传统医药与健康旅游融合发展，发挥产业集聚功能与示范带动效应，提升传统医药健康旅游品牌形象和市场影响。

牵头单位：广西壮族自治区政府、国家中医药管理局。

参与单位：国家旅游局、广西壮族自治区中医药管理局、广西壮族自治区旅游局

22. 第三届中国（宁夏）民族医药博览会

在2015年中阿博览会期间，宁夏回族自治区计划举办第三届中国（宁夏）民族医药博览会，集中展示传统医药与民族医药健康产业相关产品，加大向阿拉伯国家和穆斯林地区的对外宣传，吸引更多海内外投资者来宁展示交流和品牌推广，促进回医药技术合作和经济贸易。

牵头单位：宁夏回族自治区政府

参与单位：中国民族贸易促进会、中国民族医药协会

23. 中国—捷克中医中心建设项目

上海市2013年与捷克卫生部签署传统医学领域合作协议，此后双方互访频繁，探讨在捷克赫拉德茨—克拉洛韦市大学医院共同建设“中国—捷克中医中心”，推进在传统医学领域的合作。2015年在首届中国—中东欧国家卫生部长论坛期间，“中国—捷克中医中心”正式挂牌成立，为中医药在捷克的发展创造良好条件。

牵头单位：国家中医药管理局

参与单位：国家卫生计生委国际司、上海市卫生计生委、上海中医药大学等

24. “中国泉州—东南亚中医药学术研讨会”（意向实施）

“中国泉州——东南亚中医药学术研讨会”自1991年创办以来，至今已成功举办十一届，成为福建省与东南亚各国中医药领域交流的重要平台。福建省拟以此为契机，继续举办“中

国泉州—东南亚中医药学术研讨会”，继续弘扬传统中医文化，增进与东南亚各国及港澳台地区在中医药领域的学术交流，促进中医药产业发展。

牵头单位：福建省卫生计生委

参与单位：中华中医药学会、福建省中医药学会、泉州市中医药学会

25. 阿曼中医孔子学院建设项目（意向实施）

2013年中阿博览会期间，宁夏医科大学与阿曼卡布斯大学签署合作框架协议，拟在阿曼推动建立中医孔子学院，把传统和现代中医药科学同汉语教学相融合，将为阿拉伯国家民众开启一扇了解中国文化新的窗口，为加强两国人民心灵沟通、增进传统友好搭起一座新的桥梁。

牵头单位：宁夏医科大学

参与单位：宁夏回族卫生计生委

26. 捷克伊赫拉瓦医院中医中心项目（意向实施）

2015年6月，湖北省中医院和捷克伊赫拉瓦医院正式建立友好关系，双方将互派医生到对方医院学习工作，增进对双方医院运行机制的了解，促进医院双方开展务实交流合作。2016年湖北省中医院与捷克伊赫拉瓦医院将进一步深化合作，在捷克伊赫拉瓦医院共建中国中医中心，进一步扩大中医实用技术在捷克的应用和影响力。

牵头单位：湖北省中医院

参与单位：湖北省卫生计生委

27. 捷克皮尔森州州立医院中医诊疗中心项目（意向实施）

2015年6月，浙江省卫生计生委组团前往捷克布拉格参加“中国—中东欧国家卫生部长论坛”，期间，代表团两次赴皮尔森州（浙江省友城），于皮尔森州州立医院达成共建中医诊疗中心初步合作意向。

牵头单位：浙江省卫生计生委

（六）卫生体制和政策

28. APEC经济体全民健康覆盖进展监测研究网络

为落实2014年亚太经合组织（APEC）中国年领导人会议宣言和双部长会议联合声明提出的“健康亚太2020”倡议，发起成立APEC全民健康覆盖进展监测研究网络，为APEC经济体卫生决策者、专家、学者的信息交流、能力建设提供支持平台。召开APEC全民健康覆盖进展监测的国际研讨会，促进区域内经济体交流实现全面健康覆盖的进展、主要做法和经验交流。

牵头单位：国家卫生计生委卫生发展研究中心

参与单位：国家卫生计生委国际司

29. 2015丝绸之路经济带战略与健康促进研讨会

2015年，由陕西省卫生计生委联合中国健康教育中心共同举办2015丝绸之路经济带战略与健康促进研讨会，借助西洽会暨丝博会交流平台，探讨将健康促进融入经济发展战略，积极参与全球公共卫生事务，交流健康促进最新成果与经验，开展务实合作，共同推进“将健康融入所有政策”策略的有效实施。

牵头单位：陕西省卫生计生委、中国健康教育中心

参与单位：国家卫生计生委宣传司

（七）卫生发展援助

30. 开展“光明行”眼科义诊活动

由国家卫生计生委国际交流中心执行马尔代夫、坦桑尼亚、厄立特里亚和加纳的“光明行”眼科义诊活动。根据工作计划，我司将继续与马尔代夫、驻马尔代夫使馆协商，推进马尔代夫“光明行”各项准备工作，以最终促成今年年底前组派专家组赴马尔代夫开展“光明行”工作。根据工作计划，我司将继续与马尔代夫、驻马尔代夫使馆协商，推进马尔代夫

"光明行"各项准备工作，以最终促成今年年底前组派专家组赴马尔代夫开展"光明行"工作。根据工作计划，我司将继续与马尔代夫、驻马尔代夫使馆协商，推进马尔代夫"光明行"各项准备工作，以最终促成今年年底前组派专家组赴马尔代夫开展"光明行"工作。

牵头单位：国家卫生计生委国际交流中心

参与单位：国家卫生计生委国际司

31. 赴苏丹开展"光明行"活动

2016年，陕西省卫生计生委将组织西安市第一医院赴苏丹开展为期3个月的"光明行"义诊项目，计划完成1000例白内障复明手术。

牵头单位：陕西省卫生计生委

参与单位：西安市第一医院

32. 赴缅甸开展"光明行"活动

云南省卫生计生委会同云南省外事办公室，自2013年2月起，组织医疗队赴缅甸曼德勒开展"光明行"活动，已为当地白内障患者免费实施500余例复明手术。按照《云南省人民政府办公厅关于印发云南省代表团访问大湄公河次区域五国后续工作任务分解方案的通知》，云南省卫生计生委下一步将继续加强与缅方联络，深入了解对方需求，通过组派医疗队，继续开展"光明行"活动。

牵头单位：云南省卫生计生委

参与单位：云南省第一人民医院

（八）健康产业发展及其他支撑项目

33. 新疆丝绸之路经济带核心区医疗服务中心建设项目

地处丝绸之路经济带核心区的新疆结合区情，提出把新疆努力建成丝绸之路经济带上重要医疗服务中心的规划，新疆维吾尔自治区人民医院、新疆医科大学第一附属医院、自治区肿瘤医院、自治区中医医院、自治区维吾尔医医院开放的国际医疗服务床位数将不少于500张。发挥新疆维吾尔自治区中医民族医药特色优势，依托自治区中医医院、自治区维吾尔医医院（和田地区维吾尔医医院）、阿勒泰地区哈萨克医医院，打造"中国中医药、中国维吾尔医药、中国哈萨克医药国际医疗服务平台"。发挥国家和援疆省市政策、智力、资金等作用，广泛联合国内知名医院通过各种形式联合建设开展国际医疗服务。在乌鲁木齐高铁新区新建乌鲁木齐国际医院。新疆还将以信息通道的互联互通为突破口，实现便捷高效的国际医疗服务合作，力争与周边国家医疗市场形成跨境远程医疗服务网络格局，实现医疗信息共享，最终建成丝绸之路经济带核心区医疗服务中心。

牵头单位：新疆维吾尔族自治区人民政府

参与单位：新疆维吾尔族自治区卫生计生委、新疆维吾尔族自治区人民医院、新疆医科大学第一附属医院、自治区肿瘤医院、自治区中医医院、自治区维吾尔医医院

34. 哈萨克斯坦"陕西村"医院援建项目

2015丝绸之路经济带战略与健康促进研讨会上，陕西省卫生计生委与哈萨克斯坦东干协会签订了关于援建"陕西村"医院的框架协议。根据协议，陕西省将协助援建哈萨克斯坦江布尔州库尔带县马三奇医院、援助新渠和阿伍特乡（陕西村）两所医院部分医疗设备，预计2017年投入使用。医院建成后，将成为"陕西村"规模最大、接诊能力最强的医院。

牵头单位：陕西省卫生计生委

35. 中国—中亚国家中国制造医疗设备推广应用合作项目（意向实施）

通过引导中国医疗设备制造企业参加国际医疗器械展览，以及邀请"一带一路"参加我国医疗设备展览会，搭建中国制造医疗设备推广应用国际合作平台，促进国内产能与国际需求对接，引领中国制造走出国门，开拓国际市场。

牵头单位：国家卫生计生委

参与单位：国家卫生计生委规划司、国际司、科教司，国家卫生计生委国际交流合作中

心、国药励展公司、中国医学装备协会和中国医疗器械行业协会

36. 内蒙古国际蒙医医院蒙古国分院建设项目（意向实施）

为便于蒙古国公民在本国接受安全有效、方便价廉的蒙医药传统诊疗服务，内蒙古国际蒙医医院与蒙古国拟合作建立集医疗、康复、蒙医药应用与制剂生产为一体的综合性医院。2015年，内蒙古国际蒙医医院与蒙古国“爱如蒙古”航空公司签订战略合作协议，双方将在各自领域互相宣传，内蒙古国际蒙医医院为乘坐该航空公司的蒙古国患者提供减免费用、专车接送、免费体检等服务。

牵头单位：内蒙古国际蒙医医院

参与单位：内蒙古自治区卫生计生委

37. 阿联酋中阿友好医院建设项目（意向实施）

第三届中阿经贸论坛期间，阿联酋A&A希诺投资控股集团与宁夏卫生计生委签订战略合作协议，双方拟在阿联酋迪拜市建设中阿友好医院，拟设1000张床位，计划投资10亿元人民币，建设资金全部由阿联酋A&A希诺投资控股集团负责筹集完成，宁夏人民医院选派高层次医疗服务人员赴阿工作。

牵头单位：宁夏人民医院

参与单位：宁夏回族自治区卫生计生委

38. 中国—东盟医疗保健合作中心建设项目（意向实施）

为进一步推进与东盟在医疗保健领域合作，广西壮族自治区拟依托广西医科大学第一附属医院，建立中国—东盟医疗保健合作中心（广西）。该中心功能涵盖临床医疗、教学培训、科研、体检、保健康复等方面。具体包括：一是承担中国与东盟国家在医药卫生领域的交流合作；二是作为临床教学培训和科研基地，为东盟国家培养高层次临床医学人才；三是促进医疗保健合作，为区内外人士尤其是知华人士提供医疗保健服务，扩大医疗保健领域的合作和交流；四是将医疗服务辐射到广西及东盟等周边国家和地区广大群众。

牵头单位：广西壮族自治区人民政府

参与单位：广西医科大学第一附属医院、广西壮族自治区卫生计生委

五、组织实施

（一）强化组织领导

按照中央统一部署，在委外事工作领导小组的统一领导下，建立推进“一带一路”卫生计生交流与合作委内协调机制，明确各相关业务司局职责分工，统筹整合资源，推进各重点项目的实施。

（二）加强分工协作

委外事主管部门负责整体工作的统筹协调，根据实施方案，分解落实各项任务，明确时间表，推进各项任务全面落实。委各业务司局和各省（区、市）积极参与、协调配合，发挥自身优势，按照方案稳步推进项目落实。主动加强与相关部委、国际组织、驻外使（领）馆、各国驻华使馆的协调与协作。及时跟踪合作动态，加强宣传，为方案实施提供切实保障。

（三）加大财政投入

争取财政加大投入，为项目实施提供有力保障。多渠道筹措资金，鼓励民间资本参与合作，发挥市场机制作用。加强与有关部委磋商，探讨设立“一带一路”卫生合作专项经费的可能性。

（四）抓好督查评估

切实做好“一带一路”卫生合作相关重大项目机制的设立、论证和监督工作。建立项目督导检查工作制度，对项目进行清单式管理，每半年对项目开展一次进展评估工作，每年年终汇总项目执行情况形成年度工作总结。在评估和总结中及时解决存在的问题，提出调整建议，确保项目顺利实施。

“一带一路”体育旅游发展行动方案（2017—2020年）

国家体育总局　国家旅游局

体育旅游是体育产业与旅游产业深度融合的新兴产业形态，大力发展体育旅游是丰富旅游产品体系、拓展旅游消费空间、促进旅游业转型升级的必然要求，是盘活体育资源、实现全民健身和全民健康深度融合、推动体育产业提质增效的必然选择，对于培育经济发展新动能、拓展经济发展新空间具有十分重要的意义。“一带一路”沿线国家和地区具有丰富的体育旅游资源，体育旅游发展潜力巨大。为贯彻落实国家“一带一路”战略部署和《国家旅游局 国家体育总局关于大力发展体育旅游的指导意见》，以“一带一路”为突破口，加快国内沿线地区体育旅游融合发展，推动沿线国家体育旅游深度合作，为促进国内区域协调发展和构建人类命运共同体做出积极贡献，特制定如下行动方案。

一、行动原则

——外引内联。将体育旅游发展与国家“一带一路”总体战略相结合，对外本着和平合作、开放包容、互学互鉴、互利共赢的精神，联合打造具有丝绸之路特色的体育旅游产品，提高国际体育旅游合作水平；对内加强“一带一路”沿线地区的体育旅游互动，加强体育旅游供给，共同打造“一带一路”国际体育旅游带。

——突出重点。将促进群众充分参与体育旅游活动和推动体育产品和旅游市场的深度融合作为工作的重点；通过重点体育旅游赛事、重点运动休闲旅游项目、重点体育旅游节点的建设，带动“一带一路”体育旅游发展。

——因地制宜。鼓励国内“一带一路”沿线地区根据自身的资源禀赋和市场条件发展各具特色的体育旅游；根据沿线国家体育旅游发展的不同情况，开展多层次、多领域、多形式的交流与合作。

——开放发展。在国外以亚欧古代丝绸之路沿线国家为主体开展体育旅游合作，同时对非洲、拉美等其他地区开放；在国内重点支持“一带一路”沿线地区体育旅游发展，创新整合国际、国内各方面力量，形成开放共赢的体育旅游发展模式。

——政企结合。遵循市场规律和国际通行规则，充分发挥市场在资源配置中的决定性作用和各类企业的主体作用，同时发挥好政府在引领、规范体育旅游发展方面的作用，通过政府和企业行动的结合，实现“一带一路”体育旅游大发展。

二、行动目标

多措并举，多方联合，培育体育旅游市场，实现一年有影响、两年上规模、三年创品牌，在“一带一路”相关区域形成一批精品体育旅游赛事、特色运动休闲项目、有竞争力的体育旅游企业和知名体育旅游目的地，到2020年，体育旅游人数占该地区旅游总人数的比重超过15%。通过体育旅游全方位的交流互动，促进“一带一路”区域内的政策沟通、产业互通和民心相通，使体育旅游成为“一带一路”区域内开放合作的亮点。

三、行动领域

行动一：加大体育旅游宣传力度

1. 设计“一带一路”体育旅游标识系统、宣传口号，制作形象宣传片，并将其作为“一带一路”相关体育旅游活动共同使用的形象品牌。

2. 广泛开展“一带一路”体育旅游宣传，与各类电视、报刊、网络等媒体合作，按照不同主题，宣传“一带一路”沿线体育旅游活动。开设国家体育旅游公众账号，加强移动互联网的宣传。

3. 将体育旅游产品作为对外旅游宣传的重要内容，编制“一带一路”体育旅游地图，收集宣传沿线地区体育旅游发展精品案例，与沿线国家共同倡导体育旅游发展。

4. 在体育和旅游部门主办各类展会中增加“一带一路”体育旅游的内容，在参加各类体育和旅游国际展会时，组织更多体育旅游企业参展。

行动二：培育体育旅游重点项目

5. 以“一带一路”体育旅游活动为统领，重点在沿线国家和国内沿线地区开展冰雪、汽车摩托车、马拉松、自行车、水上运动、户外挑战、航空运动、定向越野、攀岩、电竞等体育赛事活动，加强赛事创新性、包容性，营造年年有活动，月月有亮点、处处有精彩的运动氛围。

6. 在沿线地区广泛开展太极拳、武术、舞龙、舞狮、龙舟、射箭、摔跤、马术等民族体育旅游活动，组织相关民族体育项目在“一带一路”沿线国家表演和推广；和沿线国家合作开展具有共同民族特色的体育赛事旅游。

7. 加大国家各类运动产业规划的落实力度，大力发展运动休闲旅游和体育培训旅游，发动旅行社等旅游企业增加户外运动的游客流量导入，在国内“一带一路”沿线地区培育一批体育旅游精品线路。

行动三：加强体育旅游设施建设

8. 在体育和旅游部门的重大项目库中，增加“一带一路”体育旅游项目的比例；通过行政系统和协会组织，自下而上征集重大体育旅游项目，建设动态的“一带一路”体育旅游重大项目库，对重点项目给予政策支持。鼓励和支持沿线地区举办专题体育旅游投融资大会。鼓励社会力量设立“一带一路”体育旅游产业基金。

9. 对“一带一路”沿线体育旅游设施进行统一规划；配套建设旅游咨询中心、旅游厕所、停车场等旅游公共服务设施；推进符合标准的登山步道、休闲绿道、自行车赛道、滑雪场、水上运动船艇码头、电竞场馆、汽车自驾运动营地、航空飞行营地、户外运动公园等体育旅游设施建设。对沿线区域自然关联的运动赛道进行联通。

行动四：促进体育旅游装备制造

10. 制定体育旅游装备重点发展目录，在沿线地区重点培育多个体育旅游装备制造基地，支持有条件的企业在沿线国家建设体育旅游装备产业园，加强体育旅游装备创新研发。

11. 鼓励“一带一路”沿线地区举办各类体育旅游装备专业展会；提高中国国际体育用品博览会的影响力；在国际旅游商品博览会中设立体育旅游装备专区。

行动五：推动体育旅游典型示范

12. 推动体育旅游标准化建设，总结归纳各方面的成功经验，组织制定实施体育旅游相关标准，逐步在沿线国家地区复制推广。

13. 由两部门共同评选表彰一批服务质量高的体育旅行社、体育俱乐部等优秀体育旅游组织，企业家、管理者、服务员、教练员、研究者等优秀体育旅游工作者。

行动六：发展体育旅游目的地

14. 在与“一带一路”重叠的沿边开放地区和沿线体育旅游基础好的全域旅游示范区创

建单位中，重点发展20个体育旅游城市，通过政策支持、赛事支持、宣传支持等方式，将其培育成“一带一路”体育旅游带的重要节点；增加体育产业基地中体育旅游类基地的比重。

15. 加强体育旅游示范基地的规划，完善体育旅游支持政策，在国内“一带一路”沿线地区重点培育100个体育旅游示范基地和运动休闲特色小镇。

16. 在沿线地区选择一批经营存在困难的国家、省级旅游度假区和A级旅游景区进行试点，制定专项政策，推动其通过注入新型体育旅游项目推动实现转型升级。

行动七：打造体育旅游合作平台

17. 成立“一带一路”体育旅游领导机构，加强管理协调、舆论宣传和政策制定；由国家体育总局和旅游局牵头，建立沿线地区体育旅游的工作沟通机制，沿线地区体育和旅游部门要率先建立起联合行动的工作机制；支持沿线地区利用友好城市等平台，建立体育旅游国际交流与合作机制。

18. 建立涵盖旅行社、景点景区、体育俱乐部、体育场馆设施等体育旅游市场主体的社会团体组织，并以此为基础，以“一带一路”沿线国家为重点，推动组建国际体育旅游联盟。

行动八：强化体育旅游智力支撑

19. 鼓励体育院校和旅游院校开设体育旅游专业；体育总局和旅游局共同指导相关院校或科研机构设立体育旅游研究基地；组建跨学科、专业化的国家体育旅游智库，鼓励沿线地区组建体育旅游专家人才库；各级体育和旅游部门组织开展战略性、基础性课题研究，为体育旅游发展提供智力支持；组织编写体育旅游系列教材；在业内广泛开展体育旅游业务培训。

20. 形成体育旅游统计体系，测算体育旅游市场规模；建立体育旅游数据观测点，组织相关研究力量，定点开展体育旅游数据研究；结合数据统计，发布年度体育旅游发展报告。

关于推进绿色“一带一路”建设的指导意见

环境保护部　外交部　国家发展改革委　商务部

推进“一带一路”建设工作领导小组各成员单位：

丝绸之路经济带和21世纪海上丝绸之路（以下简称“一带一路”）建设，是党中央、国务院着力构建更全面、更深入、更多元的对外开放格局，审时度势提出的重大倡议，对于我国加快形成崇尚创新、注重协调、倡导绿色、厚植开放、推进共享的机制和环境具有重要意义。为深入落实《推动共建丝绸之路经济带和21世纪海上丝绸之路的愿景与行动》，在“一带一路”建设中突出生态文明理念，推动绿色发展，加强生态环境保护，共同建设绿色丝绸之路，现提出以下意见。

一、重要意义

（一）推进绿色“一带一路”建设是分享生态文明理念、实现可持续发展的内在要求

绿色“一带一路”建设以生态文明与绿色发展理念为指导，坚持资源节约和环境友好原则，提升政策沟通、设施联通、贸易畅通、资金融通、民心相通（以下简称“五通”）的绿色化水平，将生态环保融入“一带一路”建设的各方面和全过程。推进绿色“一带一路”建设，加强生态环境保护，有利于增进沿线各国政府、企业和公众的相互理解和支持，分享我国生态文明和绿色发展理念与实践，提高生态环境保护能力，防范生态环境风险，促进沿线国家和地区共同实现2030年可持续发展目标，为“一带一路”建设提供有力的服务、支撑和保障。

（二）推进绿色“一带一路”建设是参与全球环境治理、推动绿色发展理念的重要实践

绿色发展成为各国共同追求的目标和全球治理的重要内容。推进绿色“一带一路”建设，是顺应和引领绿色、低碳、循环发展国际潮流的必然选择，是增强经济持续健康发展动力的有效途径。推进绿色“一带一路”建设，应将资源节约和环境友好原则融入国际产能和装备制造合作全过程，促进企业遵守相关环保法律法规和标准，促进绿色技术和产业发展，提高我国参与全球环境治理的能力。

（三）推进绿色“一带一路”建设是服务打造利益共同体、责任共同体和命运共同体的重要举措

全球和区域生态环境挑战日益严峻，良好生态环境成为各国经济社会发展的基本条件和共同需求，防控环境污染和生态破坏是各国的共同责任。推进绿色“一带一路”建设，有利于务实开展合作，推进绿色投资、绿色贸易和绿色金融体系发展，促进经济发展与环境保护双赢，服务于打造利益共同体、责任共同体和命运共同体的总体目标。

二、总体要求

（一）总体思路

按照党中央和国务院决策部署，以和平合作、开放包容、互学互鉴、互利共赢的“丝绸之路”精神为指引，牢固树立创新、协调、绿色、开放、共享发展理念，坚持各国共商、共建、共享，遵循平等、追求互利，全面推进“五通”绿色化进程，建设生态环保交流合作、风险防范和服务支撑体系，搭建沟通对话、信息支撑、产业技术合作平台，推动构建政府引导、企业推动、民间促进的立体合作格局，为

推动绿色“一带一路”建设作出积极贡献。

（二）基本原则

——理念先行，合作共享。突出生态文明和绿色发展理念，注重生态环保与社会、经济发展相融合，积极与沿线国家或地区相关战略、规划开展对接，加强生态环保政策对话，丰富合作机制和交流平台，促进绿色发展成果共享。

——绿色引领，环保支撑。推动形成多渠道、多层面生态环保立体合作模式，加强政企统筹，鼓励行业和企业采用更先进、环境更友好的标准，提高绿色竞争力，引领绿色发展。

——依法依规，防范风险。推动企业遵守国际经贸规则和所在国生态环保法律法规、政策和标准，高度重视当地民众生态环保诉求，加强企业信用制度建设，防范生态环境风险，保障生态环境安全。

——科学统筹，有序推进。加强部门统筹和上下联动，根据生态环境承载力，推动形成产能和装备制造业合作的科学布局；依托重要合作机制，选择重点国别、重点领域有序推进绿色“一带一路”建设。

（三）主要目标

根据生态文明建设、绿色发展和沿线国家可持续发展要求，构建互利合作网络、新型合作模式、多元合作平台，力争用3~5年时间，建成务实高效的生态环保合作交流体系、支撑与服务平台和产业技术合作基地，制定落实一系列生态环境风险防范政策和措施，为绿色“一带一路”建设打好坚实基础；用5~10年时间，建成较为完善的生态环保服务、支撑、保障体系，实施一批重要生态环保项目，并取得良好效果。

三、主要任务

（一）全面服务“五通”，促进绿色发展，保障生态环境安全

1. 突出生态文明理念，加强生态环保政策沟通，促进民心相通。按照“一带一路”建设总体要求，围绕生态文明建设、可持续发展目标以及相关环保要求，统筹国内国际现有合作机制，发挥生态环保国际合作窗口作用，加强与沿线国家或地区生态环保战略和规划对接，构建合作交流体系；充分发挥传统媒体和新媒体作用，宣传生态文明和绿色发展理念、法律法规、政策标准、技术实践，讲好中国环保故事；支持环保社会组织与沿线国家相关机构建立合作伙伴关系，联合开展形式多样的生态环保公益活动，形成共建绿色“一带一路”的良好氛围，促进民心相通。

2. 做好基础工作，优化产能布局，防范生态环境风险。了解项目所在地的生态环境状况和相关环保要求，识别生态环境敏感区和脆弱区，开展综合生态环境影响评估，合理布局产能合作项目；加强环境应急预警领域的合作交流，提升生态环境风险防范能力，为“一带一路”建设提供生态环境安全保障。

3. 推进绿色基础设施建设，强化生态环境质量保障。制定基础设施建设的环保标准和规范，加大对“一带一路”沿线重大基础设施建设项目的生态环保服务与支持，推广绿色交通、绿色建筑、清洁能源等行业的节能环保标准和实践，推动水、大气、土壤、生物多样性等领域环境保护，促进环境基础设施建设，提升绿色化、低碳化建设和运营水平。

4. 推进绿色贸易发展，促进可持续生产和消费。研究制定政策措施和相关标准规范，促进绿色贸易发展。将环保要求融入自由贸易协定，做好环境与贸易相关协定谈判和实施；提高环保产业开放水平，扩大绿色产品和服务的进出口；加快绿色产品评价标准的研究与制定，推动绿色产品标准体系构建，加强国际交流与合作，推广中国绿色产品标准，减少绿色贸易壁垒。加强绿色供应链管理，推进绿色生产、绿色采购和绿色消费，加强绿色供应链国际合

作与示范，带动产业链上下游采取节能环保措施，以市场手段降低生态环境影响。

5. 加强对外投资的环境管理，促进绿色金融体系发展。推动制定和落实防范投融资项目生态环保风险的政策和措施，加强对外投资的环境管理，促进企业主动承担环境社会责任，严格保护生物多样性和生态环境；推动我国金融机构、中国参与发起的多边开发机构以及相关企业采用环境风险管理的自愿原则，支持绿色“一带一路”建设；积极推动绿色产业发展和生态环保合作项目落地。

（二）加强绿色合作平台建设，提供全面支撑与服务

1. 加强环保合作机制和平台建设，完善国际环境治理体系。以绿色“一带一路”建设为统领，统筹并充分发挥现有双边、多边环保国际合作机制，构建环保合作网络，创新环保国际合作模式，建设政府、智库、企业、社会组织和公众共同参与的多元合作平台，强化中国-东盟、上海合作组织、澜沧江—湄公河、亚信、欧亚、中非合作论坛、中国—阿拉伯等合作机制作用，推动六大经济走廊的环保合作平台建设，扩大与相关国际组织和机构合作，推动国际环境治理体系改革。

2. 加强生态环保标准与科技创新合作，引领绿色发展。建设绿色技术银行，加强绿色、先进、适用技术在“一带一路”沿线发展中国家转移转化。鼓励相关行业协会制定发布与国际标准接轨的行业生态环保标准、规范及指南，促进先进生态环保技术的联合研发、推广和应用。加强环保科技人员交流，推动科研机构、智库之间联合构建科学研究和技术研发平台，为绿色“一带一路”建设提供智力支持。

3. 推进环保信息共享和公开，提供综合信息支撑与保障。加强环保大数据建设，发挥国家空间和信息基础设施作用，加强环境信息共享，合作建设绿色“一带一路”生态环保大数据服务平台，推动环保法律法规、政策标准与实践经验交流与分享，加强部门间统筹合作与项目生态环保信息共享与公开，提升对境外项目生态环境风险评估与防范的咨询服务能力，推动生态环保信息产品、技术和服务合作，为绿色“一带一路”建设提供综合环保信息支持与保障。

（三）制定完善政策措施，加强政企统筹，保障实施效果

1. 加大对外援助支持力度，推动绿色项目落地实施。以生态环保、污染防治、环保技术与产业、人员培训与交流等为重点领域，优先开展节能减排、生态环保等基础设施及能力建设项目，探索在境外设立生态环保合作中心。发挥南南合作援助基金作用，支持社会组织开展形式多样的生态环保类项目，服务“一带一路”建设。

2. 强化企业行为绿色指引，鼓励企业采取自愿性措施。鼓励环保企业开拓沿线国家市场，引导优势环保产业集群式“走出去”，借鉴我国的国家生态工业示范园区建设标准，探索与沿线国家共建生态环保园区的创新合作模式。落实《对外投资合作环境保护指南》，推动企业自觉遵守当地环保法律法规、标准和规范，履行环境社会责任，发布年度环境报告；鼓励企业优先采用低碳、节能、环保、绿色的材料与技术工艺；加强生物多样性保护，优先采取就地、就近保护措施，做好生态恢复；引导企业加大应对气候变化领域重大技术的研发和应用。

3. 加强政企统筹，发挥企业主体作用。研究制定相关文件，规范指导相关企业在“一带一路”建设过程中履行环境社会责任。完善企业对外投资审查机制，有关行业协会、商会要建立企业海外投资行为准则，通过行业自律引导企业规范环境行为。

（四）发挥地方优势，加强能力建设，促进项目落地

1. 发挥区位优势，明确定位与合作方向。

充分发挥各地在“一带一路”建设中区位优势，明确各自定位。加快在有条件的地方建设“一带一路”环境技术创新和转移中心以及环保技术和产业合作示范基地，建设面向东盟、中亚、南亚、中东欧、阿拉伯、非洲等国家的环保技术和产业合作示范基地；推动和支持环保工业园区、循环经济工业园区、主要工业行业、环保企业提升国际化水平，推动长江经济带、环渤海、珠三角、中原城市群等支持环保技术和产业合作项目落地，支撑绿色“一带一路”建设。

2. 加大统筹协调和支持力度，加强环保能力建设。推动绿色“一带一路”建设融入地方社会、经济发展规划、计划，科学规划产业空间布局，制定严格的环保制度，推动地方产业转型升级和经济绿色发展。重点加强黑龙江、内蒙古、吉林、新疆、云南、广西等边境地区环境监管和治理能力建设，推动江苏、广东、陕西、福建等“一带一路”沿线省份提升绿色发展水平；鼓励各地积极参加双多边环保合作，推动建立省级、市级国际合作伙伴关系，积极创新合作模式，推动形成上下联动、政企统筹、智库支撑的良好局面。

四、组织保障

（一）加强组织协调

建立健全综合协调和落实机制，加强政府部门之间、中央和地方之间、政府与企业及公众之间多层次、多渠道的沟通交流与良性互动，分工负责，统筹推进，细化工作方案，确保有关部署和举措落实到各部门、各地方以及每个项目执行单位和企业。

（二）强化资金保障

鼓励符合条件的“一带一路”绿色项目按程序申请国家绿色发展基金、中国政府和社会资本合作（PPP）融资支持基金等现有资金（基金）支持。发挥国家开发银行、进出口银行等现有金融机构引导作用，形成中央投入、地方配套和社会资金集成使用的多渠道投入体系和长效机制。发挥政策性金融机构的独特优势，引导、带动各方资金，共同为绿色“一带一路”建设造血输血。继续通过现有国际多双边合作机构和基金，如丝路基金、南南合作援助基金、中国—东盟合作基金、中国—中东欧投资合作基金、中国—东盟海上合作基金、亚洲区域合作专项资金、澜沧江—湄公河合作专项基金等对“一带一路”绿色项目给予积极支持。

（三）加强人才队伍建设

构建绿色“一带一路”智力支撑体系，建设“绿色丝绸之路”新型智库；创新、完善人才培养机制，重点培养具有国际视野、掌握国际规则、熟悉环保业务的复合型人才，提高对绿色“一带一路”建设的人才支持力度。

“一带一路”生态环境保护合作规划

环境保护部

推动共建丝绸之路经济带和21世纪海上丝绸之路（以下简称“一带一路”）倡议旨在促进沿线各国经济繁荣与区域经济合作，加强不同文明交流互鉴，促进世界和平发展。自“一带一路”倡议提出以来，“一带一路”建设进展迅速，一批重大工程和国际产能合作项目落地。在生态环保合作领域，中国积极与沿线国家深化多双边对话、交流与合作，强化生态环境信息支撑服务，推动环境标准、技术和产业合作，取得积极进展和良好成效。

为进一步贯彻落实《推动共建丝绸之路经济带和21世纪海上丝绸之路的愿景与行动》（以下简称《愿景与行动》）、《“十三五”生态环境保护规划》和《关于推进绿色“一带一路”建设的指导意见》，加强生态环保合作，发挥生态环保在“一带一路”建设中的服务、支撑和保障作用，共建绿色“一带一路”，环境保护部编制《“一带一路”生态环境保护合作规划》。

一、重要意义

（一）生态环保合作是绿色“一带一路”建设的根本要求

中国高度重视绿色“一带一路”建设。中国国家主席习近平多次强调，要践行绿色发展理念，着力深化环保合作，加大生态环境保护力度，携手打造绿色丝绸之路。《愿景与行动》提出，在投资贸易中突出生态文明理念，加强生态环境、生物多样性和应对气候变化合作。推进生态环保合作是践行生态文明和绿色发展理念、提升“一带一路”建设绿色化水平、推动实现可持续发展和共同繁荣的根本要求。

（二）生态环保合作是实现区域经济绿色转型的重要途径

“一带一路”沿线国家多为发展中国家和新兴经济体，普遍面临工业化和城镇化带来的环境污染、生态退化等多重挑战，加快转型、推动绿色发展的呼声不断增强。中国和一些沿线国家积极探索环境与经济协调发展模式，大力发展绿色经济，取得了一些成功经验。开展生态环保合作有利于促进沿线国家生态环境保护能力建设，推动沿线国家跨越传统发展路径，处理好经济发展和环境保护关系，最大限度减少生态环境影响，是实现区域经济绿色转型的重要途径。

（三）生态环保合作是落实2030年可持续发展议程的重要举措

绿色发展已成为世界各国发展的共识，联合国2030年可持续发展议程旨在共同提高全人类福祉，明确提出绿色发展与生态环保的具体目标，为未来十几年世界各国可持续发展和国际发展合作指引方向。“一带一路”生态环保合作将有力促进沿线国家实现2030年可持续发展议程环境目标。

二、总体要求

（一）合作思路

牢固树立和贯彻落实创新、协调、绿色、开放、共享的发展理念，秉持和平合作、开放包容、互学互鉴、互利共赢的丝绸之路精神，坚持共商、共建、共享，以促进共同发展、实现共同繁荣为导向，有力有序有效地将绿色发展要求全面融入政策沟通、设施联通、贸易畅通、资金融通、民心相通中，构建多元主体参与的生态环保合作格局，提升“一带一路”沿线国家生态环保合作水平，为实现2030年可持续发展议程环境目标作出贡献。

（二）基本原则

理念先行，绿色引领。以生态文明和绿色发展理念引领“一带一路”建设，切实推进政策沟通、设施联通、贸易畅通、资金融通和民心相通的绿色化进程，提高绿色竞争力。

共商共建，互利共赢。充分尊重沿线国家发展需求，加强战略对接和政策沟通，推动达成生态环境保护共识，共同参与生态环保合作，打造利益共同体、责任共同体和命运共同体，促进经济发展与环境保护双赢。

政府引导，多元参与。完善政策支撑，搭建合作平台，落实企业环境治理主体责任，动员全社会积极参与，发挥市场作用，形成政府引导、企业承担、社会参与的生态环保合作网络。

统筹推进，示范带动。加强统一部署，选择重点地区和行业，稳步有序推进，及时总结经验和成效，以点带面、形成辐射效应，提升生态环保合作水平。

（三）发展目标

到2025年，推进生态文明和绿色发展理念融入“一带一路”建设，夯实生态环保合作基础，形成生态环保合作良好格局。以六大经济走廊为合作重点，进一步完善生态环保合作平台建设，提高人员交流水平；制定落实一系列生态环保合作支持政策，加强生态环保信息支撑；在铁路、电力等重点领域树立一批优质产能绿色品牌；一批绿色金融工具应用于投资贸易项目，资金呈现向环境友好型产业流动趋势；建成一批环保产业合作示范基地、环境技术交流与转移基地、技术示范推广基地和科技园区等国际环境产业合作平台。

到2030年，推动实现2030可持续发展议程环境目标，深化生态环保合作领域，全面提升生态环保合作水平。深入拓展在环境污染治理、生态保护、核与辐射安全、生态环保科技创新等重点领域合作，绿色“一带一路”建设惠及沿线国家，生态环保服务、支撑、保障能力全面提升，共建绿色、繁荣与友谊的“一带一路”。

三、突出生态文明理念，加强生态环保政策沟通

（一）分享生态文明和绿色发展的理念与实践

传播生态文明理念。充分利用现有多双边合作机制，深化生态文明和绿色发展理念、法律法规、政策、标准、技术等领域的对话和交流，推动共同制定实施双边、多边、次区域和区域生态环保战略与行动计划。

分享绿色发展实践经验。归纳总结沿线国家和地区绿色发展的实践经验，呼应绿色发展需求，推广环境友好型技术和产品，推动将生态环保作为沿线国家绿色转型新引擎。

（二）构建生态环保合作平台

加强生态环保合作机制和平台建设。开展政府间高层对话，充分利用中国—东盟、上海合作组织、澜沧江—湄公河、欧亚经济论坛、中非合作论坛、中阿合作论坛、亚信等合作机制，强化区域生态环保交流，扩大与相关国际组织和机构的合作，倡议成立“一带一路”绿色发展国际联盟，建设政府、企业、智库、社会组织和公众共同参与的多元合作平台。

推进环保信息共享服务平台建设。合作建设“一带一路”生态环保大数据服务平台，加强生态环境信息共享，提升生态环境风险评估与防范的咨询服务能力，推动生态环保信息产品、技术和服务合作，为绿色“一带一路”建设提供综合环保信息支持与保障。

（三）推动环保社会组织和智库交流与合作

推动环保社会组织交流合作。积极为环保社会组织开展国际交流与合作搭建平台并提供政策指导。支持环保社会组织与沿线国家相关机构建立合作伙伴关系，联合开展公益服务、合作研究、交流访问、科技合作、论坛展会等多种形式的民间交往。

加强生态环保智库交流合作。构建生态环保合作智力支撑体系，提高智库在战略制定、政策对接、投资咨询服务等方面的参与度。推进国内和国际智库、智库与政府部门、智库与企业以及智库与环保社会组织之间的生态环保合作，推动科研机构、智库联合构建科学研究和技术研发平台。

四、遵守法律法规，促进国际产能合作与基础设施建设的绿色化

（一）发挥企业环境治理主体作用

强化企业行为绿色指引。落实环境保护部、外交部、发展改革委、商务部共同印发的《关于推进绿色“一带一路”建设的指导意见》，落实商务部、环境保护部共同发布的《对外投资合作环境保护指南》以及19家重点企业联合发布的《履行企业环保责任，共建绿色“一带一路”倡议》，推动企业自觉遵守当地环保法规和标准规范，履行企业环境责任。推动有关行业协会和商会建立企业海外投资生态环境行为准则。

鼓励企业加强自身环境管理。引导企业开发使用低碳、节能、环保的材料与技术工艺，推进循环利用，减少在生产、服务和产品使用过程中污染物的产生和排放。在铁路、电力、汽车、通信、新能源、钢铁等行业，树立优质产能绿色品牌。指导企业根据当地要求开展环境影响评价和环境风险防范工作，加强生物多样性保护，优先采取就地、就近保护措施，做好生态恢复。

推动企业环保信息公开。鼓励企业借助移动互联网、物联网等技术，定期发布年度环境报告，公布企业执行环境保护法律法规的计划、措施和环境绩效等。倡导企业就环境保护事宜及时与利益相关方沟通，形成和谐的社会氛围。

（二）推动绿色基础设施建设

推动基础设施绿色低碳化建设和运营管理。落实基础设施建设标准规范的生态环保要求，推广绿色交通、绿色建筑、绿色能源等行业的环保标准和实践，提升基础设施运营、管理和维护过程中的绿色化、低碳化水平。

强化产业园区的环境管理。以企业集聚化发展、产业生态链接、服务平台建设为重点，共同推进生态产业园区建设。加强环境保护基础设施建设，推进产业园区污水集中处理与循环再利用及示范。发展园区生态环保信息、技术、商贸等公共服务平台。

五、推动可持续生产与消费，发展绿色贸易

（一）促进环境产品与服务贸易便利化

加强进出口贸易环境管理。开展以环境保护优化贸易投资相关研究，探讨将环境章节纳入我国与“一带一路”沿线重点国家自贸协定的可行性。推动联合打击固体废物非法越境转移。推动降低或取消重污染行业产品的出口退税，适度提高贸易量较大的“两高一资”行业环境标准。

扩大环境产品和服务进出口。分享环境产品和服务合作的成功实践，推动提高环境服务市场开放水平，鼓励扩大大气污染治理、水污染防治、危险废物管理及处置等环境产品和服务进出口。探索促进环境产品和服务贸易便利化的方式。

推动环境标志产品进入政府采购。开展环境标志交流合作项目，分享建立环境标志认证体系的经验。推动沿线各国政府采购清单纳入更多环境标志产品。探索建立环境标志产品互

认机制，鼓励沿线国家环境标志机构签署互认合作协议。

（二）加强绿色供应链管理

建立绿色供应链管理体系。开展绿色供应链管理试点示范，制定绿色供应链环境管理政策工具，从生产、流通、消费的全产业链角度推动绿色发展。开展供应链各环节绿色标准认证，推动绿色供应链绩效评价，探索建立绿色供应链绩效评价体系。

加强绿色供应链国际合作。积极推进绿色供应链合作网络建设，支持绿色生产、绿色采购和绿色消费，在国际贸易中推行绿色供应链管理。推动建立绿色供应链合作示范基地。

加强沿线国家绿色供应链建设工作的交流和宣传，鼓励发布政府间绿色供应链合作倡议。鼓励行业协会、国际商会等组织开展宣传和推广。

六、加大支撑力度，推动绿色资金融通

促进绿色金融政策制定。开展沿线国家绿色投融资需求研究，研究制定绿色投融资指南。以绿色项目识别与筛选、环境与社会风险管理等为重点，探索制定绿色投融资的管理标准。

探索设立“一带一路”绿色发展基金。推动设立专门的资源开发和环境保护基金，重点支持沿线国家生态环保基础设施、能力建设和绿色产业发展项目。

引导投资决策绿色化。分享绿色金融领域的实践经验，在“一带一路”和其他对外投资项目中加强环境风险管理，提高环境信息披露水平，使用绿色债券等绿色融资工具筹集资金，在环境高风险领域建立并使用环境污染强制责任保险等工具开展环境风险管理。

七、开展生态环保项目和活动，促进民心相通

（一）加强生态环保重点领域合作

深化环境污染治理合作。加强大气、水、土壤污染防治、固体废物环境管理、农村环境综合整治等合作，实施一批各方共同参与、共同受益的环境污染治理项目。

推进生态保护合作。建立生物多样性数据库和信息共享平台，积极开展东南亚、南亚、青藏高原等生物多样性保护廊道建设示范项目，推动中国—东盟生态友好城市伙伴关系建设。

加强核与辐射安全合作。分享核与辐射安全监管的良好实践，积极参与国际核安全体系建设。深入参与国际原子能机构、经合组织核能署等国际组织的各类活动。推动建立核与辐射安全国际合作交流平台，帮助有需要的国家提升核与辐射安全监管能力。

加强生态环保科技创新合作。积极开展生态环保领域的科技合作与交流，提升科技支撑能力。充分发挥环保组织的作用，推动环保技术研发、科技成果转移转化和推广应用。

推进环境公约履约合作。推进相关国家在“一带一路”建设中履行《生物多样性公约》《关于持久性有机污染物的斯德哥尔摩公约》等多边环境协定，构建环境公约履约合作机制，推动履约技术交流与南南合作。

（二）加大绿色示范项目的支持力度

推动绿色对外援助。以污染防治、生态保护、环保技术与产业以及可持续生产与消费等领域为重点，探索制定绿色对外援助战略与行动计划。推动将生态环保合作作为南南合作基金等资金机制支持的重要内容，优先在环保政策、法律制度、人才交流、示范项目等方面开展绿色对外援助，提高环保领域对外援助的规模和水平。

实施绿色丝路使者计划。深化完善绿色丝路使者计划实施方案，以政策交流、能力建设、技术交流、产业合作为主要路线，加强沿线国家环境管理人员和专业技术人才的互动与交流，

提升沿线国家的环保能力，提高环保意识和环境管理水平。

开展环保产业技术合作园区及示范基地建设。以企业为主体，推动环保技术和产业合作，开展环保基础设施建设、环境污染防治和生态修复技术应用试点示范。引导优势环保产业集群式发展，探索合作共建环保产业技术园区及示范基地的创新合作模式。

八、加强能力建设，发挥地方优势

加强环保能力建设。充分发挥中国“一带一路”沿线省（区、市）在“一带一路”建设中区位优势，编制地方“一带一路”生态环保合作规划及实施方案。重点加强黑龙江、内蒙古、吉林、新疆、云南、广西等边境省区环境监管和治理能力建设，推动江苏、广东、陕西、福建等省份提升绿色发展水平；鼓励各地积极参加多双边环保合作，推动建立省级、市级国际合作伙伴关系，积极创新合作模式，推动形成上下联动、政企统筹、智库支撑的良好局面。

推动环境技术和产业合作基地建设。在有条件的地方建立“一带一路”环境技术创新和转移基地，建设面向东盟、中亚、南亚、中东欧、阿拉伯、非洲等国家的环保技术和产业合作示范基地；推动和支持环保工业园区、循环经济工业园区、主要工业行业、环保企业提升国际化水平，推动长江经济带、环渤海、珠三角、中原城市群等支持环保技术和产业合作项目落地，支撑绿色“一带一路”建设。

九、重大项目

规划涉及25个重点项目，包括政策沟通类6个，设施联通类4个，贸易畅通类3个，资金融通类2个，民心相通类4个，能力建设类6个。

类目	序号	项目名称
政策沟通	1	“一带一路”生态环保合作国际高层对话
	2	“一带一路”绿色发展国际联盟
	3	“一带一路”沿线国家环境政策、标准沟通与衔接
	4	“一带一路”沿线国家核与辐射安全管理交流
	5	中国—东盟生态友好城市伙伴关系
	6	“一带一路”环境公约履约交流合作
设施联通	7	“一带一路”互联互通绿色化研究
	8	“一带一路”沿线工业园污水处理示范
	9	“一带一路”重点区域战略与项目环境影响评估
	10	“一带一路”生物多样性保护廊道建设示范
贸易畅通	11	“一带一路”危险废物管理和进出口监管合作
	12	“一带一路”沿线环境标志互认
	13	“一带一路”绿色供应链管理试点示范
资金融通	14	“一带一路”绿色投融资研究
	15	绿色“一带一路”基金研究
民心相通	16	绿色丝绸之路使者计划
	17	澜沧江—湄公河环境合作平台
	18	中国—柬埔寨环保合作基地
	19	“一带一路”环保社会组织交流合作
能力建设	20	“一带一路”生态环保大数据服务平台建设
	21	“一带一路”生态环境监测预警体系建设
	22	地方“一带一路”生态环保合作
	23	“一带一路”环保产业与技术合作平台
	24	“一带一路”环保技术交流与转移中心（深圳）
	25	中国—东盟环保技术和产业合作示范基地

十、保障措施

强化组织协调。建立健全综合协调机制，加强政府部门之间、中央和地方之间、政府和企业及公众之间多层次、多渠道的沟通交流与良性互动，分工负责，统筹推进。

加强政策支持。坚持需求导向和目标导向相结合，进一步研究出台一批有针对性政策措施，创新实践方式，完善配套服务，提高对生态环保合作的支持力度。

落实资金保障。加大资金投入力度，保障规划相关工作的资金落实，重点支持生态环保合作基地建设及开展相关示范工程和项目。

抓好跟踪评估。切实推进规划落实，对规划确定的重点措施、工程落实情况进行跟踪分析，加强督促检查，及时开展规划实施情况中期评估，适时提出调整规划、完善措施的建议。

关于进一步做好税收服务“一带一路”建设工作的通知

国家税务总局

各省、自治区、直辖市和计划单列市国家税务局、地方税务局：

为深入贯彻落实党中央、国务院关于扎实推进“一带一路”建设的要求，更好发挥税收作用，现就进一步做好相关工作通知如下：

一、高度重视税收服务“一带一路”工作

“一带一路”倡议是党中央、国务院打造我国对外开放新格局的重大发展战略。战略提出以来，“一带一路”建设进展迅速，取得了令人瞩目的成绩。2017年政府工作报告中明确提出“扎实推进‘一带一路’建设。坚持共商共建共享，加快陆上经济走廊和海上合作支点建设，构建沿线大通关合作机制”。2017年5月，我国将主办“一带一路”国际合作高峰论坛，共商合作大计，共建合作平台，共享合作成果，为促进世界经济增长、深化区域合作打造坚实基础。

税收作为全球经济治理的重要组成部分，有助于优化生产要素配置、消除跨境投资障碍、推动国际经济合作，对推进“一带一路”建设发挥着重要作用。各级税务机关要充分认识“一带一路”建设的重要意义，主动服务国家对外开放大局，落实2017年全国税务工作会议相关工作要求，进一步完善税收服务“一带一路”工作体系，为我国企业参与国际经济合作创造良好的税收环境。

二、认真落实税收服务“一带一路”工作

（一）做好税收协定执行

落实税收协定政策，营造优良营商环境，保障我国“走出去”企业的合法权益。加强我国居民享受税收协定待遇的服务、管理、统计分析工作，跟踪我国对外投资企业经营情况，及时反映境外涉税争议，配合税务总局与“一带一路”沿线国家税务主管当局就跨境纳税人提起的涉税争议开展相互协商。

（二）落实相关国内税收政策

结合全面推开营改增试点工作，落实跨境应税服务退税或免税政策、天然气等资源进口税收优惠政策、对外投资和对外承包工程出口货物退（免）税政策；按照所得税政策规定，落实境外所得税收抵免政策，减轻企业税收负担，促进国际资源共享和国际产能合作。

（三）优化“走出去”税收服务

落实“放管服”改革要求，推动税收服务优化升级。落实出口退（免）税企业分类管理、简化出口退（免）税流程、简化消除双重征税政策适用手续等规定，进一步减轻纳税人办税负担。做好《中国税收居民身份证明》开具工作，便利纳税人境外享受税收协定待遇，助力“走出去”企业和“一带一路”建设重点项目。创新境外税收服务模式与内容，提高服务的针对性和有效性，探索对“走出去”纳税人实行分类服务。针对大型跨国企业着重提供政策确定性相关的个性化服务，针对中小型企业着重提供政策宣传辅导的普惠性服务。发挥优势，运用“互联网+”思维，提升国际税收办税便利度。

（四）深化国别税收信息研究

深入推进国别税收信息研究工作，做好境外税收政策跟踪和更新，配合税务总局陆续发

布国别投资税收指南，实现年底前全面发布“一带一路”重点国家的投资税收指南，进一步完善和丰富纳税人可获取的境外税收信息。

（五）完善税收政策咨询

丰富政策咨询途径，有条件的地区要加强12366国际税收服务专席或“走出去”服务专线建设。按照“互联网+税务”工作要求，丰富网站、微信、微博等税收咨询服务渠道，提升咨询服务水平。以“走出去”企业涉税风险为重点，探索为纳税人提供专家咨询、定制咨询、预约咨询等服务，响应涉税需求，促进纳税遵从。建立和完善国际税收知识库，整理并发布国际税收问题答疑手册。

（六）开展税收宣传与辅导

开展“走出去”税收政策大宣传、大辅导。按照税务总局总体工作要求，配合“一带一路”国际合作高峰论坛，结合“便民办税春风行动”，集中开展主题鲜明、形式多样、内容丰富的“走出去”专题宣传与辅导。结合《国家税务总局关于完善关联申报和同期资料管理有关事项的公告》（国家税务总局公告2016年第42号）、《国家税务总局关于完善预约定价安排管理有关事项的公告》（国家税务总局公告2016年第64号）、《国家税务总局关于发布〈特别纳税调查调整及相互协商程序管理办法〉的公告》（国家税务总局公告2017年第6号）等重要文件，就二十国集团税改及税基侵蚀和利润转移行动计划成果落地、国际税收征管改革、税收协定解释和执行、国际税收其他政策更新等及时做好政策宣传与辅导。

（七）加强数据统计分析

各地税务机关应积极落实对外投资、所得报告相关制度，结合各地区特点以及“走出去”企业类型、所属行业、对外投资目的地等，有针对性地开展数据统计和税收分析，并在此基础上归纳税收风险类型，有针对地为纳税人提示风险。

（八）深化国际税收合作

配合做好“一带一路”国际合作高峰论坛相关工作；落实好已签署的双边合作备忘录，加强与毗邻国家税务部门的信息交流与合作；积极参与亚欧博览会、中阿博览会等区域性交流合作平台，推动税收在相关交流活动中发挥更加突出的作用。

三、有关工作要求

（一）统筹安排，加强领导

各省税务机关要从服务国家战略的高度出发，紧密结合《深化国税、地税征管体制改革方案》要求，加强对税收服务“一带一路”工作的规划指导，统筹内部相关部门、所辖税务机关做好对外投资税收服务和管理工作。

（二）密切合作，主动协调

做好税务机关内部各部门的统筹协调，规范新闻宣传工作，落实相关工作责任。加强国税、地税合作，完善合作机制、深化合作路径、丰富合作事项，持续抓好“走出去”税收服务与管理事项的落实。积极推进与外部门合作，探索与外汇、商务、发改、海关、出入境管理等部门建立合作机制，共享跨境交易信息，形成服务合力。

（三）总结经验，注重提升

各级税务机关要结合本地区实际，主动作为，将税收服务“一带一路”各项措施落到实处，并在此基础上创新方式方法，及时总结经验，注重深化、拓展，不断提升工作质效。

关于司法行政工作服务“一带一路”建设的意见（摘要）

司法部

意见指出，推进“一带一路”建设，是以习近平同志为总书记的党中央主动应对全球形势深刻变化、统筹国内国际两个大局作出的重大战略决策。各级司法行政机关一定要认真学习贯彻习近平总书记关于“一带一路”建设的重要讲话精神和中央的决策部署，深刻认识“一带一路”建设的深远意义，认清司法行政机关的职责作用，牢固树立大局意识和责任意识，切实增强使命感和责任感，找准工作的结合点和切入点，积极投身“一带一路”建设，努力为“一带一路”建设作出应有贡献。

意见提出，司法行政工作服务“一带一路”建设的主要任务是：

一要努力为提升我国地区经济开放水平提供法律服务。围绕充分发挥我国各地区比较优势，为建立“一带一路”核心区、开放型经济实验区、开放型经济高地以及国际旅游开发等提供法律服务，促进全面提升各地开放型经济水平。充分发挥公职律师、政府法律顾问的作用，为政府制定有关政策措施提供法律意见，防范法律风险，提高决策水平。

二要着力为投资贸易合作提供法律服务。组织律师积极为国际货物贸易、服务贸易、知识产权国际保护等提供法律服务，切实维护中外当事人的合法权益。为跨境电子商务、市场采购贸易等新的商业业态和新一代信息技术、新能源、新材料等新兴产业领域发展提供法律服务，推动与沿线有关国家和地区在相关领域开展务实合作。做好反垄断、反倾销、反补贴律师代理工作，依法保护中国政府和企业的正当权益。

三要积极为资金融通提供法律服务。引导和鼓励律师积极为亚洲基础设施投资银行、金砖国家开发银行、丝路基金等的筹建、运营，以及深化多边金融合作提供法律服务，切实防范融资风险。为沿线国家政府和相关企业及金融机构在中国境内发行人民币债券，以及中国境内金融机构和企业在境外发行人民币债券和外币债券出具律师法律意见书，维护投资者正当权益。拓展律师从事保险机构出口信用保险、境外投资保险等新型保险业务，代理涉外保险理赔、索赔业务，依法维护当事人合法权益。

四要努力为基础设施重大工程项目建设提供法律服务。组织和引导律师围绕交通、能源、通信等基础设施重大工程、重大项目的立项、招投标等活动，提供法律尽职调查服务，防范投资风险。参与合作工程、项目的谈判、合同文本的起草等，严把合同订立的法律关。通过代理诉讼、仲裁等方式，依法妥善处理基础设施建设过程中发生的合同纠纷，维护中外企业的合法权益。认真办理基础设施建设招投标、承揽工程等公证业务，预防纠纷，减少诉讼。

五要积极开展对外法治宣传。向区域内国家介绍我国的法律制度，特别是有关投资、贸易、金融、环保等方面的法律规定，增进国际社会对中国法律制度的了解和认知。在充分发挥传统媒体优势的同时，注重运用新媒体新技术在对外法治宣传教育中的运用。借助有关国际会议、论坛、研讨会、博览会等场合开展对外法治宣传，增强宣传效果，传播中国法治声音。

六要促进区域安全稳定。深化区域内国家间刑事司法协助，推动在打击跨国犯罪、毒品犯罪和反恐等领域的务实合作，切实维护地区安全。促进区域内国家间民商事司法协助，确保涉外民商事案件得到公正高效解决。配合相关部门做好境外国际追逃追赃工作，大力开展与区域内国家间的国际追逃追赃合作。推动与区域内国家签订被判刑人移管条约，建立健全被判刑人移管工作机制，加强被判刑人移管合作。

七要加强与区域内国家法律和司法领域的交流合作。利用上海合作组织成员国司法部长会议等多边合作机制，加强法律和司法行政领域的交流合作。推动建立中国—东盟司法部长会议机制，拓展区域合作和交流空间。参与和推动相关领域国际规则的制定，提升我国在国际法律事务中的话语权和影响力。加强与区域内国家间在监狱、戒毒、社区矫正、律师、公证、法律援助、调解、司法考试、司法鉴定等方面的业务交流，增进了解，凝聚共识，深化合作。

意见还就加强司法行政工作服务“一带一路”建设的组织领导、人才培养、理论研究等提出明确要求。

“一带一路”计量合作愿景与行动

国家质量监督检验检疫总局

两千多年前，我们的祖先共同开辟了贯通亚欧的陆上和海上丝绸之路，架起了东西方友好往来的桥梁，成为沟通东方与西方之间经济、政治、文化和思想的大动脉。千百年来，古老的丝绸之路这条历史纽带，镌刻着沿线各国人民风雨同舟、守望相助的不朽记忆；承载着“和平合作、开放包容、互学互鉴、互利共赢”的丝路精神，是沿线各国人民的共同精神财富。丝绸之路精神薪火相传，历久弥新，促进了不同民族和文化的交汇融合，推动了不同国家和地区的互通有无，为亚欧大陆的繁荣发展，做出了特殊而重要的贡献。

纵观历史，1875 年，17 个国家的代表在法国巴黎签署政府间协议“米制公约”，成立米制公约组织，为实现测量单位全球统一搭建了永久性的国际框架。伴随着社会的不断发展，计量作为社会治理的重要手段，经济发展的根基，公平贸易的基础和科技进步的支撑，为全球贸易和经济社会可持续发展发挥了重要的作用。在中国政府高度重视和社会各方大力推动下，中国的计量体系得到不断完善与发展。当前，计量已经成为国家技术质量基础的重要组成部分，成为中国与世界各国紧密联系、传递信任、共同进步的桥梁纽带。尊重各国历史文化，尊重各方利益诉求，尊重各自资源禀赋差异，与世界各国共同推动国际计量体系的创新发展，既是社会发展的根本需求，也是面向未来的共同愿景。

2015 年 3 月，中国政府授权发布《推动共建丝绸之路经济带和 21 世纪海上丝绸之路的愿景与行动》，提出了中国和沿线各国共建“一带一路”的合作倡议，明确将计量作为合作重点，既体现了计量的重要基础地位，也体现了互利共赢的共同需要，为深化中国与沿线国家计量合作提供了路径指引。

为推动“一带一路”沿线国家在计量领域开展更大范围、更高水平、更深层次的务实合作，国家质量监督检验检疫总局倡议并发布《“一带一路”计量合作愿景与行动》。

一、总体思路

秉持平等、共商、共建、共享、互利共赢的理念，遵循国际通行规则，立足各国国情实际，在平等协商、兼顾各方利益的基础上，积极推进与沿线国家计量领域全方位务实合作，共同促进国际计量体系的创新发展，共同推动国际计量互认进程，共同促进贸易便利化水平，共同服务区域经济社会可持续发展。

二、基本原则

开放合作。倡议各国政府计量主管部门、计量机构、计量利益相关方、社会公众以及国际区域性组织广泛参与，共同推动计量国际合作向着更加开放、更加包容、更加互惠方向发展。

互学互鉴。鼓励各国相互学习和借鉴在计量领域的先进管理经验、计量科学技术和计量发展成果，优势互补，博取众长，增进互信，共同发展。

互利共赢。尊重各国计量体系的差异性，综合考虑各国合作需求和利益诉求，在相互沟通、相互协商的基础上，寻求基于各方利益最大化的合作途径，促进合作成果惠及各国人民。

三、合作重点

（一）加强计量政策沟通

加强各国政府主管部门计量领域合作，积极构建多层次政府间计量政策沟通交流机制，加强在相关国际事务中的磋商和协调，增进相互了解和信任，达成合作新共识。建立计量领域信息互换和交流机制，提升计量法规透明度，实现沿线国家资源共享。

中方将不断提高计量政策的透明度，利用双边、多边机制，让国际社会及时、准确、充分了解中国计量政策和工作动态。中国愿与沿线各国共同建立计量信息共享和快速查询平台，相互通报证书、机构、人员和监管信息。

（二）推进计量国际互认

加快计量双边、多边互认进程，促进计量器具型式评价结果的国际互认，促进量值国际等效。共同开展国别制度研究、计量比对、国际同行评审等活动，增进计量实验室能力的相互信任，促进计量互认，消除贸易壁垒。

中方将积极参与国际计量互认安排制度建设，积极发挥双边机制的作用，根据各国需求，寻求双方共同契合点，不断扩大互认国和互认产品范围，最终实现“一次测试、一张证书、全球互认”。

（三）加强各国计量技术交流

加强各国计量技术机构，特别是国家计量院间在战略规划、科学研究、业务拓展等方面的信息交流，建立有效合作机制，开展联合研究、双多边比对等实质性合作；强化人员交流，互派访问学者；分享先进科技成果，利用先进技术提高国家测量能力，共同提升科技创新能力。

中方将积极创造条件，促进科技人员交流，为发展中国家计量技术机构提供技术培训和检定校准测试服务，培养技术骨干，支持能力建设和开展技术转移。

（四）提升计量服务能力

从各国发展需求出发，共同推动计量与产业的深度融合，提高计量测试水平，提升计量服务经济和贸易发展的能力。共同加强在新一代生物、新能源、新材料等新兴产业领域的深入合作，推进共同开展重大科技攻关，破解计量难题；共同适应产业变革趋势，加强各国在计量领域计量标准的合作研发；鼓励各国计量机构提供内容广泛的计量测试服务和互援互助，推动各国计量技术基础设施的共建共享。

中方愿意为沿线各国提供更多的计量交流和培训机会，为各国提升计量能力建设提供帮助；倡议各国加强计量测试技术合作，共同提升计量服务产业和经济发展的能力。

四、合作机制

建立并完善双边合作机制。充分利用现有双边机制，建立多层次、多渠道沟通磋商，推动双边计量合作关系全面发展。中方愿与有关国家加强现有双边机制下的计量合作，落实既有合作成果，推动签署合作备忘录或合作规划，共同协调推动合作项目的实施。

完善多边合作机制。充分发挥多边合作机制作用，推动各国政府间开展计量合作对话，倡导各国积极参与区域计量组织活动，参与多边国际互认安排，反映各方计量诉求，共同构建国际计量合作体系。中方愿意在国际和区域组织中发挥更积极的作用，开展对发展中国家计量援助，促进各国计量事业共同发展。

加强行业和地方层面合作。积极发挥行业、学会和计量相关方参与国际合作的积极性。在各种多双边合作安排中充分吸收各相关机构参与。中方将积极鼓励地方部门参与双多边合作，在整体合作框架下开展对等合作交流，发挥区位、地缘优势促进区域合作发展。

中华人民共和国国家质量监督检验检疫总局愿与沿线各国一道，以共建“一带一路”为契机，继承和发扬丝绸之路精神，不断充实完善计量领域合作内容和方式，促进计量领域的互信互认，共同推动沿线国家发展，让沿线各国人民共享“一带一路”共建成果。

共同推动认证认可服务“一带一路”建设的愿景与行动

国家认证认可监督管理局

2000多年前，亚欧大陆上勤劳勇敢的人民开拓出了连接亚欧非几大文明的“丝绸之路”，形成了“和平合作、开放包容、互学互鉴、互利共赢”的丝绸之路精神。从此，丝绸之路开启了便利区域贸易往来，推进沿线经济繁荣的历史时代。

千百年来，丝绸之路精神代代相传，不断增进着各国人民的相互联系和信任。认证认可，作为国际通行的质量管理手段和贸易便利化工具，为全球贸易和各国经济可持续发展发挥了越来越重要的作用。中国坚持开放战略，遵循国际规则，构建了中国特色认证认可体系，全方位参与和推动国际合作互认进程。在中国政府高度重视和社会各方大力推动下，中国认证认可事业蓬勃发展。认证认可已经成为推动中国经济可持续发展的质量基础，成为中国与世界紧密联系、相互信任、共同发展的桥梁纽带。遵循国际通行规则，尊重各方利益诉求，与世界各国共同推动认证认可的优良实践，是中国自身发展的经验，也是面向未来的愿景。

2015年3月，中国政府授权发布《推动共建丝绸之路经济带和21世纪海上丝绸之路的愿景与行动》，提出了中国和沿线各国共建“一带一路”的合作倡议，明确将认证认可作为合作重点，彰显了认证认可的核心价值，体现了互利共赢的共同需要，为深化沿线国家认证认可合作提供了路径指引。

为了推动“一带一路”沿线国家在认证认可领域开展更大范围、更高水平、更深层次的务实合作，中华人民共和国国家认证认可监督管理局特制定《共同推动认证认可服务“一带一路”建设的愿景与行动》。

一、总体思路

秉持共商、共建、共享的理念，遵循国际通行规则，立足各国国情实际，坚持互信互鉴、合作共赢，在平等协商、兼顾各方利益的基础上，积极推进与“一带一路”建设相适应的认证认可合作互认进程，共同提高技术性贸易措施透明度，共同促进认证认可制度创新发展，共同推动互联互通建设，共同提升贸易自由化便利化水平，共同服务区域经济高质量、可持续发展。

二、基本原则

坚持开放合作。倡议各国政府主管部门、从业机构、合格评定用户、社会公众以及国际性区域性组织广泛参与，推动认证认可国际合作向着更加开放、更加包容、更加互惠方向发展。

坚持互尊互信。尊重各国在认证认可领域标准多元、法规各异现状，尊重各方的自主性选择和差异化需求，在相互沟通、相互协商的基础上增进互信。

坚持互学互鉴。相互学习借鉴各国在认证认可领域的发展成果与管理经验，取长补短，共同发展。

坚持互利共赢。兼顾各方利益诉求，寻求基于各方利益最大公约数的合作途径及互认安排，让合作成果惠及各国企业及人民。

三、合作重点

（一）加强政策沟通和技术交流

加强各国政府主管部门在认证认可政策法规等方面的沟通，以及在相关国际事务中的磋商和协调，增进相互了解和信任，在政策制定和制度安排上相向而行，避免不合理、不必要的障碍。鼓励各国从业机构开展技术交流，共同推动认证认可的优良实践。倡导建立涵盖认证认可各领域的信息交流机制，提升技术性贸易措施透明度，实现沿线国家资源共享。

中方将不断提高合格评定政策的透明度，通过 WTO 通报机制、对话机制等双多边渠道，让国际社会及时、充分了解中国认证认可政策和工作动态；同时愿与有关各方共同建立认证认可信息共享及快速通报平台，相互通报证书、机构、人员和执法监管信息。

（二）推进认证认可国际互认

加快认证认可双多边互认进程，促进认证认可、检验检测证书国际互认。基于各国差异化现实，积极寻求等效性、一致性的解决途径，共同开展国别制度研究、标准比对、能力验证等活动，推进认可和人员认证的互认，以能力互信促进结果互认；面对新能源、电子商务等新兴产业全球发展态势，以及气候变化、非传统安全等共同关切，加快可再生能源、低碳、跨境电子商务等新领域互认进程；围绕产能合作、基础设施互联互通等现实需要，推动各方在共同感兴趣领域制定认证认可共通标准和一致性程序，最终实现“一个标准、一张证书、区域通行”。

中方积极推动现有双多边互认机制发挥更加积极作用，将采取措施在人员认证、工厂检查、食品卫生注册等领域扩大互认范围；同时愿意与有关各方展开磋商，达成新的双多边互认成果。

（三）提升认证认可服务能力

从各国发展需求出发，共同推动认证认可与产业经济的深度融合，提升认证认可服务经贸发展的能力。共同应对质量安全挑战，推进基于认证认可的供应链安全与便利化合作，确保互供产品质量安全；共同适应产业变革趋势，加强各方在认证认可标准、技术层面的合作，推进认证认可标准和技术规范的更新；共同提升互联互通水平，促进各方在认证认可基础设施上的互援互助，鼓励认可组织提供国际化服务，推动各国质量基础共建共享。

中方愿为沿线国家提供更多的认证认可技术交流培训机会，为各国合格评定能力建设提供力所能及的帮助；同时欢迎有关各方为中国合格评定能力提升发挥更加积极的作用。

（四）促进检验检测认证市场开放

在相互开放、互利共赢的基础上，共同培育开发检验检测认证市场，营造开放透明、公平竞争的市场环境，鼓励各国检验检测认证机构开展市场整合和区域合作，为目标用户提供本土化服务，促进认证认可和检验检测服务贸易。

中方将进一步扩大国内检验检测认证领域的开放，欢迎外资进入中国检验检测认证市场，将为外资在华设立机构提供更多便利；同时愿意与各国共同开发检验检测认证市场，为当地企业提供更加便捷优良的合格评定服务。

四、合作机制

完善多边合作体系。充分发挥现有多边互认体系的积极作用，推动各政府间和非政府国际组织开展认证认可对话，倡导沿线国家积极参与多边合作互认活动，表达合理利益诉求，协调各方立场行动。中方倡议共同举办“一带一路”认证认可国际研讨会，促进沿线国家认证认可领域相互信任和共同发展。

健全双边合作机制。充分发挥现有双边机

制作用，建立多层面、多领域的双边合作渠道，推动双边认证认可合作与双边经贸合作同步发展。中方愿与有关国家加强现有双边机制下认证认可合作，落实既有合作成果，共同提出新的合作安排。

加强行业层面和地方层面合作。积极发挥从业机构参与国际合作的积极性，在各种多双边合作安排中充分吸收从业机构参与，支持各国从业机构间合作互认安排。鼓励地方部门参与双多边合作，在整体合作框架下开展对等合作交流，发挥地缘优势促进区域合作发展。

中华人民共和国国家认证认可监督管理局愿携手沿线国家及有关各方，共同继承和发扬丝绸之路精神，积极推动务实合作，促进认证认可领域互信互认，惠及沿线国家、企业、人民。

河北省推进共建“一带一路”教育行动计划

河北省教育厅

共建“丝绸之路经济带”和“21世纪海上丝绸之路”（以下简称“一带一路”）是党中央、国务院统筹国内国际两个大局做出的重大战略决策，对开创中国全方位对外开放新格局、促进地区及世界和平发展具有重大意义。教育在共建“一带一路”建设中具有基础性和先导性作用。与沿线国家加强教育交流合作，不仅可以促进教育事业发展，而且可以促进与沿线国家民心相通，为政策沟通、设施联通、贸易畅通、资金融通提供人才和智力支持。为贯彻落实中共中央、国务院和省委、省政府关于做好新时期教育对外开放工作的要求以及教育部《推进共建“一带一路”教育行动》，促进我省与“一带一路”沿线国家教育交流合作，制定《河北省推进共建“一带一路”教育行动计划》。

一、指导思想

坚持以邓小平理论、“三个代表”重要思想、科学发展观为指导，认真贯彻落实党的十八大、十八届三中、四中、五中全会精神和习近平总书记系列重要讲话精神，全面贯彻党的教育方针，以服务党和国家工作大局、服务全省经济社会发展中心任务为宗旨，坚持创新、协调、绿色、开放、共享的发展理念，扩大和深化与“一带一路”沿线国家教育交流合作，不断提升全省教育质量和对外开放水平，推进人文交流，为实现“两个一百年”奋斗目标和中华民族伟大复兴的中国梦、建设经济强省美丽河北作出积极贡献。

二、基本原则

——围绕中心、服务大局。自觉服务国家“一带一路”倡议及我省与中东欧国家合作发展等重大工作部署，围绕全省经济社会发展中心任务，切实提升全省教育对外开放水平及层次，促进民心相通，为“一带一路”建设政策沟通、设施联通、贸易畅通、资金融通提供人才和智力支持。

——立足重点、精准对接。面向河北省重要产业、重点工程和关键节点的迫切需求，确定教育合作的重点国别、优先领域和关键项目。针对不同国家教育发展差异，精准对接沿线国家教育合作需求，提高对外交流合作的针对性和有效性，提升项目质量和效益。

——互学互鉴、合作共赢。依托河北外宣国际传播合作平台，向“一带一路”沿线国家积极宣传介绍我省教育发展经验和成就，增强我省教育国际影响力，学习借鉴外方发展经验，相互取长补短、共同促进、共同提高。与有关国家寻求教育交流合作的利益契合点和最大公约数，充分发挥各自优势和潜力，坚持共商、共建、共享，实现共赢发展。

三、目标任务

与“一带一路”沿线国家教育交流合作日益密切，务实合作不断扩大和深化。力争到2020年，每市至少推动5至10所中小学、中等职业学校与‘一带一路”沿线国家中小学及职业院校建立合作关系；省属骨干本科院校分别与“一带一路”沿线国家至少3所高校建立友好学校关系；其它本科院校和国家示范性及骨干高职院校分别与“一带一路”沿线国家至少2所高校及教育机构建立友好合作关系；其它高职院校分别与“一带一路”沿线国家至少1所高校或教育机构建立友好合作关系，并开展实质性合作。力争到2020年，“一带一路”沿线国家在冀国际学生规模达到5000人；与“一带一路”沿线国家知名高校新建2至3个中外合作办学机构，举办10至15个中外合作办学项目；在海外新建1至2个孔子学院，5个孔子课堂，累计选派1500名汉语教师和志愿者赴“一带一路”沿线国家任教。

四、重点工作

（一）畅通教育交流合作渠道

按照国家和我省对外开放总体布局，积极参与国家“一带一路”教育行动及国家双边多边合作计划和交流项目，充分利用友好省州关系以及省外国专家局境外引智工作站等，与我省“一带一路”沿线国家的友好省、州（县）、城市建立教育交流合作平台，构建教育政策信息交流通报机制，拓宽和深化我省与沿线国家教育交流合作渠道。鼓励和支持我省各级各类学校与沿线国家学校建立友好关系，积极开展人员交流活动。建立“一带一路”沿线国家高等学校和职业学校联盟，延展教育务实合作平台，拓展沿线国家教育合作空间，形成往来频繁、合作众多、交流活跃、关系密切的携手发展局面。

（二）促进沿线国家语言互通

语言互通是开展教育等各方面交流合作、增进民族文化理解和不同文明交流互鉴的桥梁和纽带。要深化与“一带一路”沿线国家的语言合作交流，加强在汉语推广和非通用语种学习中的互帮互助，促进中外语言互通。鼓励我省学校与“一带一路”沿线国家合作建立孔子学院和孔子课堂，提升办学质量，选派教师和志愿者赴国外教授汉语和传播中华文化，增进沿线国家青少年学习汉语和中国文化的兴趣，彰显中华文明独特魅力，充分利用河北外宣国际传播合作平台，积极传播中国理念、中国声音和河北声音。各高校要深入了解“一带一路”建设中的语言需求，发挥自身优势，与有关国家加强合作，积极开设非通用语种专业，开展中学教师非通用语种师资培养，加快培养我省所需非通用语种人才以及既通晓沿线国家语言，又熟知当地政治、经济、文化、宗教等国情的专门人才。鼓励有条件的高校开设非通用语种专业。有条件的中学和职业院校也可视情开设相应的非通用语种课程。

（三）推进与沿线国家文化交流

积极参与中俄、中国—印尼等人文交流机制建设，开展具有河北特色的教育文化对外交流活动。鼓励我省高校与沿线国家专家学者合作开展中国课题研究，增进沿线各国对中国发展模式、国家政策、教育文化等各方面的理解。支持我省高校建设国别研究中心和区域研究基地，开展对“一带一路”沿线国家经济、政治、教育、文化、历史等领域研究，加强综合性战略研究，提供相关决策咨询。有条件的高校要适时开设“一带一路”沿线国家历史、地理、文化等方面的课程。逐步将国际理解课程、丝路文化遗产保护等相关内容纳入中小学教育课程体系，加强“一带一路”知识普及。加强我省与“一带一路”沿线国家师生交流，通过举办夏（冬）令营、社会实践、志愿服务、文化体验、学科竞赛、体育赛事、艺术展演、创新创业活动和新媒体社交等途径，增进双方青少年学生对彼此文化的相互理解。

（四）加强留学工作

加大国家公派出国留学项目对“一带一路”国际产能合作、国别区域研究和非通用语种人才培养等领域人员派出支持力度，鼓励我省教师和学生赴“一带一路”沿线国家研修学习，着力培养既深入掌握相关专业知识和技能，又熟悉沿线国家语言、文化、宗教、法律和风俗习惯的国际化人才。

积极参与“丝绸之路”中国政府奖学金人

才培养项目。加大对“一带一路”沿线国家优秀学生来我省学习资助支持力度。鼓励高职院校和民办高校招收培养“一带一路”国家留学生。鼓励有条件的市和高等学校单独设立或与企业、社会力量合作设立“一带一路”来冀留学生奖学金，积极吸引“一带一路”沿线国家学生来我省学习研修。鼓励学校与国内外知名企业、公司建立合作关系，实施订单式培养。面向沿线国家人才培养需求，加强钢铁冶金、交通运输、生物科学等品牌专业和品牌课程建设。提高教育教学质量和管理服务水平，把河北打造成为受沿线各国学子欢迎的留学目的地。

（五）加强人才联合培养和中外合作办学

鼓励和支持我省学校与沿线各国高等学校在钢铁冶金、语言、交通运输、建筑、医学、能源化工、环境工程、生物科学、海洋科学、生态保护、文化遗产保护等专业领域开展学生联合培养，实现学分互认、学位互授联授。

鼓励我省高校和职业院校围绕京津冀协同发展战略以及国家和我省急需的自然科学与工程科学类专业建设，与“一带一路”沿线国家开展合作办学，引进国外高水平师资、课程体系、教育教学方法等优质教育资源，促进学校教育教学改革，提高人才培养水平。加强质量监管，提高中外合作办学质量。

鼓励高校和职业院校与行业企业深化产教融合，配合高铁、钢铁冶金等行业企业走出去，赴“一带一路”沿线国家探索开展多种形式的境外合作办学，合作设立职业院校、培训中心，合作开发教学资源和项目，开展多层次职业教育和培训，培养当地急需的各类“一带一路”建设者。

（六）积极承接教育对外援助

支持和鼓励有条件的市和学校依托自身优势，积极承接国家教育国际援助项目，建设对外教育培训中心和教育援外基地，为沿线各国培养培训教师、学者和各类技能人才。充分利用各种在线教育平台，为沿线国家提供在线课程，或创办虚拟大学，提供便捷价优的跨境教育。大力推进优质教学仪器设备、教材课件和整体教学解决方案输出。鼓励我省教育装备生产企业充分利用国际教育装备产品交易中心等平台，加强对外合作，不断扩大海外市场。

（七）积极开展学术交流与科研合作

鼓励支持我省高校师生、教育科研部门专家学者与“一带一路”沿线国家开展学术交流和科研合作。加强学术交流合作机制建设，打造“一带一路”学术交流平台。充分发挥省级教育科研部门智库作用，建设“一带一路”教育科研共同体，开展“一带一路”沿线国家和区域教育法律、政策协同、教育发展重大战略问题、教育教学等学术研究及交流活动，为教育区域政策制定、我省与沿线各国学校和社会力量开展教育合作交流提供政策咨询服务，推进“一带一路”优质教育资源共享。支持高等学校依托学科优势专业，建立产学研用结合的国际联合实验室（研究中心）、国际技术转移中心，与沿线各国共同应对经济发展、资源利用、生态保护等重大挑战。

（八）充分发动社会力量参与支持教育交流

充分发挥社会力量办学特色优势，积极吸纳更多民间智慧、民间力量、民间方案，支持和鼓励企业和社会机构、专业组织积极参与“一带一路”教育行动计划，完善政策，加大资金等支持力度，激发民间开展教育国际合作交流热情。支持企业和个人依法参与中外合作办学、合作科研、涉外服务等教育对外开放活动。

五、保障措施

（一）加强组织领导

切实加强和改进对教育对外开放工作的领导，健全领导体制和工作机制。各市、各高校要高度重视，将推进共建“一带一路”教育行动摆上重要议事日程，认真谋划推进共建“一带一路”教育行动的具体工作方案，明确工作目标、时间表和路线图，采取有力举措，推进与“一带一路”沿线国家教育交流合作。

（二）加强教育外事队伍建设

切实加强教育外事队伍建设，选配具有过硬政治思想素质和良好跨文化沟通能力、严守外事纪律、认真负责、求真务实、开拓创新、身心健康的人员从事教育外事工作，通过岗位锻炼和国内外培养培训，努力提高其政治素质和教育外事业务水平，不断提高队伍的战斗力和执行力，打造一支高素质的教育外事队伍，保证与“一带一路”沿线国家的教育交流合作有人做、做得好。

（三）加强经费保障

各级教育行政部门要保障“一带一路”专项教育交流合作经费需要。各高校也要根据教育对外交流合作需要，设立或配套“一带一路”专项教育交流合作资金，不断加大外事经费投入。坚持厉行勤俭节约，严格遵守国家和省外事经费管理规定，细化管理措施，加强教育外事经费管理，提高外事经费使用的规范性、质量和效益。

（四）加强工作督导和舆论宣传

各市、各高校要积极推进本市本校与“一带一路”沿线国家的教育交流合作，加强工作督导，狠抓落实，加大宣传力度，营造良好舆论氛围，保证与“一带一路”沿线国家教育交流合作项目落地生根、开花结果，发挥积极作用。

福建省21世纪海上丝绸之路核心区建设方案

福建省发改委　福建省外办　福建省商务厅

2015年3月，经国务院授权，国家发展改革委、外交部、商务部发布《推动共建丝绸之路经济带和21世纪海上丝绸之路的愿景与行动》(以下简称《愿景与行动》)，明确提出支持福建建设21世纪海上丝绸之路核心区。为贯彻落实国家“一带一路”重大倡议，加快福建省21世纪海上丝绸之路核心区建设，特制定并发布本方案。

一、总体思路

(一) 重大意义

福建地处中国东南沿海，是海上丝绸之路的重要起点，是连接台湾海峡东西岸的重要通道，是太平洋西岸航线南北通衢的必经之地，也是海外侨胞和台港澳同胞的主要祖籍地，历史辉煌，区位独特，且具有民营经济发达、海洋经济基础良好等明显优势，在建设21世纪海上丝绸之路中具有十分重要的地位和作用。深入贯彻落实《愿景与行动》提出的相关倡议和行动，加快建设21世纪海上丝绸之路核心区，有利于进一步发挥福建比较优势，提升开放型经济发展水平，加快科学发展跨越发展；有利于扩大闽台交流合作，增进两岸同胞情谊与共同利益，促进两岸关系和平发展；有利于深化我国与东盟等海上丝绸之路沿线国家和地区的区域合作，打造带动腹地发展的海上合作战略支点，为实现共同繁荣发展作出贡献。

(二) 基本原则

服务全局，促进发展。落实国家“一带一路”建设部署和《愿景与行动》提出的相关倡议，从建设核心区和福建实际出发，坚持“走出去”和“引进来”相结合，推动经济社会加快发展。

发挥优势，主动作为。发挥海上丝绸之路文化积淀深厚和侨力资源、闽台渊源、港口口岸、民营经济、生态文明等综合优势，主动拓展国际交流合作，大胆探索、先行先试，增创开放合作新优势。

平等互利，合作共赢。秉承和弘扬和平合作、开放包容、互学互鉴、互利共赢的丝路精神，大力推进与海上丝绸之路沿线国家和地区的务实合作，不断拓展合作的广度和深度，实现共同繁荣发展。

突出重点，稳步实施。以政策沟通、设施联通、贸易畅通、资金融通、民心相通为主要内容，深化与东南亚等海上丝绸之路沿线国家和地区的合作，看准选好优先领域和关键项目，重视风险防控，集中力量突破，稳步推进形成早期收获。

内外统筹，多方联动。坚持市场运作、政府引导，充分发挥企业主体作用，发挥海外华侨华人、台港澳同胞作用，加强与周边省份的分工协作，调动各方面积极性，形成建设核心区的强大合力。

(三) 功能定位

充分发挥福建比较优势，实行更加主动的开放战略，在互联互通、经贸合作、体制创新、人文交流等领域不断深化核心区的引领、示范、聚集、辐射作用。

——21世纪海上丝绸之路互联互通建设的重要枢纽。强化港口和机场门户功能，完善铁路和干线公路网络，加强与海上丝绸之路沿线国家和地区在港口建设、口岸通关、物流信息化等方面的合作，构建以福建港口城市为海上合作战略支点、与沿线国家和地区互联互通、安全高效便捷的海陆空运输通道网络。

——21世纪海上丝绸之路经贸合作的前沿平台。发挥产业互补优势，以中国（福建）自由贸易试验区（以下简称福建自贸试验区）等园区为主要载体，争取在拓展与海上丝绸之路沿线国家和地区的产业、贸易、投资合作领域方面率先突破，形成早期收获成果。

——21世纪海上丝绸之路体制机制创新的先行区域。以加快福建自贸试验区建设为突破口，在促进投资贸易便利化、推进金融创新、改进监管服务、规范法制环境等方面先行先试，建立和完善政府间常态化交流机制、投资贸易促进与保护机制、融资保障机制及人文交流机制。

——21世纪海上丝绸之路人文交流的重要纽带。以海外华侨华人和台港澳同胞为桥梁，以妈祖文化、闽南文化、客家文化等共同文化为基础，以民间交流为主体、政府间交流为支撑，加强与海上丝绸之路沿线国家和地区的文化交流和人员往来。

（四）合作方向

根据历史基础、经贸合作以及人文交流现状等情况，福建省21世纪海上丝绸之路核心区建设重点合作方向是打造从福建沿海港口南下，过南海，经马六甲海峡向西至印度洋，延伸至欧洲的西线合作走廊；从福建沿海港口南下，过南海，经印度尼西亚抵达南太平洋的南线合作走廊；同时，结合福建与东北亚传统合作伙伴的合作基础，积极打造从福建沿海港口北上，经韩国、日本，延伸至俄罗斯远东和北美地区的北线合作走廊。

（五）省内布局

充分发挥福建各地的地缘、人缘、历史文化及对外开放、产业发展等优势，强化沿海港口城市的支撑引领作用和山区城市的承接拓展作用，合理确定重点合作领域和区域，形成整体参与和引领国际合作的新优势。

支持泉州市建设21世纪海上丝绸之路先行区。发挥海外华侨华人、民营经济和伊斯兰文化积淀等优势，在推动华侨华人参与核心区建设、民营企业“走出去”、海上丝绸之路文化国际交流、国际金融合作创新、制造业绿色转型等方面发挥先行先试作用，全面提升与东南亚、南亚、西亚、北非等国家和地区的开放合作水平。

支持福州、厦门、平潭等港口城市建设海上合作战略支点。发挥福州、厦门的产业基础、港口资源和开放政策综合优势，以加快福州新区、厦门东南国际航运中心建设为主要抓手，深化与东盟海洋合作，打造一批有国际影响力的海上丝绸之路国际交流平台，建设21世纪海上丝绸之路核心区互联互通的重要枢纽、经贸合作的中心基地和人文交流的重点地区。发挥平潭综合实验区、厦门市深化两岸交流合作综合配套改革试验等对台先行先试政策优势和漳州两岸产业对接集中区优势，通过深化两岸合作拓展与沿线国家和地区的合作渠道、合作领域，构建两岸携手建设21世纪海上丝绸之路的开放新格局。发挥莆田、宁德深水港口优势和妈祖文化、陈靖姑文化等纽带作用，拓展与海上丝绸之路沿线国家和地区的经贸合作和民间信俗交流，促进经贸人文融合发展。

支持三明、南平、龙岩等市建设海上丝绸之路腹地拓展重要支撑。发挥生态、旅游资源优势和朱子文化、客家文化等纽带作用，积极参与21世纪海上丝绸之路核心区建设，拓展与海上丝绸之路沿线国家和地区的交流合作，同时弘扬“万里茶道”等特色文化，对接丝绸之路经济带，打造国际知名的生态文化旅游目的地、绿色发展示范区和客家文化、茶文化交流基地，提高对外开放合作水平。

二、加快设施互联互通

（一）加强以港口为重点的海上通道建设

加快集约化、专业化、规模化港口群建设，集中力量打造“两集两散两液”核心港区，整合港口航线资源，拓展港口综合服务功能。重点加快厦门东南国际航运中心建设，提高其在国际航运网络中的枢纽地位。加强与海上丝绸之路沿线国家和地区的港航合作，推动沿海港口与沿线重要港口缔结友好港口，鼓励港口、航运企业互设分支机构，推进港口合作建设，增开海上航线航班。鼓励省内企业参与沿线国家的航运基地、港口物流园区建设和运营，吸引境外港航企业来闽合作建设港口物流园区和专业物流基地，支持内陆省市来闽合作建设飞地港。加快厦门国际邮轮母港建设，争取开通福建—台湾—香港—东盟邮轮航线。积极发展平潭邮轮旅游服务，重点开拓闽台旅游市场。

（二）强化航空枢纽和空中通道建设

重点推进厦门新机场建设，强化厦门国际机场区域枢纽功能，将厦门建设成我国至东盟的国际航班中转地；加快福州机场第二轮扩能及二期扩建工程建设，强化门户枢纽机场功能；推进泉州新机场、武夷山机场迁建等规划建设。积极拓展境外航线，鼓励国内外航空公司新开和增开福建至东南亚、南亚、西亚、非洲、欧洲等主要城市的国际航线，重点开通和加密至东盟国家的航线。改善航空与旅游、商务会展的合作机制，支持航空企业开展包机服务、高端商务服务等。

（三）完善陆海联运通道建设

加强以港口集疏运体系为重点的陆路通道建设，推进港口与铁路、高速公路、机场等交通方式的紧密衔接。积极拓展港口腹地，鼓励发展“陆地港”、多式联运，建设服务中西部地区对外开放的重要出海通道。建立由铁路、港口管理部门和企业共同参与的协商机制，大力发展海铁联运。重点加快建设衢（州）宁（德）铁路、吉（安）永（安）泉（州）铁路、福（州）厦（门）铁路客运专线等铁路通道，以及宁波至东莞、莆田至炎陵等高速公路，完善疏港铁路、公路网络，进一步畅通福建连接长三角、珠三角和中西部地区的陆上运输大通道。

（四）深化口岸通关体系建设

进一步扩大口岸开放，加强口岸基础设施建设，完善口岸通关机制，促进港口通关有效整合，推动实现地方电子口岸的互联互通和信息共享，提升口岸通关便利化程度。加强与国内港口物流信息服务、电子口岸服务、跨境电商服务、大型物流企业信息服务等资源的互联互通，打造21世纪海上丝绸之路物流信息中心。推进与东盟国家跨境运输便利化，加强海上物流信息化合作，依托福建省国际贸易“单一窗口”平台，探索推进与东盟国家、台港澳地区口岸通关部门信息互换、监管互认、执法互助等，打造便捷的通关体系。

（五）加强现代化信息通道建设

积极推动福建与东盟国家的信息走廊建设，完善信息网络合作与信息传输机制，促进与海上丝绸之路沿线国家和地区信息互联互通，打造便捷的信息传输体系。

三、推进产业对接合作

（一）支持企业扩大境外投资

在加快产业转型升级的同时，鼓励各类企业赴境外投资，将优势产能稳步有序地转移到海上丝绸之路沿线国家和地区，加快境外汽车、工程机械、食品机械、电力设备、船舶等组装与服务基地建设。重点支持企业在沿线国家和地区建设冶金、机械、纺织、服装、制鞋等产业合作园区和制造基地。支持先进装备、技术标准、管理理念“走出去”，打造一批跨国公司和国际知名品牌。

（二）拓展现代农业合作

深化粮食、茶叶、食用菌、水果蔬菜等领域合作，支持企业设立境外农业生产基地，并积极介入农产品流通领域，参与海外农产品物流体系合作建设。巩固、深化粮食育种、种植和深加工等合作，进一步推进菌草等产业合作示范园建设。鼓励企业在沿线国家和地区建立茶叶种植基地，支持武夷山、安溪等地茶叶龙头企业共同开拓国际市场，打造国际知名的福建茶叶品牌，适度提高当地加工程度。积极开展对东南亚和南亚国家的农业技术援助，帮助相关国家提高农业生产水平。

（三）深化主导产业合作

积极推动石油化工、机械装备、电子信息等重大产业项目对接合作。重点推进与东南亚、西亚等地区企业在江阴港区、湄洲湾等地合作建设精细化工项目。依托泉港、泉惠石化园区，拓展与西亚等地区企业的石化产业合作。依托古雷石化产业园区，支持、引导沿线国家和地区的企业参与石化中下游产业项目建设。深化与沿线国家和地区在集成电路、平板显示和数控机床等领域的合作。

（四）加强能源矿产合作

依托福建主要港口，布局建设来自沿线国家和地区的进口油气、矿石等物流中转及加工基地。积极拓展与西亚等地区的矿业、能源合作，加强与东南亚等地区在矿产资源开发及深加工领域的合作。支持企业开展与沿线国家和地区在新能源领域的合作。

（五）加强旅游业合作

重点加强与东南亚、南亚和西亚等海上丝绸之路沿线国家和地区的旅游合作，推出一批精品旅游线路，支持举办海上丝绸之路国际旅游节等文化旅游交流活动，共同打造海上丝绸之路旅游品牌，把福建建设成为海上丝绸之路旅游合作先行试验区和重要集散中心。规划建设平潭国际旅游岛，打造福州、厦门、泉州、湄洲岛等海上丝绸之路重要旅游目的地，整合提升武夷山、福建土楼、泰宁丹霞和宁德世界地质公园等一批重点旅游景区，大力开发特色明显、主题鲜明的海上丝绸之路文化旅游产品。支持企业参与沿线国家和地区的旅游基础设施建设，争取与沿线国家和地区互设旅游办事处，探索打造海上丝绸之路旅游经济走廊和环南海旅游经济圈。

四、加强海洋合作

（一）积极发展远洋渔业

积极开发太平洋和印度洋公海渔业资源，建立与东南亚、南亚、西亚及非洲有关国家长期稳定的渔业捕捞合作关系。引导、支持企业在沿线国家和地区加快境外远洋渔业生产基地、水产养殖基地、冷藏加工基地和服务保障平台建设，探索在沿线国家和地区提供远洋渔船检测服务，开展远洋渔船境外年审、检测、职务船员考试发证，以及远洋渔民教育、培训等工作。

（二）加强海洋科技和生态环境保护合作

依托优势资源，加强与东盟等国家在海洋生态环境保护与修复、海洋濒危动物保护、海洋生物多样性、海洋生态系统服务等领域的交流合作。积极携手海上丝绸之路沿线国家和地区，争取在海洋监测、海洋环境保护、生物多样性和海洋资源利用等领域制定共同行动计划。支持在闽科研机构、高等院校与沿线国家科研机构开展海洋生态联合观测及风险预警、海岸带变化与修复、海洋碳汇等领域研究和海洋科学考察合作。依托厦门国际海洋周，举办好“中国-东盟海洋经济合作论坛”，共同探讨和开展在海洋综合管理、减灾防灾、科技交流、资源环境保护、海洋文化等方面的交流与合作。

（三）强化海上安全合作

推动与东盟等国家在海洋观测和预报领域的合作，推进海洋搜救、海上减灾防灾、海洋灾害预警等领域的合作，建设联合海啸预警和减灾合作与服务平台。参与国家统一部署的海上联合执法、联合防恐合作，加强与东盟国家海上安全执法机构的交流与合作，增进了解与互信，共同维护地区和平稳定与航行安全。

五、拓展经贸合作

（一）积极推进福建自贸试验区建设

充分发挥改革先行优势，营造国际化、市场化、法制化的营商环境，积极开展对海上丝绸之路沿线国家和地区的开放合作先行先试，实行投资贸易便利化政策，建设改革创新试验田，为加强与沿线国家和地区的交流合作拓展新途径。发挥福建自贸试验区的辐射作用，带动省内其他地区与周边地区共同推进21世纪海上丝绸之路核心区建设。

（二）努力提高对外贸易水平

巩固传统贸易市场，积极开拓南亚、西亚及非洲等新兴市场，培育新的贸易增长点。推动重点行业出口转型升级，提升高附加值产品出口比重。努力培育知名品牌，举办“福建品牌海丝行”，推动福建产品在海上丝绸之路沿线国家和地区的销售。鼓励企业到港澳地区设立营销中心、营运中心，扩大转口贸易规模。支持企业扩大先进装备技术、重要资源、关键零部件以及满足不同层次需求的消费品进口。

（三）强化贸易支撑体系建设

积极发展跨境电子商务，协调海关、检验检疫、交通等部门，创新监管机制，建设跨境电子商务和国际物流服务平台，促进企业开展与海上丝绸之路沿线国家和地区的电商贸易。支持企业在境外设立仓储基地、自建或利用第三方跨境电子商务平台扩大对外贸易，鼓励企业加快海外商贸物流基地建设。推进保税区、出口加工区、保税物流园区、保税港区（综合保税区）等海关特殊监管区域的整合优化，深化与海上丝绸之路沿线国家和地区的经贸合作。

（四）加强投资促进工作

完善投资促进机制，促进双向投资合作。引导外资重点投向主导产业、高新技术产业、现代服务业和节能环保等领域。办好亚洲合作对话（ACD）-共建“一带一路”合作论坛暨亚洲工商大会、中国（泉州）海上丝绸之路国际品牌博览会，并依托中国国际投资贸易洽谈会、海峡两岸经贸交易会、中国·海峡项目成果交易会等会展平台，举办海上丝绸之路主题活动，吸引更多沿线国家和地区客商参会，拓展经贸投资合作。鼓励各类园区开展专业化招商，引导符合产业政策导向的外资项目向园区集中。支持企业在沿线国家和地区上市融资。鼓励企业在境外投资建设轻工、纺织、服装、家电、机械、船舶、电子信息等优势产品生产基地，引导和支持有条件的企业在境外建设经贸合作区。

六、密切人文交流合作

（一）丰富文化交流

深度挖掘海上丝绸之路丰富的历史文化内涵，组织福建文化精品赴沿线国家和地区展览展示，举办各类文化体育交流活动。加强对海上丝绸之路相关史料研究、文物搜集与保护，支持泉州牵头会同相关国家和地区的城市联合申报“海上丝绸之路”世界文化遗产，推进“海上丝绸之路数字文化长廊”建设。整合各类节庆活动，支持泉州举办海上丝绸之路国际艺术节等活动，支持厦门举办“南洋文化节”，支持福州、泉州等城市举办“21世纪海上丝绸之路国际研讨会（或学术研讨会）”。组织大型舞剧“丝海梦寻”“丝路帆远——海上丝绸之路文物精品图片展”“海丝国家图书和图片展”等赴东盟等国家和地区演出、展出，推动“闽侨文化中心”“闽侨书屋”在沿线国家和地区拓展。

深化青年、非政府组织、社会团体等友好

交流。积极拓展民间信仰、民俗文化等民间交流往来，积极承办世界客属恳亲大会，争取在莆田建立世界妈祖文化中心，定期举办各种祭祀、民俗活动，增进民间互信。启航“海丝友好之船”，赴东南亚开展考察、交流等活动。加强与沿线国家和地区的媒体交流合作，增进相互了解。

（二）深化教育合作

支持华侨大学等高等院校在海外联合办学或设立分校，支持厦门大学依托马来西亚分校建设中国—东盟海洋学院，合作开展海洋事务、科技培训。依托华侨大学，整合省内外优势资源，合作共建“海上丝绸之路研究院”，打造21世纪海上丝绸之路研究的高端智库和学术交流平台。支持福建师范大学等高等院校在东南亚创建孔子学院或汉语培训班。扩大互派留学生规模，实施东盟十国来闽留学奖学金项目，增加来闽留学生数量，扩大派出留学生规模。

（三）开拓医疗卫生交流与合作

继续开展援外医疗工作；支持有资质的企业和个人赴东南亚建设经营医院，开办特色医疗诊所，改善当地医疗条件；深化实施福建—泰国精神卫生合作项目，开展交流学习互访；挖掘与发达国家卫生合作，支持沿线国家和地区的高水平医疗资源来闽合作建立医疗机构。

（四）拓展友好城市

重点支持与东盟十国的相关城市缔结友好城市，增加友好城市数量；着力拓展与南亚、西亚、东非、北非、澳新等地区的友好城市交往，构筑人文交流和密切往来的合作平台。

（五）扩大劳务合作

依托境外投资项目的建设和管理，加大劳务培训，扩大工程承包、海洋运输、现代渔业等领域的劳务合作。针对部分劳动力紧缺地区和行业，争取试点开放境外劳工输入，开辟劳务双向合作新领域。

七、发挥华侨华人优势

（一）激发侨商参与建设热情

发挥海上丝绸之路沿线国家和地区华侨华人作用，吸引华商参与、促进沿线重要基础设施、产业园区等合作项目建设。进一步拓展侨务引资引智，积极发挥闽籍重点侨团的作用，主动对接重点侨商，邀请侨商来闽考察投资。做好侨资企业的投资促进与服务工作，鼓励华侨华人积极参与福建自贸试验区建设。

（二）加强华侨华人情感联系

推进在福州、厦门分别设立“海丝侨缘馆”，支持泉州建设南洋华裔族群寻根谒祖综合服务平台。推进提升沿线国家和地区华文教育以及华裔青少年夏（冬）令营工作。通过采访华侨华人以及展示族谱、文献资料等形式，凸显华侨华人作为21世纪海上丝绸之路参与者、建设者和见证者的重要作用。引导沿线国家和地区华侨华人和华侨社团加强与国内“走出去”企业的交流、服务，共同关注社会责任，实现与当地的和谐相处。

八、推动闽台携手拓展国际合作

（一）深化闽台经贸合作

通过深化闽台交流合作促进核心区建设，通过核心区建设提升闽台交流合作水平。推动福建自贸试验区与台湾自由经济示范区加强合作。支持台资企业参与福建港口建设，密切与台湾地区的海上运输合作，共同打造环台湾海峡港口群和航运中心。支持福建企业与沿线国家和地区的台资企业加强合作，携手共同拓展东盟等国际市场。完善海上安全执法合作机制，共同打造稳定、畅通的海上丝绸之路。

（二）扩大闽台人文交流交往

加强祖地文化、民间文化交流，加快闽南文化生态保护实验区和客家文化、妈祖文化等载体建设，弘扬中华文化。扩大“海峡论坛”品牌效应，深化两岸民间基层交流合作。构建两岸直接往来主通道，拓展“小三通”功能，强化福州、厦门、泉州在两岸空中直航中的中转功能，进一步方便人员往来。拓展与台湾地区以及东盟等沿线国家和地区的体育交流合作。支持平潭携手台湾共同开展南岛语族渊源关系研究。

九、创新开放合作机制

（一）强化政府间交流机制

建立福建与东盟国家之间的常态交流机制，加强高层互访，推动务实合作，力争在重大议题、重点领域等方面率先达成共识、取得突破。完善与沿线主要城市特别是友好城市的政府间交流机制，积极推动与东盟国家有关省（邦、州）的结好事宜。邀请相关国家驻华使节、政府官员来闽交流和商谈合作事宜。加强福建省直有关部门、设区市与相关国家政府部门之间的双向交流往来。

（二）建立国内合作共建机制

加强与广东、浙江、江西、上海、江苏、广西、海南等省区市的区域协作与统筹，构建国内海上丝绸之路建设协作网络，协同推进海上丝绸之路建设。发挥泛珠三角区域合作平台作用，联合区域内相关省区扩大与海上丝绸之路沿线国家和地区的交流合作。积极参与丝绸之路经济带建设，扩大与丝绸之路沿线国家和地区的经贸合作和人文交流，支持武夷山市会同丝绸之路沿线主要城市共同举办“万里茶道”一系列经贸文化旅游活动。

（三）打造重大合作平台

1. 打造重大综合性交流合作平台。按照《愿景与行动》关于建立“一带一路”国际高峰论坛的倡议，积极配合国家层面办好“一带一路”国际高峰论坛，加强与沿线国家和地区的交流交往；推动建立“21 世纪海上丝绸之路城市联盟”并在泉州设立秘书处，邀请海上丝绸之路沿线国内外主要城市参加，举办年会、峰会、论坛等系列活动，促进交流合作。

2. 打造重大经贸合作平台。重点支持在福州举办的海峡两岸经贸交易会加挂“21 世纪海上丝绸之路博览会”，邀请海上丝绸之路沿线国家和地区的有关机构和企业参加，开展商品展示、招商推介、投资洽谈等对接活动；支持中国贸易促进委员会牵头成立海上丝绸之路多边商务理事会并在泉州设立联络办公室，打造与海上丝绸之路沿线国家和地区的多边商务合作机制。

3. 打造重大海洋合作平台。重点支持在厦门建设“中国—东盟海洋合作中心”，加强与东盟国家的全方位海洋合作，打造“创新、合作、共赢”的中国—东盟海洋合作平台；支持福州加快建设完善中国—东盟海产品交易所，积极推动在海上丝绸之路沿线主要国家和地区设立交易分中心，形成面向沿线国家和地区的海产品电子交易平台。

4. 打造重大人文交流平台。重点支持福州承办丝绸之路国际电影节，促进与“一带一路”沿线各国的人文交流与合作；支持泉州整合海外交通史博物馆、华侨历史博物馆等资源，建设海上丝绸之路国际文化交流展示中心。

十、强化政策措施保障

（一）加强组织领导

发挥福建省 21 世纪海上丝绸之路核心区建设工作领导小组及其办公室作用，加强对核心区建设的总体指导和统筹协调，制定出台支持核心区建设的相关政策，统筹推进对外交流合作重大项目实施，协调解决核心区建设中的相关重大问题。各设区市、平潭综合实验区也要建立相应的组织协调机制，确保各项目标任务、政策措施的落实。

（二）强化统筹协调

省各有关部门和各设区市、平潭综合实验区要分别研究制定具体行动方案或工作措施，积极落实本方案。加强各部门之间的合作，有序推进各项建设工作。加强政府与民间的良性互动，调动各方积极性，形成分工协作、步调一致、共同推进的工作局面。

（三）加大政策扶持

争取国家加大中央预算内投资、中央财政专项资金和国外优惠贷款等资金投入，支持核心区重大合作项目建设。整合现有地方财政资金渠道，加大对核心区建设重点项目的支持力度。争取开发性金融机构、国家政策性银行、商业银行等金融机构以更大力度加强对福建的资金支持。积极争取丝路基金、中国—东盟海上合作基金支持。推动福建省现代蓝色产业创投基金扩大基金规模和投向范围，对接国家开发性、政策性融资，为“走出去”企业在海上丝绸之路沿线国家和地区的投资项目提供融资支持。完善人员出入境审批和外汇管理手续，在政策法规允许范围内最大限度提供方便。

（四）突出项目带动

高度重视重大合作项目对核心区建设的支撑带动作用，围绕与海上丝绸之路沿线国家的设施互联互通、产业合作、海洋安全、经贸合作、人文交流等领域，集中力量推动实施一批重大项目，形成示范带动效应。建立重大项目储备库，加强项目跟踪服务，按规定程序加快推进项目前期工作，建立开工建设一批、投产达标一批、储备报批一批的滚动推进工作机制。加强项目建设的协调、配合和风险防范意识，提高合作成效。

（五）强化人才支撑

完善人才优惠政策，大力培养和引进一批具有国际视野、通晓国际政治和经济运行规则、熟悉海上丝绸之路沿线国家和地区政治法律制度和国际法规的外向型、复合型人才。加大国内外人才双向交流力度，面向海内外招聘急需的高层次人才。鼓励规划设计、高等院校和科研机构等单位的专业人才到沿线国家和地区参与重大项目建设。

（六）加强境外投资风险防范

加强境外投资信息服务，为企业提供海上丝绸之路沿线国家和地区政治经济、社会文化、法律规范、投资项目等信息，及时发布风险提示；加强境外投资监测与预警体系建设，积极跟踪分析企业境外投资及项目建设进展，为企业“走出去”提供分析借鉴，引导企业增强风险意识，加强风险防范。

泉州市建设21世纪海上丝绸之路先行区行动方案

2015年3月，经国务院授权，国家发展改革委、外交部、商务部发布《推动共建丝绸之路经济带和21世纪海上丝绸之路的愿景与行动》，确定泉州为重点布局的15个沿海城市港口之一。2015年11月，经福建省政府授权，福建省发改委、外办、商务厅发布《福建省21世纪海上丝绸之路核心区建设方案》，明确提出支持泉州建设21世纪海上丝绸之路先行区。为充分发挥泉州“海丝”起点城市在贯彻落实国家“一带一路”重大倡议和省核心区建设方案中的示范和引领作用，特制订并发布本行动方案：

一、总体要求和主要目标

今后一个时期，泉州建设21世纪海上丝绸之路先行区的总体要求是：认真贯彻落实党中央、国务院建设“一带一路”的决策部署和福建省委、省政府关于建设21世纪海上丝绸之路核心区的部署，推进创新、智造、海丝、美丽、幸福“五个泉州”建设，突出科学发展、跨越发展和改革创新、先行先试，发挥贸易基础、产业基础、华侨资源、文化资源、港口潜力、企业家队伍六大优势，以文化引领、经贸合作、互联互通、互惠互利为主线，以推进与“海丝”沿线国家和地区之间政策沟通、设施联通、贸易畅通、资金融通、民心相通为重点，组织“十大行动计划”，实施“十大重点工程”，滚动推进一批示范带动项目，加快实现早期收获，致力打造推动“海丝”海陆统筹互联互通的重要枢纽、面向“海丝”民营经济开放创新的重要门户、促进“海丝”多元文化交流展示的重要纽带、增进“海丝”国际交流合作的重要平台，在福建21世纪海上丝绸之路核心区建设中发挥先行作用和重要支撑作用，建成21世纪海上丝绸之路基点城市和开放门户。

近期目标：至2020年，在“海丝”先行区关键项目、经贸合作、文化交流等方面取得新突破、新进展、新成果，实现一批早期收获项目，争取与“海丝”沿线国家和地区进出口总额达250亿美元，境外累计投资20亿美元，累计实际利用外资35亿美元，服务贸易产值占GDP比重达30%，人均GDP与经济发展速度在“海丝”核心区中居于前列。

中期目标：至2025年，基本建成开放型经济体系，基本建成21世纪海上丝绸之路先行区，贸易投资更加自由化、金融更加开放、对外合作交流更加紧密、人员往来更加便利，泉州成为海上丝绸之路核心区的重要城市和海上丝绸之路国际枢纽港，成为我国面向东南亚、南亚、中东、非洲等国家和地区开放合作的新门户、新高地。

远期目标：到本世纪中叶，形成立足海西、对接台湾、辐射内陆、联通“海丝”的发展格局，全面建成开放型经济新体系，实现古港古城复兴，广泛建立开放包容、和谐稳定、科学高效、互利共赢的合作机制与交流平台，泉州成为我国深度融入世界经济的重要城市和充分展示“海丝”建设成果的重要窗口，在“海丝”沿线国家具有重要影响力的国际化城市。

二、空间布局和努力方向

根据国家“一带一路”布局和福建省海上丝绸之路核心区的重点合作布局，以东南亚、南亚、中东为合作重点区，以中亚、欧洲、东北亚、非洲为合作拓展区，以大洋洲、美洲和俄罗斯远东地区为合作延伸区。在21世纪海上丝绸之路先行区建设中，要发挥好泉州的优势，全力在以下六方面先行先试。

（一）在推动华侨华人参与“海丝”建设上先行先试

抓住中国—东盟自贸区升级机遇，发挥泉州华侨优势，扎实做好新时期侨务工作，动员泉籍华侨华人参与21世纪海上丝绸之路建设，进一步密切与东南亚等泉籍华侨华人集中地国家在文化、经贸、金融、科技、教育、新闻、海洋、旅游及中医药等领域的合作。规划建设华侨海洋城、侨商与民商联合创业区、华侨综合保税区、华侨自贸区，吸引华侨华人回归创业，形成华侨华人聚集发展创新区。

（二）在推动泉台港澳共促“海丝”建设上先行先试

充分发挥独特的台港澳人文、经济文化资源等优势，努力深化提升泉台港澳在“海丝”经贸往来和人文交流等领域的深度合作。做大做强泉州台商投资区，进一步扩大对台经贸合作。积极承接福建自贸区辐射，争取平潭岛对台政策落户泉州，推进与台湾自由经济示范区的对接合作，探索泉台两地“两区两园”的合作模式。深化在《两岸经济合作框架协议》（ECFA）下的泉台经贸合作。加快泉台港澳在海上丝绸之路经贸、文化、旅游等方面的交流合作，联手推进21世纪海上丝绸之路先行区建设。

（三）在推动民营经济国际化和引领制造业绿色智能转型上先行先试

深入实施民营经济综合配套改革试点，加快行政管理体制改革，努力构建保障和推动民营经济国际化，实现投资贸易便利化、自由化的制度环境。坚持“走出去”和“引进来”并重，推进高水平“引进来”，鼓励民营企业“走出去”扩大双向投资合作，联合侨商、台商“走出去”，在“海丝”沿线国家和地区设立经贸合作园、产业合作园区、商品城等，持续推进人员往来和双向贸易投资。抓住“中国制造2025”机遇，实施“泉州制造2025”行动纲要，加快实施国家“数控一代”工程和“支持企业全方位创新”行动，推进“泉州制造”向“泉州创造”、“泉州智造”转变，夯实企业“走出去”与“海丝”沿线国家和地区合作基础，提升民企的国际竞争力。

（四）在推动金融开放创新服务“海丝”建设上先行先试

深入实施金融服务实体经济综合改革试验，创新金融服务，推动民间金融阳光化、规范化，努力打通金融资本进入实体经济和民间资本进入金融领域的通道。拓展金融对外开放合作通道，争取在资本项目可兑换、外汇管理改革、跨境人民币使用等方面成为先行先试改革试点，加强与境外金融机构的双边、多边合作，鼓励金融机构大力开发推动“海丝”建设的贸易金融产品，提升泉州金融国际化水平。积极申请扩大对伊斯兰国家金融开放，吸引伊斯兰国家金融资本参与21世纪海上丝绸之路先行区建设。

（五）在推动“海丝”文化国际交流合作和中华海洋文明传承创新上先行先试

大力加强泉州城市对外传播和推介，着力实施外宣阵地拓展、影视展示推广、对外文化交流、新闻媒体宣传、海外城市推介等泉州城市国际形象推广五大工程，提升泉州城市知名度、美誉度和影响力，深入推进泉州与“海丝”沿线国家的人文交流，传播好“东亚文化之都”泉州声音。挖掘泉州开放包容的海洋文化遗产，弘扬开拓进取的海洋精神，弘扬中华海洋文明，讲好中国故事，向世界展现泉州作为古代海上丝绸之路起点、世界多元宗教文化中心、华侨华人闽南文化原乡、历史文化遗产宝库等丰富的人文内涵和精神价值，促进文化的互动交流和文明互鉴。创建中华海洋文明传承创新示范区，建立海洋文化生态保护体系，构建海洋性文化遗产保护工程，推进现代海洋城市建设，打造21世纪海上丝绸之路文化高端创新平台，大力推进中华海洋文化在传承基础上的创新。

（六）在推动与“海丝”沿线国家城市合作上先行先试

适应国际大型集装箱运输和国际邮轮靠泊需要，加快港口互联互通基础设施建设，完善港口集疏运立体交通体系，推动与“海丝”沿线港口城市的互联互通，加快打造21世纪海上丝绸之路国际枢纽港。积极支持“联合国海陆丝绸之路城市联盟”以及联盟工商理事会和海上丝绸之路国际文化交流展示中心等重大交流合作平台建设。加强与“海丝”沿线城市建立友城、友港关系，选择与东南亚、南亚、中东、非洲等“海丝”沿线国家重点城市缔结友城，探索建立常态化合作交流机制，拓展合作交流空间，不断扩大泉州在“海丝”沿线国家和地区中的影响力，成为海上丝绸之路基点城市和海陆丝绸之路联接的重要节点。

三、实施十大行动计划

（一）“海丝”泉州港口复兴行动计划

顺应全球深水集装箱航运加快发展、“大船深港”时代到来的趋势，充分发挥泉州深水港建设的优良条件，推动泉州港列入全国主要港口名录。到2020年，港口货物吞吐量达1.5亿吨，集装箱吞吐量250万TEU；与“海丝”沿线国家和地区海上航运线达20条、空中航线11条，缔结友好港口5个。

1. 构建“一带一路”陆海联接新通道。建设“一横三纵”铁路网，加快推进兴泉铁路建设，对接与国内陆上丝绸之路起点城市及蒙西至华中煤运通道，构筑泉州、西安、昆明三方联通大通道，加快推进陆地港建设，实现海铁联运。加快建设湄洲湾南岸铁路支线、中化铁路专用线，开工建设秀涂港区铁路支线建设。加快建设“一环两纵三横五联”高速公路网，规划建设城市轨道交通、泉厦漳城市联盟路泉州段、厦沙高速泉州段。争取泉州晋江国际机场获得更多的航权、时刻资源，实行72小时过境免签等优惠政策，重点开通和加密至东南亚、南亚、中东等“海丝”沿线国家的航线，拓展国际航空货物业务，建设临空物流园区；做好泉州新机场和大港湾航空产业城的规划建设。

2. 提升港口基础设施及配套建设水平。进一步提升泉州港深水泊位整体容量、增强通航等级，重点加快秀涂作业区16#泊位、石湖作业区5#—6#、肖厝5#—6#、石井16#—19#等码头泊位建设；加快建设泉州湾航道二期、湄洲湾航道三期，推动斗尾国际深水集装箱码头规划建设，推进以深水集装箱、大型散货为主的重点港区建设，打造21世纪海上丝绸之路国际枢纽港。加快建设“海丝”现代国际物流基地，推进出口加工区、泉港、石狮、晋江、南安、惠安、德化等地的临港物流园区、大型专业市场、进口商品展示交易中心、集散中心、物流分拨中心等建设。进一步完善口岸综合服务功能，争取获批更多进境指定口岸，探索实施与东盟国家、台港澳地区关检机构信息互换、监管互认、执法互助等，打造便捷通关体系。

3. 扩大与“海丝”沿线港口城市的互联互通。积极推动泉州港与“海丝”沿线主要港口城市缔结友好港口、互设办事机构、拓展代理业务等，近期重点推动与沙特阿拉伯达曼港结对。鼓励国际航运经纪人公司和大型船舶管理公司在泉设立分支机构，鼓励国内外大型港航企业来泉投资建设港口码头，支持航运企业在泉州港增开与“海丝”沿线国家间的国际集装箱班轮航线，支持泉州航运企业参与东南亚、南亚等国家的航运及配套设施建设。

4. 推动泉州古港转型发展。弘扬泉州“海丝”古港文化，实施“古港转型升级”行动，推动后渚港区功能转型置换，规划建设游艇专用码头，建设与海湾城市良性互动的滨水休闲旅游港区，成为“海丝”文化展示、滨海旅游开发、蓝色休闲娱乐的重要文化旅游基地，打造古港文化旅游品牌。调整秀涂“人工岛”泊位功能，推进泉州湾国际邮轮码头规划建设，加快古港古城联动发展，构建海洋城市文化旅游新格局，打造21世纪海上丝绸之路国际文化旅游名城。

（二）“海丝”双向投资贸易行动计划

全面提升泉州与“海丝”沿线国家地区间的投资贸易自由化、便利化水平，着重发展与东盟、南亚、中东等国家的合作，加快推动企业“走出去”，开展双向投资贸易，提升泉州经济的国际竞争力。

1. 打造21世纪海上丝绸之路有影响力的经贸合作平台。发挥“联合国海陆丝绸之路城市联盟”及其工商理事会内引外联作用，加强沿线城市间、企业间的交流合作。建立“海丝”沿线国家和地区的常态化商务合作机制。加强与商务部、中国贸促会的沟通协调，做强做优“中国（泉州）海上丝绸之路国际品牌博览会”，整合相关县（市）纺织鞋服、雕艺、石材、建材、水暖卫浴、机械、茶业、陶瓷、香品等产业优势，促进泉州会展业加快发展。积极吸引“海丝”沿线国家和地区的城市及企业参与办展，争取办成国家级专业展会。拓展“泉州品牌海丝行”系列活动深度，赴东南亚、南亚、中东、非洲、中亚、中东欧等国家拓展新兴市场，在当地建立商品展销基地，提升活动实效。参与开展“海丝福建周”活动，在东南亚等国家举办“经贸文化周”，不断扩大泉州经贸文化的影响力。

2. 拓展与“海丝”沿线国家的投资贸易合作。推动民营企业组团“走出去”，在“海丝”沿线城市共同设立经贸合作区、工业合作园区、商品城和营销中心，条件成熟时建立境外海关特殊监管区，支持相关企业加快“走出去”开展项目投资、矿山开发、金融合作等，鼓励企业积极参与国家“走出去”的基础设施项目建设和经营，努力培育形成一批具有影响力的民企跨国公司。鼓励“走出去”民营企业在泉州设立海外业务总部，探索开展准离岸贸易和国际结算中心业务，进口“海丝”国家资源产品、农副产品等，在泉州加工后返销国际市场和国内市场。探索设立“海丝”产业合作园区、国际创新园，发展多边贸易、建立双向投资体制等，积极吸引“海丝”沿线国家企业来泉投资，争取引进更多先进技术、扩大项目规模，与“海丝”沿线国家在自贸园区建设，以及大宗农产品、工业原料、矿产资源、海洋产品等合作领域取得突破。

3. 创设投资贸易便利化服务新平台。积极申报国家服务外包示范城市、跨境贸易电子商务通关服务试点城市，争取相关政策支持，建立健全与之相适应的海关监管、检验检疫、退税、跨境支付、物流等支撑体系，加快推进跨境电商、期货交割、融资租赁等新型贸易业态发展。支持晋江陆地港建设整合海陆空资源的多式联运国际陆港，将国际陆港、保税物流的功能延伸至港口物流、国际快件等方向。推进“泉州购”平台及泉州出口加工区及配套园区、晋江陆地港、中兴海丝外贸电商、石狮海西电商园、德化电子商务园等建设，开展跨境贸易电子商务试点，推动虚拟产业园从线上线下同“海丝”沿线国家和城市开展对接。推动4个国家级开发区和10个省级开发区转型升级，实现与21世纪海上丝绸之路建设的有效对接。

（三）“海丝”发挥侨力、携手共赢行动计划

充分发挥广大泉籍华侨华人参与21世纪海上丝绸之路建设的作用，使之成为深化“海丝”经贸文化交流往来、服务“一带一路”大局的重要桥梁纽带。

1. 发挥侨力，参与共建21世纪新丝路。抓住中国—东盟自贸区建设进入“钻石十年”、亚洲基础设施投资银行设立、“中国—东盟海洋合作年”活动开展等机遇，积极争取国家支持泉州发挥泉籍侨领、泉籍华人社团的桥梁纽带作用，利用东南亚泉籍侨胞的贸易网络优势和东南亚市场优势，在泉籍华侨集中的国家参与经贸合作区建设，开展项目合作。在东南亚选择一批港口城市、华侨聚集城市、历史文化名城、旅游城市建立友城关系，助推泉州与东南亚国家的人员互通、文化交流、经贸合作。

2. 携手共赢，探索侨商民商开拓丝路新途径。发挥泉籍侨商、民商在建设21世纪海上丝绸之路的重要作用，打造侨商、民商合作新平台，邀请国内相关城市民商、沿线各国侨商代表参加，争取在泉设立“海丝”侨商、民商总部，促进广大侨商、民商加强合作，共同参与21世纪海上丝绸之路建设。邀请国内相关城市商会、异地商会参与21世纪海陆丝绸之路城市联盟及联盟工商理事会，并逐步拓展至海外国家城市商会，召开相关工商论坛、举办会展，开展双向投资贸易对接等活动，立足国际国内两个市场，携手开展更多“海丝”城市项目合作。

3. 维护侨益，建设服务侨商新平台。主动跟踪、对接港澳台、海外侨商资本的投资动向，科学策划运作招商项目，加快莲花汽车等一批与东南亚合作项目和侨资项目落地，实现互利共赢。结合国家级“金改区”、民营经济综合配套改革试点建设，积极探索和争取支持侨商参与新丝路建设的先行先试政策，争取在泉州设立海上丝绸之路侨商银行、华侨综合保税区、华侨自贸区等，举办华侨华人商品博览会。进一步落实新时期侨务政策，积极探索保护华侨权益的新举措。建设东南亚华裔族群寻根谒祖综合服务平台，涵养侨力资源，为服务国家“一带一路”愿景发挥积极作用；加快推进泉州华侨历史博物馆“奉献史馆”建设，提升该馆对外交流功能；充分发挥世青会、留联会、侨青会等平台作用，加强与海外泉籍侨领、社团的沟通联系，积极做好吸引二代、三代华侨回乡创业的服务工作。

（四）“海丝”阿拉伯新走廊拓展行动计划

依托泉州与伊斯兰国家的历史联系、现实基础，致力深化在石化、金融、矿山、文化、旅游等重点领域的合作。到2020年，泉州与阿拉伯国家和地区进出口额达130亿美元，其中进口达90亿美元。

1. 建设“海丝”产业合作平台。争取依托泉港、泉惠石化园区设立“海丝”石化产业合作园区，在精细化工、循环经济、石化产品交易等领域积极开展合作，不断扩大与海湾合作委员会和阿拉伯国家联盟在原油贸易、天然气开发、石油工程等方面的合作规模。依托南安水头等石材贸易加工中心，推动与伊朗、土耳其、沙特、阿联酋等国家在石材贸易、矿山开采等方面的合作，加快打造国际“海丝”石材产业合作新平台，积极组织民企“走出去”开展国际合作。争取设立中国清真产业发展中心，开拓54个伊斯兰国家新兴市场。

2. 打造伊斯兰金融集聚区。积极申请扩大泉州金融业对伊斯兰国家开放程度，推动泉州民企开拓阿拉伯国家市场；引进伊斯兰国家保险等机构来泉设立代表处、设立QFLP（合格境外有限合伙人）基金，争取发行伊斯兰债券等；加快推进石油贸易跨境结算便利化试点，大力发展面向阿拉伯国家的离岸金融业务等，积极吸引伊斯兰国家金融资本参与海上丝绸之路先行区建设。

3. 打造特色文化旅游品牌。充分挖掘泉州丰富的特色文化旅游资源，规划建设“海丝”遗迹灵山景区改造提升项目、石狮郭坑回族村生态文化园、台商投资区伊斯兰旅游文化综合体等项目，加快伊斯兰文化基础配套设施建设，吸引伊斯兰国家游客来泉朝圣观光、旅游购物。

（五）“海丝”绿色智能制造提升行动计划

加快推进创新驱动，推动泉州制造业创新转型，致力建设“海丝”绿色智能制造基地，科学引导泉州制造“走出去”，与“海丝”沿线国家更好地取长补短、合作共赢。加大科技创新力度，形成参与和引领国际合作新优势，到2020年，全社会研发支出占地区生产总值比重达2%。

1. 打造“中国制造2025”样板区。实施国家“数控一代”机械产品创新应用示范工程，推动纺织鞋服、建材家居、机械装备等产业广泛运用数控技术、实现智能化生产。持续深化与中科院、工程院等国家级科研院所合作，采用“技术+团队”等方式引进高校院所、科研机构开展“产、学、研”合作和攻关，提升泉州制造业的高端化、智能化水平和创新能力。

2. 培育“走出去”绿色产业基地。立足现有产业分布基础，推动相关产业园区加快绿色循环改造步伐。推动纺织鞋服产业抓紧实施“智造名城”、“东方米兰”等计划，引导泉州体育运动品牌组建产业联盟、制定行业标准，加强在面料、智能设备等方面的创新和对接推广；鼓励建材家居产业加快引进技术与自主创新，打造石材水暖外贸转型示范基地；做大做强机械装备产业，引导电子信息产业加快发展，推动新能源、新材料等战略性新兴产业发展。大力推进泉州制造业“走出去”基地建设，加快推进国际产能合作，重点推动在东南亚、南亚、非洲等国家建设纺织、服装、粮油、制鞋、机械等产业合作园区。传承创新古代“海丝”产品，推动茶、香、陶瓷、雕艺等产业提升国际影响力。

3. 建设“海丝”现代服务业专区。认真学习借鉴台湾、深圳等地经验，大力推动工业设计发展，促进泉州传统制造业加快提升产品和品牌内涵。推进电子商务、文化创意、总部会展等一批重点基地、园区、项目建设，促进生产性服务业和制造业加速融合。探索建立与国际接轨的产业大数据中心、供应链管理基地、商务信息服务中心、区域金融创新中心、涉外法律服务中心、民企“走出去”指导服务中心、文化创意设计服务基地等，为民营企业“走出去”提供优质服务。

（六）“海丝”金融创新行动计划

建立泉州企业“走出去”金融支持体系，大力提供企业“走出去”投资融资综合服务。加大我市“金改区”在涉外金融领域的先行先试政策力度，加强与境外金融机构的双边、多边合作，鼓励金融机构大力开发推动“海丝”建设的贸易金融产品等。

1. 争取国家金融政策支持。积极争取设立国家“丝路基金”泉州子基金。争取泉州民营企业发起设立海上丝绸之路民商银行。争取国家加大对泉州与“海丝”沿线国家开展金融合作的支持力度，支持泉州企业开展跨境人民币贸易融资和跨境贸易人民币结算，实施外商投资企业外汇资本金实行意愿结汇，在第三方支付机构取得互联网支付牌照基础上开展跨境电子商务外汇支付业务试点等，进一步简化和改进直接投资外汇管理，为泉州企业境外投资贸易提供外汇管理服务。

2. 建设金融创新平台。加快建设泉州股权融资服务中心、海峡股权交易中心等企业投融资服务平台以及福建海峡金融资产交易中心等新型要素市场，推动跨境贷款、境外发债、跨境双向股权投资、中资银行离岸业务、新型要素市场建设等金融创新业务落地实施。继续实施“引金入泉”，积极引入“海丝”沿线国家地区的银行、保险等金融机构来泉设立分支机构，引进设立金融结算交易平台，争取设立泉港、泉台合资证券公司。争取在泉设立东南亚农副产品、工业原料等大宗商品交易市场。加快推进中心市区、泉州开发区、台商投资区、晋江、石狮、南安、安溪等地金融集聚区建设。

3. 丰富金融创新产品。鼓励在泉银行业金融机构设立支持民企参与“海丝”建设专项基金，支持金融机构用好各类跨境人民币业务创新试点政策，与“海丝”沿线国家金融机构合作创新产品，引进设立金融租赁公司专业子公司等金融项目，鼓励在泉银行业金融机构与“海丝”沿线跨国企业合作开展跨境人民币双向资金池业务，推动符合条件的泉州企业赴“海丝”沿线国家发行人民币债券，为泉州民企参与“海丝”建设提供外币结算服务等，并根据我市企业需求增加进出口信用保险、产业投资基金、资产证券化等相应产品。抓好联合国海陆丝绸之路城市联盟工商理事会成立大会签约基金的对接和项目落地。

（七）“海丝”自贸区建设行动计划

发挥泉州侨台优势，继续争取获批面向“海丝”沿线国家和地区的定向自贸区，接受自贸区政策辐射，推进贸易投资自由化、便利化，提升经贸合作国际化水平。

1. 探索建立自贸区政策新体制。建设国际营商型政府，加快推进负面清单管理创新，建立完善与自贸区政策、国际贸易规则体系相适应的行政管理体制。探索建立符合国际惯例、依法透明、可预期的贸易投资和金融惯例体制与高效营商环境；其中，泉州出口加工区探索建立以“一线放开、二线管住、区内自由”为主要特色的管理体制，泉州台商投资区探索建立以对台产业对接、融合发展和承接“海丝”产业合作、协作园区为主要特色的管理体制。

2. 推进相关基础配套设施建设。按照自贸区管理模式，推进泉州出口加工区、台商投资区构建“桥通、路通、水通、电通、气通、邮通、网络通、口岸通”的集疏运及配套服务体系。加强地方公共信息平台建设，强化关港贸一体化的公共信息及服务平台规划建设，加快台商投资区出口服务中心等设施建设。

3. 积极争取自贸区政策支持。争取推动“金改区”、民营经济综合配套改革试点与自贸区政策的叠加协同，突出对台和华侨优势，争取获批相关先行先试权限。加快推进泉州出口加工区升格为综合保税区，待获批后争取进一步申报扩区，有针对性地将部分海港、空港及物流配套区域纳入综保区范围，形成一区多园的发展模式。支持在泉州市内同步复制推广福建自贸区政策功能，争取国家质检总局支持优先在泉州“海丝”先行区复制推广上海等自贸试验区政策经验，加快与监管部门对接及相关服务平台建设力度，主动承接相关政策的辐射及延伸。

（八）“海丝”现代海洋城市建设行动计划

围绕建设现代海洋城市目标，传承保护“海丝”历史文化，积极推进中华海洋文化的传承创新，加快建设环湾中心城市，打造融海洋经济、科技、文化、旅游、生态为一体的现代海洋城市，展现泉州作为海上丝绸之路起点城市的新形象。到2020年，全市海洋经济生产总值达2850亿元，占地区生产总值比重达30%。

1. 传承保护丰富的海洋文化遗产。继续推进“海丝”申报世界遗产，传承保护好泉州丰富的海上丝绸之路物质文化遗产、非物质文化遗产和思想文化遗产。进一步加强对海上丝绸之路古遗址、古遗迹等海洋文化遗产的保护和申遗工作。注重发挥已申遗成功的南音、木偶戏、水密隔舱福船制造技艺、闽南木结构营造技艺等人类非物质文化遗产影响力，为推进21世纪海上丝绸之路建设作贡献。

2. 建设‘海丝”现代海洋城市。构建泉州滨海环湾城市新格局，抓紧配套完善环湾中心城市基础设施建设，采用PPP等融资方式，推进泉州市公共文化中心、一湾两江景观整治工程、崇武至石湖环湾滨海大道提升工程、崇武至秀涂海岸带资源环境保护与开发利用、中国海上丝绸之路博物馆、“海丝”国际文化交流展示中心、“海丝”国际会展中心、“海丝”国际会议中心、"海丝"国家艺术公园、"海丝"世博城、当代艺术馆等一批重点项目建设，加快提升泉州海洋城市新形象。

3. 加快海洋产业创新发展。积极开展与国内外海洋科研机构、科研院所的合作交流，加大海洋科技合作研发力度，推动海洋科研成果的转化，提升海洋产业的创新能力。加快发展以海工装备、船舶修造、游艇制造、北斗导航及通讯为主的产业。积极申请中国—东盟海上合作基金及项目，加强与"海丝"沿线国家和地区海洋渔业的合作，积极推进远洋渔业、水产品加工、海洋生物医药等项目，推动泉州远洋渔业口岸及加工贸易中心建设。加快建设中国海洋产权交易中心及海洋文化教育培训、海洋产业创业孵化、两岸海洋合作交流、海洋历史博物展示基地等配套设施。

（九）"海丝"文化旅游合作行动计划

以建设"东亚文化之都"、承办第十四届亚洲艺术节暨第二届"海上丝绸之路国际艺术节"和海上丝绸之路国际艺术节永久落户泉州为契机，大力传承弘扬、保护开发丰富的"海丝"文化遗产，打造立足亚洲、走向世界的城市文化品牌，建设世界"海丝"文化休闲旅游目的地城市。到2020年，文化产业、旅游业增加值分别超600亿元，年接待游客超1亿人次，其中接待境外游客超400万人次。

1. 打响"海丝"文化品牌。常态性举办海上丝绸之路国际艺术节，举办"海丝"文化旅游国际博览会，注重凸显泉州"海丝"文化旅游特色，提升国际知名度和影响力。推动"海丝"文化"走出去"，创作一批"海丝"文艺节目，举办泉州"海丝"文艺、文物境外展演、展示等活动。参与建立海上丝绸之路沿线国家和地区的文化旅游商务合作机制，积极推广泉州"海丝"国际文化旅游品牌。建立21世纪海上丝绸之路媒体合作联盟、举办海上丝绸之路媒体高峰论坛，加强泉州与"海丝"沿线各国城市的新闻交流、媒体合作、城市相互推介等，促进各国城市互相了解，增进友好往来，为"一带一路"愿景及"海丝"先行区建设营造良好氛围。加强泉州与东南亚、台港澳及"海丝"沿线国家在中医药方面的交流合作，继续办好"中国泉州—东南亚中医药学术研讨会"，争取升格为"中国泉州—海上丝路国家（地区）中医药学术研讨会"。

2. 打造展示"海丝"文化的重要窗口。加快实施《"东亚文化之都·泉州"建设发展规划（2015—2020年）》。持续推进"古城文化复兴"计划，推动"海丝"申报世界文化遗产遗址保护，加快建设泉州老城区西街片区保护改造、城南街区保护改造、老城区多元宗教文化展示、新门街"海丝"旅游文化一条街、丰州古城保护改造、九日山海丝文化旅游区、洛阳桥文化旅游区、石狮永宁（古卫城）、惠安崇武历史文化及滨海旅游区等项目，启动德化陶瓷烧制技艺申报世界"非遗"。以现有海外交通史博物馆为基础提升改造、扩大规模，进行扩建和规划建设中国海上丝绸之路博物馆，加快"海上丝绸之路"国际文化交流基地等重要载体建设，促进泉州古城区、古港区（后渚港区）传统与现代有机融合，建成面向世界展示"海丝"文化的重要窗口。

3. 打造"海丝"国际文化旅游城市。做好21世纪海上丝绸之路宣传营销，组织"海丝"文艺演出、编辑出版"海丝"文化旅游丛书、拍摄泉州"海丝"影视作品、建设一支高素质、高水平的导游队伍，探索建立"海丝"旅游服务指导体系及系列标准。重点打造泉州"海丝"精品文化旅游线路，科学保护、整合开发相关县（市、区）"海丝"文化遗产和旅游资源，规划建设一批各具特色的文化旅游项目。积极参与中国海上丝绸之路旅游推广联盟，加强同世界旅游组织联系与合作。依托首届东亚文化之都，加强与欧洲、阿拉伯文化之都，东南亚历史文化名城等的人文交流和友好往来；依托“海上丝绸之路国际艺术节”活动，加强与“海丝”沿线国家、台港澳地区、东南亚华侨华人文化的交流往来，形成对外统一的文化旅游交流品牌。

（十）“海丝”人才培养引进和人员往来行动计划

大力培养引进与“海丝”沿线国家经贸合作、交流往来所急需的人才，积极向海外青年学生、华裔新生代传播中华优秀传统文化，推动经贸、文化、新闻、教育等方面人员往来的便利化。

1. 加强人才培养引进和使用。实施 21 世纪海上丝绸之路人才培养工程，大力培育对外文化交流、涉外法律、港口航运、海洋渔业、涉外旅游、涉外金融、自贸区、外语外事等方面的人才。充分发挥泉州市留学人员暨归国创业人员联谊会作用，建立留学人员翻译志愿者队伍，为经贸文化交流提供服务。积极引进国际名校来泉办学培养人才，推动泉州高校与“海丝”沿线地区高校成立校际联盟、共建研究基地，设立与“海丝”相关的纵向与横向科研项目，鼓励各高校教师申报立项。支持泉州高职高专院校整合资源、创新举措，加大职业人才培养力度，支持德化建设国际陶瓷艺术研究与人才教育培训基地。依托华侨大学资源，建设东南亚政府官员教育培训基地，与阿拉伯国家联合开展阿语培训。重点扩大华侨大学等高校面向海外华侨华人的办学规模，支持华侨大学建立泰国分校、与“海丝”相关国家开展多种形式的联合办学；依托华侨大学吸纳各方研究力量，建设海上丝绸之路研究院，增加对“海丝”沿线国家经济、社会和文化的基础性研究，打造国家海上丝绸之路研究的高端智库和前沿重大学术平台。充分发挥华侨华人资源优势，推动华侨大学等高校积极开展华裔学生中文夏令营等校际交流活动；建立东南亚华裔学生教育文化交流基地，进一步拓展面向东南亚区域的华文教育。

2. 密切人员往来。以经贸合作、文化交流等活动为契机，推进与东南亚等“海丝”沿线国家和地区的人员往来，加强民心交流，增进城市和人民之间的了解和友谊。争取国家支持泉州在与“海丝”沿线国家和地区的人员往来、居留和营商等方面简化办理手续，营造便利人员往来的政务环境。

江西省参与丝绸之路经济带和21世纪海上丝绸之路建设实施方案

江西省人民政府

江西是古代丝绸之路和海上丝绸之路的重要文化产品和主要商品输出地之一，为传播中华文明，促进古代东西方政治、经济、文化交流作出了积极贡献。在新的历史时期，为贯彻落实党中央、国务院关于推进丝绸之路经济带和21世纪海上丝绸之路（以下简称“一带一路”）建设的战略部署，进一步完善我省对外开放格局，迈出发展升级、小康提速、绿色崛起、实干兴赣新步伐，特制订本实施方案。

一、重大意义和总体要求

（一）重大意义

推进“一带一路”建设，是党中央、国务院积极应对全球形势深刻变化，统筹国内国际两个大局，谋划我国全方位对外开放新格局作出的重大决策。积极参与“一带一路”建设，是策应国家重大发展战略，抢抓历史性发展机遇，推动我省在更高水平更高层次开发开放的必然要求，有利于加快打通连接“一带一路”战略通道，构建东西双向对外开放新格局；有利于我省产品和企业开拓新兴市场，提升参与国际市场合作竞争力；有利于更好参与沿线国家资源能源开发，增强经济发展支撑能力；有利于充分展示我省丰富的历史文化及生态资源优势，更多传递“一带一路”江西好声音，对于促进我省开放型经济跨越发展、提高江西国际知名度和影响力具有重大而深远意义。

（二）指导思想

以邓小平理论、“三个代表”重要思想、科学发展观为指导，认真贯彻习近平总书记系列重要讲话精神，按照“政策沟通、设施联通、贸易畅通、资金融通、民心相通”要求，充分发挥历史文化和生态资源优势，以畅通对外通道为基础，以扩大经贸投资为重点，以深化人文交流为纽带，以强化平台建设为支撑，积极参与“一带一路”建设，不断拓展国际合作新空间，努力把我省建设成为连接“一带一路”内陆战略通道、内陆开放合作高地、生态文明国际合作重要平台。

（三）战略路径

1. 明确战略走向。依托国内国际大通道，重点谋划三大战略走向。向西北，经新疆阿拉山、红其拉甫口岸，内蒙古二连浩特口岸，连接哈萨克斯坦等中亚国家、蒙古国、俄罗斯、巴基斯坦，通达中东欧、欧盟国家。向西南，经云南、广西边境口岸，通达越南、老挝、泰国、印度等东盟及南亚国家。向东南，经上海洋山、浙江宁波、福建厦门和莆田、深圳盐田等沿海港口，连接海上丝绸之路，通达东盟10国，印度、巴基斯坦、孟加拉国等南亚国家，并延伸至南太平洋、非洲、欧洲国家。

2. 突出重点区域。根据“一带一路”沿线国家经济发展基础、自然资源禀赋等特点，结合我省开放型经济发展需求，着力完善三大区域布局。巩固东盟与我省第一大贸易伙伴关系，发展更加紧密的经贸合作关系，扩大双方进出口规模，加强产业双向投资和旅游市场开发，不断提高合作层次和水平。开拓俄罗斯、中亚、中东欧、非洲等新兴市场，建立合作交流机制和渠道，积极发展进出口贸易，加大对外工程承包力度，务实推进资源能源和农业开发及产业合作，努力培育新的经贸增长点。扩大欧盟市场，加强先进装备和技术引进，大力吸引世界500强企业落户，进一步提高出口产品质量。

3. 体现江西特色。着眼培育对外开放新优势，增强国际合作竞争力，打好三张特色牌。打好特色产业品牌，围绕陶瓷、铜、钨和稀土、航空制造、汽车、光伏、电子信息、家具，以及茶叶、脐橙蜜桔等产业，打造一批具有较强竞争力的特色产业基地和境外经贸合作区。打好特色文化旅游品牌，依托千年瓷都景德镇、世界自然文化遗产庐山、三清山、龟峰，革命摇篮井冈山、道教祖庭龙虎山、客家摇篮赣州、禅宗圣地宜春等文化名山名城，打造一批高质量的文化旅游经贸交流平台。打好绿色生态品牌，依托国际重要湿地鄱阳湖和全省良好的生态环境，以建设全国生态文明先行示范区为契机，广泛开展国际生态经济与技术交流，打造国际生态文明建设合作交流重要平台。

4. 发挥地方优势。引导各地立足优势，找准定位，支撑全省融入“一带一路”建设。强化南昌内陆开放型经济高地作用，着力推进南昌国际航空港、南昌综合保税区等平台建设，加强高端装备制造、新一代信息技术、现代服务业等领域的国际合作，引领带动全省参与“一带一路”建设。发挥九江、赣州、上饶、抚州等对外开放门户作用，加强与长江经济带、福建海上丝绸之路核心区以及东部沿海战略支点的互动对接，建设开放合作示范平台，联动省内腹地发展。打响景德镇瓷都、鹰潭铜都、宜春锂都、新余新能源科技示范城、萍乡资源型城市转型示范区、吉安电子信息产业基地等城市名片。

5. 加强示范引导。坚持市场运作与政府推动相结合，支持企业积极开拓国际市场，着重发挥好三个示范引导。强化龙头企业带动，鼓励省属国企、大型民企等有实力的骨干企业率先参与沿线国家经贸投资合作，带动上下游企业积极跟进。强化重大项目示范，着力推动一批重大合作项目实施，提升江西企业和产品在沿线国家的品牌形象和市场占有率。强化政府协调引导，发挥政府部门在信息引导、政策扶持、沟通协调等方面作用，为企业“走出去”创造良好的营商环境，提供更多的政策服务。

（四）发展目标

近期（至2020年），用5年左右时间，建立机制，打开局面。打通一批对外开放战略通道，建立一批友好省州经贸合作关系，建成一批重大合作项目，与“一带一路”沿线国家经贸投资取得初步成果，力争到2020年我省对沿线国家进出口总额突破300亿美元、利用外资突破100亿美元、对外工程承包额突破100亿美元、对外投资突破50亿美元。

中期（至2025年），用10年左右时间，深化合作，取得实效。合作协调机制与平台更加完善，连接“一带一路”开放通道更加通畅，与沿线主要国家友好省州合作交往更加深入；经贸合作取得明显成效，与沿线国家贸易总额、对外投资、引进外资均比2020年翻一番。

远期（至2050年），用更长一段时间，全面提升，扩大影响。与沿线主要国家各领域合作全面加强，合作层次和水平显著提升，为我国与沿线国家建立平等互利共赢的利益共同体和命运共同体发挥积极作用。

二、推动基础设施互联互通，打造连接“一带一路”内陆通道

积极谋划与“一带一路”主要沿线国家互联互通路径，加快关键通道和重点工程建设，构建联通内外、安全通畅的对外开放通道。

（五）畅通陆上通道

依托国内现有连接亚欧、泛亚铁路运输通道，加强与湖北、重庆、陕西、新疆等相关省区市合作，加快武九客专、蒙西至华中地区铁

路煤运通道等项目建设，进一步打通我省对接中亚、中东欧、欧盟及东南亚的“陆上丝绸之路”通道。积极对接“汉新欧”、“渝新欧”等中欧国际铁路班列，研究建立南昌始发的赣欧（亚）国际铁路货运通道，并积极对接福建货运，力争逐步实现班列化运行。研究推进借道云南、广西连通东盟国家的货运通道。加快完善物流园区、港口、口岸与铁路干线的连接设施。

（六）连接海上通道

依托长江黄金水道，沪昆、京九、向莆、赣龙、鹰厦等出海铁路，以及通达东南沿海高速公路，加强与沿海港口合作，强化铁海联运、陆海联运等作业项目，打通连接“海上丝绸之路”通道。发挥九江城西港启运港优势，加快建设赣鄱高等级航道及集疏运体系，加强九江港与上海洋山港等沿海港口对接，提高江海联运能力。积极开行我省至宁波、厦门、福州、莆田、深圳等沿海口岸的铁海联运班列，促进常态化运行。加快推进赣深客专、合安九客专、渝长厦客专、吉永泉铁路、鹰梅铁路、桂永郴赣铁路等项目建设，拓展出海通道。

（七）构建空中走廊

积极推进“一干九支”机场布局建设，加快形成连接“一带一路”重点地区的高效便捷航空运输网络。大力提升南昌昌北国际机场枢纽地位，改造T1国际航站楼，争取建立昌北国际机场口岸签证（注）点，规划建设中心城区至机场的快速轨道交通，促进南昌临空经济区发展。支持赣州黄金机场申报建设航空口岸，推动赣州黄金机场升级为国际机场。加密南昌至乌鲁木齐、西安、厦门、昆明、南宁等国内干线航班，巩固赣台、赣港航线，拓展东南亚航线，争取开通洲际航线。积极推动中亚、西亚、南亚和东欧航空公司进入我省发展客货运输。

（八）拓宽数字通道

加快电子口岸公共服务平台建设，主动参与长三角、珠三角、海西经济区数字信息平台共建共享，实现省内口岸管理部门、经营单位与沿海、沿边、沿江省份电子口岸的互联互通，推进通关便利化。依托南昌、赣州国家电子商务示范城市，大力发展跨境电子商务，积极培育一批电商综合服务平台，拓宽网上丝绸之路营销渠道。

三、加强产业合作，建设具有国际影响力的特色产业

立足我省产业比较优势，瞄准沿线国家市场，坚持“走出去”与“引进来”并举，促进产业优势互补，推动产业发展升级。

（九）振兴世界瓷都

充分发掘景德镇陶瓷文化底蕴，加强景德镇御窑遗址和中国陶瓷博物馆等平台建设，深化陶瓷文化国际交流，努力把景德镇建设成世界陶瓷文化交流中心。依托景德镇陶瓷学院、陶瓷研究所和景德镇国家日用及建筑陶瓷工程中心，加强陶瓷科研成果转化，努力把景德镇建设成世界陶瓷技术研究中心。依托景德镇陶瓷工业园、陶溪川、名坊园等陶瓷文化创意园，引进国内外先进陶瓷企业和优秀创作人才，努力把景德镇建设成世界陶瓷文化创意中心。利用景德镇世界陶瓷博览会，开辟丝绸之路景德镇国际电子商城，努力把景德镇建设成全球陶瓷采购中心。同时，依托高安建筑陶瓷、萍乡芦溪电瓷等产业平台，大力发展中高端陶瓷制品，提升我省陶瓷产业国际市场占有率和美誉度。

（十）做优世界铜都

充分发挥鹰潭铜产业优势，加快铜冶炼、铜废旧原料再生利用、铜精深产品加工基地和铜产业物流中心“三个基地、一个中心”建设，构建具有国际竞争力的铜产业体系。支持江铜

等龙头企业发挥技术和资本优势，到沿线国家开展矿产资源和冶炼企业兼并重组，建立稳定的全球铜资源供应保障体系。依托国家级铜冶炼及加工工程技术研究中心、国家级铜及铜产品质量监督检验中心平台，完善铜研发创新体系，大力发展铜基新材料等高附加值产品，做大做强鹰潭铜期现货市场，努力建设世界级铜产业基地。

（十一）建设世界钨和稀土产业基地

充分发挥我省钨和稀土资源优势，支持中国南方稀土集团、江钨控股集团等龙头企业发展壮大，积极开展钨和稀土新材料研发应用国际合作，建设具有国际影响力的钨和稀土产业基地。加强资源整合和储备，推进国家级离子型稀土资源高效开发利用工程技术中心建设，完善产品和技术信息发布、现代物流等服务平台，努力建设具有国际影响力的钨和稀土产品交易中心及战略储备基地。

（十二）培育航空产业集聚区

依托南昌航空工业城和景德镇直升机产业基地，加强与俄罗斯、意大利、比利时等国合作，引进航空发动机等关键零部件技术，推动开展教练机、通用飞机、直升机研发合作和生产组装。加快通用机场规划建设，积极推动低空开放，着力引进先进的通航运营与航空服务企业，大力发展航空物流、展览、旅游及培训，打造航空产业国际合作示范区。

（十三）壮大汽车产业基地

依托南昌、景德镇、上饶、萍乡等汽车生产基地，大力引进沿线国家先进的汽车零部件和整车生产技术，提升我省汽车产业整体发展水平。发挥我省锂矿石资源储量优势，通过引进国内外资本、技术，着力推进纯电动专用车辆、混合动力客车、短途经济型纯电动乘用车及关键零部件技术开发和产业化，努力建设国内乃至亚洲锂电及电动汽车产业高地。鼓励江铃等有实力的汽车企业走出去，支持到沿线国家建设海外汽车生产加工（组装）基地。

（十四）做强光伏新能源产业

发挥我省光伏新能源产业集群优势，引导和支持光伏企业增强核心技术创新能力，大力发展太阳能电池、组件、系统集成及应用产品，积极推进分布式光伏发电应用，不断提升我省光伏企业综合竞争力和市场占有率。积极推动和引导我省光伏企业开展对外经济技术合作，通过对外承包工程等方式，积极开拓非洲、中东、亚洲等新兴市场。鼓励光伏企业开展境外投资，创新国际贸易方式，优化制造产地分布，赴境外建立生产基地或投资建设光伏电站。

（十五）打响绿色食品品牌

立足我省自然生态优势，以国际市场为导向，大力培育以江西茶叶、赣南脐橙、南丰蜜桔、鄱阳湖水产、有机蔬菜、高产油茶等为代表的绿色食品产业基地，努力提升绿色食品加工规模化、园区化和国际化水平。重振江西茶产业，鼓励扩大茶园种植规模，推进品牌整合，打造1—3个全国茶叶知名品牌，巩固和扩大婺源有机茶等产品在欧盟市场的占有率。鼓励农业龙头企业到东南亚、非洲等沿线国家建设农产品种养加工基地，推动与以色列等国家合作建设现代农业示范园区，积极参与农业部组织的“南南合作”农业计划，提升我省绿色食品国际形象。

（十六）打造国际生态旅游目的地

大力实施旅游强省战略，加强景德镇、庐山、三清山、龙虎山、井冈山、婺源等著名旅游景区建设，打造国际生态旅游目的地。加强与沿线国家旅游宣传推广合作，互办旅游推广周、宣传月等活动，积极参与国际性、区域性旅游展会，大力推介“江西风景独好”旅游品牌，提升江西旅游国际知名度。联合国内相关省份推出一批具有丝绸之路概念的特色旅游线路，吸引“一带一路”区域旅游客源。大力开拓泰国、越南、新加坡、俄罗斯等旅游市场。

开辟与沿线国家的旅游直飞航线，支持开通旅游包机，促进国际旅游市场发展。

四、深化经贸往来，大力开拓沿线国际市场

推动与沿线国家贸易快速发展，大力培育经贸新增长点，积极开拓海外工程承包市场和能源矿产市场，强化品牌建设，努力提升经贸合作水平。

（十七）加快外贸转型升级

着力巩固我省茶叶、柑橘、蜜柚、特色水产等优势农产品和纺织服装等劳动密集型产品出口优势，进一步提升机械制造、电子信息等机电产品和高新技术产品的出口能力。着力推进南昌、赣州、上饶、宜春、吉安国家加工贸易梯度转移重点承接地，以及赣南承接产业转移示范区、九江承接产业转移示范基地等平台建设，促进外贸结构优化升级。鼓励钢铁、水泥、建材等传统优势行业到资源富集、市场需求大的沿线国家建设生产基地，开拓国际市场。大力实施品牌战略，积极推动出口质量安全示范区建设，助推企业“走出去”。适当提高引进先进设备和技术省级进口贴息标准。

（十八）开拓对外工程承包市场

抓住沿线国家加大基础设施建设机遇，组织和引导江西国际公司、中鼎国际集团、江西中煤建设集团、省建工集团等对外承包工程龙头企业，联合省内其他建设企业积极开拓非洲、东南亚、中亚、俄罗斯市场，提升对外承包工程质量和效益，培育“江西建设”品牌。鼓励企业积极承揽重大基础设施和大型工业开发项目，带动国内技术、装备、产品、标准和服务出口，扩大对外经济合作效益。

（十九）加强境外能源矿产开发

鼓励省地质勘测单位采取矿业企业与地勘单位联合、资本与技术结合等方式，到柬埔寨、印尼、菲律宾、伊朗等沿线国家开展地质调查，探寻矿产资源。鼓励江铜集团公司、江钨控股集团公司、省能源集团公司等龙头企业参与沿线国家矿产资源开发，巩固和扩大境外铁矿石、铜精矿、稀土矿、钨精矿、煤炭等原料来源。研究建立我省与巴西、智利等拉美地区矿产资源合作新模式。主动参与中亚、北非、澳洲、俄罗斯等国家铀资源勘探开发，积极寻求与中亚、西亚、俄罗斯等国家油气合作，拓展能源供应保障渠道。

（二十）完善境外营销网络

支持企业加快国际营销网络和售后服务体系建设，在东盟、非洲、俄罗斯等重点市场建设展示中心、批发零售网点、售后服务中心及备件仓库。鼓励企业在沿线国家建设中国江西商贸城，加快发展跨境电子商务，拓宽营销渠道。引导江西商贸物流、电子商务、供应链型外贸企业向沿线国家拓展贸易范围，带动相关产品出口。

五、加强人文交流，促进丝绸之路友好合作

深化与沿线国家文化、生态、科技、教育、医药卫生等领域交流合作，扩大相互了解和文化认同，促进民心相通，为建立多领域的友好合作关系奠定民意基础。

（二十一）扩大文化艺术交流

立足陶瓷、茶叶、丝绸、夏布等古丝绸之路文化元素，加强丝绸之路历史文化遗产传承和保护，建设一批独具魅力的丝绸之路特色文化交流展示区。主动参与“一带一路”重要历史文化遗产建设，联合相关省份推进“万里茶道”、景德镇古御窑遗址申遗工作。充分发掘我省优秀传统文化，推进儒释道文化、赣南客家文化、稻作文化、青铜文化等交流平台建设，扩大传统文化国际影响。加快文化“走出去”步伐，推动文化出版、动漫设计、油画艺术等创意产业国际合作，鼓励富有江西特色的演艺项目到沿线国家演出，着力办好千年瓷都景德镇陶瓷文化国际巡展等高水平文化交流活动。

推动互设文化交流中心，建设好葡萄牙里斯本中国文化中心。加强境外优秀文化产品进口，促进文化相互交流。

（二十二）强化国际生态合作

深入推进鄱阳湖生态经济区和江西全国生态文明先行示范区建设，保护好鄱阳湖“一湖清水”，加快形成可复制可推广的生态文明建设模式。广泛开展与俄罗斯、东亚、南亚等沿线国家的生态经济和技术交流，共同探索大湖流域综合开发治理新路径。依托世界低碳生态经济大会、国际白鹤论坛、世界生命湖泊大会，加强应对全球气候变化、发展低碳技术和绿色经济、越冬白鹤保护等方面合作，建立有效的对话机制和联动机制。强化与国际生态保护组织交流，宣传展示生态文明建设成果，树立崇尚自然、保护环境的国际形象。

（二十三）加强科教国际合作

鼓励省内科研机构、高校与东南亚、俄罗斯、欧洲的科研院所、高校建立长期合作关系，加强教师进修、学生互访和科技联合攻关。支持我省有关高校积极面向“一带一路”沿线国家招收一批高素质留学生，鼓励有条件的高校与沿线国家有关高校合作建立孔子学院、孔子课堂，扩大我省教育国际影响力。深入推进南昌大学、华东交通大学等高校与俄罗斯伏尔加河沿岸地区高校合作，认真办好中俄青少年友好交流等活动，增进青年友谊。

（二十四）推动中医药国际交流

发挥我省传统中医技术优势，举办传统中医国际研修班，推动针灸、推拿等传统中医技术走出去。积极推进江西中医药大学岐黄国医外国政要体验中心建设，不断扩大提升国际影响力。鼓励有条件的中医医疗机构以独资、合资、合作方式在境外开展中医药服务。依托中医药文化发源地、药都的优势，举办庐山杏林文化论坛、世界传统医学高峰论坛，开展与世界各国中医药学术团体、各类医药学术团体间交流与合作。推进与东盟、南亚、俄罗斯、以色列等国家和地区开展医疗卫生交流，提升双方卫生专业水平。

六、搭建合作平台，拓展“一带一路”交流渠道

加强与国内相关省区及“一带一路”沿线国家合作交流，统筹推进经贸交流、口岸通关、产业投资等重大平台建设，为企业“走出去”、“引进来”创造有利条件。

（二十五）做优经贸投资促进平台

精心打造世界低碳生态经济大会、景德镇国际陶瓷博览会、中国绿色食品博览会等一批自主展会，建立常态化、国际化、综合性投资贸易平台。提升赣港、赣台等经贸活动成效，积极赴沿线国家开展经贸活动，促进双向合作与交流。组织参加东盟博览会、南亚博览会、亚欧博览会、西部博览会等重点展会。鼓励和推动外国政府、国际机构、商贸协会和国际风投机构等来赣设立代表处、办事机构及交流中心。依托国家驻外经贸促进机构，在沿线国家建立招商中心、商会等经贸平台。

（二十六）畅通口岸通关平台

深化与沿海、沿边地区海关、检验检疫等合作交流，全面实现口岸管理相关部门信息互换、监管互认、执法互助。支持南昌、九江口岸建设，争取设立南昌、九江综合保税区，积极推进九江港口岸进一步扩大开放，加快建成赣州综合保税区、赣州进境木材国检监管区，研究推进共青城设立海关特殊监管区或保税仓库。加快建设昌九区域口岸一体化信息系统。

（二十七）共建跨国合作产业园

鼓励与沿线国家合作共建产业园区、科技园区、经贸合作区，支持有实力的制造业企业到资源丰富、技术相对缺乏的国家设立加工区，农业龙头企业到非洲和东南亚国家设立生态农业园，大型物流企业到东盟和中亚国家设立经

贸合作区，打造我省对外开放重要窗口。借鉴国内新加坡工业园运营模式，积极推动沿线国家到我省设立产业园区。

（二十八）发展友好省州

积极推动与沿线重点地区建立友好合作关系，着力巩固我省与菲律宾、柬埔寨、俄罗斯、匈牙利、德国、法国等国家8对友好省州关系，密切南昌、九江、宜春、上饶、鹰潭等与沿线地区6对友好城市关系，争取所有设区市在沿线国家发展友好城市。务实推进友好省州（城市）合作，倡导在平等互利基础上签署合作框架协议，开展高层互访、互办经贸推介等活动，促进政府、企业以及民间交往常态化，推动双边合作项目有效实施。充分利用好长江中上游地区与俄罗斯伏尔加河沿岸联邦区合作机制，务实推进我省与巴什科尔托斯坦共和国、彼尔姆边疆区等地区的合作交往。

七、强化保障措施

（二十九）积极争取国家支持

加强与国家有关部委对接，争取我省参与“一带一路”通道建设、产业合作、人文交流等重点项目纳入国家相关专项规划和政策支持范围。争取国家批复设立昌九新区，打造对接融入“一带一路”重大战略平台。积极帮助企业争取亚投行、丝路基金和国家政策性银行、政策性保险支持。推动我省重点扶持和鼓励的对外投资企业纳入国家税收激励范围，落实出口退税、税收抵免、税收减免、延期纳税等政策。

（三十）创新合作交流机制

借助广交会、厦洽会、东盟博览会、南亚博览会、亚欧博览会、中阿博览会、西部博览会等展会平台，推进与沿线国家合作。加强与长三角、珠三角、福建海上丝绸之路核心区、新疆陆上丝绸之路核心区，云南、广西面向东盟开放桥头堡，以及重庆、武汉等内陆战略腹地重要节点的联系，深化经贸投资等领域的分工协作，共同推进对外通道、人文合作等项目建设。持续深入推进赣港澳台合作，充分利用好香港国际金融、贸易、航运中心，台湾全球代工产业中心，澳门国际会展、旅游中心以及面向葡语系国家等独特优势，进一步拓展与“一带一路”国家合作。

（三十一）促进投资贸易便利化

积极推进“三单一网”工作，推广上海自贸区可复制的改革试点措施。积极争取申报设立昌九自由贸易区。加快国际贸易“单一窗口”建设，推进“三个一”（一次申报、一次查验、一次放行）和“三互”（信息互换、监管互认、执法互助）口岸大通关改革。建立我省与沿线国家贸易投资优先合作动态“项目清单”。推动人员往来便利化，建立与沿线国家贸易投资合作“出入境绿色通道”。

（三十二）加大跨境金融支持

研究设立省级参与“一带一路”建设专项资金，重点支持省内企业与沿线国家合作项目建设。鼓励国家开发银行江西省分行、中国进出口银行江西省分行、中国出口信用保险公司南昌营业管理部、中国银行江西省分行等金融机构创新融资模式和金融产品，加大企业参与“一带一路”建设融资扶持力度。研究建立我省企业对外投资大额融资平台和投资保险制度，推动建立我省“一带一路”信用保险统保平台，扩大出口信用保险规模和覆盖面，对大型成套设备出口融资应保尽保。鼓励保险机构设立与国别风险相关的专项险种，开展更为灵活的融资担保形式。积极引导省内企业将人民币作为对外经贸投资的结算货币，促进人民币国际化，有效降低汇率波动风险。

（三十三）完善人才扶持政策

着力培养具有国际视野、通晓国际经济运行规则、熟悉沿线主要国家法律法规的外向型、复合型人才，举办“一带一路”经贸文化高级研修班，加强国际人才储备。加大英语、俄语等语种人才的培养力度，支持南昌大学、江西师大等大中专院校增设一批小语种专业。积极争取国家相关引智专项支持，加大省人才发展专项资金对“一带一路”引智项目扶持力度，大力引进海外高层次人才和技术专家。研究建立参与“一带一路”建设智库，发挥其在决策参考、风险评估以及沟通沿线相关各方中的作用。

（三十四）加强组织实施

省级层面建立参与“一带一路”建设工作机制，统筹协调推进重大项目、重大事项和重大政策的落实。省发改委做好综合协调工作，组织研究重大政策，协调解决重大问题；省商务厅做好对外经贸合作相关工作，推进贸易投资便利化；省外侨办做好对外联络工作，加强与沿线国家的沟通磋商。鼓励国家开发银行江西省分行、中国进出口银行江西省分行、中国出口信用保险公司南昌营业管理部、中国银行江西省分行等金融机构在风险可控前提下，加大“一带一路”投资合作项目及进出口业务的金融支持。各地各有关部门各司其职、密切配合、通力协作，研究制定配套政策措施，抓紧实施各领域合作项目，加强对企业的指导和服务工作，全面推进各项任务的落实。

附件：江西省参与“一带一路”建设优先推进项目（2015—2017年）

类别	重点项目	建设内容	工作目标
一、对外通道建设项目	1. 基础设施互联互通工程	加快赣深客专、合安九客专、渝长厦客专、吉永泉铁路、鹰梅铁路、桂永郴赣铁路等项目建设，拓展连接“一带一路”战略通道	争取2015年底前开工建设赣深客专、合安九客专、吉永泉铁路，加快鹰梅铁路项目前期工作；争取渝长厦客专、桂永郴赣铁路纳入国家“十三五”铁路建设规划，力争“十三五”开工建设
	2. 对接“一带一路”货运通道工程	研究建立赣欧（亚）国际铁路货运通道 开行赣闽“五定班列” 开通赣粤铁海联运	2015年完成赣欧（亚）国际铁路货运通道开通前期研究工作，2017年力争班列化运行；加快赣闽、赣深“五定班列”开行进度
	3. 港口基地建设工程	推进福建莆田港江西石化进出口基地、福建江阴港江西集装箱进出口基地、福建湄洲湾港江西干散货物进出口基地、福建宁德上饶港基地建设	争取2017年前全部建成投运
	4. 空中通道建设工程	加密南昌至乌鲁木齐、西安、厦门、昆明、南宁等国内干线航班 巩固扩大南昌至泰国、新加坡旅游包机规模 研究开通南昌洲际航线	力争2017年底前增加南昌至乌鲁木齐、西安、厦门、昆明、南宁等国内干线航班，开通通往东盟国家航班；2017年前启动南昌洲际航线筹划工作，争取2020年前开通
二、产业投资项目	5. 农业投资合作项目	推进江西华美食品有限公司马来西亚现代农业产业园、赤道几内亚国家级农业示范中心、多哥农业示范中心和九江欧文斯建材公司俄罗斯巴什科尔托斯坦共和国、彼尔姆边疆区农业大棚种植基地建设；支持江西正邦集团到南非设立农业产业园	争取2016年正式开工建设

续 表

类别	重点项目	建设内容	工作目标
二、产业投资项目	6. 优势产业合作工程	推动昌河飞机工业公司、江西省直升机投资公司与俄罗斯合作建设1吨级直升机组装线，江西昌兴航空装备有限公司与意大利K4A公司合作生产KA-2HT轻小型民用直升机，泰豪电源技术有限公司与孟加拉、印尼合作生产发电机，江西国际公司、晶科能源有限公司在肯尼亚建设太阳能光伏发电站，华意压缩机公司在意大利投资设厂，江西赛维LDK太阳能高科技有限公司在非洲开展太阳能合作	加快签署合作协议，启动实施一批项目
	7. 产能“走出去”工程	支持钢铁、冶金、水泥行业重点骨干企业到沿线国家建设生产基地	争取2017年前达成项目合作意向，并开工建设
	8. 出口产业基地建设工程	积极推进机电产业基地（南昌、九江、鹰潭、新余、萍乡等地）、纺织服装产业基地（九江、南昌、宜春、赣州等地）、电子信息产业基地（南昌、吉安、九江）、绿色食品产业基地（赣州、吉安、抚州、上饶等地）、家具产业基地（南康、广丰）、烟花产业基地（万载、上栗）、陶瓷产业基地（景德镇、高安、丰城、黎川、湘东、芦溪）建设	集聚一批各具特色的出口主导型企业，壮大产业链；到2020年，出口主导型产业集群初具规模
三、经贸合作项目	9.“千家企业闯国际市场”工程	支持晶科能源有限公司、西龙食品有限公司、江西耐普矿新材料股份有限公司、江西艾芬达卫浴有限公司、江西恩泉油脂有限公司、江西中格进出口贸易公司等进出口贸易企业拓展对外贸易业务	持续推进
	10. 境外经贸合作项目	推进埃塞俄比亚国际轻工业城、柬埔寨国际工业城、格鲁吉亚国际商贸城、俄罗斯巴什科尔托斯坦共和国乌法中俄国际商贸城、马来西亚现代农业产业园建设	2015年底前开工建设俄罗斯乌法中俄国际商贸城、马来西亚现代农业产业园，2016年完工；到2017年，各境外经贸合作基地（园区）全部投运
	11. 外贸转型示范项目	推进南昌、赣州、上饶、宜春、吉安国家加工贸易梯度转移重点承接地，以及景德镇直升机研发生产基地、景德镇陶瓷及文化创意基地、九江绿冬丝绸文化电子创意产业园，上饶和新余光伏产业基地、鹰潭铜产业示范基地、共青城中俄国际商贸城跨境电子商务示范基地建设	到2017年，各产业基地出口规模和效益显著扩大

续表

类别	重点项目	建设内容	工作目标
三、经贸合作项目	12. 对外工程承包项目	实施赣州发电设备有限公司承接越南水利发电机组安装、江西国际公司赤道几内亚民生基础设施、江西江联国际工程有限公司埃塞俄比亚糖厂 EPC 总承包、江西久盛国际电力工程有限公司印尼东加里曼丹三期燃煤电厂扩建以及江西中煤建设集团柬埔寨污水处理厂、印度比哈尔省公路、孟加拉国达卡供水设施等项目	持续推进
	13. 能源矿产资源开发工程	推进江西铜业集团与俄罗斯外贝加尔边疆区乌多坎铜矿投资合作项目、与俄罗斯布里亚特共和国奥杰罗铅锌矿投资合作项目、与中冶集团合作开发阿富汗艾娜克铜矿项目、与俄罗斯巴什科尔托斯坦共和国铜尾矿回收综合利用合作项目，省能源集团与印尼贝劳煤炭能源公司、巴彦能源公司煤炭合作开采项目、与澳大利亚 CMR 煤炭公司煤炭合作开采项目，江钨控股集团与喀麦隆钴镍锰矿合作项目、与白俄罗斯稀土矿产和钪资源合作项目	争取 2015 年底前江西铜业集团巴什科尔托斯坦共和国铜尾矿回收综合利用项目签署合作协议，2016 年开展项目前期工作；力争到 2017 年，江西铜业集团与俄罗斯外贝加尔边疆区、布里亚特共和国签署项目合作协议；省能源集团与贝劳煤炭能源公司、巴彦能源公司和 CMR 煤炭公司签署项目合作协议；江钨控股集团与喀麦隆、白俄罗斯合作项目完成开发前期准备工作
四、人文交流项目	14.“江西风景独好”旅游推介工程	积极举办旅游推介会，参与国际性旅游展会，打响“江西风景独好”旅游品牌；推进景德镇、庐山、三清山、龙虎山、井冈山、婺源等世界文化休闲旅游示范区和“江西风景独好”境外旅游形象店建设	2015—2017 年，每年组织一次重大旅游推介活动，积极参与国际性旅游展会，规划建设一批“江西风景独好”境外旅游形象店
	15. 文化交流工程	承建文化部葡萄牙里斯本中国文化中心	2016 年底前建成并投入使用
		建设南昌大学俄语中心	2015 年底前建成并投入使用
		组织千年瓷都——景德镇陶瓷文化国际巡回展赴“一带一路”沿线国家展演，参与中国—东盟文化交流年、2015“中俄青年年”等重大文化交流活动	完成各项交流活动
	16. 世界文化遗产申报工程	推进“万里茶道”、景德镇古御窑遗址申报历史文化遗产	2015 年启动景德镇古御窑遗址申遗筹备工作，力争 2016 年联合湖北、福建等省份完成“万里茶道”历史文化遗产申报工作
	17. 生态合作交流工程	提升世界低碳生态经济大会、国际白鹤论坛重大生态合作平台影响力	认真筹备好 2016 年世界低碳生态经济大会；2015 年底前与俄罗斯雅库特共和国合作开展越冬白鹤保护活动，力争 2017 年与相关国家建立合作联动机制

续表

类别	重点项目	建设内容	工作目标
四、人文交流项目	18. 教育合作工程	继续加强九江学院柬埔寨王家学院孔子学院、南昌大学印度尼西亚哈山努丁大学孔子学院建设，深入开展南昌大学与俄罗斯彼尔姆国立大学、华东交通大学与俄罗斯彼尔姆国立科研理工大学的合作与交流，积极推进南昌大学与俄罗斯巴什基尔国立医科大学、华东交通大学及新余学院与俄罗斯萨马拉国立大学的合作与交流	到2017年，合作关系全面深化，我省招收“一带一路”沿线国家留学生增加到2800人
	19. 科技合作工程	继续深入实施国家“千人计划”项目、“杰出青年科学家来华计划”项目、中国—南亚科技合作项目、省农科院与菲律宾杂交水稻育种、栽培技术合作项目	持续推进
		实施东华理工矿产资源勘查研究、江西先锋职业技术学院聘请印度IT高级工程师、江西耐普矿机新材料公司“矿山机械产品输出及产业链构成”等引智项目	到2017年基本完成
	20. 医疗卫生合作工程	推进与东盟、南亚、俄罗斯、以色列开展学者互访、科研、临床医疗等合作	形成一批合作成果
	21. 中医药国际交流项目	举办传统中医国际交流班，建设江西中医药大学岐黄国医外国政要体验中心	办好首届传统中医国际研修班，力争2016年底前接收第一批国际学员，建成江西中医药大学岐黄国医外国政要体验中心
		建设江西中医药大学与俄罗斯巴什科尔托斯坦共和国尤玛达瓦疗养院巴国长江中医馆	争取2015年底前签署合作协议，派遣针灸医师开展工作
五、重大开放支撑平台	22. 口岸平台建设工程	争取设立南昌、九江综合保税区，加快建设赣州综合保税区和进境木材国检监管区，研究推进共青城海关特殊监管区或保税仓库	争取2015年底前南昌综合保税区获批，加快九江综合保税区申报设立工作进度，基本建成赣州综合保税区和进境木材国检监管区，启动共青城海关特殊监管区或保税仓库设立申报工作
	23. 经贸投资促进平台	参与厦门中国国际投资贸易洽谈会、南宁中国东盟博览会、中国亚欧博览会等重大经贸活动	积极推进各项交流活动圆满完成
		加强世界低碳生态经济大会、景德镇国际陶瓷博览会、中国绿色食品博览会、全国药品交易会、中国（江西）茶业茶文化展览会、中国国际麻纺博览会及赣港经贸合作活动、赣台经贸文化合作交流会等经贸平台建设	持续推进

续 表

类别	重点项目	建设内容	工作目标
五、重大开放支撑平台	23. 经贸投资促进平台	推动成立江西中东欧投资联合会	2015年底前成立
		设立江西德国、香港招商中心	持续推进
	24. 跨境合作产业园建设	建设上饶市经开区德国产业园、南昌高新区伏尔加产业园，推动新加坡等国家到我省设立产业园区	2015年开展上饶市经开区德国产业园、南昌高新区伏尔加产业园申报前期工作，加快完成产业园申报和设立工作；到2017年，吸引一批优势企业入驻产业园
	25. 友好省州建设	继续深化我省与俄罗斯雅罗斯拉夫尔州、柬埔寨暹粒省、菲律宾保和省、匈牙利奥普伦州友好省州关系，推进与法国香槟阿登大区、德国黑森州等友好省州的产业合作，发展与俄罗斯巴什科尔托斯坦共和国、彼尔姆边疆区友好省州关系	2015年底前与巴什科尔托斯坦共和国建立友好省州关系，2016年与彼尔姆边疆区建立友好省州关系；推进与香槟阿登大区开展农业、文化产业合作，与黑森州开展新能源汽车、化工、电子产品和机械制造业合作，共建德国产业园。力争到2017年与各友好省州建立沟通与协商机制，政府、企业及民间交往常态化
		继续深化南昌市与马其顿共和国斯科普里市、九江市与斯洛文尼亚科佩尔市、九江市与波兰莱基奥诺沃市、鹰潭市与乌克兰依久姆市、宜春市与匈牙利蒂萨铁堡市、上饶市与俄罗斯苏兹达里市、德兴市与匈牙利蒂萨新城友好城市关系，推进南昌市与俄罗斯乌法市建立友城关系	我省各市与沿线友好城市关系进一步深化，务实开展产业、经贸、人文等领域全面合作；2015年底前南昌市与俄罗斯乌法市建立友好城市关系
	26. 支持平台建设	设立省级参与“一带一路”建设专项资金	力争2016年完成
		建设省级对外投资大额融资和担保平台	

湖南省对接“一带一路”战略行动方案

（2015—2017 年）

湖南省人民政府

推进丝绸之路经济带和 21 世纪海上丝绸之路（以下简称“一带一路”）建设，是党中央、国务院根据全球形势深刻变化、统筹国内国际两个大局作出的重大战略决策，具有划时代的重大战略意义。为尽快启动湖南对接“一带一路”建设工作，特制订以下行动方案。

一、行动背景

（一）国家战略构想

以“政策沟通、设施联通、贸易畅通、资金融通、民心相通”（以下简称“五通”）为主要内容，重点推进基础设施、经贸、产业投资、能源资源、金融、人文交流、生态环境、海上合作等 8 个方面的务实合作。陆上，依托国际大通道，以沿线中心城市为支撑，共同打造若干经济走廊。海上，依托重点港口城市，以建设通畅安全高效的运输大通道为目标，共同建设一批海上战略支点。用 3~5 年时间，夯实基础，打开局面；用 10 年左右时间，重点突破，实质推进；到本世纪中叶，实现“五通”目标。

（二）我省的机遇和挑战

作为国家战略构想的内陆核心经济腹地，湖南面临难得的发展机遇。一是扩大开放的机遇。有利于借助和利用国家通道、国家平台、国际机制，加强开放体制、开放领域的创新和拓展，打造内陆开放高地。二是产业转型的机遇。有利于加快产能“走出去”，缓解当前产能过剩的突出矛盾，并通过引进先进技术推动产业迈向中高端。三是市场拓展的机遇。有利于挖掘沿线资源丰富但发展相对滞后国家巨大的市场需求潜力，拓展省内产品市场空间。四是均衡发展的机遇。有利于推动大湘西、湘北区域对接新亚欧、中国—东盟等经济走廊建设，加快开放发展，促进省内区域协调发展。同时，也面临着境外投资安全保障手段有限、国内产能竞相转移竞争加剧、省内服务平台功能不强等困难与挑战。

（三）我省基础和优势

总体看，我省在资源禀赋、产业基础、科教人文等方面具有鲜明特色，在强化对外开放、产业合作、协作交流等方面具备较强优势。从区位交通看，我省地处中部，承东启西，京广高铁与丝绸之路节点城市相连，沪昆高铁与东盟相通，水路可直达东部沿海港口，与珠三角、北部湾也有便捷通道。一批海关特殊监管区相继获批，一批水、陆、空口岸先后开放，为对接“一带一路”战略提供了良好的基础条件。从产业互补看，我省拥有工程机械、轨道交通、冶金、有色、建材、能源等传统优势产业，并在种植、育种、农机等方面拥有国际先进技术，与沿线国家加速推进工业化和基础设施互联互通、加强农业合作开放的意愿和需求十分契合。从合作历史看，近年来，省内一批重点企业远赴海外，在沿线国家建成了一批产业园区，实施了一批重点项目。特别是通过国际工程总承包，带动技术、资金、人才走出去，积累了宝贵经验。从科教人文看，我省是国家重要科教基地之一，综合创新能力位居全国前十，新闻出版、电广传媒等极具国际竞争力，为强化与沿线国家合作交往创造了有利条件。

二、行动要求

（一）总体思路

全面贯彻落实党的十八大和十八届二中、三中、四中全会精神，按照“五通”总体要求，充分利用国家通道、国家平台，将我省经济、人文、资源优势与沿线国家的发展需求结合起来，以长沙为节点城市，以重点区域、重大项目、重点平台、重要机制建设为依托，以提升全面开放水平、拓展经贸合作领域、扩大人文交流为重点，着力实施“六大行动”（装备产能出海行动、对外贸易提升行动、引资引技升级行动、基础设施联通行动、合作平台构筑行动、人文交流拓展行动），完善“五大机制”（项目推进机制、金融财税扶持机制、人才保障机制、风险防控机制、工作协调机制），建设80个左右的重大项目，总投资3000多亿元，将湖南打造成“一带一路”的重要腹地和内陆开放的新高地。

（二）基本原则

注重实效。立足现有基础，把握稳增长、促开放的实际需求，着力发挥湖南优势，务实推进一批时效性、基础性强的重点工作，确保对当前增长形成拉动，为长远发展创造条件。

统筹兼顾。在强化“一带一路”确定的重点国家合作交流的同时，深化与其他地区的合作。在巩固传统经贸往来的同时，积极开拓新的区域市场。在强化经贸合作的同时，注重人文交往。

重点突破。把握产业投资、经贸和文化合作交流的重点国别、重点行业，强化分类施策，提升合作交流的针对性和可行性。对重点国别、优先领域、关键项目，集中精力突破，形成示范效应。

政企联动。充分发挥企业主体作用，遵照市场机制、商业原则和国际通行规则，推进投资和经贸往来。充分发挥政府引导作用，突出加强宏观谋划、政策支持和搭桥铺路工作。

（三）推进安排

2015年，启动行动方案，重点完成实施方案编制、重大项目库建设等基础性工作，建立上下对接、政企联通、高效运转的工作机制。

2016年，突出加快已纳入行动方案的重点项目、重要平台建设，务求取得实质进展和示范效应。继续策划、推出一批新的重大项目。

2017年，基本建立与沿线国家的联系对接机制，服务平台基本覆盖、经贸合作全面提速、人文交往充分展开，为全面融入国家战略奠定坚实基础。

三、行动重点

（一）装备产能出海行动

行动目标：力争到2017年，对外投资中方合同额突破30亿美元，年均增长20%以上；对外承包工程营业额突破40亿美元，年均增长15%以上；培育20家左右在国内外有较大影响的产能“走出去”和国际工程承包重点企业。

行动内容：1. 瞄准重点区域、重点产业推动“走出去”。中亚—俄罗斯—东欧方向，突出对接哈萨克斯坦、俄罗斯、白俄罗斯等国，依托与伏尔加河流域协作机制，着力加强工程机械、钢铁、能源资源开发等产业合作，重点推进中联重科中白工业园、鼎鑫贸易俄罗斯农业产业园、中轻长沙哈萨克斯坦风电、顶立科技俄罗斯碳纤维复合材料等项目建设；南亚方向，突出对接巴基斯坦、斯里兰卡、印度、孟加拉国等国，着力加强基础设施、工程机械、农业、节能环保产业合作，重点推进湖南建工集团斯里兰卡污水处理厂、斯博泰科孟加拉垃圾发电厂等项目建设；东南亚方向，突出对接印尼、马来西亚、越南、老挝、泰国、柬埔寨等国，着力加强钢铁、纺织、建材、轨道交通等产业合作，重点推进华菱集团印尼无缝钢管、旗滨玻璃马来西亚生产线等项目建设；西亚—非洲方向，突出对接埃塞俄比亚、安哥拉、埃及、南非、阿尔及利亚、坦桑尼亚、刚果（布）等国，着力加强农业、基础设施、工程机械、轨道交通、矿业等行业的国际产能合作，重点推进南车南非基地、中建五局阿尔及利亚高速公路、埃塞俄比亚湖南工业园等项目建设；大洋洲—南美方向，突出对接澳大利亚、巴西、阿根廷、秘鲁、委内瑞拉等国家，着力加强产业化住宅、工程机械、轨道交通、水利资源和矿产资源开发、农业等产业合作，重点推进长沙远大住宅工业集团苏里南基地、三一重工巴西产业园等项目建设；欧盟方向，突出对接德、法、意、荷兰等国，着力加强工程机械、环保机械、汽车、农业等产业合作。

2. 扶持重点企业带头“走出去”。落实国家优惠政策，对投资新区域和新领域、带动相关产业“抱团”出海的重点企业，给予政策和资金支持。对重点“走出去”企业实行“一对一”帮扶机制。近期，集中支持20家省内“走出去”企业。

3. 创新模式带动产业“走出去”。鼓励有实力的企业建设境外经贸园区，吸引上下游产业链转移和关联产业协同布局，带动一批配套中小企业和上下游产业“走出去”。支持在湘的工程咨询设计单位通过工程总承包，带动产能“走出去”。引导企业以工程、项目、设备（含二手设备）换资源等多种方式开展合作，实行资源开发与基础设施建设相结合、工程承包与建设运营相结合，向系统集成、工程总承包方向拓展。积极发挥行业商协会作用，组建并推进一批产业联盟“抱团”出海。鼓励和引导省内企业以资本或业务为纽带，联合央企“借船”出海。

牵头单位：省发改委、省商务厅、省经信委。

责任单位：省工商联、省财政厅、省环保厅、省住房城乡建设厅、省交通运输厅、省水利厅、省农委、省外事侨务办、省国资委、省政府金融办、省能源局、省国税局、省电力公司、长沙海关、湖南出入境检验检疫局、人民银行长沙中心支行、国家开发银行湖南省分行、中国进出口银行湖南省分行、中国银行湖南省分行、中国工商银行湖南省分行、中国建设银行湖南省分行、中国出口信用保险公司长沙营管部。

（二）对外贸易提升行动

行动目标：力争到2017年，全省进出口贸易年均增长10%左右，其中对“一带一路”沿线国家增长20%以上。

行动内容：

1. 实施“四个一批”扩大出口。开拓一批新兴市场，在巩固香港、欧盟、日美市场的同时，积极拓展东非、东亚、东南亚、南美等新兴市场。在巩固食品、农产品、陶瓷、湘绣、鞋帽、纺织等优势产品出口的同时，扩大发制品、小五金、电子产品、机电产品、工程机械等出口。培育一批龙头企业，扶持一批出口10亿美元以上的制造业和贸易企业。打造一批品牌，拓展出口加工产业链，提升产品附加值。建设一批基地，重点实施省级工业园区“破零倍增计划”，打造一批市场占有率高、竞争力强的特色产品出口基地和出口产品质量安全示范区。指导企业运用原产地优惠政策促进出口。

2. 抢抓“三降”机遇增加进口。抓住国际大宗商品价格下降机遇，扩大资源性产品进口；抓住国家降低高端消费品进口关税机遇，扩大高端时尚消费品进口；抓住国际先进技术和设备价格降低机遇，扩大先进技术、高端装备及配套产品进口，提升省内产业素质。

3. 创新发展模式壮大服务贸易。利用EPC模式，支持重点制造业企业带动产品服务走出去，在境外发展制造服务业。利用文化、旅游资源优势，推动文化、旅游产品出口。支持服务外包产业发展，为外包企业承揽国际业务。支持企业建立国际营销网络，鼓励商贸物流、跨境电子商务、邮政快递、供应链管理向沿线国家拓展业务。

牵头单位：省商务厅。

责任单位：省发改委、省经信委、省财政厅、省农委、省政府金融办、省国税局、湖南出入境检验检疫局、长沙海关、人民银行长沙中心支行、国家开发银行湖南省分行、中国进出口银行湖南省分行、中国银行湖南省分行、中国工商银行湖南省分行、中国建设银行湖南省分行、中国出口信用保险公司长沙营管部。

（三）引资引技升级行动

行动目标：力争到2017年，外商直接投资稳定在100亿美元，引进吸收一批国际先进技术和管理模式。

行动内容：

1. 引进外商直接投资。强化产业链招商，抓住新一轮国际产业转移的契机，依托现有核心产业，引进上下游企业落户，完善产业链条。依托核心人才、技术，引进境外战略投资者，投入省内高新技术产业开发，培育壮大新兴产业。瞄准世界500强企业，强化项目定向开发，促进更多世界级大企业落户湖南。

2. 优化外商投资环境。按照负面清单管理模式，进一步修订外商投资产业指导目录，再缩减一批限制类条目。在所有省级园区推广中国（上海）自贸区“21+29”的创新举措。对外商投资项目积极推行网上预备案管理。

3. 鼓励开展技术合作。支持与沿线国家共建一批联合实验室（研究中心）和国际技术转移中心，合作开展重大科技攻关。引导支持有实力的企业在沿线国家建设研究中心或技术示范和推广基地。重点推进中意低碳研究中心、中英绿色环保建设中心、湖南国际技术转移中心（1+N）平台，以及孟加拉、巴基斯坦、印尼、印度、泰国杂交水稻种子研发分中心等项目建设。

牵头单位：省商务厅。

责任单位：省发改委、省科技厅、省经信委、省财政厅、省外事侨务办、省政府金融办、省国税局、长沙海关、湖南出入境检验检疫局、人民银行长沙中心支行、国家开发银行湖南省分行、中国进出口银行湖南省分行、中国银行湖南省分行、中国工商银行湖南省分行、中国建设银行湖南省分行、中国出口信用保险公司长沙营管部。

（四）基础设施联通行动

行动目标：力争到2017年，与国家“一带一路”规划确定的重点省市、重点港口的主要通道基本打通，形成省内交通网与“一带一路”陆海大通道直接连通的大格局。

行动内容：

1. 打通陆上通道。抓紧推进蒙西至华中煤运通道、怀邵衡、黔张常等铁路建设，打通面向西北的铁路通道，直接连通中国—中亚经济走廊。加快焦柳怀化至柳州段、湘桂衡阳至柳州段电气化改造、张吉怀铁路等项目建设，打通面向中国—东盟经济走廊和北部湾地区的通道。加强渝长厦、常岳九、兴永郴赣、安张衡等铁路前期工作，推动与东南沿海地区的对接，打造连通陆上丝绸之路经济带和海上丝绸之路的通道。培育发展“湘欧快线”，健全国际铁路运输、口岸通关协调机制，强化货源组织和运营管理，提升班列开行密度、运输时效和服务质量，积极发展“五定班列”，致力打造中欧班列南方区域核心枢纽。同时，重点建设炉红山（湘鄂界）经慈利、张家界、新化至武冈高速公路，打通G59呼和浩特至北海南北向运输大通道；推进G5513长沙至益阳高速公路扩容工程、G60醴陵（湘赣界）至娄底高速公路扩容工程，进一步提升东西向运输通道服务能力；加快桑植至龙山高速公路建设，强化与成渝方向连通对接。

2. 打通国际航线。实施长沙黄花机场飞行区东扩工程、空港配套工程等项目，将长沙机场打造成长江中游重要的国际空港枢纽。推进张家界荷花国际机场改扩建。完善航线网络，推动开通长沙至香港全货航班，长沙至欧洲、美国、澳洲、俄罗斯、日本、西亚等国际洲际航线。

3. 打通水上通道。畅通长江中游黄金水道，争取国家将长江中游6米水深航道上延至岳阳城陵矶。加快推进湘江、沅水2条国家高等级航道和洞庭湖区高等级航道建设，推动深水航道向上延伸，推进城陵矶港与上港集团的合作，将其打造成为长江中游重要的航运物流中心。提升长株潭港口群及常德、益阳、衡阳、永州等重点港口功能，推进内河水运与沿海港口无缝衔接，对接海上丝绸之路。巩固提升岳阳至东盟航线运输能力，争取与更多近海国家和地区开通直航，扶持省内发展江海轮运输团队，大力发展“五定班轮”。

4. 打造立体综合运输体系。加强水运、铁路、公路、航空和管道的有机衔接，统筹货运枢纽与开发区、物流园区等空间布局，完善货运枢纽集疏运功能。鼓励发展多式联运，提高集装箱和大宗散货铁水联运比重。

牵头单位：省发改委、省交通运输厅。

责任单位：省财政厅、省水利厅、省商务厅、省政府金融办、省机场管理集团、省国税局、长沙海关、湖南出入境检验检疫局、人民银行长沙中心支行、国家开发银行湖南省分行、中国进出口银行湖南省分行、中国银行湖南省分行、中国工商银行湖南省分行、中国建设银行湖南省分行、中国出口信用保险公司长沙营管部、省边防总队。

（五）服务平台构筑行动

行动目标：力争到2017年，形成覆盖“一带一路”沿线重点国家的“走出去”服务平台体系。

行动内容：

1. 打造以“两港两区”为重点的开放平台。岳阳城陵矶港，支持城陵矶新港区申报国家级高新技术产业开发区，充分发挥综保区、启运港退税等政策优势，以及肉类、汽车整车、粮食等进口指定口岸功能作用，带动产品进出口。长沙黄花机场空港，支持长沙黄花机场片区申报综保区，大力发展航空物流，建设长沙临空产业示范园，与高铁枢纽片区联合打造临空高铁经济区。长沙自贸区，整合力量，集中优势产业推动长沙申报自贸区工作。湘江新区，抓紧编制实施规划，打造开放发展的核心区。

2. 提升以“两空三水十三陆”为重点的口岸平台。促进长沙、张家界航空口岸，岳阳城陵矶、长沙霞凝、常德盐关口岸，6个公路、7个铁路口岸，以及郴州国际快件中心等其他9个口岸的提质升级改造，建设湖南电子口岸平台，开展跨区域查验机制协作，推进“一次申报、一次查验、一次放行”，实现“信息互换、监管互认、执法互助”和单一窗口，提高通关速度，节省物流成本。争取在省内铁路主要站点、重要内河港口合理设立直接办理货物进出境手续的查验场所。

3. 做强以国家级和省级开发区为重点的产业承接平台。强化园区基础设施建设，提升园区承接产业转移平台功能。创新园区建设模式，鼓励与境外资本合作发展“飞地”园区。利用湘南国家级承接产业转移示范区和国家级经济技术开发区优势，推动国际产业转移合作。

4. 构筑境外产业发展平台。依托现有“走出去”企业，建设一批国家级境外经贸合作园区。加大北欧湖南农业产业园、泰国湖南工业园、越南商贸物流园、阿基曼中国城等在建园区的建设力度；积极培育三一巴西产业基地、中联印度产业基地、南车南非产业基地、隆平高科东帝汶农业示范基地、老挝湖南橡胶产业基地、老挝湖南农业产业基地、俄罗斯贝加尔湖流域湖南农业产业基地等；在美国南卡州、埃塞俄比亚、苏里南、柬埔寨等国家和地区选择一批基础好的项目作为境外储备园区。

5. 搭建境外综合服务平台。依托境外经贸合作园区、驻外机构、企业，在我省投资合作的重点国家和地区，逐步设立湖南境外商务代表处。在湘企聚集度较高的国家和地区组建成立境外湖南商会、湖南同乡会。在南宁、乌鲁木齐筹建湖南东盟、湖南亚欧办事处。

6. 搭建国际经贸合作交流平台。充分利用东盟博览会、亚欧博览会、丝博会等经贸展会，以特色产品展、专题活动、项目对接等多种形式，宣传湖南企业，推动经贸合作。在扩大世界矿博会国际影响的同时，依托长沙国际会展中心和重点产业再搭建一批世界级的经贸交流平台。

牵头单位：省商务厅。

责任单位：省工商联、省发改委、省经信委、省财政厅、省农委、省外事侨务办、省政府金融办、省国税局、长沙海关、湖南出入境检验检疫局、省机场管理集团、人民银行长沙中心支行、国家开发银行湖南省分行、中国进出口银行湖南省分行、中国银行湖南省分行、中国工商银行湖南省分行、中国建设银行湖南省分行、中国出口信用保险公司长沙营管部、省边防总队。

（六）人文交流拓展行动

行动目标：力争到2017年，文化产品进出口贸易额达到13亿美元，年均增长15%以上；国际旅游收入达到10亿美元左右；招收沿线国家留学生数量年均增长10%；建立一批与沿线国家和地区政府间定期合作交流机制，结对一批友好城市。

行动内容：

1. 加强文化旅游合作。与沿线国家和地区、中西部各省区合作开发旅游线路，互办旅游推广周、宣传月，拓展旅游市场。积极参与亲情中华、文化中国四海同春、欢乐春节、“丝绸之路影视桥工程”和“丝路书香工程”等文化品牌交流活动，充分利用湖南卫视、中南传媒的平台优势和湖湘文化的国际影响力，扩大与沿线国家在文化体育、广播影视、新闻出版、文艺演出等方面的交流合作，互办文化年、艺术节、文化遗产展览展示、体育赛事等活动，合作开展文物考古发掘，加强对外文化中介机构和海外营销渠道建设，推动文化创意产业、特色文化产业和特色文化产品“走出去”。

2. 加强教育培育合作。鼓励支持省内有实力的院校、职业院校开展境外办学和职业教育合作。扩大外国留学生规模，引导企业吸纳留学生参与境外项目建设。加强与境外合作国家间的学术交流。推进湖南师范大学与俄罗斯喀山大学、长沙理工大学与黑山共和国大学合作举办孔子学院。利用“汉语桥”等文化教育平台，深化与沿线国家交流。

3. 加强医疗卫生领域交流协作。加强与沿线国家和地区在妇幼保健、残疾人康复、中医养生保健及艾滋病、结核病、疟疾等传染性疾病方面开展务实合作；鼓励省内有条件的中医医疗机构和社会资本与沿线国家的医疗机构、社会团体合作，在境外建立一批高水平中医医疗机构，提供中医医疗和养生保健服务；鼓励有条件的中医医疗机构申请获得国际知名保险机构的认证，大力发展与旅游业相结合的对外医疗保健服务产业。鼓励省内中医药企业在沿线国家设立分支机构，开展医药合作。

4. 加强政府间合作。推动与重点国家和地区建立友好省州、友好城市等经贸合作伙伴关系，完善沟通协调机制，结对一批友好城市。推动重点国家和地区在长沙设立官方经贸促进机构。加大境外宣传力度，塑造“海外湘军”整体品牌形象。加大对湖南良好生态和投资环境宣传力度，吸引境外投资。

5. 引导社会组织合作。鼓励引导省内社会组织与沿线国家非政府组织开展广泛交流合作，在生态建设、防灾减灾、应对气候等方面建立合作机制，积极开展水污染治理、大气污染防治、重金属污染修复等领域的国际交流合作。

牵头单位：省外事侨务办。

责任单位：省委宣传部、省台办、省教育厅、省民政厅、省财政厅、省环保厅、省文化厅、省卫生计生委、省新闻出版广电局、省体育局、省旅游局、省政府金融办、团省委、省国税局、长沙海关、湖南出入境检验检疫局、人民银行长沙中心支行、国家开发银行湖南省分行、中国进出口银行湖南省分行、中国银行湖南省分行、中国工商银行湖南省分行、中国建设银行湖南省分行、中国出口信用保险公司长沙营管部。

四、行动保障

（一）项目推进机制

1. 强化项目储备。整合各方信息，按照六大行动类别，建立健全境外投资和合作交流重大项目库。实行境外合作项目报备制度，对项目库进行动态管理、滚动淘汰，及时更新境外合作项目信息。

2. 强化项目对接。加强与国家相关部委衔接，争取我省项目更多地纳入国家“一带一路”战略规划。加强与国家驻外使领馆及沿线国家的驻华使领馆的联系，畅通沟通交流机制，搭建中外企业项目对接平台。加强与央企的项目对接合作，带动省内重大项目落地。

3. 强化项目开发。建立境外合作项目滚动实施机制，开工一批、储备一批、谋划一批境外合作项目。借助国际咨询力量，依托现有的走出去企业加强合作项目开发储备，形成项目续接。

4. 强化项目实施。定期调度进展情况，建立部门对口联系机制，实现一个重点项目、一套服务体系，帮助企业突破项目瓶颈制约，加快境外合作项目建设。

牵头单位：省发改委、省商务厅。

责任单位：省经信委、省财政厅、省国资委、省外事侨务办、相关企业。

（二）金融财税扶持机制

1. 争取政策性金融支持。充分借助国家开发银行、中国进出口银行等政策性银行，进一步扩大“两优”贷款规模和使用范围，加强对龙头企业“走出去”金融支持。充分发挥中信保等政策性保险机构在重大项目推进落实中的风险保障作用和投融资桥梁作用，主动为企业“走出去”提供信用保险，防控投资风险。

2. 强化融资渠道和模式创新。积极加强与亚行、亚投行、世行、金砖银行，丝路基金、中非基金、中国—东盟海上合作基金等基金合作，争取对我省“走出去”重大项目的支持。加强对银团贷款、联合授信、俱乐部贷款等融资合作模式的运用，引导中国银行、工商银行、建设银行、农业银行等商业银行联合支持我省海外项目。支持“多行一保”联合打造最低成本、最优服务的海外项目融资模式，通过利率优惠、缩短授信时间等举措，支持企业进行境外收购，开展海外 PPP 项目。持续完善内保外贷政策，支持企业以境外项目、资产或股权、矿权等权益办理抵押贷款。

3. 加大财税支持力度。省直相关专项要重点扶持省内“走出去”示范项目建设、支持重要的功能性平台建设。积极争取国家投资，支持重要的交通项目建设。对纳入行动方案的重大项目，重点示范企业，按政策规定在税收、收费方面给予优惠支持。

牵头单位：省金融办、人民银行长沙中心支行、湖南银监局、省商务厅、省财政厅。

责任单位：省发改委、省国税局、国家开发银行湖南省分行、中国进出口银行湖南省分行、中国银行湖南省分行、中国工商银行湖南省分行、中国建设银行湖南省分行、中国农业银行湖南省分行、中国出口信用保险公司长沙营管部。

（三）人才保障机制

1. 加强人才引进。完善人才评价制度，创新人才引进方式，开辟人才引进绿色通道，搭建国际人才交流平台，加大全球招聘力度，大力引进熟悉国际法、国际商贸规则的复合型人才。深化与境外华人社团合作，发挥华人华侨的力量，协助企业引进海外人才。

2. 加强人才培训。举办企业高端人才培训班，进行有关“走出去”的法规、政策、礼仪、文化、语言等方面的专项培训。引导省内高校、高职院校培养翻译人才、海外营销策划人才、国际经贸和法律人才。适时选派省内机关事业单位、企业的骨干到海外项目挂职锻炼。注重发挥“一带一路”沿线国家在我省留学人员作用，服务各类经贸和人文交往活动。

3. 完善人才政策。研究制定吸引人才的优惠政策，强化人才奖励与保障制度，吸引、留住、用好人才，形成强大的国际项目团队，为人才发展提供优良环境。简化企业人员出国（境）手续，适当放宽企业团组人数和人员出国次数、天数等审批条件，为企业人员“走出去”提供更加便捷的服务。

牵头单位：省委组织部。

责任单位：省人力资源社会保障厅、省教育厅、省科技厅、省财政厅、省公安厅、省外事侨务办、团省委。

（四）风险防控机制

1. 构建“走出去”综合信息服务体系。整合现有涉外信息服务网站资源，组建省内对接“一带一路”综合信息服务网，及时提供沿线国家法律、市场需求、投资环境、经济政策、税收政策、劳工和人力资源政策、质量安全标准和疫病疫情等风险预警方面信息。定期发布我省装备制造业合作重点国别风险评估报告，及时预警有关国家政治、经济、社会重大风险。对走出去的重大项目，及时提供风险评估服务。

2. 建立政府间对话磋商机制。利用政府间各层级对话磋商机制，积极帮助“走出去”企业协调好与东道国政府的关系，为企业参与境外项目创造良好环境。指导和协助企业妥善处理重大国别风险和突发安全事件。加强领事保护知识的宣传教育，妥善处理涉外案件，依法维护我省企业和公民海外合法权益。

3. 打造省级的海外投资智库。吸纳具有丰富的海外投资实践经验的企业家、涉外律师、经济学家、学者等各类专业人才成立省级海外投资智库，指导并协助企业开展对外投资经营培训交流，就成功或失败的海外投资案例进行交流、研究、总结；充分利用湖南省境外企业法律事务咨询服务中心、湖南省律师协会涉外法律事务专业委员会的优势资源，开展境外法律培训；加大对涉外法律领军人才的培养支持力度，为海外投资企业提供优质高效的法律服务。

牵头单位：省商务厅。

责任单位：省经信委、省公安厅、省司法厅、省外事侨务办、省工商联、人民银行长沙中心支行、湖南出入境检验检疫局。

（五）工作协调机制

1. 强化组织领导。建立对接国家战略领导小组，建立定期工作协商机制，共同研究制定重大政策、协调重大问题、设定时间任务进度表，确保纳入行动方案的重点工作、重大项目有序推进。

2. 强化责任落实。相关部门和重点企业要将贯彻落实行动方案列入本单位的重要工作，做好各类规划与行动方案的衔接，制定实施方案，分解落实目标任务。

3. 强化监督检查。完善企业境外合作项目统计调查制度，做好统计监测和信息发布工作。建立工作进展情况季度报告制度，及时了解重点工作和重大项目进展，及时解决突出问题。将推进“653”行动方案情况纳入部门绩效考核。

牵头单位：省发改委、省经信委、省商务厅、省外事侨务办、省统计局。

责任单位：相关成员单位。

附件：2015—2017 年湖南省对接“一带一路”建设项目清单

序号	项目名称	投资区域	项目单位	项目进度	建设内容及规模	总投资（亿元）	备注
						3603.85	约 581 亿美元
境外投资类						1900.25	
一、产业投资项目						138.8	
1	农业机械、工程机械投资	印尼	中联重科	建设项目	在印尼组建合资公司，生产农业机械和工程机械，当地销售	12.4	
2	远大住工南美建筑工业化基地	苏里南	长沙远大住宅工业集团有限公司	建设项目	与苏里南共和国合作，在苏里南首都帕拉马里博市建设远大住工首家海外工厂，按照与政府合作协议为苏里南共和国提供 18000 套房屋住宅	8	
3	远大住工尼日利亚建筑工业化基地	尼日利亚	长沙远大住宅工业集团有限公司	建设项目	在尼日利亚投资建设 3 条混凝土预制板（pc）生产线	0.5	
4	台塑河静钢铁厂	越南	中冶长天	建设项目	设备和设计总承包（不带施工）	9.8	
5	土耳其 ICDAS 钢铁公司烧结项目	土耳其	中冶长天	正在投标中	设备和设计总承包（不带施工）	5	
6	无缝钢管生产线项目	印尼	华菱钢铁集团	与新加坡公司谈框架协议，联合投资此项目	拟以直接投资方式在印尼巴淡岛经济开发区合作建设炼钢－连铸－轧钢生产线，我方以设备技术出资，设计能力 100 万吨/年	24.8	
7	南非南车机车配件基地项目	南非	南车株洲电力机车有限公司	正在与外方进行谈判，预计今年开工建设	在南非投资建设电力机车配件基地，形成新造 200 辆电力机车配件/年的产能	2.4	
8	新华联印尼高炉镍铁系列项目	印度尼西亚	湖南新华联镍业有限公司	已在国内备案	建设 12 座 80m^3 高炉，每座高炉年产镍铁 2.5 万吨，一次规划，分三期建设，每期建设产能 10 万吨镍铁	44	

续 表

序号	项目名称	投资区域	项目单位	项目进度	建设为容及规模	总投资（亿元）	备注
9	连铸流程自动检测与控制系统	美国伯明翰市	衡阳镭目科技有限责任公司	建设项目	新建美国分公司办公场所1000平米，建设成以研发为主的镭目科技美国分公司，达到年产连铸流程自动检测与空制系统100套的规模	0.3	
10	越南轻卡汽车项目	越南河内	长沙斯博泰科技有限公司	建设项目	1.25吨，2吨轻型卡车的试制以及整车配件供应	3	
11	印尼植物油生产、加工、经营项目	印尼	湖南天建投资管理有限公司	建设项目	印尼植物油生产、加工、经营。（种植面积两处5000公顷）	12.4	
12	KIBING（M）SDN BHD 1200吨/日 Low-E 在线镀膜及高档多元化玻璃生产线项目	马来西亚	漳州旗滨玻璃有限公司（系株洲旗滨集团股份有限公司下属全资子公司）	建设项目	旗滨集团（马来西亚）有限公司出资1600万美元，购买三星康宁公司位于马来西亚森美兰州芙蓉市的资产，拟投资1.9亿美元建设二条优质浮法玻璃生产线	12.4	
13	12000吨乳化包装炸药投资建厂	津巴布韦	湖南南岭民用爆破器材股份有限公司	国内准备出台可研性报告，津方比较积极	包括厂区建设、设备生产和当地销售网络建设、爆破工程与服务一体化	2	
14	高性能碳纤维复合材料及其热工装备研究中心建设项目	俄罗斯莫斯科科罗廖夫州	湖南顶立科技有限公司	年内在俄罗斯注册公司，预计16年开工	与俄罗斯 Public Joint Stock Company “Kompozit” 公司合作，开展高性能碳纤维复合材料及其热工装备研究中心的建设，项目总投资额1.8亿元	1.8	
	二、能源资源合作项目					279.3	
15	日本420MW海上风电项目	日本	三一重工	预计2015年下半年动工	在日本安装70台6MW风机，共420MW，属于大型风电投资项目	35	
16	阿曼 Duqm 风电投资项目	阿曼	三一重工	已经签署谅解备忘录，正在找风场	在阿曼 Duqm 特区建立风场，15~20套风电设备	3	

续表

序号	项目名称	投资区域	项目单位	项目进度	建设内容及规模	总投资（亿元）	备注
17	越南莱州水电站机电设备成套项目	越南	中国电建集团中南勘测设计研究院	建设项目	越南莱州水电站机电设备供应，成套设计及安装等	7.9	
18	泰国 WED 风电项目	泰国	中国电建集团中南勘测设计研究院	建设项目	装机 60MW 风电场工程总承包	7.4	
19	加纳电网改造项目	加纳	湖南省建筑工程集团总公司	建设项目	电力工程建设	14.9	
20	加纳沃尔特电网项目	加纳	湖南省建筑工程集团总公司	建设项目	电力工程建设	11.2	
21	蒙古第三电厂扩建项目	蒙古	湖南建工设计－采购－施工总承包	等待合同价格审批	新建 2x125MW 燃煤机组	21	
22	特变电工老挝万象市 115kV 变电站及输变电线路建设	老挝万象市	特变电工衡阳变压器有限公司	已经签署谅解备忘录，开展可行性研究	两座 115kV 变电站建设、部分 115kV 输变电线路建设及 22kV 配网建设	2.5	
23	喀麦隆库塞里 100MW 太阳能电站、加鲁阿 100MW 太阳能电站	喀麦隆	特变电工衡阳变压器有限公司	预计 2017 年动工	200MW 太阳能电站建设	34.7	
24	坦桑尼亚 132kV 电网扩建和农村电气化项目（一期）	坦桑尼亚中西部 5 省	特变电工衡阳变压器有限公司	已提交科研报告及报价	近 1000 公里 132kV 输电线路、7 个 132kV 新建变电站及几千公里 33/0.4kV 配网线路	30	
25	坦桑尼亚 IPTL200MW 天然气发电项目	坦桑尼亚	特变电工衡阳变压器有限公司	已经签署谅解备忘录，业主已完成可研报告	200MW 天然气电厂设计、采购及施工，不含送出变电站	11.2	
26	尼泊尔 Tamako-shi-V 水电站项目	尼泊尔	特变电工衡阳变压器有限公司	已经签署谅解备忘录	87MW 水电站建设	10.2	

续 表

序号	项目名称	投资区域	项目单位	项目进度	建设内容及规模	总投资（亿元）	备注
27	喀麦隆 225kV 和 90kV 输变电线路项目	喀麦隆	特变电工衡阳变压器有限公司	已经签署谅解备忘录，预计 2016 年动工	220kV/90kV 输变电线路建设	4.8	
28	黑山 110kV 变电站	黑山	特变电工衡阳变压器有限公司	已签署谅解备忘录	黑山首都某即将开发的旅游岛提供照明及设备用电	1.2	
29	越南哈松发 1 及哈松发 2 水电站；巴基斯坦 FHPP - 1/3/4 项目	越南；巴基斯坦	华自科技海外事业部	建设项目	1. 哈松发 1 电站：2 台 2700KW 全套水轮发电机组。2. 哈松发 2 电站：2 台 2700KW 全套水轮发电机组	0.4	
30	埃及苏伊士运河管理委员会（SCA）100MW 光伏电站工程	埃及伊斯梅利亚	苏伊士运河管理委员会（SCA）；红太阳光电	已经签署框架协议，预计 2015 年动工	100MW 光伏电站工程建设	12	
31	共创南非 250MW 光伏电站	南非	共创实业集团有限公司（衡阳）	已经签订意向书，正申请核准	建设 250MW 光伏发电站	25	
32	孟加拉吉大港 2000 吨垃圾能源化项目	孟加拉吉大港	长沙斯博泰科技有限公司	2015 年 6 月准备签署谅解备忘录	日处理 2000 吨垃圾焚烧发电厂	31	
33	缅甸 NAM PAW 水电站项目	缅甸	湖南省水利水电勘测设计研究总院	可行性研究报告	20MW 水电站项目的勘测设计咨询	3.4	
34	巴布亚新几内亚埃德伍（EDEVU）水电站	巴布亚新几内亚	湖南澧水清洁能源投资有限公司	已经签署合作开发协议，已完成环评、可研报告	51MW 的水电站建设	12.5	
三、基础设施建设项目						1375.4	
35	梅地亚 53 公里高速公路	阿尔及利亚	中建五局	建设项目	交通运输建设	105.4	
36	CHERCHELL 绕城线 17 公里公路	阿尔及利亚	中建五局	建设项目	交通运输建设	27.8	

续表

序号	项目名称	投资区域	项目单位	项目进度	建设内容及规模	总投资（亿元）	备注
37	提巴萨48公里快速公路	阿尔及利亚	中建五局	建设项目	交通运输建设	26.7	
38	刚果（布）国家1号公路项目3-2分部	刚果（布）	中建五局	建设项目	交通运输建设	7.7	
39	康斯坦丁3200套项目	阿尔及利亚	中建五局	建设项目	房屋建筑	6.7	
40	西迪默罕默德2160套	阿尔及利亚	中建五局	建设项目	房屋建筑	6.2	
41	坦桑尼亚港口扩建项目	坦桑尼亚	三一重工	预计2016年开工	对坦桑尼亚某旧港口进行升级改造，由国外公司总承包，三一已中标为设备分包商，现在在沟通融资方案	35	
42	马来西亚柔佛州金海湾项目	马来西亚	湖南省建筑工程集团总公司	建设项目	房屋建筑	7	
43	斯里兰卡道路升级改造项目	斯里兰卡	湖南建工设计-采购-施工总承包	已签约，等待融资协议批复预计年内开工	5路13桥的改造升级	6	
44	斯里兰卡污水厂处理厂项目	斯里兰卡	湖南建工设计-采购-施工总承包	已签约，等待融资协议批复	2016年新建污水处理厂（10500吨/天）	4.8	
45	孟加拉拉杰沙希地表水处理厂项目	孟加拉	湖南建工设计-采购-施工总承包	合同条款谈判中	新建日处理20万吨饮用水厂，及63KM管网	19.8	
46	老挝万象至占巴塞高速公路项目	老挝	湖南建工集团	近期签订合作备忘录	老挝万象-老挝柬埔寨边境700km	1097	
47	刚果（布）国家1号公路项目多利吉-布拉柴2-1标段（含加铺合同）	刚果（布）	湖南路桥建设集团有限责任公司	建设项目	交通运输建设	8.2	
48	加蓬恩德恩德-奇班加公路	加蓬	湖南交通国际经济工程合作公司	建设项目	交通运输建设	8.7	

续表

序号	项目名称	投资区域	项目单位	项目进度	建设内容及规模	总投资（亿元）	备注
49	阿尔及利亚南北高速E4合同段	阿尔及利亚	邵阳公路桥梁建设有限责任公司	建设项目	交通运输建设	8.4	
	四、合作园区项目					105.5	
50	三一巴西产业园升级	巴西	三一重工	建设项目	将巴西产业园升级为国家级海外工业园区，带动中国工业企业开拓巴西市场	22.3	
51	中国—白俄罗斯工业园生产基地	白俄罗斯明斯克州	中联重科	建设项目	年产3000台套工程机械设备，超过20000平米生产厂房	3.1	
52	东帝汶湖南农业产业园	东帝汶	隆平高科	建设项目	东帝汶马纳图托省，农副产品生产及加工。优贷程序在走，预计投资1亿美元，面积2000公顷。目前已经投产1500亩，2015年新开发了100公顷的育种基地	6.2	
53	老挝粮食生产基地	老挝	湖南炫烨生态农业发展有限公司	建设项目	建设一座集粮食加工、交易、物流、仓储及农机交易、林产品交易为一体的现代化农业产业园区	3.7	
54	阿基曼中国城	阿联酋阿基曼	湖南博深实业集团	建设项目	新建28万平米园区	8	
55	泰国湖南工业园	泰国	邵东县隆源贸易有限责任公司	建设项目	泰国湖南工业园座落在甲民武里工业城内，总开发4平方公里，分三期开发，总投资50亿人民币。第一期开发1平方公里，2010年破土动工，一期开发已基本完成。第二期建设800亩，正在进行。整个园区分五大区进行规划布局：纺织服装工业区、汽车电子工业区、农用机械制造区、建材冶金工业区和生活配套设施区	50	
56	南南产业园	苏里南	鹰皇国际信息港（湖南）有限公司	有望2016年开工	2014年8月和苏里南外交部签订南南产业园合作谅解备忘录，目前在进行产业园选择工作	6.2	

续表

序号	项目名称	投资区域	项目单位	项目进度	建设内容及规模	总投资（亿元）	备注
57	北欧湖南农业产业园	芬兰	湖南北欧投资管理有限公司	建设项目	芬兰科沃拉市，建设集农业种植、农产品深加工、农产品物流于一体的现代农业园区，投资8600万欧元，面积2.5平方公里。2014年1月破土动工，已有湖南味茹坊生物科技有限公司入园，湖南活力种业科技股份有限公司和湖南娄底响莲实业发展有限公司，正在注册，准备入园	6.0	
	五、科技人文合作项目					1.25	
58	《锦绣神州之奇游迹》		湖南锦绣神州影视文化传媒有限公司	建设项目	逐步完成在美国ICN电视联播网纽约24.2中文台700集播出任务		
59	巴基斯坦杂交水稻联合研发中心	巴基斯坦	隆平高科	建设项目	与巴基斯坦农业研究中心合作，建立杂交水稻育种研发基地、高产栽培示范基地及杂交水稻技术培训中心，并开展杂交水稻育种研发、生产技术改良及培训	1	
60	中国杂交水稻技术在马来西亚的应用研究与示范	马来西亚	湖南省杂交水稻研究中心	正在争取科技部对外援助项目	与马来西亚在农业领域开展联合技术研究与示范，通过引进先进的中国杂交水稻技术，筛选适应当地推广的杂交水稻品种，摸索配套高产栽培和制种技术，培训科技人员，促进杂交水稻在马国的推广和应用	0.25	
61	俄罗斯喀山大学孔子学院	俄罗斯	湖南师大	正在洽谈	与俄罗斯喀山大学合作举办孔子学院		
62	黑山共和国大学孔子学院	黑山	长沙理工大学	正在洽谈	与黑山共和国大学合作举办孔子学院		
	省内基础设施项目					1703.6	
	一、重大开放平台项目					114.5	
63	长沙港霞凝港区三期工程	长沙		建设项目	新建2000吨级多用途泊位2个，滚装船泊位1个，件杂货泊位3个	8	

续 表

序号	项目名称	投资区域	项目单位	项目进度	建设内容及规模	总投资（亿元）	备注
64	郴州铁路口岸（铁海联运）；郴州市交通综合物流和信息平台	郴州	兴义物流	建设项目	项目用地面积620亩，设计货物到发量600万吨，其中外贸200万吨，集装箱10万标箱	5.2	
65	长沙霞凝铁路口岸改造升级	长沙		建设项目	纳入国家口岸发展规划，申报国家一类铁路口岸，升级改造规划用地90亩，围绕“一平台、七大功能片区”的功能体系构架（一平台是指口岸信息服务平台，七大功能区是指联检办公区、卡口区、查验区、检疫处理区、集装箱堆存区、仓储配送区、综合配套区），建成后运行五定班列、湘欧快线、国际多式联运等	5	
66	岳阳城陵矶“一区一港四口岸”建设	岳阳		建设项目	包括岳阳综合保税区，启运港退税，进口肉类、汽车整车、粮食、固体废物等4类指定口岸建设	32	
67	中部（湖南）进出口商品展示交易中心	长沙	湖南嘉德商业管理有限公司	建设项目	项目建设用地规模260亩，总体建筑面积为24.8万m^2，其中展示交易中心（6栋）6.5万m^2、仓储物流3.4万m^2、加工分装区9.6万m^2、企业总部办公区5.3万m^2（含综合配套区）	35	
68	长沙机场航空物流园项目	长沙	临空经济公司	已经启动征地拆迁工作	规划建设成一个占地1500亩，空地一体的立足中南、辐射全国的现代化物流园区	9	
69	南航湖南分公司长沙机场基地建设	长沙	南航湖南分公司	已经完成征地拆迁工作	扩建内容包括特种车库、机务综合楼、机务维修车间货运仓库、货运综合楼、运行指挥中心等设施，总建筑面积127090平方米，新征土地300亩	6.3	

续表

序号	项目名称	投资区域	项目单位	项目进度	建设内容及规模	总投资（亿元）	备注
70	永州出入境农副产品集中验放场暨公路口岸	永州		一期在建	项目占地面积350亩，分二期建设：第一期项目占地面积193亩，建筑面积7.25万平方米；其中建设查验监管仓库2.75万平方米，集装箱堆场2.58万平方米，集装箱车位90个。一期工今年10月可建成验收	4	
71	湖南江海轮船运船队			一期在建	已建设3艘5000吨级轮船，将继续打造30艘7500吨级江海轮，分3期实施，彻底解决我省水运“有货无船”的发展瓶颈	10	
二、综合运输通道项目						1589.1	
72	西安至长沙快速铁路		国家铁路总公司	争取纳入国家铁路十三五规划	总长度983KM，省内351KM。总投资1130亿元，省内420亿元	420	
73	渝长厦快速铁路长赣段	湖南株洲	国家铁路总公司	争取纳入国家铁路十三五规划	可对接渝新欧铁路，全长约370公里，省内95公里，总投资395亿元，省内约100亿元	100	
74	安康至张家界至衡阳铁路		国家铁路总公司	争取纳入国家铁路十三五规划	总长度904KM，省内495KM。总投资950亿元，省内520亿元	520	
75	怀化铁路货运编组站搬迁工程	怀化经开区、鹤城区	怀化铁路枢纽优化改造工作筹备组	争取纳入国家铁路十三五规划	选址经开区新建二级四场货运编组站，新建铁路枢纽西南环线及焦柳、渝怀、沪昆、怀邵衡铁路接入线，优化改造怀化铁路枢纽	95	
76	炉红山（湘鄂界）—慈利高速公路	张家界	湖南高速公路建设开发总公司	项目预可研	新建高速公路80公里	74	

续表

序号	项目名称	投资区域	项目单位	项目进度	建设内容及规模	总投资（亿元）	备注
77	G5513 长沙—益阳高速公路扩容工程	长沙、益阳	湖南高速公路建设开发总公司	项目可研	新建高速公路 47 公里	65	
78	G60 醴陵—娄底高速公路扩容工程	株洲、湘潭、娄底	湖南高速公路建设开发总公司	项目可研	新建高速公路 150 公里	120	
79	湘江二级航道二期工程	衡阳、株洲	湖南水运投资集团	审批初设	整治湘江衡阳蒸水河口至株洲航电枢纽 154 公里航道，新建大源渡和株洲航电枢纽船闸	30	
80	沅水浦市至常德航道建设工程	常德、湘西、怀化	湖南水运投资集团	建设阶段	整治浦市至桃源 500 吨级航道 248 公里，桃源至常德 1000 吨级航道 48 公里，配套建设保障系统	8	
81	长沙黄花国际机场改扩建	长沙	湖南机场股份有限公司	建设项目	机场飞行区东扩，建设第二跑道和平行滑道及相关附属设施，新建站坪面积 11 万平方米，改造机场 T1 航站楼及陆测区域，T3 航站楼前期工作，建设机场 T1、T2 综合交通中心	137.5	
82	张家界荷花机场改扩建工程	张家界	湖南机场股份有限公司	建设项目	飞行区等级指标 4D，新建航站楼总面积 5.9 万平方米，改扩建国际航站楼 0.9 万平方米，新建站坪 17 万平方米，新建一条 2600 米平行滑行道，并相应建设其他辅助生产生活配套设施	19.6	

河南省参与建设“一带一路”实施方案

河南省发展改革委

（经省委、省政府授权发布）

为贯彻落实党中央、国务院关于推进丝绸之路经济带和21世纪海上丝绸之路（以下简称“一带一路”）建设的战略部署，积极参与“一带一路”建设，结合我省实际，制定本方案。

一、总体要求

（一）重大意义

推进“一带一路”建设，是党中央、国务院深刻把握全球发展大势，统筹国内国际两个大局，着眼开创我国全方位对外开放新格局作出的重大战略决策。河南地处我国中心地带，是中华民族和中华文明的重要发祥地，历史上长期是我国政治、经济、文化中心，在古丝绸之路发展繁荣过程中发挥了重要支撑作用。改革开放以来，河南综合经济实力显著提升，开放型经济加快发展，与“一带一路”沿线国家产业合作、经贸往来、人文交流日益密切。习近平总书记在调研河南工作时指出，河南要建成连通境内外、辐射东中西的物流通道枢纽，为丝绸之路经济带建设多作贡献。这为我省参与建设“一带一路”指明了方向。积极参与“一带一路”建设，加强以政策沟通、设施联通、贸易畅通、资金融通、民心相通为主要内容的交流与合作，是我省贯彻落实党中央、国务院部署，推动全方位对外开放的重大战略举措，有利于抓住国家战略机遇，提升河南在全国发展大局中的地位；有利于融入全球分工体系，提升对内对外开放层次；有利于发挥自身优势，建设内陆开放高地。

（二）指导思想

全面贯彻党的十八大和十八届三中、四中全会精神，深入贯彻习近平总书记系列重要讲话和调研指导河南工作时的重要讲话精神，贯彻落实《河南省全面建成小康社会加快现代化建设战略纲要》，发挥优势、主动融入、服务大局，把实施粮食生产核心区、中原经济区、郑州航空港经济综合实验区三大战略规划与参与“一带一路”建设紧密结合起来，坚持东联西进、贯通全球、构建枢纽，着力推进基础设施连通合作，着力拓展能源资源合作，着力深化经贸产业合作，着力加强人文交流合作，构建全方位对外开放新格局，在参与“一带一路”建设中更好地发挥内陆腹地战略支撑作用。

积极参与“一带一路”建设，必须把握以下原则：一是主动融入、服务大局。抓住机遇、乘势而上，把服务全国大局与加快自身发展结合起来，全面提升开放型经济发展水平。二是突出特色、长短结合。根据沿线国家情况和我省比较优势，增强合作的针对性和可行性，率先在优势领域、重点国别取得突破，逐步形成多领域、全方位的大合作格局。三是搭建平台、健全机制。坚持向东向西双向开放和对内对外开放并举，把参与“一带一路”建设与打造内陆开放高地结合起来，完善开放平台布局，逐步健全与沿线国家交流合作机制。四是统筹协调、务实推进。坚持市场运作、政府引导，调动各方积极性，形成分工协作、步调一致、共同推进的工作局面。

（三）战略定位

1.“一带一路”重要的综合交通枢纽和商贸物流中心。发挥连接东西、沟通南北的区位优势，完善铁路、公路、航空网络，推动航空港、铁路港、公路港与海港一体协同，构建三网融合、四港联动、多式联运的现代综合交通枢纽，强化地区性枢纽功能协同，密切与丝绸之路经济带沿线中心城市和海上丝绸之路重点港口城市的经济联系，建设郑州现代化国际商都，形成国际航空物流中心和亚欧大宗商品商贸物流中心。

2. 新亚欧大陆桥经济走廊区域互动合作的重要平台。发挥市场规模优势和产业基础优势，提升郑州、洛阳等主要节点城市辐射带动作用，加快中原城市群一体化进程，推动与东部沿海城市群、西部沿线城市群协同互动，打造产业转移、要素集疏、人文交流平台，建设华夏历史文明传承创新和文化交流中心，形成连接东中西、沟通境内外、支撑经济走廊的核心发展区域。

3. 内陆对外开放高地。发挥郑州航空港经济综合实验区内陆对外开放门户功能，完善口岸平台体系，扩大郑欧班列运营规模，提升国际陆港集疏能力，加快跨境电子商务发展，建立与“一带一路”沿线国家关检合作机制，建设中国（河南）自由贸易试验区，优化全省海关特殊监管区域布局，打造内陆开放型经济高地。

（四）发展目标

近期目标。用5年左右时间，构建机制，重点突破。到2020年，河南参与“一带一路”建设取得阶段性进展，与沿线国家交流合作机制逐步健全。东联西进的陆上通道和贯通全球的空中通道建设取得显著进展，建成以航空港为龙头的“铁公机海”四港联动、多式联运的现代综合交通枢纽，在农业、现代物流、食品加工、装备制造、文化旅游等重点领域的合作取得突破，在教育、科技、文化、旅游、医疗卫生等领域交流合作进一步密切，对沿线国家全方位对外开放新格局初步确立。

中期目示。用10年左右时间，深化合作，全面推进。到2025年，与沿线国家的交流合作网络基本形成。联通内外、便捷高效的东联西进大通道更加完善，建成国际航空货运枢纽、国内航空综合枢纽，多式联运的枢纽优势基本确立；对沿线国家双向贸易和投资形成较大规模，综合经济竞争力和文化影响力显著增强，河南在“一带一路”建设中的作用和地位明显提升。

远期目标。到本世纪中叶，综合提升，扩大影响。经过30多年的努力，与沿线国家的交流合作网络全面形成，各领域交流合作进一步密切，实现对沿线国家更深层次、更高水平的开放。郑州建设成为现代化国际商都，河南成为“一带一路”具有国际影响力的综合交通枢纽、商贸物流中心、区域互动合作平台。

二、战略布局

根据国家“一带一路”走向，充分发挥各地优势，以郑州、洛阳为主要节点，其他中心城市为重要节点，加强外部联系，强化内部支撑，构建“两通道一枢纽”，形成共同参与“一带一路”建设的整体格局。

（一）构建东联西进的陆路通道

以陆桥通道为主轴，依托国家铁路和公路主通道，串联省内中心城市，形成连接“一带一路”的东西双向通道。东向重点连接青岛、连云港、日照、烟台、威海、天津、上海等沿海港口，与海上丝绸之路链接；西向密切与西北、东北、西南等省份合作，增强对新亚欧大陆桥经济走廊的支撑作用，参与中蒙俄、中国—中亚—西亚、中国—中南半岛、中巴、孟中印缅经济走廊建设，与丝绸之路经济带融合。

（二）构建贯通全球的空中通道

以郑州新郑国际机场为龙头，完善通航点布局和航线网络，建设国际航空货运枢纽和国内航空综合枢纽，构建连接全球重要枢纽机场和主要经济体的空中丝绸之路。加密欧美航线，拓展“一带一路”沿线国家航线，吸引大型航空公司和物流集成商，形成国际与国内互转的货运航线网络。加密国内干线，开辟新的国际航线，构建“中转+快线”客运航线网络。

（三）构建内陆开放的战略枢纽

以郑州国际商都为核心，强化地区性中心城市支撑作用，发挥各地开放优势，形成内陆开放枢纽平台。依托郑州航空港经济综合实验区建设国际航空货运枢纽，依托郑州国际陆港建设国际铁路中转枢纽，提升郑欧班列运营水平，完善口岸功能，健全多式联运体系和大通关服务体系，形成“铁公机海”四港联动综合枢纽，打造陆空高效衔接的国际物流中心。依托郑州、洛阳、开封重点开发开放载体，申建自由贸易试验区，打造面向“一带一路”的高端商贸合作平台。发挥跨境贸易电子商务试点先行优势，建设中国（郑州）跨境电子商务综合试验区，打造全球网购物品集散分拨中心。强化华夏历史文明传承创新区的国际影响，与沿线国家合作建设一批人文交流平台，打造丝绸之路文化交流中心。建设一批区域性开放平台，形成联动发展格局。

三、重点任务

（一）促进基础设施互联互通

以建设现代化综合交通网络、打造信息交换平台、完善内陆口岸功能为重点，推动跨省域基础设施协同共建和高效衔接，形成“铁公机海”四港联动综合枢纽，全面提升与“一带一路”沿线国家互联互通水平。

1. 交通基础设施互联互通

畅通陆路通道。加快对外快速铁路通道建设，以米字形快速铁路网为重点，“十三五”时期建成郑州至徐州、郑州至济南、郑州至万州、郑州至合肥、郑州至太原铁路，启动研究其他快速铁路规划。推进跨区域大能力货运铁路通道建设，“十三五”时期建成蒙西至华中、三门峡经亳州至江苏洋口港等铁路，根据发展需要适时完善大能力货运铁路网。打通高速公路省际出口，推进国道主干线河南段拓宽改造，消除高速公路和普通国道断头、瓶颈路段。

拓展航空网络。串联亚洲航线，加密欧美航线，拓展非洲航线，开通澳洲航线，构建贯通全球的航线网络。完善国内航线网络，拓展“空空+空地”货物集疏模式和“快线+中转”客运组织模式，形成航空、铁路、公路高效衔接的联运格局。完善全省机场体系，扩大洛阳、南阳机场运输规模，“十三五”期间建成一批支线机场和通航机场。

建设内河航道。推进淮河、沙颍河、涡河、沱浍河航道建设，加快唐河、洪河等航道开发，建设周口、漯河、信阳等内河港口，依托水系资源研究其他航道开发和内河港口布局，争取“十三五”时期形成5条通江达海的水上通道。

构建综合交通枢纽。建设以航空港、铁路港、公路港和郑州站、郑州东站、郑州南站、郑州新郑国际机场等“三港四枢”为支撑，与沿海港口协同融合的郑州现代综合交通枢纽，完善提升郑州北站、郑州西站等枢纽场站功能。发挥郑州综合交通枢纽辐射带动作用，培育壮大一批地区性枢纽城市，形成带动全省融入“一带一路”的现代枢纽体系。

大力发展多式联运。依托郑州航空港经济综合实验区、米字形快速铁路网和公路网，创新体制机制，打造服务平台，推动客货流通过高铁、公路向航空汇集，航空客货流通过高铁、公路向周边疏散，构建公铁集疏、陆空衔接竞争优势。依托郑州国际陆港，加强内陆无水港建设，通过铁海联运与海上丝绸之路相链接，通过郑欧班列形成新亚欧大陆桥货运通道，形成东联西进、铁海互济的多式联运格局。开展客运“一票式”联程和货运“一单制”联运服务，实现便捷换乘和“铁公机海”四港无缝衔接。

2. 信息通信基础设施互联互通

增强郑州国家互联网骨干直联点流量疏通能力，积极参与国家互联网骨干网络架构优化调整，争取建设区域互联网交换中心和连接国际通信出入口局的高速通道，持续扩容互联网国际出口和省级出口带宽，畅通信息丝绸之路。推进“宽带中原”建设，构建覆盖全省的高速光纤宽带网络，加快提升移动网络服务功能，逐步实现所有省辖市、县（市、区）移动宽带网络全覆盖。统筹布局云计算大数据基础设施，构建支撑对外开放的数据高地。

3. 口岸开放平台互联互通

优化特殊监管区域布局。提升郑州新郑综合保税区、郑州出口加工区功能，拓展研发、销售、展示、结算等新兴业务，推动“港仓内移”。加快建设南阳综合保税区，在具备条件的地区规划布局海关特殊监管区域或保税监管场所。

完善口岸建设布局。建设郑州航空、铁路国际枢纽口岸，提升洛阳航空口岸功能，“十三五”期间争取在有条件的地方规划布局航空、铁路口岸和内陆无水港。提升进口整车、水果、冰鲜水产品、食用水生动物等指定口岸运营水平，建成进口肉类、粮食、澳大利亚肉牛、药品等特种商品指定口岸及全国邮政重要的国际邮件经转口岸。扩大郑州国际陆港影响力，实现郑州至青岛、连云港、上海、天津等港口“五定班列”货物进出平衡，支持其他符合条件的地方开通至沿海港口的“五定班列”，促进陆海相通。

推进跨区域一体化通关。全面推行“一次申报、一次查验、一次放行”的关检合作模式。加强与丝绸之路经济带沿线省份、长江经济带、京津冀地区、泛珠三角地区、东北地区的关检合作。完善以河南电子口岸为载体的“一站式”大通关服务体系，建成国际贸易“单一窗口”，推动与“一带一路”沿线国家主要口岸互联互通。

（二）深化能源资源合作

加强与国家能源通道建设衔接，积极融入国家油气战略通道，更加积极主动引入省外能源，推动骨干企业参与海外能源资源开发合作，提升能源资源合作水平。

1. 能源入豫通道建设

加快原油通道建设，打通海上原油管输通道，开辟利用西南石油资源新途径。完善天然气通道布局，构建省内“井”字形国家干线输气通道。按照国家规划推进跨区域电网建设，构建多方向多途径“外电入豫”和省间调剂电力通道。

2. 能源储运能力建设

推进骨干成品油管道建设，完善油品储备设施和地市级成品油输送网络，建设区域性油品输配中心。建设中原油田、平顶山叶县等大型储气库，合理布局 LNG（液化天然气）等调峰设施。推动鹤壁、南阳等规划内大型煤炭物流储配园区建设，建成全国重要煤炭储配中心。

3. 能源资源对外合作

推动骨干煤炭企业深化与新疆、内蒙、青海等省份合作，鼓励骨干油气开采企业扩大海外钻探市场份额。推动省内骨干电力设计、建设企业逐步开拓沿线国家电力建设市场。发挥生物质乙醇技术优势，扩大海外生物质原料生产基地规模，逐步实现产品技术标准输出。以地质勘查为龙头，建立勘查、开发基地。

（三）开展国际产能合作

坚持走出去与引进来相结合，按照比较优势和资源禀赋推动产业国际化布局，构建优进优出的发展格局，推动我省产业在更高层次上参与国际分工。

1. 拓展优势产业境外发展空间

农业。发挥农业生产技术优势，支持省内涉农龙头企业在境外进行农作物种植、畜牧业养殖、农产品加工等领域的投资与项目合作。建立与塔吉克斯坦合作推进机制，发展粮食生产，打造棉花、蔬菜、畜牧产业链。支持企业开展农牧业领域深度合作，推动在农业资源丰富的沿线国家进行仓储物流、生产加工、国际贸易等项目投资。

装备制造业。支持省内矿山装备、水泥装备、石油装备、农业机械、高压输变电、智能配用电、轨道交通装备、工程机械等领域优势企业，在中亚、东南亚等地区投资建设生产线、备件仓库和服务中心。重点推动大型客车、现代农机海外散件组装（KD）工厂建设，积极参与国家级合作工业园开发。支持骨干企业到欧美发达国家开展合作，联合设立研发中心。

资源加工业。强化贵金属、有色金属等开发合作，建设海外先进冶炼加工基地。支持水泥、平板玻璃等建材龙头企业与工程总承包企业联合，建设面向当地市场需求的生产线。充分利用东南亚、南亚、中亚等地资源和劳动力优势，推动棉纺、食品等企业投资建厂。

现代物流业。在航空货运枢纽机场、郑欧班列沿线中心城市，推动物流企业布局建设综合物流园区、保税仓、电商海外仓，开展境外货物集疏业务。支持优势企业在沿线国家拓展专业物流市场。引导物流企业与制造企业联合，整合当地物流资源，开展物流网络规划设计，建设物流通道和物流场站设施。

2. 推动高水平承接产业转移

先进制造业。依托产业集聚区，培育“百千万”亿级优势产业集群，积极融入全球制造业供应链和销售链体系。积极承接国际国内产业转移，重点加强与国内外优势企业合作，引进实施一批重大项目，建设全球智能终端生产研发基地，打造装备制造、中高端食品集群竞争优势，培育生物医药、新能源汽车、智能装备、新材料等高端制造业增长点。以长三角、珠三角、闽东南等地区为重点，积极承接现代家居、服装服饰、金属深加工等产业集群化链式转移。深化区域合作，完善与沿海地区产业转移合作长效机制。推动产业转移示范区和产业转移合作示范园区创建，提升产业合作层次。

现代服务业。积极引进国内外大型物流企业，提高供应链管理和物流服务水平。加强与国外金融机构合作，建设国际金融合作区、金融创新园区、新型金融产业创新创业综合体及专业跨境金融服务中心。积极拓展服务业开放合作领域，重点发展信息服务、服务外包、健康养老、文化创意、特色旅游等新兴服务业。

（四）提升经贸合作水平

积极搭建贸易促进平台，进一步加大市场开拓力度，加快培育出口竞争新优势，扩大沿线国家特色产品进口。

1. 申建中国（河南）自由贸易试验区

统筹郑州、洛阳和开封片区，重点在海关特殊监管区域内开展国际贸易、保税加工和保税物流等业务，在非海关特殊监管区域内扩大外商投资领域，建设跨境贸易电商平台、保税展示交易平台、大宗商品交易和期货交割平台，打造具有国际水准的内外流通融合、投资贸易便利、监管高效便捷、法制环境规范的对外开放高端平台。

2. 建设中国（郑州）跨境电子商务综合试验区

加快建设“单一窗口”综合服务平台、跨境电子商务综合园区平台、人才培养和企业孵化平台，探索建立跨境电子商务新型监管服务模式，统筹推进多种业务模式发展，构建跨境电子商务产业链和生态链，实现“买全球、卖全球”目标。

3. 打造郑欧班列品牌

按照线路多元化、货源多元化、出境口岸多元化和回程常态化的思路，加密现有出境班列，开辟新的出境线路，扩大回程货物量，实现双向运输平衡。推动郑州国际陆港多式联运物流监管中心建设，实现海陆空邮通道高效衔接。

4. 优化货物贸易结构

深耕美欧、日韩、东南亚等传统市场，开拓中亚、南亚、西亚、北非等新兴市场。规划建设一批特色出口基地，重点促进机电、智能手机、新型建材等优势产品出口。支持以大宗商品交易平台为核心的国际采购中心建设，扩大沿线国家特色产品进口。

5. 扩大服务贸易规模

推动运输、餐饮等传统服务贸易和中医药、文化艺术等特色服务出口，支持有条件的研发设计、信息服务、中介服务等企业开拓海外市场。建设郑州、洛阳服务外包示范城市，推动其他地区扩大服务外包规模，加强与沿线国家服务外包交流合作。支持企业申请对外承包工程劳务合作经营权。

（五）加强金融领域合作

积极开展金融国际合作，扩大人民币跨境使用，充分利用国际国内资金，建立企业“走出去”的资金保障体系。

1. 扩大人民币跨境使用

支持省内企业“走出去”，开展直接投资，鼓励境外机构使用人民币对内直接投资。鼓励银行业金融机构积极开展离岸人民币业务，支持境外机构开立境内人民币账户。支持银行业金融机构与支付机构合作开展跨境电子商务外汇和人民币支付业务，支持跨境电子商务活动使用人民币计价。支持银行业金融机构在郑州航空港经济综合实验区开展跨境人民币贷款和人民币贸易融资资产跨境转让业务。

2. 完善金融保障体系

用好国家资金支持政策，加强与国家开发银行、中国进出口银行和大型商业银行合作，支持相关基础设施建设及企业对外投资和贸易。积极争取亚洲基础设施投资银行、丝路基金等对我省合作项目的支持。加强风险保障服务，推动建立我省“一带一路”政策性出口信用保险统保平台，对大型成套设备出口融资应保尽保，支持优势产业拓展海外市场，扩大出口信用保险规模和覆盖面。

（六）密切人文交流合作

依托与沿线国家历史文化渊源，加强人文交流，增强相互理解和认同，为深化合作奠定坚实民意和社会基础。

1. 文化交流

积极参与“丝绸之路文化之旅”，与沿线国家联合举办丝绸之路艺术节、河南文化年。依托丝绸之路河南段世界文化遗产，加强古丝绸之路历史遗迹保护利用和项目合作。大力宣传推广历史文化、民俗文化，加强禅武文化、太极文化海外交流，扩大宋文化等影响力。依托各地特色文化资源，打造文化精品，培育中原文化海外传播平台。推动少林文化“走出去”纳入国家文化软实力建设重点工程。围绕文化新丝路主题，通过音乐、演出、动漫、网游等文化产品和文物外展、丝路考古，传承古丝绸之路精神，提升中原文化影响力。

2. 旅游合作

积极推进与沿线国家的旅游合作，将我省建设成为具有较高知名度的国际旅游目的地和客源地。突出“古丝绸之路”主题，重点打造洛阳龙门石窟、登封“天地之中”历史建筑群、安阳殷墟、汉魏故城、隋唐洛阳城、新安汉函谷关、陕县崤函古道等黄金旅游点，与沿线省份共同建设丝绸之路文化旅游产业带。整合旅游资源和品牌，积极策划开发丝绸之路自驾游、丝绸之路文化寻根探秘之旅、中国功夫研修之旅、茶文化休闲之旅等一批独具特色的系列旅游产品。

3. 教育合作

实施“留学河南计划”，重点吸引沿线国家学生来豫留学。鼓励省内高校与沿线国家高水平大学开展中外合作办学，引进国外优质教育资源。支持中医、武术、农业等特色院校赴沿线国家开展合作办学或设立海外分校，推动与沿线国家举办孔子学院（课堂）。支持学者到沿线国家进行访学、合作研究和参加高水平学术活动，鼓励高校及研究机构合作共同设立研究组织和合作课题。

4. 医疗卫生合作

引进先进理念、技术和管理模式，加快健康管理型医疗服务、医养结合、医疗体验旅游等健康服务业。加强重大疾病防控、突发公共卫生事件应急处置国际合作，有效防控境外重大公共卫生事件和新发传染病疫情。发挥河南中医药大省传统优势，积极推进与沿线国家开展中医药技术交流合作。构建与沿线国家医药卫生科技交流合作平台，开展多渠道合作交流。

5. 科技合作

建立政府间科技合作关系，与沿线国家共建技术研发中心、技术转移机构和科技创业园。依托高校和科研院所，引进海外关键技术和研发团队，建设联合实验室、科技成果转移转化基地。鼓励有条件的科技企业孵化器、大学科技园建设国际孵化基地，开展国际企业境外孵化服务，促进国际交流培训和项目合作。

6. 人才交流合作

积极推动与“一带一路”沿线国家高层次人才交流合作，支持吸引沿线国家专业技术人才来豫开展学术研究和技术指导，依托沿线国家相关项目，鼓励我省专业技术人员参与合作科研。聘请沿线国家专家来豫指导，向沿线国家推广我省成熟的先进技术，实施一批国外专家和智力引进项目。

四、创新开放型体制机制

（一）创新企业走出去方式

对境外投资项目和境外投资开办企业实行以备案制为主的管理方式，建立多部门信息共享的境外投资服务平台。支持我省行业龙头企业通过战略性跨境并购延伸产业链，打造具有核心竞争力的跨国企业集团。支持同类、上下游企业采取组成联合体或建立战略联盟等方式，组团赴境外开展投资合作。鼓励企业采用公私合营、建设—运营—移交等投融资模式，参与境外基础设施投资。

（二）促进投资贸易便利化

鼓励企业有效运用丝绸之路经济带通关一体化政策，降低通关成本。按照国家统一部署，探索对外商投资实行准入前国民待遇加负面清单的管理模式。完善企业人员出入境审批和外汇管理手续，为境外合作交流提供便利。积极争取将郑州列入 72 小时过境免签城市。

（三）建立重大项目推进机制

编制重大项目三年滚动实施方案，有序推进项目实施。完善借助高层互访推动重大合作项目的机制。按照属地管理、部门协调、企业主体的原则，加强分工协作，争取推动形成一批“一带一路”早期成果。

（四）打造对外交流平台

积极组织参加国家级国际经贸交流活动，重点办好中国（河南）国际投资贸易洽谈会、河南国际友好城市经贸合作洽谈会、黄帝故里拜祖大典、中国（郑州）世界旅游城市市长论坛、国际民航组织航空货运发展论坛、华侨华人中原经济合作论坛、中国（郑州）产业转移对接会等大型活动，支持各地依托现有展会平台扩大国际影响。充分发掘民间力量，加强与沿线国家的民间交流往来，构建多层次沟通协商机制。组建郑州航空港卫视，打造中原文化海外传播、人文交流合作、经贸往来和“互联网+融媒体”综合服务平台。

（五）完善对外工作机制

对接国家“一带一路”沿线及重点国家政策信息平台，开展重点国别、重点领域投资合作研究，编制参与建设“一带一路”重点合作国别目录和重点产业目录。优化国际友好城市布局，以国际友城、地方政府合作论坛为平台，广泛开展公共外交、城市外交、民间外交。充分利用华侨华人独特优势，鼓励参与“一带一路”建设。积极开展领事保护工作，为企业走出去开辟绿色通道，依法维护我省企业和公民在海外的合法权益。

五、推进实施

成立省参与建设“一带一路”工作领导小组，统筹指导全省相关工作，协调解决工作中的重大问题。领导小组下设办公室，负责综合协调和日常工作。利用广播、电视、报刊、网络等媒体，宣传河南参与建设“一带一路”的历史渊源、文化背景、现实基础、未来蓝图、重大项目和重要成效，营造全社会关心支持“一带一路”建设的良好氛围。加强与沿线国家主流媒体、华文媒体战略合作和舆论引导，开展双向宣介活动，提升河南在“一带一路”建设中的知名度和影响力。

广东省参与丝绸之路经济带和21世纪海上丝绸之路建设实施方案

广东省人民政府

推进丝绸之路经济带和21世纪海上丝绸之路（以下简称“一带一路”）建设，是中国政府提出的重大倡议。广东在中国“一带一路”建设，尤其是21世纪海上丝绸之路建设中具有独特的优势。早于先秦时期，岭南地区与南海诸国已有经贸往来。作为海上丝绸之路最早的发祥地之一，广东是中国两千多年唯一从未中断海上贸易的省份，并始终与海上丝绸之路沿线诸国保持着频密的经贸联系，为中华文明与世界文明的交流发挥着重要的窗口作用。改革开放以来，广东对东盟、南亚、南太国家等海上丝绸之路沿线国家和地区贸易实现跨越式发展，并逐步发展成为国内与东盟、南亚、南太国家经贸合作量最大的省份之一。参与“一带一路”尤其是21世纪海上丝绸之路建设，是新时期广东贯彻落实中央政府部署、增创对外开放新优势的重要举措。根据国家部署，结合我省实际，制定本方案。

一、指导思想

围绕政策沟通、设施联通、贸易畅通、资金融通、民心相通的要求，以互利共赢为目标，联手港澳台和周边省区，务实推进与“一带一路”沿线国家合作，将广东建设成为与沿线国家交流合作的战略枢纽、经贸合作中心和重要引擎。

二、重点任务

（一）促进重要基础设施互联互通

充分发挥区位优势，深化港口、机场、高速公路、高速铁路和信息国际合作，打造国际航运枢纽和国际航空门户，面向沿线国家，构筑联通内外、便捷高效的海陆空综合运输大通道。加强广州港、深圳港、珠海港、湛江港、汕头港等港口建设。结合沿线国家经贸和港口合作需求，联合国内主要港口城市与沿线国家港口城市举办港口城市发展合作论坛，建立沿线港口与物流合作机制。积极参与沿线国家港口园区建设。推动与港澳深度合作，共同打造世界一流粤港澳大湾区。增加广州、深圳至东南亚地区国家的国际航线和航班，开通与沿线国家主要城市的航班。建设东莞石龙、广州大田国际铁路货运物流中心，畅通与沿线国家的陆路大通道。加强与沿线国家信息基础设施建设合作。

（二）加强对外贸易合作

进一步巩固与沿线国家的良好经贸合作基础，建设一批辐射全省乃至全国的进口商品交易中心，扩大沿线国家特色产品进口。赴沿线国家设立建材、酒店用品等广东特色商品展销中心。在沿线国家筹建经贸代表处，设立商会，开展经贸洽谈会。加强与驻外商务机构、商（协）会和经贸代表处的沟通合作。举办21世纪海上丝绸之路国际论坛暨国际博览会，利用广交会、高交会等平台推进经贸合作。建设中国（广东）自由贸易试验区，推动与沿线国家的贸易合作。

（三）加快投资领域合作

支持企业赴沿线国家投资，在现代农业、先进制造业、现代服务业和跨国经营等方面开展深度合作。努力引导走出去企业实施本地化战略，遵守当地法律法规，尊重当地风俗民情，强化企业环保、公益等社会责任意识，为当地创造更多的就业机会，促进当地经济发展，实现互利共赢。

（四）推进海洋领域合作

积极推进与沿线国家在海洋渔业、防灾减灾、生态保护等方面的合作，开展渔业技术交流与培训，建立海洋污染防治协作机制。促进我省企业到沿线国家开展海上网箱养殖、岸上设施养殖、良种繁育等方面合作。共同开展近海海洋生态系统保护研究。

（五）推动能源领域合作

利用资金和技术优势，支持电力合作及太阳能光伏发电项目，与沿线国家开展能源贸易、资源开发、节能环保合作。加强与沿线国家在气候变化方面的合作。

（六）拓展金融领域合作

鼓励有条件的省内金融法人机构走出去到沿线国家投资发展，吸引沿线国家金融机构来粤设立机构，支持双方金融机构建立沟通协调机制，开展业务合作。支持在沿线国家投资的广东企业与当地金融机构开展合作，共同发展。设立广东丝路基金，支持“一带一路”项目建设。

（七）深化旅游领域合作

积极与沿线国家签订旅游合作框架协议、旅游合作备忘录等整体性协议，深化旅游业规划和资源开放、行业监管、公共服务等领域的国际合作。促进更多的广东游客到沿线国家旅游观光，支持广东企业到沿线国家开展旅游投资合作，建设旅游酒店、旅游景区及旅游基础设施。与沿线国家华人商（协）会、大型旅行企业合作，开设广东驻海外旅游合作推广中心。在广州、深圳市建设国际邮轮母港，在珠海、汕头、湛江等市启动邮轮旅游开发。筹划一批跨境丝绸之路主题旅游项目。

（八）密切人文交流合作

加强与沿线国家在文化、科技、教育、医疗、体育等领域的交流合作，增进了解和友谊，形成互信融合、包容开放的社会基础。与沿线国家共同发掘和保护海上丝绸之路历史文化遗产。积极推动教育合作和学术科研交流，支持青少年交流活动。促进公共卫生领域的信息共享、早期预警体系建设、传染病防治、突发灾难应对等方面的合作。推动政府体育部门和民间体育社团的互访，举办体育交流活动。

（九）健全外事交流机制

强化友城合作，完善与沿线国家交流合作机制，加强与沿线国家的民间交流往来，构建多层次沟通协商机制。通过沿线国家驻穗领馆，加强沟通联络，协调推进互利合作。建立对口部门交流联系机制，促进经济信息交流，积极组织商贸合作活动，开展教育医疗、扶贫、生态环保等公益慈善活动。

三、保障机制

成立广东省推进“一带一路”建设工作领导小组，由省政府主要领导同志担任组长。领导小组下设办公室，办公室设在省发展改革委。鼓励我省有关部门与沿线国家相关部门建立对口联系机制，开展信息交流，合作组织活动。积极开展基础研究，探索创新体制机制。加强宣传推介，创新宣传方式，积极倡导共赢理念，形成合作共识。

广西参与建设丝绸之路经济带和 21 世纪海上丝绸之路的思路与行动

自治区推进“一带一路”有机衔接重要门户工作领导小组办公室

前言

2013 年 9 月和 10 月，中国国家主席习近平在出访中亚和东南亚国家期间，先后提出共建“丝绸之路经济带”和“21 世纪海上丝绸之路”(以下简称“一带一路”)的重大倡议，得到国际社会高度关注。中国国务院总理李克强参加 2013 年中国-东盟博览会时强调，铺就面向东盟的海上丝绸之路，打造带动腹地发展的战略支点。加快“一带一路”建设，有利于促进沿线各国经济繁荣与区域经济合作，加强不同文明交流互鉴，促进世界和平发展，是一项造福世界各国人民的伟大事业。

为积极参与和融入“一带一路”建设，经广西壮族自治区人民政府同意，发布《广西参与建设丝绸之路经济带和 21 世纪海上丝绸之路的思路与行动》。

一、时代背景

早在 2000 多年前的西汉，广西合浦就是古代海上丝绸之路最早的始发港之一。千百年来，广西秉承开放精神，与东南亚、南亚保持密切的经贸文化往来。随着“一带一路”、中国—东盟自贸区升级版建设的加快，广西加速开放进程，成为中国面向东盟开放的重要门户和基地，成为东盟企业开拓中国市场的重要平台。

2015 年 3 月，中国国务院授权国家发展改革委、商务部、外交部联合发布《推动共建丝绸之路经济带和 21 世纪海上丝绸之路的愿景与行动》，对广西的要求是：发挥与东盟国家陆海相邻的独特优势，加快北部湾经济区和珠江—西江经济带开放发展，构建面向东盟区域的国际通道，打造西南、中南地区开放发展新的战略支点，形成 21 世纪海上丝绸之路与丝绸之路经济带有机衔接的重要门户。2015 年 3 月 8 日，中国国家主席习近平参加全国人民代表大会广西代表团审议时，强调对广西的上述新定位和新要求。

二、建设原则

坚持互利共赢，寻求利益契合点和合作最大公约数，体现各方智慧和创意，各施所长，各尽所能，把各方优势和潜力充分发挥出来。

坚持市场运作，遵循市场规律和国际通行规则，充分发挥市场在资源配置中的决定性作用和各类企业的主体作用，同时发挥好政府的作用。

坚持改革创新，营造良好发展环境，以改革推动对外合作，以对外合作促进改革。

坚持民心导向，与沿线国家一道，互尽所能，各施所长，共同解决百姓最关注、最迫切的发展问题，使建设成果惠及沿线各国人民。

三、框架思路

根据《推动共建丝绸之路经济带和 21 世纪海上丝绸之路的愿景与行动》对广西定位要求，服务中国—东盟自贸区升级版，在继续深化与东盟国家合作的同时，拓展与丝路沿线其他国家的合作，重点打造“一廊两港两会四基地”，构建面向东盟的国际大通道，打造西南中南地区开放发展新的战略支点，形成“一带一路”

有机衔接的重要门户。

共建中国—中南半岛经济走廊。以南北陆路国际新通道（南宁—兰州，南宁—新加坡）、粤—桂—中南半岛综合运输通道、北部湾区域性国际航运中心、中国—东盟信息港等为骨干支撑，加快中国连接中南半岛的高速公路网、铁路网、海运网、航空网和通信网建设，将中国与中南半岛、“一带”与“一路”有机衔接起来。共建国际合作园区、跨境经济合作区、沿边重点开发开放试验区、沿边金融综合改革试验区等合作平台，以广西为主要基地，促进中国内陆地区、东部发达地区与中南半岛产业对接，将南宁—新加坡经济走廊打造成为中国—中南半岛经济走廊的主轴。

共建中国—东盟港口城市合作网络。以北部湾港为基地，加快与东盟国家共同建设港口城市合作网络，促进中国与东盟各国港口城市之间在互通航线、港口建设、临港产业、国际贸易、文化旅游等方面深化合作，推动中国与东盟各港口城市之间形成航运物流圈、港口合作圈、临港产业圈、旅游合作圈、友好城市合作圈，促进海上互联互通。

共建中国—东盟信息港。以深化网络互联、信息互通为基本内容，构建基础设施、技术合作、经贸服务、信息共享、人文交流等服务平台，形成以广西为核心，面向东盟、服务西南中南的国际通信网络体系和信息服务枢纽，发展更广范围、更宽领域、更深层次的互联网经济，与东盟国家携手共筑“信息丝绸之路”。

共办中国—东盟博览会和中国—东盟商务与投资峰会。继续与东盟国家共同办好中国—东盟博览会、商务与投资峰会，延伸展会价值链，将服务范围由中国—东盟“10+1”拓展到区域全面经济伙伴关系“10+6”乃至更大范围区域，打造成为中国—东盟自贸区升级发展的服务平台、中国—东盟命运共同体多领域交流的公共平台、21世纪海上丝绸之路合作的核心平台。

共建跨境产能合作示范基地。依托中马“两国双园”、中越跨境经济合作区、中？印尼经贸合作区、文莱—广西经济走廊，以及东兴、凭祥重点开发开放试验区等，加强与东盟国家互办产业园区，大力承接中国东部地区和跨国公司产业转移，推动国际产能和装备制造业合作，构建高度融合、利益互嵌的区域跨境产业链和服务链，打造中国企业走向东盟的基地、跨境产能合作的示范基地。

共建要素资源配置基地。依托广西沿边金融综合改革试验区、中国—东盟技术转移中心、中国—东盟商品交易中心、中国—东盟检验检测认证高技术服务集聚区等平台，布局建设股（产）权交易中心、商品交易所、教育培训基地、联合实验室等，促进资本、技术、人才、信息、资源等要素自由有序流动和高效配置。

共建人文交流基地。发挥广西与东盟人文相亲的独特优势，推动建设中国—东盟联合大学、中国—东盟医疗保健合作中心（广西）、北部湾国际邮轮母港等，开展教育、医疗、人才、文化、旅游、学术、媒体传播、减贫开发、国际友城等交流合作，深化民间组织、社会团体、留学生、青少年、妇女、智库等友好合作，打造面向东盟的教育培训基地、医疗卫生基地、科技创新转化基地、文化交流枢纽、泛北部湾旅游圈。

共建北部湾自由贸易试验基地。依托北部湾经济区国家级开放开发平台，面向东盟探索区域经济一体化的新路径、新模式，探索贸易和投资自由化、便利化的新体制机制，促进跨境口岸监管联动创新，推动与东盟跨境金融合作，扩大服务业开放，推动与东盟和海上丝路沿线国家的贸易、投资、物流、金融、信息和人文等领域的开放合作。

广西建设“一带一路”有机衔接的重要门户，主要是发挥衔接国际通道、畅通国际贸易、促进产业融合、拉紧人文纽带、优化要素配置、推动服务对接的功能，凸显广西四通八达、衔接海陆的通达性，万商汇流、高效快捷的便利性，多元开放、包容互惠的交融性，共建共享、协和万邦的公共性。

四、重点合作领域

建设面向东盟的国际大通道。建设北部湾区域性国际航运中心、南宁区域性国际综合交通枢纽，打通海上东盟、陆路东盟、衔接“一带一路”、连接西南中南、对接粤港澳“五大通道”，促进现代港口网、高速公路网、高速铁路网、密集航空网、油气管道网“五网”同建，推动与东盟及丝路沿线国家的基础设施互联互通。

推进南北陆路国际新通道建设。以南宁区域性国际综合交通枢纽为核心，向南推进南宁—新加坡通道联通中南半岛，向北推进南宁—兰州通道衔接亚欧大陆桥，打造衔接“一带一路”的南北陆路国际新通道。倡议共同加快建设南宁—凭祥—河内—沙湾拿吉—金边—曼谷高速公路、铁路大通道。合作推进凭祥—谅山—河内、东兴—下龙—河内、龙邦—高平—河内高速公路、南宁—凭祥—河内铁路扩能、东兴—下龙—海防铁路、北仑河二桥、水口二桥、横模大桥建设。优化提升中国西南、中南、粤港澳经广西联通东盟的通道。

推进海上互联互通。以北部湾港口为依托，推进北部湾区域性国际航运中心、中国—东盟港口城市合作网络建设，积极参与沿海港口合作建设，开通海上客货运“穿梭巴士”，加密航线航班，建设面向东盟的航运交易所、港口物流公共信息平台，加快建成千万标箱港口，形成中国内陆腹地的出海大通道。

推进中国—东盟重要航空中转枢纽建设。提升南宁、桂林两大干线机场能力，加快相关支线机场、通用机场建设，加密空中航线，培育航空货运，形成与“一带一路”国家高效对接的航空网络，打造中国与东盟的重要航空中转枢纽。

推进江海联运。加快畅通珠江—西江黄金水道，以之为主轴，以沿江重点城市为节点，形成中南半岛与粤港澳先进生产力有机衔接的大通道。

推进中国—东盟信息港建设。启动通信基础设施、北斗卫星导航、信息港基地、网络安全、智能电网、技术创新、智慧城市、跨境电子商务、金融信息、网络文化、远程医疗等重点应用示范项目建设，在南宁建设面向东盟的中国第四个国际互联网出口点，加强中国与东盟海陆光缆等国际通信基础设施建设，共建信息丝绸之路。

深化商贸物流合作。依托陆路骨干通道和沿海港口等，共建物流园区和物流节点，创新贸易方式，提升贸易便利化水平，做大做好合作“蛋糕”。

建设商贸物流园区。推进面向东盟的大宗商品、农产品等交易中心、直销中心、采购基地、专业市场等建设，形成东盟特色产品的主要集散地。建设“南菜北运”产地集配中心、北部湾水产品空中运输走廊等，促进中国—东盟南北果蔬流通集散。积极对接中欧班列，畅通中国中南地区、粤港澳—桂—东盟的国际综合运输大通道。

完善保税物流体系。抓好南宁综合保税区规划建设，推进钦州保税港区、凭祥综合保税区、北海出口加工区的整合优化，申请新设综合保税区等海关特殊监管区，加快形成服务“一带一路”的综合保税物流体系。

创新贸易方式。顺应沿线国家产业转型升级趋势，加快机电产品和高科技产品出口，鼓励从沿线国家进口产品，促进贸易平衡。加快发展加工贸易，稳定边境小额贸易，加快边民互市贸易改革升级。扩大双向投资贸易，合作共建产业园区，以投资带动贸易发展。大力发展跨境电子商务。

提高投资贸易便利化水平。创建中国（北部湾）自由贸易试验区。加强口岸基础设施建设、口岸升格和扩大开放，加强电子口岸建设，全面实施国际贸易单一窗口，与东盟国家探索“两国一检”等新通关模式，提高通关水平。推动中越客货运输直通车，与东盟加强技术标准体系、交通建设规划、通关、换装、多式联运的有机衔接，促进国际货物运输便利化。推动认证认可、标准计量、统计信息、海关监管、检验检疫标准等互认合作。

打造跨境产能合作示范基地。以中马“两国双园”、中越跨境经济合作区、境外经贸合作区等为载体，加快承接东部产业转移，拓展国际产能合作，将广西建成中国企业走向东盟的总部基地、跨境产能合作示范基地。

建设跨境园区合作网络。推广中马钦州产业园区、马中关丹产业园区的“两国双园”国际合作模式，积极推进中越跨境经济合作区、中印尼经贸合作区、文莱—广西经济走廊、中新南宁产业园、柳州中欧合作产业园，以及中泰、中柬、中老等更多国际合作园区建设，构建与沿线国家的跨境园区合作网络。

建设产能合作重点基地。联合中国东部发达地区、内陆腹地，共建临海（港）及腹地产业园，加强与东盟及丝路沿线国家产业对接合作，建设面向“一带一路”、辐射内陆的产业基地。北部湾经济区重点打造石化产业基地、大型船舶修造基地、国际邮轮经济先行区、现代造纸基地、电子信息产业基地、粮油精深加工基地、现代冶金有色产业合作基地等。西江经济带重点打造汽车、现代化机械装备制造等生产和出口基地，加快桂东承接产业转移示范区、粤桂合作特别试验区等建设。

建设中国—东盟农业合作基地。与东盟农业产业深入合作，共建大宗农产品种养加工基地，扩大农产品贸易与深加工，联合开展技术和标准本地化研究，推动中国—柬埔寨现代农业促进中心、中国—老挝种苗合作试验区、中国（广西）—东盟农作物优良品种试验站、中国—缅甸替代种植、广西中越边境农作物病虫害监测与防控合作等项目建设。加强与中国东部省份、港澳台农业合作，携手开展与东盟合作。

建设国际能源资源合作基地。拓展中国—东盟矿业合作论坛功能，深化中国—东盟矿业合作机制。积极参与大湄公河次区域电力联网，积极与东盟国家在煤炭、油气、水电、火电、新能源等领域合作。发挥产业装备、技术、规模、勘测等优势，与资源国合作建设生产基地，推进能源资源就地就近加工转化合作，形成能源资源合作上下游一体化产业链。

推动企业“走出去引进来”。引导和促进对外贸易投资，突出国际产能合作，支持广西企业赴沿线国家投资。支持参与“中非工业化伙伴”行动计划。欢迎国内先进企业、世界500强企业落户广西，建设出口东盟的生产研发、种养加工、服务总部、金融总部等基地。

打造中国—东盟区域性金融合作中心。继续发挥广西沿边金融综合改革试验区平台作用，深化与东盟及丝路沿线国家的金融合作。

扩大跨境金融合作。进一步扩大人民币跨境使用，积极探索实现人民币资本项目可兑换的多种途径，加强跨境人民币业务平台（广西）建设，完善人民币与东盟国家货币银行间市场区域交易平台，打造以南宁为中心，辐射东盟、港澳和南亚国家的跨境贸易投资结算平台。鼓励广西符合条件的机构或个人对外投资；鼓励广西符合条件的金融机构走出去，开展跨境人民币贷款等业务。欢迎周边国家金融机构来广西设立机构。规划建设面向东盟的大宗现货交易市场。争取扩大本外币兑换特许业务试点币种、地域范围。扩大跨国公司外汇资金集中运营管理业务试点。推动面向东盟国家的个人直接投资试点。

加强金融监管合作。发挥中国—东盟金融领袖论坛平台作用，完善中国—东盟金融交流合作沟通对话机制。加强与东盟国家金融监管机构及监管部门的信息沟通和共享，建立应对跨境风险和危机处置的交流合作机制。积极发展信用评级机构，推动征信管理部门、征信机构和评级机构之间的跨境合作。

提高金融服务水平。鼓励广西金融机构向境外发放贷款，提高发放贷款的便利化程度。鼓励广西金融机构与东盟等地区金融机构开展本外币贷款转贷业务。研究允许信用级别较高的国外、境外企业和金融机构在广西发行人民币债券。支持符合条件的广西企业到境外上市，支持沿线符合条件的境外机构在广西设立基金管理公司。

打造人文交流基地。民心相通是“一带一路”建设的社会根基。发挥广西与东盟的地缘、人缘、亲缘优势，进一步加深人文交流，夯实民意基础，拉紧人文纽带。

建设中国—东盟教育培训基地。推动建设中国—东盟联合大学、北部湾大学，建设完善面向东盟的教育培训基地和平台，增加留学生奖学金数额，扩大相互间留学规模，把广西打造成为面向东盟的教育培训基地。推动广西高校走出去办学，开展境外职业教育、东盟国家语种人才联合培养等。办好中国—东盟职业教育联展暨论坛、广西东盟国际教育展。

加强科技创新合作。加快中马（钦州）国家联合实验室、中国—东盟技术转移中心等项目建设，探索建立中国—东盟技术转移产业联盟，与东盟及丝路沿线国家共建联合实验室（研究中心）、产权交易中心、科技园区、科技示范基地，打造面向东盟的国际技术转移集聚区。与东盟共建质量人才培养基地、质量科学协同创新中心。办好中国—东盟智库战略对话论坛，推进中国—东盟智库网络、广西“一带一路”智库联盟等建设，增进智库交流。

加强文化体育交流合作。合作推进海上丝绸之路有关史迹申报世界文化遗产，加大考古研究、文物修复、博物馆、文物展览、民族文化等方面的技术和人才合作，共办中国—东盟文化论坛，共建文化产业园区。拓宽体育交流，举办中国—东盟国际汽车拉力赛等国际大型体育赛事，促进与东盟国家互派优秀教练员和运动员进行训练及交流。

加强医疗卫生合作。加强与东盟国家在传染病防治、妇幼健康、残疾人康复、专业人才培养、应急医疗救助等领域开展务实合作。共建中国—东盟医疗保健合作中心（广西）、传统医药交流合作中心等项目，开展中国—东盟远程医疗试点工作。发挥壮、苗、瑶等民族传统医药优势，扩大与周边国家在中医药领域的合作。

共建泛北部湾旅游圈。继续办好中国—东盟博览会旅游专题展，共同推进环北部湾旅游圈、南宁—新加坡陆路跨国旅游通道、中越国际旅游合作区等建设，建成中国与东盟旅游开放合作的重要平台。规划建设南海国际邮轮母港及航线等项目，推动海上跨国邮轮旅游合作。加强旅游宣传推广、旅游通关便利化、信息共享、应急处置等领域合作。

加强减贫领域交流合作。着力提升中国—东盟社会发展与减贫论坛功能，加快推进中国—东盟减贫中心、国际减贫培训考察基地建设，积极推进在老挝等国的减贫合作示范项目建设，推动面向东盟的开放式精准扶贫。

加强民间交往。加强与丝路沿线国家的民间机构，特别是非政府组织（NGO）、社会团体的交流，支持各界人士来广西访问交流。组建中国—东盟企业家联合会。发挥好中国—东盟青年联合会的作用。鼓励华侨华人回乡投资创业，参与广西“一带一路”项目建设，在符合条件的地方建设华侨经济、文化等合作试验区或示范区。进一步密切与港澳台地区合作。

推进海上合作。以打造北部湾区域性国际航运中心、中国—东盟港口城市合作网络为重点，深化拓展与沿线港口城市在互联互通、海洋经济、农业渔业、先进制造、海洋科技、海洋环保、海上安全与执法等领域合作。

共建中国—东盟港口城市合作网络。加紧制订中国—东盟港口城市合作网络的行动计划，设立秘书处，完善合作机制，加快钦州基地建设，加密国际集装箱班轮航线，建设中国—东盟港口物流信息中心和中国—东盟航运服务项目，推进港口城市间的产业合作、文化交融。

合作建设沿海港口。加快马来西亚关丹港、文莱摩拉港、柬埔寨西哈努克港等合作港口建设，积极参与印尼雅加达港、泰国林查班港，以及越南、缅甸等港口共建。加快开通北部湾至非洲的邮轮和货运航线，与亚丁湾沿线国家加大港口合作，共建临港物流园、产业园，拓展与非洲大陆各国的深入合作。

推进海上产业合作。与东盟国家在海洋装备制造、海洋交通运输、海水养殖、远洋渔业加工、新能源与可再生能源、海水淡化、海洋生物制药、海洋工程技术、环保产业和海上旅游等方面加强产业合作。

推进海洋科技、环境、安全合作。与东盟国家在海洋科技联合研发、海洋科技合作园建设、海洋环境监测等方面加强合作。加强海上安全合作，建立船舶安全监管、船舶溢油应急反应、海洋和渔业联合执法等合作机制。加快中国—东盟海上搜救分中心、广西海上紧急医学救援中心、北部湾海上专业救助基地等项目建设。

加强生态环保合作。发挥中国—东盟环境合作论坛等作用，搭建中国—东盟环境合作示范平台，推进中国—东盟环保技术交流合作基地、碳交易平台、排污权交易平台等建设，共建绿色丝绸之路。推动生物多样性廊道和跨境自然生态保护建设，建设中越跨界河流水质监测预警体系，加强在极端天气和洪水预报、地质灾害监测预警，应对气候变化等领域的交流合作，提高防灾减灾能力。

五、完善合作机制平台

实施中国—东盟博览会升级计划。继续办好中国—东盟博览会和商务与投资峰会，巩固主题国、特邀贵宾国等机制，逐步从服务“10+1”延伸到服务区域全面经济伙伴关系（RCEP）合作、21世纪海上丝绸之路沿线国家。创新办展模式，在更多东盟国家举办博览会境外展，打造展会价值链，提升贸易投资促进和区域合作引领的功能。

打造泛北部湾经济合作论坛升级版。发挥泛北部湾智库作用，建立健全泛北部湾合作机制，推动实施泛北部湾经济合作路线图，将泛北部湾经济合作打造为21世纪海上丝绸之路重要的次区域合作。

推动建立中国—中南半岛经济走廊合作机制。将“一带一路”与“两廊一圈”、大湄公河次区域经济合作（GMS）等有机结合起来，推进中国—中南半岛经济走廊建设，举办中国—中南半岛经济走廊发展论坛，共同推进认可度高的项目建设，建立完善常态化沟通协调机制。

完善双边合作机制。共同提升广西与越南边境4省联合工作委员会会晤机制功能，加强与越南全方位合作。推动与东盟及丝路沿线更多国家建立联合工作组机制、友好省区（城市），欢迎更多沿线国家在广西设立领事馆。依托中国—东盟互联互通合作委员会、交通部长会议、旅游部长论坛、自贸区论坛、矿业合作论坛、青年联合会等，促进各领域对接合作。

加强执法安全合作。积极推动与越南等国建立联合打击偷渡、走私、贩毒、拐卖妇女儿童等跨国犯罪，联合反恐、防灾救灾、网络安全等领域的长效合作机制，健全涉外安全预警机制。

六、广西积极行动

广西实施一系列务实举措，积极推进“一带一路”有机衔接重要门户建设，收获一些早期成果。

高层互访推动。广西壮族自治区领导先后率团出访东盟及丝路沿线多个国家，广泛推介及深入宣传广西“一带一路”商机，与部分国家及城市签署了合作备忘录或合作协议，共同拓展和深化各领域合作。

共建重大项目。加强与沿线有关国家的沟通磋商，在基础设施互联互通、产业投资、资源开发、经贸合作、金融合作、人文交流、生态保护、海上合作等领域，推进了一批条件成熟的重点合作项目。

发挥平台作用。广西连续成功举办12届中国—东盟博览会暨商务与投资峰会、9届泛北部湾经济合作论坛，对中国与东盟增进理解、深化合作发挥了重要作用，广西已经成为我国与东盟对接合作的核心平台。

七、共建共享创造美好未来

广西愿在“一带一路”框架下，与国内外各方一道，不断加强沟通协调，完善合作机制，确定合作重点、时间表、路线图，务实推进共同关注、共同获益的合作项目（事项），共促“一带一路”建设。

让我们踏着“一带一路”这条互尊互信之路、合作共赢之路、文明互鉴之路，发挥广西面向东盟国际大通道、西南中南地区开放发展新的战略支点、“一带一路”有机衔接的重要门户作用，朝着互利互惠、共同安全的目标，和衷共济、相向而行，共同推进中国—东盟命运共同体、利益共同体、责任共同体建设，让东盟及丝路沿线各国人民共享“一带一路”建设成果。

成都市融入“一带一路”国家倡议推动企业“走出去”五年（2016—2020年）行动计划

为积极融入国家“一带一路”倡议，加快推动企业“走出去”，全面提升我市与“一带一路”沿线国家经贸合作水平，根据国家《推动共建丝绸之路经济带和21世纪海上丝绸之路的愿景与行动》和省政府办公厅《关于印发“一带一路”战略“251三年行动计划”实施方案的通知》(川办发〔2015〕37号)，特制定本计划。

一、总体要求

（一）基本思路

抢抓国家实施“一带一路”倡议重大机遇，充分发挥成都在中西部地区的地缘优势、比较优势和产业优势，主动适应经济发展新常态，坚持“引进来”与“走出去”双向互动，用好“两种资源”“两个市场”，深入实施全球布局、产能合作、跨国成长、丝路开拓、平台构筑、保驾护航六大行动，聚焦“一带一路”重点地区和重点国家，对接重点行业和重点领域，推动我市优势产业、优秀企业全方位、多领域、高水平“走出去”，拓展“成都制造”“成都服务”“成都品牌”国际市场空间，加快建设国家中西部地区“走出去”门户城市。

（二）主要目标

到2018年初步建立全方位、多领域、高水平“走出去”发展格局，打通一批互联互通对外开放战略通道，培育一批“走出去”企业主体，建成一批重大合作项目和园区，与“一带一路”沿线国家经贸合作取得阶段性成果。建成境外经贸合作园区10个；重大投资合作项目达到100个；境外投资和对外承包工程总额突破100亿美元。

到“十三五”末，基本建成国家中西部地区“走出去”门户城市。全市“走出去”合作体制机制与平台载体趋于完善，连接“一带一路”互联互通开放通道更加通畅，与沿线主要国家经贸合作更加深入并取得明显成效，确保完成“十百千万”工程。即：培育在本行业、领域国际竞争力强、市场影响力大、品牌知名度高的本土跨国企业集团10家；建成境外经贸合作园区20个；重大投资合作项目超过200个；境外投资和对外承包工程总额突破200亿美元；在海外建立分支（子）机构、研发基地、原材料供应基地、营销服务网络、项目开发运营机构的企业达到1000家；参与国际商品贸易与国际经济合作的企业超过10000家。

二、主要任务

（一）实施“全球布局”行动

1. 构建三大经济走廊。主动对接国家“一带一路”国际国内大通道建设，推动经贸交流互联互通，形成辐射效应。打造西向经济走廊，对接新欧亚大路桥、中蒙俄等国际经济合作走廊建设，加快实施“蓉欧+”战略，以境外产能合作基地、物流枢纽节点建设为重点，深化与沿线原独联体、中东欧和欧盟国家的产能合作；联通南向经济走廊，积极参与孟中印缅经济走廊和中巴经济走廊建设，与沿线国家共建经济合作园区，推动我市与南亚国家以及东南亚国家经贸和文化旅游交往，提升合作水平；

开拓空中经济走廊，依托我市国际航空枢纽建设，加密“一带一路”沿线航线，完善空港经济互联互通通道，建设“空中丝绸之路”。（责任单位：市口岸物流办、市发改委、市商务委、市文广新局、市旅游局）

2. 聚焦5大重点区域。围绕东南亚、南亚、中东欧—中亚、西欧、非洲五大重点地区，着力优化“走出去”区域布局。巩固东南亚、南亚传统经贸合作伙伴关系，深挖中东欧、中亚、非洲国家产能合作潜力，开拓西欧、中东欧等新兴市场，积极推动与重点国家、主要领域的经贸合作，拓展我市企业“走出去”新的空间布局。（责任单位：市商务委、市发改委、市外事侨务办）

3. 突出30个重点国家。结合“一带一路”沿线国家经济现状、资源禀赋和我市“走出去”实际，选择30个重点国家深度开拓。挖掘拓展并重点围绕我市与老挝、柬埔寨、新加坡等东盟国家在基础设施、农林牧渔、电力工程、现代服务业和文化旅游等领域，与俄罗斯、波兰、捷克、哈萨克斯坦等国家在基础设施、能源合作、装备制造等领域，与印度、巴基斯坦等南亚国家在基础设施、软件信息、港口物流、技术认证检测等领域，与阿联酋、摩洛哥、澳大利亚等国家在资源开发、基础设施、现代农业等领域，与德国、英国、法国、荷兰等国家在节能环保、信息技术、生物医药、高端装备制造等领域，全方位开展经贸产能合作，坚持“走出去”和“引进来”相结合，提升双向投资合作水平。（责任单位：市商务委、市经信委、市农委、市国资委、市文广新局、市旅游局、市质监局）

（三）实施“产能合作”行动

1. 推进优势产能国际合作。重点围绕我市电子信息、汽车制造、轨道交通、装备制造、工程及设计、轻工建材、商贸物流、文化旅游、现代农业9大优势产业，分行业制定国际产能合作工作计划，建立完善项目推进机制，明确重点帮扶措施和政策，指导企业有重点、有目标、有组织地向具备比较竞争优势的国家和地区转移。（责任单位：市经信委、市农委、市商务委、市文广新局、市旅游局、市口岸物流办）

2. 促进新兴产业战略布局。发挥我市国家自主创新示范区优势，支持成都天府新区、成都高新区、成都经开区等国家级开发区，加强与国外高新技术园区、高端技术研发基地开展跨地区合作，积极探索在海外建设科技产业园区，不断提升区域经济发展的国际辐射力和影响力；支持我市新一代信息技术、节能环保、生物医药、新能源、新材料、新能源汽车、高端装备制造7大新兴产业开展对外合作，通过并购、合资、合作等方式在境外设立联合研发中心、实验室及科技型企业孵化器，进一步增强我市企业自主创新能力，提升企业核心竞争力。（责任单位：市经信委、市科技局）

3. 强化重大项目跟踪促建。按照“建设一批、推进一批、储备一批”的思路，建立我市“走出去”重点项目库，强化重大项目示范带动，每年确定50个重大项目加强跟踪服务，为企业及时提供政策、信息、要素保障及风险安全管理、国际法律服务、会计税务咨询等服务，推动更多优质项目进入全省“251计划”和国家“一带一路”项目清单。（责任单位：市商务委、市发改委）

（三）实施“跨国成长”行动

1. 加快培育本土跨国公司。建立重点企业联系制度，加快培育一批我市国际竞争力强、市场影响力大、品牌知名度高的本土跨国企业集团。支持本土龙头企业加快国际化发展步伐，通过兼并收购、资产重组等方式做大做强，有序开展全球战略布局，在全球优化整合资源，提升跨国经营水平、境外投资质量效益和海外收入比重。鼓励龙头企业发挥示范引领作用，带动更多上下游企业开拓国际市场。（责任单

位：市商务委、市经信委、市农委、市国资委）

2. 着力孵化跨国成长型企业。按照储备一批、培育一批、成熟一批的原则，建立我市跨国成长型企业库，每年确定100户进行重点孵化培育，建立常态化联系机制，加强对孵化企业的调研及分类指导，实行动态管理。鼓励企业通过制度创新和管理创新，改变传统管理模式，建立与国际接轨的现代企业制度、管理模式和服务规范。支持企业开展国际化投资与经营，依托央企和大型民企等龙头企业带动，参与相关配套项目，扩大在“一带一路”重点地区和重点国家的投资与合作。（责任单位：市商务委、市经信委、市农委）

3. 推动企业“抱团出海”。以行业协会和龙头企业为主体，加强我市“走出去”企业联盟建设，推动企业抱团发展、资源共享、合作共赢；建立央企、蓉企合作机制，促进成都企业与央企、省属国企、大型民营企业之间的对接合作，减少和降低企业境外投资合作风险和经营成本，实现从单一的企业“走出去”向产业链“走出去”转变，提升企业经济效益。（责任单位：市商务委、市经信委、市农委、市国资委）

（四）实施“丝路开拓”行动

1. 支持境外经贸合作园区建设。支持我市国家级开发区和有实力企业在“一带一路”沿线建设或参与建设加工制造型、商贸物流型、资源利用型、农业开发型等产业合作园区。重点推动中乌农业产业园、中缅粮食产业示范园区、中柬商贸园区、印度中国工业园等一批在建项目加快建设。积极推动天齐印度装备制造产业园、俄罗斯楚瓦什四川农业合作园区、中非工业产业园区、中摩工业园区等一批筹建项目开工建设，促进我市优势产业境外集聚发展，带动产业链上下游企业集群式“走出去”。（责任单位：市商务委、市经信委、市农委、市发改委）

2. 鼓励优势企业海外投资。坚持市场运作与政府推动相结合，鼓励我市有条件企业通过绿地投资、并购投资、证券投资、联合投资等形式，在“一带一路”沿线国家引导企业投资布局一批重大项目。鼓励企业参与境外并购，融入跨国公司全球研发流、生产流和销售流，提升国际竞争力；鼓励企业建立境外生产加工基地，设立境外研发机构、设计中心和高新技术企业，提升自主创新能力；鼓励企业积极参与境外石油、天然气、煤炭、电力、有色金属、海洋等领域资源勘探、开发和加工，拓展新的发展空间。（责任单位：市发改委、市商务委、市经信委、市农委、市国资委）

3. 支持参与“一带一路”基础设施建设。引导企业主动适应国际工程承包新趋势，积极参与“一带一路”基础设施建设，重点承揽境外道路、桥梁、水利、能源、电力等领域工程；推动企业与央企、国内500强企业和其他知名企业加强合作，参与境外铁路、机场等基础设施建设；鼓励企业尝试运用政府与社会资本合作（PPP）、建设—运营—转让（BOT）等方式扩大境外项目合作，实现对外承包工程向国际产业链高端延伸；支持企业主动参与国际标准制定，推广中国工程技术标准和操作规范，大力培育我市承包工程企业的竞争新优势；推动境外承包工程与外贸进出口联动发展，带动我市企业扩大技术、产品、设备和服务出口。（责任单位：市商务委、市建委、市经信委、市国资委）

4. 鼓励扩大服务业境外投资。发挥我市服务业竞争优势，加快推进国家服务贸易创新发展试点和跨境电子商务综合试点。鼓励企业、机构扩大与“一带一路”沿线国家在文化、旅游、体育、餐饮等领域的交流与合作，推动我市服务贸易加快“走出去”；挖掘用好“大熊猫”城市名片，支持我市川酒、川菜、川茶、川果、川戏、川丝等特色产业创新海外推广模式，搭建海外营销网络；鼓励电子商务企业建立海外跨境电子商务交易平台和电子商务网络，服务外包企业通过境外投资拓宽接包渠道，提高接包能力；引导支持企业利用商标、技术、管理等自主知识产权扩大对外合作，支持科研院所、高校和企业到境外申请专利，在标准、认证、检测等方面参与国际合作，增强我市服务业国际竞争力。(责任单位：市商务委、市经信委、市农委、市文广新局、市旅游局、市体育局、市质监局、市科技局)

（五）实施“平台构筑”行动

1. 建设开放合作平台。立足我市内陆开放高地发展定位，进一步提升成都高新综合保税区、成都空港保税物流中心（B 型）和成都铁路保税物流中心（B 型）等海关特殊监管区的贸易功能，加快建设成都天府国际机场空港物流保税区，大力发展口岸经济；建好用好中法（成都）生态园、中韩创新创业园、川法生态科技园、新川创新科技园、港澳（成都）现代服务业园区等国际合作示范园区；深化中德（四川）创新产业合作平台框架下全方位合作机制，促进中欧产业聚集合作发展，发挥成都欧盟项目创新中心等平台作用，提升我市对欧洲、亚洲、美洲等地高新产业的吸引力，引领联动成都平原经济区、成渝城市群融入“一带一路”建设。(责任单位：市商务委、市经信委、市口岸物流办、市科技局)

2. 搭建经贸交流平台。把友城作为推动企业“走出去”的重要平台，不断扩大“一带一路”沿线国家友城规模，创新合作模式，加快发展一批经济合作伙伴城市，定期或不定期组织双边经贸交流活动。支持开展成都企业走进“一带一路”系列经贸活动，鼓励特色产业及企业参加境外国际性展会以及中国—东盟博览会、中国—亚欧博览会、中国—西部博览会、中国—欧盟投资贸易科技合作洽谈会等市场拓展活动，支持企业、行业协会在具有较强周边辐射能力的国家或地区举办成都经贸交流（博览）会。每年支持开展国际市场拓展和对外投资促进活动 100 次以上。(责任单位：市商务委、市农委、市经信委、市外事侨务办、市博览局)

3. 打造创新创业平台。充分发挥中国·成都全球创新创业交易会平台作用，深入实施“创业天府”行动计划 2.0 版，主动融入全球创新网络体系，完善“创业苗圃（众创空间）+孵化器+加速器”的企业国际化创新创业孵化机制；打造一批便捷开放的企业国际化“众创空间”和专业楼宇，鼓励企业在海外设立孵化基地，利用社会资本投资优质孵化项目，吸引海外项目入孵并进行离岸孵化。加快科技成果转化，支持传统及新型孵化器举办各种形式的创新创业培训活动，定期组织“创业天府·菁蓉汇”企业“走出去”系列活动，增强企业“走出去”的国际竞争力。(责任单位：市科技局、市商务委)

4. 构建金融服务平台。鼓励银行机构、保险机构、融资性担保公司为企业“走出去”提供金融服务，引导股权投资基金、风险投资基金和民间资本参与“走出去”项目建设。主动对接亚投行、丝路基金、中国出口信用保险公司、国家开发银行、中国进出口银行等金融机构，拓宽企业“走出去”融资渠道。鼓励企业开展境外股权融资、债券融资等，降低融资成本。(责任单位：市金融办、市财政局)

（六）实施“保驾护航”行动

1. 完善信息服务机制。加强对我市企业“走出去”的政策引导和指导，及时发布国家、省、市促进企业“走出去”的相关政策，编制“一带一路”重点国家国别投资指南，发布重点国家和地区的投资环境、产业政策、税收政策、招商项目及文化宗教等信息，促进项目落地。加强与驻外使领馆、华商社团、外国商会的交流合作，进一步完善企业开拓国际市场“互联

网+”信息服务机制。（责任单位：市商务委、市外事侨务办）

2. 建立风险防控机制。依托国家重大国别或地区风险评估和预警机制，引导企业强化境外投资前期风险分析和论证，提高决策的科学性。积极融入国家救援响应机制，完善境外投资突发事件应急处置预案，维护我市“走出去”企业合法权益。健全财产、人身安全保障机制，支持信保机构为对外投资企业提供国别、项目风险咨询和保险服务，鼓励“走出去”企业为出国外派人员购买人身意外伤害保险。加强境外企业经营投资监测，探索建立境外企业经营信息的收集、发布和共享机制。（责任单位：市商务委、市外事侨务办、市金融办、市工商局）

3. 健全中介服务机制。加快培育面向境外投资和跨国经营的中介服务机构，鼓励行业协会、中介机构和企业联盟为企业提供知识产权保护、国际专利申请、境外法律、国别风险、信用咨询、标准制定、检测认证、人员培训等服务，建立市场化、社会化、国际化的中介服务体系。支持我市行业协会和中介机构与沿线各国贸易投资促进机构、行业协会开展交流合作，建立健全合作机制。鼓励和支持成立境外成都企业商（协）会，加强行业自律，引导境外投资合作有序发展。（责任单位：市商务委、市外事侨务办）

4. 优化政务服务机制。深化境外投资审批制度改革，进一步简化境外投资企业核准、备案程序，推进境外投资便利化。建立健全口岸大通关机制，支持“走出去”企业申办 APEC 商务旅行卡，对开展“一带一路”项目洽谈等因公出国（境）手续予以优先办理等，推进出入境和通关便利化。积极探索“互联网+政务服务”新模式，建设和完善智慧网上政务服务大厅，推进网上办理、网上审批，实现线上线下同步办理。（责任单位：市政务服务办、市政府政务中心、市商务委、市外事侨务办）

三、保障措施

（一）强化组织领导

建立健全由市政府主要领导任组长、分管领导任副组长，市商务委、市发改委、市经信委、市农委、市建委、市国资委、市外事侨务办、市科技局、市文广新局、市人社局、市教育局、市口岸物流办、市金融办、市旅游局、市体育局、市质监局、市博览局、市工商局、市政府新闻办、市政务服务办、市政府政务中心等部门组成的推动企业“走出去”工作组，统筹全市“走出去”工作，制定年度实施方案，协调推进“走出去”重大项目、重大事项、重大政策的落实，指导企业规避境外风险，提升我市企业“走出去”质量和水平。（责任单位：市商务委）

（二）加快国际化人才培养

深入实施省、市高层次人才引进计划，建立国际经贸人才库，积极引进海外高层次跨国经营管理人才、领军人才、研发团队。支持鼓励在蓉高校、高职院校与“一带一路”国家开展合作办学，扩大相互间留学生规模，开展职业技能培训，深化学术交流和科研合作。支持鼓励企业通过与院校和机构合作办班、专业培训等多种方式，培育一批通晓国际经济运行规则和法律法规、具有国际市场开拓能力的复合型跨国经营管理人才队伍，逐步推进企业经营管理“本地化”。（责任单位：市人社局、市教育局）

（三）加大政策扶持

进一步加大财政政策支持力度，将“一带一路”重点国家、重点领域的重大项目建设纳入服务业发展引导专项资金的支持范围，重点支持境外经贸园区、互联互通基础设施工程、境外资源能源开发合作，以及技术合作、跨境并购、营销网络等项目。支持企业参加沿线国家国际经贸活动，开拓国际市场。（责任单位：

市商务委、市财政局）

（四）加强宣传推介

通过境内外主流媒体，利用展会、推介会，开展文化旅游交流活动等渠道和形式，推介成都“走出去”，宣传推介经贸交流情况，营造我市企业、产品、文化、旅游、服务、技术“走出去”良好舆论环境。发挥政府部门在信息引导、政策扶持、沟通协调等方面的作用，通过举办讲座、培训班等形式，积极宣传国家、省、市对企业“走出去”的支持政策和法律法规，为企业“走出去”创造良好营商环境，提供更多政策服务。

陕西省“一带一路”建设2016年行动计划

陕西省“一带一路”建设2016年行动计划提出，将从构建交通商贸物流中心、构建国际产能合作中心、构建科技教育中心、构建旅游金融等中心、强化国家生态安全新屏障、建立开放型经济新格局等方面推进“一带一路”建设。

构建交通商贸物流中心：加强“米字形”高铁网，启动西安新筑铁路综合物流中心

加强“米字形”高铁网建设，统筹建设大西安轨道交通和关中城际铁路。

启动西安新筑铁路综合物流中心建设，加快西安综合保税区多式联运监管中心等建设，争取汽车整车进口口岸获批，启动进境种苗指定口岸申报。

深化区域通关一体化、“三互”大通关等便利化改革。积极参与沿线国家经认证经营者(AEO)互认，与哈萨克斯坦阿拉木图州国家收入局开展关际合作。加快推进海关特殊监管区域整合优化和航空产业综合保税区申报设立工作。

力争新增进出口企业1500家，遴选支持200家陕西品牌产品企业开拓国际市场，加快丝绸之路世界贸易中心项目建设。

构建国际产能合作中心：推动中韩产业园等国际产业合作园区建设

支持省内优势装备制造企业在沿线国家布局设点。鼓励省内粮企在中亚建立农产品种植、加工基地。支持省内物流企业与沿线国家共建物流服务基地。

推动中韩产业园、中俄丝路创新园、中吉空港经济产业园、中意航空谷、中以创新示范园、泾河新城美国科技产业园、半导体国际合作产业园、欧亚经济综合园区核心区等国际产业合作园区建设。

鼓励省内优势企业参与境外资源勘探开发。支持我省建筑、铁路、公路和电力四大领域企业加强横向合作，发展设计采购施工总承包(EPC)和联合体项目，参与国际产能合作项目竞争。

构建科技旅游金融文化等中心：开通迪拜等国际航线，加快哈萨克斯坦“陕西医院”建设

构建科技教育中心。探索在海外建立国际科技合作基地，推动中国西部科技创新港、中俄丝路创新园、西安国际科技创新中心、欧亚创意设计园建设；与沿线国家建立双边、多边教育合作机制，建设丝绸之路经济带教育文化研究交流中心，争取上合组织大学落户陕西。

构建国际旅游中心。增开西安至暹粒、阿拉木图、伊斯坦布尔、旧金山、迪拜等国际航线，开行西安至乌鲁木齐旅游专列6-8列，构建“丝绸之路起点”风情体验旅游走廊、大秦岭人文生态旅游度假圈、黄河旅游带。

构建区域金融中心。建设丝绸之路能源金融贸易中心，开展离岸金融业务和跨境双向人民币资金池业务试点工作，在省内融资租赁产业聚集区开展商业保理试点工作，启动“海外陕西”产业发展基金。支持核心企业及上下游企业拓展境外业务，推进丝绸之路经济带陕西文化金融合作试验区建设。

搭建人文交流平台。积极落实《丝绸之路跨国申遗工作备忘录》，打造以“汉风古韵”为主题的丝绸之路历史文化旅游区。举办丝路沿线国家青年领袖圆桌会议暨“一带一路”文化交流周等活动。重点推进中亚考古工作开展。加快哈萨克斯坦“陕西医院”建设。继续开展苏丹、马拉维援外医疗服务工作。

建立开放型经济新格局：争取更多国家在陕设商务代表处，建设陕西国际采购中心

争取更多沿线国家在陕设立商务代表处，做好柬埔寨、马来西亚在西安设立总领馆后续工作。

推进中国（陕西）自由贸易试验区申报工作。简化境外投资手续，简化企事业、科研单位人员赴丝路沿线国家及港澳台地区开展商务活动审批手续。推动欧盟国家在陕建立签证代办机构，建设陕西国际采购中心。与丝路沿线国家建立知识产权合作机制，建设国家知识产权运营军民融合特色试点平台。建设以培养外语类知识产权国际化人才为主要目标的教育实践基地。

此外，陕西省还将出台重大项目库管理办法，建立陕西省“一带一路”建设重点项目库，并依托中国（西安）丝绸之路研究院设立“一带一路”大数据研究中心。

西安市“一带一路”建设2016年行动计划

为贯彻落实国家“一带一路”战略规划，叫响做实丝绸之路经济带新起点，着力打造内陆型改革开放新高地，开创西安全方位对外开放新格局，特制定以下行动计划。

一、促进互联互通建设

（一）加快西安港建设

启动西安港总体规划编制工作，争取将西安港建设纳入国家相关规划范畴。加快国际物流园区、进口肉类和粮食指定口岸基础设施建设，推动西安铁路车站临时对外开放口岸和多式联运监管中心建设。争取汽车整车进口口岸早日获批，支持西安国际港务区建设中西部商品交易中心和电子商务产业园。

（二）推进西安铁路物流集散中心建设

编制项目可行性研究报告并立项，推动西安铁路物流集散中心项目规划与西安市城市总体规划、“西安港”总体规划、西安市灞桥区总体规划的统筹衔接，明确配套工程投资主体、开发模式及运营方式，确保年内开工建设。打造“长安号”国际货运品牌，加大回程班列货源组织，不断加密班列开行列数并向欧洲延伸。推进海铁、陆铁联运，开通西安（新筑）至青岛（青岛港）国际货运班列，力争实现常态化运行。

（三）加强陆空联动

启动空港、陆港物流专线和城市快线等快速干道建设。加强航空口岸信息化、智能化建设，完成西安咸阳国际机场三期扩建工程项目预可研工作。推进户县机场搬迁和机场空域优化工作。加快西安咸阳国际机场通程航班行李直挂业务。

（四）增开国际航线

开通西安至东京、暹粒、阿拉木图、罗马等国际航线，提升西安咸阳机场“国际枢纽”地位，打通我市向西开放空中通道。

（五）推动信息丝绸之路建设

推进跨境贸易电子商务一般出口和直购进口试点工作，及时跟进落实国家有关支持跨境电子商务发展政策，积极推动建立和完善有关配套措施和政策。修订完善跨境电子商务海关监管方案，提升跨境电子商务通关效率。积极推动电子口岸、跨境电子商务公共服务平台等配套设施建设，积极争取保税进口试点资质，扩大跨境电子商务线下体验店布点，支持跨境电子商务企业开展面向“一带一路”沿线国家的跨境电子商务合作。加快推进西安新丝路国际电子商务产业园、京东西北电子商务基地、国美西北电子商务运营中心、西北智能公路枢纽平台、西安跨境电商企业创业孵化基地、丝绸之路空间信息平台、丝绸之路北斗智慧文化旅游信息服务系统示范应用等项目建设。

（六）继续实施项目带动战略

建立我市丝绸之路经济带重点项目库，围绕“一高地六中心”建设，在基础设施、经贸合作、科技创新、产业投资、能源资源、人文交流、生态保护、金融创新及企业“走出去”等方面选择和策划重大项目，争取纳入中省规划项目清单。积极发挥我市财政资金引导作用，继续做好丝绸之路经济带重大项目资金支持工作。

二、密切人文交流合作

（七）搭建人文交流平台

依托曲江新区，组建陕西省丝绸之路国际

文化交易中心。继续办好马来西亚清真食品节、西安韩国周等双边友好活动。组织开展西安丝路文化国际巡展、赴土库曼斯坦“西安文化周”活动。拍摄完成电视剧《张骞出使西域》、动画片《丝路行歌》(第一季)。完成首部国际大型交响乐作品《新丝绸之路—行思长安》，创作完成舞剧《传丝公主》。举办中国卡通产业论坛，建立丝绸之路媒体联盟，出版一批宣传丝绸之路历史文化与经济发展的中外文出版物，推出一批具有国际影响力的文化艺术精品。推进大秦帝国影视基地、中视丝绸之路国际影视文化园建设。

（八）加强国际旅游合作

争取国家旅游发展基金支持，积极举办丝绸之路国际旅游相关会议及活动。与“一带一路”相关国家地区联合开发国际旅游线路，建设一批丝绸之路文化旅游项目，完善并常态化运行西安至乌鲁木齐丝绸之路旅游专列。

（九）扩大民间友好往来

加强与丝绸之路沿线国家合作，组织开展丝绸之路沿线城市青少年交流互访活动。继续推动我市与丝绸之路沿线国家有关省州市建立友好关系，依托中亚东干协会及沿线各国民间社团组织，不断扩大民间友好往来。

（十）加强文物保护与考古研究

积极落实《丝绸之路跨国申遗工作备忘录》，以未央宫遗址申遗成功和西安城墙申遗为契机，加快《汉长安城遗址保护总体规划》修编，结合遗址保护，打造以“汉风古韵”为主题的丝绸之路历史文化旅游区。组织实施丰镐、汉唐昆明池、西汉渭河桥、栎阳城等大遗址考古工作，启动丰镐遗址保护规划和杨官寨遗址规划的编制工作，加快推进大明宫国家遗址公园、未央宫考古遗址公园提升、汉长安城渭河桥遗址博物馆、阿房宫前殿遗址公园、姜寨遗址公园、杜陵遗址公园、天坛遗址公园、薛家寨汉墓遗址公园、秦庄襄王墓遗址公园、吉邑栎阳城遗址公园、杨官寨遗址公园、烽火台周文化遗址公园、春秋扁鹊墓遗址公园、秦始皇焚书坑儒遗址公园、鸿门宴遗址公园、西安文物保护考古基地、数字化博物馆等项目建设。

（十一）积极发展文化保税产业

推进文化保税园区建设，支持曲江曼蒂项目开展保税展示交易业务，完善进出口贸易服务平台，打造曼蒂保税展示交易中心。加快陕西国际文化贸易基地建设，拓展文化进出口业务。

（十三）加强培训教育领域合作

建设丝绸之路经济带教育文化研究交流中心，开展人力资源开发培训和留学生教育，推进职业院校俄语课程班项目，加快丝绸之路经济带高端人才培养与交流中心暨人力资源服务产业园建设。争取建设上合组织大学中国（西安）校区，加快汉诺威国际学校建设。

三、深化经贸领域合作

（十三）推进重点合作项目建设

加快中俄丝路创新园建设，推动丝绸之路经济带西安国际科技创新中心、欧亚创意设计园、中国进口商品促进中心（西安中心）、丝绸之路国际友好园、环大学创新产业带、国际清真产品（食品）展示交易认证中心、众天蜂蜜5000吨蜂产品综合生产车间、丝绸之路起点新丰物流基地、西安南站铁路仓储物流货场等项目建设。

（十四）支持优势企业开展国际合作

策划设立“中亚·长安产业园”，策划举办“西安走进中亚推介系列活动”，支持能源和高端装备制造类企业“走出去”，与丝绸之路沿线各国开展经济技术合作，在境外设立产业园区和物流园区，建设一批示范项目。争取国家支持在西安建设丝绸之路经济带能源储备基地。支持西安高新区建设丝绸之路能源装备产业园。支持西安经开区建设丝绸之路装备制造产业园。

（十五）优化整合驻外商贸服务机构

整合我市有关机构在外资源，联合在中亚重点国家设立驻外代表机构，为我市企业与中亚地区的交流合作提供服务和支持。

四、搭建对外开放平台

（十六）积极推进自贸区申报工作

整合优化海关特殊监管区域，加快出口加工区A、B区二期建设，并尽快通过验收；积极复制推广上海自由贸易试验区改革试点经验，配合省上编制完成《丝绸之路经济带中国（陕西）自由贸易试验区总体方案》，加快申报进度，争取国家尽早批复。

（十七）办好丝博会

以打造“一带一路”品牌盛会和务实合作高端平台为目标，精心做好第20届西洽会暨丝博会组织筹备工作，继续办好“一带一路”地方领导人对话会、丝绸之路经济带城市市长合作圆桌会等系列活动。

（十八）加快欧亚经济论坛实体化进程

推进欧亚经济综合园区核心区、西安丝绸之路国际会展中心、丝路国际中心等项目建设。

（十九）建设丝路产品体验馆和丝路风情街

支持建设丝绸之路沿线国家产品体验馆和丝绸之路风情街并举办系列经贸活动，开展线上线下丝路跨境业务，打造国际化O2O平台。支持经开区建设朱宏路汉文化商贸区。

（三十）加快西安领事馆区建设

争取柬埔寨、马来西亚等国在西安设立领事馆，启动4个统建馆的建设，争取土库曼斯坦设立商务代表处，全力争取上合组织成员国及丝绸之路沿线重要节点城市设立办事机构，吸引涉外机构入驻。完成韩国“多宝塔”复制品安放工作。推进西安领事馆馆舍区、浐灞金融文化中心等项目建设。

（三十一）加强环保领域合作

与丝绸之路沿线国家和地区建立环境保护、生态建设、防灾减灾、应对气候等方面的交流合作和联动保护机制。规划实施一批重点项目，大力开展城市环境、大气质量、防风固沙、野生动物保护、水源保护等领域的国际交流合作。支持浐灞生态区与瑞典于默奥市合作开展垃圾分类试点项目。

五、创新金融合作方式

（三十二）积极引进各类国际性、区域性金融机构总部

积极跟踪上合组织开发银行设立工作，争取将总部落户于西安。积极申请亚洲基础设施投资银行和外资金融机构在西安设立分支机构。

（三十三）与丝绸之路沿线国家和地区加强金融领域合作

开展离岸金融业务，协助争取国家批准西安市的企业开设自由贸易账户，开展跨境人民币双向资金池业务试点工作。

（三十四）争取开展国际租赁贸易和国际商业保险代理工作

争取商务部支持，在国际港务区开展国际租赁贸易，兼营国际商业保理试点工作。

（三十五）建立与中亚各国的合作发展基金

协助建立与中亚各国的合作发展基金，优先推动建立中国陕西—哈萨克斯坦合作资金。

（三十六）支持加快金融聚集区建设

加快西安金融商务区建设，推进科技金融、文化金融示范区、商业金融街区建设。研究出台我市互联网金融产业发展意见。设立黄金产业发展基金和丝绸之路经济带产业发展基金。发起设立“丝路枢纽建设基金”，成立丝路投资控股集团公司。设立新兴金融业、互联网金融产业发展引导基金，聚集中小金融业态。

甘肃省参与“一带一路”建设实施方案

中共甘肃省委　甘肃省人民政府

2015年3月，国家发改委、外交部、商务部联合发布了《推动共建丝绸之路经济带和21世纪海上丝绸之路的愿景与行动》(以下简称《愿景与行动》)，按照国家总体部署，省委、省政府结合我省丝绸之路经济带甘肃黄金段建设情况，于近日制定出台《甘肃省参与丝绸之路经济带和21世纪海上丝绸之路建设的实施方案》(以下简称《实施方案》)。《实施方案》明确提出了围绕一大构想，着力构建三大平台、六大窗口、八大节点城市，推进五大重点工程建设的发展战略（简称“13685”战略）。

一大构想

打造丝绸之路经济带甘肃黄金段

以“丝绸之路经济带”甘肃境内重要节点城市为依托，发挥产业园区、经贸物流园区和保税物流园区集聚科技、金融、人才要素平台作用，深化经贸、产业、能源、人文交流合作，全面构建铁陆航多式联运的丝绸之路经济带黄金经济走廊，努力建成向西开放的纵深支撑和重要门户、丝绸之路的综合交通枢纽和黄金通道、经贸物流和产业合作的战略平台、人文交流合作的示范基地。近期目标（2015—2020年）是综合交通运输网络建成，经贸文化交流合作平台逐步建立，与中西亚市场贸易份额进一步扩大，甘肃在“一带一路”中的作用显著提高；中期目标（2020—2025年）是建立较为完善的开放合作机制，甘肃与六大国际经济走廊沿线国家的经贸联系更加紧密，联通亚欧大陆桥的经济通道作用进一步显现；远期目标是到本世纪中叶，实现“五通”目标，与“一带一路”沿线国家产业合作全面深化，贸易规模大幅提升，将甘肃打造成为“一带一路”国际经济贸易文化合作黄金走廊。

六大窗口

依托我国在沿线国家建立的产业园区和境外经贸合作区，积极建设面向六大国际经济走廊多国为重点的经贸合作与人文交流的对外窗口。

- 新亚欧大陆桥经济走廊
- 中蒙俄经济走廊
- 中国—中亚—西亚经济走廊
- 中国—中南半岛经济走廊
- 中巴经济走廊
- 孟中印缅经济走廊

八大节点城市

进一步提升重要节点城市的支撑能力

进一步提升兰（州）白（银）、平（凉）庆（阳）、天水、定西、金（昌）武（威）、张掖、酒（泉）嘉（峪关）、敦煌重要节点城市的支撑能力，坚持差异化定位和协同化发展，着力构建特色鲜明、分工协作、相互促进、优势互补的对外开放新格局。其中，兰（州）白（银）节点主要围绕大兰州、大窗口、大商贸、大枢纽、大产业的功能定位，发挥中心城市辐射带动作用，打造区域性金融中心、总部中心、铁陆航多式联运中心、东西方文化和民族文化交流人才培训中心、国际消费中心，建设祖国版图中轴线以西最大城市群。敦煌节点要充分发挥敦煌在古丝绸之路上的独特历史文化资源优势，积极推进敦煌国际文化旅游名城建设，办好丝绸之路（敦煌）国际文化博览会等活动，提升敦煌的国际影响力，将敦煌打造成为丝绸之路国际文化旅游名片和国际旅游目的地。

三大平台

着力打造经济、文化和经贸合作三大战略平台

• 以兰州新区为重点的向西开放经济战略平台；

• 以丝绸之路（敦煌）国际文化博览会和华夏文明传承创新区为重点的文化交流合作战略平台。举办丝绸之路（敦煌）国际文化博览会，加快华夏文明传承创新区和敦煌历史文化名城建设，突出敦煌文化、丝路文化、始祖文化、黄河文化、民族民俗文化人文资源优势，促进文化交流和文化产业发展，打造文化交流合作战略平台；

• 以中国兰州投资贸易洽谈会为重点的经济贸易合作战略平台。

五大重点工程

确定了基础设施互联互通、经贸产业合作、人文交流、生态建设、金融创新支持五个方面的重大工程建设任务。

• 着力加强基础设施建设，推进互联互通。包括加快推进兰州、嘉峪关、敦煌三大国际空港和兰州、天水、武威三大国际陆港建设，构建铁陆航多式联运中心，利用已建成的兰州北货运编组站、在建的兰州铁路综合货场、兰州铁路集装箱中心站和我省已开通的天马号、兰州号、嘉峪关号国际货运班列，整合渝新欧、蓉新欧、郑新欧、西新欧等国际货运资源，将大兰州建成服务于全国、面向中亚、西亚的国家级综合交通枢纽。同时，进一步提升天水、武威、酒嘉综合交通枢纽地位。

• 着力推进经贸技术交流，加强国际产能和装备制造合作。包括加快推进口岸建设，运营好兰州新区综合保税区，力争将武威保税物流中心升格为综合保税区，争取嘉峪关机场口岸开放、马鬃山口岸复关，支持临夏、敦煌等有条件地区设立海关特殊监管区。发挥我省石油化工、有色冶金、装备制造等传统领域技术优势，加强境外产业合作和投资。充分发挥我省铜冶炼、电解铝、钢铁、水泥等行业技术成熟、产能相对富余等优势，推动向产能不足、投资环境宽松、连接通道顺畅的地区和国家转移。

• 着力推进人文交流合作，提升开放共建水平。发挥我省石油化工、有色冶金、机械电子和新能源、新材料、旱作节水技术、高效设施农业、荒漠化防治等领域的技术优势，与“一带一路”国家共建研究中心、技术转移中心、农业科技园区、技术推广示范基地，扩大技术输出和合作。三是依托丝绸之路（敦煌）国际文化博览会、兰洽会、敦煌行・丝绸之路国际旅游节等大型节会平台，大力发展节会和展会经济。

• 着力构建生态安全屏障，打造绿色丝绸之路。加快祁连山、渭河源区、“两江一水”等重大生态保护规划实施和重点生态工程建设，对河西内陆河、中部沿黄、甘南高原、南部秦巴山、陇东陇中黄土高原等五大片区实施分区域综合治理。加强生态建设和环境保护国际交流合作，发挥我省在内陆河流域生态治理、风沙源防护林建设、雨水集蓄利用、野生动植物保护等方面的技术优势。

• 着力强化金融创新，加大金融政策支持。包括加大政策性金融支撑。发挥国家开发银行等国家开发性、政策性金融机构和地方金融机构的作用，全力支持基础设施建设和特色优势产业龙头企业走出去。强化金融产品与服务创新。引导金融机构根据不同类型的涉外企业和建设项目的信贷需求特征，深化金融产品与服务创新，提供个性化、多元化、专业化的金融产品。

地方行动

北京市

北京市商务委员会

一、货物贸易

2016年，北京与“一带一路”沿线国家双边贸易额872.8亿美元，占全市进出口总额的31%。其中，出口175.4亿美元，占全市出口的33.8%；进口697.4亿美元，占全市进口总额的30.3%。

二、服务贸易

2016年，我市服务外包企业与“一带一路”20个国家承接国际服务外包业务，离岸执行金额共计3.18亿美元，其中前5位的国家为新加坡、马尔代夫、马来西亚、印度和印度尼西亚。我市与“一带一路”国家登记技术进出口合同100份，合同金额16.17亿美元其中技术进口合同12份，金额0.67亿美元技术出口合同88份，金额15.5亿美元。

三、使用外资

2016年，“一带一路”国家和地区来京投资5.5亿美元，同比增长2.3倍，占全市实际使用外资的4.2%。

四、对外投资

2016年，我市企业在“一带一路”沿线21个国家累计直接投资额6.4亿美元，较上年同期增长29.3%。印度（4.5亿美元）、新加坡（1.05亿美元）、柬埔寨（2506万美元）位列我市企业在“一带一路”沿线国家投资前三位。

五、第四届京交会有关情况

2016年，第四届京交会国际组团机构中共有11个“一带一路”国家和地区参展参会，包括斯里兰卡、泰国、新加坡、捷克、立陶宛、孟加拉、沙特阿拉伯、巴基斯坦、台湾、香港和澳门。其中，捷克、立陶宛、新加坡、孟加拉、沙特阿拉伯、巴基斯坦、台湾、香港和澳门9个国家和地区参展，总参展面积达到1363平方米；捷克、立陶宛、新加坡、泰国、中国台湾、中国香港、中国澳门7个国家和地区参加了专题会议活动，以推介、B2B洽谈等形式介绍了各自的投资政策、营商环境及商业机会等内容，涉及会计、设计、金融、建筑等服务贸易领域。本届京交会专设以“一带一路——服务贸易新机遇”为主题的“一带一路”展区，展区面积370.5平方米。期间，召开与“一带一路”主题相关的会议共计10场，内容涉及语言服务、文化贸易、非物质文化遗产、知识产权服务、健康和医疗服务、建筑服务等专题。

六、涉及“一带一路”境内外主要展览会组织情况

2016年，组织相关企业参加伊朗德黑兰国际工业展览会、匈牙利国际建筑工业博览会、第六届东盟（曼谷）中国进出口商品博览会、捷克国际机械工业博览会、俄罗斯成衣时尚博览会、中东实验仪器分析检测设备博览会等境外展览会；组织相关企业参加中国—南亚博览会、中国—亚欧博览会、中国西部国际博览会等境内展览会；组织举办了拉脱维亚进口商品购物节。

内蒙古自治区

内蒙古自治区商务厅

一、政策沟通

满洲里综合保税区 2016 年 12 月 30 日正式封关运营，协议引进项目 17 项，入驻外贸公司 50 余家，总投资大约 4.2 亿美元。目前，进一步理顺通关服务环节，完善运营服务体系，加大招商引资力度。鄂尔多斯综合保税区已获批复，签约入区项目 8 个，总投资 146.3 亿元，达成意向项目 5 个，现正在开展综保区建设前期规划设计工作，梳理对接，已签约京东方、鄂尔多斯羊绒集团等 8 个项目。呼和浩特出口加工区申请退出部分土地后转型升级综合保税区，目前国土资源部已委托国土厅对土地进行核查，并反馈国土部，出口加工区基础设施改造和信息系统建设完工并调试，经呼和浩特海关调研，基础设施建设基本符合条件，现待国土资源部批复同意退出部分土地后，海关启动验收。

赤峰保税物流中心，能够为赤峰市、锡林郭勒盟、通辽市、辽宁西部及河北北部等地的外向型企业提供进口货物保税仓储、出口货物入区退税、国际转口贸易、简单加工及增值服务等功能，截至目前，入驻企业 30 家。2016 年办理进出口业务 1408 票，海关监管货值达到 1.04 亿元，同比增长 5.6 倍，上缴关税收入 208 万元，实现出口退税 784 万元。巴彦淖尔保税物流中心已经向海关总署申报待批。包头、通辽、巴彦淖尔、二连浩特陆港正常运营。阿拉善盟陆港 2017 年 2 月通过海关验收已运营。满洲里互贸区正常运营，并实现智检系统测试上线运营；二连浩特边民互贸区 2017 年 2 月获自治区政府批复封关运营；策克互贸区顺利运营，并对原有监管区货场进行改造，设计成为具有蒙元文化的边民互市贸易区；满都拉互贸区已对项目可行性报告进行评审，现在进一步修改完善。正式签署了《中蒙二连浩特—扎门乌德跨境经济合作区建设共同总体方案》，我方开始基础设施建设，稳步推进前期工作。

二、设施联通

目前我区共有边境铁路口岸 2 个、边境公路口岸 12 个、国际航空口岸 4 个；对俄口岸 4 个，对蒙口岸 10 个。2016 年自治区政府下达口岸基础设施建设补助资金 9500 万元，新增地方政府债券资金 5.5 亿元，进一步加大了口岸建设的支持力度，全面提升了通关能力。2016 年我区对俄蒙货运量 7887 万吨，同比增长 19.8%，其中进境货运量 5552 万吨，出境货运量为 941 万吨，转口货运量 1393 万吨。2016 年经我区满洲里、二连浩特口岸进出境班列数量为 1202 列，是全国口岸跨境班列线路最多的省区，在服务全国发展中发挥了积极作用。其中我区始发的中欧班列有赤满欧、通满欧、满俄欧、满俄白、蒙连欧及包头—阿斯塔纳、乌兰察布—阿拉木图 7 条线路，共开行 33 列。

三、贸易畅通

2016 年，我区实现进出口 117 亿美元，与“一带一路”沿线 59 个国家有贸易往来关系，实现进出口额 72.43 亿美元，占全区进出口额的 61.9%。其中进口 48.18 亿美元，出口 24.24 亿美元，贸易逆差 23.94 亿美元。在国际大宗商品价格不断下行的情况下，逐步实现了回稳向好的目标。

四、资金融通

2016年至今，“一带一路”沿线国家在我区投资设立外商投资企业11家，合同外资金额1749万美元，同比增长1490%；实际使用外资金额135万美元，同比增长285.7%；从地区分布来看，新设企业主要集中在呼和浩特市、呼伦贝尔市、锡林郭勒盟和通辽市；从行业分布来看，新设企业主要集中在制造业、批发零售业和农林牧渔业。截至2016年底，我区企业在“一带一路”沿线17个国家开展境外投资，意向投资项目405个，占全区对外投资项目总数的73.5%；中方协议投资额56.09亿美元，占全区对外投资中方协议投资额的51.23%。境外投资形成的产能合作项目有木材、煤炭、纺织、电力、乳业等。

五、民心相通

与蒙古经贸活动。为扩大向北开放，深化与蒙古国经贸投资合作，进一步推动我区扩大对蒙投资贸易合作，应蒙古国工业部的要求，2016年5月共组织我区50多家企业（含部分在蒙企业）参加了阿拉坦布拉格国际商品展，展位数共计20个，展品涉及食品、建材、电器、图书影像制品等。本届展会，我区企业取得了不错的参展效果。

与俄罗斯经贸活动。2016年7月，自治区代表团赴俄罗斯叶卡捷琳堡市参加第三届中国—俄罗斯博览会及相关商务活动。全区5个盟市的29家企业参展，参展展位35个，位列国内各参展省区第二位。我区企业在产品设计、水处理、农产品加工、园艺制品等领域达成多项合作意向。8月，俄罗斯驻华商务代表处格鲁杰夫总代表、俄罗斯中国总商会蔡桂茹会长一行，赴包头市就加强双方经贸投资、国际产能和装备制造领域合作进行商务考察和项目洽谈。同时，推进俄罗斯布里亚特共和国农业与粮食部与我区企业农畜项目合作取得实质进展，内蒙古赛科星繁育生物技术有限公司与俄方共同举办了农业联合会议，实地考察并与布里亚特布扬公司签署了合作意向书。

六、其他

地缘相近，是独特的合作交往优势。今后应充分发挥政府部门、研究机构的职能，加大对“一带一路”国家国情、法规政策、战略规划的研究和分析，为加强与之合作提供有效参考。完善与蒙古国常设协商工作组会议磋商机制，有序推进与俄罗斯外贝加尔边疆区、伊尔库茨克、布里亚特等地定期会晤机制。构建高层出访带动双向投资贸易发展机制，在“一带一路”建设和中蒙俄经济走廊建设中，通过举办双向投资贸易合作项目洽谈会，宣传推介内蒙古。在互惠互利基础上，鼓励有条件的企业到境外开展资源合作开发、旅游管理、新能源、农牧业、基础设施等项目合作。抓住蒙古国实施“矿业兴国”战略和俄罗斯开发远东的机遇，加强与俄蒙资源合作，在石油、天然气、铁矿、有色金属等矿产能源和农牧业领域，探索建立“境外初加工—境内精深加工”的跨境加工模式，加强贸易合作。以中俄蒙区域合作不断深入为契机，加快转变对外承包工程和劳务合作发展方式。支持对外承包工程企业与境内外大公司合作，采取各种形式的分包，推动企业在建筑、铁路、公路和电力等行业进行合作并形成联合经营体，提高区内企业参与国际工程项目的综合竞争力。建立和完善对外劳务合作服务平台，促进劳务平台与区内高等院校、职业技术学校深度合作，加强外派劳务人员培训，提高劳务人员“技术含量”。建议国家有关部门加强与俄蒙及周边国家外派劳务磋商，改善对外劳务合作的法律环境和实际运行环境，积极拓展和提升对外劳务合作空间。

辽宁省

辽宁省商务厅

辽宁省委、省政府高度重视“一带一路”建设工作。辽宁作为老工业基地，注重发挥既沿海又沿边、地处东北亚腹地的区位优势，以参与中蒙俄经济走廊建设为重要载体，以重大项目为抓手，推进国际产能合作；以构建东北国际物流大通道、推进互联互通为重点内容，着力加强铁路、港口等交通基础设施建设，推动优势产业跨出国门，扩大外贸出口，发展能源资源和人文领域交流合作，着力打造联结亚欧海陆大通道，全面推进辽宁老工业基地振兴发展和改革创新。

2016年，辽宁省紧紧抓住国家实施“一带一路”倡议的发展机遇，按照省委、省政府的工作要求，结合辽宁实际，把握战略定位，在推进“一带一路”建设工作中，突出“抓重点、搭平台、畅通道、建园区、拓市场”五个方面工作重点：

一、抓重点

主要是抓好相关政策落实。一是出台《辽宁省关于贯彻落实“一带一路”战略，推动企业“走出去”的指导意见》和《辽宁省关于推动装备制造和国际产能合作工作指导意见》。二是组织编写《辽宁企业走进“一带一路”投资指南》等文件。三是积极推动企业在“一带一路”沿线国家开展投资合作，帮助和引导企业利用好国家信用保险、中非发展基金和“两优”(国家优惠买方信贷和优惠卖方信贷）贷款等金融政策，助力本省大型成套设备和技术出口。

二、搭平台

一是搭建境外合作平台。辽宁省先后与俄罗斯远东地区的哈巴州、南萨哈林州和伊尔库茨克等州建立了经贸合作机制；与捷克、罗马尼亚、波兰和塞尔维亚等商会、联合会等签订合作框架协议；组织企业参加“中俄博览会”、“大图们倡议地方合作博览会”、东盟博览会、上海合作组织国家展会等重点展会；组织“走进非洲”“走进中东欧”等投资合作说明会、项目发布会等。二是加强地区合作。与吉林、黑龙江等商务部门合作，建立东北三省商务系统共同参与的“一带一路”建设互动合作机制平台；发挥本省产业优势和港口优势，结合吉林、黑龙江对俄区位和通道优势，共同促进“营满欧”亚欧陆海联运合作。

三、畅通道

一是依托中蒙俄经济走廊，全面打通中日韩、中蒙俄（大连、营口—满洲里—欧洲）贸易大通道。抓住国家实施自由贸易区战略的有利契机，加快大连、营口国际多式联运海关监管中心规划建设，抓紧蒙古国乔巴山铁路出海通道建设。二是推广辽宁国际贸易“单一窗口”一期应用工作。在大连、丹东、锦州口岸进行试点，组织外贸企业与中介机构集中开展应用培训，通过主流媒体宣传使用辽宁省国际贸易“单一窗口”，提高知名度，推进贸易便利化水平。三是协调推动大连、沈阳海关与辽宁出入境检验检疫局合作，落实“三互”备忘录，实现关检合作“三个一”，建立信息共享数据库，拓展合作范围，固化合作机制，深化合作成果。

辽宁作为东北地区唯一既沿边又沿海的省份，加快构建“一带一路”、中蒙俄经济走廊和

“辽满欧”“辽蒙欧”“辽海欧”三条综合交通运输大通道建设。

“辽满欧”的第一条运输路线是“营口—满洲里—俄罗斯—欧洲”通道。主要依托营口港，以辽鲁陆海货滚甩挂运输通道为海运物流干线，以哈大铁路为主轴、高速公路与普通公路为集疏运通道，开展多式联运。2016 年以来，该路线平均每周开行 7 班，高峰时每周 10 班，全年预计完成 2.5 万标箱。

“辽满欧”的第二条运输路线是“大连—满洲里—俄罗斯—欧洲”通道。依托烟大轮渡、环渤海支线网络以及外贸中转，开展国际海铁联运。目前，辽宁省交通运输主管部门正会同相关部门和相关省区交通主管部门，加紧编制《“辽满欧”综合交通运输大通道发展建设规划》，积极推动物流业合作，促进“辽满欧”大通道加快发展。

“辽蒙欧”大通道，以锦州港、丹东港为起点，途经内蒙古自治区至蒙古国，再到达欧洲各地，是沿线矿石、农产品的主要运输通道。目前，辽宁省交通运输主管部门正在协调推进锦（州）赤（峰）线、巴（彦乌拉）（阜）新线铁路建设。待蒙古国境内路线建成后，“辽蒙欧”大通道将打通跨省、跨境铁路运输，充分发挥海铁联运的组合效率与综合优势，有效缓解满洲里铁路口岸的运输压力，大大缩短中蒙俄三国间的运输距离。

“辽海欧”大通道，也称北极东北航道，以大连港为起点，至白令海峡向西航行，到达挪威北角附近，再前往欧洲各港口，使亚欧远洋航线的行驶里程由 1.3 万海里减少到 8000 海里，航程缩短约 35%，运输成本降低约 30%，为东北乃至全国开辟了一条通往欧洲的便捷、经济、高效的海上运输通道。继 2013 年 8 月“永盛”轮在“辽海欧”大通道首航后，2016 年 7 月，“永盛”轮再次在大连港开航，穿越北极，并升级为往返双向通行。目前，已实现季节性常态化运营。

四、建园区

第一，推动辽宁省企业在“一带一路”沿线国家俄罗斯、白俄罗斯、印度、印尼、罗马尼亚、乌干达、伊朗等国家建设和规划 8 个境外工业园区。具体是：（1）特变电工沈阳变压器公司在印度设立的特变电工输变电设备综合产业园；（2）抚顺罕王集团在印尼设立的罕王镍铁工业园；（3）营口玉原集团在罗马尼亚设立辽宁建材产业园；（4）海城石油机械集团在俄罗斯设立辽宁石化工业园；（5）鞍山忠大集团在乌干达设立辽沈工业园；（6）中钢集团辽宁公司在俄罗斯设立中俄尼古拉商贸物流园区；（7）沈阳国合集团在白俄罗斯设立中白辽沈工业园；（8）沈煤集团等在伊朗设立辽宁工业园。第二，营口中韩自贸产业示范园区和丹东中朝边民互市贸易区建设和辽宁自贸试验区建设取得初步进展。

五、拓市场

一是组建辽宁省“走出去”企业联盟，整合资源，优势互补，促进企业抱团出海，共同承揽国际工程。二是在巩固日韩、东盟等传统市场的同时，扩大向北开放，积极开拓俄罗斯、中东欧等新兴市场。引领辽宁省有实力的企业参与俄远东地区机场、港口、电力工程和冷链物流仓储等基础设施建设，开展装备制造、建材、新能源等国际产能合作。三是推动本省企业与央企和军贸企业合作。全面推进军贸企业贸易合作项目，拉动辽宁产品出口。目前，辽宁已同中国航天长征国际贸易公司等企业合作，派出驻外人员，协同开展工作。积极推进辽宁企业与中国航天长征国际贸易有限公司联合在伊朗建设伊朗（辽宁）工业园。

吉林省

吉林省商务厅

一、2016 年主要工作

2016 年以来，在省委、省政府的领导下，本省切实加强与国家“一带一路”倡议的衔接和落实，以重点项目为抓手，以“一带一路”沿线国家为主攻方向，推进装备制造和国际产能合作，推动企业加快“走出去”步伐，取得积极进展。2016 年，全省对外投资中方协议投资额 34.9 亿美元，同比增长 19.7%，对外承包工程完成营业额 3.8 亿美元。

一是推动一汽加速海外布局。推进一汽在伊朗、南非、坦桑尼亚、墨西哥及东南亚等国家和地区的 15 个生产基地和组装项目初步完成布局。南非基地建设投产，东南非基地初具规模，伊朗中重卡、乘用车本地化进一步深化，巩固巴基斯坦微型车、中重卡地产化，坦桑尼亚、埃塞俄比亚、朝鲜、越南、菲律宾、马来西亚、哈萨、尼日利亚、肯尼亚、墨西哥、伊拉克等 11 个 KD（汽车散件到国外组装）项目初步完成布局。正在推进的巴基斯坦、伊朗、俄罗斯等国项目需投入约 1.6 亿美元，设计产能 16 万台，项目达产后，当年即可直接带动出口额约 3 亿美元。2016 年上半年，一汽集团出口额为 12906 万美元。

二是推进长客股份拓展海外市场。2015 年执行的项目有巴基斯坦 40 辆发电车、202 辆宽轨客车项目、阿根廷 45 辆地铁车项目、巴西 100 列 EMU（电力动车组）项目、阿根廷 220 辆宽轨客车项目、沙特 204 辆地铁车辆检修维护项目、吉隆坡机场线 24 辆动车组项目、美国波士顿红/橙线地铁样车和车体供货项目等 27 个项目。同时，对中北美、东南亚、港澳台、中亚等 11 个区域，实施全面市场开发计划，累计跟进近百个项目。2016 年上半年，长客出口额为 4400 万美元。

三是推动重点国别重点领域项目建设。结合本省产业、地域优势特点，确定了俄、蒙、中亚、东南亚和非洲等国家和地区为本省重点投资合作国别，农、林、矿、冶金、化工、电力、汽车组装等为重点领域。重点推动的项目主要包括：吉林省投资集团在柬埔寨建设粮食仓储项目，华峰能源公司俄罗斯滨海边疆区亚当斯矿区的煤矿开发项目，吉林中信美来公司在俄罗斯投资木材加工项目，珲春元宝山在俄罗斯建设木材加工园区项目，吉蒙农牧产业发展有限公司在蒙古建设中蒙现代农牧业国际合作区项目；省投资集团、鸿达集团等企业拟投资对老挝投资 12 亿美元，建设两个水电站项目；中水一局老挝南欧江合同额 1 亿美元的七级水电站，送变电工程公司在埃塞俄比亚的输电线路项目，东北电力设计院合同额 3636 万美元印尼生物质电站项目等。

四是提升承揽境外工程项目能力。加大服务力度，推进东北电力设计院、中水一局、中钢吉电、吉林送变电等对外承包工程企业，在西亚、非洲、东南亚等国家和地区承揽境外工程项目。2015 年，吉林省对外承包工程新签合同额 6.83 亿美元，同比增长 7 倍，带动设备材料出口 5800 万美元。

二、2017 年工作计划

2017 年，本省将继续加大对外投资合作促进力度，主要是把培育和推进境外产业园区模式作为创新“走出去”方式和重中之重来抓，把骨干企业、重点项目带动中小企业集群式“走出去”作为拓展国别市场的突破点，把全面落实国家关于国际产能和装备制造业“走出去”的总体部署、引导企业以“一带一路”沿线国家作为主要投资合作方向，加快投资合作步伐，扩大“走出去”规模，推动重点项目进展，促进企业转型升级，促进对外投资合作健康有序发展。

黑龙江省

黑龙江省发展和改革委员会

2013年秋，习近平总书记提出共建“丝绸之路经济带”和“21世纪海上丝绸之路”的倡议以后，黑龙江省深入领会，积极谋划，把推动实施“一带一路”战略作为应对经济下行、加快对外开放、推动经济转型升级的重大历史机遇和加快老工业基地全面振兴的新动能，并提出了在黑龙江省构建“东部陆海丝绸之路经济带”的设想。习近平总书记对此作出重要批示，予以充分肯定。按照总书记要求，黑龙江省经过深入研究于2014年12月编制印发了《“中蒙俄经济走廊”黑龙江陆海丝绸之路经济带建设规划》，确定了贯彻“一带一路”战略，建设中蒙俄经济走廊“黑龙江陆海丝绸之路经济带”(以下简称“龙江丝路带”)，以大开放推动大发展，实现发展动能转化的总体思路，明确了“龙江丝路带”建设的方向、目标、建设重点和主要政策措施。三年来，聚焦“五通”，“龙江丝路带”建设在互联互通、跨境运输、对外开放平台等多方面取得一批早期收获。

一、坚持以我为主，推动“政策沟通”

近年来，黑龙江省委、省政府主要领导亲自带队，出访俄罗斯、韩国、澳大利亚、新西兰、德国、瑞士、荷兰、英国、意大利等国家及港澳台地区，围绕和平、发展、合作、共赢的主题，举行了一系列推介活动，宣传“一带一路”战略，对接“龙江丝路带”规划，营造中外互动、共同建设“一带一路”的良好氛围，在与出访国家与地区达成广泛共识的基础上，与德国在机器人等装备制造业、与澳大利亚和新西兰在畜牧食品、与韩国在食品医药等领域取得了一批重要的经贸合作成果。同时，充分发挥中俄博览会和中俄毗邻地区省州长会晤机制等平台作用。2014年至2016年，连续举办三届中俄博览会，向近百个国家和地区的来宾，集中系统地推介“一带一路”倡议和“龙江丝路带”建设规划与成就，各方来宾反响强烈，俄方主动提出与“一带一路”对接，建设符拉迪沃斯托克至哈尔滨的“滨海1号”国际运输走廊。中外互动对接，使“一带一路”沿线国家和地区了解了“龙江丝路带”建设的目的、重点、合作领域以及合作路径，为构建全方位对外开放新格局奠定了基础。

二、实施互联互通建设先行，推动“设施联通”

按照建设大通道、发展大物流、推动产业大发展的思路，黑龙江省持续推动通道建设，着力发展跨境运输，为拓展国际市场、发展外向型产业创造条件。

2013—2015年，与对俄通道相关的铁路项目加快建设，省内铁路网投资力度加大，累计投资542亿元。2016年，铁路重点建设项目进一步加快，累计完成投资308亿元。三年来，哈尔滨至齐齐哈尔高速铁路建成通车；牡丹江至绥芬河铁路扩能改造工程竣工投入运行，年过货能力由1100万吨提升到3300万吨；绥芬河铁路站场改造工程顺利完成，进一步释放了铁路运能潜力。哈尔滨铁路集装箱中心站建成投入使用，完善了国际集装箱运输枢纽的功能。哈尔滨至佳木斯快速铁路、哈尔滨至牡丹江客专、哈尔滨至满洲里铁路电气化改造工程等在建项目进展顺利，牡丹江至佳木斯快速铁路、沿边铁路项目纳入国家中长期铁路网规划，为黑龙江省建设以绥芬河至满洲里铁路、“哈牡鸡七双佳哈”（哈尔滨—牡丹江—鸡西—七台河—双鸭山—佳木斯—哈尔滨）东环线、“哈大齐北绥哈”（哈尔滨—大庆—齐齐哈尔—北安—绥化—哈尔滨）西环线和沿边铁路为主骨架的“一轴两环一边”铁路网奠定了基础。黑龙江界河铁路大桥中方一侧于2014年2月开工，主体工程已基本完成，俄方一侧工程建设2016年已经启动，正在建设拌和站等辅助设施，进行桥墩钻探和回填工作。其他方面，黑河界河公路大桥2016年12月24日正式开工建设；中俄双方已同意增设黑瞎子岛公路客运口岸；哈尔滨机场扩建工程和五大连池、建三江机场建设加快推进；中俄原油管道二线工程开工建设，中俄东线天然气管道黑河境内控制段工程开工。日益完善的跨境通道已引起国内外的高度关注，成为发展外向型产业的重要支撑。

交通基础设施的快速发展，促进了跨国运输体系的初步形成。2015年6月中旬，中欧班列（哈尔滨—汉堡）成功开行并实现每周双向对开一班的常态化运行。2016年累计发运2474标箱，货值2.08亿美元。2016年2月，开通了哈尔滨至莫斯科、叶卡捷琳堡、新西伯利亚等地的哈俄班列，至12月底已累计发运4234标箱、货值5614万美元，发展势头良好。根据习近平总书记关于“加强对朝鲜半岛务实合作”的指示精神，黑龙江省积极推动由哈尔滨经绥芬河、俄罗斯符拉迪沃斯托克至韩国釜山的中俄韩“哈绥符釜”陆海联运常态化运行。2015年8月，首列陆海联运集装箱专列自哈尔滨首发，实现了由零散集装箱运输向整列集装箱运输的突破。经过一年的试运行，陆海联运已基本实现常态化，2016年共计发出31列，3186标箱，货值2.86亿元。标志着横跨欧亚、连接陆海的“龙江丝路带”国际物流通道全线贯通。国际航空运输方面，哈尔滨机场对外开放枢纽港的功能不断完善，在2015年新开通和恢复8条国际航线的基础上，2016年又开通了至圣彼得堡航线；对俄电商航空运输保持增长势头，已开通哈尔滨至叶卡捷琳堡货运包机专线和哈尔滨至新西伯利亚、至克拉斯诺亚尔斯克、至叶卡捷琳堡和莫斯科的三条客货混载航线，目前正积极筹备开通面向北美和欧洲的航空货运通道。

三、建设和完善开放平台，推动“贸易畅通”

“中俄博览会”等国家级展会已成为中俄合作平台的标志。中俄两国政府主办的“中俄博览会”已举办3届，影响日益扩大；“哈洽会”已连续举办27届，成为黑龙江对外开放的标志；装备工业、绿色食品、木业、乳品等全国性大型专业展会具有龙江特色，吸引国内外人士，为龙江发展凝聚人气。

开发开放平台建设稳步推进。2016年，国务院先后批复同意设立哈尔滨新区、哈尔滨综合保税区、绥芬河—东宁重点开发开放试验区，大庆、齐齐哈尔综合保税区前期工作已取得积极进展，海关总署同意建设哈尔滨多式联运海关监管中心、牡丹江B型保税物流中心，黑龙江省扩大开放、承接产业转移迎来新的重大机遇。

口岸通关便利化水平显著提高。中俄海关启动特定商品监管互认试点，电子口岸搭建完成并投入使用，关检合作信息互换、监管互认、执法互助格局初步形成。

四、坚持深化中俄金融合作，推动“资金融通”

中俄金融合作取得新的进展。经国务院批准，绥芬河市于2013年开展了卢布现钞使用试点。2014年7月，国家外汇管理局批准在黑龙江省开展沿边开发开放外汇管理改革试点，实施了允许外商投资企业借用外债实施比例自律管理、放宽企业境外外汇放款管理、简化境内企业跨境担保外汇管理、外商投资企业外汇资本金意愿结汇等多项改革措施。2015 年初，黑河和绥芬河海关正式开通了卢布现钞跨境通关业务，与以往卢布从哈尔滨空运至北京、在北京报关后运往俄罗斯的通关方式相比，效率和成本明显改善。此外，黑龙江省还积极发挥哈尔滨银行卢布做市商优势，推动中俄跨境电子商务在线支付结算平台建设，努力打造面向俄罗斯及东北亚的区域金融服务中心。截至 2016 年末，省内已有 9 家商业银行分支机构与俄罗斯 27 家商业银行分支机构建立了代理账户行关系，设立代理行账户 134 户，办理中俄本币结算业务 6.4 亿美元；跨境人民币收付总额 311.8 亿元。依托中国银行和哈尔滨银行，建立中俄跨境电商支付平台，解决了长期以来境内对俄电商企业收汇难、网上支付成本高等瓶颈问题。在第三届中俄博览会上，哈尔滨银行牵头的国内 16 家金融机构与俄政策性银行签署了合作协议，把资金融通推向了一个新水平。

五、积极开展对俄全方位交流合作，推动“民心相通”

国之交贵在民相通。黑龙江省力求通过人文领域交流合作，巩固和发展中俄友谊，夯实共建“一带一路”的民心民意基础。

政府合作方面，黑龙江省与毗邻的俄罗斯地区均建立了省州长会晤机制，双方保持频繁接触，近年来，双方共同研究中国倡导的“一带一路”与俄罗斯倡导的“欧亚经济联盟”对接合作事宜，就俄远东自由港、超前发展区以及“滨海 1 号”国际大通道建设等重大项目与政策进行了深入对接。

文化教育方面，成功实施了“中俄文化大集”等大型中俄文化交流项目，在国内外获得高度评价；在黑龙江大学设立了中俄学院、中俄联合研究生院，哈工大与圣彼得堡国立大学合作设立中俄等离子物理应用技术联合研究中心、生态环境联合研究中心、中东铁路文化遗产保护创新研究中心，与俄罗斯合作建设哈尔滨音乐学院工作积极推进。

科技旅游方面，搭建了哈工大中俄人才交流和科研合作基地、黑龙江中俄船舶与海洋技术合作中心等科技交流平台；成功举办了中俄国际自驾车集结赛、中俄旅游节、跨境自驾游等旅游交流活动。

2017 年，黑龙江省将认真贯彻习近平总书记两次对黑龙江省的重要讲话，把扩大开放作为振兴发展的重要途径，主动对接国家“一带一路”倡议，发挥地缘优势，注重同俄罗斯远东地区开展战略对接，参与“中蒙俄经济走廊”建设，加快形成对外开放新格局。

江苏省

江苏省商务厅

2016年以来，江苏认真贯彻落实习近平总书记对江苏“一带一路”交汇点建设的新要求，深入学习领会总书记在推进“一带一路”建设工作座谈会上重要讲话精神，更加自觉地融入国家对外开放大布局，发挥江苏作为经济大省、开放大省的优势，聚焦政策沟通、设施联通、贸易畅通、资金融通、民心相通五大领域，聚焦重点地区、重点国家、重点项目，加大工作推进力度，抓好一批标志性项目的落地，努力在“一带一路”建设大局中发挥先行先导作用。

一、政策沟通

1. 举办2016中国—东盟建筑业合作高峰论坛暨中国—东盟建筑行业合作委员会成立大会。为加快21世纪海上丝绸之路建设，推动江苏南通企业参与东盟互联互通和基础设施建设，促进南通与东盟国家互利共赢发展，“2016中国—东盟建筑业合作高峰论坛暨中国—东盟建筑行业合作委员会成立大会”5月28日在南通举办，会议由南通市人民政府和中国—东盟商务理事会联合主办。成立中国—东盟建筑行业合作委员会，并将中方秘书处设在南通，有利于充分发挥南通建筑业优势，推动建筑企业加快走出去步伐，进一步促进南通与东盟建筑行业互利合作，积极参与东盟基础设施建设。

2. 成立“一带一路”纺织交易联盟。2016年10月15日，“一带一路”纺织交易联盟倡议大会在江苏南通举行。“一带一路”纺织交易联盟由中国供销集团和中国纺织工业企业管理协会共同发起，来自中国、印度、巴基斯坦、印尼等“一带一路”沿线国家的29家企业加入联盟。成立联盟，旨在沿着“一带一路”的发展方向，围绕供给侧改革的发展思路，调度全球纺织资源，优化中国纺织供应链，提升中国纺织整体竞争力。联盟主要通过南通中实纺织交易市场有限公司这一载体平台运作。

3. 举办中国（连云港）丝绸之路国际物流博览会。举办“中国（连云港）丝绸之路国际物流博览会”（简称“连博会”）是江苏全面落实“丝绸之路经济带”战略构想和深化上合组织务实合作六点倡议，发挥连云港在“一带一路”建设中的双向开放窗口和海陆枢纽作用，加快推动“丝绸之路经济带”东方桥头堡建设的重要举措。“连博会”由中国国际商会主办，由江苏省商务厅、江苏省贸促会、江苏省外办、连云港市人民政府承办，以构建国际物流大通道，服务丝绸之路经济带为主题，搭建陆桥沿线上合国家、亚太地区间经贸人文交流的新平台。首届连博会于2014年10月21—23日举行，还发起成立了30亿元连云港丝绸之路国际物流产业基金，为国际物流基础设施建设等方面提供资金保障。第三届连博会于2016年11月16—18日举办。

4. 加强“一带一路”沿线经贸代表处建设。优化完善江苏海外经贸网络，推动在“一带一路”沿线国家重点布局，加强沟通交流，强化经贸合作。目前，本省在“一带一路”国家（地区）中，已设立香港、新加坡、马来西亚、俄罗斯、柬埔寨、纳米比亚和坦桑尼亚7个经贸代表处，其中，由江苏省商务厅、常州市政府和江苏海企三方共建的驻坦桑尼亚经贸代表处于2016年10月底正式设立。充分发挥“一带一路”沿线经贸代表处的作用，主动参与落实国家“一带一路”倡议，加强与所驻国我国使领馆和经商处的汇报和联系，加强与所驻国有关政府部门的沟通对接，重点关注搜集与“一带一路”建设相关的经贸合作信息，帮助落实安排本省对“一带一路”国家和地区的重点经贸活动。

二、设施联通

1. 开行欧亚国际货运班列。国际货运班列是江苏参与“一带一路”建设的重要举措。随着“一带一路”建设的不断推进，江苏与沿线国家的经贸往来发展迅速，物流需求旺盛，中欧、中亚班列开行数量和范围大幅增加，南京、徐州、苏州、连云港、南通五个省辖市先后开行了到中亚和欧洲的国际班列，欧亚班列将江苏及华东等地区的电子产品、工业零配件、高档服装、家居用品等产品源源不断地输送到欧亚大陆，释放了丝绸之路经济带物流通道潜能，为促进全省外贸稳定增长提供了重要支撑。

连云港至中亚班列实行每周 7.5 列，中欧班列开行密度已由初期的每月 1 班发展为 2 班，并形成至土耳其等黑海沿线国家及至俄罗斯、波兰、德国等沿线国家的两条通道。新亚欧大陆桥集装箱多式联运示范工程入选全国首批 16 个国家级多式联运示范项目。苏州的“苏满欧”班列从 1 条出口线路、每月开行 3 列，发展成为集“苏满欧”“苏满俄”“苏新亚”为一体的进出口双向中欧、中亚班列货运平台，每月开行 10 列，2016 年 1—8 月，“苏满欧”班列总计发送出口班列 65 列，发运货值 5.38 亿美元，同比分别增长 16%和 19%，苏州市被列入国家中欧班列统一品牌首批启动城市。南京市于 2014 年 8 月开启了中亚班列，2016 年发展到每周稳定开行 2 班，2016 年 6 月，南京至莫斯科中欧班列首发，成为全国实行统一标识后第一个新开行的中欧班列。8 月 25 日，南通开通至阿富汗海拉顿“中亚班列”，成为我国至阿富汗的首条货运班列。连云港、苏州、南京被国家发改委《中欧班列建设发展规划（2016—2020 年）》列为中欧班列重要港口节点城市，其中，连云港为沿海重要港口节点，苏州为内陆主要货源地节点和国际邮件铁路运输重点口岸，南京为主要铁路枢纽节点。

2. 推进中哈（连云港）物流合作基地项目。中哈（连云港）物流合作基地项目计划总投资 30 亿元，分三期建设。2014 年 5 月 19 日，中哈（连云港）物流合作基地项目一期工程正式启动，标志着丝绸之路经济带首个实体平台正式投运。目前，中哈物流合作基地一期项目稳定运营，二期项目有序推进，基地配套货运专用铁路线已开工建设，2016 年前八个月，中哈物流基地货物进出量 193 万吨，集装箱空、重箱进出场量 9.2 万标箱。2016 年 2 月，国家质检总局指定连云港口岸为哈萨克斯坦粮食过境中国唯一离境口岸。

三、贸易畅通

1. 大力拓展“一带一路”沿线市场。2016 年以来，本省加大“一带一路”沿线市场开拓力度，取得了积极的效果。总体来看，2016 年以来，本省与“一带一路”沿线国家进出口情况好于全省，1—9 月份，本省与“一带一路”沿线国家进出口总额 794.5 亿美元，下降 5.8%，占全省进出口总额的 21.3%，同比提升了 0.6 个百分点。其中，出口 566.8 亿美元，下降 1.6%，占比 24.2%；进口 227.7 亿美元，下降 14.9%。从国家地区看，东盟是本省在沿线国家地区中最大的贸易伙伴。本省对沿线部分国家出口逆势上扬，其中对印度、泰国、俄罗斯和菲律宾出口分别增长 3.3%、11.0%、10.5%和 9.2%。从产品看，部分产品出口增势良好，纺织服装出口增长 4.3%，太阳能电池强势增长 36.0%，占全省光伏出口的比重升至三分之一，纸、电线电缆出口涨幅均在20%以上。

本省结合双方产业优势与需求特点，发挥展会在市场开拓方面的主渠道作用，推动与沿线国家的贸易往来。一是发挥省级商务资金的引导作用，加大对企业开拓沿线国家市场的支持力度，提高扶持比例。调整优化贸易促进计划目录，“一带一路”沿线国家展会占货物贸易展会比重超过40%。二是借助广交会、中国（连云港）丝绸之路国际物流博览会、江苏农业国际合作洽谈会等优质展会平台，广邀沿线国家企业参展，加大对江苏产品的宣传。用好中国（昆山）品牌产品进口交易会，扩大从“一带一路”沿线国家进口。三是顺应“互联网+”的发展趋势，推动跨境电子商务等新型商业模式发展，鼓励企业加快自主营销网络、售后服务中心、仓储物流基地和分拨中心建设，多渠道开拓沿线国家市场。在镇江举办首届“中俄跨境电商大会”，500多家企业参加了推介与交流。四是支持企业开展出口认证和商标注册，宣传推广自主品牌，扩大品牌产品出口，在沿线国家树立良好的江苏品牌形象。五是建立完善外贸公共信息服务平台，及时发布沿线国家政策法规、产业导向、产品需求、贸易摩擦、风险预警等信息，帮助企业有针对性地开拓市场。

2. 加强对“一带一路”沿线国家的投资合作。2016年以来，江苏深入实施“一带一路商务创新引领”工程，积极推动企业走出去，主动参与“一带一路”建设，放大向东开放优势，做好向西开放文章，对“一带一路”沿线国家的投资合作呈现出良好的发展态势。

一是走出去规模持续扩大。2016年1-9月，本省赴“一带一路”沿线国家协议投资额28.3亿美元，同比增长33.6%。对外承包工程完成营业额38.5亿美元，同比增长14%。

二是国际产能和装备制造合作成为亮点。1-9月，本省对“一带一路”沿线国家制造业投资14.3亿美元，同比增长26.7%，其中装备制造业投资7.7亿美元，同比增长41.1%。

三是沿线国别市场不断拓展。截至2016年9月，本省赴“一带一路”投资已覆盖沿线64个国家中的54个。其中，印度尼西亚、新加坡、柬埔寨、泰国和巴基斯坦成为本省在沿线投资规模的前5位国家，合计协议投资总额55.1亿美元，占本省对沿线国家累计投资总额的54.2%。俄罗斯是本省在“一带一路”沿线欧洲国家中的第一大投资国。

四是重大项目有序推进。东方恒信联合中电国际5.4亿美元巴基斯坦塔尔煤电一体化开发项目列入中巴经济走廊能源规划项目的优先实施项目清单。“霍尔果斯—东门”经济特区无水港项目已经竣工，并已开展物流和多式联运业务，向海关联盟、中亚和欧洲国家的用户转运货物，基础设施建设也同时完工。

2016年以来，本省将对接“一带一路”建设与落实总书记对江苏最新要求紧密结合起来，与深入实施转型升级工作紧密结合起来，与增创开放型经济新优势紧密结合起来，积极融入，主动对接。

一是推进江苏上市公司海外并购。聚焦“一带一路”沿线国家，认真梳理分析江苏上市公司海外并购情况，制定《江苏省上市公司海外并购五年（2016—2020）行动方案》，通过发挥上市公司走出去的引领和骨干作用，快速提升江苏走出去的整体规模和质量。

二是加快境外经贸合作区建设。推动境外经贸合作区建设，便捷企业到国外投资设厂，增强对外投资集聚效应。5月31日，由江苏海企技术工程有限公司在坦桑尼亚投资建设的江苏—新阳嘎农工贸现代产业园通过省商务厅和财政厅的联合确认，成为本省第二家省级产业合作集聚区。截至2016年9月，柬埔寨西哈努克港经济特区、埃塞俄比亚东方工业园两个国家级境外经贸合作区合计引入企业160家，入区企业投资额5.2亿美元，上缴东道国税收4852万美元，解决东道国就业超过3.5万人。印尼双马农工贸合作区、江苏—新阳嘎农工贸现代产业园两个省级境外产业集聚区合计引入企业13家，入区企业投资额1.3亿美元，上缴东道国税收696万美元，解决东道国就业逾1600人。

三是推进境内外重大投资促进活动。为宣传“一带一路”倡议，讲好江苏对接故事，本省单独或联合举办了“携手江苏　共赢发展——‘一带一路’沿线国家投资说明交流会”“霍尔果斯—东门”经济特区、“携手江苏　共赢发展——股权投资基金与‘两优’业务推介暨投融资对接会”、江苏企业“走出去”经济发展论坛等十多场经贸推介活动，面对面提供政策咨询与服务，效果显著。对《“一带一路”投资合作指南》《走出去政策文件汇编》和《走出去企业典型案例》等宣传材料进一步进行修订、完善，为企业决策提供依据。

3. 积极引进“一带一路”沿线投资。截至2016年9月，“一带一路”沿线国家在本省累计投资设立7440个项目，累计实际使用外资326.8亿美元，占全省外资总量的8.6%。其中，在本省累计投资前五位的国家分别是新加坡、马来西亚、文莱、印度尼西亚、泰国。1—9月，“一带一路”沿线国家在本省投资设立167个项目，同比增长14.4%；新增合同外资6.97亿美元，同比下降34.1%；实际使用外资10.7亿美元，同比增长26.6%。

2016年以来，本省坚持“引进来”与“走出去”相结合，积极开展投资促进活动，吸引“一带一路”国家外商投资。

一是加强政策规划和引领。制定并实施《全省利用外资“八聚焦八提升”行动计划（2016—2018）》，聚焦“一带一路”倡议，推进高水平双向开放，形成“走出去”与“引进来”互动机制，增强现有招商引资机构的对外投资促进职能，推动本省与“一带一路”沿线重点国家的双向投资合作。

二是加强对“一带一路”国家双向投资促进活动。针对“一带一路”沿线国家和地区开展多种形式的投资促进活动。2016年6月，组织江苏省双向投资促进代表团访问新加坡、马来西亚、印度尼西亚，在三国分别召开双向投资环境说明会，推动本省与“一路”沿线国家的双向投资合作。7月组团赴白俄罗斯、爱沙尼亚、拉脱维亚访问，举办相关经贸推介活动，促进企业对接，积极推动三国优势产业企业到江苏投资，鼓励本省企业与当地企业开展境外合作。

四、资金融通

1. 加大财政扶持力度。调整优化财政扶持政策，坚持把有限资源放在落实“一带一路”倡议上，省级商务发展专项资金政策继续明确对企业参与“一带一路”建设，开展国际产能和装备制造合作的项目，补贴比例上浮30%。2016年省级商务发展专项资金共支持“一带一路”沿线项目38个，拨付资金3864万元。出台《赴哈萨克斯坦“霍尔果斯—东门”经济特区工业区开展投资合作专项扶持政策》，进一步提高扶持标准，降低准入门槛。

2. 推动设立投资基金。2015年7月，设立江苏省“一带一路”投资基金，基金首期规模30亿元并已运营，预期2017年总规模达到100亿元，重点支持本省有条件的企业在“一带一路”沿线国家投资布局，有效推进投资项目的进程，目前基金投资运作进展顺利，取得初步成效，2016年3月出资1.68亿元完成了对奇虎360项目的投资，另有10多个项目正在跟进过程中。

3. 发挥政策性保险作用。创新政策性保险产品，加大承保支持，2016年1—9月份，联合中信保打造的“海外投资合作政治风险统一保障平台”共承保项目65个，总保额26.77亿美元。其中，“一带一路”沿线项目16个，保额13.69亿美元，分别占平台项目总数的25%和51%，有力支持了金昇投资乌兹别克斯坦项目、阳光投资埃塞俄比亚项目、德龙投资印尼项目等沿线重大投资项目。

五、民心相通

举办“丝绸之路”媒体合作论坛。南京名城会重点活动之一、首届“丝绸之路”媒体合作论坛于2016年10月24日在南京举行。来自中国、俄罗斯、哈萨克斯坦、韩国、缅甸、印尼、柬埔寨、老挝等13个“一带一路”沿线国家的20余家主流媒体代表出席论坛，探讨丝路背景下的媒体合作，共同讲述“丝路故事”，并发布了首届“丝绸之路”媒体合作论坛成果《南京共识》，同时宣布成立“丝绸之路媒体合作联盟”。论坛以“共识、共建和共享——‘一带一路’背景下的媒体合作”为主题。《南京共识》称，将本着“客观、公正、真实”的新闻报道原则，向全世界传播新闻信息，为促进丝绸之路沿线国家和地区之间人民的理解与互信、交流与合作发挥建设性作用。

同时，在论坛的框架内，积极推动沿线各国媒体开展形式多样的对话交流和新闻产品互换，推动人员往来、实现联合采访，共同举行“美丽丝路”图片展，出版并发行画册，交流前沿媒体技术，实现合作的可持续发展。

福州市

福州市商务局

福州简称榕城，福建省省会，是一座伴海而生、因海而兴、拓海而荣的千年名城，地处长江、珠江三角洲的连接地带，与宝岛台湾隔海相望，坐拥 1.1 万平方公里的宽广海域，自古就是海上丝绸之路的重要发祥地。

进入新时期，福州迎来了千载难逢的“五区叠加”历史机遇——福州新区获批成为全国第 14 个国家级新区；中国（福建）自由贸易试验区福州片区正式揭牌；国家将福建省确定为 21 世纪海上丝绸之路核心区，福州为战略支点城市；中央支持福建建设生态文明先行示范区；国务院正式批准福州、厦门和泉州 3 个国家级高新技术产业开发区建设国家自主创新示范区。福州成为全国唯一拥有国家级新区、自贸试验区、海丝核心区、生态文明先行示范区的城市。今天的福州，正在“马上就办、真抓实干”精神的推动下，坚定不移地实施大开放战略，发展开放型经济，努力打造 21 世纪海上丝绸之路战略支点城市，加快建设“机制活、产业优、百姓富、生态美”的新福州。

经济高速发展的福州，已形成以电子信息、机械制造、纺织化纤、轻工食品、冶金建材等五大产业共同支撑，石油化工、新材料与能源、生物医药加快发展的新产业格局。特别是在福州新区的带动作用下，新签约三批项目共 5000 多亿元的先进制造业、高新技术产业、战略性新兴产业项目。下一步，福州将充分发挥“五区叠加”的政策优势，大力发展先进制造业，培育发展战略性新兴产业，积极引进一批能够延伸产业链、带动全局、增强后劲、产生重大拉动和深远影响的大项目、好项目，努力建设两岸交流合作重要承载区、扩大对外开放的重要门户、东南沿海现代产业重要基地和改革创新示范区、生态文明先行区。

承载着在更高起点上建设闽江口金三角经济圈的伟大使命，福州新区、福建自贸试验区福州片区正逐步成为两岸交流合作重要承载区、扩大对外开放的重要门户、东南沿海现代产业重要基地和改革创新示范区、生态文明先行区。近五年来，全市实际利用外资 72.73 亿美元，93 家世界 500 强企业在福州投资或设立机构，落地民资回归项目 143 项、总投资 1855 亿元。福州新区全面推进 5 大方面、18 条改革任务，福建自贸试验区福州片区推出 7 批、77 项体制创新举措。同时，加快自贸区福州片区建设，特别是抓住制度创新这一核心任务，争取推出更多可复制、可推广的举措，促进更多投资贸易便利政策向自贸区外辐射延伸。

“海丝”战略的实施，为重点推进与海上丝绸之路沿线国家和地区的交流合作、加快建设“海上福州”提供了更加广阔的空间。互联互通枢纽、经贸合作基地、人文交流交流建设取得明显成效。福州港是国家沿海 25 个主枢纽港之一，已与 40 多个国家和地区保持通航；福州长乐国际机场是全国重要的干线枢纽机场，已开通国内外航线 106 条。福州市与东盟、中东、非洲等国家和地区贸易总额超过 65 亿美元，东盟已经成为了福州的第三大外贸伙伴。福州企业对“海丝”沿线国家投资协议总额达 8.78 亿美元，在印尼、缅甸、毛里塔利亚等国建立了 6 个境外远洋渔业综合基地、5 个境外水产养殖基地。中国—东盟海产品交易所首期实现 6 大类海产品线上交易，交易额突破3200亿元。海峡两岸经贸交易会、ACD大会、中国（福州）渔业博览会、丝绸之路国际电影节、海丝国际旅游节等“海丝”系列活动成功举办。《海上丝绸之路：福州史迹》成功入选中国世界文化遗产预备名录。榕台交流合作深入拓展，海峡青年节等重大活动成功举办，黄岐至马祖海上客运航线实现通航，福州被列为海峡两岸电子商务经济合作实验区、赴台个人旅游试点城市，成为大陆省会城市中台湾银行入驻最多的城市。下一步，福州将全面对接国家战略、发挥五区叠加优势，以开创性新思路、跨越式新发展持之以恒地贯彻推进习近平同志主政福州期间关于建设“海上福州”这一跨世纪嘱托，坚持海岛、海岸带和海洋的“点线面”有机联系综合开发，坚持海陆统筹、集聚发展、重点突破，举全市之力集中实施一系列重点举措和一批重点海洋经济项目，为建设“机制活、产业优、百姓富、生态美”的新福州增添新优势。

厦门市

厦门市商务局

认真贯彻落实习总书记在陈嘉庚先生诞辰140周年之际给厦门市集美校友总会回信提出的弘扬“嘉庚精神”号召，以及张高丽副总理在福建考察期间提出的“抓住海上丝绸之路建设机遇推动福建改革开放科学发展”的要求，坚持服务国家开放战略、服务福建省发展战略、服务厦门市经济社会发展的总体定位，充分发挥厦门在融入21世纪海上丝绸之路（以下简称“海丝”）中的口岸、贸易、投资、华侨华人、人文历史、民间交流等独特优势，通过在“一带一路”沿线重点国家、重点领域推动重点项目的实施，以点带面，不断创新合作机制，拓展合作领域，深入参与国际区域合作，不断推进投资环境国际化，打造美丽厦门开放型经济升级版。

一、总体思路

（一）发展思路

充分发挥厦门特色和优势，选择与厦门经贸往来、人文交流基础好、发展前景大的9个“海丝”沿线重点国家，包括马来西亚、新加坡、印尼、泰国、菲律宾、越南、印度、伊朗、斯里兰卡等，在基础设施、贸易金融、双向投资、海洋合作、旅游会展、人文交流等六个重点领域，推动重点项目实施，实现优势互补、互利共赢，努力把厦门打造成为21世纪海上丝绸之路战略支点。

（二）功能定位

“海丝”经贸合作的前沿平台。充分发挥厦门的地缘、人缘、历史文化及经济实力等优势，抢抓机遇，积极作为，在与“海丝”沿线国家和地区基础设施互联互通、双向投资、贸易金融、海洋合作等方面力争走在全国前列。

“海丝”人文交流的重要纽带。充分发挥厦门在人文交流方面与其他地区不同的独特优势，借助建设“海丝”的契机，深化与“海丝”重点国家的教育、文化、旅游等人文交流，促进双方建立更加友好、更加稳固的交流关系。

“一带一路”合作模式的探索试验区。充分发挥厦门改革开放先行地优势，积极参与国际经济分工合作，完善内外联动、互利共赢、安全高效的开放型经济体系，创新涉外投资管理体制，推进服务贸易自由化，为深化国际区域合作创造新经验。

二、进展情况

按照福建省“海丝”核心区建设工作部署要求，出台并实施《厦门市建设海丝战略支点城市2016年工作方案》，围绕打造“海丝”互联互通、经贸合作、海洋合作、人文交流四个枢纽，加快推动21项重点任务实施，在促进中欧班列发展、推动企业走出去、发展邮轮旅游、深化人文交流等方面取得积极进展，厦门成为唯一实现“一带”与“一路”无缝对接的陆海枢纽城市，厦门大学马来西亚分校在校人数突破千人。

（一）融入国家“一带一路”倡议，打造互联互通枢纽

开拓中欧（厦门）班列。在国家“一带一路”倡议指引下，厦门于2015年8月正式开通了中欧（厦门）班列，2016年中欧（厦门）班列增加到每周两列、双向对开。4月，台湾货

物搭乘中欧（厦门）班列抵达欧洲。除波兰罗兹外，新增德国纽伦堡、荷兰蒂尔堡、俄罗斯莫斯科线路，正式启动厦门—新疆—马拉舍维奇铁路航线，成为中欧安全智能贸易航线试点计划的首条铁路航线试点。截至2016年底，累计运营中欧（中亚）班列103列，承运4370标箱，累计货值超过14亿元人民币。

拓展空中通道。开通了厦门—吉隆坡、厦门—胡志明等东南亚航线，加密了厦门始发前往马来西亚、新加坡、印尼、泰国、柬埔寨、菲律宾等东南亚国家的多条往返定期国际航线。6-9月，还新开辟了厦门—墨尔本、厦门—温哥华和厦门—深圳—西雅图洲际定期航线，实现了厦门直达北美市场零的突破，基本形成了覆盖亚洲、欧洲、北美、大洋洲的国际航线。

（二）深化投资贸易合作，打造经贸合作枢纽

双向投资增长强劲。企业“走出去”步伐加快，2016年，我市对“海丝”沿线国家投资备案项目53个，中方投资额10.66亿美元，同比增长1.3倍，主要涉及教育、采矿业、农林牧渔业、制造业、房地产、商贸服务、建筑工程等。积极推进“引进来”，“海丝”沿线国家对我市投资项目79个，合同利用外资2.90亿美元，较去年同期增加1.9倍。“海丝”沿线国家在厦投资项目中租赁、电子商务等现代服务业项目比重不断增加。

双向贸易平稳发展。我市对“海丝”重点国家贸易基本保持平稳发展。2016年我市与9个“海丝”重点国家贸易额895.47亿元，增长1.3%。与“海丝”沿线国家的贸易结构不断优化，液晶面板、客车等机电产品出口出现较大幅度增长。联芯等大型项目建设以及平板显示、手机、计算机产业拉动了从“海丝”国家相关机电设备及相关零部件进口的大幅增长，铁矿石等大宗商品进口量价齐升，对“海丝”沿线国家经济发展起到了拉动作用。

（三）构建交流合作平台，打造海洋合作枢纽

加快中国—东盟海洋合作中心建设。中国—东盟海洋合作中心定位于打造一个落户厦门、立足福建、服务全国、服务东盟的国际区域海洋合作中心，目前完成中国—东盟海洋合作基地概念性规划，获得中国—东盟海上合作基金扶持，以此为契机推动与东盟国家在海洋经济、海上联通、海洋环境、防灾减灾、海上安全、海洋人文等领域交流合作。

积极推进厦门南方海洋研究中心建设。打造南方海洋创业创新基地，引进膜产品及水处理设备开发与应用、中小型海水淡化装备及浓海水再浓缩装备研发等14个项目；加快厦门海洋科技成果转化和企业孵化，南方海洋研究中心秘书处联合厦大、集大、海洋三所等六家单位共同申报厦门海洋高技术产业基地创业创新共享服务平台，获国家海洋局评审验收；获批建设“十三五”海洋经济创新发展示范市，并获国家3亿元奖励资金；搭建海洋产业公共服务平台开放共享管理信息系统，面向全社会提供海洋科技平台资源开放共享。推进海洋碳汇与未来地球协同创新中心建设，完成海洋碳汇气候环境模拟实验体系（MECS）原位检测系统的研发。“海洋生物地球化学与碳汇论坛”被美国《戈登研究—科学前沿论坛》设为GRC永久论坛。厦门大学3000吨级海洋科考船“嘉庚号”主船体已成型，于12月底进行试航。

（四）拓展合作渠道，打造人文交流枢纽

打造人文交流新纽带。厦门大学马来西亚分校于2016年2月正式开始招生，开设中医学、汉语言文学、新闻学等12门本科专业，目前在校生1300余人。分校为马来西亚、中国与东盟各国培养人才，开展沙特石油公司人才培育项目，为沙特阿美石油公司培育石油化工人才。

拓宽“海丝”文化交流平台。成功举办第

五届南洋文化节、嘉庚论坛和同安竹坝南洋风情旅游嘉年华活动，开展与印尼、马来西亚、新加坡等海外华文媒体的交流互访，为我市对接“海丝”沿线国家，开展多领域的交流合作拓展了新渠道。

开拓东盟邮轮航线。全年厦门港共接待国际邮轮 79 艘次，同比增长 19.7%；邮轮旅客吞吐量 20 万人次，同比增长 14.3%。其中母港邮轮 66 艘次，增长 36.3%。9 月，启动厦门至菲律宾马尼拉和长滩岛的“海丝友好之船”首航。

拓展友城资源。与泰国普吉府正式签署结好意向书，与土耳其伊兹密尔缔结友城已获批准。积极拓展在“一带一路”区域的海外联络处布局，新增韩国、匈牙利、加拿大温哥华、赞比亚 4 个海外联络处，海外联络处总计达到 22 个，遍布五大洲，全球网络初具规模。

福建省自由贸易试验区厦门片区

福建省自由贸易试验区厦门片区管委会

福建省自由贸易试验区厦门片区（以下简称厦门自贸片区）2015年4月21日正式挂牌运作，总面积43.78平方公里，包括两大功能园区：两岸贸易中心核心区（19.37平方公里）、厦门国际航运中心海沧港区（24.41平方公里），是国内独具特色的涵盖海、陆、空、铁、邮轮母港联动发展的自贸试验区。

厦门在推进自贸试验区建设中，积极融入"一带一路"倡议，发挥21世纪海上丝绸之路战略支点城市的作用，打造"一带"和"一路"沿线国家物流新通道，在参与国际产能合作中发挥了重要的桥梁纽带作用，使厦门成为实现"一带"与"一路"无缝对接的陆海枢纽城市，突显了不可替代的战略价值。

一、双轮驱动，率先推进自贸试验区与国家战略联动

1. 构建中欧（厦门）班列国家物流新通道。厦门自贸片区率先开通了全国自贸试验区首条中欧班列——中欧（厦门）班列，全程1.2万多公里：厦门—成都—阿拉山口—哈萨克斯坦—俄罗斯—白俄罗斯—波兰罗兹。自2015年8月开通以来，该班列常态化运营，新开通德国纽伦堡和荷兰蒂尔堡2个终点站，累计运行81列（含中亚班列）、货值超10亿元。与全国同类班列相比，中欧（厦门）班列最大的特色就是"海铁联运"，2016年4月通过海铁联运延伸至台湾地区，推进与东盟国家的物流对接，形成一条跨越海峡、横贯亚欧大陆的国家物流新通道。同时，厦门作为我国中欧班列枢纽节点列入国家《中欧班列建设发展规划（2016—2020年）》。加入中欧安全智能贸易（简称安智贸）航线试点计划，中欧安智贸试点计划第28次工作会议11月15日在厦门召开，正式启动厦门—新疆/阿拉山口—马拉舍维奇铁路航线安智贸项目，这是中欧安智贸计划的首条铁路航线试点，标志着中欧（厦门）班列在"一带一路"的国际合作实践上又迈出新的一步。

2. 加快互联互通。继2015年厦门港与马来西亚最大的港口巴生港缔结为姐妹港，2016年与美国迈阿密港缔结姐妹港。厦门自贸片区与比利时泽布鲁日港战略合作，搭建"一路"合作通道。密切与"一带一路"沿线国家经贸往来，2016年前三季度与海丝沿线国家贸易额达244亿美元，同比增长18%；从俄罗斯、印度、巴西、南非金砖四国进口50多种、8008批次商品，货值达8.3亿美元；人民币代理清算群辐射"海丝"沿线，16个国家和地区在厦门开立77个人民币代理清算账户，跨境人民币业务结算量达726.6亿人民币，占大陆近1/10。

3. 加强国际产能合作。厦门自贸片区坚持"走出去"与"引进来"并重，积极参与国际产能合作。对接国家丝路基金，设立境外股权投资引导基金，建立"厦门境外投资服务平台"和"厦门走出去服务联盟"，为企业"走出去"提供投资管理、政策解读、招商信息等一站式服务。2016年以来，厦门片区累计59个境外投资项目备案，总投资额超4.6亿美元。鑫桥融资租赁以厦门自贸片区为平台"走出去"参与马来西亚"印象马六甲"项目建设，万里石集团到柬埔寨合作投资矿山开采。同时，厦门自

贸片区正在加快建设厦门—东盟产能合作示范基地。马来西亚国家农民机构将与厦门自贸片区合作建设清真食品产业园、清真食品认证及展示中心；马来西亚常青集团将投资建设东南燕都燕窝产业园项目。丹麦皇冠大中华冷链项目也加快推进中。

二、发挥“海丝”战略支点作用，推动区域邮轮旅游合作发展

邮轮产业是厦门与东盟国家共建“21 世纪海上丝绸之路”的一个着力点。厦门自贸片区把发展邮轮产业作为落实国家“一带一路”倡议的重要载体，探索与东盟国家共建“一程多站”式的国际邮轮旅游精品线路，首开“一带一路”航次和国际友城航次等特色航次。2016 年 9 月 5 日，皇家加勒比“海洋神话”号邮轮执行厦门邮轮母港首个“一带一路”邮轮航次，开启“厦门—越南真美—芽庄”邮轮之旅；9 月 21 日，开启厦门—菲律宾马尼拉—长滩岛的“海丝友好之船”首航。11 月 2 日，亚洲最大国际豪华邮轮、17 万吨级的皇家加勒比“海洋赞礼”号，成为 2016 年厦门国际邮轮母港的“收官”之轮。2016 年，厦门邮轮母港共接待邮轮 79 艘次，同比增长 18%；旅客吞吐量首次突破 20 万人次，达 200876 人次，比增超 14%，创下新的历史纪录，推动 21 世纪海上丝绸之路邮轮旅游合作。

2016 年 9 月 8 日开工的厦门邮轮母港城项目正加快推进中，总投资预计超 160 亿元，将建成一座集“船、港、城”于一体的国际邮轮母港和高端旅游目的地。同时，还将设立环海峡邮轮旅游合作基地，完善闽—台—港海上直航旅游线路，做热“环海峡邮轮旅游”航线。

三、先行先试，不断探索对台交流合作的新途径

发挥对台战略支点作用，打造对台交流合作的新窗口，为深化两岸交流合作提供经验与示范。

1. 拓展对台开放领域。首家台资合资旅行社——雄狮旅行社开展团队赴台游。区内第一家台资银行——台湾中国信托银行厦门分行开业。推进金圆统一证券等 5 个金融项目、两岸青创基地 11 个电信服务项目等对台开放措施落实。台湾大陌通商专业事务所入驻，是片区首家台湾知识产权服务机构。

2. 共建两岸合作平台。加快推进两岸青年创新创业创客基地、云创智谷 2 个国家级“海峡两岸青年创业基地”的建设，打造两岸青年融合发展的新典范。总投资 3000 万元的台湾创业馆 2016 年 5 月投用，设有海峡妇女创业就业基地、自贸区两岸义工创业实训基地、厦门市台湾青年就业创业实训基地。

3. 创新两岸合作机制。推动两岸海关“经认证的经营者”（AEO）互认试点工作。探索台湾地区输大陆食品优良供应商评定制度，厦门自贸片区《台湾地区输大陆食品优良供应商评定与管理办法》2016 年 5 月 1 日起正式实施。

4. 探索两岸往来途径。2016 年 4 月起为从厦门邮轮母港搭乘邮轮赴台旅游的非厦门籍居民办理一次性“大陆居民往来台湾通行证”业务。

青岛市

青岛市商务局

近年来，青岛市发挥国家“一带一路”新亚欧大陆桥经济走廊主要节点、海上合作战略支点城市的双定位优势，通过扩大开放、推动深化改革，以加速产业转移带动结构升级，以扩大经贸合作带动开放升级，以推进海上合作带动蓝色经济升级，全面融入“一带一路”建设，构建“一带一路”综合枢纽建设新格局。

一、对“一带一路”沿线国家双向投资贸易保持较快增长

2015年，全市对沿线国家双向投资贸易增速均高于全市平均水平，其中对沿线国家投资18.2亿美元，同比增长141.4%，占全市对外投资额的55.2%，比上年提高10个百分点；引进沿线国家实际到账外资23.8亿美元，同比增长45.1%，占全市实际到账外资的35.6%；沿线国家进出口总额360.7亿美元，占全市外贸进出口总额的50%；沿线国家对外承包工程营业额21.6亿美元，同比增长1%，占全市对外承包工程额的59.3%。2016年1—10月份，全市对“一带一路”沿线国家投资项目共备案75个，中方协议投资额17.85亿美元，同比增长1.6%。青岛企业在“一带一路”沿线国家新签对外承包工程合同额27.49亿美元，完成营业额18.2亿美元，分别同比增长73.8%、29%。对“一带一路”沿线国家市场进出口总额1766.23亿元、增长1.1%、占比51.1%，其中出口1188.13亿元、占比52.7%、增长11.9%、增幅高于全市9.9个百分点。

二、“一带一路”重点项目建设实现突破

围绕重点国家、重点领域建立了72个总投资200亿美元的“一带一路”经贸合作重点项目库，通过重点项目协调服务机制推动项目尽快签约落地。山东电建三公司在“一带一路”沿线国家共承揽29个海外电力工程项目，遍及亚洲、非洲和东欧，合同额超过200亿美元，其中借助中巴经济走廊机制以EPC总承包方式承建的合同额11.2亿美元的巴基斯坦卡西姆港燃煤电站项目，成为中巴经济走廊首个进入执行阶段的能源类工程项目。赛轮金宇集团在越南投资建设海外轮胎制造基地，累计投资达4.6亿美元，成为我市对“一带一路”沿线国家最大规模的投资项目。

三、境外经贸合作园区建设务实有效推进

市政府印发了《加快实施“一带一路”战略推进境外经贸合作园区建设发展工作方案》和《青岛欧亚经贸合作产业园区建设实施方案》，充分发挥我市产业优势重点推动17个境外经贸合作园区项目建设，涉及家电、橡胶、纺织、资源、农业、建材等领域，预计投资总规模60多亿美元。海尔巴基斯坦鲁巴经济区一期项目获得国家级境外经贸合作园区确认，共吸引7家企业入园，园区年营业额4亿美元，目前正在规划二期建设。海信南非工业园于2013年6月正式投产运营，一期占地110万平方米，吸引入园企业14家，直接带动就业岗位700个，形成了集加工、销售、物流、园区、品牌等一整套完善的产业链条，年家电产品销售额1.65亿美元，辐射南部非洲发展共同体15个国家，成为我家电制造行业在非洲国际产能合作的示范性项目。恒顺众昇印尼青岛产业园

于2016年3月份在北京人民大会堂由李克强总理与印尼总统科佐共同见证的中国—印尼经济合作论坛上签约，2017年1月份正式点火试运行首批高炉。启动建设青岛欧亚经贸合作产业园区，发挥我市陆海空铁多式联运功能优势，建设“面向欧亚、对接日韩、多式联运、关检联动、多边互动、区域合作”的国际贸易综合枢纽。中柬（青岛）产业园、巴基斯坦旁遮普省青岛工业园、印度尼西亚太平洋国际橡胶工业产业园等一批境外园区建设正在积极推进。

四、优势产能有序向“一带一路”沿线国家转移

我市家电电子、纺织服装、橡胶轮胎、农业加工等优势行业企业加快在沿线国家建设形成规模化的境外产业基地。赛伦金宇、森麒麟等企业通过在越南、泰国等国家建设轮胎生产基地，有效规避美国轮胎反倾销壁垒措施，森麒麟投资3亿美元在泰国罗勇府建设的轮胎工业4.0生产基地，成为世界领先的轮胎行业自动化、智能化和信息化生产线。即发集团在越南、柬埔寨投资设厂，发挥当地低劳动成本比较优势，提高企业产品的市场竞争力，年产值超过5000万美元。瑞昌棉业在非洲赞比亚、马拉维、莫桑比克、津巴布韦等国家建设棉花种植、轧花、轧油厂，惠及非洲20余万农户。海尔集团总投资5500万美元在俄罗斯切尔尼设立海尔组合式冰箱制造基地，2016年4月投产，总产能达75万台，产品除俄罗斯外还销往附近国家市场。

五、海外并购国际知名品牌提高国际化经营水平

海尔、海信、万达、华通、新华锦、金王、地恩地等企业，通过并购国外先进品牌和技术加快全球布局，增强国际竞争力。海尔集团继2012年成功并购新西兰斐雪派克、日本三洋东南亚白电业务后，2016年1月份以54亿美元成功并购美国通用家电业务。目前，海尔集团已在国外建成8个工业园和18个制造基地，年产能突破1000万台，大多数在“一带一路”沿线。海信集团于2015年以2370万美元成功并购夏普墨西哥工厂以及美洲地区品牌使用权和渠道资源，进入北美国家一线家电品牌渠道。万达集团以28亿美元成功并购美国传奇影业公司，成为影视文化领域最大的并购项目。华通集团并购德国顶级铸造装备企业昆格瓦格纳工艺技术有限公司（KW公司），拥有世界级制造业品牌和高端铸造装备技术，为我市机械装备产业转型升级提供了有力支撑。

六、推进“青建+”等走出去融合发展模式创新

制定《关于加快走出去实施“一带一路”战略培育“青建+”发展模式的实施方案》，发挥青建集团等走出去龙头企业的海外渠道优势和人才资源优势，带动我市企业抱团走出去开拓市场。青建集团是国内最早“走出去”的企业之一，积累了丰富的海外经验和人脉，在海外20多个国家设有常驻机构，市场遍布东南亚、中东、非洲、欧洲。目前，青建集团已带动150多家中小企业“走出去”，并先后与海尔、澳柯玛、饮料集团、利群集团等20多家企业签署了代理代销合作协议，在非洲科特迪瓦等国家合作设立了青岛名牌产品展示销售中心。

七、推进沿线国际经济合作伙伴关系建设

近年来，柬埔寨副首相因蔡利、巴基斯坦旁遮普省首席部长谢里夫、吉尔吉斯斯坦副总理伊西多罗维奇、乌兹别克斯坦第一副总理兼财政部长阿济莫夫、津巴布韦副总统姆南加古瓦、南非副总统拉马福萨、上合组织实业家委员会秘书长谢尔盖等“一带一路”沿线国家高层领导先后到访我市，达成一系列合作协议。

我市由市委、人大、政府、政协主要领导及有关市级领导亲自带队，先后多次在“一带一路”沿线欧亚非洲30个国家举办了35场以“通商青岛新丝路、经济合作新伙伴”为主题的“丝路对话”经贸活动，先后与沿线国家投资贸易机构和有关城市签署了52个地方经济合作伙伴关系备忘录，先后举办各类经贸促进和会展活动100多场，有效提高了青岛市作为“一带一路”“双定位”城市的知名度，推动了我市与沿线国家的经贸交流与合作。

我市加快推进境外青岛工商中心建设，目前新加坡、韩国釜山、美国旧金山、德国慕尼黑四个境外青岛工商中心运行顺利，今年启动筹建日本、以色列两个境外青岛工商中心，依托走出去重点企业积极推进商务代表制度。

八、加强监管防范风险落实金融支持走出去政策

我市制定了49家企业、92个项目累计195亿美元的融资需求库，与进出口银行、国开行、中信保等政策性金融机构签署战略合作协议，并举办中国进出口银行股权投资基金推介暨融资对接会，先后组织了11次与丝路基金、欧亚基金、工行总行投行部等金融机构的重点项目对接活动，帮助企业解决融资困难。充分用好国家政策性优惠利率贷款政策，支持机电产品和走出去重点项目建设。青岛成为允许境内企业从韩国银行机构借入人民币外债的试点地区，已为25家企业融资23.1亿元，为企业节约财务成本5000万元。目前，青岛对外担保项下余额达600余亿元，间接支持企业从境外融资380余亿元。

九、互联互通区域合作水平不断提高

2015年以来，青岛港围绕“一带一路”海上合作15个重点港口，与巴基斯坦瓜达尔港、柬埔寨西哈努克港、斯里兰卡科伦坡港、法国布雷斯特港、罗马尼亚康斯坦察港等国外港口建立了友好合作关系，新开直达“海上丝绸之路”沿线国家和地区的航线18条。

海关总署批准开展了由青岛海关牵头，在山东、河南、山西、陕西、甘肃、宁夏、青海、新疆、西藏等九省（区）内启动丝绸之路经济带海关区域通关一体化改革，沿线的9个省份（自治区）10个海关实现了通关待遇“十关如一关”，为企业节省通关成本20%~30%。丝绸之路经济带沿黄流域检验检疫9+2一体化通关模式启动实施，由山东出入境检验检疫局牵头实施，实现“出口直放、进口直通、执法联动”，最大限度促进青岛口岸通关便利。

以胶州多式联运海关监管中心为依托，以青岛港为中心拓展海铁、陆铁、陆海空联运，向西对接欧亚大陆桥、向南对接泛亚铁路大通道，中亚班列加密到每周4列，中韩陆海联运甩挂运输和仁川—青岛—石龙中韩快线常态化运行，打造对接日韩、连接中亚欧洲、东盟南亚的转口贸易综合枢纽。

烟台市

烟台市商务局

烟台位于山东半岛东部，处于海陆丝绸之路延伸交汇区域。作为古代东方海上丝绸之路首航地，烟台至今流传着始皇东巡、徐福东渡等历史典故。2015 年 3 月，国家发改委、外交部、商务部联合发布《推动共建丝绸之路经济带和 21 世纪海上丝绸之路的愿景与行动》，烟台被确定为 15 个重点建设的沿海港口城市之一，再次站上中国对外开放的最前沿。

一、烟台与“一带一路”沿线国家交流合作情况

（一）贸易往来日趋频繁

深入实施国际市场开拓行动计划，积极组织企业参加匈牙利中国山东名优商品中东欧展览会、阿联酋迪拜国际汽车零部件展览会、印尼中国机械与电子产品贸易展览会等沿线国家重点展会。鼓励企业通过绿地投资、跨国并购、设立办事处等方式，在沿线国家建设自由贸易渠道。目前，烟台市与 64 个沿线国家均有贸易往来，2015 年进出口额 83.3 亿美元，占全市进出口总额的 16.9%。今年前 5 个月，烟台市对沿线国家进出口 26.9 亿美元，增长 10.4%，占全市进出口总额的 17.2%。

（二）双向投资成果丰硕

积极到北上广深等沿线国家大企业集中城市和东南亚、中东欧等重点区域开展境内外联动招商，面向新加坡、俄罗斯、马来西亚、泰国等沿线重点国家进行招商推介。截至 2015 年底，共有 35 个沿线国家在烟台投资，累计设立外资项目 672 个，实际使用外资 17.5 亿美元。今年前 5 个月，沿线国家在烟台投资项目 2 个，实际使用外资 1.1 亿美元，增长 57.4%。制定融入“一带一路”建设进一步提升“走出去”水平的实施意见，着力引导企业到自然资源多、市场辐射广、要素成本低、创新能力强、投资环境好的国家和地区开展投资经营。截至 2015 年底，烟台企业累计在俄罗斯、蒙古、泰国、乌兹别克斯坦、巴基斯坦等 27 个沿线国家投资 127 个项目，中方协议投资额 8.1 亿美元，涉及基础设施、能源合作、商贸服务、农业加工、远洋渔业等诸多领域。今年前 5 个月，对沿线国家投资项目 3 个，中方协议投资额 1.2 亿美元，增长 222.6%。在俄罗斯，烟台市首个国家级境外经贸合作区中俄—托木斯克木材工贸合作区已吸引中、美、俄等国 19 家企业入驻。在匈牙利，烟台市首个省级境外经贸合作区中匈宝思德经贸合作区，引进入园企业 15 家。

（三）海外工程高端引领

中集来福士继完成俄罗斯、马来西亚自升式钻井平台建造项目后，又与俄罗斯天然气集团海工公司就北极作业的半潜式钻井平台北极星和北极光维修改造项目达成合作。烟建集团在沿线国家成功打造斯里兰卡国家艺术剧院等一批优质援外项目，连续三年入选“全球承包商 250 强”。截至 2015 年，烟台市在沿线国家承揽工程项目 42 个，累计合同额达 11.8 亿美元，完成营业额 12.1 亿美元，分别占全市的 43.3%和 36.6%，主要涉及电力工程、房屋建筑、石油化工、交通运输等领域。今年前 5 个月，在沿线国家承揽过千万美元工程项目 5 个，合同额 1.1 亿美元，增长 53.4%，完成营业额 2.5 亿美元，增长 108.8%。

（四）科技合作方兴未艾

早在1998年，烟台高新区就成立国内首家中俄高新技术产业化合作示范基地，积极推进与独联体等国家和地区的科技合作。成立中俄科技园，被认定为国家级科技企业孵化器，成功加入国际科技园协会（IASP）。目前，园区孵化面积达到3.6万平方米，拥有格鲁吉亚院士团队1个，由国家“千人计划”专家、山东省“泰山学者海外特聘专家”等领衔的高端创新创业团队6个，入驻科技型中小微企业316家，申请专利80余件，申报国际科技合作项目20余项。成立中格、中乌、中俄等国际技术转移中心，搭建了中俄新材料研发、海洋生物工程研发、先进医学技术平台和中格微生物技术联合研究平台、中乌国际技术转移平台等，累计向中方企业推介科技项目1000多个，“芳纶1313”等27个项目实现产业化，中集海洋研究院与乌克兰巴顿焊接研究所共建中集巴顿焊接技术研究院等20多个项目进展顺利。今年7月4日，丝绸之路高科技园区联盟在烟台高新区成立，来自中国、俄罗斯、白俄罗斯、乌克兰、格鲁吉亚、亚美尼亚、哈萨克斯坦、立陶宛等沿线国家的政府部门、科技园区、高校院所积极参与，初步构建起覆盖丝绸之路沿线国家高科技园区的技术转移协作网络和合作对接平台。

（五）全面合作持续推进

互联互通方面，烟台港与24个沿线国家实现通航，在此基础上坚持“一主多专”发展思路，以西港区为主港区，以芝罘湾港、龙口港、莱州港、蓬莱东港、栾家口港、海阳港等为专业化港区，不断提升港口的物流体系和输运功能，积极扩展对沿线国家的通航合作。人文交流方面，烟台市先后与俄罗斯符拉迪沃斯托克市、保加利亚布尔加斯市、匈牙利松伯特海伊市、巴基斯坦拉哈尔市、匈牙利米什科尔茨市等4个沿线国家的5个城市建立友城关系，并积极拓展与泰国中华总商会、马来西亚中华大会堂总会等20多个沿线国家重点华侨华人社团的合作关系。

二、下一步工作思路

（一）强化示范引领，加快境外园区建设

积极融入“一带一路”六大经济走廊建设，鼓励企业加快在沿线重点国家投资布局和集聚发展。一是以中航林业公司为依托，加强与俄罗斯托木斯克州的友好合作，全力推进中俄托木斯克木材工贸合作区木材深加工项目，加快建设林、产、研、销一体化森工基地，着力打造“中蒙俄经济走廊”示范项目。同时，积极推进开发区中俄农业开发股份有限公司投资500亿卢布在托木斯克州建立以畜牧养殖为主的综合性农业开发园区。二是以万华实业集团为依托，加强与匈牙利包尔绍德州的友好合作，推动包括烟台企业在内的中资企业入驻中国匈牙利宝思德经贸合作区，争取合作区尽快升级为国家级境外经贸合作区，建设以化工、轻工、机械制造等为核心的加工制造基地，着力打造“新亚欧大陆桥经济走廊”桥头堡项目。三是以山东鲁睿集团为依托，加强与柬埔寨西哈努克省的友好合作，加快建设集粮食和经济农作物的培育、开发、种植、收购、加工、仓储和物流配送等于一体的柬埔寨恒睿现代农业产业园，并积极创建省级境外经贸合作区，着力打造“中国—中南半岛经济走廊”领航项目。四是以南山铝业公司为依托，加强与印尼廖内群岛省的友好合作，加快建设以铝矾土开发及加工为主的境外经贸合作区，形成年产70万吨氧化铝、25万吨电解铝、13万吨碳素的规模，着力打造“中新经济走廊”旗舰项目。

（二）发挥比较优势，推动国际产能合作

积极利用沿线国家劳动力、土地等资源优势，支持和引导纺织服装、机械制造、金属加工、现代化工、食品加工等传统优势产业在沿线国家设立生产加工基地，拓展发展空间。尤其抓住我国与东盟、新加坡、巴基斯坦等沿线国家和地区签署自贸协定以及正在推进《区域全面经济伙伴关系协定》(RCEP)、中国—海湾合作委员会自贸区、中国—斯里兰卡自贸区、中国—马尔代夫自贸区、中国—新加坡自贸区升级、中国—巴基斯坦自贸区第二阶段谈判的契机，充分利用最惠国待遇的关税、非关税措施以及其他贸易和投资待遇，为深化与沿线国家合作赢得更大发展空间。

（三）抓好总体布局，完善国际营销网络

探索设立境外市场公共营销网络平台，采取政府、商协组织、企业联手开拓海外市场新模式，重点推进与波兰赛诺公司的商品市场合作项目。同时，引导支持有条件的企业，通过兼并、收购等方式，建立国际营销网络，直接掌握市场需求，减少贸易环节，提升品牌知名度，扩大品牌产品以及高附加值产品出口，实现产业链向高端延伸。

（四）瞄准创新资源，深入开展技术合作

支持有条件的企业结合行业特点和产业分工到新加坡、以色列等科技资源密集的国家和地区设立或并购研发中心，提升烟台电子信息、装备制造、生物医药、新材料和新能源等高新技术产业的科技创新能力。发挥丝绸之路高科技园区联盟的桥梁纽带作用，加强与沿线国家一流研究机构、高校院所、高科技园区和科技型企业的交流合作，及时了解各国科技最新动态，借助各国丰富的科技、智力、信息资源，开发具有自主知识产权的新技术、新产品。

（五）促进互联互通，承揽重大工程项目

引导烟建集团、烟台国际、中宏路桥等有实力的企业采取相互参股、项目合作以及与国内外大公司联合等方式承揽沿线国家重大互联互通基础设施项目，探索对外承包工程与境外资源开发、经贸合作园区建设相结合等“走出去”发展新模式。深度挖掘工程承包企业的专业特色和技术优势，推动石油钻探、建筑装饰、电力配套、矿产开发等优势行业的企业承揽技术含量高的工程项目。

胶州市

胶州市商务局

十八届三中全会提出“建设国际物流大通道，发展多式联运，形成横贯东中西、连接南北方的对外经济走廊”的战略部署；习近平主席在出访哈萨克斯坦时，正式提出建设“丝绸之路经济带”和“海上丝绸之路”的战略构想。青岛市地处太平洋西岸、黄海之滨、欧亚大陆和太平洋的海陆交汇地带，是“一带一路”倡议的节点城市，同时积极参与国家“一带一路”建设，提出了建设面向韩日、辐射东南亚、陆联中亚欧的“一带一路”综合枢纽城市构想。胶州抢抓机遇，克服不利因素，先行先试，于2014年成功申建并获批设立青岛多式联运海关监管中心，成为全国第一家运营的多式联运海关监管中心。在上级政府、海关、检验检疫、铁路、港口等各部门的关心支持下，经过一年多发展，多式联运平台取得了较好成绩，分别获全国首批16家多式联运示范工程项目、首批29家“国家示范物流园区”。

一、实施意义

（一）能够搭建一条全新高效的国际物流大通道，形成连接“一带”与“一路”的对外经济走廊

青岛是国家“一带一路”战略规划中新欧亚大陆桥经济走廊主要节点城市、海上合作支点城市，通过发展多式联运，向东打通韩日以及北美、加拿大至中亚和欧洲的通道，向西打通至欧洲的通道，向南打通至东盟、北非的通道，真正发挥面向太平洋的战略作用。

（二）有利于释放海铁联运效能，推动地方产业转型升级

目前，内陆地区进出口货物主要依赖沿海和空港口岸转关，海铁联运开通后，货物进出口将采取与海港、空港“直通”形式直接办理进出口报关报检手续，通过胶州铁路可视同港口码头对出口货物提前实施监管通关放行，对进口货物快速疏港通关。一方面，将缩短物流和资金周转周期，为企业节省大量时间和费用，促进企业扩大出口、增加进口；另一方面，胶州将为青岛港提供广阔腹地，充分发挥海关直通监管区域辐射带动作用，引导加工贸易、保税仓储、跨境电商等向多式联运海关监管中心集中，推动区域产业升级，发展新型贸易业态，打造新的口岸经济增长极。青岛海港口岸-空港口岸-铁路口岸统筹联动发展将充分释放口岸功能，增强青岛口岸辐射带动能力，在全国创新口岸发展新模式，推动打造海陆空统筹、东中西互济的全方位对外开放新格局。

二、实施措施

（一）整合区域联运要素，运输形式变“散”为“联”

胶州交通优势明显，与胶济、胶新、胶黄、青连等铁路专线相连，紧靠青银、青兰、沈海三条高速公路，距离青岛前湾港35公里。但是运输方式相互分离、各自独立，所以优势未能充分发挥。通过积极推动青岛中心站与港口无缝对接，2014年12月27日，青岛多式联运首列班列（胶州—黄岛）顺利起运，标志着海铁联运正式启动，创新实现了“前港后站、一体运作”的海铁联运模式。班列实行定时、定点的“公交化”运行模式，每日平均在胶州和黄岛间开行集装箱班列2对。通过搭建多式联运

平台，打破了分散的运输形式，促进综合交通运输的有机衔接，极大提高了物流运输效率和企业竞争力。

（二）深化联运模式改革，服务机制化“繁”为“简”

物流通道的畅通包括运输方式的高效衔接，也包括服务机制的完善。一是协调推进铁路、港口部门合作。2014年7月，胶州与青岛港、中铁联集总公司签署《战略合作协议》，并与青岛港、中铁联集总公司、济南铁路局建立多式联运联席会议制度，全面挖掘海铁联运潜力，增开国际国内班列，提升运力运量。改变过去各自为政、各管一方的工作机制，形成合力推动多式联运发展。二是积极申请关检入驻，促进关检合作。在发展的不同阶段，胶州根据需求不断完善口岸功能。在胶州的积极争取下，2012年6月青岛检验检疫局胶州办事处先行成立，于2013年全面承接了胶州辖区内所有进出口企业报检、检验检疫等业务，并于2015年12月增设了口岸查验科，全面承接多式联运监管中心口岸查验业务。2015年3月，胶州与黄岛海关签订《全面加强合作备忘录》，海关人员正式入驻并开展业务。至此，海关、检验检疫部门均已入驻。同时，胶州联合黄岛海关、青岛出入境检验检疫局建立“促进胶州市外经贸发展‘关检政’联席会议制度”，随时了解、解决企业在贸易进出口过程中遇到的问题，极大提升了胶州贸易便利化水平。

（三）创新完善运营内容，经营要素由“单”到“多”

在畅通物流通道的基础上，逐渐探索增设贸易内容，将单一的物流资源转换升级为贸易资源。与国家5A级物流企业——山东晟绮港储国际物流有限公司合作，支持在胶州设立胶贸通企业发展服务有限公司，为辖区内进出口企业提供集物流、报关、报检、外贸等为一体的综合服务，已于今年5月份完成注册。引进中远海运、新海丰、中外运、陆桥、凯航、青岛远洋大亚等10余家航运、物流企业，为生产外贸企业提供优质物流服务。总投资30亿元的山东济铁胶州铁路物流园项目，将建成整车作业、交易展示、城市配送、现代仓储等八大功能板块，更好地服务进出口企业发展。依托多式联运平台和国际班列的开通，2016年3月，商务部办公厅批复了《关于青岛市商请支持欧亚经贸合作产业园建设有关事宜的复函》，欧亚经贸合作产业园区获商务部支持落户胶州经济技术开发区，成为胶州参与“一带一路”发展战略的另一大载体。以项目带动流量，以流量促进贸易，不断丰富多式联运运营结构。

（四）坚持市场化运作，不以补贴干涉市场竞争

“青岛号”中亚班列、中韩快线、中蒙班列等国际班列运营始终以市场为主体，坚持市场化运作，地方政府不以补贴干涉市场竞争，而是坚持从深化合作、完善服务、市场开发等方面入手，在愈演愈烈的“价格战”“补贴战”市场环境中寻求突破。第一，政府发挥服务职能，牵头与铁路、港口等部门建立战略合作机制，围绕物流降成本、提效率，放大前湾港、青岛中心站“外港内站、一体运营”优势。第二，把握“一带一路”倡议、中韩自贸协定签订等机遇，升级多式联运海关监管中心，争取海关、检验检疫部门支持，入驻开展工作，完善口岸通关功能，为国际班列开拓市场提供基本条件。第三，深入开发国内、国外两个市场的货源潜力，充分发挥世界集装箱大港青岛港码头优势、比邻日韩的距离优势，充分开发日韩过境运输市场，过境货源不断增长；依靠本地黄海橡胶、青岛双星等先进企业出口优势，本地出口货源组织充分。依靠合作、服务和对市场的充分开发，“青岛号”中亚班列等国际班列在没有政府补贴的情况下，依然保持货源的充足与稳定，运力运量稳步提升。

三、实施成效

（一）促进物流畅通

胶（州）黄（岛）小运转班列开通后，胶州及周边企业可直接在青岛中心站实现装箱、通关，通过集港绿色通道直达港口，将极大简化通关手续，让企业在家门口实现快速通关。新开通的胶州至郑州、西安、洛阳、乌鲁木齐、宁夏西大滩、新疆库尔勒6条省外班列和中亚、中韩、中蒙3条国际班列更是畅通了国内外物流通道，对内辐射省内外集疏青岛港货源，对外辐射日韩、中亚、欧洲、美国等国家的过境以及进口货源，不断扩大多式联运辐射范围。2015年青岛中心站到发总运量达20.1万标准箱，同比增长525%。2016年1—9月份，青岛中心站到发量完成22万标准箱，同比增长172%，运量在全国已建成的9个铁路中心站中位列第4位。

（二）节省资源成本

一是为企业节省成本。①节约运输成本。根据测算，胶黄小运转班列运费平均比汽运节省107.5元/TEU，累计可为企业节约运输成本约1576.5万元。②节约检测成本。仅以进口木材为例，一单货物节省费用成本约500元，按照国检胶州办事处2015年4320单的进口量测算，节省成本216万元。③节约时间成本。目前，企业可直接从青岛中心站背箱，比从前湾港背箱节省约2个多小时；检测时间可节省4~5天。二是降低社会成本，提高资源利用率。从青岛中心站至前湾港区往返需90~100公里，根据胶黄小运转运量，按照集装箱运输车每百公里标准油耗12升测算，全年可节约柴油668.7吨。海铁联运后，每列火车可减少100辆汽车进出港口，既可以对货物进行快速疏运分流，有效提升运输时效，降低物流成本，又可以缓解城市交通和港口交通压力，改善城市环境和形象，是响应国家交通运输节能减排，大力发展绿色物流的有效实践。也将有效拓展青岛港经济腹地范围，吸引更多货源，进一步完善港口功能。

（三）方便通关贸易

自青岛多式联运海关监管中心投入运营以来，辐射半径逐步扩大，目前已服务胶州及周边地区外贸进出口企业1000余家。截至今年9月份，检验检疫胶州办事处累计受理出入境报检业务10万余批，货值65亿美元；海关入驻以来，进出口业务量不断提升，累计办理本地出口、转关过境等查验业务5000余票。2015年，货运班列呈几何倍数增长，完成外贸进出口368.8亿元，同比增长2%。今年上半年，胶州完成外贸进出口181.9亿元，位居全省同级城市第一位。

（四）国际班列稳定发展

1.“青岛号”中亚班列。“青岛号”中亚班列由山东陆桥和远洋大亚两家公司承运，自开通以来，开行密度已由初期的每周1列逐步发展为现在的每周3列，2015年累计开行54列。日韩过境至中亚的小家电、二手汽车、农副产品，东南亚过境至中亚的茶叶、干果、家具，美国过境至中亚的二手汽车等，占班列货运总量的75%；本地企业如黄海橡胶、青岛双星等出口轮胎及省内出口氯化钠、玻璃、日用品等，占班列货运总量的25%。目前，“青岛号”中亚班列开行稳定，运力运量持续增长，运行良好。

2. 中韩快线。中韩快线于2015年10月17日开行，货物从广东石龙由铁路运至胶州，再由青岛港转海运至韩国，班列由初期每周对开1班发展到现在的每周3班。2015年累计开行51列，完成运量2234TEU。

3. 中蒙班列。中蒙班列于2016年2月开行，从胶州始发经二连浩特到蒙古，已从初期每月发送不到10TEU，逐步发展到每周1列常态化运行。

河南省

河南省发展和改革委员会

“一带一路”倡议提出以来，河南省委、省政府坚决贯彻落实，特别是按照习近平总书记关于“河南要建成联通境内外、辐射东中西的物流通道枢纽，为丝绸之路经济带建设多作贡献”的重要指示精神，将参与建设“一带一路”作为全面建成小康社会、加快现代化建设的一条主线和核心支撑，认真做好规划对接，及时制定实施方案，建立健全工作机制，务实推进重点国别合作，参与建设“一带一路”工作取得积极成效。

一、结合河南实际完善规划布局

围绕提升内陆腹地战略支撑作用，突出河南区位交通、市场潜力、开放平台、人文交流等方面优势，找准与国家战略的契合点，较早编制印发《河南省参与建设“一带一路”实施方案》。确立了“东联西进、贯通全球、构建枢纽”的战略导向；明确了建设“一带一路”重要的综合交通枢纽和商贸物流中心、新亚欧大陆桥经济走廊区域互动合作的战略平台、内陆对外开放高地“三个战略定位”；提出了构建东联西进的陆路通道、贯通全球的空中通道和内陆开放的战略枢纽“两通道一枢纽”战略布局；细化了基础设施、能源资源、产能合作、经贸合作、金融合作和人文交流六个方面战略任务。为扎实推进重点工作落实，制定实施《2015—2016年河南省参与建设“一带一路”工作要点》和《河南省参与建设“一带一路”优先推进项目清单》，明确了47项具体任务并落实责任单位、时间节点，谋划储备了153个具体项目，估算总投资超过200亿美元，涵盖中亚、西亚、东南亚、中东欧、非洲共58个国家。

二、加强与重点国家、重点领域合作

根据“一带一路”倡议走向，坚持重点突破、分类施策，选择与河南发展互补性强、合作潜力大的重点国别，突出航空、农业、矿业、物流、工程承包等重点领域，开展务实合作。蒙古、俄罗斯方向，郑州大学与莫斯科大学开展合作办学，洛阳一拖集团建设白俄罗斯研发中心，实施中信重工蒙古火电、乌克兰农业科技示范园等项目，并在能源、科技等领域谋划落实一批合作事项。中亚方向，突出农业、矿业两个重点合作领域，在塔吉克斯坦布局当地规模最大的种子生产线，用种量覆盖塔吉克1/3的耕地面积；在吉尔吉斯斯坦建设种子、饲料、肉食品加工、冷链物流等项目；一拖集团、宇通集团在中亚各国贸易规模持续扩大，“东方红”拖拉机占据吉尔吉斯斯坦90%的市场份额。中东欧方向，重点开展物流合作，波兰华沙、捷克布拉格成为中欧（郑州）班列海外重要集疏中心；河南航投与立陶宛AviaAM公司在郑州合资成立航空租赁公司，旅游、教育等领域与中东欧国家合作持续深化。东南亚、南亚方向，实施印尼优质钢、柬埔寨金矿开发及高速公路建设等项目，拓展与东盟各国农业、文化等领域合作空间。西亚、北非方向，重点扩大工程承包合作规模，中铁装备集团、中铁隧道集团中标以色列特拉维夫轻轨项目，河南企业积极参与当地能源资源勘探开发。

三、加快互联互通基础设施建设

坚持把设施联通作为优先环节，突出抓好航空、铁路国际运输通道建设，实现与“一带一路”沿线国家直接对接。一是打通东联西进的陆路通道。中欧（郑州）班列境外合资合作水平持续提升，境外形成以哈萨克斯坦阿拉木图、蒙古扎门乌德、德国汉堡为枢纽，遍布欧盟、俄罗斯及中亚地区22个国家112个城市的集疏网络，实现每周去程3班、回程3班高频次往返和多口岸出境、多线路常态化运营，截至2016年9月底，已累计开行427班，集装箱满载率超过90%。特别是开通经连云港、青岛等港口，直达日本、韩国、马来西亚、中国台湾等国家（地区）的“五定”国际出海班列，打通了连接“海上丝绸之路”的铁海联运通道，实现了陆海相通。二是打通贯通全球的空中通道。郑州机场二期扩建工程建成投运，已具备客运3000万人次、货运100万吨的吞吐能力。按照串联亚洲航线、加密欧美航线、拓展非洲航线的思路，不断完善航线网络，截至2016年9月底，郑州机场累计开通国际客货运航线54条，基本形成覆盖欧美、连接亚澳的枢纽航线网络。航空货运增速连续3年在全国大型机场中位居前列。2016年前9个月，郑州机场完成客货运吞吐量分别达到1538.97万人次和30.5万吨，分别增长18.3%和12.7%。其中，国际旅客吞吐量104.1万人次、国际货邮吞吐量18.1万吨，同比分别增长14.7%和24.4%，货运量行业排名超越上海虹桥机场位列全国第7位，客运量行业排名位居全国第16位，客货运增速在全国千万级机场中均位居第2位，以国际货运为主导的增长格局基本确立。先后与俄罗斯空桥、阿塞拜疆航空、阿联酋阿提哈德航空等公司合作，特别是河南航投成功收购了卢森堡货运航空公司35%的股权，实施郑州和卢森堡“双枢纽”战略，并在飞机维修基地和合资航空公司项目建设上开展合作。卢森堡货航不断加大在郑州的运力投放，航班由2014年开航的每周2班加密至现在的每周15班，通航点由两点一线到集疏全球，构建以郑州为中心、“一点连三洲，一线串欧美”的航空国际货运网络，累计执飞938个航班。其中，2016年前三个季度，累计执飞439个航班，累计国际货运量6.9万吨，与去年同期相比增加了74%，累计国际货运量、国际通航点、国际货运航线数及航班密度均居郑州机场全货运航空公司首位。

四、加快构建对外开放高端平台

围绕提升内陆开放支撑能力，突出郑州航空港经济综合试验区开放门户作用，大力发展口岸经济，构建多层次开放平台体系，为参与建设“一带一路”提供有力保障。我们顺应世界航空经济发展趋势，积极推进郑州航空港经济综合实验区建设，加快培育智能终端生产制造基地，2015年智能手机产量超过2亿部，年供货量约占全球的七分之一；积极发展跨境电子商务等新业态新模式，业务量保持全国领先，带动全省产业结构转型升级，打造参与建设“一带一路”的核心节点。我们着力搭建内陆省份融入“一带一路”的窗口，大力发展口岸经济，不断拓展郑州综保区研发、销售、展示等新兴业务，进出口总值在全国综保区中保持第2位，加快建设郑州多式联运监管中心，相继建成6个海关特殊监管区；上线运营电子口岸，全面推行关检合作“三个一”通关模式，实现与“丝绸之路经济带”沿线九个关区通关一体化；持续完善各类功能性口岸，在国家大力支持下，建成运行汽车、肉类、水果、食用水生动物、冰鲜水产品、澳大利亚肉牛等进口指定口岸和国际邮件经转口岸，成为指定口岸最多、种类最全的内陆省份。通过口岸平台与枢纽、物流、贸易的联动发展，初步形成完整的产业链，有效带动了金融服务和产业集聚，口岸经济成为我省的新亮点。我们着眼于拓展优势产业发展空间，谋划建设境外经贸合作园区，在中亚、东南亚等地区规划建立了12个经贸产业合作园区。其中，豫塔农业和矿业示范园已形成规模，蔬菜供应在当地形成优势，矿业勘探开发布局全面打开；吉尔吉斯亚洲之星产业园先后有多家中资企业入驻，该园区已通过商务部组织的审核，有望成为我省首个国家级境外经贸合作区；洛阳一拖集团成为中白工业园首批入园企业，与白俄罗斯明斯克拖拉机厂开展了全面合作；宇通集团哈萨克斯坦客车产业园建设加快推进。

五、加快完善经贸产业合作交流机制

利用河南与“一带一路”沿线国家在资源、产品、技术等方面的互补性，引导鼓励企业积极开拓“一带一路”沿线国家市场，不断提升经贸产业合作水平。2015年，我省对“一带一路”沿线国家进出口总额和协议投资额分别达到111.6亿美元和4.5亿美元，占全省的15.1%和19.3%，2016年上半年分别达到53.3亿美元和5.1亿美元，占比提高到19.3%和31.3%。一是面向重点国家加强交流互访。2015年以来，河南省相继派团出访波兰、捷克、卢森堡、塔吉克斯坦、立陶宛等国，先后邀请捷克、丹麦、印尼等10余个国家政府代表团来豫访问。通过交流互访，郑州国际陆港公司与波兰铁路公司签署战略合作协议，与白俄罗斯、保加利亚建立合作关系；与塔吉克斯坦建立经济合作协调推进机制，共同推进农业、矿业合作项目；与捷克中波希米亚洲建立友好省州。目前，河南与“一带一路”沿线国家签订战略合作协议或备忘录达到15项，落实合作项目超过40项。二是组织举办重大经贸交流活动。成功承办上海合作组织成员国政府首脑（总理）理事会第十四次会议，组织中国（河南）国际投资贸易洽谈会、中欧政党高层论坛经贸对话会、中国（郑州）国际旅游城市市长论坛等重大活动，针对“一带一路”沿线国家谋划签订一批合作项目，提升了河南在全球的影响力。三是积极推进投资贸易便利化。突出内陆地区特色和枢纽物流优势，加快推进自由贸易试验区建设，在现代流通、贸易便利化、事中事后监管服务等方面开展制度创新，构建与国际接轨的营商环境。加快推进商事制度改革，启动实施跨境人民币创新业务试点，以制度环境优化促进贸易规模扩大。

六、加快重大合作项目建设

抓住沿线国家基础设施建设和产业结构升级带来的机遇，坚持“走出去”和“引进来”两篇文章一起做，“两个市场、两种资源”一起抓，实施和储备一批重大国际合作项目。突出抓好国际产能和装备制造合作，与国家发展和改革委员会签订部省合作协议，建设国际产能合作示范省，制定印发《推进国际产能和装备制造合作实施意见》，实施洛阳钼业巴西和刚果矿业开发、灵宝黄金吉尔吉斯金矿开发、中非达乍得炼钢等项目，推进我省农业、资源、装备制造等优势产能“走出去”，同时，下大力气引进一批先进制造业和现代服务业项目，构建“优出优进”的发展格局。突出抓好重大项目谋划储备和落实推进，落实开工一批、储备一批、谋划一批滚动推进机制，梳理完善河南参与建设“一带一路”项目清单，建立健全项目储备库，强化与国家部委和项目单位“两个对接”，加强政策支持和服务引导，切实提高项目开工率。

七、密切人文交流合作

依托与沿线国家历史文化渊源，全面加强文化、教育、科技、旅游、医疗、人才等领域交流合作，积极开展宣传推介，奠定坚实民意和社会基础。成功举办少林功夫、太极拳、戏剧表演、文物外展等形式多样的文化交流活动，与中亚国家联合成功申报丝绸之路世界文化遗产。实施“留学河南”计划，设立留学河南“丝路奖学金”，开展与沿线国家高校合作办学。推动与白俄罗斯国家科委建立长期稳定的全面合作关系，推动与俄罗斯、白俄罗斯、波兰、罗马尼亚等国家共建8家国际联合实验室。加强对沿线国家开展旅游宣传推介，打造独具中原文化特色的丝绸之路国际旅游线路产品。大力实施引智项目，在农业、机械、环保、新能源等领域，引进一批俄罗斯、乌克兰、以色列等沿线国家专家。同时，利用广播、电视、报刊等传统媒体和互联网等新媒体相结合的方式，加强与国际主流媒体交流合作，开展双向宣传推介活动；组建航空港卫视，启动“一带一路”云平台建设，全球合作媒体超过6000家，覆盖120个国家和地区的30亿受众；与新华社共同主办“一带一路全球行”活动，河南在沿线国家的影响力不断提升。

八、凝聚全省上下强大工作合力

注重调动全省各级各部门参与建设的积极性，建立健全纵向对接、横向协调的工作推进机制。加强组织领导，省委、省政府成立了由省长任组长、省直部门及相关单位参加的河南省参与建设“一带一路”工作领导小组，统筹推进各项工作。做好与国家对接，主动参与和配合新亚欧大陆桥经济走廊规划以及中哈、中捷、中塔、中波等国家层面合作规划编制工作，推动我省合作园区、合作项目进入国家规划。强化配合联动，注重发挥郑州、洛阳等主要节点城市和发展改革、商务、外事等各相关部门作用，建立沟通协调、信息共享、督查督办等工作制度，落实分解经贸交流、产能合作、要素保障、平台构建、项目推进等方面工作任务，确保各项工作有效有序推进。

下一步，我们将紧密团结在以习近平同志为核心的党中央周围，牢固树立政治意识、大局意识、核心意识、看齐意识，以习近平总书记2016年8月17日在推进“一带一路”建设工作座谈会上的重要讲话为指导，紧紧围绕“八个切实”的工作要求，总结经验，坚定信心，扎实推进，自觉站位全局，把实施粮食生产核心区、中原经济区、郑州航空港经济综合实验区、郑洛新自主创新示范区、中国（河南）自由贸易试验区五大国家战略规划与参与建设“一带一路”紧密结合起来，坚持统筹谋划、远近结合、重点突破，努力推动河南在参与建设“一带一路”中发挥更大作用。

河南省

河南省商务厅

一、政策沟通

自我国提出“一带一路”倡议以来，河南省委、省政府高度重视，按照习近平总书记关于“河南要建成联通境内外、辐射东中西的物流通道枢纽，为丝绸之路多作贡献”的重要指示精神，突出区位交通、产业基础、市场潜力、开放平台、人文交流等方面优势，把实施河南省国家战略规划与落实“一带一路”倡议紧密结合起来，顶层设计谋划基本完成。

颁布《河南省参与建设“一带一路”实施方案》（豫发〔2015〕21号），确定了“东联西进、贯通全球、构建枢纽”的战略布局。东联西进，是以陆桥通道为主轴，依托国家铁路和公路主通道，向东与海上丝绸之路连接，向西与丝绸之路经济带融合。贯通全球，是以郑州国际机场为龙头，打造连接全球重要货运枢纽机场和主要经济体的空中丝绸之路。构建枢纽，是以郑州国际化商贸城市为核心，强化地区性中心城市支撑作用，形成内陆开放枢纽平台。明确了建设“一带一路”重要的综合交通枢纽和商贸物流中心、新亚欧大陆桥经济走廊区域互动合作的战略平台、内陆对外开放高地“三个战略定位”。细化了基础设施、能源资源、产能合作、经贸合作、金融合作和人文交流等六个方面的战略任务。

同时，制定《2015—2016年河南省参与建设“一带一路”工作要点》和《河南省参与建设“一带一路”优先推进项目清单》，明确了重点工作任务和责任分工。省政府成立了由陈润儿省长任组长、赵建才副省长任副组长、25个相关单位参与的建设“一带一路”工作领导小组，积极推进“一带一路”建设工作，逐步建立健全纵向对接、横向协调的工作推进机制。省发展改革委（省领导小组办公室）建立了联络员制度，推动各部门迅速形成共同推进“一带一路”建设的合力；省商务厅开拓“一带一路”沿线国家市场，及时发布沿线国家展会信息，积极推进自贸区和跨境电子商务综合试验区建设；省政府外侨办制定《服务“一带一路”和国际产能合作实施方案》，积极搭建国际交流合作平台；中信保河南分公司加强与国开行合作，探索“开行+信保+项目”新型融资机制，加快政策性出口信用保险“走出去”风险统保平台建设；人行郑州中心支行不断扩大人民币跨境使用，加快推进跨境人民币创新业务发展；郑州海关、河南出入境检验检疫局等部门加强与沿线国家合作，推进海关特殊监管区和各类口岸平台建设，提高通关通检水平。

二、设施联通

河南省基础设施互联互通能力持续提升，现代综合交通枢纽和国际物流中心建设取得突破，贯通全球的航线网络、东联西进的陆路通道和功能完善的口岸平台体系为参与“一带一路”建设提供了强有力支撑。

一是航空枢纽功能显著提升。不断拓展航线网络，构建连接全球重要枢纽机场和主要经济体的空中丝绸之路，初步形成覆盖全球的客货运航空网络。郑州机场二期工程建成投运，已具备客运3000万人次、货运100万吨的吞吐能力，基本形成覆盖欧美、连接亚澳的枢纽航线网络。全货机航班量居全国大型机场第四位，仅次于上海、广州、深圳。机场客货运航线分别达到159条和34条，客货运航空公司分别达到40家和21家，通航城市122个，其中国际地区通航城市44个，以国际货运为主导的增长格局进一步确立。郑州—卢森堡“双枢纽”建设成效显著，2016年前7个月，卢森堡货航累计直飞航班超过300班，完成货邮吞吐量4.98万吨，同比实现翻番。下一步将加快机场二期配套工程建设，尽快开工建设北货运区，加密航线航班，开通至河内、新加坡、芝加哥、东京等货运航线和至迪拜、新加坡等国际客运航线，进一步构建连接全球重要枢纽机场和主要经济体的空中丝绸之路。

二是中欧（郑州）班列境外合资合作水平持续提升。在境外形成以哈萨克斯坦阿拉木图、蒙古扎门乌德、德国汉堡为枢纽，遍布欧盟、俄罗斯及中亚地区22个国家112个城市的集疏网络，境内覆盖23个省份，2016年7月18日实现每周去程3班、回程3班均衡对开，截至2016年7月底，累计开行378班。特别是开通经连云港、青岛等港口，直达日本、韩国、马来西亚、中国台湾等国家（地区）的“五定”国际出海班列，打通了连接“海上丝绸之路”的铁海联运通道，实现了陆海相通，国内外影响力和辐射力进一步扩大。下一步将加强与土耳其、保加利亚等国对接，尽快打通经土耳其到卢森堡的南欧线路，扩大回程货物量，新增俄罗斯、北欧等集疏网络覆盖点。

三是口岸业务规模和能力持续提升。本省已建成郑州综保区等6个海关特殊监管区，郑州综保区三期、南阳卧龙综保区一期通过国家验收，商丘保税物流中心获批设立。功能性口岸体系基本完善，澳洲肉牛指定口岸建成投用，进口肉类指定口岸郑州、漯河查验区大批量常态化运行，国际航空邮件经转口岸开通17个国家直航邮路，进境水果、冰鲜水产品、食用水生动物、汽车整车口岸业务量实现较快增长，成为全国指定口岸最多、种类最全的内陆省份。电子口岸平台上线运行，关检合作“三个一”通关模式全面推行，一次申报、一次查验、一次放行，并根据执法需要实现全口径数据共享，提升通关效率，实现与“丝绸之路经济带”沿线九个关区通关一体化。

三、贸易畅通

河南省引导鼓励企业积极开拓“一带一路”沿线国家市场，一批产能合作项目和境外合作产业经贸园区建设加快推进，对“一带一路”沿线国家和地区投资持续增长，实现了从“产品走出去”到“产能走出去”的新跨越。

一是扩大对外投资。制定实施《推进国际产能和装备制造合作实施意见》，梳理完善本省参与建设“一带一路”项目库，推动永通特钢印尼年产300万吨优质钢、中国一拖东欧研发中心项目、宇通哈萨克斯坦客车产业园等重点项目建设取得积极进展。2015年本省对“一带一路”沿线国家和地区协议投资4.5亿美元，占全省对外投资的19.3%；2016年上半年协议投资5.1亿美元，同比增长145%，占全省对外投资的31.26%。

二是推进海外产业园区建设。积极推动本省有实力的企业到境外投资建设经贸产业合作园区，促进与省内产业协同发展。黄泛区实业集团建设的中塔（河南）农业产业园，已投资1700多万美元，拥有长期经营权和租赁权土地近10万亩，已建成150多个蔬菜大棚，蔬菜供应在当地形成优势。商丘贵友集团建设的“中吉亚洲之星产业园”，先后有福润食品、惠普饲料等多家中资企业入驻，该园区已通过商务部组织的审核，成为本省首个国家级境外经贸合作区。洛阳一拖集团在吉尔吉斯斯坦、哈萨克斯坦等国建立组装厂，“东方红”拖拉机占据吉尔吉斯斯坦90%的市场份额，并成为中白工业园首批入园企业，与白俄罗斯明斯克拖拉机厂开展了全面合作。目前，本省在中亚、东南亚等地区规划或建立经贸产业合作园区已达12个，为本省企业“抱团出海”搭建了平台。

三是拓展对外贸易。通过推进“一带一路”建设，外贸增长结构出现新变化，与“一带一路”沿线国家经贸交流成为新的增长点，手机等电子产品、铝及制品、轮胎等优势产品出口比重不断扩大，主要进口摄像机等高端消费品和羊毛、铁矿砂等资源型产品。2015年对“一带一路”沿线国家进出口111.6亿美元，占全省进出口额的15.1%；2016年上半年，全省对“一带一路”沿线国家进出口额为53.3亿美元，占全省进出口额的19.3%，其中出口41.8亿美元，占全省的25.4%。下一步，本省将重点加强与塔吉克斯坦、哈萨克斯坦、捷克等重点国家对接，推动务实合作；组派代表团访问“一带一路”沿线国家，争取签署一批合作备忘录和合作规划，谋划一批合作项目，与“一带一路”沿线国家地方政府建立友好关系，发展一批友好城市。大力支持“一带一路”沿线河南企业和人员集聚的地区建立河南商会，发挥中介组织桥梁纽带作用，不断扩大经贸往来。

四、民生相通

本省依托与“一带一路”沿线国家历史文化渊源，全面加强与沿线国家在文化、旅游、教育、医疗、科技、人才等领域的交流合作。文化交流方面，举办少林功夫、太极拳、戏剧表演、文物外展等形式多样的文化交流活动，与中亚国家联合成功申报丝绸之路世界文化遗产。

旅游合作方面，积极赴沿线国家开展旅游推介活动，与俄罗斯鞑靼斯坦共和国签订旅游合作协议，突出“古丝绸之路”主题，打造国际旅游品牌和产品。

教育合作方面，实施“留学河南”计划，设立留学河南“丝路奖学金”，组织本省高校与沿线国家高校合作办学。

科技合作方面，推动与白俄罗斯国家科委建立了长期稳定的全面合作关系，与俄罗斯、白俄罗斯、波兰、罗马尼亚等国家共建8家国际联合实验室。

医疗卫生合作方面，积极引进先进理念、技术和管理模式，在境外联办中医药大学，向境外输送中医护理、康复理疗专业人员，推进本省中医国际化。

人才合作方面，大力实施引智项目，在农业、机械、环保、新能源等领域，引进一批俄罗斯、乌克兰、以色列等沿线国家专家。

同时，积极组织和参加国际文化经贸交流活动，成功承办上海合作组织成员国政府首脑（总理）理事会第十四次会议，组织第十届中国（河南）国际投资贸易洽谈会、中欧政党高层论坛经贸对话会、2016中国（郑州）国际旅游城市市长论坛，参加香港首届“一带一路”高峰论坛等大型经贸交流活动，极大地提升了本省的影响力。

五、其他

（一）河南推进“一带一路”建设的战略定位

一是“一带一路”重要的综合交通枢纽和商贸物流中心。发挥连接东西、沟通南北的区位优势，完善铁路、公路、航空网络，推动航空港、铁路港、公路港与海港一体协同，构建三网融合、四港联动、多式联运的现代综合交通枢纽，强化地区性枢纽功能协同，密切与丝绸之路经济带沿线中心城市和海上丝绸之路重点港口城市的经济联系，建设郑州现代化国际商都，形成国际航空物流中心和亚欧大宗商品商贸物流中心。

二是新亚欧大陆桥经济走廊区域互动合作的重要平台。发挥市场规模优势和产业基础优势，提升郑州、洛阳等主要节点城市辐射带动作用，加快中原城市群一体化进程，推动与东部沿海城市群、西部沿线城市群协同互动，打造产业转移、要素集疏、人文交流平台，建设华夏历史文明传承创新和文化交流中心，形成连接东中西、沟通境内外、支撑经济走廊的核心发展区域。

三是内陆对外开放高地。发挥郑州航空港经济综合实验区内陆对外开放门户功能，完善口岸平台体系，扩大中欧班列（郑州）运营规模，提升国际陆港集疏能力，加快跨境电子商务发展，建立与“一带一路”沿线国家关检合作机制，建设中国（河南）自由贸易试验区，优化全省海关特殊监管区域布局，打造内陆开放型经济高地。

（二）河南推进“一带一路”建设的战略布局

以郑州、洛阳为主要节点，以其他中心城市为重要节点，加强外部联系，强化内部支撑，构建“两通道一枢纽”，形成共同参与“一带一路”建设的整体格局。

一是构建东联西进的陆路通道。以陆桥通道为主轴，依托国家铁路和公路主通道，串联省内中心城市，形成连接“一带一路”的东西双向通道。东向重点连接青岛、连云港、日照、烟台、威海、天津、上海等沿海港口，与海上丝绸之路链接；西向密切与西北、东北、西南等省份合作，增强对新亚欧大陆桥经济走廊的支撑作用，参与中蒙俄、中国—中亚—西亚、中国—中南半岛、中巴、孟中印缅经济走廊建设，与丝绸之路经济带融合。

二是构建贯通全球的空中通道。以郑州新郑国际机场为龙头，完善通航点布局和航线网络，建设国际航空货运枢纽和国内航空综合枢纽，构建连接全球重要枢纽机场和主要经济体的空中丝绸之路。加密欧美航线，拓展“一带一路”沿线国家航线，吸引大型航空公司和物流集成商，形成国际与国内互转的货运航线网络。加密国内干线，开辟新的国际航线，构建“中转+快线”客运航线网络。

三是构建内陆开放的战略枢纽。以郑州国际商都为核心，强化地区性中心城市支撑作用，发挥各地开放优势，形成内陆开放枢纽平台。依托郑州航空港经济综合实验区建设国际航空货运枢纽，依托郑州国际陆港建设国际铁路中转枢纽，提升中欧班列（郑州）运营水平，完善口岸功能，健全多式联运体系和大通关服务体系，形成“铁公机海”四港联动综合枢纽，打造陆空高效衔接的国际物流中心。

建设中国（河南）自由贸易试验区，落实中央关于加快建设贯通南北、连接东西的现代立体交通体系和现代物流体系的要求，着力建设服务于“一带一路”建设的现代综合交通枢纽。

建设中国（郑州）跨境电子商务综合试验区，主动融入“一带一路”，实现国际国内合作与省内产业转型升级良性互动，加快培育外贸竞争新优势，助推“河南制造”更好更快走出国门。

强化华夏历史文明传承创新区的国际影响，与沿线国家合作建设一批人文交流平台，打造丝绸之路文化交流中心。建设一批区域性开放平台，形成联动发展格局。

湖北省

湖北省商务厅

一、参与“一带一路”建设的情况

（一）与沿线国家经贸合作现状

“一带一路”沿线国家主要分布在东南亚、中西亚、东北非、俄罗斯与中东欧、西北欧等5个区域。长期以来，沿线国家一直是本省经贸投资合作的主要市场，本省与沿线国家的合作发展势头良好，产业相互融合、网络不断完善，本省与“一带一路”沿线国家形成了较为紧密的经贸合作伙伴关系。

1. 投资合作成效显著。本省与沿线国家双向投资步伐明显加快。2015 年，本省对沿线国家投资总额 3. 8 亿美元，占本省境外投资总额的 57. 8%。本省企业充分发挥在机械制造、化工建材、生物医药、激光通信、资源开发等方面技术和设备优势，对沿线国家开展投资经营。其中三环集团收购波兰轴承厂、华新公司投资塔吉克斯坦水泥厂、安琪酵母投资埃及酵母厂等项目取得了良好的社会效益和经济效益。同时，沿线国家对本省实际投资占本省实际利用外资的 55%，成为本省主要外资来源地。

2. 对外贸易保持增长。2015 年，本省与沿线国家进出口额超过 350 亿美元，约占本省外贸总额的 78%。其中，出口近 240 亿美元，约占本省出口总额的 88%。在东南亚及南亚，本省出口产品集中于机电、高新技术产品和农产品，进口产品以泰国香米、热带水果等农产品为主。在中亚，本省出口产品集中于汽车零配件、酵母等，进口产品以能矿资源性产品为主。在西亚北非，本省出口集中于通信器材、农产品，在俄罗斯及东欧，本省出口集中食品、钢材等。武钢集团、长航外经、烽火科技、沙隆达、兴发股份、安琪酵母等一批重点出口企业与沿线国家的贸易往来日趋密切，机电产品、钢材、高新技术、农产品、纺织服装等优势产品出口额稳步增长。

3. 境外工程承包业绩显著。沿线国家主要为发展中国家和新兴经济体，其基础设施建设需求十分旺盛，已经成为本省主要的对外承包工程市场。2015 年，本省企业在该区域内完成营业额 41 亿美元，占本省完成营业总额的 76%，新签合同额 52 亿美元，占本省新签合同总额的 44%。全年新签合同额在 1000 万美元以上的项目近 5 成分布在东南亚、南亚、中亚、西亚北非及东欧等地区，其中一批项目如孟加拉帕德玛大桥项目、巴基斯坦尼鲁姆杰卢姆水电项目、波黑图兹拉火电站项目等，合同金额都超过了 10 亿美元。

4. 利用外资比重增强。沿线国家是本省主要的外资来源地且呈逐年上涨趋势。2014 年至 2015 年，沿线国家在本省投资约 92 亿美元，占本省实际利用外资的 65%，其中来东南亚地区的投资占本省实际利用外资的 55%以上，沿线国家世界 500 强企业在鄂投资近 100 家，雪铁龙、日产等国际跨国企业投资湖北的力度不断加大。

5. 通道建设稳步推进。本省与沿线国家互联互通初具规模，通道建设发展良好，口岸建设有序推进。航线方面，本省已对沿线国家开通近 10 条国际航班，武汉至马来西亚、泰国、新加坡、曼谷、柬埔寨、法国、俄罗斯等国航班运行正常。陆运和水运方面，“汉新欧”国际货运班列运行良好，武汉东盟水运航线试航成功。口岸方面，天河机场三期有序推进，武汉东湖综保区加快发展，武汉新港空港综保区申报顺利。

6. 交流往来日益加强。本省与沿线国家交流往来层次越来越高，省主要领导出席在阿拉木图市举办的“一带一路”中国湖北—哈萨克斯坦经贸投资合作洽谈会，参加了中国与俄罗斯伏尔加河流域合作推介会、中国—东盟博览会等，促进了本省企业对沿线国家的交往。本省与俄罗斯、哈萨克斯坦、捷克等沿线国家相关部门和机构签署了一批合作框架协议，联系机制越来越完善，交流范围越来越广泛，为经贸合作打下了基础。

7. 发展空间潜力巨大。但是应该看到，本省与“一带一路”沿线国家经贸合作总体水平有待进一步提升，合作领域和规模有待进一步拓展。在双边贸易中，本省与一些国家还存在不平衡，出口产品结构不合理，产品技术含量不高等情况。“一带一路”沿线经济较发达的国家对本省投资也不多。相对于对外贸易和吸引外资，目前本省“走出去”的规模还不大，对外投资合作领域和区域较为集中，企业集群式走出去尚未形成气候，且易受到境外安全风险等诸多因素影响。随着国家加快实施“一带一路”倡议，本省与“一带一路”沿线国家的经贸合作空间巨大。

（二）与沿线国家合作面临的问题

1. 经贸合作总量规模不大。据不完全统计，“一带一路”沿线涉及 64 个国家，总人口约 44 亿，经济总量约 21 万亿美元。无论从对外贸易，还是从对外投资合作的数额来看，本省与沿线国家的经贸合作总量较小。

2. 经贸合作总体水平不高。本省与部分沿线国家存在单向或双向零贸易、零投资，本省企业所承接的工程项目大部分以施工总包、分包及设备安装为主，缺乏以 EPC、BOT 及 PPT 等高端方式承揽的项目，本省企业在沿线国家投资项目技术含量不高、投资规模不大，在驻在国影响力有限。

3. 境外产业集群效应不佳。本省企业在沿线国家开展投资经营还处于“单打独斗”的状态，生产型企业仅占 10%，投资结构不合理和投资规模偏小，带动作用十分有限，没有形成能够引发产业聚集及产业链拉动的规模效应。目前国家已通过 10 多个国家级境外产业园区，本省园区建设尚处于筹划之中，湖北企业也没有入驻国家有关境外经贸合作区这一集群式走出去平台。

4. 互联互通建设不优。本省互联互通建设处于起步阶段，开通的国际直达航线相对东部沿海发达地区还偏少，部分口岸基础设施有待进一步完善，大通关一体化尚未正式实施，这些都在一定程度上影响了货物进出口效率。

5. 面临境外安全风险较高。“一带一路”涵盖的许多国家政局动荡，热点地区局部冲突不断，恐怖主义活动猖獗，针对中国公民和中国企业的袭击屡有发生，安全风险较高。此外，沿线国家大都与我国存在较大文化差异，我企业和人员容易因宗教、习俗等问题引发与当地族群的摩擦和纠纷。

（三）融入“一带一路”建设的机遇

当前，本省开放型经济稳步发展，对外贸易快速增长，投资环境继续优化，“走出去”步伐明显加快。在国家“一带一路”倡议总体规划下，结合实际，本省与沿线国家经贸合作面临难得机遇：

1. 良好的地域产业优势是发展的基础。本省地理位置优越，承东启西、接南纳北、通江达海，综合交通运输体系完善。经过多年发展，本省产业链条更趋全面，在农业、汽车、高新技术、资源开发、设计咨询、建安基建等领域竞争力较强，有一批综合实力强、管理水平高、市场开拓广、风险防范优的大中型经贸合作企业，如东风汽车、武钢、葛洲坝、大桥局、中交二、省农垦、大冶有色、三环集团、省工建、中南院、联丰公司、华新水泥等。这些优势有利于本省与沿线国家顺利开展合作。

2. 现有的扩大开放成果是推进的动力。近年来，本省积极贯彻“开放先导”战略，开放型经济取得积极成果，特别是与沿线国家的经贸合作上升到历史新水平，与其在进出口贸易、境外投资、对外承包工程、园区建设、优势产能合作等方面的合作有序推进。三环集团、安琪酵母、万宝集团、华新水泥等在外的过亿美元项目稳步实施；葛洲坝、大桥局、中交二等承揽的大型工程进展顺利。本省与沿线国家的经贸合作可依托现有项目巩固推进、纵深发展。

3. 出台的国家发展规划是融合的机遇。我国提出“一带一路”倡议，为本省与沿线国家合作提供了良好机遇。合作机制上，我国与沿线国家签订的双边和多边协议为本省参与建设提供了顶层指导；项目安排上，我国与沿线国家在港口、码头、基础设施、园区建设、援外项目等方面的一揽子方案为本省参与建设指明了发展方向；金融保障上，新建的亚洲基础设施投资银行、丝路基金及已有的中非基金、东盟基金等专项投融资工具，为本省参与建设拓宽了金融保障。

4. 实施重要工程提供的机遇。目前商务部制定了一系列加快商务发展的重要工程计划，其中“中非工业化伙伴”行动计划、“建营一体化”工程、“境外经贸合作区创新”工程等三个重要专项，为湖北优势产业走出去开拓沿线国家市场提供了机遇。本省在农业、汽车、光电、基建等方面的行业优势明显，适时融入相关工业化示范区和境外经贸合作区建设项目，开展设计咨询、运营维护、技术合作等业务，有利于本省企业由“生产型走出去”提升为“生产、服务一体化走出去”，实现跨国发展。

5. 大通道建设提供的机遇。通道建设是“一带一路”倡议的重要发力点，国家大力推动与沿线国家的通道建设，以巴基斯坦瓜达尔港及中哈铁路接轨为代表的对沿线国家经济走廊的全方位通道建设正逐步实施。这将有利于本省发挥地理位置优势，利用“汉新欧”国际班列的运行打通向西开放的陆上通道，利用长江打通本省向南开放的水陆通道，利用武汉至俄罗斯、马来西亚等众多航线的打通面向欧亚的空中通道，形成本省经贸合作、物流和人员往来便利化新优势。

6. 融资政策提供的机遇。为支持“一带一路”倡议，我国建立了包括亚洲基础设施投资银行、金砖国家开发银行、丝路基金、中非基金、中国—东盟基金等系列的专项投融资工具。这些为本省巩固扩大对沿线国家的对外投资合作，推动大企业积极承揽大项目提供了重要金融后盾，有利于本省企业采取 BOT（建设—经营—移交）、PPP（公私合营）等多种互利模式开展合作，在项目投资规模、工程承揽方式及合作园区建设等方面提档升质。

7. 境外自贸区建设提供的机遇。当前国家正建立全球的自贸区网络，中国—东盟自贸区升级版、中国—以色列自贸区、中国—斯里兰卡自贸区、中国—巴基斯坦自贸区等众多沿线国家谈判都已顺利启动。随着这些谈判的达成，我与沿线相关国家间将相互取消绝大部分货物的关税和非关税壁垒，降低市场准入限制，开放投资门槛，促进商品、服务和资本、技术、人员等生产要素的自由流动。沿线国家与本省经贸互补性强，这将有利于本省扩大对沿线国家机电产品、钢材、高新技术、农产品、纺织服装等优势产品出口，增加资源类和高新技术类等省内急需产品的进口。同时通过对外投资合作，将部分产能实现跨国转移，带动本省产业结构优化升级。

8. 基础设施建设提供的机遇。为促进“互联互通”，我国与沿线国家在基础设施建设方面的重大项目正制定实施，这些项目涉及高铁、路桥、港口、机场、码头等多领域。这将有利于本省发挥建筑业优势，承揽更多的公路、铁路、港口等建设工程项目，做大承包工程业务，推动以总承包为龙头，联合设计、施工、劳务等企业形成产业链“走出去”，并带动本省机电、建材等产品出口。

二、融入“一带一路”倡议的新策略

建设“一带一路”是国家新一轮对外开放的重大举措，为湖北全面提高经济外向度、建设内陆开放高地提供了重要机遇。

（一）总体思路

根据“一带一路”倡议总体部署，抓住国家向西开放的战略机遇，按照“政策沟通、道路联通、贸易畅通、货币流通、民心相通”的总体要求，按照“政府引导、企业主导、贸易先行、投资跟进”的基本原则，结合湖北的资源条件和产业优势，加强宏观规划、政策支持、产业定位和指导服务，以建设武汉国家中心城市为核心，以构建欧亚立体大通道为基础，以建立交流平台和健全合作机制为保障，以文化旅游合作为先导，以商贸物流、先进制造、科技教育、现代农业等领域为重点，充分发挥市场配置资源的决定性作用，加强与沿线地区和国家的全方位合作，通过高效的服务、优惠的政策、合理的引导推动湖北企业“走出去”、推动湖北外向型经济突破发展，打造“一带一路”和“长江经济带”建设的战略交接点。

（二）“新”策略

1. 建议国家将湖北纳入“一带一路”规划。湖北作为内陆省份城市，地理位置相对优越，开放环境逐步优化，发展潜力十分巨大。结合此次国家“一带一路”倡议的总体布局，我们要充分利用此次倡议在基础设施、金融政策、产业调整、人才培养、资源整合等方面的规划与措施，突出湖北优势，专题向中央有关部委汇报，争取在国家“一带一路”的总体实施方案或子方案中将湖北纳入，统筹考虑湖北在中部地区的地域产业优势地位，科学安排湖北与发达省份和中西部省份的互动，推动湖北融入国家“一带一路”建设。湖北省委、省政府可以组成专题调研组进行调研，及时形成调研报告中央，提请国家部委支持。还可以充分利用全国人大和全国政协的会议平台，请本省各领域的全国人大代表和政协代表积极向中央提出建议与意见。

2. 积极推动湖北省内陆自贸区建设。自贸区建设是加快推动湖北全面开放的重要平台，加快自贸区建设，能够为企业提供更多符合世贸组织规定的贸易和投资优惠安排。地方政府的自贸区建设水平是该地区对外开放水平的重要体现。当前各省份都在加紧自贸区建设，湖北应该积极主动抢抓这次机遇。湖北要充分学习上海自贸区建设的先进经验，借鉴其在服务、管理、政策、便利化等方面的科学做法，认真研究，进一步简政放权，加快制定负面清单，改善服务措施和服务水平。本省可以考虑整合武汉、襄阳及宜昌等市州已建成的高新技术开发区的优势，积极向国家申报第三批自贸区。

3. 加快综合运输服务体系。从地理位置来看，湖北省在国内交通运输区域优势非常明显，公路、铁路、空运、口岸等综合服务体系相对发达。但要加快与“一带一路”沿线国家的经贸合作，还需在通道建设方面加快发展。应充分考虑湖北当前对外开放发展的现状和本省在通道建设上已有的成绩，加快打造以湖北为中心，辐射全国，联通国际的海、陆、空多维的通道体系。要以目前本省的汉新欧班列常态化运营为时机，加快货运铁路建设，形成辐射“一带一路”沿线国家的铁路体系；要加强融入长江经济带建设，提升本省长江航运能力，打通湖北与世界畅通无阻的海运体系；要继续拓展国际航线，形成国际便捷直达的空运体系；还要加强口岸建设，实行电子一站式通关服务，提高企业通关效率。

（三）重点任务

1. 建立合作机制。建立湖北与“一带一路”沿线各省区的产业联动、联合开发机制。特别是依托本省科教大省的优势，建立中亚教育培训基地，推动共建“上合组织大学中国校区”，加强中亚地区与本省大学之间的合作，组建与中亚各国大学合作联盟。同时，依托商会、行业协会、各类民间社团组织，建立交流合作机制，扩大民间友好往来。

2. 打造合作平台。要结合国家“一带一路”倡议，积极为企业搭建合作平台，进行政策辅导、发布项目信息、推动项目洽谈。要谋划举办“一带一路”、长江经济带国际博览会和“一带一路”合作与投资贸易洽谈会，推介本省特色产品和优势产业，扩大本省与沿线各省区及中亚各国的贸易投资合作规模。还可以利用政府间合作平台，推动湖北与沿线国家有关省州建立友好省州关系及友城关系，考虑在武汉市组织召开两带对接沿线城市圆桌会。

3. 加快境外工业园区建设。境外经贸合作区作为企业海外集群式发展的基地，将有效促进与驻在国互利双赢和共同发展。建设湖北境外经贸合作区，是实现本省优势产业“走出去”的最佳途径，是本省企业“联合出海”的有效平台，是深化湖北经贸投资合作跨越发展的必然选择。结合本省在汽车制造、钢铁冶炼、生物医药、光学电子、农业生产等产业具备的比较优势，本省应充分发挥湖北的产业特点，以优势产业为主导，在“一带一路”沿线国家积极筹建湖北境外经贸合作园区，为入驻湖北企业在信息咨询、运营管理、发展规划、产品推介、市场开发等方面提供综合服务，实现湖北企业境外集群发展。

（四）重点工作安排

1. 以项目为依托，筹建湖北境外经贸合作区。依托大型优势企业主导、上下游产业中小企业参与模式，筹划在“一带一路”沿线国家建设湖北境外经贸合作区，推动本省企业境外集群，利用集合优势，降低投资成本，规避风险，增强竞争力。主要是依托华新水泥塔吉克斯坦年产100万吨水泥项目和后期工程，积极引导本省建材行业及上下游企业配套投资，集群“走出去”，共同拓展相关国家市场。

2. 以展会为抓手，提高双边贸易质量。充分利用亚欧博览会、西博会、兰洽会、哈萨克中国商品展、阿拉伯国家博览会等经贸交流平台，帮助本省企业家寻找更多商机，提升湖北产品的质量和档次。发挥湖北在钢铁、石化、汽车、食品、机电和制造、高新技术产品等方面的比较优势，积极组织本省企业参展办展，大力开拓中亚市场，扩大本省优势产品出口。充分利用“京交会”平台发展服务贸易和跨境电商，推动在“一带一路”沿线国家建立仓储基地和物流分拨中心。

3. 以需求为导向，推进矿产资源开发合作。“一带一路”相关国家矿产资源储量可观，而湖北人均矿产资源占有量低，供求矛盾突出。结合本省实际，我们在矿产资源开发合作方面，有一批具备比较优势的设计咨询和工程企业，如十五冶、大冶有色、中冶武勘等，特别是本省的大冶有色通过新疆子公司已在吉尔吉斯斯坦投资了矿产开发项目。因此，我们要结合本省矿产资源开发优势与中亚各国实际，鼓励、引导、支持本省有条件企业发挥比较优势，赴相关国家开展矿产资源开发合作，构建本省境外资源供给基地。

4. 以对外承包传统优势为基础，提高承揽质量。本省对外承包工程企业具备一定实力，多年来，在中亚市场业绩显著。要充分利用一带一路相关国家基础设施建设大量需求，鼓励和引导具备实力、条件的大型对外承包工程企业探索采用以BOT（建设—经营—移交）、PPP（公私合营）等投融资方式承揽境外大型电力工程和大型基建工程、工业、通信、矿产资源项目，适时采取以“工程换资源”等多种方式合作开发。以实现资金、技术、设备等生产力要素的自由合理配置为原则，以实力型企业为核心，以重大项目为纽带，跨行业打造本省对外承包工程的企业联合舰队，采取多种方式，将“湖北建筑”整体推向一带一路相关国家工程市场。

5. 以活动为平台，推动双边洽谈合作。加强与“一带一路”相关国家驻外经商机构、中资企业商协会及外方投资促进机构的紧密联系，充分发挥各方在信息、资源和政策等方面的优势，推动建立与其联系合作的常态机制，积极搭建平台举办多种形式的对接合作活动，引导本省企业开拓当地市场。同时，也要充分发挥省领导出访带动效应，结合当地实际，针对性地举办经贸推介洽谈活动，寻求与“一带一路”各国的经贸合作机遇。

（五）对策举措

1. 加强湖北“一带一路”建设的组织领导。要明确本省在“一带一路”建设中的位置。从目前国家相关部门通报情况看，“一带一路”建设省份主要涉及西部省份，中部并无明确省份。本省应积极争取作为中部省份纳入国家战略框架内。同时，在国家出台丝路经济建设规划后，本省应加快制定参与建设丝路经济带实施意见，做好顶层设计，明确本省参与建设“一带一路”的任务、目标、措施等。建议成立湖北省“一带一路”工作领导小组，由省政府分管领导任组长，省发改委、省经信委、省科技厅、省外侨办、省商务厅等相关部门负责人为成员。领导小组下设办公室，办公室由省发改委牵头，进行日常工作联系，组织专题考察研究，出台本省“一带一路”发展规划、汇总各专项规划及有关政策和建议等。

2. 建立与中央相关部门的合作机制。在本省已有的省部合作机制上，要进一步建立健全覆盖本省各领域的省部合作机制。建议省政府与中央各部门加强联系，畅通信息渠道，针对不同领域，省政府要向中央部委提出有关建议和意见，确保本省有关建议纳入中央政策文件；本省各省直部门要加强各自专业领域的“一带一路”政策研究，加强向上级部委的汇报，及时出台专题规划报告并报送上级主管部门，争取上级部门的指导和支持，有关部委的反馈意见要及时提供给省政府研究和参考。重点加强与国家发改委、商务部、工信部、外交部等部委的联系和沟通。

3. 建立专项政策扶持促进措施。一是要充分借鉴渝新欧、郑欧国际货运线路经验，加大对“汉新欧”国际班列的扶持补贴力度，提高货源集中度，争取本省“一带一路”的货运线路能够常态化运营，进一步密切本省与中亚经贸关系。二是要出台专项资金政策，集中对开拓“一带一路”沿线国家市场的符合条件的企业予以重点倾斜，提高本省企业融入“一带一路”建设的积极性。湖北可率先设立向西开放产业扶持基金，并提议国家设立“一带一路”倡议产业基金。

4. 培植外向型龙头企业。要加快培养一批湖北经贸投资合作的骨干龙头企业，充分发挥其行业带动作用，引导本省产业链上下游企业集群“走出去”，实现本省外贸产业结构调整和产品升级换代，扩大对外贸易总额，优化贸易结构，加快外贸、外经企业融合。对外贸易方面，本省应重点扶持武钢集团、东风汽车、烽火科技、长航外经、三环集团等重点出口企业做强做大，更大范围地提升其产品的国际市场占有率。对外投资合作方面，要依托葛洲坝、中交二航局、中铁大桥局、中建三局、中铁十一局、大冶有色、华新水泥、安琪酵母、凯迪电力等大型企业，带动汽车、钢材、水泥等领域企业扩大出口，要鼓励上述企业创新承包工程模式，积极开展建营一体化工作，在BOT、

PPP 等模式上有所突破。本省要在对接平台、融资政策、国别指导、项目管理上加强对这些企业的服务，扶持其做强做大，提升本省大中型企业全球竞争水平。

5. 加强与沿线省市更紧密的合作。加强多方合作，前移建设“一带一路”战线。一方面，本省要充分利用对口援疆有利条件，同时积极发展与宁夏、甘肃等西部沿边省份合作，充分利用其对经济带沿线国家的辐射通道，引导、支持省内企业将具有比较优势、市场饱和、出口利润低、有利于节能减排的加工制造转移到有关西部沿边省份，将建设“一带一路”战线前移。另一方面，省政府要充分发挥湖北省对外投资合作部门联席会议机制的作用，整合各方资源和优势，推动与沿线国家经贸合作迈上新台阶。加强与北线地区合作。合力打造服务向西开放的港口群，建设以武汉新港为主体，以长江上游、汉江流域为综合运输主骨架，以中部地区重要港口为补充的国内综合运输中转集散基地。要加快建设一批钢铁、汽车、建材等在大宗货物的中转港口和专业产品集散地。此外，还要加强与南线地区合作。充分利用云南、广西资源，主动参与协作，接轨“陆上丝绸之路南线”，配套海上丝绸之路，促进“流动、融合、分工”的区域经济一体化格局的形成。积极适应向西开放的市场需求，合理规划产业布局，促进产业分工和技术合作，主动与云南、广西沿边开发、开放呼应联动。

6. 充分利用对外友好交往资源，营造开放良好环境。充分发挥本省外事部门建立的对外友好交往渠道和资源，做好外事服务对外开放工作。积极推动本省城市与“一带一路”相关国家城市建立友好城市关系，在扩大人才技术交流和旅游文化方面加强合作。发挥本省在相关国家建立的湖北国际合作工作站的服务功能，为湖北企业“走出去”提供全方位服务。同时，要积极利用国家和省级外交资源，争取将省内与丝绸之路沿线国家合作重大项目纳入国家双边合作框架，减少风险，保障企业权益。要积极与我驻外使领馆、海外商协会、境外政府投资促进机构等保持紧密联系，宣传推介湖北，进行文化经贸交流，加强政治互信，促进开放合作。

三、“十三五”时期湖北参与“一带一路”倡议的实施规划

（一）指导思想

以党的十八届三中四中全会、中央经济工作会议、省委十届五次全会及省委关于加快构建开放型经济新体制的若干意见等为指导，遵循国家“一带一路”倡议发展方针，按照“规划统领、全面布局、有序推进、发展共赢”的原则，坚持以企业为主体，以市场为导向，紧紧围绕湖北实际，强化通道建设，科学统筹“引进来”和“走出去”，促进贸易结构调整和优势产能转移，推动本省与沿线国家合作发展进入新阶段。

（二）工作目标

依托本省与沿线国家的经贸合作基础，紧紧围绕湖北“十三五”规划，全力打造本省与沿线国家的五个开放“新高地”。一是贸易开放“新高地”。继续深化外贸体制改革，促进产品改造升级，拓展国际营销网络，推动外贸稳步增长。二是产业开放“新高地”。巩固加强“两河流域”项目成果，推动优势产能境外建立生产加工基地，扶持产业链企业“抱团出海”，引导优势产业建立境外经贸合作园区。三是平台开放“新高地”。科学统筹境内外资源，拓宽项目落地渠道，创新项目推介对接模式，大力实施系列专场招引资活动。四是资本开放“新高地”。大力引导企业“走出去”，放宽外资准入，稳步推动双方企业进入彼此工业园区，实现外资和投资互动融合。五是通道开放“新高地”。强化通道和口岸建设，加强与对方在基础

建设领域紧密合作，夯实援疆工作，推进“汉新欧”国际班列运营常态化。到2020年，实现对沿线国家贸易年增长速度高于全省平均水平，确保对沿线国家境外投资和对外承包工程年两位数增长，形成我国与沿线国家全方位、宽领域、深层次的经贸合作关系。

（三）主要内容

“一带一路”倡议标志着我国进入构建全方位开放新格局时期，作为东西双向开放的交汇点，湖北迎来全面对外开放黄金机遇期。我们要充分发挥经贸合作先导作用，将参与“一带一路”建设作为本省打造开放型经济跨越发展的重要突破口，推动湖北与“一带一路”沿线国家的合作领域更宽、合作层次更高、合作模式更多、合作机制更紧。

1. 实施一项工程，促进重点突破。积极落实《湖北省境外投资“双重工程”实施意见》，着力在“一带一路”沿线国家培育本省境外投资重点企业和重大项目。依托沿线国家重大项目，以产业聚集及产业链配套带动，创建湖北境外经贸合作园区，鼓励本省企业进驻已建成园区投资；引导、支持重点企业与东盟基金、丝路基金展开合作；“突出重点，以点带面”，通过持续、滚动的重点培育工作，形成骨干企业为龙头、中小企业配套，有梯度、有纵深的境外投资企业集群，为参与“一带一路”建设打造强有力的企业主体。

2. 建立双向通道，加强区域互联。畅通“一带一路”东西双向交通，建立覆盖海、陆、空立体交运互联体系。加快武汉长江中游航运中心建设，不断提升武汉—上海“江海直达”航线辐射力，提高武汉—东盟近洋航线运行质量；注重协调推进和市场培育，实现“汉新欧”国际班列运营常态化；在实现武汉铁路口岸临时开放的基础上，争取设立国家一类口岸；推动航空口岸开通更多国际直达航线，提升天河机场国际货物运输吞吐集散能力，逐步形成点多面广的航线网络，密切本省与沿线国家人员经贸往来。

3. 构筑三大载体，提升质效水平。一是培育对外贸易新增长载体。积极参加东盟博览会、西博会等国内重大经贸洽谈会，开展面向沿线国家的贸易促进活动，优化展会布局；稳定劳动密集型产品等优势产品对沿线国家出口，扩大机电产品和高新技术产品出口，增加自沿线国家能源资源和农产品进口；加快发展与沿线国家服务贸易，推动协调发展。鼓励、扶持湖北企业发展跨境电子商务，在沿线国家的交通枢纽建立仓储物流基地和分拨中心，进一步完善本省海外的区域营销网络。二是开创工程承包新模式载体。鼓励、引导具备实力、条件的大型对外承包工程企业探索采用以BOT（建设—经营—移交）、PPP（公私合营）等方式承揽沿线国家大型电力工程和大型基建工程、工业、通信、矿产资源项目，带动工程机械设备出口，将“湖北建筑”整体推向沿线国家工程市场；引导、支持大型工程承包企业与亚洲基础设施投资银行展开合作，拓宽企业融资渠道。三是增进沟通交流新方式载体。加强与我驻沿线国家经商机构、中资企业商协会及外方驻华投资促进机构、商协会的紧密联系，发挥各方在信息、资源和政策等方面的优势，推动建立沟通合作的常态机制；充分发挥高层出访带动效应，结合当地实际，针对性地举办经贸推介交流活动，寻求经贸合作机会；积极争取承揽更多对沿线国家援助项目，借此扩大与受援国家经贸交流往来，提高湖北国际影响力。

4. 主推四大产业，深化合作领域。把农业、冶金、建材、高技术等产业作为主攻方向，推动优势产业、富余产能境外转移，推进与沿线国家产业对接深度。在农业方面，充分利用本省农技优势和沿线国家土地资源，进行种业合作、农技培训、农作物种植、农产品生产；在冶金、建材方面，注重矿产资源富集和对基建需求较旺沿线国家，引导、支持有条件企业实现开采、冶炼、加工一体化发展、利用当地原材料投资建厂；在高技术产业方面，发挥技术优势，与沿线国家开展技术合作、推进研发产业化，增强湖北自主品牌影响力。

5. 瞄准五大板块，拓展经贸网络。针对“一带一路”所包含东南亚、中西亚、中东欧、南北非和欧洲部分国家等五大板块区域，根据区域特点，多点布局，抓好重大项目，发挥示范效应，推进湖北企业走向全球。在东南亚，推动建设地球空间信息产业，充分整合技术、资本、人才等资源，推进北斗卫星导航在通信、交通、航运、急救、物流等关键领域和重点行业在东盟国家的应用。在中西亚，加强与沿线国家资源能源合作，推动建设沿线国家建材产业集群，深化上下游产业链融合；推动汽车及零部件行业在当地贴近市场加工制造；在中东欧，推动落实《深化湖北与俄罗斯伏尔加河沿岸联邦区经贸合作工作方案》，加大与俄罗斯经贸合作；支持企业赴中白工业园投资设厂。在南北非，引导企业与中非基金展开合作，推进与农业资源丰富的沿线国家开展技术培训，进行农业开发和畜牧业养殖，加快农业产业园建设。在欧洲部分国家，支持企业设立研发机构、营销、售后服务网络，带动省内产品出口；同时宣传引导沿线国家企业来鄂投资。

6. 完善六大平台，构建全方位服务体系。一是完善政策保障平台。以加快构建开放型经济新体制机制联席会议机制为组织领导，形成合力，扎实推进本省参与“一带一路”建设各项工作，做好省级规划，促进本省企业在沿线国家进行经贸合作，积极协调解决推进项目中的困难和难题。二是完善金融支持平台。继续与国开行湖北分行、进出口银行湖北分行等金融机构保持良好合作关系，与中国—东盟基金、丝路基金、亚洲基础设施投资银行等建立合作机制，拓宽重大境外项目融资渠道。三是完善中介服务平台。与省内外知名涉外律师事务所、会计师事务所、翻译机构建立合作关系，从跨国经营人才培训、对外投资合作规划、语言外包等方面提供法律、智力等服务和保障。四是完善对接合作平台。加强与“一带一路”建设“桥头堡”省份省际合作，营造共促共建合作机制；不定期举办或联合举办多种形式业务沿线国家经贸环境推介、经贸项目对接、洽谈等活动，支持有条件的企业到沿线国家广泛寻求合作；利用境内外大型贸易博览会，组织企业参与，寻找经贸合作机会；组织有意愿的省内同业和上下游产业企业实地考察沿线国家成功运行大型投资项目，促进产业聚集及产业链融合。五是完善资金政策扶持平台。充分发挥中央及省级商务发展促进资金作用，对于沿线国家经贸项目予以重点支持，适时推动建设省级专项支持资金。六是健全风险防范平台。支持本省企业投保短期出口信用险、中长期出口信贷保险、对外投资险等保险产品，降低企业的出口、投资风险；引导企业树立“贸易先行、投资跟进”开拓意识，提高风险认识，建立健全境外突发事件应急预案，及时发布风险预警信息，加强风险防范和处置力度。同时，要积极利用国家级对外交往资源，争取将省内重大经贸项目纳入双边合作框架，降低风险，保障企业权益。

7. 开展多项行动，促进全面发展。一是“鄂非工业化合作伙伴”行动计划。对接商务部“中非工业化伙伴”计划，推进本省企业选择在埃及和东部沿海国家开展农牧产品加工业和制造业投资，积极参与当地基础设施建设。二是“境外经贸合作区创建”行动计划。依托现有在非洲沿海国家农业聚集开发初具规模优势，打造本省境外农业开发园区；创新境外经贸区产业模式，推动本省在欧建设科技研发园区。三是“建营一体化”行动计划。引导、支持企业以 BOT（建设—经营—移交）、PPP（公私合营）等方式承揽运营沿线国家大型电力工程和大型基建工程、工业、通信、矿产资源项目；鼓励、支持企业在沿线国家建立营销网点和售后服务网络，完善产品服务体系。四是“十大跨国企业培育”行动计划。选择三环集团、华新水泥、大冶有色、安琪酵母、人福医药、阳光凯迪等具备跨国企业雏形的本土企业纳入计划予以重点扶持，引导企业加快实施品牌、资本、市场、人才、技术国际化战略，形成具有较强市场竞争力的跨国公司。五是“双向对接交流”行动计划。通过省领导出访带动、项目实地考察、境内外大型贸易博览会、援外培训交流等多种方式，积极组织企业与沿线国家对接洽谈，寻找经贸合作机会。六是“宣传推介”行动计划。不定期举办或联合举办多种形式业务沿线国家经贸环境推介、经贸合作项目发布等活动，帮助企业到沿线国家寻求市场机会；通过网络、报纸等媒介，宣传本省与沿线国家重点经贸项目，发挥引领、引导作用，营造良好舆论促进氛围。

8. 深化“中俄两河流域”经贸合作。积极响应国家战略，加强与俄罗斯的经贸合作，遵循中俄双方签订的《长江中上游地区与伏尔加河沿岸联邦区开展合作的议定书》主要内容，按照“信息共享、产业互补、深入合作、开拓共赢”的原则，按照“12350”（1 个营销服务平台，2 个产业合作园区，3 个生产加工基地，50 家重点合作企业）的目标，努力实现本省与俄罗斯伏尔加河沿岸联邦区全方位经贸投资合作，进一步凸显本省与俄罗斯伏尔加河沿岸联邦区紧密合作的重要地位。

一是建立 1 个营销服务平台。充分发挥莫斯科格林伍德国际贸易中心的地理优势和平台辐射作用，加强与俄罗斯中国总商会和俄罗斯投资促进机构合作，发挥东风汽车、羊楼洞茶叶等企业入驻格林伍德的带动效应，整合各方资源优势和销售渠道，引导湖北重点企业及品牌产品入驻，推动建立本省企业在俄罗斯的“中国湖北商品贸易城”，为鄂俄企业提供信息咨询、宣传推广、产品展示、供需对接、仓储物流、售后服务等全方位综合服务，推动本省与俄罗斯在汽车、农业、钢材、化工等多个领域的贸易合作。

二是筹备 2 个产业合作园区。进一步密切本省与俄罗斯萨拉托夫州的友好省州关系，推动本省产业链企业联合“走出去”，在俄建立汽车产业经贸合作区和农业产业经贸合作区。汽车产业经贸合作区主要依托东风汽车、湖北运银与萨拉托夫州、下诺夫哥罗德州等联邦区拟实施的汽车生产和汽车组装项目，实现本省汽车生产研发上下游优势企业强强联合。农业产业经贸合作区主要依托羊楼洞茶叶与彼尔姆边疆区、萨马拉州、鞑靼斯坦共和国及萨拉托夫州茶产品加工项目和省农垦局与萨拉托夫州将开展的蔗糖项目，结合本省农业研发和俄方自然资源优势，推动本省农业企业规模入驻。

三是打造 3 个生产加工基地。重点打造本省与俄罗斯伏尔加河沿岸联邦区在水泥、钢材和畜牧等产业的生产加工基地。以俄罗斯筹办 2018 年世界杯、加快基础设施建设投入为契机，依托葛洲坝、华新水泥在外投资合作的相关经验，推动本省企业与摩尔多瓦共和国、鞑靼斯坦共和国、萨马拉州、下诺夫哥罗德州合作，建立水泥加工基地；依托省农垦局与萨拉托夫州、楚瓦什共和国在谈的畜牧养殖、加工及销售项目，推动在俄建立肉牛产业的养殖、加工基地；推动武钢集团在俄投资建厂，形成本省在俄钢铁生产加工基地。

四是培育 50 家重点合作企业。大力实施“双重工程”（该工程对本省境外投资重点企业和重点项目进行重点培育扶持），结合本省与俄罗斯在汽车、农林、化工、光电、基建等领域的合作意向，依托本省已与俄罗斯在外经贸领域开展合作的企业，集中优势打造上述 5 个重点领域50家重点企业对俄开展经贸投资合作。汽车领域重点培育东风汽车、三环集团、随州齐星、运银实业、京山轻机等企业；农林领域重点培育炎帝科技、湖北联丰、羊楼洞茶叶、万宝集团、福汉木业等企业；化工领域重点培育兴发集团、宜化集团、安琪酵母、三宁化工等企业；光电领域重点培育烽火科技、喜马拉雅光电等企业；基建领域重点培育省工建、中南建筑设计院、中交二航局、大冶有色等企业。

广东省

广东省商务厅

“一带一路”建设倡议提出以来，广东秉持共商共建共享原则，在推进与沿线国家互联互通、经贸合作、人文交流的全方位交流合作中，通过加强规划引导、推进战略对接、完善合作机制，多形式、多渠道扩大与沿线国家的经贸往来，重点谋划在沿线国家开展国际产能合作，务实高效打造一批具有较强影响力和产业支撑力的示范园区和重点项目，大力推进公共服务平台建设，推动与“一带一路”沿线国家经贸合作迈入新台阶。

一、与“一带一路”沿线国家经贸合作情况

贸易方面，与“一带一路”沿线国家贸易增长明显。2016年，与“一带一路”沿线国家（64国，下同）进出口13083.1亿元，增长7%，增幅比同期全省平均水平高7.7个百分点，占全省的20.7%，占比比上年同期提高1.5个百分点。其中，出口8443.2亿元，增长8.6%，增幅比同期全省平均水平高9.7个百分点，占全省的21.4%，占比比上年同期提高1.9个百分点。进口4640亿元，增长4.2%，增幅比同期全省平均水平高4.2个百分点，占全省的19.7%。

双向投资方面，与“一带一路”沿线国家投资合作保持良好势头。2016年，“一带一路”沿线国家在广东省投资设立外商直接投资项目765个，合同外资金额13亿美元，增长8.9%，其中，新加坡在广东省投资合同外资金额为7.6亿美元，占“一带一路”沿线国家在广东省投资额的58.3%。2016年，广东省对对“一带一路”沿线国家协议新增企业（机构）169家；中方协议投资50.2亿美元，占全省的17.7%；实际投资8.3亿美元，增长65.3%，占全省的4%，其中对马来西亚、泰国、越南等重点国家实际投资均以倍数增长。

国际产能合作方面，与“一带一路”沿线国家产能合作取得积极进展。2016年，广东省制造业对外投资快速增长，全年制造业领域的实际对外投资为27.1亿美元，增长2.3倍，占全行业对外投资的比重为13.1%，比上年同期上升5.3个百分点，主要集中在医药制造、先进装备制造、计算机通信和其他电子设备制造、有色金属冶炼和压延加工业、非金属制品业等行业。其中与“一带一路”沿线国家开展的产能合作占比达45.4%，涉及国家包括巴基斯坦、印度尼西亚、柬埔寨、越南、马来西亚、以色列等。

互联互通方面，与“一带一路”沿线国家的基础设施互联互通水平明显提升。截至2016年底，挂靠广东省港口的国际集装箱班轮航线334条，通达全球100多个国家和地区的200多个港口。2016年全年，广东省“一带一路”执行航班近5万班次，承运旅客约780万人；其中，南航在“一带一路”沿线36个国家和地区的64个城市开通了157条航线，每周投入940个往返航班。

服务外包方面，与“一带一路”沿线国家服务外包保持增长。2016年，广东省与“一带一路”沿线国家服务外包合同数1771个，增长22.1%；承接服务外包合同金额21.4亿美元，增长25.5%；承接服务外包执行金额15亿美元，增长34.8%。

二、工作措施

（一）拓展与沿线国家的贸易合作

出台《广东省拓展对“一带一路”沿线国家和地区进出口贸易的工作意见》，鼓励和支持广东省企业加强与沿线国家的贸易合作，精心组织企业赴沿线国家参加了104场境外展会，支持企业充分利用海博会、广交会、加博会以及网上交易会等平台积极开拓沿线国家市场，积极开拓沿线国家市场。成功举办“2016广东21世纪海上丝绸之路国际博览会”及“产能合作与创新发展高端论坛”，来自73个国家（地区）的企业参展参会，共签订项目700个，签约金额2068亿元，增长2.5%，配套举办沙特专题投资推介会。组织广东省企业在第二届对非投资论坛上与7个非洲国家签署9个经贸合作项目，协议金额25.58亿美元。加强高层交往，在省委主要领导出访加拿大期间，广东省人民政府与加拿大卑诗省政府签订了关于相互支持并参与“一带一路”和“亚太门户与走廊计划”的谅解备忘录。配合省政府主要领导出访，分别在南非、埃塞俄比亚、肯尼亚举办经贸合作交流会，签订合作项目51个，总金额22亿美元。在白俄罗斯（明斯克）举办经贸和旅游合作交流会，现场达成项目合作意向4个，金额约250万美元。联合港澳机构赴沿线国家开展联合推介大珠三角活动，探索抱团“走出去”新模式，积极拓展与“一带一路”沿线特别是东盟国家的经贸合作。

（二）积极推动与“一带一路”沿线国家互联互通

充分发挥区位优势，全面推进海陆空跨境战略通道建设，深化港口、机场、高速公路、高速铁路和信息国际合作，与沿线国家的基础设施互联互通水平明显提升。全力推进国际铁路货运“双子星”计划，加快建设广东（石龙）国际铁路物流基地和广东（广州）国际铁路经济产业区，开通运行“粤新欧”、“粤满俄”国际铁路联运专列和中欧货运班列，并依托虎门港实现与中亚五国的水铁联运。2016年，石龙站中欧班列累计发车135列、出口集装箱7624标准箱；大朗站中欧货运班列自2016年8月首发后连续运营13趟次，总货值达4052万美元，并于11月开通国内首列铁路联运南亚班列。

（三）积极推进专题合作园区建设与国际产能和装备制造合作

制定广东省推进国际产能和装备制造合作的实施方案，明确“重点产业+龙头企业+重点目标市场”国际产能合作路线图，强化与沿线国家国际产能合作，引导推动广东优势产业、优势企业加快“走出去”，不断提升产能合作水平。一是推动企业加快走出去。加强与“一带一路”沿线国家商协会等组织联系，建立联系合作机制，共同组织广东省企业赴沿线国家考察，推动建设境外工业园区。二是制定《广东自贸试验区与21世纪海上丝绸之路沿线国家和地区自贸园区加强合作与交流的工作方案》，配合省发展改革委等部门，推动广东省与马来西亚、巴基斯坦、印度尼西亚、伊朗等沿线国家重点园区建设合作取得积极进展。广东自贸试验区与伊朗格什姆自贸区签署合作谅解备忘录，并进行了产业对接。三是推动境外园区建设。省政府与白俄罗斯经济部、中白工业园开发股份有限公司签署《合作协议书》，共同研究推动中白（广东）光电科技产业园建设。广东—马六甲临海工业园、沙特（吉赞）—中国产业集聚区等一批境外园区合作项目签署协议或启动建设。

（四）加大对“一带一路”国家的招商引资力度

一是积极探索在省内建设国际合作创新园区，推动园区深化经贸领域科技创新国际合作，加快融入“一带一路”发展战略，已建成和正在建设中新（广州）知识城、中以（东莞）国际科技合作产业园等一批国际合作园区，为促进广东省产业转型升级和构建开放型经济新体制进行有效的尝试。二是组织有关地市、园区和商协会，在境内外举办经贸交流活动，引导广东省企业开拓沿线国家市场同时，吸引外资参与珠江西岸先进装备制造产业带及粤东西北地区产业园区建设，推动一批经贸合作项目。

（五）推进广东省参与“一带一路”重点项目库等公共服务平台建设

建立“走出去”主体企业和境外企业数据库，以及对外投资重点项目库，实现“走出去”重点项目网上直报。建立集政策宣讲、资讯发布、活动通知和业务办理等功能为一身的综合性“走出去”信息服务平台。建立“走出去”重大项目跟踪机制，采取前期补助、贷款贴息、政策性保险等方式，大力支持广东优势产业参与“一带一路”沿线国家的油气、矿产资源、农产品种植加工和远洋渔业等合作，重点协调推动碧桂园马来西亚森林城市等重大项目取得积极进展。研究重点国家国别投资指南，开展澳大利亚、印度、马来西亚等国家国别投资研究。

（六）加快构建海外自主营销体系

推动布局境外生产基地和营销网络，建设仓储物流基地、广东商贸城、商品展销中心、分拨中心、零售网点、售后维修服务中心等。支持重点企业建设汽车、机床、工程机械、通信、轨道交通、航空、船舶和海洋工程等境外售后维修服务中心及备件生产基地和培训中心。制定《广东省驻海外经贸办事处建设方案》及相关管理办法，推进在东盟等设立广东省驻海外经贸办事处。

重庆市

重庆市商务委员会

一、政策沟通

推进中新（重庆）战略性互联互通示范项目建设。中新（重庆）示范项目是以“现代互联互通和现代服务经济”为主题，契合“一带一路”、西部大开发和长江经济带发展战略的高起点、高水平、创新型的示范性重点项目。项目着力探索构建以重庆为运营中心，集聚跨国企业总部、分拨中心的制度体系和政策体系，中新双方首批确定了“11+7”政策举措，在中新第二次联合实施委员会上，中方又提出了11条需新加坡政府支持的创新举措。为落实这些创新举措，国家各部委给予了大力支持，专门出台了47条具体措施或支持意见。

推进中国（重庆）自由贸易试验区建设。2016年8月，党中央、国务院决定在重庆设立自贸试验区，努力将自贸试验区建成服务于“一带一路”和长江经济带建设的国际物流枢纽，推进“一带一路”和长江经济带联动发展。加强创新经验探索，于两江新区组建市场和质量监督管理局，实现了工商、质监、食药品监管合一，行政审批事项由422项精简为208项，平均审批时间由24个工作日提速到9个工作日；设立重庆两江国际仲裁院，行政事项由247项精简为152项；在九龙坡区打造多式联运自由贸易、多式联运物流金融、高端服务业、对外文化贸易等一站式服务平台，受理部门从23个增加到33个，窗口的即办率从6%上升到63.2%，行政事项精简了28.7%。

二、设施联通

水运口岸建设方面。长江干线九龙坡至朝天门段航道整治加快推进，全国内河最大的铁公水联运枢纽港果园港区全面建成投用，推动重庆港（寸滩）开放口岸功能向果园港拓展，全市港口货物和集装箱吞吐能力达到1.82亿吨、400万标箱。原二类口岸正在实施升级改造。

公路建设方面。丰都—忠县、忠县—万州、梁平—忠县184公里高速建成通车，实现重庆—万州沿江南线高速公路全面贯通运营；酉阳—沿河、秀山—松涛62公里高速公路建成通车，新增省际出口通道2个，促进渝黔两地之间经济合作与交流。开通重庆到东盟“五定”跨境货运班车与陆海联运“五定”公路班车，新增我国西部地区连接海上丝绸之路的南向国际公路物流大通道。开通的重庆至河内“重庆—东盟国际公路班车”已实现常态化运行，重庆经凭祥至越南河内、海防、胡志明市等国际公路运输线（东线）正式运行，重庆经钦州至越南海防、胡志明市的公海联运国际运输线（东线复线）试运行。

渝新欧及铁路口岸建设方面。积极推进重庆铁路口岸国际邮件互换局项目，成功开展渝新欧班列全程运邮测试工作，开工建设重庆进口植物种苗指定口岸。积极推动外省市货源通过渝新欧运输，成功开行云南后谷咖啡豆专列，全年约向欧洲出口4万吨咖啡豆，去程货源范围、回程货源品种进一步扩大。依托渝新欧开展汽车整车平行进口，进口数量继续位居全国新批整车进口口岸第一。2016年，渝新欧班列全年累计监管渝新欧班列408趟次、集装箱34374标箱、货值约26.56亿美元，同比分别增长67.90%、68.42%、45.96%。重庆至广州、深圳“五定”货运班列稳定运行。渝万高铁建成通车，撑起三峡库区发展“新支点”，渝昆高铁通过可研报告技术审查，全市高铁营运里程达到356公里，重庆与周边的铁路通道更加完善。打造多式联运服务平台。开发上线了重庆拼箱网，逐步构建起口岸系统信息网络体系。

航空口岸建设方面。新开通重庆至日本东京、阿联酋迪拜、英国伦敦等14条国际客运航线；加密重庆—新加坡航线，航班增加至每周17班。重庆直飞欧洲的远程国际航线达到3条，亚洲国际航线网络得到巩固。重庆至美国洛杉矶、纽约直航航线和加拿大、美国2条经停航线已签署合作协议，于2017年开通。目前，我市国际客货运航线共59条，通航城市46个，通达25个国家，其中客运47条，每周超过280班，重庆国际航空枢纽地位进一步提升。万州航空口岸实现临时开放，开通万州至香港、澳门的包机航线，我市航空口岸发展由主城逐步向全域拓展。

三、贸易畅通

2016年重庆市与“一带一路”沿线国家进出口贸易总额为181亿美元，排名为全国第11位，为西部地区第1位。其中出口贸易额为109.2亿美元，排名为全国第13位；进口贸易额71.7亿美元，排名为全国第11位。其中进出口总额排在前三位的国家分别是马来西亚、越南和泰国。

推进跨境电商建设。依托重庆跨境贸易电子商务公共服务出口平台，2016年3月，完成了一般出口B2B和一般出口B2C的第一票实货运行，截至2016年底，出口平台共备案企业26家，共实现交易1079单，6735.3万元人民币。京东全球购、天猫国际等一批跨境电商龙头企业落户我市，成功通过渝新欧开展跨境电商进口商品运输，2016年，全市跨境电子商务综合试验区跨境电商进出口及结算150.5亿元，同比增长180%。

推进服务贸易发展。实施“走出去”、“引进来”双向投资快速增长，全年共组织我市服务贸易企业300多家，赴俄罗斯等“一带一路”沿线国家开展服务贸易招商和市场拓展。全年国际服务外包执行额20.5亿美元，其中香港38308美元，占19%；新加坡10018万美元，占5%，越南9659万美元，占5%。开展两江新区开展服务贸易创新试点，创新发展金融、国际物流、服务外包、专业服务、会展及文创旅游5大重点领域。

推进贸易便利化。启动国际贸易“单一窗口”建设试点。按照国务院“三互”大通关改革要求，对“单一窗口”进行了总体规划，跨境贸易电子商务试点领域已实施“单一窗口”新模式，获得国家验收组高度评价。两江新区加快实施“三证合一、一照一码”、国家检验检疫示范区等多项改革，企业登记数量增长95%以上，争取国家质检总局出台了12条支持两江新区开发开放的举措。

打造“一带一路”经贸交流合作平台。成功举办19届中国（重庆）国际投资暨全球采购会（渝洽会），共有16个国家和地区，1700多家跨国公司、6900多家企业（机构）参加展会。其中，世界500强企业253家，央企和大型企业370余家。重庆市共签约86个项目，投资总额1636亿元人民币。共有13个“一带一路”沿线国家参展本届渝洽会，罗马尼亚、捷克、斯洛伐克、以色列、马来西亚均为首次来渝参加渝洽会。成功举办了第三届中国（重庆）—东盟家具博览会。

四、资金融通

与新加坡探索共同推进新渝丝路基金、跨境金融结算、新型要素交易平台等合作项目。

于2016年7月1日正式注册成立中新互联互通股权投资基金（渝富集团和新加坡大华集团等），总规模约1000亿元，已设立4只子基金，其中首批奠基资金已出资200亿元，约合30.5亿美元，后期募集社会资金800亿元。发债等融资类项目已落地39个，金额32.2亿美元，包括西部航空等国际商业贷款项目，英利国际等境外发债项目，西部物流园等跨境融资租赁项目，涉及农业、环保、航空、制造业、房地产、贸易、投资、租赁等行业领域。

五、民心相通

推进教育文化合作交流。深化中国—新加坡教育科研领域合作，推动成立中新（重庆）国际联合研究院，两江新区、新加坡南洋理工大学、重庆大学三方已共同签署合作协议；推动成立中新（重庆）教师教育学院；启动重庆市卓越校长工程中新合作培养计划。深化中德、中国—东盟教育合作，积极推动“中国制造2025”和“德国工业4.0”战略对接，推进“中德（重庆）职教合作示范基地”建设，成立中德（重庆）汽车职业资格培训与认证中心，投资500万打造与德国相同标准的汽车实验实训基地。持续推进中国—东盟法律研究中心建设，为中国、为重庆企业实施“走出去”战略提供智力保障。来华留学、境外办学人才培养实现突破，增设“重庆市外国留学生市长奖学金丝路专项”，规模为500万/年，2016年共有4402名留学生来自54个“一带一路”沿线国家。境外办学实现突破，积极推动成立高职教育国际合作联盟，与沿线国家构建发展共同体，促成重庆工业职业学院与力帆汽车建立中国在俄首个“鲁班工作坊”，对当地经销商员工提供培训服务。

四川省

四川省商务厅

一、政策沟通

（一）高层互访成果显著

2016年1—6月，四川省委书记、省长等省级领导率队出访波兰、捷克、俄罗斯、以色列、法国、德国等20余个国家和地区，签署各类协议、备忘录、经贸合同等59份，涵盖地方政府交往、经贸投资、人文交流等领域，涉及金额超过210亿元，有效服务了国家总体外交大局。特别是访问以色列期间，与以色列经济部签署了《关于研究开发和科技创新合作的协议》，是中国第七个、中西部地区第一个，也是该国与我国地方政府签署的最后一个科技合作协议。国家实施“一带一路”建设以来，捷克总统泽曼、美国第一夫人米歇尔、德国总理默克尔、新西兰总理约翰·基、莱索托首相塔巴内、尼泊尔总理奥利、多哥总统福雷、泰国立法议会主席蓬佩、波兰前总统莫罗夫斯基等外国政要相继访问四川。

（二）政府间交流合作加深

四川省与俄罗斯鞑靼斯坦共和国、波兰罗兹省、意大利特伦托省、泰国呵叻府、印度安得拉邦、印尼爪哇省等建立省级友好关系47对，全省共结成国际友城和友好合作关系207对，稳居中西部前列。瑞士已获批在川开设总领事馆，尼泊尔正式提出在川设领，目前在蓉设立领事机构的国家15个，成都跃居为“内地领馆第三城”。筹建四川省政府驻德国商务代表处，在巴黎设立法国投资促进代表处，目前已在4个国家和地区以政府购买服务方式聘请境外商务代表，同境外领事机构、政府对口部门或商协会建立合作机制14个。与捷克中捷克州签署《三年关系发展规划备忘录（2016—2018）》，与俄罗斯基诺夫州签署《经贸、科技和人文合作协议》。在捷克中捷克州设立成都办事处，在波兰罗兹省设立成都经贸办事处。

（三）国际交流活动加强

积极筹备第十六届中国西部国际博览会，大会活动69项、专项活动61项，确定举办中德经济论坛、中德能效论坛、智能制造—工业4.0中德论坛等德国主宾国活动。组团参加第三次中国—中东欧国家地方领导人会议、第九届泛北部湾经济合作论坛暨中国—中南半岛经济走廊发展论坛、2016丝博会暨第二十届西洽会、2016新西兰国家农业展等重大国际展会活动。成功组织包括波兰、以色列等沿线国家驻蓉领事官员在内的“驻蓉领团藏区行”活动，促进藏区开放发展。成功举办四川省海外交流协会第三届理事大会暨第四届四川华侨华人社团联谊大会，在25个国家的30个海外社团设立“四川海外之窗”。

二、设施联通

（一）立体交通体系初具规模

着力打造空中丝绸之路，成都双流机场开通国际航线89条，旅客吞吐量突破4000万人次，成都“航空第四城”地位更加巩固；总投资近720亿元的天府国际机场是国家“十三五”期间规划建设的最大民用运输枢纽机场项目，可带动相关投资3000亿元，建成后成都将成为继上海、北京后，国内第三个拥有双机场的城市。加快建设“十大铁路通道”，“十三五”期间将形成联通丝绸之路经济带的国际大通道

3条、衔接海上丝绸之路的3条、连接“三圈”（京津冀、长三角、珠三角）的4条，目前川藏铁路成都至雅安段、成昆铁路扩能改造等重点项目加快推进，完成投资近110亿元。强化高速公路大通道建设，推进衔接“一带一路”、长江经济带的8条进出川高速公路大通道建设，目前16个续建项目完成投资133亿元。积极推进航运通道建设，2016年前6月水运累计投资近30亿元。

（二）国际通关日趋便利化

四川省政府印发实施《推进通关一体化改革与多式联运工作的方案》，积极推动“区域联动”和“多点报关、多点放行”通关模式，探索通关作业、信息技术、综合服务、口岸管理协调四个“一体化”，完成关检合作“三个一”展示平台升级改造，推进“全域通”2.0升级版改革。2016年1—6月共审核跨关区一体化报关单8011单，同比增长超过90%，通关无纸化率达到97.7%。10大省级外向型产业示范园区有力推进，成都空港、泸州、宜宾港保税物流中心（B型），成都青白江铁路中心站（B型）相继获批，“一区四中心”建设取得实质性进展，汽车整车、肉类、粮食等进口口岸功能进一步发挥，成都汽车平行进口试点正式获批，一批特色鲜明、高端引领、带动力强的外向型产业集群平台加快形成。

（三）国际物流通道加快发展

蓉欧快铁成为国家同一品牌中欧班列8个首发班列之一，也是首个抵达欧洲（波兰）的中欧班列，尹力省长陪同习近平主席出席抵达仪式。中欧班列（蓉欧快铁）境外欧洲站点已从波兰罗兹延伸至德国纽伦堡和荷兰蒂尔堡，到俄罗斯莫斯科和土耳其伊斯坦布尔的班列已开始试运行，境内已开通厦门至成都、深圳至成都、昆明至成都等班列。成立规模50亿元的“蓉欧+”战略基金，目前已累计运行300多列，实现“天天有班列”目标。建成全省物流公共信息平台，建立全省物流大数据中心，全力打造全国一级、区域二级、地区三级物流基地。成都国际陆港国家级多式联运示范工程项目通过专家评审，是西部唯一、全国15个示范工程项目之一。

三、贸易畅通

（一）精准对接国家战略

2015年4月，四川省政府印发《“一带一路”战略“251三年行动计划”》，通过锁定20个重点国家进行集中开拓、深度开拓，精选50个重大项目进行重点跟踪、强力促进，优选100个外经贸优势企业进行重点支持、示范带动，全力打造我国“一带一路”和长江经济带联动发展的战略枢纽和核心腹地。2015年6月，省委省政府出台《四川参与建设“一带一路”的实施方案》，成立以省政府一把手为组长，发改、商务、外事等部门作为重要成员单位的“一带一路”建设工作领导小组。2016年8月，四川获批自贸试验区建设，重点突出“一带一路”特色。省委省政府印发实施《构建开放型经济新体制的实施意见》，把融入国家开放战略布局、务实推进“一带一路”建设作为“29条意见”之首。商务厅制定《“千企行丝路”活动方案》，已组织2100余家川企参加35项省级境外经贸促进活动，达成意向成交3.8亿美元。成立省“一带一路”经贸合作促进会。

（二）国际产能合作有力推进

利用四川省政府与国家发改委的委省协同机制，制定出台《推进国际产能和装备制造合作实施方案》，启动实施国际产能合作“111”工程。2015年以来，全省共52个重点项目纳入“251行动计划”，其中80%以上为国际产能合作项目，仅2016年的项目总金额就达200亿美元。新希望集团、长虹集团、蓝光集团、能投集团等企业加快对印尼、以色列、俄罗斯等国家投资；科伦药业在哈萨克斯坦建立中亚地区规模最大、最先进的现代化制药厂，成为中国民营企业在哈萨克斯坦的最大投资项目之一；中德创新产业合作平台建设有序推进，中法成都生态园总投资123亿元的东方神龙项目将年内投产，捷克宁布尔克工业园开启中外政府、行业商协会和企业共商共建的合作新模式。

（三）经贸合作逆势突破

货物贸易稳中有进。2016年1—8月，四川与沿线国家货物进出口61.3亿美元，其中对“20个重点国家”出口占比达到77.6%，较年初提高0.7个百分点；对10个沿线国家出口实现正增长，其中对蒙古、乌兹别克斯坦、阿塞拜疆、吉尔吉斯斯坦等4个国家出口成倍增长。服务贸易蓬勃发展。2016年上半年“一带一路”沿线国家占本省出口服务前十位国家的半壁江山，占全省服务出口收入比重近四成。越南超过香港成为本省第二大服务出口市场；向巴基斯坦、中国台湾等国家和地区的服务出口呈现两位数增长。对外经济合作势头强劲。前8月全省新增在沿线国家的投资企业43家，同比增长30%，累计超过250家、备案中方投资额26.5亿美元；在沿线国家新签1000万美元以上项目33个，合同金额38亿美元，占总额的一半以上。2016年前8月，“一带一路”国家在川设立外商投资企业25家，合同外资金额2.9亿美元，实际到位外资2.23亿美元。

四、资金融通

（一）跨境投融资体制改革顺利推进

改革和规范资本项目结汇管理，全面实施外债资金意愿结汇管理，进一步促进跨境投融资便利。推动全口径跨境融资宏观审慎管理改革落地四川，拓宽企业境外融资渠道。推动跨国企业集团开展跨境双向人民币资金池业务，设立首个以境外成员企业为主办企业的跨境双向人民币资金池，目前资金池总数达到12户，专用账户11个，应计所有者权益超过530亿元，居中西部前列。深化跨国公司外汇资金集中运营管理改革，2016年1-6月，长虹集团、新希望集团等14家跨国公司累计归集境内外资金352亿美元，居中西部首位。人民币跨境业务稳步回升，截至2016年6月，全省跨境人民币累计结算量4530亿元，业务范围涉及130个国家和地区。

（二）境外资金风险应对机制更加完善

加强境外项目风险防范和企业海外权益保障，大力开展对重点国家、重点合作项目的支持模式研究和风险评估识别，为东方电气国际合作公司等6家企业的7个境外投资项目提供信贷融资保险支持，并明确20余个项目、40户外交权益为重点支持对象。积极推进四川企业“走出去”政治风险政府统保平台建设。

（三）金融合作模式不断创新

引导推进民间资本设立银行，由新希望集团与小米科技全资子公司四川银米科技、成都红旗连锁股份有限公司联合其他5家四川民营企业筹办的四川希望银行获批筹建，是四川首家民营银行，也是国内第三家互联网银行，业务模式为B2B2C。进出口银行四川分行与四川省商务厅签署合作协议，将对列入“251计划”的重点企业新增不低于100亿元的信贷投放。积极争取国家丝路基金、亚投行、东盟基金等金融机构支持四川“一带一路”重点项目，探索建立利用私募基金、风险投资等支持我省企业走出去的渠道和模式。

五、民心相通

（一）国际旅游蓬勃发展

成立“中国大香格里拉旅游推广联盟”，推动大九寨旅游区、环红原旅游经济圈和藏区十大精品旅游线路建设，做强“大熊猫、大九寨、大峨眉、大香格里拉”四大国际旅游品牌。实施“旅游+”战略，四川旅游创新创意孵化园正式开园运行，成功引进国家旅游研发中心

(成都) 联合基地落户园区，与46家省内高等院校建立了四川旅游商品产学研联盟。“熊猫走世界——美丽中国”活动纳入国家旅游局全球营销重点项目，2016年9月份在德国柏林举行了首站启动仪式。2016年上半年，全省接待入境游客121万人次、同比增长13.3%，出境旅游86万人次、增长6.7%。

(二) 文化交流日益深入

成功举办“外国使团四川文化之旅”、“文化中国·锦绣四川”欧洲行等活动，组织41个团组携川剧、民乐、杂技、歌舞等节目赴14个“一带一路”沿线国家和地区参加 (举办) 2016年海外“欢乐春节”活动，项目数位列全国第二位。由四川省商务厅和自贡市政府共同推动的“川灯耀丝路”活动成为“一带一路”上耀眼的明珠，在第四届京交会上揽金千万美元，2016年上半年在16个海外城市办展17场彩灯展，“十三五”期间将在全球100个城市举办100场次。新华文轩图书版权输出品种中，有70%以上拓展到“一带一路”沿线国家；着力打造川菜和中医药这两张中华文化名片，与沿线国家企业合作推出12本中文图书版权。中俄两河流域合作计划有力推进。

(三) 教育科技合作更加紧密

顺利举行“魅力四川高校东盟行——高等教育展”，签署交流合作协议200余份。在四川省政府“四川推介会”波兰站、俄罗斯站系列活动中，省内4所高校与波兰、德国、俄罗斯10所高校签署了12个教育合作协议。四川商务职业学院与老挝琅南塔省签订教育合作协议，西南石油大学与俄罗斯3所高校签署川俄留学生互换项目合作协议，四川大学与俄罗斯高校签署国际课程周项目合作协议，开展共同办学、师生交流、科研合作等领域的交流合作。推进省内产学研机构与哈萨克斯坦、孟加拉国、尼泊尔等沿线国家在生物医药、减灾防灾、现代农业等领域开展技术援助与合作。17个国家级和36个省级国际科技合作基地取得实效。

成都市

成都市商务委员会

一、成都企业“走出去”参与“一带一路”建设现状

随着国家“一带一路”倡议的深入实施，成都企业“走出去”逐渐呈现稳步增长态势，一批民营企业为主体、国有企业为补充的对外投资企业，以及在蓉央企为主体、本土企业为补充的对外承包工程企业成功走出国门，海外业务得到较快拓展。主要特点是：

一是境外经贸园区以农业项目为主。全市境外经贸园区项目中，农业产业园区占67%；工业园区占19%，商贸园区占14%。其中，农业产业园区主要以粮食种植、家具制造、木材培育、农业机械为主，主要分布在缅甸、老挝、柬埔寨、印尼、俄罗斯、伊朗、南非、乌干达、肯尼亚等国。工业园区目前还处于筹建阶段，业态主要涉及轨道交通、装备制造等，主要分布在亚非地区。

二是对外投资呈现多元化格局。全市对外投资重点项目中，涉及行业领域包括服务业、农牧业、制造业、采矿业、生态保护和环境治理业、房地产业、建筑业、交通运输仓储业等，呈现“全覆盖、多元化”格局。

三是民营企业是“走出去”主体。我市参与“一带一路”建设重点企业中，民营企业占77%，在蓉央企占13%，市属国有企业占10%。以天翔环境、新筑路桥、天齐锂业、力方科技等为代表的民营企业，注重创新升级，瞄准国际市场，通过海外并购、技术合作等形式“走出去”，取得很好效果。

四是在蓉央企是对外承包工程主力。我市对外承包工程企业主要是中铁、中水电等大型央企在蓉的子公司，以及中铁隆集团、市建工集团等我市本土企业。从项目上看，主要是铁路、市政道路、高速公路、水电站、桥梁、高层建筑等类别建设项目，分布在巴基斯坦、老挝、孟加拉、泰国、哈萨克斯坦、乌干达、安哥拉、埃及、沙特等国家和地区。

二、成都市“走出去”重点项目介绍

（一）中—缅粮食产业示范区

“中—缅甸粮食产业示范区”是中国农业部同缅甸政府达成的合作项目。项目运营主体为四川安吉瑞科技发展有限公司负责。项目总投资5亿元人民币，规划总面积6万亩。从2014年开始，建设期5年，技术合作期5年，运营期10—20年。主要建设思路是“一区多园”，在缅甸首都内比都建立面积2250亩的核心示范区，辐射带动周边1.8万亩产业区域，主要包括农作物种子园、粮食园、农机园、畜牧（肉牛）园。生产的大米及豆类、肉牛等有机农副产品，主要供应中国市场。目前已经在缅投资2000余万元人民币，主要用于农业技术培训、杂交稻试验示范推广、农机展销、缅甸有机大米豆类销售等商业化开发。

（二）印度中国工业园

“印度中国工业园”是中国中小企业协会同印度古吉拉特邦达成的合作项目。中国中小企业协会和中微小企业投资集团在成都发起成立中微小（成都）投资有限公司，作为园区投资和运营主体。该园区位于印度古吉拉特邦，规划面积5平方公里。目前已过户土地面积600亩，投资8000万元人民币。年底前将再过户土

地1600亩，投资2亿元人民币。园区重点布局建材、汽车配件、家用电器、数码电子、纺织服装、装备制造等产业。现该园区已启动招商工作，国内数十家企业已与园区签约。

（三）中—乌农业产业园

“中—乌农业产业园”是四川友豪恒远农业开发有限公司在“南南合作”项目的基础上，在非洲乌干达投资建设的农业产业园。项目计划总投资13亿元人民币（约2.2亿美元），其中：核心园区7500亩，计划投资7亿元人民币。项目从2016年1月开始建设，计划分三期，目前处于第一期建设阶段。核心园区着重于农业种、养、加的培训、试验、示范、展示功能和市场、物流及大米、木薯加工中心区，通过核心园区带动周边次园区（带动区域）10万亩，辐射乌干达100万亩种植面积。目前已投资9000余万元人民币，购买核心区建设土地7500余亩，成立了种业公司，启动了蛋鸡养殖场建设等。

（四）天齐集团澳大利亚锂业项目

为打破资源垄断、保障国内锂行业原料供应，2013年天齐集团举全力收购了澳大利亚泰利森锂业51%的股权，拥有西澳大利亚Greenbushes（格林布什矿）的锂矿石资源，实现了从锂精矿开采到锂产品加工一体化经营格局，为公司进一步扩大业务规模和稳步提高经营业绩打下了坚实基础。2015年，天齐锂业借助已建立的领先地位，在国内锂行业尚处于低集中度发展阶段的情况下，抓住时机，收购了银河国际锂业香港有限公司及旗下的银河锂业（江苏）[收购后更名为天齐锂业（江苏）有限公司]，迅速扩大业务规模、丰富产品线，增强自身的竞争力。2016年10月12日，天齐锂业拟投资3.98亿澳元（约3.02亿美元）建设的年产2.4万吨电池级单水氢氧化锂项目正式开工建设。该项目选址位于西澳大利亚州奎纳纳市，项目建设周期为25个月，预计将于2018年年底竣工，2019年初试生产。该澳州新厂的产品主要应用于高性能的锂电池原材料，为国际主流市场和高端电动汽车动力提供高品质产品。此项投资是天齐继投资泰利森锂业之后，在澳大利亚成功取得的又一块重大里程碑；是中澳经贸合作项目的典范；被誉为“拯救西澳经济的创举”，受到了西澳政府的高度重视和当地主流媒体的争相报道。

（五）成都天翔环境股份有限公司收购德国最大水处理技术公司——贝尔芬格水处理公司项目

继2015年成功收购全球著名环保分离设备制造及工程服务提供商美国圣骑士公司后，成都天翔环境股份有限公司再次出手，收购德国最大水处理技术公司——贝尔芬格水处理公司（简称BWT）。通过此次收购不仅将显著提升成都天翔环境的资产规模和业务范围，还可以凭借BWT在北美、欧洲、亚太地区及其他地区环保行业的优势，整合BWT设计及研发力量，实现全球化采购销售体系的建立，完成未来成都天翔环境发展的战略布局。BWT是德国工程服务巨头BilfingerSE旗下全资子公司，是全球领先的环保设备与服务供应商，旗下有Passavant、Geiger、JohnsonScreens、DiemmeFiltration、Airvac等多个世界知名环保设备和技术品牌，拥有大量环保专利技术。公司在烃加工、真空技术和水井设备领域业务为全球市场占有率第一，水处理业务全球排名第三，取水系统业务全球第四，通用工业业务全球第五，工业过滤技术全球排名第六。

（六）明宇集团海外酒店投资项目

明宇集团秉承“立足成都、根植西部、布局全国、迈向海外”的空间战略，一方面在北美和欧洲等发达国家进行布局，一方面在“一带一路”的“海上丝绸之路”沿线上的东南亚、非洲等发展中国家进行海外投资。具体来讲，北美区域将以美国为重点，选择符合明宇主业发展的酒店业务，拓展旅游酒店项目的建设和运营，形成一个以上酒店项目的投资目标；欧洲区域将以法国、英国为重点，通过与上市公司众信旅游合作，拓展明宇第一个海外酒店项目在法国巴黎落地，以此带动欧洲如德国、瑞士、意大利等旅游酒店项目的落地，形成国内外酒店项目的连锁效应，提升明宇在国内外酒店领域的影响力和号召力。“一带一路”的持续提速，为中国企业的海外投资合作及并购提供了新契机，明宇集团将以新加坡、缅甸、越南、柬埔寨等东南亚沿线国家为重点，选择成熟的商业模式，寻找相对的价值洼地，开发建设商业地产项目和旅游项目；对于非洲区域，将采取与中非基金合作开发的方式，在非洲成熟地区选择恰当的地产项目和商业投资项目进行投资建设。

云南省

云南省发展和改革委员会

云南处于我国与东南亚、南亚次大陆结合部，背靠大西南、泛珠三角和长江经济带，面向东南亚、南亚，具有从陆上沟通太平洋和印度洋，连接南亚、东亚和东南亚三大市场的独特优势。新形势下，云南主动服务和融入“一带一路”建设，全面落实习近平总书记系列重要讲话精神和对云南工作的重要指示，按照“政策沟通、设施联通、贸易畅通、货币流通、民心相通”要求，以互联互通、投资贸易、产业发展、能源建设和人文交流为重点，全方位推进与沿线国家和地区合作，推动中国—中南半岛经济走廊、孟中印缅经济走廊和长江经济带建设，努力成为我国面向南亚东南亚辐射中心。

一、政策沟通

一是在高层互访机制上，孟中印缅地区合作在四国政府层面达成共识，中越签署了建设跨境经济合作区的谅解备忘录；中老两国签署了《中国老挝磨憨—磨丁经济合作建设共同总体方案》。二是在经济协作机制上，全方位推进大湄公河次区域合作（GMS），先后与泰国、老挝、越南、缅甸、马尔代夫等国建立了双边的合作机制，“云南—泰北”合作、“云南—老北”合作、“中越五省市经济走廊合作”、“滇越边境五省协作”等在积极推进。三是在合作对话机制上，成功举办第四届中国—南亚博览会，积极参与和推进滇缅合作论坛、云南与西孟加拉邦经济合作论坛（K2K）、中国南亚智库论坛等对话机制建设。成功协办或主办了中国—东盟国家外长会议，第四届诺贝尔经济学家中国峰会、中印文化之夜、第七届西南论坛暨首届澜湄合作智库论坛等多个国际会议。此外，围绕“十三五”规划实施，进一步加大规划境外宣传力度。四是对内合作上，深化泛珠三角区域合作，提升滇沪、滇粤、滇浙等省际合作水平，加强与川渝黔桂藏等省（区、市）合作；同时，与香港、澳门和台湾地区的合作发展也走向新高度。与长三角、泛珠三角、京津冀的合作务实推进，与桂黔粤和沪苏浙的合作进一步深化。省党政代表团组织赴广西贵州学习考察、赴沪苏浙考察学习以及赴港澳粤产业合作交流，省政府与上海市政府签订了沪滇对口帮扶协议，与6所高校签署了合作协议。百色—文山跨省经济合作区建设顺利推进。

二、设施联通

千方百计破解基础设施建设滞后的瓶颈制约，提出进行路网、航空网、能源保障网、水网、互联网等五大基础设施网络建设5年大会战。2016年2月，省委、省政府以集体调研、现场推进的方式，召开“五网”建设暨滇中城市经济圈一体化发展推进会，掀起了基础设施建设新高潮。

路网：中越方向，铁路国内段昆明—河口已开通运营；公路昆明—越南河内已实现全程高速。中老方向，铁路国内玉溪—磨憨已开工建设；公路昆明—泰国曼谷全线贯通，境内段小勐养至磨憨改扩建后，将实现全程高速。中缅方向，大瑞铁路保瑞段主体工程开工，大理—临沧铁路已开工，临沧至清水河段正在开展前期工作；公路3条，昆明—瑞丽高速已建成通车；昆明—腾冲高速已建成通车；昆明—临沧高速（昆明—墨江已为高速，墨江—临沧高速在建）。航空：民用机场网络、航线网络和昆明国家门户枢纽“两网络一枢纽”加快推进。昆明长水机场始发航线达284条，通航城市148个，覆盖东南亚7国、南亚5国、欧洲1国。水运：澜沧江—湄公河航道二期整治项目前期工作正式启动。中越红河水运、中缅伊洛瓦底江陆水联运项目有序推进。能源通道。建成向越南、老挝、缅甸3国共9条电力通道，云电送泰、云电送孟工作积极推进，跨区域电力交换枢纽初现。中缅油气管道已经建成，中缅天然气管道已通气。完善昆明区域国际通信出口局功能，扩容互联网出口宽带，中老和中缅国际光缆10G正在扩容。昆明区域性国际通信业务将新增与印度、斯里兰卡、孟加拉国间的国际语音业务；新增与大湄公河次区域五国及印度、斯里兰卡、孟加拉国间的数据专线业务和国际互联网转接点业务。同时跨区“云仓”平台，“互联网+物流”、“北斗+物流”模式得到推广应用。

三、贸易畅通

一是利用外来投资不断加大。1—7月全省引进省外资金4182.9亿元，同比增长10.3%；全省共新批外商投资项目62个，合同利用外资7.85亿美元，同比增长27.2%，实际到位外资5.17亿美元，同比增长28.7%。与阿里巴巴、娃哈哈集团等世界知名企业达成一批新的合作意向。泰国TCC集团、新加坡三德集团在云南投资养老养生产业，香港中和集团与香港雅居乐集团共同投资建设云南户外现代旅游综合项目。

二是国际产能合作务实推进。出台了《云南省人民政府关于推进国际产能和装备制造合作的意见》，重点推进电力、装备制造、冶金、化工、建材、轻工、物流等7个重点领域，初步筛选出81个重点项目入库。安琪酵母等一批项目在瑞丽、磨憨重点开放实验区落地，北汽云南瑞丽汽车有限公司年产15万辆汽车、瑞丽银翔年产100万辆摩托车，两大项目产品先后下线，后谷咖啡2015年进出口创汇突破3亿美元，雀巢全球首家咖啡中心2016年3月23日在普洱落成启用。力帆骏马20万辆出口型载货汽车项目、红河保税区以晴集团光电产业项目、河口惠科电子产业项目稳步推进。楚雄州河北德动年产20万辆新能源电动汽车项目开工建设。

三是走出去战略不断深化。1—7月我省新批境外投资企业58家。对外实际投资9.28亿美元，同比增长36.24%。中（滇）—斯（斯里兰卡）农业高新技术示范园正常推进；滇—缅养殖及高新技术示范园项目已签署合作协议；滇—尼双方将共同在尼泊尔加德满都建设“尼泊尔中药材种苗繁育与示范基地”。与老挝龙福投资有限公司合作，推进老挝—万象天阶经融·产业示范区建设。

四、货币流通

沿边金融综合改革试验区深入推进，2月25日在南宁召开了深入推进沿边金融综合改革试验区建设工作座谈会，与广西签署了滇桂沿边金融综合改革试验区建设合作备忘录及合作协议。引进了世界500强银行业金融机构英国汇丰、渣打银行落地昆明设立分支机构。富滇银行在瑞丽、河口、磨憨、思茅、景洪、腾冲等重点口岸及重庆等“一带一路”沿线城市设立了分支机构；在老挝发起设立了老中银行，为企业走出去提供有力的金融支持。人民币特许兑换业务复制推广，外汇资金集中运营业务试点获批，富滇银行通过同工商银行、中国银行签订相关协议，间接加入了人民币跨境支付系统（CIPS），沿边跨境金融支付进一步便利化。大湄公河次区域金融合作论坛机制化为每年举办。中国银行签署了《支持云南建设面向南亚东南亚辐射中心战略合作协议》，建设银行在昆明设立泛亚跨境金融中心。省投资控股集团在国际资本市场成功发行3亿美元的高级无抵押债券，首开滇企在境外直接公开发行美元债券之先河。全国首家中缅货币兑换中心在德宏州挂牌成立，发布人民币对缅币“瑞丽指数”。全省首个“境内关外”银行卡刷卡无障碍示范区在瑞丽启动。玉溪市与亿赞普集团签订合作协议，建设东南亚IBS跨境清结算中心。区域性货币交易“云南模式”逐步形成，2016年3月河口地区“YD指数”成功发布。与上海黄金交易所签署了战略合作备忘录，就共同打造中国黄金市场“一带一路”南亚东南亚辐射带，协同推进昆明区域性国际金融服务中心等事项达成共识。中国信保云南分公司分别与老挝磨丁经济特区管理委员会等17家单位签订合作协议，促进国际产能合作，开创了中国—老挝跨境合作新局面。

五、民心相通

一是教育领域，加大了与南亚东南亚国家互派留学生工作的力度，我省已成为南亚东南亚国家来华留学生人数最多省区。积极开展与周边国家多层次教育和人才培养合作，与泰国、越南、缅甸等大学合作举办境外办学。二是文化领域，大力推进“文化中国—七彩云南”国际文化品牌建设，推动我省文化企业和高校与南亚东南亚国家相关文化部门开展合作。三是卫生领域，加强医疗的援外工作，先后多次组织医疗队赴缅甸仰光、曼德勒和密支那开展“光明行”活动，为当地1000多名白内障患者免费实施复明手术。在中缅边境开展传染病联防联控合作，提高了边境一线防控艾滋病、鼠疫、疟疾、登革热的能力水平。四是民间交流，举办中老建交55周年学术研讨会、东南亚历史发展中的若干重大问题学术研讨会。开展了孟中印缅经济走廊社会文化调查研究、孟中印缅地区人文交流等重大课题研究；举办云南省海外交流协会五届三次理事会、首届南传佛教高峰论坛；制定了《加快我省与南亚东南亚国家间天主教、基督教文化交流互鉴赏工作方案》。五是科技交流，成功召开第二届中国—南亚技术转移与创新合作大会，中国—南亚技术转移中心分别与阿富汗信息与通信技术研究院、斯里兰卡国家工业技术研究院签署开展技术转移合作协议，中尼国际学术交流与项目联合研发等一批项目同时签约。中国—南亚高产优质水稻玉米新品种、新技术对接活动暨培训班、中国—马尔代夫太阳能技术产品应用培训班、第七届中国国际薯业博览会成功举办。首届孟中印缅现代畜牧科技合作论坛暨畜牧养殖管理与疾病防控技术研讨班在芒市举行。

陕西省

陕西省发展和改革委员会

一、战略定位

陕西是国家推进“一带一路”建设的四个重点省份之一，在“一带一路”建设中具有历史文化等方面的独特优势。根据“一带一路”倡议内容，陕西承担着建设内陆开发开放新高地的重要职责，肩负着建设向西开放重要支点的历史使命。为紧抓难得历史机遇，主动融入国家重大战略，勇于担当积极作为，同时结合习总书记和李克强总理来陕视察时对陕西的新要求、新定位，省委、省政府提出了建设成为丝绸之路经济带新起点的战略定位，围绕这一定位，要把我省打造成西部科学发展新引擎、内陆改革开放新高地，着力构建“一带一路”上的五大中心，即：交通商贸物流中心、国际产能合作中心、科技教育中心、国际旅游中心和区域金融中心。

交通商贸物流中心将加快推进“陆、空、信息、管道”多种方式无缝衔接的综合立体交通网络建设，形成承东启西、连接南北、高效便捷的立体大通道，打造现代商贸物流高地。

国际产能合作中心将加快构建具有陕西特色的现代产业体系，培育开放型经济新优势，推进国际产能合作，壮大特色产业规模，构筑国际竞争新优势。

科技教育中心将积极实施创新驱动发展战略，提升教育国际化水平，强化协同合作，建设科技创新特区，打造具有全球影响力的“一带一路”科教中心。

国际旅游中心将发挥旅游资源特色优势，促进旅游与相关产业融合发展，搭建国际交流平台，深化多领域合作层次，建成具有较强竞争力和较高知名度的国际旅游目的地。

区域金融中心将鼓励金融创新，发展离岸金融，加快建设丝绸之路经济带上具有重要影响，金融功能齐全、服务高效、生态优越、特色鲜明、辐射西部地区和欧亚国家的区域性金融中心。

二、独特优势

陕西是古丝绸之路的发祥地，在“一带一路”建设中具有独特的优势，在30多年的改革发展中形成了向西开放的坚实基础。具体来说，主要体现在以下六个方面：

一是区位优势明显。陕西是全国的地理中心区域，承东启西、连接南北，是中国西部大开发的“桥头堡”。连霍、京昆、包茂、福银等9条国家高速公路交汇和过境。“两纵五横八辐射一城际”的铁路网加快建设，与东中部地区的融合发展的“一日经济圈”初步形成。在“一带一路”的整体构架中，地处中国版图中心的陕西，成为“互联互通”规划中的关键区域，其在立体交通与互联网体系中的“支点”、“节点”作用正在日趋凸显。

二是科教实力雄厚。陕西科教资源富集，是我国航空、航天、机械、电子、农业等领域重要的科研和生产基地，早在关中天水经济区发展规划颁布时，国家就赋予陕西为建设创新型国家探索新路径的重大使命，2014年又将陕西省列为全国四个创新型省份试点之一。借助于丰富的科教资源，陕西在落实“一带一路”倡议中，与丝路沿线国家在教育、技术、产业等领域开展了一系列丰富合作，科技、教育以及相关产业的跨国合作正成为陕西对外开放的新特点。

三是民心文化相通。国之交在于民相亲，民相亲在于心相通，心相通则文化的沟通感受是很容易的。2100年前张骞出使西域，使丝绸之路成为促进东西方文明交流的核心纽带。陕西与丝路沿线国家民间往来历史悠久、渊源深厚，在民心相通、文化交流方面优势明显。陕西将积极传承历史文化，向世界讲好“陕西故事”。

四是产业发展互补。陕西工业体系完整，航空航天、能源化工、数控机床、电子信息等在全国具有重要地位，重型卡车、输变电设备、飞机及零部件、浓缩果汁出口位居全国前列，在产业结构上，与丝路沿线国家特别是中亚西亚各国互补性强、契合度高，具有大规模“走出去”开展国际产能合作的广阔空间。

五是能源资源富集。全省矿产资源潜在经济价值42.56万亿元，约占全国三分之一。其中煤炭探明储量1700亿吨、石油探明储量28.9亿吨、天然气探明储量1.2万亿立方米。煤制油气、煤制烯烃、煤制芳烃、煤制醋酸等产业链初步实现工业化、产业化和规模化，在与经济带各国能源开发利用、能源安全战略、能源技术等方面具有较好的合作基础。

六是平台机制完备。欧亚经济论坛的永久会址设在西安，已成功举办五届，成为我国与欧亚特别是中亚各国交流磋商的重要平台，丝博会、农高会也在促进省际、区域和国家间经贸合作与投资洽谈方面发挥了重要作用，西安拥有两个综合保税区，是亚欧大陆桥上重要的对外口岸。

三、建设成效

“一带一路”倡议提出以来，在省委、省政府的高度重视和正确领导下，陕西省推进丝绸之路新起点建设工作领导小组各成员单位结合自身职能，通力协作，狠抓落实，“一带一路”建设工作取得显著成效。

（一）总体设计基本完成，绘就了蓝图愿景

为加强我省推进“一带一路”建设工作的统筹协调，增强工作整体性、系统性、前瞻性，2016年3月，我省结合国家“一带一路”建设总体设计，制定了《推进建设丝绸之路经济带和21世纪海上丝绸之路实施方案（2015—2020）》，作为指导全省“一带一路”建设工作的纲领性文件向社会公开发布。同时，每年制定行动计划，明确当年的工作重点和任务分工，指导各市（区）和省级各部门推进各项工作，确保重点任务可细化、抓得实、能见效。各市（区）、各部门正在扎实有序地推进各项重点任务落实。

（二）互联互通水平全面提升，织就了开放路网

“陆空数字”三条丝路通道加快建设，高速公路累计通车里程超过5000公里，铁路营运里程4900公里，“米”字形高铁路网初具雏形；国际（地区）航线达到41条，西安咸阳国际机场已通航16个国家33个城市。西安国家级互联网骨干直联点开通，西安跨境贸易电子商务服务试点顺利推进，国内首条从阿姆斯特丹至西安的“陆空联运”跨境电商货运直飞航线开通，互联互通水平得到有效提升。口岸设施水平不断完善，西安港纳入国际运输“始发港/目的港”序列，西安港进境粮食指定口岸、空港保税物流中心通过国家验收，新筑铁路综合物流中心获批，网上税费支付通道——“银关通”成功运行，与沿海沿边等口岸签订了一系列合作协议，区域通关一体化改革成效显著，进出口平均通关时间减少50%，物流成本降低20%~30%，进出口“绿色通道”初步形成。

（三）产能和经贸合作不断深化，取得了早期收获

传统优势行业知名企业纷纷在海外投资建

厂和实施并购，陕煤集团在吉尔吉斯斯坦的石油炼化生产线成为该国最大外资项目，法士特泰国公司于2014年10月开工投产，陕鼓集团成为捷克蒸汽轮机主要制造商EKOL公司第一大股东，延长集团成功收购加拿大Novus能源公司年产25万吨的油气田。农业“走出去”步伐不断加快，杨凌示范区在哈萨克斯坦、吉尔吉斯斯坦、澳大利亚、荷兰等国建设的国际合作园区顺利推进，陕西粮农、西安爱菊分别在哈萨克斯坦建立粮油基地。我省已有271个境内主体在48个国家和地区投资34亿美元，设立了300多家境外企业和境外机构，“海外陕西”空间持续拓展。境内中韩合作产业园、中俄丝路科技创新园、中哈人民苹果友谊园等国际合作聚集区加快建设，围绕三星、微软、强生等世界500强的一批产业配套企业竞相落户。

利用东盟博览会、陕粤港澳合作周、厦洽会等展会平台，加快“秦货”国际化推广，钛金属制品、重型汽车以及苹果、猕猴桃等特色产品在中亚、东亚及俄罗斯等国家和地区品牌影响力不断扩大。跨境电子商务蓬勃发展，西安国际港务区“洋货码头”电商平台，仅2016年上半年就完成跨境进出口18.7万票，货值5000多万元人民币。西洽会正式更名丝博会，进一步增强了我省与沿线国家乃至全球的沟通交流。尤其是国家批准陕西设立自由贸易试验区，必将进一步提升我省对外经贸合作水平。

（四）人文交流互动日趋活跃，凝聚了共建合力

国家元首“家乡外交”效应持续升温，仅2015年以来，就有印度总理莫迪、乌兹别克斯坦总统卡里莫夫、韩国总统朴瑾惠、缅甸国务资政昂山素季等12位国家政要先后来访，极大提高了我省的国际知名度和影响力。加强教育交流合作，推动建立中俄交通学院，支持陕西高校与境外60余所高校开展校际交流，每年为中亚培养1000余名留学生，“丝绸之路大学联盟”已有31个国家和地区的128所大学加盟。加快建设文化旅游中心，举办丝绸之路国际艺术节、旅游博览会、电影节等活动，开通20多条丝绸之路国际旅游线路及旅游专列，进一步增进了沿线人民的彼此了解。与沿线国家共同开展文物保护与考古研究工作，举办文化遗产保护交流合作论坛等活动，推动“长安—天山廊道路网”跨国联合申遗成功，西北大学王建新团队在乌兹别克斯坦“寻找大月氏”考古活动取得阶段性成果。新增友城和准友城关系14对，与中亚等国友好省州关系进一步加强。

（五）支撑服务体系逐步完善，健全了保障机制

建立健全支持企业“走出去”的体制机制。韩亚、星展等外资银行落户西安，陕西银监局“走出去”企业信息库建立及中国银行西安全球客服中心投运，使金融服务企业“走出去”能力不断提升。省国税局与西电、陕重汽等8家企业签署税收服务保障协议，是全国税务系统首个支持企业“走出去”的公开承诺。72小时过境免签和境外旅客购物离境退税政策有效实施，对境外旅客更具吸引力。“长安号”实现常态化运营并延伸到欧洲腹地，必将为我省企业统筹国内外市场提供更大的运能支撑。相继举办“丝路寻梦·人文陕西”、“‘一带一路’上的陕西”等大型媒体采访活动，在哈萨克斯坦通讯社网站开办“中国陕西：丝绸之路开始的地方”专栏，使陕西故事传播更远。

四、下一阶段工作打算

“十三五”期间，我们将立足这些比较优势，全面拓展对外开放的广度和深度，努力将陕西打造成“一带一路”上的五大中心。

一是发挥区位优势，着力构建交通、商贸、物流中心。作为中国版图的几何中心，陕西是天然的交通枢纽，经过多年的发展，形成了陆、

空、数字三条新的丝绸之路大通道。未来五年，我们将力争将高速公路、铁路分别再新增1500公里和3500公里，投资3500亿元，进一步完善全国首个内陆型港口——西安港，西安空港综合交通中心，经济带上最大的物流集散中心，西安新筑火车站等设施，并与沿海、沿边口岸加强一体化大通关合作，努力为国际商贸流通创造更加便利的条件。

二是强化互补联动，着力构建国际产能合作中心。陕西是中国的能源大省和重要的装备制造基地，目前，正在同韩国、俄罗斯、哈萨克斯坦等多个国家合作建设产业园区，涉及电子、航空、现代农业等多个领域。下一步，我们将在加快推进在建项目的同时，支持省内建筑、铁路、公路和电力四大领域企业横向合作，积极在海外开展设计、采购、施工、承包和联合体项目，为产能合作开辟新的空间。

三是发挥科教优势，着力构建科技创新中心。陕西拥有高校96所，各类科研院所1000多个，在校学生100多万人，专业技术人员110多万人，我们一方面将围绕产业方向积极推进国际科技合作，在能源开采、精细化工、生物医药、电子信息等领域推动国际联合技术攻关。另一方面，将通过建立双边、多边国际合作机制，深化国际培训教育合作，加快建设中国西部科技创新港、丝绸之路经济带教育文化研究交流中心、经济带人力资源服务产业园，并积极建设丝绸之路大学联盟，为联合培养创新人才探索路径。

四是传承历史文化，着力构建国际旅游中心。陕西是中华文明的重要发祥地，周、秦、汉唐等13个朝代在此建都长达1100多年，留下了许多大量珍贵的文物。近年来，我们相继成功举办了丝绸之路博览会、丝绸之路国际电影节和艺术节、丝绸之路国际旅游博览会、丝绸之路网络平台国际大会等活动。目前，正在打造丝路起点风情体验旅游走廊、大秦岭人文生态旅游度假圈等新的旅游项目，并不断完善各地旅游的软件和硬件设施。

五是坚持创新合作，着力构建区域金融中心。陕西已经形成了立体化多层次的现代金融机构体系，众多国内外知名金融机构落户运营。未来几年，我们将不断扩大金融开放合作，引进金砖开发银行、国际复兴银行、亚洲开发银行等国际型开发机构来陕西设立分支机构或代表处，着力打造丝绸之路经济带能源交易和结算平台，推动开展离岸金融和跨境双向人民币资金池业务，搭建“一带一路”国际金融网络信息服务平台，进一步提升金融服务国际经贸合作的能力。

兰州市

兰州市商务局

兰州历史上就是古丝绸之路上的商埠重镇和重要的茶马互市。"一带一路"倡议使兰州从传统的内陆城市转变为向西开放的前沿城市，也使兰州的优势更加凸显。兰州市委、市政府围绕促进"设施联通"、"贸易畅通"、"资金融通"、"民心相通"等领域，有选择地开展实施了一批重点工作和关键项目，从多个层面共同推进兰州与中亚西亚和欧洲国家的交流合作。

一、编制兰州市参与"一带一路"建设实施方案

依据国家《推动共建丝绸之路经济带和21世纪海上丝绸之路的愿景与行动》和省委、省政府印发的《甘肃省参与建设丝绸之路经济带和21世纪海上丝绸之路的实施方案》中对兰州的发展定位，起草制定了兰州市参与"一带一路"建设实施方案，提出了"1581"工作思路，即围绕建设丝绸之路经济带核心节点城市的总目标，强化国家向西开放战略平台建设，打造自由贸易园区、国际人文交流、国际展会展示、国际机构汇集、科技创新驱动五大平台，通过实施综合交通枢纽、商贸物流中心、丝路信息走廊、产业合作基地、园区示范载体、人文交流纽带、城市功能聚集、体制机制改革八大任务，在设施联通、贸易畅通、资金融通、民心相通等领域预期项目投资规模万亿元，以此促进扩大对外交流合作，引导商贸、产业、技术、资金、人才、信息、文化、资源等要素集聚，增强发展活力和动力，提高战略通道节点支撑能力和开放发展服务水平。在2016年7月份，由人民日报社主办，以"命运共同体、合作新格局"为主题的2016"一带一路"媒体合作论坛上，颁发了"一带一路"建设案例奖，兰州市荣获"优秀城市案例奖"。

二、推进基础设施互联互通

一是加快国家铁路干支线建设。目前兰新第二双线建成通车，兰州西客站投入使用，兰州至中川城际铁路顺利开通，中川国际机场综合交通枢纽工程实现同期建成、同期投运，兰州成为全国第二、西北首家集民航、铁路、公路三位一体、实现无缝换乘的综合交通枢纽。二是国内首个南亚国际公铁联运货运班列"兰州号"顺利发车，兰州至汉堡的中欧货运班列开行并成为中国首趟往返满载的国际货运班列，兰州至阿拉木图的中亚国际货运班列实现常态化运营。三是中川机场升级为国际客货运机场，新航站楼建成投运，开辟了首尔、曼谷、迪拜、第比利斯、圣彼得堡等国际航点16个，2015年旅客吞吐量突破800万人次，出入境旅客突破17.1万人次。

三、加强产业对接合作

一是以"共建'一带一路'，推进互利共赢"为主题成功举办第21、22届中国兰州投资贸易洽谈会，重点邀请丝绸之路沿线国家和地区宾客参会，先后设立白俄罗斯、泰国作为主宾国。举办丝绸之路合作发展高端论坛、中国西部国际产能合作论坛暨企业对接洽谈会、白俄罗斯格罗德诺州投资贸易项目推介会、"丝绸之路"大数据专题论坛等专题活动，兰洽会内

容更趋国际化。二是组织召开两届“一带一路”中国（兰州）国际跨境电商物流大会，兰州市获得“一带一路”建设突出贡献奖。联合南京市、成都市、武汉市及中国外运、新加坡物流协会、苏宁云商等58个城市、社团组织、骨干企业成立“一带一路”跨境电商物流合作联盟并发布《兰州宣言》，同时发布了中国首个城市商贸物流发展指数——兰州商贸物流指数。三是积极鼓励全市企业走出去，依托我省在丝路沿线设立的商务代表处，同中西亚国家开展交流合作，兰州瑞达公司在阿拉木图投资建设的甘肃省特色农产品集散中心已于2015年底投入运营，兰州兰石装备工程有限公司首次向埃及出口1000HP拖挂式快速移动钻机，甘肃亚兰药业公司在哈萨克斯坦成立甘草酸生产厂并建成投产，祁连山水泥集团同吉尔吉斯斯坦JBK公司在奥什州共同建设水泥生产项目，加快布局海外市场。2015年，我市与“一带一路”经济带沿线国家实现双边贸易额85亿元人民币，同比增长6%，占全市进出口总额的24.29%。

四、加强国际经贸交流

一是完善金融体制，组建运营兰州农商银行及兰州投资、交通、能源、工业、农业、文化等资本运营平台，新引进金融机构8家，扶持6家企业上市融资，11家中小企业在新三板挂牌上市，全市投融资市场发育程度明显提高；二是围绕哈萨克斯坦、白俄罗斯、伊朗等3个重点对外经贸交流方向，积极参加第十三届哈萨克斯坦—中国商品展、白俄罗斯农业展等活动，并赴印度、斯里兰卡等国开展项目推介活动；三是组织参加第五届迪拜国际投资年会等境外活动，赴阿联酋、土耳其等地开展招商引资，重点推介兰州在交通区位、工业开发、投资环境、文化旅游等方面的优势。

五、深化人文交流合作

一是制定印发《兰州市落实“一带一路”建设战略规划涉外工作实施方案》。二是与俄罗斯乌兰乌德市、尼泊尔加德满都市、吉尔吉斯共和国奥什市、韩国浦项市、阿尔巴尼亚马拉卡特拉市、哈萨克斯坦曼格斯套州等10个城市签署建立友好城市关系议定书，正式建立友好城市关系。三是启动“美丽兰州2016丝绸之路文化旅游年”主题宣传活动，成功举办敦煌行·丝绸之路旅游节，同时举办“2016丝路之光·畅游甘肃之夜”、丝绸之路国际旅行商大会、丝绸之路国际旅游产品展览会和“千万游客畅游甘肃”启动仪式等系列活动。四是开展中亚国家官员培训，举办中亚国家官员培训班暨丝绸之路青年行活动，俄罗斯、伊朗、中亚五国部分政府官员及留学生代表参加培训，培训活动取得热烈反响，促进了我市与丝路沿线国家的人文交流。

青海省

青海省商务厅

“一带一路”建设，是党中央、国务院根据深刻变化的全球形式、统筹国内国际两个大局作出的重大战略决策，具有深远的现实意义和历史意义。在丝绸之路经济带建设中，青海具有特殊的地缘优势和文化特色。青海是贯穿南北丝绸之路大通道的桥梁和纽带，更是中国联通南亚国家的重要走廊和通道；是承接东部产业转移，发展丝绸之路外向型经济最稳定、最理想的区域；青海省撒拉族不仅全国独有，而且与中亚国家“同根同源”。

自2013年习近平总书记提出“一带一路”倡议以来，青海省委省政府高度重视，出台《关于印发青海省参与建设丝绸之路经济带和21世纪海上丝绸之路实施方案》（青发［2015］21号），全省围绕“五通”，充分利用和发挥青海的区位地理、战略通道、历史文化、民族宗教等特色优势资源，通过拓展发展平台、加强基础设施建设、促进经贸合作和人文交流活动，努力构建全方位、多层次、高水平对外开放格局，为进一步建设丝绸之路经济带奠定了良好的基础。

一、政策沟通

大力推进开放创新，推进国家级经济开发区市场化建设运营，创新公共服务提供方式。鼓励经济开发区、工业园区依托政策、土地、资源的比较优势与发达地区、同业省级开发区及工业集中区探索合作共建、产业共育和利益共享的新模式，逐步实现由政府主导向市场主导的转变。2014年以来，我省在“清食展”期间举办青海省与“一带一路”沿线国家经贸合作圆桌会议；“藏毯会”期间举办青海省与“一带一路”沿线国家地毯产业发展与经贸合作论坛和中国（青海）·土库曼斯坦经贸和人文交流合作圆桌会议；通过“清食展”、“藏毯会”、“青洽会”、“圆桌会议”等高水平展会和高端论坛，积极搭建青海建设丝绸之路经济带的合作机制和发展平台。邀请白俄罗斯、土库曼斯坦、伊朗、吉尔吉斯斯坦、印度、尼泊尔、阿富汗等“一带一路”沿线国家和地区的政府代表、驻华使节、贸易促进机构负责人和企业代表参加会议，并与塔吉克斯坦、吉尔吉斯斯坦、尼泊尔等相关国家政府部门签订了经贸合作框架，开展定期交流、互通信息，共同推动落实双方签订的各项经贸合作协议。借助中国（青海）藏毯国际展览会十余年的品牌优势，利用藏毯展加入国际展览联盟（UFI）的有利契机，继续加强与世界主要地毯生产国商协会的合作，不断扩大展会的规模和影响力。成功举办“中国青海（越南）商品博览展”、白俄罗斯“青海特色商品展示会”等境外经贸活动。2015年，青海省委主要领导率团对白俄罗斯、阿联酋、捷克三国进行访问，坦诚交换意见，达成了共识。2015年11月2日，青海作为唯一受邀的地方省份参加中国—土库曼斯坦政府间经贸合作分委会第三次会议。2016年7月4日受邀参加在土库曼斯坦举办的第四次分委会。

二、设施联通

青海位于青藏高原东北部，南连西藏和四川，西接新疆，东邻甘肃，是进藏入疆的重要门户，是连接丝绸之路经济带和长江经济带的重要省份，是连接路上丝绸之路和海上丝绸之路的节点省份，是国家“一带一路”的重要战略支点。青海地处丝绸之路经济带中国—中亚—西亚经济走廊主线，位于新亚欧大陆桥、中国—中南半岛及中巴、孟中印缅三大经济走廊的交汇地带，是我国深化向西开放的重要区域，具有连南接北、承东启西的战略地位。目前，青海省境内的公路、铁路、航空网沿着古丝绸之路的印迹通达南北，已初步形成了快捷、高效、立体的交通网络。

铁路方面。铁路交通进入高铁时代，2014年兰新铁路的开通，打通了青海建设丝绸之路经济带的黄金通道，成为建设丝绸之路经济带的有力推手。新建格尔木至敦煌、格尔木至库尔勒铁路项目和格尔木至拉萨铁路扩能改造工程，将进一步完善我国西部铁路网，实现新疆、甘肃、青海以及西藏四省区最便捷的铁路互联互通，构建青海进入中亚欧洲的陆路通道。2016年9月8日，青海“中欧班列”（青海西宁—比利时安特卫普）正式开通，跨越6个国家，全程9838公里，历时12天，较海运缩短至少40天。这标志着青海省首趟中欧班列正式上线运营，也是我省积极融入“一带一路”的又一举措。

公路方面。由国道、省道等干线公路构建的“六纵九横二十联”公路四通八达，已建成西宁南绕城高速公路、牙什尕至隆务峡至同仁公路、德令哈至香日德公路、茶卡至格尔木公路；计划年内建成花石峡至大武公路、大武至久治（省界）公路、改扩建共和至玉树公路；正在建设治多经杂多至囊谦公路、京藏高速扎麻隆至倒淌河段改扩建工程、G569曼德拉至大通公路克图至大通段等工程。建设中的京藏高速、省际高速公路及规划中的G0611张掖至汶川高速、G0612西宁至和田高速、G0613西宁至丽江高速、G615德令哈至马尔康高速，进一步加强与丝绸之路沿线省区的公路联通，不仅将成都、兰州、西宁、格尔木及拉萨串成一线，未来也可联通新疆交通网，打通与亚欧大陆桥的联系。

航空方面。按照“一主八辅”的机场建设布局，积极构建以西宁机场为中心、格尔木机场为次中心，辐射高原、加密省内、通达全国、连接国际的青海机场航线网络。实施了新建果洛、祁连民用机场项目和格尔木机场、西宁国际航空口岸联检综合楼、西宁机场T1国际航站楼、国际货运监管仓库改扩建工程。2014年底，西宁国际航空口岸联检综合楼、西宁机场T1国际航站楼正式投入运营，使我省民航航线不断扩展，通过加密航线，开通了西宁至麦加的朝觐包机，西宁至香港、曼谷、首尔、台北、东京的国际和地区航线。青海省在我国西北地区的空中交通格局中的地位越来越重要。

口岸方面。积极推广中国（上海）自由贸易试验区可复制改革试点经验，按照先行先试原则，逐步拓展实施范围和政策范围，加快开展西宁航空口岸货运业务。推行“保税仓储+保税展销”、进口商品直销等模式进口馆，以及机场口岸免税商店建设。积极发展保税物流业务，拓展保税货物的展示、检测、期货交割等新型业务。2016年7月29日，青海曹家堡保税物流中心（B型）建设项目通过国家验收，填补了青藏高原地区海关保税物流监管场所的空白，拓展了海关特殊监管服务功能。电子口岸建设稳步推进，目前已有430多家企业入网青海电子口岸。巩固落实关贸、税贸、银贸、检贸、财贸协作成果，把部门协作机制延伸到保险、运输、口岸等方面，进一步提高“大通关”效率。

三、贸易畅通

近年来，全省紧紧抓住国家实施“一带一路”倡议的重大历史机遇，坚持对外开放与深化改革相结合，对内开放与对外开放相结合，拓展对外合作空间。加快一体化改革，实现外贸企业“一地注册、多地报关”，降低企业物流成本、便利企业通关，为青海省开放型经济发展创造新动力。

对外贸易方面。2013年全省实现进出口总额14.03亿美元，提前两年完成“十二五”目标任务；2014年全省实现外贸进出口总额17.19亿美元，同比增长12.6%；2015年全省实现外贸进出口总额19.35亿美元，同比增长12.6%，高于全国平均增幅20.6个百分点，增幅位居全国第4位。以硅铁、碳化硅等资源加工型为主的骨干产品，藏毯、民族服饰、特色纺织、农畜产品、新能源新材料、民族文化等为主的高原特色优势产品出口框架基本形成，高耗能产品占出口总额比重由2013年的16.1%下降到8.1%。在中亚、南亚、中东等地区建成10个青海特色商品国际营销中心。积极谋划和实施了国际商城、保税仓库、土耳其商城、尼泊尔（玉树）商城和青海进口商品生活馆、海东丝绸之路经济带合作交流的平台建设项目，为促进“商贸畅通”奠定了基础。在尼泊尔、土耳其、吉尔吉斯斯坦等国家建设中国（青海）特色商品国际营销中心，在巴基斯坦、沙特、马来西亚等国扩大以丝绸制品、穆斯林用品、藏毯为主的产品展示中心。积极扩大与丝绸之路沿线国家的贸易规模，努力提高青海自产产品的出口比例，扩大从中亚国家进口羊毛（绒）、驼毛（绒）、药材等原料。

双向投资合作方面。2013—2015年，累计审批外商投资企业30家，投资总额12.8亿美元，合同外资4.33亿美元，实际利用外资1.99亿美元。外商投资来自美国、法国、日本、韩国、新加坡、中国香港、英属维尔京群岛、马来西亚等国家和地区。外商投资涉及种植养殖、融资租赁、光伏发电、食品加工、旅游开发、非金属矿物制品加工销售、天然气和LNG生产加工等领域。积极在“一带一路”国家开展战略投资，全省非金融类境外实际投资1.03亿美元，电网改造、公路建设、市政工程、房建工程等领域对外承包工程完成营业额达3.95亿美元，均有较大增长。

国际产能合作方面。两年多来，青海省为加强产业对接与交流合作，坚持在国家“一带一路”倡议中谋求开放发展定位，以“一带一路”沿线国家为重点，深化与“一带一路”沿线及周边国家经贸合作，扩大合作领域，促进协调发展，拉紧利益纽带，打造利益共同体。积极谋划和推进落实青海省与丝绸之路经济带相关国家签订的国际贸易、境外投资合作等项目，积极推进贵南草业开发有限责任公司俄罗斯农业养殖基地项目，目前已累计投资1400万元人民币，向俄罗斯外派劳务人员22人，种植小麦、油菜、燕麦等粮食作物2万余亩、饲养种猪100头，取得了良好的经济效益和社会效益。西宁石油机械厂在德黑兰注册分公司，在阿联酋迪拜杰贝阿里自由保税区设立海外公司，大力开拓西亚市场。青海一机数控机床有限公司向俄罗斯出口卧式加工中心，获得当地客户青睐。青海绒业集团在土库曼斯坦投资1.5亿元人民币建设年产1000吨地毯纱和100万件羊毛制品的纺纱厂项目款目前已与土方签订相关协议，正在等待当地国政府批文，预计下半年开工建设。青海慕盟商贸公司在土耳其投资6亿元人民币建设年处理12万吨清真牛骨及脏器建设项目，目前已经完成土地收购，厂房正在开工建设，主要生产设备目前正在国内生产，境外投资备案手续目前正在办理中。青海洁神装备制造集团有限公司研发的LNG环卫汽车正着手开拓缅甸、老挝、越南等东南亚市场。青海盐湖工业集团股份有限公司收购刚果（布）钾盐矿项目、青海银河纺织有限责任公司在乌兹别克斯坦建设十万锭棉纱生产线项目建设目前正在前期可研论证和考察阶段。

四、资金融通

坚持政策引领。为有效推进资金融通，中国人民银行西宁中心支行、国家开发银行青海省分行等采取积极措施，出台了一系列金融支持意见。2015年7月，中国人民银行西宁中心支行印发了《金融支持青海省融入“丝绸之路经济带”建设指导意见》，从交通运输业、仓储物流业、循环经济、文化产业、企业走出去等方面提出了金融支持的重点领域和主要措施。加大特色信贷投入，加大对民贸企业利率优惠力度，用好用活用足中央赋予藏区特殊优惠金融政策，使政策效应得到最大程度的释放。2014年以来，国家开发银行青海省分行积极谋划，加快建立货币结算制度，以跨境金融业服务创新为主线，在货币流通、市场准入、审慎监管和维护区域金融稳定等方面加强与沿线国家的深度合作，重点加强与进出口银行、信保等政策性金融机构的衔接和沟通，充分利用以上机构在丝绸之路经济带的政策支持，加大对青海企业在开拓中亚等国际市场中的支持力度。

加大信贷支持。发挥银行融资主力军作用，不断扩大“一带一路”建设的信贷投放规模。整合现有资金渠道，加大省级财政对“一带一路”重大项目的支持力度，扩大经济技术合作资金。截至2016年6月末，青海银行支持丝路经济带建设领域银团贷款余额达到686.8亿元，占到各项贷款总余额的12.49%，支持项目达到41个，有效满足了青海公路、铁路、机场、水利、网络通信等互联互通的大工程、大项目以及盐湖化工、水电、有色金属等特色优势企业的融资需求。

创新金融服务。着力打造特色银团贷款服务品牌，提供一揽子综合性金融服务，有效满足事关经济稳定增长的重大融资需求。通过内引外联，带动省内外银行共同参与，发挥融资合力，强化融资扶持力度；通过产权抵押类贷款、预期收益质押贷款、金融租赁、资产证券化、信托等方式有效提供金融服务，运用跨境人民币业务、国际保理、投资银行、衍生产品等综合金融服务，创新支持优势产业企业“走出去”的金融模式，有力满足了青海丝路经济发展中的重大融资需求；开展出口贸易信用保险服务。2013年，人保财险青海城北分公司为西宁特殊钢股份有限公司签发承担出口信用额400万美元，成为青海省短期出口贸易信用保险第一单。

五、民心相通

两年多来，青海省充分发挥民族宗教等独特的人文优势，文化、教育、体育、友城建设等一系列人文交流活动成效明显。

加强文化交流活动。依托“中土教育合作项目”，选派4名大学生赴土库曼斯坦高校留学5年；组团参加土库曼斯坦“文化日”“经济论坛”等系列活动，青海与土库曼斯坦的交流合作步入新阶段。2015年8月省教育厅组织由教育厅、商务厅、青海大学、青海民族大学、循化县职业技术学校组成的青海教育代表团赴土库曼斯坦、土耳其进行了友好访问。同时，与土库曼斯坦互派20名学生参加夏令营，互派8名留学生长期学习，在土库曼斯坦举办撒拉族青年土库曼语培训，组织青海与土库曼斯坦互办文化节。

加强青年交流。积极参加由共青团北京市委、中国国际青年交流中心、北京市政府外办、共青团青海省委、青海省青年联合会共同举办的“未来领袖·青春使者”重走丝绸之路国际青年夏令营活动，启动了青海站。

积极推进友城建设。西宁、海东、格尔木等市积极拓展友城交流和合作。2014年以来，省会西宁市的国际友城和友好交流城市数量由2009年的2对发展到了18对，友城范围以丝绸之路经济带沿线城市为重点，遍及亚洲、欧洲、北美等地的国家和地区。

六、其他

加强对外投资的境外风险防控。提高企业对国际政治风险、金融风险、经营风险以及创新风险的防控水平和处置突发事件水平，发挥政府、行业协会和第三方机构的协作效应，降低我省企业在国外投资风险。同时鼓励并支持省属商业性金融保险机构为“走出去”企业和人员提供保险和担保，合理规避、转移和分散风险，解决企业在外投资的后顾之忧。

营造良好的社会舆论环境。积极发挥各类媒体作用，加大宣传力度，指导各类媒体做好报道和解读，加大推介力度，广泛宣传我省推进“一带一路”建设的重大意义，营造良好舆论氛围，制作“丝绸之路青海道古今变迁”专项纪录片，从过去、当前、未来多角度、多视野描绘我省参与丝绸之路经济带建设的成就，突出我省在“一带一路”建设中的战略地位，扩大影响力。积极开展与其他省区媒体交流，形成全社会共同关心和推进“一带一路”建设的强大合力，创造良好的外部环境。

西宁市

西宁商务局

自国家提出“一带一路”倡议以来，在市委、市政府的坚强领导下，我市商务领域紧紧抓住“一带一路”建设内容，立足区域和人文优势，构建全方位、多层次、高水平对外开放格局，加强经贸合作和人文交流，“一带一路”建设逐渐从理念转化为行动，从愿景转变为现实，各项建设取得新进展。

一、主要工作进展及呈现的特点

一是人文交流互联互通纽带得到拓展。充分利用青海省独有的撒拉族等与“一带一路”沿线国家地区信仰相同、民族相同优势，深化人文交流互访。先后组织8批次省内经贸和人文考察团赴土库曼斯坦开展经贸考察活动，邀请土库曼斯坦工业企业联盟组织10多家土库曼斯坦企业赴青进行经贸考察交流，邀请白俄罗斯中白工业园来我市开展经贸考察，举办“2015年发展中国家自然保护区管理与保护研修班”，来自“一带一路”沿线13个国家的41名学员参加了学习培训。同时，借助“清食展”“藏毯会”期间举办与“一带一路”沿线国家经贸合作论坛、经贸合作圆桌会议等，邀请白俄罗斯、土库曼斯斯坦、伊朗、吉尔吉斯坦、印度、尼泊尔、阿富汗等“一带一路”沿线国家和地区的政府代表、驻华使节、贸易促进机构负责人和企业代表参加会议，畅通合作交流渠道，为深化经贸往来合作奠定了扎实的人文基础。

二是对外经贸合作实现新突破。在巩固与中亚、西亚、南亚等国家和地区经贸合作成果的同时，组织企业走出国门参加了中国机电轻工产品匈牙利展、2014年法国“中小企业世界年会”、美国东部天然有机产品展览会、2015中国（青海）—白俄罗斯经贸合作暨特色产品展示会、米兰世博会、第十四届哈萨克斯坦中国商品展、2C16年海峡两岸食品展览会、中国品牌商品美国展、2017年中国品牌商品非洲展。并赴吉尔吉斯斯坦、土耳其、俄罗斯、土库曼斯坦、阿联酋、肯尼亚等地开展经贸活动，在阿拉木图、圣彼得堡、土库曼斯坦、迪拜设立西宁商务代表处，与东部非洲中国总商会暨东部非洲中国和平统一促进会、南部非洲中国企业家协会等国外商会、行业协会签订战略合作协议。经贸合作领域不断拓宽，形成了层次清晰、初具规模的“一带一路”经贸合作网络。

三是商贸合作项目推进取得实质性成果。跟踪推进落实与“一带一路”沿线国家地区签约重点项目，通过项目合作实现共赢共享发展。总投资25亿元的青海绒业集团与土库曼斯坦纺纱厂合作项目、西宁市对外经济贸易有限公司与尼泊尔合资建设的建材生产项目、青海东部批发市场与马来西亚合作的建材城项目、青海齐鑫地质勘查股份有限公司与塔吉克斯坦合作的金属矿区勘查项目、青海慕盟商贸有限公司与土耳其合作的生物制品提取项目等，在双方的共同努力下，规划审批及建设进展顺利，实现和达到了合作预期值。

四是对外贸易结构不断优化升级。在稳定优势产品出口的基础上，不断提升出口产品质量、档次和创新要素比重，着力推进出口商品以初级产品为主逐步向高附加值产品转变。2016年与“一带一路”沿线国家和地区实现进出口总额32亿元。民族服饰、坯绸和羊毛绒制品等自产产品出口比重稳步提高，青海绒业集团与土库曼斯坦地毯部签订洗净羊毛进口协议实现了青海与土库曼斯坦贸易的零突破。

五是对外经贸合作路径不断拓宽。在巴基斯坦、阿联酋、伊朗等国家设立“中国（西宁）特色商品国际营销中心”。在欧洲、西亚、南亚、非洲等10个国家和地区设立了销售网点、分拨中心、分支机构。积极推进进口商品直销平台建设，2015年品华青海西宁高端消费品体验商城、青海西海国贸进口商品专营店、东疆港进口商品直营店等9个高端进口商品馆基本建成。2016年达伦多跨境直购中心、土耳其商城、黄金口岸国际保税购物中心、土库曼斯坦商贸采购中心投入运营。引进国际知名品牌50余种，基本形成“高、中、低”档消费品全覆盖的进口商品销售体系。

回顾“一带一路”商贸建设历程，我们探索和积累了许多宝贵经验，更加深刻认识到，我们的举措还有不到位的方面，还有不适应当前发展需要的问题，主要表现在：受经济、人口、科技水平发展等因素制约，对外贸易对经济的拉动能力依然不足、进出口结构仍然存在结构不合理的地方，企业规模直接影响吸引外资能力，企业服务和管理能力较国际化标准仍然有较大差距，外向型专业人才匮乏等实际问题依然制约着我市扩大对外开放和国际交流合作。下一步，我们要高度重视这些问题，通过深化改革攻坚，采取有力措施，加强组织协调，认真研究解决。

二、今后努力的方向

（一）构建全方位对外开放格局

充分发挥我市独特的区位优势，按照“东进、西出、北上、南下”的思路，进一步拓展我市对外开放的深度和广度。一是推进向东开放，引进东部沿海地区对外开放的先进技术和经验，重点承接太阳能、新材料、生物制品等附加值高、带动性强的高技术产业。积极推进兰西格经济区建设，加强与周边省区的经贸合作，积极促进一体化发展。二是扩大向西开放，发挥青海回族、撒拉族在宗教文化方面与阿拉伯国家和穆斯林地区具有较多认同度的优势，重点向中亚国家、中东国家、欧洲国家开展能源、伊斯兰金融、清真产业、旅游及农业综合开发。三是探索向北开放。充分发挥我市区位明显的优势，根据我市新能源、新材料、藏毯等产业优势，在蒙古国、俄罗斯积极开拓市场空间。开发蒙古国丰富的煤炭、矿产资源、绒毛制品，为我市优势产业提供原材料。四是拓展向南开放。充分利用传统经贸优势，积极融入中巴、孟中印缅两个经济走廊，着力推进与尼泊尔、巴基斯坦、孟加拉国的经贸合作和人文交流；借助中国—东盟自贸区框架，积极开展与马来西亚、印度尼西亚等东盟国家的经贸合作，开拓新的市场和资源，扩大我市在亚太和东盟市场的影响力。

（二）积极培育外贸竞争新优势

一是加强出口能力建设。稳定传统优势产品出口，提升出口产品质量、档次和创新要素比重，实现出口商品以初级产品为主向高附加值产品转变。建设特色优势产品出口加工基地和商贸物流集散基地，积极推进藏毯、穆斯林用品等国家级、省级出口基地建设。实施“千万美元潜力培育计划”和“出口自主品牌培育计划”，扶持一批年进出口总额超千万美元，具有国际竞争力的骨干进出口企业。二是有效扩大进口规模。推行“保税仓储+保税展销”进口馆等模式，增加一般消费品和生活用品进口。三是大力发展服务贸易。加快服务业开放水平，引进国际性高端服务业，培育一批服务外包企业，建设服务外包基地，扶持龙头企业到海外承接服务贸易项目。四是构建国际营销网络。支持企业在重点国家和地区建设中国（西宁）特色商品国际营销中心，鼓励有条件、有实力的企业设立境外商品展销中心、分拨中心、零售网点、售后服务中心，直接参与国际市场竞争。支持企业发展跨境电子商务、市场采购贸易等新型贸易方式，通过“海外仓”等模式融入境外零售体系。

（三）深化“一带一路”经贸交流合作

以“一带一路”沿线国家为重点，扩大合作领域，促进协调发展，拉紧利益纽带，打造利益共同体，努力把我市建成丝绸之路经济带上重要的战略通道、商贸物流枢纽、产业基地、人文交流基地。一是加强协调机制建设。加强与国内外各类商协会、海外侨胞的沟通联系，在条件成熟的国家和地区设立对外合作联络处（窗口）。二是促进重点地区“一带一路”建设。打造西宁对外开放节点城市，不断深化与中亚、南亚国家的经贸合作，加快形成内生增长与外向发展互补的开放型经济体系，不断提升外向型经济发展水平。三是加强区域协调合作。进一步鼓励和引导各类企业到沿线国家投资兴业，积极推进境外产业园区和产业集聚区建设，提高我市企业的国际市场竞争力。

（四）提高利用外资质量和效益

统筹利用国际国内两个市场、两种资源，进一步优化利用外资结构，把吸收外资与促进传统产业升级、改造和振兴装备制造业结合起来，与加速高新技术产业发展和技术全面进步结合起来，积极有效引进资金、先进技术、管理经验和高素质人才。一是加大工业领域利用外资力度。鼓励外商重点投向新材料、新能源、高原生物、信息技术、先进装备制造、节能环保、特色农业等我市确定的战略新兴产业，推动生产方式向柔性、智能、精细化转变。二是推进科技领域国际交流合作。鼓励境外科研机构、跨国公司在我市建立研发中心、重点实验室，吸引境外科研机构与我市共建国际化创新载体，开展先进实用技术培训。三是加大金融业开放力度。吸引境外银行、证券、保险、信托和各种基金等在我市设立分支机构。加快国际结算业务发展。

（五）加快发展对外投资合作

加快走出去步伐，坚持市场导向和企业自主决策相结合，积极推进与防范风险相结合，引导各类企业有序到境外投资合作，拓展外部发展空间。一是加大特色产业对外投资合作。加强与“一带一路”沿线国家的基础设施、能源资源和产业合作，在矿产资源开发、农业种植、食品加工等重点领域的合作。二是加强重点项目建设。积极推进土库曼斯坦洗毛厂项目、青海东部批发市场马来西亚建材城项目、尼泊尔昌财粮油精炼厂项目。三是加快对外劳务输出。鼓励引导各类所有制企业积极申报对外劳务合作经营资格，培育壮大经营主体，促进我市劳务企业不断提升经营管理水平，增强国际市场能力，扩宽外派劳务渠道。

（六）推进海关特殊监管区域建设

积极推广中国（上海）自由贸易试验区可复制改革试点经验，先行先试，逐步拓展实施范围和政策范围。推进西宁综合保税区、青海国际保税购物中心等海关特殊监管区建设。推行“保税仓储+保税展销”、进口商品直销、国际采购—进口—销售等模式进口馆建设。积极发展保税物流业务，拓展保税货物的展示、检测、期货交割等新型业务。

（七）加快口岸开放体系建设

一是加强对外开放通道建设。加快铁路公路建设，提升枢纽功能，加大对国际航线的支持力度，实现与主通道间的高效畅通，构建进入中亚、西亚、南亚的战略通道，夯实对外开放的互联互通基础。二是积极推进“三互”大通关合作机制建设。加强与沿海、沿边地区口岸的合作对接，推进与沿海、沿边地区口岸之间的物流合作和联动发展。三是加快口岸基础设施配套建设。加快转变口岸发展方式，积极推进公路、铁路、航空多式联运，中欧货运班列常态化运行。

新疆对外开放及丝绸之路经济带商贸物流中心建设情况

新疆商务厅

一、新疆对外开放现状

新疆边境线长约5700多公里，周边与8个国家接壤，现有17个国家一类口岸。新疆在我国推进“一带一路”战略及沿边开发开放中具有特殊重要的地位。

（1）对外开放进入新阶段

一是新疆在全国沿边开放新格局中的地位和作用更加突出。近年来，中央先后两次召开新疆工作座谈会，对加快新疆开发开放做出一系列重大部署，确定了把新疆建成丝绸之路经济带核心区的定位，新疆制定了核心区建设“五中心、三基地、三通道、十大进出口产业积聚区”规划，区域性商贸物流中心等一批重点项目启动建设，有的已取得重大进展。

二是平台建设取得新进展。重点推进建设中国—亚欧博览会、实行特殊政策的喀什、霍尔果斯经济开发区等三大平台；成功举办丝绸之路城市合作论坛、中巴经济走廊高层论坛等。

三是开放型经济载体建设初具规模，现有国家级产业园区已达23家（国经区9个、高新区3个、边合区4个、海关特管区4个）。

四是培育形成一批有实力有活力的开放主体，新疆累计备案登记外经贸企业1.2万家，2015年进出口超亿美元的企业47家，15家企业进入中国民营企业进出口500强。

五是对外合作交流持续快速发展。已与全球192个国家和地区开展经贸交往，有54个国家和地区的企业来新疆投资兴业，新疆企业走出去在53个国家和地区开展投资合作。

六是开放通道建设取得重大进展。2015年新疆公路总里程超过17.85万公里，构筑起6横6纵高速、高等级公路网，形成东联内地、西出国境的交通大格局；乌鲁木齐铁路局管辖内营业里程达到6154公里，形成以乌鲁木齐为中心，兰新干线和南疆铁路为支撑的主骨架；民用机场18个，运营新疆机场定期航班的航空公司33家，开通国际国内航线214条，通达国内62个城市、17个国家与地区的27个城市；天然气干支线管道4261公里、原油管道2165公里、成品油管道1989公里。初步形成以17个一类口岸及铁路、公路、航空、管道为依托，面向中西南亚、俄罗斯及欧洲的开放通道。2015年新疆各口岸过货4135万吨（进口3739万吨、出口396万吨）。出入境人员1932546人次（出971084人次，进961462人次）。

（二）区域合作不断加强

已成功举办五届中国—亚欧博览会，对外经济贸易成交额达280多亿美元。着力打造境外贸易平台，多年连续在哈萨克斯坦、吉尔吉斯斯坦、塔吉克斯坦、格鲁吉亚、蒙古、乌兹别克斯坦等国举办中国商品展览会，组织企业参加一批境外知名展会，有效促进中外企业直接交流合作。

重视推进与周边国家开展多边、双边和多领域互利合作，已与吉尔吉斯斯坦、塔吉克斯坦、阿塞拜疆、亚美尼亚等国建立起地方政府间的交流合作机制。积极拓展与俄罗斯鞑靼斯坦共和国、鄂木斯克州、新西伯利亚州的经贸、科技、旅游、教育、文化、资源开发等领域的互利合作，推进乌鲁木齐—阿斯塔纳—车里雅宾斯克运输物流通道项目建设。

（三）加快国家级产业园区战略布局

按照《新疆国家级产业园区布局规划大纲》，争取设立和升格了一批国家级产业聚集园区。

喀什、霍尔果斯经济开发区规划编制已获国家批准、基础设施建设、招商引资和承接产业转移取得新进展。中哈霍尔果斯国际边境合作中心封关运营，至2016年5月，出入人员累计达801.6万人次，中哈霍尔果斯铁路过货量已达451.2万吨（出口437.4万吨）。其中，2015年入出合作中心人员366万人（次），同比增长149%；入出车辆26万辆（次），入出区货物约282.82万吨。

目前，一批企业进驻国家级产业园区，正在形成一批面向国际市场的出口加工基地，产业聚集效应初显成效。

（四）对外贸易稳步发展

2000至2014年，新疆进出口额年均增长19.6%。2014年，实现进出口达276.76亿美元。2015年受到多种因素影响，货物贸易进出口196.8亿美元，下降28.9%。贸易结构不断优化，一般贸易进出口额占全区进出口总值的42.6%；机电及高新技术产品出口占全区出口总值的30.5%。贸易国别达172个；进出口超亿美元的企业达65家，私营企业进出口额超217.3亿美元，占全区进出口总值的78.5%；2015年边境贸易占全区进出口总额的52.9%，占全国边贸进出口总额的27.6%。

（五）利用外资步伐加快

2000至2015年，新疆实际利用外资年均增长22.9%。2015年，实际利用外资4.5亿美元，比上年增长8.5%。截至2015年底，新疆现存的外商投资企业有551家。现有外商投资企业主要来自中国香港、美国、日本等51个国家（地区），项目涉及纺织、矿业、食品加工、商贸等40多个领域。中亚等周边国家在新疆主要投资商贸服务业。

（六）对外投资合作发展势头良好

2000至2015年，新疆境外投资年均递增34.5%，境外承包工程营业额年均递增34.2%。2015年，完成对外工程承包营业额21.8亿美元，增长0.5%。对外直接投资达9.08亿美元，增长54.2%。新疆企业对外投资合作企业和项目，既为当地提供了就业岗位，也增加了所在国的税收。新疆企业在周边国家投资占新疆对外投资的50%以上。如新疆企业以总包、分包方式积极参与塔吉克、吉尔吉斯等国国家电网改造、中哈原油管道、中亚天然气管道、中塔公路、中哈霍尔果斯铁路等重点基础设施建设项目，实现了促进当地经济社会发展与企业自身成长双赢。

二、推进商贸物流中心建设的主要思路与举措

我国《推动共建丝绸之路经济带和21世纪海上丝绸之路的愿景与行动》提出，新疆要通过深化与中亚、南亚、西亚等国家交流合作，建设丝绸之路经济带上重要的商贸物流、交通枢纽和医疗服务三大中心，打造丝绸之路经济带核心区。

新疆初步规划丝绸之路经济带核心区建设的主要目标为“五中心、三基地、三通道、十大产业集聚区”。即建设区域性交通枢纽中心、商贸物流中心、金融中心、文化科教中心和医疗服务中心；建成国家大型油气生产加工和储备基地、大型煤炭煤电煤化工基地、大型风电基地；建成国家能源资源、交通、信息传输通道；建设国家机械装备、纺织服装、轻工、建材、化工、金属制品、信息服务、进口油气资源、进口矿产品、进口农林牧产品等十大进出口产品加工产业集聚区。新疆已出台《关于推进新疆丝绸之路经济带核心区建设的实施意见》《推进新疆丝绸之路经济带核心区建设行动计划（2014—2020年）》。

（一）编制实施丝绸之路经济带核心区商贸物流中心发展规划

基本原则：

市场主导、政府引导。发挥市场配置资源的决定性作用，突出企业市场主体地位，积极发挥政府在战略、规划、政策等方面引导作用，创造适宜的发展环境。

统筹协调、协同建设。按照商贸物流发展规律，统筹处理好核心区与境外、核心区与内地、地方与兵团等关系，实现功能互补、合作共赢。

创新驱动、产业联动。通过商贸物流领域关键技术应用创新和运管模式创新，吸引相关产业集聚发展，推动商贸物流与现代服务业、金融、工业、农业等产业融合发展。

优化布局、项目引领。合理确定商贸物流在区域发展和城市建设中的定位，发挥重大项目的示范带动作用。

总体布局：

以乌鲁木齐为核心，依托喀什、伊宁、博乐、克拉玛依、奎屯、塔城、库尔勒、阿克苏、克州、哈密、和田等区域中心城市，规划建设若干商贸物流产业集聚区，打造现代物流产业集群，建设一批特色商品和专业交易市场，形成辐射周边的现代商贸物流中心架构。

推进建设国际商品交易体系、现代物流服务组织体系、大宗商品采购交易体系、电子商务创新应用体系、国际口岸开放发展体系、城乡商贸物流服务体系等。

（二）大力推进国际商贸物流通道建设

一是加快建设面向中西南亚、欧洲及中巴经济走廊的物流通道、信息通道，突出与周边国家道路联通、信息联通。推进中欧货运班列多点始发、多地运行、多点到达常态化运行，增加新疆地产工业品和特色农产品出口，并根据国内市场需求扩大进口先进技术设备。

二是推进建设中欧班列集结编组中心、进出口货物分拨中心、乌鲁木齐空港陆路港。支持乌鲁木齐铁路局在开通西行国际货运班列基础上，整合现有铁路专用线，建设国际货物编组站，建设向西进出口货物集散中心及陆、铁、空配套联运的物流基地，使乌鲁木齐成为向西开放的主要节点城市；乌鲁木齐空港陆路港项目建设要实现线上线下高度融合，线上发展第四方、第五方物流和跨境电子商务，引进国内外物流企业，突出国际化，提供多语种的线上信息服务。新疆将成为丝绸之路经济带核心区的货运集散中心、中国西部最大的内陆国际港区。

三是制定物流业发展政策措施，提高物流效率、降低物流成本。

四是建设自治区电子口岸信息数据平台，确保“一次申报、一次查验、一次放行”“单一窗口”“跨境电子商务”等通关便利化措施尽早落地，提高通关能力和过货效率。2016 年 5 月 25 日，新疆电子口岸已经正式启动。

（三）推进对外贸易转型升级

积极引导边境贸易转型升级。发挥新疆传统旅购贸易优势，引进市场采购贸易方式，力促对周边国家贸易持续稳定增长。

培育引导一批外向型产业集群。用好国家赋予的优惠政策和差别化产业政策，采用多种合作方式，以现有各类国家级产业园区为依托，加快培育发展一批外向型产业集群，着力扩大产品出口。

大力发展加工贸易。积极发展具有比较优势的原油、粮食、钢材、棉花、皮革等加工贸易，培育一批加工贸易承接转移示范基地，扩大具有较高技术含量和市场竞争力的产品出口。

加快服务贸易发展。支持面向沿线国家的货代物流、劳务输出、医疗服务、工程设计监理等传统服务贸易，重点培育通信、金融、信息服务、传媒、咨询等高附加值服务贸易。

支持跨境电子商务发展。力争将乌鲁木齐、喀什、霍尔果斯列入国家跨境电子商务综合试验区；加强跨境电子商务公共服务平台建设，支持跨境电子商务零售出口企业与境外企业合作；力争将克拉玛依市云计算产业园区、伊宁市国际电子商务产业园、阿克苏市电子商务产业园、喀什中国西部电商总部基地等四个园区列入国家级电子商务示范基地。

（四）加快各类国家级园区建设

一是着力承接产业转移，提升产业聚集水平。用好国家赋予的优惠政策和差别化产业政策，适时采取“飞地”、托管、股份制合作等共建模式，加快在国家级园区发展特色优势产业，推动传统产业转型升级和发展战略性新兴产业。二是重点推进喀什、霍尔果斯经济开发区，中哈霍尔果斯边境合作中心，阿拉山口、喀什综合保税区建设，先行先试一批重大改革措施，提升对外开放示范效应。三是依托出口加工区、综合保税区和边境合作区，建设并形成口岸经济带，依托周边优势资源，发展轻纺、食品、家电、石油化工、煤化工、电子、农业机械、机电产品、建材等产业。四是支持乌鲁木齐亚欧经贸合作试验区建设。

（五）支持企业走出去

通过政策引导，支持企业通过链条式转移、集群式发展、园区化经营等创新走出去方式，建设境外产业园区，开展境外能源资源开发和非资源领域合作。

一是积极参与中巴经济走廊重点项目建设。二是建设中泰新丝路塔吉克斯坦农业产业园，形成跨国农业合作示范效应。三是做好格鲁吉亚华凌工业园的配套完善及前期验收准备工作。四是组织一批有意向的企业考察入驻乌兹别克斯坦鹏盛工业园。五是支持新疆企业与俄罗斯车里雅宾斯克州南乌拉尔物流园开展投资合作。六是利用新疆电力、新能源等技术优势，支持企业在周边国家及非洲实施重点项目；推动钢铁、水泥等产能向周边国家转移。

（六）强化对外开放合作平台建设

一是继续办好中国—亚欧博览会。二是积极参与我国与周边国家间经贸混委会工作机制，参与上合组织和中巴经济走廊机制；三是打造境外交易平台，重点办好哈萨克斯坦、吉尔吉斯斯坦、塔吉克斯坦、乌兹别克斯坦出口商品展，积极在白俄罗斯、俄罗斯联邦车里雅宾斯克州、鞑靼斯坦共和国等举办出口商品展，扩大展会覆盖面，提高合同履约率。四是继续利用好与阿塞拜疆、亚美尼亚、吉尔吉斯斯坦、塔吉克斯坦等四国地方经贸合作工作组会议，推进贸易投资便利化。鼓励沿边地州与相邻国家州区开展多种形式的地区间区域合作。

（七）加快推进互联互通

推进哈萨克斯坦“双西公路”与我国高速路网对接。做好中巴铁路前期工作，继续为中吉乌铁路建设创造条件，推进喀喇昆仑公路升级改造。增开乌鲁木齐、喀什直飞中亚、南亚、西亚和欧洲国家航线，以及克拉玛依、伊宁至中亚主要城市的国际航线。建设新疆“亚欧信息高速公路和通信枢纽”。

（八）深化国际金融合作

积极推动跨境人民币结算业务，扩大外汇交易币种和交易量。继续推动人民币区域外汇交易市场建设，加快人民币与坚戈、卢布、索姆等周边国家货币的区域交易步伐。推进建设乌鲁木齐区域性国际金融中心、喀什金融贸易创新示范区、霍尔果斯人民币离岸中心。

（九）发展跨境旅游

支持塔城、阿勒泰、霍尔果斯、喀什、克州等地州与境内外旅游机构合作，建立双边多边协调机制，搭建交流推介平台，简化出入境通关手续，完善旅游服务功能，发展跨境旅游和特色旅游，联合开发国际精品旅游线路。

利用塔城市至哈国乌尔加尔县边境旅游试点政策，以跨境游带动哈萨克斯坦等国公民来我边境城市康复、休闲、疗养，把新疆打造成面向哈萨克斯坦等中亚国家的“康复乐园”。

地方政府与国家发改委建立推进国际产能合作委市协同机制

一、河南省

为贯彻落实《国务院关于推进国际产能和装备制造合作的指导意见》，1月17日，国家发展改革委主任徐绍史与河南省省长谢伏瞻在北京签署协议，建立推进国际产能和装备制造合作委省协同机制。

双方商定，首批将重点推动宇通客车公司、中信重工机械公司、安阳钢铁集团、贵友实业集团等河南省重点企业在哈萨克斯坦、马来西亚、吉尔吉斯斯坦等国的14个产能合作项目。国家发展改革委将在建设多双边合作机制、制定国际产能合作重点国别规划、争取金融机构融资支持、设立国际产能合作股权投资基金等工作中对河南省予以支持。河南省将围绕钢铁、有色、纺织、建筑、水泥、电力、化工等重点领域和亚洲周边国家、非洲、南美及中东欧国家等重点区域，制定扶持激励政策，设立财政引导资金，建立动态更新的重点项目库，积极推动本省企业开展国际产能和装备制造合作。

二、江苏省

为贯彻落实《国务院关于推进国际产能和装备制造合作的指导意见》，1月17日，国家发展改革委主任徐绍史与江苏省代省长石泰峰在北京签署协议，建立推进国际产能和装备制造合作委省协同机制。

双方商定，江苏省企业在印尼、柬埔寨、埃塞俄比亚、俄罗斯等国的29个产能合作项目作为首批项目由国家发展改革委予以协调推动。同时，国家发展改革委将在建设多双边合作机制、制定国际产能合作重点国别规划、争取金融机构融资支持、设立国际产能合作股权投资基金等工作中对江苏省予以支持。江苏省将围绕轻工纺织、石化、冶金、建材等4个传统优势行业以及工程机械、轨道交通、新型电力、船舶和海洋工程等4个重大装备制造领域，制定扶持激励政策，设立财政引导资金，建立动态更新的重点项目库，积极推动本省企业国际产能和装备制造合作。

三、辽宁省

为贯彻落实《国务院关于推进国际产能和装备制造合作的指导意见》(国发〔2015〕30号)，经过我委的积极争取和大力推进，3月1日，辽宁省省长陈求发在北京与国家发展改革委主任徐绍史签署了《关于建立推进国际产能和装备制造合作委省协同机制的合作框架协议》。

双方商定，通过建立委省协同机制，进一步加强地方政府与国家部委联动、沟通和合作，支持辽宁省开展国际产能和装备制造合作，进一步提高辽宁省开放型经济发展水平，推进辽宁省经济结构调整和产业转型升级，打造国际产能和装备制造合作新样板。辽宁省将从对外开放大局出发，结合本省产业发展基础、结构调整目标和装备制造业及富余产能现状，制定有针对性的实施方案，加强对企业开展国际产能和装备制造合作的统筹协调，制定扶持激励政策，设立财政专项资金，加大支持力度，确定电力、机床、工程机械、船舶、海洋工程及石油装备、轨道交通装备、钢铁、有色、能矿等重点领域和亚洲周边国家、非洲及中东欧国家等重点区域，引导市场主体积极参与产能国际合作，带动省内装备制造和设备“走出去”。

四、四川省

为贯彻落实《国务院关于推进国际产能和装备制造合作的指导意见》，3月1日，徐绍史主任与四川省省长尹力签署合作协议，建立推进国际产能和装备制造合作委省协同机制。

双方商定，四川省政府将成立省级层面的协调机制，将推进国际产能和装备制造合作作为本省对外经济工作的重中之重，在国家发展改革委的指导下，推进一批重点领域项目尽快取得实质性突破，带动一批装备产品输出取得明显增长。四川省将确定“一带一路”沿线20个国家和部分非洲国家作为产能合作重点区域，聚焦重点领域，分类实施、有序推进。国家发展改革委支持四川企业积极参与国家重大国际产能合作项目以及铁路、电力等重大装备“走出去”建设项目，将在建设多双边合作机制、制定重点国别规划、设立股权投资基金等工作中对四川省予以支持。

五、吉林省

为贯彻落实《国务院关于推进国际产能和装备制造合作的指导意见》，3月2日，徐绍史主任与吉林省省长蒋超良签署合作协议，建立推进国际产能和装备制造合作委省协同机制。

双方商定，吉林省政府将成立省级层面的协调机制，将推进国际产能和装备制造合作作为本省对外经济工作的重中之重，在国家发展改革委的指导下，推进一批重点领域项目尽快取得实质性突破，带动一批装备产品输出取得明显增长。吉林省将确定汽车、轨道交通、钢铁、有色、电力、化工、水泥、农林牧等重点领域和亚洲周边国家、非洲及中东欧国家等重点区域，引导市场主体积极参与产能国际合作，带动省内装备制造产品和设备“走出去”。国家发展改革委支持吉林企业积极参与国家重大国际产能合作项目以及铁路、电力等重大装备“走出去”建设项目，将在建设多双边合作机制、制定重点国别规划、设立股权投资基金等工作中对吉林省予以支持。

六、广西自治区

为贯彻落实《国务院关于推进国际产能和装备制造合作的指导意见》，3月2日，徐绍史主任与广西自治区主席陈武签署合作协议，建立推进国际产能和装备制造合作委省协同机制。

双方商定，广西自治区政府将确定钢铁、有色、汽车、工程机械、建材等重点领域和东南亚、非洲及中东欧国家等重点区域，引导市场主体积极参与国际产能合作，带动区内装备制造和设备“走出去”。广西将积极配合推进与东盟及“一带一路”沿线国家建立国际产能合作机制，充分发挥中国—东盟博览会、中国—东盟商务与投资峰会等现有多边高层合作机制的作用，搭建政府和企业对外合作平台。国家发展改革委支持广西企业积极参与国家重大国际产能合作项目以及铁路、电力等重大装备“走出去”建设项目，将在建设多双边合作机制、制定重点国别规划、设立股权投资基金等工作中对广西自治区予以支持。

七、浙江省

为贯彻落实《国务院关于推进国际产能和装备制造合作的指导意见》，3月3日，徐绍史主任与浙江省省长李强签署合作协议，建立推进国际产能和装备制造合作委省协同机制。

双方商定，通过建立委省协同机制，进一步加强国家部委与地方政府联动、沟通和合作，支持浙江省开展国际产能合作，进一步提高浙江省开放型经济发展水平。浙江省将从对外开放大局出发，结合本省产业发展基础、结构调整目标和产能现状，制定有针对性的实施方案，加强对企业开展国际产能合作的统筹协调，加大支持力度，确定钢铁、水泥、汽车、石化、船舶和海洋工程、远洋渔业（海外基地）、风电和光伏发电等重点领域和“一带一路”沿线国家、亚洲周边国家、非洲及中东欧国家等重点区域，引导市场主体积极参与产能国际合作。国家发改委支持浙江企业积极参与国家重大国际产能合作项目以及铁路、电力等重大装备“走出去”建设项目，将在建设多双边合作机制、制定重点国别规划、设立股权投资基金等工作中对浙江省予以支持。

八、陕西省

为贯彻落实《国务院关于推进国际产能和装备制造合作的指导意见》，3 月 3 日，徐绍史主任与陕西省省长娄勤俭签署合作协议，建立推进国际产能和装备制造合作委省协同机制。

双方商定，通过建立委省协同机制，明确各自工作职责，促进中央部门与地方联动，积极支持陕西省开展国际产能和装备制造合作，进一步提高陕西省开放水平，推进陕西省经济结构调整和产业转型升级。陕西省政府确定能源化工、建材、有色、轻纺、电力、通信、航天航空、工程机械、汽车、农畜产品深加工等重点领域与中亚、西亚、东南亚等丝路沿线国家、拉美、非洲及中东欧国家等重点区域，引导市场主体积极参与产能国际合作，带动省内装备制造和设备“走出去”。国家发改委支持陕西企业积极参与国家重大国际产能合作项目以及铁路、电力等重大装备“走出去”建设项目，将在建设多双边合作机制、制定重点国别规划、设立股权投资基金等工作中对陕西省予以支持。

九、湖南省

为贯彻落实《国务院关于推进国际产能和装备制造合作的指导意见》，3 月 4 日，徐绍史主任与湖南省省长杜家亳签署合作协议，建立推进国际产能和装备制造合作委省协同机制。

双方商定，湖南省政府将在国家发展改革委的指导下，加强对企业开展国际产能合作的统筹协调，引导市场主体积极参与国际产能合作，带动省内装备制造和设备“走出去”。湖南省确定以工程机械、海工装备、轨道交通、电子信息、矿产资源勘查开发、冶金、新材料、小水电和输变电设备、纺织、食品等行业为重点领域，以东南亚、中亚、澳洲、南美、非洲等地区为重点区域，以华菱钢铁、中联重科、三一、中车、湘电、远大、特变电等企业境外投资的重点项目为支撑，通过境外投资设厂、建设合作园区等方式推动湖南省优势产业扩大出口、集群发展，通过工程总承包等方式推动优质企业“造船出海”，通过央地合作，推动企业“借船出海”。国家发展改革委支持湖南企业积极参与国家重大国际产能合作项目以及铁路、电力等重大装备“走出去”建设项目，将在建设多双边合作机制、制定重点国别规划、设立股权投资基金等工作中对湖南省予以支持。

十、广东省

为贯彻落实《国务院关于推进国际产能和装备制造合作的指导意见》，3 月 12 日，国家发展改革委徐绍史主任与广东省省长朱小丹在北京签署协议，建立推进国际产能和装备制造合作委省协同机制。

双方商定，首批将重点推动珠海华发集团、广东省交通集团、广州港集团、珠海港控股集团、广东省粤电集团等广东省重点企业在马来西亚、巴基斯坦、越南和泰国等国的 25 个产能合作项目。国家发展改革委将在建设多双边合作机制、制定国际产能合作重点国别规划、争取金融机构融资支持、设立国际产能合作股权投资基金等工作中对广东省予以支持。广东省将加强对企业开展国际产能和装备制造合作的统筹协调，制定扶持激励政策，设立广东丝路基金，加大支持力度，确定产业园区、电力、有色、石化、农业等重点领域和“一带一路”沿线国家尤其是东南亚、南亚国家等重点区域，引导市场主体积极参与产能国际合作，带动省内装备制造和设备“走出去”。

十一、福建省

为贯彻落实《国务院关于推进国际产能和装备制造合作的指导意见》，3 月 12 日，国家发展改革委徐绍史主任与福建省省长于伟国在北京签署协议，建立推进国际产能和装备制造合作委省协同机制。

双方商定，首批将重点推动福耀玻璃集团、福建鼎瑞公司、福建吴钢集团、武夷实业股份公司、紫金矿业集团等福建省重点企业在印度尼西亚、肯尼亚、巴布亚新几内亚等国的 21 个产能合作项目。国家发展改革委将在建设多双边合作机制、制定国际产能合作重点国别规划、争取金融机构融资支持、设立国际产能合作股权投资基金等工作中对福建省予以支持。福建省将以采矿、有色、汽车、渔业、建材、船舶、轻纺、信息通信、工程机械、环保装备等为重点领域，以 21 世纪海上丝绸之路沿线国家和地区为重点方向，引导市场主体积极参与产能国际合作，带动省内装备制造和设备“走出去”。

十二、上海市

为贯彻落实《国务院关于推进国际产能和装备制造合作的指导意见》，5 月 12 日，国家发展改革委徐绍史主任与上海市市长杨雄在北京签署协议，建立推进国际产能和装备制造合作委市协同机制。

双方商定，将充分发挥上海加快建设“四个中心”和中国（上海）自由贸易试验区的开放优势，加快提升上海开放型经济水平及优势产业的全球资源配置能力。国家发展改革委将在建设多双边合作机制、争取金融机构融资支持、设立国际产能合作股权投资基金等工作中对上海市予以支持。上海市将重点围绕能源开发和电力设备、汽车制造、钢铁、港口和港口设备、船舶和海洋工程、通信设备、建筑建材、轻工纺织等领域，建立动态更新的重点项目库，同时引导企业发挥自身优势，大力拓展海外市场，积极开展跨国并购与产业投资合作，全方位提升国际竞争力。

十三、河北省

为贯彻落实《国务院关于推进国际产能和装备制造合作的指导意见》，7 月 6 日，国家发展改革委主任徐绍史与河北省省长张庆伟在北京签署协议，建立推进国际产能和装备制造合作部省协同机制。

双方确定，河北省企业在南非、塞尔维亚等国的钢铁、水泥、光伏、玻璃等领域 13 个产能合作项目将作为首批项目由发展改革委予以协调推动。同时，发展改革委将河北省作为国际产能和装备制造合作示范省，在建设多双边合作机制、制定国际产能和装备制造合作重点国别规划、争取金融机构融资支持、设立国际产能合作股权投资基金等工作中对河北省予以支持。河北省将结合钢铁、水泥、玻璃、光伏等重点领域和亚洲周边国家、非洲及中东欧国家等重点区域，制定扶持激励政策，设立财政专项资金，建立动态更新的重点项目库，积极推动本省国际产能和装备制造合作。

十四、重庆市

为贯彻落实《国务院关于推进国际产能和装备制造合作的指导意见》，8 月 18 日，国家发展改革委徐绍史主任与重庆市市长黄奇帆在北京签署协议，建立推进国际产能和装备制造合作委市协同机制。

双方商定，将强化国家发展改革委对重庆市推进国际产能合作的宏观指导和工作服务，充分发挥重庆市政府融入国家战略的积极性，将重庆市打造成国际产能合作示范城市。国家发展改革委将在建设多双边合作机制、制定国际产能合作重点国别规划、争取金融机构融资支持、设立国际产能合作股权投资基金等工作中对重庆市予以支持。重庆市将重点围绕汽车摩托车、有色冶金、装备、建材、化工等领域，以非洲、中东和中东欧为重点区域，推动重庆化医集团、重庆力帆、重庆对外经贸集团、重庆能源集团等重点企业实施的产能合作项目；同时，按照开工一批、储备一批、谋划一批的滚动机制，建立动态更新的重点项目库，作为国家国际产能合作项目库的重要内容。

十五、内蒙古自治区

为贯彻落实《国务院关于推进国际产能和装备制造合作的指导意见》，9 月 8 日，国家发展改革委主任徐绍史与内蒙古自治区主席布小林在北京签署协议，建立推进国际产能和装备制造合作委区协同机制。

双方商定，将强化国家发展改革委对内蒙古自治区推进国际产能合作的宏观指导和统筹协调，充分发挥内蒙古自治区政府作用，将内蒙古自治区打造成国际产能合作新样板。国家发展改革委将在建设多双边合作机制、制定国际产能合作重点国别规划、争取金融机构融资支持、设立国际产能合作股权投资基金等工作中对内蒙古自治区予以支持。内蒙古自治区将围绕钢铁、有色、建材、电力、化工、轻纺、农牧业开发等重点领域和东北亚、东南亚、非洲、大洋洲以及北美洲国家等重点区域，引导市场主体积极参与国际产能合作，带动区内装备制造“走出去”。

十六、江西省

为贯彻落实《国务院关于推进国际产能和装备制造合作的指导意见》，10 月 27 日，国家发展改革委主任徐绍史与江西省省长鹿心社在北京签署协议，建立推进国际产能和装备制造合作委省协同机制。

双方商定，江西省企业在土耳其、埃塞俄比亚、印尼、马来西亚等国的 20 个产能合作项目作为首批项目由国家发展改革委予以协调推动。同时，国家发展改革委将在建设多双边合作机制、制定国际产能合作重点国别规划、争取金融机构融资支持、设立国际产能合作股权投资基金等工作中对江西省予以支持。江西省将围绕矿产资源、轻工纺织、有色金属、光伏新能源等重点领域和亚洲周边国家和非洲国家等重点区域，制定扶持激励政策，设立财政引导资金，建立动态更新的重点项目库，积极推动本省企业国际产能和装备制造合作。

十七、湖北省

为贯彻落实《国务院关于推进国际产能和装备制造合作的指导意见》，12 月 11 日，国家发展改革委主任徐绍史与湖北省省长王国生在武汉签署协议，建立推进国际产能和装备制造合作委省协同机制。

双方商定，湖北省企业在塔吉克斯坦、埃及、俄罗斯、越南等国的 12 个产能合作项目作为首批项目由国家发展改革委予以协调推动。同时，国家发展改革委将在建设多双边合作机制、制定国际产能合作重点国别规划、争取金融机构融资支持、设立国际产能合作股权投资基金等工作中对湖北省予以支持。湖北省将围绕钢铁、水泥、平板玻璃、汽车零部件、光电子信息、太阳能光伏、农产品加工、电力等重点领域和亚洲周边国家、非洲及中东欧国家等重点区域，制定扶持激励政策，建立动态更新的重点项目库，积极推动本省企业开展国际产能和装备制造合作。

十八、云南省

为贯彻落实《国务院关于推进国际产能和

装备制造合作的指导意见》，12 月 17 日，国家发展改革委主任徐绍史与云南省省长陈豪在北京签署协议，建立推进国际产能和装备制造合作委省协同机制。

双方商定，国家发展改革委将在建设多双边合作机制、制定国际产能合作重点国别规划、争取金融机构融资支持、设立国际产能合作股权投资基金等工作中对云南省予以支持。云南省将围绕电力行业、装备制造、冶金、化工建材、轻工、物流等重点领域和南亚、东南亚、北美、非洲及中东欧国家等重点区域，制定扶持激励政策，建立动态更新的重点项目库，积极推动本省企业开展国际产能和装备制造合作。

十九、安徽省

为贯彻落实《国务院关于推进国际产能和装备制造合作的指导意见》，12 月 17 日，国家发展改革委主任徐绍史与安徽省省长李锦斌在北京签署协议，建立推进国际产能和装备制造合作委省协同机制。

双方商定，国家发展改革委将在建设多双边合作机制、制定国际产能合作重点国别规划、争取金融机构融资支持、设立国际产能合作股权投资基金等工作中对安徽省予以支持。安徽省将围绕建材、汽车及零部件、钢铁、有色、光伏、工程机械、农业、生物化工等重点领域和亚洲周边国家、欧洲、非洲及南美洲等重点区域，制定扶持激励政策，建立动态更新的重点项目库，积极推动本省企业开展国际产能和装备制造合作。

二十、甘肃省

为贯彻落实《国务院关于推进国际产能和装备制造合作的指导意见》，12 月 18 日，国家发展改革委主任徐绍史与甘肃省省长刘伟平在北京签署协议，建立推进国际产能和装备制造合作委省协同机制。

双方商定，首批将重点推动金川集团、白银公司、酒钢集团、八冶集团等甘肃省重点企业在塔吉克斯坦、吉尔吉斯斯坦、印度尼西亚等国的 20 个产能合作项目。国家发展改革委将在建设多双边合作机制、制定国际产能合作重点国别规划、争取金融机构融资支持、设立国际产能合作股权投资基金等工作中对甘肃省予以支持。甘肃省将围绕石油化工、冶金、有色、装备制造等重点领域，制定扶持激励政策，建立动态更新的重点项目库，积极推动本省企业开展国际产能和装备制造合作。

二十一、山东省

为贯彻落实《国务院关于推进国际产能和装备制造合作的指导意见》，12 月 19 日，国家发展改革委主任徐绍史与山东省省长郭树清在北京签署协议，建立推进国际产能和装备制造合作委省协同机制。

双方商定，首批将重点推动如意科技集团、南山铝业、魏桥创业集团、烟台万华等山东省重点企业在巴基斯坦、印度尼西亚、匈牙利等国的 23 个产能合作项目。国家发展改革委将在建设多双边合作机制、制定国际产能合作重点国别规划、争取金融机构融资支持、设立国际产能合作股权投资基金等工作中对山东省予以支持。山东省将围绕钢铁、有色、工程机械、轮胎、炼化、建材、装备、化工、轻纺、造纸、汽车、船舶等重点领域，制定扶持激励政策，建立动态更新的重点项目库，积极推动本省企业开展国际产能和装备制造合作。

专文

以“一带一路”为旗帜发展开放型世界经济

国家发改委西部司　欧晓理

历史和现实告诉我们，封闭导致落后，落后就要挨打。历史和现实也已经证明，开放促进进步，进步带来繁荣。

纵观历史，我国曾经历过若干次大的兴盛期。秦汉时期，国家实现了真正意义上的统一，儒家兴起，佛学东进，多元一体的中华民族开始孕育出新，大一统的政治格局也初步得以确立，并创下了文景之治、汉武盛世。经贞观之治达到古代中国全盛时期，开创了太平盛世，这是中国历史上最令人神往的年代，中国取得了领先世界的经济、军事和文化成就。明清时期，中国进入平稳成长期，康乾盛世让中国达到了古代社会发展的顶峰。

与此同时，我国也曾经历过若干次大的开放期。公元前138年，张骞受汉武帝派遣通西域，打通了中原至中亚的通道，开创了丝绸之路，带回了当时西域各国的历史、地理、人文知识，打开了中国人认识世界的大门。东汉时期，班超出使西域，还曾出使罗马帝国，使中国人对世界的认识大大地向前推进了一步。中华的丝绸和先进技术沿着丝绸之路传入远方，佛教、伊斯兰教、阿里巴的立法和医药也传递到了中国，拓宽了中国人的视野。

海上丝绸之路也逐渐兴起，全面的对外开放不仅带来了无与伦比的盛唐气象，也为中国文明永久性地注入了自信的基因。在长安城的外国人当时在10万以上，占当时总人口的十分之一，长安城是名副其实的国际大都市。当时在中国做官的外国人鼎盛时期达到3000人，波斯人官拜宰相，这体现了中国博大的胸襟。

宋元时期，我国经济进一步发展，当时我国有着世界规模最大的商船队，广州、泉州港口拥挤。令人惋惜的是，明清政府故步自封实行闭关锁国的政策，深陷天朝的怪圈不可自拔。19世纪中叶，我们再次开放了，与以往不同的是，开放的大门是被殖民者强行撞开的，不平等的开放以及恶意的掠夺，中华民族面临着前所未有的生存危机。

如果我们仔细考察可以发现，历史上的兴盛期与开放期呈现出明显的正相关关系，华夏民族的兴盛时期正是中国开放的时期，华夏民族衰落的时候也是中国故步自封的时候。究其根源，开放可以带来思想、文化和文明的交流融合，提升民族的视野、智慧和格局，促进经济发展效率提升和科技进步，实现国家发展的基业长青。

回到当下，仔细想想经历过的改革开放历程，我们都可以深切地感受到，开放给我国带来的巨大变化。30多年来，我们之所以取得令全球瞩目的发展成就，对外开放是一个重要的法宝，开放始终是我国经济持续快速发展的主要动力之一。前20多年的发展主要得益于东部沿海地区的率先开放，以及随之同步推动的中部、西部和东北地区的对外开放，近十多年的发展主要得益于加入世界贸易组织后的进一步扩大开放。

中国经济与世界经济深度融合，保持经济持续健康发展，实现“两个一百年”奋斗目标，实现中华民族伟大复兴的中国梦，必须要坚持对外开放的基本国策，树立全球视野，积极统筹国际国内两个大局，以更加开放的姿态面向世界、面向未来。

吸取历史的智慧，中国提出“一带一路”倡议，以此统率我国今后相当长时间对外开放和对外合作工作。中国提出“一带一路”倡议还有一些现实的考量。从国际上看，当前世界经济仍处于国际金融危机发生后的深度调整期，原有的发展格局被打破，增长新动力、新格局尚未形成，世界经济复苏的道路艰难曲折。在全球金融危机背景下，虽然经济全球化和区域经济一体化仍是主流，但也出现了利益全球化，甚至反全球化的案例。一些国家为重振本国经济纷纷举起贸易保护主义的旗帜，出现了各种各样的变相保护主义，妨碍了跨境投资和跨境贸易的顺利开展，反全球化思潮在上升。

国际金融危机充分暴露了全球治理体系存在的缺陷和不合理性。现在的全球治理体系是由发达国家主导的，是为它们的战略利益服务的，缺少发展中国家的参与。这次全球金融危机证明，以往发达国家提供消费市场、新兴市场国家提供巨大的生产能力、资源国输出资源三角循环模式并不合理也并不可持续。根本原因在于全球经贸和投资领域不平等和不平衡性，发达国家以20%的人口占据了世界贸易大部分的份额，就像倒金字塔结构头重脚轻，矛盾积累到一定程度危机必然爆发。

“一带一路”建设重要的出发点是为世界经济复苏的结构优化注入新的动能，沿线有64亿人口，生产总值占全球的30%。如果通过创新合作方式把潜在庞大的人才红利和各种优质要素资源结合，就可以产生新的增长奇迹。这对优质基础的大力建设，供给、需求的协调发展，生产、消费的相互促进，民生和就业的更加改善非常有利，同时可以推动倒金字塔的不合理、不可持续结构向着更加合理长期可持续地发展。2016年8月，我在“举中国方案、建大道之行”一文中指出，“一带一路”是促进全球经济复苏的中国方案，是增进不同文明互学互进的中国智慧，是推进全球治理体系变革的中国担当。

中国作为一个13亿人口国家，在较短时间内实现现代化是全球前所未有的。随着支撑传统增长方式的国内外条件的变化，国民经济发展进入新常态，这要求我们必须重新塑造国际竞争新优势。更加积极主动地在全球范围内配置资源是重塑国际竞争新优势的重要途径。也要看到，目前我们已进入资本输出的行列，在更大程度、更广范围、更深层次地融入世界经济，对外开放也从引进来为主转向走出去为主新阶段。我们必须更加主动谋划对外开放战略，自觉地融入全球制造网络、市场网络和创新网络，在资源掌控、产业链的整合、技术的引领等方面施展更大的抱负。

因此，我们认为，应当以“一带一路”作为旗帜，秉持开放合作的精神，致力于维护全球自由贸易体系和开放型世界经济，促进经济要素有序流动、资源高效配置，推动各国开展更大范围、更高水平、更深层次的合作，共同打造开放、包容、均衡普惠的经济合作架构，为建立美好的人类命运共同体而努力。

（作者系国家发改委西部司巡视员，本文系作者在2016年11月22日中国开放与发展论坛上的发言，题目为编者所加）

以“一带一路”引领对外开放

商务部综合司　杨涛

一、“一带一路”经贸合作进展情况

经贸合作是“一带一路”建设的基础和先导，是双边关系的“压舱石”和“推进器”。三年多来，我们坚持共商、共建、共享的原则，弘扬和平合作、开放包容、互学互鉴、互利共赢的丝路精神，依托双边经贸联委会、混委会等机制，加强与沿线国家沟通交流，深化与沿线国家经贸合作，取得丰硕成果。

——通过开展政策沟通、战略对接，实现了互利共赢、共同发展。推动“一带一路”倡议与欧亚经济联盟发展规划、蒙古“草原之路”、柬埔寨“四角战略”对接达成共识，推动与越南、老挝、捷克、波兰、乌兹别克斯坦等国家的战略对接，凝聚了共识。

——通过扩大双向贸易往来，优化了贸易结构。推动大型成套设备、机电产品和高科技产品出口，满足了沿线国家产业转型升级的需要。进一步削减壁垒，搭建平台，扩大自沿线国家进口。与沿线国家在旅游、中医药、文化等领域进行交流，加强双方在服务贸易领域的合作。2016年前三季度，我国与沿线国家贸易额达到7000亿美元，占中国对外贸易总额的26%。

——通过加强双向投资合作，拉紧了沿线国家的利益纽带。2016年前三季度，中国对沿线国家直接投资额达到110亿美元，占中国对外投资额的8%，与沿线国家新签承包工程合同额达到746亿美元，占中国新签对外承包工程合同额的50%，增长比较快，一批重大项目不断落地。与此同时，沿线国家对华投资也不断增加。2016年前三季度，沿线国家对华实际投资金额是51亿美元，新设企业2100多家，增长34%，这说明双向投资合作都在发展过程中，而不是单纯地中国企业走出去。

——通过加快经贸产业园区建设，辐射带动当地的发展。截止到2016年9月底，中国企业在沿线国家设立了56个经贸合作区，累计投资180亿美元，总产值达到了475亿美元，创造了16. 3万多个就业岗位。中国—白俄罗斯工业园、泰国—中国罗勇工业园等园区进展顺利，高材料、新能源企业入园投资，形成了规模，给当地带来了实实在在的好处。

——通过推进贸易投资自由化和便利化，加快了区域经济一体化进程。中国在“一带一路”建设过程中同沿线国家共商、共建自由贸易区，完成了中国—东盟自贸区升级谈判，这个自贸区协定于2016年7月1日实施生效。与格鲁吉亚自贸区协定于2016年10月结束了实质性谈判。区域全面伙伴关系协定已经进行了15轮谈判，各方就货物贸易、服务贸易、投资等核心领域开展了深入磋商，完成了经济基础合作，等等。

二、以“一带一路”建设来引领对外开放

2016年6月习近平主席访问乌兹别克斯坦时指出，中方愿意与各方一道把握历史机遇，推动“一带一路”建设向更高水平、更广空间迈进，包括构建“一带一路”互利合作网络、共创“一带一路”新型合作模式、打造“一带一路”多元合作平台、推进“一带一路”重点领域项目，与沿线国家携手打造绿色丝绸之路、健康丝绸之路、智力丝绸之路、和平丝绸之路，

这些都为“一带一路”指明了发展方向。

“十三五”是“一带一路”建设全面实施的关键阶段，我们将在准确把握“一带一路”深刻内涵的基础上，围绕政策沟通、设施联通、贸易畅通、资金融通、民心相通这五通，大力推进“一带一路”建设，引领中国新时期对外开放。

第一，继续加强与相关国家发展战略对接。进一步完善现有多边和双边经贸合作机制，包括联委会的磋商机制，推动各国发展战略目标、路径和开放举措进行深度对接，寻找更多的利益交汇点，建立更加紧密的互利合作关系，为推进“一带一路”建设创造比较好的制度环境，为各方业界合作提供比较好的预期。

第二，畅通“一带一路”经济走廊。主要是打造陆上经济走廊和海上合作支点。陆上是六大经济走廊，包括新亚欧大陆桥、中蒙俄、中国—中亚—西亚、中国—中南半岛、中巴、孟中印缅经济走廊，推动与周边国家互联互通，共同构建基础设施网络；海上主要是建设安全畅通的运输大通道，推动沿线重要港口建设和运营，共建临港产业园区。

第三，继续深化贸易投资合作。挖掘与沿线国家的贸易增长点，促进中国企业与沿线国家建立海外仓库、物流基地、分拨中心等国际营销网络，逐步构建与沿线国家大通关合作，提升贸易便利化水平。在外资领域，进一步放宽外商投资的准入领域，探索试行准入前国民待遇加负面清单的外资管理模式，优化投资环境、吸引更多沿线国家来华投资。在推进国家产能合作方面，引导中国企业有序到沿线国家投资设厂，为沿线各国提供优质、环境友好的产能和先进技术装备，帮助沿线国家优化产业布局，提高工业化水平，延伸产业链，积极推动国家在深加工方面的合作。在园区建设方面，与有条件有意愿的沿线国家共建经贸合作区、跨境经济合作区和边境合作区，吸引各国企业入园投资，形成优势互补、良性互动产业聚集区。

第四，继续加快实施自由贸易区战略。推动中国与海合会、以色列、巴基斯坦、马尔代夫等自贸区的谈判，为亚太开放型经济提供制度性保障。我们注重建设自贸区的质量，积极主动扩大服务投资、政府采购等领域的开放，开拓电子商务等新引擎的谈判。目前，我们与自贸合作伙伴的贸易额占中国对外贸易总额的38%，“十三五”期间这一比重有望进一步提高，最终构筑起立足周边、覆盖“一带一路”、面向全球的高标准自由贸易区网络。

第五，统筹国内区域开发与国际经济合作。将“一带一路”与国内开发建设有机结合，以东部发达地区为引领，它们可以发挥引领的作用；以内陆重点经济区为腹地，它们的区位比较好、劳动力资源丰富，可以作为重要的腹地支撑；以沿边地区为前沿，它们和海上陆地相连可以发挥门户的作用。加强东中西三个区域间的合作，全面提升中国开放性经济的水平。

第六，加强金融合作和金融政策支持。重点是两个方面：一是推动国家开发银行、进出口银行等政策性银行扩大贷款规模，加大对“一带一路”建设重点项目的支持；二是积极发挥亚投行、丝路基金、欧亚基金等金融机构和多双边政策性基金的引导作用，支持更多的企业参与“一带一路”项目建设和运营。

第七，密切人文交流合作。加强教育、文化、旅游、体育、卫生、科技等领域的合作，开展丰富多样的民间交流，为“一带一路”夯实民意的基础，促进是民心相通。

未来，我们将努力把中国的发展同沿线国家的发展结合起来，把中国梦同沿线各国人民的梦想结合起来，与沿线各国加强交流，集思广益，牢牢抓住发展这个公约数，提升对外开放的层次和水平，让“一带一路”沿线各国人民更快更多更有效地分享“一带一路”建设所带来的成果和实惠。

（作者系商务部综合司副巡视员，本文系作者在2016年11月22日中国开放与发展论坛上的发言）

全面提升与欧亚国家经贸合作水平

商务部欧亚司

2017年5月，习近平主席在“一带一路”国际合作高峰论坛期间发表的重要讲话，深刻阐述了以和平合作、开放包容、互学互鉴、互利共赢为核心的丝路精神，回顾了四年来“一带一路”建设取得的丰硕成果，提出了建设和平之路、繁荣之路、开放之路、创新之路、文明之路的美好愿景，为我们以“一带一路”建设统领对欧亚地区经贸合作指明了方向。

一、“一带一路”建设在欧亚地区示范效果明显

欧亚地区总人口近3亿，GDP总量约为2万亿美元。欧亚12国是“一带一路”的主攻方向和优先区域。由商务部牵头与欧亚国家及地区区域组织对口部门建立的经贸合作机制共20个。其中，副总理级合作机制3个，部级合作机制11个。

1. 政策沟通实现全覆盖。政策对接早，行动快，覆盖面广是丝绸之路经济带在欧亚地区推进的显著特点。自2014年以来，中国与欧亚12国签署了共建丝绸之路经济带政府间协议或部门间谅解备忘录，积极落实中俄两国元首就“一带一路”建设与欧亚经济联盟建设对接合作达成的重要共识，与欧亚经济委员会签署《关于启动中国与欧亚经济联盟经贸合作协议谈判的联合声明》；推进中哈（萨克斯坦）“光明之路”新经济政策与丝绸之路经济带战略对接。在“一带一路”国际合作高峰论坛期间，欧亚地区支持《推进“一带一路”贸易畅通合作倡议》实现了全覆盖。

2. 贸易畅通取得明显成效。一是我与欧亚国家双边贸易企稳向好。2016年，我与欧亚12国贸易总额1098.78亿美元，同比下降1.4%。其中，中方出口618.84亿美元，进口479.94亿美元，分别增长6.6%和下降10.1%。进出口、出口均优于我国外贸总体表现。中俄贸易实现正增长（2.2%），中方对亚美尼亚、吉尔吉斯斯坦、阿塞拜疆等国贸易增幅在20%左右。2017年1—4月，中国与欧亚12国贸易总额达383亿美元，同比增长17.7%，其中，中方出口195.7亿美元，进口187.3亿美元，分别同比增长17%和18.4%。中国继续保持地区国家主要贸易伙伴地位，贸易结构持续改善，电子商务蓬勃发展，多种农产品实现相互准入。二是自贸区建设和贸易便利化取得突破。中格仅用7个月时间完成自贸谈判并签署自贸协定，格成为欧亚地区第一个与中方签署自由贸易协定的国家；中国和摩尔多瓦已经结束自贸谈判联合可行性研究，将适时启动正式谈判；与欧亚经济联盟商定将建立自贸区确定为长远发展目标，并已开展三轮《经贸合作协议》谈判；中国与哈萨克斯坦新版投资保护协定启动商谈；上合组织区域经济合作议题不断深入，各方启动探讨贸易便利化协议，为深化合作打下基础。

3. 设施联通推动大项目实施。中方对欧亚地区各类投资约830亿美元，互联互通、产能合作、园区建设项目顺利实施。道路建设方面，《上海合作组织成员国国际道路运输便利化协定》签订并正式生效。吉尔吉斯斯坦伊塞克湖环湖公路连接线修复、塔吉克斯坦艾尼—彭基肯特高速公路项目竣工，两国总统出席通车仪

式并对项目给予高度评价；乌兹别克斯坦安格连-帕普隧道、塔吉克斯坦瓦赫达特-亚湾隧道工程竣工，中国企业在吉实施的“南-北”公路项目顺利推进，质量和进度多次受到各国领导人肯定。跨境物流运输合作方面，连云港已成为中亚国家对日韩及东南亚转口的重要货物中转基地；中哈霍尔果斯国际边境合作中心改善了跨境基础设施条件；中俄同江铁路桥预计2018年建成；黑河公路大桥项目于2016年底启动建设，预计2019年投入使用；中俄滨海1号和2号国际交通走廊正在规划和建设之中；由我多个城市发往“一带一路”建设参与国的陆路直达班列开通运营。2016年，中欧班列共开行1702列，同比增长109%，其中，返程班列572列，同比增长116%。2017年1月，“义乌号”过境哈仅用18天就抵达伦敦，引起国际社会强烈反响。能源基础设施建设方面，中俄原油管道及原油增供项目顺利实施；东线天然气管道已经开工；中国—中亚天然气管道C线已全线竣工并验收，D线塔吉克斯坦境内段开工建设；中哈天然气管道第二阶段按期投产，吉尔吉斯斯坦南北电力大动脉（达特卡-克明500千伏高压输变电工程）竣工，塔吉克斯坦杜尚别2号热电厂一期工程第一台机组并网发电。

4. 产能合作和境外经贸合作园区建设积极推进。中哈商定51个产能合作项目，金额约270亿美元，阿斯塔纳轻轨、钢管制造合资企业、江淮汽车组装厂开工，阿克托盖选矿厂投产；我在吉建设的三个炼油厂填补了吉产业空白；中国企业在塔实施的水泥厂、纺纱厂和金矿开采等合作项目相继启动或竣工。中国长城公司、力帆公司在俄投资建设的汽车生产厂项目稳步推进。我国在欧亚地区建设境外经贸合作园区24个，占全球总数的31%，涉及木材加工、石油装备制造、建材深加工、通信等多个产业。中俄乌苏里斯克经贸合作区、托木斯克木材工贸合作区、现代农业产业合作区、龙跃林业合作区等4个国家级境外经贸合作区推进顺利。乌兹别克斯坦吉扎克工业园等5个园区已通过商务部、财政部的确认考核。中白工业园在2015年5月习近平主席与卢卡申科总统共同视察之后加速发展，两国领导人商定将中白工业园打造成丝绸之路经济带上的明珠和中白互利合作的典范。目前中白工业园起步区“七通一平”及配套基础设施建设完工，具备全面招商条件。

5. 资金融通丰富投资平台。亚投行、丝路基金、中国—欧亚经济合作基金、中哈产能合作基金的组建，大大丰富了中方对该地区的投资平台。中吉正商建双边基金。中俄本币结算规模不断扩大。中国工商银行在莫斯科建立人民币清算行，俄央行在华也开立代表处。亚投行在欧亚地区的业务范围不断拓展。丝路基金和中国—欧亚经济合作基金正在开展项目遴选。我向白提供30亿美元优惠出口买方信贷和40亿美元商业贷款额度正在逐步落实。人民币国际化步伐加快，中方启动了人民币兑塔吉克斯坦索莫尼汇率挂牌交易，哈将人民币列为储备货币。

6. 民心相通惠及当地民众。近年来，中国政府向欧亚国家提供了大量无息贷款、无偿援助、援外优惠贷款和优惠出口买方信贷，用于建设社会保障房、医院、学校等一批重大项目，显著惠及当地民众，产生良好社会效益。中国企业在乌兹别克斯坦承建的铁路隧道通车，乌前总统称“实现了费尔干纳几代人的梦想”；在吉尔吉斯斯坦实施的输变电项目助力其实现能源独立；在塔吉克斯坦建设的热电厂项目解决了多年困扰首都地区居民的冬季取暖问题；各工业园区建设提速，就业带动作用已开始显现。此外，中方还利用援款为欧亚国家培训了7000多名各类人员，逐年增加来华进修和培训名额，帮助欧亚国家提高能力建设水平。

二、积极落实“一带一路”国际合作高峰论坛成果

2017年将召开党的十九大，2017年也是实施“十三五”规划的重要一年和推进供给侧结构性改革的深化之年，我司将切实增强“四个意识”，以习近平主席重要讲话精神为指南，根据部党组的工作部署，开动脑筋，埋头苦干，推动“一带一路”建设在欧亚地区取得新的更大进展。

1. 突出机制引领，加强政策对接。以我与欧亚国家建交25周年为契机，做实经贸混委会这一重要平台，增进互信，统一理念，规划并落实好“一带一路”在欧亚地区各项重点工作，推进“一带一路”倡议与欧亚各国发展战略深度对接，推动各国与我寻求最大利益交融，争取各国对“一带一路”倡议认识更理性、参与更积极、对我的期待更切合实际。

2. 推动贸易投资便利化，加强制度性安排。以签署中格自贸协定为新起点，让更多企业从自贸区战略实施中获益，尽早启动中摩自贸协定谈判；逐步改善贸易结构，扩大农产品相互准入，推动跨境电商等新型贸易方式，吸引欧亚国家来华参加中国国际进口博览会；推进中国与欧亚经济联盟经贸合作协议和中哈新版投资保护协定谈判；促进地区国家进一步改善投资环境，提高贸易投资便利化和自由化水平。

3. 推进大项目实施，加强中小企业合作。加快推进实施中俄能源、核能、高铁、航空航天、跨境基础设施等战略性大项目。努力做好协调工作，推动我国在欧亚地区建设的境外经贸区形成产业聚集效应。积极促进与各国经贸部门商签中小企业合作备忘录，为中小企业参与“一带一路”建设创造更加便利的条件。

4. 加大融资力度，提高“造血”功能。做好援贷款项目筛选工作，推动丝路基金、欧亚基金发挥投融资作用，加强与各国本币互换和本币结算，用好在俄设立的人民币清算安排，缓解各国参与“一带一路”建设资金难题。扩大实行“援外本土化”等新模式，从中方“输血”向提高对方“造血”能力转变。

5. 强化安全保障，推动产能合作和互联互通。以落实重大跨境合作项目为契机，与各国深化安全合作，做好油气运输管线、基础设施安全保障工作。加强对企业“走出去”重点国别和产业指引，大力推动与欧亚国家在跨境基础设施建设和加工制造等重点领域的合作，努力提升国际产能合作和互联互通水平。

6. 突出文化引领，打造绿色民生工程。充分考虑文化认同因素，克服文化差异，顺应文化转型。引导企业尊重当地民族、宗教习俗，重视资源环境保护，尊重当地社会价值观，切实履行社会责任，加大回报当地社会，落实好紧急粮食援助、“幸福家园”、“爱心助困”和“康复助医”等民生项目。

建设“一带一路”是提高我国开放水平、促进区域协调发展和增进沿线国家人民福祉的一项伟大事业。我们将积极落实“一带一路”国际合作高峰论坛成果，扎实做好经贸合作这篇大文章，全面提升与欧亚国家经贸合作水平，共创丝绸之路新辉煌，为实现中华民族伟大复兴的中国梦、推动沿线国家共同发展、促进世界和平稳定繁荣作出新的更大的贡献。

“一带一路”经贸合作取得积极进展

商务部新闻办公室

2016年，商务部全面贯彻党的十八大和十八届三中、四中、五中、六中全会精神，深入学习贯彻习近平总书记系列重要讲话精神，按照党中央、国务院的统一部署，在推进“一带一路”建设方面，加强与相关部门协调配合，深化与沿线国家经贸合作，取得积极进展。

推动与沿线国家交流沟通与务实合作。充分利用双边经贸联委会、混委会等现有机制以及区域次区域合作平台，发挥驻外经商机构作用，加强与沿线国家的交流对话，积极推动政策沟通和战略对接。成功就“一带一路”倡议同欧盟“容克投资计划”、蒙古“草原之路”、柬埔寨“四角战略”、老挝“变陆锁国为陆联国”战略等对接达成共识，推动“一带一路”战略同捷克、波兰、乌兹别克斯坦、文莱等国以及欧亚经济联盟的发展战略对接。

促进与沿线国家贸易往来。积极完善贸易投资促进政策和便利化措施，扩大相互市场开放，利用出口信贷、出口信用保险等政策支持大型成套设备出口。积极扩大自沿线国家进口，发展跨境电子商务，支持中欧班列有序发展。开展一系列贸易投资促进活动，举办中国-东盟博览会、中国-亚欧博览会、广交会等大型综合性展会，取得了良好的效果。2016年1-11月，我国与沿线国家贸易额达8489亿美元，占同期我国外贸总额的25.7%，其中出口5234亿美元，进口3255亿美元。

拓展与沿线国家双向投资。推动出台完善企业走出去的促进政策和便利化措施，优化对外投资管理模式，强化服务保障，以工程承包为先导，以金融服务为支持，带动装备产品、技术、标准、服务联合走出去，推进国际产能和装备制造合作。2016年1-11月，我国对“一带一路”沿线国家直接投资134亿美元，占同期我国对外投资总额的8.3%，与沿线国家新签对外承包工程合同额1004亿美元，同比增长40.1%。同时，不断优化外商投资环境，吸引更多的沿线国家企业来华投资。2016年1-11月，沿线国家对华投资新设立企业2472家，同比增长27.3%，实际利用外资63亿美元。

打造产业集群式“走出去”的平台。大力发挥境外经贸合作区、跨境经济合作区的载体作用，推动制造业和配套服务业企业抱团“走出去”并形成产业聚集，促进共同发展，降低“走出去”的风险。目前，我国企业共在“一带一路”沿线20个国家建设50多个境外经贸合作区，累计投资超过180亿美元，为东道国创造了超过10亿美元的税收和超过16万个就业岗位。中国-白俄罗斯工业园、中国-马来西亚关丹产业园、中哈霍尔果斯国际边境合作中心等一批重点园区正在加快推进建设，越来越多的中外企业到这些园区投资设厂。

推动实施一批重大项目。综合利用政策性、开发性、商业性资金，推动重大项目建设取得积极进展。巴基斯坦喀喇昆仑公路二期、卡拉奇高速公路、中老铁路已开工建设，土耳其东西高铁、匈塞铁路等项目正在有序推进。积极发挥驻外经商机构的一线作用，加强对企业的服务和指导，为重大项目建设保驾护航。

加快推进自贸区建设。把自贸区作为“一带一路”建设的重要内容，完成与东盟的自贸区升级谈判、与格鲁吉亚的自贸谈判，积极推进区域全面经济伙伴关系协定（RCEP）谈判，推进与马尔代夫自贸区谈判，启动与海合会、以色列等自贸区谈判，积极与沿线有关国家和地区发展新的自由贸易关系，努力构建高标准自由贸易区网络，推动区域经济一体化发展。

加大对沿线发展中国家的援助力度。积极为沿线发展中国家提供力所能及的援助，集中用好援外资金，稳步推动改善民生的援助项目建设，使相关国家的民众直接受益，努力夯实“一带一路”建设民意基础。

以“一带一路”为统领推进自贸区建设

商务部研究院　李光辉　刘牧茜

“一带一路”是深化中国与沿线国家经贸合作所形成的国际经济合作的一个重要区域，是党中央站在新的历史起点上，把握世界经济大势，结合中国经济发展和对外开放的实际提出的顶层设计。自由贸易区建设要以“一带一路”为统领，以周边为基础，逐步构建起面向全球的高标准自由贸易区网络，主动对接国际经贸规则。

一、自由贸易区建设的发展历程

1. 自由贸易区理论体系初步形成。十七大报告明确提出，要“拓展对外开放的广度和深度，提高开放型经济水平”，要“实施自由贸易区战略，加强双边多边经贸合作”。这是我国首次将自由贸易区建设作为一个国家战略提出来，为我国自由贸易区理论的形成指明了方向。我国《国民经济和社会发展第十二个五年规划纲要》指出，“加快实施自由贸易区战略”，“进一步加强与主要贸易伙伴的经济联系，深化同新兴市场国家和发展中国家的务实合作”。这一时期，我国的自由贸易区建设处于被动和适应阶段。

十八大之后，党中央根据全球战略、经贸规则、外交格局等方面的变化以及我国在全球经济、政治格局中的战略定位等因素，提出了加快实施自由贸易区战略的总体思路、战略布局等重要思想，逐步形成了我国自由贸易区理论体系。十八大报告提出要加快实施自由贸易区战略，十八届三中全会提出要以周边为基础加快实施自由贸易区战略，形成面向全球的高标准自由贸易区网络；习近平总书记在中共中央政治局第十九次集体学习时进一步提出，要逐步构筑起立足周边、辐射“一带一路”、面向全球的自由贸易区网络，加快实施自由贸易区战略，这是我国积极参与国际经贸规则制定、争取全球经济治理制度性权力的重要平台，在国际规则制定中要发出更多中国声音、注入更多中国元素，我们不能当旁观者、跟随者，而是要做参与者、引领者；中央全面深化改革领导小组第十八次会议审议通过的《关于加快实施自由贸易区战略的若干意见》提出了我国自由贸易区建设的总体要求、基本原则、目标任务、战略布局等，标志着我国自由贸易区理论体系已经形成。

2. 自由贸易区战略布局不断清晰。2013 年 11 月，十八届三中全会通过的《中共中央关于全面深化改革若干重大问题的决定》明确提出，加快实施“自由贸易区战略”，“以周边为基础，形成面向全球的高标准自由贸易区网络”。2014 年 12 月 5 日，习近平在中共中央政治局第十九次集体学习中指出，要“推进更高水平的对外开放，加快实施自由贸易区战略，加快构建开放型经济新体制”。《国务院关于加快实施自由贸易区战略的若干意见》（国发〔2015〕69 号）对我国自由贸易区的战略布局提出了更加明晰的方向：加快构建周边自由贸易区。力争与所有毗邻国家和地区建立自由贸易区，不断深化经贸关系，构建合作共赢的周边大市场。积极推进“一带一路”沿线自由贸易区。结合周边自由贸易区建设和推进国际产能合作，积极同“一带一路”沿线国家商建自由贸易区，形成“一带一路”大市场，将“一带一路”打造成畅通之路、商贸之路、开放之路。逐步形成全球自由贸易区网络。

争取同大部分新兴经济体、发展中大国、主要区域经济集团和部分发达国家建立自由贸易区，构建金砖国家大市场、新兴经济体大市场和发展中国家大市场等。至此，我国自由贸易区建设的战略布局方向已基本明确。

3. 自由贸易区实践模式不断创新。中国自由贸易区建设之初就实现了模式的创新。世界其他国家在建设自由贸易区时，都是根据协定的内容按部就班地进行，而我国自由贸易区建设则不同，如中国-东盟自由贸易区建设。为了使东盟国家尽早享受到自由贸易协定的好处，双方经过协商，创造性地实施了早期收获计划。早期收获计划是从 2004 年 1 月 1 日起对 588 种产品（主要是《税则》第一章至第八章的农产品，还包括少量其他章节的产品）实行降税，到 2006 年将这些产品的关税降为零。2006 年 1 月 1 日，我国对东盟所有国家的早期收获产品均已实现零关税；东盟老成员也对我国的早期收获产品给予零关税待遇，东盟新成员可以较晚地实现早期收获产品的零关税。这种做法在以前各国自由贸易协定谈判中没有先例，是自由贸易区建设过程中的一个模式创新。

在对外模式创新的同时，我国对内也进行不断的创新，建立自由贸易试验区，进行压力测试，把控风险底线。2013 年 9 月 29 日，中国（上海）自由贸易试验区成立，其定位之一是营造国际化、法制化、市场化的营商环境，主动与国际经贸规则接轨，实行准入前国民待遇和负面清单。通过试验区内先行先试后，中韩自由贸易协定便增加了“准入前国民待遇和负面清单”相关内容。

4. 谈判领域不断拓展。2002 年 11 月，我国与东盟签署《中国-东盟全面经济合作框架协议》(我国第一个自由贸易区协定)，该协定内容只包括货物贸易、服务贸易和投资。随着我国签订的自由贸易区协定的不断增加，我国自由贸易协定中的开放领域不断得到拓展，特别是中韩和中澳自由贸易协定的开放领域较大。中韩自由贸易协定于 2015 年 12 月 20 日正式生效，范围涵盖货物贸易、服务贸易、投资和规则共 17 个领域，包含电子商务、竞争政策、政府采购、环境等“21 世纪经贸议题”。中韩自由贸易区是中国对外商谈的覆盖领域最广、涉及国别贸易额最大的自由贸易区。

中澳自由贸易协定于 2015 年 12 月 20 日正式生效，范围涵盖货物贸易、服务贸易、投资，以及电子商务、政府采购、知识产权、竞争等“21 世纪经贸议题”在内的十几个领域，实现了“全面、高质量和利益平衡”的目标。在货物贸易方面，双方各有占出口贸易额 85.4%的产品在协定生效时立即实现零关税。减税过渡期后，澳大利亚最终实现零关税的税目占比和贸易额占比将达到 100%；中国实现零关税的税目占比和贸易额占比将分别达到 96.8%和 97%，这大大超过一般自贸协定中 90%的降税水平。在服务贸易方面，澳方承诺自协定生效时对中方以负面清单方式开放服务部门，成为世界上首个对我国以负面清单方式作出服务贸易承诺的国家。中方则以正面清单方式向澳方开放服务部门。在投资领域，双方自协定生效时相互给予最惠国待遇；澳方同时将降低对中国企业赴澳投资的审查门槛，并作出便利化安排。

二、构建面向全球的高标准自由贸易区网络

回顾我国自由贸易区建设十五年的发展历程，可以说成绩显著，可圈可点。经过十五年的建设，从理论上讲，我国已初步形成具有中国特色的自由贸易区理论；从实践上看，我国已探索出一条适合中国经济发展、不断创新的实践之路。展望未来，我国要以“一带一路”为统领，重点推进与“一带一路”沿线国家建设自由贸易区，构建面向全球的高标准自由贸易区网络，主动对接国际经贸规则。

第一，加快推进与“一带一路”沿线国家建

设自由贸易区。2015年3月国家发布的《推动共建丝绸之路经济带和21世纪海上丝绸之路的愿景与行动》指出，要积极同沿线国家和地区共同商建自由贸易区。因此，我国需要结合周边自由贸易区建设与国际产能合作情况，加快推进与“一带一路”沿线国家商谈建设自由贸易区，通过自由贸易区的建设，逐渐形成“一带一路”大市场，打造畅通、商贸和开放之路。

第二，力争与所有周边国家和地区建立自由贸易区。周边国家和地区是“一带一路”建设的起点和重点，是我国繁荣和发展的基础，也是我国实施对外战略的首要区域，自由贸易区的建设要立足于我国周边国家和地区。我国要通过自由贸易区的建设，为企业走出去营造更好的市场准入与投资保护环境。我国自由贸易区建设起步于周边，即从东盟和中国香港澳门特别行政区开始，此后我国逐步与巴基斯坦、新加坡、中国台湾地区以及韩国等周边国家和地区建立了自由贸易区。上述自由贸易区的建设，提升了我国与周边国家和地区的贸易投资合作水平，密切了双方的经贸联系，形成了合作共赢、各方受益的大市场，这些自由贸易区将成为“一带一路”的重要支点。

第三，构建面向全球的高标准自由贸易区网络。面对当今复杂的国际经济、政治、外交环境，特别是国际经济格局正在深度调整，全球经贸规则面临重构压力，我国需要主动谋划、抢占先机，加快实施自由贸易区战略、建设高标准自由贸易区网络刻不容缓。从国内看，我国经济发展进入新常态，向形态更高级、分工更复杂、结构更合理的阶段演化，向全球产业链价值链高端跃升，我国迫切需要进一步提高开放水平和进行全面深化改革，积极构建开放型经济新体制，这对建设高水平的自由贸易区提出了新的要求。新形势下，我们需要积极发挥自由贸易区的重要作用，将自由贸易区作为积极参与国际经贸规则制定、争取全球经济治理制度性权力的重要平台，将加快高水平、高标准自由贸易区建设作为新一轮对外开放的重中之重予以实施。

第四，提升自由贸易协定的开放度。在推进自由贸易区建设的过程中，要进一步提高货物的降税水平，减少保护类产品的种类；提高服务领域开放水平，尽可能地放开服务类的限制；实施准入前国民待遇和负面清单的管理模式，进一步扩大开放领域；推进规则谈判与规制合作，加快建设高水平的自由贸易区，推动国际经贸规则向公平合理、有利于我国的方向发展，为国家实现对外战略目标、提升综合竞争力和维护发展利益发挥重要作用。

第五，推进多边自由贸易区的建设。在区域层面上，中国利用东盟在区域合作中的有利地位，率先推进中国—东盟自由贸易区升级版建设，深化双方贸易合作和经济往来，增强政治安全互信，维护地区繁荣和稳定，逐渐形成全方位、多层次、宽领域的合作格局，引领东亚区域合作方向，加速区域自由贸易区建设进程。同时，利用东盟“10+3”和区域全面经济伙伴关系（RCEP）机制框架下的区域合作平台，增强区域合作意识和互利共赢的理念，扩大合作空间与潜力，为中日韩自由贸易区和“一带一路”沿线自由贸易区的推进扫除障碍，中国将努力构建一个现代、全面、高质量、互利的自由贸易区。

在全球层面上，争取同大部分新兴经济体、发展中大国、主要区域经济集团和部分发达国家建立自由贸易区，构建金砖国家大市场、新兴经济体大市场和发展中国家大市场等。中国积极参与利用二十国集团，推进其机制化进程，携手构建G20机制运行框架，提升议题设置能力，促进二十国集团从金融危机的应急机制向促进经济合作的有效平台转变。同时，加快推进亚太自由贸易区的建设进程。

（作者分别系商务部研究院副院长、商务部研究院非洲所助理研究员）

中国海关大力支持“一带一路”建设

海关总署研究室 温韧

中国海关自1983年加入世界海关组织（WCO）以来，积极配合国家外交外经贸大局，不断加强国际交流与合作，积极参与国际海关事务决策和规则制定，承办重要会议、活动及地区机构，积极宣传中国海关改革发展成就，推动中国海关现代化建设理念和实践与国际接轨，全面参与WCO高官竞选、贸易便利、执法与守法、能力建设、人力资源建设等事务。深入参与贸易便利化领域多边规则制定；配合国家自贸区战略，积极做好自贸协定海关议题谈判和实施工作；务实参与亚太经合组织（APEC）、亚欧会议（ASEM）、金砖国家（BRICS）、二十国集团（G20）、中国—东盟（ASEAN）、上海合作组织（SCO）、中亚经济合作（CAREC）、大湄公河次区域（GMS）、中日韩、中蒙俄、孟中印缅等多边、区域框架内海关合作事务，推动落实与港澳台地区海关合作，在贸易安全与便利、执法、能力建设、保护社会和环境等方面取得积极进展。

2016年，中国海关与22个国家和地区签署了25份海关合作文件，其中11份在国家领导人见证下签署；开展与“一带一路”沿线国家和地区海关的“监管互认、执法互助、信息互换”合作；开展AEO互认、安智贸、监管结果互认、农产品快速通关“绿色通道”等务实合作项目；推动我国正式加入《国际公路运输公约》（TIR公约），接受WCO《经修订的京都公约》更多专项附约条款，推动中欧陆海快线、中欧货运班列沿线国家海关通关便利化合作，服务国际物流大通道建设；加强对外能力建设援助，举办“一带一路”沿线海关培训班17期，涉及28个国家、200余人，举办17期非洲中高级官员培训班，涉及40多个国家、近600人；参与WCO、WTO、中国—东盟等多边和区域事务，海关国际话语权和影响力进一步增强；开展了涉及《区域全面伙伴经济关系协定》（RCEP）等10个自贸区海关议题的谈判等工作，与欧亚经济联盟积极开展信息交换协定谈判。截至目前，我共与162个国家和地区开展了交往，签署194份合作文件。

一、2016年14项重点工作情况

“一带一路”建设是我国扩大对外开放的重大战略举措和经济外交的顶层设计，是我国今后相当长时期对外开放和对外合作的统领性规划，也是我国推动全球治理体系变革的主动作为。国家“十三五”规划明确提出，以“一带一路”为统领，构建全方位开放新格局。海关作为全球贸易供应链上的重要一环，在促进贸易安全与便利方面扮演着关键的角色，是“一带一路”建设的重要力量之一。

（一）大力深化口岸开放与合作

编制完成《国家口岸发展“十三五”规划》，在口岸设立和开放上对“一带一路”口岸支点布局予以完善，2016年国务院批准的5个开放口岸、4个扩大开放口岸，大多位于“一带一路”沿线。大力支持中欧班列运行发展，批准重庆、成都等8个中欧班列沿线铁路场站临时开放。发挥现有中俄、中哈、中越、中蒙口岸国际合作机制作用，组织召开工作例会，进一步扩大中俄特定商品监管结果互认项目实施范围，积极推动中哈“信任”项目合作实施，中哈预先信息交换合作在霍尔果斯（哈）—霍尔果斯（中）和阿拉山口（中）—多斯特克（哈）口岸运行。

（二）深入推进“三互”大通关建设

围绕互联互通，深入推动“三互”大通关建设。一是沿海口岸建成“单一窗口”的工作目标基本如期实现，广西等内陆沿边地区也率先上线“单一窗口”。二是关检合作“三个一”改革全面推广到全国所有直属海关和检验检疫部门，其中“一次查验”（一次开箱，关检依法查验/检验检疫）取得有效进展。大连、丹东、东莞、珠海、厦门等口岸率先实施“一站式作业”，监管设施资源实现了统筹使用。三是信息共享共用机制基本形成。制定口岸单位数据共享和使用管理办法，推动跨部门联网综合应用项目上线运行，相关联网部门通过中国电子口岸日均交换单证140万笔，基本实现口岸大通关核心环节信息共享。

（三）加快推进全国通关一体化

在丝绸之路经济带等5大板块推行区域通关一体化改革的基础上，启动全国通关一体化改革。6月，上海口岸开展风险防控中心、税收征管中心、“一次申报、分步处置”等试点，北京、宁波海关同步参与。11月，启动税收征管方式改革试点，广州的税收征管中心开始运行，北京的风险防控中心正在边建设边运行。在全国通关一体化改革稳步推进的同时，“一带一路”沿线关区初步形成了跨关区、跨层级、跨部门的一体化通关管理格局。

（四）稳步推进多式联运海关监管体系建设

一是完善多式联运海关监管相关法律法规，起草《中华人民共和国海关多式联运监管办法》《多式联运海关监管中心设置标准》，并组织交通运输部、中国铁路总公司以及中欧班列运营企业进行研讨。二是研发多式联运海关管理系统，并在进出境运输工具管理系统和舱单管理系统中完善铁路监管功能，推动系统相关功能上线。三是加强与相关地方政府沟通协调，支持在国家多式联运重要物流节点设立海关多式联运监管中心，推进重庆、郑州、青岛等海关多式联运监管中心试点建设。

（五）促进海关特殊监管区域国际合作

一是深入开展与沿线国家开展海关特殊监管区域合作的署级课题研究，通过海关专员俱乐部等平台组织研讨，拓展“一带一路”倡议下我海关特殊监管区域与沿线各国（地区）海关合作机遇，同时也为我海关特殊监管区域海关监管对标国际、完善自身管理模式、共建合法诚信营商环境等方面提供宝贵的经验。二是加强与沿线国家海关在海关特殊监管区域（自由贸易园区）海关管理方面的交流合作，派贸专家赴白俄罗斯、芬兰、意大利、乌干达等海关进行交流访问。三是推动符合条件的海关特殊监管区域整合为综合保税区，同时将新设综合保税区重点向丝绸之路经济带沿线地区倾斜，完善“一带一路”沿线海关特殊监管区域布局。

（六）加强与沿线国家和地区在自贸协定项下的制度对接

认真做好与“一带一路”沿线国家的自贸协定谈判。完成与格鲁吉亚的自贸协定谈判，积极推进24个在谈项目谈判，包括与马尔代夫、斯里兰卡、以色列等沿线国家进行的自贸协定谈判，与巴基斯坦的第二阶段降税谈判，与东盟、新加坡的自贸协定升级版谈判。随着我海关在自贸协定谈判中推介力度的不断加大，中国海关原产地电子联网模式得到了世界海关组织的认可和越来越多自贸协定成员的积极响应，与巴基斯坦、新加坡等沿线国家海关的原产地电子联网建设正稳步推进。

（七）打造“经认证的经营者”（AEO）互认合作升级版

在“一带一路”沿线国积极开展AEO互认合作，助推进出口企业实现“关通天下”。一是认真做好新加坡、欧盟等31个国家（地区）已实施的AEO互认合作项目，不断优化互认便利措施及实施机制。二是稳步扩大AEO互认合作范围，启动与马来西亚海关的AEO互认合作，签署《中马海关AEO互认行动计划》，与以色列、印度的AEO互认合作正有序推进。三是积极开展区域AEO互认合作，首次主办大图们四国（中、蒙、俄、韩）AEO互认合作磋商，参加中、日、韩三国AEO互认合作工作组会议，先后对印度、巴基斯坦、毛里求斯等国进行AEO制度培训，多次参加世界海关组织和欧盟海关举办的AEO互认合作会议。

（八）加强我与沿线重点国家和地区海关务实国际合作

一是制定并实施《推进“一带一路”海关国际合作指导意见》，更加有效发挥海关国际合作平台作用，助推“一带一路”发展。二是以通关便利化为重点开展与沿线国家海关等口岸执法机构的机制化合作。全年共与22个国家和地区签署25份涉及“三互”内容的合作文件。继续推动中欧陆海快线海关合作，该合作已连续三年被纳入中国—中东欧国家领导人会晤成果。签署《中欧安智贸试点计划第三阶段联合行动安排》，目前共10个国家的27个港口和机场加入安智贸项目。召开第二次中、匈、马、塞1+3工作组会议，推动风险管理合作，与希腊建立工作组会议机制。与波兰签署通关便利化协定，与斯洛伐克签署实施丝绸之路经济带合作倡议的谅解备忘录，并以此为蓝本拓展与其他中东欧国家在“一带一路”倡议下的海关合作。举办“丝绸之路博览会”框架下国际海关合作与通关便利化研讨会，推动“大协作”、“大通关”。三是扩大示范性合作项目的推进效果，中俄“绿色通道”项目推广至22个口岸，推进中蒙联合监管，推进中哈、中吉、中塔农产品快速通关“绿色通道”等项目。

（九）加强对沿线国家的能力建设支持

发挥上海海关学院“‘一带一路’沿线国家海关能力建设培训基地”的作用，借助WCO中国基金等多资金渠道，举办各类“一带一路”沿线海关培训、研讨班17期，涉及28个国家、200余人。与非洲海关能力建设合作向机制化、规模化、系统化发展，年内共组织17期非洲海关中高级官员培训班，涉及44个国家、517人。其中，第一期现代化管理培训班共吸引11个非洲国家、1个非洲次区域组织的54名海关中高级关员参加，是迄今为止规格最高、规模最大、影响最深的援外培训项目。此外，选拔业务专家向埃塞海关等沿线非洲国家派遣，探索建立对非援助合作新模式。

（十）加强与沿线重点国家的执法合作

继续推进与越南、泰国、印度、马来西亚、柬埔寨等沿线重点国家的执法合作，并派团赴越南、印度开展执法合作交流，与印度、印尼、马来西亚海关商签执法合作文件。7月份经我署提议，成功开展亚太地区打击邮寄快递渠道枪支弹药走私“和平女神”联合执法行动，22个WCO亚太地区成员海关，5个地区情报联络中心（RILO）参加，查获气枪、仿真枪、枪管、气枪子弹等禁限物品一批，为全球海关执法合作树立典范。

（十一）持续深入推进中国制造海外形象维护“清风”行动

印发《2016年全国海关“清风”行动工作方案》进行专项部署，重点针对出口非洲、阿拉伯国家、拉美地区和“一带一路”沿线国家及地区的商品展开专项整治，对输往拉美国家的药品、食品、汽车配件、玩具等涉及人身安全和生命健康等出口商品加强重点监管，行动取得预期成效。年内，我署与美国海关开展两次联合执法行动，与俄罗斯海关开展邮递快件渠道专项执法行动，并积极拓展与非洲、阿拉伯、南美等新兴贸易伙伴的海关合作。我国的知识产权海关保护国际影响力不断增强，全球反假冒组织、国际刑警组织先后授予中国海关

"全球反假冒年度政府机构嘉勉奖""全球反假冒最佳政府机构奖""国际知识产权犯罪调查合作奖"。

（十二）继续推进"一带一路"海关数据交换与共享服务平台建设

在现有海关信息交换与服务平台建设基础上，年内进一步推动与俄罗斯、哈萨克斯坦、蒙古、巴基斯坦以及欧盟海关在开展跨境运输、绿色通道、载货清单、原产地、AEO互任和安全智能贸易航线试点计划等合作方面的信息交换共享。召开中欧海关技术专家工作组第一次会议，探讨数据交换平台建设和风险管理等系统对接思路，磋商中欧海关关于加强科技信息技术机制化合作。召开中欧班列数据交换和监管互认第一次专题研讨会，向波兰、白俄罗斯、俄罗斯、哈萨克斯坦、蒙古等沿线国家海关介绍有关安全智能关锁应用设想，打通不同国家现场海关之间信息共享和查验结果互认通道，探索建立中欧班列沿线国家海关数据交换共享机制。

（十三）扩大"一带一路"建设宣传凝聚合作共识

加强多种形式对外宣传，年内署领导接受了俄通社-塔斯社记者专访、参加央视大型纪录片《一带一路》录制，全面宣传我署服务"一带一路"建设情况。举办题为"中国海关推进落实2016年'一带一路'建设"的专场信息发布会和题为"厦门海关如何服务'二十一世纪海上丝路'，建设'活力强关'"在线访谈，向各主流媒体和广大网民介绍中国海关落实"一带一路"建设重点工作情况，扩大海关服务"一带一路"建设的影响力。

（十四）举办"丝·路·关"展

启动"丝·路·关"系列展览，举办"追梦正未有穷期——海关服务'一带一路'建设专题展"，系统阐述"一带一路"历史渊源，展示海关在"一带一路"建设中的职能与作用。

二、2017年主要思路

2017年是实现"一带一路"战略规划"三步走"愿景中近期目标的关键之年。为贯彻落实习近平总书记在"一带一路"建设工作座谈会上的重要讲话精神，从严从实从细抓好国家推进"一带一路"建设工作领导小组制定的《推进"一带一路"建设2016年工作总结和2017年工作意见》和《海关总署落实〈丝绸之路经济带和21世纪海上丝绸之路建设战略规划〉实施方案》的落实，提出2017年海关落实"一带一路"倡议12项重点工作。

（一）研究制定构建沿线大通关合作机制行动计划

《关于深入贯彻落实习近平总书记在推进"一带一路"建设工作座谈会上重要讲话精神的意见》、2017年《政府工作报告》和全国海关关长会都对构建沿线大通关合作机制提出了明确要求。贯彻落实中央和总署党组决策部署，深入开展课题研究，研究制定构建沿线大通关合作机制行动计划，提高"一带一路"沿线货物运输全程通关效率和便利化水平，有效推动贸易畅通。

（二）积极参与"一带一路"国际合作高峰论坛活动

"一带一路"国际合作高峰论坛于2017年5月在京召开，是"一带一路"框架下最高规格的论坛活动，是2017年我国重大主场外交活动。根据中央统一部署，落实署领导"有措施、有声音、有成果"的要求，积极参与涉及海关的相关活动，重点参与"推动贸易畅通"平行会议，邀请重要国家海关与国际组织代表参会，集中签署一批海关合作文件，展示中国海关服务"一带一路"建设工作成绩，力争将海关领域相关成果纳入高峰论坛成果文件中。

（三）继续扩大沿线口岸开放与合作

落实口岸发展"十三五"规划，在研究制定2017年度口岸开放年度审理计划时优先考虑

"一带一路"沿线地区的项目。支持云南、广西等地开展"一口岸多通道"监管模式创新，争取实现峒中口岸（含里火通道）、友谊关口岸（含弄尧、浦寨2个通道）经国务院批准对外开放或扩大开放。推动《口岸管理工作条例》出台，取消口岸定义中有关"直接"进出境的限制，为内陆铁路集装箱场站作为口岸对外开放创造条件。会同发改委、财政部共同研究出台《国家口岸检查检验基础设施建设、改造和运行维护资金来源管理办法》，推动出台《国家口岸查验基础设施建设标准》，加强国际运输大通道所涉及的边境口岸改造及查验设施建设。将边境口岸合作事务纳入与邻国签署的共建"一带一路"合作备忘录等协议，与毗邻国家围绕重点口岸开展合作，筹备开好中俄总理定期会晤委员会运输分委会口岸工作组第二十次会议、中越陆地边境口岸管理合作委员会第五次会议和中蒙边境口岸管理合作委员会第二次会议，积极推动相关会议共识的落实。

（四）推进重点改革在沿线地区落地生根

深入推进通关一体化改革，年内基本实现全国通关一体化。加强"三互"大通关建设，国际贸易"单一窗口"标准版在全国范围内推广。探索推进与"一带一路"沿线国家和主要贸易伙伴国开展"单一窗口"建设等领域的交流合作，选择与我国贸易关系紧密且"单一窗口"较成熟的国家开展对接。做好《贸易便利化协定》（以下简称《协定》）实施准备工作，在海关全面深化改革中落实《协定》关于公平透明、简化协调等贸易便利化的理念和原则，确保海关改革与《协定》相衔接，与WTO规则的全面接轨。

（五）大力支持中欧班列建设发展

扎实推进多式联运海关监管体系建设，出台多式联运海关监管相关法律法规，完善多式联运管理系统，完成与中国铁路总公司信息互换工作，提升中欧班列全程通关便利化水平。积极推进中欧班列数据交换和监管互认，召开中欧班列数据交换和监管互认第二次专题研讨会，完善《中欧班列数据交换和监管互认安排草案》，研究草拟中欧班列数据交换和监管互认多边合作协议并争取在"一带一路"高峰论坛期间正式签订。总结安全智能锁在中欧（渝新欧）全程运邮测试班列试用经验，在中欧班列沿线国家海关推广应用统一标准的安全智能锁等物联网设备，引入北斗卫星定位技术实施全程定位，提高班列运行全程监控能力，保障班列货物通关便利和运输安全。探索将中欧班列启运地适用出口口岸管理政策，释放改革红利。

（六）主动服务国际产能合作

完善出境加工监管办法，支持"走出去"企业设备出口和利用沿线当地资源能源加工产品运回国内市场，引导国内优势产业转移，降低"走出去"企业投资成本。探索"一带一路"沿线海关特殊监管区域机制化合作，将海关特殊监管区域的建设标准、功能和政策嵌入到我国境外经贸合作区以及沿线国家自建的各类产业园区，打造产业合作新平台。积极推进"网上丝绸之路"建设，支持跨境电子商务企业结合国际产能合作重点领域促进大宗原材料网上交易、工业产品网上定制销售，在沿线物流枢纽布局设立其"海外仓"，利用保税物流功能拓展展示、展销业务，发展跨境电子商务。拓展和深化与相关国家海关的知识产权执法合作，深入推进"清风"行动，维护中国制造海外形象，助推中国品牌"走出去"。

（七）推动沿线国家贸易安全合作

深入开展海关维护"一带一路"沿线贸易安全课题研究，围绕与沿线国家执法机构开展安保交流合作、维护贸易安全，提出切实管用的措施。继续加强与沿线国家执法机构的供应链安全合作，推动打击邮寄快递渠道枪支弹药走私的"和平女神"联合执法行动由亚太地区升级为包括"一带一路"沿线在内的跨区域联合行动，与越南海关开展中越边境缉私联合行动。加大与沿线国家执法机构情报交流、联合执法和联合反恐力度，严厉打击跨境毒品、枪支、濒危、废物走私和商业瞒骗活动，共同筑牢跨境贸易安全防线。

（八）助推自贸区战略在“一带一路”沿线加快实施

继续牵头做好中国—马尔代夫、中国—斯里兰卡、中国—海合会、中国—以色列、中国—欧亚经济联盟双边，以及中日韩、区域全面经济伙伴关系（RCEP）等区域自贸区项下海关程序与贸易便利化议题的谈判，做好中国与新加坡、新西兰、智利等自贸区、内地与香港关于建立更紧密经贸关系安排（CEPA）等升级工作。推动与已签署自贸协定的沿线国家建立原产地证书数据交换，做好中国—瑞士、中国—韩国、中国—澳大利亚等已签署自贸协定项下海关程序议题的实施。探索与沿线其他国家建立自由贸易区的可行性，开展中国与加拿大建立自贸区的技术性讨论，启动中国—斐济自贸区研究。

（九）务实推动双边、区域与多边海关合作

积极拓展与“一带一路”重要节点国家海关AEO互认合作，全面推进中以、中马等AEO互认协议的谈签，推进中欧、中新AEO等互认合作协议实施。做好《国际公路运输公约》（TIR公约）实施工作，主动对接TIR电子系统，与其他国家海关开展数据交换合作，共同解决跨境运输中存在的安全和便利通关问题。召开中欧陆海快线1+3海关合作工作组会议，探讨将希腊纳入中欧陆海快线海关合作框架，推动中欧陆海快线通关便利化合作。争取将我“三互”国际海关合作理念纳入世界海关组织（WCO）《全球贸易安全与便利标准框架》（SAFE）文本，在金砖国家（BRICS）海关署长会议上提出制订和签署《金砖国家海关合作战略框架》，在该框架中将“三互”理念确定为合作三大支柱。全面谋划参与WCO事务整体布局，积极参与国际海关规则制定，做好担任2016—2018年政策委员会和财政委员会成员的相关工作，争取担任WCO电子商务工作组主席，发出更多中国海关声音。印发《边境海关合作管理办法》和《海关关际合作管理办法》，进一步规范和推动相关直属海关与沿线国家海关开展关际合作和边境合作。

（十）打造支持新疆、福建“一带一路”核心区建设升级版

与新疆维吾尔自治区人民政府签署新一轮署省合作备忘录，支持新疆有开放需求的口岸有序对外开放，支持新疆设立中欧、中亚国际货运班列集结中心，在保税物流中心（B型）的规划和审批中适当向新疆符合条件的地区予以倾斜，大力支持新疆发挥独特的区位优势和我国向西开放重要窗口作用，打造丝绸之路经济带核心区。继续抓好海关总署与福建省人民政府新一轮署省合作备忘录和支持福建开放型经济发展14项措施的落实，提升合作实效，推进福建建设“21世纪海上丝绸之路”核心区进程。

（十一）大力推进海关领域的人文交流合作

重点拓宽与沿线国家海关智库的联系沟通，打造“一带一路”海关智库合作体系，打造一批有价值的智力成果。继续依托“一带一路”沿线国家海关能力建设培训基地为相关国家海关提供技术援助和培训，视情安排中国海关专家赴沿线国家授课，加强同沿线国家海关在行政管理、业务改革、信息技术应用等方面交流。积极推动向世界海关组织等国际组织以及“一带一路”沿线重要节点国家和地区派驻海关人员，发挥海关驻外机构沟通桥梁作用。

（十二）统筹做好海关“一带一路”建设舆论宣传

充分利用“一带一路”国际合作高峰论坛契机，开展海关“推动贸易畅通”的集中宣传，介绍中国海关深入推进“信息互换、监管互助、

执法互认”理念，以互联互通国际合作促进关通天下、提升贸易便利化水平情况，扩大海关服务“一带一路”建设影响力。充分挖掘现有新闻宣传资源，进一步发挥中国海关门户网站作为信息发布平台的作用，通过新闻发布会、在线访谈、政策解读等多种形式，在互联网、报纸、电视、“海关发布”官方新媒体开展多层次多渠道宣传，形成综合性的新闻效应。

2017年，中国海关将积极参与“一带一路”国际合作高峰论坛和金砖国家领导人会晤海关相关活动；加大对国际规则的研究和运用，更多参与WCO、金砖国家、上海合作组织等多边和区域事务，提升与美欧俄等重点国家（地区）海关合作水平；做好《贸易便利化协定》实施准备工作和优惠贸易安排海关议题牵头谈判工作。

（作者系海关总署研究室主任）

民营经济与“一带一路”互动发展思路和对策建议

国家发改委对外经济研究所　王海峰

习近平总书记提出“一带一路”宏伟构想三年来，民营经济作为一支极其重要的力量，活跃在“一带一路”沿线的每一个国家，发挥自身优势，服务当地企业，造福普通大众，有力地促进了相关国家市场化建设和改革开放，为当地经济社会发展做出了巨大贡献，为“一带一路”国际合作高峰论坛的成功举办注入了新动能。

一、“一带一路”愿景呼唤民间力量

2015年3月中国政府公布《推动共建丝绸之路经济带和21世纪海上丝绸之路的愿景与行动》，提出了共建利益共同体、命运共同体和责任共同体，目的就是希望和沿线相关国家和地区共享发展理念，共商发展大计，共担发展责任，共促发展大业，共享发展成果。在“一带一路”建设过程中，民营经济承担着义不容辞的历史使命，民营企业发挥着极其重要的作用，是“一带一路”建设的生力军。

（一）政策沟通呼唤民间智慧

政策沟通和对话是“一带一路”建设的重要制度保障，需要民意的支持和民营经济的广泛参与。加强政府间合作对话、政府和企业间合作对话、企业间合作对话，才能使政府真正了解企业发展和公众诉求，才能有效集聚民间智慧，构建起政府间多层次高效率宏观政策沟通交流机制，推进区域内贸易自由化、投资便利化、金融国际化水平。2016年3月，马云在博鳌论坛上提出世界电子贸易平台（eWTP）构想，得到联合国、世界贸易组织和“一带一路”沿线很多国家的支持，并在当年的G20杭州峰会达成共识，同意设立促进跨境电商领域公私对话的eWTP，搭建起了国际组织、政府、企业多方对话机制。“一带一路”沿线国家在经济发展战略、市场改革、扩大开放、社会责任、中小企业参与等方面的交流对接，更需要民营经济参与，来协商解决各领域合作中存在的问题，为区域大市场建设、大项目实施、中小企业发展、公众福祉提供政策支持。三年来，“一带一路”相关国家的高层对话和政策沟通，均有民营企业参与其中，行业协会、商会、侨联等非政府组织发挥着积极的作用。2017年4月，东盟财长投资者研讨会就邀请蚂蚁金融服务公司、腾讯财付通支付科技公司、菲律宾的优步（Uber）公司、东南亚的贝宝（Paypal）公司、美国东盟商会、欧盟东盟商会等数百家民间机构与政府官员，就贸易便利化、电子商务、东南亚消费市场和基础设施建设等专题进行了研讨对话。

（二）设施联通需要民营经济参与

基础设施互联互通是“一带一路”建设的优先领域，重大项目需要社会资本和民营企业的参与。“一带一路”沿线国家在道路、港口、机场、管道、物流基础设施等传统互联互通基础设施建设方面的项目规划、技术标准、操作规范等对接不仅需要国有企业，也需要国内外民营企业通过PPP等多种形式来积极参与。“一带一路”基础信息网络、互联网、移动网、大数据、云计算等方面的规划、标准等对接，更需要民营企业的参与。华为在170多个国家和地区为1500多张网络提供设备技术支持，服务全球三分之一的人口；海外业务占其业务总量的近三分之二，其中“一带一路”沿线国家业务又占其海外业务的一半以上。阿里巴巴、腾讯、百度等民间力量已成为以互联网、大数据为基础的，以电子商务为特点的新经济发展中坚力量。同时，“一带一路”需要社会资本和私人机构等民间力量参与重大基础设施投融资、重大项目建设管理和运营。杭州菜鸟网络是eWTP重要的大数据物流基础设施平台，由阿里巴巴、银泰集团、复星集团、富春集团、申通集团、圆通集团、中通集团、韵达集团等共同组建，在“一带一路”重点国家马来西亚、俄罗斯和西班牙等建有自己的物流仓储设施，在全球有50多家合作伙伴，服务于“一带一路”沿线的众多中小微企业和消费者，是民营经济合作参与“一带一路”建设的典范。

（三）贸易畅通必须依靠民营经济

贸易投资合作是“一带一路”建设的核心内容，民营经济是参与贸易投资合作的主体。要认真落实世界贸易组织《贸易便利化协定》，改善口岸通关条件，提升通关能力，加快“单一窗口”建设，降低企业通关成本，促进上海、广东等全国11个自由贸易试验区的改革开放，就必须充分听取民营企业的市场诉求，建立有效的政府企业对话机制。中国加入WTO后，随着贸易管理体制的改革，涌现出一达通、环球资源、中国制造、伊西威威等数百家外贸综合服务（B2B）平台，通过大数据网络系统，将中小出口代理企业、物流服务商和财税公司等作为合作伙伴，为平台上的客户提供国际化、专业化、个性化、标准化服务，大大节省了贸易成本，提高了通关效率。同时，消除投资贸易壁垒，改善营商环境，积极同沿线国家和地区共商共建自由贸易区，也需要民间力量的参与和配合。2017年3月，阿里巴巴集团与马来西亚宣布共同建设数字贸易自由区，成为eWTP在海外的先行区试验区。建立健全服务贸易促进体系，巩固和扩大传统贸易，大力发展现代服务贸易，创新贸易方式，发展跨境电子商务等新业态，以民营经济为主体的中国（杭州）跨境电子商务综合试验区在这方面做了很多积极的探索，试点经验“八大体系”和“两大平台”已经在国内其他跨境电商综合试验区进行复制和推广。

（四）资金融通反映民营经济诉求

资金融通是“一带一路”建设的重要支撑，需要反映民间力量参与“一带一路”建设的诉求。深化金融合作，扩大沿线国家双边本币互换、结算范围和规模，助力人民币国际化，降低企业经营成本和货币汇兑风险，既是民间力量“走出去”发展的政策诉求，也为民间金融机构“走出去”发展提供了动力。2012年，腾讯财付通与美国运通合作推出“财付通美国运通国际账号”，国内消费者可直接在亚马逊、美国梅西百货等境外平台上进行购物。2015年，蚂蚁金融服务公司与印度第三方支付平台Paytm合作，引入先进的服务理念和数据技术，使Paytm迅速发展成为印度第一，全球排名第三的电子钱包支付公司，受到印度消费者和中小微企业的欢迎。加强征信管理部门、征信机构、评级机构和民营企业之间的跨境交流与合作，逐步在区域内建立高效监管协调机制，建立风险应对和危机处置制度，帮助民营企业化解风险，形成应对跨境风险和危机处置的交流合作机制。2016年11月，在中国支付清算协会支持下，腾讯财付通、蚂蚁金服、百度金融、京东金融以及美团大众点评共同发起“金融风险信息共享联盟”，应对互联网金融面临的信息安全挑战，更好地服务和支持“一带一路”战略。

（五）民心相通依托民间力量支撑

民心相通是“一带一路”建设的社会根基，民间力量是民心相通的根本。加强旅游合作，扩大旅游规模，联合打造具有丝绸之路特色的国际精品旅游线路和旅游产品，提高沿线各国游客签证便利化水平，民营经济发挥了决定性作用。杭州的飞猪旅行作为一家新兴的综合旅游服务平台，在服务“一带一路”传统新马泰旅游市场同时，引导中国游客前往俄罗斯、印度、以色列、伊朗等新兴旅游目的地，既增进了民间交往，也促进了这些国家旅游业发展。同时，加强企业间技术合作，促进技术人员交流，帮助“一带一路”沿线国家提升科技创新能力。为了服务跨境电商的发展，阿里巴巴编制了跨境电商连接指数，反映中国与“一带一路”沿线国家在跨境电商贸易的连接紧密程度，服务于沿线众多中小微企业。民心相通也需要依赖中小企业合作和发展，为沿线国家提供就业岗位，更需要民营企业积极履行社会责任，鼓励海外员工参与社会公益慈善活动。

二、民营经济参与“一带一路”的思路和方式

“一带一路”贯穿亚欧非大陆，连接亚欧两大生产网络，发展潜力大、时间跨度长，辐射区域广，意义重大而深远。“一带一路”建设不仅有助于促进国内改革开放，也有利于维护我国和平发展的战略机遇期，还会创造新需求、提升新供给，为民营经济发展提供巨大空间。民营企业参与“一带一路”建设要发挥自身优势，把握市场需求，形成产业集聚，加强与政府的沟通，履行社会责任，妥善管理防范风险。

（一）充分发挥自身优势

民营经济种类多、数量大、机制活、亲和力强，民营企业和商会参与“一带一路”建设具有民间外交的突出优势，容易建立互信，实现互利共赢。民营企业以商业利益为主要目标，服务当地市场，社会经济溢出效应明显，可以带动当地社会经济发展，提供大量就业机会，比国有企业更有效率；同时，便于身份认同，也更受欢迎。我国在“一带一路”沿线20多个国家建立的56个经贸合作区，大多由民营经济建设、经营和管理，带动了近1200多家中小企业集群式发展，累计投资180亿美元，提供了16万个就业岗位，为当地创造了10亿美元税收。

阿里巴巴在马来西亚参与合作建设的数字自贸区，抓住了大数据、互联网为特征的新经济发展机遇，充分发挥了阿里巴巴的技术优势、人才优势和品牌效应，引入了中国（杭州）跨境电子商务综合试验区的经验和做法，极大地提升了马来西亚跨境电子商务的综合能力，服务马来西亚和东南亚众多的中小微企业，辐射范围广，影响面大，受到了马来西亚政府的欢迎和支持。

（二）准确把握市场需求

坚持市场运作是“一带一路”建设的基本准则。民营企业和商会是市场化产物，善于捕捉市场信息，把握市场需求，供给市场需要的产品和服务。民营经济参与“一带一路”建设必须遵循市场规律和国际通行规则，尊重市场在资源配置中的决定性作用。民营企业“走出去”首先要从企业发展战略上做好顶层设计，要紧紧围绕市场需求，从企业国际化经营、市场开拓、研发设计、品牌建设、人力资源等方面制定具体而可行的目标和实施方案。

蚂蚁金服在“一带一路”沿线国家的发展，就很好地把握了市场需求和电子金融发展趋势，与当地知名企业进行深层次技术合作，极大地提升了当地企业的服务范围和能力，不仅快速拓展了在印度、印尼、泰国等地的业务，也强化了自己的品牌优势，提升了企业的竞争力，实现了以市场为基础、以技术合作为核心的互利共赢。

（三）注重形成产业集聚

民营经济大多规模不大，布局分散，财力物力有限，民营企业也多以中小微企业为主，民营经济参与“一带一路”建设必须学会抱团

取暖、集聚发展。民营企业的产业集聚可以有效弥补中小微企业的很多先天缺陷。产业集聚既有助于中小企业获得更加丰富的市场和行业信息，也有助于中小企业搭建紧密的生产供应网络进行产业合作，还会有效提高中小企业和当地政府的沟通对话能力。遍布长三角、珠三角的产业园区就是中小企业产业集聚的最好体现。在这些园区的中小企业，不仅能享受很多优惠政策，而且在相互竞争和学习中不断成长。“一带一路”沿线的56个经贸合作区也成为中小企业“走出去”集聚发展的重要平台。

产业集聚更需要有影响的大企业大集团带动。全球500强企业在境外的投资经营都会带动一大批中小微企业，形成一个个产业集聚区。以商招商、产业链招商就是国内很多地区吸引国际大企业集团投资的一种有效模式。在大数据、互联网时代，阿里巴巴利用其品牌、技术和网络优势，在中国（杭州）跨境电子商务综合试验区就形成了很强的产业集聚效应，集聚了1000多万家中小微企业，很多企业通过与阿里合作逐步发展壮大，成为行业领军者。

（四）积极加强政策沟通

民营经济参与“一带一路”建设需要有效的政策支持，需要通过多种渠道加强与政府的政策沟通，提出自己的政策诉求。企业越大、影响力越强，政策沟通能力也越有效。民营大企业要发挥自身领导力，承担起自己的义务，加强与上下游中小微企业的政策沟通，了解其政策需求，组织开展政策研讨和对话，将企业的政策需求传递给政府。中小微企业也要利用商会和行业协会，形成集体声音和诉求，反馈给政府和社会。民营企业也要利用智库力量和影响力，就一些涉及民营企业发展的重大课题，进行深入调查研究，提出政策建议，供决策者参考。

中国（杭州）跨境电子商务综合试验区既是民间力量与政府对话的产物，也是一个民间力量与政府政策对话和沟通的平台。没有马云及阿里巴巴与政府的对话和政策沟通，中国（杭州）跨境电子商务综合试验区就不可能在那么短的时间内出台，没有政府和中小微企业的政策沟通和对话，中国（杭州）跨境电子商务综合试验区“六大体系”和“两大平台”建设也就很难取得试点经验。

（五）认真履行社会责任

“一带一路”是一条发展之路、和平之路、文明之路，必须坚持共商、共建、共享原则，无论是国有企业，还是民营企业，必须认真履行社会责任。社会、文化、传统以及发展阶段的差异性，使得中国与“一带一路”沿线国家在企业社会责任方面存在不同的认知与理解，这是民营企业在海外履行社会责任的主要障碍。民营企业履行社会责任，首先要强化社会责任意识，在企业文化和价值观中体现社会责任承诺；其次要主动了解和尊重当地文化和价值观，认真履行商业诚信和当地道德准则；最后还要换位思考，兼顾商业利益和社会效益，在商业利益和社会效益发生冲突时，要以社会效益为重。

2014年开始，全国工商联发布《中国民营企业社会责任报告》，认为企业家是民营企业履行社会责任水平的内在决定因素。履行社会责任较好的民营企业家往往着力将社会责任理念融入企业的核心文化，形成上行下效的良好传统。马云就是阿里巴巴公益基金会一号志愿者。《2016—2017中国企业海外社会责任报告》显示，民营企业海外社会责任总体表现不如国有企业，但是华为、阿里巴巴、海航等少数民营企业的海外社会责任非常优秀。挪威首相称赞马云的社会责任精神，媒体称赞马云“宁当全球首负，不做全球首富”。

（六）有效管理防范风险

“一带一路”涉及亚欧非大陆上很多发展中国家，一些国家面临“发展陷阱”，另一些国家则长期面临“中等收入陷阱”。这些国家的基础设施支撑能力不足，开放水平不高，市场化改革不到位，劳动力素质不高，存在一定的政治安全风险。总体看，投资环境不如国内和欧美发达经济体，风险较高。民营经济“走出去”参与“一带一路”建设，既要知己知彼，做好前期国别和市场调研，也要量力而行，尽可能发挥自己所长，通过抱团出海来防范和降低系统性风险。

风险管理是民营企业“走出去”有效参与国际竞争合作的保障。跨国公司和大的民营企业集团均有自己的风险管理团队和制度，也善于利用国际知名的中介服务机构来研究和防范系统性风险。腾讯国际化扩张战略就是通过先投资基金，再投资实体的方式进行的。同时，大企业也容易得到金融保险机构的支持，大企业和中小微企业的合作可以在很大程度上帮助中小企业管控风险。

三、对策建议

民营企业参与“一带一路”建设，不仅会使市场真正发挥作用，也有利于降低系统风险，使“一带一路”建设具有长久的生命力，各级政府应为民营经济参与“一带一路”建设提供更加有效的政策支持。

（一）鼓励民营企业参与各种形式的政策沟通

“一带一路”倡议建立了多种形式的对话机制，鼓励民营企业通过多种方式参与政策沟通。既要鼓励民营大企业参与政府间政策对话，也要让中小企业有参加政策对话的渠道。要在政策沟通框架下，建立民营企业和中小企业对话机制，让企业参与双边或多边的政策沟通，为民营企业“走出去”发展提供更多信息和帮助。不仅要主动帮助企业解决在国内遇到的问题，也要积极帮助企业通过参与双边或多边对话解决在国外遇到的问题。

（二）支持民营经济参与行业技术质量标准的制定

“一带一路”沿线国家对跨境电商零售监管理念和监管方式存在较大差异。在跨境零售贸易中，国家和地区间对产品质量存在的标准差异制约了跨境零售业务的健康发展。可以考虑在保障安全、卫生、环保的前提下，支持有条件的民间机构参与制定“一带一路”相关国家跨境电商零售商品质量准入标准，参与建设跨境电商商家的信用体系，推动“一带一路”沿线国家信誉良好的企业“快速通关”和“免检免疫”，提高跨境零售的便利化水平。

（三）为新经济新业态营造宽松的政策环境

跨境电商的迅速发展依赖于保税模式和宽松的政策环境。中国已成为跨境电商最大的市场，并在很大程度上引领着“一带一路”国家跨境电商的发展，中国跨境电商监管政策和经验也在被“一带一路”沿线国家参考复制。目前，“商品准入、单次限额、全年限额”的监管方式在一定程度上制约了跨境电商的发展，可以考虑根据地区差别、企业性质或商品特征，有针对性地放宽相关限制。

（四）促进贸易便利化服务中小微企业

WTO《贸易便利化协定》开始实施，为民营经济更好地参与“一带一路”经贸合作提供了支撑。应在“一带一路”倡议下，大力推动中国海关与“一带一路”沿线国家海关的数据互联共享，落实世界海关组织（WCO）关企合作倡导，支持外贸综合服务平台建设发展，实现海关与外贸综合服务平台数据互联、风险及信用系统共享，利用新技术新模式打造政府、企业和市场结合的“单一窗口”贸易便利化系统，为中小微企业提供更加便捷的公共服务。

（五）支持民营企业“走出去”集聚式发展

围绕产业链、技术链、供应链集聚式发展，是民营企业由小到大、由弱变强的重要方式，也是民营企业“走出去”发展、提升国际化水平的重要途径。国家应加大对民营企业参与境外经贸合作区建设的政策、资金、金融支持力度，鼓励民营企业围绕产业链抱团“走出去”发展。有关部门和地方要重视、跟踪、支持民间机构在 eWTP 方面的探索，将马来西亚 eWTP 数字自由贸易区项目的经验总结成案例向“一带一路”沿线国家宣介。

（六）支持民营经济建立社会责任监督和自律体系

企业社会责任已成为跨国公司海外投资的一项总则，也是企业“走出去”投资经营的必备功课。但国内民营企业普遍缺乏社会责任意识，急功近利，过分注重商业利益而不能很好地履行社会责任，产生了一系列负面影响。政府应支持民间机构参与制定企业海外投资社会责任导则，支持民间机构利用互联网和大数据建立企业社会责任监督和自律体系，对企业社会责任进行信用评级。最终，通过民间机构将相应的社会责任制度引入“一带一路”沿线国家。

国家开发银行鼎力支持“一带一路”建设

国家开发银行

在推进“一带一路”建设的过程中，金融是“牛鼻子”，发挥着引导资源配置和优化投资效果的重要作用。特别是开发性金融，因其长期、大额、稳定和低成本的资金筹集优势以及在支持重大基础设施建设、推进国际合作方面的丰富经验，更是在服务“一带一路”建设中发挥着重大且独特的作用。

2016年11月，国务院审定批准了《国家开发银行章程》，《章程》突出了开发性金融特色，明确“开发银行定位于开发性金融机构”，诠释了开发性金融“服务国家战略、依托信用支持、市场运作、保本微利”的二十字特征，这为国开行长远发展奠定了坚实基础，也为其助力“一带一路”提供了有力的政策保障。

截至2016年底，国开行已在“一带一路”沿线国家累计发放贷款超过1600亿美元，余额超过1100亿美元，占全行国际业务余额30%以上，在“一带一路”沿线国家储备外汇项目达500余个，融资需求总量3500多亿美元。

一、助力国家大战略

作为服务国家战略的开发性金融机构和中国最大的对外投融资合作银行，国开行因其在支持重大基础设施建设、推进国际合作方面积累了丰富经验，能够在服务“一带一路”建设中发挥独特作用。

国开行始终以服务国家战略为宗旨，与相关部委和合作国政府部门建立了密切联系，有利于做好相关政策对接；以国家信用为依托，筹集长期稳定的金融资金，有利于匹配重大项目的中长期资金需求；以市场运作为基本模式，在项目运作中注重推动完善市场机制和信用环境，有利于防范融资风险；以保本微利为经营原则，不追求利润最大化，有利于为重大战略性项目提供低成本资金。

“一带一路”倡议提出以来，国开行积极响应、迅速行动，成立专门部门，负责相关区域业务开展，认真贯彻习近平总书记在推进“一带一路”建设工作座谈会上的重要讲话精神，紧密围绕“五通”和“三个共同体”目标，发挥长期积累的基础设施建设、中长期投融资和国际业务经验和优势，提供全方位、多产品的综合金融服务支持。

自2013年以来，国开行积极配合高访，与“一带一路”沿线国家合作方签署140余项协议，涉及融资金额1300多亿美元。

在支持“一带一路”建设的过程中，国开行还始终注重防控风险，运用开发性方法，推进完善市场、信用和制度，促进建立政府间高层协调机制，发挥项目所在地政府的组织协调优势，推动构建高信用等级的借款主体，有效降低项目风险，实现了“一带一路”建设的可持续发展。

二、围绕“五通”推进服务

“一带一路”的内涵归纳起来，主要是“五通”。“五通”就是政策沟通、设施联通、贸易畅通、资金融通、民心相通。这“五通”是统一体、缺一不可。

政策沟通是共建“一带一路”的重要保证。在加强政策沟通方面，国开行围绕国家外交重点和对外合作布局，推动战略意义重大、前期条件成熟、工作基础扎实的合作项目列入高访成果，配合多双边政府间合作机制建设。国开行还做好与国家“一带一路”规划对接，积极参与政府合作框架下多双边合作规划研究和编制，承担哈萨克斯坦、老挝、柬埔寨、科威特等8个国家与中国的双边合作规划以及中蒙俄、中巴、孟中印缅3个经济走廊规划工作。

推进设施联通，国开行紧密围绕基础设施互联互通、能源资源合作、装备制造出口等国家战略，配合新欧亚大陆桥、中蒙俄等6大国际走廊建设，在油气、电力、交通、装备等重点领域开展工作，融资推动实施中哈原油管道、中亚天然气管线等一批重大战略项目。

助力贸易畅通，国开行积极推动中国与印尼、老挝、哈萨克斯坦等国的产能合作及产业园区开发，促进合作国产业发展和提升经济活力，阿斯塔纳轻轨项目实现了中哈产能合作首个项目落地，设立澜沧江—湄公河国际产能等专项贷款，助力流域沿线国家产能合作。

国开行支持高铁、电力、电信、汽车等装备“走出去”，助力中国与印尼企业稳步推进印尼雅万高铁项目，融资支持英国HPC核电项目，实现了中国核电企业首次参与欧美发达国家新建核电项目。

资金融通是“一带一路”的重要支撑。国开行发起设立上合组织银联体、中国—东盟国家银联体、金砖国家银行合作机制等多边金融合作机制，与成员行开展多双边机制框架下的务实合作，并与全球98个区域、次区域金融机构及合作国金融机构建立合作关系。

在“一带一路”建设过程中，国开行充分发挥“投贷债租证”综合金融服务优势，坚持双边与多边合作相结合、贷款与投资相结合、重大项目与民生项目相结合，加强与区域、次区域金融机构以及合作国中央银行、开发性金融机构、主力商业银行等合作，积极开展国际结算、贸易融资、财务顾问、离岸资产证券化、银团贷款等业务，为“一带一路”重大项目客户提供全方位、一站式金融服务。

民心相通方面，国开行加强人员交流和培训合作，为沿线国家之间政策研讨、业务合作、人才培养和信息交流创造更加便利的条件，增进了解，推动达成共识。2016年国开行共为“一带一路”沿线国家举办培训20次，参训人员903人次，国开行奖学金资助了来自18个国家的98名外国留学生。

三、新阶段再作贡献

2017年5月14日至15日，“一带一路”国际合作高峰论坛在北京举行，这是“一带一路”倡议提出三年多来由官方主办的最高规格的论坛活动。

国开行董事长胡怀邦说：“相信随着论坛的成功召开，‘一带一路’建设将进入一个崭新的阶段。国开行将积极参与共建‘一带一路’的伟大历史进程，多措并举、开拓创新，为促进区域经济实现联动增长、共同发展作出更大的贡献。”

国开行将坚持聚焦重点，推动关键项目落地。紧密围绕“六廊六路多国多港”，国开行将加快在能源资源、基础设施、国际产能合作、重大装备“走出去”、产业园区等领域开发一批重大项目，设计行之有效的融资方案，促进重大项目尽快落地、早期收获，发挥好示范带动作用。

充分发挥综合金融服务优势，国开行将利用国开金融、国开证券、国银租赁等专业化子公司以及中非、中法、中阿（联酋）等对外合作基金，加大金融产品和服务创新力度，丰富业务品种，不断扩大金融服务范围，开创投融资合作新模式，满足“一带一路”项目融资需求层次多、机制灵活性要求高等特点。

国开行还将探索通过PPP等模式，建立政府、社会资本多元投入机制，为“一带一路”

建设开辟新的稳定的投融资渠道。积极探索跨境人民币业务创新，发挥国开行在多边金融框架中的影响力，助力人民币国际化。

同时，国开行将积极推动在业务量大、条件成熟的“一带一路”沿线国家设立海外机构，更好地管理项目、管控风险。

争做“一带一路”金融支持先行者

中国进出口银行

作为长期致力于推动对外经贸合作的政策性银行，中国进出口银行不断加大资金投入力度，扎实推进相关工作，争做“一带一路”金融支持先行者。数据显示，2014 年至今，进出口银行在“一带一路”沿线国家累计签约项目逾 1100 个，签约金额超 7000 亿元，发放贷款 5400 多亿元，累计支持商务合同金额超过 4100 亿美元。项目分布于“一带一路”沿线 50 个国家，以设施联通、经贸合作、产业投资、能源资源合作等为重点领域。

一、落实国家倡议 加强金融创新

当前，“一带一路”倡议已从顶层规划进入全面铺开阶段。蓝图已绘就、落实靠行动、资金当先行。进出口银行紧扣“一带一路”倡议，制定落实方案，进行任务分解，提供重点支持，充分体现政策性银行优势作用。

进出口银行深入研究和密切跟踪“一带一路”沿线国家国情和企业需求，加大对重点国家和地区的资金投入力度以及金融创新；不断推进人民币跨境结算业务和融资业务，积极鼓励和支持客户在跨境业务中使用人民币，推动人民币国际使用；发起设立多个投资合作基金，以股权投资方式整合和撬动社会资金，引导和调动商业金融，整合社会资本，成功帮助一批国内企业赴海外开展项目投资；积极开展联合融资机制，实现项目落地，形成示范效应，提高融资效率；加强国别风险整体评估，推进风险防范举措，提高项目的安全性；充分利用多层次业务体系、专业化人才队伍、丰富海外实践经验，发挥优惠贷款的引导示范功能，加大信贷资金投入，为“一带一路”建设提供更有效的金融支持。

值得一提的是，在国家明确的“一带一路”重大标志性项目中，进出口银行参与项目近半。在进出口银行提供的“两优”贷款中，也有半数投向了“一带一路”沿线。在中巴经济走廊、中亚、东盟等重点方向以及斯里兰卡、老挝、缅甸等支点国家，都活跃着进出口银行的金融支持。进出口银行聚焦具有战略意义、社会效益和示范效应的重大项目，不以盈利最大化为目标，着力发挥杠杆和破冰作用，为深入推进“一带一路”建设贡献力量。

二、支持东道国长期发展

“一带一路”是推进区域互惠合作的重要平台，进出口银行秉承“共商、共建、共享”原则，通过实施相关项目，既推动双边经贸合作，又注重增强东道国发展潜力，为构建统一的地区大市场和产业价值链奠定基础。

基础设施互联互通是“一带一路”建设的优先领域，也是进出口银行支持的重点。2014 年至今，进出口银行支持“一带一路”沿线基础设施互联互通项目近 70 个，带动了 300 多亿美元的投资。其中超过 70% 集中在公路、铁路、机场、水运等交通领域。这些项目不仅有助于东道国弥补发展短板，也可提升贸易、投资便利化水平，为进一步开展多双边产业合作提供基础条件。

值得一提的是，进出口银行在“一带一路”沿线开展项目的同时，还注重与东道国自身发展战略相对接，寻求双方利益汇合点，其所支持的产业投资和产能合作，既拓展了中方海外发展空间，又增强了项目所在国发展潜力。

以进出口银行为老挝胡埃兰潘格雷河水电站项目提供融资支持为例，该项目不仅解决了老挝电力需求紧张局面，还为其带来了其他积极的社会效应。老挝电气化水平较低，居民生活以烧柴为主，每年有大量的优质木材被砍伐。进出口银行支持的水电站项目位于老挝南部胡埃兰潘格雷河上，总装机容量 8.8 万千瓦，该项目建成后年发电量为 4.8 亿度，不仅减少了林木砍伐，改善了生态环境，还能为老挝南方四省的经济社会发展提供优质清洁能源和不竭动力，有效缓解了其电力需求紧张局面，提高了老挝居民生活用电水平。部分富余电力还出口至邻国，带来可观的经济效益。不仅如此，该项目还为当地民众提供了就业岗位，而且通过移民搬迁、驻地划分等工作，改善了当地居民居住环境。

在欧洲，进出口银行融资支持了白俄罗斯铁路电气化项目，包括引进中国产高端智能化电力机车、既有铁路路段实施电气化改造等。该项目不仅深化了中白经贸金融合作，推动中国铁路装备和服务“走出去”进入欧洲市场，而且项目运营后将进一步提高白俄罗斯铁路运能，大幅节约能耗，显著降低环境污染，促进经济可持续发展。同时，中白工业园建设和运营有序开展，将成为白俄罗斯借鉴中国—新加坡苏州工业园模式，有效利用外资、扩大对外开放的“试验田”。

三、助力优势企业“走出去”

进出口银行相关负责人表示，充分发挥政策性金融职能，为中资企业“走出去”提供优质的金融服务，是进出口银行义不容辞的责任。截至 2016 年 12 月末，进出口银行在全球 150 多个国家和地区累计支持“走出去”项目 2000 多个，签约贷款 1.6 万亿元，发放贷款 1.3 万亿元，累计支持商务合同金额近 6500 亿美元。

“一带一路”沿线市场需求与我国比较优势高度重合，因此也是企业“走出去”的重点方向。进出口银行利用国内、国外两个市场、两种资源，拓展业务空间，优化资源配置，提高国际竞争力。例如，进出口银行支持核电企业“走出去”，推动“高铁外交”，促进各类产业全球布局，瞄准重大项目和关键领域，与企业同呼吸、共命运，推动中国技术、设备、标准和服务走出国门，打造了一张张令人瞩目的“中国名片”。

进出口银行将继续发挥政策性金融机构的独特优势，进一步加大对相关国家和地区的业务开拓力度，在“一带一路”建设中发挥更积极的作用。一是继续大力开展金融创新，注重金融服务模式和机制流程创新，打造以信贷为主体，投资、租赁、资金、贸易金融、咨询等业务为补充的多元化业务体系，为“一带一路”建设提供多元化的综合性金融服务。二是继续深化多边、双边金融合作，通过银团贷款、联合融资、股权参与、人员交流等多种方式，整合资源、借鉴经验，提升综合服务能力。三是进一步做好国别风险防控工作，发挥多年支持国际经济合作的经验和优势，帮助企业充分了解潜在风险以及项目投资、建设和经营各环节面临的不确定因素，提前做好风险防范工作。

推动中巴经济走廊建设以树立“一带一路”合作典范

巴基斯坦驻华商务参赞 Erfa Iqbal

“一带一路”和中巴经济走廊的建设是密不可分的，它是从喀什到瓜达尔港延伸出来的。对“一带一路”而言，中巴经济走廊是“一带一路”上重要的节点，它会带来很多的机会。这个重要的倡议也会有其他的影响，既有国际的影响，也有国内的问题；不仅有当地一些政治方面的影响，还有一些能力问题。对所有的问题并没有单一的答案，必须要综合进行战略的分析才会有解决方案。对项目设计而言，必须要规避各种各样的问题。

因为特别经济区就意味着整个的经济周期，首先，要解决能力的问题。其次，要实现社会稳定，只有社会稳定才能实现这些计划。最后，要提供优惠政策，巴基斯坦的中央政府对于特别经济区制定了很多优惠政策。比如特别经济区可以免除关税。我们专注于建设工业园和特别经济区建设，即巴基斯坦中央政府如何对工业园区提供优惠政策支持。

GSP 优惠政策是对于特区里的制造业企业专门提供的优惠政策，所有在工业园区生产的制造业产品都可以免关税的方式进入欧盟市场。根据巴基斯坦不同省份所做的相关工作，我们建立了巴基斯坦第一个服装工业园区。这个项目最初由一家中国的公司进行规划，建设项目很快就会完成。之后我们会邀请纺织类企业，包括中国和世界其他地区纺织类企业到服装工业园落户生产。我们会签订相关的生产合同，鼓励大企业来园区落户。我们都欢迎也鼓励所有行业企业来我们工业园区发展。中国现在的劳动力成本不断上升，中国不断朝着高端产业发展。我们鼓励中国企业能够转移到我们的园区进行生产，而这些项目也会帮助我们促成中巴经济走廊的成功建设。

旁济普省，它就在 QAPP 工业园区的对面，这是确定规划的区域，用来建设中国经济区。我介绍一些主要的工业园区，这些工业区的选址是精心选择的。例如，这有一个城市普哇，这里也设立了工业园区。我们已经开始做详细的规划，巴基斯坦是非常认真严肃地做这项工作的。里哈里是另外一个工业园区所在地，卓尼亚也有相应的工业园区。

JB 是和阿富汗接壤的省份，我们在此也有中巴经济走廊的规划。加上 Z 经济区、A 哈特别经济区、可拉特殊经济区、贡哈特殊经济区、曼赛拉经济区，巴基斯坦各个省都在做相关的准备工作和建立相关经济区。

卡拉奇市在这个省中，规划包括赛特教育城、哈普特别经济区、百嘎森工业区与其他工业区和经济特区，其中中国特殊经济区、拉康等都是已经被确定下来规划中的工业园区。巴基斯坦的海港，中国企业在做其经济区的投资规划，这项工作得到了中国政府全力支持。巴基斯坦非常重视在所有省级层面来发展经济特区和工业园区。这不仅需要充分利用地方政府管理能力，还需要适应经济的周期。

中巴经济走廊中包括了教育、医疗、卫生等，这些综合发展才能促成中巴经济走廊的成功。我们的总理也提出关于卫生和健康领域基础设施的目标，要建立 46 家最先进的医院，这是我们总理提出的目标。也就是说，在全国范围内兴建 46 家医院，如在伊斯兰堡要兴建的医院，其他的医院会覆盖整个巴基斯坦全国范围，只有医疗机构健全的国家才会真正繁荣。

巴基斯坦政府是如何规划以推进落实中巴经济走廊倡议？我们目前正处在与中国企业联系沟通的阶段，欢迎其他国家企业能够参与我们走廊的建设。希望通过共同协作，取得成功。一旦建设好我们的工业园、职业学校以及医院，我们就能够提升和解决我们的能力问题，经济问题也会迎刃而解，地方百姓对中巴经济走廊的接纳程度会大大提高。只有当地的人，他们每天的衣食住行和这个走廊紧密联合起来，他们就会支持这个项目。这并不仅仅是中巴经济走廊的成功，也是中国“一带一路”倡议的成功。我们有来自巴基斯坦非常大的政治承诺，我们有这样大规模的规划，我们对于项目的成功是充满信心的。我们也期待着来自中国公司的支持，尤其是在规划阶段，我们需要这方面规划的能力。我们要实现一体化的规划，同时在设计及能力建设上都需要得到中国的援助。

"一带一路"建设中的中英合作

英国皇家联合服务研究院　Raffaello Puntucci

我们觉得第三方，比如英国也应在"一带一路"中扮演一定的角色。我主要讲一些安全风险，即在一些"一带一路"沿线国家当中可能存在的安全风险。同时也讲中英两国如何就"一带一路"开展合作。正如我刚刚所讲的，我们是作为一个机构来研究这个问题的，所以我们有很多项目能够帮助中英两国政府和企业都从中受益，从"一带一路"倡议中获得好处。

一、"一带一路"的安全风险

在仔细研究"一带一路"过程中，我们会看到中国一些邻国也是"一带一路"的一部分，这些国家的安全风险较严重，或者说会造成不稳定性。这种安全风险可以归结为以下三方面：

一是恐怖主义。看那些非国家的团体，它们一直想要攻击其他的群体，攻击其他的国家、企业或者是在这个区域投资的企业。很多国家距离中国很近，比如东南亚国家和阿富汗。基地组织或者是"伊斯兰国"这样的组织对于东南亚国家等有巨大的安全隐患。它们在其他地方进行攻击，或者在它们所在国制造麻烦和与这些组织相关的问题。随着时间的推移，它们的风险会越来越大。各个国家情况也有所不同，很难一概而论。但是总的来说，中亚和东南亚地区恐怖主义问题十分明显，这一个地区发生的任何问题都会和叙利亚的问题密切相连。

在考虑到恐怖主义的时候，这并不仅仅是恐怖主义团体想要进行攻击，也不一定是攻击邻近的中亚和东南亚国家。有些国家，也有些少数民族和叛乱分子。中国—巴基斯坦经济走廊正在建设中，部分国家还有一些分裂主义倾向，有些团体可能会攻击所有和当地政府相关的项目。因为政府间的合作会被人们认为是政府的项目，为了表示对所在国政府的愤怒，他们会对政府间合作的项目进行攻击，或者是对于进行这种合作的机构以及实体进行攻击。这种恐怖分子不仅仅是国际的问题，也有可能和国内叛乱分子相关。所以希望大家能够好好了解这些具体问题。因为不同的国家情况是不同的，在有些国家，我能够帮助你更好地在这个国家完成项目。

二是犯罪和腐败问题。从安全的角度来说，对于公司而言有个巨大的问题，即犯罪和腐败问题。

一是犯罪问题。很多国家都是中国的邻国，它们都属于"一带一路"倡议范围以内，在历史上就有很多问题。这些国家会对"一带一路"造成一些威胁，比如犯罪团体都会带来挑战。与腐败相关的问题也很重要，如组织犯罪。有些国家犯罪团伙的网络非常发达，有一些地头蛇他们会控制某一个区域，还兼当地的警察局长。在这样的情况下，我们身处的环境非常艰难。有很多中国企业在海外投资，它们会遇到很大的问题，会和当地中央政府进行交涉。如果这个国家的犯罪网络确实非常发达，那到底应该和谁谈呢？和政府谈还是和犯罪团伙去谈？如果和犯罪团伙进行交涉可能会得罪中央政府，所以希望大家一定要了解自己去投资的国家。

二是腐败问题。腐败又和执政密切相关，如果国家执政独立的话，或者是缺乏执政能力的话，就会带来实实在在的问题。有的政府非常强力，会对领土有严格的管理，同时也可以和领土内的人进行合作，所以要解决的是政府治理能力的问题。与此同时，尤其是对东亚地区来说，当然南亚也有类似的问题，邻国间的政府存在一定的冲突。这既有领导人个人层面的问题，也可能是两国政府历史上就有矛盾和纠纷。如果中国的企业想到这个地区进行贸易或者建设跨境的基础设施项目，就可能会遇到问题。比如在乌兹别克斯坦和塔吉克斯坦开放设施过境的时候很困难，尤其是两国政府间关系并不是很融洽，这就会使投资很复杂。很多基础设施建设是跨境的，由于当地政府间的不和导致项目很难进行开展，这是经常发生的情况。

三是能力的问题。地方政府能力的问题，即它们是否有吸收和管理这些巨大投资项目的能力。一周前我去巴基斯坦，在伊斯兰堡，和他们讨论了中巴经济走廊的问题，也问了中巴经济走廊所遇到的问题。在巴基斯坦我了解到，很多人不断强调政府，尤其是地方政府的能力建设问题。巴基斯坦有五个不同的区域，联邦政府是负责中巴经济走廊整体的工作、与中国的合作、落实项目具体工作。问题是，当我们在巴基斯坦和当地的官员聊天时，他们认为，在中央政府层面的确能找到可以对话的人；但是如果到了地方层面，它们是建这些铁路和公路的地方，它们这样的人力资源和项目管理能力相对欠缺一些。“一带一路”沿线国家的政府结构并不是十分完善。与此相关的问题是，当地政治很复杂，地方政府有的时候对于外来者或者外界是非常难以理解的。例如很多人不理解英国最终选择脱离欧盟，对外国人来说，这是非常难以理解的。

“一带一路”沿线有些国家的问题也是很复杂的。我们需要和非常复杂的政治体系打交道，我们需要认识到，有一些地方复杂的政治会对投资项目带来巨大的阻碍。

二、中英关于“一带一路”合作

英国在北京建立了一个基础设施联盟，目的是找到一些方式和中国公司一起走出去，来承建基础设施项目，帮助英国参与这样的进程。当讨论中英关于“一带一路”合作的时候，事实上，我们的合作已经开始了。我们为这些项目做过可行性研究，确保这些项目使当地人民受惠。对于中国的这些特区和经济合作区，人们经常问的问题是：那些地方到底需要不需要这些基础设施？设计这种项目时，我们既既充分考虑当地情况，又要确保详细地了解当地环境，尤其是在项目研究过程中必须要进行相关的评估，这也是地方政府和中国公司沟通时候要强调的一点。也就是说，到了南亚等地方政府，必须要对当地的情况、背景环境有充分的了解。事实上，中国企业做得并不是很充分。

关于安全风险方面，从战略智库角度，我们的确做了很多战略安全上的研究。我们认为大家都充分认识到：对一个地区的安全威胁是非常重要的，尤其是在“一带一路”沿线很多国家要注意安全风险的问题。我们和中国公司一同走出去，帮助它们减少安全风险，让它们更好地理解安全风险，帮助它们最终减少安全隐患，帮助它们应该如何做。

关于法律和金融服务方面，英国有非常发达的服务业，有一些产业联合机构可以帮助双方进行合作。此外，还可利用共同的方式，从研究的角度充分理解和解决本地利益的问题。只有很好认识到这一点，才能让“一带一路”受到沿线国家的欢迎，才能真正通过中英和其他合作伙伴一起共同落实“一带一路”倡议。

以贸易便利化提升“一带一路”互联互通水平

商务部研究院欧洲与欧亚研究所 刘华芹

谈到“一带一路”的时候，出现频率最高的词是基础设施互联互通。基础设施互联互通是两个层面：第一是物理层面的互联互通，就是修桥铺路；第二是制度层面的互联互通，指海关边境手续和海关程序政策的协调。如果没有政策的协调，“一带一路”互联互通过程中会出现一些障碍，这些障碍会使已经建成的基础设施无法发挥它的效益。这些因素怎么影响未来“一带一路”的建设？我们做了实证的研究。

我们选择了中国周边国家与中国搞互联互通潜力比较大的中亚和南亚十个国家，如越南、老挝、哈萨克斯坦、尼泊尔、蒙古等国做了分析。根据2014年世界经济论坛发布的贸易投资便利化报告显示，这十个国家贸易便利化程度偏低，其中五个国家排在100名以后。影响这些国家贸易便利化的指标中，出乎意外地排在第一位的不是基础设施而是跨境效率偏低，世界银行集团发布的2016年全球运营商分析报告也得出了相同的结论。跨境贸易成本偏高，阻碍了这些国家营商环境的改善。很显然，大部分国家都是跨境贸易成本的排名远远落后于营商环境的排名，这成为影响各国主要的障碍。

基础设施是否影响贸易便利化？是影响的。影响贸易便利化排在第一个的基础设施指数，并不是硬件而是服务水平。改善各国基础设施服务的水平是未来提升便利化的非常重要的方面。各国跨境贸易成本中有哪些因素影响了成本的降低呢？主要是集中在跨境的文件审核和海关程序上，这占了所有的国家包括中国在内整个贸易成本的80%以上。减少相应的海关文件的审核、提升海关通关效率，成为未来各国降低贸易成本、实现互联互通非常重要的方向。

我们对中蒙俄经济走廊发展规划进行了预测。如果这个区域内通关时间降低25%，会使中国的GDP增长86亿美元、俄罗斯GDP增加70亿美元。把区域更加延展，延展至中国和中亚、俄罗斯、巴基斯坦和印度，如果各个国家的通关程序都简化，时间压缩四分之一，会使区域GDP增长540亿美元，总体福利增加480亿美元，进出口各增加将近200亿美元。我们也对推进基础设施建设产生的运输成本下降带来贸易的增长与推动便利化带来贸易的增长进行了对比。如果推动基础设施建设带来运输成本降低5%，会使中国的GDP增长0.47%，使贸易增加0.55%；便利化会使我们的GDP增加0.19%，出口增加0.38%，这是在通关程序上能够简化25%的前提下测算出来的。如果上海自由贸易区通关时间能够节省40%，效益会更加凸显。

用同样的方法对中亚国家也做出预测，通过分析，内陆一个国家如果通过改善基础设施、降低运输成本，会使内陆十个国家的GDP平均增长3.62%，出口额会增长6.91%。通过便利化压缩25%的通关时间，哈萨克斯坦GDP可增长2.42%，比前一个平均水平还高，出口额增长2.33%；吉尔吉斯斯坦更加突出，GDP会增长18.71%，出口增长7.74%。

推进便利化有非常重要的意义，无论是推进中蒙俄经济走廊、中巴经济走廊，还是欧亚经济联盟建设与丝绸之路经济带对接，便利化毫无疑义地成为主要的方向。

（作者系商务部研究院欧洲与欧亚研究所副所长）

完善“一带一路”金融服务体系

中国银行国际金融研究所　廖淑萍

2013年，习近平主席提出“一带一路”倡议。三年多来，“一带一路”建设从愿景走向落地实施，成果正在显现。“一带一路”为中国金融业的发展创造了新机遇，而打造“一带一路”金融大动脉是实现“一带一路”建设目标的重要保障。

一、现有“一带一路”金融服务体系

“一带一路”建设离不开资金的支持。截至目前，我国已初步构建了多层次的金融服务体系，有效拓宽了境内外融资渠道，完善了跨境金融服务，为企业参与“一带一路”建设提供了多元化的金融支持和服务。

目前，中国人民银行已与“一带一路”沿线20多个国家和地区央行签署了双边本币互换协议，在7个国家设立了人民币清算行。开发性及政策性金融机构、各类投资基金和商业银行等支持力度不断加大。例如，国家开发银行、进出口银行等政策性银行贷款余额已达到2000亿美元左右；中国出口信保公司为相关企业提供出口信用保险和海外投资保险；以新开发银行、亚投行为代表的多边金融机构和丝路基金、中国—中东欧投资合作基金等先后成立并开始运营；共有10家左右商业银行在沿线近30个国家和地区设立一级分支机构，其中，中国银行已在20个“一带一路”沿线国家设立了分支机构。截至2016年底，中国银行在“一带一路”沿线国家共跟进境外重大项目约420个，提供各类授信支持约600亿美元。

二、建立多层次、立体化、市场化的金融服务体系

尽管取得了一定成效，但目前“一带一路”金融服务体系仍难以满足日益增加的金融需求，还有较大的改进空间。

一是发挥直接融资作用。目前政策性银行或商业银行是提供“一带一路”金融服务的主体，且支持方式仍以贷款即间接融资为主，而中资证券、保险、担保类金融机构的参与度较低，股权投资、债券融资等直接融资比例相对较小。未来还需要进一步发挥直接融资的作用，提高金融支持的协同效应。

二是拓展高端金融服务。越来越多的中资企业在“一带一路”沿线开展经营，除了需要存款、贷款、汇兑、结算等基础金融服务之外，对现金管理、资产保值、风险防控、投资交易、信息咨询等高端金融服务的需求也在不断增加。这要求中资金融机构不断优化跨境和离岸服务流程，提高服务效率，拓展服务内容。

三是整合金融机构力量。金融机构是金融支持“一带一路”建设的主体。目前，各类投资基金风起云涌，各金融机构往往单打独斗，相互之间缺乏统一规划和协调，难以形成合力。面对“一带一路”庞大的建设需求，政策性、开发性和商业性金融机构要根据自身比较优势，找准定位，立足长远，制定差异化的支持战略，减少同质化竞争。例如，在“一带一路”建设前期，能源资源勘探开发、基础设施建设等需要开发性金融的强力支持。进入市场化运行阶段后，则应充分调动商业性金融机构的积极性，发挥市场决定资金配置的作用。

四是拓展资金来源。目前，“一带一路”建设的主要资金来源于国内，在当前国际金融市场不确定性增加的情况下，大规模资本输出会

增加外汇储备压力。并且如果仅靠中国的一己之力，而没有充分动员国际资金的参与，未来恐怕也难以持续。因此要充分调动东道国及国际市场的资金。

未来，在现有的“一带一路”金融框架下，要进一步加强统筹规划，打造多层次、立体化、市场化的金融服务体系。“一带一路”是开放式的战略，各国和国际、地区组织均可参与，难免出现各金融机构在同一地区、同一项目相互竞争的局面。统筹规划“一带一路”金融支持，既可以整合资金、形成优势互补，又可以共享信息、分散风险，集中精力办大事，避免恶性竞争，为标杆项目、重点项目提供长效支持，促进“一带一路”建设早见成效。同时，重点项目的成功又将为后续项目的推进产生示范效应，推动“一带一路”建设不断形成新亮点，掀起投资新热潮。这既能为金融机构带来实实在在的利益，反过来也会进一步激发各方投资意愿，吸引更多实体参与“一带一路”建设，为金融机构发展壮大提供机遇。

完善的“一带一路”金融服务体系有如下层面的要求：一是多层次。将多边金融机构、政策性金融机构、商业性金融机构和国内外投资者都纳入“一带一路”建设中来。二是立体化。各层面的资金来源是一个统一的整体，相互融合，而不是各自孤立的；各类型投融资产品和工具都可以利用，构成完整的金融服务体系。三是市场化。“一带一路”建设不仅需要“扶贫”与“输血”功能，而且需要重视“造血”功能，资金价格、运作机制和经营管理要坚持市场化原则，通过商业性提升可持续性。

三、对策建议

统筹规划金融支持，核心在于打造一体化“一带一路”投融资市场。对此，有如下建议：

第一，创新各类投融资工具，增加市场参与主体。公共资金主要发挥引导与示范作用。国际金融机构（如亚投行、新开发银行等）优惠贷款、国外政府援助是改善沿线国家基础设施的重要资金来源。我国设立的丝路基金及中国—东盟、中国—欧亚等多支政府性基金是重要补充。政策性银行作为准公共金融机构，可利用政府信用，筹集一定的市场资金。

商业银行可以提供贸易融资、银团贷款和项目贷款等，支持“一带一路”建设。私人基金、保险机构、社保基金、援助捐赠等资金，可在特殊领域参与进来。例如，私人资本参与“丝路基金”，保险资金参与灾后重建等。此外，“高铁换大米”“基础设施换石油”等特殊易货模式，也可成为间接的筹资手段。但从国际经验看，基于逐利本性，私人资金在全球基础设施建设投入中的占比不到1%。

基于此，应设计合适的金融创新工具，将“一带一路”建设红利转化为短期可见、易得的投资收益，吸引民间资金参与。例如，可通过商业银行吸收存款和发行债券、外汇理财计划等方式，将私人资本纳入“一带一路”项目建设。在全球市场一体化的背景下，强化中资大银行在国际金融市场的融资能力是关键。

2015年6月，中国银行成功发行40亿美元“一带一路”债券，就是一个有益的尝试。此次发债由中国银行位于“一带一路”沿线的香港、台北、新加坡、阿布扎比、匈牙利5家海外分行作为发行主体，采用人民币、美元、欧元、新加坡元等4个币种同时定价发行，分别在迪拜纳斯达克交易所、新加坡交易所、台湾证券柜买中心、香港联合交易所、伦敦交易所等5个交易所挂牌上市，覆盖2~15年年限不一的期限，共计10个债券品种，实行多币种、多品种交易同时发行。在资金运用上，主要配置于“一带一路”建设项目，如匈牙利分行的5亿欧元资金将用于支持匈牙利当地的宝思德公司和匈牙利电力公司项目；香港分行的美元资金将用于支持雅加达、法兰克福、卢森堡等分行的项目融资，包括水泥、钢铁等项目。2017 年 4 月，中国银行再次发行 30 亿美元债券支持“一带一路”建设，涉及约翰内斯堡、迪拜、卢森堡、悉尼、澳门 5 地机构，覆盖 4 个大洲，横跨 5 个时区，债券覆盖 3 个年期、4 种货币、6 个品种，这一崭新的债券品种吸引了全球近千名主要投资者积极参与，创下多项市场纪录，得到国际主流媒体的高度评价。

第二，设计高效的金融交易机制，完善金融基础设施。高效的金融市场和制度安排，可以快捷地促成“一带一路”建设资金供求双方的交易，并有利于降低成本，分散风险。为此，需要做好一系列配套工作，包括相应的金融基础设施及活跃的二级交易市场，建设信息透明、价格灵活的发行机制，完善产权和投资者保护等法律法规。

“一带一路”建设对拓展人民币跨境使用具有积极作用。在此过程中，要实现境内外人民币资金的集中定价。我国人民币利率市场化改革基本完成，但在未完成资本账户开放之前，在岸和离岸市场存在不同的定价体系，导致跨境资金套利交易，对人民币投融资市场带来一定的干扰。人民币资金定价短期看银行间货币市场，中长期参照债券市场，以无风险收益率曲线为重要基础。我国债券市场仍有巨大的发展空间，建设有足够深度和开放度、交易活跃、定价体系完善的在岸人民币债券市场，成为抢夺人民币资金集中定价权的关键。

活跃各类产品一、二级市场交易。应大力完善各类基础设施建设，包括建设交易场地、制定交易规则、理顺交易与清算系统，完善解决纠纷的法律框架，加快培育成熟的市场投资者等。一流的国际金融中心都是理想的交易场所，“一带一路”沿线以香港、新加坡等地区最为成熟。综合权衡，人民币的定价权应掌握在国内，交易场所也必须以境内作为支撑，因此上海国际金融中心所承担的责任重大。

第三，构筑完善的风险管理堤坝，大力推动保险功能的建设。“一带一路”沿线风险独特而多样。应构筑全面的风险管理架构，推动风险对冲与交易机构、信用调查与评级机构、保险机构等各领域的协调配合。秉承“高风险、高收益”的市场原则，吸引风险偏好高、风险承受能力强的机构参与进来。

推进保险机构加强创新，参与“一带一路”融资风险分担，包括：一是引进各类信用担保机构，开辟各类信用风险分担职能；二是开发各类金融衍生品包括风险互换、掉期等产品，活跃风险交易职能；三是促进国际银团贷款、资产证券化等市场发展，提升风险分散职能；四是引进各类中介服务机构，促进“一带一路”风险的透明化和信息共享。

第四，促进人民币跨境使用，开辟“一带一路”投融资新渠道。近年来，离岸人民币业务发展迅速，市场规模不断扩大，产品种类不断丰富，成为金融机构新的业务增长点。与此同时，中国不断提高支付清算效率，推动产品研发和市场建设，促进离岸人民币业务发展。中国人民银行已与 23 个国家或地区的货币当局签署了建立人民币清算安排的合作备忘录，并指定当地人民币清算行。2016 年，美国、俄罗斯、阿联酋相继纳入人民币清算体系。随着人民币“入篮”，全球外汇储备格局迎来新变化，预计未来三年，人民币资产占全球外汇储备的比例可超过 5%，即 3500 亿～4000 亿美元，这意味着各国对人民币产品和服务的需求将大幅增加。

中国银行从 2013 年起对全球 3000 多家客户进行调查，编制《人民币国际化白皮书》。2016 年的结果显示，74%的“一带一路”沿线受访企业能够在当地较为方便地获得所需人民币产品和服务，这一比重较上年提升了 2 个百分点。在美联储加息的背景下，如果未来全球流动性趋于紧张，78%的境外受访企业表示将考虑使用人民币作为替代选择，而在“一带一路”沿线国家企业中，这一比例高达87%。客户的选择代表了市场的声音，预示着人民币蓬勃发展的未来和中欧金融合作的巨大潜力，相信人民币将为“一带一路”开辟一条新的投融资渠道。

投资规则重构下的“一带一路”非经济风险管控

中国出口信用保险公司　刘艳

引言

2015年末，我国对外直接投资连续13年增长，年均增幅达到33.6%，存量超过万亿美元，中国海外投资已经远远超过利用外资。未来35年，中国将更深层次地融入世界，迈向开放型大国，海外投资会成为带动中国经济增长的主要动力，“一带一路”在构建开放型经济新体制的战略中，将进一步发挥战略引领作用。然而，“一带一路”多次穿越过风险区块，如管控好海外投资风险，关乎中国的发展大局。

重构中的国际投资规则以促进可持续发展为目标，更加注重东道国公共利益和投资者财产权益的平衡，较传统的投资规则而言，对投资者的保护力度相对降低。投资规则的变化导致的投资风险敞口急剧扩大，而这类风险又难以量化评估，没有固定的模型可以预判，这对风险管理和防控提出了挑战。但是，如果能透过具体规则变化的表象，探析引领规则变化的内在动因，将会发现以可持续发展为目标的投资新规则所带来的风险，与海外投资的非经济风险密切相关。同时，非经济风险的评估与防控研究，关乎项目融资的风险定价，直接影响“走出去”项目的落地；非经济风险的研究对于企业采取正确的风险管理策略，也具有十分重要意义。

一、“一带一路”非经济风险的界定

（一）海外投资非经济风险的内涵与外延

非经济风险是指由社会的、政治的、法律的变化给企业带来损失的可能性，主要由政府、媒体、社会公众、其他非政府组织等的不利行动所引起。① 海外并购的非经济风险是指企业海外并购项目成本、收益等经济分析因素之外的，在项目实施过程中的其他风险因素。海外并购非经济风险主要包括三类：东道国政府干涉风险、法律实施风险和文化整合风险。② 中国社科院在中国海外投资国家风险的评级方法③（以下称CROIC-IWEP）中，采用了经济基础、偿债能力、社会弹性、政治风险、对华关系五大指标，37个子指标。社会弹性（见表1）反映了影响中国海外投资的社会风险因素，良好的社会运行秩序能确保企业有序的经营。政治风险指标包括执政时间、政治稳定性、军事干预政治、腐败、民主问责、政府有效性、法制（履约质量、产权保护）以及外部冲突。对华关系指标包括是否与中国签订的BIT、投资受阻程度，以及双边政治关系。④

---

① 舒敏、杨坤：“中国企业跨国并购的非经济风险及管理策略研究”，载《湖南财经高等专科学校学报》2008年第12期，第104页。

② 程立茹：“中国企业海外并购非经济风险的凸显及防范”，载《工业技术经济》2006年第6期，第72页。

③ 2013年的评级报告是中国社科院世界经济与政治研究所国家风险课题组第一次发布，（Country-risk Rating of Overseas Investment from China by Institute of World Economic and Politics，CROIC-IWEP）

④ 中国社会科学院国家风险评级课题组：“2013年中国海外投资风险评级报告”，载《国际经济评论》2014年第1期，第123页。

表 1 社会弹性指标

	社会弹性指标	指标说明
1	内部冲突	社会、种族、宗教冲突严重性
2	环境政策	对环境议题的重视
3	资本和人员流动限制	对资本和人员流动的限制
4	劳动力市场管制	劳动力市场管制包括雇佣和解雇规定，最低工资和工作时间的规定
5	商业管制	行政和官僚成本，开业难易、商业执照限制
6	教育水平	劳动力平均受教育年限
7	社会安全	每年十万人中因谋杀而死亡的人数

来源：中国社会科学研究院

中国出口信用保险公司（以下称为中国信保）每年发布《国家风险分析报告》（SINOSURE-RATING）对海外投资国家风险评级采用了不同的指标分类方法，主要分为政治风险、经济风险、商业环境风险，以及法律风险四大类，17 项子指标。政治风险包括政治稳定性、社会安全、政府干预（国有化征收的可能性、汇兑限制程度）和国际关系。该报告突出海外投资营商环境的重要地位，主要包括税收体系、投资便利性（国家对外资的政策、外汇兑换便利性、FDI 的发展趋势）、基础设施（人力资源、交通运输、通讯业、电力等）以及行政效率。将法律风险单独作为一类，主要包括法律体系的完备性、执法成本、退出成本。①

本文认为，非经济风险是指受宏观和微观经济、金融之外事件的影响，直接引起国家或者相关主体不能履约或者不愿履约，从而给海外投资带来损失的可能性。当然，这些非经济风险的发生多数都是由于全球的宏观层面和本国的微观层面的经济因素波动所诱发的，但不构成风险的直接诱因，非经济风险主要是由于包括政治、外交关系、社会文化以及法律政策变化所引发的风险。CROIC-IWEP 指出："在传统由于经济和金融指标构成的定量评估基础上，社会弹性、政治风险以及对华关系指标占到本评级体系的一半以上。"② 这些非经济风险对海外投资风险评估的所占的风险权重巨大，又难以用定量的方法计量，然而，其中一种风险就足以引起一个海外项目的覆没。

从外延上看，非经济风险主要包括政治风险、外交关系风险、法律风险、社会文化风险。政治风险除了政局变动或地缘政治冲突引发的经营活动中断或终止，也包括了因内部冲突和社会治安引发的人身及财产遭受损失的风险。导致安全风险产生的原因多种多样，但又相互交织渗透，很难单一定性和应对。③ 社会文化风险是指由于对当地的风土人情、传统习俗、非正式习惯等缺乏认知而导致增加成本的可能性。法律风险是在法律实施过程中，由于企业外部的法律环境发生变化，或由于包括企业自身在内的各种主体，未按照当地法律规定或合同约定行使权利、履行义务，而造成负面法律后果的可能性。

（二）"一带一路"互联互通中的非经济风险

"一带一路"建设中的非经济风险包括：大国之间博弈的外交关系风险、地缘冲突和内部政斗引发的政治风险、国际贸易投资规则重构和国内改革引发的法律风险、当地的社会文化风险等。当下"一带一路"除了发展对沿线国家的贸易外，海外工程承包和对外直接投资带动了装备输出和产能合作，通过新建或更新沿线国家的基础设施建设，加强我国与周边国家

① 中国出口信用保险公司：《"一带一路"国家风险分析报告》，时事出版社 2015 年版。

② 中国社会科学院国家风险评级课题组："2013 年中国海外投资风险评级报告"，载《国际经济评论》2014 年第 1 期，第 135 页。

③ 赵德宇："国际产能合作风险防控问题研究"，载《国际经济合作》2016 年第 3 期，第 68 页。

的联系。互联互通是“一带一路”的实现方式，与海外直接投资密切相关，“五通”所面临的非经济风险如下：

（1）政策沟通中的非经济因素。一是中美、俄、印、欧日等大国间政治沟通问题，美国TPP和TTIP格局对中国是一种包围和边缘化，如何与印度、俄罗斯等守成大国为化解矛盾和冲突进行沟通。二是沿线多边政治关系沟通，如何“增进政治互信，协商解决合作中的问题，共同为务实合作及大型项目实施提供政策支持”。三是国内地方和部门间政策沟通。

（2）设施联通中的非经济因素影响。基础设施互联互通是“一带一路”建设的优先领域。一是交通、能源、通讯基础设施互联互通中要解决好非自愿移民、生态系统维护等。二是加强与当地媒体、社区、非政府组织、青年人打交道。三是最大限度动员当地参与和共享。在这些方面，中国企业、中国政府不习惯和当地民众沟通，更不习惯和每一个社会、村落和村民打交道。在沿线的很多国家如斯里兰卡、缅甸，经常出现“当地政府失控”，即便项目和当地政府谈好了，当地的社会民众不配合，项目也无法推进。

（3）贸易畅通中的非经济因素影响。一是发展普惠、绿色、电商货物和服务贸易，造福于沿线民众。二是贸易投资便利化。三是建立符合科学发展、可持续发展、包容性发展要求的产业合作机制。要让当地民众也认为中国在这一区域的投资带来的是发展机遇，当地民众反对时我国要学会辩解和宣传。

（4）资金融通中的非经济因素影响。推进亚投行、金砖国家开发银行筹建，充分发挥丝路基金以及各国主权基金作用，引导商业性股权投资基金和社会资金共同参与“一带一路”重点项目建设。运用政策性金融和信用保险等风险管理工具，将能力建设融入到“一带一路”建设中，建立起融资合作机制，增强金融风险应对和危机处置能力。

（5）民生相通中的非经济因素影响。以民间、半民间方式与沿线开展教育、旅游、传染性防治、青年人就业、科研、减贫等交流合作，尊重当地的价值观和社会制度。

二、“一带一路”非经济风险与投资规则重构的内在联系

（一）非经济利益保护是非经济风险的主要诱因

1. 可持续发展投资要求多元利益平衡

2000—2015年《联合国千年发展目标》到期之后，在2016—2030年间，国际社会将以《2030年可持续发展议程》作为合作基础和框架，实现消除贫困和不平等、保护环境、创造包容性经济增长。在此框架下，国家、国际机构、私营企业以及非政府组织等主体都将致力于可持续发展目标的实现。事实上，在国际投资和国际金融领域，已经展开了促进可持续发展的改革。在国际投资规则重构中，联合国贸发会议（UNCTAD）2012、2014、2015年《世界投资报》告、经济合作与发展组织研究论文“国际投资与可持续发展的新视域”①，UNCTAD的《可持续发展投资政策》② 指出，国际投资协定（International Investment Agreement，以下称IIA）成为保护投资者及母国利益的工具，却没有适当考虑发展中国家对发展的关切，严重偏袒投资者和母国。国际可持续发展研究所于2005年推出《可持续发发展投资协议》③，南部

① Mehmet: New Horisons for International Investment and Sustainable Development, Journal of World Investment, vol. 3, 2002, pp. 455-471.

② Aldo Caliari, Investment Policy for Sustainable Development, UNCTAD Proposes, September, 2012.

③ IISD Model International Agreement on Investment for Sustainable Development, available at http://www.iisd.org/pdf/2005/investment_ model_ int_ agreement.pdf.

非洲发展共同体于2012年推出《双边投资条约范本》[①]。这些文件的共同点是主张平衡投资者和东道国的权益保护，促进可持续发展。

投资利益与非投资利益的共同关注成为新一代投资规则价值取向，新投资规则对国家、私人投资者及相关的利益参与者的行为提出了新的要求，制度因素进一步影响具体的投资。新规则从条款的清晰度、灵活性方面为东道国保留了各种政策空间，投资者的社会责任逐步具有了法律拘束力，利益相关者的参与也在IIA程序规则中得到了保障。投资规则重构最突出的表现是对非经济因素的观照，有的学者称之为投资规则中的“人本化”因素，“国际法的人本化要求国际社会不仅要关注跨国经济交往带来的经济增长和社会福利的增加，而且要关注和解决经济活动所伴生的环保问题和人权问题。”[②]

2. 多元利益的协调引发非经济风险

不论是国内社会还是国际社会，都存在纷繁复杂的利益诉求，多元利益的平衡正是可持续发展理念的实质所在。公共利益、公共政策、社会福利、公共道德、环境保护、国家安全、弱势群体保护、人权等利益概念并不是杂乱无章不可归类的。从这些概念的本质来考察，我们会发现诸多的利益概念具有层级构造性，与不同的主体相联系就会形成不同的利益群。以上的利益概念依据不同的主体，形成了以国家为主体的“国家利益”、以社会公众为主体的“公共利益”以及以个人为主体的“个人利益”三个利益群。这些利益跨越了国际和国内社会的不同领域，利益分析法有助于理清投资规则重构的动因所在。

IIA以鼓励和促进外国投资为核心，长期以来，从制度设计到仲裁实践都一味地偏重私有财产保护，单方面地增加投资者的权利和东道国的保护义务，无视投资在社会发展中的负面影响。投资者在东道国开展投资活动时刻都在与东道国的重大利益，包括公共安全、公共秩序、公共健康利益、动植物生命健康以及弱势群体利益保护等交互作用，在可持续发展理念下，投资者个人利益、社会公众利益以及国家利益面临兼顾和平衡的挑战。

（二）非经济风险与非投资利益保护的相关度

诚然，IIA的这种变革从历史发展趋势来讲，展现了理论的进步性，而落实在海外投资项目中，直接影响的将是投资者利润空间，规则和政策变化所带来的风险可能超过投资者的预期利润，导致投资者放弃海外投资。“只有人们有权利也有能力维护自己的合法财产权时，人们才会有追求和创造财富的积极性。如果企业或个人的合法财产随时可以被征用，或是被强盗抢劫、被盗贼偷盗，人们就会失去创造财富的欲望，所谓无恒产者无恒心。”[③] 国家权力扩张的部分将以投资者保护的限缩为对价，公共利益的保障从具体层面来看，与投资者财产利益的保护形成此消彼长的关系。

非经济利益的平衡保护是可持续发展内涵的一部分，非经济风险是引发投资者损失的原因，法律风险、政治风险以及社会文化风险，诱发因素很多是由于公共利益、国家利益的保障。投资规则重构会引发国内立法相应的修订，由于IIA新规则加大对政府的管制空间，将降低企业的合理期待；投资新规则强化了投资者义务，竞争中立规则加强了东道国政府对国有企业的审查力度，企业的公司治理就面临着相应的改革挑战。IIA中可持续发展规则的增多，必将引发国内管理对劳工、环境、人权保护、土地占用、非自

① Southern African Development Community, SADC Model Bilateral Investment Treaty Template with Commentary.

② 刘笋：“国际法的人本化趋势与国际投资法的革新”，载《中国法学》2011年第4期。

③ 张庆麟主编：《公共利益视角下的国际投资条约新发展》，中国社会科学出版社2015年版，第14页。

移民、土著居民、文化保护等非经济问题的管理加强，间接地增加了项目管理的风险和融资的成本。

表2 利益平衡规则与非经济风险的相关度

主体	利益群	利益内容	非经济风险	风险类别
国家	国家利益	主权与安全利益、政治利益、经济利益、文化利益	战争、内乱、骚动险准入限制（国家安全审查） 汇兑限制	政治风险、法律风险、外交风险
社会公众	公共利益	公共道德、公共秩序、公共安全、公共健康利益、动植物生命健康、生态环境、社会弱势群体保护	反垄断、国有企业竞争中立、征收征用、环境保护法令修改、政府违约、土著居民特别保护、文化遗产、社区安全	政治风险、法律风险、社会文化风险
个人	个人利益	生命权、人身自由权、人身安全权、财产权	劳工保护	社会文化风险

资料来源：作者整理

出于政治利益的保障，国家则可能与周边国家发生地缘冲突，因国内政斗引发暴乱骚动，换届选举造成政府违约；在外资准入问题上，国家基于安全利益将加强国家安全审查，对具有“政治意图”的投资做出否决；国家基于保护消费者权益、维护市场秩序、中小企业地位，做出反垄断审查和提出竞争中立等要求，造成投资项目中断或终止。政府基于公共健康利益、动植物生命健康、弱势群体保护而中途否决投资，当地民众基于劳工保护和待遇要求，而引发罢工、对企业诉讼；基于生态环境、移民等问题而延误工期。诸多社会重大利益的保护蕴藏着非经济风险。非经济利益保护日益上升到法律的高度，投资规则重构亦将引发国际投资的参与主体全方位的治理改革。

三、全球投资治理视野下非经济风险的管控建议

非经济风险具有客观性、系统性，不能仅靠投资者个人来承担，必须从国家层面构建海外投资风险安全网，依赖安全网中的各个行为体，包括金融机构的风险对冲和相关风险管理工具的运用，发挥各自的优势来分摊风险。本文引入全球投资治理的理念，在投资议题项下构建全球投资治理的框架，促进东道国治理走向高效、可持续和善治，并在风险管控中发挥风险共担和风险分散的作用。

（一）以行为体为标准构建全球投资治理机制

王碧珺（2014）① 将缺乏一个有约束力的全面覆盖投资促进、保护、便利和自由化的多边投资协定视为全球投资治理缺失的根本原因所在。太平、李姣（2015）② 在开放型新体制下中国对外直接投资风险防范体系构建的第一条建议中提到“积极参与全球投资治理体系”，亦将全球投资治理限定为双边投资保护协定的实施，认为多边投资协定的制定是全球经济治理规则的组成部分。刑厚媛（2013年）③ 将投资规则作为全球治理的一部分，将投资规则与全球治理挂钩，也就是认可了国际法作为全球治理的一种机制。徐崇利（2010年）④ 较为深刻地对投资争端解决性质改变——从以往的“政治性国际争端”转变为现行的“管理性国际投资争端”和现行解释性理论不足进行了批驳，指出“在国家、市场和市民社会的三元构

① 王碧珺：“中国参与全球投资治理的机遇与挑战”，载《国际经济评论》2014年第1期，第94-109页。

② 太平、李姣：“开放型经济新体制下中国对外直接投资风险防范体系构建”，载《亚太经济》2015年第4期，第122-127页。

③ 刑厚媛：“全球治理中的国际投资规则变化与对策”，载《国际经济合作》2013年第12期。

④ 徐崇利：“晚近国际投资争端解决实践之评判：‘全球治理’理论的引入”，载《法学家》2010年第3期。

造中，市民社会往往处于弱势的地位，全球治理理论强调市民社会的介入”①，全球治理是一种更为宽广的理论框架，需要引入“全球治理”理论，用全球治理之标准衡量国家的“善治”。可以说抓住了投资治理问题的本质所在，注意到了市民社会的地位，并对治理目标之“善治”有所深入，试图将“全球治理”理论引入国际投资法律体制，但其分析也仍然局限在国际投资条约层面，与现实脱节，尚没有构建起“全球投资治理”的分析框架。

综上，“全球投资治理”的概念逐渐被明晰，但是依然存在很大缺陷。第一，从行为体层面来看，与全球治理是多元主体共建的要求相比，仅将投资者和国家被视为全球投资治理的主体太过局限。已有研究将全球投资治理的机制限于IIA的立法或仲裁实践，IIA仅仅是政府间一般性承诺，约束的是政府行为。第二，从国际投资的运行来看，国际投资是一个过程，经过了母国政府的审批、投资者融资、投资者设业、运营、接受东道国政府的监管，直到将投资争议提交第三方的争端解决。在这一过程中，投资者、东道国、母国、金融机构（国际和国内层面）、争端解决机构，以及利益相关者都是国际投资的参与主体。涉及的议题除了政府管理、投资者的投资、利益相关者参与外，提供融资的金融机构，包括资金池内的银行、养老基金、主权财富基金、私募股权基金以及其他金融工具，如何运用这些资金，并对投资项目进行管理，也是形成完整的投资链条所不可或缺的部分。

事实上，包括利益相关者在内的行为体存在相互交织、重叠的情形，但是在国际投资活动中，三类主体之间的互动最为突出，即主权国家之间的合作互动、开发性金融机构对国家和私人的信贷融资、私人投资者接受母国和东道国监管以及获得融资和保险支持。三者形成了国家之间、国家与国际金融机构之间、国家与投资者之间复杂的互动，其互动所遵循的行为准则、规范和机制，直接决定了全球投资治理的效果。若能使三个行为体与投资新规则的要求相协调，足以引导跨国投资走向促进可持续发展。

（二）全球投资治理对海外投资风险的管控路径

全球投资治理内嵌着投资风险分摊机制，关乎投资的可持续性。国家一方面发挥了把不同的治理基础设施结合在一起的重要作用，另一方面把原先由它独自承担的一部分责任扩散给民间社会，即各种私人部门和公民的自愿性团体。② 跨国直接投资风险关乎投资者存续，关乎母国的海外经济利益。如果围绕全球投资治理的宗旨，从完善自身的治理做起，各个治理的主体充分发挥自身在投资安全保障方面的优势，足以构建一张覆盖经济、金融、环境和社会文化方面的海外经济保障安全网。

风险定价和风险责任主体的明确化是推进海外投资项目落地的关键所在。在巨大的风险面前，没有专业的风险管理，将风险控制在各个参与主体可承受的范围，将会导致投资者要么畏惧不前，要么血本无归，这都是不可持续的投资治理模式。为投资提供贷款的金融机构，如果风险不能依据金融机构的战略或者逐利性偏好进行定价，那么融资、担保、保险等环节将不能落实，就没有金融机构提供贷款、担保抑或保险。

通过科学合理的管理降低信用风险事件的发生概率，可以减少风险损失。就理论而言，可以采用风险转移、风险分散、风险吸收、风险回避和保护伞等五种方法来防控风险，这五种方法所涉及的防控和管理的主体，全面覆盖了全球投资治理的参与者。

---

① 同上，第7页。

② 【英】俞可平三编：《全球化：全球治理》，社会科学文献出版社2003年版，第4-5页。

第一是"保护伞"策略。企业通过寻求第三方的帮助以规避或处理风险。最常用的保护伞是东道国与母国之间签订投资保护协定，目前我国已与130多个国家签订了BIT，还有区域层面的投资章节，多边层面的《华盛顿公约》和《纽约公约》。我国不断创新投资合作方式，拓展到与区域贸易组织之间、与地方政府机构之间，以建立及以政府为先导、企业为主体的制度安排。不同的合作形式包括，IIA、避免双重征税协定、双向投资促进合作、自由贸易区协定以及境外经贸合作园区，这些超国家合作安排为中国对外直接投资提供了良好的外部环境、有利的法律框架和多层次的合作平台。[①] 面对新一轮的投资规则重构，我国在协议谈判中也要注意引入新一代投资规则，纳入新议题和新规则，维护我国海外投资者的利益，在提升经贸合作水平和秩序重构中有所作为。

第二是风险转移策略。风险转移策略是指企业以一定的低成本将风险转嫁给其他承担风险主体，以实现风险规避。在政治风险的领域，企业可以将政治风险转嫁给保险机构，如信用保险以及其他的衍生工具。出口信用保险通过风险转移机制，将企业的信用风险剥离，为企业出海保驾护航。在事前，信用保险可以帮助企业识别和评估项目风险，建立科学的管理体系，完善全球资信和数据信息，准确判断交易对手的信用等级，科学地投资决策。在投资运营过程中，信用保险机构协助企业进行风险预警和管理，在发生风险时，可以为企业提供风险补偿，通过风险补偿功能，即使对失血的企业"输血"，保障资金链的持续。

第三是风险分散策略。企业在开展跨国投资时，可以在投资地域、投资国家或地区、投资行业等方面实行分散策略，以降低风险。如设计分散化的投资战略，通过多种方式在全球构建生产经营网络，打造全球产业链。

第四是风险吸收策略。企业通过将自身塑造成"被投资国企业公民"使风险得到消化吸收。可以通过雇佣当地劳动力、采购、设立合资企业等方式，加强国际货币合作，通过结算管理协作控制汇率风险，实现企业利益与东道国自身利益的捆绑，从而规避东道国政府针对外国企业的不利行动。

"走出去"企业要履行企业社会责任，注重本地化经营策略。投资规则重构将投资者社会责任从软法义务上升为具有强制性的国际法义务。各国不断提高对企业社会责任的标准，希望跨国公司在创造利润、对股东承担法律责任的同时，承担对员工保障、消费者利益、社会发展和环境保护的责任。中国企业要力争：(1) 正确理解企业会责任的内涵。企业社会责任不是在东道国"捐点儿钱"，"做做慈善"，其核心在于利益相关方，不仅包括消费者、供应商，也包括投资项目所在地的居民、政府、非政府组织等。投资新规则中规定了利益相关方参与投资仲裁的权利。(2) 将企业社会责任融入到海外日常生产经营活动当中。如在生产经营中采取措施切实保证产品安全并达到环保要求。(3) 履行企业社会责任的同时，还要注意相应的舆论宣传。中国企业在海外投资过程中主动履行企业社会责任，做了大量的工作，然而由于缺乏宣传反倒让当地人认为中国企业"不负责任"。

重视环境和人文等领域的投资规则所引发的国内政策和立法的变化。在环境和人文等领域各国不断加强立法，对投资规制力度不断加大，中国企业要做到：(1) 密切关注有关规则的出台和变化。《巴黎公约》签署之后，欧美等国家二氧化碳减排势必加强对投资有关的环境规制力度。企业要么尽快实现环保技术的突破，要么寻求新的投资增长点。(2) 强化环

① 卢进勇、李建明、杨立强主编：《中国2015年跨国公司发展报告》，对外经贸大学出版社2016年版，第145页。

保、劳工保护标准，增加海外投资项目的成本支出，通盘考虑成本—收益。(3) 适应各国环境和人文等投资规则的变化，提升企业的创新能力。

第五是风险回避策略。风险回避有主动回避和被动回避之分。主动回避是指企业通过采取措施降低因对东道国不了解而导致的风险，如加强对东道国政治、文化、经济和法律的了解，跨国并购时尽量避免并购那些非友好关系国家的企业，聘请当地咨询公司，等等。所谓被动回避是指因无法承受东道国的风险而被动放弃对该国的投资。企业要注重国际投资规则变化的影响：其一，企业和有关政府部门及研究机构整合力量，警惕竞争中立规则引发的国家安全审查和反垄断审查，并在国际化策略上早做准备，有针对性地做好沟通和规避工作。其二，警惕跨境电子商务规则所形成的对非成员方的贸易和投资壁垒。

结论

“一带一路”建设，要探索构建以“发展”为主题的新型合作模式；要探索运行“和而不同”的新型合作理念；要探索构建共享共赢的新型合作机制。从以上的五种海外投资风险管控策略来看，全球投资治理的多行为体参与其中，风险共管、风险共担。分别需要：政府间合作签订国际投资保护协定、政府间合作备忘录或框架协议；金融机构提供信用担保和保险，提供融资便利；企业自身投资布局管理、支持专业的投资咨询机构，实施当地化融合经营战略；当然，投资者母国政府将在整个风险管理中以主权信用为基础发挥最后担保人的作用，特别是可以通过一定的风险分摊策略促进国际投资的可持续发展。

中国对“一带一路”沿线国家直接投资的特征分析

中国社科院世经政所　王永中
中国社会科学院研究生院　李曦晨

“一带一路”倡议的提出和实施标志着中国对外开放进入了一个新的阶段。与以往中国通过引进发达国家的资本、先进的技术和管理经验，利用中国的劳动力成本优势，参与国际生产分工体系不同，“一带一路”倡议是以资本“走出去”为基础，驱动中国的设备、服务、技术、标准、货币和文化联合“走出去”，是中国传统的产品“走出去”和资本低层次“走出去”的升级版（王永中，2016）。“一带一路”沿线国家能源资源禀赋丰富，但制造业基础薄弱，基础设施建设严重滞后，这为中国与沿线国家开展产能合作、基础设施互联互通提供了巨大契机。可以预见，随着“一带一路”倡议的逐步推进，中国在沿线国家的投资和工程项目承包将会迎来一个大发展时期。

为深化政府经济管理部门、学术圈和实业界关于中国对“一带一路”沿线国家直接投资议题的认知与研究，进而为政府和企业相关投资决策提供参考，本文将从总体投资、大型项目投资、绿地投资、并购、工程承包等多重视角，对中国在沿线国家直接投资的状况和特征做一个全面系统的梳理分析。目前，国内学术界关于中国对外投资问题的研究面临的最大挑战，是数据可获得性问题。为克服这一缺陷，本文将综合运用来自商务部、美国传统基金会（The Heritage Foundation）、FDI Intelligence 和 Dealogic 等数据来源。在弥补统计数据的缺陷方面，美国传统基金会（The Heritage Foundation）、FDI Intelligence 和 Dealogic 数据库做出了一些贡献。传统基金会的数据库统计了规模为 1 亿美元以上的中国对外大型投资项目和工程承包项目，缺点是忽视了大量的中小投资项目，但优点是提供了中国对外投资资金的最终去向信息。FDI Intelligence 包含了大量的中国企业对外绿地投资的交易数据，Dealogic 则对直接投资中的并购交易进行了统计。这些企业层面的微观数据有效弥补了中国官方统计数据的不足。

一、中国对“一带一路”沿线国家直接投资的总体特征

（一）投资规模

在过去的十余年间，中国对“一带一路”沿线国家的直接投资经历了快速增长，且快于中国对外投资的总体增速。商务部数据显示，中国对 65 个“一带一路”沿线国家的直接投资规模由 2003 年的 2 亿美元大幅升至 2015 年的 189 亿美元，占中国对外直接投资的份额相应由 7.1%上升至 13%。另据美国传统基金会的数据，2016 年，中国对“一带一路”沿线国家大型项目（1 亿美元以上）的投资规模达 330.8 亿美元，占中国对外直接投资总额的 19.6%（见图 1）。

从上述两组数据的对比来看，传统基金会的数据明显高于中国官方的统计数据，且波动程度也明显大于后者。2005—2015 年期间，中国对“一带一路”沿线国家投资的平均规模为 82.3 亿美元（官方数据），而中国对这些国家的大型项目投资的平均规模达 165.8 亿美元（传统基金会数据），占中国对外投资平均份额

分别为 11.6%、26.4%。对此，有两种可能的解释：一是官方统计数据不提供中国资本的最终目的地信息，鉴于中国大量资本通过香港、维尔京群岛等国际投资平台前往第三国，官方数据低估了中国对“一带一路”国家的投资规模；二是传统基金会数据未完全扣除未实际交割和失败的投资项目，高估了中国对“一带一路”国家的投资规模。

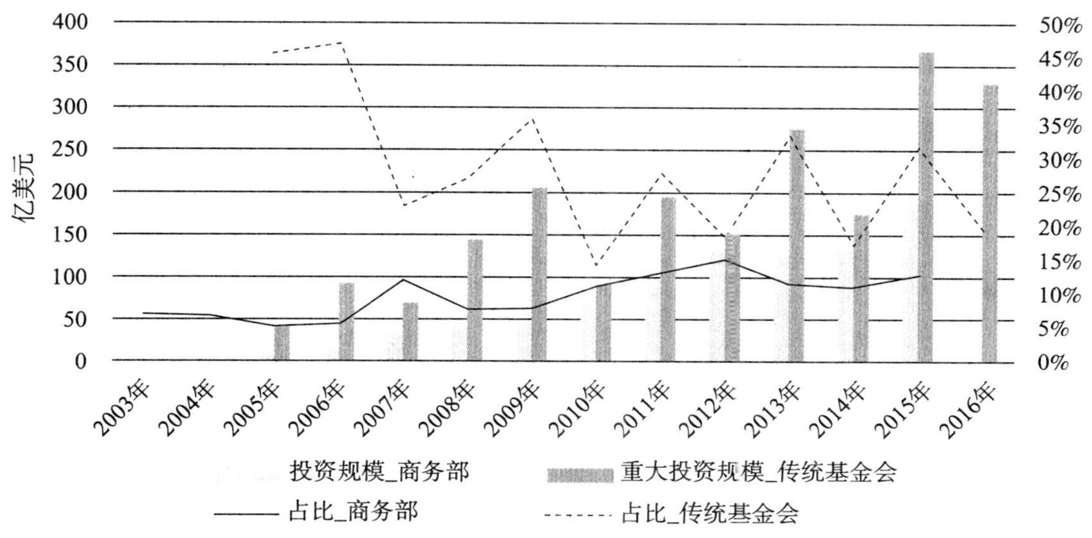

图 1　中国对“一带一路”沿线国家的直接投资规模及比例

资料来源：商务部、The Heritage Foundation

注：大型项目指项目金额为 1 亿美元以上的项目

（二）区域分布

中国对“一带一路”沿线国家直接投资的区域分布差异大，分布不平衡。东盟是中国在“一带一路”沿线国家投资最多的地区。中国和东盟一直保持着密切的贸易往来，经贸合作基础好，签署了自由贸易协定。东盟国家劳动力成本较低，资源能源储量丰富，但电力等基础设施薄弱，中国对其投资主要集中在电力、矿业资源开发和制造业等行业。2003—2015 年，中国对东盟的直接投资流量累计达 530.5 亿美元，占中国对“一带一路”国家的投资份额为 58.2%（见表 1）。其中，新加坡、印尼、老挝是中国投资的主要目的地。

表 1　中国对“一带一路”沿线国家直接投资流量的区位分布　（单位：亿美元）

	东盟	西亚	独联体	南亚	中亚	东亚（蒙古）	中东欧	总量
2003	1.2	0.2	0.3	0.1	0.1	0.0	0.1	2.0
2004	2.0	0.4	0.8	0.0	0.1	0.4	0.0	3.8
2005	1.6	1.2	2.1	0.2	1.1	0.5	0.1	6.7
2006	3.4	2.6	4.7	-0.5	0.8	0.8	0.2	12.0
2007	9.7	2.5	4.9	9.4	3.8	2.0	0.3	32.4
2008	24.8	2.1	4.1	4.9	6.6	2.4	0.4	45.3

续表

	东盟	西亚	独联体	南亚	中亚	东亚（蒙古）	中东欧	总量
2009	27.0	7.3	3.6	0.8	3.5	2.8	0.4	45.3
2010	44.0	11.0	6.3	4.2	5.8	1.9	4.2	77.4
2011	59.1	13.4	7.5	9.1	4.5	4.5	2.2	100.2
2012	61.0	14.5	9.1	4.4	33.8	9.0	1.6	133.3
2013	72.7	21.5	11.6	4.6	11.0	3.9	1.8	127.0
2014	78.1	21.2	9.4	15.1	5.5	5.0	2.0	136.4
2015	146.0	22.7	30.6	11.5	−23.3	−0.2	1.6	189.0
合计	530.5	120.5	94.9	63.9	53.2	33.1	14.9	910.9

数据来源：CEIC 和商务部统计数据

西亚和独联体是中国直接投资规模较大的两个地区，也是2010年以来投资增长较快的地区。西亚地区资源丰富，是中国资源能源的主要供给地之一。中国对西亚的投资主要集中于能源、基础设施和制造业等行业，主要分布于阿联酋、伊朗、沙特等国。中国对独联体地区的投资集中于俄罗斯一国，重点配置于森林、能源开采和加工制造业。2003—2015 年间，中国对西亚、中亚的直接投资总量分别占中国对“一带一路”国家总投资额的13%和10%。

近年来，中国对南亚的直接投资增长迅速，主要集中于巴基斯坦和印度。中国对南亚的投资量约占中国对“一带一路”投资总量的7%，主要配置于机械设备制造、纺织、能源、基础设施等行业。其中，中国对印度的投资增长迅速，投资行业主要包括基础设施、信息通信技术、软件设计开发、金属开采和制造。

中亚地区油气资源丰富，中国对中亚直接投资集中在石油勘探与开采、交通及通信建设、化工、农副产品加工等领域（郑蕾、刘志高，2015）。中国对中亚投资易受地缘政治因素的影响，波动性较大。2015 年，中国在中亚地区出现了大规模撤资现象，撤资规模达 23.3 亿美元，约占前期投资总规模的 30%。中国对中亚的投资集中于哈萨克斯坦，投资存量达 28.6 亿美元，占中国对中亚的投资份额为 53.8%。

蒙古的矿产资源丰富，是中国在“一带一路”沿线重要的投资目的国之一。2015 年，中国对蒙古的投资存量为 33.1 亿美元。中东欧是“一带一路”沿线的汇合地和终点，由于劳动力成本较高、市场规模不大、与中国产品竞争性较强等因素的影响，中国对其投资规模最低，投资存量仅占中国对“一带一路”投资额的 1.6%。其中，匈牙利和保加利亚是主要的投资对象国。

表 2　2003—2015 年中国对“一带一路”沿线国家直接投资存量排名

（单位：亿美元）

东盟	西亚	独联体	南亚	中亚	东亚	中东欧
新加坡	阿联酋	俄罗斯	巴基斯坦	哈萨克斯坦	蒙古	匈牙利
247.7	33.7	86.7	34.6	28.6	33.1	5.3
印度尼西亚	伊朗	格鲁吉亚	印度	吉尔吉斯斯坦		保加利亚
71.0	28.2	5.3	17.9	10.6		2.2

续表

东盟	西亚	独联体	南亚	中亚	东亚	中东欧
老挝	沙特					
44.2	18.2					

数据来源：CEIC 和商务部统计数据

（三）投资模式

从投资模式角度看，中国对“一带一路”沿线国家的投资以绿地投资为主，并购为辅。2005—2015 年期间，中国对“一带一路”投资的 63.5%采取绿地投资形式，36.5%采取并购方式。此间，中国年均绿地投资、并购的规模分别为 165.9 亿美元、95.5 亿美元。由图 2 知，除 2013 年外，中国对“一带一路”的绿地投资额均高于并购。2013 年，中国对“一带一路”的并购投资出现了例外的井喷行情，仅中石油、中石化对俄罗斯和哈萨克斯坦的 4 笔能源项目并购总额便高达 234 亿美元。绿地投资规模之所以高于并购，一个可能的原因是行业投资壁垒。中国对“一带一路”沿线区域的投资以能源、矿产和基础设施建设为主，属于国家战略行业，其中的大型公司一般是国有垄断企业，中国企业并购的阻力较大，从而绿地投资的方式易于被东道国接受。

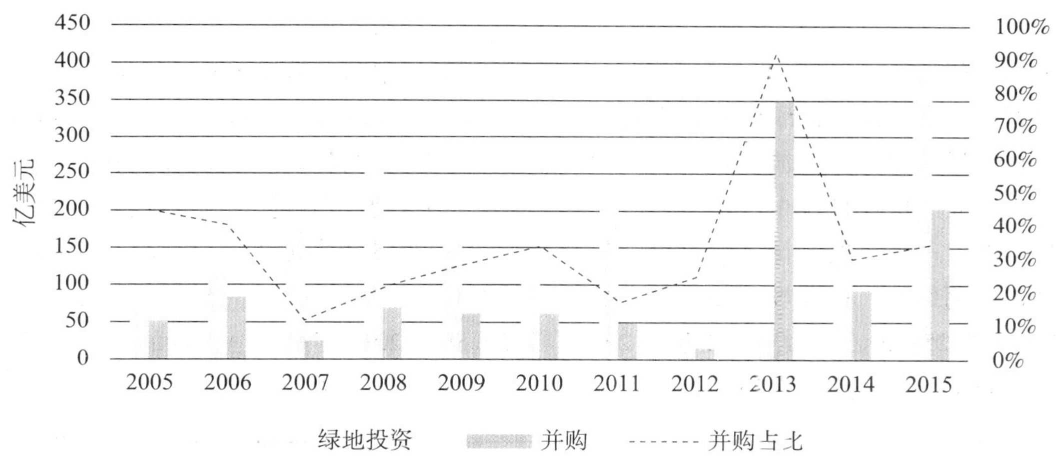

图 2　2005—2015 年中国对“一带一路”沿线国家的绿地、并购投资规模

数据来源：FDI Intelligence 和 Dealogic 数据库

（四）大型项目的行业结构

中国对“一带一路”沿线地区的大型项目投资的行业结构，已由最初的单一能源行业，发展成为以能源为主，交通、金融、技术、不动产、农业等行业并重的多元结构。能源一直是中国对“一带一路”投资最多的行业，投资份额达 55.7%；交通和金属矿石次之，投资份额分别为 10%；对不动产、技术、农业和金融业的投资量尚可，对化学、公共事业、娱乐、旅游的投资较少。近年来，中国对“一带一路”沿线地区的交通业、金融业、技术、不动产的投资增长迅速，而对金属矿石和化学业的投资有所下降。这表明，中国对“一带一路”沿线国家投资的主要动机是资源寻求，如油气、矿石和土地；次要动机是市场寻求和效率寻求，如对交通业、金属、建筑、化学、金融等行业投资，以利用当地丰富的人力资源和开拓当地市场；此外，也有出于技术寻求动机的高科技行业的投资。

表3　中国对“一带一路”沿线国家大型投资项目的行业结构　（单位：亿美元）

时间	能源	交通	金属矿石	不动产	技术	农业	金融	化学	其他
2005	46.9								
2006	60	9.7	9.4	13					1.2
2007	20.1	1.5	43.2		4.6				0
2008	72.2	49.1	21.6			2			0
2009	184.6	4.7	4.8		5		5.3		2.8
2010	40.5	1.5	21.4	6	3	14.4		1.9	3
2011	115.9	14.3	27.4	16.9		1	1	19.2	1.2
2012	57.2	10.2	28.8	26.7	15		10		4.7
2013	174.4	9.1	21.3	30.5	3.5	20.4	2	1.1	9.1
2014	84.9	15.2	11.9	5	30.6	15.6	3.2		9.4
2015	217.5	48.1	20.4	13.2	19.2	4.4	17		29.1
2016	121.7	61.7	4.1	16.7	19.3	17.6	21.2		66.7
合计	1195.9	225.1	214.3	128	100.2	75.4	59.7	22.2	127.2

数据来源：The Heritage Foundation 和作者的计算

二、中国对“一带一路”沿线国家绿地投资的特征

（一）投资规模

中国对“一带一路”沿线国家的绿地投资总体上呈快速增长态势，但波动性较大。2008年的美国次贷危机和2011年的欧洲主权债务危机，对中国在“一带一路”国家的绿地投资产生了显著的负面影响，投资规模分别由阶段性高点2008年的254.6亿美元、2011年的232.3亿美元大幅降至阶段性低点2010年的120.5亿美元、2013年的32.7亿美元。2014—2015年，随着“一带一路”倡议的实施和全球经济形势的好转，中国对沿线国家的绿地投资呈高速增长态势。2015年的绿地投资额高达388.36亿美元，创历史性新高（见图3）。中国对“一带一路”沿线地区绿地投资占总体投资的比重较高，2003—2015年期间的绿地投资份额达56.1%。2013年是绿地投资的低谷年份，份额仅占24.8%。2015年是绿地投资的井喷年份，份额超过了75%，为历史高点。

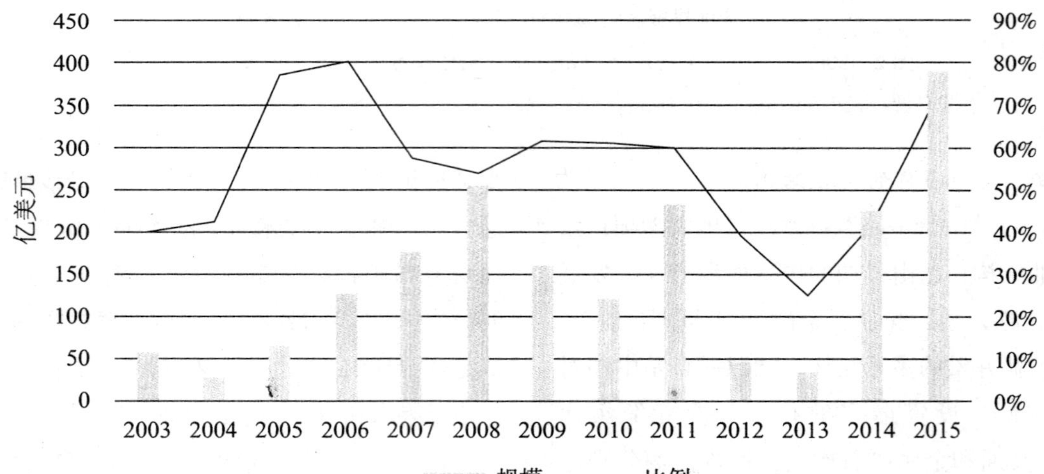

图3　2003—2015年中国对“一带一路”沿线国家的绿地投资规模及比例

数据来源：FDI Intelligence 数据库

（二）区域分布

在“一带一路”沿线地区，中国绿地投资金额最多的地区是东盟，投资增速最快的地区是南亚。2003—2015 年期间，中国对东盟累计绿地投资 745.6 亿美元，位居第一，而对南亚绿地投资的年复合增长率高达 31.6%（见图 4）。2015 年，中国对南亚绿地投资额达 163.6 亿美元，超过对东盟 154.8 亿美元的投资水平。这主要可归咎于中国对印度和巴基斯坦各有 3 笔大额电力投资，其投资额合计达 140.5 亿美元。

在“一带一路”沿线地区，中国绿地投资项目平均金额最高的区域是西亚，金额最低的地区是中东欧。这与可能投资行业类型和投资企业性质密切相关。能源资源类行业的单笔投资额通常较高，国有企业的单笔投资额一般较大。中国企业在西亚绿地投资的行业主要是能源资源类，以国有企业居多，从而国有企业的投资金额比重最高，达 87.4%；而在中东欧地区，投资行业主要是制造业，以民营企业居多，国有企业的投资金额份额最低，仅为 59.4%。

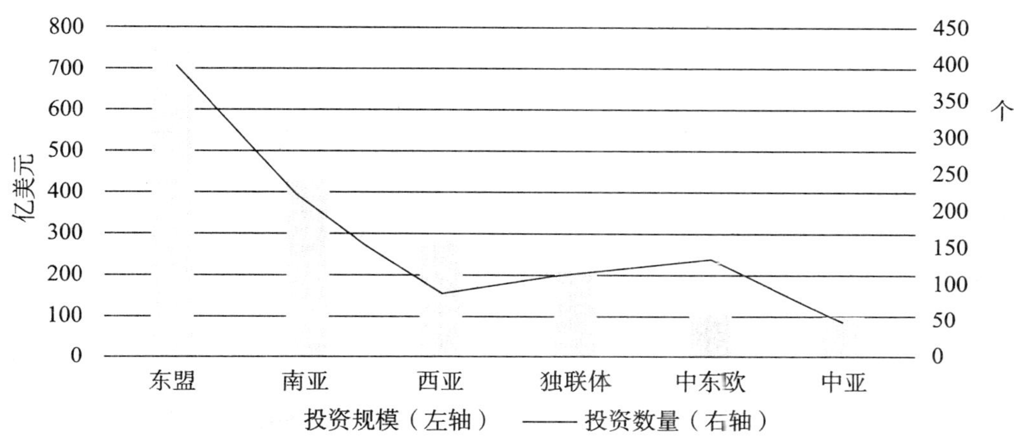

图 4　2003—2015 年中国对“一带一路”沿线国家绿地投资的规模和项目数

数据来源：FDI Intelligence 数据库

中国绿地投资金额最多的地区是东盟，占中国对“一带一路”投资份额一直保持在 30%~50%的水平。在东盟地区，中国主要投资目的地是印尼、马来西亚、越南、菲律宾和新加坡（见表 4）。

中国对南亚地区的绿地投资金额增长最为迅速，投资主要分布于印度和巴基斯坦。目前，中国已成为南亚国家主要投资来源国之一。2007 年以前，地缘政治等因素导致中国对南亚地区绿地投资相对落后，投资额仅占中国对“一带一路”绿地投资额的 8% 左右，但在 2008—2014 年期间，南亚的投资份额稳步升至 20%，2015 年的份额达 42%，超过了东盟跃居第一位。

中国在西亚的主要投资目的国是沙特阿拉伯和伊朗。西亚地区能源和矿产资源丰富，中国绿地投资的行业集中于制造业、采矿业，其投资份额分别为 59.4%、28.5%。中国对沙特绿地投资主要集中于石油精炼业、铝和钢铁制造业，对伊朗的投资主要配置于能源开采、火力发电、汽车制造和金属制造业等行业。

中国对独联体地区的绿地投资主要集中于俄罗斯，投资份额达 91.4%。中国对俄罗斯投资的主要行业是制造业，以汽车制造、工业机械和水泥为主。中国对俄罗斯矿产资源行业投资受阻，主要是因为 2008 年俄罗斯对资源开发的国外股权进行控制，抑制了中国企业在俄罗斯森林、能源领域的直接投资。

表 4　2003—2015 年中国对“一带一路”沿线主要国家的绿地投资规模

（单位：亿美元）

东盟	南亚	西亚	独联体	中东欧	中亚
印尼	印度	沙特阿拉伯	俄罗斯	土耳其	哈萨克斯坦
279.1	251.6	104.8	192.4	26.5	36.4
马来西亚	巴基斯坦	伊朗	阿塞拜疆	保加利亚	土库曼斯坦
117.8	124.5	97.1	8.1	21.9	34.8
越南	阿富汗	也门	白俄罗斯	匈牙利	吉尔吉斯斯坦
117.0	34.2	34.9	5.4	11.6	13.6
菲律宾	斯里兰卡	叙利亚		波兰	乌兹别克斯坦
74.1	8.3	15.8		10.4	10.9
新加坡	尼泊尔	阿联酋		罗马尼亚	
45.3	6.8	12.4		10.1	

数据来源：FDI Intelligence 数据库

近年来，中国对中东欧的绿地投资规模相对较低，单个项目的投资规模较小。中东欧地区市场一直受到欧洲发达国家控制。2009 年以来，中国利用欧洲为应对债务危机和乌克兰危机而鼓励外国投资的机会，显著加大了对中东欧地区的投资力度。中国对中亚的投资也呈现出投资额较小的特点，集中于制造业、物流运输、采矿业和电力等行业。

（三）行业结构

从行业结构角度，中国对“一带一路”沿线国家的绿地投资具有如下特点：第一，制造业为最主要的投资行业。在独联体和中东欧，制造业投资份额高达 70%，其中 26%为石油精炼等能源制造业。第二，电力是第二大投资行业，主要投资目的地是南亚。2014—2015 年间，中国对印度和巴基斯坦有 7 笔大额电力投资，共计 160 亿美元。第三，采矿业是第三大投资行业，主要配置于西亚地区，以伊朗为主要目的地。2007—2009 年间，中国对伊朗的采矿业绿地投资达 65.7 亿美元。第四，中国对建筑业投资的主要地区是东盟和独联体。第五，中国对物流配送和运输业投资的主要地区是东盟和中亚。第六，中国对信息通信技术和互联网基础设施投资的主要目的地是巴基斯坦和印度。最后，在设计开发与测试行业、研究与开发行业、技术支持中心、维护维修业、共享服务中心领域，中国的投资基本配置于印度。

表 5　2003—2015 年中国对“一带一路”沿线地区绿地投资的产业结构

（单位：亿美元）

行业	东盟	南亚	西亚	独联体	中东欧	中亚	合计
制造业	436.5	164.8	165.5	156.7	75.4	46.9	1064.8
电力	129.6	175.7	20.1	11.5	12.9	8.9	358.7
采矿业	55.3	35.4	79.3	5.1	0.0	16.0	196.0
建筑业	55.7	8.7	3.9	28.4	3.8	0.8	103.6
物流运输	33.8	5.6	3.5	2.0	4.4	26.9	76.4

续表

行业	东盟	南亚	西亚	独联体	中东欧	中亚	合计
IT 通讯和互联网	3.1	16.2	0.0	1.7	0.0	0.0	36.0
销售、营销和支持	13.9	2.8	1.8	2.0	3.8	0.3	24.9
商业服务	8.8	2.6	1.8	3.0	2.4	0.3	19.5
设计、开发和测试	1.7	10.5	0.7	0.0	1.2	0.3	14.8
总部	5.7	0.0	1.1	0.2	0.7	0.0	8.5
研究与开发	0.8	2.5	0.6	0.0	0.8	0.0	4.8
技术支持中心	0.0	1.1	0.3	0.0	1.0	0.0	2.6
其他	0.6	1.0	0.1	0.1	0.3	0.0	2.4

数据来源：FDI Intelligence 数据库

三、中国对“一带一路”沿线国家跨境并购的特征

（一）并购规模

中国对“一带一路”沿线国家的并购大致可分为两个阶段：一是初始阶段。2013 年以前，中国企业的并购规模较小，年均并购额仅为 51.2 亿美元。二是大发展阶段。2013 年，中国在“一带一路”沿线国家的并购金额呈现爆发式增长，达 348.3 亿美元。这主要是由于当年有数笔大额并购项目，如中石油对俄罗斯东西伯利亚气田项目（100 亿美元）、哈萨克斯坦卡什干油项目（53 亿美元）和里海近海项目（50 亿美元）的并购投资。2013 年以来，并购金额虽然有所回落，但仍保持稳定增长态势（见图 5）。

“一带一路”沿线国家不是中国境外并购的主要目的地。2005—2016 年，中国在沿线国家的并购占中国境外并购的平均份额为 13.6%，高份额为 2013 年的 35%，低份额分别为 2007 年、2012 年的 1.3%、1.6%。2014—2016 年，中国对“一带一路”国家的并购份额趋于稳定，围绕着 14%的水平波动。未来，随着“一带一路”倡议的稳步推进，“一带一路”沿线地区的并购份额预计将稳步上升。

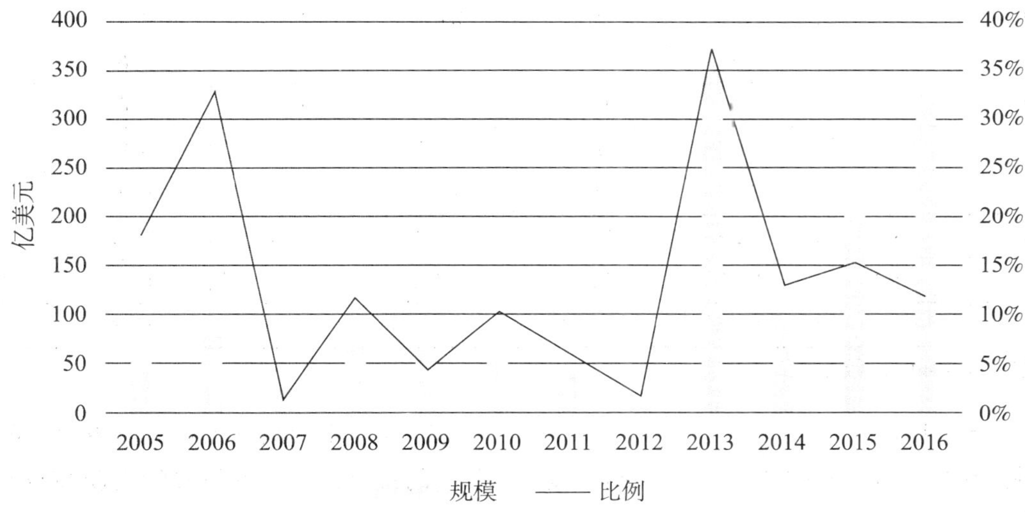

图 5　2005—2016 年中国对“一带一路”沿线国家并购投资的规模及比例

数据来源：Dealogic 数据库

（二）区域分布

与绿地投资相类似，东盟仍是中国在“一带一路”地区海外并购的最主要目的地，其中新加坡、马来西亚、印度尼西亚和泰国是主要目标国。2005—2016年，中国在东盟的并购量累计达415.3亿美元，占中国在“一带一路”沿线国家并购量的30.2%。中国对独联体、中亚、西亚的境外并购规模差不多，但明显低于东盟，属于第二集团，而对南亚、中东欧的并购规模较低。2005—2016年，中国对独联体、中亚、西亚的累计并购量分别达283.6亿美元、270.4亿美元、239.4亿美元，占中国在“一带一路”国家并购的份额依次为20.7%、20.0%、17.4%。

中国在“一带一路”各区域的并购体现出不同的行业特征。在东盟并购的行业较为分散，以公共事业与能源为主，涉及采矿、油气、计算机与电子、金融、房地产等行业。中国在西亚的并购投资主要分布于化学、石油天然气和电子计算机行业，在中东欧的并购分布于化学、金属、公共事业与能源和交通等行业。中国在独联体、中亚的并购集中于石油天然气。2005—2016年，中国在独联体、中亚的石油天然气行业的并购份额分别达74%、81%。中国在南亚的并购集中于电子计算机、公共事业与能源两大行业。

总体上看，中国在“一带一路”的并购活动体现出了因地制宜的原则。中国对东盟和南亚的公共事业投资适应了当地基础设施不完善和需求较大的特点，对独联体、中亚的能源集中型并购战略利用了其丰富的油气资源，对蒙古的采矿业和南亚的计算机与电子的并购，均与当地的相对优势一致。

表6　中国对“一带一路”沿线国家并购的区域分布　　（单位：亿美元）

时间	东盟	独联体	中亚	西亚	东亚	南亚	中东欧
2005	8.1		41.8	0.0	0.9		0.1
2006	20.2	41.5	20.7	0.0	0.5	0.0	
2007	13.1	0.4	0.6	6.2	0.0	4.2	
2008	57.0	10.3	0.3			0.2	0.5
2009	35.9	4.9	11.5	3.0	0.4	3.3	2.1
2010	19.2	14.7	0.6	24.0	0.8	0.5	0.3
2011	12.8	0.9	11.6	1.8	1.6	1.6	17.0
2012	6.1	5.8	0.7	0.3	0.2	0.8	0.4
2013	50.5	131.6	129.5	34.3	1.0	0.9	0.3
2014	53.4	0.0	15.0	19.6	0.6	0.4	2.6
2015	80.9	28.9	15.8	27.0	20.0	17.4	11.2
2016	58.1	44.5	25.8	123.2		43.7	26.2
合计	415.3	283.6	274.0	239..4	26.1	72.8	60.8

数据来源：Dealogic数据库

（三）行业结构

石油天然气行业是中国在“一带一路”地区并购规模最大的行业。2005—2016年间，中国在“一带一路”石油天然气行业的并购份额达38.5%。由于油气行业具有单笔并购金额非常大的特点，其投资份额的变动性较大，最高时达到98.1%（2005年），最低时仅为4.1%（2012年）。

中国在“一带一路”沿线地区的并购活动还较多涉及IT通信业、采矿业、公共事业与能源、化学业，其中IT与通信业、公共事业与能源是近三年来的投资热点行业，投资增长十分迅速。以IT与通信业为例，2014年以前年均投资额仅为1.3亿美元，2016年则达到89.3亿美元。此外，中国对“一带一路”沿线地区的金融、不动产、运输、医疗保健、消费产品、食品饮料等行业也所投资。

表7　中国对“一带一路”沿线国家并购的行业分布　　（单位：亿美元）

	油气	IT通信	采矿	公用和能源	化学	金融	不动产	运输	医保	消费品	食品饮料	其他
2005	50.0		0.0	0.0			0.8				0.0	0.1
2006	62.3		10.0	0.5		9.8				0.0		0.3
2007	6.2	4.2	4.7	0.9		0.6	0.6	0 0	1.2	0.0	0.2	5.8
2008	3.6	0.7	0.3	36.2	1.1	20.1	0.0			2.1	0.1	4.2
2009	37.5	0.1	7.4	1.2	2.2	5.3	0.5	0.2	0.0	0.1	0.0	6.6
2010	17.8	0.8	2.4	1.8	21.1	0.1	2.2	5.5	0.1			8.2
2011	5.0	1.5	11.2	0.2	15.6	0.8	2.8	1.4	1.2	1.2	0.8	5.5
2012	0.6	0.8	7.6	0.1	1.1	1.0	1.6	0.1	0.1	0.5		0.8
2013	253.6	0.6	35.7	0.2	22.0	13.3	10.9	1.4	2.7	0.7	0.4	6.6
2014	15.3	28.9	3.0	1.0		3.2	4.4	2.7	1.3	0.0	13.9	18.0
015	42.6	24.1	21.2	49.9	0.0	6.8	9.6	14.6	6.2	12.8	7.5	5.9
2016	34.0	89.3	44.0	35.7	51.2	5.1	21.5	14.0	14.8	8.1	0.2	3.6
合计	528.6	151.1	147.5	127.5	114.3	66.1	54.9	39.9	27.7	25.4	23.1	65.8

数据来源：Dealogic数据库

四、中国在“一带一路”沿线国家承接的大型工程项目的特征

（一）工程项目的规模

中国对外承接的大型工程承包项目半数以上位于“一带一路”沿线地区。2016年，中国在“一带一路”承接的大型工程承包项目的金额为465.2亿美元，占中国当年对外承接的大型工程承包项目的份额达60.8%。“一带一路”沿线地区基础设施建设普遍较弱，存在较大的基础设施供需缺口，缺乏建设资金、先进的技术和成熟的施工队伍。随着亚洲基础设施投资银行的建立和业务发展，未来中国对“一带一路”国家的基础设施工程建设投资将很可能出现爆发性增长。

（二）工程项目的区域分布

中国在“一带一路”沿线国家承接的大型工程项目主要分布于西亚、东盟和南亚三个地区，而在独联体、中亚和中东欧承接的工程规模较低。2005—2016年，中国在西亚、东盟和南亚承接的大型工程项目的份额分别为30.3%、28.1%和22.4%，而在独联体、中亚和中东欧承接的大型工程项目总份额仅为18.8%。

中国在“一带一路”沿线国家承接的大型工程项目的区域分布呈现出逐步分散化趋势。2005年，94%的工程项目集中在西亚和东盟地区，2006—2010年间这一地区的比重降至60%，2011—2015年进一步跌至40%～55%。同时，中国承接的大型工程项目逐步扩展至南

亚、独联体和中亚。中国对南亚的投资增长最快，2006—2012 年年均项目总额仅为 35.3 亿美元，而 2012—2016 年平均项目总额达 124.3 亿美元。

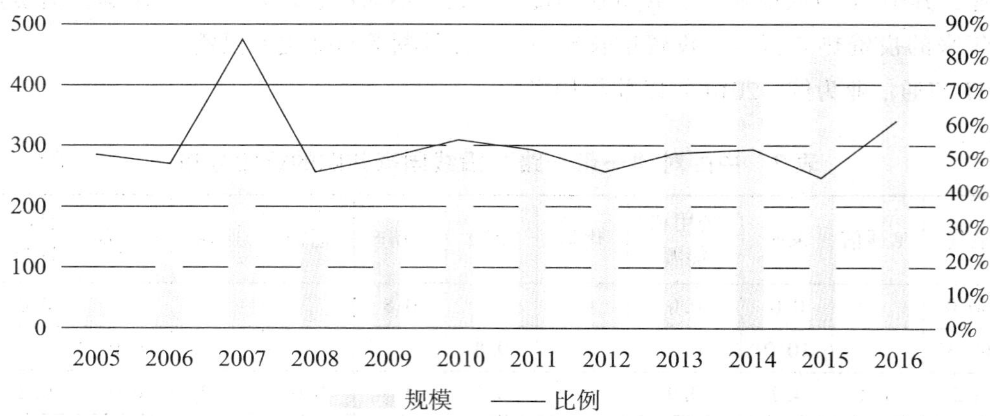

图 6　中国在“一带一路”沿线国家承接的大型工程项目的规模及比例（单位：亿美元）

数据来源：The Heritage Foundation

注：大型项目指项目金额为 1 亿美元以上的项目

表 8　中国在“一带一路”沿线国家承接的大型工程项目的区域分布

（单位：亿美元）

	西亚	东盟	南亚	独联体	中亚	中东欧
2005	35.2	13.1			3.0	
2006	44.7	23.9	30.0		7.0	
2007	86.3	68.4	54.9	8.3	24.5	1.7
2008	56.0	59.1	11.7	11.8	1.7	1.3
2009	64.5	45.1	30.6	8.2	33.9	1.0
2010	83.4	132.9	69.1	30.5	19.9	7.3
2011	71.8	73.2	29.1	99.4	12.4	
2012	73.3	82.0	21.5	8.7	71.4	25.0
2013	106.2	80.3	129.2	2.5	4.6	35.9
2014	101.5	72.4	126.6	46.7	50.4	12.5
2015	86.6	134.1	142.1	38.6	24.2	13.3
2016	195.4	149.4	99.4	6.0	4.9	9.0
合计	1004.9	933.9	744.2	260.7	257.9	107.0

数据来源：The Heritage Foundation 和作者的计算

（三）工程项目的行业结构

中国在“一带一路”沿线国家承接的大型工程也经历了一个从高度依赖能源行业，到以能源为基础，向交通、不动产和采矿业拓展的过程。与直接投资不同，大型工程项目多分布于公共事业领域，较少涉足高科技领域和服务业。2005—2016 年间，中国在“一带一路”沿线国家承担的能源项目工程规模达 1645.4

亿美元，占中国在该区域承接的大型工程项目的份额为49.5%。2010年以前，能源工程的份额甚至超过60%。在交通基础设施领域，中国承接的大型工程承包项目增长迅速，从2005年的15.7亿美元上升到2016年的140亿美元。近年来，不动产、化学和公共事业行业成为中国在沿线地区基础设施投资的新增长点。

表9　中国在“一带一路”沿线国家承接的大型工程项目的行业结构

（单位：亿美元）

	能源	交通	不动产	金属矿石	农业	化学	公共事业	技术	其他
2005	11.1	15.7	7.5	12.0		3.5	1.5		
2006	71.6	11.0	13.2		4.3			5.5	
2007	158.3	14.4	23.0	41.0	3.5		1.0	1.5	1.4
2008	69.7	20.9	17.2	6.6	14.6		1.4	4.0	7.2
2009	108.9	36.0	24.9	4.4			1.1	9.2	
2010	224.6	27.8	26.3	24.4	19.0	12.6	2.9	4.2	1.3
2011	135.2	78.5	22.8	27.3	12.2	1.3			8.6
2012	126.6	37.3	57.4	16.0	12.6		4.4	9.5	18.1
2013	200.2	80.2	13.7	30.4		11.0	13.5	4.3	5.4
2014	188.5	124.8	41.6	22.8	6.9	14.3	6.7	1.2	3.3
2015	134.8	188.3	27.5	11.2	12.6	22.7	24.9		26.8
2016	215.9	140.0	68.3	5.8	8.9	7.5	2.7	9.1	7
合计	1645.4	774.9	343.4	201.9	94.6	72.9	60.1	48.5	79.1

数据来源：The Heritage Foundation

五、结论与政策建议

目前，“一带一路”沿线国家尚未成为中国企业对外直接投资的一个主要目的地。具体来看，“一带一路”沿线国家是中国境外工程承包和绿地投资的主要目的地，但不是跨境并购的一个重要目的地。东盟是中国在“一带一路”国家绿地投资、跨境并购最多的地区，独联体、中亚和西亚均吸引了大量中国并购投资，南亚是中国绿地投资增长最快的区域，而中东欧是中国投资最少的区域。中国在“一带一路”沿线地区承接的大型工程项目多来源于西亚、东盟和南亚，独联体、中东欧等地较少。能源资源和基础设施是中国在“一带一路”沿线地区投资的主要行业，交通、金属矿石和不动产也吸引了大量的中国资金。中国对沿线地区的绿地投资主要分布于制造业、电力、采矿业和建筑业，而跨境并购集中于油气、采矿、IT通讯、公共事业和化学。

为提高中国对“一带一路”沿线国家投资的效率和收益，降低投资风险，促进中国对沿线地区投资的稳定发展，顺利推进“一带一路”倡议的实施，我们提出如下建议：

第一，以基础设施合作为先导，发挥中国在资本、技术和成本等方面的综合竞争优势。中国同“一带一路”沿线国家在基础设施的投融资领域有着高度的互补性，有巨大的合作潜力。中国在基础设施领域拥有较强的设计、施工、运营和融资能力，具有成熟的基础设施建设经验，而“一带一路”沿线国家对基础设施的需求量大，资金严重缺乏，基础设施的设计、施工能力弱，缺乏运营大型基础设施项目的经验。中国应鼓励国内企业在“一带一路”沿线国家竞标公路、铁路、机场、港口和电站等基础设施建设工程，推动金砖新开发银行、亚投行、丝路基金和国开行等国内外开发性金融机构加大基础设施的融资力度。

第二，因地制宜，优化投资的行业结构和区位布局。中国企业应根据“一带一路”沿线各国的投资环境、产业结构、资源禀赋和基础设施等状况，科学选择投资的行业和区域。在西亚、中亚、独联体等能源资源丰富的地区，中国继续实施能源资源优先投资策略。在俄罗斯、东盟等工业较为发达的地区，要加大制造业的投资力度，并向高附加值制造业延伸。在印度等软件技术发达国家，要加大对高技术、研究开发行业的投资力度。

第三，企业应根据东道国特征来选择合适的直接投资模式。在工程建设速度快、经济增长速度高、市场需求不确定性高的东道国，以及并购管制较严的地区，企业应选择绿地投资（Moskalev，2010；李善民，李昶，2013）。若在东道国有较成熟的企业，企业可选择跨境并购方式，从而其投资成本相对较低，可迅速获得原有企业的生产能力、技术和市场资源。

第四，规范企业行为，加强与国际企业的合作。规范企业的海外投资行为，增强中国企业海外分公司的法律意识和社会责任感，减少劳动力纠纷、提高产品质量、履行环保标准，强化与在野党和社会团体的联系，提升中国企业的海外形象，减少投资阻力。中国企业应完善投资策略，与欧美跨国公司联合“走出去”，以迅速学习海外经营投资的技能和经验，减少投资项目的受关注度和政治风险，实现互利共赢（王永中，王碧珺，2015）。

最后，完善服务、支持和保障体系。综合利用开发性金融、出口信贷、出口保险、财政投入（补贴）和税收优惠等政策性手段，并引导商业银行、投资基金、信托公司等商业性金融机构，向“走出去”的国内企业提供财政、信贷和股权资金支持，减少民营和中小企业的资金压力。通过财政支持和税收倾斜，重点支持具有战略意义和高附加值的产业尤其是其中的民营企业。中国政府应积极与“一带一路”沿线国家修改和签订自由贸易协定、双边投资协定，促进商品、服务、资本和技术的双向、有序与自由流动，支持中国企业在海外依法维权，要求东道国的法律公正、透明，充分保护中国企业的合法权益。

参考文献

①李善民、李昶：“跨国并购还是绿地投资？——FDI 进入模式选择的影响因素研究”，载《经济研究》2013 年第 12 期。

②王永中：“‘一带一路’建设与中国开放型经济的转型发展”，载《学海》2016 年第 1 期。

③王永中、王碧珺：“中国海外投资高政治风险的成因与对策”，载《全球化》2015 年第 5 期。

④郑蕾、刘志高：“中国对‘一带一路’沿线直接投资空间格局”，载《地理科学进展》2015 年第 5 期。

⑤Moskalev S A.. Foreign ownership restrictions and cross - border markets for corporate control. Journal of Multinational Financial Management, 2010, 20 (1), pp. 48-70.

“一带一路”视角下美日对外投资及其对中国的启示

中国商务出版社　郭周明

2017年5月14日至15日，“一带一路”国际合作高峰论坛在北京举行。高峰论坛是“一带一路”提出3年多来最高规格的论坛活动，标志着习近平主席2013年提出的“一带一路”合作倡议得到深入贯彻和落实，这对于推动国际和区域合作具有重要意义。然而，目前中国在“一带一路”的对外直接投资尚存在基础薄弱、地域分散、规模较小以及质量不高等特征。中国共在63个“一带一路”沿线国家有投资。根据《中国统计年鉴》以及商务部统计数据，中国在“一带一路”沿线国家近两年的OFDI规模如图1所示：2014年对外投资流量为136.6亿美元，2015年为189.3亿美元，增速为38.6%；从存量来看，2014年底为837.7亿美元，2015年底增加到1156.8亿美元，表现出较为强劲的增长态势，也充分表明中国国家层面的“一带一路”对外投资倡议得到了企业的广泛呼应和支持。但是，对外直接投资的总体规模仍然偏小，特别是从流量来看，2015年我国对“一带一路”沿线63个国家投资总和仍未超过200亿美元。

作为世界上经济规模名列前茅的两大经济体和经济先发国家——美国和日本在发展历程中也经历了大规模对外投资的阶段，积累了一些成功的经验，也存在一些值得借鉴的教训。如何借鉴美日对外投资过程中的经验教训从而更好地服务于中国提出的“一带一路”倡议国际合作，成为一个值得思考的重要话题。同时，美国、中国、日本作为全球三大经济体，三国之间的对外投资活动一方面紧密联系，另一方面相互竞争，甚至此消彼长。深入了解美日在“一带一路”沿线国家的投资情况及其对中国启示极为重要。

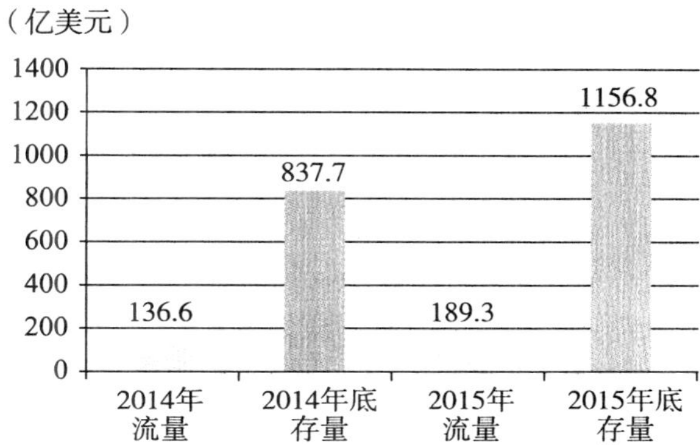

图1　中国在“一带一路”OFDI规模（流量与存量）

一、美日对外投资的宏观背景与典型特征

美国和日本在快速对外投资阶段具有一些共同的宏观背景与典型特征。这些宏观背景、共性特点是一国走出去实施对外投资必须具备的经济和产业基础。而典型特征则反映了两国不同的技术结构、产业结构在对外投资规模、方式以及绩效等方面表现出来的差异化特征。

（一）美国对外投资的宏观背景

随着美国经济的不断扩张和美国本土企业的发展壮大，第二次世界大战后美国对外直接投资迅猛增长，先后出现了第二次世界大战后到20世纪70年代高位增长、80年代萎缩到90年代重新高速增长几个阶段。第二次世界大战后一直到20世纪70年代，美国资本富裕，逐步超过英国成为世界上头号对外投资国。这一阶段，以资源行业、制造业为主。美国在南美、中东地区大力投资石油等资源性行业；在欧洲则大力投资制造业。80年代，美国制造业和资源行业对外投资纷纷下滑，但服务业投资逐步上升，但服务业对外投资总体规模仍然较小，导致80年代美国对外直接投资总规模有所收缩。90年代随着美国服务业的大发展，迎来了服务业走出去的高潮，服务业首次超过制造业成为对外投资主力，美国对外直接投资再次迎来扩张高峰。

纵观美国对外投资快速增长的历史，OFDI快速增长的背后具有深刻的宏观背景，主要可以从政府政策、产业结构、外贸环境和货币表现几个方面进行总结分析。第一，政府政策：美国政府积极给予政策支持，为企业对外投资牵线搭桥。20世纪90年代，美国先后与30多个国家签订双边投资协定，有效地促进了美国对拉美地区、亚太地区以及北美地区的投资。第二，产业结构升级：随着工业化进程的推进，工业发展开始出现转折并逐步萎缩，服务业迅速崛起。服务业扩张带来了美国90年代海外投资的加速发展，IT、网络等科技行业巨头成为推动美国走出去投资的主力军。第三，外贸环境：在强势美元背景下，美国出口贸易受到抑制，逆差逐步扩大，企业亟须通过对外直接投资转移生产能力，打破出口不畅的僵局。第四，货币表现：第二次世界大战后，美元逐步确立了世界货币的霸主地位。随着美国IT等新经济的崛起，吸引了大量外资流入，美元强势升值，而美元作为国际投资的结算货币为美国企业跨国投资创造了天然的货币优势。

（二）日本对外投资的宏观背景

日本在第二次世界大战后经济也取得了长足的发展。在经历了高储蓄、高投资、高增长、低消费的阶段后，日本于1989年超越美国，成为世界第一大对外投资国。综合来看，日本在经济起飞后的20世纪60年代就开始了对印度尼西亚、马来西亚等矿产富庶国的对外投资，这一阶段的对外投资主要是为了解决日本国内生产资料不足的困境。到了70年代，日本开始在东南亚周边国家（印度尼西亚、菲律宾和印度等）进行以“劳动密集型”和“高污染高能耗型”产业为主的对外投资，纺织、资源能源消耗大的行业成为走出去的主力。80年代开始，日本对外投资迅猛增长，开始同时向亚洲地区和欧美地区进行制造业与服务业的投资。自此，日本对外投资的全球战略格局基本形成。90年代日本泡沫经济破灭，对外投资趋于下降，从此进入平稳增长阶段。

纵览日本对外投资快速增长的历史，背后同样具有深刻的宏观背景，仍从政府政策、产业结构、外贸环境和货币表现几个方面进行总结分析。第一，政府政策：日本政府通过制定一系列产业振兴政策，实施金融、税收优惠政策，推动产业升级与企业走出去进行对外投资。日本政府积极与相关国家签署双边投资协议，为日本企业对外投资创造有利的国际环境；此外，还通过建立行业协会等方式，积极为日本企业走出去保驾护航。第二，产业结构升级：日本20世纪六七十年代产业结构由劳动密集与能源密集向资本密集与技术密集转型的过程中，通过OFDI转移了很多劳动密集型与能源密集型行业。而随后的80年代，日本在向技术密集型行业和服务业转型过程中实现了产业的升级和转移。第三，外贸环境：在日元升值的背景下，日本出口能力受到严重削弱，贸易摩擦日增，迫使企业走出去投资。第四，货币表现：1985年的“广场协议”导致日元逐步进入升值通道，提高了日本企业在国际上的购买力，为日本企业走出去提供了较好的货币条件。

（三）美日对外投资的典型特征

美国和日本对外投资也表现出各自的差异性特征。具体来看，美国主要是“以跨国公司为主导，以追逐利润为目标”的海外投资模式。美国政府只是在双边协议以及信息情报方面提供框架性的支持，而对海外投资的具体行业、具体区域并未作出详细的战略规划。海外投资更多的是由美国本土的企业主动实施的寻求海外扩张、追逐利润的投资行为，美国众多实力强劲的跨国公司是OFDI实施的主力。跨国并购成为美国企业对外投资的主要模式。与美国不同，日本采取的是“政府主导的国际协调型”海外投资战略，政府对海外投资行业选择及区域分布有一定的引导和规划。政府积极出台各种金融、税收以及财政补贴等优惠政策以激励企业走出去。日本企业对外扩张遵循着“雁行理论”，逐步向周边国家和地区转移本国落后的产业，逐步升级本国产业，最终在本国形成技术密集型制造业和高附加值服务业的产业格局。

二、美日对“一带一路”沿线国家对外投资概况

（一）美国对“一带一路”沿线国家对外投资

从2013—2015年美国在“一带一路”沿线国家的投资来看（见表1），美国在捷克、匈牙利、波兰和罗马尼亚等东中欧国家对外直接投资规模比较大。在捷克和匈牙利的对外直接投资头寸都将近60亿美元的规模，而在波兰则更是突破了百亿美元规模。为了获取石油等战略性资源，美国在传统的投资目的地中东地区，如以色列、沙特阿拉伯、卡塔尔以及阿联酋等国的对外投资头寸规模较大，均在百亿美元左右的规模，在阿联酋更是高达156亿美元。这些中东国家由于石油与矿产资源丰富，国内局势较为稳定，成为美国在中东地区海外投资的首选。而在另外一些局势动荡的中东国家（如伊拉克、黎巴嫩和叙利亚）则投资甚少。

表1 美国近3年对“一带一路”沿线国家投资头寸

（单位：百万美元）

国家	2013	2014	2015	国家	2013	2014	2015
捷克	6383	6554	5831	以色列	8934	9705	10297
匈牙利	6317	6086	6398	沙特阿拉伯	10084	9502	10509
波兰	12480	11374	11038	阿联酋	11401	15330	15622
俄罗斯	13280	9277	9201	巴林	857	-127	168
土耳其	3845	3700	3661	伊朗	-1	-1	-1
阿尔巴尼亚	-2	-2	-2	伊拉克	2316	2509	1571
亚美尼亚	1	1	1	约旦	184	（D）	228
阿塞拜疆	（D）	（D）	（D）	科威特	303	391	293
白俄罗斯	10	10	10	黎巴嫩	189	227	224
波黑	6	6	6	阿曼	（D）	（D）	1189
保加利亚	465	518	406	卡塔尔	8355	8741	8463
克罗地亚	143	（D）	97	叙利亚	6	5	5
爱沙尼亚	146	（D）	132	也门	（D）	53	-43

续表

国家	2013	2014	2015	国家	2013	2014	2015
格鲁吉亚	1	1	1	印度	24850	27140	28335
哈萨克斯坦	(D)	(D)	(D)	印度尼西亚	12117	13709	13546
吉尔吉斯斯坦	12	12	12	马来西亚	13360	15172	13959
拉脱维亚	(D)	(D)	37	菲律宾	4091	4549	4724
立陶宛	(D)	(D)	89	新加坡	182079	206958	228666
马其顿	30	32	17	泰国	9957	11669	11295
摩尔多瓦	3	3	2	阿富汗	3	3	3
黑山	1	1	1	文莱	31	-6	-7
罗马尼亚	2088	2269	2592	柬埔寨	(D)	(D)	(D)
塞尔维亚	125	123	117	马尔代夫	1	(D)	(D)
斯洛伐克	716	754	786	蒙古	(D)	(D)	(D)
斯洛文尼亚	391	425	499	尼泊尔	(D)	(D)	(D)
土库曼斯坦	(D)	(D)	(D)	巴基斯坦	313	362	392
乌克兰	926	731	446	斯里兰卡	102	111	111
乌兹别克斯坦	74	70	83	东帝汶	10	10	10
埃及	18796	24135	23326	越南	1348	1559	1285

数据来源：根据美国经济分析局整理 https://www.bea.gov.（D）表示未披露。

另外，从“一带一路”的亚洲沿线国家来看，美国在此区域投资力度很大，并且表现出增长的趋势。从表 1 可以看到，印度、泰国、印度尼西亚以及新加坡等亚洲国家的 OFDI 头寸在这 3 年呈现不断增长的趋势。这些发展强劲的亚洲国家，成为美国跨国集团投资亚洲的首选地。其中印度和新加坡表现尤为抢眼，美国在这两国的 OFDI 头寸规模均在 200 亿美元以上，印度 2015 年更是高达 283 亿美元。其他亚洲发展中国家虽然投资规模不大，但是总体上也处于不断增长的态势。相比而言，美国在“一带一路”沿线的中亚和部分西亚国家对外直接投资仍然不多。

（二）日本对“一带一路”沿线国家对外投资

日本和美国在“一带一路”沿线国家的对外投资格局不太相同。由于身处亚洲的地缘优势，日本在东盟国家以及南亚地区对外直接投资比重最大。尤其是在东盟十国中的新加坡投资额高达 8000 多亿日元（注：2016 年的负值是由于金融保险业出现 23580 亿日元负值导致），而在印度尼西亚、泰国、马来西亚、越南等国均在千亿日元以上规模，足见日本在东盟国家经营根基之深。另据 2014 年日本国际协力银行（JBIC）公布的第 26 次《关于我国制造业企业开展海外事业的调查报告》，日本中期内投资前景看好的 5 个海外投资目的地，印度自调查开始以来首次跃居第一，而印度尼西亚则以 1 票之差位居第二，中国从 2013 年的第四升至第三。印度和印度尼西亚作为新兴市场国家中的人口大国，由于其巨大的市场潜力被日本跨国投资企业普遍看好。

表 2　日本近 3 年对“一带一路”沿线国家投资头寸

（单位：亿日元）

国家	2014	2015	2016	国家	2014	2015	2016
新加坡	8657	8197	-20360	哈萨克斯坦	27	1	146
泰国	5764	4391	3830	波兰	20	8	117
印度尼西亚	5127	3926	3220	匈牙利	27	3	32
马来西亚	1299	3565	1599	罗马尼亚	29	-94	-69
菲律宾	986	1836	2483	保加利亚	0	-14	1
越南	1734	1740	2003	拉脱维亚	1	27	57
印度	2556	-1441	4018	乌克兰	54	50	175
蒙古	6	32	21	捷克	145	422	52
文莱	17	15	29	斯洛伐克	-14	-4	465
柬埔寨	311	273	127	沙特阿拉伯	924	785	132
缅甸	115	625	152	阿联酋	-239	-210	3
巴基斯坦	97	117	100	伊拉克	0	2	18
斯里兰卡	5	29	22	巴林	7	0	79
马尔代夫	2	5	16	科威特	20	34	1
俄罗斯	401	639	-96	卡塔尔	-51	12	35
黑山	1	0	14	阿曼	2	194	9
土耳其	335	538	0	以色列	29	9	222
克罗地亚	1	1	-1	约旦	1	47	2
斯洛文尼亚	5	32	2	埃及	61	-0	1155

数据来源：根据日本银行整理 http://www.boj.or.jp/statistics.

与美国在中东欧地区投资较多不同，日本在波兰、拉脱维亚、斯洛文尼亚、克罗地亚、黑山和保加利亚等东欧国家投资规模都非常小，说明日本在这一带仍未显现出影响力。在石油资源丰富的中东地区，日本除了在沙特阿拉伯海外投资规模比较大之外，在阿曼、卡塔尔以及约旦等国投资规模都很小。另外，与南亚和东盟十国相比，日本在中亚的哈萨克斯坦等国以及西亚部分国家投资都很小。而中国与中亚等国具有较好的地缘优势，有望开展更深更广的投资合作。

三、美日对“一带一路”沿线国家投资对中国的影响

（一）影响美国对华直接投资

表 1 的数据表明，美国在“一带一路”沿线国家的投资规模总体上较大。不但在其有传统联系的东欧国家投资规模大，而且在东南亚等国投资规模也较大，并且在亚洲新兴国家表现出较为强劲的增长态势。这直接影响到美国对中国的海外投资走向。首先，从总体上来看，在美国对外投资总量一定的前提下，对“一带一路”沿线国家投资多了，对中国的海外投资自然就会存在某种程度的消减。从图 2 中可以

看到，美国对中国投资在2002年达到顶峰，投资额为54.2亿美元，随后波动下降，一直下降到30亿美元左右的水平，并且在2008年国际金融危机之后进一步下降至25亿美元附近，2015年更是跌至20.9亿美元的最低水平。

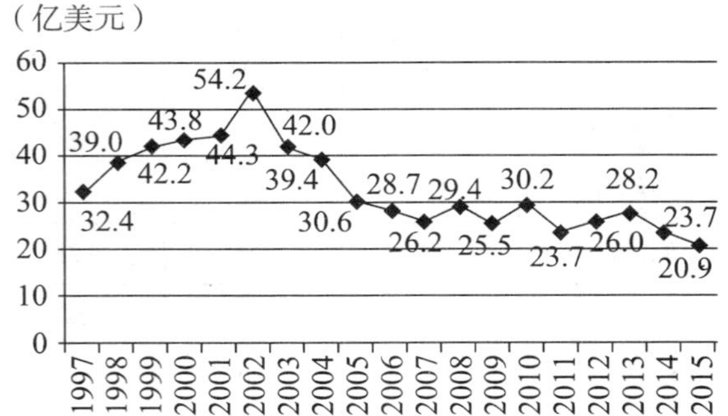

图2　1997—2015年中国实际利用美国外资（美国对华投资）

其次，从美国海外投资的地域结构来看（见表1），近几年美国加大了对南亚和中国周边的东盟国家的对外投资。这些地区与中国地域上相邻，部分产业结构也具有一定的相似性。美国加大这类地区的投资力度，必然会减少对华投资的增量，甚至还存在撤出部分在华投资转移至这些与中国临近的发展中国家的情况，从而导致中国的美资存量面临损失。从最近各大媒体报道的部分美国制造业企业转战东南亚就可窥见一斑。与此同时，美国自特朗普上台以来大力推行各种财税、补贴政策，以此激励海外美国企业回流本土，也会对美国跨国公司投资中国产生影响。这可能也是我们在图2中看到的美国对华海外投资所表现出来的连年走低并在近年加速下滑的原因。

（二）影响日本对华直接投资

2014年日本国际协力银行公布的第26次《关于我国制造业企业开展海外事业的调查报告》显示，中国在日本企业中期前景看好的国家中排名第三。从图3可以看到，中国实际利用日本外资自20世纪90年代以来呈现波动上升态势，在2005年达到一个小高潮，日本对华投资达到65.3亿美元。随后回落至40亿美元附近，又于2012年达到高峰期的73.5亿美元。可见，日本企业一直以来都将中国作为海外投资的首选地之一。然而，随着中国经济进入“新常态”，日本对华投资也进入一个敏感时期。2013年中国实际利用日资开始下降，并降至2015年的31.9亿美元，尚不及高峰期的一半。这可能是由两方面的原因所导致的。一方面，随着中国经济步入“新常态”，经济增速放缓、土地等要素成本上升，加速了日资撤离的速度。在中国国内产业结构升级的宏观背景下，日资在华企业也同样在考虑转型升级，将一部分在华竞争力下降的企业转移至周边东南亚发展中国家。

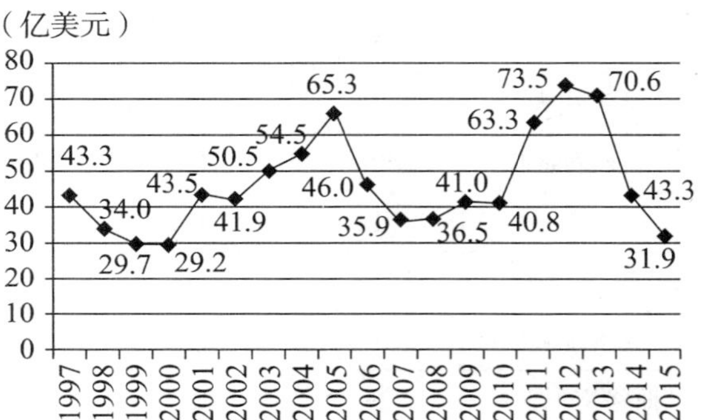

图3　1997—2015年中国实际利用日本外资（日本对华投资）

另外一方面，从表2中可以看到，日本近年来加快了其在印度、新加坡、菲律宾和越南等南亚以及东盟国家的海外投资。这些国家多数为发展中国家，土地、劳动力等要素成本远比中国低，势必形成对在华中低端日资企业的虹吸效应，导致日资从中国撤离并转移投资越南、菲律宾等临近中国的发展中国家。而且，从海外投资增量来看，从日本转移出来的中低端投资的首选地会是东盟发展中各国，而不是中国。这也将从某种程度上加剧日本对华投资的收缩，能够留下来并且保持持续增长的在华日资可能更多地出现在与中国形成互补的中高端制造业和服务业领域。

四、美日对“一带一路”沿线国家对外投资对中国的启示

(一) 理性分析国际直接投资的宏观环境

从美日海外投资的历程来看，其走出去投资具有一些共同的宏观背景。本国政府政策的支持是跨国企业走出去得以顺利实施的政策保障；国内产业结构升级的现实需求、国际贸易环境的恶化，以及本币升值的天时地利促使美日两国企业具有强烈的走出去的动能。当前，中国积极落实“一带一路”倡议，推进国际经济合作，必须理性分析我们所处的国际国内宏观环境。在政策方面，中国政府从国家层面上提出的“一带一路”倡议得到了有关国家的广泛响应和支持，为中国企业走出去提供了有利的政策环境；与美日相比，中国经济进入“新常态”后同样具有较大的产业结构转型升级压力；在出口贸易方面，随着欧盟经济放缓以及美国贸易保护主义的抬头，出口所面临的困境越来越突出；在汇率方面，人民币虽然近期出现了小幅下调，但是从长期来看人民币的币值相对稳定。这些都为中国企业走出去投资提供了良好的宏观背景，为中国与周边国家进行深入的产能合作、技术协作提供了坚实的基础。当然，中国还需要清醒地认识到，当前走出去投资所面临的竞争环境已今非昔比，最大的竞争就来自美日两国在政治和经济上对“一带一路”沿线国家的影响与竞争。

(二) 以大国特定优势形成中国特色 OFDI 模式

美日两国的走出去模式各具特色，其中美国是以跨国公司为主导、追求利润最大模式，而日本则是政府协调型的国际投资模式。裴长洪（2011）提出，中国对外直接投资可能存在有别于西方发达国家的模式，并指出大国特定优势将在中国企业走出去投资过程中发挥突出作用。大国特定优势是指中国可以通过“一带一路”的对外投资战略导向对企业 OFDI 形成正面引导和激励。中国企业的微观竞争优势（即传统跨国投资理论中的企业特定优势）只有和国家战略的引导、服务与组织结合起来，才能有效转化并形成企业 OFDI 的综合竞争优势。这一模式可以有效地将跨国公司特定优势与政府协调的大国特定优势融合起来，在充分发挥市场力量的前提下，有效利用政府协调减少跨国投资中的不确定性风险，有利于探索和形成适用于中国企业的 OFDI 模式。

(三) 与美日错位发展进而共享增长机会

在投资区位、产业选择上要与美日错位发展，形成互补。从“一带一路”投资区域上考虑，可以在美日尚未形成影响力的中亚、中东欧部分国家加大投资力度。在美国具有传统优势的东欧国家以及部分亚洲国家、日本具有投资基础的东南亚国家，可通过采取转移不同层次产业的投资战略，与美日 OFDI 形成优势互补、错位发展，实现增长机会共享。参考美日经验，虽然服务业的占比一直在上升，但制造业投资在美日对外投资加速时期占据着重要的位置。在国际市场上，“中国制造”的汽车、家电等高附加值行业的产品竞争力不如美日德，但在钢铁、建材等低附加值行业却具备竞争力且国内存在大量过剩产能，在机械、船舶、军工等高端装备制造业领域也得到了迅猛发展，这些正是走出去的产业领域。同时，可以通过创新“一带一路”对外投资的融资、共建、共享等模式，推动中国与美日在“一带一路”沿线国家合作，共同推动区域繁荣。比如日本与亚投行的合作就有可能实现中日在推进“一带一路”沿线国家经济发展过程中的融资模式创新。另外，在吸引美日对华投资方面，则要利用中国中产人群扩大、消费升级以及产业升级的机会，积极吸引美日高端技术与现代服务业

来华投资，有效利用美日的海外投资推动我国产业转型升级。

（四）积极实施政策支持与政府引导

借鉴日本的经验，要大力推行对外投资国家战略，发挥政府财税、金融等政策对OFDI的积极引导作用。日本最近倡导的首脑外交在印度、印度尼西亚等东南亚国家取得较大成功。要加大宣传力度，为中国企业走出去营造良好的舆论氛围。借鉴美国经验，要探索成立致力于为企业提供务实咨询和服务的国家级“一带一路”应用型研究智库，积极支持民间智库的发展，健全海外投资信息咨询服务体系。通过各类智库与企业的交流，为企业提供投资东道国国情、政治风险、法律法规等方面的专业咨询。同时，应该认识到美日在处理中亚和南亚投资时政策差别化不足的教训，采用“一国一策”的差异化战略，将政策做深做细，切中每一个周边国家的利益诉求和重大关切，降低对外投资的各类风险，提高经营成功的概率。此外，中央政府要积极引导、协调各省市，避免国内竞争扭曲现象在“一带一路”沿线国家对外投资上重演，特别要避免出现各省一拥而上导致混乱、争抢项目的竞争扭曲。各省市要根据在“一带一路”倡议中所处位置以及自身优劣势，将本省资源与沿线国家产业结构升级、市场容量对接，提升产业配套能力，真正在融入“一带一路”倡议行动中实现发展转型。

（作者系中国商务出版社社长，中国国际经济交流中心博士后）

“一带一路”与中国直接投资发展方向

对外经济贸易大学 张晓静

一、引言

中国经济发展长期依赖出口，在世界经济增长低迷、外贸新常态的态势下，必须思考新的发展方向。“一带一路”建设将突出投资引领合作并带动贸易发展的作用，即过去中国的开放是以贸易为中心被动的单向开放，而未来中国的开放将是以投资为中心主动的双向开放，既要“引进来”，又要“走出去”。这不仅有利于中国充分利用国内外两个市场，实现资源要素的自由流动和有效配置，而且在促进国内产业结构优化升级的同时，推动与沿线国家间的双向投资，构建自主的跨国生产经营价值链，不断提升国际竞争力。

二、“一带一路”沿线国家投资发展现状

全球直接投资兴盛于20世纪40年代，到2015年全球FDI规模已高达1.7万亿美元① （见图1），达到2008年金融危机以来的最高水平，而中国和“一带一路”沿线国家在全球投资活动中也发挥着日益重要的作用。

图1 1970—2015年全球FDI流量及增长率

注：*为初步估计值

资料来源：UNCTAD数据中心

① 数据来源：联合国贸易和发展会议，《全球投资趋势监测报告》，2015年。

（一）“一带一路”沿线国家直接投资现状

“一带一路”沿线国家大多属于新兴经济体和发展中国家，区域经济发展不平衡、差距较大，但彼此间具有较强的互补性，经济发展后发优势强劲。总体来看，这一区域的投资活动呈现以下特点：

第一，区域投资增速明显快于全球平均水平。根据UNCTAD的数据计算，1990—2014年间，全球跨境直接投资年均增长速度约为11%，而“一带一路”沿线65个国家同期的年均增长速度达到15.3%；尤其是国际金融危机后的2010—2014年期间，“一带一路”沿线国家的外资净流入年均增长速度达到4.1%，比全球平均水平高出2.3个百分点，对于带动全球投资复苏发挥了较大作用。[①]

第二，区域FDI流量占全球比重较低。根据联合国贸发会议（UNCTAD）的统计，2014年“一带一路”沿线65个国家FDI流入量为4414亿美元（包括中国），仅占全球FDI流入总量的26%，而欧盟28国的FDI流入量约占世界总量的21%，北美自由贸易区3国的FDI流量占世界总量的13%。其中，东南亚11国吸收外商投资1329亿美元，是沿线外资流入最多的地区（除中国以外），占世界FDI总量的11%；中亚及西亚地区FDI流入量最小，仅占世界FDI总流入量的2%（见图2）。

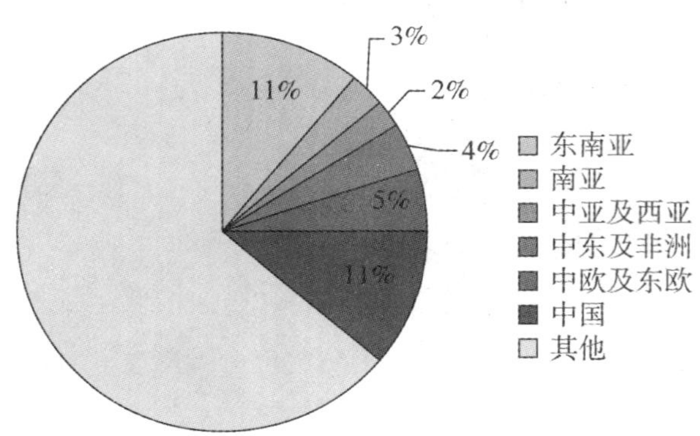

图2　2014年“一带一路”沿线国家FDI流量占比情况

数据来源：联合国贸发会

第三，区域整体引资能力较强。从引进跨境直接投资能力来看，“一带一路”沿线各国的外国直接投资净流入相对于GDP的比例是1.5%，低于1.8%的全球平均水平；2010年以后，这一地区的引进跨境直接投资能力指数开始超过全球平均值，尤其是2013年这一地区的直接投资净流入占GDP比重达到6.3%，高于全球平均1.9个百分点。[②] 目前维持在2%以上的水平，仍高于全球平均水平。

（二）中国直接投资发展现状

中国始终坚持“引进来”和“走出去”并重的战略。2014年中国对外投资规模约为1400亿美元，高于实际利用外资200亿美元。（见图3）也就是说，对外投资超过外资输入，中国即将进入投资输出超过投资输入的“新常态”，这也是新时期中国开放型经济发展的重要特征。中国对“一带一路”沿线国家投资主要呈现以下特点：

第一，中国对沿线国家投资增速快，但空间差异性大。

中国对“一带一路”沿线国家的直接投资增长迅速，其投资存量从2005年的33.89亿美元增加至2014年的924.04亿美元，年均增速达44.38%，占中国对外直接投资存量的比重也从2005年的5.9%增长到2014年的10.47%。中国对沿线直接投资流量从2005年的6.68亿美元增长到2014年的137.27亿美元，年均增速达40%。

但中国对“一带一路”沿线国家投资呈现明显的空间差异性。2005—2014年间，中国对“一带一路”沿线国家的投资规模从大到小依次为东南亚南亚地区、中西亚地区、中东欧地区、

---

① 由于“一带一路”沿线涉及60多个国家，而部分国家2015年的投资数据还未公布，因此本文所用数据多为2014年数据。

② 赵晋平：“一带一路”建设：贸易投资合作是关键，2014年12月03日，来源：中国经济新闻网-中国经济时报社，http://www.cet.com.cn/ycpd/sdyd/1389395.shtml

中东地区。2014 年，中国对东南亚、南亚地区的直接投资流量额达到 92. 76 亿美元，存量达 554. 57 亿美元，均占到中国对“一带一路”沿线投资总量的 60%左右。中国对中东地区直接投资规模最小，2014 年中国对中东地区的直接投资流量为 15. 28 亿美元，存量为 78. 21 亿美元，分别占沿线各国投资总额的 11. 2%和 8. 5%。中国对该区域的投资国主要有新加坡、俄罗斯、哈萨克斯坦、印度尼西亚、缅甸、蒙古、伊朗、柬埔寨、老挝、泰国、印度等。(见表 1)

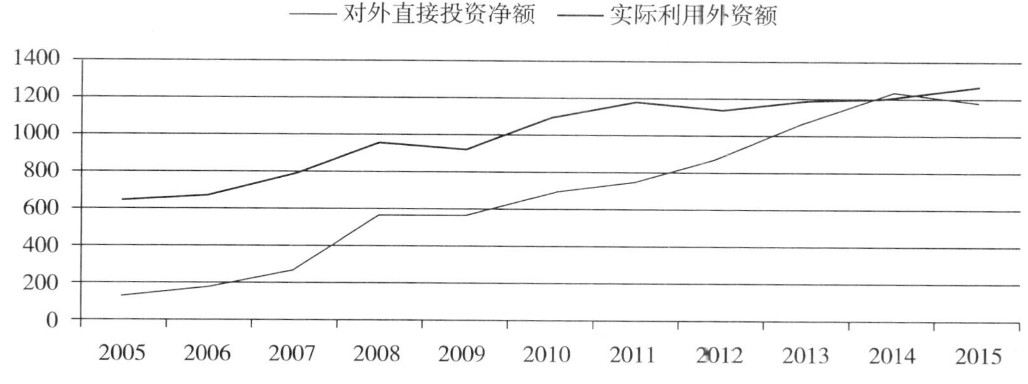

图 3　中国对外直接投资净额和实际利用外商直接投资状况（单位：亿美元）

数据来源：中华人民共和国国家统计局、中国统计年鉴、中国商务部

表 1　2014 年中国对“一带一路”沿线分区域直接投资状况

（单位：亿美元）

		世界	沿线总额	东南亚	南亚	中西亚	中东	中东欧
2005	流量	122. 61	6. 68	1. 58	0. 17	1. 73	1. 09	2. 11
	存量	572. 06	33. 89	12. 56	2. 55	5. 38	8	5. 4
2006	流量	176. 34	11. 93	3. 36	−0. 51	2. 44	1. 91	4. 73
	存量	750. 26	51. 87	17. 63	2. 26	9. 17	11. 04	11. 77
2007	流量	265. 06	32. 46	9. 68	9. 36	5. 92	2. 35	5. 15
	存量	1179. 11	96. 09	39. 54	12. 48	16. 51	10. 19	17. 37
2008	流量	559. 07	45. 29	24. 86	3. 81	9. 83	2. 42	4. 37
	存量	1839. 71	148. 34	64. 76	16. 24	31. 23	14. 05	22. 06
2009	流量	565. 29	46. 17	26. 98	1. 52	7. 72	6. 06	3. 89
	存量	2457. 55	200. 68	95. 79	17. 70	39. 85	20. 77	26. 57
2010	流量	688. 11	76. 42	42. 41	4. 77	13. 28	5. 89	10. 07
	存量	3172. 11	280. 54	133. 86	24. 64	53. 81	31. 36	36. 87
2011	流量	746. 54	97. 9	58. 10	5. 69	18. 35	7. 21	8. 55
	存量	4247. 81	412. 34	214. 69	30. 84	78. 77	39. 72	48. 32
2012	流量	878. 04	132. 28	59. 01	5. 29	50. 7	7. 46	9. 82
	存量	5319. 41	567. 36	282. 24	37. 32	135. 42	49. 02	63. 36

续表

		世界	沿线总额	东南亚	南亚	中西亚	中东	中东欧
2013	流量	1078.44	121.03	66.55	5.46	23.37	14.03	11.62
	存量	6604.78	720.12	356.77	53.18	159.62	58.68	91.87
2014	流量	1231.20	136.27	77.89	14.87	19.16	15.28	9.07
	存量	8826.42	924.04	476.49	78.08	184.11	78.21	107.15

数据来源：《中国对外直接投资统计公报》(2013—2014 年版)

第二，沿线国家对华投资增速高于世界平均水平，但波动幅度大。

“一带一路”倡议的提出为中国吸引 FDI 提供了新机遇，2015 年中国实际利用“一带一路”沿线国家外资同比增长 28.2%，远高于整体 5.6%的增速；多个国家对华投资增长迅猛，其中泰国对华投资增长 521%，蒙古达 728%；并且，2015 年 1 月，一带一路沿线发展中国家沙特阿拉伯首次跻身对华投资前十位的国家，中国的外资来源得到进一步优化。2015 年沿线国家对华投资新设立企业 2164 家，同比增长 18.3%，实际投入外资金额 84.6 亿美元，同比增长 23.8%。(见图 4) 总体而言，沿线国家对华投资增速远高于世界平均水平，但存在波动幅度大、投资基数小的问题，中国实际利用“一带一路”沿线国家直接投资占利用外资总额的比例仍较小且并未发生明显增长，中国与“一带一路”沿线国家的投资合作有待深化。

第三，中国对沿线国家投资结构不合理，而沿线国家对华服务业引资潜力进一步释放。

中国对“一带一路”沿线国家的投资以能源占绝对主导地位，金属矿石居次席，不动产、交通分列第三、第四位，农业、高科技和化学等行业的投资规模相对较小。2013 年，中国对“一带一路”沿线国家的能源、金属矿石、不动产、交通等行业的大型项目投资存量分别为 679.7 亿美元、233 亿美元、116.5 亿美元、114.2 亿美元，占“一带一路”投资总额的比例依次为 54.3%、18.6%、9.3%、9.1%，而中国对农业、高科技、化学、金融等行业的投资存量分别为 37.5 亿美元、30.8 亿美元、20.3 亿美元、8.3 亿美元，其所占比例依次为 3.0%、2.5%、1.6%、0.7%。这表明，中国对“一带一路”沿线国家投资的首要动机是获取战略性资源，如石油天然气、矿石和土地；次要动机是利用丰富的人力资源和开拓当地市场，

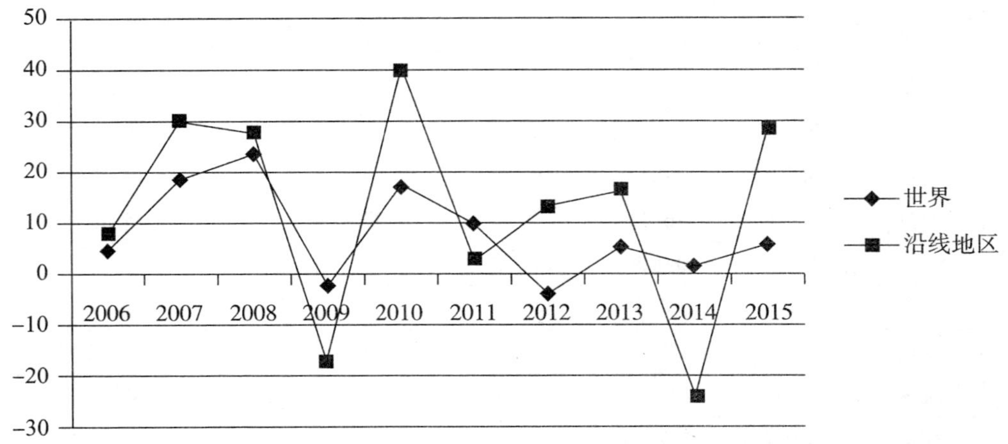

图 4　2006—2015 年实际利用外资 FDI 增长率（%）

数据来源：根据《中国对外直接投资统计公报》数据计算所得。

如对金属、交通业、化学等制造业的投资，以及高科技行业投资。①

“一带一路”进入务实推进阶段，纵横交织的区域发展战略对国内经济布局的优化效应显现。同时，在人口红利消失、传统制造业产能严重过剩的背景下，服务业逐步成为中国引资新增点。2015年1-10月，从沿线国家对华投资的行业来看，金融服务业、租赁和商业服务业、批发和零售业实际投入外资增长幅度较大，同比增长分别为1623.3%、224.7%和7%。②

三、有关中国直接投资发展方向的几个基本判断

随着“一带一路”倡议的实施、沿线基础设施投资需求的扩大、沿线国家投资环境的不断优化、国家相关激励政策的推进，以及国内产业结构的转型升级和企业在全球范围内配置资源的需求及能力的提高，中国的直接投资将会得到更好更快的发展。

（一）“一带一路”将掀起新一轮投资浪潮

随着“一带一路”建设进入落实阶段，中国与沿线国家间的投资低迷趋势可能出现逆转，新一轮投资浪潮可能即将拉开序幕。中国和“一带一路”沿线国家间经贸关系的重要性日趋凸显，加强政策沟通和基础设施互联互通建设是中国与“一带一路”经贸关系加快发展的关键，相关项目建设将直接或间接拉动投资和经济增长，因此，“一带一路”区域的投资活动具有长期持续较快增长潜力。根据中国企业全球化报告的数据统计，2014年以来，中国企业对“一带一路”沿线国家的投资已有141起，其中超过10亿美元的投资29起，1亿~10亿美元的投资55起。这些投资主要集中在采矿业、交通运输及制造业。同时，对基础设施建设和信息传输及计算机服务的投资有明显增长。

（二）“一带一路”不影响中国对欧美投资

随着国内经济转型升级步伐的不断推进，中国企业海外投资的目的地也日益多元化，从亚洲、非洲、拉丁美洲等资源富集地区逐步扩展到北美洲、欧盟等技术发达地区。尽管中国在“一带一路”扩展投资存在两个方向（域内的发达国家和发展中国家），但主要方向仍然是发展中国家。从中国对外直接投资目的看，发展中国家仍然占据首要地位。2013年，中国流向发展中地区的直接投资917.3亿美元，占当年流量的85.1%，且增幅远高于对发达经济体的投资。③ 但这并不意味着中国在欧美等传统市场的直接投资绝对量会减少，欧美市场在“一带一路”战略背景下仍具吸引力，其原因在于这一地区拥有雄厚的技术基础和成熟的市场环境。

（三）“一带一路”建设警惕地方政府投资冲动

“一带一路”可能重新改变地方政府的行为模式，新一轮的地方政府投资冲动可能随之引发。根据相关信息统计，各地方“一带一路”拟建、在建基础设施规模已经达到1.04万亿元，跨国投资规模约524亿美元。考虑到一般基础设施的建设周期一般为2~4年，2015年国内“一带一路”投资金额或在3000亿~4000亿元；而海外项目（合计524亿美元，每年约170亿美元）基建投资中，假设1/3在国内，2015年由“一带一路”拉动的投资规模或在4000亿元左右。④

---

① 王永中，李曦晨：中国对“一带一路”沿线国家投资的特征与风险，《开放导报》，2015年8月。

② 商务部召开例行新闻发布会，环球网，http://china.huanqiu.com/News/mofcom/2015-12/8088657.html，2015年12月02日。

③ 中华人民共和国商务部、中华人民共和国国家统计局、国家外汇管理局：《2013年度中国对外直接投资统计公报》，中国统计出版社2014年版，第11页。

④ 管清友：“一带一路”料掀起国内第四次投资热潮，2015年03月30日，http://blog.cs.com.cn/a/01010005FF2400E2A87EF531.html

（四）基础设施投资是“一带一路”投资的重点领域

基础设施的互联互通是共建“一带一路”的优先领域。基础设施不仅包括修桥建路，还有油气管道、输电网、跨境光缆建设等。据亚洲开发银行研究所测算，亚洲地区2010—2020年需要超过8万亿美元的基础设施投资费用，才能维持目前的经济发展水平。而据经合组织报告预测，2013—2030年全球基础设施投资需求将达55万亿美元，才能满足全球经济发展的需要。① 目前，我国基础设施的设计建造水平已跃居世界前列，在“一带一路”战略背景下，我国将与沿线各国在交通基础设施、能源基础设施和通讯干线网络等方面加强合作。

（五）“一带一路”将提升中国在全球投资格局中的地位

金融危机削弱了发达国家的资金实力，“再工业化”浪潮却又扩大了其对资金的需求。在供需失衡状态下，发达国家不得不减少对外投资，以保证其国内经济建设的资金需要。相较发达国家，发展中国家对外投资活动日趋活跃。尤其是“一带一路”建设将打开新兴经济体与发展中国家投资需求的大门，为亚太、非洲、拉美等新兴市场的基础设施建设提供有力的资本支持与强大的技术支撑，这样将有效地完成国内供给与海外需求的有效对接，实现双赢。2014年中国对外直接投资首次突破千亿美元，达到1029亿美元，同比增长14.1%。而下一步中国将重点结合“一带一路”倡议，进一步加大对外投资力度，鼓励优势产业和产能向沿线国家转移。在引进外资方面，2014年，中国吸收外资的增速高于美国、欧洲等一些主要经济体，连续23年保持着发展中国家最大引资国的地位。无论吸引外资还是对外投资，中国都扮演了重要角色。“一带一路”倡议提出之后，中国的对外投资意向更加强烈，对外资的吸引力也有所提高，因而中国在世界投资格局中的地位也越来越高。

四、中国与沿线国家双边投资存在的问题与风险

30多年来，中国一直是亚洲乃至全球经济增长的重要引擎，经济总量世界第二，进出口贸易总额世界第一，外汇储备世界第一，外商投资额世界第一，对外投资跃居世界第三，预计不久将成为资本净输出国。目前，中国经济发展进入“新常态”，对高水平“引进来”与大规模“走出去”提出更高要求。“一带一路”倡议的实施为中国直接投资的发展提供了一个难得的机遇。然而，机遇与挑战并存，复杂多变的国内国际形势也使其面临诸多问题与风险。

（一）对外直接投资存在的问题

1. 投资环境缺乏长期稳定性

在“一带一路”建设中，中国对外投资面临的最大挑战来自于当地政策和政局的不稳定性。投资政策受到政治因素的影响较大，单边修改投资政策，会使外国企业不能把握政策变动方向而遭受经济损失。如2014年9月，中国主导的斯里兰卡科伦坡港口城项目开工，但2015年1月斯里兰卡新总统上任后就宣布暂停“科伦坡港口城”项目。又如，中远集团投资的希腊比雷埃夫斯港项目也经受当地政权更迭带来的挑战。2015年1月份希腊左翼政党上台后，叫停包括中远港口项目在内的所有私有化项目，这导致中远集团在后期的收购过程中遇到较大障碍。

2. 海外投资效益较低

中国企业开展海外投资的时间并不长，国际化经验不足，投资模式单一。中国企业以绿地投资的方式为主，常常遇到“水土不服”、国际化经营人才缺乏等问题。这种投资方式的效率和效益也较低。相反，跨国公司经常采用的

① 博思数据研究中心：2014—2019年中国对外工程承包市场监测及投资前景研究报告，2014。

并购模式在中国企业中应用得很少，即使是少数企业采用了跨国并购的方式，也还遇到股份数少、没有经营权和控制权的问题。投资模式的单一化也使得跨国投资回报较低，企业对沿线国家投资的积极性不高。

3. 沿线国家经济文化发展差异大

“一带一路”沿线国家基本覆盖四大文明古国的全部区域，各国文化差异明显，中国企业在这些国家投资很容易遇到文化融合的问题。企业如果不了解投资国的市场、法律、技术水平，没有本地的工人，投资会遇到较大的困难。此外“一带一路”沿线各国经济发展水平差异显著，如吉尔吉斯斯坦的人均收入只有 990 美元；而卡塔尔人均收入高达 7.8 万多美元，是世界上人均收入最高的国家；巴基斯坦和斯里兰卡是中等收入国家，而马来西亚是中上等收入国家。①

（二）吸引直接投资存在的问题

1. 引资伙伴国的多元化有待提升

中国吸引“一带一路”沿线国家外资增长迅猛，远高于中国吸引外资的整体水平。但中国的外资来源结构仍较为单一，主要集中在东盟国家。在全球化深入发展、基于国家利益的合作极具脆弱的情况下，中国在推进“一带一路”建设的同时应积极拓宽新的投资伙伴关系。

2. 新的引资优势尚未形成

目前，中国进入了调整转型的攻坚期，以往政策、成本寻求型外资难以维系，沿线地区甚至出现大规模外资撤离，新的外资增长点有待发掘。另外，“一带一路”沿线多为发展中国家，企业的国际经济竞争力有限。随着中国本土企业的快速崛起，外资企业面临巨大的发展压力，中国在继续深化开放的同时，对民族产业也实行一定的保护，进一步削弱了发展中国家投资中国的积极性。

3. 与其他经济体间引资竞争加剧

巴西、俄罗斯、印度等新兴经济体均具有独特的引资点，东南亚也凭借成本优势成为新一轮资源寻求型外资的目的地。中国在转型升级的关口，FDI 的产业结构、区域布局等均将发生重大变化，在固有优势逐步丧失而新的优势尚未培育的情况下，中国对外资的吸引将面临严峻挑战。

五、政策建议

“一带一路”拓宽了中国直接投资的发展方向，但是无论“引进来”还是“走出去”仍需注意风险防范。因此，在“一带一路”建设中，政府应为中国企业投资创造良好的投资环境；企业应从自身风险管理入手，强化自身风险管理应对能力，努力扩大双向投资合作。

（一）从国家层面优化投资环境

“一带一路”沿线国家各自的政治文化制度、法律规范和社会经济发展需求状况差异巨大，其所处的地缘政治环境及其矛盾也颇大。这说明，中国实施“一带一路”倡议面临的发展环境是极为复杂的，而优化其发展环境又决非企业及个人的能力所能及。为此，为更好地促进“一带一路”建设，国家应该在《推动共建丝绸之路经济带和 21 世纪海上丝绸之路的愿景与行动》所设定的战略框架下，在如下几个方面作努力：

第一，加强与世界各国尤其是美、俄、日、欧盟以及“一带一路”沿线国家的政策沟通与协调，构建投资贸易磋商机制，以优化实施“一带一路”倡议的外交环境，并为资本“引进来”与“走出去”消除各种地缘政治方面的障碍。

第二，具体制定国家与“一带一路”沿线各国的经贸合作与发展战略与规划，建立区域投资促进与保护机制，改善区域投资环境，为投资者提供更好的制度保障，提升自贸区框架

① 廖萌：“一带一路”建设背景下我国企业“走出去”的机遇与挑战，载《经济纵横》2015 年第 9 期，第 32-33 页。

下投资自由化与便利化水平。

第三，积极推进与“一带一路”沿线各国签订双方或多方的自由贸易协议的工作，增加相互的FDI流量，积极开展与沿线国家的双边投资谈判，通过达投资促进协议促进双边投资的增长。

第四，有针对性且系统地出台能促进通过发展对外直接投资有效带动国内产业结构转型升级的财政、税收和金融等政策措施，以形成优化构建对外直接投资与促进国内产业结构转型升级的新型关系的政策机制。

第五，发挥政府系统掌握信息资源的优势及时向社会发布“一带一路”各国的经贸信息，引导资本的双向流动。

（二）从企业角度加强风险防范

由于地缘政治、意识形态及维护国家自身安全等原因，各国在推动国际经贸发展与合作方面的理念及政策尚存在着或大或小的差别，企业在具体实施投资计划时，应时刻谨记企业肩负的社会责任，注意适应当地的法律法规和民风民俗，加强与当地民众的交流。为此，实施“一带一路”倡议，引导国内企业高效地“走出去”时必须采取差别策略：

一是对于与中国政治经济关系较为密切的国家，可以由掌握某种垄断优势的大型国有企业作为“领头羊”，由市场经济基本机制带动相应的中小企业群体快速高效地“走出去”。二是对于地缘政治环境较为复杂的国家，由于其对主权资金的投资较为敏感，因而进入这些国家的投资应更多地鼓励和支持民营企业。此外，还应强化企业的投资风险意识，引导从事对外直接投资的企业设立专门的风险监控管理部门，要求行业协会在风险控制方面发挥应有的作用，做好企业间的信息互通和共享。

文化对中国直接投资“一带一路”沿线国家的影响

上海对外经贸大学　张娟　萱萍

一、引言

“一带一路”倡议贯通了东南亚、中亚、南亚、西亚和非洲等区域，是世界上跨度最大、最具潜力的经济合作带。但由于“一带一路”途经65个国家，这些国家的国内政治、文化、经济和意识形态等均存在差异，因此，如何通过“五通”深化中国与“一带一路”沿线国家的经贸关系，推动中国企业“走出去”，进而促进双边共同发展、共同繁荣的互惠互利，推动“一带一路”的落实，是目前中国亟待解决问题。

据商务部数据显示，自“一带一路”倡议提出以来，我国与沿线国家的沟通交流和经贸合作取得了丰硕的成果。2015年，中国与沿线国家双边贸易总额达9955亿美元，占全国贸易总额的25.1%；我国企业共对“一带一路”相关的49个国家进行了直接投资，投资额合计148.2亿美元，同比增长18.2%；同时沿线国家对华投资达84.6亿美元，同比增长23.8%。为更好地落实“一带一路”倡议，推进我国对外直接投资，必须关注东道国与母国的文化因素的影响。

本文主要通过理论和实证共同分析文化因素对我国对外直接投资的影响程度，引言之后的三个部分安排如下：第二部分是文献综述，归纳总结国内外学者研究文化因素与对外直接投资的相互关系的现状。第三部分是实证分析，以“一带一路”沿线34国为样本国家，基于Hofstede文化维度，按照既有的KSI指数作为文化距离指数，以中国对外直接投资存量为因变量，文化差异度和文化相似度为自变量，同时以东道国市场潜力、东道国劳动力成本、东道国经济自由度、双边贸易流量、地理距离、是否签订双边投资协定为控制变量，运用引力模型，构造随机效应模型分析文化因素对中国直接投资“一带一路”沿线国家的影响程度。第四部分是结论与建议。

二、文献回顾

（一）文化差异影响对外投资的国外研究

国内外部分学者从文化差异角度研究了对外投资的影响因素，并通过定性、定量方式分析研究，相较国内学者，国外学者研究比较早，且给予了一定重视程度。

一些学者认为，文化距离的存在能够给对外直接投资带来积极的作用：Johanson和Vahhe（1977）① 通过分析瑞典跨国公司发现，跨国公司对海外市场进行投资时，文化差异带来的不确定性会使得跨国公司海外投资增加。Kogut和Singh（1988）② 基于美国的228项对外直接投资数据，使用Hofstede的文化维度指数，构建文化差异指数（CUL-DIS）实证分析发现，较大的文化差异会提高跨国公司采用合资进入模

① Johanson J, Vahhe J. The internationalization process of the firm: A model of knowledge development and increasing foreign market commitments. Journal of International Business Studies, 1977 (8): 23-32.

② Bruce Kogut and Harbir Singh. The Effect of National Culture on the Choice of Entry Mode. Journal of International Business Studies. 1988, Fall 411-432.

式的可能性。Thomas 和 Grosse（2001）① 以墨西哥为研究对象，分析发现文化差异与投资量之间呈现出显著的正向相关关系。

但也有一些学者通过实证研究发现，文化差异与 FDI 之间呈现出负向相关关系：Li 和 Guisinger（1992）② 通过实证研究发现母国和东道国之间的文化差异越大，东道国所吸收的直接投资越少。Williamson（1997）③、Anderson 和 Gatignon（1986）④ 通过研究得出：文化差异会加大企业在控制模式下的内部不确定性，从而增加双方合作交流、监督和控制等方面的交易成本，即文化差异越大，对外直接投资的成本越高。

（二）文化差异影响对外投资的国内研究

国内学者大多认为文化差异与对外直接投资之间存在着负向相关关系：许和连（2011）⑤ 通过研究得出：企业倾向于文化距离和中国相近的国家和地区，有些国家尽管经济规模大，但距离较远，文化差异大，投资风险也大，故中国对其直接投资也少。綦建红和杨丽（2012）⑥ 基于 2003—2010 年中国在 40 个东道国 OFDI 的面板数据，分析表明：地理距离和文化距离均与 OFDI 呈负向关系并通过双边贸易额等因素产生传导作用，验证了门槛效应的存在，即当文化距离较小时，文化距离与 OFDI 呈正相关；当文化距离增大时，文化距离对 OFDI 的影响愈不明显，但能够通过贸易间接阻碍 OFDI。李元旭和姚明晖（2014）⑦ 选取了 2006—2010 年间的 45 个国家和地区数据为样本，通过实证分析发现：文化距离对 FDI 流量和存量的影响是有差异的，文化距离对 FDI 流量的影响不显著时，对 FDI 存量的影响却是显著的；即使文化距离对 FDI 流量的影响显著时，其显著的影响程度较之 FDI 存量的影响也是偏小的。

但也有学者通过实证研究出文化差异与对外直接投资之间并不仅仅是简单的负向相关关系：殷华方和鲁明泓（2011）⑧ 验证了文化距离和国际直接投资流向的水平呈 S 形曲线关系，并得出结论：当文化距离较小时，文化距离和国际直接投资流向有负向关系；当文化距离在中间水平时，文化距离和国家直接投资流向有正向关系；当文化距离较大时，文化距离和国家之间投资流向又呈现出负向关系。蒋冠宏（2015）⑨ 利用了 2004—2008 年 1852 家海外投资的工业企业数据进行实证研究，得出我国与东道国适度的文化距离有助于降低企业投资风险，但是文化距离过大则增加了企业投资风险，即我国企业投资风险与文化距离呈现“U”形趋势。孙朋军和于鹏（2016）⑩ 基于 2005—2014 年的中国企业对外投资项目数据，采用最小二乘虚拟变量模型（LSDV）方法进行实证分析，结果表明：文化距离负向调节中国资源寻

① DE Thomas and R Grosse. Country - of - Foreign Determinants of Foreign Investment in an Emerging Market: the Case of Mexico. Journal of International Management, 2001, Vol. 7, Issue 1, Spring: 59-79.

② Jiatao Li and Stephen Guisinger. The Globalization of Service Multinationals in the “Triad” Regions: Japan, Western Europe and North America. Journal of International Business Studies, 1992, Vol. 23: 675-696.

③ Oliver E. Williamson. Transaction-Cost Economics: The Governance of Contractul Relations. Journal of Law and Economics, 1997, Vol. 22: 233-261.

④ Erin Anderson and Hubert Gatignon. The Multinational Corporation's Degree of Control over Foreign Subsidiaries: An Empirical Test of Transaction Cost Explanation. Journal of Law, Economics, and Organization, 1986, Vol. 2: 305-336.

⑤ 许和连：“文化差异对中国对外直接投资区位选择的影响分析”，载《统计与决策》2011 年第 17 期，第 154-156 页。

⑥ Jianhong Qi and Li Yang. Determinants of Chinese OFDI Location: Based on the Geographical Distance and Cultural Distance Test. Economic Geography, 2012 (12) Vol. 32, No. 12: 40-46.

⑦ Yuanxu LiandMinghui Yao. Cultural Dual-factor Analysis of China' s Foreign Direct Investment. GUOJI SHANGWU YANJIU, 2014 (9), Vol. 35, No. 199: 76-86.

⑧ 殷华方、鲁明泓：“文化距离和国际投资流向：S 型曲线假说”，载《南方经济》2011 年 1 期，第 26-38 页。

⑨ 蒋冠宏：“制度差异、文化距离与中国企业对外直接投资风险”，载《世界经济研究》2015 年第 8 期，第 37-47 页。

⑩ Pengjun Sun and Peng Yu. The Impact of Cultural Distance on Chinese Enterprises in Implementing the Belt and Road Inititive [J]. China Business and Market, 2016 (2), Vol. 30, No. 2: 83-90.

求型对外直接投资的区位选择，正向调节中国市场寻求型对外直接的区位选择，但对中国战略资产寻求型对外直接投资的区位选择并无显著影响。

可以看出，国内外学者多运用引力模型，从两国或地区的经济规模、人均收入、双边贸易额、地理距离等方面研究其与对外直接投资的相关性。但是，就文化距离与 FDI 之间的关系并没有统一论点。因此，本文将在国内外学者研究的基础上，从文化角度，以“一带一路”沿线国家作为东道国，研究对外直接投资的影响因素，验证文化因素在对外直接投资中的重要性，从而对我国企业在未来更好地“走出去”，更好地实施“一带一路”倡议提供一些参考建议。

三、文化差异对中国对外直接投资影响的实证分析

（一）计量模型设定

鉴于上文变量的选取，基于引力模型，我们建立了如下模型：

$$\ln FDI_{jt} = \alpha_0 + \alpha_1 \ln CD_{ij} + \alpha_2 KONG_{ij} + \alpha_3 \ln DIST_{ij} + \alpha_4 \ln TRADE_{ijt} + \alpha_5 \ln CD_{ij} * \ln TRADE_{ijt} + \alpha_6 \ln PGDP_{ijt} + \alpha_7 GROW_{ijt} + \alpha_8 \ln EF_{ij} + \alpha_9 \ln XD_{ij} + \varepsilon_0$$

为了消除异方差的影响，首先对变量 CD、DIST、TRADE、PGDP、EF 进行对数处理。

（二）变量和数据说明

1. 因变量

对外直接投资额（FDI）：用中国对“一带一路”沿线各国的非金融直接投资存量来表明我国的对外直接投资规模，以此研究文化因素对中国直接投资“一带一路”沿线国家的影响。数据来源于我国《我国对外直接投资统计公报》（2003—2014）。①

2. 自变量

文化差异度（CD）：用 Hofstede（1980，2001）的文化维度数据，按照 1988 年 Kogutand Singh 构造的 KSI 指数，以此来测度“一带一路”沿线各国与我国文化差异度。KSI 指数的计算公式为：

$$CD_j = \sum_{i=1}^{4} \frac{\left[\dfrac{(I_{ij} - I_{iCH})^2}{V_i}\right]}{4}$$

下标 j 表示第 j 个国家，下标 i 表示 Hofstede 第 i 个文化维度，下标 CH 代表中国，下同。其中，$i=1$ 表示权力距离（PDI），$i=2$ 表示个人/集体主义（IDV），$i=3$ 表示男性化/女性化（MAS），$i=4$ 表示不确定性规避（UAI）。

文化相似度（KONG）：以东道国是否建立孔子学院或孔子学堂作为虚拟变量，用来测度我国与“一带一路”沿线各国的文化交融即文化相似度，孔子学院是中外合作建立的非营利性教育机构，致力于推动世界各国人民对汉语的学习，增进世界各国人民对中国语言文化的了解，加强中国与世界各国的教育文化的交流合作，促进多元文化发展。本文设定，当东道国的孔子学院数量≥3 时②，变量 KONG 取值为 1，否则为 0。数据来源于我国国家汉办官方网站 http://www.hanban.com。

3. 其他控制变量

地理距离（DIST）：用两国首都距离衡量两国地理距离。地理距离一般对投资具有阻碍

① 由于部分国家文化距离数据的缺失，本文选取“一带一路”沿线 34 国作为研究对象。分别是：新加坡、马来西亚、印度尼西亚、泰国、越南、菲律宾、伊朗、土耳其、约旦、黎巴嫩、以色列、沙特阿拉伯、阿联酋、科威特、埃及的西亚半岛、印度、巴基斯坦、孟加拉国、尼泊尔、俄罗斯、乌克兰、波兰、立陶宛、爱沙尼亚、拉脱维亚、捷克、斯洛伐克、匈牙利、斯洛文尼亚、克罗地亚、塞尔维亚、阿尔巴尼亚、罗马尼亚、保加利亚。样本所选取的 34 国，中国对其直接投资存量占中国对“一带一路”沿线 65 国全部直接投资存量的 68.81%，样本 34 国 2014 年 GDP 总额占“一带一路”沿线 65 国 GDP 总额的 89.37%，因此选取此 34 国作为样本国家，具有代表性。

② 本文所用孔子学院包括孔子学院和孔子课堂。

作用，因为两国之间距离越大，其运输成本和风险也越大，两国信息获取成本就越大，投资回报就相对降低，从而不利于投资者进行有效和高回报的投资，数据来源于 CEPII。

东道国人均收入（PGDP）：用东道国人均国内生产总值表示其人均收入。人均 GDP 能够客观反映一定的国家社会的发展水平和发展程度，是衡量一国居民人均收入和生活水平的重要指标。数据来源于 IMF，且经过购买力平价换算。

东道国市场潜力（GROW）：用东道国的 GDP 年增长率来表示其经济增长速度和市场潜力，表明人民生活水平提高所需时间的长短。进而也是衡量一定时期经济发展水平变化程度，衡量一国经济是否具有活力的重要指标。数据来源于 IMF。

东道国经济自由度（EF）：经济自由度指数是由《华尔街日报》和美国传统基金会发布的年度报告，就十项因素包括营商自由、贸易自由、财政自由、政府开支、货币自由、投资自由、金融自由、产权保障、廉洁程度和劳动自由进行评估。采用百分制评分办法，得分越高说明经济自由度越高，并划分为五个等别：完全自由（80~100 分），比较自由（70~79.9 分），有限度自由（60~69.9 分），比较压制（50~59.9 分），压制（49.9 分或以下）。数据来源于 Index of Economic Freedom。

东道国出口额（TRADE）：用东道国对中国的出口额表示两国双边之间贸易往来程度，两国之间的贸易额越大说明两个经济联系越频繁紧密。数据来源于《中国统计年鉴》。

双边投资协定（XD）：用这一虚拟变量来表示我国与东道国间是否签订双边投资协定，主要是资本输出国与资本输入国之间利益平衡和互相妥协的结果与法律保障。两国签订双边投资协定时变量 XD 取 1，否则取 0，数据来源于中国商务部网站。各变量的统计描述见下表 1。

表 1　变量数据描述性统计

变量	均值	标准差	最小值	最大值
FDI	57502.69	177898.6	0	2063995
CD	44.05995	30.26439	7.1013	113.2147
KONG	0.441765	0.4971373	0	1
TRADE	707556.6	1193754	5.8	6213671
DIST	5953.923	1641.182	2330.799	7722.639
GROW	0.0413807	0.0409906	-0.17699	0.17337
PGDP	19581.22	17605.91	1364.75	92863.3
EF	60.88368	8.847204	40.3	89.4
XD	0.8529412	0.3545994	0	1

（三）计量方法

本文以 2003—2014 年我国对“一带一路”沿线 34 个样本国家直接投资的面板数据为样本，利用 STATA12 进行计算，实证检验文化差异与文化相似度对我国对外直接投资的影响。对于面板数据的处理，究竟应该使用固定效应模型、随机效应模型或是混合 OLS 模型是首要应该解决问题。

首先，由于回归方程中的文化差异度（CD）和地理距离（DIST）不随时间变化，因而若采用固定效应模型会导致完全共线问题，从而导致文化差异度这一核心解释变量的影响程度无法正常估计，显然使用固定效应模型不合适。

其次，我们利用 LM 检验，在随机效应模型和混合 OLS 模型中进行选择，原假设 H_0 为：u 的波动是否为零：[即 VAR（u）=0]，若波动为零，则表示个体效应不存在，此时直接使用混合 OLS 模型最为合适，反之则适用随机效应模型。根据检验结果（$chi^2=309.18$，$p=0.0000$），拒绝原假设，表明个体特征非常显著，因而本文选用随机效应模型。

（四）回归结果与分析

在本文的实证分析中，我们首先对全样本进行估计，然后依据联合国 2015 年人类发展指数（HDI）报告①，将样本国家划分为高 HDI 国家（HDI>0.8）和中低 HDI 国家（HDI<0.8）两个组别②后再分别进行估计。具体的回归结果见下表 2。

由表 2 我们可以看出，对于全样本，文化距离（-3.922）在 1%的显著水平上与我国对外直接投资呈现负向显著关系，即东道国与中国文化差异阻碍了中国对其直接投资，也表明我国更倾向于与我国文化差异较小的国家进行投资。但是文化距离与双边贸易额的交乘项系数（0.286）在 1%显著水平上与我国对外直接投资呈现正向显著关系，这进一步说明了，文化差异带来的影响能够通过双边友好贸易往来间接的减轻并且推动我国对东道国的直接投资。我们还可以看出，建立孔子学院（1.775）在 1%的显著水平上与我国对外直接投资呈现正向关系。表明我国在对“一带一路”沿线国家的投资中，孔子学院的建立，不仅促进了两国文化的交融，还能够促进两国间的投资合作。这就说明了两国间的文化差异与陌生，需要我国企业花费额外的投资成本对东道国进行深入的了解与熟悉，进而阻碍了我国企业的投资倾向。反之两国更深层的文化交流与交融，东道国能够拥有更多的吸引投资优势，从而能够进一步减少投资成本，促进我国企业对东道国的投资。

从表 2 的分类回归结果可以看出，对于人类发展指数较高的国家，文化因素对中国直接投资的影响明显相反，文化距离（13.45）与中国对外直接投资在 1%显著水平下呈现出正相关关系。这表明对于人类发展比较发达且发展潜力较大的国家，文化差异已经不能成为两国的投资往来的阻碍因素，说明东道国人类发展与市场发展良好的国家，投资风险和经营的不确定性降低，从而能够利用两国文化多样性从而促进两国进一步的投资合作。但是对于人类发展欠发达国家，文化距离（-5.459）与中国对外直接投资在 1%显著水平上呈现出负相关关系，说明文化差异仍是阻碍我国对外直接投资的因素。对于文化距离在全样本情况下阻碍我国的对外直接投资的现象，也说明了“一带一路”沿线国家大多是人类发展指数较低、基础设施建设不完善、投资市场不健全的国家。因此，我国在加强对其投资的同时也要加强沿线国家的基础设施建设并加强两国间的文化互通。

表 2 文化因素与中国对外直接投资的估计结果

变量	全样本	中低 HDI 国家（HDI<0.8）	高 HDI 国家（HDI>0.8）
Lncd	-3.922***	-5.459***	13.45***
	(-3.89)	(-3.69)	(4.34)
Kong	1.775***	2.121**	0.117
	(3.39)	(2.59)	(0.09)
Xd	-3.274***	-2.388*	-0.289
	(-4.51)	(-2.57)	(-0.15)
Lndist	-103.6*	-43.55	-324.8
	(-2.38)	(-0.75)	(-0.74)
lndist * lndist	5.987*	2.153	19.23
	(2.32)	(0.62)	(0.77)
Lncd * lntrade	0.286***	0.417***	-0.965***
	(3.51)	(3.91)	(-4.04)
Lntrade	0.134	-0.886*	5.268***
	(0.45)	(-2.49)	(5.52)
Grow	-5.707***	-3.626	-4.943*
	(-3.59)	(-1.86)	(-2.34)
Lnef	1.008	1.033	2.854
	(0.83)	(0.87)	(1.07)
Lnpgdp	2.165***	5.435***	3.083***

① 人类发展指数（HDI）是联合国开发计划署以“预期寿命、教育水准、生活质量”三项基础变量，现按照预期寿命指数、教育指数和收入指数三项基本指数的几何平均数计算得出的综合指标即 HDI，从而从动态上对人类发展状况进行反映，进而有助于挖掘一国经济发展潜力。

② 高 HDI 的国家分别为：新加坡、以色列、斯洛文尼亚、捷克、爱沙尼亚、斯洛伐克、波兰、立陶宛、沙特阿拉伯、阿拉伯联合酋长国、匈牙利、拉脱维亚、克罗地亚、科威特；中低 HDI 的国家为剩余 20 国。

续 表

变量	全样本	中低 HDI 国家（HDI<0.8）	高 HDI 国家（HDI>0.8）
	(6.03)	(11.81)	(4.25)
_ cons	434.2*	183.3	1262.3
	(2.37)	(0.75)	(0.66)
N	408	240	168

注：*，**，***分别表示 1%，5%，10%水平上显著，括号内为 z 值，下同。

对于面板数据处理过程中可能存在的内生性问题，本文采取将解释变量滞后一期后纳入原模型进行重新估计，估计具体结果见下表 3。从结果可以看出，全部变量的系数符号和显著性并未发生显著变化，从而可以判断，原模型的估计结果是有效且可靠的。

表 3　文化因素与中国对外直接投资的内生性检验估计结果

变量	全样本	中低 HDI 国家（HDI<0.8）	高 HDI 国家（HDI>0.8）
Lncd	-2.987**	-3.477*	11.24***
	(-3.09)	(-2.40)	(3.74)
Kong	1.622**	1.815*	0.521
	(3.24)	(2.31)	(0.48)
Xd	-2.395***	-1.785*	0.467
	(-3.45)	(-2.00)	(0.28)
Lndist	-77.62	-25.25	-52.90
	(-1.86)	(-0.45)	(-0.14)
Indist * Indist	4.462	1.113	3.614
	(1.81)	(0.34)	(0.17)
Lncd * lntrade	0.212**	0.276**	-0.877***
	(2.69)	(2.62)	(-3.70)
Lntrade	0.261	-0.444	4.693***
	(0.91)	(-1.27)	(4.96)
Grow	-4.909***	-3.978*	-4.356*
	(-3.38)	(-2.13)	(-2.22)
Lnef	1.972	2.410*	3.983

续 表

变量	全样本	中低 HDI 国家（HDI<0.8）	高 HDI 国家（HDI>0.8）
	(1.71)	(2.05)	(1.55)
Lnpgdp	1.646***	4.361***	2.230**
	(4.84)	(9.57)	(3.27)
_ cons	322.4	100.9	94.21
	(1.84)	(0.43)	(0.06)
N	374	220	154

四、结论

自“一带一路”倡议提出以来，中国对“一带一路”沿线国家的直接投资增速越发加快。但是我国与东道国之间的文化差异，难免会造成因文化冲突而导致投资成本增加，文化环境的不同导致投资国与东道国之间的投资合作有很大困难，从而阻碍双边交易影响投资收益。本文用文化距离和孔子学院两个变量量化衡量文化因素，综合实证结果可知，文化的差异对中国对沿线国家的直接投资具有阻碍作用，但是孔子学院的设立有利于中国文化在海外的传播以及双边文化的交融，减轻文化距离带来的阻碍作用。在实证分析中，我们还发现，对于人类发展指数高的国家，由于国家整体基础设施较完善，民众受教育程度较高以及社会整体医疗卫生状况良好，适度的文化多元化和文化交流都能够促进双边投资合作；而对于人类发展指数较低的欠发达国家，文化因素仍旧是阻碍两国投资合作的重要原因，因此需要加强两国文化的交融，创造两国投资合作机会。

鉴于此，为促进我国对“一带一路”沿线国家直接投资，现提出以下建议：第一，要注重我国与“一带一路”沿线国家的学者访问、青年交流，大力推进文化教育交流，充分利用好出国学习深造与国内海外留学生，加强年轻一代群体对于多元文化的吸收与理解，共同推动双边民间、政府组织的交流沟通，同时充分发挥海外华人华侨的作用，加强双边投资合作往来。第二，充分利用各国孔子学院，加大宣扬汉文化，扩大汉语、汉字影响力，营造双边良好经贸合作环境，为我国企业走出去创造良好的市场条件。第三，大力发展旅游业，推动我国人民出国游，弘扬中国传统文化，深入了解他国历史文化，加强我国人民对他国人民、历史以及文化的了解，解除固有偏见与误解，促进两国人民友好经贸往来。

“一带一路”海外基础设施项目关系治理机制研究

南开大学　焦媛媛　付轼辉　沈志峰

引言

基础设施互联互通是“一带一路”建设的优先领域，连接亚洲各次区域以及亚欧非之间的基础设施网络是“一带一路”战略实施的前提。“一带一路”沿线国家大多资源富集，开发成本较低，尤其是泛亚铁路建设、高等级以上公路及沿海港口、水电站开发等项目具有优越的建设条件。然而，这些国家普遍缺乏资金、技术及相应的经济基础，《全球竞争力报告（2014—2015）》显示，“一带一路”沿线半数以上的国家基建指数位于全球均值以下（见表1），这为中国企业海外基建投资提供了重要机遇和广阔空间①。

表1　部分“一带一路”沿线国家基础设施综合指标

国家	基础设施指数	二级指标				供电指数
		公路指数	铁路指数	港口指数	机场指数	
印度尼西亚	3.9	3.9	3.7	4	3.3	4.3
缅甸	2.3	2.4	1.8	2.6	2.5	2.8
柬埔寨	3.4	3.4	1.6	3.6	3.6	3
越南	3.3	3.2	3	3.7	4	4.2
菲律宾	3.7	3.6	2.3	3.5	3.6	4.2
印度	3.7	3.8	4.2	4	4.3	3.4
沙特阿拉伯	5.2	5.2	3.1	5.0	5.1	6.2
俄罗斯	4.1	2.7	4.3	3.9	4.1	4.8
全球均值	4.2	4	3.3	4.1	4.4	4.5

当前，我国企业在“一带一路”区域基础设施投资呈高速发展态势。2015年，我国企业与“一带一路”沿线国家新签基础设施项目合同额达926.4亿美元，为“一带一路”战略保驾护航的三大机构——丝路基金、亚洲基础设施投资银行、金砖国家开发银行也相继启动。然而，我国基础设施企业在积极“走出去”的进程中也遭遇了许多挫折。中国全球投资追踪数据库统计显示，2006年至2015年我国对“一带一路”沿线国家投资失败的43个项目中有31个基础设施类投资，涉及金额477.8亿美元（见表2）。在我国企业已具备丰富基础设施项目实施经验的情况下，仅从项目管理层面已无法解释项目失败率过高的现象。美国学者Baker等研究了65个工程项目，发现与客户的协调较差、不充足的客户影响、与母体组织协调不利、与公共事业官员关系不好以及公共舆论不利等项目治理因素是导致项目失败的重要原因②。由于“一带一路”区域社会关系的复杂性，我国企业在“走出去”实践中屡因项目治理机制薄弱而遭遇滑铁卢，构建健全、有效的项目治理机制已成为提升我国海外基建项目绩效的关键。

表2　2006—2015年中国企业对外投资单项金额超1亿美元的失败项目数量

	对全球投资失败		对“一带一路”沿线国家投资失败	
	所有投资	基建投资	所有投资	基建投资
项目数（个）	154	90	43	31
金额（百万美元）	260810	147760	76800	477880

① 姜安印：“‘一带一路’建设中中国发展经验的互鉴性——以基础设施建设为例”，载《中国流通经济》2015年第12期，第84-90页。

② B. N. Baker, D. C. Murphy and D. Fisher. Factor saffecting project success, in D. I. Clelandand W. R. King, Project Management Handbook, Van Nostrand Reinhold, NewYork, 1988.

一、项目治理：合同治理与关系治理

建设项目的本质是一种交易活动和过程，涉及出资人、承包商、供应商、分包商、咨询机构等众多利益相关者，因此有必要设计完整的制度框架，合理安排项目利益相关者之间的权、责、利关系。这个制度构建和执行的过程即项目治理过程。Lambert 认为，项目治理是“围绕项目的一系列结构、系统和过程，以确保项目有效地交付使用，彻底达到充分效用和利益实现的制度设计”①。众多学者将伙伴间协调和保护关系归纳为“合同治理”和“关系治理”两种治理机制，两种互补机制的共同作用实现了利益相关者的协调一致。

1. 项目合同治理

建设项目高不确定性、高风险、高信息不对称的特点，要求在法律、财务和技术等方面对各利益相关者的责任明确定义。因此，利益相关者必须签订具有法律效力的正式合同以约束各方的行为。合同治理是以正式契约为纽带的制度安排，它详尽规定伙伴各方应采取的行动、所承担的义务和所担任的角色②，是项目最基本的治理手段。项目的合同治理是要形成一种契约自我实现机制，契约的自我实现来自于严格的监督和对违约进行惩罚。合同规定了监督执行的程序、规则以及对违约行为的惩罚，并明确合同的结果或产出。按照“理性行为人”的假定，当违背契约时，如果违约人的损失超过收益时，各方将倾向于履行合约。这保证了项目得以在长时期内有序开展。

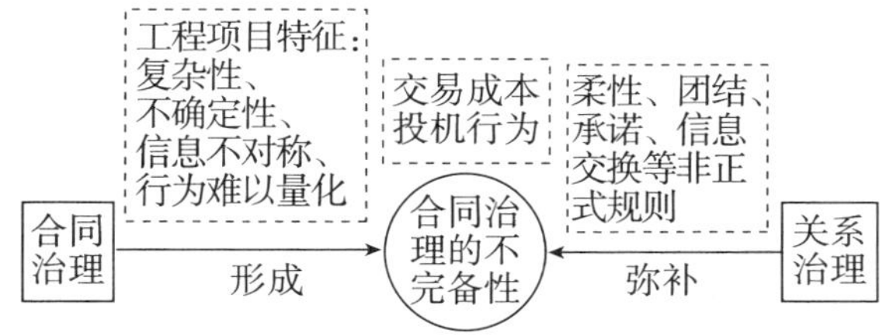

图1　项目利益相关者关系治理对合同治理的补充作用

2. 项目关系治理

建设项目具有持续时间长的特点，包含相对固定的交易伙伴，这使得项目各参与方在长期合作中出于对彼此价值的认可而形成社会化关系，如柔性、团结和信息交换等。项目的关系治理即建立在非正式社会化关系上的内生机制。Macneil 将关系治理定义为“非正式的规范、准则与惯例的制约与调节下的组织间合作”③，它以信任、权利、合作伙伴满意度、习俗、价值观等为基础，有助于对未预期的事件和结果相互调试，柔性地处理交易中由于不确定性而引起的问题。关系治理通过组织间联合行动、紧密的同步操作、一致的价值规范以及嵌入社会纽带的信息流，为各合作伙伴设计更合理的交易方式，使项目各参与方达成共同采取行动、解决问题的决心。

3. 关系治理对合同治理的补充作用

任何合同都是存在漏洞因而是不完全的，而人又是天生具有机会主义倾向的，当违约有可能给对方造成重大损失时，参与者就有可能以此来要挟对方，以谋取更大的利益。关系治理恰恰是利益相关者对合同不完全性的一种反应，它不依赖于市场力量、权威、官僚规则等来协调交易关系，而更多运用相互配合、信任、合作等非正式机制来解决环境适应、协调与保证交易等问题，使用关系规范或者关系连续性的预期来抑制投机行为④。

从交易成本理论出发，利益相关者间的关系

---

① Lambert D. Pryke. Towards a social network theory of project governance. Construction Management & Economics, 2007, 23 (9): 927-939.

② Ahola T, Ruuska I, Artto K, et al. What is project governance and what are its origins?. International Journal of Project Management, 2014, 32 (8): 1321-1332.

③ Macneil S P S. Project governance: case studies on financial incentives. Building Research & Information, 2006, volume 34 (6): 534-545.

④ 谈毅、綦继丰：“论合同治理和关系治理的互补性与有效性”，载《公共管理学报》2008 年第 3 期。

治理能够从资产专用性、交易发生的频率、不确定性三方面降低合同治理产生的交易成本。从资产专用性来看，各参与方良好的关系增强了对伙伴完成应尽责任的信任，能够加大专用性资产投资，降低彼此的交易保证成本。从交易频率来看，由于基础建设投资项目的高风险，企业倾向于与更为了解的合作伙伴开展合作，减少了项目合同签订之前的签约成本，多次合作中形成的惯例和经验也降低了解决争端的成本。从交易不确定性来看，随着项目参与者关系水平的提升，项目参与方通过不断感知、认知伙伴的行为规范和文化而促使相互“组织学习”，减少了由于无序行为和缺乏信息交流而产生的沟通成本。

二、“一带一路”海外基础设施项目关系治理特征

（1）项目涉及利益相关者数量且相互关系复杂。为缓解基础设施建设的巨大资金需求，许多国家推行 BOT、PPP 融资模式以吸引公共和私人资金支持，多元化的资金来源决定了基建项目利益相关者的多元性。目前，我国海外基础设施项目运作模式也日趋多元化，例如把有众多项目进行捆绑、整合的“安哥拉模式”、以贷款换资源的中俄石油管线项目等。这类项目不仅仅要考虑自身的运作状况，还要关注与关联项目的关系。加之基建项目的公共性，其利益相关者不仅仅是业主和承包商，还涉及运营商、政府、关联项目、社会公众等，复杂的项目治理结构使得仅依靠正式契约难以平衡各利益相关者的地位和关系。

（2）项目处于与母公司与东道国的二元环境。海外基建项目是母公司在东道国的执行者，执行母公司所赋予的任务并接受母公司的管控。同时，海外基建项目在建设过程中也受到东道国的影响，嵌入在东道国的社会网络中。面对陌生的环境、各种突发的问题，往往需要项目管理者做出快速决策。母公司通过项目接收信息，并依据合同、制度、流程进行决策的方式，受到时间和空间的影响而具有滞后性和刚性。项目管理者必须依靠自身对于东道国的信息和知识，快速、柔性地处理项目所遇到的各种问题，而这很大程度上依赖于项目与当地客户、供应商以及其他伙伴的良好的关系。

（3）项目所在国多数为高文化情景社会。“一带一路”国家与我国的文化环境有很大差异，其价值观念和社会规范往往是我国企业所不熟悉的。根据 Edward T Hall 提出的情境文化理论，多数“一带一路”沿线国家属于高情景文化国家，人们重视交往过程中的“情景”而不是“内容”，注重建立社会信任，高度评价关系和友谊，关系的维持相对来说较长久。在高情景文化中，信任是人们履行协议的基础，协议常常是以口头形式①。例如在一些东亚、东南亚国家，人际关系对项目成功十分重要，企业有在同项目伙伴进入具体协商前先发展个人关系的倾向。因此协调好与合作伙伴之间的“关系”是海外基建项目顺利开展的保障。

（4）项目所处的经济、法律制度环境不完善。项目作为社会网络组织根植于其所处的制度环境，广泛地受到东道国政治环境和法律环境的影响。“一带一路”沿线各国地缘政治复杂，国内政治、法律与监管制度完善程度差异较大。中国海外投资国家风险评级报告显示，“一带一路”沿线中国基建投资相对集中的 17 个国家中，有 13 个国家法制能力评分为负值。合同保障往往难以发挥应有的效果，利用政府管理、法律权威、市场调节等方式难以保证契约治理的完备性。当海外基建投资项目遇到困境时，企业不得不选择“非制度化”措施——运用相互承诺、默契和情感等非“正式化”手段保证项目的正常运转②。

---

① 周建波：“中国文化解构与中国情境管理的结构机理——基于文化、人口与制度环境的情境理论研究”，载《管理学报》2016 年第 3 期。

② 邓娇娇、严玲、吴绍艳：“中国情境下公共项目关系治理的研究：内涵、结构与量表”，载《管理评论》2015 年第 8 期，第 213-222 页。

三、海外基础设施项目关系治理要素识别

近年来，与利益相关者关系处理不善屡屡导致我国海外基建项目陷入困境：2015 年中建在巴拿马承包最大的建筑工程遭到当地开发商起诉致使工期严重拖延、2014 年中国首钢集团委内瑞拉铁矿海外子公司遭遇工会罢工、2014 年中国五矿集团在秘鲁的矿业项目遭遇当地居民严重抗议而不得不全面暂停等。这些失败案例凸显了我国海外基础设施项目较低的关系治理水平。因此，本文通过挖掘我国海外基建项目关系治理案例中存在的典型问题，以从中提炼出海外基础设施项目关系治理的共性关键要素。

表 3 我国海外基建项目利益相关者关系治理失败案例

时间	项目	事件	涉及利益相关者	关键词
2015	中建巴拿马建筑工程	业主向当地法院起诉中建涉嫌欺诈、蓄意破坏	业主	承诺、沟通、信任、共同行动
2015	中远集团港口收购希腊港口股权	由于怀疑交易背后有政府支持，希腊政府叫停该国最大港口比雷埃夫斯67%股权交易	政府	信任
2015	中铁建竞标墨西哥高铁	由于交易团队不熟悉国际交易结构，墨政府怀疑竞标过程涉嫌不公正交易，并且项目涉及征用农民土地和环保问题，政府单方面取消了中标结果	政府、公众	沟通、信任
2015	中国五矿邦巴斯矿业项目	由于项目周边居民感受到未知的剥削掠夺和环境担忧，项目受到当地土著抗议并停工	公众	沟通、信任、共同目标
2013	中国首钢秘鲁铁矿项目	员工与公司关于提高工资和改善工作条件的谈判破裂，引发大面积罢工	员工	承诺、共同目标

1. 我国海外基础设施项目关系治理的典型问题

（1）忽略公众形象和公共关系的重要性。基建项目公共性的特点决定了其与政府、社区、媒体等利益群体的公共关系是关系治理成败的关键。然而相对于“法律”和“财务”而言，“公共关系”很少成为我国企业“走出去”时的战略性考量。由于对形象、品牌传播工作的忽视，海外媒体和公众常常对来自中国的项目带有偏见，甚至怀疑项目背后可能存在政治动机、掠夺式开发、粗暴对待员工等因素。例如，一些海外媒体给中国企业在非洲的基建项目贴上了“新殖民主义”的标签。这些安全性顾虑使项目在一开始便处于不利的环境中。

（2）与项目合作者的沟通机制不完善。在合同执行过程中，我国企业缺乏利用通用的商业语言与东道国当地伙伴沟通的能力。一个常见的现象是，对方提出了一些方案和要求，也希望了解中方对方案的反馈和分歧，然而中方没有办法用国际通用的语言跟对方沟通，加深了对方对中方企业的顾虑。当问题发生时，我国企业也常常缺乏用积极、专业的沟通和努力化解误解的能力。

（3）不注重项目“本土化”致使其缺乏当地认同。我国企业对海外项目的控制往往过于僵化，母公司盲目将国内体制和管理办法复制到海外，使项目缺乏自由度和自主权，不能对东道国的特殊性做出针对反应。例如，在中国铁建沙特麦加轻轨工程项目中，所使用工人96%以上为国内派遣的员工，然而沙特是中东

宗教气氛最浓的一个国家，对身份限制非常严格，一些工程所在地甚至不允许非穆斯林进入，这使得中铁不得不临时在集团内寻找回族民工，导致了东道国合作者对项目的怀疑和不信任。

（4）忽视长期合作和利益共同体的价值。企业要在海外获得持久的成功，应该通过长期的投资、技术转让和援助以赢得好名声、好口碑①。打造与当地政府、上下游企业乃至民众的利益共同体，形成高度利益融合，能够有效防范海外投资风险，实现在当地的可持续发展。而我国一些企业在海外投资过程中过于注重短期经济利益，忽视在更长期的周期中与利益相关者共享成果，不仅导致本项目在当地举步维艰，也不利于今后其他中国基建项目在当地的开展。

2. 海外基础设施项目关系治理的关键要素

通过分析我国“一带一路”海外基建投资项目关系治理典型案例，能够得到海外基建项目形成高水平利益相关者关系的一般路径：项目利益相关者首先通过沟通加深对彼此的了解，相信对方有合作的诚意，形成初始信任的基础是开展合作的基础②。随着项目的进展，各利益相关者需要建立有效的协商机制，在不断磨合的过程中求同存异，形成各方所认可的价值观。在共同价值观指引下，通过相互配合行动使项目目标得以达成。因此，海外基建项目关系治理的关键要素包括：

（1）信任。海外基础设施投资项目是典型的临时性网络组织，网络组织的基本运行机制是信任。项目治理框架中的信任是指施信方相信受信方不会辜负自己，即使对方存在采取机会主义行为的可能，受信方也不会令施信方失望。信任嵌入于并影响项目参与者间的长期关系，它能够简化项目网络成员间交互的复杂性，是确保项目顺利开展的一个成本低廉而又非常关键的因素。

（2）承诺。公共项目中各参与方之间的承诺实质反映了一种为获得关系价值而为之投入的意愿，并通过一些具体的行动呈现出来。共同承诺表明了项目利益相关方对关系的重视，显示出参与者的合作意图。共同承诺的信号会激发项目合作伙伴的互惠行为，使各方发展出更加紧密的合作关系，以实现共同的目标。

（3）相互沟通。项目这一多边临时组织中存在大量非正式的信息交换，业主与其他项目参与者的关系往往是通过非正式的驱动建立的。基于沟通实现的信息交换较之市场交易能够带来更加全面的信息。频繁、有效的沟通不仅能促进成员的彼此了解，避免合作过程中可能产生的误会和对抗，还能通过参与共同决策提高合作的满意度，产生一定的激励效应。

（4）共有价值观。利益相关者共有的价值观能够在项目组织内提供一个公认的框架，促成项目各参与方的合作意愿，也意味着各方更易于接受相互协作、决策以及联合采取行动等。建设项目存在繁多的交互界面，这要求各参与方在统一的价值观指导下工作，以确保项目的整体目标和参与方各自利益得以达成。

（5）联合行动。项目是由多个参与者共同组成的临时性组织。每个项目成员都承担着独特的责任、职能，参与者的共同努力和配合是项目完成的保障。一方面，项目利益相关者的联合行动能够增加相互的默契和理解，强化成员间的情感联系；另一方面，联合行动能够超越合同边界，使各成员的优势互补，提升行动效率。

四、海外基础设施项目关系治理机制构建

实现项目利益相关者之间的相互信任、彼

① 尹贻林、赵华、严玲等：“公共项目合同治理与关系治理的理论整合研究”，载《科技进步与对策》2011年第13期，第1-4页。

② 乐云、蒋卫平：“建设工程项目中信任产生机制研究”，载《工程经济》2010年第3期，第313-317页。

此承诺、相互沟通、共同价值观、联合行动是达成项目良好关系治理水平的关键要素，项目管理者必须对这些要素进行组合利用，以不同的路径形成完整的项目关系治理机制。不同的关系治理路径可归纳为文化调节、利益协调、声誉约束、冲突处理四种机制：

（1）文化调节机制。项目利益相关者通过对彼此的能力、态度的信任，可以达成初步的合作框架，进而在不断的交往中，发展出适宜各方的惯例和规则。这些惯例和规则是形成共享文化的前提：在共同规则下约束下各方行为趋向于一致，进而产生对合作伙伴价值观的理解，形成求同存异的宏观文化。宏观文化是项目网络成员间共同的价值观念、行为规范和期望的系统，是成员理解项目现实的过滤器。宏观文化会指导各个项目成员的交易活动，并形成一种规范，成为利益相关者之间解决问题的一种方式。具体来讲，它从三个方面加强成员间的协调：一是通过社会化创造一致性预期；二是建立共同的“语言”去传递复杂信息；三是行为的潜规则在更广的范围内得以分享并特质化。文化调节机制即在利益相关者网络内建立了一系列的义务—期望关系，这样的关系会向成员“施加压力以使行为符合期望”。对既定的合作者和那些共同的合作者的预期，能导向良好的行为。

（2）利益协调机制。项目成员合作的根本动因是利益，随着项目复杂性的增加，利益相关者的数量更多、项目成员结构更加复杂，成员间的利益协调不当问题愈发凸显。同时，建设项目存在投入成本难以评估、收益界定困难的问题，加大了项目利益协调的难度。项目利益协调机制即通过畅通的利益表达、强效的利益约束和公平的利益分配，满足各成员的利益诉求。良好的利益相关者关系网络首先保证了各自不同的价值追求和利益主张可以得到充分表达，并被充分理解。根据成员不同的利益诉求，项目利益相关者能够构建相互约束的利益关系网络，利益关系网络使得在没有外在强制力的条件下，各项目成员也能够自觉实施有利于项目的行动，确保了项目整体利益的最大化。在利益分配时，良好的成员关系使成员将共同利益作为首要考虑因素，在共同利益得到满足的基础上考虑自身利益，弥补了利用合同分配利益的刚性。

（3）声誉约束机制。声誉涉及对一个成员的技能、可信赖性以及其他对交易重要的特性的评价。由于项目是一个网络型组织，每个利益相关者都与共同的成员相联系，参与者的机会主义行为将受信誉效应的控制。在项目网络中，品牌和声誉可以为企业传递关于其他成员可靠性和友善程度的信号，从而减少信息搜寻费用。对于已经处于合作阶段的项目利益相关者，已有的良好声誉是一个隐性的承诺：即向合作伙伴表明，如果自身采用机会主义行为会导致失去良好的声誉，并在项目成员网络内部广为传播，容易导致以后没有企业愿意与其合作。由于声誉损失的成本将高过机会行为的收益，因而自身不会采取机会主义行为。所以项目网络中拥有良好声誉的企业更易于获取信任。这对于项目利益相关者长期和重复性交易的运行有着重要的保证作用。

（4）冲突处理机制。冲突是项目成员因为认知、看法、目标等因素的不同，产生的不一致行为而导致的不和谐状态，它在项目成员之间普遍存在。当冲突发生时，项目成员间的停工、拒付等相互制约行为对项目产生不利影响。项目利益相关者良好的关系是项目冲突得以解决的有力保证。一方面，成员之间相互沟通有助于分析识别潜在的冲突，并采取主动措施进行预防控制；另一方面，当冲突发生时，良好的成员关系能够采取合作性的冲突解决方式。透过对话、协商、调解、谈判等方式进行准确的交流、理解协调、彼此响应，建立起以项目成功为导向的共同目标，包括集体准则、价值和目的等。在共同目标导向下各方达成相互承诺，当有成员违背承诺时，项目网络中的其他成员可集体采用联合制裁的方式，增大对违约者的惩罚力度。

这样，海外基础设施项目的四种关系治理从不同的层次发挥调节项目利益相关者关系的功效：文化调节机制是关系治理的基础，任何项目成员都需要尊重彼此的文化价值观，并发展出求同存异的项目共享价值体系，尤其是项目成员与非核心利益相关者（社会公众、媒体等）之间的彼此认同使项目处于稳定的外部环境，是项目得以开展的前提；利益协调机制是关系治理的核心，核心利益相关者（业主、承包商、分包商等）之间利用合理的利益协调机制，达成利益分配的共识是项目成功的关键；声誉约束机制是一种事前约束机制，它主要在成员签约前发挥信号传递和甄别的作用；而在项目签订合同后，利益相关者之间的冲突、协调是项目实施阶段的常态，具有畅通的冲突处理机制能保证项目不因为各方之间的矛盾而处于停滞，是项目顺利进行的重要保障。

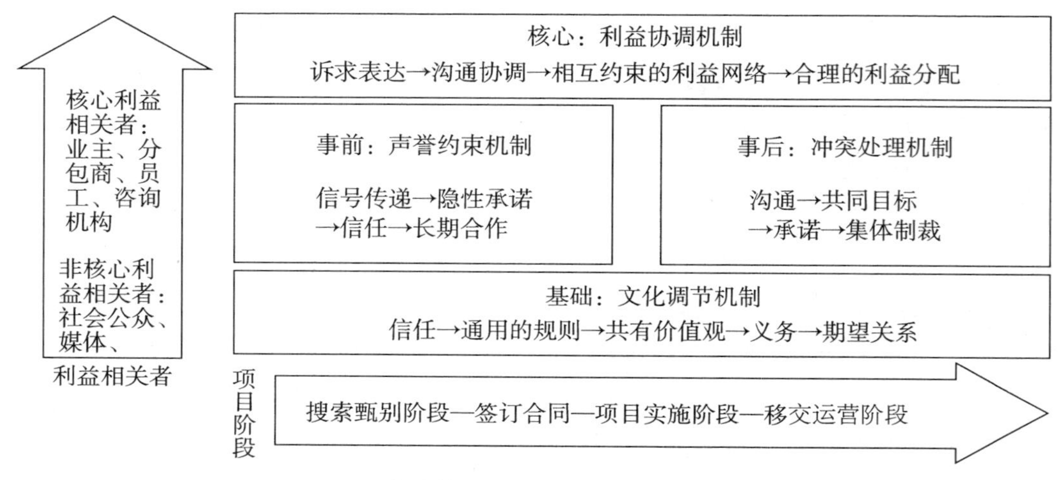

图2　海外基础设施项目的关系治理机制

五、中苏水利项目关系治理案例分析

由中国长江三峡集团和中国水利电力对外公司组成联营体承建的上阿特巴拉水利枢纽工程项目，是目前中国公司在苏丹承包的最大的单项工程项目，是中国基础设施企业积极响应“走出去”战略的重要成果。由于长期以来苏丹国内族群严重割裂、政府效率低下并且法律极度不健全，上阿项目不可避免地受到动荡的苏丹局势的影响。作为海外水电工程，上阿项目同时还受到具有强烈社会诉求和环境诉求的利益相关主体制约，如库区移民、当地居民、当地政府以及国际NGO组织等。为此，中方项目组从积极履行社会责任、推行用工本地化以及建立合作伙伴利益共同体三方面入手，灵活运用信任、沟通、承诺、共有价值观和联合行动等关系要素，构建了完善的项目关系治理机制，达到了较高的项目关系治理水平。

（1）用工本地化以优化内部员工关系。根据上阿水利枢纽项目的建设需要，项目部大胆尝试起用本土化用工，高峰期属地化技术和劳务用工占工地总人数的70%以上。面对多元化劳务队伍在价值取向、生活习俗、工作习惯等方面的差异，项目部坚持平等、民主、团结、和谐的原则，努力营造“包容尊重、互相关爱”的项目文化氛围，加强苏丹员工与项目部的情感联系。项目部每周组织全体中方员工开展苏丹文化培训，并鼓励中方工作人员学习当地语言，增强了项目部与苏丹员工的沟通能力。项目部定期选拔优秀的苏丹籍员工来中国培训学习，增强本地员工的组织认同感，项目与员工之间的劳动关系得以大幅度改善。不仅避免了项目实施过程中可能的文化冲突，也有助于发挥当地员工熟悉当地的自然和人文环境的优势，提升了项目的适应性和执行效率。

（2）积极履行社会责任以提升公共关系。上阿项目组在进入苏丹时面临着不利的舆论环境，对中国企业的偏见时常见诸当地媒体。为了消除当地媒体的偏见，中方企业在当地积极履行社会责任，本着“共同发展、和谐发展、持续发展”的理念，以高于现有行业标准和协商要求的施工条件，努力将项目造成的生态破坏控制在最低，树立了负责任的国际大承包商形象。上阿水电项目部还采取主动宣传的方式，经常邀请当地媒体记者参观工地，特别强调项目对当地经济发展的重要意义，使得苏丹当地社会切身感受到项目给他们带来的好处，努力打造与当地群众、媒体和NGO组织、政府之间良好的公共关系，为项目营造了良好的公共环境。

（3）构建利益共同体以协调合作伙伴关系。上阿项目秉承“一带一路”倡议中互利共赢的精神，在苏丹当地与业主、分包商、监理单位等项目合作伙伴展开了广泛深入的合作，各方形成了“我中有你，你中有我”的利益共同体。利益共同体的产生是一个长期的过程，需要依靠项目成员的专业能力和奉献精神。上阿项目施工条件十分恶劣，然而中方企业事不避难，集中调配优势资源，夜以继日地抢工奋战，率先实现了上阿水利枢纽的二期截流。勇于承担责任、敢于奉献的精神成了建立项目部与政府、业主相互信任的重要条件。此外，上阿项目还注重加强与咨询单位、分包商的合作和联系，通过在项目建设过程中尽可能地吸收各方力量、兼顾各方利益并寻求各方利益契合点，构建利益共享、风险共担的利益共同体，将项目潜在的政治、经济、法律风险控制在最低。

表4 上阿特巴拉水利枢纽工程项目利益相关者关系治理实践

关系治理策略	具体措施	运用的关系要素					运用的关系治理机制
		信任	沟通	承诺	共有价值	联合行动	
本地化用工管理	大量雇佣当地员工	◉	◉		◉		文化调节机制
	鼓励中方员工学习当地文化和语言	◉	◉				
积极履行社会责任	帮助当地修建学校、道路、医院等，捐赠物资	◉		◉		◉	声誉约束机制
	主动与当地媒体接触，加大宣传力度		◉	◉			
建立合作伙伴利益共同体	业主支付暂时困难时，中方先行垫资保证项目开展	◉		◉			利益协调机制
	抢工奋战保证项目进度节点达成					◉	声誉约束机制
	出现分歧时，在维护自身正当利益的基础上，顾全大局，友好协商	◉	◉		◉		冲突处理机制

六、结语

“一带一路”建设是沿线各国开放合作的宏大愿景，基础设施建设是实现这一愿景的有力保障。在我国基础设施建设企业“走出去”的热潮中，重视与企业当地合作者之间的关系协调已成为提升项目实施绩效的关键。面对项目内外部利益相关者，我国基础设施建设企业应注重与合作伙伴建立信任、沟通和承诺，达成共享的价值观，联合解决项目遇到的问题。综合利用这些关系要素，构建包括文化调节、声誉约束、利益协调、冲突处理四个层次的完整海外基础设施项目关系治理机制。这样，中国企业不仅能“走出去”，更能够在海外“走进去”和“待得住”，形成在海外的可持续发展能力。

“一带一路”沿线国家的投资风险与应对策略

外交学院　李锋

推进“一带一路”势在必行，但如何有效规避风险同样也是刻不容缓。放眼全球，中国企业的海外投资风险概率本身就很高，而“一带一路”沿线国家的区位特征进一步推高了风险可能性。

一、“一带一路”沿线投资风险的数据解读

根据美国企业研究所和传统基金会的统计数据，2005年1月至2014年6月（以下简写为2005—2014年），中国企业海外投资共发生投资失败或受阻的风险案例130起，涉及全球59个国家或地区，总金额高达2359.7亿美元，平均涉案金额18.2亿美元。其中，发生在“一带一路”沿线国家①的风险案例33起（占总数的25.4%），总金额565.2亿美元（占24.0%），涉及20个国家，平均涉案金额17.1亿美元。

表1　2005—2014年中国企业海外投资风险案例统计

年份	案例数	涉及金额（亿美元）
2005	1（0）	180（0）
2006	9（6）	347.6（218.7）
2007	11（5）	146.1（73.6）
2008	15（1）	366（3）
2009	16（2）	354.9（18.3）
2010	18（4）	176.9（18.3）
2011	22（2）	340.3（40.5）
2012	16（6）	163.4（86.4）
2013	14（4）	213.3（69.5）
2014	8（3）	71.2（36.9）
共计	130（33）	2359.7（565.2）

注：括号内为发生在“一带一路”沿线国家的统计数据。

数据来源：美国企业研究所和传统基金会“China Global Investment Tracker”数据库（下同）

（一）地区主要集中在社会动荡、能矿资源丰富的国家

2005—2014年，发生在“一带一路”沿线的中国企业海外投资风险案例共计33起，涉及20个国家，从地理分布上来看主要集中在伊朗、俄罗斯等能矿资源丰富的国家，以及菲律宾、缅甸、叙利亚、阿富汗、越南等社会动荡国家，尤其集中在伊朗和菲律宾两国（案例数占比27.3%，金额占比56.0%）。发生在伊朗的4起风险案例全部涉及能源行业（具体包括天然气、石油和水电），发生在菲律宾的5起风险案例则涉及农业、金属、运输和科技4个行业。

表2　2005—2014年“一带一路”沿线中国企业海外投资风险案例的国家分布

国家	案例数	涉及金额（亿美元）	金额占比
伊朗	4	252	44.6%

① “一带一路”倡议虽是开放式的，“基于但不限于古代丝绸之路的范围”，但本文讨论的“一带一路”沿线国家，以64国（不包括中国）为讨论样本，国家清单详见：http://www.cssn.cn/gj/gj_gwshkx/gj_jj/201504/t20150408_1578096.shtml（访问时间：2015年06月18日）

续 表

国家	案例数	涉及金额（亿美元）	金额占比
菲律宾	5	64.4	11.4%
缅甸	2	39.1	6.9%
叙利亚	2	37.7	6.7%
阿富汗	1	28.7	5.1%
越南	3	26.8	4.7%
俄罗斯	1	25	4.4%
新加坡	1	17.5	3.1%
印度	1	15	2.7%
哈萨克斯坦	1	13.9	2.5%
蒙古	2	12.4	2.2%
印度尼西亚	2	7.3	1.3%
沙特	1	6.2	1.1%
波兰	1	4.5	0.8%
东帝汶	1	3.5	0.6%
巴基斯坦	1	3.3	0.6%
泰国	1	3	0.5%
保加利亚	1	1.9	0.3%
柬埔寨	1	1.9	0.3%
乌兹别克斯坦	1	1.1	0.2%

（二）行业严重集中在能源矿产领域

从行业分布来看，2005—2014 年发生在“一带一路”沿线的中国企业海外投资风险案例严重集中在能源和金属两个行业（案例数占比 78.8%，金额占比 87.1%），且没有涉及金融和房地产行业。

表 3 2005—2014 年“一带一路”沿线中国企业海外投资风险案例的行业分布

行业	案例数	涉及金额（亿美元）	金额占比
能源	18	409.9	72.52%
金属	8	82.2	14.54%
运输	5	28.8	5.10%
农业	1	41.3	7.31%
科技	1	3	0.53%

放眼全球，中国企业海外投资风险的行业分布则相对分散，但也主要集中在能源和金属行业（2005—2014 年案例数占比 59.2%、金额占比 64.5%）。

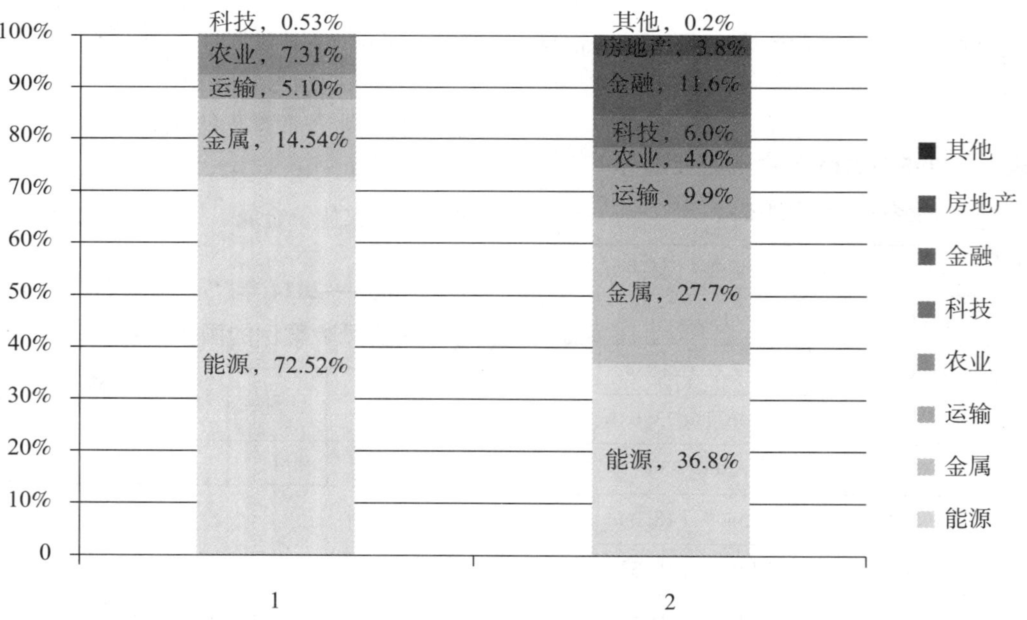

图 1 2005—2014 年中国企业海外投资风险案例的行业分布

注：图中数据代表金额占比。1 表示发生在“一带一路”沿线国家的风险案例统计，2 表示在全球发生的所有风险案例统计。

鉴于“一带一路”沿线国家多为发展中经济体，科技、金融、房地产等行业发展相对滞后，所以，我国企业海外投资的目标也多为能矿资源，海外投资风险也过度集中在这个领域。

（三）中央企业是风险承受主体

2005—2014年在“一带一路”沿线国家，中央企业①不仅是对外直接投资的主力军，也是海外投资风险的主要受害者，共发生风险案例25起（占75.8%），涉及金额479.9亿美元（占84.9%）。而在中央企业中，三桶油（中海油、中石油、中石化）的风险案例尤为突出，9起风险案例涉及金额313.4亿美元，按金额计算占比为55.4%。

如果按金额对海外投资失败案例进行排序，前十大失败案例里中央企业占了九席②，而事实上中国企业海外投资的重大风险案例基本上都涉及中央企业。

表4 2005—2014年“一带一路”沿线中国海外投资十大失败案例（按金额排序）

年份	案例	国家	金额（亿美元）
2006	中海油，北帕尔斯气田	伊朗	160
2012	中石油，南帕尔斯气田	伊朗	47
2007	国开行和吉林富华公司，农业投资	菲律宾	41.3
2011	中电投，密松水电站	缅甸	36
2013	中冶和江西铜业，艾娜克铜矿	阿富汗	28.7
2006	中石油，Rosneft	俄罗斯	25
2014	中石油，南阿扎德干油田	伊朗	25
2012	中国水电，巴赫蒂亚里水坝和水电站	伊朗	20
2013	中石化，Oudeh、Tishrine等油田	叙利亚	20
2013	中石油，代尔祖尔油田	叙利亚	17.7

二、“一带一路”沿线投资风险的成因分析

面对‘一带一路”沿线的投资风险，我们有必要深入分析根源所在，从周边环境和自身因素两方面探究风险成因。

（一）地缘政治因素

“一带一路”贯穿亚欧非大陆，地理覆盖范围广，政治、经济、文化、民族、社会差异性大，在如此广袤的区域开展海外投资，必然面临地缘政治风险，既包括沿线国家的疑虑，又包括域外国家的阻挠，同时存在不可抗力因素，结果是我们不得不面对诸多不确定性，导致政治风险居高不下。

这其中，海外能源供给安全问题十分棘手，局势动荡、政权更迭、战争战乱、恐怖主义等因素加剧了我国能矿行业海外投资的风险隐患③。此外，大国博弈也增加了风险的复杂性和可能性。无论是美国的战略围堵、俄罗斯的战略猜疑，还是印度的战略不合作、日本的战略搅局④，这些因素都对我国在“一带一路”沿线的海外投资安全提出了严峻的挑战。

① 这里的中央企业指的是国务院国资委监管的中央企业，详见央企名录：http://www.sasac.gov.cn/n86114/n86137/c1725422/content.html（阅读时间：2015年07月02日）。需要注意的是，中投公司、国家开发银行等并未包括在内，但现实中这些企业海外投资失败受阻的案例屡有发生，在“一带一路”沿线也都有发生。

② 国开行不是国资委监管的中央企业。广义上讲，中央企业根据监管机构的不同可以分为三类：国务院国资委监管的中央企业，银监会、保监会、证监会监管的中央企业，以及其他部委监管的中央企业。如果将上述不同类型的中央企业都统计在内，那么中央企业海外投资的风险问题将更为严重。

③ 刘海泉：“‘一带一路’战略的安全挑战与中国的选择”，载《太平洋学报》2015年第2期，第72-79页。

④ 王义桅：《“一带一路”机遇与挑战》，人民出版社2015年版。

表5 “一带一路”沿线部分国家的政治风险

极高风险	高风险	中等风险	低风险	极低风险
伊拉克（39.63） 叙利亚（41.29） 埃及（46.75） 孟加拉国（48.17） 巴基斯坦（48.79） 伊朗（49.71）	也门（50.00） 黎巴嫩（52.79） 缅甸（53.71） 白俄罗斯（53.75） 斯里兰卡（54.08） 印度尼西亚（55.63） 土耳其（55.67） 泰国（57.29） 俄罗斯（58.04） 塞尔维亚（58.50） 摩尔多瓦（58.63） 印度（58.83） 亚美尼亚（59.00）	越南（60.25） 阿塞拜疆（60.54） 菲律宾（62.42） 约旦（62.50） 乌克兰（63.50） 巴林（63.88） 保加利亚（65.21） 阿尔巴尼亚（65.67） 哈萨克斯坦（65.92） 罗马尼亚（65.92） 蒙古（66.71） 科威特（66.75） 以色列（67.04） 沙特阿拉伯（67.58） 克罗地亚（69.67） 斯洛文尼亚（69.79）	拉脱维亚（70.08） 爱沙尼亚（71.75） 阿曼（72.50） 卡塔尔（72.50） 匈牙利（72.75） 马来西亚（72.75） 立陶宛（73.54） 斯洛伐克（73.83） 捷克（74.21） 波兰（74.42）	文莱（80.13） 新加坡（83.00）

数据来源：PRS集团年度风险评估指南（International Country Risk Guide，ICRG）

注：ICRG仅涵盖“一带一路”47国，但数据统计较为权威，从政府稳定性、社会经济条件、投资执行状况、内部和外部冲突、军队干预政治、腐败、法制、宗教与民族冲突、民主程度、行政效率等12个方面对全球146个国家以打分的方式综合权衡政治风险，总分100分，并按照不同分数段划分为五个风险级别，分数越高说明政治风险越小。括号中的数字代表2013年各国的政治风险得分。

欧美发达国家市场要么几近饱和，要么以“国家安全”为由阻挠中国的对外直接投资。中国企业只能将目光转向到政治风险较高的“一带一路”沿线国家，而且中国企业海外投资的目标也几乎是欧美跨国公司挑剩下的鸡肋项目。同时结合前面提到的错综复杂的地缘政治因素，海外投资风险被进一步推高。“一带一路”倡议原本是中国应对美国重返亚太战略的西进式的太极招式，如若处理不好，地缘政治因素将带来较高的政治风险，结果可能适得其反。

（二）营商环境不佳

“一带一路”沿线多为新兴经济体和发展中国家，这些国家在开放和发展的过程中大多面临政治维稳、经济发展、社会转型、政策调整等诸多挑战。除了新加坡、波兰、保加利亚等少数国家外，就“一带一路”沿线整体而言，营商环境不容乐观，我国海外投资因此可能面临诸多未知风险、承受不必要的损失。

表6 “一带一路”沿线部分国家的营商环境

国家	营商环境总排名	开办企业	办理施工许可	获得电力	登记财产	获得信贷	保护投资者	交税	跨境贸易	执行合同	解决破产
伊朗	130	62	172	107	161	89	154	124	148	66	138
菲律宾	95	161	124	16	108	104	154	127	65	124	50
缅甸	177	189	130	121	151	171	178	116	103	185	160
叙利亚	175	152	189	76	140	165	78	117	146	175	146
阿富汗	183	24	185	141	183	89	189	79	184	183	159

续表

国家	营商环境总排名	开办企业	办理施工许可	获得电力	登记财产	获得信贷	保护投资者	交税	跨境贸易	执行合同	解决破产
越南	78	125	22	135	33	36	117	173	75	47	104
俄罗斯	62	34	156	143	12	61	100	49	155	14	65
新加坡	1	6	2	11	24	17	3	5	1	1	19
印度	142	158	184	137	121	36	7	156	126	186	137
哈萨克斯坦	77	55	154	97	14	71	25	17	185	30	63
蒙古	72	42	74	142	30	61	17	84	173	24	90
印度尼西亚	114	155	153	78	117	71	43	160	62	172	75
沙特	49	109	21	22	20	71	62	3	92	108	163
波兰	32	85	137	64	39	17	35	87	41	52	32
东帝汶	172	96	115	15	189	160	100	55	94	189	189
巴基斯坦	128	116	125	146	114	131	21	172	108	161	78
泰国	26	75	6	12	28	89	25	62	36	25	45
保加利亚	38	49	101	125	57	23	14	89	57	75	38
柬埔寨	135	184	183	139	100	12	92	90	124	178	84
乌兹别克斯坦	141	65	149	145	143	104	100	118	189	28	77

数据来源：世界银行《2015 年全球营商环境报告》

注：《2015 年全球营商环境报告》对全球 189 个经济体的营商环境进行测评和排名，涵盖“一带一路”64 国。此处列举的 20 个国家为 2005—2014 年间中国企业发生过海外投资风险案例的国家，跟表 2 相对应。表中数字代表全球排名，数字越大说明营商环境越差。

根据世界银行《2015 年全球营商环境报告》的统计数据，营商环境体现在开办企业、执行合同等十个方面，而“一带一路”沿线国家在很多方面的表现都不尽如人意。缅甸在开办企业方面排名全球倒数第一，需要办理 11 个程序、经过 72 天才能新设一个企业，所需成本和实缴资本下限分别占缅甸人均收入的 155. 9% 和 6190. 1%，费时费力而且成本极高。东帝汶在登记产权、执行合同和解决破产三个方面均排名全球倒数第一。以执行合同为例，东帝汶司法系统在解决商务纠纷时，从原告提起诉讼到实际付款需耗费 1285 天，成本按索赔额的百分比计算为 163. 2%，共需 51 个流程才能完成执行合同的全过程，费时费力而且得不偿失。阿富汗在保护投资者方面排名全球倒数第一，在阿富汗的法律框架下公司透明度极差，信息披露程度极低，治理制度极为落后，股东几乎没有任何就官员和董事的不当行为提起诉讼的权利。乌兹别克斯坦的跨境贸易排名全球倒数第一，每出口一批货物需要准备 11 种单证，共需 54 天才能走完所有出口手续，出口成本高达 5090 美元/集装箱；进口则需要 13 种单证、104 天和 6452 美元/集装箱的成本。另外，叙利亚在办理施工许可方面排名全球倒数第一，老挝和伊拉克在解决破产方面排名全球倒数第一。上述糟糕的营商环境无疑加重了海外投资的成本，抬高了海外投资风险的概率。

（三）中国对外直接投资的特性

中国海外投资自身的某些特性在一定程度上也容易招致国外的质疑，继而酿成投资风险事故。具体来讲，海外投资的地区分布过分集中在发展中国家，行业集中在采矿业等敏感领域，投资主体则以国有企业为主。根据《2013年中国对外直接投资统计公报》，截至2013年底，国家层面，中国对发展中经济体的对外直接投资存量为5497.2亿美元，占存量总额的83.2%（对转型经济体的投资存量占2.6%，对发达国家经济体的投资存量仅占14.2%）；行业层面，16.1%的投资存量集中于采矿业，主要分布在石油和天然气开采业、黑色金属和有色金属矿采选业（租赁和商业服务业、金融业、采矿业是中国对外直接投资的三大行业，其中29.6%的投资存量集中在租赁和商业服务业，但这跟开曼群岛等避税天堂的优惠政策有关，属于投资中转；17.7%的投资集中于金融业，但主要投在发达国家，在“一带一路”沿线投资较少）；企业层面，在非金融类对外直接投资存量中，国有企业占55.2%，占半壁江山（金融类对外直接投资虽然没有统计企业类型，但可以肯定的是，中国工商银行、国家开发银行、中投公司等国有金融机构依然是海外投资的主力军）。

地区分布集中、行业分布敏感、投资主体敏感，这三大特征无疑增大了海外投资风险的发生概率，尤其是在地缘政治因素凸显、营商环境不佳的“一带一路”沿线国家。新殖民主义论、国家安全威胁论等负面新闻，虽是对中国海外投资的误解，但在一定程度上反映出东道国的担忧和疑虑，以及中国海外投资面临的尴尬。

（四）企业对外直接投资的软肋

中国企业整体而言国际竞争力不强，国际化经验不足，在海外投资过程中暴露出不少问题，如法律观念淡薄、风险意识不强、当地化程度不高、社会责任意识有待提升等。这些问题是中国海外投资企业的软肋，一方面容易招致东道国政府和当地民众的抵触和排斥，另一方面随着个案的累积往往影响中国整体的国际形象，造成对中国更严重的曲解和误读。

举例来说，中电投在缅甸的密松水电站项目，这一造福于民的民生工程原本应当受到当地政府和民众的一致欢迎，结果却事与愿违，项目于2011年9月被迫中止，吴登盛声称“密松项目破坏当地自然景观、破坏当地人民的生计”。导致失败的具体原因主要有三点。一是中国企业往往根据两国间政治外交关系决定投资与否，过分倚重政府公关，走上层路线而忽视群众基础，但失去民意支持的项目最终也会招致政府的抛弃，中水电在投资过程中没有照顾到所有人的民生和利益。据报道，有超过60个村庄、大约1.5万人，在不知情和未经同意的情况下被强行迁移。二是社会责任意识淡薄，中电投自身存在一些环境污染、破坏生态的问题，而且没有很好地处理与国际非政府组织、当地环保机构的关系，致使问题被不断放大。三是与当地社会相隔绝，中国的海外投资企业大都只想闷头发大财、赚快钱，极少与当地社区民众和新闻媒体进行交流互动，也不像欧美跨国公司那样进行捐助等公益活动，神秘感十足且负面新闻不断，导致当地口碑不佳，一旦出事便没了退路。密松水电站项目反映出中国海外投资企业严重缺失风险防范意识和危机公关能力。更严重的是，这一事件带来连锁反应，导致缅甸对中国所有投资企业的歧视和反感，中国海外投资受其牵连几乎全都被迫撤出了缅甸市场。

任何一家跨国公司的发展都要经历一段漫长的积累过程，中国海外投资企业的缺点和不足短期内难以完全克服，这些软肋将是“一带一路”投资所必须面对的消极因素。

三、中国的应对之策

机遇与挑战并存。面对“一带一路”的巨大投资空间和诸多潜在风险，我们应当从以下四个方面入手，寻求解决之道。

（一）经济外交增进战略互信

政府间的信任与支持是政治交往和经贸活动的前提与保障。不管是亲诚惠容的外交理念，还是正确的义利观，抑或是利益共同体，中国应当继续宣传并积极践行经济外交，遵守五项原则、坚持求同存异，以互利共赢的原则推进“一带一路”沿线的海外投资，寻求利益契合点、打造命运共同体，通过实际行动消除不必要的误会与分歧，讲好“一带一路”故事，做好“一带一路”实事，从国家层面增进战略互信①。

同时，要谨慎对待地缘政治和大国博弈因素，借助现有合作机制加强与域内外大国的沟通交流和务实合作，不争霸但要有军事存在（远洋护航、安全公共产品等），不结盟但一定要有忠实伙伴，有分歧但同样可以谋求共同发展。

此外，针对动乱、战争、政变等不可抗力风险，对内应尽快完善海外投资保险制度，借鉴欧美发达国家做法，充分发挥政策性金融机构的保障作用；对外积极签订并落实双边投资协定，努力提高双边投资协定的质量和水平（采用准入前国民待遇加负面清单的模式，在保障投资利益的基础上提升投资自由化和便利化水平），通过内外联动防范政治风险、保障投资利益，为企业海外投资铺路搭桥。

（二）“一带一路”改善投资环境

“五通”既是“一带一路”的内在要求，也是海外投资的客观需要，“五通”可以改善投资环境继而降低投资风险。政策沟通层面，加强政府间合作，通过交流机制实现宏观政策的协调性，加强区域合作实现平等共赢，避免将过剩产能和重污染产业简单粗暴地强加于他国，保证“一带一路”实现双方共需继而减少分歧。设施联通方面，加强基础设施互联互通，优先发展一批铁公基项目，既能促进中国对外投资和工程承包的协同发展，又能保证海上贸易和投资安全，还能切实改善东道国的硬环境继而进一步促进中国的对外投资。贸易畅通方面，加快投资便利化进程，消除投资壁垒，力促东道国外资政策的稳定性和公平性，协商解决投资争端；同时加强国际监管和沟通互助，尤其是要帮助落后国家改革不合理的投资管理体制，改善监管水平、提升行政效率。资金融通方面，深化多边金融合作，借力亚投行和丝路基金为海外投资提供强有力的金融支持，优先解决基建行业的融资缺口；同时加强金融监管合作，帮助落后国家完善金融体系、稳定金融市场，避免拉美债务危机、东南亚金融风暴等剪羊毛式灾难的重演。民心相通方面，弘扬丝路精神，广泛开展交流，奠定民意基础，尤其要重视来华留学生的培养以及驻外孔子学院的教育，不仅我们自己要讲好“一带一路”故事，更要让当地人、域外人讲好“一带一路”故事②。

（三）深化改革强调市场机制

深化对外投资体制改革，让市场机制充分发挥配置资源的基础作用，强调市场调节机制和政府服务定位。通过深化改革简政放权，不断完善《境外投资管理办法》，减少事前审批和行政干预，加强事中事后监管，落实企业投资主体地位和海外投资问责制。既能服务国家战略布局，又能保证企业自主性和积极性，同时引导企业分散投资，鼓励民营企业的海外投资行为，通过市场机制辅以政府引导，实现地区分布、行业分布和投资主体的多元化。

另外，政府应不断完善其公共服务体系。针对过于集中的地区分布，相关部委应加强国别研究，提供国别风险评估、国别投资项目推介等公共服务产品，并通过协调机制避免中国

① 黄益平：“中国经济外交新战略下的‘一带一路’”，载《国际经济评论》2015年第1期，第48-53页。

② 盛毅、余海燕、岳朝敏：“关于‘一带一路’战略内涵、特性及战略重点综述”，载《经济体制改革》2015年第1期，第24-29页。

企业窝里斗，进行空间上的错位投资；针对扎堆的行业分布，引导企业往价值链高端迈进，避免低层次的恶性竞争，提供更为完善的技术指导和产业指引，鼓励企业的创新发展和转型升级，进行行业上的错位发展；针对敏感的投资主体，要进一步简政放权，让企业成为真正的市场主体，减少对企业的直接干预，形成国有企业和民营经济的良性竞争，指引国企、民企、外企的联合投资态势，以此减少东道国的疑虑。

（四）练好内功积极融入当地

着力打造核心竞争力，积极汲取国际化经验，扎实推进海外投资。“千里之堤，毁于蚁穴。”中国海外投资企业要从小事做起、自纠自查，不断提高风险防范意识、践行东道国社会责任。对内重视能力提升和经验积累，用发展的眼光做好长远规划，不要过分强调短期经济利益，避免盲目冒进和投机取巧；对外加强交流取长补短，向发达国家跨国公司学习经验，通过当地化战略赢得民心，并与沿线东道国政府和民众保持良性互动，借助有效公关和企业社会责任战略树立形象、消除民怨[①]。

尤其是，中国企业的海外经营要跳出唐人街的封闭华人圈，淡化中国色彩和外资身份，努力将自身打造成全球公司和当地企业，尊重当地法律和习俗，用当地的思维方式和经营理念进行属地管理。

① 李向阳：“构建‘一带一路’需要优先处理的关系”，载《国际经济评论》2015年第1期，第54-63页。

培育外向型产业集聚区 打通向西贸易通道

中国轻工工艺品进出口商会 李文锋 吕薇

近年来，为了解新疆“丝绸之路”经济带建设情况，特别是向西贸易通道的运营状况，中国轻工工艺品进出口商会调研小组赴喀什、伊宁及霍尔果斯等地进行实地调研。小组考察了喀什经济技术开发区、喀什综合保税区、伊宁市经济技术开发区、霍尔果斯口岸、中哈霍尔果斯国际边境合作中心，与新疆自治区商务厅，喀什、伊宁、霍尔果斯等地相关部门及企业进行了工作交流。

一、主要特点

（一）轻工行业是新疆外贸的一支重要力量

新疆轻工产品出口基数不大，但在新疆外贸出口中具有一定的分量。2016 年，新疆轻工产品出口 71.6 亿美元，占新疆自治区外贸的 6.9%，其中鞋类产品出口达 23.9 亿美元。以伊宁、喀什为例，2016 年，伊宁轻工产品出口额 27.7 亿美元，占新疆轻工产品出口总额 38.6%；喀什轻工产品出口额 11.4 亿美元，占新疆轻工产品出口总额 15.9%。

（二）外向型产业园区建设加快推进

中央、自治区及地方党委政府高度重视霍尔果斯、喀什等地的产业园区建设。2010 年 5 月，中央决定在喀什设立特区。2011 年，国务院颁布《关于支持喀什霍尔果斯经济开发区建设的若干意见》。2014 年，新疆自治区出台《关于在喀什、霍尔果斯经济开发区试行特别机制和特殊政策的意见》。2014 年 9 月，国务院批准设立喀什综合保税区，2015 年 4 月底正式封关运营。2015 年 6 月，新疆首个国际跨境电商产业园在霍尔果斯市启动运营。当地政府也采取有力措施，为承接东部地区产业转移营造良好政策环境。2015 年以来，霍尔果斯投资建设 3 个轻纺项目及欧洲精品城、奥特莱斯、金融中心等 5 个商贸项目。霍尔果斯开发区入驻企业爆发式增长。2015 年底，注册公司有 1500 户，到 2016 年底注册企业达 4500 户，增长了 3000 户。2017 年第一季度就增长了 1600 户。作为喀什经济开发区首个重量级产业集聚平台，深圳产业园一期 14.2 万平方米标准厂房及各项配套工程 2014 年 4 月建成投入使用，目前拉动就业 5500 多人；总投资 1.8 亿元的二期 11 栋标准厂房已投入使用，将可以解决 2 万人就业；而三期 10 万平方米厂房目前也已开工建设，预计 2017 年底完工。① 在喀什深圳产业园内，来自四川的纺织企业金鑫服装有限公司负责人表示，由于有厂房免租、增值税返还、所得税免征、贷款贴息，运费、电费、培训、社保补贴等多重优惠政策支持，企业综合成本相比四川将降低 50%以上，该公司派出最具管理能力的团队到当地进行培训和管理，员工快速上岗投入生产，劳动效率快速提升。

（三）边境经济合作区商贸项目纷纷落户

2004 年 9 月 24 日，中哈两国政府间签订《关于建立中哈霍尔果斯国际边境合作中心的框架协议》。2012 年该中心正式投入运营。截至目前，中心区内已累计完成各项基础设施建设 54 项。中科国际贸易中心、黄金口岸商贸城，

---

① 来源：《喀什深圳产业园二期厂房投入使用 深企率先入驻》深圳商报，2016 年 10 月 08 日。

义乌商贸城等5座现代化购物中心已投入运营。中国建材、电子产品、轮胎和纺织品等产品受到中亚客商普遍欢迎，哈方市场出售的食品、饮料等商品同样也吸引了大量的中国游客。随着“一带一路”倡议的推进，中哈霍尔果斯国际边境合作中心凭借功能齐全、设施完善、优惠政策多等有利条件，吸引大批商户、企业前来投资落户。据新疆霍尔果斯边检站介绍，2016年合作中心全年通关人数为543万人次，2017年一季度进出人数达100.4万人次。①

（四）向西贸易争先搭车

内地—新疆—欧洲铁路运输时间短，切合部分产品特点和客户需求。乌鲁木齐铁路集装箱中心站工程已全面开工建设，是国家规划的18个铁路集装箱中心站之一，也是构建丝绸之路经济带核心区建设的重要节点。乌鲁木齐铁路集装箱中心站建设对加快形成整合中欧班列、建成向西开放的集装箱集疏运中心，促进区域产业优化布局，带动周边物流园区建设具有十分重要的意义。根据中国铁路总公司的数据，2016年，中欧班列共开行1702列，同比增长109%。其中，返程班列572列，同比增长116%，包括渝新欧、蓉欧、郑欧、汉新欧、湘欧、义新欧以及哈欧国际货运班列等。2017年，多个城市提出了“运力翻倍”计划，其中仅成都和重庆便将合计有2000列开行计划。中欧班列运行时间一般在11~15天，比海运节省20天左右，比空运节省成本60%~70%。

二、几个问题

（一）边境经济合作区功能有待发挥

经实地调研了解，中哈霍尔果斯国际合作中心在运营过程中，双边贸易还不够便利，主要存在以下问题：

一是合作中心入区货物税费问题。根据海关规定，入区货物视同出口，必须履行海关对货物的监管程序，要照章征税。另外，按照财政部和税务总局规定，入区货物不能享受退税。出入境检验检疫监管中，每立方米货物的检疫成本达60元，增加了货物入区的成本。中方区域货物向哈方销售，要按照哈方对进口商品的规定，缴纳哈方的进口关税和环节税。哈方不断提出，合作中心内中方商品价格高于哈方国内市场的中国商品价格。如果不给予合作中心入区货物退税政策，在税费机制上降低合作中心内货物交易成本，合作中心未来发展将受到极大制约。

二是哈方新规严重影响了客商到合作中心采购物品。哈财政部颁布关于进出境人员随身携带物品的数量和种类的新命令（《关于确定自然人通过关税同盟关境携带属于自用商品的标准》第250号令），并于2015年5月2日生效。该命令规定，服装、床上用品、鞋类等16类商品，按照自用物品购买不超过2件，且每月仅限采购1次，超量物品将视为货物缴纳关税。此规定严重影响了哈方人员来合作中心购买商品的意愿。通过实地了解，近期来自哈方人数剧减，大部分商户生意冷清，尤其义乌国际商贸城门可罗雀。来自河北辛集一家裘皮销售公司负责人表示，该命令没有颁布前，来自哈方采购商众多、生意红火，哈方命令颁布后，客商稀少，生意冷清很多。

三是关于中心配套区首期验收面临的问题。其一，建设资金有缺口。合作中心配套区首期项目3.26平方公里，计划投资5亿元，开发区财政十分困难，难以承担。其二，规划变更。2006年，国务院对合作中心配套区的规划面积为9.73平方公里。现霍尔果斯新公路口岸已经在9.73平方公里的规划区域内，预计占地约2平方公里，目前配套区实际可用面积为7.73平方公里。建议国家就配套区项目总体规划面积进行缩小调整。

① 来源：《中哈霍尔果斯国际边境合作中心即将迎来运营5周年》，新华社，2017年04月11日。

（二）园区内产业集聚尚未形成

在喀什、伊宁、霍尔果斯等地，各级政府采取了许多措施，承接纺织服装等传统产业转移，发展生产加工业，拓展国际市场。但从目前来看，产业园区内企业数量少、规模小，产业关联度低，在当地还没有形成比较完整的产业链，缺乏规模效应。从事生产加工的企业，都需要从内地带来机械设备、采购原辅材料、派出专业技术人员。如果没有相应的物流补贴、厂房租金减免、员工培训及社保补贴等政策支持，企业承担的综合成本将非常高。

（三）企业用工需求缺口大，人才匮乏

近年来，随着传统产业加快向新疆转移，疆内对劳动力的需求逐渐增加，劳动力短缺，成为扩大生产的考验。喀什深圳产业园已安装设备的8家服装企业，用工缺口约为2000人，按照现有的招工方式难以迅速解决企业用工难题。技术型产业工人短缺情况更严重。据有关机构统计，在国内外一些先进的纺织服装企业，一般拥有45%高级技术技能人员、50%的中级技术技能人员、5%左右的初级工。目前新疆纺织工业职工队伍技能结构中，高级技工以上技术人员仅占0.8%，中级技工也只有3%，初级技工占6.2%，形成巨大反差。企业担心，由于新疆高素质的人员难找，将造成开工不足。

（四）展会专业化水平有待提高

从新疆实际情况看，面向国际市场的展会平台，已形成亚欧博览会、喀交会等若干区域性展会。但在喀什、伊宁等城市，除了“大巴扎”这种传统的商业业态外，切合市场需求、聚集行业企业、有影响力的专业性品牌展会仍然非常缺乏。喀交会外商参展数量还不够多，展会规模和档次有待提升。

（五）贸易通道效率有待提升

据了解，内地—新疆—欧洲班列主要存在以下问题：

一是货源争夺激烈，政府补贴现象普遍。由于品种单一，货源不足且不够集中，货源争夺十分激烈。一些运营者反映，目前中欧班列运营多为亏本，如果没有政府补贴将难以为继。一个40尺箱的运行成本大概为1万美元，郑欧班列经补贴后，门至站价格仅为3000～6800美元，1500公里以内的货物，可以免费运到郑州再发往欧洲。成都和重庆的站到站价格也只有7000～9000美元。苏州市政府给每标箱补贴1000多美元。

二是线路同质化，造成运力浪费。现在中线已有汉新欧班列和郑欧班列，西线也有蓉欧班列、渝新欧班列和西新欧班列三条线路，再加上新疆的线路，已构成激烈的区域竞争。尽管发展势头迅猛，但渝新欧、蓉欧和汉新欧等线路趋于同质化，造成沿线运力浪费。

三是回程载货率低。各条中欧班列均存在回程货物装载不足的问题。目前中欧每年陆路运输量7000多万吨、海运量2亿多吨，大部分货物都是由中国出口欧洲，而欧洲出口到中国的货物仅有少量的精密仪器、机械、高档服装等，对欧贸易进口额仅相当于出口额的六成左右。据不完全统计，我国全部中欧班列中回程发送箱比例不足15%，有的班列甚至通过海运把空集装箱运回，导致运费居高不下。

为了解决这些问题，国家发改委、中国铁路总公司会同有关部门和地方稳步推进中欧班列统一品牌建设。2016年6月8日，中欧班列统一品牌正式启用，带有统一品牌和标识的中欧班列从全国多地同时发出。中欧班列统一品牌的使用，有利于集合各地力量，增强市场竞争力，将中欧班列打造成具有国际竞争力和信誉度的国际知名物流品牌，这对于日益增长的亚欧大陆国际货运需求，释放丝绸之路经济带物流通道的潜能，把丝绸之路从过去的商贸路变成产业和人口集聚的经济带，具有非常重要的意义。2016年10月17日，国家发改委发布《中欧班列建设发展规划（2016—2020年）》，这是中欧班列建设发展的首个顶层设计。《规划》全面布置了未来5年中欧班列建设发展任务，到2020年，基本形成布局合理、设施完善、运量稳定、便捷高效、安全畅通的中欧班列综合服务体系。

（六）带路联动效应有待形成

新疆当地企业经向西班列出口货物占比较少，多为过路车。一是由于新疆当地面向欧洲市场的产业还不成熟，开拓市场能力有待提高，还不能充分享受贸易通路带来的红利。二是物流、通关等配套服务还缺乏有效衔接，需要解决“最后一公里”问题。据一家在喀什开发区投资的成都企业反映，由于通关便利等措施没有到位，该企业加工生产的服装需要运回成都再报关出口。

三、几点建议

近年来，新疆自治区丝绸之路沿线州市落实“一带一路”倡议，步伐加快，初见成效。我们感到，丝绸之路经济带建设，必须惠及当地民众，扩大就业和带来增收。将承接轻纺等传统外向型产业转移作为新疆“丝绸之路”经济带建设的一大切口，形成产业集聚区；打通向西贸易通道，形成带路联动效应，不仅可行，也有必要。要依托当地资源、劳动力、区位等优势，引进资金、设备、人才、管理和技术，培育发展一批吸纳就业量大、面向国内国际市场的产业。要大力支持东部地区产业带动力强的龙头企业到新疆投资创业，延伸产业链条，扩大市场辐射力；采取更为有力的措施，做大做强现有产业园区，增强产业集聚效应；促进当地物流、金融、保险、人力资源、展会等生产性服务业发展，增强服务配套能力；建立协调机制，发挥各方面的积极性，形成提高贸易通道效率的合力。具体提出以下建议：

（一）支持喀什、霍尔果斯等地承接东部产业转移，培育外向型轻工产业集聚区

2017年初，国务院办公厅出台了关于支持新疆纺织服装产业发展促进就业的指导意见，目前这项工作新疆各级政府正在积极推进。轻工外贸行业作为劳动密集型产业，在新疆同样具有一定的产业基础，可以吸纳大量就业，有助于当地民众增收。建议比照国办发〔2015〕2号文精神，将鞋类、箱包、玩具等大类轻工产品纳入新疆重点支持产业。鼓励支持东部产业带动力强、就业吸纳量大、运营管理能力强，有市场和品牌的轻工企业到喀什、霍尔果斯等边疆城市投资兴业。对在新疆重点产业园区从事生产加工的企业，要在物流、跨境电商、贸易融资、信用保险等方面给予支持。

（二）继续支持中哈霍尔果斯国际边境合作中心平台建设

加强中哈政府间的政策协调力度，逐步消除哈方对合作中心进出境人员携带物品的限制。对进入合作中心商品实施出口退税政策，扩大化妆品、箱包、手表、烟酒等高档免税商品交易品种。对发展旅游购物，支持引导有实力的企业在合作中心发展免税商品零售业。加强培训和招商，组织专门采购团赴境外采购，加大推广宣传力度，为霍尔果斯口岸吸引客流，聚集人气，繁荣口岸双边贸易。

（三）解决当地用工问题，鼓励各类专业人才进疆兴业

发挥当地政府的作用，组织企业到新疆人口富集的州市村镇实地走访，现场招聘；与全国职业技术院校对接，签订校企用工合作协议，有针对性地输送技能培训班的毕业生。对于中高端人才，新疆各级政府要在福利待遇、住房、科研条件等方面采取更加优惠的政策，创造安全稳定的社会环境，提高新疆对人才的吸引力。

（四）培育若干境内外知名的专业展会，将旅游与西部文化相融合来集聚人气

可依托新疆当地特色产业，在喀什、伊宁、霍尔果斯等城市，培育若干专业性展会，吸引我国中部地区和东部沿海城市企业前来参

展，加强中东西部的合作，实现优势互补。发挥边贸优势，充分挖掘和展示新疆文化及自然景观的独特性，将文化、旅游与展会相融合，增加行业对新疆喀什、霍尔果斯等城市的吸引力和凝聚力。加大喀交会在“一带一路”沿线国家的推广力度，邀请国外知名生产商和采购商前来参展，扩大喀交会的国际影响力。

（五）继续打通并优化贸易通道

新疆具有独特的区位优势和向西开放重要窗口作用，是“中欧班列”的必经之地。建议加强新疆的物流和贸易服务功能，把新疆打造成为“中欧班列”的重要始发站、集结中心、中转中心、分拨中心。支持乌鲁木齐铁路局在开通西行国际货运班列基础上，按照市场规律整合现有铁路专用线，建设国际货物编组站，规划建设向西进出口货物集散中心及陆、铁、空配套联运的物流基地，把乌鲁木齐建成向西开放的主要节点城市。推动建设自治区电子口岸信息数据平台，确保“一次申报、一次查验、一次方形”“单一窗口”“跨境电子商务”等通关便利化措施尽早落地，提高通关能力和过货效率。协调沿线各国简化海关程序和其他的边境程序，缩短通关时间。鼓励企业在沿线重要城市设立商品集散中心，在中欧班列沿途重要站点设置海外仓。

推动行业企业参与“一带一路”建设

中国五矿化工进出口商会　陈锋　龚光亚

一、商会2015—2016年在“一带一路”建设中所做的工作

早在“一带一路”倡议提出之初，中国五矿化工进出口商会就与时俱进的学习研究“一带一路”倡议，分析行业在“一带一路”国家中重要进出口伙伴的对外贸易、投资、合作及安全风险情况，探究“一带一路”背景下我五矿化工行业的合作发展前景。

2015—2016年，我会积极推动会员企业抓住战略机遇、真正参与“一带一路”建设并从中受益，加入国家级研究平台——蓝迪国际智库和项目执行落地平台——“一带一路”服务机制，为企业实质进入“一带一路”建设架桥铺路。

（一）加入蓝迪国际智库

蓝迪国际智库由中国社会科学院牵头于2015年4月成立。商会作为首批加入蓝迪国际智库和专家委员会的机构，全程参与了蓝迪国际智库的顶层设计和各项活动，在蓝迪向中央及地方决策层报送的研究报告中提供智力支持，在企业对接方面提供了行业资源。具体发挥了以下作用：

代表商务部门在智库中占有一席之地，协助智库为中央和地方建言献策，丰富商务部门在高层发声的渠道和声音；为各国及地方政府、研究组织、企业代表提供国际贸易数据、市场运行情况分析，是蓝迪智库在政策决策、整合资源、企业培训方面不可或缺的专家团队力量。

宣传推荐商务部有关政策，推动商务部门与智库平台的联动。我会在蓝迪智库的各项活动中推介商务部配合中央政策的务实举措，介绍商务部有关“一带一路”最新政策和规划，宣讲国家关于境外经济园区和海外仓的相关政策措施；积极推进与“一带一路”国家商谈自贸区，促成与“一带一路”国家在商务战线上的高层对接。

提供企业资源，提高企业经营效率。蓝迪智库在宏观政策、中观资源平台的优势最终需要微观企业的项目合作与落实，我会积极推荐会员企业参与。目前我会推荐会员企业数量占蓝迪企业智库名录的10%，在智库企业群中活跃度很高。同时，会员也反馈与其他企业的交流受益颇丰，真正实现了平台交流、项目对接、合作共赢。

商会带领了一批会员企业积极参与蓝迪智库的活动如“一带一路”系列战略研讨会，利用蓝迪智库搭建的平台成功与巴基斯坦、哈萨克斯坦等国进行了项目对接，并帮助不少企业解决了在境外合作中遇到的问题，务实推动了中巴经济走廊和“一带一路”建设。

（二）加入“一带一路”服务机制

商会联合德恒律师事务所、中国产业海外发展协会、中国开发性金融促进会等发起了“一带一路”服务机制，该机制系集合“一带一路”沿线国家的律师、会计师、金融信息、商会、公证、知识产权等各种服务机构，通过法律、政策、标准、信息、投融资保障、公共关系、能力建设等七个方面为中国企业“走出去”提供支持。服务机制以项目需求为引导、组织项目考察与落实、对项目进行尽职调查以及技术与交易结构设计评估，并将以PPP方式组织项目落地实施。截至目前，“一带一路”服

务机制的服务地域已覆盖沿线60多个国家和地区，海内外的参与机构已近百家。目前，已有企业通过服务机制的平台，与外方签订合作备忘录准备在境外建设经济园区。

我会还以网站、快讯、项目信息发布会等各种方式发布“一带一路”沿线项目信息，供各方选择参与。同时，我们也会根据项目信息来源及情况分析，参考平台内企业的情况，点对点的邀请相关企业与项目业主方或运营方进行一对一或一对多的对接。

二、五矿企业2015—2016年参与“一带一路”建设的总体情况

通过蓝迪国际智库和“一带一路”服务机制，我会积极推动企业“走出去”，开拓国际市场，也在各种场合持续宣传“一带一路”的政策利好，鼓励企业抓住战略机遇，在新形势下推动企业自我发展。我会会员企业不断优化国际市场布局，着力加强与“一带一路”沿线国家的贸易合作，不断涌现出参与“一带一路”建设的成功案例：

1. 加快“一带一路”沿线战略布局

我会副会长单位——惠达卫浴股份有限公司借力“一带一路”倡议，建立海外运营中心，加速开拓新兴市场。2014年年底，建立惠达马来西亚运营中心，辐射整个东南亚市场，是其“走出去”的关键一步。2015年完成印度、利比亚、沙特、马耳他、乌兹别克斯坦共5家海外自有品牌专卖店的建设；参加印度、智利、法兰克福等国际高端展览会，特别是法兰克福展览会，惠达成为唯一一家进入国际馆的中国卫浴企业。另外，借助广交会集中专业布展，不断提高企业形象和品牌产品的认知度。目前，惠达品牌在国际市场的影响力不断扩大，海外市场竞争力不断增强，正逐步摆脱主要依靠价格竞争的被动局面，开始朝着海外市场自主品牌运营的战略转型。

2. 与工程类企业联合“走出去”

在“一带一路”倡议实施的过程中，我国企业帮助“一带一路”沿线国家进行了大量的基础设施建设项目，有力带动了相关产业链的发展。我会副会长单位——天津世纪五矿贸易有限公司生产的焊接产品、管材、建材、铁丝金属网类产品、矿磨工具系列产品与基础设施建设密切相关。在国家“一带一路”经贸战略的助力下，公司产品销售大幅上升，目前每年出口量大幅增加。目前公司业务模式积极转型：一方面，在“一带一路”沿线国家增加布点，在巴基斯坦、斯里兰卡增加了两个代表处。另一方面，产品线也进行重新排列，加大具有自主品牌的产品在沿线国家的投放，如永久牌焊条、金杯牌小五金等在国际市场颇有名气，认可度很高。

3. 整合服务资源，瞄准“一带一路”市场

我会会员企业——广州市五金矿产进出口有限公司另辟蹊径，改变传统外贸“一对一”的买卖交易服务模式，在广交会上提供EPC一站式供应服务，联合建材企业、4G企业、建筑工程企业，全面整合了产品、4G平台、服务、技术管理、工程管理、金融服务资源，为“一带一路”沿线国家提供建筑的整体解决方案。该服务模式直接将建材产品和建筑项目提供给业主和用户，整合了国内外市场，缩短了供应链，扩大了企业的利润空间。广州市五金矿产进出口有限公司看好“一带一路”沿线国家对建筑工程等基础设施建设的需求和市场潜力，目前以一站式供应服务模式在印度和印尼等国建成了多个五星级酒店和别墅项目。此外，广州市五金矿产进出口有限公司成功将广交会的五金、建材、卫浴企业整合进平台，化竞争为合作，推动全产业链及产业链相关企业集体“走出去”。

三、商会和企业的经验总结

（一）客观评估投资环境

“一带一路”沿线国家多为发展中国家，发

展需求旺盛，基础设施建设、油气、石化、交通、电力、通讯、建材、冶金、汽车等领域的众多项目为我国公司的进入提供了机会。但许多国家的法律法规与国际不接轨，有关政策条件比较苛刻，政府部门之间缺乏协调，办事效率不高。因此，企业往往在投资前请专业机构评估其投资环境，做到心中有数。

（二）有效防范投资合作风险

在“一带一路”沿线国家开展投资、贸易、承包工程和劳务合作的过程中，要特别注意事前调查、分析、评估相关风险，事中做好风险规避和管理工作，切实保障自身利益，包括对项目或贸易客户及相关方的资信调查和评估，对项目所在地的政治风险和商业风险分析和规避，对项目本身实施的可行性分析等。企业应积极利用保险、担保、银行等保险金融机构和其他专业风险管理机构的相关业务保障自身利益。

（三）在“共商、共建、共享”原则下履行好社会责任

习近平总书记在“中国—阿拉伯国家合作论坛第六届部长级会议”上提出“一带一路”建设应坚持共商、共建、共享原则，这也是指导我企业开展负责任的投资合作的基本准则。事实上，我国已经有许多企业在“共商、共建、共享”理念指导下与东道国社会、环境、民众、文化深度融合，实现了互利共赢。

以我会副会长单位——中国五矿集团成功收购澳大利亚矿业巨头OZ为例，收购之初因矿区内一个金矿被澳大利亚列为军事重区，较为敏感，所以我方收购申请被驳回。驳回之后，五矿集团立即调整策略，提出了针对澳方严重关切的第二次申请方案，放弃了军事禁区的收购，把原来的参股收购改为现金收购。第二次的方案得到了澳洲政府的批准，这也是澳洲政府第一例批准的中国投资者对澳洲本土再生产企业的收购。收购以后，五矿集团在澳洲注册了全资公司MMG。MMG保留了原来澳洲公司的管理团队，确保了5000名员工的工作岗位。另外在经营策略上采取授权、放权的管理方式。在2009年当年项目就实现了盈利。2010年实现了盈利和利润双丰收。这一项目得到了澳洲政府和民众的广泛支持。澳洲政府首脑也对该项目做了非常高的评价。

（四）推动新兴产业合作，谋求共同发展

国家发展改革委、外交部、商务部2015年3月28日联合发布了《推动共建丝绸之路经济带和21世纪海上丝绸之路的愿景与行动》，将新兴能源、新兴产业和新技术列为合作的重点领域。通过新技术新产业的合作，我们能与“一带一路”国家实现共同发展。我国已经有不少企业通过新兴技术走出去，与当地共同实现了经济、社会效益双赢。

我会出口基地龙头企业——巨石集团有限公司在埃及苏伊士经贸合作区内投资建成年产8万吨的玻纤生产线项目，后续二、三期工程还将陆续落地，这将为埃及引入我国玻纤领域的自主核心技术和先进设备，带动上游原材料价格增长数倍，扩大就业并为当地培养一批产业工人奠定基础。另外，中国核电建设总公司与上海新源启能风力技术有限公司也计划在巴基斯坦信德地区投资建设1000兆瓦的风电项目，投资总额达22亿美元。目前，该项目已经与国家电网签订了并网协议，并得到了巴方政府五年免税的政策支持。这个项目一方面将为巴基斯坦引进我国先进清洁能源技术，缓解巴方用电短缺问题，另一方面将为企业带来颇丰的收益。

四、对“一带一路”建设工作的建议

（1）国家“一带一路”建设项目更加透明，为更多企业公平、公正的享有机会参与“一带一路”建设提供条件。

（2）除与设施联通紧密相关的“铁公基”（铁路、公路、机场、水利等重大基础设施建

设）项目，还应重视住宅、体育设施、学校建设等改善民生项目，让为这些项目配套的建材类企业一起“走出去”，最终为争取“一带一路”民心相通奠定基础。

（3）重视“一带一路”下的社会责任。只有切实履行企业社会责任，与“一带一路”国家建立长期信任合作关系，相关项目的实施和我国“一带一路”倡议的推进才能顺利实现。在这个过程中，我会将继续发挥积极作用，督促我国企业遵行国际上和“一带一路”沿线国家关于社会责任、环境与可持续发展的标准，创造和谐包容、互利共赢的投资氛围。

（4）推动中国 NGO 与企业一起“走出去”，更大发挥商协会等行业组织在“一带一路”建设中的作用。总结国内外企业“走出去”的经验教训可以发现，本国 NGO 与企业一起“走出去”具有十分重要的意义。NGO“走出去”能够为企业海外投资保驾护航，为企业与当地社区及当地 NGO 之间搭建桥梁，促成对话与合作，在一定程度上缓解企业与地方社区的紧张关系。出于与投资东道国社区沟通等需要，应加大我国行业组织和非政府组织在“一带一路”沿线国家尤其是东南亚、非洲和南美国家的社会援助项目实施力度。

促进行业转型发展

中国对外承包工程商会

一、对外承包工程企业参与“一带一路”建设情况

“一带一路”倡议的实施为我国企业，尤其是对外承包工程企业发展注入了新的动力。“一带一路”国际合作高峰论坛发布的联合公报明确提出了“逐步构建国际性基础设施网络”合作举措，确定了“公路、铁路、港口、海上和内河运输、航空、能源管道、电力、海底电缆、光纤、电信、信息通信技术”等国际基础设施合作的重点领域。我国对外承包工程企业发展将迎来新的历史机遇。

（一）2015—2016年对外承包工程行业发展情况

2015年，我国对外承包工程业务完成营业额1540.7亿美元，同比增长8.2%；新签合同额2100.7亿美元，同比增长9.5%。我国企业当年在“一带一路”沿线的60个国家新签对外承包工程项目合同3987份，新签合同额926.4亿美元，占同期我国对外承包工程新签合同额的44.1%，同比增长7.4%；完成营业额692.6亿美元，占同期总额的45.0%，同比增长7.6%。

2016年，我国对外承包工程业务完成营业额1594.2亿美元，同比增长3.5%；新签合同额2440.1亿美元，同比增长16.2%。企业在“一带一路”沿线61个国家新签对外承包工程项目合同8158份，新签合同额1260.3亿美元，占同期我国对外承包工程新签合同额的51.6%，同比增长36.0%；完成营业额759.7亿美元，占同期总额的47.7%，同比增长9.7%。

总体来看，在“一带一路”倡议的推动下，我国对外承包工程行业发展成绩喜人，“一带一路”沿线国家已成为我国企业开展国际基础设施投资合作的首选。据统计，“一带一路”倡议提出三年多来，仅中央企业参与建设的项目就已经达1676个之多，涉及央企数量高达47家。

（二）“一带一路”倡议落实助力企业转型发展

1. 业务模式转型积极推进，资金、技术、服务与工程业务结合越发紧密

得益于“一带一路”倡议的拉动，一批重点合作项目先后落地，企业业务模式新探索收获颇丰，部分行业标准顺势走向海外。在匈塞铁路、雅万高铁、喀喇昆仑公路等早期收获项目顺利实施的同时，我国企业正越来越多地以投资入股、BOO、BOT或PPP等模式参与大型国际项目的投资、建设和运营。葛洲坝集团、中国电建、中国机械进出口、三峡国际、北方国际等公司分别以非传统业务模式中标巴基斯坦、孟加拉国、印尼等国水电、火电和风电项目。国机集团、中交集团、中国铁建等公司积极参与境外经贸合作区投资和建设。中国铁路标准阔步走出国门，尼日利亚的阿卡铁路、安哥拉的本格拉铁路、埃塞至吉布提的亚吉铁路、肯尼亚蒙内铁路和内马铁路均采用中国标准。

2. 企业发展理念显著转变，逐步跟紧国际趋势

共商、共建、共享的“一带一路”精神影响着我国企业的经营发展理念。我国企业的角色定位正在由工程项目的“建设者”向东道国经济社会发展的“参与者”转变。既开展互联互通等重点领域的务实合作，也重视与沿线国

家的社会融合，实现经济社会的共同繁荣发展，正成为我国企业的行为准则。此外，我国企业也更加注重社会责任与可持续发展，与业主和当地利益相关方进行密切高效的沟通，将环保、社会因素与工程项目的各环节紧密结合，不断提升海外项目的可持续性。

3. 海外并购质量齐升，国际化布局进一步优化

我国企业以“一带一路”沿线国家为重点的海外收购兼并以及投资业务明显增多，通过海外并购优化国际市场布局、促进业务跨越式发展，为国际化进程提供了新的思路。苏交科集团收购 TestAmerica 和 EPTISA 公司，拓展了在西亚、东欧、南亚地区的布局，取得了丰富的工程业绩和客户资源，为企业快速进入当地市场发挥了重要作用。中国交建收购巴西工程设计咨询榜首企业——Concremat 设计咨询公司，成功跨越当地特许经营类项目门槛，公司业务发展迎来新的契机。三峡集团通过一系列跨国投资并购，奠定了以巴基斯坦、巴西、德国、葡萄牙为重点的海外电力市场经营基础，为打造企业全球经营链发挥了积极作用。

二、承包商会推动企业践行“一带一路”倡议

（一）配合“一带一路”倡议，为企业发展争取有利环境

一是积极代表行业参与“一带一路”政策完善和工作落实。参与相关专项课题研究，代表行业参与政府间谈判，参加相关多双边协调机制，认真做好有关协定的落实推动工作。二是加强重点问题研究和诉求反映。起草《承包商会关于“一带一路”倡议背景下对外承包工程行业发展态势和相关工作考虑的报告》，并被国办《专报信息》和中办《每日汇报》采用，与企业合作开展“境外合作区发展专项研究”等热点研究。三是深入地方，引导地方企业对接“一带一路”。赴甘肃、新疆、江苏等十余个省市组织专题调研和相关培训活动，引导地方企业对接合作，促进企业互利共赢。

（二）以合作促发展，打造国际化专业合作平台，维护良好经营秩序

一是做好企业推荐工作，广泛开展业务对接。根据相关工作办法为政府间合作项目推荐企业，参与政府间合作协议修订工作，配合政府部委和金融机构调整相关金融和支持政策。二是突出国际化特色，为企业对接“一带一路”搭建合作平台。先后举办中俄建筑合作论坛、中巴经济走廊投资建设合作论坛、克拉玛依基础设施建设分论坛、中国—安哥拉投资论坛等国际化专业论坛；组织企业参加中国银行业服务“一带一路”研讨会、中国—伊斯兰合作组织论坛等专题论坛；组织会员企业赴刚果（布）、赤道几内亚、俄罗斯、安哥拉、瑞典、捷克、波兰、匈牙利、美国和墨西哥等国进行市场调研和对接交流。

（三）整合优势服务资源，提高专业化服务能力

一是提供全方位信息资讯服务。围绕“一带一路”倡议和行业发展特征，发布行业报告和资讯；联合专业机构就“一带一路”重点国别、重点领域编制专题报告；与“一带一路”沿线国家驻华使馆建立信息沟通机制；通过网站专栏打通与金融机构的对接通道。二是推动人才培养和国际资质互认。把握“一带一路”倡议背景下企业对国际工程人才培养的需求，为企业定制和实施个性化培训；与国内外专业机构加强深度合作，加快人才互认机制；承办相关政府间培训交流活动，拓宽“一带一路”民间交流通道。三是提供专业安全咨询和标准翻译工作。围绕“一带一路”沿线国家市场动态，为企业提供风险信息及预警；完善涵盖美标、英标、俄标及欧标的工程技术标准数据库，为企业随时调阅提供便利。四是打造高端国际

会展平台。针对“一带一路”倡议设计举办国际基础设施投资与建设高峰论坛，吸引60多个国家和地区的1300余名嘉宾和代表出席；承办第十三届中国—东盟博览会国际经济和产能合作展区及论坛活动，举办第十四届中国工程机械技术展等专业展览活动。

（四）倡导“可持续基础设施”理念，多维度促进行业信用体系和社会责任建设，提升行业整体形象

开展企业信用等级评价工作，结合“一带一路”沿线热点国别推介优秀信用企业；组织专业机构、行业专家和国际组织编制《中国企业境外可持续基础设施项目指引》，为“一带一路”社会及生态共建提供指导。组织“美丽海外中国——一带一路中国企业社会责任影像志”活动，引导企业以影像诠释社会责任实践，主动开展“负责任、可持续”企业形象的推广传播，进一步提升中国企业的国际声誉。

三、对促进行业发展与“一带一路”倡议深度融合的建议

“一带一路”倡议得到了国际社会的广泛认可和支持，相关多双边合作机制进一步健全，以政策沟通、设施联通、贸易畅通、资金融通、民心相通、智库交流为重点的“一带一路”交流合作将走向更高层次和更广领域。承包商会将紧密围绕“一带一路”倡议，根据行业发展特点和企业业务需求，推动企业参与“一带一路”建设。相关工作建议如下：

（一）企业层面

一是抓住发展机遇，推动业务稳定增长。企业要紧紧抓住当前有利的发展机遇期，顺应“一带一路”、国际产能合作等发展新形势，充分运用在海外市场经验、信息、人脉等方面的资源优势，巩固和扩大市场份额，促进业务的平稳较快增长。二是不断创新发展模式，实现业务转型升级。企业应结合自身业务发展实际，因地制宜地制定企业转型升级规划。企业可主动对接所在国发展战略与产业规划，参与经济结构调整和产业结构布局，培育开发项目；通过小额参股、直接投资、兼并收购等方式参与基建项目投融资；联合行业上下游企业“抱团出海”，全产业链参与境外项目，实现业务向投建营一体化转变。三是继续完善安防体系，妥善应对境外安全风险。企业应建立健全应对各类社会治安事件及外源性风险的预警和处置机制，制定安全管理体系和应急预案。加强常态化的安全监控和管理，密切同驻外使领馆和驻在国政府有关部门的联系，有效应对各类安全风险。四是积极提升社会责任绩效，树立企业良好形象。企业应着眼项目所在地政府、业主和民众的现实需求，积极履行社会责任，开展属地化经营，践行绿色建筑理念，优化项目设计，注重节约资源，避免环境污染，建设可持续的基础设施项目，树立中国企业良好的对外形象，实现与利益相关方的和谐共赢。

（二）行业组织层面

一是促进企业合作，构建“企业联盟”。积极引导互利合作的行业发展风尚，通过开展企业座谈、专题交流等方式逐步摸索搭建“企业联盟”的工作框架，将相关重点企业、服务机构、金融保险企业等纳入“企业联盟”，打造我国对外承包工程行业拳头品牌。二是打造“走出去”综合服务平台。积极发挥商会服务职能，有针对性地为企业提供“一带一路”业务开拓所需的服务产品。及时提供专业信息，提高安全服务质量，搭建交流推介平台，做好行业人才培训，为企业参与“一带一路”建设保驾护航。三是维护行业经营秩序，保护企业正当权益。进一步完善行业自律体系，加强激励性引导性规范。代表行业广泛参与和行业发展相关的社会交往和国际对话，进一步提高行业在国内外经济社会话语权，为我国企业争取与其所

作贡献相适应的国际声誉和地位。

（三）政府层面

一是加快制定配套文件，为“一带一路”倡议有效落地和企业转型发展提供支撑。加快制定对接国家“一带一路”倡议的配套文件，出台具体行业发展路线图，着重解决具有良好社会效益但经济效益欠佳的重点互联互通项目运作难题。及时出台与当前行业及企业发展阶段相适应的支持和鼓励政策，在审批备案、融资财税、投资类考核等方面予以适当倾斜，支持转型发展。二是进一步完善相关金融和税收扶持政策。加快相关金融服务创新并落实必要的支持政策，如明确亚洲基础设施投资银行对企业重点项目的金融服务措施，将丝路基金提供的金融服务拓展到 EPC 等工程总承包类项目等。研究出台“不分国不分项”的企业境外所得税抵免法，减轻企业境外经营的税收负担，更好地激发企业“走出去”积极性。三是引导和鼓励配套服务业务发展，为对外承包工程企业海外发展提供支持。加大对第三方服务行业发展扶持力度，鼓励配套服务机构主动对接企业转型发展需求。出台金融保险、设计咨询、安保安防等关键环节服务企业的发展指导意见和扶持培育政策，制定配套服务执行指导标准，引导上下游企业聚焦海外工程承包领域，加快形成我国企业跨国经营的良好“生态圈”。四是支持行业组织发挥更加积极的协调促进与服务功能。赋予行业商协会更大发展空间，充分支持和鼓励其发挥行业组织服务功能，进一步提高在信息、咨询、培训、境外安全保障及市场促进方面的工作水平。鼓励行业商协会独立开展对外交往，架起中国政府企业与外方业主的沟通桥梁。在相关政策制定、项目协调、经贸交流与多双边谈判中充分听取行业商协会意见，发挥行业组织独特作用，更好地推动行业可持续健康发展。

“一带一路”建设回顾与对策建议

清华大学　郑维伟　何茂春

“一带一路”倡议总框架

一、“一带一路”倡议提出及背景

2000多年前，我国汉代张骞两次出使西域，开启我国同西域各国友好交往的大门，开辟出一条横贯东西、连接欧亚的丝绸之路；2000多年前，亚欧大陆上勤劳勇敢的人民，探索出多条连接亚欧非几大文明的贸易和人文交流通路，后人将其统称为“丝绸之路”。丝绸之路是促进沿线各国繁荣发展的重要纽带，是东西方交流合作的象征，是世界各国共有的历史文化遗产。千百年来，各国人民在古老的丝绸之路上共同谱写出千古传诵的友好篇章，“和平合作、开放包容、互学互鉴、互利共赢”的丝绸之路精神薪火相传。在以和平、发展、合作、共赢为主题的新时代，随着中国同世界各国关系快速发展，古老的丝绸之路焕发出新的勃勃生机。

“一带一路”（The Belt and Road Initiative，简称OBAOR；或One Belt One Road，简称OBOR；或Belt And Road简称，BAR）是丝绸之路经济带和21世纪海上丝绸之路的简称。2013年9月和10月，中国国家主席习近平出访中亚和东南亚国家期间，在哈萨克斯坦和印度尼西亚先后提出共建“丝绸之路经济带”和“21世纪海上丝绸之路”重大倡议，得到国际社会的广泛关注和高度认同。“一带一路”是顺应当今经济全球化、区域一体化的世纪性倡议，是新时期、新形势下中国对外开放与全面合作的总体构想，是中国实行更加积极主动开放战略中最为核心的部分，同时也是将中国命运与沿线国家命运相连、中国梦与世界梦相通的桥梁。

（一）“一带一路”倡议提出

1. 丝绸之路经济带的提出

2013年9月7日，中国国家主席习近平出访中亚期间，在哈萨克斯坦纳扎尔巴耶夫大学发表题为《弘扬人民友谊　共创美好未来》的演讲时表示：为了使欧亚各国经济联系更加紧密、相互合作更加深入、发展空间更加广阔，我们可以用创新的合作模式，共同建设“丝绸之路经济带”。共建“丝绸之路经济带”是一项造福沿途各国人民的大事业，我们可从加强政策沟通、道路联通、贸易畅通、货币流通、民心相通五个方面先做起来，以点带面，从线到片，逐步形成区域大合作。①

2. 21世纪海上丝绸之路的提出

2013年10月3日，中国国家主席习近平出访东南亚期间，在印度尼西亚国会发表题为《携手建设中国—东盟命运共同体》的演讲时表示：东南亚地区自古以来就是“海上丝绸之路”的重要枢纽，早在2000多年前的中国汉代，两国人民就克服大海的阻隔，打开了友好往来的大门。15世纪初，中国明代著名航海家郑和七次远洋航海，每次都到访印尼群岛，足迹遍及爪哇、苏门答腊、加里曼丹等地，留下了两国人民友好交往的历史佳话。中国愿同东盟国家加强海上合作，使用好中国政府设立的中国—东盟海上合作基金，发展好海洋合作伙伴关系，

① 习近平在纳扎尔巴耶夫大学的演讲（全文），来源：新华社，2013年09月08日。

共同建设21世纪“海上丝绸之路”。[①]

3.“一带一路”地理范围及主要线路

“一带一路”涵盖地理范围广阔，东接活跃的东亚经济圈，西连发达的欧洲经济圈，中间覆盖广大经济发展潜力巨大的腹地国家，贯穿亚欧非大陆。“一带一路”重点畅通五条线路，其中丝绸之路经济带重点畅通三条线路：一是中国经中亚、俄罗斯至欧洲（波罗的海），二是中国经中亚、西亚至波斯湾、地中海，三是中国至东南亚、南亚、印度洋。21世纪海上丝绸之路重点畅通两条线路：一是从中国沿海港口过南海到印度洋，延伸至欧洲；二是从中国沿海港口过南海到南太平洋。

“一带一路”重点规划构建六条国际经济走廊。根据“一带一路”走向，陆上依托国际大通道，以沿线中心城市为支撑，以重点经贸产业园区为合作平台，共同打造新亚欧大陆桥、中蒙俄、中国—中亚—西亚、中国—中南半岛等国际经济合作走廊；海上以重点港口为节点，共同建设通畅安全高效的运输大通道。推进中巴、孟中印缅两个经济走廊建设。“一带一路”致力于亚欧非大陆及附近海洋的互联互通，构建全方位、多层次、复合型的互联互通网络，加强沿线各国互联互通伙伴关系，实现沿线各国多元、自主、平衡及可持续的发展。

4.“一带一路”倡议目标及任务

2015年3月28日，经国务院授权，国家发展改革委、外交部、商务部联合发布了《推动共建丝绸之路经济带和21世纪海上丝绸之路的愿景与行动》，明确指出“一带一路”是促进共同发展、实现共同繁荣的合作共赢之路，是增进理解信任、加强全方位交流的和平友谊之路。中国政府倡议，秉持和平合作、开放包容、互学互鉴、互利共赢的理念，全方位推进务实合作，努力实现互联互通达到新水平、投资贸易便利化水平进一步提升、经济联系更加紧密、政治互信更加深入、人文交流更加广泛深入，打造政治互信、经济融合、文化包容的利益共同体、命运共同体和责任共同体。《推动共建丝绸之路经济带和21世纪海上丝绸之路的愿景与行动》的出台，使“一带一路”倡议目标和任务更加明确。[②]

（二）“一带一路”倡议背景

“一带一路”倡议的提出，是基于国际、国内两方面背景统筹考虑的结果。从国际背景来看：是应对复杂多变国际形势、实现和平与发展的需要，是顺应全球治理体系深刻变革、探索全球治理新模式的需要。从国内背景来看：是我国综合国力增强、不断深化对外开放的需要，是创新经济增长方式、优化经济结构、适应我国经济发展新常态的需要。

1. 应对复杂国际形势，实现和平与发展

当今世界政治经济形势复杂多变，世界各国外部环境面临的不稳定因素增多。国际和地区热点问题频发，传统和非传统安全威胁相互交织，国际金融危机深层次影响持续显现，世界工业生产低速增长，大宗商品价格大幅下跌，全球经济增长乏力，复苏缓慢。世界银行在其全球经济形势报告中修正了其早期的乐观估计，并指出2015、2016、2017年世界经济增长率分别为2.8%、3.3%、3.2%。全球经济下行使贸易保护主义抬头，部分发达国家借机片面强调产业回归，通过限制外包或提高市场准入门槛等来保护本土产业。在全球经济增长动力不明的情况下，贸易保护主义又雪上加霜，使经济全球化遭遇逆流，同时给各国带来不稳定、不确定因素，使各国面临的国际形势更加严峻。

虽然世界局势动荡，但和平与发展仍是时代主题。如何能够在复杂多变的国际局势中保持定力、审时度势、把握大局，又能乘风破浪、

① 习近平在印度尼西亚国会的演讲（全文），来源：新华社，2013年10月03日。

② 《推动共建丝绸之路经济带和21世纪海上丝绸之路的愿景与行动》，来源：新华社，2015年03月28日。

高瞻远瞩、开拓创新、肩负起时代所赋予的使命和担当，是以习近平同志为核心的新一代中央领导集体所面临的问题。“一带一路”倡议旨在构建利益共同体、命运共同体和责任共同体，在合作共赢、荣辱与共中实现和平与共同发展。“一带一路”倡议的提出顺应了世界多极化、经济全球化、文化多样化、社会信息化的潮流，符合联合国世界和平与发展的主题，符合国际社会的根本利益，为不稳定、不确定的世界局势带来一抹亮色。

2. 顺应全球治理体系深刻变革，探索全球治理新模式

当前，国际力量对比发生深刻变化，全球治理体系处于急剧变革关键时期。自2008年金融危机后，西方发达国家出现整体衰败迹象。例如，美国经济长期疲弱，欧盟经济债务缠身，日本经济严重衰退。发达国家在世界生产总值中所占比率从战后初期的90%左右缓慢下降，到2000年下降到约60%，到2010年则下降到了51%。而发展中国家所占比率呈不断上升的趋势，从战后初期的大约10%缓慢上升，到2000年占世界生产总值的比率上升到约占40%，到2010年则上升到了49%。[①] 以金砖国家为代表的新兴经济体的经济发展令全世界刮目相看。21世纪前10年，金砖国家平均增长率超过8%，远高于发达国家2.6%的平均增长率，也高于4.1%的全球平均增长率。2013年金砖国家占全球GDP总量超过1/5，占全球贸易总量的1/6。据国际货币基金组织（IMF）数据显示，2010—2012年三年间，金砖国家对世界经济增长的贡献率分别达到了40%、34%和79%，已超过发达经济体对于世界经济增长的贡献率。[②] 发展中国家，尤其是新兴经济体，在国际格局中的影响力逐步上升，成为全球经济发展最快和最具活力的地区。中国是发展中国家，也是新兴经济体的重要代表，我们开创性地提出“一带一路”倡议，是我国积极参与21世纪全球治理和区域治理的重要表现，是全球治理新模式的积极探索。

3. 我国综合国力增强，不断深化对外开放

历经改革开放三十多年的飞速发展，我国综合国力不断增强，为“一带一路”建设提供了坚实的物质基础。从硬实力来看，我国经济总量稳居世界第二位，人均国内生产总值增至7000多美元，货物贸易进出口额全球第一，我国已成为120多个国家的第一大贸易伙伴，其中“一带一路”沿线国家约占1/3。我国还拥有完整的工业体系，在诸如高铁、核电、航空、电信等领域产业优势突出。此外，我国外汇储备连续多年位居世界首位，对外投资融资能力强，大量金融和产业资本亟待寻求“走出去”可投空间。从软实力来看，我国已经参与或共建了包括上海合作组织（Shanghai Cooperation Organization，简称SCO）、中国—东盟“10+1”、亚太经合组织（Asia-Pacific Economic Co-operation，简称APEC）、亚信会议（Conference on Interaction and Confidence-Building Measures in Asia，简称CICA）、中阿合作论坛（China-Arab States Cooperation Forum）、大湄公河次区域（Great Mekong Subregion Cooperation，简称GMS）经济合作等多边合作机制，这些多边合作机制为我国与“一带一路”沿线国家交流合作提供了现有平台。

同时，我国已进入深化改革开放的关键阶段。习近平主席曾多次强调：“改革开放是决定当代中国命运的关键一招，也是决定实现‘两个一百年’奋斗目标、实现中华民族伟大复兴的关键一招。”“改革开放只有进行时没有完成时”。“一带一路”倡议的提出将进一步拓展中

---

① 经合组织：发展中国家将成全球经济主力，来源：中国新闻网，2010年06月17日，http://www.chinanews.com/cj/cj-jggc/news/2010/06-17/2347182.shtml

② 金砖五国——引领时代的基调，来源：外经处，2013年03月27日，http://www.ahbofcom.gov.cn/FwjgView.aspx?TypeId=10771&Id=64859

国对外开放的深度和广度，它与“京津冀协同发展”战略、“长江经济带”战略的协同推进将影响中国未来几十年的发展。

4. 适应我国经济发展进入新常态

当前我国经济发展步入新常态时期，新常态特征主要体现为经济发展增速从高速增长转向中高速增长，经济发展方式从规模速度型粗放增长转向质量效率型集约增长，经济发展动力从传统增长点转向新的增长点，经济驱动由要素驱动、投资驱动转向创新驱动。“经济发展新常态下，经济增长速度让位于经济增长质量；不再单纯追求经济增长，而是追求社会和生态环境等各方面和谐发展，追求高质量的中高速增长。”①

我国提出“一带一路”倡议恰逢其时，这是适应我国经济发展新常态的需要。长期以来，我国经济发展方式粗放，创新能力不强，部分行业存在产能过剩问题，资源约束趋紧，生态环境恶化等突出问题尚未得到缓解，经济发展不平衡、不协调、不可持续问题仍然突出。“一带一路”倡议要求优化贸易结构，挖掘贸易新增长点；优化产业链分工布局，探索投资合作新模式；在投资贸易中突出生态文明理念，加强生态环境、生物多样性；强化基础设施绿色低碳化建设和运营管理；推动水电、核电、风电、太阳能等清洁、可再生能源合作。这些都有利于创新经济增长方式、优化经济结构、转变经济发展方式。

二、“一带一路”倡议的意义

“一带一路”倡议是党中央、国务院顺应世界形势深刻变化，统筹国内国际两个大局作出的重大决策。不论对于全球层面，还是沿线国家层面，抑或是我国国内层面，“一带一路”倡议都具有积极意义。

（一）全球层面

从全球层面来看，“一带一路”有利于打造人类命运共同体，促进人类和平与发展；有利于为全球经济复苏提供新动力；有利于完善全球治理，增强发展中国家话语权。共建“一带一路”符合国际社会的根本利益，彰显了人类社会共同理想和美好追求，将为世界和平发展增添新的正能量。

1. 有利于打造人类命运共同体

打造人类命运共同体，即指在维护和追求本国安全和利益时兼顾他国的合理关切，在谋求本国发展时推动各国共同发展，提倡仁爱宽容，相互尊重、休戚与共，共同繁荣。② “一带一路”沿线国家，贯通中亚、南亚、东南亚、西亚等区域，连接亚太和欧洲两大经济圈，不仅是世界上跨度最大、最具发展潜力的经济合作带，也是人文、安全、环保、医疗等交流合作带。“一带一路”倡议合作不限国别区域，不是一个实体，不搞封闭机制，有意愿的国家和经济体均可参与进来成为“一带一路”的支持者、建设者和受益者。“一带一路”有利于加强各国在政治、经贸、人文、安全等领域的互惠合作，为各国携手应对各种传统和非传统安全威胁创造有利条件，有利于打造人类命运共同体，共同促进人类和平与发展。

2. 为全球经济复苏提供新动力

随着经济全球化的发展，中国经济和世界经济高度关联，中国经济已深度融入世界经济体系。中国已成为世界第二大经济体、第一大贸易国、最大的制造业经济体、最大的外汇储备国。改革开放以来，中国累计吸引外资超过1.7万亿美元，累计对外直接投资超过1.2万亿美元，为世界经济发展作出了巨大贡献。国际金融危机爆发以来，中国经济增长对世界经济

① 王姝：“经济发展新常态”首次明确九大特征，来源：新京报，2014年12月12日，http://news.xinhuanet.com/fortune/2014-12/12/c_127297586.htm

② 何茂春、郑维伟：“2015中国外交理念、实践盘点”，载《人民论坛》2016年第01期。

增长的贡献率年均在30%以上。[①] 在世界经济增长乏力的背景下，世界各国都在寻求经济发展新的增长动力和增长点。中国提出的“一带一路”倡议着重强调互联互通、实现联动发展，是促进全球贸易发展的“金钥匙”“指南针”“思想库”。“一带一路”沿线总人口44亿，市场规模和潜力独一无二，各国在贸易和投资领域合作潜力巨大。“在全球经济低迷不振形势下，‘一带一路’为欧亚大陆乃至世界经济发展带来了希望，开辟了新前景，注入了新动力。”[②]

3. 完善全球治理，增强发展中国家话语权

“一带一路”沿线多为发展中国家，随着国际政治经济力量对比发生重大变化，发展中国家在国际格局中的影响力逐步上升。新兴市场国家和发展中国家对全球经济增长的贡献率已经达到80%。但是，全球治理体系未能反映新格局，代表性和包容性很不够。[③] “一带一路”倡议是全球治理新模式的积极探索，有助于克服双边、区域和WTO多边体制中存在的缺陷，推动支持发展中国家平等参与全球经济治理，促进国际政治经济秩序朝着平等公正、合作共赢的方向发展，使国际治理体系不断完善。此外，“一带一路”倡议所倡导的互联互通将加强中国与沿线国家和地区全方位合作，有助于实现沿线各国共同繁荣，将进一步提升发展中国家的国际影响力和话语权。

（二）沿线国家层面

“一带一路”倡议以共商、共建、共享为原则，不仅兼顾中国的利益需求，也将在开放包容中推进与沿线各国互利合作，造福沿线各国人民。“一带一路”有利于改善沿线国家基础设施落后状况；有利于促进沿线国家工业化进程；有利于调动沿线国家发展潜力，实现沿线各国共同发展与繁荣。正如2015年3月28日习近平主席在博鳌亚洲论坛2015年年会开幕式上向世界所宣告的：“‘一带一路’建设不是空洞的口号，而是看得见、摸得着的实际举措，将给地区国家带来实实在在的利益。”

1. 改善沿线国家基础设施落后状况

柬埔寨首相洪森曾说，希望借助“一带一路”建设，拉动本国基础设施建设和经济发展，参与区域一体化进程，促进地区和平稳定。[④] 交通、电力、通信等基础设施落后是制约“一带一路”沿线许多国家经济发展的障碍。中国在交通运输、通信工程、电力工程、房屋建筑、石油化工等基础设施建设领域具有优势，并积累了丰富经验。此外，习近平主席2013年在印度尼西亚提出筹建亚洲基础设施投资银行倡议，意在解决亚洲基础设施投融资问题，将为“一带一路”沿线基础设施建设提供强有力的金融支持。“一带一路”倡议以加强互联互通为主要合作内容，立足构建全方位、多层次、复合型的互联互通网络。互联互通合作的深入开展，将改善“一带一路”沿线国家基础设施落后的现状，使贸易投资便利化水平进一步提高。

2. 促进沿线国家工业化进程

“一带一路”沿线大部分国家处于工业化初期，工业基础薄弱，亟须吸引外资、先进技术等来促进本国实现工业化。国家发改委西部开发司欧晓理曾表示，中国是目前全世界唯一拥有联合国产业分类中全部工业门类的国家，经过多年发展，积累了大量优势产业和富裕产能。以铁路为例，中国铁路有着系统成熟的技术标准体系、丰富的工程建设和运营管理经验，能够建设适应各种复杂地质条件、特殊气候环境和不同运输需求的铁路。中国提出“一带一路”

① 习近平主席在世界经济论坛2017年年会开幕式上的主旨演讲（全文），来源：外交部，2017年01月18日。

② 王毅：2015年中国与“一带一路”沿线国家发展战略全面对接，来源：外交部，2015年12月12日。

③ 习近平主席在世界经济论坛2017年年会开幕式上的主旨演讲（全文），来源：外交部，2017年01月18日。

④ “一带一路”承载和平发展美好梦想，来源：人民日报，2015年04月14日，http://news.xinhuanet.com/politics/2015-04/14/c_127686671.htm

倡议，将通过国际产能和装备制造合作等，使中国工业化优势与“一带一路”沿线国家工业化需求结合起来，促进沿线国家工业化进程，带动区域经济和世界经济复苏。①

3. 有利于沿线国家经济发展

“一带一路”沿线各国资源禀赋各异，经济互补性较强，彼此合作潜力和空间很大。“一带一路”倡议以共商、共建、共享为原则，不仅考虑中国的利益需求，也将在开放包容中推进互利合作，促进沿线国家经济发展。中国国务委员杨洁篪认为，今天的丝绸之路将把经贸合作放在重要位置。中国通过与沿线国家对接发展战略，推进贸易、产业、投资、能源资源、金融以及生态环保的合作，深化城市、港口、口岸、产业园区的合作，并培育新的经济增长点，以协助当地增加就业、增强可持续发展能力，实现中国与沿线国家的共同发展。哈萨克斯坦总理马西莫夫认为，“一带一路”倡议符合时代要求，有利于充分调动本地区发展潜力，亚投行建设也将增强本地区经济发展力量。埃及总统塞西表示，习近平主席提出共建“一带一路”倡议为埃及的复兴提供了重要契机，埃方愿意积极参与并支持。② 新加坡《联合早报》刊文说：“‘一带一路’将推进沿线国家的经济社会发展。它沿岸沿线大部分都是发展中国家，甚至是贫穷的国家。在今后相当长的一段时间里，这些国家亟须发展，摆脱贫穷状态。在所有大国中，只有中国才有能力实施大规模的发展计划，帮助它们发展。”③

（三）中国国内层面

“一带一路”不仅是我国顺应世界形势作出的重大战略布局，也是结合我国经济发展现状，综合考虑我国区域发展需要、产业比较优势、经济结构调整等作出的重要决策。“一带一路”战略不仅有利于促进世界和平与发展，实现沿线国家共同繁荣，同时对于加快我国中西部开发、优化区域发展格局，发挥我国产业比较优势，推动我国经济结构转型升级，开创全方位对外开放新格局等都具有积极意义。

1. 优化我国区域发展格局

区域协调发展有利于中国经济长期可持续健康发展。但是，由于受地理位置、资源禀赋等因素制约，我国存在着东西部发展不平衡等问题。“一带一路”建设有利于带动我国中西部地区发展，提升我国中西部地区的开放性。其中丝绸之路经济带“西向开放”倡议将使西北地区的地理区位劣势得以改变。21 世纪海上丝绸之路将推动中国沿海城市和港口进行产业升级，推动中国城市群的发展并带动区域经济合作。“一带一路”倡议将加快中西部地区同长三角、珠三角和环渤海等主要经济区块的联系和整合，使广大中西部地区由“内陆腹地”变成“开放前沿”，为提高中西部地区对外开放水平提供广阔空间。“一带一路”的推进，将使我国区域发展格局形成东西两翼带动中部崛起的总体态势，有利于实现区域经济互联互通、解决区域经济发展不平衡、优化我国区域发展格局，带动“一带一路”区域的共同发展。

2. 推动我国产业结构转型升级

随着我国经济进入新常态，亟须解决结构性矛盾突出问题，在调结构、促改革中，努力探寻新的经济增长点和新的经济发展动力。产业结构如何实现转型升级，是我国调整经济结构的关键，也是中国经济能否顺利找到新动力的关键。“一带一路”倡议的实施，有利于我们更好地统筹国际国内两个市场，实现高水平引

---

① 赵成、焦翔等：“一带一路”，通向共同繁荣的未来，来源：人民网—人民日报，2016 年 12 月 27 日，http://politics.people.com.cn/n1/2016/1227/c1001-28979088.html

② “一带一路”承载和平发展美好梦想，来源：人民日报，2015 年 04 月 14 日，http://news.xinhuanet.com/politics/2015-04/14/c_127685671.htm

③ “一带一路”承载和平发展美好梦想，来源：人民日报，2015 年 04 月 14 日，http://news.xinhuanet.com/politics/2015-04/14/c_127686671.htm

进来和大规模走出去。一方面将带动沿线基础设施建设和产业发展，促进沿线国家和地区经贸合作的自由化、便利化和一体化；另一方面将带动高铁、电力、工程机械、电信等我国优势产业走出去，对我国经济结构转型升级具有巨大的推动作用。

此外，产业结构转型升级离不开大力发展生产性服务业。生产性服务业包括交通运输业、现代物流业、金融服务业、信息服务业等重要行业。“一带一路”建设中互联互通、资金融通等重点合作内容的推进，将带动交通、物流、金融、信息、商务等生产性服务业的发展，从而促进我国产业结构实现转型升级，建立起结构优化、技术先进、附加值高、环保安全的现代产业体系。

3. 构建我国全方位对外开放新格局

“一带一路”倡议为我国新一轮对外开放赋予了新内容，是我国对外开放方式的转变和对外开放格局的调整与完善，有利于扩大和深化对外开放，开创我国全方位对外开放新格局。经过30多年的改革开放，我国经济正在实行从“引进来”到“引进来和走出去”并重的重大转变，已经出现了市场、资源能源、投资“三头”对外深度融合的新局面。只有坚持对外开放，深度融入世界经济，才能实现可持续发展。①“一带一路”倡议不仅为中西部地区提高对外开放水平提供了广阔空间，同时将中国与中亚、东南亚、大洋洲、非洲东部广大地区、欧洲南部紧密联系在一起，推动形成与太平洋、印度洋和大西洋东西连接、陆海一体的地缘空间格局，构建出新一轮改革开放的主体框架。“一带一路”建设以政策沟通、设施联通、贸易畅通、资金融通、民心相通为主要合作重点，在推动中国和世界更多国家和地区展开多领域互利合作的同时，将使政治互信更加深入、经济联系更加紧密、人文交流更加广泛深入、不同文明更加融合包容，有利于打造陆海内外联动、东西双向开放的全面开放新格局。习近平主席在和平共处五项原则发表60周年纪念大会上的讲话中指出：“中国正在推动落实丝绸之路经济带、21世纪海上丝绸之路、孟中印缅经济走廊、中国—东盟命运共同体等重大合作倡议，中国将以此为契机全面推进新一轮对外开放，发展开放型经济体系，为亚洲和世界发展带来新的机遇和空间。”②

三、“一带一路”倡议主要发展历程

自我国的“一带一路”倡议被开创性地提出后，以习近平同志为核心的党中央领导集体不断开拓创新，扎实推进，使“一带一路”由倡议上升为国家意志，由进入务实合作阶段到战略规划正式出台，由列入我国“十三五”规划到首次被写入联合国决议。中国的“一带一路”从最初的倡议到成为联合国决议，完成了华丽转身，在国内国际舞台上留下浓墨重彩的一笔，受到国际社会的广泛赞同和欢迎。

（一）“一带一路”由倡议上升为国家意志

2013年9—10月，习近平主席正式提出“一带一路”倡议；2013年11月，在党的十八届三中全会通过的《中共中央关于全面深化改革若干重大问题的决定》上，做出构建开放型经济新体制，扩大内陆沿边开放，建立开发性金融机构，加快同周边国家和区域基础设施互联互通建设，推进丝绸之路经济带、海上丝绸之路建设，形成全方位开放新格局等决定，标志着“一带一路”正式上升为国家意志；③

① 习近平主持召开中央财经领导小组第八次会议，来源：新华网，2014年11月06日，http://politics.people.com.cn/n/2014/1106/c70731-25989646.html

② 习近平在和平共处五项原则发表60周年纪念大会上的讲话（全文），来源：外交部，2014年06月29日，http://www.fmprc.gov.cn/web/ziliao_674904/zyjh_674906/t1169582.shtml

③ 授权发布：中共中央关于全面深化改革若干重大问题的决定，来源：新华社，2013年11月15日，http://news.xinhuanet.com/politics/2013-11/15/c_118164235.htm

2014年12月11日，习近平主席在2014年中央经济工作会议上部署下一年经济工作主要任务时指出，要重点实施“一带一路”、京津冀协同发展、长江经济带三大战略，争取2015年有个良好开局。将“一带一路”与京津冀协同发展、长江经济带建设共同列为国家三大战略。①

（二）“一带一路”进入务实合作阶段

2014年9月12日，习近平主席在塔吉克斯坦首都杜尚别出席上海合作组织成员国元首理事会第十四次会议发表讲话时指出：目前，丝绸之路经济带建设正进入务实合作新阶段，中方制定的规划基本成形。②

2014年11月8日，在加强互联互通伙伴关系对话会上，习近平主席在《联通引领发展伙伴聚焦合作》讲话中指出：当前，“一带一路”进入了务实合作阶段。③

（三）“一带一路”规划正式出台

2013年12月14日，习近平主席在2013年中央经济工作会议上强调：要不断提高对外开放水平，推进丝绸之路经济带建设，抓紧制定战略规划。④

2014年3月5日，第十二届全国人民代表大会上，国务院总理李克强在2014年政府工作报告中强调，要抓紧规划建设丝绸之路经济带、21世纪海上丝绸之路，推进孟中印缅、中巴经济走廊建设，推出一批重大支撑项目，加快基础设施互联互通，拓展国际经济技术合作新空间。⑤ 2014年11月6日，习近平主席主持召开中央财经领导小组第八次会议，研究丝绸之路经济带和21世纪海上丝绸之路规划，强调要做好“一带一路”总体布局，尽早确定今后几年的时间表、路线图，要有早期收获计划和领域。⑥

2014年12月2日，中共中央、国务院印发了《丝绸之路经济带和21世纪海上丝绸之路建设战略规划》（中发〔2014〕14号），该规划为政府内部规划。

2015年3月28日，经国务院授权，国家发展改革委、外交部、商务部联合发布了《推动共建丝绸之路经济带和21世纪海上丝绸之路的愿景与行动》。从时代背景、共建原则、框架思路、合作重点、合作机制等八个方面对“一带一路”重大倡议作出系统阐释。《推动共建丝绸之路经济带和21世纪海上丝绸之路的愿景与行动》的发布，标志着“一带一路”整体发展规划正式出台，为共建“一带一路”指明了目标和方向。

（四）“一带一路”被列入“十三五”规划

2016年3月17日，“一带一路”被列入《国民经济和社会发展第十三个五年（2016—2020年）规划纲要》，成为“十三五”时期主要目标任务和重大举措。“十三五”规划纲要要求以“一带一路”建设为统领，丰富对外开放内涵，提高对外开放水平，构建全方位对外开放新局面。要健全“一带一路”合作机制、畅通“一带一路”经济走廊，共创开放包容的人文交流新局面，秉持亲诚惠容，坚持共商共建共享原则，开展与有关国家和地区多领域互利共赢的务实合作，打造陆海内外联动、东西双向开放的全面开放新格局。⑦

---

① 中央经济工作会议在京举行，来源：新华网，2014年12月11日，http://news.xinhuanet.com/fortune/2014-12/11/c_1113611795_2.htm

② 习近平在上海合作组织成员国元首理事会第十四次会议上的讲话（全文），来源：新华网，2014年09月12日，http://news.xinhuanet.com/world/2014-09/12/c_1112464703.htm

③ 习近平在“加强互联互通伙伴关系”东道主伙伴对话会上的讲话（全文），来源：新华网，2014-11-09，http://news.hexun.com/2014-11-09/170199889.html

④ 习近平在中央经济工作会议上发表重要讲话，来源：新华网，2013年12月14日，http://cppcc.china.com.cn/2013-12/14/content_30894049_2.htm

⑤ 2014年政府工作报告（全文），来源：新华社，2014年03月14日。

⑥ 习近平主持召开中央财经领导小组第八次会议，来源：新华网，2014年11月06日，http://politics.people.com.cn/n/2014/1106/c70731-25989646.html

⑦《中华人民共和国国民经济和社会发展第十三个五年规划纲要》，来源：新华社，2016-03-17。

（五）“一带一路”倡议被写入联合国决议

2016年11月17日，联合国大会首次在决议中写入中国的“一带一路”倡议，决议得到193个会员国的一致赞同。[①] 联合国决议敦促各方通过“一带一路”倡议等加强阿富汗及地区经济发展，呼吁国际社会为“一带一路”倡议建设提供安全保障环境。联合国既是当代国际社会中最具代表性的世界性政府间的国际组织，也是最具世界影响力的国际组织。我国“一带一路”倡议被写入联合国决议，体现了国际社会对推进“一带一路”倡议的普遍支持，标志着我国提倡的共商、共建、共享原则，和平合作、开放包容、互学互鉴、互利共赢的丝绸之路精神，打造利益共同体、命运共同体、责任共同体目标等具有先进性和普适性，与联合国当前工作及未来发展方向高度契合，符合国际社会共同利益，是国际社会的共同愿望。

“一带一路”建设早期成果收获

一、“一带一路”建设全面推进

党中央高度重视“一带一路”建设工作，不断完善“一带一路”建设领导机制，部署“一带一路”建设重点，明确“一带一路”建设内容，丰富“一带一路”建设内涵。“一带一路”建设在党中央的全面扎实推进中得以顺利实施。

（一）“一带一路”建设领导机制不断完善

2014年4月，商务部设立欧亚司，主要在建设丝绸之路经济带、21世纪海上丝绸之路中，负责俄罗斯、乌克兰、白俄罗斯等12国的经贸关系工作；2015年2月中央成立了推进“一带一路”建设工作领导小组，由中共中央政治局常委、国务院副总理张高丽担任组长。中共中央政策研究室主任王沪宁、国务院副总理汪洋、国务委员杨晶、国务委员杨洁篪担任副组长。办公室设于国家发改委，下设综合组、丝绸之路组、海上丝绸之路组和对外合作组四个组。2016年2月，香港特区政府设立“一带一路”督导委员会及专项办公室，负责推动研究工作，统筹协调相关政府部门及贸发局、旅发局等机构，以及与中央部委、各省市政府、香港的业界、专业团体和民间团体联络。[②]

（二）“一带一路”建设部署扎实推进

2013年12月14日，习近平主席在2013年中央经济工作会议上强调：要不断提高对外开放水平，推进丝绸之路经济带建设。[③] 2014年5月21日，习近平主席在亚信峰会上做主旨发言时指出：中国将同各国一道，加快推进丝绸之路经济带和21世纪海上丝绸之路建设。[④] 2014年11月6日，习近平主席主持召开中央财经领导小组第八次会议，强调推进“一带一路”建设要抓落实，由易到难、由近及远，以点带线、由线到面，扎实开展经贸合作，扎实推进重点项目建设，脚踏实地、一步一步干起来。[⑤]

2015年2月1日，推进“一带一路”建设工作会议在北京举行。会议安排部署了2015年及今后一段时期推进“一带一路”建设的重大

① 联合国大会一致通过决议呼吁各国推进“一带一路”倡议，来源：中华人民共和国常驻联合国代表团，2016年11月17日，http://www.fmprc.gov.cn/ce/ceun/chn/lhghywj/fyywj/20160116/t1416496.htm

② 管清友、朱振鑫、杨晓：“一带一路”进展全梳理（“一带一路”研究手册第1集），来源：搜狐财经，2017年03月07日，http://business.sohu.com/20170307/n482601529.shtml

③ 习近平在中央经济工作会议上发表重要讲话，来源：新华网，2013年12月14日，http://cppcc.china.com.cn/2013-12/14/content_ 30894049_ 2.htm

④ 习近平在亚信峰会作主旨发言（全文），来源：人民网，2014年05月21日，http://world.people.com.cn/n/2014/0521/c1002-25046183.html

⑤ 习近平主持召开中央财经领导小组第八次会议，来源：新华网，2014年11月06日，http://politics.people.com.cn/n/2014/1106/c70731-25989646.html

事项和重点工作。要求要确保“一带一路”建设在2015年要实现良好开局，要瞄准重点方向，聚焦重点国家，加强重点领域，抓好重点项目，突出重点地区，在参与“一带一路”建设中形成全国一盘棋。①

2015年3月5日，在第十二届全国人民代表大会第三次会议上，国务院总理李克强在2015年政府工作报告中指出，构建全方位对外开放新格局，推进丝绸之路经济带和21世纪海上丝绸之路合作建设。强调要加快互联互通、大通关和国际物流大通道建设。构建中巴、孟中印缅等经济走廊。要把“一带一路”建设与区域开发开放结合起来，加强新亚欧大陆桥、陆海口岸支点建设，拓展区域发展新空间。②

2015年7月10日，在俄罗斯乌法举行的上海合作组织成员国元首理事会第十五次会议上，习近平主席提出希望丝绸之路经济带建设同上海合作组织各国发展规划相辅相成，将同有关国家一道，实施好丝绸之路经济带同欧亚经济联盟对接，促进欧亚地区平衡发展。

2015年10月29日，十八届五中全会提出要推进“一带一路”建设，推进同有关国家和地区多领域互利共赢的务实合作，推进国际产能和装备制造合作，打造陆海内外联动、东西双向开放的全面开放新格局。③

2015年12月22日，2015年中央经济工作会议提出要抓好“一带一路”建设落实，发挥好亚投行、丝路基金等机构的融资支撑作用，抓好重大标志性工程落地。④

2016年3月5日，第十二届全国人民代表大会第四次会议上，国务院总理李克强在2016年政府工作报告中指出：2015年“一带一路”建设成效显现，国际产能合作步伐加快，高铁、核电等中国装备走出去取得突破性进展。要扎实推进“一带一路”建设，坚持共商共建共享，使“一带一路”成为和平友谊纽带、共同繁荣之路。⑤

2016年3月17日，“一带一路”建设被列入《国民经济和社会发展第十三个五年（2016—2020年）规划纲要》，成为“十三五”时期主要目标任务和重大举措。“十三五”规划纲要要求以“一带一路”建设为统领，构建全方位对外开放新局面。⑥

（三）“一带一路”建设内容不断丰富

2016年8月17日，习近平主席在推进“一带一路”建设工作座谈会上就推进“一带一路”建设强调三个“聚焦”，并提出八项要求。三个“聚焦”分别是：聚焦政策沟通、设施联通、贸易畅通、资金融通、民心相通，聚焦构建互利合作网络、新型合作模式、多元合作平台，聚焦携手打造绿色丝绸之路、健康丝绸之路、智力丝绸之路、和平丝绸之路。以钉钉子精神抓下去，一步一步把“一带一路”建设推向前进，让“一带一路”建设造福沿线各国人民。八项要求，见本年鉴关键词部分。

2016年12月，习近平主席在主持中央全面深化改革领导小组第三十次会议时指出：软力量是“一带一路”建设的重要助推器。要加强总体谋划和统筹协调，坚持陆海统筹、内外统筹、政企统筹，加强理论研究和话语体系建设，推进舆论宣传和舆论引导工作，加强国际传播

① 张高丽：努力实现“一带一路”建设良好开局，来源：新华网，2015年02月01日，http://news.xinhuanet.com/politics/2015-02/01/c_ 1114209284.htm

② 2015年政府工作报告（全文），来源：新华社，2015年03月16日。

③ 授权发布：中国共产党第十八届中央委员会第五次全体会议公报，2015年10月29日，来源：新华社，http://news.xinhuanet.com/politics/2015-10/29/c_ 1116983078.htm

④ 中央经济工作会议在北京举行，来源：新华网，2015年12月22日，http://news.xinhuanet.com/house/sjz/2015-12-22/c_ 1117534319.htm

⑤ 2016年政府工作报告（全文），来源：新华社，2016年03月17日。

⑥《中华人民共和国国民经济和社会发展第十三个五年规划纲要》，中央政府门户网站 www. gov. cn，2016年03月17日，来源：新华社，http://www. gov. cn/xinwen/2016-03/17/content_ 5054992.htm

能力建设，为“一带一路”建设提供有力理论支撑、舆论支持、文化条件。会议还审议通过了《关于加强“一带一路”软力量建设的指导意见》。[①]

“一带一路”建设从提出倡议到部署规划，从规划出台到具体实施，从推进硬实力建设到加强软实力建设，“一带一路”建设在党中央领导下，不断在扎实推进中得以全面实施。

二、“一带一路”建设早期成果收获

三年来，我国政府积极推动“一带一路”建设，围绕政策沟通、设施联通、贸易畅通、资金融通和民心相通五大重点合作内容，不断加强政府间沟通磋商，推动基础设施互联互通，加大经贸务实合作，密切人文交流。“一带一路”建设从无到有、由点及面，进度和成果超出预期，取得了令人振奋的早期成果。

（一）政策沟通方面

政策沟通是“一带一路”建设的重要保障，有利于促进政治互信、达成合作共识、深化利益融合。三年来，我国在高层引领推动、发展战略对接等方面取得了系列重要进展。三年来，已经有100多个国家和国际组织积极响应支持，40多个国家和国际组织同中国签署了合作协议，“一带一路”倡议对接稳步推进。

1. 高层引领推动，广泛达成系列共识

三年来，习近平主席、李克强总理等国家领导人密集出访，利用国家间专访或者参加双、多边国际会议、论坛等活动，与“一带一路”沿线相关国家领导进行会晤，深入阐释“一带一路”内涵和积极意义。仅2016年，习近平主席就出访了13个国家，涵盖中东、中东欧、拉美等地区，出席了果阿金砖峰会、利马亚太经合组织等会议。[②] 我国同中东的沙特、埃及、伊朗，中东欧的捷克、塞尔维亚、波兰、乌兹别克斯坦，东南亚的柬埔寨，南亚的孟加拉国就共建“一带一路”达成系列共识。其中，塞尔维亚、波兰、乌兹别克斯坦三国领导人一致同意加强国家发展战略对接，通过“16+1合作”，把中东欧地区打造成“一带一路”倡议融入欧洲经济圈的重要承接地。在利马亚太经合组织会议上，首次在亚太经合组织会议领导人宣言中写入共商、共建、共享等“一带一路”核心理念。[③] 三年来，在高层出访的引领下，已有100多个国家和国际组织表达了积极支持和参与的态度，就共建“一带一路”达成系列共识。[④]

2. 协调合作机制签署合作协议，实现战略对接稳步推进

三年来，我国通过协调各层次双多边合作机制、与各国签署共建“一带一路”合作备忘录、编制合作规划纲要等，实现战略对接稳步推进。

在欧洲，中欧决定对接“一带一路”和欧洲投资计划，商讨设立中欧共同投资基金，建立互联互通合作平台；中英探讨“一带一路”与英国基础设施升级改造计划、“英格兰北部经济中心”对接；中国同波兰、捷克、匈牙利等国签署了“一带一路”政府间谅解备忘录；中俄签署了丝绸之路经济带同欧亚经济联盟合作对接联合声明；中国同欧盟“容克投资计划”战略对接达成共识。在亚洲，中印加强“一带一路”建设领域合作，中越“一带一路”和“两廊一圈”对接空间广泛，中新在“一带一

---

① 习近平主持召开中央全面深化改革领导小组第三十次会议，来源：新华社，2016年12月05日，http://news.xinhuanet.com/politics/2016-12/05/c_ 1120058658.htm

② 注释：13个国家包括：中东地区3国：沙特、埃及和伊朗；中东欧4国：捷克、波兰、塞尔维亚、乌兹别克斯坦；拉美3国：厄瓜多尔、秘鲁、智利；其他：柬埔寨、孟加拉国、印度。

③ 吴乐珺、赵成、林芮等：“一带一路”，通向共同繁荣的未来，来源：人民网—人民日报，2016年12月27日，http://politics.people.com.cn/n1/2016/1227/c1001-28979088.html

④ 外交部部长王毅在2016年国际形势与中国外交研讨会开幕式上的演讲，来源：外交部，2016年12月03日。

路”倡议下探讨开拓第三方市场，中巴经济走廊项目进入全面实施阶段；孟中印缅经济走廊政府间合作进程启动；我们成功就“一带一路”倡议与蒙古“草原之路”、柬埔寨“四角战略”、老挝“变陆锁国为陆联国”等战略对接达成共识，有力地推动了“一带一路”战略在欧亚大陆的实施。① 此外，“一带一路”与沙特“2030年愿景”、土耳其“中间走廊”计划、韩国“欧亚合作倡议”、澳大利亚“北部大开发”计划、乌兹别克斯坦、文莱等国战略对接也在逐步推进。②

三年来，我国已同沿线国家和国际组织签署了40多份共建“一带一路”合作协议，并不断取得突破性进展。第一份经济走廊合作规划纲要——《建设中蒙俄经济走廊规划纲要》于2016年6月23日在乌兹别克斯坦首都塔什干正式达成，实现了“一带一路”在多边经济走廊方面的突破，标志着“一带一路”首个多边经济合作走廊正式实施；③ 第一份双边战略对接合作规划——中哈《“丝绸之路经济带”建设与“光明之路”新经济政策对接合作规划》于2016年9月2日正式签署；④ 2016年9月19日《中华人民共和国政府与联合国开发计划署关于共同推进丝绸之路经济带和21世纪海上丝绸之路建设的谅解备忘录》签署，这是中国政府与国际组织签署的第一份政府间共建“一带一路”谅解备忘录，是国际组织参与“一带一路”建设的一大创新。⑤

3. 各地发挥比较优势，对接工作全面完成

按照《推动共建丝绸之路经济带和21世纪海上丝绸之路的愿景与行动》中的“一带一路”发展规划布局，国内各地整体划分为西北、东北地区，西南地区，沿海和港澳台地区，内陆地区四大区域。其中，新疆是“丝绸之路经济带核心区”，福建是“21世纪海上丝绸之路核心区”。我国国内各省市充分发挥各地区比较优势，加强东中西互动合作，积极对接“一带一路”倡议，加快融入“一带一路”建设。截至2016年年底，31个省区市和新疆生产建设兵团与“一带一路”建设战略规划的对接工作全面完成。其中，西北6省和福建、广东和黑龙江等省份均出台了专项规划和实施方案。甘肃、重庆、广西、上海、广东、浙江和海南等省市自治区将“一带一路”建设列入本省市“十三五”规划。⑥

（二）设施联通方面

基础设施互联互通是“一带一路”建设的优先领域，在“一带一路”建设中发挥先导性作用，为政策沟通、贸易畅通、资金融通、民心相通提供基础性支撑。2014年11月8日在加强互联互通伙伴关系对话会上，习近平主席指出，共同建设丝绸之路经济带和21世纪海上丝绸之路与互联互通相融相近、相辅相成。如果将“一带一路”比喻为亚洲腾飞的两只翅膀，那么互联互通就是两只翅膀的血脉经络。⑦ 相关数据显示，2013年10月到2016年6月，由中

---

① 何茂春、郑维伟：“2015年中国外交、实践理念盘点”，载《人民论坛》2016年第01期。

② 吴乐珺、赵成、林芮等：“一带一路”，通向共同繁荣的未来，来源：人民网—人民日报，2016年12月27日，http://politics.people.com.cn/n1/2016/1227/c1001-28979088.html

③ 《建设中蒙俄经济走廊规划纲要》签署具重要意义，国务院新闻办公室网站，来源：新华社，2016年06月29日，http://www.scio.gov.cn/31773/35507/htws35512/Document/1524804/1524804.htm

④ 中华人民共和国政府和哈萨克斯坦共和国政府关于“丝绸之路经济带”建设与“光明之路”新经济政策对接合作规划，中华人民共和国国家发展和改革委员会网站，2016年09月02日，http://www.sdpc.gov.cn/gzdt/201610/t20161017_822792.html

⑤ 中国政府与联合国开发计划署签署《关于共同推进丝绸之路经济带和21世纪海上丝绸之路建设的谅解备忘录》，来源：国家发改委网站，2016年09月22日，http://www.scio.gov.cn/ztk/wh/slxy/3 200/Document/1492112/1492112.htm

⑥ 管清友、朱振鑫、杨晓：“一带一路”进展全梳理（“一带一路”研究手册第1集），来源：搜狐财经，2017年03月07日，http://business.sohu.com/20170307/n482601529.shtml

⑦ 习近平在“加强互联互通伙伴关系”东道主伙伴对话会上的讲话（全文），来源：新华网，2014年11月09日，http://news.hexun.com/2014-11-09/170199889.html

国国有企业承建的具有示范性作用的大型交通基础设施项目达38项，涉及“一带一路”沿线26个国家。在海外签署和建设的电站、输电和输油输气等重大能源项目多达40项，涉及19个“一带一路”沿线国家。①

1. 国际产能和装备制造合作初见成效

加强国际产能和装备制造合作是实现“一带一路”设施联通的重要抓手。在中国国务院2015年发布的《关于推进国际产能和装备制造合作的指导意见》中，将钢铁、有色、建材、铁路、电力、化工、轻纺、汽车、通信、工程机械、航空航天、船舶和海洋工程等作为加强国际产能和装备制造合作的重点行业。三年来，中国和20多个沿线国家签署产能合作协议，初步形成覆盖亚、非、拉、欧四大洲的国际产能合作布局。在中亚，中哈产能合作模式继续发挥引领作用，中国同哈萨克斯坦首创一揽子产能合作新模式，确定45个早期收获项目，成立中哈产能合作基金，中哈产能合作协议总金额200多亿美元；在非洲，设立100亿美元中非产能合作基金，同非盟签署“三网一化”合作谅解备忘录。2016年以中国装备和标准制造的亚吉铁路正式通车，为中非产能合作树立了成功范例；② 在拉美，设立300亿美元产能合作专项资金、200亿美元的中国—巴西双边产能合作基金；在欧洲，中国与法国签署了第三方市场合作协议，推动中欧国际产能合作。③ 在中东，中国与沙特成立高级别委员会并举行首次会议，就能源、产业园区合作达成重要成果。④ 与此同时，我们在周边产业园区、跨境经济合作园区、临港工业园建设，开展多种形式的产能合作。⑤

随着“一带一路”建设顺利推进，我国国际产能和装备制造合作增速明显。截至2014年末，中国制造业累计对外直接投资523.5亿美元，设立境外制造业企业6105家。⑥ 2015年，我国非金融类对外直接投资1180.2亿美元，流向制造业的投资143.3亿美元，同比增长105.9%。其中流向装备制造业的投资70.4亿美元，同比增长154.2%，占制造业对外投资的49.1%，占同期总投资额的6%。⑦ 2016年，我国非金融类对外直接投资1701.1亿美元，流向制造业的投资310.6亿美元，同比增长116.7%。其中流向装备制造业的投资178.6亿美元，是上年的2.5倍，占制造业对外投资的57.5%，占同期总投资额的10.5%。⑧ 总体来看，制造业对外直接投资主要分布在汽车、专用设备、医药、计算机和通信设备、橡胶和塑料制品等先进制造领域。高铁、核电等高端装备出口和建设项目取得历史性突破。⑨

2. 中国对外承包工程成果丰硕

由于我国对外承包工程主要分布在交通运输、电力、通讯、石油化工等领域，中资企业对外承包工程的蓬勃开展将有力促进基础设施互联互通。三年来，我国在“一带一路”相关国家新签对外承包工程项目合同额呈上升趋势。同时，对外承包工程项目规模不断扩大。

2014年，中国对外承包工程新签合同额

---

① “一带一路”合作共赢局面加速形成，来源：人民日报-海外版，2016年10月31日，http://www.gov.cn/xinwen/2016-10/31/content_ 5126297.htm

② 外交部部长王毅在2016年国际形势与中国外交研讨会开幕式上的演讲，来源：外交部，2016年12月03日。

③ 何茂春、郑维伟：“2015年中国外交、实践理念盘点”，载《人民论坛》2016年第01期。

④ 外交部部长王毅在2016年国际形势与中国外交研讨会开幕式上的演讲，来源：外交部，2016年12月03日，http://www.fmprc.gov.cn/ce/ceat/chn/zgyw/t1421108.htm

⑤ 王毅部长在2015年国际形势与中国外交研讨会开幕式上的演讲，载《人民日报》，2015年12月12日。

⑥ 中国对外投资合作发展报告2015，来源：商务部，发布日期：2016年02月15日。

⑦ 2015年产能合作统计数据，来源：商务部合作司，2016年01月21日，http://fec.mofcom.gov.cn/article/tjgjcnhz/tjsj/201601/20160101239841.shtml

⑧ 2016年产能合作统计数据，来源：商务部合作司，2017年01月19日，http://fec.mofcom.gov.cn/article/tjgjcnhz/tjsj/201701/20170102504240.shtml

⑨ 2015年商务工作年终综述之五：对外投资合作实现平稳较快发展，来源：商务部新闻办公室，2016年01月07日。

1917.6亿美元，同比增长11.7%；完成营业额1424.1亿美元，同比增长3.8%；其中基础设施项目新签合同额1129.2亿美元，完成营业额791.2亿美元，分别增长17.9%、1.5%。[①] 2015年，我国企业在“一带一路”相关的60个国家新签对外承包工程项目合同3987份，新签合同额926.4亿美元，占同期我国对外承包工程新签合同额的44.1%，同比增长7.4%；完成营业额692.6亿美元，占同期总额的45%，同比增长7.6%。[②] 2016年我国企业在“一带一路”沿线61个国家新签对外承包工程项目合同8158份，新签合同额1260.3亿美元，占同期我国对外承包工程新签合同额的51.6%，同比增长36%；完成营业额759.7亿美元，占同期总额的47.7%，同比增长9.7%。[③]

对外承包工程项目规模不断扩大。2014年，基础设施合同单项合同金额取得历史性突破。2014年，中国铁建股份有限公司获得尼日利亚沿海铁路项目合同，总金额达119.7亿美元，是中国对外承包工程史上单体合同金额最大的项目。2014年中国企业新签合同金额1亿美元以上的项目365个，其中10亿美元以上项目24个。新签合同额5000万美元以上项目662个，合计1578.2亿美元，占新签合同总额的82.3%。[④] 2015年1—11月，我国对外承包工程新签合同额在5000万美元以上的项目590个，合计1345.4亿美元，占新签合同总额的82.5%；1亿美元以上的项目342个，较上年增加40个。[⑤]

对外承包工程方式更加灵活。中国承包企业在继续发挥传统承包优势的同时，充分发挥资金、技术优势，积极探索开展“工程承包+融资”、“工程承包+融资+运营”等方式的合作，有条件的项目更多采用了BOT、PPP等方式。

3. 标志性项目逐步落地，基础设施项目覆盖全球

2015年3月发布的《推动共建丝绸之路经济带和21世纪海上丝绸之路的愿景与行动》中强调：“要在基础设施互联互通、产业投资、资源开发、经贸合作、金融合作、人文交流、生态保护、海上合作等领域，推进了一批条件成熟的重点合作项目。”2014年11月，习近平主席主持召开中央财经领导小组第八次会议时再次强调，推进“一带一路”建设，要抓住关键的标志性工程，力争尽早开花结果。要帮助有关沿线国家开展本国和区域间交通、电力、通信等基础设施规划，提出一批能够照顾双边、多边利益的项目清单。[⑥] 三年来，我们通过编织铁路、公路、海空航线构成的立体交通网和输电网络、通信网络及油气管网，加快推进与沿线国家互联互通。三年来，一批有影响力的标志性项目逐步落地，重点合作项目建设不断启动实施，“一带一路”框架内的基础设施在建项目已经覆盖了44个国家。[⑦]

铁路、公路建设方面：（1）在亚洲，中泰铁路开工在即，中越（南）铁路线路正加紧线路规划，中老铁路全线开工[⑧]、泛亚铁路网建设

---

① 商务部，《中国对外投资合作发展报告2015》，2016年02月15日。

② 2015年与“一带一路”相关国家经贸合作情况，来源：商务部合作司，2016年01月21日，http://fec.mofcom.gov.cn/article/fwydyl/tjsj/201601/20160101239838.shtml

③ 2016年对“一带一路”沿线国家投资合作情况，文章来源：商务部合作司，2017年01月19日，http://fec.mofcom.gov.cn/article/fwydyl/tjsj/201701/20170102504239.shtml

④ 商务部，《中国对外投资合作发展报告2015》，2016年年02月15日。

⑤ 2015年商务工作年终综述之五：对外投资合作实现平稳较快发展，来源：商务部新闻办公室，2016年01月07日，http://www.mofcom.gov.cn/article/ae/ai/201601/20160101228772.shtml

⑥ 习近平主持召开中央财经领导小组第八次会议，来源：新华网，2014年11月06日，http://politics.people.com.cn/n/2014/1106/c70731-25989646.html

⑦ 本报记者赵成、焦翔等：“一带一路”，通向共同繁荣的未来，来源：人民网—人民日报，2016年12月27日，http://politics.people.com.cn/n1/2016/1227/c1001-28979088.html

⑧ 马勇幼，中老铁路项目举行全线开工仪式，来源：光明网-《光明日报》，2016年12月27日，http://world.chinadaily.com.cn/2016-12/27/content_27791742.htm

全面展开。中印（度）铁路取得多方面进展，印尼雅加达—万隆高铁正式开工①，中亚最长的安格连—帕普铁路隧道建成通车，为打通中国、中亚和西亚走廊作出了贡献。(2) 在欧洲，中国在欧洲合作建设的第一条铁路匈牙利—塞尔维亚铁路进入实施阶段。② 中国铁路正式启用中欧班列统一品牌，中欧班列常态化运输机制形成。2016年6月，中欧班列分别从中国重庆、成都、郑州、武汉、长沙、苏州、东莞、义乌等地始发，开往波兰等欧洲国家。仅2016年，开行中欧班列1702列，同比增长109%，其中返程班列572列，同比增长116%。③ 截至2016年12月，中欧班列运行线路已达39条，国内开行城市增加到16个，到达欧洲的12个城市，累计开行班列1800多列。④ 随着义乌至伦敦线于2017年1月开通，“中欧班列”的开行范围覆盖10个国家的15个城市。⑤ 中欧班列运输货物品类已由开行初期的手机、电脑等电子产品，逐步扩大到衣服鞋帽、汽车及配件、粮食、葡萄酒、咖啡豆、木材、家具、化工品、机械设备等品类。随着电商邮包货源上班列，中欧班列运输货物品类将更丰富。⑥ 此外，莫斯科—喀山高铁、土耳其东西高铁正在有序推进。(3) 在非洲，中国企业在非洲建成的第一条现代电气化铁路亚的斯亚贝巴—吉布提铁路正式通车。⑦ 此外，在公路建设方面，2016年，“中巴经济走廊”首个重点公路项目巴基斯坦喀喇昆仑公路改造二期、“中巴经济走廊”最大交通基础设施项目卡拉奇高速公路相继正式开工⑧，瓜达尔港东湾快速路建设也正在顺利推进。⑨ 交通基础设施互联互通全面加速，为改善沿线国家交通基础设施条件、带动当地经济社会发展发挥了积极作用。⑩

管道建设方面：自2013年10月至2016年6月30日，中国国有企业在海外签署和建设的电站、输电和输油输气设施等重大能源项目多达40项，共涉及19个“一带一路”沿线国家。⑪ 2016年3月，全球能源互联网发展合作组织在北京成立，加快推进向东北亚、南亚跨区输电。中俄原油管道复线工程、中俄和中亚油气管线、中缅天然气管道等建设取得重大进展。

港口建设方面：中国企业中标皎漂深水港及工业区项目、瓜达尔港正式开航，有力推动了中缅经济走廊、中巴经济走廊的建设；科伦坡港口城项目全面复工，预示着海上丝绸之路的重要支点正在形成；中国企业中标希腊比雷埃夫斯港港务局项目，加快推进中欧陆海快线建设；中东欧各国在16+1合作框架下的亚得里亚海、波罗的海、黑海沿岸“三海港区合作”

---

① 雅万高铁开工，来源：国家发展和改革委员会网站政策研究室子站，2016年01月21日，http://www.sdpc.gov.cn/xwzx/xwfb/201601/t20160121_772081.html

② 匈牙利至塞尔维亚铁路建设进入实施阶段，来源：中国新闻网，2016年11月07日，http://www.chinanews.com/cj/2016/11-07/8055949.shtml

③ 2016年铁路服务“一带一路”建设取得新进展，来源：中国铁路总公司官方网站，发布时间：2017年01月03日，http://www. china - railway. com. cn/gjhz/gtjl/201701/t20170103_62261.html

④ 胡泽曦　冯雪珺等：“一带一路”，通向共同繁荣的未来，来源：人民网—人民日报，2016年12月27日，http://politics.people.com.cn/n1/2016/1227/c1001-28979088.html

⑤ 马斌：“中欧班列”的突出问题与发展转型，一带一路百人论坛，2017年02月15日，本文首发于《丝路瞭望》2017年第1期。结构已做调整改动。

⑥ 刘睿、韩晓明等：“一带一路”，通向共同繁荣的未来，来源：人民网—人民日报，2016年12月27日，http://politics.people.com.cn/n1/2016/1227/c1001-28979088.html

⑦ 赵妍：亚吉铁路电气列车迎来首批体验乘客（组图），来源：国际在线，2016年10月06日。http://news.cri.cn/20161006/7b357981-a263-7113-90da-4851498ead26.html

⑧ 中巴经济走廊最大交通基建项目开工，造福1.38亿人，来源：人民日报等，2016年05月07日，http://www.guancha.cn/Neighbors/2016_05_07_359413.shtml

⑨ 【2016年商务工作年终综述之四】“一带一路”经贸合作取得积极进展，来源：商务部新闻办公室，2016年12月26日。

⑩ 冯其予：“一带一路”建设瞄准互联利在长远，来源：经济日报，2017年02月09日，http://www.gov.cn/xinwen/2017-02/10/content_5166948.htm

⑪ 赵成、焦翔等：“一带一路”，通向共同繁荣的未来，来源：人民网—人民日报，2016年12月27日，http://politics.people.com.cn/n1/2016/1227/c1001-28979088.html

开启在即，对推进“一带一路”建设、实现与中东欧国家和欧盟三方共赢具有重要战略意义。

电信建设方面：我们建设了多条国际陆路光缆，大大方便了中国与俄罗斯、中亚、南亚和东南亚国际间的联络。① 此外，《关于加快推进“一带一路”空间信息走廊建设与应用的指导意见》正式发布，充分发挥空间信息技术优势，促进信息互联互通。

（三）贸易畅通方面

在“一带一路”建设贸易畅通方面，我国通过加快实施自由贸易区建设、积极推动境外经贸合作区、大力开展贸易投资合作等不断提升贸易、投资便利化水平，消除投资和贸易壁垒，构建良好营商环境。三年来，自贸区合作伙伴遍及亚洲、拉美、大洋洲、欧洲等地区，境外经贸合作区数量不断增长，投资贸易合作规模进一步扩大，与“一带一路”沿线国家经贸合作不断深化。

1. 加快实施自由贸易区建设成效显著

加快推进自由贸易区建设是“一带一路”建设的重要内容。2015年12月17日，国务院发布《关于加快实施自由贸易区战略的若干意见》，进一步明确加快实施自由贸易区战略的近期及中长期目标。其中，中长期目标是形成包括邻近国家和地区、涵盖“一带一路”沿线国家以及辐射五大洲重要国家的全球自由贸易区网络，使我国大部分对外贸易、双向投资实现自由化和便利化。②

三年来，主要进展有：一是2015年成功签署并实施中韩、中澳自贸协定。其中，中韩自贸协定是我国迄今为止对外签署的涉及国别贸易额最大的自贸协定；中澳自贸协定谈判历时10年，是迄今我国已商签的贸易投资自由化整体水平最高的自贸协定之一。澳方承诺自协定生效时，在服务领域对中方以负面清单方式开放服务部门，成为世界上首个以负面清单方式对我国作出服务贸易承诺的国家。二是2015年11月22日，中国—东盟自贸区升级《议定书》正式签署，这是我国在现有自贸区基础上完成的第一个升级协定。2016年我国完成与东盟的自贸区升级谈判，中国—东盟自贸区的升级有利于深化和拓展中国与东盟双方经贸合作，有利于加快中国—东盟命运共同体建设。三是《区域全面经济伙伴关系协定》（RCEP）谈判取得实质性进展。RCEP是目前亚洲正在建设的规模最大的自贸区，涵盖全球一半以上的人口，经济和贸易规模占全球的30%。四是有效布局自贸区网络。启动中国—摩尔多瓦自贸谈判可行性研究，积极推进中日韩自贸区谈判，启动与斯里兰卡、巴基斯坦、马尔代夫、格鲁吉亚的自贸区谈判和与新加坡的自贸区升级谈判。③其中，中国—格鲁吉亚自贸谈判的完成，实现了我国在欧亚地区自贸区网络布局零的突破。④截至目前，我国已经签署并实施14个自贸协定⑤，涉及22个国家和地区，自贸伙伴遍及亚洲、拉美、大洋洲、欧洲等地区。⑥ 目前，中国—海合会以及中以自贸区谈判也在不断取得积

① “一带一路”引领区域经济合作，来源：商务部网站，2017年03月24日，http://fec.mofcom.gov.cn/article/fwydyl/zgzx/201703/20170302539882.shtml

② 《国务院关于加快实施自由贸易区战略的若干意见》国发〔2015〕69号，来源：中华人民共和国中央人民政府门户网站，http://www.gov.cn/zhengce/content/2015-12/17/content_10424.htm

③ 何茂春、郑维伟：“2015中国外交理念、实践盘点”，载《人民论坛》2016年第01期。

④ 【2016年商务工作年终综述之十九】深化欧亚合作 共建“一带一路”，文章来源：商务部新闻办公室，2017年01月22日，http://www.mofcom.gov.cn/article/ae/ai/201701/20170102505914.shtml

⑤ 注：中国已签署的14个自贸协定分别是中国与东盟、新加坡、巴基斯坦、新西兰、智利、秘鲁、哥斯达黎加、冰岛、瑞士、韩国和澳大利亚的自贸协定，内地与香港、澳门的更紧密经贸关系安排（CEPA），以及中国大陆与中国台湾的海峡两岸经济合作框架协议（ECFA）。

⑥ 2015年商务工作年终综述之三：我国自贸区建设取得积极进展文章来源：商务部新闻办公室，2016年01月04日，http://www.mofcom.gov.cn/article/ae/ai/201601/20160101226421.shtml

极进展。[①] 随着全球范围内自由贸易区数量不断增加，自由贸易区谈判议题不断拓展，贸易自由化水平不断提高。

2. 境外经贸合作区建设稳步推进

境外经贸合作区不仅是推动“一带一路”倡议和国际产能与装备制造合作的有效平台，也是促进中国对外直接投资的新模式，同时还是政府帮助中国企业“走出去”，降低“走出去”风险，形成产业聚集，促进共同发展的重要平台。[②]

“一带一路”倡议提出后，商务部将境外经贸合作区定位为“一带一路”倡议重要承接点并加大建设力度；2015 年 8 月，商务部、财政部发布了《关于 2015 年境外经济贸易合作区确认考核和年度考核工作的通知》，通过确认考核和年度考核方式，规范和完善对合作区的管理；2016 年 8 月，习近平主席在推进“一带一路”建设工作座谈会上提出要切实推进规划落实，重点支持经贸产业合作区建设。

据统计，截至 2015 年底，我国企业在 34 个国家在建境外经贸合作区 75 个，带动投资近 180 亿美元，吸引入区企业 1141 家（其中中资控股企业 711 家）。[③] 在建的 75 个合作区中，53 个分布在“一带一路”沿线国家；已通过考核的 13 个合作区中，10 个位于“一带一路”沿线国家。从境外经贸合作区主导产业类别来看：在建 75 个合作区中，有一半以上是国际产能合作相关的加工类项目；13 家通过考核的合作区，主导产业涉及有色、轻纺、服装、汽配、建材、家电等优势产业。[④] 截至 2016 年底，我国企业在 36 个国家在建合作区 77 个，累计投资 241.9 亿美元，入区企业 1522 家，总产值 702.8 亿美元，上缴东道国税费 26.7 亿美元，为当地创造就业岗位 21.2 万个，对促进东道国产业升级和双边经贸关系发展发挥了积极作用。2016 年 77 个合作区新增投资 54.5 亿美元，占合作区累计投资的 22.5%，入区企业 413 家。[⑤] 其中，有 56 个境外经贸合作区分布在“一带一路”沿线 20 个国家，占在建合作区总数的 72.7%，累计投资 185.5 亿美元，入区企业 1082 家，总产值 506.9 亿美元，上缴东道国税费 10.7 亿美元，为当地创造就业岗位 17.7 万个。[⑥] 截至 2016 年底，通过确认考核的境外经贸合作区有 17 个。（见表 1）中国—白俄罗斯工业园、中国—马来西亚关丹产业园、中哈霍尔果斯国际边境合作中心等一批重点园区正在加快推进建设，越来越多的中外企业到这些园区投资设厂。[⑦]

此外，区域内经贸合作制度化建设取得实质性成果。中国与哈萨克斯坦新版投资保护协定启动商谈；中国与欧亚经济联盟经贸合作协议已顺利完成首轮谈判，双方就制定“一带一路”与欧亚经济联盟建设对接合作项目清单达成共识；上合组织区域经济合作议题不断深入，总理会议批准《2017—2021 年上合组织进一步推动项目合作的措施清单》，贸易便利化工作组完成建章立制，为深化合作打下基础。[⑧]

---

① 外交部部长王毅在 2016 年国际形势与中国外交研讨会开幕式上的演讲，来源：外交部，2016 年 12 月 03 日。

② 李嘉楠、龙小宁、张相伟：“中国经贸合作新方式——境外经贸合作区”，载《中国经济问题》2016 年第 06 期，第 64-81 页。

③ 2015 年商务工作年终综述之五：对外投资合作实现平稳较快发展，来源：商务部新闻办公室，2016 年 01 月 07 日。

④ 中国对外投资合作发展报告 2015，来源：商务部，2016 年 02 月 15 日。

⑤ 【2016 年商务工作年终综述之二十三】推进境外经贸合作区建设实现互利共赢，来源：商务部，2017 年 02 月 04 日。

⑥ 【2016 年商务工作年终综述之二十三】推进境外经贸合作区建设实现互利共赢，来源：商务部，2017 年 02 月 04 日。

⑦ 【2016 年商务工作年终综述之四】“一带一路”经贸合作取得积极进展，来源：商务部新闻办公室，2016 年 12 月 16 日。

⑧ 【2016 年商务工作年终综述之十九】深化欧亚合作共建“一带一路”，来源：商务部新闻办公室，2017 年 01 月 22 日。

表 1 通过确认考核的 17 个境外经贸合作区名录

序号	境外经贸合作区	境内实施企业
1	中俄农业产业合作区	黑龙江东宁华信经济贸易有限责任公司
2	埃塞俄比亚东方工业园	江苏永元投资有限公司
3	中俄托木斯克木材工贸合作区	中航林业有限公司
4	俄罗斯乌苏里斯克经贸合作区	康吉国际投资有限公司
5	尼日利亚莱基自由贸易区—中尼经贸合作区	莱基自贸区开发公司
6	埃及苏伊士经贸合作区	中非泰达投资有限公司
7	赞比亚中国经贸合作区	中国有色矿业集团有限公司
8	巴基斯坦海尔—鲁巴经济区	海尔集团电器产业有限公司
9	越南龙江工业园	前江投资管理有限责任公司
10	泰中罗勇工业园	华立产业集团有限公司
11	柬埔寨西哈努克港经济特区	江苏太湖柬埔寨国际经济合作区投资有限公司
12	俄罗斯龙跃林业经贸合作区	黑龙江省牡丹江龙跃经贸有限公司
13	匈牙利中欧商贸物流园	山东帝豪国际投资有限公司
14	老挝万象赛色塔综合开发区	云南省海外投资有限公司
15	乌兹别克斯坦“鹏盛”工业园	中国温州市金盛贸易有限公司
16	中匈宝思德经贸合作区	万华实业集团烟台新益投资有限公司
17	中国·印度尼西亚聚龙农业产业合作区	天津市邦柱贸易有限责任公司

数据来源：商务部对外投资和经济合作司 http://hzs.mofcom.gov.cn/article/ac/g/

3. 对外投资合作成果显著

对外投资合作是我国与世界各国经济深度融合，实现互利共赢的桥梁。随着“一带一路”建设扎实推进，“一带一路”沿线成为对外投资合作热点。我国对外投资合作沿线国家数量不断增多，对“一带一路”沿线国家直接投资流量快速增长。

中国企业对外投资合作快速增长：自“一带一路”倡议提出以来，我国企业对外投资合作快速增长。2014 年，中国对“一带一路”沿线国家和地区的投资流量为 136.6 亿美元，占中国对外直接投资流量的 11.1%。① 年末存量达到 924.6 亿美元。其中，2014 年中国对东盟 10 国的投资流量为 78.1 亿美元，年末存量为 476.3 亿美元；2014 年末，中国共在东盟设立直接投资企业 3300 多家，雇用当地员工 16 万人。2014 年，中国对俄罗斯的投资流量为 6.3 亿美元，年末投资存量为 87 亿美元，共在俄罗斯设立境外企业 1000 多家，雇用当地员工 1.5 万人。中国对中亚地区的投资流量为 5.5 亿美元，截至 2014 年末，对中亚地区的直接投资存量首次超过 100 亿美元。② 2015 年中国企业对“一带一路”沿线国家的投资流量达 189.3 亿美元，占当年流量总额的 13%。同比增长 38.6%，是对全球投资增幅的 2 倍。截至 2015 年末，中国对“一带一路”沿线国家的直接投资存量为 1156.8 亿美元，占中国对外直接投资存量的 10.5%。③

从投资国家和对外直接投资额来看：截至 2014 年底，中国 1.85 万家境内投资者设立境外投资企业近 3 万家，分布在全球 186 个国家（地区）。④ 截至 2015 年末，中国境外投资企业

---

① 商务部、国家统计局、国家外汇管理局：《2014 年中国对外直接投资统计公报》。

② 商务部：《中国对外投资合作发展报告 2015》。

③ 商务部：《中国对外投资合作发展报告 2016》。

④ 商务部、国家统计局、国家外汇管理局：《2014 年中国对外直接投资统计公报》，2015 年 09 月 17 日。

3.08万家，分布在全球188个国家和地区。[①] 2015年，我国企业共对“一带一路”相关的49个国家进行了直接投资，投资额合计148.2亿美元，同比增长18.2%，投资主要流向新加坡、哈萨克斯坦、老挝、印尼、俄罗斯和泰国等。[②] 2016年，我国企业共对“一带一路”沿线的53个国家进行了非金融类直接投资145.3亿美元，同比下降2%（主因2015年基数较高），占同期我国对外投资总额的8.5%，主要流向新加坡、印尼、印度、泰国、马来西亚等国家地区。[③]

从对外直接投资地区分布来看：2013年以来，中国对东南亚、中亚和南亚等主要“一带一路”国家和地区直接投资总额大幅上涨，中国对三个区域直接投资占世界总投资的比重亦有所上升。相对而言，中国对美国和欧盟的直接投资则稳中趋缓。2014年和2015年三地总投资同比增速分别为12%和37%，主要为中国对东南亚的直接投资分别增长8%和87%（中国对东南亚国家的直接投资占比80%以上）。[④]

从吸收外资方面来看：据商务部新闻发言人沈丹阳介绍，2015年上半年，“一带一路”沿线国家对华投资设立企业948家，同比增长10.62%；实际投入外资金额36.7亿美元，同比增长4.15%。从所投资的行业看，信息传输、计算机服务和软件业，金融业，租赁和商务服务业实际投入外资增长幅度较大，同比增长分别为116.54%、1262.15%和150.02%。从所投资地区分布看，上海、江苏、山东的投资占比较高，所占比重分别为22.24%、16.04%和7.84%。从国别来源看，实际投入外资增幅较高的国家有：马来西亚（增长135.51%）、沙特阿拉伯（增长697.27%）、波兰（增长3621.92%）、俄罗斯（增长129.36%）、斯洛伐克共和国（增长196.67%）。据统计，2016年1—12月，全国新设立外商投资企业27900家，同比增长5%；实际使用外资金额8132.2亿元人民币（折合1260亿美元），同比增长4.1%。“一带一路”沿线国家对华投资新设立企业2905家，同比增长34.1%，实际投入外资金额70.6亿美元，同比下降16.5%。[⑤] 2016年以来，“一带一路”沿线国家对华投资新设立企业同比大幅上升，实际投入外资金额同比有所回落（由于2015年基数较高，或者新设企业数量与投资额未必成正比）。[⑥]

（四）资金融通方面

资金融通是“一带一路”建设扎实推进的一大亮点。三年来，以亚洲基础设施投资银行、丝路基金为代表的金融保障体系初步建立，我国成功实现人民币纳入国际货币基金组织特别提款权货币篮子、人民币跨境交易规模不断扩大，金融机构沿线布局全面展开，有力促进了我国与“一带一路”沿线各国的资金融通。

1. 金融保障体系初步建立，不断探索金融创新

亚洲基础设施投资银行、金砖国家新开发银行和丝路基金是“一带一路”建设的重要抓手。三年来，我国积极推行“两行一金”建设，探索金融创新。随着“两行一金”建设的顺利推进、金融创新的不断深入，我国金融保障体系初步建立。

发起亚洲基础设施投资银行筹建：亚洲基础设施投资银行自2013年习近平主席在印度尼

---

① 商务部：《中国对外投资合作发展报告2016》。

② 2015年与“一带一路”相关国家经贸合作情况，来源：商务部合作司，2016年01月21日，http://fec.mofcom.gov.cn/article/fwydyl/tjsj/201601/20160101239838.shtml

③ 2016年对“一带一路”沿线国家投资合作情况，来源：商务部合作司，2017年01月19日，http://fec.mofcom.gov.cn/article/fwydyl/tjsj/201701/20170102504239.shtml

④ 管清友、朱振鑫、杨晓：“一带一路”进展全梳理（“一带一路”研究手册第1集），来源：搜狐财经，2017年03月07日，http://business.sohu.com/20170307/n482601529.shtml

⑤ 2016年1—12月全国吸收外商直接投资情况，来源：商务部外资司，2017年02月04日，http://www.mofcom.gov.cn/article/tongjiziliao/v/201702/20170202509836.shtml

⑥ 管清友、朱振鑫、杨晓：“一带一路”进展全梳理（“一带一路”研究手册第1集），来源：搜狐财经，2017年03月07日，http://business.sohu.com/20170307/n482601529.shtml

西亚提出筹建倡议，到2014年中国宣布筹建，再到2015年正式成立，标志着全球迎来了首个发展中国家倡议设立的多边金融机构。据世界银行分析，未来十年亚洲的基础设施建设资金缺口高达8000亿美元，基础设施落后、建设资金短缺成为制约亚洲经济增长的主要因素。[①]。亚洲基础设施投资银行法定资本1000亿美元，意向创始成员国57个，旨在通过在基础设施及其他生产性领域的投资，促进亚洲经济可持续发展、创造财富并改善基础设施。亚洲基础设施投资银行不仅为亚洲经济发展提供了新的融资渠道，也为“一带一路”沿线国家和地区基础设施建设提供了投融资支持。亚洲基础设施投资银行自2016年1月正式开业运作，已为7个国家的9个项目提供了17.3亿美元的贷款，包括印尼一个贫民窟的升级改造项目、通过土耳其连接阿塞拜疆和南欧市场的天然气管道项目等。[②]

推进金砖国家新开发银行成立：“金砖五国”首脑2014年在巴西宣布成立金砖银行，总部设在上海，法定资本1000亿美元、初始资本500亿美元。2015年7月初，“金砖五国”财长代表各自政府在俄罗斯批准了金砖银行的成立，正式命名为“新开发银行”。2015年7月21日，新开发银行在上海宣布正式开业。[③] 金砖国家新开发银行的宗旨是为新兴经济体及发展中国家的基础设施和可持续发展提供资金支持，有利于满足“一带一路”沿线国家的基础设施建设资金需求。同时，金砖国家新开发银行的股东中国、俄罗斯、南非、印度都是“一带一路”沿线区域中的重要经济体，将共同为“一带一路”建设提供资金支持。

成功设立丝路基金：丝路基金是服务于“一带一路”建设的中长期开发投资基金，通过以股权为主的多种投融资方式，重点支持“一带一路”沿线国家和地区的基础设施、资源开发、产业合作和金融合作等项目。2014年11月8日，习近平主席在加强互联互通伙伴关系对话会上宣布：中国将出资400亿美元成立丝路基金。2014年12月29日，丝路基金正式成立，由外汇储备、中国投资有限责任公司、中国进出口银行、国家开发银行共同出资。丝路基金主要致力于为“一带一路”框架内的经贸合作和双多边互联互通提供投融资支持，促进中国与“一带一路”沿线国家和地区实现共同发展和繁荣。

丝路基金自成立以来，与巴基斯坦、哈萨克斯坦、俄罗斯、塞尔维亚、欧洲复兴开发银行等国家或国际组织签订了合作协议、合作谅解备忘录或合作备忘录，涉及石油、天然气、水电等项目。2016年1月，丝路基金迈出了在中东地区投资合作的第一步。在习近平主席访问沙特阿拉伯期间，丝路基金与沙特国际电力和水务公司（International Company for Water and Power Projects，简称ACWA电力公司）在利雅得签署了关于共同投资开发阿联酋及埃及电站的谅解备忘录。根据谅解备忘录，丝路基金将以股权加债权的投资方式，与ACWA电力公司共同开发阿联酋Hassyan清洁燃煤电站、埃及Dairut天然气电站。值得一提的是，2015年12月，丝路基金先后与哈萨克斯坦出口投资署、中国出口信用保险公司（简称中国信保）分别签署了《关于设立中哈产能合作专项基金的框架协议》《关于服务“一带一路”战略和支持企业“走出去”的合作框架协议》。中哈产能合作专项基金框架协议的签署，将推动丝路基金与哈方金融机构及企业的对接合作。丝路基金与中国信保合作协议的签署，标志着双方将加强全面务实合作，共同加大对“一带一路”建

① 何茂春、郑维伟：“2015年中国外交、实践理念盘点”，载《人民论坛》2016年第01期。

② 亚投行成员数量已超亚开行：北京对华盛顿又一胜利，来源：亚投行官网，2017年03月24日，http://www.aiibw.cn/news/show-1256.aspx

③ 祝宪：“‘一带一路’和金砖银行的作用”，载《沪港经济》，2016年01期。

设的金融支持力度，为中国企业“走出去”提供更全面的投融资服务。中国信保是承办出口信用保险业务的政策性保险公司，截至2015年12月初；承保我国面向“一带一路”沿线国家出口、投资、承包工程的规模累计已达到5705.60亿美元，支付赔款18.55亿美元。①

除了“两行一金”，我国还积极推进金融创新，探索深化金融合作。2016年8月17日举行的推进“一带一路”建设工作座谈会上，习近平主席强调，要切实推进金融创新，创新国际化的融资模式，深化金融领域合作，打造多层次金融平台，建立服务“一带一路”建设长期、稳定、可持续、风险可控的金融保障体系。2016年1月，由外汇储备、中国进出口银行共同出资设立、首批资金100亿美元的中非产能合作基金已开业运行，非洲中小企业发展专项贷款增资已到位。近10家中国金融机构已为非洲国家发展提供融资支持，同摩洛哥、肯尼亚、尼日利亚、刚果（布）等国开展本币互换等业务合作。2016年9月，由中非发展基金联合国内大型工程企业发起设立、总规模达5亿美元的海外基础设施开发投资公司正式运营，将有效破解非洲基础设施开发瓶颈。2016年11月，丝路国际银行在非洲吉布提正式成立，中资企业首次在非洲大陆获得银行牌照。②

2. 人民币国际化进程提速，助推跨境人民币支付

“一带一路”倡议的提出加速了人民币国际化进程。2015年12月1日，中国成功实现将人民币纳入国际货币基金组织特别提款权（SDR）货币篮子的梦想，国际货币基金组织总部宣布于2016年10月1日正式生效。人民币成为首个纳入SDR的新兴市场货币，这也是后布雷顿森林体系时代第一个真正新增的货币篮子，是中国经济融入全球金融体系的重要里程碑。人民币加入SDR将有利于促进“一带一路”沿线货币融通，也有利于规避汇率风险。

三年来，人民币跨境交易越来越受欢迎，人民币跨境交易规模也在不断扩大。以俄罗斯为例，2014年8月，俄罗斯宣布中国从东西伯利亚—太平洋石油管道输送到中国的原油采用人民币结算；2015年6月，俄罗斯能源巨头Gazprom开始使用人民币结算对华出口原油。③俄罗斯银行正在为发行人民币债券创造条件，还将首次发行人民币计价的国债，并计划在莫斯科建立人民币清算中心。据中国人民银行统计，2016年前8个月，中国与“一带一路”沿线国家和地区跨境人民币实际收付的金额为8600亿元，人民银行与21个沿线国家和地区的央行签署了双边本币交换协议，总规模达1.45万亿元。④

3. 我国金融服务全面展开，助力中国企业“走出去”

从银行业来看，银行业全面展开“一带一路”建设的金融服务工作，为“走出去”企业提供各种金融服务。2015年8月，中国银监会印发了《中国银监会　国家发展和改革委员会关于银行业支持重点领域大工程建设的指导意见》（银监发〔2015〕43号），旨在贯彻落实党中央、国务院相关工作要求，持续推进“一带一路”等重大战略实施，切实发挥银行业对国家重点领域、重大工程、重点项目的支持作用。2016年2月，印发了《中国银监会办公厅关于2016年进一步提升银行业服务实体经济质效工作的意见》（银监办发〔2016〕35号），旨在进

① 丝路基金与中国信保签署合作框架协议，来源：丝路基金官网，2015年12月11日，http://www.silkroadfund.com.cn/cnweb/19930/19938/31678/index.html

② 焦翔等：“一带一路”，通向共同繁荣的未来，来源：人民网—人民日报，2016年12月27日，http://politics.people.com.cn/n1/2016/1227/c1001-28979088.html

③ 中国用人民币结算从俄罗斯进口原油，来源：驻德国经商参处，2015年06月12日，http://de.mofcom.gov.cn/article/jmxw/201506/20150601011480.shtml

④ 焦翔等：“一带一路”，通向共同繁荣的未来，来源：人民网—人民日报，2016年12月27日，http://politics.people.com.cn/n1/2016/1227/c1001-28979088.html

一步加大银行业金融机构对实力较强、有比较优势的企业“走出去”的支持力度。①

截至2015年底，共有9家中资银行在“一带一路”沿线24个国家设立了56家一级分支机构，其中子行16家、分行32家、代表处8家。2015年，中国银行发行了首支“一带一路”债券，跟进区域重大项目约330个，意向性提供授信支持约870亿美元。② 2016，初步建立了中国银行业服务“一带一路”沟通机制，编制出版了《“一带一路”金融合作概览》。中国进出口银行也加大对“一带一路”建设、国际产能和装备制造合作、我国企业“走出去”的支持力度，2016年共支持“一带一路”、国际产能和装备制造合作项目600多个，贷款余额同比增长13%。全年“走出去”贷款项目208个，贷款余额同比增长17%。③ 同时，中国银监会加强跨境监管合作，截至2016年10月底，中国银监会与29个“一带一路”沿线国家监管当局签署了双边监管谅解备忘录，加强跨境监管合作和信息交流，维护互设银行机构的稳健发展。

从保险业来看，中国保险投资基金已发行“中保投—招商局轮船股份股权投资计划”，服务于“一带一路”国家战略，投资地域覆盖欧洲、亚洲、美洲，投资领域涉及港口交通、能源运输、海上装备等，包括收购土耳其新建港口和欧洲成熟港口、对接俄罗斯亚马尔液化天然气运输项目等。截至2016年6月底，中国出口信用保险公司海外投资保险累计承保“一带一路”项目1062个，涉及国家32个，承保金额共计1506.2亿美元。④ 中国人寿保险股份有限公司、中国太平保险有限公司、中国再保险（集团）股份有限公司在“一带一路”沿线的新加坡、印度尼西亚等国家设立了营业机构，为“一带一路”建设提供资金保障，降低投资风险。

从证券业来看，中国证券业积极参与“一带一路”建设。截至2016年6月底，中国证监会已与58个国家（或地区）的证券期货监管机构签署了63个监管合作谅解备忘录。其中，完成了与波兰金融监督管理局、哈萨克斯坦国家银行、阿塞拜疆国家证券委员会等3家沿线国家监管机构签署双边谅解备忘录事宜。⑤

（五）民心相通方面

民心相通是“一带一路”建设的社会根基。在推进“一带一路”建设过程中，我们通过实施民生工程，开展丰富的文化交流活动，加强在教育、医疗等与民生密切相关的领域开展合作，使“一带一路”各国人民对我们更认同、更亲近、更支持，为顺利推进“一带一路”建设奠定坚实的民意基础。

1. 文化交流活动更加丰富

文化因交流而多彩，因互鉴而丰富。三年来，我国与“一带一路”沿线国家通过实施“丝绸书香出版工程”“丝绸之路影视桥工程”，联合申遗，举办博览会，互办文化年、艺术节等，开展了丰富多彩的文化交流活动。“丝路书香出版工程”是中国新闻出版业唯一进入国家“一带一路”战略的重大项目，于2014年12月5日正式获得中宣部批准立项，旨在为丝路国家图书互译、汉语教材推广、境外参展、出版物数据库推广等提供资助，搭建我国与丝路国家精品特色文化推广、图书出版信息共享平台。⑥ 丝绸之路联合申遗取得成功、海上丝绸之路联合申遗正式启动，以“推动文化交流、共

① 商务部：《中国对外投资合作发展报告2016》，http://fec.mofcom.gov.cn/article/tzhzcj/tzhz/upload/zgdwtzhzfzbg2016.pdf

② 商务部：《中国对外投资合作发展报告2016》，http://fec.mofcom.gov.cn/article/tzhzcj/tzhz/upload/zgdwtzhzfzbg2016.pdf

③ 许晟：进出口银行2016年“走出去”贷款余额同比增长17%，来源：新华网，发布时间：2017年01月29日，http://www.eximbank.gov.cn/tm/medialist/index_26_29837.html

④ 商务部，《中国对外投资合作发展报告2016》，http://fec.mofcom.gov.cn/article/tzhzcj/tzhz/upload/zgdwtzhzfzbg2016.pdf

⑤ 商务部，《中国对外投资合作发展报告2016》

⑥ “一带一路”国际合作重大工程项目盘点，2017年02月04日，来源：中国一带一路网，https://www.yidaiyilu.gov.cn/qyfc/xmal/2475.htm

谋合作发展”为主题的首届丝绸之路（敦煌）国际文化博览会成功举办、丝绸之路国际剧院联盟正式启动、第七届尼泊尔“中国节”暨第二届加德满都（中国—南亚）文化论坛圆满开幕、2016“一带一路”媒体合作论坛成功举办……此外，我国在欧洲11国、亚洲10国、非洲5国、大洋洲3国和拉丁美洲1国共建立了30个中国文化中心，其中在“一带一路”沿线国家设立的文化中心数量就达11个。①

2. 人才教育合作更加密切

三年来，我国积极推动与“一带一路”沿线国家的人才教育合作。2016年7月，教育部印发《推进共建“一带一路”教育行动》通知，强调要推进沿线国家民心相通，鼓励沿线国家学者开展或合作开展中国课题研究，增进沿线各国对中国发展模式、国家政策、教育文化等各方面的理解。要全面提升来华留学人才培养质量，把中国打造成为深受沿线各国学子欢迎的留学目的地国。以国家公派留学为引领，推动更多中国学生到沿线国家留学。②

三年来，“一带一路”沿线国家学生数量增长明显，相较2012年，巴基斯坦、哈萨克斯坦和泰国学生数量排名分别上浮了5位、2位和1位。2016年，“一带一路”沿线64国在华留学生共207746人，同比增幅达13.6%，高于各国平均增速。③ 我国设立了“丝绸之路”中国政府奖学金，每年资助1万名沿线国家新生来华学习或研修。④ 2016年共有来自183个国家的49022名学生享受中国政府奖学金在华学习。⑤ 其中，“一带一路”沿线国家奖学金生占比61%，比2012年提高了8.4个百分点。巴基斯坦、蒙古、俄罗斯、越南、泰国留学生获得中国政府奖学金人数位列前五。⑥ 此外，我国已在“一带一路”沿线建立了134个孔子学院和130个孔子课堂。截至2016年底，教育部先后与甘肃、宁夏、福建、贵州、云南、海南、新疆、广西等8省（区）签署了“一带一路”教育行动国际合作备忘录，以搭建省（区）部“一带一路”教育行动合作推进平台，构建“一带一路”教育共同体，服务“一带一路”建设。⑦

3. 医疗卫生合作更加广泛

为配合“一带一路”倡议的顺利实施，2015年10月，国家卫生计生委出台《关于推进“一带一路”卫生交流合作三年实施方案（2015—2017）》，提出加强全方位对外卫生合作，打造“健康丝绸之路”的总体思路、战略目标和合作原则。根据“一带一路”战略走向，综合考虑沿线国家经济社会和医疗卫生事业发展情况，以及我国与沿线国家的合作基础和比较优势等因素，“一带一路”卫生交流合作主要按照以下走向展开：一是“丝绸之路经济带”沿线：以中东欧和中亚为重点区域，辐射西亚，以捷克、俄罗斯、蒙古和中亚作为重点国家，

① 邓海建：2016，中国文化插上“一带一路”的翅膀，光明网，2017年01月03日。

② 《教育部关于印发〈推进共建“一带一路”教育行动〉的通知》，教外［2016］46号，2016年07月15日，http://www.moe.edu.cn/srcsite/A20/s7068/201608/t20160811_274679.html

③ 教育部国际合作与交流司，聚焦国家战略 提供人才支撑 留学工作取得显著成绩——十八大以来留学工作情况介绍，来源：教育部，2017年03月01日，http://www.moe.gov.cn/jyb_xwfb/xw_fbh/moe_2069/xwfbh_2017n/xwfb_170301/170301_sfcl/201703/t20170301_297675.html

④ 共建“一带一路”，再创丝路辉煌——外交部长王毅在第十七届“蓝厅论坛”上的致辞，来源：外交部，2016年08月03日，http://www.fmprc.gov.cn/web/wjbz_673089/zyjh_673099/t1386726.shtml

⑤ 我国留学工作呈现新趋势，原载《光明日报》，来源：教育部网站，2017年03月02日，http://www.moe.gov.cn/jyb_xwfb/xw_fbh/moe_2069/xwfbh_2017n/xwfb_170301/170301_mtbd/201703/t20170302_297920.html

⑥ 闫景臻：“一带一路”沿线国家来华留学生数据增幅明显，原载：中国网，来源：教育部网站，2017年03月01日，http://www.moe.gov.cn/jyb_xwfb/xw_fbh/moe_2069/xwfbh_2017n/xwfb_170301/170301_mtbd/201703/t20170302_297943.html

⑦ 教育部与六省（区）、市签署开展“一带一路”教育行动国际合作备忘录，来源：教育部，2017年04月11日，http://www.moe.gov.cn/jyb_xwfb/gzdt_gzdt/moe_1485/201704/t20170411_302369.html

以中国—中东欧国家卫生部长论坛和上合组织为主要合作机制。二是“21世纪海上丝绸之路”沿线：以南亚和东南亚为重点区域，以东盟、印度、巴基斯坦、澳大利亚和斐济为重点国家，以中国—东盟、大湄公河次区域经济合作、澜湄合作、亚太经合组织、中巴经济走廊和孟中印缅经济走廊为主要合作机制。①

2015年，我国与81个国家和地区组织签署了118个卫生计生合作协议，与中东欧、东盟、非洲等国家在医疗卫生服务领域开展了广泛的合作。同时，卫生合作也被纳入中美、中俄、中英、中法、中以、中印尼等国家政府间高级别人文交流机制。合作领域从传染病防控、突发公共卫生事件和卫生政策交流等，逐步扩展到人力资源培训、灾害应急救援、医院管理合作、传统医药、公共卫生和医疗服务体系、医药产品贸易等领域，并且日渐呈现蓬勃发展之势。② 我国还启动“一带一路”海外中医药中心建设项目，已在“一带一路”沿线国家建立了10个海外中医药中心。③

三、“一带一路”建设理论内涵不断丰富

“一带一路”自提出以来，得到国内外广泛关注和积极响应。推动“一带一路”建设，不仅是实现政策沟通、道路联通、贸易畅通、货币流通和民心相通的过程，也是中国和“一带一路”沿线各国寻求共识的过程，还是“一带一路”理论内涵不断丰富的过程。随着“一带一路”建设的深入推进，“一带一路”不仅在实践上取得很大进展，理论内涵上也日益丰富。

2016年6月，习近平主席在乌兹别克斯坦议会发表重要演讲，总结“一带一路”倡议提出三年来取得的进展，提出中国愿同沿线国家携手打造绿色丝绸之路、健康丝绸之路、智力丝绸之路、和平丝绸之路。④ 2016年8月17日，习近平主席在推进“一带一路”建设工作座谈会上提出三个“聚焦”，再次强调要聚焦携手打造绿色丝绸之路、健康丝绸之路、智力丝绸之路、和平丝绸之路，让“一带一路”建设造福沿线各国人民。

“一带一路”建设从最初要实现政策沟通、道路联通、贸易畅通、货币流通、人心相通“五通”的提出，到如今要打造绿色丝绸之路、健康丝绸之路、智力丝绸之路、和平丝绸之路，进一步明确了“一带一路”建设目标和要求，指明了发展大方向。鉴于《推动共建丝绸之路经济带和21世纪海上丝绸之路的愿景与行动》中关于“五通”内涵论述已很充分，在此不再赘述。本节将分别对绿色丝绸之路、健康丝绸之路、智力丝绸之路、和平丝绸之路主要内涵做以系统论述。

（一）绿色丝绸之路理论内涵

长期以来，人类在认识自然、改造自然过程中，虽然迎来了物质文明的高度发展，但却以生态环境不断恶化为代价。如何保护环境、防止生态环境恶化、实现绿色发展成为当今世界的迫切需要。“一带一路”建设不仅为我国提供了不以损害别国资源环境为代价、寻求共同发展、树立良好国际形象的新平台，也为凝聚各国共识、共同应对全球气候变暖提供了新契机。

绿色是人民健康生活的基本保障，也是社会永续发展的必要条件。但是，“一带一路”沿线一些国家自然灾害频发、缺水少绿、荒漠化等生态环境问题严重。例如，哈萨克斯坦东部森林火灾频发，土库曼斯坦、塔吉克斯坦、乌

① 国家卫生计生委办公厅，《关于推进“一带一路”卫生交流合作三年实施方案（2015~2017）》，2015年10月14日。

② 王云屏：“‘一带一路’连起健康之路”，载《中国卫生》，2016年03期。

③ 中医药发展“十三五”规划，来源：国家中医药管理局，2016年08月11日，http://www.satcm.gov.cn/e/action/ShowInfo.php?classid=18&id=22670

④ 习近平：携手共创丝绸之路新辉煌——在乌兹别克斯坦最高会议立法院的演讲（二〇一六年六月二十二日，塔什干），人民日报，2016年06月23日。

兹别克斯坦、蒙古等国土地退化严重等。这些问题不仅影响当地民众的健康生活，也制约丝绸之路经济带的发展。打造绿色丝绸之路蕴含着对加强环境保护、生态文明建设、实现绿色发展等理念的倡导。

1. 倡导重视环境保护，珍惜绿色资源

环境保护越来越受到世界各国的重视。2015年，全球能源消耗二氧化碳排放量增长仅0.1%。除发生经济衰退的2009年外，这是自1992年以来的最低增速。碳排放量下降主要是由于世界各国能源结构的转变、环保意识的增强。中国作为世界上最大的能源消费国，2015年能源消耗二氧化碳排放量减少0.1%，这是自1998年以来首次实现排放减少，远低于10年期平均水平（4.2%），也低于2015年全球平均增长率。①

改革开放30年来，伴随中国经济快速发展，工业化城镇化进程加快，我们也付出了环境急剧恶化的惨痛代价。空气、土壤、水源等污染严重，野生动植物种类减少，生物多样性遭到破坏，“一带一路”沿线的新疆、甘肃等地荒漠化严重，京津冀等多地雾霾重重，资源环境问题仍是制约我国经济社会发展的瓶颈之一。不论是从人们的健康生活考虑，还是从我国和“一带一路”沿线各国的经济发展考虑，都应该重视环境保护，珍惜绿色资源，合理利用绿色资源。“一带一路”的基础设施建设在降低交易成本促进互联互通的同时也会一定程度上破坏生态，但是只要运筹得当，完全可以趋利避害，实现可持续发展的目标。

2. 倡导生态文明建设，发挥区域资源优势

生态文明建设不仅是中国特色社会主义“五位一体”总布局的重要组成部分，而且关乎中华民族的永续发展。党的十八届五中全会首次将生态文明建设写进五年规划的任务目标，明确提出把改善生态环境作为全面建成小康社会决胜阶段的重点任务。2015年，我国颁布了《关于加快推进生态文明建设的意见》《生态文明体制改革总体方案》《生态环境监测网络建设方案》等重要文件，大力推进生态文明建设。习近平主席也曾指出：生态文明建设事关中华民族永续发展和“两个一百年”奋斗目标的实现，保护生态环境就是保护生产力，改善生态环境就是发展生产力。我们既要绿水青山，也要金山银山。宁要绿水青山，不要金山银山，而且绿水青山就是金山银山。②

长期以来，由于受地理自然环境等因素影响，我国区域发展不够平衡。“一带一路”战略为区域协调发展提供了契机。通过加强生态文明建设、可以充分发挥区域资源优势、弥补区域资源不足，缩小地区发展差距、推动区域协同发展。在《推动共建丝绸之路经济带和21世纪海上丝绸之路的愿景与行动》中，我国政府明确表示在投资贸易中要突出生态文明理念，共建绿色丝绸之路。倡导生态文明建设，打造“绿色丝绸之路”，对于改善丝绸之路沿线各国的生态环境也具有深远影响。例如中亚的乌兹别克斯坦、哈萨克斯坦长期存在咸海危机。近年来，咸海干涸，盐分沉积，周边农田盐漠化加剧，含盐量高的空气对周围居民健康也带来灾难性影响。乌兹别克斯坦林业局等当地政府在防止咸海周边生态系统退化方面虽然已取得一定成效，但咸海生态环境仍日趋恶化。咸海危机主要源于中亚地区长久以来的粗放式农业开发，“一带一路”建设深入，将促进中亚的天然气等新能源资源优势得以充分发挥，推动中亚农业现代化，从而从根本上减缓咸海危机，改善中亚生态环境。此外，中国有较成功的国内经验，青藏铁路的建设就很好地处理了发展与环保的矛盾。

---

① 《BP世界能源统计年鉴2016》。

② 《习近平总书记系列重要讲话读本（2016年版）》，十三、绿水青山就是金山银山——关于大力推进生态文明建设，载《前进》2016年第11期。

3. 倡导绿色发展，推动经济转型升级

绿色发展是当今世界时代潮流之一。绿色发展要求以绿色经济、低碳经济、循环经济为支撑带动发展，注重科技含量高、资源消耗低、环境污染少的生产方式。但是，我国经济快速增长很大程度上主要依靠传统产业支撑，经营管理方式粗放，资源利用率低，常以能源资源高消耗、破坏生态环境为特征。随着我国进入经济增长速度放缓、产业结构调整的关键时期，转变传统粗放式发展模式，实现经济与资源、环境、生态的和谐发展刻不容缓。2015 年，环保部宣布重新启动搁置 11 年之久的绿色 GDP 工作，推行绿色 GDP 核算，把经济活动过程中的资源环境因素反映在国民经济核算体系中，弥补传统 GDP 核算未能衡量自然资源消耗和生态环境破坏的缺陷。

绿色发展不仅有助于我国经济实现绿色转型升级，而且有助于带来新的经济增长点，有效拉动经济增长。据环保部环境规划院有关领导介绍，加大环境保护力度对经济增长有明显拉动作用。据测算，"十二五"期间，2011—2013 年间，我国环保投入共计 2.33 万亿元，拉动 GDP 增长 2.56 万亿，占前三年总体 GDP 的 1.64%。① 在我国出台的"大气十条"、"水十条"中，大气行动计划的实施将拉动我国 GDP 增长 1.94 万亿元，增加就业 196 万人；水行动计划的实施将投入 4.6 万亿元，带动 GDP 增长 5.7 万亿元，带动节能环保产业产值超过 1.9 万亿元。②

世界各国通过调整能源结构来促进绿色发展。随着中国环境保护和生态文明意识的增强，中国的能源结构得以改进，为实现绿色发展奠定了基础。从中国的能源结构来看，煤炭虽然占比 64%，在中国能源消费中仍占有较大比例。但是，与中国 2005 年前后的 74%相比，十年间已有显著下降。其他所有化石燃料产量均有上升；天然气增长 4.8%，石油增长 1.5%。可再生能源全年增长 20.9%。非化石能源中，太阳能增长最快（+69.7%），其次是核能（+28.9%）和风能（+15.8%）。中国超越德国与美国，成为世界上最大的太阳能发电国。仅十年间，中国可再生能源在全球总量中的份额便从 2%提升到了现在的 17%。③

4. 倡导减贫和可持续发展，共同应对全球气候变化

气候变化不仅会影响人类可持续发展，还会加剧贫困，受到国际社会的广泛关注。与较富裕人口相比，贫困人口更易受气候变化的影响。气温上升 2 至 3 摄氏度，就有可能导致疟疾发病率上升 5%，发病人数增加 1.5 亿人以上。气候变化会造成农业大量减产而增加贫困。模拟研究显示，气候变化造成全球农作物产量损失至 2030 年可能达到 5%，2080 年约 30%。据世界银行发布的报告估计，到 2030 年，可能会有超过 1 亿人口因无力面对自然灾害而被推到贫困线以下。④ 气候变化的冲击还对人类潜能产生持久影响，导致贫困的代际延续。例如，墨西哥的儿童由于遭受洪水一旦辍学，继续完成学业的概率较低，因受教育程度低而易造成世代贫困。短期的干旱也会造成贫困，据 1994—1995 年在津巴布韦的一项干旱研究发现，在干旱期间，1~2 岁儿童的多项身体指标受到不良影响。干旱过后，富裕家庭的孩子恢复了正常指标，但贫困家庭的孩子却没有恢复。由于发育不良常导致早期慢性病发作，贫困家庭

---

① 参见：汪徐秋林、李竺梦，环保是否导致经济下行？胡鞍钢等专家辩证谈，新华网，2015 年 09 月 11 日，http://news.xinhuanet.com/talking/2015-09/11/c_ 1116534434.htm

② 鑫华：以绿色大投入带动产业大发展，中国石化报，2015 年 09 月 11 日，http://enews.sinopecnews.com.cn/zgshb/html/2015-09/11/content_ 705274.htm

③ 《BP 世界能源统计年鉴 2016》，http://www.bp.com/content/dam/bp - country/zh _ cn/Publications/StatsReview2016/BP%20Stats%20Review_ 2016%E4%B8%AD%E6%96%87%E7%89%88%E6%8A%A5%E5%91%8A.pdf

④ 史蒂芬·哈勒戈特：减贫也要应对气候变化，人民日报，2015 年 11 月 26 日。

的孩子终身收入都较低，与富裕家庭的孩子相比，一般收入至少要低7%～12%。① “一带一路”沿线国家贫困人口较多，更需要重视气候变化带来的不利影响。

中国作为“一带一路”倡议的发起国，高度重视气候变化这一全球性问题，在应对全球气候变化中发挥着越来越重要的作用。2015年3月，国家发改委、外交部、商务部联合发布的《推动共建丝绸之路经济带和21世纪海上丝绸之路的愿景与行动》明确指出，要强化基础设施绿色低碳化建设和运营管理，在建设中充分考虑气候变化影响。2015年，中印、中巴、中欧、中美、中法气候变化联合声明相继发表，中国向《联合国气候变化框架公约》秘书处提交了《强化应对气候变化行动——中国国家自主贡献》，向发展中国家承诺提供200亿元人民币设立气候变化南南合作基金。2015年习近平主席出席气候变化巴黎大会，倡议巴黎协议应强化2020年后全球应对气候变化行动，推动全球实现更好的可持续发展，这标志着中国参与全球气候治理进入新阶段。2016年，李克强总理在联大主持召开可持续发展主题座谈会，率先发布中国落实2030年可持续发展议程国别方案，首次提出应走出一条经济繁荣、社会进步、环境优美的可持续发展之路，对世界各国落实2030年可持续发展议程起到了引领作用。② 习近平主席多次强调，应对气候变化是中国可持续发展的内在要求，也是负责任大国应尽的国际义务，这不是别人要我们做，而是我们自己要做。③

（二）健康丝绸之路理论内涵

健康是实现人全面发展的必然要求，是经济社会发展的基础条件，是社会文明进步的重要标志，也是世界各国人民的共同愿望。十八大以来，我国积极推进医疗改革，建立起世界上规模最大的基本医疗保障网，取得了举世瞩目的医改成就。2015年10月，十八届五中全会首次提出推进健康中国建设，将“健康中国”上升为国家战略。我国卫生与健康事业改革逐步深入，2016年印发了《“健康中国2030”规划纲要》《中医药发展战略规划纲要（2016—2030年）》《“十三五”深化医药卫生体制改革规划》等重要文件，并颁布了《中华人民共和国中医药法》，还成功举办了首届“中国—东盟卫生合作论坛”，体现了我国大力发展卫生与健康事业，促进全球卫生合作，推动全球卫生治理的坚定信念和决心。

1. 倡导以人为本，实现民心相通

习近平主席多次强调，丝绸之路是各国人民的共同财富，建设丝绸之路要以共商、共建、共享为原则，让“一带一路”建设造福沿线各国人民。“一带一路”沿线大约有44亿人口，占世界人口63%，其中中低收入人口占很大比重，普遍存在医疗卫生条件差、医疗设备落后，医疗水平低等问题。中国积极开展对沿线各国的医疗卫生援助，例如云南省多次组织医疗队赴缅甸曼德勒开展“光明行”活动，为当地白内障患者提供免费复明手术。陕西省签订了援建哈萨克斯坦“陕西村”医院的框架协议，将建成“陕西村”规模最大、接诊能力最强的医院。这些做法都体现了以人为本，感同身受、设身处地为沿线各国人民提供人文关怀，造福沿线各国人民。沙特《中东报》总编助理阿易德拉斯·阿卜杜拉齐兹感慨地说：“中国提出建设‘一带一路’的共商、共建、共享原则，让处于贫穷和战乱中的人们看到了希望。”④

“国之交在于民相亲，民相亲在于心相

① ［美］威廉·伊斯特利著，崔新钰译：《白人的负担：为什么西方的援助收效甚微》，中信出版社2008年版。

② 外交部部长王毅在2016年国际形势与中国外交研讨会开幕式上的演讲，来源：外交部，2016年12月03日。

③ 何茂春、郑维伟：“2015中国外交理念、实践盘点”，载《人民论坛》2016年第01期。

④ 张梦旭、杨迅、裴广江：丝绸之路是各国人民的共同财富——各国嘉宾积极评价习近平主席致二〇一六“一带一路”媒体合作论坛的贺信，人民日报，2016年07月27日。

通。”中国在多年的对外援助中，认识到提供医疗、教育等援助可以取得更好的援助效果。这些领域与人民生活息息相关，受到当地民众的热烈欢迎和普遍认可。“一带一路”战略的顺利推进，离不开沿线各国人民的支持和参与。通过在政治敏感度低、社会认同度高的医疗卫生健康领域开展工作，有利于密切沿线各国人民的交流与沟通、增进理解和友谊，为顺利推进“一带一路”实施营造民心相通的和谐环境。

2. 倡导弘扬中医药文化，振兴中医药发展

“问渠哪得清如许？为有源头活水来。”中国五千年历史发展长河中，不仅积累了丰富的中医药知识，而且形成了独特的中医药文化。标本兼治的中医治疗理念，悬壶济世、救死扶伤的中医行医之道，凝聚着中华民族的优秀传统文化，闪耀着人类智慧的光芒，值得与世界各国人民分享。例如中国中医科学院研究员屠呦呦受中药古籍启发，成功提取青蒿素。2000年以来，世界卫生组织把青蒿素类药物作为首选抗疟药物，在全球推广，挽救了上百个国家数百万人生命。中医药学是中国古代科学的瑰宝，也是打开中华文明宝库的钥匙。我国把中医药发展上升到国家战略的高度，印发了《中医药发展战略规划纲要（2016—2030年）》，我国首部《中国的中医药》白皮书、首部《中华人民共和国中医药法》也相继发布。截至2015年底，全国有中医类医院3966所，中医类别执业（助理）医师45.2万人，中医类门诊部、诊所4.25万个。2015年中药工业总产值7866亿元，占医药产业规模的28.55%，中药出口额达37.2亿美元。① 2016年8月，我国中医药已传播到183个国家和地区，与外国政府及国际组织签订的中医药合作协议达86项，“一带一路”沿线已有10个国家建立了中医中心，并建有10所中医孔子学院。② 我国中医药振兴发展迎来了天时、地利、人和的大好时机。同时，“一带一路”沿线各国野生动植物资源丰富，具有发展中医药产业的资源优势，孕育着发展中医药产业的巨大潜力。弘扬中医药文化、发展中医药产业，将为中国和沿线各国创造更多合作机遇。

3. 倡导人类命运共同体，积极参与全球卫生治理

随着经济发展和全球化不断深入，自然灾害、传染病疫情等非传统安全领域的威胁日益突出。不仅给人类健康造成很大危害，同时严重影响经济发展。据德国慕尼黑再保险分析报告指出，2016年全球包括地震、洪水、森林火灾等自然灾害造成1680亿欧元损失，是过去4年的峰值。③ “一带一路”沿线65个国家，地震、泥石流等自然灾害频繁，传染病疫情时有发生。以“一带一路”沿线国家尼泊尔为例，2015年4月21日，尼泊尔西部地区暴发猪流感疫情，造成大量民众感染病毒，据官方统计仅一个月内已导致26人死亡。4月25日，尼泊尔又发生特大地震，全国受灾民众达800万，约占总人口的1/3。④ 由于自然灾害、疫情的发生，使该国经济遭受重创。这些自然灾害、疫情等所带来的危害，如果不及时进行制止，甚至会引发“蝴蝶效应”，蔓延到全球更多国家。西非埃博拉出血热疫情、中东呼吸综合征疫情、寨卡病毒病疫情一次次给各国政府敲响警钟。人类因诸多危机而使彼此命运息息相关，中国

① 魏敏、刘甦：不忘初心开启中医药振兴新征程——以习近平同志为核心的党中央关心中医药工作纪实，中国中医药报，2016年12月29日，http://health.people.com.cn/n1/2016/1229/c14739-28934758.html

② 中医药发展“十三五”规划，来源：国家中医药管理局，2016年08月11日，http://www.satcm.gov.cn/e/action/ShowInfo.php?classid=18&id=22670

③ 2016年全球自然灾害造成1680亿欧元损失，文章来源：驻德国经商参处，2017年01月06日，http://www.mofcom.gov.cn/article/i/jyjl/m/201701/20170102497468.shtml

④ 《“一带一路”沿线国家安全风险评估》编委会编著：《“一带一路”沿线国家安全风险评估》，中国发展出版社2015年版。

作为“一带一路”的倡导国，积极践行人类命运共同体的外交理念，愿肩负起大国责任，携手各国人民、共同面对和抗击自然灾害、疫情等非传统安全领域的威胁。

半个多世纪以来，我国积极开展对外医疗援助、参与全球卫生治理，全面展示了我国国际人道主义和负责任大国形象。我们先后向67个国家和地区派遣2万多医护人员，救治患者2.6亿多人次。① 同时，我国在履行国际义务、参与国际人道主义援助的长期实践中，积累了丰富的经验。例如中国在援助非洲治疗“荷兰病”、抗击埃博拉出血热疫情等表现出色。“一带一路”建设以“共建、共商、共享”为原则，中国愿将全球健康治理经验与沿线各国共同分享，维护人民健康，实现共同繁荣。

4. 倡导合作共赢，推进“一带一路”医疗卫生交流合作

倡导合作共赢，加强对外医疗卫生领域的合作，有利于中国与沿线各国交流互鉴先进医疗经验，提高中国与沿线国家人民健康水平，促进中国与沿线国家经济可持续发展。近年来，我国对外医疗合作范围、合作力度不断加大。2015年，我国医药保健品进出口额突破千亿美元大关，达到1026亿美元，同比增长4.73%。② 国家卫计委还启动一批“一带一路”海外中医药中心建设项目。国家中医药管理局2015年设立首批中医药国际合作专项，包括17个项目，主要支持在海外建立中医药中心等国际交流与合作重点领域。③ 我国已在多个多边框架下与沿线国家建立了卫生合作机制，有些已经形成了较高层次的合作机制。④

（三）智力丝绸之路理论内涵

“一带一路”宗旨之一是分享发展机遇，缩短发展差距。打造智力丝绸之路经济带，体现了我国倡导人才兴国、全方位创新、构建中国话语体系等理念，以提高我国劳动生产率，增强文化软实力，促进“一带一路”建设高效推进，为世界贡献中国智慧，共享智力发展成果。

1. 倡导人才兴国，满足国际合作需求

中国有句俗语叫“得人才者得天下”，这是强调人才的重要性。“一带一路”建设由于其开拓性，需要大量具有全球视野、专业技术过硬、业务能力突出、思想品德高尚、综合素质全面的高端国际化人才。人才是“一带一路”建设的生力军和先锋队，只有人才才能求真务实，踏实推进，竖起一面旗帜引领大家不断开拓；只有人才才能勇于担当，迎难而上，燃亮一座灯塔带动大家不断探索；只有人才才能大胆创新，锐意进取，扬起一叶风帆带领大家乘风破浪。我国要坚持把培养人才作为“一带一路”建设的重要支撑和长远战略，要善于发现人才、引进人才、开发人才，力争做到“人尽其事，物尽其用”。同时还要想办法留住人才，避免人才流失，人才浪费。海纳四方人才，凝聚各方智慧，众志成城、平稳高效地推进“一带一路”建设，引领世界了解中国，推动中国走向世界。

2. 倡导全方位创新，培育国际竞争优势

创新是民族进步的灵魂，是国家兴旺发达的不竭动力。进入21世纪以来，创新驱动成为许多国家谋求竞争优势的核心理念。“一带一路”建设是开创性的中国创举，没有现成经验可以遵循，需要“摸着石头过河”，在探索中不断创新。全方位创新既包括技术创新、制度创新、管理创新，也包括金融创新、合作模式创新等。技术创新有利于提高生产率、赶超世界先进水平；制度创新、管理创新有利于提高工

---

① 中华人民共和国国务院总理李克强，在第九届全球健康促进大会开幕式上的致辞，2016年11月21日。

② 2015年我国医药外贸突破千亿美元大关，来源：人民网-健康卫生频道，2016年02月02日，http://health.people.com.cn/n1/2016/0202/c398004-28104835.html

③ 金振娅、刘思涛：未来三年，国家卫计委将进一步推进“一带一路”沿线卫生计生领域的合作——全方位打造“健康丝绸之路”，光明日报，2015年08月06日。

④ 杨洪伟：“‘一带一路’构筑‘健康丝路’”，载《中国卫生》2016年第07期。

作效率，激发人才活力；金融创新有利于投资便利化，解决资金短缺等问题；合作模式创新有利于构建合作新平台、拓宽合作新领域、达到国际合作新水平。“一带一路”沿线国家大多基础设施落后，基础设施建设资金严重短缺，中国“走出去”企业普遍面临融资难、融资贵、结算难等问题。通过全方位创新，不仅可以使这些问题得以有效解决，而且有利于培育国际竞争新优势。

3. 倡导讲好中国故事，构建中国话语体系

“落后就要挨打、贫穷就要挨饿、失语就要挨骂。”习近平主席多次强调要加强我国国际传播能力建设，争取国际话语权，从根本上解决“挨骂”问题。[①] 我国在国际传播上长期处于不利地位。“一带一路”建设的个别早期项目存在瑕疵，这些瑕疵被国际舆论刻意宣传和放大，对“一带一路”的国际形象与声誉产生了负面影响。另外，由于我国在“一带一路”战略的国际传播宣传方式和宣传力度不够，很多国家对“一带一路”充满质疑和疑惑，有些国家甚至不知道中国的“一带一路”是什么。笔者在考察“一带一路”沿线的亚美尼亚、阿塞拜疆、格鲁吉亚等国时，在走访当地民众时发现，很多人对中国的“一带一路”倡议并不了解。讲好中国故事并非易事，我们如果不在宣传内容的多样性、宣传方式的灵活性、宣传力度的深入性上下足功夫，很难有效传播“一带一路”互利共赢、民心相通的理念，并且不利于“一带一路”的顺利开展，也不利于中国国际话语权的提升。

4. 倡导贡献中国智慧，与世界各国共享智力发展成果

在世界经济整体下滑形势下，中国经济依然走在世界前列。2016 年我国经济仍实现 6.7%的增长，我国对外投资也仍保持较高增长。据商务部发布数据显示：2016 年，我国境内投资者共对全球 164 个国家和地区的 7961 家境外企业进行了非金融类直接投资，累计实现投资 1701.[illegible] 亿美元，同比增长 44.1%。[②] 中国的发展模式、经验和智慧引起了世界各国的密切关注。诺贝尔经济学奖得主罗纳德·科斯（Ronald Coase）曾指出，中国的改革开放创造了世界历史上最伟大的经济奇迹。中国的奋斗就是全人类的奋斗，中国的经验对全人类非常重要。

“一带一路”的提出不仅为中国经济创造了新的发展空间，为“一带一路”沿线国家创造了更好的发展条件，也为世界经济复苏注入了新的发展动力。此外，中国在“一带一路”基础设施建设中积累的经验和智慧，也可为“一带一路”沿线和世界各国提供借鉴。以基础设施建设中的融资难题为例，由于世界银行、亚洲开发银行等主要致力于全球和区域范围内的减贫工作，投向亚洲区域内基础设施的资金非常有限，远不能满足亚洲国家基础设施开发的需求。2015 年，中国倡导创立的亚洲基础设施投资银行正式成立，标志着全球迎来了首个发展中国家倡议设立的多边金融机构。亚洲基础设施投资银行有助于弥补现有多边金融机构在亚洲基础设施建设投资上的巨大缺口，推动区域互联互通和经济一体化进程，不仅为亚洲经济发展提供了新的融资渠道，也为全球金融治理提供了新动力。这是用中国智慧创造性解决问题，是打造智力丝绸之路的积极尝试。

（四）和平丝绸之路理论内涵

“一带一路”沿线跨越地理范围广阔、涉及国家数量众多、面临现实情况复杂多变，使“一带一路”建设过程中还存在着不和谐、不稳

---

① 张树华：“超越西式民主增强政治话语权”，载《紫光阁》2016 年第 09 期。

② 冯其予：2016 年我国对外投资同比增长 44.1%，来源：经济日报，2017 年 01 月 17 日，http://www.gov.cn/shuju/2017-01/17/content_5160475.htm

定因素。例如沿线部分国家局部战争与武装冲突依然存在，因文化差异、风俗禁忌导致的误解对抗时有发生。提出打造和平丝绸之路，是让我们既看到“一带一路”建设中的机遇，同时又要看到“一带一路”建设中的风险与挑战，避免盲目乐观。只有这样，才能以积极平和的心态、包容的大国胸怀、稳健的发展步伐顺利推进“一带一路”建设。

1. 倡导人类命运共同体，共同应对危机

“一带一路”是中国顺应全球化趋势提出的倡议。全球化以危机为推动力，人类命运在应对危机中相互依赖、不断融合，成为命运共同体。人类面临的危机，按规模大致可分为大、中、小三类危机。大危机是地球以外的物体和暗物质对地球的侵害，如彗星、小行星、大行星、太阳、恒星、黑洞等对气球的冲击；中危机是地球危机，由于地壳运动引起的如地震、火山喷发、冰川期等地质灾害；小危机是人类自己制造的危机，包括经济危机、生物危机、环境危机、核扩散和核战争、恐怖主义、传染病的迅速传播等。这些危机单凭一己之力、一国之力难以解决，需要人类联合起来共同应对。十八大报告明确提出：“倡导人类命运共同体意识”是全世界人民的共同愿望和梦想。①

“一带一路”沿线并非完全一派和平景象，存在着局部战争、自然灾害、传染病疫情等各种危机。从近三年全球局部战争和武装冲突发生数量和发生地点来看，战争和武装冲突多集中在“一带一路”沿线部分国家和地区。阿富汗、伊拉克、叙利亚、乌克兰、缅甸、巴基斯坦等是战争和冲突多发国家。中国积极参与阿富汗问题伊斯坦布尔进程，支持阿富汗推进国内政治和解，通过自身渠道以及中美巴阿四方机制奔走斡旋。和平与稳定是“一带一路”沿线各国人民的愿望，也是世界人民的共同愿望。

2. 倡导相互依存，实现合作共赢

在当代经济全球化背景下，随着国际分工和生产国际化程度加深，各国相互依存度不断提高。新的国际分工以产品价值链为纽带，通过在不同国家间进行产品不同工序的生产，形成国际分工新格局。其中发达国家以产品的研发、关键设备、核心零部件等工序为主；新兴工业化国家以产品的主要零部件工序为主，发展中国家主要进行辅助零配件等工序生产。各国通过参与国际分工，可以更充分发展本国优势，节约社会劳动时间，促进经济增长。无论是发达国家为寻求新的经济增长点，还是发展中国家为融入国际分工体系，越来越多的国家渴望加强对外联系。各国在经济相互融合中，彼此依赖程度越来越深。

中国在推进“一带一路”建设中，不断践行着相互依存、合作共赢的理念。“一带一路”东牵亚太经济圈，西接欧洲经济圈，经济总量约21万亿美元，占全球经济的29%。截至2016年底，已有100多个国家和国际组织表示要积极支持参与“一带一路”建设，我国已同40多个国家和国际组织签署了共建“一带一路”合作协议。②《建设中蒙俄经济走廊规划纲要》正式签署，实现了“一带一路”在多边经济走廊方面的突破。2016年，共商、共建、共享等“一带一路”核心理念首次被写入亚太经合组织领导人宣言。我国加快推进与沿线国家的互联互通和产能合作，以中国装备和标准制造的亚吉铁路正式通车，为中非产能合作树立了成功范例；中亚最长的安格连—帕普铁路隧道建成通车，为打通中国、中亚和西亚走廊作出了贡献。

3. 倡导文化包容互鉴，化解文明冲突

国际关系著名学者亨廷顿在《文明的冲突

① 坚定不移沿着中国特色社会主义道路前进，为全面建成小康社会而奋斗——胡锦涛在中国共产党第十八次全国代表大会上的报告，2012年11月08日。

② 外交部部长王毅在2016年国际形势与中国外交研讨会开幕式上的演讲，来源：外交部，2016年12月03日。

与世界秩序的重建》中曾提出文明的冲突，认为冷战后，世界冲突的根源不再是意识形态，而是文化差异。当今世界因种族、信仰等文化差异引起的冲突此起彼伏。阿拉伯之春、乌克兰危机、巴黎暴恐袭击等，这些冲突都严重影响着地区安全和全球稳定，也增加了海外投资的风险，为贸易自由化、经济全球化带来了不安定因素。“一带一路”沿线国家族群繁多，百教交错。由于宗教信仰、风俗习惯等文化差异的存在，“一带一路”沿线国家间难免产生文化碰撞。“对于任何独立、具备主权的国家来讲，其民族之所以能够独立于存在，都足以证明其具有独特、丰富的文化内涵。”① 不同文明凝聚着不同民族的智慧和贡献，没有优劣之分，更无高低之别。中国自古主张和而不同，作为“一带一路”的倡导者和推进者，要勇于正视沿线各国风俗习惯、宗教信仰、价值观等方面存在的文化差异，要尊重不同文化，学习了解不同文化，努力营造对待不同文化兼容并蓄、交流互鉴的友好氛围，使“一带一路”沿线各国都能顺利融入互联互通、经贸往来之中。“一带一路”提出三年来，我国与丝路沿线国家文化交流互动频繁，举办了丰富多彩的丝绸之路国际文化博览会、丝绸之路国际艺术节等以“一带一路”为主题的文化艺术活动。2016 年文化部等多家部委，共在 140 个国家和地区的 400 多座城市，举办了 2100 多项海外“欢乐春节”文化活动”。截至 2016 年 3 月，深圳已和柏林、圣彼得堡、曼谷等 52 个“一带一路”沿线城市结为国际友好和交流城市。② 中国与世界各国日益频繁的文化合作交流，将有助于文化包容互鉴，化解文明冲突，推动人类文明实现创造性发展。

4. 倡导和平解决国际争端，营造和平稳定的国际环境

“一带一路”沿线地区历来是世界大国争夺的战略要冲。美国提出“新丝绸之路”计划、日本提出“丝绸之路外交”，以强化在中亚地区的影响。俄罗斯企图长期主导中亚地区，也将一部分东欧和巴尔干地区看作是自己的势力范围，对于中国向这一地区的拓展持怀疑态度，企图通过加快与中亚国家的一体化进程，阻止中国在该地区的影响。印度企图独霸印度洋的政策导向也不愿意中国向印度洋方向发展，这些都可能带来对中国的牵制和干扰。中国和越南、菲律宾、印度等国的领土矛盾在短时期内还难以解决，甚至还有升级和爆发冲突的可能性。

“中国将始终做世界和平的建设者，坚定走和平发展道路，无论国际形势如何变化，无论自身如何发展，中国永不称霸、永不扩张、永不谋求势力范围。”③ 中国积极倡导以和平方式解决国际争端，坚持在和平共处五项原则基础上同各国发展友好合作，努力为“一带一路”建设争取和平稳定的国际环境。

四、“一带一路”建设早期成果影响

三年来，“一带一路”建设早期丰硕成果在全球层面、沿线国家层面、中国国内层面都产生了积极影响。在全球层面，增强了中国国际影响力，提振了全球经济增长信心，有力推动全球实现可持续发展目标；在沿线国家层面，带动了沿线国家贸易合作，促进了沿线国家就业，改善了沿线国家民生；在我国国内层面，带动中国标准走出去，使中国企业融入经济全球化进程加快，为我国各省发展带来了新机遇。同时，引领我国进一步深化改革，加快对外开

① 荣新江：《丝绸之路与东西方文化交流》，北京大学出版社 2015 年版。

② 王琳、赵鹏飞：深圳：汇聚全球智慧助推“一带一路”，人民日报海外版，2016 年 03 月 16 日。

③ 中华人民共和国主席习近平，携手构建合作共赢新伙伴同心打造人类命运共同体——在第七十届联合国大会一般性辩论时的讲话（2015 年 9 月 28 日，纽约），人民日报，2015 年 09 月 29 日。

放步伐。

（一）中国国际影响力增强，提振全球经济增长信心

1. 增强了中国国际影响力

“一带一路”倡议提出3年来，得到世界上100多个国家和国际组织的积极参与和支持，我国已与有关国家和国际组织签署40多份相关合作协议，中国企业已在沿线20多个国家建设56个经贸合作区。[①] 亚太经合组织首次在领导人宣言中写入共商、共建、共享等“一带一路”核心理念，联合国开发计划署、世界卫生组织同中国签署了共建“一带一路”合作备忘录，第71届联合国大会上将“一带一路”倡议载入联大决议，中欧政党高层论坛上拉脱维亚拉中友好协会主席波塔普金感慨：“历史上从未见过如此宏大的合作倡议，超过我们欧洲人想象力。欧洲人千万不要浪费中国美好意愿啊!”捷克副众议长菲利普预言：“‘一带一路’可成为人类最伟大倡议之一!”[②] “一带一路”获得了国际社会的积极响应和普遍认同，增强了中国的国际影响力。

2. 提振了全球经济增长信心

在世界经济低迷并存在诸多不确定性的情况下，“一带一路”建设为促进全球经济增长发挥着越来越重要的作用，提振了全球经济增长信心。据普华永道2017年2月15日发布的针对“一带一路”倡议下66个国家和地区的资本项目和交易活动的研究报告显示，2016年七项核心基础设施领域（公用事业、交通、电信、社会、建设、能源和环境）的项目与交易约4940亿美元，其中，中国占总量的1/3。2016年“一带一路”国家和地区GDP增速为4.6%，超过了发展中经济体3.6%的平均增速。[③] 美国库恩基金会主席罗伯特·库恩感叹地说，“一带一路”倡议不仅符合全人类利益，也是维护世界稳定的重要构想……甚至对重新平衡世界经济具有至关重要作用。[④]

3. 助推了全球实现可持续发展目标

联合国2030年可持续发展议程包含17个可持续发展目标及169个子目标，其内容可归结为人、地球、繁荣、和平和合作伙伴五大类，是一张旨在结束全球贫困、为所有人构建尊严生活且不让一个人被落下的路线图。2016年10月在苏州举行的东北亚发展合作论坛上，联合国经社理事会东亚和东北亚分区办公室主任吉拉帕提·拉马克里斯纳表示：“一带一路”倡议中的政策沟通、设施联通、贸易畅通、资金融通、民心相通五大国际合作重点领域，与联合国2030年可持续发展议程中确定的全球可持续发展目标内在联系紧密。[⑤] 2016年12月，在北京召开“一带一路”PPP工作机制洽谈会上，联合国欧洲经济委员会PPP中心再次表示：中国提出的共建“一带一路”历史性倡议，与联合国推动落实2030年可持续发展议程不谋而合，“一带一路”所确定政策沟通、设施联通、贸易畅通、资金融通和民心相通的五大重点合作领域，将有力推动实现2030年可持续发展议程的17项可持续发展目标。[⑥] 三年来，“一带一路”建设取得的丰硕成果，有力助推了全球实现可持续发展目标。

---

① 廉丹、欧阳梦云：两会代表委员谈“一带一路”：中国贡献全世界新机遇，来源：经济日报，2017年03月06日，https://www.yidaiyilu.gov.cn/xwzx/gnxw/9174.htm

② 2016年“一带一路”建设聚焦的八大重点领域及将来可能的发展方向新愿景，海洋知圈，2017年02月15日。

③ 钱箐旎：“一带一路”沿线基建项目去年投资总额近5000亿美元，原载：经济日报，来源：中国政府网，2017年02月16日，http://www.gov.cn/xinwen/2017-02/16/content_5168343.htm

④ 焦翔等：“一带一路”，通向共同繁荣的未来，来源：人民网—人民日报，2016年12月27日，http://politics.people.com.cn/n1/2016/1227/c1001-28979088.html

⑤ 王优玲：专家热议“一带一路”倡议有助于实现全球可持续发展目标，来源：新华社，2016年10月29日，http://www.gov.cn/xinwen/2016-10/29/content_5125874.htm

⑥ 发展改革委会同13个部门和单位建立“一带一路”PPP工作机制，来源：发展改革委网站，2017年01月07日，http://www.gov.cn/xinwen/2017-01/07/content_5157240.htm

（二）带动沿线国家贸易合作，改善沿线国家民生

1. 带动了沿线国家贸易合作

三年来，我国与“一带一路”沿线国家贸易合作蓬勃开展。2013年我国与“一带一路”沿线国家的贸易额超过1万亿美元，占我国外贸总额的1/4。2014年我国与沿线国家贸易额达到11206亿美元，占我国外贸总额的26%。根据商务部公布的数据，2016年，我国与“一带一路”沿线国家进出口总额6.3万亿元人民币，增长0.6%。[①] 我国与“一带一路”沿线国家贸易总额占中国对外贸易总额的比重达25.7%，较2015年上升了0.4个百分点。从贸易市场看，东南亚是最大的出口目的地和最大的进口来源地，其中越南超越马来西亚，成为我国在沿线国家中最大的贸易伙伴。广东是国内与沿线国家贸易规模最大的省份之一，占全国的20.9%，其次为江苏、浙江、北京，比重均高于10%。[②] 其中2016年1—11月，我国与沿线国家贸易额达8489亿美元，占同期我国外贸总额的25.7%，其中出口5234亿美元，进口3255亿美元。[③] 2013—2016年间，我国对南亚和中亚、西亚和北非地区进口额占比有所下降，对东南亚、中亚和南亚、美国和欧盟进出口占比均有所提升。[④]

2. 促进了沿线国家就业

三年来，“一带一路”建设为沿线国家提供了大量的就业机会，促进了沿线国家就业。截至2015年11月底，在建75个境外经贸合作区累计上缴东道国税费14.1亿美元，为当地创造就业岗位15.3万个。其中，柬埔寨西哈努克港经济特区吸引中国超过50家纺织和轻工企业入驻，成为柬埔寨重要的纺织出口生产基地，为当地近万人提供就业机会。[⑤] 截至2016年底，我国企业共在“一带一路”沿线20个国家建设50多个境外经贸合作区，累计投资超过180亿美元，为东道国创造了超过10亿美元的税收和超过17万个就业岗位。[⑥] 中国—白俄罗斯工业园、中国—马来西亚关丹产业园、中哈霍尔果斯国际边境合作中心等一批重点园区正在加快推进建设。[⑦] 越来越多的中外企业到这些境外合作区投资设厂，将为沿线国家民众提供更多的就业机会。

3. 改善了沿线国家民生

三年来，“一带一路”建设的顺利推进，促进了中国与沿线各国的经贸往来，有力改善了沿线国家当地民生。例如，随着“一带一路”建设的深入，中国与中亚国家往来日益频繁，中国已成为吉尔吉斯斯坦第二大贸易伙伴和主要投资国，中国商品极大丰富了吉尔吉斯斯坦当地市场，满足了当地百姓需求。越来越多的中国企业来吉尔吉斯斯坦投资兴业，在吉尔吉斯斯坦修路架桥，修建学校、医院，提供先进的通信设备，受到吉尔吉斯斯坦政府和民众的普遍赞誉。[⑧] 例如，中国和埃及两国三年来在“一带一路”框架下进行了一系列重要合作，促进了当地码头、铁路、公路等基础设施建设，

---

① 2016年我国与“一带一路”沿线国家进出口总额6.3万亿元人民币，来源：新华社，2017年02月21日，http://www.gov.cn/xinwen/2017-02/21/content_5169878.htm

② 顾阳：首份“一带一路”贸易合作大数据报告正式发布，来源：中国经济网-《经济日报》，2017年03月24日，http://www.cssn.cn/zx/zx_gjzh/zhnew/201703/t20170324_3464187.shtml

③ 【2016年商务工作年终综述之四】“一带一路”经贸合作取得积极进展，来源：商务部新闻办公室，2016年12月26日。

④ 管清友、朱振鑫、杨晓：“一带一路”进展全梳理（“一带一路”研究手册第1集），来源：搜狐财经，2017年03月07日，http://business.sohu.com/20170307/n482601529.shtml

⑤ 商务部：《中国对外投资合作发展报告2015》。

⑥ 【2016年商务工作年终综述之二十三】推进境外经贸合作区建设实现互利共赢，文章来源：中华人民共和国商务部，2017年02月04日，http://www.mofcom.gov.cn/article/ae/ai/201702/20170202509650.shtml

⑦ 【2016年商务工作年终综述之四】“一带一路”经贸合作取得积极进展，文章来源：商务部新闻办公室，2016年12月26日。

⑧ 齐大愚大使：中吉友好合作枝繁叶茂，来源：人民网—人民日报，2014年05月19日，http://world.people.com.cn/n/2014/0519/c1002-25032021.html

便利了当地民众出行，促进了当地经济发展，埃及从中受益颇多。埃及泰达特区投资公司运营管理副总监阿米拉·拉扎说，“一带一路”倡议在全球产生的影响是巨大的，这一倡议给包括埃及在内的沿线各国及其人民带来的益处将会不断增加。“一带一路”倡议将以大型发展项目为沿线国家，特别是发展中国家创造效益，带来更多就业机会，特别是改善这些国家低收入群体的生活。[①]

（三）带动中国标准走出去，引领国内深化改革开放

1. 带动中国标准走出去

长期以来，中国标准的国际认可度不高，主导制定国际标准数量不多，仅占国际标准总数的0.7%。三年来，随着“一带一路”建设的顺利实施，我国在高铁、核电、通信等领域已有很多成功范例。例如2016年10月6日正式通车的亚吉铁路，是非洲第一条现代电气化铁路，从投融资、技术标准到运营管理维护，全部采用中国标准。据当地工作人员介绍，南苏丹、加纳、乌干达、卢旺达等国代表也纷纷表示希望能引进中国标准的铁路。[②]“一带一路”框架下的基础设施建设带动了中国标准走出去，推动了更多的中国标准成为世界标准。中国提出和主导制定的国际标准数量逐年增加，我国在国际标准制定方面的影响力和话语权日益增强。中国已有189项标准提案成为ISO的国际标准，特别是在高铁、核电、通信、汽车等领域，中国在国际标准上实现了从跟随到引领的跨越。[③]

2. 中国企业融入经济全球化进程加快

“一带一路”建设为中国企业走向世界提供了新机遇，搭建了实现互利共赢的平台，使中国企业“走出去”力度加大，融入经济全球化的进程加快。例如，受益于中巴经济走廊积极推进的影响，徐工集团2016年在巴基斯坦市场销售设备近400台，交易金额约达3亿元，实现了较大规模销售增长。据介绍，在“一带一路”沿线65个国家中，徐工集团已在中亚、非洲、西亚、欧洲和亚太区域的64个国家布局了较完善的营销网络和服务体系。[④]根据国务院国资委新闻中心2015年7月14日发布的《“一带一路”中国企业路线图》，截至2014年底，国资委监管的110余家央企中，已有107家在境外共设立8515家分支机构，分布在全球150多个国家和地区，其中80多家央企已在“一带一路”沿线国家设立分支机构。[⑤]从涉及行业来看，主要分布在能源、建材、电力、轨道交通等基础设施领域。路线图显示，中交集团、中国中铁、中国海运、中国石油等央企承担大量“一带一路”建设通道和战略支点项目的建设和推进工作，具体包括中俄、中哈、中缅原油管道，中俄、中亚、中缅天然气管道，俄罗斯等周边国家的10条互联互通输电线路以及中缅、中泰、中老铁路，中巴喀喇昆仑公路，斯里兰卡汉班托塔港等项目。水泥技术工程及装备全球市场占有率达到45%以上；在周边国家建成和在建的水电项目达17个，总装机容量近1000万千瓦；铁路装备已实现六大洲全覆盖，轨道车辆整车产品已进入北美发达国家市场。[⑥]华

① 刘洪德、郑凯伦：埃及专家看好“一带一路”倡议，来源：新华社，2017年01月03日，http://www.gov.cn/xinwen/2017-01/03/content_5156031.htm

② 齐慧：“非洲天路”中国标准，中国品牌，2016年11月08日。

③ 徐建华：“中国标准”走出去应采取聚焦战略，中国质量新闻网，2016年09月23日，http://www.cqn.com.cn/zgzlb/content/2016-09/23/content_3432849.htm

④ 徐伟、孟祥麟：中巴经济走廊从梦想到现实，来源：人民日报，2017年02月21日，http://paper.people.com.cn/rmrb/html/2017-02/21/nw.D110000renmrb_20170221_1-23.htm

⑤ 华晔迪：国资委发布央企“一带一路”路线图，已在境外设立8515家分支机构，来源：新华社，2015年07月14日，http://www.gov.cn/xinwen/2015-07/14/content_2896734.htm

⑥ 周咏缗绘制：国资委发布央企“一带一路”路线图，来源：新华社，2015年07月15日，http://www.gov.cn/xinwen/2015-07/15/content_2896829.htm

为、联想、长城、三亿重工等大型民营企业在“走出去”过程中也收获了较好成果，在“一带一路”建设中发挥着越来越突出的作用。①

3. 为国内各省发展带来新机遇

“一带一路”建设为我国国内各省市发展带来新机遇，使国内各省市对外开放水平得到快速提升。以内陆省份甘肃为例，三年来，甘肃省围绕“一带一路”建设，先后在8个“一带一路”沿线国家和国内的霍尔果斯口岸设立了省驻外商务代表处；持续推进兰州、武威、天水三大国际陆港和兰州、敦煌、嘉峪关三大国际空港建设，打造丝绸之路经济带交通大通道和物流大枢纽；2016年兰州—迪拜、兰州—达卡国际货运包机出口、澳大利亚—兰州国际货运包机进口开始直航。② 2016年，“兰州号”“天马号”“嘉峪关号”中欧、中亚班列共发132列，同比增长116%，货值2.42亿美元，同比增长30.8%。甘肃将古丝绸之路由过去的贸易通道打造成了现在的贸易枢纽，自2016年5月份甘肃300吨果蔬首发中亚后，目前已经出口了1700余吨果蔬产品。在甘肃外贸进出口下降的情况下，甘肃与“一带一路”沿线国家贸易却逆势上扬，贸易额首次突破百亿元，同比增长了10%，占甘肃进出口总额的近1/4。③

以民营经济大省浙江为例，自“一带一路”倡议提出以来，浙江宁波舟山港全力打造“一带一路”物流大通道。2016年，宁波舟山港集装箱吞吐量达到2156万标准箱，同比增长4.5%，增幅居全球五大集装箱港口首位，其中“一带一路”沿线国家和地区集装箱吞吐量占总量的40%。④ 据海关统计专家表示，“一带一路”国家战略推进3年来，浙江省对“一带一路”沿线国家贸易在浙江外贸中所占份额稳步提升，2014年为30.3%，2015年上升0.5个百分点，2016年1—10月又上升0.4个百分点。2016年1—10月，浙江省对“一带一路”沿线国家累计进出口5579.1亿元，同比增长3%，占同期全省进出口总值的31.2%。其中，出口4669.4亿元，同比增长3.4%；进口909.7亿元，同比增长0.8%，成为全国融入“一带一路”建设最为紧密的省份之一。其中浙江省民营企业2016年1—10月对“一带一路”沿线国家进出口4342.8亿元，同比增长5.4%，占同期对“一带一路”沿线国家贸易总值的77.8%。作为民营经济大省，浙江民营企业成为“一带一路”先行军，持续保持稳健增长势头。⑤

4. 引领国内深化改革开放

三年来，伴随“一带一路”的扎实推进，引领我国进一步深化改革，加快对外开放步伐。2015年5月，中共中央、国务院出台了《关于构建开放型经济新体制的若干意见》，要求加快实施“一带一路”倡议、构建开放安全的金融体系等构建开放型经济新体制，使对内对外开放相互促进，引进来与走出去更好结合，以开放促改革、促发展、促创新，建设开放型经济强国。⑥ 2015年9月15日，习近平主席主持召开中央全面深化改革领导小组第十六次会议时强调，以开放促改革、促发展，是我国改革发展的成功实践。要坚定不移实行更加积极主动的开放战略，坚定不移提高开放型经济水平，

---

① 管清友、朱振鑫、杨晓，“一带一路”进展全梳理（“一带一路”研究手册第1集），来源：搜狐财经，2017年03月07日，http://business.sohu.com/20170307/n482601529.shtml

② 甘肃与“一带一路”沿线国家贸易额突破百亿元，来源：经济日报，2017年03月23日，http://www.scio.gov.cn/31773/35507/35513/35521/Document/1545876/1545876.htm

③ 连振祥：甘肃与“一带一路”沿线国家贸易额首次突破百亿元，来源：新华社，2017年01月18日，

④ 宁波舟山港：打造“一带一路”物流大通道，来源：新华社，2017年02月17日，http://www.gov.cn/xinwen/2017-02/17/content_ 5168756.htm#1

⑤ 陈佳莹、童本俊：“一带一路”占浙江省进出口逾三成，来源：浙江日报，2016年11月25日，http://www.gov.cn/xinwen/2016-11/25/content_ 5137512.htm

⑥ 《中共中央　国务院关于构建开放型经济新体制的若干意见》，新华社，2015年05月05日，http://news.xinhuanet.com/fortune/2015-09/17/c_ 1116598050.htm

以深化改革促进扩大开放。①

在全面深化改革开放的同时，我国重点推进自贸试验区建设，上海自贸试验区收获了新一批改革创新成果；广东、天津、福建第二批自贸试验区试点任务实施率超过90%；② 辽宁省、浙江省、河南省、湖北省、重庆市、四川省、陕西省第三批新设自贸试验区于2017年3月底获得批准，我国自贸试验区建设形成“1+3+7”新格局。自贸试验区建设工作启动以来，前两批自贸试验区在投资、贸易、金融、创业创新、事中事后监管等方面进行了大胆探索。贸易监管制度创新成效明显，各自贸试验区通关效率平均提高约40%。2015年新设立企业约9万家，科技研发、创业投资、电子商务等高端产业聚集效应明显。时任商务部部长高虎城表示，新设的7个自贸试验区，将继续紧扣制度创新这一核心，进一步对接高标准国际经贸规则，在更广领域、更大范围形成各具特色、各有侧重的试点格局，推动全面深化改革扩大开放。③

“一带一路”建设风险与挑战

一、安全风险

中国的外部安全环境正处于全球权力结构调整过程中的阵痛期、亚太地区多边机制变动过程中的紊乱期、周边邻国对中国崛起认识的集中反应期这三期叠加阶段。“一带一路”沿线国家多分布在安全环境复杂多变地区，从外部安全环境来看，主要存在着沿线局部战争与武装冲突风险，暴力恐怖势力、民族分裂势力、宗教极端势力三股势力风险以及暴力排华风险。

（一）局部战争与武装冲突风险

“一带一路”沿线局部国家并不和平，部分国家局势仍趋紧张，局部地区武装冲突屡屡发生。2013年全球发生较大影响的局部战争和武装冲突为33起，2014年全球范围内的武装冲突超过10起。冲突主要爆发区与“一带一路”战略沿线多有重合，其中尤以西亚和北非地区为主。仅2013年，在巴勒斯坦、缅甸、阿富汗和肯尼亚，就有不少中国公民因暴力冲突而丧生。阿富汗、巴基斯坦、缅甸、乌克兰、伊拉克、叙利亚等是战争和冲突多发区域。例如，中缅油气管道途经克钦独立军占领区、巴郎国家解放阵线、北掸邦军和南掸邦军四个地方势力所控制区域，该地区数年战火已导致中缅油气管道屡次停工。④ 北非、中亚、高加索一些国家也被视为安全环境复杂多变地区，其中部分国家政局虽然趋稳，但局部武装冲突时有发生。例如2016年4月初，高加索地区阿塞拜疆和亚美尼亚边境纳戈尔诺—卡拉巴赫（纳卡）地区还爆发了军事冲突。可以说，“一带一路”沿线国家的局部战争与武装冲突是“一带一路”建设面临的最严重威胁之一。

（二）“三股势力”风险

恐怖势力、民族分裂势力、宗教极端势力“三股势力”长期在“一带一路”沿线的中亚地区肆虐。例如位于乌兹别克斯坦、塔吉克斯坦和吉尔吉斯斯坦三国交界地区的费尔干纳谷地

---

① 习近平：坚持以扩大开放促进深化改革 坚定不移提高开放型经济水平，来源：新华网，2015年09月15日，http://news.xinhuanet.com/politics/2015-09/15/c_ 1116570386.htm

② 2016年商务部着力推进供给侧改革，以“一带一路”引领对外开放，国务院新闻办公室网站，2017年02月21日，http://www. scio. gov. cn/xwfbh/xwbfbh/wqfbh/35861/36266/zy36270/Document/1542716/1542716.htm

③ 我国又新增7个自贸试验区，来源：北京晚报，2016年09月01日，http://news. 163. com/16/0901/14/BVSQRT-MQ00014AED.html

④ 钟晶晶：中缅天然气管道全线贯通，可绕开马六甲进口中东原油，来源：新京报，2013年06月05日，http://finance.people.com.cn/n/2013/0605/c1004-21741624.html

是宗教极端势力的重要营地。中亚一些国家的境内反动势力与境外恐怖分子的长期勾结，威胁破坏油气管线和交通干线等恐怖活动时有发生。“一带一路”沿线地区的“东突”、基地组织等恐怖主义组织也会与中国国内分裂势力勾结可能恶化“一带一路”战略安全环境。例如以“东伊运”为代表的“东突”恐怖势力曾在中国境内外策划实施了多起恐怖袭击，严重危害民众安危。2016 年 8 月 30 日，中国驻吉尔吉斯斯坦使馆也遭受了这一组织策划实施的自杀式袭击。① 宗教极端势力在东南亚也很活跃，例如马来西亚约有 10 多个宗教极端组织，其中伊斯兰极端组织虽不如印尼、菲律宾、泰国活跃，但与中东、阿富汗、巴基斯坦的恐怖组织均有联系。②

由于一些国家在防范和打击恐怖主义、极端民族主义、分裂主义上的效果依然欠佳，地区的内部问题再加上地区外政治势力的挑唆、干扰和破坏，极有可能在短时间内造成严重安全威胁，严重影响“一带一路”建设。而且，如果这些安全问题处理不好也容易诱发政治对立甚至军事冲突。

（三）暴力排华风险

近年来，由于所在国地方政府的管控能力、治安能力、应急管理处置能力严重不足，涉及中国公民的安全事件时有发生。针对中国公民的袭击、抢劫、绑架和排外事件已经严重威胁到中资企业及驻地机构中国公民的生命财产安全和合法权益。例如，2014 年 5 月的越南暴力排华事件，2014 年下半年的菲律宾针对华人及中资机构的治安事件，2015 年年初蒙古国抢劫和杀害两名中国公民的事件，2015 年上半年发生在乌兹别克斯坦的多起中国籍员工被抢被盗事件，等等。这些使中国在所在国当地的企业投资、项目工程等经贸合作以及境外人员生命财产安全都受到了巨大损失。

二、政治风险

（一）地缘政治风险

“一带一路”沿线途经石油、天然气等世界能源主要产区，也是地缘战略突出地区，因此历来是世界大国争夺的战略要冲。各国纷纷提出自己的战略设想，其中影响较大的有美国“新丝绸之路”计划、日本“丝绸之路外交”以及俄罗斯、印度、伊朗三国的“北南走廊”计划。

美国非常重视中亚地区的地缘政治价值。早在 1999 年，美国国会就通过了“丝绸之路战略法案”。该法案计划通过支持中亚和南高加索国家的经济和政治独立，以复兴连接这些国家及欧亚大陆的“丝绸之路”。2005 年美国提出“大中亚”计划，强调要以阿富汗为立足点，在中亚地区建立政治、经济与安全的多边机制，以促进地区发展与民主改造。2011 年美国国务卿进一步提出“新丝绸之路计划”，通过援助中亚地区国家的基础设施建设，推动实现“能源南下”与“商品北上”战略目标。2012 年 7 月，在东京召开了关于“新丝绸之路”计划的部长级会议，美国希望将日本拉入该计划，可见其对这一计划的重视程度。美国的新丝绸之路计划带有较强的意识形态色彩，与中俄两国展开地缘政治争夺的态势明显。

日本“丝绸之路外交”设想 1997 年由桥本内阁首次提出，日本执行丝绸之路外交的主要方式是由日本政府提供开发援助，帮助丝绸之路沿线国家完善公路、铁路、电力等基础设施建设。为了推动“丝绸之路外交”，日本自 2004 年起推动设立“中亚+日本”机制，通过五国外长定期会晤来促进政治对话、经贸合作、文化交流，强

---

① 王毅在“全球反恐论坛”第二次打击网络恐怖主义研讨会开幕式上发表主旨讲话，来源：外交部，2016 年 10 月 21 日，http://www.fmprc.gov.cn/web/wjbz_ 673089/zyjh_ 673099/t1407795.shtml

② 《“一带一路”沿线国家安全风险评估》委员会编著：《“一带一路”沿线国家安全风险评估》，中国发展出版社 2015 年版。

化日本在这一地区的政治与经济影响力。

俄罗斯、印度、伊朗三国发起“北南走廊”计划，计划修建一条从南亚途经中亚、高加索、俄罗斯到达欧洲的货运通道。“北南走廊”计划的提出也是地区大国在中亚抗衡其他国家的尝试。这些都在一定程度上反映了大国在这一地区的激烈争夺。随着中国“一带一路”战略的推进，不排除在某些地区触发新一轮战略博弈的可能性。

（二）政权变更风险

“一带一路”沿线一些国家政权变更，造成该国政策缺乏连续性。例如，非洲国家绝大多数实行多党民主制度，国际政权定期更替，受传统部落政治和文化影响，新政府上台往往单方面中止上届政府签署实施的合同协议，或调整取消相关优惠政策，导致相关项目建设无法顺利实施。[①] 例如，蒙古政府在新一届政府上任后通常对上届政府未实施的决议进行重新审议。2014 年习近平主席访问斯里兰卡期间，曾与时任斯里兰卡总统拉贾帕克萨一道为港口城奠基揭幕。但在 2015 年 1 月 8 日举行的总统选举中，反对党候选人西里塞纳获胜，新总统于 2015 年 3 月以“缺乏相关审批手续”“重审环境评估”等为由，要求搁置项目进行重新评估，导致科伦坡港口城项目因该国政策连续性不够而遭停工，直至 2016 年 3 月才全面复工。因政策不连续导致项目叫停远不止斯里兰卡项目，中泰高铁项目因泰国政权变更也经历一波三折，密松水电站大坝项目因缅甸改革派新政府上台被叫停。“一带一路”沿线一些国家将进行新一轮大选，可能会引发国家政权更替，而新政权上台原政策能否继续，这无疑会给中资企业在“一带一路”沿线的投资带来不确定和不稳定因素。

（三）战略对接风险

战略对接事关“一带一路”战略的顺利推进。“一带一路”沿线国家对中国“一带一路”战略中所提倡的政策沟通、道路联通、贸易畅通、货币流通、民心相通并不陌生，其中一些内容已经包含在本国、本地区的战略计划和倡议中。例如，哈萨克斯坦的“光明大道计划”，泰国的“边境经济特区战略”，印尼的“海洋强国战略”，印度的“东向政策”，土耳其、伊朗、阿塞拜疆、格鲁吉亚等国的“丝绸之路倡议”，俄罗斯主导的“欧亚经济联盟”，以及欧盟的“3150 亿欧元战略投资计划”等。但是，不少国家存在不同程度的“等、靠、要”思想，把希望主要寄托在利用“一带一路”建设从中国获取更多资金援助和资源。到目前为止，沿线国家虽然表示赞同“一带一路”倡议，但并没有多少国家真正拿出自身资源积极主动推动“一带一路”共建。如何实现我国“一带一路”倡议与不同沿线国家本国、本地区的战略或倡议的有效对接和落地实施，也是摆在我们面前的一个难题。

三、经济风险

（一）金融风险

我国“走出去”企业在金融上存在着一定风险。企业在投资“一带一路”沿线国家的资源能源开发、交通基础设施项目时，面临着资金需求量较大，投资回报周期长，未来收益不确定等问题。而且，由于多数国家市场环境欠佳，商业贷款不愿介入，我国“走出去”企业普遍感到融资难、融资贵。另外，企业还面临着货币贬值、汇率变化等风险。例如，哈萨克斯坦的货币贬值一度使许多民营企业在经营过程中遭到巨大现金风险。

（二）物流承载力不足风险

基础设施落后仍是许多发展中国家面临的突出问题，不仅严重制约本国经济发展，也阻碍各国间互联互通的实现。“一带一路”沿线多为发展中国家，也有极为落后的国家，这些国家普遍面临基础设施严重落后。以老挝为例，

① “一带一路”课题组编著：《建设“一带一路”的战略机遇与安全环境评估》，中央文献出版社 2016 年版。

老挝国土面积 23.68 万平方公里，人口 650 多万，但只有一条 3.5 公里的铁路。[①] 另外，一些国家基础交通设施老化问题比较突出。例如，与我国相邻的吉尔吉斯斯坦、塔吉克斯坦、蒙古和阿富汗等国的公路、铁路年久失修，运力不足，虽然本国政府近几年加大了基础设施改善力度，但主要投入用于省际通道，而在国际化通道建设上还存在较大缺口，这将直接导致这些国家的物流承载力无法满足“一带一路”倡议推进的需要。

（三）潜在运营成本高昂风险

潜在的高昂运营成本也增加了企业运营风险。“一带一路”部分基础设施项目建设周期长、成本回收慢、短期内可能无法实现收益；“一带一路”沿线国家对跨境贸易征收高额关税，各国边界管理机关效率低、不作为甚至存在贪腐行为。据亚洲发展银行的调查，往来于阿富汗的卡车司机中，90%的人认为官僚腐败是开展跨境贸易的最主要障碍。政商关系复杂导致市场竞争不透明，由此引发的恶性竞争使企业经营风险加剧；“一带一路”沿线国家还存在着欢迎中国资金却不欢迎中国劳工，关心本国劳工权益却不重视工程实际进度，态度上积极而实际落实过程中不给予相应优惠政策、配套措施的现象，使投资企业的资产安全面临极大风险。

此外，部分“一带一路”沿线国家的工作签证和旅游签证过于苛刻，也使中国企业在投资时受阻或项目实施中受损。例如，在基础设施建设项目实施期间，需要一部分熟练的中国技术工人赴所在国进行关键建设期的搭建，而签证办理困难常导致工期延误，给中方带来不必要损失。这些问题都严重阻碍企业在“一带一路”沿线国家进行投资。

四、文化风险

（一）制度规则风险

“一带一路”沿线一些国家严格的法律和劳工保障制度令中国企业深感头痛。这些法律不仅严格，而且经常会有新规定。以西亚国家卡塔尔关于外国劳工的相关法律规定为例，规定雇主必须按期支付劳动报酬，在应结付日起 7 日内将员工工资汇至银行。若雇主未及时支付，将受到停发营业执照等行政处罚甚至是监禁等刑事处罚。该国 2014 年第 18 号决议还对劳动者的住宿条件与标准及劳动调查专员权限做出新规定：规定保证劳动者享有高水平的娱乐休闲生活，社区的建设还将遵循最高安全标准与卫生标准。该国劳动调查专员负责对用人企业进行监督，有权对违反劳动法的犯罪行为施行拘捕与定罪。此外，根据该国 2004 年第 14 号法令的规定，劳动调查专员拥有“在白天或夜晚任何工作时间，无须提前告知便可进入工作场所，对记录、账本、档案等任何与劳动者相关的文件进行检查，确定其行为是否合法。”[②] 其劳工制度严苛程度可见一斑。中国企业如果不了解，或者不及时学习新法规，就会使企业遭受重大损失，甚至遭到监禁等刑事处罚。

（二）宗教习俗风险

“一带一路”沿线国家涵盖人口数十亿，宗教、习俗等文化差异性不可低估。沿线国家主要信奉伊斯兰教、基督教、东正教等，华夏儒道罕有存迹。我国企业由于对当地文化习俗、宗教信仰不重视，缺乏对当地文化习俗、宗教信仰基本的了解和尊重，存在着难以融入当地社会、甚至引发冲突的现象，以致给企业经营带来很大阻力。例如，中国一些矿企在非洲赞比亚经营开发过程中，对厂房、宿舍采取“铁锁把门”的封闭措施，对当地员工采取强制加班，甚至禁止他们在工作期间进行宗教仪式的

① 丁子、杨讴：中老铁路，地区互联互通大手笔，人民日报，2015 年 12 月 03 日，http://world.people.com.cn/n/2015/1209/c1002-27905934.html

② 《卡塔尔关于外国劳工的相关规定》，商务部网站，2015 年 11 月 20 日，http://www.mofcom.gov.cn/article/ztxx/xmlh/xmg/201511/20151101190250.shtml

行为，往往造成不可弥补的裂痕和损失。[①] 我们在实地考察中听当地人介绍，中国一种食品以“八戒”为标识，结果遭到了多国抵制。因文化差异、宗教信仰、风俗禁忌问题导致误解和冲突的失败案例屡屡出现，中国企业走出去不可不问文化差异和宗教禁忌。

（三）文化传播风险

俄罗斯、日本等发达国家很注重宣传推广，常收购所在国的电视台、电台和报纸，以牢牢把握形象塑造和话语引导的主动权，降低文化传播负面影响的风险。我国在“一带一路”倡议的宣传推广力度还不够，造成沿线一些国家的顾虑、担心、质疑和理解偏差。一些沿线国家顾虑重重，将“一带一路”倡议视为中国继续谋求地区影响力的一次重大举措，认为这将是又一轮大国角逐和博弈的开始；一些沿线国家存在担心和质疑，例如中亚国家担心中国扩张，俄罗斯担心与其亚欧联盟竞争，印度担心在印度洋打破其地主优势；少数一些沿线国家认为自己只是扮演单一过境国、跳板国的角色，质疑在“一带一路”倡议中是否能获得实际利益；还有一些沿线国家由于对中国政策了解不够或理解上存在偏差，在开放程度、合作深度、执行力度上常有所保留。

另外，我国企业由于不愿意交流在国际上留下了负面形象，被认为是背后有不可告人目的。在多次海外民调中，中国企业的负面形象集中在：中资公司不愿接受采访、不愿曝光与合作地的密切联系、不可持续的生产方式与能源消耗、只关注如何从非洲等地区获取资源等。[②] 由于平时不注重宣传，回避与当地媒体打交道，因此在发生突发性危机事件时，我国企业极易陷入被动，成为众矢之的。

五、其他风险

由于“一带一路”建设是一项长期性、系统性工程。在这个过程中，会经历国际与地区格局变迁，国际制度与规范调整，大国战略关系演变以及生态环境、自然灾害等一些突发因素的影响。这些不确定因素会对“一带一路”建设带来一定风险。例如 2016 年 5 月中蒙水电站项目被叫停事件，中方投资与蒙合作的 3 座水电站项目被认为是“一带一路”建设在蒙古成功推进的范例，然而该项目却被俄罗斯因担心影响当地生态而突然叫停。沿线地区国家内部也会存在一些不确定因素。一些国家国内政局动荡，法律不健全，政策容易朝令夕改，民众抗议集会活动频繁。中国企业在当地的利益受损时通常难以获得及时有效的维护，存在“签约容易获益难”问题。“一带一路”沿线涉及国家众多，地理范围大，合作领域广，现实情况十分复杂，不得不考虑不确定性因素带来的风险。

“一带一路”建设对策建议

一、政府层面

“一带一路”建设的顺利实施离不开政府层面强有力的政策支持、法律保障以及安全、资金等保障。我国政府应进一步加强相关立法，加强顶层设计，做好安全规划整体布局；加强多边机制建设，着力深化安全合作；加强金融机构海外布点，做好金融服务保障。将政治、经济、安全、外交、文化等问题综合规划，统筹考虑，全方位推动“一带一路”建设。

（一）加强“一带一路”相关立法，规范法治环境

随着“一带一路”建设的全面开展和深入实

① 胡立俭：“‘走出去’企业要突破‘形象困局’”，载《国际工程与劳务》2017 年第 01 期。

② 胡立俭：“‘走出去’企业要突破‘形象困局’”，载《国际工程与劳务》2017 年第 01 期。

施，我们在收获早期丰硕成果的同时，还要看到“一带一路”建设由于涉及国际、国内两个市场，涵盖范围广泛，涉及领域众多，存在着无法可依、有法难依的问题。我们迫切需要以《联合国宪章》、国际法为准则，协调制定对各国普遍具有法律效力的约束性条款，旨在保障“一带一路”相关政策、战略对接的连续性和项目合作等相关协议的有效性，将因战乱冲突、国家政权更替、货币贬值等产生的安全、政治、经济等风险降至最低；我们迫切需要加强“一带一路”建设相关经贸合作立法，加快形成高标准贸易投资规则体系，统一规范国际国内市场，将因规则不统一、标准不一致等所带来的市场风险降至最低，为“一带一路”沿线各国经贸合作提供强有力的法律保障；我们迫切需要加强基础设施联通、国际产能合作、劳动人事保障等相关立法，保护中国“走出去”企业和员工在海外的合法权益。只有加强“一带一路”相关立法，完善涉外法律法规体系，为“一带一路”建设提供强有力的司法保障，营造规范的法治环境，使“一带一路”建设真正做到有法可依、有法必依、执法必严、违法必究，才能确保“一带一路”健康发展和顺利实施。

（二）加强顶层设计，做好安全规划整体布局

建议要把政治风险纳入“一带一路”顶层设计，在“一带一路”安全规划决策层面做好整体布局，搭建多层次、宽领域、机制化对话合作平台；加强安全保障策略的沟通协调，推动各国共同完善“一带一路”沿线相关安全立法，加大对海外投资、贸易等行为的安全保障力度；建立完善“一带一路”政治风险预警机制，加快构建“一带一路”沿线国家政治风险动态评价体系；以信息化为支撑加快建设“一带一路”政治风险立体防控体系，创造性运用现代信息技术最新成果破解风险防控难题，提升政治风险防控体系建设水平；综合运用多种手段，凝聚各国多方力量，积极支持并参与联合国维和行动，加强大规模杀伤性武器及运载工具防扩散国际合作，共同维护国际通道安全，共同协商解决“一带一路”建设中的政治风险问题。

此外，“一带一路”不仅是国家经贸合作层面上的策略选择，也是国家经济外交战略中的大胆尝试，它涉及到国家整体经济安全问题，需要纳入国家经济安全总体战略。在具体实施过程中建议由中央国家安全委员会统筹协调各相关部门，就特定领域做出统一部署，就推进具体议题给予相应配套政策，将安全、政治、经济、外交等问题综合起来考虑，全方位维护国家安全，实现“一带一路”建设发展目标。

（三）加强多边合作机制建设，着力深化安全合作

加强多边合作机制建设，维护国际公共安全，构建安全治理模式。完善上海合作组织、亚太经合组织等现有多边合作机制；推进亚洲相互协作与信任措施会议机制建设，加快建立常设机构、制定议事规则，除定期举行峰会、外长级会议外，还可以通过设立协调小组推动相关国家安全协作；深化中国—东盟执法安全合作部长级对话机制、积极推进筹建澜沧江—湄公河综合执法安全合作中心；倡导共同、综合、合作、可持续的亚洲安全观，积极构建和平共赢、相互尊重共有理念；遵守联合国宪章主旨与准则，通过对话协商解决争端，增强政治互信，维护地区和平与稳定，为亚太地区乃至世界提供更多公共安全产品。

着力深化安全合作，丰富安全合作内容，以传统安全合作领域为主，同时加强打击恐怖主义、能源资源安全等非传统安全领域合作；参与维护全球网络安全，推动国际反腐败合作；探索灵活多样的安保合作形式，联合成立国际安保服务中心，建立海外安保公司，完善以政府海外安全服务为主，以市场安全服务为辅的

安全体系，切实为“走出去”企业提供安全保障服务。

（四）加强金融机构海外布点，做好金融服务保障

近年来，依托“走出去”战略，我国企业通过海外并购、直接投资、对外承包工程等方式，较好实现了国际化经营。但中国企业在投融资上面临的困难和障碍，依旧是制约中国企业“走出去”的一大短板。另外，由于近几年全球经济下行，贸易保护主义加剧，技术性贸易壁垒更加复杂隐蔽，贸易摩擦和争端时有发生。这在一定程度上增加了中国企业参与全球贸易的风险。政府应进一步解放思想，开动脑筋，大胆创新，采取多种形式拓宽金融服务渠道，降低企业境外投资风险，助推中国企业“走出去”。

应加强金融机构海外布点，向企业提供多渠道融资方式，创新抵押质押方式，增加贷款额度，为企业融资提供便利；要向经济开放程度不高的国家或地区适度倾斜，力争能够在“一带一路”沿线重点国家和地区，实现金融机构布点全覆盖，切实为中国境外投资企业提供坚实的金融服务保障。① 此外，还可以采取互联网+、云数据、微信等方式，通过互联网、手机等现代通讯平台，提供及时有效的境外投资信息咨询服务，为“一带一路”建设提供灵活多样、长期稳定、健康可持续、风险可控的金融保障体系。

二、企业层面

企业是“一带一路”建设的实施主体和中坚力量。在“一带一路”建设中，企业应进一步加强技术创新，提高企业核心竞争力；注重学习培训，用好国内外权威部门发布的投资指南、年度报告等各种公共服务产品；承担起社会责任，积极融入当地。在完善自身素质能力的同时，与沿线所在国政府和民众保持良性互动，为顺利开展“一带一路”建设赢得广泛的民意支持。

（一）加强技术创新，提高企业核心竞争力

“一带一路”建设的顺利推进，离不开技术创新、管理创新、金融创新、合作模式创新等全方位创新，其中技术创新在全方位创新中最具核心价值。由于核心技术、核心材料等仍高度依赖进口，使中国企业严重“受制于人”，竞争优势有待提高。我国自2014年开启“大众创业、万众创新”后，虽然看起来很热闹，但实质性创新不多。以日常常见的圆珠笔为例，2017年初国内各主流媒体争相报道《中国终于造出圆珠笔头，有望完全替代进口》，国人在一片叫好之余，也感慨没想到拥有3000多家制笔企业、20余万从业人口、年产圆珠笔400多亿支的制笔大国，圆珠笔头却长期以来依赖进口。② 我国高新企业创新也同样存在几个缺憾：“一是有实质性创新的产品不多，而玩概念、玩外观的过多；二是个人生活及家用类创新产品多，而材料、器材、设备、装备类创新产品不多；三是基于技术改进的产品创新多，而基于科学新发现的知识应用创新比重不大。”③

不论任何行业，如果核心技术没有突破，行业创新难有实质性进展。企业必须加大创新力度，通过高薪引进人才、加强企业之间创新交流等，改善我国企业落后的核心技术创新现状，有效提升企业在国际市场中的竞争力，提高我国在全球价值链中的地位。同时，我们还要积极学习国外创新经验，深化国际合作。例如深圳和芬兰等9个国家签署科技合作协议，与德国搭建创新创业的直通车，深圳华为、中

① 何茂春、郑维伟：“国际分工体系：中国、全球化与未来世界”，载《学术前沿》2016/05/上/总第97期。

② 总理关注的圆珠笔头终于造出来了，有望完全替代进口！中华人民共和国中央人民政府网，http://www.gov.cn/premier/2017-01/09/content_5158060.htm，2017年01月09日。

③ 雷家骕：核心技术若无突破行业创新难有实质性进展，中国科技网，2017年01月03日。

兴通讯、华大基因在“一带一路”沿线国家设立了研发中心等，这些都值得我们企业借鉴学习。①

（二）注重学习培训，用好公共服务产品

“知己知彼，百战不殆”，由于我国大部分企业海外投资起步较晚，存在着海外投资经验不足、对国际市场不熟悉、对国际规则不了解等问题。企业可通过学习和培训来增强对国际市场的了解，避免投资盲目性，提高在国际市场实现互利共赢的能力。

一方面，企业应加大企业自身的学习和培训力度，积极组织员工参加各种海外业务知识的培训交流，包括国际法、国际贸易、国际金融、国际营销等相关知识的拓展学习，增强应对国际复杂营商环境的能力；另一方面，企业要善于应用国内外权威部门发布的各种年度报告、投资统计公报等公共服务产品。例如仅2015年，商务部就发布了涉及171个国家（地区）的《对外投资合作国别（地区）指南（2015年版）》《中国对外投资合作发展报告2015》《“走出去”典型案例》汇编等公共服务产品。这些公共服务产品是企业了解世界各国投资合作环境的权威信息渠道，企业要善于利用这些信息资源，挖掘关键信息，认真学习分析后，因地制宜做出相应企业决策，增强海外投资的有效性和成功概率。

（三）积极融入当地，赢得民意支持

在海外投资过程中，我国一些企业存在着国际化经验不足，法律观念淡薄、社会责任意识有待提升的问题。这使得中国企业容易招致当地政府，尤其是民众的抵触和不满，存在着我国企业在所在国“站住容易站稳难”问题。我国企业海外投资要从身边小事做起，注重维护企业自身形象，积极融入当地，以负责任的态度担当起应负的社会责任。可通过挖水井、修建幼儿园、建医院等增进与所在国民众的感情。尊重所在国的风俗习惯，文化禁忌，以开放包容的胸怀求同存异。不要过分强调短期经济利益，避免盲目冒进和投机取巧。同时，还要向发达国家跨国公司学习当地化战略赢民心的经验，与沿线所在国政府和民众保持良性互动，为顺利开展“一带一路”建设赢得民意支持。

三、社会层面

社会是“一带一路”建设的无穷智慧宝库，也是“一带一路”建设的不竭动力源泉。从社会层面来看，我们应加大文化传播力度，加强媒体国际传播，为“一带一路”建设营造良好的国际舆论氛围，为中国搭建发布话语体系构建的舞台；我们应加强智库建设，深入挖掘智力成果；我们应加强价值取向引导，调动全社会的力量，立足当前，着眼长远，积极投身于“一带一路”建设。

（一）加大文化传播力度，营造良好舆论环境

在推进“一带一路”建设过程中，讲好中国故事、传播中国声音、构建中国国际话语体系，营造互利共赢的国际舆论环境离不开媒体国际传播。媒体国际传播在传播信息、增进互信、凝聚共识等方面发挥着不可替代的重要作用。我国应结合目前所处的国际环境，“一带一路”战略总体规划和发展需求，有重点、有针对性地开展宣传。例如中亚、西北亚等地区是“一带一路”战略实施的重点区域，中国可尝试采用俄语等多语种，加强在中亚、西北亚地区的宣传。

我们还应借鉴国外先进经验，加强和完善媒体国际传播方式和传播力度，为推动“一带一路”建设营造良好国际舆论环境。俄罗斯国际电视台“今日俄罗斯”在2005年成立之初，就致力于打破西方国际话语权，向世界展现一个不同于美国等西方媒体歪曲丑化的俄罗斯，

① 王琳、赵鹏飞：深圳：汇聚全球智慧 助推“一带一路”，人民日报海外版，2016年03月16日。

为俄罗斯的发展营造良好国际舆论环境。“今日俄罗斯”每周7天、每天24小时不间断用英语、阿拉伯语、西班牙语对外播放，栏目丰富，各具特色。其中每周日播出的Moscow Out栏目主题选材广泛，每期以人物、景点、艺术、节日以及莫斯科衣食住行等为主题全面介绍莫斯科。据2011年底尼尔森受众调查显示：“今日俄罗斯”的全球受众达到四亿三千万，遍布全球100多个国家，仅美国受众人数就达到了八千五百万。[①]“今日俄罗斯”对外传播的影响力甚至超过了美国CNN、英国BBC、德国之声等。“今日俄罗斯”的成功运作，在很大程度上消除了国外受众对俄罗斯的误解与偏见，使俄罗斯国家形象得以提升。我国可借鉴“今日俄罗斯”的做法，采取全方位、高频度、多语种、多栏目的播放力度；加强媒体宣传的灵活性、艺术性，避免生硬枯燥。

（二）加强智库建设，挖掘智力成果

“一带一路”建设是中国开创性的创举，既缺少前人的成熟经验，也鲜有成功先例可供借鉴。智库作为咨政建言、舆论引导、人文交流的重要力量，在各国经济社会发展和国际事务中发挥着越来越重要的作用。我国应充分调动政府、学界、民间等各方面社会力量，鼓励成立“一带一路”智库，进行“一带一路”沿线国家相关问题的研究，发挥智库的中介咨询作用，实现“一带一路”倡议的有效推进；鼓励加强各国智库间交流合作，发挥智库的桥梁和纽带作用，推动“一带一路”倡议的顺利实施。

智库工作开展可分阶段按领域进行，紧密围绕我国政府关于“一带一路”建设规划总体部署，针对不同时期“一带一路”建设的工作重心，有针对性地开展“一带一路”倡议内涵、风险、成果、金融、能源等系统性研究。智库应有针对性地为政策献策进言，为企业提供合理建议。注重进言建议的专业性、建设性、可行性，努力提高智库研究成果的政策转化率。

同时，建议以国内知名高校为依托，成立国家智库管理中心。由国家智库管理中心负责牵头，定期召开智库间联席会议，深入挖掘、梳理汇总、系统发布“一带一路”建设研究成果，表彰先进智库。智库间联席会议既可为各智库提供相互交流学习的平台，又可避免智库间重复性研究。每次智库联席会议的研究交流成果，建议以简报形式及时向“一带一路”建设各相关部门呈送，并以期刊或专著等形式定期向社会公开发布，为“一带一路”建设提供全方位、多角度智力支持。

（三）加强价值取向引导，充分调动全社会力量

“一带一路”事关国际、国内两个大局，不仅是世界各国的合作共赢、和平友谊之路，也是中华民族的复兴之路。我们应充分调动各方力量，使全社会各界积极主动融入“一带一路”建设。通过举行“一带一路”建设成果交流会、“一带一路”建设先进集体或个人年度表彰会、“丝路文化”有奖知识大赛等活动，或采取其他大众喜闻乐见的形式，在全社会营造共建“一带一路”的良好氛围。

同时，还要加强“一带一路”建设价值取向的引导。培养既注重经济效益，也注重生态环保；既注重物质成果，也注重精神成果；既注重短期利益，也注重长远可持续发展的意识。在“一带一路”建设中，既要注重各项互联互通工程建设、经贸合作区建设等各项有形成果的扎实推进，又要关注生态环保、丝路文化挖掘、不同文明交流互鉴、“一带一路”理论研究等各项无形成果的推进。将来我们不仅有大厦千顷，还有蓝天碧水可留给子孙后代。绵延千年的精神力量和文化传承，也将是我们留给子孙后代最宝贵的财富。

---

① 李滢嫣：“多语种电视频道在俄罗斯公共外交中的作用——以‘今日俄罗斯’电视台为例”，载《东南传播》2013年第07期。

结 语

"一带一路"是我国新一代中央领导集体，顺应世界形势深刻变化、把握历史发展潮流，统筹国内国际大局，审时度势提出的富有胆识和远见的重大决策，是中国当前和未来发展的重要努力方向。"一带一路"倡议对于开创我国全方位对外开放新格局、推动我国和沿线各国经济发展、文化交流、造福世界各国人民，促进世界和平发展都具有划时代的重要意义。

三年来，"一带一路"建设从无到有、由点及面，进度和成果超出预期，取得了令世界瞩目的成就。站在新的起点上，我们将紧密团结在以习近平同志为核心的党中央周围，开拓创新、务实工作中，坚持共商、共建、共享原则，在"一带一路"建设中进一步深化与各国战略对接，加强互联互通基础设施建设和国际产能合作，加强不同文明交流互鉴。在巩固原有建设成果基础上，不断加强相关立法工作，加强"一带一路"建设的理论研究，加强中国话语体系构建，汇聚思想精华，传播中国理念，聚焦打造绿色丝绸之路、智力丝绸之路、健康丝绸之路、和平丝绸之路，为全面建成小康社会，实现"两个一百年"奋斗目标、实现中华民族伟大复兴中国梦而努力。同时，要肩负起大国担当，为实现世界和平与发展，共同构建人类命运共同体贡献中国智慧和中国力量。

（本文作者分别系清华大学经济外交研究中心主任助理、博士郑维伟；清华大学经济外交研究中心主任、教授，国务院参事何茂春）

实践案例

开发中白工业园

中白工业园区开发股份有限公司

一、开发背景

中华人民共和国与白俄罗斯共和国于1992年建交，自建交25年以来，两国关系发展顺利，双边贸易快速稳步增长。尤其是2013年两国建立全面战略伙伴关系之后，双方政府领导积极开展国际合作，加深了两国企业之间的密切交流。

中白工业园是中白两国元首亲自倡导、推动的项目。2010年3月，时任中国国家副主席习近平访问白俄罗斯期间，白俄罗斯总统卢卡申科表达了在白俄境内合作建立中白工业园的愿望。同年10月，卢卡申科总统访华期间，白俄罗斯经济部与中工国际工程股份有限公司签署了《关于在白俄罗斯共和国境内建立中国—白俄罗斯工业园区的合作协议》，中白工业园应运而生。

中白工业园作为国家主席习近平倡议建设的横贯欧亚大陆的“丝绸之路经济带”的重要平台，得到了以白俄罗斯总统卢卡申科为代表的白俄政府的支持和重视，是中白两国双边合作的战略性项目，对进一步丰富中白两国全面战略伙伴关系内涵、引领两国关系未来发展具有重要意义。

2015年5月11日，习近平主席访问白俄罗斯，提出要把中白工业园建设作为合作重点，发挥政府间协调机制作用，谋划好园区未来发展，将园区项目打造成丝绸之路经济带上的明珠和双方互利合作的典范。2015年5月12日，国家主席习近平和夫人彭丽媛在白俄罗斯总统卢卡申科陪同下，莅临中白工业园项目视察。两国元首共同见证了中白工业园管委会向首批7家入园企业颁发入园证书和14家意向入园企业向园区管委会提交入园协议的仪式，并在中白工业园发展蓝图上题名。习近平主席指出：中白工业园是中白务实合作的“升级版”，是“丝绸之路经济带”上的标志性项目。卢卡申科总统指出：将中白工业园打造成奠定中白友好合作的巨石。两国元首对园区的视察活动，极大地促进和提升了园区在中白两国之间的影响力。

为及时解决中白工业园开发过程中的问题，从2014年开始，由中国商务部和白俄罗斯经济部共同组建中白工业园协调工作组，时任中国商务部国际贸易谈判代表兼副部长钟山和白俄罗斯经济部部长金诺夫斯基组织定期召开中白工业园协调工作组会议。到2016年底，已经召开了8次会议，解决园区开发进程中遇到的规划、建设、招商、政策机制等问题，从而加快了园区的发展。

2016年9月28日至30日，白俄罗斯总统卢卡申科访华。中国国家主席习近平强调，要加快中白工业园建设，拓展地方合作，实现优势互补和协同发展。卢卡申科表示，白方积极支持中方“一带一路”倡议，愿将其与自身发展战略对接，并将两国经贸投资合作提高到新的水平，推动中白工业园建设成为“一带一路”的示范性项目。

二、开发优势

（一）地理位置优越

白俄罗斯是“一带一路”的重要节点，位于欧洲中部，总面积20.76万平方公里，东部和北部与俄罗斯接壤，南邻乌克兰，西邻波兰，西北与立陶宛和拉脱维亚接壤，是欧洲和独联体国家间的交通要道与贸易走廊，是俄罗斯和中亚国家联系欧洲的重要通道，也是“丝绸之路经济带”进入欧洲的门户。

中白工业园位于白俄罗斯明斯克州斯莫列维奇区，距首都明斯克市中心25公里，毗邻明斯克国际机场，距波罗的海克莱佩达港口约500公里，距莫斯科约700公里，距柏林约1000公里，莫斯科至柏林的M1洲际公路、连接明斯克市区到机场的M2高速公路穿越园区，未来还将有连接机场与明斯克市区的轻轨穿过园区。中国至白俄罗斯有中欧班列等多条铁路干线联结，而中白工业园位于该铁路通道的西南侧，与亚欧国家在陆路运输方面实现了无缝对接。

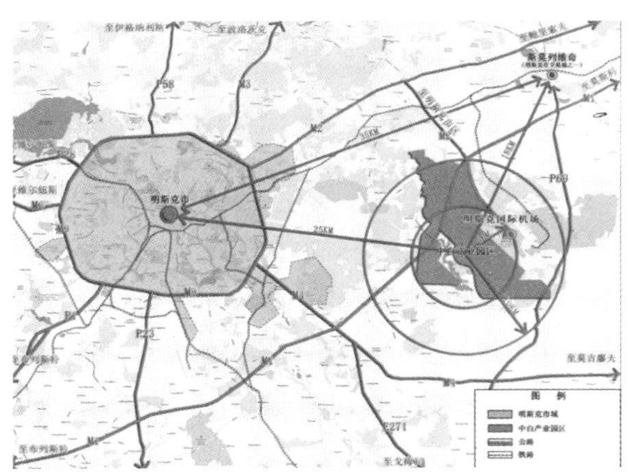

中白工业园位置图

中欧班列联结图

（二）市场潜力巨大

白俄罗斯环境优美，因水系较多，被称为“万湖之国”。白俄罗斯社会政治稳定，国民经济持续快速增长，国民素质较高，社会服务体系完备。白俄罗斯作为欧亚经济联盟成员国，入园企业的产品可以免关税销往俄罗斯、哈萨克斯坦、亚美尼亚、吉尔吉斯斯坦等市场，涵盖人口总数超过1.7亿，还可以进入欧盟及其共同体成员国市场，市场拓展潜力巨大。中白工业园将会为中国企业走向海外提供良好的发展平台。

（三）规划理念先进

中白工业园在开发初期，即明确了面向全球的招商思路，现代服务业的引入和发展，将为入园企业配套服务提供保障，为入园企业由初期的海外生产基地进一步发展为区域总部中心提供了可行性。中白工业园重点引入产业定位为：电子信息、机械制造、精细化工、新材料、生物医药、仓储物流等六大行业，通过以先进制造业和现代服务业为支撑，并依托明斯克众多高校、科研机构，整合全球资源，逐步设立制造中心、研发中心、物流中心、商贸中心和财务结算中心。园区将引入专业的服务型企业，以市场化的运作模式，提升服务水平。在大力发展先进制造业的同时，园区还将同步跟进商业配套及居住用地的开发。通过高品质的住宅和商业中心的开发，提升园区的生活环境和商务氛围。未来，中白工业园将吸引超过100家高新技术企业入驻，就业人口超过10万，最终形成结构布局合理、产业协调发展、科技水平含量高、社会经济效益明显的综合性开发区，同时促进产城融合，打造一座集生态、宜居、兴业、活力、创新五位一体的国际新城。

（四）服务体系完备

1. 园区设置了三级管理架构。第一级，中白政府间协调委员会，由两国政府部门组建，统筹推进中白工业园事务；第二级，园区管委会，负责园区的招商引资、政策制定、企业服务、行政审批；第三级，中白工业园区开发股份有限公司，负责园区土地开发、招商引资和经营管理。园区将实现服务全通、政策畅通、法制顺通、信息灵通、资金融通、人才流通、生活便通，成为世界各国企业投资运营的最优产业平台。

2. 中白工业园区开发股份有限公司由中白双方股东共同组成。中方股东包括：中国机械工业集团、招商局集团、中工国际工程股份有限公司、哈尔滨投资集团，总计股份比例为68%；白方股东包括：明斯克州执行委员会、明斯克市执行委员会、地平线控股集团公司，总计股份比例为32%。

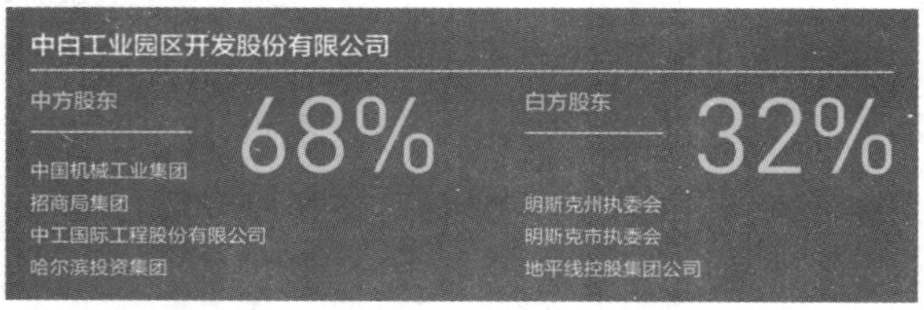

中白工业园区开发股份有限公司股比示意图

中国机械工业集团的主体业务是机械装备研发与制造，拥有深厚的行业背景和丰富的行业资源，许多技术、装备和产品填补国内空白、替代进口，成为中国机械工业最重要的科研开发与装备制造企业和国家重大装备国产化基地。

招商局集团的主体业务主要集中于交通、金融、房地产三大核心产业。同时，招商局集团拥有百年历史，在全球拥有多个港口，并已初步形成较为完善的海外港口、物流、金融和园区网络。同时，拥有丰富的园区开发、建设、招商引资和运营经验。其主导开发的蛇口工业区和漳州开发区成为自贸区和国家级开发区。

两大集团的强强联合，优势互补，促进了中白工业园的有效、合理开发，为中白工业园成为具有国际竞争力的高科技、生态园区打下了基础。

3. 政府服务。中白工业园倾力打造"一站式"高效服务体系，全部审批在园区内完成，提供投资洽谈、公司注册、项目准入、土地过户、报建审批、联合验收、进出口审批、优惠政策审批等全过程服务。

4. 投资服务。中白合资公司提供注册、法律、会计、税务、报建、施工、劳务等投资全过程咨询服务。

5. 金融服务：(1) 中国国家开发银行对入园中国企业提供"有市场竞争力"利率的融资支持。(2) 白俄罗斯当地银行也可向入园企业提供项目融资。(3) 建立中白产业基金支持入园项目。

6. 物流服务。招商局集团投资5亿美元打造中白商贸物流园，为园区企业提供全供应链商贸物流服务。

(五) 政策条件优惠

通过《总统令》的形式，赋予符合主导产业的入园企业多项优惠政策：

1. 税费优惠。"十免十减半"的税收优惠，主要包括：入园企业所得税、楼房和建筑物的不动产税、私有土地的土地税。企业自注册之日起10年内免征，后10年减半征收；进口关税与增值税可以在符合条件的情况下享受免除；免除外国国籍员工强制保险；免除吸引外国劳动力许可的颁发费用和许可延期费用，免除在白俄工作的特殊许可的颁发费用和许可延期费用，免除在白俄罗斯的临时居住许可颁发费用；企业自产生总收益起五年内，免除企业分给股东红利的利润税。

2. 土地使用年限长，租期可达99年，也可私有化。

三、开发成效

(一) 园区配套分步实施

园区总开发周期为20年，遵循分步实施、滚动开发的原则，分四期开发。一期土地开发面积约8.5平方公里，起步区约3.5平方公里。一期用地性质分为工业、物流和公共配套等用地，规划建设高标准生产厂房、保税物流仓库、行政商务中心、快捷商务酒店以及商业中心，为入园企业提供充足的生产制造、物流配送和服务保障等全链条便利条件。

中白工业园一期规划图

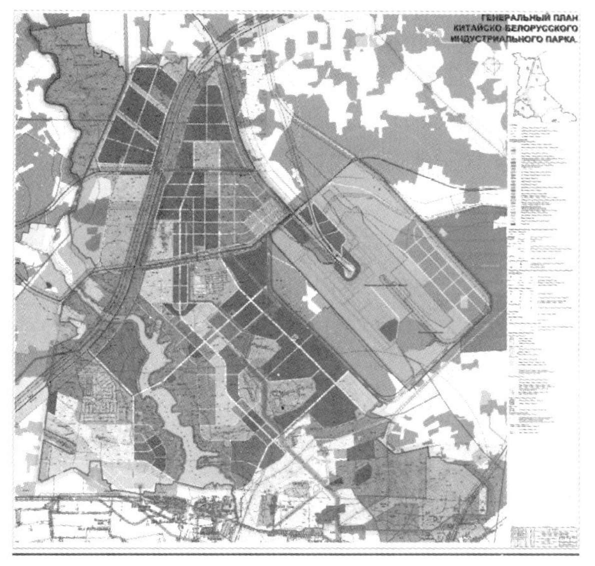

中白工业园总规图

（二）起步区基础设施建成并投入使用

一期起步区 3.5 平方公里“七通一平”及配套基础设施已基本建成，包括 11 公里双向四车道公路，给排水、供电、通讯等地下管网，一部分厂房和办公楼已经在 2016 年底竣工并于 2017 年投入运行。共开发土地 354 公顷，形成工业用地 275 公顷，商业用地 28 公顷，市政配套用地 51 公顷。可以满足不同类型企业生产需求。

中白工业园主入口

12500 平方米办公楼和 8000 平方米标准厂房已完成全部建设工作，可提供给入园企业出租使用。入园项目中，招商局中白商贸物流园项目总建筑面积 10 万平方米，其中展销中心、商务中心和保税仓库等设施已陆续封顶。

中白合资公司办公楼和标准厂房

招商局商贸物流园首发区封顶

（三）招商引资初见成效

为提高中白工业园知名度，吸引更多的投资者到中白工业园考察、投资，在中国商务部、国资委、中国驻白俄罗斯大使馆、国机集团、招商局集团两大股东和白俄罗斯经济部、工业部、外交部、明斯克州政府的支持下，中白工业园开始面向全球开展大规模的招商活动。

2016 年，共举办 37 场推介会。其中，在中国举办了 18 场，在欧洲举办了 19 场，还在园区举办了 5 场重大活动。2016 年，园区共接待考察团组 118 个，人数 700 多人。其中，来自中国的考察团 61 个，来自白俄罗斯的考察团 9 个，其他第三国 48 个。

已有正式入园企业 8 家：招商局物流集团有限公司、成都新筑丝路发展有限公司、中联重科股份有限公司、华为技术有限公司、中兴通讯股份有限公司、中国一拖集团有限公司、白俄纳米果胶、浙江永康弘福工贸有限公司。此外，还有白俄罗斯 DEPO 制药公司、奥地利 KRONOSPAN 电子印刷、罗马尼亚 SOLAR 制药等项目正在办理入园手续。

已签订意向入园协议的企业有 25 家，包括中国重型汽车集团有限公司、美的集团有限公司、东莞勤上光电股份有限公司、宝莲华新能源集团等。

四、发展愿景

中白工业园将承载中国与白俄罗斯两国政府的希望，顺应全球经济发展潮流，抓住“一带一路”的难得机遇，努力成为中白两国成功合作的典范、“丝绸之路经济带”上的驿站，以及国际经贸深度合作的示范区。

中泰崇左产业园融入“一带一路”的思考与实践

中国—泰国崇左产业园管理委员会

“一带一路”倡议，是党中央统筹联动发展国际、国内经济，推进全球经济一体化的重大决策，对开创我国全方位对外开放新格局、促进地区及世界和平发展具有重大意义。中共广西第十一次党代会报告确定了营造“三大生态”、实现“两个建成”、谱写建党百年广西发展新篇章的主题。基本建成面向东盟的国际大通道、西南中南地区开放发展新的战略支点、21世纪海上丝绸之路与丝绸之路经济带有机衔接的重要门户。基本建成国际通道、战略支点、重要门户。现代基础设施体系日臻完善，互联互通水平大幅提升，服务西南中南地区开放发展的地位作用更加突出，与东盟等“一带一路”沿线国家和地区合作交流更加密切，现代商贸物流枢纽、产能和装备制造合作基地、区域性金融中心和信息交流中心初步形成，法治化、国际化、便利化的营商环境不断优化，重要开放平台功能明显提升，要素资源集聚配置能力显著增强，全方位开放合作格局深化拓展，开放型经济迈上新台阶。

坚定不移推动开放发展，构建四维支撑、四沿联动新格局，开放合作是带动广西发展全局的强大引擎。必须实施更加积极主动的开放带动战略，深度融入“一带一路”建设，以开放的主动赢得发展的主动。拓展国际国内开放合作空间。强化四维支撑：向南开放，拓展同以东盟为重点的“一带一路”沿线国家合作；向东开放，提升对粤港澳台及长三角等沿海发达地区的开放合作水平；向西向北开放，增强服务西南中南地区的开放发展功能；向发达经济体开放，主动对接先进生产力。统筹沿海沿江沿边沿线四沿联动开放，打造北部湾经济区升级版，形成珠江—西江经济带开放新优势，构筑沿边地区开放新高地，释放高速铁路、高速公路沿线开放新活力，加快粤桂黔高铁经济带合作建设，培育新的开放动能和经济增长点。加快建成衔接“一带一路”、贯通西南西北的高速铁路线，全力打造区域性国际航运中心、国际门户枢纽机场、国际航空货运基地，高水平规划建设中国—东盟信息港，加强口岸基础设施和配套服务设施建设，着力构建面向东盟的国际大通道，为拓展全方位开放提供强力支撑。发展更高层次的开放型经济。以东盟国家为重点，加快优势产业“走出去”，建设好以中马“两国双园”为代表的国际产业合作园区。实施“引资强贸”工程，提升利用外资规模和水平。实施新一轮“加工贸易倍增计划”，推动加工贸易产业集群发展。创新发展服务贸易，培育外贸竞争新优势。建设国家进口贸易促进创新示范区和面向东盟的跨境电子商务示范区。完善保税物流体系，发展外向型产业集群。创建监管新模式，提高贸易便利化水平。推进CEPA先行先试，扩大与港澳服务贸易合作。创新丰富开放合作平台。推动中国—东盟博览会、中国—东盟商务与投资峰会常办常新，延伸展会价值链。务实参与中国—中南半岛经济走廊合作、泛北部湾经济合作、澜沧江—湄公河合作、中越“两廊一圈”合作，加快推进南宁—新加坡经济走廊和中越跨境经济合作区建设，提升东兴、凭祥国家重点开发开放试验区建设水平，抓好防城港国家开放型经济新体制综合试点试验，推进中越德天—板约瀑布国际旅游合作区规划建设。发挥广西沿边金融综合改革试验区、中国—东盟国检试验区和海关特殊监管区等平台作用，提升区域要素资源配置能力。

崇左市地处我国西南地区，具有沿江、沿边、近空港、通高速路等区位优势和交通优势，是与东南亚国家往来的节点和前沿城市，是西南内陆地区的重要出边通道之一，是国家实施“一带一路”倡议有机衔接重要门户。而中泰产业园处于崇左市城区范围内，其肩负着发展崇左经济的重任，其发展定位的目标是未来2年内打造成为国家级产业园，成为崇左市经济发展强有力引擎，是崇左市推进“一带一路”发展战略的生力军。为此，中泰产业园将依托自身的优势，积极主动融入“一带一路”倡议，加强对外开发开放，扩大深化同东盟各国间的经贸合作，构筑沿江沿边全方位对外开放的经贸合作平台，在开放中加强交流合作，在竞争中争取先机和主动，加速推进产业转型升级，推进崇左经济的发展，推动中国东盟自贸区的建设步伐，进而落实“一带一路”倡议。

一、中国—泰国崇左产业园的优势

（一）政策优势

崇左市是全国唯一独享北部湾经济区、珠江—西江经济带和左右江革命老区振兴规划“三区叠加”政策优势的城市。随着自治区“双核驱动、三区统筹”战略深入实施、凭祥重点开发开放试验区、南宁—崇左—凭祥对外开放经济带建设列入国务院《关于加快沿边地区开发开放的若干意见》，结合崇左市委市政府提出的“两篇大文章”“四大攻坚战”的内在要求，中泰崇左产业园全力深入融入“一带一路”倡议，抢抓机遇，加大开放合作力度，努力建设成为面向东盟开放合作的新高地，成为提升崇左乃至广西沿边开放水平的新兴园区。

（二）区位优势

崇左是面向东盟开放合作的区域性新兴城市，“打开门就是越南，走两步就进东盟”，是中越“两廊一圈”和南宁—新加坡经济走廊的重要节点城市，是当前广西打造建设的广西北部湾经济区、桂西资源富集区、西江经济带的“两区一带”的重点城市之一，是中国连接东盟陆路大通道最前沿的城市。全市有宁明、龙州、大新、凭祥4个县（市）与越南接壤，边境线长533公里，是广西陆路边境线最长的地级市。全市共有4个国家一类口岸、3个二类口岸、14个边民互市贸易点，是中国口岸最多的边境城市。

中泰产业园位于泛珠三角区域经济合作区、大湄公河次区域经济合作区、泛北部湾经济区等多个区域经济合作区重叠位置，处于中国通往东盟陆路大通道和云南、贵州等西南省区出海通道上，距南宁70公里，距越南河内240公里，距钦州港125公里，具有近首府、近首都、近海港的区位优势。距离崇左主要口岸都在1小时车程内，境内有南宁—友谊关高速公路及湘桂铁路大动脉横穿而过，距首府南宁122公里，距边境城市凭祥市98公里；园区建设有濑湍港1000吨作业区，具有8个国际化河港泊位，船只沿左江黄金水道经南宁可达港澳地区。园区内加工贸易保税区也正在逐步完善。

（三）资源优势

崇左市被誉为中国糖都、锰都，具有丰富的土地、矿产、农林业资源。其中，土地资源方面，人均耕地面积约3.18亩，是广西人均水平的2倍多；矿产资源方面，目前有28种矿种，如锰、煤、铁、金、铅锌、稀土、膨润土、重晶石、石灰石、黏土、河沙、方解石、高岭土等；林业资源方面，森林覆盖率超过55%。丰富的资源为产业园的发展提供了资源保障，便捷的交通网络，使园区的产品可直接辐射国内西南3亿人口的市场。中泰产业园还凭借面向东盟开放合作的区位优势，开发利用东盟丰富的资源和东盟各国近5亿人口市场。同时，崇左市是壮族聚集区，温和而热情好客的壮族人民，不仅为园区奠定了安定祥和的发展环境，更为企业提供了价廉质优的劳动力资源，崇左市每年可提供富余劳动力近50万人。崇左市与清华大学、中南大学、广西大学、广西民族师范学院、广西东盟职业技术学院等高校结成合作关系，为园区企业提供充足的技术人才储备。

二、产业发展定位和布局

（一）以东盟特色健康食品为主，口岸经济集群发展

作为广西外贸第一市，崇左市正在改变“过路式”“通道式”边境贸易格局，实现边境贸易货物落地加工增值，主动培育边境发展新业态，激发口岸经济活力。崇左口岸资源丰富，对外贸易额不断壮大，2016年，对外贸易进出口总额超过1270亿元人民币，占全区总量比重达39.6%，水果进出口超过200多万吨，其中坚果类的进口超过20多万吨。为充分利用崇左市的口岸优势，中泰产业园打造东盟坚果果品加工贸易基地，积极引进食品加工及关联产业，将口岸现有的“过货贸易”向“落地加工贸易”转型，不断加大口岸优势对地方经济的推动力。园区主要是通过利用东盟国家和广西周边地区所特有的坚果、果蔬、粮食等热带、亚热带资源，以及北方地区特色果蔬资源，采用先进生产工艺进行高附加值食品深加工，形成坚果、水果加工、食品和饮料制造、水产品加工、调味品制造、粮油和茶加工等的产业类型。为打造东盟特色健康食品产业，我们编制了《广西—东盟特色食品产业园产业发展布局规划》，规划设有两基地一中心。一是建设中国—东盟国际坚果果品加工基地，大力发展坚果加工产业，使坚果资源在崇左市“进得到、留得住、做得大”。二是建设具有壮族和东盟特色休闲观光健康食品产业基地，充分发挥崇左山清水秀的优势和旅游资源，将产业和旅游、休闲、观光结合起来，建设具有壮族和东盟特色的产业园。三是建设中国—东盟特色食品加工交易集散中心，着重打造特色食品、农副产品的加工交易中心。

目前，中泰产业园正建设东盟特色健康食品加工基地，规划1500亩作为一期项目用地，2016年成功引进13家坚果加工企业，2017年预计产值将达10亿元以上。

（二）资源型加工和优势产业二次创业

1. 蔗糖精深加工。糖业是崇左第一大支柱产业，崇左糖业现已形成了较为完备的制糖工业体系，甘蔗种植面积和生产能力都已经达到一定的规模，企业效益、技术和管理水平基本代表了国内同行业的最高水平。中泰产业园重点打造东亚糖厂搬迁项目和中粮屯河糖厂二期项目，日榨能力达到3.5万吨。以蔗糖深加工及榨糖废料综合利用为主的蔗糖产业，进一步深化与制糖企业探究，发展糖料深加工以及与蔗料关联的产业，带动和培育一批制糖精深加工企业，开发糖业上下游产品，最终形成糖业循环经济，探索以生物质发电、制糖、造纸、酒精为主的第一产业链，以生物肥为主的第二产业链和以酵母、酵母抽提物、味精、焦糖色素为主的第三产业链。

引进国内外有影响力糖果公司落户园区，开展糖料精炼加工和糖生物化工产业发展，促进蔗糖产业转型升级。重点发展酵母、绵糖、多元糖、蔗糖脂、酸酯聚合物、异麦芽酮糖、焦糖色素、阿拉伯糖、木糖醇、凝胶多糖以及果糖系列产品，培育一批大中型食品加工企业。

2. 以锰、铝、稀土等优势矿产资源跨越式发展。崇左市锰、铝土、稀土、膨润土等矿产资源丰富，其中锰矿储藏量达1.65亿吨，居中国首位，膨润土储藏量达6.1亿吨以上，占世界总储量的四分之一以上。近年来，中泰产业

园大力发展现代矿业，不断夯实工业经济发展支撑，大力推进锰业向高端化发展，正逐步成为全国新兴的锰业加工基地。依托丰富的矿产资源和生物质资源，重点发展以动力型锂离子电池正极材料、无汞碱锰电池、锰锂电池、锰锌软磁铁氧体、200系列不锈钢等锰系列新材料；发展以稀土催化剂、功能陶瓷、稀土永磁材料、稀土发光材料、稀土储氢材料等稀土功能新材料；发展以高精密度板带箔材，铝箔坯料，地铁和轻轨车辆用材，汽车、船舶和集装箱材料，复合包装用材、铝合金铸锻件、纳米铝粉等铝系列材料；发展与汽车工业、电子电器产业、电子信息产业、建筑产业等相配套的铜系列材料；发展以大宗膨润土产品为主体，适度开发附加值高的膨润土产品。

（三）全力打造国际产能加工基地，推进节能环保装备技术发展

东盟国家大多数仍处于工业化初期或初中期阶段，基础设施建设和产业发展潜力很大，对外来资金、设备、技术有着巨大而迫切的需求。我国优势富余产能走出国门，不仅可以缓解供需矛盾，也将推动投资各国的共同发展。因此，开展国际产能加工基地显得尤为重要。

我们发展外向型经济不仅要推动优势产品输出，而且要推动优势产业输出，将园区产业优势和资金优势与东盟各国需求相结合，推进“一带一路”国际产能合作。特别是“南宁—新加坡经济走廊”沿线的陆路大通道，各国间经济互补性较强，资源十分丰富，后发优势明显，国际产能合作潜力巨大。打造以钢铁、有色金属、建材、电力、化工、轻纺、汽车、工程机械等重点领域的产能合作，采用境外投资、工程承包、技术合作、装备出口等方式，开展国际产能和装备制造合作，推动装备、技术、标准、服务走出去，在规划、审批、财税、金融、通关、人才等方面利好政策的支持下，推进园区与东盟各国产能合作的强大合力正逐步形成。

三、开放合作的两国多园模式

“一带一路”是合作发展新理念和倡议，是依靠中国与有关国家既有的双多边机制，借助既有的、行之有效的区域合作平台，借用古代“丝绸之路”的历史符号，主动地发展与沿线国家的经济合作伙伴关系，共同打造政治互信、经济融合、文化包容的利益共同体、命运共同体和责任共同体。

（一）中泰两国合作基础深厚，双方合作成效显著

2016年9月，第13届中国—东盟博览会在南宁成功举办，中泰“两国四园”联合推介会亦拉开帷幕，中泰四个园区（中国—泰国崇左产业园、泰国莫拉限府经济特区、泰国泰中罗勇工业园、泰国暹罗东方工业园）结成兄弟姊妹园区，形成了“两国四园”联袂发展格局。目前，中泰产业园正扎实推进各项建设工作，全力打造“中泰合作示范区”。本次推介活动旨在宣传“两国四园”取得的创新经验和独特的区位优势、政策优势，共同探讨跨境经济合作的重点、热点、难点问题，搭建无缝对接合作平台，助推“两国四园”在产业、金融、贸易、劳务及互联互通等领域的合作。同时，园区还搭建了对外交流合作平台，在泰国曼谷成立中泰产业园驻泰代表处。

（二）中越两国合作不断深入，积极探索贸易试验区

越南的人力资源与热带雨林资源非常丰富，红木家居是越南最大的优势产业之一，中泰产业园积极与越南探索合作模式，打造泛家居产业基地，目前已建设有龙赞东盟国际林业循环经济产业园，项目总投资150亿元，成功引进37家企业。引领木材加工产业向集群化，打造木材高端精深加工延伸发展的示范性基地，以及友谊关—友谊口岸、浦寨—新清口岸货物专

用通道的建设，为中越两国合作打下坚实的合作基础。结合越南丰富的人力资源基础，将中泰产业园技术密集型产业与越南劳动力密集产业互补结合，引进资金，鼓励更多的高新技术企业，到越方投资设厂，紧抓机遇，立足广西凭祥综合保税区、广西凭祥沿边开发开放试验区，结合实际，探索中越两国边境经贸合作特色新模式，推动建立“两国双园”的产业合作模式。

（三）中国—新加坡经济走廊沿线口岸合作

中国—新加坡经济走廊是一个区域经济发展轴。崇左作为轴上的一个中心城市，中泰产业园紧抓契机，充分利用“两种资源，两个市场”，优化提升产业发展、口岸建设和园区布局，进一步增强区域发展动力，形成开放度高、产业加快集聚、地域特色鲜明的新兴经济带，积极推动中国—新加坡经济走廊建设。以河内、万象（金边）、曼谷、吉隆坡、新加坡等沿线大城市为依托，以铁路、公路为载体和纽带，以人流、物流、信息流、资金流为基础，开展区域内投资贸易以及工业、农业、旅游、交通、服务等产业合作，构建沿线优势产业群、城镇体系、口岸体系以及边境经济合作区，促进各种资源和生产要素的跨区域、跨国流动，以形成优势互补、区域分工、联动开发、共同发展的跨国经济走廊。

四、开放开发创新发展

（一）综合保税物流中心

目前，中泰产业园正在规划广西沿边保税物流枢纽工程，加快保税仓库建设，完善保税物流体系建设。建成后能有效整合崇左地区工商企业物流资源，加快物流产业的发展，改善城市物流功能，促进口岸、港口优势和陆路交通区位优势的发挥，增强对周边城市的辐射力。凭借崇左优越的地理位置、便捷的交通等优势，依托口岸、港口、铁路、出口加工区开展保税物流的中转等业务，可辐射东盟国家，提升作为开放城市的崇左在国际上的声誉和影响力。现中泰产业园内建设有濑湍港1000吨作业区，设计8个国际化河港泊位，借助“物联网”技术，打造新“智慧港口”，实现综合保税的信息化、便捷化、高效化。

（二）高新技术开发区

中泰产业园目前委托中南大学冶金设计院，已完成可研报告及整体规划。高新区总占地面积60平方公里，已向自治区科技厅、工信委申报，列入自治区级高新技术开发区，下一步，将完善“创客空间”、高新“孵化器”、“加速器”等研发平台，鼓励企业自主创新，进行知识产权、自有品牌、版权商标的完善，申请成为高新技术企业。力争2017年内，高新技术研发占投入总额的30%以上，高新技术企业生产总值占工业总产值的50%以上。

（三）产城融合示范区

产城融合，城市建设是基础、是载体。中泰产业园肩负向东发展、建设成为崇左第八个行政区的使命，在生态环境、居住环境、总部办公、产业引导、产业布局、产业提升、产业合作等方面，依托园区资源，实行“既要金山银山，更要绿水青山”的底线原则，坚持创新、协调、绿色、开放、共享的发展理念，紧紧围绕建设活力、动力、实力的现代化开发园区总体目标，大力实施“工业强园、生态立园、产业兴园”的发展战略，打造“互联网+智慧型产城园区”（基于互联网+产业生态体系，强调智能、高效、复合、开放、多元的智慧型产城园区新形式），示范区将由创客中心、电子商务、金融服务、都市文化旅游、商业配套和居住、教育等功能构成，以打造成广西西南部具有重要影响力和独特竞争优势的生态型“产城融合示范区”。重点打造泰国风情特色小镇和濑湍甜蜜小城镇。

热带岛屿上耸立的青山

青山园区开发有限公司

青山钢铁二十多年来专事镍铁不锈钢产业，已形成了从镍矿开采、镍铁冶炼到不锈钢冶炼、不锈钢连铸坯生产及不锈钢板材、棒线材加工整个产业链的布局。青山于2016年在中国企业500强中列居第200位，在制造业企业500强中列居第69位。2016年生产粗钢551万吨、镍铁225万吨，实现销售收入1028亿元人民币，进出口总额28.3亿美元，员工总数逾3.1万。

上海鼎信投资（集团）有限公司（下称“鼎信集团”）是青山钢铁董事局旗下的集团公司之一，注册资金15亿元人民币。2007年以来，作为青山钢铁推行国际化经营的主力方阵，鼎信集团已形成了围绕不锈钢行业的从上游原材料开发投资、全球采购、海运物流，到不锈钢制品加工、国际贸易等完整的不锈钢生产供应链，以及与之配套的生产服务体系，主要负责境外投资项目管理、大宗原材料进口、项目建设设备出口等业务，也是中国—印尼综合产业园区——青山园区（下称“青山园区”）的实施企业。

青山园区位于印尼苏拉威西岛中苏拉威西省Morowali县Bahodopi镇，紧靠省际公路和海岸线，面积超过2000公顷。周边丰富的镍矿资源促成了园区的产业定位，即就地将镍资源优势转化成经济优势，逐步构建镍铁和不锈钢生产、加工、销售的产业链，打造境外镍铁资源供应基地、不锈钢及制品生产基地和不锈钢产品国际营销基地，带动当地乃至印尼经济发展，使之成为中国—印尼资源合作开发、双边国际产能和装备制造合作的示范区。

在两国政府的关心和支持下，青山园区开发建设快速推进，目前已具备海、陆、空齐全的进园通道和约76.6万千瓦的发电装机容量（预计2017年将超过115万千瓦），已建成4座二级基站、10套卫星电视接收系统、1个3万吨散货泊位、10个5000吨简易泊位、70余幢生活用房、3幢办公楼及1幢员工休闲娱乐中心。

截至2016年10月底，已入园并开工建设项目的总投资约40亿美元。其中，已投产两家，已形成镍铁年产能90万吨、不锈钢年产能100万吨。已完成投资额约24.5亿美元，其中，全部设备、厂房采购自中国、建设单位来自中国，现场采购的施工用设备也绝大多数是中国生产（仅在印尼当地采购三一重工施工设备就达6790万美元）。区内在建项目还包括：30万吨镍铁、60万吨铬铁、200万吨不锈钢钢坯、热轧板卷、60万吨冷轧不锈钢板卷等冶炼加工项目，以及配套电站、10万吨码头等基础设施建设项目。预计到2017年，园区将建成一条年生产、加工不锈钢200万吨，全球最长、最优、最齐、最大的不锈钢产业链。

从最初到印尼探寻资源到决定建厂再到决定建设大规模不锈钢产业园区，我们始终清醒地认识到，发挥企业比较优势、规避海外投资社会风险的唯一途径是深刻了解印尼国体政体和文化风俗，融入印尼，担当社会责任，未雨绸缪播种和谐，从而收获共赢。六年来，通过认识、实践、比较、提高的不断循环，青山园初步实现了既定目标并形成了良性循环。

一、明确园区公司定位，确保公共关系工作稳与准

建区企业印尼经贸合作区青山园区开发有

限公司（PT. Indonesia Morowali Industrial Park）除了承担基本的园区开发功能，还作为区内外对接的唯一界面负责园区及所有入区企业公共关系维护与管理工作，保证了相关工作的统一性、及时性和有效性。

二、依法守规做良民，使法用规保权益

在印尼投资建设经营，依法守规是根本，使法用规创建稳定良好环境是基本功。青山园区所有项目都经过印尼政府有权部门的批准，并自觉接受监督、主动实施、配合调查、听命整改，这样就站得稳立得正。同时，我们十分注重使法用规创建稳定环境保护好自己。印尼政体是各级政府民选，尽管我们给印尼、所在省、所在县带去大额投资，大幅拉升 GDP，创造税收，但最终必须转化为当权者的选票；印尼地方政府是“小政府”，权、财很有限，上下级只是依法分工并不全是“领导说了算”；印尼土地私有，你要获得建设用地并保证园区安全，就必须做好如何向千家万户以可接受价格购买土地和购买若干非建设用土地作为缓冲区以保证园区安全这两篇文章，绝不能沿用在中国投资建厂的习惯思路和通用做法。

印尼的劳动薪酬法律规章倾向保护劳动者并健全刚性，劳动薪酬问题往往是引发劳资纠纷的导火索，也是外部各种势力介入干扰园区经营的切入点。青山园区坚持所有岗位的中国、印尼员工实行同工同酬制度，严格规定区内企业薪酬水平基本平衡，严把员工入口关，及时解决劳资纠纷，同时及时处理矛盾，学会应对罢工、应对外部工会组织介入、应对内部工会诉求的新思路新技能。

三、尊重当地宗教和文化习俗，促进两国员工的相互融合

园区严格规定，决不允许中国籍员工有不尊重当地宗教的语言和行为；工作、生活设施及安排力求适应宗教习俗；园区建有二个大型清真寺、多个小型清真车和祈祷房间以满足印尼籍员工宗教信仰的需求。园区还规定并严格监督，所有入区企业一切对上呈报、对外宣示、对内告示一律中文、印尼文双语，尊重印尼员工的文化习俗。

此外，也通过实行两国员工混搭编班，鼓励师傅带徒弟，鼓励两国员工技术交流和互学语言，举办业余趣味运动会、球类比赛等多种方式促进中国和印尼员工的相互融合。

四、全面践行企业社会责任

伴随青山园区的建设发展，一方面通过强化培训尽可能多创造印尼员工就业岗位，使他们实现从祖祖辈辈从事农、林、渔生产向现代产业工人的转变（Morowali 县长语），通过提高效率以提高他们的收入并改善他们的福利条件；另一方面继续为当地周边村镇建设更多的生活基础设施，捐资助学，设立综合服务站收购周边居民鱼、肉、蛋、蔬菜和水果，购置采沙机械并教会村民采沙卖给园区工地，如此等等，带动了周边村镇的快速发展，也带给周边村民实实在在的福利。同时，继续重视并舍得投资环保、生态保护及文化保护设施，以真正造福当地人民，收获共赢。

五、打造盾牌、动态博弈

一是强化、专业化安保力量，并和所在省县警察局建立会商、联动机制；二是在核心区（建有工厂宿舍办公楼）和社会公共区域之间建有土地权属属于园区的缓冲带；三是建立健全信息情报网络；四是坚持文明安保。

青山园区设立协议和首个项目合资及入园协议是 2013 年 10 月 3 日在习近平主席和印尼苏西洛总统共同见证下在雅加达签署的，中国、印尼两国政府对此都十分重视并给予大力支持。加之企业践行社会责任的努力，青山园区既是

两国经贸合作的示范区，又是两国民间外交的重要平台。

1. 青山园区的开发建设有力地支持了印尼政府限制原矿出口、提高矿物附加值的政策。印尼政府2014年1月12日所颁布的新能矿禁止原矿出口的政策引起了全球的关注。有的国家提出抗议，有的国家甚至告到了WTO。青山园区对矿物增值开发的定位却体现了来自中国的支持和情谊。据说，当年苏西洛总统接见中国驻印尼大使时，盛赞中国政府鼓励配合印尼相关政策的努力，称中国为真朋友。

2. 区内项目的陆续投产与园区的快速建设提高了中国企业的形象。随着国家鼓励企业走出去，来印尼寻找商机和资源的企业很多，一时间签约多、动辄十亿百亿投资额的宣传多，但真正落地的少，不免给印尼上下造成说多做少的负面印象。鼎信集团坚持少说多做，安心在基础设施落后的资源所在地埋头办厂建园，并于2016年二季度实现落地投资20亿美元，得到了印尼上下的认可。佐科总统甚至不顾山区偏远落后、不惜经历一整天的跋山涉水、舟车劳顿，动用近千人的警卫部队，于2015年5月29日亲临现场为园区首个投产项目（即年产30万吨镍铁及2×65MW电厂项目），揭幕并发表了热情洋溢的讲话，讲话中充分肯定了中国企业对印尼政策的支持与对当地经济和社会发展的带动作用。

3. 积极践行社会责任，进一步加强了两国的民间关系。青山园区到2017年将形成拥有全球最长、最优、最齐和最大产业链的不锈钢生产基地，年产量居全球前五，年销售额约40亿美元，创造直接就业岗位约20000个、间接就业岗位数万个，将极大推动所在地区的城镇化进程。加之企业一贯倡导且身体力行的“播种和谐、收获共赢”的理念与行动，使当地人民实实在在地享受经济与社会发展的福祉，将有效强化两国的民间关系。

4. 与印尼政府、民间组织保持交往互动，推动民间外交发展。鉴于对青山园区的重视与认可，印尼投资协调署、工业部等政府部门除了多次到现场调研、探讨青山园区进一步发展规划，还多次来我们中国的生产基地考察访问，甚至邀请我们参与他们在中国的投资推荐会议。与印尼各级政府、各类民间组织的交往与互动，也给予我们机会宣传中国、阐述中国“一带一路”倡议的机会，推动了民间外交的发展。

中澳现代产业园参与“一带一路”建设的实践探索

浙江中澳现代产业园有限公司

一、金塘岛的基本概况

早在 2003 年 5 月 13 日，习近平总书记（时任浙江省委书记）亲临金塘考察时就指出，“金塘是一块风水宝地，是很好的天然良港，开发前景广阔”。同年 8 月 18 日，在全省海洋经济工作会议上，习近平总书记（时任浙江省委书记）在讲话中提到，“目前，推进宁波—舟山港一体化的时机和条件已经成熟，突破口是联合开发金塘岛”。2013 年 1 月 17 日，国务院批复的《浙江舟山群岛新区发展规划》中明确指出，金塘将建设成为浙江舟山群岛新区“一体五岛群”的港航物流岛，重点发展以国际集装箱中转、储运和增值服务为主的港口物流业，打造油品等大宗商品中装储运基地，建设综合物流园区。

金塘是舟山的第四大岛，面积 88.2 平方公里，加上目前已经围垦的土地，总面积约 100 平方公里。金塘是舟山群岛新区的五个经济功能区之一，也是舟山的桥头堡和门户，港口资源丰富，区位优势突出，是舟山江海联运服务中心建设和宁波舟山港一体化发展、义甬舟大通道建设的重要枢纽。金塘岛的特点和优势主要是三个：

一是区位优势明显。作为舟山群岛新区的门户和实施陆海统筹的战略桥头堡，金塘是距离宁波、杭州等长三角经济和市场腹地最近的一个大岛，与宁波一海相隔，最近的距离只有 3.5 公里，跨过 18 公里的金塘大桥就到了宁波的镇海区。因此，从对接长三角市场而言，从仓储和物流这个角度来说，金塘的集疏运成本是最低的。

二是港口条件优越。金塘共有岸线长度 65 公里，其中 20 米以上深水岸线 14.5 公里，15 米以上深水岸线 27 公里，基本都在离岸 100 米以内，金塘是长三角乃至国内最优越的深水良港，主航道可以保证 30 万吨级巨轮 365 天全天候通航。已经建成 2 个泊位的甬舟集装箱码头，前沿水深 18 米，水深条件和陆域腹地，及锚泊条件都明显好于北仑、洋山等港口，可以满足目前世界上最大的集装箱班轮（1.9 万标箱）的靠泊。金塘也是目前杭州海关唯一的国际集装箱干线港口，现有 11 条国际航线在运营，主要是西非、东非、中东等国际航线，2016 年吞吐量 80 万标箱，增幅在全国同类港口里面名列前茅。目前，金塘大桥的集卡收费按 2.5 折收取，海关、国检、海事等机构健全，货代、报关行等企业陆续进驻金塘开展相关业务，与宁波港已经开通国际中转业务。今后，随着宁波舟山港一体化的实质推进，金塘港将逐步实现与北仑港的同港同政策的通关和口岸服务的待遇。

三是发展环境最优。金塘岛生态环境优良，作为澳洲活牛进境加工基地，岛屿的防疫隔离条件与海关监管条件相比大陆都具备明显的优势。同时，作为舟山群岛新区的主要经济功能区，享有市级的经济管理权限和县级社会管理权限，试点推行的“零审批、零收费”审批制度改革已经取得实效。岛上水、电、气等基础设施完备，可以为企业的入驻创造一流发展环境。舟山群岛新区先试先行的政策，以及正在向上争取的舟山自由贸易港区政策和综合保税区政策也将随着中澳现代产业园区的建设发展逐一得到落实。

二、2016年中澳现代产业园建设情况

（一）项目背景

舟山地处我国东部黄金海岸和长江黄金水道的交汇点，扼我国南北海运和长江水运的“T”型交汇要冲，是江海联运和长江流域走向世界的主要海上门户。国家“十三五”发展规划已将建设舟山江海联运服务中心列入百个大项目之一，同时指出要探索建立舟山自由贸易港区。

中澳现代产业园（舟山）项目是落实习近平总书记2014年11月17日访问澳大利亚成果和中澳自贸协定及《中澳企业间农业与食品安全百年合作计划谅解备忘录》的重要载体，也是2017年中澳两国总理见证签约的第一个重大产业合作项目。中财办和省委、省政府高度重视，多次召开协调会议，协调解决项目推进中存在的困难和问题。

2016年2月25日，浙江省人民政府、新希望集团、嘉实基金在杭州共同签署战略合作框架协议，推动中澳现代产业园（舟山）建设。2016年4月14日，在中澳两国总理的共同见证下，时任浙江省省长李强代表浙江省政府与澳大利亚旅游与国际教育部长兼部长级贸易投资部部长协理理查德·科尔贝克共同签署了《浙江省人民政府与澳大利亚贸易委员会关于支持中澳现代产业园（舟山）建设的合作备忘录》，双方支持在浙江舟山群岛新区建设中澳现代产业园（舟山）项目。2016年4月29日，由新希望集团有限公司、上海嘉德股权投资有限公司、浙江舟山转型升级产业基金有限公司、浙江省海港投资运营集团有限公司共同组建的浙江中澳现代产业园有限公司正式成立，注册资金6亿元。

在中澳自贸协定的基础上，积极推进一带一路和长江经济带国家战略的实施，充分发挥舟山江海联运服务中心的作用，探索对澳开放新模式，在建设中澳现代产业园的基础上，建立中澳贸易最便捷通道，打造中澳自由贸易先试平台、中澳商品交易重要集散地、中澳产业融合先行高地，对发挥示范带动、服务全国有着积极的作用。

（二）项目简介

中澳现代产业园位于舟山群岛新区金塘北部围垦区，占地面积约11000亩，项目总投资不低于100亿元人民币，规划产业主要包括：肉牛精深加工、高端食品加工业、跨境电商、商业金融综合服务、湖滨文旅商业、科研教育、健康养老等。

拟建设项目包括但不限于活牛活羊和水产进境加工指定口岸、隔离场、暂养区、检验检疫区和牛羊肉、水产等高端动物蛋白精深加工园区；拟建设不低于3万吨级专用码头和澳洲风情小镇等项目。同时，投资10亿元拟在金塘建设澳洲农产品食品综合保税物流园区。

澳牛进境加工项目作为产业园第一个项目，首期投资约10亿元，拟建设1座12000头的隔离场，1座年屠宰肉牛10万头的屠宰厂，总用地面积约500亩，投产规模为进口澳洲活牛10万头。后续计划发展为年进口活牛50万~80万头、年加工处理100万头牛羊的大型综合肉食品项目。项目一期计划于2017年底前竣工投产。

（三）项目进展情况

在2016年6月9日浙洽会主论坛上，中澳现代产业园（舟山）被正式授予国家级国际产业合作园区。为保证中澳现代产业园项目建设各项工作加快推进，舟山市政府专门成立中澳现代产业园建设工作领导小组，金塘管委会以招商局原工作班子为班底，从市商务局、市规划局、市农林委及管委会相关部门抽调骨干成

立项目推进综合协调组，及时制定了《浙江中澳现代产业园项目推进进度清单》，对园区规划编制、基础设施、功能配套、政策处理、项目审批、招商引资、环境整治等七大项工作39个子项目进行清单化推进，并落实责任领导和责任人，明确各个项目完成的时间节点，全力协调推进项目建设各项工作。目前，项目政策处理、基础配套、招商引资等各项工作进展顺利，截至2016年11月底，累计完成投资1.2亿元。主要做了以下几项工作：

一是坚持规划先行，高起点引领项目建设。投资800多万元，委托商务部研究院、DLG狄巨国际城市设计公司、安永和仲量联行、国贸设计院等顶级机构，编制了中澳自由贸易示范产业园（舟山）可行性研究报告、产业园概念总体规划、战略发展与产业研究规划、澳牛进境加工项目可研报告。总投资1300万元的产业园规划展览馆经历40天建设、2个月布展，于10月1日开馆运营，主要用于产业园项目规划展示、招商引资和澳洲跨境商品直购体验中心。作为中澳现代产业园的标志性建筑，展览馆目前已接待客商、考察单位50余批次，为项目推进起到引领示范作用。

二是强化统筹布局，加快完善基础配套。总投资19.7亿元的金塘北部围涂工程全面完工；总投资1.4亿的鱼龙山疏港公路、总投资2880万元的横一河等园区主干道、河道工程建设加快推进，计划2018年完工；园区综合服务区基础处理工程已全部完工，同步启动园区水、电、气配套接入方案实施工作；总投资4.3亿元的园区配套道路北围公路计划于2018年9月建成通车。根据澳牛进境加工项目环境保护规划建设要求，投资1亿元实施项目范围内樟树岙整村搬迁工程，金塘管委会克服空置率高、确权难等困难，专门成立征地拆迁工作组，克难攻坚，强势推进，目前项目建设涉及的154户搬迁户已完成签约95%，根据工程进度已拆除32%。

三是突出效率优先，迅速启动首期项目。在园区公司的基础上，通过以商招商的方式，引进具有澳大利亚产业背景的上海泛翔投资管理有限公司，在园区注册成立了舟山泛达澳牛实业有限公司，并与浙江中澳现代产业园有限公司、浙江海港产融投资管理有限公司、浙江舟山金港投资有限公司于9月29日注册成立了浙江澳舟牛业有限公司，注册资本2亿元。总投资4130万元的澳牛进境加工项目建设区块基础处理工程于10月24日进场施工，目前已完成投资2850万元，完成工程量的69%，计划2018年3月份完工。由舟山市政府牵头，针对澳牛隔离场、屠宰厂一体化建设方案，两次召集国检、畜牧等系统专家召开项目建设论证会，一体化建设方案目前已获农业部、国检系统等专家的初步认可。专家组一致认为，项目选址金塘岛具有得天独厚的天然隔离条件，一体化建设方案有利于防止疫情传播，有利于动物疫情的防控和应急处置，方案基本可行。澳牛进境加工项目的环评报告、水保方案等专项报告编制工作已启动。

四是精准发力对接，积极拓展招商渠道。2016年，先后参加了第十八届中国浙江投资贸易洽谈会、第十九届厦门国际投资贸易洽谈会、昆士兰州企业“走进中国2016”等招商推介活动；10月12日—10月19日，金塘管委会组织国检、商务、口岸等部门有关人员赴澳大利亚、新西兰就产业园项目进行实地考察推介，并与澳大利亚畜牧养殖、运输协会企业达成合作意向。11月底，赴澳大利亚贸易委员会上海办事处，洽谈了商务合作事宜。12月13日，又专门组织人员赴珠海与新加坡太平集运洽谈冷链运输项目合作事宜。目前已与来自中国、澳大利亚、新西兰、新加坡等地20多家澳牛加工、物流和供应链管理企业开展了商务会谈和招商引资工作，取得明显成效。中远物流、新加坡太平集运、阿里巴巴、优传集团等企业对加盟中澳现代产业园建设，提出了积极的合作意向。

三、2017年中澳现代产业园工作思路

中澳现代产业园将按照“三阶段五时期”的思路进行总体开发，近期率先推动肉牛产业发展，先期规模约10万头/年，打造华东高端动物蛋白基地，形成绿色食品产业集聚，绿色食品示范区初具规模，启动澳洲风情小镇基础设施建设。

一是加快构建产业园体系。中澳现代产业园项目在产业布局上将构建“3+5+X”产业体系，“3大主导产业”为：以澳洲肉牛精深加工为主的高端动物蛋白进境深加工产业，以澳洲农产品和食品为主的高端食品产业，以澳洲风情小镇为主体的旅游文化产业；“5大配套产业”为：现代物流、跨境电商、科技研发、精品会展、科技金融；“X新兴产业”为：海洋生物医药、海洋工程装备、海洋生物科技、海水利用产业。首期以澳洲肉牛进口加工项目为突破口，重点突出与第三方合作，建立澳洲肉牛加工、交易产业链，在澳牛屠宰、物流、冷链等环节联合中澳两国实力企业共同推进中澳现代产业园的健康快速发展。

二是加快基础设施配套建设。加快项目区域北围公路、鱼龙山疏港公路等交通道路建设。同时，根据中澳现代产业园整体规划，加强与相关部门对接，加快北部区块相关权证的办理进程，并根据园区开发进程，完善园区道路、水系、供电、供水等基础配套设施建设。

三是全力推进澳牛进境加工项目。督促项目公司加快编制澳牛进境加工项目专项报告，并配合完成项目审批工作，完成项目一期建设，力争2017年底第一批澳牛进驻隔离场，初步建立供应链并形成产能，同时建设澳洲产品展销中心等窗口项目。

四是精准开展产业园专项招商。拟在2017年开展中澳现代产业园投资推介会，参加国内主要城市举办的投资洽谈活动等招商引资活动，并同澳大利亚贸易委员会、澳大利亚 Livecorp 等机构加强合作。根据中澳现代产业园战略发展与产业研究规划和概念总体规划，梳理收集澳洲在华的农畜牧加工贸易等相关企业信息，组建专业团队赴上海等澳企集中区域开展专项招商，重点引进澳牛产业链、高端食品加工产业等方面的项目。在重点推进澳大利亚活牛产业链上下游产业的同时，中澳现代产业园将按照“贸易先行”的原则，吸引一批澳大利亚和中国商贸企业，在金塘开展澳洲商品贸易和展销业务，扩大中澳现代产业园知名度，建立中澳现代产业园品牌形象。

四、相关政策建议

一是争取将中澳现代产业园纳入舟山自由贸易港区，创建双边 FTA 与国内 FTZ 联动发展的舟山模式；推动建立中澳海关 AEO 互认制度和快速通关模式，提升园区对澳进出口的便利性，提高企业经营效率；争取中澳现代产业园享受15%企业所得税税收政策优惠，给予园区内高管和专业人才个人所得税奖励；申请在产业园区内建设免税商店。

二是争取把中澳现代产业园（舟山）建设列入中澳自贸协定的补充条款，成为中澳自贸区地方经济合作示范区，创建中澳自贸协定的舟山新区样板；申请产业园内澳大利亚肉制品、乳制品、水产品等进口指定口岸资质；推动产业园内进口澳洲商品第三方检验结果采信。

三是借鉴上海自贸区实用金融创新政策，构建中澳现代产业园新型金融服务体系，打造金融创新与外经贸转型升级有机结合的支持平台；对澳大利亚外商投资实行准入前国民待遇加负面清单管理模式，对澳大利亚服务业深度开放。

四是提升中澳产业园外贸发展水平和服务

贸易水平，争取国家跨境贸易电子商务综合试验区；建设中澳大宗商品交易所，发展成为全国中澳商品贸易的交易结算中心；设立中澳现代产业园跨境贸易基金，建立贸易企业外汇结算资金池，推动产业园内企业跨境贸易业务离境结算。

五是考量人才引进相关政策，大力引进澳籍高层次人才进驻，打造具有国际竞争力的澳籍人才引进制度，探索创新科技创新创业孵化体制。

六是促进产业园企业技术进步创新和产业集群转型升级，支持中澳产业园创建国家级、省级农产品食品企业技术中心，争取国家重点动物蛋白深加工产业发展基地，吸引澳资科技研发机构进驻；给予科研人员和澳籍高管、专业技术人才等安家费和科研启动资金；便利区内人员落户舟山、办理居住证等。

七是支持园区建设标准厂房和增加“2.5产业”用地；规划建设融生产、生活、生态和旅游于一体的澳洲风情小镇，建设省级海洋旅游度假区，争取列入省级特色小镇示范项目。

八是推进产业园品牌和标准化战略建设，支持创立检验监管示范区和质量安全示范区，支持舟山筹建新的国家级高端动物蛋白产品质量监督检验中心。

九是推进园区公共服务平台建设，争取国家专项建设基金和园区（开发区）升级专项资金支持，向产业园内扶持企业、重点企业提供优惠融资配套，争取国家现代物流创新发展试点城市；开辟金塘往来澳大利亚航线并提供相关国际航运服务优惠；产业园内企业所属货物运输车辆往来金塘大桥过桥费予以2.5折优惠，开通生鲜农产品免费通道及产业园车辆通行申请按年优惠措施等。

十是提升屠宰场所建设，加大省级畜禽屠宰资助资金对中澳现代产业园澳牛项目的支持力度，建设进境澳大利亚活牛指定口岸；允许隔离场屠宰厂一体化建设，放开澳大利亚架子牛进口。

打造山西企业挺进非洲的桥头堡

山西晋非投资有限公司

在浩瀚的印度洋西南部，有一个美丽的岛国毛里求斯。在其首都路易港（Port Louis）东北方向约3公里的Riche Terre地区，便是毛里求斯晋非经贸合作区。作为国家商务部首批批准的境外合作区之一，毛里求斯晋非经贸合作园区，历经坎坷，饱经风雨。

十年前，天利人作为新晋商的代表，舍家弃子，开拓海外，中标园区，勇气可嘉。2009年，太钢、山西焦煤勇挑重担，与天利并肩，开荒铺路，筑巢引凤。2014年底，山投担当，受命危难，艰苦谈判，招商引资，蓝图重新描绘，园区渐入佳境。在山投接手的短短两年内，毛里求斯晋非经贸合作区发生了喜人变化，各项工作步入正轨，正在逐渐成为山西企业挺进非洲的“桥头堡”。

一、晋非经贸合作区概况

毛里求斯晋非经济贸易合作区（简称晋非经贸合作区）始建于2006年8月，它是中国国家主席胡锦涛在中非合作论坛2006年北京峰会上提出今后3年在非洲建立3至5家经济贸易合作区中的一个，是国家商务部首批批准的境外合作区之一，也是我国对外经贸合作和外交总体战略的重要内容。

晋非经贸合作区占地面积211公顷（其中自主开发73.85公顷，其余与毛里求斯共同开发），位于毛里求斯首都路易港附近Riche Terre地区，距港口2.5公里。合作区西北侧沿海，交通便利，贯穿毛里求斯南北的高速公路直通合作区，沿路40分钟可以到达机场。

晋非经贸合作区投资主体为山西晋非投资有限公司（简称山西晋非），实施企业为毛里求斯晋非经济贸易合作区有限公司。山西晋非投资有限公司是2009年8月由太原钢铁（集团）公司、山西焦煤集团公司和山西天利实业有限公司共同出资成立，主要致力于毛里求斯经济贸易合作区的开发建设。2014年底，山西省政府更换投资主体，山西省投资集团正式接管毛里求斯晋非经济贸易合作区。

山西晋非投资有限公司的主营业务为海外实业投资和跨境资本运营。其中，海外实业投资当前致力于建设毛里求斯晋非经贸合作区，打造毛里求斯智慧城市、开发毛里求斯旅游产业和毛里求斯高端房地产。跨境资本运营则将充分利用毛里求斯高度发达的金融体系、宽松的金融税收政策，利用山西金融控股集团金融全牌照的优势，建设跨境人民币外币资金池，成立中非金融合作服务中心，打造灯塔资本，拓展非洲的综合金融业务，使晋非园区成为中非十大合作计划中金融合作的重要载体、山西金融跨入国际的重要平台。

二、积极建设海外园区

毛里求斯是非洲经济发展较好的国家，在世界经济论坛2014—2015年“全球竞争力排名”中，毛排名全球第39名，在撒哈拉以南非洲名列首位。作为海上丝绸之路沿线国家，毛里求斯具有独一无二的地理区位和经济条件，是中国在非洲重要的合作伙伴，也是未来对非洲大陆投资的桥头堡，其发展优势十分明显。

（一）政策沟通：谈判历经坎坷，成果全面落实

2014年，由于种种原因，晋非经贸合作区

中国－阿拉伯国家博览会

中国-阿拉伯国家博览会（以下简称“中阿博览会”）是经国家批准，由商务部、中国国际贸易促进委员会、宁夏回族自治区人民政府共同主办的国家级、国际性综合博览会。自2010年以来，在宁夏已经成功举办了三届中阿经贸论坛和两届中国—阿拉伯国家博览会，在国际上产生了广泛而深刻的影响，得到了包括阿拉伯国家在内的“一带一路”沿线国家的广泛认同，为推进中阿务实合作做出了积极贡献。

五届大会以来，共有29位中外政要，336位中外部长级官员，140位外国驻华使节，80多个国家、地区和国际机构，139家大型商协会，6500多家大中型企业和金融机构的代表以及4.7万多名参展商、采购商参会参展，为推动中阿经贸合作发挥了重要作用。2016年1月21日，中国国家主席习近平在阿拉伯国家联盟总部演讲时指出，中国—阿拉伯国家博览会已成为中阿共建“一带一路”的重要平台。

五届大会先后签订各类协议876个，其中合同金额累计达到4359.3亿元，合作项目涉及贸易投资、产能合作、能源化工、科技、卫生、农业、旅游等领域。通过举办中国—阿拉伯国家博览会，国家有关部委与阿拉伯国家相关政府部门签署了多项中阿合作协议，有力拓宽了中阿合作的渠道。中阿技术转移中心、中阿农业技术转移中心、中阿医疗健康合作发展联盟、中阿商事调解中心、中阿联合商会联络办公室等一批中阿多双边合作机构落地宁夏。

2017中国—阿拉伯国家博览会于2017年9月6月至9日在宁夏银川举办，以丝绸之路经济带沿线国家为主体、向全世界开放，积极落实“一带一路”建设政策措施和工作任务。以经贸合作为核心，以科技和农业合作为支撑，围绕商品贸易、服务贸易、技术合作、投资金融、旅游合作等领域组织相关展览和会议活动，服务“一带一路”建设，促进国际经贸合作，推动中阿合作走上强劲、可持续、创新、共赢的发展道路。

2010中国（宁夏）国际投资贸易洽谈会暨首届中国—阿拉伯国家经贸论坛项目签约仪式

2011中国（宁夏）国际投资贸易洽谈会暨第二届中国—阿拉伯国家经贸论坛投资说明会暨项目签约仪式

2012年中国（宁夏）国际投资贸易洽谈会暨第三届中国—阿拉伯国家经贸论坛

2013中国—阿拉伯国家博览会项目签约仪式

2015中国—阿拉伯国家博览会开幕大会

2016中国（宁夏）埃及投资洽谈会

中国—中东欧国家投资贸易博览会

CHINA-CEEC INVESTMENT AND TRADE EXPO

自“16+1”合作机制建立以来，宁波已成功举办了两届中东欧博览会和两次中国—中东欧国家经贸促进部长级会议。2016年6月举办的第二届中东欧博览会，以“深化合作、互利共赢”为主题，共举办30余项活动，吸引了数万名客商参会参展，取得了丰硕成果。

2016年11月，中国与中东欧国家领导人共同发布了《里加纲要》，根据纲要内容，2017年6月8日—12日继续在中国宁波举办第三届中国—中东欧国家投资贸易博览会。中东欧博览会由中国商务部、浙江省政府主办，宁波市人民政府、浙江省商务厅、商务部贸发局、商务部投促局等承办。本届博览会以“释放合作潜力，促进互利共赢”为主题，将举办会议论坛、投资洽谈、贸易展览和人文交流四大板块16项活动，进一步打造中国与中东欧国家全面合作的重要平台。

联系方式：

中国–中东欧国家国家投资贸易博览会组委会办公室

电话：0574–87310709　网址：www.cceecexpo.org

第二次中国–中东欧国家经贸促进部长级会议

中国–中东欧国家质检合作对话会

中国–中东欧国家检验检疫部门代表合影

匈牙利–中国投资贸易合作论坛

第二次中国–中东欧国家经贸促进部长级会议

中东欧国家特色商品展拉脱维亚展区

中东欧国家特色商品展波兰展区

中东欧国家特色商品展捷克展区

第三届中国（宁波）–省（州）市长论坛

中国—南亚博览会是经国家批准，由国家相关部委和省人民政府共同主办，邀请南亚各国商务部门联合举办的“一带一路”建设中我国予以重点培育的大型国际展会。2013年6月，首届中国—南亚博览会与第21届中国昆明进出口商品交易会在昆明合并举办,截至2017年6月已成功举办了4届。经过几年的培育和发展，中国—南亚博览会在我国全面深化与南亚、东南亚乃至世界各国多边外交、经贸合作和人文交流中发挥了重要的平台作用。

Aimed at promoting China's Belt and Road Initiative, China-South Asia Expo is a key large-scale international exhibition approved by the state, while it is hosted by the relevant authorities and Provincial People's Government of China and jointly co-hosted by the ministries of commerce of South Asian countries. The 1st China-South Asia Expo and the 21st China Kunming Import and Export Fair were jointly held in Kunming in June 2013. Built on the success of the past four sessions, the event has grown into an important platform for China to deepen its overall multilateral cooperation and exchanges in diplomacy, economy, trade and culture with South Asia, Southeast Asia and beyond.

中国—南亚博览会秘书处（云南国际博览事务局）：
Secretariat of China-South Asia Exposition (Yunnan International Expositions Bureau)
地址ADD：云南省昆明市官渡区环湖东路昆明滇池国际会展中心
Add：Kunming Dianchi International Convention and Exhibition Center, Huanhu East Road, Guandu District, Kunming, Yunnan 650206,China
电话TEL：+86-871-65658665
传真FAX：+86-871-67288983
http://www.csa-expo.org

国际化、专业化水平逐步得到提升

设置南博会主题国、昆交会主宾国形象展示区和主题文化活动，充分展示该国风情和特色

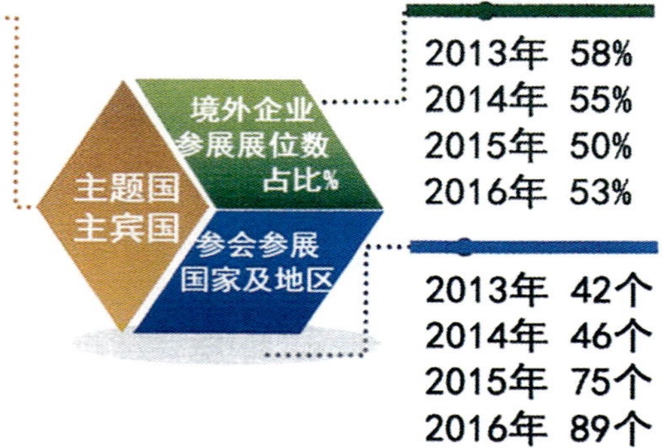

良好的成长性

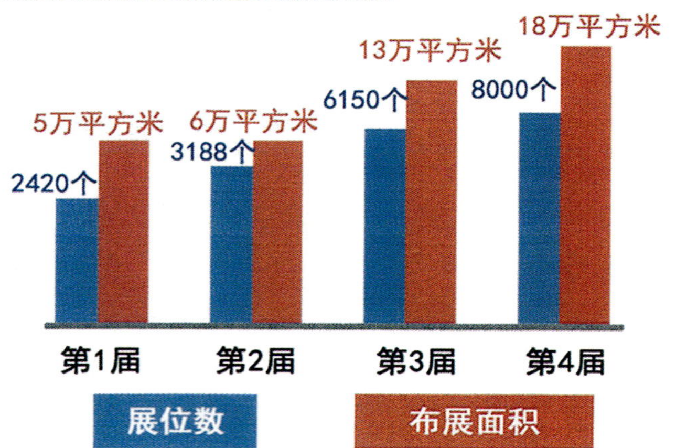

入场人数

第1届	第2届	第3届	第4届
40万人次	50万人次	75万人次	80万人次

经贸签约金额

第1届	第2届	第3届	第4届
5982亿元	7082亿元	7850亿元	8611亿元

参展企业

第1届	第2届	第3届	第4届
1200个	2500个	3179个	4216个

Haier Pakistan（pvt.）Ltd.

海尔引领巴基斯坦家电市场

经过在巴基斯坦16年的发展，海尔已经成长为巴基斯坦市场第一家电品牌，在巴基斯坦家电市场份额达到32%，在主要的产品品类（空调、洗衣机、冰箱和冷柜产品）全面实现引领。同时海尔也是目前在巴基斯坦唯一一家当地组装生产笔记名电脑的公司。

海尔巴基斯坦总面积83万平米；建筑面积8.7万平方米，冰箱、洗衣机、空调、电视和冷柜年产量150万台。工厂生产的产品从主要家电快速拓展到包括笔记本、微波炉、饮水机和小家电在内的上百个产品型号。

海尔巴基斯坦已经建立了强大的销售和分销网络，包括3000家经销商和海尔专卖店覆盖了全部巴基斯坦区域市场。作为市场强大的支持，海尔在巴基斯坦有着同样强大的售后网络和维修网点，配备了良好技能的售后团队。

社会责任

作为一个有社会责任的公司，海尔巴基斯坦总是在关键时刻对当地社会做出应有的贡献。在巴基斯坦国家遭受洪灾和地震灾难之际，海尔总部和海尔巴基斯坦捐赠了上千万卢比的赈灾款和物资。在公司的影响带动下，海尔员工也积极通过捐献部分工资来贡献自己的微薄之力。

在巴基斯坦2005年毁灭性的地震灾难时期，海尔救灾团队赶赴灾区，积极参与救灾活动，在灾区救灾过程中起到了重要作用。海尔巴基斯坦的慈善义举得到了巴基斯坦官方的认可，并被授予巴基斯坦最高总统“Sitara-e-Esaar”奖章。

Haier Corporate profile additional pages Haier Pakistan Leads the Market

After 16 years development in Pakistan, Haier Pakistan is the leader in the home appliances market in Pakistan with an overall market share of 32 %. Haier leads in most major home appliance categories including air conditioners ,washing machines ,refrigerators and deep freezers. To date it is the only company in Pakistan producing locally assembled laptops.

Haier Pakistan’s manufacturing facility is located in the Haier industrial park in Lahore and sprawls 830,000 square meters. with a built up area of 87000 square meters housing various production lines. With a designed production capacity of 1,500,000 units p.a. across all product categories Haier Pakistan’s product portfolio has expanded rapidly from the original refrigerators, air conditioners, and washing machines to include Deep freezers, commercial air conditioners, laptops, LED TVs, microwave ovens, water dispensers, and small domestic products together comprising several hundred models of home appliances.

Haier Pakistan has built up a strong sales and distribution network comprising of 3,000 dealerships and exclusive sales shops covering the length and breadth of Pakistan. This is supported by an equally strong network of after sales service and maintenance outlets manned by well trained technicians.

A Socially Responsible Brand

As a Socially responsible company, Haier has always been in the forefront during crucial times. Ten of millions of Rupees have been donated by Haier Global Head Office in China and Haier Pakistan towards relief efforts during national calamities like floods and earthquakes. Haier Pakistan employees have also shared in the national efforts by making significant contributions from their salaries.

During the devastating earthquake in Pakistan in 2005 the Haier team visited the affected areas, took an active part in relief operations, and played a major role in supporting people in the quake hit areas.

The humanitarian role of Haier Pakistan has been officially recognized by the Government of Pakistan which awarded Haier the prestigious and highly coveted Presidential Award “Sitara-e-Esaar”.

国际工程 项目展示

马来西亚新山金海湾售楼部

苏格兰古堡

柬埔寨金边钻石岛酒店

澳门金都酒店

塔吉克斯坦依斯莫丽索莫倪酒店

马来西亚新山森林城市游艇俱乐部

塔吉克斯坦国家青年活动中心

文莱KOPERASI购物中心及酒店

越南岘港皇冠假日酒店

以重载电力机车
将亚欧大陆相连
With Heavyload Electric Locomotive,
Connecting Eurasian Continent
明斯克
Minsk
中车大同电力机车有限公司
CRRC Datong Co., Ltd.
ADD: No.1 Qianjin Street, Datong City,
Shanxi Province, China
TEL: +86-352-7162299
FAX: +86-352-7162285
www.crrcgc.cc/dt

中车大同电力机车有限公司隶属于中国中车股份有限公司，是中国专业化电力机车研发和生产基地之一。
CRRC Datong Co., Ltd. is a subsidiary of CRRC Corporation Limited, which is one of a professional R & D and production base for electric locomotives production in China.

公司拥有上千名工程技术人员组成的专业研发团队，产品覆盖直流传动和交流传动两大技术领域，到目前为止，已累计为中国铁路提供了上千台的和谐型大功率交流传动电力机车。
The company has thousands of engineering and technical personnel of the professional R & D team, product coverage DC and AC drive two major technical areas, so far, has provide thousands of HXD high-power AC drive electric locomotive to Chinese railway.

近几年，公司先后通过了EN15085国际焊接体系认证、IRIS国际铁路行业管理体系认证，及俄罗斯联邦GOST质量安全体系认证，出口白俄罗斯铁路市场的机车产品受到客户高度认可。
In recent years, the company has passed the EN15085 international welding system certification, IRIS international railway industry management system certification, and the Russian Federation GOST quality and safety system certification. And locomotives exported to Belarus railway are highly recognized by customers.

伴随中车中电轨道装备有限公司在白俄罗斯成立的契机，公司将充分利用白俄区域市场优势，推动铁路装备出口向“产品+服务”方向升级。
With the opportunity to set up CRRC CUEC Railway Equipment Co., Ltd. in Belarus, the company will make full use of its advantages in Belarus to promote the railway equipment exports upgrade to the "product + service" direction.

安徽省外经建设（集团）有限公司

安徽省外经建设（集团）有限公司是一家以经营建筑业、矿产业、房地产业、珠宝业、酒店旅游业、商贸物流业等业务为主的大型综合性跨国企业。自1992年成立以来，公司积极响应国家“走出去”战略号召，大力发展外向型经济，先后在非洲、欧洲、亚洲、中南美洲和大洋洲等地区近30个国家圆满承建了我国近百个大中型援外项目、驻外大使馆馆舍、经商处馆舍项目、国家优惠贷款项目和一系列国际工程承包项目，所建项目均被评为优良工程，为中外友谊、中外经贸友好往来做出了积极贡献，受到了国家领导人和项目所在国首脑、政要的充分肯定和赞扬。同时，公司在20多个国家注册成立了分支机构，开展多元化经营。经过20多年的发展，公司在国内外现有20家酒店，并在非洲开办了14家天地亿万多连锁超市和5家建材加工厂，为促进所在国的GDP增长和增加就业机会发挥了积极作用，树立了中国企业良好的对外形象。

2009年，公司向境外矿产资源开发领域进军，先后在津巴布韦、赞比亚、刚果（金）、莫桑比克、坦桑尼亚等国家开发了钻石矿、祖母绿矿、钛锆矿、坦桑蓝矿、红宝石矿等矿资源。其中，莫桑比克钛锆矿是目前世界上已知单体最大的钛锆重砂矿项目，开发前景非常广阔。在房地产开发方面，公司在国内芜湖、亳州、合肥、贵阳等地，在国外莫桑比克、多哥、马达加斯加、马拉维等国家投资开发了商业广场、住宅小区和高级别墅等项目。同时，公司还加大在生态旅游方面的投入力度，投资建设了国家4A级风景区——安徽金孔雀温泉旅游度假村、金孔雀温泉养生中心和亳州“观堂镇生态旅游文化园”，并计划在贵州贵阳投资建设金孔雀温泉旅游项目。

公司还在上海自贸区、安徽合肥注册成立了珠宝公司，并完成了“德圣珠宝”的品牌注册。目前，钻石、祖母绿的加工、镶嵌和销售工作正在紧锣密鼓地展开。

公司连续多年位列ENR全球最大250家国际承包商排行榜，先后四届荣获中央文明委“全国文明单位”光荣称号，还被授予“全国优秀施工企业”“中国对外承包工程信用最高等级评价AAA级企业”“社会责任绩效评价进取型企业”“中国进出口银行”“两优两贷最佳执行企业”“中非友好贡献奖—感动非洲十大中国企业”“中国对外投资100强”等多项荣誉称号。员工多次被授予中国“援外奉献银奖”，马达加斯加、科特迪瓦等国家“总统勋章”，以及被柬埔寨国王授予“萨哈棉黛”莫哈赛级别勋章。

集团公司总部大楼

中非光明行

刚果（金）钻石矿

莫桑比克N6公路

莫桑比克马普托国际机场

马拉维国家体育场

津巴布韦龙城商业广场

莫桑比克马普托外经凯莱大饭店

莫桑比克贝拉国际经贸合作区

援哥斯达黎加国家体育场

中启控股集团股份有限公司

中启控股集团股份有限公司始建于1949年9月，是一家有着近70年发展历史的大型企业集团，获全国五一劳动奖状、全国守合同重信用企业、山东省先进企业等殊荣。集团旗下拥有中启建集团、中启凯建集团、中启盛建集团和中启海外集团、中启商管集团五大产业集团，以资、投资及投资管理为主，经营领域涵盖建筑业、工业以及第三产业等。集团董事局主席张荣胸怀报效国家和社会的神圣责任，承继着半个多世纪企业发展积淀的天赋使命，统领团队正在打造中启控股集团可以展现于天下的优秀企业形象和品牌！

桔井省经济特区项目

桔井省经济特区项目位于柬埔寨桔井省斯努国际口岸，紧邻越南，地理位置优越，交通便利。项目总体规划面积约9平方公里，计划投资60000万美元。项目整体规划为经济作物、商贸物流等产业集聚园区，主要包括农产品、食品加工分区、工业加工制造分区以及商贸仓储物流分区、木材加工分区、橡胶加工分区、建材加工分区、石材加工分区等多个园区板块，规划建设热电厂、（储）水厂、污水处理厂等，可容纳企业200余家，就业人数10万人。园区土地、电力供应充沛，劳动力充足，生产成本低廉；入园企业享受国家级机关及海关、商检、税务等一站式服务；园区进口生产设备、生产原材料等免关税；出口产品享受欧美最惠国和普惠制优惠政策。项目被列入国家领导人出访柬埔寨期间两国签署的《关于共同推动产能与投资合作重点项目的谅解备忘录》中，是我国投资建设的103家重点境外园区之一。

特区区位分析图

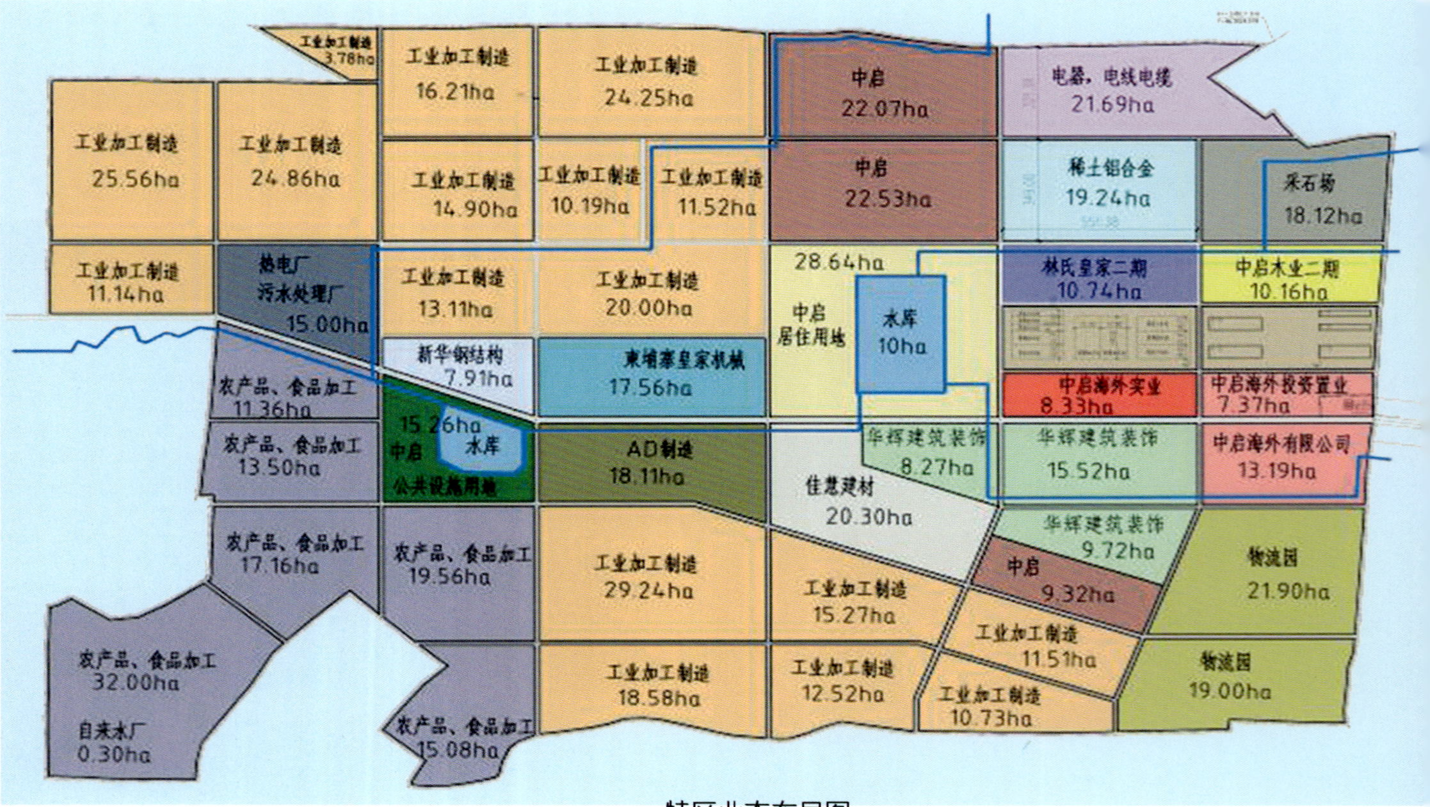

特区业态布局图

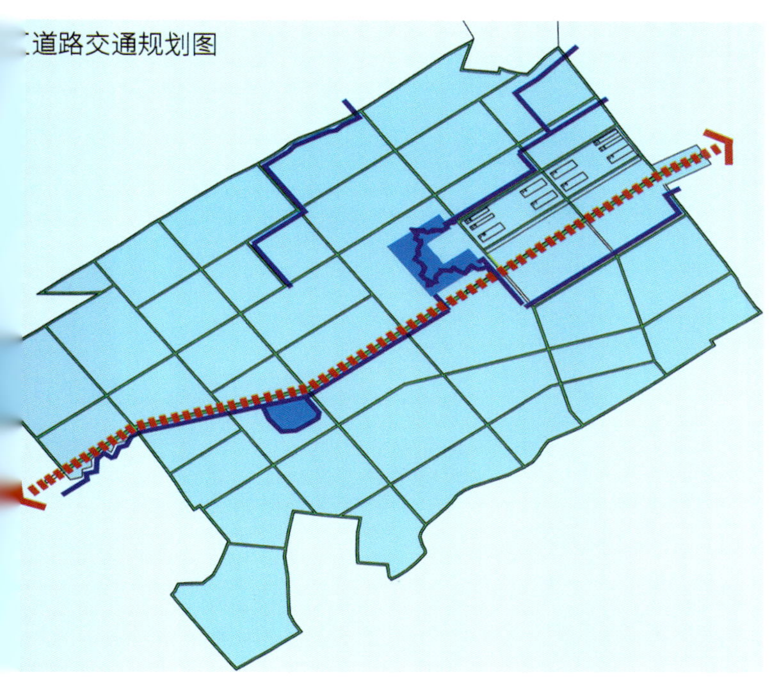

中柬产能和投资合作重点项目清单

暹粒新机场项目
金边-西哈努克港高速公路项目
额勒赛中游70MW水电站项目
西哈努克煤电项目
蒙多基里省生态农业开发区项目
柬中综合投资开发试验区
西哈努克经济特区
桔井省经济特区
AAE 1 海缆光纤网络项目
华星水泥厂项目
东南亚电信柬埔寨项目

多基里省经济特许地项目

多基里省经济特许地项目位于柬埔寨蒙多基里省，拥有9068顷经济特许地，主要为林木采伐、橡胶及其他经济作物种 可提供大量木材资源和橡胶资源，拥有巴劳、金车花梨、棉酸枝、花梨、克隆、黄檀等珍贵木材。项目计划投资000万美元。

林地航拍图

林地原木采伐及加工

林地橡胶种植

林地橡胶种植

林地腰果种植

林地木薯种植

林地辣椒种植

林地花生种植

青岛森麒麟轮胎股份有限公司

一、轮胎智能制造“排头兵” 重塑智能制造新生态

2016年,智能制造新模式应用项目入选企业名单公布，森麒麟成为傲立榜单的唯一一家轮胎企业。森麒麟以助推中国传统制造产业转型升级为己任，所缔造的森麒麟轮胎工业４.０智慧工厂紧密围绕智能制造新模式应用项目，研发出具有自主知识产权的“森麒麟智能管理系统”，构建出具有自动化、信息化、智能化和个性化的智慧工厂，实现了原材料仓储—密炼—部件—成型—硫化—检测—入库的自动化、信息化、智能化生产。

二、全球化布局持续发力 抢占世界轮胎话语权

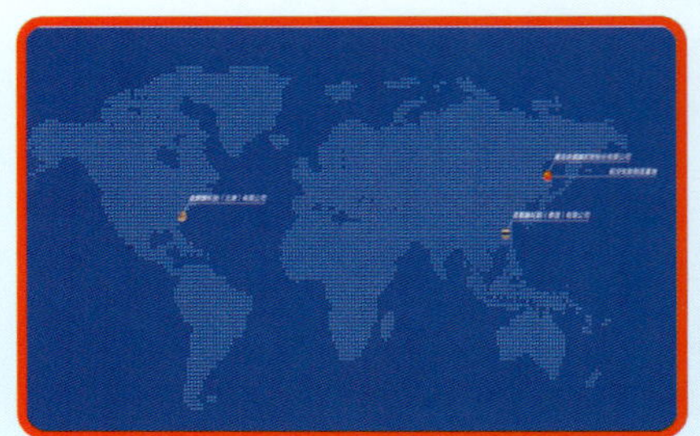

2016年，森麒麟轮胎北美轮胎智造基地——森麒麟轮胎北美有限公司（Sentury Tire North America Inc）历经9个月的选址过程，正式落户美国佐治亚州拉格兰奇市，这是中国自主轮胎企业首次在美国投资建设工厂，是继森麒麟轮胎（泰国）有限公司建成投产后，森麒麟轮胎全球化发展战略的又一关键步骤，此次森麒麟轮胎生产制造基地进驻美国本土，也成为中国自主轮胎品牌亮剑世界轮胎舞台的重要里程碑，吹响了进军美国本土的号角，建成后的森麒麟美国轮胎智造基地将继续发挥工业4.0智能制造的强大生命力，持续助力森麒麟成为一个世界级的高端中国轮胎品牌。

三、亮点研发新品频现 为“高端中国制造”夯基垒台

森麒麟轮胎始终坚持“自主研发 持续创新 着眼未来”的研发理念，2016年森麒麟精英研发团队持续发力，亮点研发新产品频现，森麒麟轮胎全球首条四季全天候缺气保用轮胎路航Landsail 255/55R18 109V正式亮相；与华高墨烯共同研发的全球第一条石墨烯导静电轮胎路航245/45R18 LS588@RSC在森麒麟诞生，全球首家石墨烯导静电轮胎量产基地正式落地森麒麟； 11月，森麒麟防刺扎轮胎于美国市场正式亮相；森麒麟研发团队最新研发成果20寸夏季缺气保用轮胎又让森麒麟成为全国目前唯一一家、全球少数几家能够研发与生产这款产品的轮胎企业。

四、“中国赛车轮胎第一品牌” 逐鹿2016赛季

2016年，公司持续发力赛车运动领域，森麒麟旗下路航轮胎、德林特轮胎剑指“中国赛车轮胎第一品牌”，继续逐鹿2016赛季，领跑中国自主轮胎品牌赛车轮胎新格局。

2016赛季，路航与德林特陪伴赛车手们呈现了一场场飞沙走石、酣畅淋漓、激情澎湃的精彩比赛，轮胎的超高性能也被一次次验证：COC携手众泰越野车队拿下年度总冠军；助力汪海拿下中国越野顶级赛事——2016年中国大越野冠军……冠军品质毋庸置疑！

五、青岛制造业“新五朵金花” 荣誉与肯定伴我们同行

2016年，国家、省、市各级领导对于森麒麟的成长给予了高度关注，荣誉与肯定伴随森麒麟的成长，青岛制造业“新五朵金花”之路踏实坚定。

2016年，森麒麟国家级实验室复审再认证顺利过审，森麒麟检测中心科学化、规范化运作再获国家认可；全球轮胎75强刷新排名位列第58位；再次入围青岛企业100强和青岛制造企业50强榜单。

六、航空轮胎研发新突破 握紧“中国第一”荣誉

2016年研发实现重大历史性突破，森麒麟航空轮胎于11月30在中国烟台南山机场装配新一代波音737机型飞行试验圆满成功。12月15日，森麒麟航空轮胎正式获得中国民航局颁发的重要改装设计批准书（MDA）。此证书也标志着公司正式具备航空轮胎装机使用资格，具备航空轮胎销售资质。青岛森麒麟再一次用强大实力握紧了“中国航空轮胎第一家”的响亮名号！

网址：www.senturytire.com.cn 地址：青岛即墨天山三路5号

腾飞中的“金亿”——霍尔果斯金亿国际贸易（集团）有限公司

Soaring Khorgos Jinyi International Trade (Group) Co., Ltd.

2016年12月7日，伊犁州党委书记、州人大常委会党组书记曾存莅临金亿集团考察调研

2015年7月，哈萨克斯坦阿拉木图州工商联带领哈方客商考察金亿集团

货场鸟瞰图

霍尔果斯金亿国际贸易（集团）有限公司位于祖国的“西大门”——霍尔果斯经济开发区工业园区。自2010年成立以来，本公司大力实施产业化和国际化战略，发展迅速，现有注册资本5000万元，地8万平方米，总资产5.5亿元，在册员工80人，日均提供临时务工岗位近300个，是新疆维吾尔自治“农业产业化龙头企业”、自治区民营企业“千企帮千村”先进单位、伊犁州优秀企业。

金亿集团旗下有专业化子公司10个，是以优质果蔬的种植栽培、收购运输、保鲜贮存、精深加工出口销售业务为主，以仓储物流业为辅的集团公司。金亿集团应用“国际市场+龙头企业+基地+农户斗技”的产业化、国际化经营模式，在全国山东、江西、湖北、湖南、江苏、陕西、新疆（伊犁）等市建立了出口果蔬生产基地10余万亩，拥有果蔬保鲜库1.8万平方米及果蔬加工车间2万平方米，形成完整的产业链条，是目前伊犁州唯一一家实现了农产品种植收购、保鲜加工和出口销售一体化运营模的企业。2016年公司出口贸易额2.3亿美元，其中出口果蔬6万吨，销售额达7000万美元。公司大力展国际仓储物流业务，产品远销中亚五国及俄罗斯等国家，现已建成8万平方米的国际物流中心，并2013年获乌鲁木齐海关批准为“海关监管场所”，命名为“金亿国际物流中心”。

金亿集团致力于技术创新和科技推广应用，加强产学研合作，以高新技术和绿色发展理念改造传统业，倡导绿色有机食品。公司在伊犁州建有试验示范基地1.5万亩，温室果蔬大棚500座，年产绿色食和无公害农产品4万吨。并与中南民族大学等院校积极合作，建立科研实习基地。

金亿集团积极推进资本运营，已于2015年12月在新疆股权交易中心正式挂牌，可望在2018年正式市。展望未来，我们真诚地期望与国内外企业加强交流合作，互利共赢，开拓发展，携手开创辉煌未！

The Khorgos Jinyi International Trade (Group) Co., Ltd. is located at the Economic Development Zone Industrial Park of Khorgos City, the “west gate” of China. ıce its inception in 2010, the company has been developing rapidly through its vigorous implementation of the industrialization and internationalization strategies. With existing registered capital of 50 million Yuan, the company now covers an area of 80000 square meters, with a total asset of 550 million Yuan and 80 registered ıployees (among them, the percentage of the professional technical employees account for over 50%, and there are 10 minority employees). Providing temporary sts for nearly 300 people on an average daily basis, the company has become a “Leading Enterprise in Agricultural Industrialization” of the Xinjiang Uygur tonomous Region, and the advanced private enterprise in the Program of “Thousand Enterprises Assist Thousand Villages” in the autonomous region, as well as ıtstanding Enterprise of Yili Prefecture.

Jinyi Group is a group company mainly involved in the plantation of quality fruits and vegetables, procurement and transportation, fresh storage, deep processing d export sales. Its auxiliary business includes warehousing and logistics. Currently, the group has 10 professional subsidiaries. Through the implementation of the ternational market + leading enterprise + base + farmers + science and technology" industrialization and internationalization business model, the group has tablished over 100,000 mu export fruit and vegetable production base in Shandong, Jiangxi, Hubei, Hunan, Jiangsu, Shaanxi, Gansu, Xinjiang, Yili and other regions. ıe group has 18,000 square meters of warehouse for the fresh storage of fruits and vegetables, and the deep processing project with an annual capacity of 10,000 tons fruits and vegetables is now under construction, forming a relatively complete industry chain. At present, the group is the only enterprise that realizes the integrated dustrialization operation mode of agricultural cultivation and procurement, fresh processing and export sales in the Yili prefecture. In 2016, the Group has realized the port trade of 230 million US dollars, in which the export of fruits and vegetables is 60,000 tons, with sales volume of 70 million US Dollars. At the same time, the group vigorously developing the international warehousing and logistics industry, and it has built an international logistics center that covers an area of 80,000 square meters. 2013, the center was approved by the Urumqi Customs as a "place under the customs supervision", and was named as "Jinyi International Logistics Center".

The Jinyi group is committed to technology innovation and the promotion of scientific applications. By strengthening the industry–university–research cooperation, e group transforms traditional agriculture with high technology and green development concepts. The group takes organic food as the forerunner to vigorously develop een food, and has expanded its own experiment demonstration base established in Yili Prefecture to 15,000 mu. Moreover, the number of greenhouses for vegetables d fruits has reached 500, and the annual output of green food and pollution–free agricultural products has reached 40,000 tons. The company has also established ientific research and practice bases at South Central University for Nationalities and other institutions.

The group is now actively promoting capital operation, and was officially registered on Xinjiang Equity Trading Center in December 2015. It is expected that the oup will officially go public in 2018. Looking to the future, the Jinyi Group is like a soaring eagle that flies to a more vast distance with the historical opportunity of the ilk road economic belt" construction and the country's western development momentum. We sincerely expect to strengthen exchanges and cooperation with ıterprises at home and abroad, so as to win mutual benefit, jointly develop and expand, and create a brilliant future hand in hand!

ZCCZ
亚中国经济贸易合作区
CHINA ECONOMIC & TRADE COOPERATION ZONE

热烈庆祝赞中经贸合作区成立10周年 2007-2017

赞比亚总统伦古阁下参观合作区展台

十年前—2007年2月4日，中国和赞比亚共同为经贸合作区揭牌，从此揭开了经贸合作区波澜壮阔的十年历程。

赞比来中国经济贸易合作区是中国政府宣布在非洲建设的第一个境外经贸合作区，也是赞比亚政府宣布设立的第一个多功能经济区，经我国部委批准，由中国有色集团负责园区的开发，运营和管理。回顾经贸合作区从幼苗破土到枝繁叶茂的十载春秋，我们团结一心、众志成城、风雨无阻地在深化中赞经贸合作的道路上昂首奋进、一路前行。

截至目前，经贸合作区基础设施总投资约1.9亿美元，形成了完善的基础设施，包括生产、生活、办公、服务等配套设施，还有设备先进的院等。随着招商引资工作的深入，园区内的企业和功能设施用户超过了60家，包括中色非洲矿业有限公司、谦比希铜冶炼公司、谦比希湿法炼有限公司、赞比亚吉海农业有限公司、凯夫国际制药有限公司等当地知名企业，涉及采矿、勘探、冶炼、有色金属加工、化工制造、农业、建、贸易等多个行业，区内企业总投资超过16亿美元，销售收入超过110亿美元，共为当地创造就业机会超过8000个。

多功能气膜馆

现代化办公楼

330KV变电站

中赞友谊医院

数易春秋，风华正茂；几载耕耘，硕果累累。经贸合作区不但为世界各国投资者建了在赞投资兴业的综合服务平台，而且为赞比亚带来了巨大的政治、经济和社会益，获得了中赞两国政府的高度评价和社会各界的广泛赞誉。两国领导人均对经贸作区的建设给予了亲切关怀，为园区的发展注入了强劲的动力。

作为“中赞全天候友谊”的诠释和实践者，经贸合作区将在下一个十年，继续以“打造非洲最佳投资平台”为己任，落实国家领导人在中非合作论坛约翰内斯堡峰会上提出的“十大合作计划”，大力推进工程建设和招商引资工作，为促进“中赞合作”、实现“共同发展”的百年大计而不懈奋斗！

谦比希园区土地使用规划

谦比希园区入区企业中矿资源公司经营的加油站

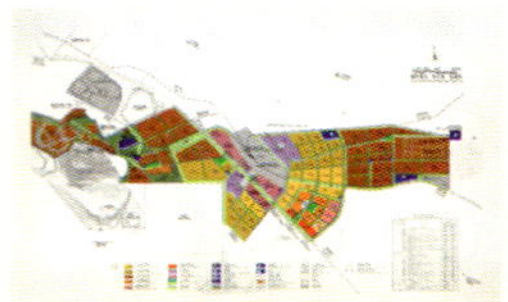
卢萨卡园区土地使用规划

卢萨卡园区标准厂房

件：service@zccz.cnmc.com.cn　　网址：http://zccz.cnmc.com.cn
话：+260 979955999　+260 972455988　+260 972201268　+260 979127960　+260 974009993
系地址：ZCCZ Chambishi MFEZ, Kalulushi, Copperbelt Province, Zambia.　　ZCCZ Genera Service Building, Lusaka East MFEZ, Lusaka, Zambia.

尼日利亚莱基自贸区---中尼产能和装备制造的合作平台

尼日利亚莱基自由贸易区—中尼经贸合作区，位于尼日利亚经济首都拉各斯东南部的莱基半岛，总体规划面积30平方公里。距拉各斯市区约50公里，南临大西洋，北依莱基礁湖，地势平坦，风景秀丽。莱基自贸区将规划建设成为拉各斯都市卫星城、充满活力的商贸城、现代化的工业新城和环境优美的宜居城。

莱基自贸区是由中国铁建股份有限公司、中非发展基金有限公司、中国土木工程集团有限公司和南京江宁经济技开发总公司组建成立的中非莱基投资有限公司，与拉各斯州政府和莱基全球投资有限公司共同投资和建设的境外经贸作区。自2006年启动以来,得到了中尼两国政府的高度关注和大力支持。2007年11月，莱基自贸区被中国商务部批准为“境外经济贸易合作区”；2010年4月，获得国家发改委的境外投资核准批复；2010年11月，通过了国家部委开展的境外经济贸易合作区确认考核。

自贸区内企业可享受一系列优惠政策，如：免除全部企业所得税、无进口配额限制、外汇可以自由汇出等。目前已有110多家中外企业入园办理了营业执照，协议投资总额约10.6亿美元；50家企业（中资26家；外资24家）正式签署投资协议并已投产运营。截至2016年9月底，入园企业累计完成投资1.5亿多美元。

经过十年的发展，莱基自贸区目前已经具备了较好的软硬件条件，未来必将成为中国境外经贸合作区的典范以及尼乃至中非产能和装备制造合作的重要平台。

尼日利亚莱基自贸区

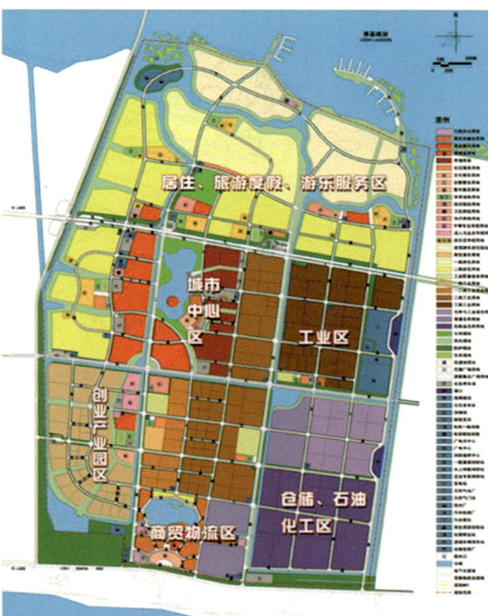

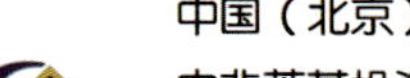

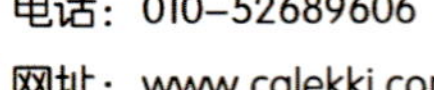

中国（北京）
中非莱基投资有限公司
电话：010-52689606
网址：www.calekki.com
邮箱：zhaoshang@calekki.com

尼日利亚（拉各斯）
尼日利亚莱基自贸区开发公司
电话：00234-8160691001
网址“www.lfzdc.org
邮箱：lfzdc@yahoo.com.cn

乌兹别克斯坦鹏盛工业园

Introduction to Pengsheng Industrial Park in Uzbekistan

乌兹别克斯坦鹏盛工业园位于乌兹别克斯坦共和国锡尔河州，距首都塔什干市约70公里。园区总投资约9940万美元，已经建成包括标准厂房、服务设施在内的建筑共16万多平方米，以及铁路专用支线、天然气站、110千伏变电站、污水处理厂、产品检测中心和海关监管仓库等完善的配套设施。园区已入驻瓷砖、制革、制鞋、水龙头阀门卫浴、宠物食品等企业。2013年3月园区被乌政府批准为吉扎克自由经济区在锡尔河的分区。2016年8月被确认为中国国家级境外经贸合作区。园区充分利用乌兹别克斯坦政府的投资优惠政策和当地优势资源，结合中国成熟的技术和装备生产符合市场需求的产品。部分产品不但替代了进口产品，还向周边国家、地区和中国出口创汇，为促进当地经济发展、改善民生、稳定社会做出了贡献。

中乌两国关系始终保持健康稳定的发展势头，中国提出建设丝绸之路经济带的重大倡议，得到乌兹别克斯坦政府和社会各界的广泛支持。鹏盛将在中乌两国友谊不断深化的背景下，继续积极践行“一带一路”倡议的实施，为增进中乌两国人民的友谊和发展中乌两国经贸关系贡献自己的力量。

公司网站：www.pengshenguz.com
公司邮箱：business@pengshenguz.com
联系电话：13906652169（戴先生国内）、+998998680555（王先生国外）

Uzbekistan Pengsheng Industrial Park, situated at Sirdaryo Region of the Republic of Uzbekistan, is only about 70km away from the capital city Tashkent. With a total investment of 99.4 million U.S. dollars, this park has completed over 160,000 square meters of building facilities including standard plant and service facilities, as well as complete supporting facilities such as railway siding, gas stations, 110KV substation, sewage plant, product testing center, and cargo warehouse under custom’s supervision. Currently this industrial park has become home to enterprises specialized in ceramic tiles, leather manufacturing, shoe making, water tap, valves, and sanitary ware manufacturing, and pet food. With authorization of Uzbekistan government, this industrial park has been approved as a branch of Jizzakh Free Economic Zone in Sirdaryo Region in March 2013. In August 2016 it was recognized as China’s national foreign trade and economic cooperation zone. Taking advantage of the investment policies and local resources in Uzbekistan, this industrial park also adopts China’s mature technology and equipment in manufacturing high quality products to meet with the market needs. Some of its products have not only taken place of imported products but also are exported to surrounding countries and regions as well as China, which not only earns foreign exchange but also makes great contributions to local economic development, improving people’s livelihood, and social stability.

China-Uzbekistan relationship has maintained steady and healthy growth. The initiation of Silk Road Economic Belt has won broad recognition from Uzbekistan government and all sectors of Uzbekistan society. With the deepening friendship between China and Uzbekistan, Pengsheng will continue to execute the “One Belt One Road” initiative and contribute to the friendship and the trading and economic ties between China and Uzebekistan.

Website: www.pengshenguz.com
Email: business@pengshenguz.com
Tel: 13906652169 (Mr. Dai in China), +998998680555 (Mr. Wang overseas)

鹏盛工业园鸟瞰图

鹏盛工业园大门

园区景色

工厂车间外景

参展广交会

毛里求斯晋非经济贸易合作区

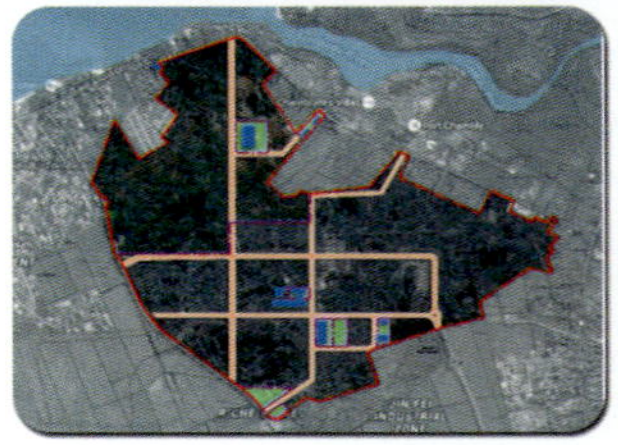

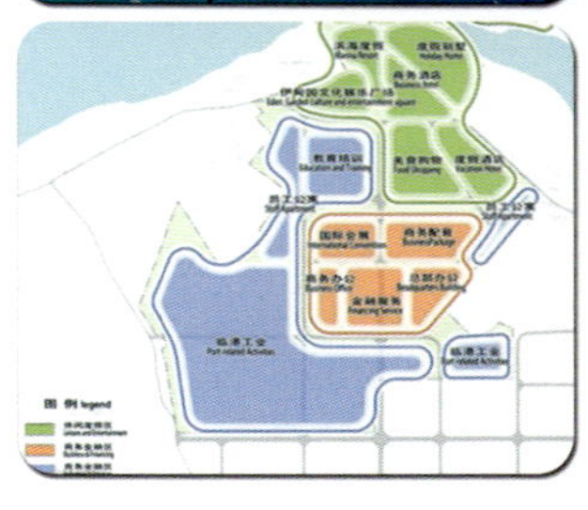

毛里求斯晋非经济贸易合作区（简称晋非经贸合作区）是中国国家领导人在中非合作论坛2006年北京峰会上提出今后3年在非洲建立3至5家经济贸易合作区中的一个，是国家部委首批批准的境外合作区之一，也是我国对外经贸合作和外交总体战略的重要内容。晋非经贸合作区占地面积211公顷（其中自主开发73.85公顷，其余部分与毛里求斯共同开发），位于毛里求斯首都路易港附近的Riche Terre地区，距港口2.5公里。合作区西北侧沿海，交通便利，贯穿毛里求斯南北的高速公路直通合作区，沿路40分钟可以到达机场。

晋非经贸合作区投资主体为山西晋非投资有限公司（简称山西晋非），实施企业为毛里求斯晋非经济贸易合作区有限公司。山西晋非投资有限公司是2009年8月由太原钢铁（集团）公司、山西焦煤集团公司和山西天利实业有限公司共同出资成立，主要致力于毛里求斯经济贸易合作区的开发建设。2014年底，山西省政府更换投资主体，山西省投资集团正式接管毛里求斯晋非经济贸易合作区。

晋非经贸合作区新的规划定位为高端现代服务业园区，按照毛里求斯智慧城市的相关标准进行规划和建设。规划以园区内现有道路为基础，布局了文化旅游休闲区、金融商务区、教育医疗服务区三大区域，在功能和空间的设计上形成了清晰的产业发展轴，能满足人们在园区工作、生活、娱乐一体化需求。

重点招商和建设项目包括：伊甸园文化娱乐、商务酒店、高档公寓、度假别墅、购物美食街、金融CBD、教育培训学校、医疗服务、企业总部、科研基地和仓储物流等，建筑面积约50万平方米，总投资约10亿美元。

新建成的合作区将以金融为中心、伊甸园文化为灵魂、教育医疗商贸为配套，逐步形成产业集聚效应，形成强大的人流、资金流、信息流、物流交汇之地，努力打造面向非洲的金融和文化交流中心。晋非经贸合作区将成为习近平主席提出的中非十大合作计划中金融合作的重要载体，山西金融跨入国际的重要平台，山西企业挺进非洲的“桥头堡”。

The Mauritius JinFei Economic and Trade Cooperation Zone (hereafter referred to as JFET Zone) was established in 2006. It is one of the 3 to 5 economic and trade cooperation zones in next 3 years in Africa, which proposed by China's Leader in Beijing summit of China-Africa Forum 2006 in Africa. It is one of the outside the zones in first batch which approved by National Ministry . JFET Zone located nearby in Mauritius capital, 2.5 km from the Port Louis "Riche Terre" area. It is covered an area of 211 ha (including 73.85 ha run by Shanxi JinFei independence development, joint development with Mauritius government the rest part). JFET Zone is coastal north-west, with convenient expressway which through Mauritius north and south goes straight to Zone, about 40 minutes' drive from the airport.

The investment subject of JFET Zone is Shanxi JinFei Investment co., LTD (hereinafter referred to as Shanxi JinFei). The implement enterprise is Mauritius JinFei Economic and Trade Cooperation Zones co., LTD. Shanxi JinFei Investment co., LTD was funded jointly by TISCO, Shanxi Coking Coal and Shanxi Tianli Industrial co., LTD in August, 2009. It mainly engaged in the development and construction of JFET Zone. At the end of 2014, Shanxi provincial government replaced the investor. Shanxi Investments Group formally took over Mauritius JFET Zone.

The new planning and positioning of JFET Zone is the high-end modern service industry park, which is planned and constructed according to the standard of Mauritius Smart City. The Planning is based on existing roads in the park, layout 3 areas which include Cultural Tourism and Leisure Area, Financial Business District, Education, Medical and Service. It is formed a clear industry development axis on the design of the function and space. It can satisfy the people working, life and entertainment integration needs in Zone.

The key projects on investment and construction include: the Garden of Eden Cultural Entertainment, business hotel, luxury apartments, holiday villas, shopping and gastronomic street, financial CBD, education training schools, medical services, enterprise headquarters, the scientific research base, logistics and warehousing. The whole floor area is about 500,000 ㎡, with a total investment of about $1 billion.

JFET Zone will be centered on the financial, regarding the Garden of Eden Culture as the soul, supported by education, medical and business. Gradually formed industrial cluster effect, establish a converging point of people, capital, information and logistics. Make a great effort to establish an exchange centre of financial and cultural for Africa. JFET Zone will be an important carrier of financial cooperation in the China-Africa Ten Big Partnership which is proposed by President Xi Jinping; be an important platform for Shanxi finance internationalization; be a "bridgehead" of Shanxi enterprise into Africa.

晋非经济贸易合作区独立开发区功能结构一览表
Functional structure List of SDZ

功能分区 Functional zoning	主要项目Major items
休闲度假Leisure and resort	伊甸园文化娱乐广场、步行商街、高端购物、美食餐饮、度假酒店、度假别墅、商务酒店、水上运动俱乐部、影视娱乐基地（意向） Eden Garden culture and entertainment square,pedestrian shopping street,luxury shopping,gourmet food,resort hotel,resort villas,water-sport activities club,film and entertainment base(with intent)
商务金融 Business and financing	金融服务、商务办公、总部办公、商务中心、企业会所、国际会展 Financing service,business office,headquarters building,business center,corporate lounge,international convention
产业及配套 Industry and related facilities	临港功业、现代物流、教育培训、员工公寓 Port-related activities,modern logistics,education and training,staff apartment.

山西晋非投资有限公司
地址：山西省太原市小店区晋阳街100号山投大厦1110室
电话：0351-5628391
传真：0351-5628390
电子邮箱：shanxijinfei1110@163.com
网址：www.mlqsydy.com
微信公众号：jfmlqs2015 劲飞毛里求斯

Mauritius Jinfei Economic Trade and Cooperation Zone Co. Ltd
Add: Silk Road, Riche Terre, Terre Rouge, Mauritius
Tel(Office): 00230-6509980
Fax(Office): 00230-2472191
E-mail(Company): jfetmu@163.com

越南龙江工业园

1.园区地理位置及交通条件

园区所依托的胡志明市是传统的国际货物运输港口城市，货物海运通达全球，十分便利。胡志明市还是中国-东盟的2小时经济圈空运中心，到广州、香港、新加坡、曼谷、吉隆坡、雅加达、金边等中国-东盟国家的航班都在2个小时左右。

园区位于越南南部的九龙江平原，距胡志明市中心、国际机场及西贡港均约为50公里。陆路有高速公路、国道途经园区，到胡志明市区只需40分钟车程。水路有内陆河道紧靠园区，货物可直达国际港。园区的对外交通条件十分便捷。

2.园区总体规划情况

园区总体规划面积为600公顷，其中包括工业区540公顷和住宅服务区60公顷。

园区将为入园企业提供正常生产的配套设施，包括供水、供电、污水处理、固体垃圾处理、物流等设施。

3.当地政府给予优惠政策及支持

越南政府给予园区目前最优惠的税收政策，以帮助园区吸引企业入园投资。入园企业自有营业收入之年起享有15年的所得税优惠期，优惠税率为10%（目前越南的企业所得税为25%）；自盈利之年起前4年免税，后续 9年税率减半。该政策是目前越南国家最优惠的税收政策。

构成企业固定资产的设备免进口税，免产品出口税。自企业开始投产之日起，生产所用原材料、物资、零部件进口可免5年进口税。入园企业可根据自身情况决定成立普通企业或加工出口企业，对于加工出口企业，免原材料进出口税及增值税。

2017年园区将在原有基础上加大园区基础设施建设力度，加大全球和多元化开放式招商力度，提高园区为入园企业提供的服务质量，提高园区形象和承载能力，把龙江工业园建成高水平的综合国际工业园区。

鸟瞰图（airscape）

污水厂（waste water treatment plant）

Brief Introduction of Long Jiang Industrial Park in Vietnam

● Location and traffic conditions of the industrial park

Ho Chi Minh City, which the industrial park is relied on, is a traditional international port city, endowed with convenient advantage of global cargo shipping. In addition, it is the airfreight center of China-ASEAN Two-Hour Economic Circle, with the flights arrival in about 2 hours from Guangzhou, Hong Kong, Singapore, Bangkok, Kuala Lumpur, Jakarta, Phnom Penh, etc.

The park is located in the Mekong Delta in southern Vietnam, about 50 km away from Ho Chi Minh City, International Airport and Saigon Port. For land transportation, there are express highway and national highway passing by the park, which allow only a 40min’ drive to Ho Chi Minh City. As for the waterway transportation, there are inland waterways close to the park, beneficial to the goods direct access to the international ports. Therefore, the external traffic conditions of the park are quite convenient.

● General Planning of the park

The total planning area of the park is 600 hectares, including 540 hectares of industrial zone and 60 hectares of residential service area.

The park will provide the enterprises inside of the park with necessary utilities ,including water supply, electricity system, sewage treatment, solid waste treatment, logistics, etc.

● Preferential policies and support from the local government

The Vietnam Government has given the park the most favorable tax policies to help it attract companies to invest. The enrolled companies may enjoy a preferential income tax period of 15 years since the year they have sales, with a preferential income rate of 10% (the current Vietnam enterprise income tax rate is of 25%), including 4 years of tax exemption from the first profit-making year, 9 subsequent years with tax rate discount by 50%.

Machineries that consist of enterprise fixed assets will be free of import tax. Since the date that companies begin operation, the imported raw materials, supplies, spare parts for production are of five-year import custom duties free. The enrolled companies can determine to establish a common enterprise or export processing enterprise based on their personal situations. For export processing enterprises, they are free of raw materials import and export tax and VAT.

We will expand the park infrastructure construction on the current basis, strengthen in attracting global enterprises, accelerate the improvement of service quality for enterprises, to build Longjiang Industrial Park into a high-level comprehensive international industrial park.

水厂（Clean water Plant）

海亮车间（Hailiang factory - inside view）

园区办公楼（Long Jiang IPD Office - outside view）

园区主干道（Internal roads）

越南前江省新福县新立第一社
电话：（+84）73.3849.888，3849.777
传真：（+84）73.3642.722

乌干达 辽沈工业园

UGANDA LIAOSHEN INDUSTRIAL PARK

两国关系的持续发展

乌干达辽沈工业园是在乌干达政府和辽宁省政府的积极推动和支持下，由乌干达张氏集团投资开发并运营管理的乌干达国家级工业园区。

The Sustainable Development of the Relations between the Two Countries

Uganda Liao Shen Industrial Park is a Uganda National level Industrial Park, which is developed and managed by Zhang Group in Uganda, and actively promoted and supported by the Government of Uganda and the Government of Liaoning Province in China.

乌干达总统穆塞维尼与辽宁省副省长邴志刚磋商乌干达辽沈工业园相关事宜

乌干达财政部长签署乌干达辽沈工业园授权书

规划原则

1.坚持适度超前原则。规划要适度超前，遵循现代化工业发展的准则。工业园建设在功能、规模、标准上应具有适度超前性，适应现代化生产组织方式的要求。

2.坚持环境友好原则。遵循产业发展与生态保护相结合的原则，按照既满足工业生产又保护好环境的要求，生产企业布局与环境保护紧密结合，建设生态型的现代工业园。

3.坚持综合效益最佳的原则。规划重视经济效益、社会效益、生态效益并重的原则。

4.坚持资源节约原则。按照建设资源节约型社会、发展循环经济要求，大力推进节能、节水、节地、节材，加强资源综合利用。

5.坚持科学布局、综合开发原则。科学发展观的指导下，坚持综合开发和协调发展，实现经济效益、社会效益和环境效益最大化。

Planning Principles

1.Adhere to the principle of appropriate planning in advance. Planning to be appropriate ahead, follow the guidelines of modern industrial development. Industrial park construction should consider in its function, size, standards to meet the requirements of modern production system.

2.Adhere to the principle of environmental friendliness. Follow the principle of combining industrial development and ecological protection, in accordance with the requirements of both industrial production and environmental protection, the layout of production enterprises and environmental protection are closely integrated to build eco-type modern industrial parks.

3.Adhere to the principle of the best comprehensive benefits. Planning emphasis on economic efficiency, social benefits and ecological benefits.

4.Adhere to the principle of resources-saving. In accordance with the construction of resource-saving society, the development of circular economy requirements, industrial park should vigorously promote energy saving, water saving, land & materials saving and strengthen the comprehensive utilization of resources.

5.Adhere to the principles of scientific layout and comprehensive development. Under the guidance of the scientific concept of the comprehensive development and coordinated development, achieve economic efficiency, social and environmental benefits to maximize.

规划范围与规模

1.规划范围 一期园区面积2.6平方公里，二期园区面积2平方公里。

2.设计规模 总建筑面积81.9万平方米。建成后将吸引入驻企业不低于50家，建设总投资不低于6亿美元，可为乌干达当地创造不低于1万个就业岗位。

Planning scope and scale

1. Planning scope of a park area of 2.6 square kilometers in phase one, and area of 2 square kilometers in phase two.

2. Design the total construction area of 81.9 million square meters. Will attract more than 50 enterprises, the total investment of more than 600 million US dollars, and create more than 1000 jobs for the local Ugandans.

规划目标

1.通过工业园建设，形成布局合理、设施完善、管理科学、服务配套、环境友好、竞争力强的现代化工业园。

2.园区集合汽车制造与组装、汽车配件、家用电器、建材、轻工业、纺织、农产品加工及食品等产业，打造综合式、复合式、国际化新型工业园区。

3.辽沈工业园辐射整个欧美地区及中国的广阔市场。打造集加工、制造、销售、进出口于一体化的国际化工业园区。

Planning objectives

1.To build a modern industrial park of as scientific layout, facilities and management, good service supported, environment-friendly and being competitive through construction of the industrial park

2. The park is a combined with automobile manufacturing and assembly, auto parts, household appliances, building materials, light industry, textile, agricultural products processing and food industry, to create a comprehensive, complex, international new industrial park.

3. To create the international-level industrial park with processing, manufacturing, sales, import and export as integration. Liao Shen Industrial Park could radiate throughout Europe , the United States and China's vast market.

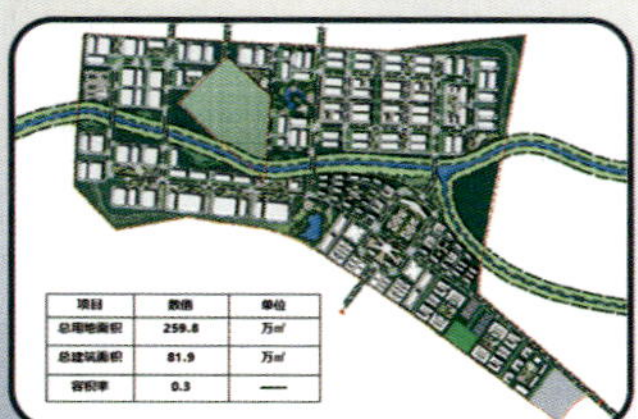

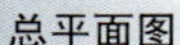

总平面图

居住生活区

乌干达位于非洲东部

吉布提以及吉布提国际自贸区概况
“一带一路”倡议中的丝路驿站

吉布提概况

吉布提位于非洲东北部亚丁湾西岸，扼红海进入印度洋的要冲曼德海峡，海岸线全长372公里。东南面与索马里接壤，西南、西部毗邻埃塞俄比亚，西北毗邻厄立特里亚。吉布提是能源运输必经之港，全球近三分之一的石油运输取道亚丁湾经过吉布提。此外，还是亚丁湾护航舰队补给基地及东西海运枢纽港，船舶挂靠进行淡水补给、加油和修理。

吉布提国际自贸区规划

吉布提政府已划定约48.2平方公里区域，来开发建设封闭式管理的吉布提国际自由贸易区，另有30.9平方公里作为预留发展区。

吉布提国际自贸区总体开发目标是将吉布提建设成为吉布提发展的新引擎,东非地区的金融、航运、贸易中心，开发内容包括对现有港区进行升级改造，强化港口建设和相关物流业务，完善增值服务、贸易服务和海事服务等相关服务功能。2016年1月，招商局集团与吉布提港口与自贸区管理局（“DPFZA”）就合作建设2平方公里自贸先导区签署框架协议，该项目将为践行和复制“前港-中区-后城”模式提供了基础。2016年4月，大连港集团与招商局集团及吉布提港口与自贸区港口局达成合作共识，将发挥大连港“百年老港”优势参与吉布提自贸区的建设、管理及运营。

吉布提国际自贸园区里程碑节点

2015年3月24日，招商局集团与吉布提港口与自贸区管理局签署《吉布提自贸区项目合作框架协议》。

2016年7月28日，在北京举行的中非经贸合作论坛上，招商局集团、大连港集团与吉布提港口与自贸区管理局签署了《吉布提自贸区项目投资协议关键条款协议》。

2016年11月15日，在吉布提总理府，招商局集团、大连港集团、亿赞普集团、吉布提港口与自贸区管理局共同签署了吉布提自贸区项目投资协议。

2017年1月15日，在吉布提总统府，吉布提国际自由贸易区各股东方代表共同签署了吉布提自贸区项目股东协议。

2017年1月16日，在吉布提国际自贸区项目正式开工建设。

企业发展愿景

随着吉布提国际战略地位的提升与全世界经济逐步回暖，吉布提国际自贸区将成为中国布局“一带一路”倡议中的重要丝路驿站、中国企业在吉布提发展的重要载体和平台、中国海外园区的示范园区以及国际化园区的运营投资商。

我们也将进一步探索以达到经济利益和社会效益的双平衡，探索海外园区项目“投资-建设-运营”全新发展模式，使吉布提国际自贸区成为海外标杆项目典范，并复制成功经验到其他国家。

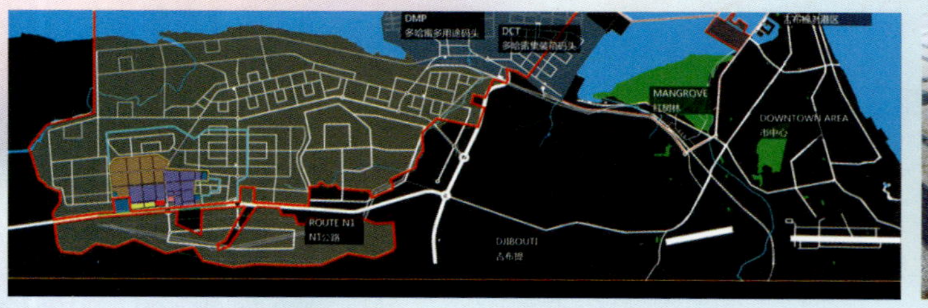

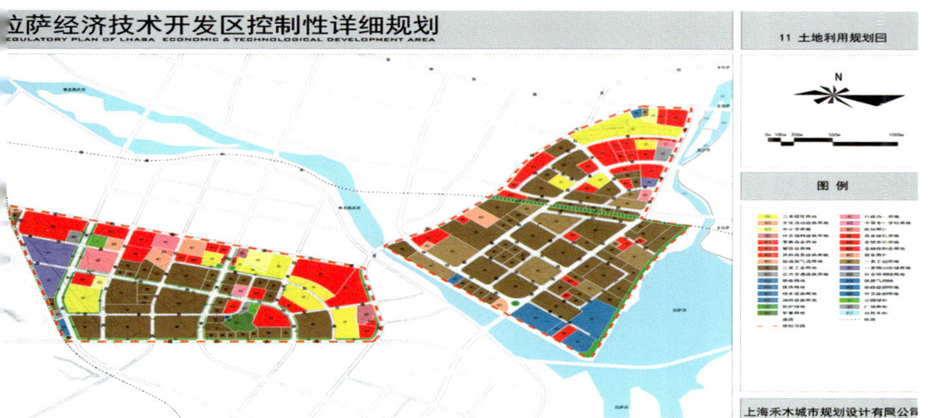

国家级西藏拉萨经济技术开发区（以下简称“拉萨经开区”）于2001年经国务院批准设立，是全国第47家、西藏自治区唯一一家国家级经济技术开发区，是国家工信部批设的全国新型工业化产业示范基地，以及国家循环经济示范园区和拉萨中关村科技成果产业化基地，全国净土健康产业知名品牌创建示范区即将创建完成。园区位于拉萨主城区西侧，距市中心9公里、拉萨贡嘎国际机场45公里、拉萨铁路客运站2公里，青藏铁路穿区而过，中尼、青藏公路临区而过，总规划面积5.46平方公里，分A、B区，其中，A区作为首期开发建设用地，属建成区，B区基本完成基础设施建设，已满足企业入驻条件。

近年来，拉萨经开区依托独特的区位优势和政策优势，紧紧抓住国家“一带一路”倡议机遇期，坚持走“一区多园”发展模式，牵头实施的拉萨综合保税区正在申报建设，跨境中尼友谊工业园已与尼泊尔达成战略性合作框架协议，北京、深圳、上海、南京、成都五地六个产业交流中心建成并投入运营。在一系列重大发展举措的实施带动下，拉萨经开区保持了强劲的发展势头，各项经济指标持续领跑西藏自治区其他区域，企业注册资金占西藏自治区三分之一，税收收入占西藏自治区四分之一，工业增加值占西藏自治区六分之一，已成为区内外广大投资者投资创业的热土。

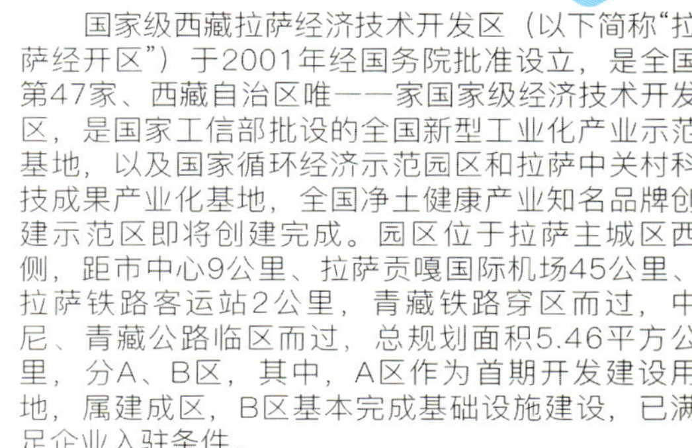

拉萨经开区始终坚持“以诚相待、马上就办、主动服务”的工作理念，入区企业不仅能受经开区提供的全方位、全过程优质服务，还能享受国家给予西藏的特殊政策和国家级发区的优惠政策。热忱欢迎广大投资者到拉萨经经开区投资创业。

地址：中国西藏拉萨市金珠西路189号
邮编：850000
电话：0891-6283616 6283615
传真：0891-6283616
网址：www.lsda.gov.cn

浙江慈溪滨海经济开发区

ZHEJIANG CIXI COASTAL ECONOMIC DEVELOPMENT DISTRICT

中捷（中东欧）国际产业合作园

中捷（中东欧）国际产业合作园（以下简称合作园）位于浙江慈溪滨海经济开发区，规划总面积约35平方公里，按照“一山两湖一镇两区”进行布局，“一山两湖”即伏龙山、伏龙湖、腾龙湖（规划），“一镇两区”即欧路跨贸小镇、高新材料产业区、高新机电产业区。

合作园目标打造成为国家“一带一路”倡议重要支点、国际区域合作示范平台，依托这个平台，慈溪滨海经济开发区已成为中东欧国家投资中国的首选地。2017年，合作园引进中东欧艺术馆、中东欧国家语言教学基地、宁波（中东欧）邮政跨境电子商务创新园、中东欧国家特色商品馆等多个人文经贸项目，并成功举办了首届宁波国际（中东欧）水晶玻璃艺术展。此外，园内规划面积210亩的中东欧（捷克）宁波产业基地正在紧张建设中，其中一期67亩即将建成投用，将为入驻企业优惠提供中东欧风格办公楼及多种类型标准厂房，更好地满足中东欧企业对外投资轻资产的需求,目前已有多个中捷合作制造业项目准备签约入驻产业基地。

中捷（中东欧）国际产业合作园大力发展以高新材料和高新机电产业为主导，以生产性服务业和生活性服务业为支撑，以生物制药、环保技术及水晶、啤酒等中东欧特色产品制造为特色的“2+2+N”产业体系，努力建成集产能合作、经贸往来、人文交流、科技创新为一体的“一带一路”国际区域合作示范平台。

Sino-Czech (Central & Eastern Europe) International Industrial Cooperation Park, located in Cixi Coastal Economic Development District, has a total planned area of 35 square kilometers. According to the layout of “one hill, two lakes, one town and two zones” for the Cooperation Park, “one hill and two lakes” refer to Fulong Hill, Fulong Lake and Tenglong Lake (as planned); “One town and two zones” refer to European Route Cross-border Trading Town, High-end Material Zone and High-end Electromechanical Industrial Zone.

The Cooperation Park aims to build it into an important supporting point of the national “One Belt One Road Initiative ” and a demonstration platform of international regional cooperation. By the establishment of this platform, Cixi Coastal Economic Development District becomes the first choice for Central Eastern European Countries to invest in China. In 2017, there are projects on cultural communication and trade cooperation have settled in the Cooperation Park, like Central & Eastern European Art Gallery, Central & Eastern European Countries Language Education Center, Ningbo (Central & Eastern Europe) Post Cross-border E-Commerce Innovation Park, Central & Eastern European Countries Special Products Exposition Center. And it has successfully held its first Ningbo International (Central & Eastern Europe) Glass Art Exposition. Besides, the industrial park with a land area of 210 mu is under construction. Among, phase one (67mu) will be put into use soon and provide CEE style office building and different types of standard workshops for potential Central & Eastern European entrepreneurs to rent. Up to now, there are several Sino-Czech joint manufacturing enterprises preparing to settle in the industrial park.

Sino-Czech (Central & Eastern Europe) International Industrial Cooperation Park strives to develop two main industries as High-end Material Industry and High-end Electromechanical Industry, two supporting industries as producer services and life services, and N special industries including biological pharmacy, environmental protection technology and special products manufacture from CEE such as crystals, beer, and etc, that is “2+2+N” industrial system. It aims to establish a demonstration platform of “One Belt One Road” international regional cooperation, of which the cooperation area includes manufactures, trade, cultural communication and scientific innovation.

“一山两湖一镇两区”布局图

建设中的中东欧（捷克）宁波产业基地航拍实景图

宁波国际（中东欧）水晶玻璃艺术展开幕式

宁波工程学院外国语学院与慈溪市龙山中学共建中东欧国家语言教学基地

宁波（中东欧）邮政跨境电子商务创新园开园仪式

中东欧（捷克）宁波产业基地招商项目产品生产图

中东欧（捷克）宁波产业基地招商项目产品生产图

联系方式 0574-58992921

浙江中澳现代产业园简介

Introduction of China-Australia modern industrial park (Zhoushan)

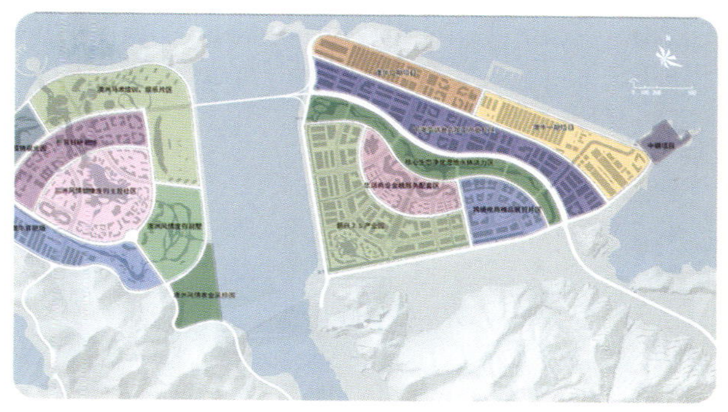

浙江中澳现代产业园是落实国家领导人2014年11月17日访问澳大利亚成果，推进落实中澳自贸协定和《中澳企业间农业与食品安全百年合作计划谅解备忘录》（ASA100）的重要载体，对于促进中澳两国贸易往来和友好交往，具有十分重要的意义。

2016年2月25日，浙江省人民政府、新希望集团、嘉实基金在杭州共同签署战略合作框架协议，推动中澳现代产业园（舟山）建设。2016年4月14日，在中澳两国总理的共同见证下，时任浙江省省长李强代表浙江省政府与澳大利亚旅游与国际教育部长兼部长级贸易投资部部长协理理查德·科尔贝克共同签署了《浙江省人民政府与澳大利亚贸易委员会关于支持中澳现代产业园（舟山）建设的合作备忘录》，双方支持在浙江舟山群岛新区建设中澳现代产业园（舟山）项目。2016年4月29日，由新希望集团、嘉实基金、舟山产业发展基金、浙江海港集团共同组建的浙江中澳现代产业园有限公司正式成立，注册资金6亿元。

浙江中澳现代产业园区位于舟山群岛新区金塘北部围垦区，占地面积约一万亩，项目总投资不低于100亿元人民币。中澳现代产业园以中澳国际产业合作为基础，以高端食品制造产业为带动，以战略性先进制造与科研教育为重点，以澳洲主题风情文化旅游为亮点，以产港城融合发展理念为指引，建设中澳自贸协定框架下的国内第一个产业合作示范区和中澳产业都市，打造集现代农牧进口加工、跨境物流电商和文化旅游为一体的综合自贸园区。产业园内规划产业主要包括：肉牛精深加工与高端食品加工业、跨境电商、商业金融综合服务、澳洲风情旅游、科研教育、健康养老等。

浙江中澳现代产业园项目享受浙江舟山群岛新区优惠政策支持。

China-Australia modern industrial park (Zhoushan) is the implementation of the achievement made during Chinese leader' s state visit to Australia on 17th November 2014, as well as the important carrier to further advance the implementation of China-Australia free trade agreement and "ASA100". It holds the very vital significance over trade between the two countries and friendly exchanges.

On 25th February 2016, in Hangzhou, the People's Government of Zhejiang Province jointly with New Hope Group and Harvest Fund, signed a strategic cooperation framework agreement on the construction of China-Australia modern industrial park (Zhoushan). On 14th April 2016, under the witness of bilateral prime ministers, the provincial governor Li Qiang, on behalf of the People's Government of Zhejiang Province, with Richard colebaker who was Australian tourism and international education minister and ministerial trade and investment minister assistant, signed "cooperation memorandum between the People's Government of Zhejiang Province and the Australian trade commission on support of China-Australian modern industrial park (zhoushan) development", which is the official support from two countries to develop China-Australian modern industrial park in Zhoushan Archipelago New Area. On 29th April 2016, Zhejiang China-Australia modern industrial park co., LTD. Jointly formed by New hope group, Harvest Fund, Zhoushan Industrial Development Fund and Zhejiang Harbor Group was formally registered with registered capital of RMB 600 million.

China-Australia modern industrial park (Zhoushan) is located on the reclaimed land of northern Jintang island, covering an area of about ten thousand mu, with the total investment of no less than RMB 10 billion. China-Australia modern industrial park (Zhoushan) is to build China' s first demonstration area of industrial cooperation and industrial city under the framework of China-Australia free trade agreement, as well as the comprehensive free trade zone integrating modern agriculture and animal husbandry import processing, cross-border logistics E-commerce business, cultural tourism industry into a whole, with the China-Australia industrial cooperation as the basis, high-end food manufacturing industry as the lead, advanced strategic manufacturing and scientific research and education as the emphasis, Australia customs and culture themed tourism as the highlight, and integrated industry-harbor-city development idea as the guidance. The projected industries include but not limit in: beef cattle deep processing and high-end food processing industry, cross-border E-commerce business, comprehensive financial service, Australian scenery tourism industry, scientific research and education, health and old-age care .

China-Australia modern industrial park (Jintang) is eligible of preferential policies from Zhoushan Archipelago New Area.

"继续办好中新吉林食品区……推进农业及食品安全交流与合作……加强质检领域合作。拓展在质量管理、进出口食品安全等方面的务实合作。"

——《中华人民共和国和新加坡共和国关于建立与时俱进的全方位合作伙伴关系的联合声明》节选 2015年11月

区内水源地 星星哨水库

中国-新加坡吉林食品区总部大厦

园区规划布局

网址：www.jlfz.gov.cn
微信公众号：中国新加坡吉林食品区
电话：0086-432-68082345 15124309700
传真：0086-432-64118432

中国-新加坡吉林食品区

中国-新加坡吉林食品区（下简称：食品区）位于吉林省吉林市，辖区面积226平方公里，是中新两国在农业和农产品（食品）安全领域的重要战略合作项目，是"长吉图开发开放战略"的重要节点，是吉林省对外开放，加快推进"一带一路"建设和走出去战略的重要平台。

•园区背景

2012年9月，食品区在中新两国总理见证下在人民大会堂正式签约。2014年8月，中新吉林食品区被列为国家支持东北振兴重点项目。2015年11月，国家领导人在中新联合声明中明确提出"要继续办好中新吉林食品区，推进农业及食品安全交流与合作"。

食品区是吉林省首批现代农业产业园创建单位、国家级现代农业示范区、中国进出口农产品质量安全示范基地、产品出口新加坡的备案基地。2017年6月，食品区入选中国首批10个"农业对外开放合作试验区"，正在申报"中国农产品（食品）安全国际合作试验区"。

•园区现状

近年来，在中央和省市各级的高度重视和大力支持下，食品区加大招商引资力度，加快特色城镇建设，加强科技创新投入，推进对外开放合作。目前，新加坡吉宝集团国际物流园项目、新加坡新翔集团与泰国正大集团合作的百万头生猪产业化项目、海王、广泽、众兴菌业、杞参、德亚、米老头等20余个项目已入区建设，部分产品已出口新加坡、韩国、欧洲等国家和地区。

食品区特色"中新食品安全保障体系（IFSS）"，通过"五控"（标准法规控制、技术手段控制、数据安全控制、执法管理控制、保险机制控制）等创新科技手段，搭载国家自主知识产权SNSOS操作系统，利用吉林一号卫星聚集整合智慧农业大数据，实现农产品（食品）"从田间到餐桌"全产业链各环节可追溯可监管，打造出对接国际标准的食品安全保障体系。这一体系目前已经获得了新加坡方面的高度认可，进入推广使用阶段。

•园区优势

中新吉林食品区是国际合作的高端平台，具备经济全球化条件下参与国际经济合作和竞争的优势。食品区地理位置优越，交通便捷，辐射东北14座大中城市，1.2亿人口。周边长吉、吉沈、302国道等11条公路，设有铁路货运专线和机场绿色通道。这里自然资源丰富，森林覆盖率达54.92%，地处"世界黄金玉米带"、"世界黄金水稻带"、"世界黄金奶源带"，是"中国粳稻贡米之乡"、"中国大豆之乡"，拥有"万公顷A级绿色水稻基地"，是优质水稻、杂粮、杂豆和长白山特产的主产区和集散地，区内温泉地热资源丰富，水电资源充沛。周边建有吉林大学、东北电力大学、吉林省农业大学等院校科研机构百余所，科研力量雄厚，专业技术人才储备充足。作为国家"长吉图开发开放"战略和振兴东北战略的重要节点，在财政、金融、保险、贴息、税收、检验、检疫等方面具有极大的扶持力度。重点发展农产品、食品、生物医药等产业，具备承载百亿元产业项目入区条件。

•发展方向

食品区正在积极推动"中国农产品（食品）安全国际合作试验区"的申报创建工作，进一步加快实施"一带一路"和农业走出去，全力打造以食品安全为主题的国际投资新规则对接平台、农产品（食品）对外合作政策集成试验平台、跨国农产品（食品）企业孵化平台和"引资、引智、引技"的新型开发开放平台。

推进三产融合，加快农业供给侧改革。中国-新加坡吉林食品区，一座具有国际合作平台优势，以农产品、食品安全为特色主题，立足东北亚，面向全世界的驰名食品企业聚集地，安全健康食品生产地，国际养生度假田园城，正在蓬勃兴起！

宜宾临港·国家级经济技术开发区

长江起点门户 产业生态港城

宜宾临港经济技术开发区位于长江航道零公里处，宜宾市中心城区东部，于2009年12月18日正式成立，2013年1月日被国家正式批准为国家级经济技术开发区。概念规划面积165平方公里，覆盖宜宾市沿江工业集中区和港口群，行区规划面积99.2平方公里，辖白沙湾街道和沙坪街道。近几年，港口运营突飞猛进，产业培育成效显现，城市建设速推进，累计开发面积超过20平方公里，固定资产投资超过300亿元，宜宾港2015年集装箱吞吐量超过20万标箱。

临港开发区是宜宾全面深化改革的突破口，是宜宾依托长江抢抓建设中国经济新支撑带和落实川南经济区发展战的支撑点，是宜宾建设长江上游航运物流中心的主平台，是推动宜宾工业转型升级和经济社会发展的主引擎。按"以港兴产、以港兴城、产城相融"的发展思路，紧扣市委"建设长江上游绿色发展示范市、打造川南区域中心大市"的总体要求，聚焦"大工业、大港口、大服务、大生态"的核心指向，全力打造"临港新区"，建设现代化、际化、生态化的"长江起点门户、产业生态港城"。预计到2020年，临港开发区地区生产总值将达到1000亿元，三产业总产值达到1000亿元，固定资产投资累计达到1000亿元。

主导产业	先进装备制造产业	石油天然气装备 矿山设备 新能源汽车 智能制造装备 节能环保设备 新能源装备	•石油天然成套设备-页岩气等非常规天然气 •矿山开采和加工设备 •汽车零部件 •中高档数控机床 •核电、水电设备 •节能环保设备 •液压系统、铸锻件等设备制造关键外协会行业
	新材料产业	化工新材料 磁性材料 特种金属功能材料 先进高分子材料 高性能纤维及复合材料	•特种工程塑料 •高性能氟材料 •稀土永磁体 •钒钛产业 •功能性膜材料 •稀土功能材料 •高性能纤维材料 •新型建材

配套产业	港口航运	港口服务 航运服务 配套增值服务	•航运服务 •船务服务 •港航信息 •航运金融
	现代物流	保税物流 综合物流 专业物流	•第三方、第四方物流 •保税加工 •专业物流-粮食物流、机械装备物流、新材料物流 •电子商务物流 •区域冷链物流 •矿产物流
	商贸流通	会议会展 专业市场 商业贸易	•大宗商品交易中心 •商业代理机构 •大型知名专业市场开发商 •会议会展服务代理 •商业地产开发商
	专业服务	综合金融 总部经济 要素交易平台 中介咨询 科创研发 信息服务	•传统金融 •现代金融 •会计审计 •法律咨询 •企业管理 •科技交易 •研发孵化 •信息服务

辅助产业	文化休闲	主题旅游 旅游观光 运动体育 休闲娱乐 文化创意	•知名旅游地产开发商 •国际国内连锁酒店集团 •体育和艺术场馆 •城市公园和活动绿地 •滨江景观休闲街 •文化创意产业
	都市生活服务	都市商业 教育培训 医疗养生 居住配套 公共服务	•知名地产开发运营商 •高等职业教育学校 •私人医疗养生机构 •智慧公共服务 •国际社区及配套
	都市工业	食品饮料制造 临港高级加工 印刷及媒介复制 工业设计	•高端包装加工 •绿色食品饮料生产 •工艺美术品制造 •工业设计及服务 •印刷及媒介复制
	都市农业	现代设施农业 观光农业 农产品集散 生态保育	•特色果蔬农产品 •花卉苗木景观农业 •社区农场 •大型农产品交易集散地 •休闲度假农庄

宜宾港——宜宾通江达海的桥头堡

江海生态城　国际创新园

国一奥地利合作中心

发中心

南通大学附属医院苏通园区分院

区实验学校

职工人才公寓

苏花园——园区安置房

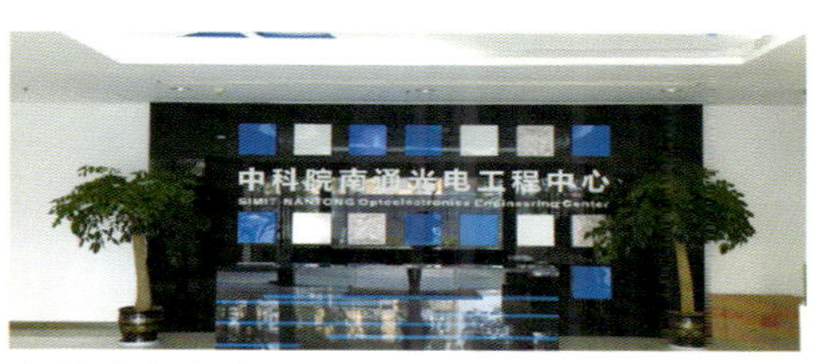

中科院光电中心

江苏南通苏通科技产业园区简介

苏通科技产业园是新加坡与江苏省重要合作项目，是江苏省实施国家沿海开发和长三角一体化发展战略的重点园区，是苏州、南通两市跨江联动、合作开发的新型园区，是苏州工业园区成功经验推广辐射的示范园区。园区规划总面积50平方公里。全面引进新加坡的先进理念，充分借鉴苏州工业园区的成功经验，紧紧围绕建设"特色精品园区"的工作目标，着力做大特色产业，着力推进体制创新，着力完善功能配套，着力促进绿色发展，力争通过15年左右的时间，把苏通科技产业园建设成为长三角经济圈体制创新的示范区、科技发展的先导区、先进产业的集聚区以及能容纳30万人的"江海生态城、国际创新园"。

Sutong Science and Technology Park is an important cooperation project between Singapore and Jiangsu Province as well as a significant part of the National Coastal Development Strategy and the Yangtze River Delta Integration Development Strategy. The park is a successful demonstration of the experience promotion of Suzhou Industrial park via intimate cooperation between Suzhou and Nantong. With a total planned area of 50 km², the park adopts advanced management method from Singapore and learns successful experience from Suzhou Industrial Park. In accordance with the strategic positioning of "Distinctive Boutique Park" and the work focus on characteristic industry attraction, institutional innovation promotion, functional support improvement and green economy development, Sutong Park strives to develop into a demonstration area of institutional innovation in the Yangtze River Delta Economic Circle, the pilot area of technological development, the accumulation area of advanced industries, and "A Costal Ecological City, An International Innovation Park" which can accommodate 300,000 people through 15 years of development and construction.

园区联系方式：
电话/传真：0513-85985018
网址：www.stpac.gov.cn
地址：江苏南通苏通科技产业园区江成路1088号
邮编：226017

创新首善之区

—中国以色列常州创新园

中国以色列常州创新园位于江苏省常州市西南，距离上海和南京均为180公里，紧邻苏南第二大淡水湖泊——滆湖（西太湖）。园区规划面积90平方公里，风景优美、土地平阔、近城临湖、交通便捷，被誉为“长三角后花园”“常州城市客厅”，是常州未来最具创新活力的区域（CAD），也是建设苏南国家自主创新示范区的重要载体。

园区是中以两国政府共建唯一的以创新为主题的示范园区。2015年1月29日，中以创新合作联合委员会第一次会议在北京召开，国家领导人和以色列前任外交部长利伯曼共同为“中国以色列常州创新园”揭牌，并见证签署《中以创新合作三年行动计划（2015–2017）》。之后每年的联委会会议都将园区作为重要议题，通过两国共建机制推进园区建设发展。

园区设立以来，已经集聚了CNOGA（希诺嘉）、LYCORED（乐康瑞德）、HANITA（哈尼塔）、SILBERMANN（萨伯曼）、EMEFCY（美芙世）、NATALI（纳塔力）等54家以色列企业，产业涉及医疗器械、新材料、农业、汽车零部件、食品营养强化剂、商务咨询、金融服务等；园区与以色列经济部、以色列国家旅游局合作共建了以色列中心、CI3创新孵化器、中以创新加速器、生BDO技术转移服务平台、中以众创空间等一系列创新平台；设立了中以创新发展基金、协同创新基金等多支国际化的创新基金，总规模超过120亿元人民币。成功创建了中国科技部“国际科技合作基地”、常州国家医疗器械国际创新园、中国国家发改委“中以高技术产业合作重点示范区域”、中国以色列常州创新园等品牌。

面向未来，园区将按照“以色列对外经济和科技合作示范性平台”“中国国家经济转型升级时期以科技创新为驱动的国际合作典范”的发展定位和目标，高标准建设以色列中心，重点发展石墨烯新材料、医疗健康、互联网、高技术农业等新兴产业，通过5~10年的努力，构建高端要素聚集、创新创业活跃、机制灵活高效、国际合作多元深入的创新生态体系，尽快将中以常州创新园建设成为与国际接轨的“中国创新型经济发展试验区”。

以色列中心

以色列中心内景

中以科技合作基地

中以园西门

观致5

观致3 都市SUV

路虎发现神行

路虎发现神行

路虎揽胜极光

常熟经济技术开发区概况

常熟经济技术开发区成立于1992年8月，1993年11月被省政府批准为首批11个省级开发区之一，2010年11月升级为国家级经济技术开发区。常熟经济技术开发区紧紧抓住“沿江开发”这一战略机遇，依托得天独厚的濒江临港和“二路一桥”（苏嘉杭高速、沿江高速、苏通长江大桥）的交通区位优势，开发建设以沿江工业区、常熟出口加工区为核心的工业板块及综合配套服务沿江发展的滨江新市区。目前开发区已有20多个国家和地区投资的外资企业近600家，外资总投资达288亿美元，注册外资121亿美元，其中27家世界500强企业投资的项目57个，投资额超亿美元项目38个，总投资超百亿元的特大型项目5个。2015年，实现地区生产总值815亿元，工业总产值2602亿元，工业产品销售收入2529亿元，财政收入137.4亿元，其中公共财政预算收入58亿元，全社会固定资产投资316.8亿元，其中工业投入190.5亿元，进出口总额136.94亿美元，其中出口额83.63亿美元。

经济转型成效显著。近年来，围绕汽车及零部件、装备制造、新能源、创新创意、现代物流等五大产业招商引资，先后引进了总投资150亿元的观致汽车、总投资175亿元的奇瑞捷豹路虎汽车等一大批项目。紧紧依托港区优势和出口加工区拓展保税物流功能的有利条件，形成了重大装备制造产业园、国际物流园等载体，并正在规划建设汽车产业园。未来将建成1个年销售2000亿元级汽车及零部件产业、1个年销售1000亿元级冶金及装备制造产业，成为华东地区重要的汽车生产基地。

科技创新全面发展。着力推进“常熟科创园”建设，已引进海内外人才创新创业项目150多个，涉及高端装备制造、医疗器械及生物医药、节能环保新能源新材料、新一代信息技术等领域。南京理工大学、北京理工大学、浙江大学、香港浸会大学、中国人民大学、北京电影学院等9家大学研究院（所）全部正式运行。目前，区内已有6人列入国家“千人计划”。2012年12月常熟科创园管理服务中心经过创建，被国家科技部认定为国家级科技企业孵化器，园区建设发展迈上了新的台阶。

传统产业不断提升。电力能源、高档造纸、精细化工、特殊钢铁和汽车零部件等五大传统产业在提档升级、延伸产业链、扩大市场占有率等方面取得突破。已拥有夏普办公设备、芬欧汇川纸业、诺华制药等三大世界500强研发中心。开发区已成为国内最大的高档文化用纸和氟化物生产基地，华东地区重要的火力发电、子午线轮胎生产、钢铁加工及钢材进出口基地。未来将建成1个年销售500亿元级的精细化工产业、1个年销售500亿元级的能源造纸产业。

滨江新城日趋完善。围绕形成高质量的公共服务、高集聚度的商务商贸、高品质的生态人居和文化休闲的目标，着力推进各类城市功能项目的开发建设，累计完成基础设施建设投资17亿元。随着新一轮的生活居住、商务办公、商贸餐饮、科技创业、教育医疗、休闲娱乐等功能项目以及道路、河道、绿化等基础设施项目的加紧推进，将逐步实现城市基本功能配套到位。一座现代化、国际化、生态化的滨江新城正在加速崛起。

港口物流发展迅猛。区内国家一类对外开放口岸常熟港已建成20个码头、59个泊位，其中万吨级泊位24个，与全球53个国家和地区的265个国际口岸实现通航通商，逐步形成了钢材、纸浆、木材及化工品等特色货种。目前区内已有大新华港务、德邦物流、普江仓储等物流贸易企业431家，总注册资本45亿元。

苏通大桥

常熟经济技术开发区全景图（夜景）

经济技术开发区奇瑞路虎有限公司焊装车间　观致汽车公司生产线　奇瑞捷豹陆虎公司生产线　奇瑞捷豹路虎工厂外景　常熟港

常熟经济技术开发区全景区2　滨江新城2016

满洲里市中俄互市贸易区

满洲里市中俄互市贸易区（以下简称互贸区）是1992年国家批准设立的首批跨国界的国家级开发区，总面积20.96万平方米，与俄方一侧贸易区相连接，骑跨国境线，实行整体全封闭管理，开放经营。

自2006年开始，互贸区肩负起经济和社会事业的双重责任，辖区总面积扩大为138.8平方公里,人口5.2万，已初步形成集国际铁路口岸、国际公路口岸和国际航空口岸于一体的空间布局和商贸旅游、进出口加工、仓储物流等产业集群化发展之路。

随着国家“一带一路”倡议的全面实施和快速推进,新一届领导班子根据独特的地理位置和区位优势，提出了“开放活区、贸游立区、口岸强区、产业富区”的发展战略，明确了参与“一带一路”建设的战略定位。互贸区人抢抓机遇，大胆探索，以互贸区深度开放为契机，坚持开放发展，内外联动，不断探索开放搞活的新思路，兴边富民的新路径，对外开放水平有了新提高，搭建了中俄两国边境地区经贸合作、文化交流、增进友谊的桥梁和纽带，使互贸区成为对接俄蒙的重要经济节点。

一直以来，互贸区以其开放、包容的性格，以其勇于创新的胆识，始终屹立于改革开放和市场经济发展的潮头，在此次“一带一路”的时代浪潮中，借助口岸的便利和中俄边民互市贸易的政策优势，互贸区在打造中国最大的俄罗斯商品集散地的道路上正砥砺前行，必将成为走在前方的弄潮儿。

中华第一门

互贸区国际旅游商厦

俄罗斯油画城

肇庆高新区

Zhaoqing National High-tech industry development Zone

肇庆高新区是国家自主创新示范区、国家高新区、广东省吸收外资重点工业园区、广东省山区吸收外资示范区、广东省首批示范性产业转移园，享有地市一级经济管理和相关行政审批权限，所在地大旺总面积98平方公里，全部为国有土地。

该区位于珠三角中心区西部、肇庆市最东端，距广州市区50公里，属广佛半小时经济生活圈，到广州白云机场仅需40多分钟车程。铁路、公路、高速公路、城际轨道交通、水路交通四通八达。

近年来，该区经济社会实现了超常规、跨越式发展。2016年，全区实现GDP 228.29亿元，实现工业总产值823.35亿元，实现地方公共财政预算收入9.67亿元。目前，全区已投产企业270多家，吸引了一大批国内外知名企业落户，初步形成了新能源汽车、先进装备制造、生物医药食品等产业集聚。

下阶段，我区将认真落实国家和省、市的部署要求，全力在落实工业发展“366”工程中率先突破、当好先锋，努力建设成为创新引领、集聚集约、国内一流的国家级高新区，为肇庆实施追赶型发展、加快建设珠三角连接大西南枢纽门户城市多作贡献。

Zhaoqing National High-tech industry development Zone that has three provincial titles: the key foreign investment-attracting industrial zone, the foreign investment-attracting demonstration zone of mountainous area, the first industrial-transfer demonstration zone, is a National independent innovation demonstration zone.It enjoys prefecture-level economical management right, and prefecture-level administrative approval. It lies in Dawang district, which consists of 98 square kilometers state-owned land.

Zhaoqing National High-tech industry development Zone located in the west of the Pearl River Delta’s centre, the east of Zhaoqing city. It lies within the “economy and life half hour circle of Guangzhou and Foshan”. There is only 50 kilometers from Dawang to Guangzhou, and 40-minutes’ drive from Dawang to Guangzhou Baiyun Airport. There are railways, highways, intercity railways, and waterway transportation lead - ing in all directions.

In recent years, the economy of this area has grown by leaps and bounds extraordinarily . In 2016, the GDP of this region was 22.28 billion yuan, the industrial output was 82.36 billion yuan and the public budget revenues was 0.967billion yuan. With more than 270 enterprises in production now, it attracts a large number of well-known domestic and foreign enterprises and has initially formed new energy automobiles, advanced equipment manufacturing, biological medicine and foods industries.

In the future, in accordance with the deployment and requirements of the state, province and municipality, we will go all out to break through firstly and be a pioneer to promote industrial development in the “366” project, and we also will try our best to build a National High-tech industry development Zone which is innovation leading, agglomerating and intensive, domestic first-class. In a word, we will contribute more and more to Zhaoqing to pursue the goal of transcending development and speeding up to build a hub city which connects the pearl river delta with the southwest China.

肇庆市委常委、高新区党工委书记李奔（中）在企业调研

肇庆高新区党工委副书记、管委会主任王哲（前右二）在企业调研

建设中的哇品会二期

肇庆国家高新区

中法武汉生态示范城

基本概括

2014年3月26日，中法双方签署《关于在武汉市建设中法武汉生态示范城意向书》，约定在武汉蔡甸后官湖，打造一座后工业化时代城市可持续发展的生态示范城。在39平方公里的集中建设区内，秉承低碳经济、生态人居、知音文化、和谐社区、科学管理的规划建设理念，聚合国际先进的生态、环保、节能技术，造就自然、和谐、宜居的生活环境，致力于建设经济发达、社会和谐、环境友好、资源节约的可持续发展生态示范新城，为其他城市可持续发展提供样板，为开展多种形式的国际合作提供示范。

工作推进

国家、湖北省和武汉市高度重视中法生态城项目，国家领导人多次作出重要批示，国家部委、湖北省政府和武汉市政府联合组建中法生态城中方协调组，建立了国家一省一市一区四级管理机制，高位推进生态城发展建设。

产业向导

高端研发和高端制造：吸引国内外知名科研院所、研发设计机构、企业集团研发中心落户生态城，并大力发展科技服务、科技信息、科技融资、评估咨询、知识产权事务、技术产权交易等中介服务组织，按照工业4.0的技术和标准，打造中法研发中心。

节能环保：加强与交通、建筑、能源等领域的世界500强、中国500强企业合作，结合生态城在水生态修复、污水处理、湿地保护等方面的需求，引进和应用绿色交通、绿色建筑、绿色能源等方面新材料新技术新工艺，形成相应的产业聚集和集成示范，打造中法节能环保产业示范基地。

信息电商：结合智慧城市建设，以信息化与工业化深度融合为主线，充分吸纳法国信息产业技术优势，构筑“互联网+”小微企业创业孵化平台，推动以云计算、物联网、大数据为代表的新一代信息技术与生态城区域制造业、服务业、金融业等的融合创新，打造中法信息科技示范基地。

教育培训：以中法合作交流为契机，借鉴法国办学理念和模式，结合武汉优势教育资源，积极发展音乐绘画、外语教学、影视制作、酒店管理、美食厨艺等职业教育，以及能提供初、高等教育的国际学校，打造中法教育培训基地。

旅游休闲：目前核心区规划的“中国知音城”项目和拓展区在建的“世茂嘉年华”等项目，涵盖了主题乐园、商业中心、文化街区、特色餐饮、酒店公寓、大型影院等功能。同时，依托后官湖湿地公园及环湖绿道，逐步构建国际体育文化休闲运动基地。在此基础上，推动旅游休闲要素与都市旅游、生态农庄、园林观赏等业态融合发展，打造中法文化创意基地。

刘子清主任在法国外交部
作中法武汉生态示范城推介演讲

2016中法生态城
国际旅游文化节开幕

时尚文化：建设中法文化艺术交流中心等文化项目，引进法国文化秀、时尚秀等，推进生态城的知音文化与法国为代表的欧洲文化的融合碰撞，推进时尚创意、动漫制作、时装展示、影视艺术、美食文化等发展，打造中法文化创意基地。

健康医疗：以“市场化、高端化、国际化、集约化”为向导，构筑集医学研究、诊断治疗、康复疗养、养老护理和医疗保健、生态养生、社区养老、居家养老、体育品牌展示营销于一体的生态健康体验基地，打造中法国际健康城。

第三届中法城市可持续发展论坛

昔日汉阳古郡 今朝中法新城

蔡甸区在中国的位置

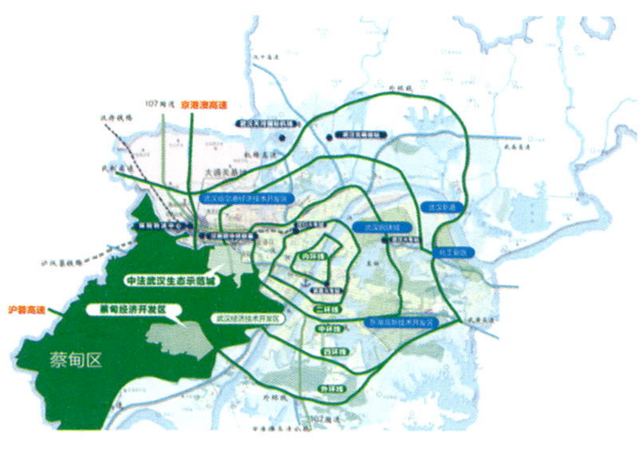

地区规划图

中法生态城区位图

老挝万象赛色塔综合开发区
Vientiane Saysettha Development Zone in Laos

老挝万象赛色塔综合开发区 VIENTIANE SAYSETTHA DEVELOPMENT ZONE IN LAOS

老挝万象赛色塔综合开发区（以下简称“开发区”）位于万象市主城区东北方17公里处，占地11.49平方公里。开发区是中老两国紧密合作实践“一带一路”倡议的示范项目，是中老两国政府共同确定的国家合作项目，也是中国在老挝唯一的国家级境外经贸合作区和老挝国家经济专区，已列入中国“一带一路”建设重点规划和优先推进项目，由老挝万象市政府和云南省建设投资有限公司共同投资开发建设。

开发区充分对接老挝国家第八个五年计划，紧扣老挝从“陆锁国”转变为“陆联国”和社会经济蓬勃发展的良好契机，主动融入中南半岛经济圈，着力打造国际产能合作大平台，鼎力支持东南亚的产业完善与升级，促进老挝工业化进程和东盟一体化发展。

首期4平方公里园区具备道路、水、电、通讯、网络、电视等基础设施，能全面满足入园企业的需求。园区拥有2万平方米标准化厂房，2000平方米客户服务中心，能够为中小企业发展提供全方位支持。

目前，已签约入驻企业39家，入驻企业计划总投资额逾3.6亿美元，涉及能源化工、农畜产品加工、电力产品制造、建材科技、饲料加工、烟草加工、保税物流、物流仓储等产业。

老挝万象赛色塔综合开发区，东盟腹地，投资热土。热忱期待各国企业入驻园区，携手合作、共创未来。

Vientiane Saysettha Development Zone is located 17 kilometers from the northeast of downtown of Vientiane, the capital city of Laos, covering an area of 11.49 km². The zone is an embodiment of the close cooperation between China and Laos in implementing the new Belt and Road Initiative, which is a cross-national cooperation project determined by both countries. The development zone is China's only foreign economic and trade cooperation zone in Laos, and a national economic zone to be listed as a project of key planning and prioritized promotion under the construction of the Belt and Road Initiative.

The development zone is part of the 8th Five-Year Plan of Laos, and is an excellent opportunity for Laos to transform itself from a landlocked country to a land-linked one, and rapidly develop its economy. The zone will actively integrate into the Indo-China peninsula economic circle, and will focus on building a platform for international capacity cooperation and support the improvement and upgrading of industry in Southeast Asia to promote the industrialization of Laos and integrative development of ASEAN.

Phase I of the Zone, with an area of 4 km², has already equipped with infrastructure such as roads, water, electricity, communications, network and cable television, and can comprehensively meeting the demands of businesses already based in the Zone. The Zone has 20000 m² customer service center, which can provide comprehensive support for the development of small and medium-sized enterprises.

At present, 39 enterprises have signed up for settlement in the development zone, with a planned investment of more than 360 million dollars. These enterprises cover the fields of energy and chemical engineering, agricultural and animal products processing, power product manufacturing, building material technology, food processing, tobacco processing, bonded logistics and logistics storage.

Vientiane Saysettha Development Zone is shaping up to a true investment hotspot, and the ideal location to establish a new business or build and existing one. We urge enterprises from all over the world to take their part in this exciting new project and help create a better future for Laos.

联系人：熊军 / 联系电话：13888708812（中国）/ 00856-20-58706061（老挝）/ 邮箱：13888708812@139.com

格尔木工业园
(昆仑经济技术开发区

KUNLUN ECONOMIC AND TECHNOLOGIC
DEVELOPMENT ZO

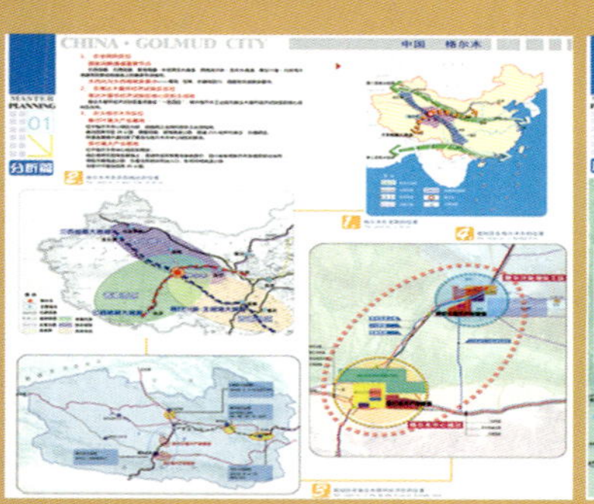

格尔木工业园区位图

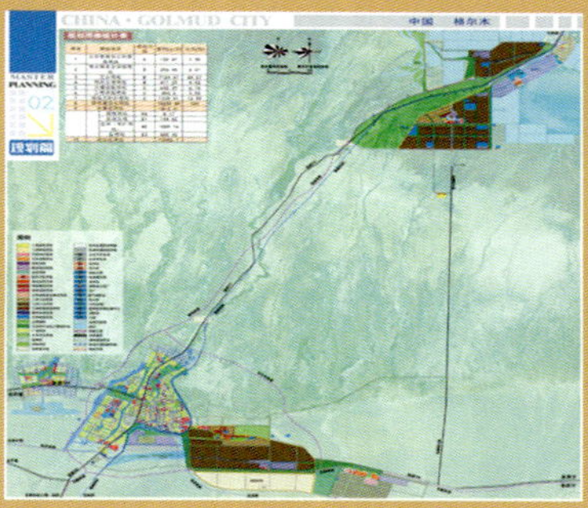

首趟格尔木至俄罗斯列车

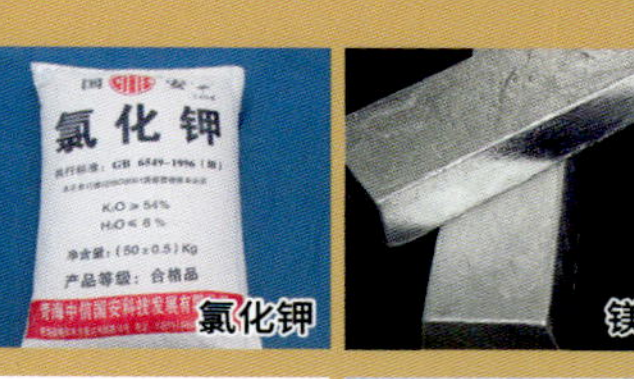

格尔木工业园用地布局图

格尔木工业园主要产品

格尔木工业园（昆仑经济技术开发区）地处素有“聚宝盆”之称的柴达木盆地西南部、巍巍昆仑山下，区域周边矿产资源富集、自然资源独特。1992年经省委省政府批准昆仑经济开发区正式成立；2012年10月，升级为国家级经济技术开发区，定名为格尔木昆仑经济技术开发区；2013年，更名为柴达木循环经济试验区格尔木工业园管理委员会，并保留昆仑经济技术开发区管理委员会牌子，规划总面积为120平方公里，主要由45平方公里的昆仑重大产业基地和75平方公里的察尔汗重大产业基地组成，确立了园区在柴达木循环经济试验区的核心地位，乃至青藏高原上的工业重镇。

近年来，园区按照“做实园区、增强活力”的工作要求，围绕昆仑和察尔汗两个千亿元重大产业基地建设，紧紧抓住国家“一带一路”倡议，依托向东融入“成渝经济带”、向北链接“陕甘青藏经济带”的全国性综合交通枢纽区位优势，不断强化运行载体，着力打造昆仑重大产业基地南部片区、察尔汗重大产业基地盐湖生态镁锂钾园、中小企业创业基地三大功能区建设，园区承载能力不断提升；坚持高起点、高标准统筹推进园区基础设施建设，规划建成了一批事关园区长远发展的水、电、路、气、通讯、绿化、排污、废渣处置配套项目，基础设施日趋完善；先后建立了国家创新型盐湖产业集群试点、国家盐湖资源综合利用工程技术研究中心等6个国家级科技平台、7个省级工程技术研究中心、4个重点实验室，启动了格尔木工业园科技创新大厦、熔盐等系列产业检测中心，科技创新作用日益突出；培育和发展了一批充满生机和活力的大中型企业，初步形成了以盐湖化工、油气化工、金属冶金三大支柱产业为主，培育壮大新能源、新材料、特色轻工业、装备制造业和新型煤化工五大产业的特色循环经济体系框架，为其融入“一带一路”奠定了坚实的产业基础。

今后一个时期，园区将主动引领经济发展新常态，继续按照“四个全面”战略布局和“四个扎扎实实”重大要求，积极融入“一带一路”倡议，充分发挥资源优势、区位交通、平台载体等优势，加强与周边园区、省市的经济交流和技术合作，继续引进一批增长后劲强、科技含量高的项目，充分释放开发开放和创新创造的活力，加快形成内生增长与外向发展互补的开放型经济体系，不断提升园区外向型经济发展水平。

宁波保税区/宁波出口加工区

宁波保税区、宁波出口加工区毗邻宁波舟山港，分别设立于1992年和2002年，是国家级对外开放功能区，享有“保税、免税、免证”政策和国际贸易、仓储物流、研发制造和保税展示等功能，已集聚来自全球60多个国家和地区6000多家企业，是国家进口贸易促进创新示范区、国家跨境电子商务综合试验区，是“一带一路”对外经贸合作桥头堡。

园区已基本形成“3+3”产业体系，即国际贸易、现代物流、先进制造等三大优势产业和互联网经济、金融服务、文化创意等三大新兴产业，世界500强世天威、路易达孚、招商局集团、中远海运集团等跨国公司和网易、百度、搜狐、京东、阿里巴巴等互联网大企业在区内投资发展，是中国（宁波）跨境电商综合试验区的主体园区，也是中国首家“全国跨境电子商务产业知名品牌创建示范区”，已集聚跨境电商企业500多家，建有专用跨境仓35万平方米，跨境电商业务规模居全国前列。建有进口大宗生产资料市场和生活消费品市场，2016年实现交易额1700多亿元，位于宁波国际会展中心的宁波进口商品展示交易中心、中东欧特色商品常年展，是华东地区最大进口消费品常年展贸平台。

按照“飞地经济”模式在宁波市象山县设立的宁波象保合作区，规划面积28平方公里，主要开发建设由浙江省政府与中国航天科工集团战略合作项目——宁波航天智慧科技城，重点发展航天航空、智能装备、新一代信息技术、生命健康、时尚制造等产业，构建以智能经济为主导的科技创新产业体系，建设国家军民融合产业示范基地和国际航天港，目标是打造千亿级航天产业集聚区、产城融合样板区和综合改革试验区。

Ningbo Free Trade Zone and Ningbo Export Processing Zone

Ningbo Free Trade Zone and Ningbo Export Processing Zone, adjacent to the Ningbo Zhoushan Port, were set up in 1992 and 2002 separately. These two zones were national function zones for opening to the outside world and enjoy special policies of “bonded, duty-free and license-free”. The two zones enjoy various functions including international trade, warehouse logistics, R&D manufacture and bonded exhibition. Up to now, over 6000 enterprises from over 60 countries registered in the zones which acted as National import trade promotion innovation demonstration zone, comprehensive test field for the country’ s trans-border e-commerce trade, and frontier for China’ s One Belt One Road Policy in international trade and cooperation.

3 Plus 3 Industry System had come into shape in NFTZ, which were 3 competitive industries including international trade, modern logistics and advanced manufacture, together with 3 emerging industries including internet economic, financial service and cultural creative industry. Fortune 500 including Steinweg, Louis Dreyfus, China Merchants Group, Cosco, and new internet giant including NetEase, Baidu, Sohu, Jingdong and Alibaba all invested in NFTZ. NFTZ has become the major zone of China (Ningbo) trans-border e-commerce trial zone and also the first of the National Trans-Border E-commerce Famous Brand Exhibition Zone in the country. Over 500 trans-border e-commerce enterprises operated in NFTZ and 350,000 square meters of warehouse was built exclusively for the purpose of trans-border e-commerce trade. Its trans-border e-commerce trade volume of NFTZ was among the top of the kind in the country. The imported raw material and consumer products markets were built in NFTZ with whole trade volume hit 170 billion RMB in 2016. The Ningbo Imported Product Trade Center and Sino-Mideast Europe Product Exhibition Center, located in Ningbo International Exhibition Center and open all the year round, are the biggest one of its kind in East China.

Ningbo Xiangshan & NFTZ Cooperation Zone was setup according to enclave economic module with a planned area of 28 square kilometers. Its major strategic cooperation project, Ningbo Aerospace Intelligence Technology City, was carried out by Zhejiang Province Government and China Aerospace Science and Engineering Group. Industries including aerospace industry, intelligent equipment, new-generation information technology, life health industry and fashion business will be the key for the future development, therefore the creative technology industry system based on intelligent economic will be built, which is also a model industry basement integrating civil and military technology and international aerospace port. The project will build an aerospace industry cluster, which will be the model and trial field for urbanization and comprehensive reform with a foreseeable GDP of 100 billion RMB scale.

网址 Website：
www.nftz.gov.cn

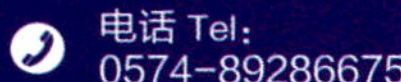
电话 Tel：
0574-89286675

济南综合保税区简介

AN INTRODUCTION TO JINAN COMPREHENSIVE FREE TRADE ZONE

济南综合保税区于2012年5月15日经国家批准设立，2013年12月25日，通过国家10个部委的联合验收，正式封关运营,规划面积5.22平方公里，具有“保税加工、保税物流、国际贸易、口岸通关”四大功能，是目前国内仅次于自贸区的对外开放层次最高、政策最优惠、功能最齐全、运作最灵活、通关最便捷的海关特殊监管区域。

济南综合保税区地处济南市区东部，距青岛港320公里，济南国际机场18公里，济南火车站20公里，在东南、东北、西北设有三个高速路口，与济青、济莱、京沪三条高速公路贯穿一体，具有“接纳东西南北、交流左右纵横”的独特区位优势。

2016年1月，为充分利用空港优势，融合空港功能，在济南临空经济区建设了3.2平方公里的空港功能区。济南综合保税区拥有了空港口岸，进一步拓展了新的发展空间。

依托政策功能优势,济南综合保税区重点发展保税加工、保税物流、国际贸易，大力实施产业链招商，引进核心竞争力强、带动能力明显、辐射范围广的项目，先后引进了齐鲁制药、华芯富创、浪潮云计算、晶正电子、新加坡泺亨物流等一批投资规模大、技术含量高、经济效益好的项目入驻园区，主要涉及生物医药、电子信息、新材料、仓储物流、总部经济等产业，着力发展保税仓储、保税展示交易和跨境贸易，打造了跨境电子商务、国际商品展示交易、进口商品保税展示交易三大平台。

济南综合保税区积极打造通关便捷的“无水港”，构筑沟通内外的“始发港”和“目的港”，建设了海关监管场站，实现了口岸直通模式,加快了互联互通，搭建起济南和山东省中西部地区与世界联通的快捷通道。

在今后的发展中，济南综合保税区将发挥国家级高新技术产业开发区、综合保税区、山东半岛高新区自主创新示范区、国家构建开放型经济新体制综合试点试验地区和国家新旧动能转换先行区的政策优势，坚持开放引领、创新驱动、集聚发展，构建现代物流与仓储、飞机维修与改装、保税加工与制造、跨境电商与商贸、金融与航空租赁五个特色产业体系，重点引入保税物流、保税加工、飞机租赁、保税展示、国际贸易、跨境电商、离岸金融等项目，加强与山东太古、山东翔宇等航空维修企业的交流与合作，引入飞机客改货、航材储运与贸易、飞机维修配件制造等保税项目，将济南综合保税区建设成为国际综合保税服务中心、国际文化贸易交流中心、深化改革与创新开放高地、省会城市群高端产业引领区。

THE HIGHEST LEVEL OF DOMESTIC OPENING TO THE OUTSIDE WORLD, THE MOST PREFERENTIAL POLICIES, THE MOST COMPLETE FUNCTION, THE MOST FLEXIBLE OPERATION, THE MOST CONVENIENT CUSTOMS CLEARANCE

目前国内仅次于自贸区的对外开放层次最高、政策最优惠、功能最齐全、运作最灵活、通关最便捷的海关特殊监管区域

The establishment of Jinan Comprehensive Free Trade Zone was approved by the State Council on May 15th 2012. Passing joint acceptance by ten ministries and commissions at national level, Jinan Comprehensive Free Trade Zone officially came into operation on December 25th 2013. With the planned areas of 5.22 square kilometers, Jinan Comprehensive Free Trade Zone serves four major functions -bonded processing, bonded logistics, international trade and port customs clearance. Till now, it is a special area under the customs supervision which is second only to the free trade area enjoying the top level of opening up , the best-favored policies, the most complete functions, the most flexible operation and the most convenient customs clearance.

Located in the east of Jinan, the Comprehensive Free Trade Zone boasts the unique geographical position, which is 320 kilometers to Qingdao Port, 18 kilometers to Jinan International Airport, 20 kilometers to Jinan Railway Station and is set with three transits respectively in the southeast, northeast and northwest of the city, integrating three major expressway lines (namely, Jiqing expressway, Jilai expressway and Jinghu expressway) .

The 3.2-square-kilometer airport functional area was constructed in Jinan Airport Economic Zone in January, 2016. Embracing the airport, Jinan Comprehensive Free Trade Zone has greatly expanded its development.

Favored by the preferencial policies, Jinan Comprehensive Free Trade Zone has put emphasis on the development of bonded processing, bonded logistics, international trade, vigorously attracted the industrial chain investment and has invited the projects with strong core competitiveness, high motivationg capacity and extenstive coverage. It also has consecutively introduced into the park a batch of projects concerning bio-medicine, electronic information, new materials, warehousing and logistics, headquarters economy, etc, which features large investment, high technology and great economic returns, such as Qilu pharmaceutical, core Futron, Inspur' s Cloud Computing, crystal electronics, Singapore Lok Heng Co,. Ltd. In addition, great endeavors have been committed to the development of bonded warehousing, bonded exhibition and trade and cross-border trade and the establishment of three platforms for cross-border e-commerce, international commodity display and trading, bonded imported goods display and trading.

Jinan Comprehensive Free Trade Zone has actively established the "dry port" for convenient customs clearance, constructed the thorough "port of departure" and "destination" and also set up a customs supervision station to achieve the one-stop model and speedy interaction, which has forged an efficient channel for connectivity linking Shandong and the world.

For future development, Jinan Comprehensive Free Trade Zone will take the policy advantage as High-tech Ddevelopment Zone, Comprehensive Bonded Zone, Shandong Peninsula High-tech Self-dependent Innovation Zone, National Open Economic Integrated Pilot Area, National Old and new kinetic energy conversion leading area. Stay open and take lead, keep innovative, concentrate on development. Build the five industrial systems of modern logistic & stock, aircraft maintenance & refit, bonded production, international e-commerce & trading, banking & aviation leasing. Introducing the project including bonded logistic, bonded production, aircraft leasing, bonded display, international trade, international e-commerce. Strengthen the cooperation with the air maintenance company like Shandong Taigu, Shandong Xiangyu , introducing the project including passenger aircraft to freight, air material stock & trading, aircraft maintenance parts production. To build Jinan Comprehensive Free Trade Zone into an International Comprehensive Bonded Service Center, an International Cuture and Trade Exchange Center, a Landmark for Deepening Reform and Innovation and a Leading Area of Province Capital City Cluster.

创新设立“一带一路自贸驿站” 激活沿线地区经济

青岛前湾保税港区，中国山东青岛胶州湾畔的一颗明珠。2008年9月7日经国家批准设立，是全国首家由保税区、保税物流园区整合临近港口转型升级设立的保税港区，拥有“保税、免税、免证”的特殊政策，是承接国家重大改革举措的先行区、示范区、创新区。

港区有沿黄流域唯一的汽车整车进口口岸，平行车进口数量居全国前列，先后建成了大宗商品交易市场、国家级重点实验室、汽车口岸、进口商品国际贸易总部基地、国家电子商务示范基地等开放平台，形成改革开放新优势。

作为对外开放的前沿，青岛前湾保税港区一直紧跟国家发展战略，2016年以来，又积极响应“一带一路”倡议，发挥区位、功能及政策等优势，创新设立从青岛到“一带一路”沿线省市的“一带一路自贸驿站”。截至目前，全国已有十余家陆海口岸海关特殊监管区域加入“驿站”，深入对接探讨各海关特殊监管区域间在高领域、多层次、全方位的协同合作，创造了以“地方政府+海关政策联通”“功能区+企业利益互通”“互联网+现代物流畅通”即“政通、利通、物通”为特色的“一带一路自贸驿站”新模式。

电话：0532-86766581

地址：青岛前湾保税港区北京路57号

青岛国际陆港

青岛国际陆港位于即墨、胶州、青岛高新区交汇处，居青岛市域几何中心，规划面积60平方公里，核心区30平方公里。域内交通运输四通八达，多条高速公路、铁路贯穿其中，临近青岛港、青岛机场等重要交通枢纽，制造业基础雄厚，商贸业持续繁荣，发展大物流具有得天独厚的优势条件。

青岛国际陆港加快构筑海陆空铁“四位一体”的多式联运国际物流通道，重点推进即墨济铁综合物流园、华骏物流园、跨境贸易电商产业园、跨境电商小镇、半岛国际汽车贸易城等项目建设，全力打造“陆上青岛港”，争创国家级综合保税区，最终建设成为千亿级商贸物流产业链示范聚集区。

青岛国际陆港已被认定为山东省跨境电商产业聚集区和中国（青岛）跨境电商综试区重点产业园，并全面打通全球跨境电商直购进出口贸易通道，海关、国检已进驻现场办理查验通关业务，逐步成为区域经济发展新增长极。

区域内即墨济铁物流园被列为全国42处铁路物流节点之一；华骏物流园被评为山东省重点现代物流园区；公路港物流枢纽项目被交通运输部确定为多式联运功能的货运枢纽型物流园区；城市共同配送中心项目被列为国家部委首批9个试点城市共同配送物流园之一。众多重点项目齐头并进、重点区域联动发展，助力青岛国际陆港逐步实现大通关、大物流发展格局，成为半岛地区现代物流产业发展火车头。

即墨济铁物流园

半岛汽车贸易城

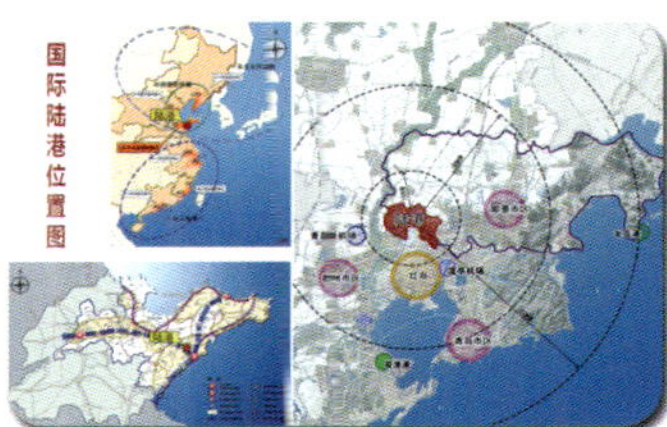

国际陆港位置图

华骏物流园

跨境电商小镇

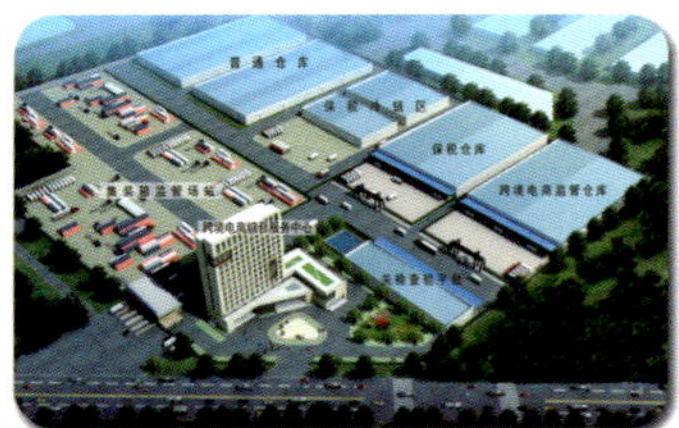
跨境贸易电子商务产业园

铁路专用线

华骏物流园

营口港务集团
Yingkou Port Group

营口港对外开埠于 1861 年，现有营口、鲅鱼圈、仙人岛、盘锦、绥中五个港区，整体区位优势突出，地处丝绸之路经济带和海上丝绸之路的交汇区、及“京津冀协同发展”与“东北老工业基地振兴”两大战略区的结合部，是国家“一带一路”倡议中既在“带”上又在“路”上的港口，是丝绸之路经济带东线在中国境内的最近出海口，是承接中欧物流运输重要的中转港，也是沈阳经济区、环渤海经济区的重要枢纽港。营口港货物吞吐量排名全国沿海港口前十位，资产规模在辽宁省属国有企业中排名第一。

营口港拥有包括集装箱、汽车、煤炭、粮食、矿石、钢材、大件设备、成品油及液体化工品、原油等 9 类货种专用码头，其中矿石码头、原油码头分别为 30 万吨级，集装箱码头可靠泊第五代集装箱船。主要作业货种有铁矿石、钢材、煤炭、粮食、非矿、成品油及化工产品、化肥、原油、内贸商品汽车、集装箱等。

现有外贸直航航线 4 条，分别是东南亚航线、日本关东航线、韩国釜山航线、韩国仁川航线（国际客货班轮航线）。另有通过天津、大连、宁波、上海中转世界各地的外贸内支线 4 条。外贸直航航线和外贸内支线合计可达到每月 50 班次以上。

现有的内贸集装箱航线已覆盖中国沿海 30 个主要港口，航班密度达到每月 420 班次以上，运量占东北港口的 2/3。其中广州、上海班期可达每天两班以上，宁波、福州、泉州班期可达每天一班以上。

营口港海铁联运网络已覆盖东北三省和内蒙东部地区，海铁联运量在中国沿海港口排名前列。

为更好地服务腹地经济发展，营口港将港口功能前移，先后成立了具有属地报关报验、仓储运输等功能的长春陆港、吉林陆港、哈尔滨陆港、内蒙通辽陆港等多个陆港公司。营口港保税物流中心于 2008 年获得国家批准建设，占地面积 65 万平方米，2009 年 9 月通过国家验收，封关运作。

依托上述优势，营口港提出了“TEU”战略，旨在以营口港为中心，纵横贯通东西和南北物流通道。东西方向通过“营满欧”通道，加强海铁联运，形成营口港—俄罗斯—欧洲的陆路运输通道；南北方向通过与南部沿海港口、长江沿线、西南、东盟的深度合作，形成营口港—中国东部及东北亚—中国南部并辐射大西南和东盟的海运通道。着力构建互联互通的全程物流体系，与沈阳市政府合资组建了沈阳港（集团）有限公司，将致力于打造成东北亚国际物流中心。营口港现已开通 6 条中欧班列，并已开行新东方快车精品班列和回程班列。2015 年 9 月 3 日，营口港与俄罗斯铁路股份公司签署了合作备忘录，将营口港“TEU”战略推向了新的高度。营口港将通过“TEU”战略，实现由过去的“终点港”向“一带一路”的中转港转变。

营口港积极推行独创的、能够充分发挥港口优势的“互联港 +”战略，旨在充分拓展港口的发展方向和产业模式，通过港口加互联网、加金融、加物流、加产业、加人才等，促进港口在做大存量的基础上，主动应对挑战，提升港口竞争力。营口港将通过“互联港 +”战略，实现港口由重资产管理向轻资产经营转变。

新常态、新形势下，营口港人将以新的状态、新的形象、新的招法踏上新的征程，实现营口港新的跨越式发展。

Yingkou Port opened to foreign ships in 1861 and now it has five port districts: Yingkou, Bayuquan, Xianrendao, Panjin and Suizhong port districts. The port has excellent location advantage as it sits in the area where the Silk Road Economic Belt joins the Maritime Silk Road and where two major strategic areas meet, and the Beijing-Tianjin-Hebei Coordinated Development Zone as well as the area where efforts for Revitalization of Old Industrial Bases in Northeast China is underway. It is a port that is located on both the “Belt” and the “Road” of China’ s “Belt and Road” initiative and is also a sea port closest to the eastern line of the Silk Road Economic Belt in China. It is an important transit port for transportation and logistics between China and Europe and is also a key shipping hub for Shenyang Economic Zone and the Bohai Economic Rim. Yingkou Port ranks among the top 10 coastal ports in China in terms of cargo throughput and its asset scale is the largest among the provincial-level state-owned enterprises in Liaoning.

2015年11月8日至12日，辽宁省委书记、省人大常委会主任李希率领省友好经贸代表团访问俄罗斯，集团公司党委书记、董事长李和忠随同出访。11月9日，李希等与俄罗斯铁路股份公司总裁别洛佐罗夫进行了亲切会晤，就营口港与俄铁下一步的具体合作事宜进行了深度探讨。
On November 8-12, 2015, Li Xi, Party Secretary and Director of the Standing Committing of the People’s Congress of Liaoning Province led a goodwill economic and trade delegation and visited Russia with Party Secretary and Chairman of Group Company Li Hezhong accompanying. On November 9, Li Xi met with Belozerov, President of Russian Railway joint-stock Company and had deep discussion on specific cooperation between Russia and Yingkou port.

2015年9月3日，营口港务集团有限公司党委书记、董事长李和忠与俄罗斯铁路股份公司总裁别洛泽罗夫签署备忘录，合作开发建设中俄港铁大通道。
On September 3, 2015, Li Hezhong, Party Secretary and Chairman of Yingkou Port Group Corp and Belozerov, President of Russian Railway joint-stock Company signed a memorandum of cooperation.

李和忠董事长（左一）与俄罗斯铁路总公司、FESCO物流公司、UTLC物流公司人员交流
Chairman Li Hezhong (1st on the left) talking with staff members from Russian Railways, FESCO Logistics and UTLC Logistics.

Yingkou Port has specialized wharfs for nine categories of cargos, including containers, automobiles, coal, grains, mineral ores, steels, large-sized equipment, product oils and liquid chemicals and crude oil, among which the wharfs handling mineral ores and crude oil can cater to ships of up to 300,000-tons and its container wharf can berth 5th-generation container ships. Main cargos the port handles include iron ores, steels, coal, grains, non-metallic ores, product oils and chemical products, chemical fertilizers, crude oil, commodity automobiles for domestic sales, containers, etc.

The port has four direct foreign trade routes at present, including the route to Southeast Asia, the route to Kanto, Japan, the route to Pusan, South Korea and the route to Inchon, South Korea (for international cargo and passenger liners). In addition, it also has four domestic branch routes connecting foreign trade routes to all parts of the world via shipping hubs in Tianjin, Dalian, Ningbo and Shanghai. Each month, it has more than 50 liners sailing along its direct foreign trade routes and its domestic foreign trade branch routes.

It already has domestic trade container shipping routes to 30 major ports along the coast of China and more than 420 liners are sailing along these routes every month, carrying 2/3 of the total shipping volume handled by all the ports in Northeast China. Among these routes, usually more than two liners are dispatched every day along the ones to Guangzhou and Shanghai and more than one liner is dispatched along the ones to Ningbo, Fuzhou and Quanzhou.

The sea-rail combined transport network of Yingkou Port now covers three provinces of Northeast China and the eastern part of Inner Mongolia and the transportation volume of its sea-rail combined transport ranks top among the ports along the coast of China.

In order to provide better services for economic development of inland areas, Yingkou Port has made efforts to make its port services available in closer proximity to its inland customers. So far, it has set up land port service companies in Changchun, Jilin, Harbin and Tongliao, Inner Mongolia that provide customs clearance and inspection, warehousing, transportation and other services. In 2008, the state government approved the construction of Yingkou Port Bonded Logistics Center, which occupies a land area of 650,000 square meters. In September 2009, it passed acceptance inspection of the state and was sealed off and put into operation.

Based on the above advantages, Yingkou Port has come up with the "TEU" strategy, aiming to facilitate a north-south logistics channel and an east-west logistics channel with Yingkou Port at the center. In the east-west direction, the port hopes to strengthen its sea-rail combined transport via the "Yingkou–Manzhouli–Europe" channel, forming a land transportation corridor from Yingkou Port to Russia and other European countries; in the north-south direction, Yingkou port will deepen its cooperation with south coastal ports, ports along the Yangtze River and ports in Southwest China and in ASEAN countries in order to form a Yingkou Port-East China-Northeast Asia-South China marine lane that also has influence over Southwest China and the ASEAN region. It endeavors to establish a complete and interconnected logistics system and has established a joint venture together with Shenyang municipal government—Shenyang Port (Group) Co., Ltd. It is committed to constructing itself into an international logistics center in Northeast Asia. So far, Yingkou Port has launched six China Railway Express trains between China and Europe as well as New Oriental TREST trains and return trains. On September 3, 2015, Yingkou Port and Russian Railways signed a memorandum of cooperation , bringing the TEU strategy of Yingkou Port to a new height. Through its TEU strategy, Yingkou Port has successfully turned itself from a terminal port into a transit port along the Belt and Road.

Yingkou Port has been actively promoting its unique and innovative "Internet Port +"strategy that can bring its port advantages into full play so as to expand its port development directions and its industrial models to the fullest and enhance the port' s ability to face challenges proactively and sharpen its competitive edge while increasing its capacities through "port +Internet, +financing, +logistics, +industry, +talents" and so on. Through the "Internet Port+" strategy, Yingkou Port is endeavoring to realize transitioning from asset-heavy management to asset-light operation.

Amid the new normal and the new situation, all members of Yingkou Port are ready to embark on a new journey with new condition, new images and new approaches to bring about a new round of leap-forward development of Yingkou Port.

营口港与全国最大电商阿里巴巴携手打造最具优势的跨境电商平台
Port of yinkou alibaba with the country's biggest electricity companiesHand in hand to create the most advantage of cross-border electronic business platform

集装箱码头The container wharf

营口港"新东方快车"班列开行
Port of yinkou "new Oriental express trains operation

宁波（镇海）大宗货物海铁联运物流枢纽港

NINGBO (ZHENHAI) BULK CARG OES SEA RAILWAY COMBINED TRANSPORT PHYSICAL DISTRIBUTION HINGE PORT

谋划对接港口经济圈　开启海洋经济发展新引擎

宁波地处海上丝绸之路和长江经济带的交汇处，是浙江海洋经济发展示范区建设的核心区。宁波（镇海）大宗货物海铁联运物流枢纽港园区成立于2007年底，地处甬江入海口，位于镇海区东北侧，总面积9.5平方公里，是宁波市打造“国家重要的区域性资源配置中心”的重点项目，被列入宁波市“中提升”十大功能区块之一。

物流枢纽港园区区位优越，交通便利。有329国道、绕城高速沟通内外，也有宁波栎社国际机场和杭州湾跨海大桥比邻而设，并是舟山大桥唯一的陆上通道。区域内的镇海港区是世界第一大港宁波-舟山港的重要组成部分，是国内少有的深水良港。铁路支线直接连入港口作业区，通过宁波铁路枢纽可抵达全国各地，年实际运力可达1500万吨。随着集疏运网络的不断完善，物流枢纽港已迅速成为重要的交通节点枢纽。

作为东南沿海重要的港口城市、长三角南翼的经济中心和古代海上丝绸之路的始发港之一，宁波镇海物流枢纽港将深度融入“一带一路”倡议，主动参与“港口经济圈”建设，立足构建物港流、贸易港、智慧港“三位一体”港航物流服务体系，聚焦发展镇海保税物流中心、城市物流功能区和镇海新城中心三大板块，打造国家级示范物流园区。

一、打造大宗商品电商园

大宗商品交易平台以镇海大宗生产资料交易中心为龙头，集聚了煤炭、钢材、液体化工、木材等各类专业市场以及汇金大通、新贸通、宁波甬鑫交易中心等多家电子交易平台，实现现货交易与网络交易共存。截至目前，落户交易平台的企业达到1500余家，线上线下年度交易额双双突破千亿元。

物流枢纽港园区

物流枢纽港区域交通概览

城市物流产业园

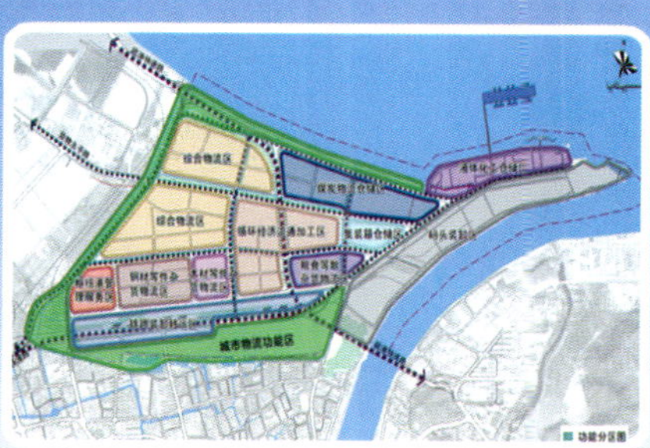

城市物流产业园

城市物流产业园

保税物流产业园

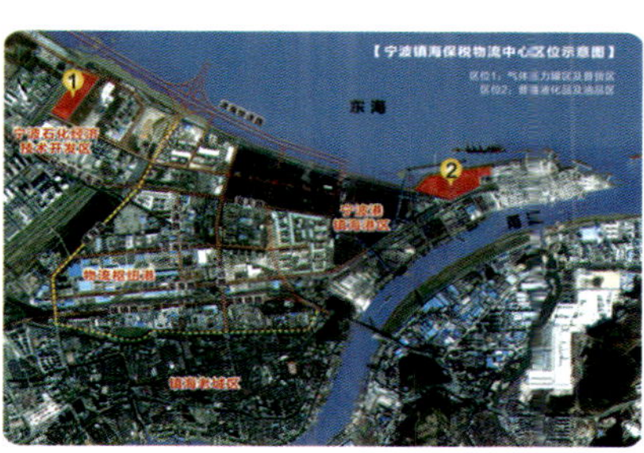

保税物流产业园区位图

保税物流产业园区位图

目前，物流枢纽港前瞻性地在宁波中心城市北部商贸商务中心布局新的发展平台，一期已构建完成建筑面积达2万平米的物流电子商务办公区域，为“互联网+”思维下的新兴物流企业提供新的发展平台。同时致力发展互联网信息技术，依托电子交易平台引进一批电子商务与金融服务关联企业，形成企业集群。

二、打造城市物流产业园

城市物流功能区及其产业延伸区，总规划用地2500亩，将发展以城市物流为核心的综合公路港，开发城市集中配送、区域配送、省级干线综合物流运输体系，建成以仓储、运输、电商、商务服务等为主的功能区，服务宁波、舟山、台州、温州、嘉兴等地，逐步建设成集采购、仓储、分拨、配送、展示、金融、监管等诸多功能于一体的综合性城市物流园区。

三、打造保税物流产业园

镇海保税物流中心于2014年10月获海关总署、财政部、税务总局、外汇局四部委的联合批复设立，实行“境内关外”的运作模式，总占地面积435亩，已建成的储罐总容量约22万立方米，是目前全国唯一的以液化品为主的保税物流中心。

2016年12月26日，保税物流中心正式封关运作，今后将通过为全区乃至全市的石化企业提供特殊的海关监管政策，大力发展出口复进口“一日游”业务及保税业务，形成以液化品码头、储罐为支撑，以各类化工生产贸易企业为主体，以液化品交易平台为纽带的现代化保税物流中心格局。

吉林通化国际内陆港务区

吉林通化国际内陆港务区是全省建设向南开放窗口的核心平台，2016年7月1日，港务区经省政府批复设立为省级经济开发区，规划控制区面积79.65平方公里，实际控制区面积50.63平方公里。

港务区定位于通化开放发展新引擎、吉林省国际物流新枢纽、东北东部融入“一带一路”倡议新支点，全力打造“吉林向南开放的新通道、新平台、新窗口”。

2016年8月8日，港务区通化港重点项目开工建设，历经134天，完成了公路集装箱中心站、联检大楼、保税仓库、查验平台等项目建设，通过了长春海关验收并交付使用，于2016年12月19日通关运营，初步形成了“港口内移、就地办单、多式联运”的发展模式。

吉林通化国际内陆港务区
通化港通关运营仪式

通丹经济带建设战略合作框架协议
签约仪式
通化市

甘肃陆港实业股份有限公司

甘肃陆港实业股份有限公司，由和泰通汇（北京）投资发展股份有限公司投资控股，是甘肃国际陆港开发建设及运营主体。甘肃国际陆港将以武威保税物流中心为依托，中欧国际货运班列“天马号”为基础，建设国际物流、国际贸易、金融与实业融合、进出口加工基地（自贸区）四大产业平台，逐步成为亚欧间重要的商品中转、集散基地、物流枢纽，成为丝绸之路经济带上最具竞争力的内陆口岸,将丝绸之路黄金节点城市武威，建设成为中国的“新加坡”。

武威保税物流中心是国家在甘肃省批准设立的第一个海关特殊监管区，位于甘肃国际陆港核心区，占地734亩，具有保税仓储、国际物流配送、简单加工和增值服务、检验检测、进出口贸易和转口贸易、商品展示、物流信息处理、口岸、出口退税等九大功能。

武威保税物流中心的设立为西部大开发构架了新起点、新平台， 奠定了“丝绸之路经济带”黄金段经济快速腾飞的基础。

武威保税物流中心首批进口业务的顺利进行，打破了甘肃进出口贸易多项记录。丝路重镇武威实现了首次整车进口产品业务，特别是马来西亚速溶咖啡开创了甘肃省进口固定饮料的零记录，架起了甘肃和中亚各国贸易往来的桥梁，是“新丝绸之路经济带”先期的实践力行者。

中欧货运班列“天马号”的开通运行，是甘肃省经济转型跨越和对外经济交流的重要标志，突破了内陆省份向外发展的制约瓶颈，既为“甘肃制造”拓展了中西亚和欧洲广阔的市场，又为国内进出口企业建起了产品和加工贸易生产基地。

与期同时，武威保税物流中心围绕“一港两中心七口岸”的整体部署，积极践行合作共赢的“互利”模式，在全国选择交通节点设立6个物流基地，倾力培育“造血”功能，保障甘肃国际陆港启动建设顺利开展。

为响应国家政策号召，我公司积极推进和开展跨境电子商务业务，研发4E综合服务平台，即E+人、E关通、E流通、E港通，以更多具有独特优势的服务项目，吸引更多国内外企业入驻，更好地推动甘肃国际陆港启动建设，促进国际贸易的健康发展。

我公司推出的4E综合外贸服务平台标准化信息系统，将实现通过便捷、在线订舱、在线支付、正品真货诚信流通；与各地中欧班列实现“代码共享”，提高物流效率、减少境外无序竞争；利用互联网金融促进国际贸易快速发展、切实解决中小企业贷款难；实现中国梦–中国竞争力。

卡 口

陆港大厦效果图

鸟瞰图

甘肃是农业大省，甘肃省农产品要“走出去”，利用武威保税物流中心独有的DNA生物监测技术和“天马号”的健康运行，将产品运送到国内外，做到可查询、可追溯，让消费者买得舒心、吃得放心。以此理念为基础，建立商品质量认证系统、防伪系统、食品安全系统和溯源系统，通过扫描二维码，即可查询产品的一切信息，实现精准召回，实现所有批次产品从原料到成品、从成品到原料100%的双向追溯功能。

为了充分发挥武威保税物流中心、中欧班列天马号、互联网+4E综合外贸服务平台的互相结合的优势，吸引众多的跨境电子商务企业落户武威，为西北人民带来最便利的货真价实的正品、真品、旅游休闲购买保税/免税商品新世界，我公司计划投资1.7亿元建设“R4（Recyclables，Recuperable，Reutilizables，Reasonable）房车小镇”及“西大门跨境电子商务保税商品展销中心”项目。

“R4房车小镇”项目是由以各国名字命名的各国特色街区组成，集中展示各国在进口产品、休闲饮食和购物娱乐等方面的异域风情。展区由大型集装箱R4房车街区组成。顾客在购物、休闲的同时，还可在不同街区获得实时的各国对应资讯，并可即时下单预定。同时，项目引入中央广场音乐喷泉、人工水系、露天电影、户外运动等多种元素，构成河西走廊最具时尚潮流气息的综合性休闲、娱乐、旅游、购物、电子商务展示中心、消费中心、商品集散中心，建成后将成为全球最大的R4房车购物休闲街区，也是武威更具开放发展的标志性项目。

武威保税物流中心的建成是武威市委贯彻落实习总书记提出的“丝绸之路经济带”倡议和落实甘肃省委王三运书记打造“丝绸之路经济带”甘肃黄金段的重要举措。武威保税区发挥着服务内陆地区和延伸拓展向西发展战略的重要支点作用。丝路重镇武威借助保税中心的建成，完成了招商引资的重点突破，有了完备的农产品进出口加工基地，成为甘肃段向西开放的重要门户，为实施“走出去”战略打下了坚实的基础。

发展目标：以国内外保税区为基础，大力发展跨境电子商务、国际金融服务，逐步建设成面向全球的电子商务平台、物流平台、国际贸易平台、区域金融中心，建立与完善“无边界、多业态”联合的全方位优质O2O服务，为丝绸之路经济带的发展做出应有的贡献。

物流基地效果图

西大门立面效果图

烟台港集团有限公司

烟台港自春秋时期以来就是中国北方重要的通商口岸、海上交通发祥地之一。1861年烟台开埠，其后30年间成为山东唯一、中国北方三大通商口岸之一。1984年烟台入列全国首批14个沿海开放城市。2015年烟台成为国家“一带一路”重大倡议15个沿海港口城市之一。目前，烟台是全国唯一同时融入胶东半岛蓝色经济区、黄三角洲高效生态经济区、“一带一路”倡议的支点城市。烟台港现辖芝罘湾港区、西港区、龙口港区、蓬莱港区四大港区，形成了分工明确、优势互补、功能完善的港口集团。码头岸线2.0624万米，码头泊位104个，其中万吨级以上泊位65个，十万吨级以上泊位11个。2016年全港完成货物吞吐量2.65亿吨，集装箱箱量260万标箱。正在规划建设的西港区是烟台港未来发展的核心港区，岸线总长15.5公里，陆域面积50平方公里，其中港口作业区24平方公里、临港产业区26平方公里，是目前中国大陆北方沿海为数不多的适宜建设大型深水码头的港址。

网址：Http://www.yantaiport.com.cn

2016年10月，几内亚总统阿尔法·孔戴
出席几内亚博凯内港二港区投产仪式

几内亚博凯内港码头仅仅四个月就投入运营
烟台港人在非洲创造了“中国速度”

集装箱码头

西港区大型矿石码头

客货滚装运输

芝罘湾港区大型矿石码头

成都国际铁路班列有限公司

全面实施“蓉欧+”战略，是成都主动融入国家“一带一路”倡议的核心举措，是推动成都从传统内陆城市向新兴口岸城市、从开放战略后方向开放战略前沿转变的现实需要，对促进成都产业发展、加快城市转型、培育经济新增长点具有深远的意义。

为加快构建联通泛欧泛亚地区的“蓉欧+”国际铁路货运班列体系，打造国家向西向南开发开放的物流贸易桥头堡，成都工业投资集团有限公司下属成都蓉欧投资发展有限责任公司投资成立国有全资子公司成都国际铁路班列有限公司，注册资金3000万元，全面负责成都国际铁路班列的运营和管理。成都国际铁路班列有限公司是贯彻落实市委、市政府“蓉欧+”战略，带动贸易发展、服务业提升、产业聚集和国际产能合作，以大通路推动大开放的战略性重要国有平台公司；是成都扩大对外开放，联系欧洲、泛亚的重要战略通道，在成都加快打造国家向西发展桥头堡和国际中心城市战略中具有重要地位。

2016年6月18日，铁总统一更名后的中欧班列•蓉欧快铁抵达波兰华沙，接受国家领导人的检阅。

2016年6月20日，中欧班列蓉欧快铁缓缓驶入位于华沙近郊的铁路集装箱货运站，正在波兰访问的中国国家领导人与波兰总统杜达，见证了这一历史性时刻。

2016年4月30日，四川省省委书记王东明在出席波兰华沙举行的四川推介会上，提出“望双方发挥好‘蓉欧快铁’重要通道作用，着力提高双向满载率，共同打造快捷高效、安全优质的国际物流服务品牌”的建议。

2015年1月，成都铁路口岸获批汽车整车指定口岸，11月通过海关总署正式验收。汽车整车指定口岸运营后，将吸引国际汽车产业巨头在成都设立西南地区进口车分拨中心，逐步实现进口整车零配件本地化生产，推动成都汽车产业链全面发展。进口汽车整车专用检验线共配备检测线两条，试车跑道长100米、宽8米，检测车间1260平方米。第一批平行进口车和宝马(中国)大贸车已于2016年8月通过口岸入境。

安徽新亚欧 国际物流

ANHUI XINYAOU GUOJI WULIU

区域物流中心 / 物流信息中心 / 多式联运中心

REGIONAL LOGISTICS CENTER
LOGISTICS INFORMATION CENTER
MULTIMODAL TRANSPORT CENTER

安徽新亚欧国际物流有限责任公

安徽新亚欧国际物流有限责任公司成立2015年6月，由合肥新站高新技术产业开发管委会下属企业—合肥鑫城国有资产管理公独资组建，为全资子公司，具体负责“合欧”班列的运营工作，主要承办陆运进出口物的国际联运代理业务。“合新欧”班列的行开辟了安徽省、合肥市开放型经济发展的通道，推动了安徽省、合肥市融入国家“一一路”和长江经济带战略的进程，促进沿线区经贸互通、融合发展。

“合新欧”班列现有中亚班列(合肥—阿木图)，每月发运两列；中欧班列（合肥—堡），每周发运一列；中欧回程班列（堡—合肥），适时加密；铁海联运班列（肥—宁波北仑），全年常态化运行。

合肥市已被国家发改委列为12个中欧班内陆主要货源地节点城市和23个主要铁路纽城市，“一带一路”重要节点城市地位日凸显。“十三五”期间，安徽新亚欧国际物有限责任公司将在合肥市委、市政府的坚强导下，立足“合新欧”班列，依托合肥综合税区、上海铁路局合肥货运中心的物流集聚应和功能优势，以区域物流中心、物流信息心、多式联运中心为发展目标，建立中国华地区通往中亚、欧洲的重要国际铁路联运物大通道。

大连港欧陆与您携手成功之路！

辽满欧/辽蒙欧/辽新欧——"中蒙俄"国际大通道陆上起点

降低物流成本·降低物流风险

大连港欧陆国际物流有限公司

PORT OF DALIAN Eurasia International Logistics Co., Ltd.

公司简介 Company Profile

大连港欧陆国际物流有限公司（简称大连港欧陆）成立于2015年，是大连港集团投资组建的以从事国际多式联运服务为核心，集项目物流、工程物流及国际供应链管理服务为一体的国际性物流企业，同时也是"辽满欧"及"中韩俄"国际物流大通道的主运营商。

公司成立以来，致力于构建以覆盖东北亚区域为核心，连接亚欧间的国际多式联运服务大通道，打造中国最具影响力的国际物流服务旗舰企业，为国内外广大客户提供安全、便捷、优质、高效的专业化物流服务。

大连港欧陆国际物流有限公司现已开通莫斯科、秋明、新西伯利亚、明斯克、华沙、汉堡等多条过境直达班列，开展了中国东南沿海、韩国、日本、东南亚等地至俄罗斯、欧洲等地集装箱过境运输业务，箱量名列国内各港口出货量前茅，满洲里口岸过境量排名第二位。

2017年大连港中欧班列产品介绍

主要班列产品

大连港与中国铁路总公司、俄罗斯铁路公司、德国铁路公司合作开展以大连为起点的过境班列运输服务。国内外各大港口货物由水运至大连港，再由铁路经满洲里/后贝加尔口岸发往俄罗斯及欧洲等地。

常到终点站：

俄罗斯：莫斯科、叶卡捷琳堡、伊尔库茨克、鄂木斯克、新西伯利亚、圣彼得堡

白俄罗斯：明斯克

波兰：华沙

德国：汉堡、杜伊斯堡

大连——莫斯科沃尔西诺精品班列

2016年1月27日，大连港开通大连至莫斯科精品班列，每周一班的常态化运营。由大连金港站始发，终到沃尔西诺（183502）车站，全程运距8510公里，运输时间为10-12天，后贝加尔车站可实现车体预留，并在24小时内换装完毕，通关便捷高效，可满足客户对货物运输时效及运输安全的需求。

案例图片 Services

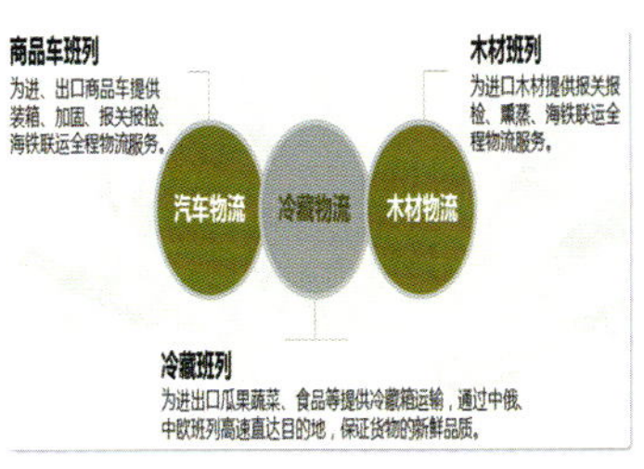

中国区　**李文静**　**电话：（+86）0411-8279 8826**　**手机：159 4083 3048**

E-mail：liwj@7856.com.cn

俄罗斯　**杨晓磊**　**电话：（+86）0411-8279 8827**　**手机：159 4084 1516**

E-mail：yangxl@7856.com.cn

公司地址：大连市中山区港湾街7号时代大厦22楼，传真：0411-82798850

大田物流
Logistics
我承诺·我实现
Delivering Our Promise
全国统一客户服务热线：400-626-1166
DTW 大田物流
Logistics

中国即墨国际商贸城

“千年商都，泉海即墨。”即墨历史悠久、商贸发达。经过30多年的倾力培育发展，市场商贸业已成为全市的一张靓丽名片。近年来，即墨市以现代产业培育特色城市，以城市特色激发城市活力,全力推进特色精品城市建设和现代产业体系建设两大战略，以前所未有的恢弘气度在城区西部打造中国即墨国际商贸城,加快推动市场商贸业转型升级、跨越发展。

即墨国际商贸城东至嵩山二路、西至华东路、南至九江路、北至青威路，总规划面积约35平方公里。围绕“打造中国江北最具影响力的国际商贸名城”的发展目标，即墨市坚持产城一体齐步走，采用国内最先进的第五代、第六代市场建设模式，大力发展智慧物流、智能仓储、电子商务、电商金融、跨境贸易等新型产业，着力构筑即墨服装市场、中纺联合国际商贸城、即墨北站站前综合商务区、林安（即墨）商务港等重点商贸板块，聚力打造中国品牌商贸的资源高地和配套成本洼地，千亿级市场商贸产业集群正在加快形成。预计到2020年，即墨国际商贸城建成市场总面积将达到260万平方米，商品交易额达到1700亿元，形成江北规模最大、档次最高、带动作用最强的国际化商贸物流聚集区。

新建成运营的即墨国际商贸城

即将建成运营的中纺联合国际服装城

闻名全国的即墨服装市场

联合利丰『链接世界◇创新未来』

深圳市联合利丰供应链管理有限公司(简称联合利丰)位于深圳市福田区深南大道世纪汇广场16层，公司注册资本1764.706万元人民币，是一家专业的一站式供应链管理服务商。公司由资深供应链专业团队组建，致力于供应链金融技术、物流技术、供应链风险控制技术、供应链信息技术的研究与创新，一直坚持“让生意变得更简单”的服务理念，通过不断强化和提升供应链技术与运作能力，为客户提供集商流、物流、资金流、信息流、工作流为一体的供应链外包方案与运营。公司旗下现在已经拥有联合利达、联合保理、香港联合利丰、重庆联合利丰、成都蓉欧联合供应链、成都工投利丰资产管理有限公司等多家子公司。无论是从传统的供应链能力，还是从新兴的供应链创新，联合利丰都在供应链行业占据着重要位置。

联合利丰以财务供应链为核心，为客户提供代理采购、分销执行、虚拟主产、商务外包、物流仓储、信息服务、咨询服务等全球一体化供应链服务，为客户实现商流、物流、资金流以及信息流的完美融合，帮助客户降低运营成本，提升核心竞争力。

联合利丰现为深圳海关AEO认证企业、信用管理AA级企业，具有深圳海关事后递单资格。同时由于信息技术方面的创新和应用，联合利丰被评为深圳市重点物流企业、技术先进型服务企业。近年来还获得广东省诚信示范企业、广东省优秀信用企业等40多项荣誉称号。联合利丰已经通过ISO9001以及ISO14001体系认证，并在公司内大力推行卓越绩效体系、标准化管理，提升管理水平。

联合利丰无论是在企业自主创新层面，还是在促进供应链行业发展层面，一直都在紧跟时代的步伐，力争创造更高的价值。特别是国家提出“一带一路”倡议后，联合利丰为响应中央的号召，在思想、规划、统筹、项目、金融、外贸综合服务等各方面制定了更高的要求和标准。在联合利丰看来，“一带一路”倡议实施是一种整合、是一种开拓、是一种创新，联合利丰作为深圳供应链行业标杆企业，“整合”本来就是公司的核心价值之一，联合利丰整合了供应商和品牌商、实业和金融机构、政府部门和企业，让不同领域的资源进行有效链接，大大提升了各个板块所创造的社会价值。“开拓”是一种精神，也是一种行动，联合利丰向科技行业、先进医疗器械行业的并进就充分说明了这一点。联合利丰的“创新”则体现在信息化系统的研发、供应链金融风控体系的优化，以及其子公司联合利达跨境电商平台的信息化、智能化，易检通一站式通关通检服务和仓储24小时实时监控管理。

未来，公司将继续坚持“诚信为本、创新为魂、专业服务、追求共赢”的经营理念，努力做大做强企业，承担起更大的社会责任和义务！

公司地址：深圳市福田区深南中路3018号世纪汇16楼

公司电话：0755-23998778

公司网站：www.ufscs.com

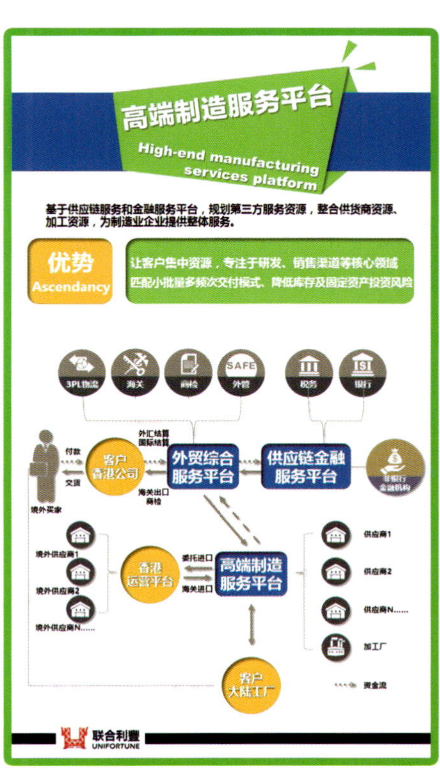

胶州——开放创新之城

胶州市位于青岛北部，地处黄海之滨、胶州湾畔，是山东半岛联结海内外的重要交通咽喉，因胶水“水色如胶”而得名，自古以来就是“一带一路”的重要枢纽。唐宋时期海运贸易繁荣，北宋时期胶州已成为长江以北唯一的对外通商口岸、海上丝绸之路的重要节点，素有“金胶州”、海表名邦等美誉。

传承千年开放基因，胶州持续放大对外开放优势，努力争当改革开放领头雁。1987年撤县建市以来，阔步迈入“开放带动、内外兼修”的发展快车道，成为山东省首批沿海开放县市，特别是率先在青岛地区开镇办园区经济之先河，民营经济和对外开放在县域经济中独树一帜，被誉为“江北对外开放第一（县）市”，被授予国家卫生城市、国家园林城市、全国科技工作先进市、中国秧歌之乡、中国剪纸之乡、全国法治创建先进市等荣誉，入选中国最具幸福感城市。

近年来，胶州市按照“五位一体”总体布局和“四个全面”战略布局，坚持创新、协调、绿色、开放、共享发展理念，积极走在前列、干在实处、创新发展。随着胶州经济技术开发区、青岛胶东临空经济示范区、青岛欧亚经贸合作产业园、胶州湾国际物流园分别获批国家级功能园区，四大“国字号”平台强势崛起、联动发展，全力打造“航空之城、物流之城、尚德之城、生态之城”。全面研判区域发展机遇，主动融入国家“一带一路”倡议，启动多式联运和欧亚贸易平台建设，分别获海关总署批复设立“青岛多式联运海关监管中心”，获商务部批复设立“青岛欧亚经贸合作产业园区”，推动运输模式和贸易方式改革创新，全面提升贸易便利化水平，由“依托区位优势”向“塑造功能优势”转变，实现“一带”与“一路”在青岛胶州的交汇。2016年6月，成功策划举办“启航胶州湾·建设欧亚园‘一带一路’青岛板桥镇论坛”，确立胶州市作为青岛“海上丝绸之路”北始航港的历史地位。

今日的“金胶州”不仅唤醒了古镇的商埠繁华，更在朝向宜居幸福的现代化空港新区稳步迈进。

胶州市商务局 0532-82288529

西宁“一带一路”重要节点城市

积极融入“一带一路”建设，加快推进经贸合作和人文交流，构建全方位、多层次、高水平对外开放格局。与“一带一路”沿线64个国家建立经贸往来关系，在俄罗斯、哈萨克斯坦、土库曼斯坦、比利时、澳大利亚等沿线国家设立14个境外营销平台、4个商务代表处、9个综合性进口商品展销中心，努力构建开放型经济新体制，推动西宁经济实现由传统内陆型向现代开放型的重大转型。截至目前，已与23个国外城市和地区建立了友城和友好关系，友城覆盖亚洲、欧洲、非洲、美洲，在经贸合作、人文交流等方面取得了丰硕成果。

阿拉木图
霍尔果斯
乌鲁木齐
库尔勒
敦煌
张掖
阿什哈巴德
喀什
若羌
格尔木
和田
西宁
银川
北京
至东京
首尔
青岛
兰州
西安
郑州
玉树
拉萨
昌都
成都
重庆
武汉
南京
上海
新德里
加得满都
广州
泉州
海口

2016年8月2日，青海省委常委、西宁市委书记王晓会见斯中社会文化合作协会会长阿贝赛克拉。

2016年11月11日，西宁市委副书记、市长张晓容出席“中国-希腊城市论坛”，会上与希腊拉菲娜-皮开米市签订正式缔结友好城市协议。

进口商品展销中心丰富百姓消费

成功开行中欧班列

搭建空中“丝绸之路”

烟台实施“五个国际化”战略

烟台市深入落实开放发展理念，纵深推进产业、市场、企业、园区、城市“五个国际化”，着力构建互利共赢、多元平衡、安全高效的开放型经济体系。

一是推进产业国际化。加强与世界500强和行业龙头企业的合作，着力引进具有带动作用的大项目和战略性新兴产业及现代服务业项目，推动各类企业引进先进技术和高端人才。

二是推进市场国际化。实施市场多元化战略，加快内外贸一体化进程，利用外贸综合服务、市场采购贸易、旅游购物贸易、跨境电子商务等外贸新业态新模式扩大进出口，大力发展服务贸易。

三是推进企业国际化。实施“海外烟台”战略，引导企业在更大范围更广领域配置要素资源，培育源自烟台的跨国公司。

四是推进园区国际化。复制推广自贸试验区管理经验，创新园区体制机制，大力推进国别（地区）合作园区、特色产业园区、生态工业园区和创新创业园区建设。

五是推进城市国际化。着力提升城市综合竞争力，营造国内一流营商环境。

2013年11月18日，万华博苏化学公司董事长兼总经理丁建生在匈牙利布达佩斯获颁“中国－匈牙利人民友谊贡献奖”，匈牙利国会副主席乌伊海伊·伊什特万、中国驻匈牙利大使肖千等出席颁奖仪式

2014年2月22日，泰国玲珑一期项目举行投产庆典

2014年8月19日，山东省–“一带一路”沿线国家投资合作说明会在烟台召开

2016年7月4日，丝绸之路高科技园区联盟在烟台高新区成立，来自中国、俄罗斯、白俄罗斯、乌克兰、格鲁吉亚、亚美尼亚、哈萨克斯坦、立陶宛等沿线国家的领导和嘉宾共同开启“丝绸之路高科技园区联盟合作平台

立项目推进综合协调组，及时制定了《浙江中澳现代产业园项目推进进度清单》，对园区规划编制、基础设施、功能配套、政策处理、项目审批、招商引资、环境整治等七大项工作39个子项目进行清单化推进，并落实责任领导和责任人，明确各个项目完成的时间节点，全力协调推进项目建设各项工作。目前，项目政策处理、基础配套、招商引资等各项工作进展顺利，截至2016年11月底，累计完成投资1.2亿元。主要做了以下几项工作：

一是坚持规划先行，高起点引领项目建设。投资800多万元，委托商务部研究院、DLG狄巨国际城市设计公司、安永和仲量联行、国贸设计院等顶级机构，编制了中澳自由贸易示范产业园（舟山）可行性研究报告、产业园概念总体规划、战略发展与产业研究规划、澳牛进境加工项目可研报告。总投资1300万元的产业园规划展览馆经历40天建设、2个月布展，于10月1日开馆运营，主要用于产业园项目规划展示、招商引资和澳洲跨境商品直购体验中心。作为中澳现代产业园的标志性建筑，展览馆目前已接待客商、考察单位50余批次，为项目推进起到引领示范作用。

二是强化统筹布局，加快完善基础配套。总投资19.7亿元的金塘北部围涂工程全面完工；总投资1.4亿的鱼龙山疏港公路、总投资2880万元的横一河等园区主干道、河道工程建设加快推进，计划2018年完工；园区综合服务区基础处理工程已全部完工，同步启动园区水、电、气配套接入方案实施工作；总投资4.3亿元的园区配套道路北围公路计划于2018年9月建成通车。根据澳牛进境加工项目环境保护规划建设要求，投资1亿元实施项目范围内樟树岙整村搬迁工程，金塘管委会克服空置率高、确权难等困难，专门成立征地拆迁工作组，克难攻坚，强势推进，目前项目建设涉及的154户搬迁户已完成签约95%，根据工程进度已拆除32%。

三是突出效率优先，迅速启动首期项目。在园区公司的基础上，通过以商招商的方式，引进具有澳大利亚产业背景的上海泛翔投资管理有限公司，在园区注册成立了舟山泛达澳牛实业有限公司，并与浙江中澳现代产业园有限公司、浙江海港产融投资管理有限公司、浙江舟山金港投资有限公司于9月29日注册成立了浙江澳舟牛业有限公司，注册资本2亿元。总投资4130万元的澳牛进境加工项目建设区块基础处理工程于10月24日进场施工，目前已完成投资2850万元，完成工程量的69%，计划2018年3月份完工。由舟山市政府牵头，针对澳牛隔离场、屠宰厂一体化建设方案，两次召集国检、畜牧等系统专家召开项目建设论证会，一体化建设方案目前已获农业部、国检系统等专家的初步认可。专家组一致认为，项目选址金塘岛具有得天独厚的天然隔离条件，一体化建设方案有利于防止疫情传播，有利于动物疫情的防控和应急处置，方案基本可行。澳牛进境加工项目的环评报告、水保方案等专项报告编制工作已启动。

四是精准发力对接，积极拓展招商渠道。2016年，先后参加了第十八届中国浙江投资贸易洽谈会、第十九届厦门国际投资贸易洽谈会、昆士兰州企业“走进中国2016”等招商推介活动；10月12日—10月19日，金塘管委会组织国检、商务、口岸等部门有关人员赴澳大利亚、新西兰就产业园项目进行实地考察推介，并与澳大利亚畜牧养殖、运输协会企业达成合作意向。11月底，赴澳大利亚贸易委员会上海办事处，洽谈了商务合作事宜。12月13日，又专门组织人员赴珠海与新加坡太平集运洽谈冷链运输项目合作事宜。目前已与来自中国、澳大利亚、新西兰、新加坡等地20多家澳牛加工、物流和供应链管理企业开展了商务会谈和招商引资工作，取得明显成效。中远物流、新加坡太平集运、阿里巴巴、优传集团等企业对加盟中澳现代产业园建设，提出了积极的合作意向。

三、2017年中澳现代产业园工作思路

中澳现代产业园将按照“三阶段五时期”的思路进行总体开发，近期率先推动肉牛产业发展，先期规模约10万头/年，打造华东高端动物蛋白基地，形成绿色食品产业集聚，绿色食品示范区初具规模，启动澳洲风情小镇基础设施建设。

一是加快构建产业园体系。中澳现代产业园项目在产业布局上将构建“3+5+X”产业体系，“3大主导产业”为：以澳洲肉牛精深加工为主的高端动物蛋白进境深加工产业，以澳洲农产品和食品为主的高端食品产业，以澳洲风情小镇为主体的旅游文化产业；“5大配套产业”为：现代物流、跨境电商、科技研发、精品会展、科技金融；“X新兴产业”为：海洋生物医药、海洋工程装备、海洋生物科技、海水利用产业。首期以澳洲肉牛进口加工项目为突破口，重点突出与第三方合作，建立澳洲肉牛加工、交易产业链，在澳牛屠宰、物流、冷链等环节联合中澳两国实力企业共同推进中澳现代产业园的健康快速发展。

二是加快基础设施配套建设。加快项目区域北围公路、鱼龙山疏港公路等交通道路建设。同时，根据中澳现代产业园整体规划，加强与相关部门对接，加快北部区块相关权证的办理进程，并根据园区开发进程，完善园区道路、水系、供电、供水等基础配套设施建设。

三是全力推进澳牛进境加工项目。督促项目公司加快编制澳牛进境加工项目专项报告，并配合完成项目审批工作，完成项目一期建设，力争2017年底第一批澳牛进驻隔离场，初步建立供应链并形成产能，同时建设澳洲产品展销中心等窗口项目。

四是精准开展产业园专项招商。拟在2017年开展中澳现代产业园投资推介会，参加国内主要城市举办的投资洽谈活动等招商引资活动，并同澳大利亚贸易委员会、澳大利亚Livecorp等机构加强合作。根据中澳现代产业园战略发展与产业研究规划和概念总体规划，梳理收集澳洲在华的农畜牧加工贸易等相关企业信息，组建专业团队赴上海等澳企集中区域开展专项招商，重点引进澳牛产业链、高端食品加工产业等方面的项目。在重点推进澳大利亚活牛产业链上下游产业的同时，中澳现代产业园将按照“贸易先行”的原则，吸引一批澳大利亚和中国商贸企业，在金塘开展澳洲商品贸易和展销业务，扩大中澳现代产业园知名度，建立中澳现代产业园品牌形象。

四、相关政策建议

一是争取将中澳现代产业园纳入舟山自由贸易港区，创建双边FTA与国内FTZ联动发展的舟山模式；推动建立中澳海关AEO互认制度和快速通关模式，提升园区对澳进出口的便利性，提高企业经营效率；争取中澳现代产业园享受15%企业所得税税收政策优惠，给予园区内高管和专业人才个人所得税奖励；申请在产业园区内建设免税商店。

二是争取把中澳现代产业园（舟山）建设列入中澳自贸协定的补充条款，成为中澳自贸区地方经济合作示范区，创建中澳自贸协定的舟山新区样板；申请产业园内澳大利亚肉制品、乳制品、水产品等进口指定口岸资质；推动产业园内进口澳洲商品第三方检验结果采信。

三是借鉴上海自贸区实用金融创新政策，构建中澳现代产业园新型金融服务体系，打造金融创新与外经贸转型升级有机结合的支持平台；对澳大利亚外商投资实行准入前国民待遇加负面清单管理模式，对澳大利亚服务业深度开放。

四是提升中澳产业园外贸发展水平和服务

面粉制造生产，生产面条和通心粉、食用油精炼厂精制棕榈和大豆油，及油罐制造、农业饲料生产以及仓储；来自印度的 UNITY LOGISTICS LTD，其土地租赁面积 16415 平方米，用于修建冷藏库及干货库存区；毛里求斯一家当地企业，从事加工制造，租赁面积 1 公顷左右。

目前园区已入园企业 10 户，土地租赁面积 20 公顷。园区商务中心和公寓楼招租工作也全面启动，40 套公寓已租用 26 套。商务中心租赁 500 平方米，其中毛里求斯新能源公司租赁商务中心 200 平方米；旧办公区域整体出租给北京建工集团机电部，办公楼出租也实现了零的突破。

除拓展合作领域、推动新兴产业合作之外，晋非经贸合作区将进一步扩大园区开放，推动区域服务业加快发展。在境外经贸合作区这一投资合作新模式中，促进产业集群发展。并且在投资贸易中突出生态文明理念，加强生态环境、生物多样性和应对气候变化合作，共建绿色丝绸之路。

（四）资金融通：园内园外互补，经营持续盈利

资金融通是“一带一路”建设的重要支撑。毛里求斯具有非洲国家中高度发展的金融体系，2016 年世界银行商业调查经济自由指数非洲排名第一。其拥有强大的本土银行业、发育成熟的保险业以及一定规模的离岸金融业，其银行系统利润化、资本化且声誉良好，可以为跨国投资提供坚实的金融支持。李小鹏省长亲自出马协调中国银行筹备成立毛里求斯子行，2016 年 3 月，中国银行在毛里求斯获得银行牌照；同年 10 月，中国银行毛里求斯有限公司举行挂牌仪式，正式开张营业，此举完成了毛里求斯多年希望引进中资银行的夙愿，也促进了中毛人民币互换和人民币国际化。随着中国银行毛里求斯子行在毛开业，更多的金融、类金融企业愿前往毛里求斯，共同繁荣毛里求斯金融市场。

毛里求斯拥有开放的政策及规范的市场化运作模式，通过自由港的扩建及其他鼓励外资投资的政策使毛里求斯的开放政策日趋完善，毛国私有经济历史悠久，市场成熟，私有企业享有完善的市场服务机制。毛里求斯晋非经贸合作区新的规划定位为高端现代金融服务业园区，是按照毛里求斯智慧城市的相关标准进行规划和建设的。我们结合毛里求斯良好的金融环境，在资本运营与园区建设并重、园区开发与园外经营互补的经营理念下，利用毛里求斯外汇可以自由进出的便利条件，做大跨境融资和资本运营，为园区投资筹集充足和低成本的资金，使园区走上自我发展的良性道路。

为了弥补园区投资收益的不足，争取园外投资收益，补贴园区建设，减少建设园区所带来的负担，同时，充分发挥山西金控集团拥有金融全牌照的优势，实现外汇创收，根据毛国法律及相关规定，山西晋非与当地公司合作，购买了岛南 22.828 公顷永久产权土地，成立合资公司：晋非蓝湾地产公司（英文名称：JinFei Blue Bay Properties Ltd）共同开发岛南 PDS 项目。根据岛南项目商业计划书预算，岛南项目预期实现收益 1.9 亿元人民币以上。2017 年，公司将着力推进岛南 PDS 项目形成销售，极大地弥补园区投资收益不足，推进园区又好又快建设。

截至 2016 年底，山西晋非公司及子公司共完成收入 2.47 亿，其中主营业务收入 2.28 亿，利润总额 464 万元，净利润 438 万元，圆满实现集团公司下达的全年目标。继 2015 年晋非经贸合作园区首次实现经营性扭亏为盈后，连续第 2 年保持盈利。

（五）民心相通：加强文化交流，树立园区形象

民心相通是“一带一路”建设的社会根基。

晋非始终坚持传承和弘扬丝绸之路友好合作精神，广泛开展文化交流、学术往来、人才交流合作、媒体合作、志愿者服务等活动，为加深中毛两国友谊，深化双多边合作奠定坚实的民意基础。

2016年2月9日是猴年正月初二，当晚，中国驻毛里求斯大使馆在晋非经济贸易合作区诺亚财富中心举办2016年新春招待会。此次新春招待会为历年来规格最高的一次。毛里求斯总统法基姆女士，总理贾格纳特先生及夫人，毛里求斯多名政府高级官员到场参加。这充分表明毛方对晋非经济贸易合作区建设的肯定和信任。山西省商务厅副厅长王来平，山西省投资集团董事长郑富核，山西晋非投资有限公司董事长行连军及山西优秀企业家代表出席新春招待会，并与毛里求斯华人华侨欢聚一堂，喜庆猴年春节。

新春招待会上，来自山西的剪纸大师带来了极具山西特色的剪纸艺术表演，其刀笔遒劲酣畅淋漓，粗中见细拙中藏巧，剪出的图案惟妙惟肖，色彩艳丽，受到了毛里求斯总统法基姆女士的高度赞扬。来自山西会馆的面食大师现场表演了山西的拉面、扯面、刀削面等技艺，吹起了直径1.5米的巨型面泡，赢得了满堂喝彩。

诺亚财富中心走廊墙壁上的山西图片生动形象地展示了山西壮美的自然景观，独具特色的山西人文、民俗文化，与会嘉宾纷纷驻足观看。

毛里求斯拥有良好的自然环境和世界级的休闲度假水平。毛国美丽的海滩，良好的环境生态，宜人的气候更促进了旅游产业的发展。当前，随着中国到毛旅游人数的日益增多，毛国旅游市场潜力巨大，可以成为中国和国际公司进入非洲企业休闲服务平台、生活服务平台和商务会议平台。山西晋非将抓住机遇，乘势而为，继续加大对旅游板块的投资，加大旅游产品的开发，实现公司旅游收入稳步增长。

2016年9月28日，毛里求斯晋非经贸合作区智慧城市首个商旅酒店配套项目——伊甸园文化娱乐广场开工仪式在晋非合作区隆重举行。伊甸园文化广场作为由山西企业自行投资建设的毛里求斯第一个文化旅游项目，投资2亿元人民币，占地面积2.48公顷，包括国际会议中心、演绎大厅、主题婚庆殿堂等，外观整体以三角几何形体表达，简洁有力，现代挺拔。建成后，这里将成为毛里求斯当地集浪漫婚庆、婚纱摄影、娱乐休闲、演绎中心等功能为一体的婚拍基地和标志景观。园区伊甸园文化娱乐广场项目的开工，标志着山西与毛里求斯的合作取得了又一重大突破，晋非经贸合作园区建设驶入快车道。

面对机遇，我们全力以赴；面对困难，我们坚韧不拔；面对挑战，我们激流勇进，不忘初心，继续前进。未来的晋非经贸合作区将以文化旅游为切入点，以金融服务为中心，以伊甸园文化为灵魂，以教育医疗、电子商贸物流为配套，逐步形成集聚效应，形成强大的人流、资金流、信息流和物流的交汇之地，努力打造面向非洲的金融和文化交流中心。晋非经贸合作区必将成为习近平主席提出的中非十大合作计划中金融合作的重要载体、山西金融跨入国际的重要平台、山西企业挺进非洲的“桥头堡”。

“一带一路”海外园区建设的非洲实践

埃塞俄比亚东方工业园

埃塞俄比亚东方工业园在各级政府的支持下，经过10年的建设，工业园的建设、招商和运营进入良性发展的轨道。2015年4月13日，工业园通过国家商务部、财政部考核，成为江苏省第二个国家级境外经贸合作区，目前也已成为国家“中非产能合作、产能转移”的试点单位及“一带一路”的重要承接点。工业园致力于可持续发展，努力把工业园建设成为标杆性国家境外经贸合作区。目前工业园二期已经被列为中埃二国政府的A类21个重点支持项目之一。

一、工业园建设情况

工业园总规划面积5平方公里，一期2.33平方公里已开发完成，投入达1.3亿美元；二期1.67平方公里即将开工建设计划投入0.8亿美元；三期规划建设1平方公里，完善投资1亿美元。一期建设项目包括通路、通电、通水、通讯、污水处理和土地平整等“四通一平”及标准型厂房建设。其中：19公里铁丝网围栏、233万立方米土地平整、“五纵五横”10条主干道、600吨/小时供水系统、13.2万kV总降站，配套设施包括：日处理3000吨污水处理及管网系统、3幢18500平方米员工住宅宿舍楼、1幢3000平方米员工食堂、20幢近25万平方米标准型厂房、3024平方米办公用房及一站式服务、5万平方米绿化。

二、社会公共资源

埃塞俄比亚政局长期稳定、治安良好，是非洲最清廉的国家之一。埃塞俄比亚是我国“非洲新战略”推进的重要枢纽，联合国非洲经济委员会（ECA）及非洲联盟（UA）的总部均设在首都亚的斯亚贝巴。因此，亚的斯亚贝巴也被称为非洲的政治首都。埃塞俄比亚重视与邻国及西方和中东的关系，特别是与我国保持了长期友好关系，且是中国“产能转移、产业合作”的首选国。埃塞俄比亚GDP连续多年保持10%以上的高速增长，平均气温16度，特别是到港口的高速公路、电器化铁路等都是在工业园开设枢纽。还有：

1. 电力：100%水电，电费成本为5美分/度，且工业园电力在出口吉普堤的电力主线路上，基本做到不停电。

2. 人力及市场：埃塞俄比亚近1亿人口国家本身就是一个巨大的市场，工业刚起步，市场物资贫乏，工业物资价格特别高，平均是中国市场的2倍以上，极具投资价值。4000多万劳动力，并且平均工资为300元人民币/月。

3. 厂房：目前建有近25万平方米的标准型厂房出租或出售，可以为企业探索市场降低投资风险，做到进设备就生产。

三、政府政策扶持

埃塞俄比亚政府成立了工业园筹划委员会和技术指导委员会。埃塞工业部、奥罗米亚州政府派驻4名专职官员参与工业园建设和管理。工业部牵头成立了筹委会和技术指导委员会，每3个月召开一次现场办公会，并可临时召开紧急会议协调解决有关问题。

1. 优惠政策得到了落实，所得税免税期达5~10年，外汇留存达30%。

2. 工业园成为海陆联运的内陆港口，点对点运输物资；海陆运输运费下降5%。

3. 区内设立保税仓库、商检检验场，减少企业运行成本；区内设立海关、商检、税务、质检等“一站式”服务。

4. 在埃塞俄比亚生产的几乎所有产品可免关税、免配额进入美欧市场；出口至加拿大、日本、新西兰等国家和地区的绝大多数产品均享受零关税待遇。埃塞俄比亚是“东南非共同市场”（COMESA）的成员国，产品可以在优惠条件下进入21个成员国市场。国内投资可以有效避免反倾销、配额等贸易壁垒。

5. 以立法形式通过了《工业园法》、税率条约及投资者投资促进保护协议，为投资者提供了合法保障。

四、工业园招商情况

随着国家对企业“走出去”政策支持力度的加大，加上埃塞俄比亚相对稳定的政治环境、自身发展潜力及综合成本优势，工业园在国内知名度日益提升。目前，工业园已吸引70家企业入驻，协议投资总额5.2亿美元，到位达3亿美元，其中32家企业已投入生产，截至2016年底，工业园企业总产值5亿美元，上缴税款4000万美元，当地就业达1万多人。一期招商爆满，还有二十家以上等待二期建设后入园，预计一年内入园企业将达到100家左右。

五、成果分享

工业园开发建设从举步艰难到目前可喜成绩和日益看好的发展前景令人鼓舞，这是正好赶上国家好的政策，但作为一个民企的对外工业园，又是中埃二国政府高访议题之一，责任重大但又深感“小马拉大车”的沉重，任重道远，只能千方百计依托现有资源把东方工业园建设成两国政府的亮点工程。

1. 改变埃塞政府的工业发展观念，从不知道工业园是什么到目前大力开发工业园模式，我们邀请了20个部长先后二次来中国考察、学习工业园，把工业园列为该国“工业发展计划中重要的优先项目”，以至以东方工业园模式复制了该国工业园的发展。

2. 以实例促成法律的修改，工业园的土地分割在埃塞是违法的，我们通过实际入园企业的要求，参照中国运行模式，花三年的时间奔走呼吁，最终通过联邦议会修改了宪法，并促成设立了《工业园法》的成立。

3. 撬动了两国政府的互动支持，我们以一个民企的绵薄之力，以坚韧的毅力坚持工业园建设与发展，吴邦国委员长提出“要将东方工业园建设成为中国与埃塞分享中国改革开放30年成功经验的示范区”企业走进非洲的良好平台，工业园已经成为国内产业转移的优良载体、江苏乃至中国在埃塞的形象工程，七年来，有30多批次的国家和部委领导先后亲临工业园视察指导，国务院总理李克强、国家副主席李源潮，副总理汪洋、刘延东，中央书记处书记赵洪祝等领导莅园视察指导。已成为两国政府访谈的重要话题，各级领导都充分肯定工业园开发建设的成绩，并指示相关部门大力关心和扶持。

4. 做好入园企业服务、培植入园企业成长。入园企业是我们的生命，我们不仅要把企业招进来，也要把企业服务、培养好，这样才能保持园区持续发展。通过近年入园企业的入驻、发展分析，“走出去”企业都是谨慎、小步快跑型，先租厂房投设备试探市场，发现商机再扩展。工业园强化配套设施建设，如租赁厂房可以租、买结合，代建厂房等，利用园区的影响力尽力向驻在国要政策，帮企业解决经营过程中遇到的困难，比如企业考察、工人签证、海关通关等，让入园企业实实在在感觉到在园区的温暖。先入园生产的24家企业都有比较大的收益，平均资产收益率达到30%以上，发展速度都很快。目前我们现在在争取退税返还和正在建立解决入园企业融资困难的统贷平台等。这些都是我们努力创新的服务。

5. 园区效益，园区开发是个重资产投入，政治意义与平台建设的意义比较大，目前绝大部分是央企、国资参与的，盈利能力都不乐观。每个驻在国、每个地区的情况都不同，没有经验可以完全借鉴。东方工业园从2007年国家招投标到目前近10年的建设开发，都是在逐步摸索、改进的过程。目前东方工业园的收入主要依赖房地产出让、厂房租赁、物业管理费、电力补贴、水费、污水处理费等，开始我们出让熟地是亏本的，是为了招商吸引人气，我们已经三次涨价到目前12万元/亩，已经开始单项盈利。标准型厂房目前收入可达到0.5亿元/年，电力补偿可达到0.5亿元/年，随着入园企业开工率增加，可达到1亿元以上。物业管理、水费、污水处理基本在0.35亿元/年。我们是2015年才开始完全盈利0.5亿元人民币，2016年达到1亿元，预计2017年可以达到1.5亿元，2018年基本达到2亿元以上。可以说从目前来看，东方工业园的投资回报率在15%以上，领先于其他园区的。

6. 园区的营运模式及可持续发展。东方工业园是纯私营企业投资，从一开始就以居安思危的心态来开发建设，以“局部开发、滚动建设”为理念，第一，风险评估做到心里有底。与政府部门建立良好的沟通机制。埃塞俄比亚是个非洲政治中心，与中国的关系非常友好，政局稳定、社会治安好、民风淳朴、气候宜人、交通方便、政府发展信念强等。第二，低成本建设。我们从私营企业的风格上脚踏实地，规划高标准，建设低成本，比如园区的道路建设比国家国道都宽，完全按照中国工业园的基础设施要求建设，但我们严格控制成本，建设是单包方式，连5万平方米的绿化花木都是自己培育，每一分钱都花在刀刃上。到目前园区管理人员办公都是简易办公房，资金直接参与第一线生产达95%以上，每平方米建设成本才达到375元。第三，有效利用政策，合理利用资源。东方工业园立足制造加工园区这特色，向驻在国争取到了许多优惠政策，建设回报率较高的出租型标准厂房25万平方米。利用国家水电发电量充沛但输变电薄弱特点，直接建设总降站，向国家争取到0.2元/度的国家补偿，确保园区区别于区外不停电的优势，故在较短时间内企业满园，完成了盈利的必须因素。第四，营运低成本。我们工业园管理人员仅5人，二线人员9人。大部分是从翻译就地培养出来的，个个身兼多职，且忠诚度高，每年工资成本不足500万元。特别是我们董事长卢其元先生每月基本15天在现场指导，以自身的敬业精神感染着团队。

东方工业园的建设经营，是在埃塞俄比亚有这个特色，也没有经验可言，只能说仁者见仁、智者见智。但无论从自身的盈利模式、发展速度来看，都是保持园区的可持续发展，我们有更大的特色是以自己投入的工业发展带动园区建设，我们建设年产有近100万吨二个水泥厂、一个年产130万吨钢厂，目前又参股药厂，盈利能力相当强，这些都是持续发展的后盾。埃塞俄比亚政府希望更宏伟的建设目标，打造成以东方工业园为枢纽，把毗邻的两个镇连接起来，形成占地25~100平方公里左右的经济特区，建设一个绿色生态型投资集聚区、现代化的工业城。真诚希望有志者一起合作，共同开发，共享成果。

六、目前园区遇到的困难

工业园开发建设的可喜成绩和日益看好的发展前景令人鼓舞，这是党和国家的好的政策为我们指路。但作为一家民营企业，在“走出去”中凭一己之力建设工业园，也深感“小马拉大车”的沉重。当前，最大的困扰主要为：

1. 民营身份工业园在与埃塞俄比亚政府争取政策、商谈事务中地位不对等。导致商谈成果落地慢、重大优惠政策难以突破；特别是在扶持政策争取、宣传、考察接待等方面欠缺，造成直观形象好于社会影响、困难反映得不到国家重视等，造成“孤儿”式的打拼。

2. 工业园资产在埃塞，难以通过资产抵押融资，建设资金短缺一直困扰工业园发展，目前工业园负债率10%不到，单靠“滚动式发展”严重影响发展速度，错失国内“产能转移”良机；入园企业遇到了同样的问题，资金跟不上发展，在埃塞融资希望很小，因为产业散、规模小国内专一银行不重视。

七、工业园持续、良性发展急切期待得到政府的支持

1. 期待国资参与。作为民营工业园，深感单打独斗的苦衷，迫切希望政府引导、引进战略合作伙伴，国资的引进可以增强工业园在埃塞的发言权，增强工业园资本的同时又不失灵活机制，让工业园更健康发展。特别是引进有开发区建设，基础设施建设经验的企业，让其引导、规范工业园建设，避免工业园在建设、管理、招商上走弯路。利用埃塞目前的政策、成本、出口税收免税优势把工业园建设成为中国企业走出去在埃塞的一个基地。

2. 增信、融资支持。为了工业园的长期发展，希望政府协调国内相关政策性银行，给予工业园及入园企业充分的较长时间的授信。作为目前已初见成效的海外工业园，相关银行等应给予充分的理解及支持。利用政府控制的平台帮民营企业增信，特别是目前开发银行推进的“工业园统贷”平台，用工业园资产作背景担保，以国资增信，贷款专用于入园企业需要。目前正在与多家国资以共赢方式洽谈。争取做到既培植入园企业又促进工业园的发展，达到一举两得的效果。

3. 推动引进战略伙伴。直接参与、推动中非基金、丝路基金、中非产能合作基金参与工业园建设。合作开发方面，因工业园的政治地位、社会影响、二国政府希望等，特别是工业园已经立为中国产业转移的试点之一，恳请政府协调引进国家支持“走出去”基金的战略合作伙伴，加快工业园发展。

4. 统筹协调。希望政府协调、引导“抱团式”、“产业链”式走出去，同时大力支持配套走出去，如教育、员工职能培训机构。统筹建立各国园区的数据库，成立“互联网+”的招商平台，让意向“走出去”企业能直观“互比式”、针对性地寻找方向，有序定位，错位发展，避免行业竞争做到精准投资、减少投资风险。随着东方工业园成功模式的影响，埃塞俄比亚政府大力批量进行复制，特别是要求驻埃塞俄比亚的央企建设5~7个工业园，这对我们是最大的压力，我们不怕与其他国家工业园竞争，比如印度工业园、土耳其工业园等，我们就担心中国其他工业园，希望中国政府相关部门统筹协调，防止工业园间互相压制、优惠政策分散、影响力下降、基础设施的重复建设等损害中国企业利益，协调各工业园争取优惠政策用同一个声音发声，增强影响力。强化地方政府对“走出去”企业支持的职能。

争当郑州国家中心城市建设的排头兵

郑州经济技术开发区

郑州经济技术开发区成立于 1993 年 4 月，2000 年 2 月获批为河南省首个国家级经开区。现规划控制面积 158.7 平方公里，集聚企业近万家，其中外商投资企业 205 家，世界和国内 500 强企业 78 家，规模以上企业 500 家以上。先后荣获国家新型工业化（装备制造）产业示范基地、国家生态工业示范园区、全省对外开放先进单位、省级文明单位等荣誉。2014 年、2015 年连续两年被评为河南省六星级产业集聚区（河南省产业集聚区最高等级）。

2014 年 5 月 10 日，习近平总书记来到郑州经开区，勉励郑州经开区要“朝着‘买全球卖全球’的目标迈进！”“建成连通境内外、辐射东中西的物流通道枢纽，为丝绸之路经济带建设多作贡献！”“推动中国制造向中国创造转变、中国速度向中国质量转变、中国产品向中国品牌转变！”

这既是历史使命，也是责任担当。在习近平总书记指示精神的指引下，郑州经开区坚持开放创新双驱动，积极适应经济发展新常态。2016 年，经开区以国家跨境电商综试区、河南自贸试验区和经开综保区建设为契机，搭平台、建通道，加上国家生态工业示范园区、郑洛新国家自主创新示范区和全国双创示范基地“六区叠加”，国际化水平不断提高，对外开放和经济社会发展均交出一定成绩。

“十三五”开局之年，郑州经开区成功迈入全国经开区的第一方阵，全年地区生产总值完成 660 亿元，规模以上工业增加值完成 356 亿元；财政总收入 200 亿元。其中，税收收入 190 亿元，增长 20%；公共财政预算收入 50 亿元，增长 50%，增速和质量均居郑州市首位。

一、放大优势，巩固对外开放高地地位

深度融入“一带一路”倡议，以经开区为主的河南自贸试验区、郑州经开综保区、郑州跨境电商综试区三大国家级平台相继获批，全区对外开放进入了一个新阶段，在推进郑州国家中心城市建设、实现中原更出彩的进程中站在了新的制高点。

跨境电商继续领跑全国。2016 年，跨境贸易爆发增长，全年进出口单量突破 8300 万单、货值 64 亿元，同比增长 65%。打通出口关键环节，全年出口单量突破 3000 万单，同比增长 5 倍。“秒通关”信息化平台持续优化升级，实现 24 小时无纸化作业、智能化比对，每秒突破 500 单，通关效率位居全国前列。信息化水平全国最优、业务量全国第一。**国际陆港高效推进。**铁路口岸正式通过验收，全年完成货运吞吐量 13 万标箱，位居全国前三位，同比增长 30%。国际陆港空、铁、公、海“四港一体”多式联运功能日臻成熟，由核心型货物集聚地向自贸型集散中心转变，成为建设“一带一路”现代综合交通枢纽的强力支撑。**中欧班列（郑州）再创佳绩。**全年开行 251 班（去 137 班，回 114 班），开行班数增长 61%，总货重 12.86 万吨，总货值 12.67 亿美元，成为全国 23 家开行班列中唯一实现双通道（阿拉山口西通道、二连浩特中通道）、双向常态（每周“去三回三”）运行的班列，总载货量、境内集货辐射地域、境外分拨范围均居中欧班列首位，成为“一带一路”上最活跃的铁路物流载体和陆上贸

易通道。

放大优势、做足亮点，郑州经开区已明确2017年的努力方向。加快自贸试验区的建设，围绕建设服务“一带一路”现代综合交通枢纽和多式联运物流中心等战略定位，引进一批重点项目，积极探索制度创新，着力打造河南自贸区的核心区、引领区。经开综保区加快整合出口加工区A、B区和河南保税物流中心，确保2017年上半年封关验收，打造开放型经济发展的新引擎。跨境电商综试区构建起完整的产业链和生态链，提升快速通关信息化服务能力，扩大出口、做强进口，全年进出口业务量突破1亿包，交易额达到100亿元。大力发展枢纽经济，国际陆港完善提升国际铁路集装箱中心站功能，打造“四港一体”多式联运物流体系；加快口岸建设，促进口岸与枢纽、物流、贸易、金融联动发展；中欧班列（郑州）完善集疏网络，打通东联西进的陆海通道，实现每周“去四回四”常态化均衡运行，开行总班次超过300班、货值超15亿美元，持续保持全国领先地位。

二、增强实力，加快优化现代产业体系

产业是郑州经开区的王牌。2016年汽车产业总产值680亿元，增长18%；东风日产、宇通、海马三大整车企业高歌猛进，生产整车46万辆，占全市整车产量的74%，增长36%。装备制造业全年总产值270亿元，中铁装备自主研发了全球首台超大断面马蹄形盾构机，并在蒙华铁路成功运用，成为全国高端制造的典范。现代物流业全年营业收入670亿元，谋划的10个精品百亿“园中园”全部启动建设。优化产业结构、夯实产业基础，郑州经开区在加快构建现代产业体系上再发力，不断增强发展实力。

1. 壮大先进制造业集群。汽车及零部件产业方面，2017年将引进整车企业和新能源汽车项目各1家，新开工建设关键零部件项目15个，建成宇通产业园研发中心、海马第三工厂等重点项目。全年汽车产能突破100万辆、产量突破60万辆，主营业务收入突破1000亿元，率先实现千亿级目标。装备制造业方面，确保中铁智能装备制造科技产业园项目落地，开工通号产业园等项目10个，竣工投产乾德电子、竹林松大等8个项目，转化升级改造的项目不低于100个，主营业务收入突破500亿元。

2. 提升服务业发展水平。加快以商贸物流、跨境贸易为主的现代服务业发展，新开工现代物流项目22个、建成19个，加快10个百亿级“园中园”建设，推动京东（中原）电子商务园项目落地运营。推进自贸区、综保区等开放平台与物流园区、国际陆港等重要物流节点一体联动发展，主营业务收入基本实现千亿级目标。

3. 加快培育发展新经济、壮大新动能。推进跨境电商综试区核心区建设，重点推进安图生物二期、郑钻等10余个新兴产业项目建设，加快推进大连理工大学重大装备制造郑州研究院等3个平台建设，建设新型研发机构和创新中心。

4. 加大招商引资力度。围绕主导产业和战略性新兴产业，以世界500强和国内行业前20强为重点，开展精准招商、开放招商、延链强链招商，达到培育引进一个企业带动一个产业的雁阵效应。2017年计划新签约项目50个，实施产业项目150个、总投资1500亿元，力争年度投资300亿元，竣工投产项目20个以上。

三、创新创业氛围浓厚，“双创”引擎释放全新动力

为推进国际化战略、全面提升竞争力，郑州经开区全面融入郑州国家自主创新示范区和全国双创示范基地建设，以建设创新型开发区为目标，积极构建以企业为主体、市场为导向、产学研相结合的创新创业体系，努力构建了政企联动的“双创”体系，形成了“大众创业、

万众创新”浓厚氛围。

1. 政策扶持力度空前。进一步精简审批环节，拓宽投融资政策，研究出台了《关于加快发展创新创业载体与培育创新创业主体的实施意见》等10余项创业扶持政策，完善鼓励创新、引导投资和消费等政策，财政投入比去年增加5个百分点。

2. 载体培育效果明显。留学人员创业园产业服务平台、跨境贸易电子商务服务平台等5个创新创业综合体建成运营，建设面积超过60万平方米，位居全市前列。获批省市级众创空间3个，加快中小科技创新企业集聚，在孵企业达到1600余家。

3. 科技创新成果丰硕。全年新认定高新技术企业22家，获批省科技创新产品12项，高新技术产业增加值完成190亿元，同比增长12%。宇通客车等3家企业入选全省2016年度创新龙头企业。中铁装备拥有自主知识产权的“超大断面矩形顶管机”荣获2016“中国好设计”金奖。安图生物成功上市，汉威光电等4家新三板企业成功挂牌，中小微企业多元投融资成果显著。

4. 人才引进势头良好。通过“海外引进一批”“国内引进一批”“项目黏住一批”“产业吸附一批”等路径加快引进人才，经开区形成了覆盖发展重点区域、梯次衔接的人才资源体系。成功承办2016“创响中国”郑州站活动，成立国内首个空间遥感大数据院士工作站，率先在全省成立中美创业港、中兴新业港2家创新创业综合体园区科协组织，聚集海外归国人才200余人、智慧郑州1125人才8人、国家千人计划人才5人，形成人才集聚的良好势头。

2017年是实施“十三五”规划的重要一年，也是供给侧结构性改革的深化之年，郑州经开区将继续坚定不移地加快转变发展方式，推动产业转型，推进创新发展，全面提升开放型经济水平，力争到2018年，率先初步实现现代化；到“十三五”末，实现“千百万”目标（GDP超千亿、公共财政预算收入超百亿、企业主营业务收入超万亿）。务实重干、奋力拼搏，郑州经开区踩着铿锵鼓点正努力在郑州建设国家中心城市征程中挑大梁、走前头。

中国龙江工业园参与"一带一路"建设的实践探索

龙江工业园发展有限责任公司

一、龙江工业园发展情况

在中越两国政府的关心支持下，特别是在中国商务部、中国驻越使领馆的直接关心指导下，龙江工业园取得较大发展。龙江工业区位于越南前江省新福县，占地600公顷，其中服务区60公顷，工业区540公顷，投资总额1亿多美元。目前，园区总开发范围超过500公顷。主要建设工程包括园区土地平整、道路建设、给排水管网建设、污水处理站建设、供水站建设、供电系统建设、绿化、厂房及临时码头等六通一平建设，满足了园区内各企业的正常运行。

目前，龙江工业园共计已经获得越南政府颁发投资执照的企业37家，入园企业总投资额超过12亿美元，在完全达产后年产值超过30亿美元。其中25家为中资企业，投资总额超过10亿美元。入园企业中有21家企业已经正式投产，2016年度实现工业生产总值超过5亿美元，占前江省2016年工业产值超过30%，带动前江省的出口额超过4.2亿美元。至2016年园区所缴纳的税收超过2000万美元，成为前江省税收和创汇大户。园区的总出租净工业土地面达约250公顷，接近全园区规划的可出租面积70%。至2016年12月，21家已投产企业共为前江省提供约10000个劳动就业岗位，为前江省的社会经济发展作出重要贡献。园区经过几年的发展和建设，已经发展成为我国在境外成熟的经贸合作区。园区基础设施和各项配套设施不断得到完善，为各入园企业提供全方位的生产服务。

在全球经济更深入融合的新背景和新形势下，龙江工业园已经成长为帮助我国'走出去'企业的服务平台，为我国的企业在两国产业合作以及全球产业布局中担负起更加重要的使命。园区作为我国"一带一路"的重点项目，既为我国有实力"走出去"企业在国际产能合作中拓展更大的发展空间，也为加强与当地的经济联动和精准扶贫作出积极贡献。

二、国际产能合作情况

龙江工业区企业的入驻是我国政府产业升级调整及市场运作规律的使然。它们从国内迁出在某种意义上优化了国内产业链，提升了我国总体经济机构的发展质量。中国政府也多次提出，要推动优质富余产能走出国门，为合作双方营造新的增长点。加快同周边国家和区域基础设施互联互通建设，推进丝绸之路经济带、21世纪海上丝绸之路建设，形成全方位开放新格局。造就一个全方位的包容合作的态势，促进区域相关各国和地区的经济社会发展，为我国利用对外投资带动技术升级和产业升级创造空间。这些重要举措必将加快我国资本输出的速度，完成我国产业的全球布局，从长远来看，完全有利于我国经济发展更加优化、持久、均衡地发展。

龙江工业园积极实践"一带一路"倡议，为企业实现全球布局、规避欧美国家的贸易壁垒、减少贸易摩擦、充分利用当地原材料资源、根据市场形势更好地带动国内出口作出更大贡献。以龙江工业园内企业为例，主要体现在：

四川的通威公司属于生产饲料企业，该企业利用当地的鱼粉，玉米等原材料生产出当地需要的畜牧业饲料并在当地市场销售。这也是一个很好的利用当地资源和市场完成产业布局的良好范例。如果该企业不在当地投产将面临被挤出当地市场，无法平等地获得参与当地饲料市场竞争的机会，目前效益显著。

广东佛山的广上不锈钢公司属高能耗金属加工企业。不锈钢管产品面临欧盟、土耳其反倾销的贸易壁垒影响，产品出口受阻。投资龙江工业园后，可以彻底解决贸易壁垒的问题，企业可以再一次焕发活力和生机，取得市场竞争优势。

浙江丽水的方正电机公司、凯达塑业公司投资的电机马达及相关产品属于缝纫机配套产品，在国内做成半成品再到龙江工业区做成品。出口到欧美市场，规避关税，带动国内出口。随着越南纺织市场的发展进行市场产业布局，缝纫机配套产业也跟随市场作出相应的转移和布局。

四川重庆的禾瑞康公司属水产品加工产业。投资越南主要是为了利用当地湄公河流域（包括前江省）的巴沙鱼进行加工，大量使用越南当地巴沙鱼原材料，加工成鱼油并将食用油及高级食用明胶产品出口回中国，带动了当地的巴沙鱼养殖产业链的发展。

山东日照的三奇公司生产无纺布口罩，产品主要出口日本和欧美。利用中国的布料出口，其在越南龙江工业园的投资可以很好地规避欧美等国的国际贸易壁垒。

浙江宁波的永峰包装公司属于废旧塑料再加工企业，产品主要出口俄罗斯及在当地销售。该企业利用当地的原材料资源就地加工，拓展在俄罗斯的市场份额。根据市场的规律完成了企业的产业布局，达成了共赢的发展。本来这家企业在中国已经没有前途，现在不但活下来了，而且效益特别好，利润返回母公司，在国内再投资领域贡献很大。

湖北的永兴铝合金加工公司属于铝合金加工企业。该企业利用国外的铝材材料完成加工并在当地市场销售，完成了在当地市场的产业布局，很好地运用了当地的原材料及市场资源，取得很好的发展空间和效益。

园区入园企业有的出于全球市场布局的需要而走出去，有的出于规避国际贸易壁垒而走出去。在走出去以后，不但企业能更好地存活下来，而且效益显著，所取得的利润也回归国内进行再投资。这既响应了“一带一路”倡议，又可以利用当地的市场和国际资源，带动我国装备制造设备及相关产业的出口。

三、为当地社会经济发展及精准扶贫所做的贡献

我们企业在为当地引进工业产业的同时，更带来了较为先进的技术和管理经验。同时企业社会价值的体现在于：直接为当地创造就业岗位超过 10000 个，并通过就业培训，使当地劳动力素质全面提高，带动当地产业的技术进步和管理水平的全面提升，有效推动当地经济社会的快速发展，极大增加当地经济产出。园区年工业产值超过 5 亿美元，极大带动了当地的进出口值和税收增长，促进当地配套产业发展。项目的实施大大促进了园区周边的城市化建设，带动配套的商贸、金融、物流、餐饮及娱乐等服务业快速发展，提升当地居民的生活水平。

同时入园企业在利用好当地资源的同时，也给当地收入较低的农户创造了精准扶贫的经典案例。比如，浙江宁波的永峰包装公司属于废旧塑料再加工企业，产品出口俄罗斯及就地销售。该企业利用当地的废旧塑料瓶盖就地加工，给当地负责收集、加工废旧塑料瓶盖产业链工作的工人带来就业机会，大大改善他们的生活水平和质量。同时该企业的编织袋为当地

的农户带来新的包装模式，为菜农和农产品生产户带来新的就业机会，该企业是精准扶贫的典范企业之一。

四川的通威公司属于生产饲料企业，该企业利用当地的鱼粉、玉米等原材料，生产出当地需要的畜牧业饲料并在当地市场销售。这不但为贫困的渔民、种玉米的农户带来可观的收入，同时在销售终端为养殖农户带来可以脱贫致富的高级饲料，达到真正意义上的精准扶贫。

四、园区参与当地社会慈善活动的情况

园区在注重自身发展的同时，积极融入当地，参与当地社会慈善事业，履行企业的社会责任。在前期投入巨大尚未盈利的情况下，积极参与当地的社会慈善活动。目前，共计捐助各项公益事业资金总额超过140亿越南盾（约65万美元）。主要有：维修民生路桥、疏浚当地民生河道、赞助橙剂受害者协会、每年逢年过节给当地贫困户发放礼品和慰问金、捐建情谊屋、成立“龙江工业园助学金”、修建民生供水管道等。这些举措密切了与园区周围百姓的关系，加强了园区周边老百姓对项目支持的民意基础，达成了园区、企业与当地社会经济效益的共赢发展。

龙江工业园的付出和发展，得到当地政府和老百姓的积极评价和充分肯定。园区获得越南政府颁发的“九龙江平原最佳品牌”荣誉称号；园区从2008年建区以来连年获得越南前江省政府主席颁发的“出色完成经济任务优胜奖”“社会慈善事业突出贡献奖”“帮助橙汁受害者慈善奖”等奖项。

龙江工业园作为中国国家级境外经贸合作区，将致力于为中国“走出去”企业服务，为深化中越两国的经贸、投资合作关系作出更大贡献，不辜负中国政府一直以来给予的大力支持和殷切期望，以实际行动打造第一流的境外经贸合作区，为国家有关建设境外经贸合作区的政策作出贡献。

打造“一带一路”上的闪亮明珠

中匈宝思德经贸合作区

万华实业集团有限公司（以下简称“万华”）是国有控股企业，主要生产化工新材料异氰酸酯（MDI），产品广泛应用于航天、军工、汽车、轻工、医药、家电、建材等领域，尤其是对促进节能减排、发展低碳经济、推动高端产业发展具有十分重要的作用。由于其生产技术的高端性，该产品多年来在国际上生产集中度高、垄断性强，目前全球只有美、德、日、中四个国家的七家公司能够生产。其中，万华是仅有的一家拥有自主知识产权的中国民族企业，通过持续不断地技术创新，现已发展成为目前全球MDI最大的制造商，中国市场占有率近50%。

为提升战略制衡能力、实现全球化布局，万华在国家及有关金融部门的支持下，投资12.6亿欧元成功收购同行业的匈牙利BorsodChem公司（以下简称“BC公司”），截至2015年底总投资约18.88亿欧元，这是迄今为止中国在中东欧地区最大的投资项目。

万华收购匈牙利BC公司在中国、匈牙利和欧洲都引起了广泛关注，得到了中匈两国政府的大力支持，对中国企业投资中东欧乃至整个欧洲地区产生了积极深远的影响。该收购项目以其交易的复杂性、影响力以及为各相关方所接受的最终方案，被《国际金融评论》（IFR）评选为“2010年度欧洲、中东、非洲地区最佳重组交易奖”。《金融时报》评论该收购对中国企业实施“走出去”战略具有“灯塔效应”。李克强总理在2013年第三届“中国中东欧经贸论坛”主旨发言中曾提到“万华宝思德工业园已初现雏形”。万华总裁丁建生先生荣获匈牙利国会颁发的“中匈友谊奖”。

为何万华在匈牙利的投资项目得到了中匈政府及两国社会的诸多好评，成为中国企业在中东欧投资的典型代表？这一切与该项目的“天时、地利、人和”密不可分。

天时：匈牙利总理欧尔班执政之初便提出“向东开放”的重要国家战略，周边国家相继效仿，在中东欧掀起了一股向东看的浪潮。首届中国—中东欧经贸论坛在匈牙利布达佩斯召开。“向东开放”政策实质迎合了我国的“一带一路”倡议，顺应了时代的需要。

地利：匈牙利地处中东欧的核心地带，位于欧洲四条主要交通走廊的交汇处，拥有完备的基础设施条件、可辐射整个欧洲的地缘优势、稳定的政治和政策环境，被誉为未来中东欧地区最具发展潜力的国家之一。

中匈两国经济关系密切，产业互补性强。匈牙利既是“新丝绸之路”的重要组成部分，也是中国通往欧洲的桥头堡和商品集散地，还是中国企业规避欧盟贸易壁垒、提升企业竞争优势、实现产业布局的理想投资地。匈牙利有望成为中国企业融入欧洲产业分工体系的重要基地和“一路一带”的重要支点国。

人和：万华与匈牙利宝思德化学公司（以下简称“BC公司”）在两国政府共同支持下建设的“中匈宝思德境外经贸合作区”完全不是偶然的。

万华是中国唯一的聚氨酯工业基地，聚氨酯被称为“第五类塑料”，是国民经济发展的重要基础性原料。万华通过30余年的投资发展，积累了丰富的大型园区建设、管理和运营经验，万华目前在全球范围内主要有四大化工工业园，同时在美国海湾地区的工业园正在筹建中。公司产品持续出口海外，在美国、欧洲、中东、日本、俄罗斯等区域均建设有子公司或办事处，具备充足的海外业务开展能力，是中国建设国家级境外经贸合作区的理想实施主体。

而宝思德工业园是匈牙利最大的化工产业园。2015年，工业园龙头企业BC集团雇佣员工3307人，是匈牙利北方的最大雇主，总销售收入为11.28亿欧元，净利润约5000万欧元。德勤《2015年中东欧500强综合排名报告》指出：BC公司在匈牙利企业中综合排名第14位，制造型企业排名第5位，在匈牙利的制造业中具有举足轻重的地位。

万华在收购合作区时，恰为匈牙利经济最为低迷的时期，当年合作区所在的匈牙利北部地区失业率达到21%。万华收购合作区过后通过整合、技术注入等措施提升企业竞争力，直接保住了BC公司3320人的就业（附带合作区入区企业及附属产业人数高达约5000人），极大地获得了当地社区的认同与赞扬，形成了良好的“人和”局面。万华自从启动宝思德工业园以来，兢兢业业进行了大量投入，更为“人和”打造了良好基础。

自万华全面收购合作区至今，合作区建区企业及部分入区企业为匈牙利各类文、教、体、卫、慈善等机构及活动捐赠物资累计超过330万美元。合作区2011—2015年累计纳税总额达到1.02亿欧元，为匈牙利当地税收做出了巨大贡献。

合作区通过多种方式扶助、支持当地的科研教育事业，并为中匈两国的文化、教育交流创造机会、搭桥铺路。经由合作区建区企业联系，于2013年8月在合作区所在地的米什科尔茨大学建立匈牙利第三所孔子学院，并促成米什科尔茨大学与国内北京化工大学合作办学机制。合作区建区企业为孔子学院捐赠价值近21万人民币的设施器材及7万人民币的孔子半身像。孔子学院2015年共开设各类汉语课程44个班次，面授学员共计244人，授课4914学时，开展各类文化及体验活动48场，约10000余人参加活动，为推动中匈友谊和文化的交流、融合，为中资企业在当地的投资创造良好的人文环境做出了积极又富有成效的贡献。合作区建区企业及部分入区企业，每年向各类文教体育及慈善事业捐赠财物，范围覆盖布达佩斯、佩奇、德布勒森、米什科尔茨等多个匈牙利大中城市及本地各类相关机构。

合作区建区企业为保证区内各企业医疗方面的需求，同时顾及周边社区居民的医疗便利，投资120万美元重建园区医疗中心，并雇佣专业医疗团队Medi-Prevent Kft.进驻，为区内、区外人群提供体检、诊断、急救等服务。合作区通过建区企业与匈牙利国家红十字会联系，每月号召区内员工参加无偿献血活动。2013—2015年，合作区员工参加无偿献血累计1513人次。2015年合作区建区企业获得匈牙利国家红十字会总会颁发的《献血友好环境单位》证书。

合作区建区企业代表合作区，按季度或不定期举办“开放日”，邀请周边政府社会各界代表参加，介绍合作区管理现状，倾听各角度的评论或意见；合作区建区企业每年5月定期在公共场所举行“家庭日”，向区内就业人员家属、居民普及急救、消防等技能知识。

合作区建区主体积极参与到匈牙利社团中来，是匈牙利化学工业协会（MAVESZ）的会长单位；国际异氰酸酯协会（III）的副会长单位；欧洲二异氰酸酯-多元醇协会（ISOPA）的会长单位；同时加入了欧洲氯碱协会（Euro-Chlor）、欧洲化学工业协会（CEFIC）、匈牙利化学协会、匈牙利水文水利协会等。

事实上，这个于1997年就获得了匈牙利政府批准的匈牙利国家级工业园内部一直设有独立的专业化全职团队为工业园辖区内的BC以外的50余家企业提供服务。BC公司由132人组成的工程设计团队，具有匈牙利最高级别的化工专业设计资质；BC公司具有50多为环保、安全、职业卫生专家，分门别类，从环境评价到碳排放交易，从欧盟环保法规分析到工业三废处理均有匈牙利最高级别专家支持；具有匈牙利少数的几个卓越的能源贸易团队，对加工制造业所依赖的天然气、电进行全天候的在线交易，及时捕捉能源价格波动带来的商机，使入区企业采购低于市场的能源价格成为可能。

为突出合作区建设，万华将工程设计团队、施工团队、能源贸易团队、安全卫生环保团队统一纳入到经贸合作区职能团队。合作区委员会更是集思广益，恳请中国驻匈牙利商务参赞、当地华人华侨社团、中国石油和化工联合会、德勤会计师事务所、安永会计师事务所等诸多机构为合作区招商出谋划策，形成了极强的海外华人凝聚力和带动效应。

打造内陆型改革开放新高地先行示范区

浐灞·欧亚经济综合园区核心区

“站在大西安对外开放大通道的最前沿，建设大西安国际文化交流轴核心区和城市东部新中心”是当前浐灞生态区建设推进“一带一路”倡议实施的重要的使命和要求。2015 年 9 月 24 日，在欧亚经济综合园区发展论坛上，西安对外发布了《建设丝绸之路经济带新起点战略规划》和《欧亚经济综合园区发展规划》的征求意见稿，这意味着谋划已久的欧亚经济综合园区正式启动。欧亚经济综合园区成为陕西西安最强有力的抓手，是国内首个定位为承接“一带一路”建设而规划建设的园区，其未来目标是建设成为新丝路经济带重要战略支点”。2016 年 3 月 18 日，陕西省委、省政府印发《陕西省推进丝绸之路经济带和 21 世纪海上丝绸之路实施方案（2015—2020 年）》，提出“加快推进国家级欧亚经济论坛综合园区核心区建设。作为西安承接国家“一带一路”建议的关键举措和重要抓手，欧亚经济综合园区的规划和建设正在加快推进。

欧亚经济综合园区核心区位于浐灞生态区腹地，规划区域为南至华清路、西至东二环及北辰大道、东北至绕城高速区域，面积约 45 平方公里。在“一带一路”倡议背景下，核心区的建设将以开放合作为主线，以联动周边区域发展为重任，以机制创新为驱动，以绿色低碳为特色，立足“大金融、大商贸、大文化、大健康”的现代服务业发展趋势，积极推动“互联网+”战略，主要布局西安金融商务区、西安领事馆区、自由贸易试验区、丝路会议会展区、丝路文化旅游合作区、欧亚商务贸易区、欧亚创意设计产业园区和休闲健康服务区等重点板块，着力构建“一带一路”国际合作交流重要承载区，打造西安国际化大都市的核心功能区和西安内陆型改革开放新高地建设的先行区示范区。

一、搭建“一带一路”建设的重要平台

2015 年 3 月 28 日，在国家发展改革委、外交部、商务部联合发布的《推动共建丝绸之路经济带和 21 世纪海上丝绸之路的愿景与行动》中，将欧亚经济论坛列为推动“一带一路”建设的重要平台之一。2016 年 4 月，西安市政府原则审议通过了《西安欧亚经济综合园区发展规划》，规划提出“将浐灞生态区、国际港务区、渭北工业区、灞河新区（原西安市纺织城综合发展区）纳入西安欧亚经济综合园区，力争建成国家级产业园，争取更多的国家政策支持和境外经济技术合作”。按照规划，欧亚经济综合园区将以浐灞生态区为核心，按照先行先试的原则实质性推进。

2016 年 5 月 20 日，来自国家发改委等部委的联合专家组在浐灞生态区评审通过了《欧亚经济综合园区核心区十三五发展规划》，园区建设逐渐进入了快车道。

2017 年，国家发改委印发《西部大开发“十三五“规划》《陕西省“一带一路”建设 2017 行动计划》《西安市第十三次党代会报告》《2017 年西安市政府工作报告》均提出，“充分发挥欧亚论坛平台作用，加快欧亚经济综合园区核心区建设”，为综合园区发展扩宽后劲。

二、八大产业构建核心区协调发展新格局

欧亚经济综合园区核心区的发展坚持集约

化、专业化原则，按照“做强做大现代金融、会议会展、生态旅游三大支柱产业，培育扶持新兴、文化创意、现代商贸三大主导产业，做精做细涉外商务、健康体育两大特色产业”的发展思路，构建起了“3+3+2”的现代服务产业新体系，正在形成城市发展新的增长极。

“十二五”期间，欧亚经济综合园区所在的浐灞生态区引进资金累计实现378亿元，较“十一五”增长了6倍。固定资产投资累计完成1223亿元，较“十一五”增长了6倍。累计实现财政收入200亿元，较“十一五”增长了7倍。金融、商贸、旅游等现代服务业发展迅猛，服务业增加值累计实现146亿元，实现生态区经济的跨越式发展。“十三五”期间，浐灞生态区经济发展质量和效益将实现新突破，地区生产总值年均增长10%左右，超过100亿元；全社会固定资产投资较“十二五”末翻一番，实现1000亿元；社会消费品零售总额达55亿元；财政总收入实现100亿元；服务业增加值较“十二五”末翻一番，年均增长13%左右。

1. 依托西安金融商务区，助力现代金融产业。为更好地发挥在“一带一路”中的承接作用，推进区域金融业发展，并为更多外来企业提供金融服务，陕西省和西安市正在重点推进西安金融商务区工作，通过构建区域性金融中心，以形成总部聚集、业态丰富、创新度高、特色鲜明的金融服务产业格局。以国开行、宝能金融城中心等项目为基础，大力推进绿色信贷、绿色基金、绿色债券等新型金融模式，探索建立全国绿色金融试验区；在调动创新动力、搭建区域金融要素平台的基础上，构建多层次的新兴金融业态聚集区；通过建设金融博物馆和金融孵化器，构建金融商务配套服务平台。截至目前，已有中国证监会、中国银行等60多家金融机构入区。其中灞柳基金小镇已聚集200多家基金、2600多亿元基金规模，成为全国16家知名基金小镇之一，初步形成了“金融总部+后台+金融配套”的产业格局。

2. 依托丝路会议会展区，壮大会议会展产业。积极申请全国性、国际性会展举办权，引进国内外特色会展品牌、大型专业展会和高端会议，大力发展特色主题会展。发挥灞河右岸独特的环境优势，放大欧亚经济论坛品牌效应，推动欧亚经济论坛实体化进程，建设丝路国际会展中心，打造欧亚大道高星级酒店群、灞河右岸滨水休闲旅游商业带。建设集会议、展览、旅游、商贸等于一体的“西部会展之都”，将欧亚经济综合园区核心区打造成为欧亚交流与合作的引领区。

3. 依托丝路文化旅游合作区，发展生态旅游业。浐灞生态区自成立以来，生态环境和经济社会发展态势持续向好，区域形象发生了翻天覆地的变化，探索走出了一条绿色发展的生态文明之路。2015年12月31日，国家发改委等九部委联合授予西安浐灞生态区“国家级生态文明先行示范区”称号。

依托良好的生态环境，将生态建设和旅游产业发展有机融合，以创建浐灞国家旅游度假区为目标，完善区内各类旅游服务设施，优化旅游资源配置，沿浐灞河两岸建设休闲节点，培育具有区域特色的自然生态观光、历史人文重塑、会展旅游服务、丝路文化体验和滨水休闲娱乐游项目，打造西安东北部人文生态旅游度假区。目前，以弘扬丝路文化为主题的华夏文旅项目即将开业，大型室内实景剧《驼铃传奇》即将上演。

4. 依托西安领事馆区，聚集涉外商务产业。2013年8月，外交部正式批准在浐灞建设西安领事馆区，打造陕西省、西安市对外开放的重要平台。西安领事馆区坐落于浐灞生态区欧亚经济综合园区核心区，分为馆舍区、外事文化区、丝路商务区三大功能区。西安领事馆区将吸引丝绸之路沿线更多国家在西安优先设立代表处或办事机构，努力建成集领事办公、国际商务、国际文化交流等于一体的国际交流核心区。依托欧亚经济论坛影响力，集中发展高端酒店群、涉外办公培训、签证等外事综合服务，将高端涉外商务产业打造成为立足西安国际化大都市定位、引领西安高端服务业发展的涉外商务中心。目前，法、德、荷兰、瑞士、匈牙利、西班牙等6国签证中心入区开业，签证业务辐射西北五省，年办理签证业务超过10万人次，柬埔寨驻西安总领事馆区成功入区。

5. 依托欧亚创意设计产业园区，建设西部文化创意产业基地。园区将紧抓文化产业发展契机，以浐灞优美的生态环境为切入点，通过聚集创意设计产业，打造西安创意设计产业聚集区、西安设计之都先行区、西安创意设计产业走出去的新门户，塑造“品质西安、创意浐灞”的品牌形象。

目前，已有陕西数字出版基地、丝路国际创意梦工场、欧亚国际、麻省理工学院全球创意中心等30余家企业签约入驻。据悉，欧亚创意设计园正在积极创建小微企业孵化基地，打造集孵化、展览、展示、销售为一体的“浐灞创客空间”，总建筑面积将达到200万平方米，并将积极创建“一带一路”重要的创意中心。

6. 依托欧亚商务贸易园区，打造国际商务交易平台。在商贸产业发展中，核心区将通过科学规划，完善配套，加快现有居住区商业网点建设，合理布局大型高端商业综合体。以东二环、东三环商业带、浐灞奥莱商圈、地铁3号线商业带为重点，创建商业特色示范街区，打造智能化现代商贸产业基地。据了解，浐灞奥特莱斯商圈，以世博大道为中轴线，以砂之船奥特莱斯艺术商业广场和吉盛伟邦家居奥特莱斯为核心，打造商业面积100万平方米的高端现代服务业商圈。

7. 依托休闲健康服务区，构建健康养老产业。发挥区域生态优势，坚持“生态立区”的发展理念，立足世博园、国家湿地公园等品牌优势，以前海人寿健康城为基础，加快区域范围内的康体型医院、设施、养老型服务机构、康复中心等项目的建设，吸引企业、慈善机构、基金会等多种形式投资健康养老事业，致力于把浐灞生态区建设成为生态环境优美，人与自然高度和谐，“宜居宜创业”的大西安新中心。

8. 依托低碳产业示范园区，布局战略性新兴产业。园区以“三个保障、四大平台、五类服务”的产业服务体系为基础，打造西安地区规模最大的信息技术产业研发创新基地，经济指标领先的国际级产业研发创新基地。重点引入园区开发运营商和信息技术相关企业总部、研发中心、管理机构、分支机构等。

据悉，园区将通过大力推广“互联网+”理念，构建特色鲜明的新兴产业展示及应用基地。重点发展物联网、云计算、大数据、光电子、软件开发、数字虚拟以及智慧城市等核心产业，加快新一代信息技术的研发和应用。

三、围绕“五通”打造内陆型改革开放新高地先行示范区

1. 在政策沟通方面。充分发挥欧亚经济论坛的平台作用，加强与上合组织成员国的交流合作，加快论坛的实体化进程，不断推动欧亚合作项目落户核心区。认真总结举办欧亚经济论坛的成功经验，不断提升举办国际论坛的工作水平和能力，积极争取各类高端会议落户核心区。争取部省市合作共建，建立联合推进机制，谋划设立政府社会创新合作平台，引入全球综合性园区先进管理理念，建立创新管理机制，鼓励企业参与城市建设，提供市政建设等方面的技术性解决方案，重点破解城市发展难题，提升城市运营管理水平和政府公共服务水平。

2. 在设施联通方面。紧抓陕西高铁建设重要机遇，力争将浐灞生态区纳入线网规划，协调解决好西安领事馆区、欧亚经济论坛永久

会址等客流疏导问题。不断完善核心区路网建设，加大公共交通设施投入力度，形成公交、地铁、高铁、城际铁路、国际班列和航空等多种交通方式相互联通的全方位综合立体交通运输体系。

3. 在贸易畅通方面。围绕建设西安丝绸之路国际会展中心、西部世界华商中心、丝路商贸博览区、砂之船奥特莱斯商贸旅游区等商贸会展类项目，将核心区打造成为以大型国际会议、大型国际论坛、大型国际会展，以及商贸旅游体验为一体的国际化贸易园区。围绕欧亚国际、丝路国际创意梦工场、欧亚创意孵化中心、省城乡规划设计研究院、省现代建筑设计研究院、中建西安建筑设计研究院等项目建设，积极打造欧亚创意设计产业园，同时，积极组织举办国际创意设计大赛等活动，着力打造“一带一路”创意设计之都。

4. 在资金融通方面。充分利用“一带一路”国际高峰论坛、欧亚经济论坛和丝博会的优势，探索建立西北地区与“一带一路”沿线国家开展跨境合作业务的离岸人民币在岸结算业务中心，集中管理、调配、清算跨境人民币资金，为大型国际合作企业及金融机构（如私募基金、证券、投资机构等）提供快速、高效的资金清算服务，实现人民币的良性流动，推动人民币国际化进程。

5. 在民心相通方面。依托西安领事馆区，搭建国际化对外开放新平台。借助欧亚经济论坛影响力，吸引“丝绸之路”沿线更多国家在西安优先设立代表处或办事机构。引入大型旅游综合体，搭建人文交流新平台，着力提升和改善西安东北部旅游资源，为西安旅游发展提供强力支撑。在成功引进神游华夏大型文化旅游综合体项目的基础上，继续加大文化旅游项目的招商引资力度，力争将核心区打造成为弘扬丝绸之路文化和陕西文化的一个重要窗口。加快建设星级酒店群，增强西安游客接待能力。沿欧亚大道、灞河东路、浐河西路建设多个星级酒店，形成沿河开发的高星级、特色酒店群。建设国际汽车电影文化交流中心，开创旅游休闲新方式。同期配套汽车旅馆、特色美食、休闲购物、文化娱乐等多种业态的汇集，为丝路沿线带来独特的汽车文化体验及新生活、新休闲的娱乐方式。

全力打造复合型基础设施网络

中国交通建设集团有限公司

“一带一路”国际合作高峰论坛期间，习总书记发表主旨演讲，站在人类和全球的高度，把握历史现实未来，既有远大理想，也有现实的具体细微的关怀，向全世界贡献当代中国智慧、提出最具建设性的方案。丝路联通世界，发展解决问题。这是这个世界和时代最需要的。总书记说，丝路精神的核心是和平合作、开放包容、互学互鉴、互利共赢。这给我们共建“一带一路”指明了方向，我们修路架桥、筑港通航，既是“一带一路”的硬件基础，也是架设和平合作的纽带。习总书记说：“道路通，百业兴。”我们和相关国家一道共同建设喀喇昆仑公路、蒙内铁路、瓜达尔港、汉班托塔机场、多瑙河大桥，规划实施一大批互联互通项目，形成陆海空通道，一个复合型的基础设施网络正在形成。

在峰会期间，公司领导班子4位成员和1名外籍员工受邀出席开幕式，中国交建董事长刘起涛在“政策沟通”平行会议作了发言，副总裁孙子宇在“民心相通”平行会议作了发言，此次高峰论坛期间安排了4位企业家发言，包括中国交建的两位负责人，中国交建科伦坡港口城项目公司斯里兰卡籍员工桑吉瓦在民心相通平行论坛上做了经验交流。中国交建全面参与“一带一路”的成绩得到了我国政府和相关国家的高度肯定。中国交建在高峰论坛期间也取得丰硕成果，公司领导拜见9位国家领导人、会见12位相关国家高级代表，与有关国家和企业签署6份商务合同。

为什么中国交建能够得到这样的重视？我们认为，一是我们的产品和服务为“一带一路”国家和人民带来了实实在在的好处，二是我们的发展理念高度契合丝路精神。

一、努力为世界提供优质基础设施产品

学习习总书记的讲话精神，结合中国交建4年来的实践，我们进一步体会到，“一带一路”倡议蕴涵的东方智慧，让更多国家扩大发展空间，共商共建命运共同体，也大大增强了中国企业全球发展的信心。我们看到，发展中国家对基础设施建设有着渴望和巨大需求；中国企业在基础设施建设过程中形成了世界领先的系统性供给优势。“一带一路”建设正在打通巨大需求和强劲供给。这给中国企业结构调整、产融结合、全球布局、合规发展，打造世界一流企业提供了战略机遇。中国交建与“一带一路”沿线国家和地区签署合同、协议超过400亿美元，投资和承建了中巴经济走廊系列工程、科伦坡港口城、蒙内铁路等重大项目。2016年，中国交建对外承包工程份额约占全国对外承包工程的14%，沿线新签项目超过100个，合同额超过“一带一路”总合同额的10%。其中，铁路业务新签项目16个，总额占中国企业海外铁路业务新签合同额的60%。港机业务在全球市场份额升至80%以上，遍布全球97个国家和地区的200多座港口码头。目前，中国交建海外在执行项目1600多个，在执行合同总额超过1000亿美元，在建工程项目安全质量进度可控。从“走出去”之初到现在，中国交建已在“一带一路”沿线累计修建公路10320公里、桥梁152座、深水泊位95个、机场10座，提供集装箱桥吊754台，已签约及在实施铁路2080

公里。

习总书记指出，要将“一带一路”建成繁荣之路。发展是解决一切问题的总钥匙。设施联通是合作发展的基础。要着力推动陆上、海上、天上、网上四位一体的联通，聚焦关键通道、关键城市、关键项目，联结陆上公路、铁路道路网络和海上港口网络。中国交建在坚决落实“一带一路”倡议过程中，重点推进连心桥、致富路、发展港、幸福城四大业务领域建设，这四个业务领域中交都有重大典型，既是中国先进技术的代表，也是与发展中国家分享中国经验的内容。

一是投资建设连心桥，通过桥梁建设跨越隔阂和天堑，让当地和中国手牵手心连心。近20年来，以中国交建为代表的中国桥梁建设企业通过刻苦攻关，拥有了世界领先的桥梁建设技术体系。在任何一个桥梁排行榜上，中国人承建的桥梁都占据了一半以上的数量。从“走出去”之初到现在，中国交建已在“一带一路”沿线累计修建桥梁152座。其中的重点桥梁包括：先后在东南亚创造桥梁建设纪录的印度尼西亚马都拉大桥、马来西亚槟城二桥、80年来塞尔维亚第一座多瑙河大桥。目前正在全面推进非洲最大的悬索桥莫桑比克马普托大桥、马尔代夫第一座跨海大桥中马友谊大桥等重大工程建设。依托系统性的技术优势，中国交建将全面与世界人民分享桥梁建设的成果。

二是投资建设致富路，通过投资建设公路铁路让当地人民发家致富。要想富、先修路，中国近40年的发展充分证明了这一点。这是我们与世界人民分享发展经验的重要内容。中国交建已在“一带一路”沿线累计修建公路10320公里，已签约及在实施铁路2080公里。建成的重点公路包括喀喇昆仑一期工程、埃塞俄比亚首都环城路、塔吉克南北公路重要干线塔乌公路、连接中国的塔吉克主干线塔中公路、牙买加南北高速等。在建的公路包括喀喇昆仑公路二期、黑山南北高速公路等。2017年5月31日建成通车的肯尼亚蒙内铁路受到非洲和世界的关注，我们将加快推进肯尼亚内马铁路、合同额近千亿的马来西亚东部铁路等。

三是投资建设发展港，通过投资建设海港和空港打开所在国的门户，联通世界促进发展。国际贸易80%以上是通过海运来实现，港口也代表着一个经济体的发展程度。中国交建港口航道建设技术水平实现了系统性世界领先，设计建设了世界10大港口中的8座，被称为“贸易之臂”的集装箱起重机占据世界80%以上的市场。可以说，港口是共建“海上丝绸之路”最终的支点和基础。中国交建已在“一带一路”沿线累计修建深水泊位95个、提供集装箱桥吊754台。其中重要的港口包括巴基斯坦瓜达尔港、斯里兰卡汉班托塔港、卡塔尔多哈新港、苏丹港、喀麦隆克里比港等。下一步，中国交建将全面开拓海上丝绸之路的港口建设运营市场。

近年来，中国交建开始在国外全产业链模式建设机场，成为中国空港建设的重点企业，目前建成机场10座，包括南苏丹朱巴国际机场、斯里兰卡汉班托塔国际机场、圭亚那首都机场、刚果（布）韦索国际机场等。目前，中国交建已经形成一体化建设能力和强大的资源整合能力，正在和产业链上下游企业协同“走出去”。

四是投资建设幸福城，通过投资建设一批新城新区产业园工业区，带动投资就业置业。中国交建投资开发的科伦坡港口城项目，集围海造地、一级土地开发和房地产开发为一体，将为科伦坡再造一个全新的中央商务区。项目形成土地面积269公顷，其中可商业开发土地约178公顷。项目一级土地开发投资近14亿美元，将带动二级开发超过130亿美元。港口城项目提供优良的基础设施产品，提升科伦坡城市地位，将吸引更多的投资者，对斯里兰卡的经济、民生的发展带来巨大推动作用。

中国交建当前正在推进中的境外工业园区、工业园区的建设。这些园区依托交通枢纽和当地优势资源，通过中国交建投资引导，汇聚各方资源，实现国际产能合作。目前推进的项目超过 20 个，有些已经初步形成规模。

二、全面履行企业社会责任

习总书记说，要把“一带一路”建设成为和平之路、繁荣之路、开放之路、创新之路、文明之路，展现了一个发展中大国促进全球和平发展的责任与担当，中国企业必须全面落实国家的责任和担当。中国交建坚持做政府与经济社会发展急需的责任分担者、区域经济发展的深度参与者、政府购买公共服务的优质提供者，与所在国政府、人民、企业共同发展、共享价值。

第一，依法合规经营，做所在国可信赖的商业合作伙伴。“一带一路”倡议不是独唱而是合唱。“一带一路”倡议在为中国企业带来巨大发展空间的同时，也给沿线国家的企业甚至域外国家的企业创造重大发展机遇，并进一步激活相关国家和区域市场。中国交建将继续通过市场化运作方式打造“中国企业+地方政府+境外园区+境外企业”的价值共享模式已经初见成效。我们提出“海港—产业—城市”和“旱港—物流—城市”的两种产业和交通基础设施互动的模式，形成港城互动、产业互动、联动发展、合作共赢的局面。

第二，依靠重大工程和优势产业，做所在国优秀的人才培养基地。近五年创造就业 14 万人次，把普通劳工培养成产业工人。我们将在三个层面开展培训：一是在项目实施过程中对当地雇员进行技术培训；二是帮助所在国高校专业建设，为当地培养高水平工程专业人才；三是全额资助当地学生到中国高校留学，为所在国培养紧缺的高层次人才。

第三，发挥专业水平，做所在国突发事件救援队，积极参与所在国自然灾害等抢险救灾活动。在建设喀喇昆仑公路过程中，中国交建项目团队几乎成为当地政府的应急救援队。2010 年 1 月 4 日，当地发生巨大山体滑坡，项目部比军方更早地进入到灾害现场，清理塌方、挖掘泄洪道，帮助当地政府转移受灾人员，向外界提供第一手的测量与现场数据等。

第四，坚持舍得利他，做所在国的优秀社会志愿者，积极参与助学济困和社区建设。中国交建项目建设中在所在国援建学校，向当地民族民俗活动提供财物支持，全面参与社区建设，这样的例子举不胜举。仅在肯尼亚蒙内铁路建设中，就为当地打深水井超过 100 座。

中国交建的努力得到了所在国人民的口碑。在巴基斯坦的中国烈士陵园里，长眠着 88 位修筑中巴友谊路的中方筑路人，一位巴基斯坦老人阿里自愿在这里守墓，一守就是 37 年。他说：“这些中国人是我们巴基斯坦人的朋友，我愿意为他们做这件事情，即使过几年我老了干不动了，我还会让我的儿子继续坚守下去。”

中国交建将秉承丝路精神，以连心桥、致富路、发展港、幸福城为主要内容，发挥优势，全力以赴，按照习总书记的要求，共建和平繁荣开放创新文明的“一带一路”。中交人既修路架桥、筑港通航，实现海陆空基础设施的“硬联通”，也通过系统性、长期性的社会责任实现中外民心的“软联通”，以负责任受尊敬的企业品牌助力国家形象塑造。

为“一带一路”建设注入新动能

中国电力建设集团有限公司

“一带一路”建设，拉近了世界各国的空间和距离，也搭建了一个全球共享的盛大舞台。中国电建集团以电力建设（规划、设计、施工等）位居全球行业第一的能力和业绩，在这个舞台上倾情奉献，为推动世界经济发展注入了源源不断的新动能。

一、战略契合，优势突出，沿着“一带一路”走出去

“丝绸之路经济带”和“21世纪海上丝绸之路”建设的重大倡议，体现了中华民族“同一个世界，同一个梦想”的追求，契合沿线国家和地区发展需要，顺应地区和全球合作潮流，得到了国际社会的高度认同和关注。

而作为较早布局海外市场的中国企业，中国电力建设集团有限公司（以下简称中国电建）的企业发展战略与“一带一路”建设高度契合。公司在海外精耕细作30多年，早在2006年就确立了国际业务优先发展战略，多年征战国际市场，积累了丰富的国际营销和项目实施经验。

在主营业务方面，中国电建在能源和基础设施方面的业务占总业务量的三分之二，与“一带一路”高度契合。同时，国际业务范围大都分布在“一带一路”沿线，覆盖区域与“一带一路”建设高度契合。

作为全球规模最大、产业链最完整的电力建设企业，中国电建在“一带一路”建设中具有先发优势，自旗下子企业水电十一局1964年承建几内亚金康水电站，最早一批“走出去”以来，公司海外业务不断发展，在全球设立了6个区域总部，在101个国家设立有173个驻外机构，在113个国家和地区开展实质性业务，在89个国家执行1207项EPC工程总承包或施工承包类项目合同。

中国电建紧跟国家政治经济外交布局，深耕“一带一路”重点国别市场，国际经营在多个领域不断突破。在重大项目方面，成功中标中老铁路Ⅳ、Ⅴ标段，雅万高铁获得承建第一区段授标函，成功签署东南亚最大港口项目马六甲海峡皇京港MOU。在业务领域方面，签署了非洲区域迄今装机最大的水光互补项目——尼日利亚希罗300MW电站、集团海外第一个抽揄项目——以色列克卡夫·哈亚邓340MW电站、集团海外合同额最大的供水项目——津巴布韦昆兹弓—穆薜米大坝哈拉雷供水项目。在项目集群方面，在孟加拉推动投资、承包项目金额超过百亿美元，在装备制造、可再生能源、火电、水利和水务工程五大领域签订了多个项目协议。海外控股装机达到300万千瓦，投产装机85万千瓦。

目前，中国电建海外业务占公司总业务的三分之一，形成了以水利、电力建设为核心，涉及公路和轨道交通、市政、房建、水处理等领域综合发展的“大土木、大建筑”多元化市场结构，形成了以亚洲、非洲国家为主，辐射美洲、大洋洲和东欧等高端市场的多元化格局，搭建起了遍布全球的市场营销网络。

经过艰苦卓绝的努力，一大批具有较大国际影响力的标志性工程，在中国电建全新的国际姿态推进下，树立了良好的中国品牌，成为闪亮世界舞台的“中国名片”。

世界最长大坝——苏丹麦洛维大坝项目，

总装机容量达到125万千瓦，相当于苏丹全国现有装机容量的2倍以上，灌溉了尼罗河两岸方圆400平方公里的土地，惠及400万苏丹人民。

我国首个援外大型河流规划技术合作项目——哥伦比亚马格达莱纳河综合规划项目，不仅是哥伦比亚首次开展河流综合规划，而且成为两国有史以来最重要的双边合作，彰显了流域开发对区域经济转型的战略性支撑作用。

厄瓜多尔历史上外资投入金额最大、规模最大的水电站项目——厄瓜多尔辛克雷水电站，合同额23亿美元，总装机容量达150万千瓦，建成后将满足该国1/3人口的用电需求。

中国承包商在沙特首个独立承担的EPC工程——沙特拉比格火电项目，是中东单机容量最大燃煤电站，帮助我国电站EPC总承包商首次打破欧美、日韩企业垄断局面，进入沙特高端市场，拉动了10亿美元以上的国产设备和材料出口。

我国首个境外工程“鲁班奖”项目——伊朗塔里干水利枢纽工程，充分体现了我国首个卖方信贷工程的意义，利用进出口银行向业主提供的85%融资，实现了商业模式上的巨大创新。

2016年，中国电建国际业务新签合同额同比增长7.11%；完成营业收入同比增长4.24%；在ENR最大250家全球承包商排名中列第6位；在ENR全球工程设计公司150强中列第2位。

沿着“一带一路”走出去，是未来中国电建发展的“新常态”。当前，中国电建集团正在充分发挥“懂水熟电，擅规划设计，长施工建造，能投资运营”的独特优势，在国家“一带一路”倡议指引下，以更加奋发有为的精神，参与国际行业竞争和全球资源配置与分工合作。

二、高端切入，规划先行，集成全产业链优势“编队出海”

2015年4月，在中巴领导人的共同见证下，大沃风电项目成功举行开工仪式。2016年1月，风电场首台机组成功并网发电。

该项目是中国电建坚持高端切入、规划先行结出的硕果之一。对接“一带一路”建设的总体规划，为目的国研究制定问题解决的总体方案，彻底改变了过去就是为了“拿项目”、一切跟着所谓项目信息的“云”在跑的做法。针对发展中国家大多是在电力资源严重短缺的情形下急于建设，缺乏统筹规划，可能给未来可持续发展造成重大损失或重大障碍的情况，中国电建充分发挥理念和技术的优势，主动甚至免费为目的国政府提供咨询服务，为其研究编制国家或区域的行业发展规划。

巴基斯坦全国日均电力缺口为400万千瓦时，夏季用电高峰时期日均电力缺口高达750万千瓦时，缺电已成为制约该国经济发展的瓶颈。巴政府迫切希望改善目前主要靠重油发电的能源结构，希望依托太阳能、风能等新能源增加电力供应。中国电建根据巴方需求，为其量身定做了“中巴经济走廊”能源规划，大沃风电项目是其中之一。

规划还包括了卡西姆港燃煤应急电站项目。2015年4月，在中国国家主席习近平和巴基斯坦总理穆罕默德·纳瓦兹·谢里夫的见证下，中巴双方签署了项目主要投资协议，包括《实施协议》《购电协议》和《土地租赁和港口服务协议》，标志着该项目正式落地。

在创新合作方式和商业模式、实现互利共赢方面，中国电建积极加强与当地上下游企业的合作，通过联营体、联合体等多种方式发挥各自在技术、管理、行业、资金等方面的互补优势，实现互利共赢；同时，创新使用EPC+融资、BOT、BOO、BOOT、PPP、IPP等多种商业模式，主动适应和解决当地市场开发对投融资的需求，实现从传统承包商向投资商和运营商的转变。

卡西姆电站首次尝试混合所有制投资形式，

由中国电建和卡塔尔王室的AMC公司，分别按照51%和49%的比例出资建设。中国电建协同集团内部规划设计、建设施工、设备修造、监理监测、维护管理等优势资源，以海外投资为龙头、带动集团业务全产业链一体化模式“走出去”，使中方优质产能与当地资源对接，为缓解巴基斯坦电力短缺开辟了新途径。巴政府也提供了相对优惠的电力价格，使该电站成为互惠互利的产能合作示范项目。中国电建既为当地政府提供更好统筹当前应急和未来可持续发展的依据，又使其体验到更加负责任的中国企业提供的具有战略价值的服务，进而增强了对中国企业的认同感和信任感。

目前，中国电建受我国有关部门、机关或有关国家的委托，开展“一带一路”沿线重点国别市场的电网规划、能源规划和基础设施规划研究，已完成或正在进行的有30多个国家或其所属的区域的能源电力、水利水电、新能源等发展规划。其中，包括中巴经济走廊能源规划、孟中印缅经济走廊能源合作研究、东盟地区互通互联研究、中缅电力合作总体规划、南海区域风能、光能规划及示范项目研究等。

三、技术先进，质量优良，打造中外能源合作的新标杆

中国电建倾情建设的一座座电站，像一颗颗璀璨的明珠，镶嵌在“一带一路”上，为当地经济发展提供能源动力，也成为中外能源合作的新标杆。

尼泊尔，喜马拉雅山南麓的高山国家，一个充满了宗教色彩的神秘国度。由中国电建投资建设的尼泊尔上马相迪A水电站，装机容量只有2×2.5万千瓦，跟国内诸多电站相比，它不过是个“小工程”。但这个“小工程”为严重缺电的尼泊尔贡献了超过5%的发电量。水电资源丰富的尼泊尔长年处于电力严重短缺的状况，目前全国装机容量只有80多万千瓦。虽然投资空间很大，但由于尼泊尔是世界最贫困的国家之一，基础设施水平极为落后，所以，项目建设殊为不易。

多年来，外国公司和个人承担开发的尼泊尔水电项目虽多，但交付日期一拖再拖。但让人难以置信的是，这个水电站，中国电建只用了3年多的时间就建成了。就在距离中国电建上马相迪项目20公里处，一家德国企业开发建设的规模相当的水电站，耗费了近9年时间才发电。这得益于中国电建拥有的规划设计、施工建造的技术和能力，在水利水电方面居世界领先地位，在火电、电网和新能源方面为世界先进水平。该公司坚持所有承担的规划、设计、EPC工程总承包、施工总承包项目，不论大小，都必须达到“技术先进、质量优良”的基本要求，这是每一个工程项目不可逾越的底线。

质量优良的电站项目不仅是尼泊尔电站，中国电建采用中国规范、技术标准设计建造的厄瓜多尔辛克雷水电站竣工移交，经受住了7.8级大地震考验，在南美树立起了“中国标准”；全面采用中国技术、标准和设备的埃塞阿达玛风电二期工程顺利移交；弗罗茨瓦夫防洪工程成为中国公司在波兰基建领域第一个竣工项目；赞比亚下凯富峡水电站进展顺利；喀麦隆麦维莱水电站和科特迪瓦苏布雷水电站工期好于计划，赢得两国政府高度赞扬。

2016年，凭借优良的工程质量，中国电建赞比亚卡里巴北岸水电站扩机工程、老挝南俄5水利水电工程、马里费鲁水利水电工程、马来西亚沐若水电站工程等4个项目获得中国境外工程鲁班奖；加纳布维水电站荣获了加纳国家2013年度能源建设工程奖、2014年度卓越工程奖和2015年度工程实施方案奖。

2004年以来，中国电建在海外承担的火电、水电、太阳能光伏和风力发电项目总的装机容量达到1.1亿千瓦，没有发生任何重大问题，在所在国的经济社会发展中发挥了重大作用。

在基础设施领域，中国电建同样秉承着“技术先进、质量优良”的严格标准。全长142公里的雅加达至万隆高铁，是印度尼西亚首都雅加达市至泗水市高速铁路项目的第一段，设计运行时速为350公里，计划3年建成通车。

自2015年3月印尼总统佐科维到访中国并签署中印雅万高铁合作谅解备忘录以来，中国电建积极参与前期工程，中印双方仅用10个月时间就实现从蓝图到开工的重大突破，创造了全球罕见的“高铁速度”。

马其顿是个位于东南欧的巴尔干半岛南部的内陆国家，为加快融入欧盟一体化，马其顿政府大力推进基础设施建设。2013年底，中国电建与马其顿国家公路公司正式签署欧洲八号走廊KO公路和东西走廊MS公路总承包合同。为建好这项马其顿30年来最大的基础设施工程，中国电建创新管理，针对两条公司不同的特点，采取了“隧洞自营”和“路面自营”两套各有特色的管理模式，马其顿交通部部长和公路局局长在视察项目施工现场后，给予了高度评价。

中国电建承建的肯尼亚内罗毕—锡卡公路，是东非首条高速公路，被当地人亲切地称为“中国路”；建设的安哥拉本格拉体育场是非洲杯足球赛主场馆；建设的利比亚祖瓦拉滨海景观工程，实现城市与海洋的有机融合……

在为“一带一路”沿线国家设计建造优质项目并提供优质服务，更好满足所在国经济社会发展需要的同时，中国电建注重发挥中国制造的机电设备的优势，积极推动中国设备“走出去”。目前，在合同范围内，共促成了约240亿美元的中国机电设备出口。

四、扎根当地，履行责任，用大国情怀谱写友谊篇章

“建设一座电站，带动一方经济，富裕一方百姓，改善一方环境，传承一方文化，培养一批新人。”这是中国电建国际业务的初衷，更是一份沉甸甸的责任。

在绵延千里、植被茂密、风景优美的老挝北寮群山，中国电建投资建设的南欧江流域梯级电站，掩映在青山绿水之中，成为当地一道美丽的“风景线”。

在这里，还流传着一个一百亩“电建稻田”的故事，每当老村长讲起这个故事，都会伸出大拇指，由衷地说一声：POWERCHINA，very good！这是因为中国电建把原本用来修建营地的100亩稻田，经过反复讨论后，修改了设计专门为村民保留下来，还专门修建了水泥灌溉沟，确保稻田旱涝保收，而营地则修建到了附近的半山坡上。老村长感动地把这块稻田叫做“电建稻田”。

真诚合作、开明互通、互利共赢，打造利益共同体、命运共同体，是“一带一路”建设的责任和使命。中国电建积极响应国家“一带一路”倡议，更是把这份责任和担当扛在肩上，坚定不移地推动“属地化”经营，扎根当地，把他乡当作故乡。

在西非中部的赤道几内亚，中国电建帮助建成了该国第一座水电站——吉布洛水电站，实施了惠及百万赤几人民的大陆电网新建和改造工程，彻底结束了赤几靠燃油发电的历史。

根据赤几没有电力技术培训学校的实际情况，中国电建向赤几政府捐赠126万欧元，建成了赤几唯一的一所电力技术培训学校。

玻利维亚，是一个旱灾频发的国度。密西库尼水库位于科恰班巴市北部平均海拔3700米的崇山峻岭之中，蓄水量约1.54亿立方米，承担着科恰班巴市的供水重任，可谓当地的“生命工程”。该工程前后推动了25年未实施完成，中国电建到来后，仅用3年时间就全部建成。近日，玻利维亚总统莫拉莱斯出席开闸送水仪式，他亲自按下闸门启升控制按钮，水库开始以每秒450升的流量向科恰班巴市区供应饮用

水，多年存在的干旱、缺水问题终于得到了解决。项目的高效率和高质量再次为中国电建在南美区域市场赢得了口碑，也成为中玻两国友好合作的又一个真实案例。

在印度尼西亚苏门答腊岛上，有一道靓丽的风景，那就是当地无人不知无人不晓的中国·印尼友谊村。2004 年 2 月 24 日，苏门答腊岛北部的印度洋海域发生 8.7 级地震，地震引发大海啸，23 万人遇难，50 万人无家可归。中国电建迅速伸出援助之手，开展大规模的海外援助行动，帮助印尼人民重建家园。中国电建承建中国·印尼友谊村，是中国民间帮助印尼灾后援建的建设规模最大的项目，占地 22.9 公顷，包括 606 套标准砖混结构住房和各种配套设施。

中国·印尼友谊村的设计完全尊重当地的风俗习惯，在房屋安全、抗震、隔热方面均优于亚齐重建委员会要求的标准。当地白蚁多，为了防止白蚁蛀房，施工人员将施工用的所有木料都刷上防蚁药水和沥青；当地雨水大，工程人员增加了屋檐的宽度，这样就是下暴雨也不会淋进屋内；工程人员还增加了百叶窗，让房屋更加透气。中国·印尼友谊村不仅建筑质量上乘，同时也是一项环保工程，工程没有使用一块由土烧制的红砖，而是全部采用水泥砖，保护了当地的土地资源。

在建好项目、融入当地的同时，与项目属地国分享先进的工程技术，是中国电建始终坚持的“大国情怀”。

安哥拉加纳布维项目开工以来，中国电建先后对 6000 多名当地雇员进行了分工种、分批次的培训；赞比亚卡里巴项目在 5 年间累计雇佣及培训当地人 1882 名，有 735 人成长为技术骨干，同时一批表现优秀的技术骨干还被推荐到中国电建的其他在建项目工作；马里费鲁项目累计为当地提供就业岗位 800 余个，举办各类施工机械操作、施工安全知识等培训 700 余班次；加蓬布巴哈工程建设期间，雇佣的当地员工超过 4000 人……

中国电建巴基斯坦卡西姆燃煤电站面向当地招聘 100 名运维工作人员，结果有来自各大名牌大学的 16000 名巴基斯坦应届毕业生报名，竞争激烈程度远远超过了中国的公务员考试。

目前，中国电建在海外的中国员工约 3 万人，聘用项目所在国或第三国员工约 7 万人，间接为项目所在国提供 20 多万个就业岗位，有效改善了当地人民的生活。中外员工在一起工作，一起生活，共同谱写了中外友谊的美好篇章。

“一带一路”这一跨越时空的宏伟倡议，从历史深处走来，融通古今，连接中外，顺应潮流，承载着沿途各国共同发展繁荣的梦想，赋予古老丝绸之路崭新的时代内涵。它既为中国企业，也为中国企业“走进去”的国家带来了巨大的契机。互利互信、共享共赢，拉近了中国与“一带一路”沿线国家和地区的距离，将推动中外互联互通、务实合作、携手构建合作共赢新伙伴，同心打造人类命运共同体。

漫漫丝路，泽惠千年。这是回荡在世界舞台上空的大国之声，铿锵有力，影响深远。中国电建将搭乘“一带一路”建设的高速列车，与相关各国和衷共济、相向而行，为世界经济发展提供强有力的能源支撑和动力支持，进而搭建起中国梦与世界梦息息相通的桥梁，让“一带一路”成为连接中国梦与世界梦的发展之路、友谊之路。

中国建筑参与“一带一路”建设的实践探索

中国建筑股份有限公司

中国建筑股份有限公司（简称中国建筑）是全球最大的建设投资企业集团，在房屋建筑工程、基础设施建设与投资、房地产开发与投资、勘察设计等领域均居行业领先地位。2016年，中国建筑新签合同额超2万亿元，实现营业收入9600亿元，位居《财富》“世界500强”第27位、世界品牌价值500强第44位，拥有标普、穆迪、惠誉三大著名国际信用评级机构一致授予的全球行业最高信用评级。

中国建筑也是我国最早“走出去”的企业之一，对外承包业务一直稳居我国企业前列。30多年来，中国建筑不仅扎根阿尔及利亚、巴基斯坦、埃及、刚果（布）、越南、埃塞俄比亚等发展中国家长期精耕细作，承揽了一大批重大标志性项目；更是成功进入美国、港澳、新加坡、中东等发达市场，跻身当地领先国际承包商行列。截至目前，中国建筑已在境外130个国家和地区承建项目6000多项，累计签订海外合同额超1300亿美元，实现营业收入860亿美元。

一、多管齐下，落实“一带一路”倡议

中国建筑坚持海外优先的总体战略，海外资源优先投入、海外市场优先培育、海外资金优先保障、海外事务优先决策，确保海外经营的先行地位。为抢抓国家新一轮“走出去”机遇，中国建筑创新海外业务管控模式，加大项目跟进力度，不断完善市场布局，大力推进商业模式创新，在落实“一带一路”倡议、开拓海外市场方面取得显著成绩。主要措施如下：

一是召开集团落实“一带一路”倡议推进大会，践行“大海外”战略。一直以来，中国建筑海外业务主要依托海外机构开展。为有效整合内部资源，进一步提升公司国际化指数，中国建筑结合国际市场形势的变化及企业实际发展情况，创新性提出了“大海外”发展战略，以海外事业部为载体，联合所有二级子企业共同组建了集团层面的“大海外”事业平台，打造了海外统一的市场开拓平台和风险管控平台，推动境内子企业加快拓展海外业务的步伐。2016年3月，中国建筑召开集团层面的落实“一带一路”倡议推进大会，举全集团之力坚定践行“大海外”战略，并就落实“一带一路”倡议的具体举措做了详细部署，包括成立海外工作领导小组，加强海外发展的顶层设计；将子企业定位为海外经营主体，对具备一定国际化经营能力的二级子企业授予对外经营自主权，同时通过考核激励、市场准入等机制对子企业“走出去”进行统筹管理；制定“十三五”海外业务专项规划等。通过不断完善海外管理体系，激发企业内部“走出去”动力。随着“大海外”战略的深入推进，公司对外经营初步形成了以中国建筑品牌为主、多家子企业共同出海的联合舰队，海外布局能力明显提升，市场开拓成绩显著，尤其境内子企业海外业务实现跨越式大发展。2016年，子企业自主签约的项目合同额达50亿美元，是2012年的29倍。

二是聚焦国家战略，推动业务结构向高端转型。中国建筑响应国家“一带一路”倡议，秉承“大市场、大业主、大项目”的发展宗旨，

承接了一大批具有显著影响力的项目，实现了向高端房建和重大基础设施类项目的转型。2016年斩获27亿美元的埃及新首都项目、17亿美元的印尼111标志塔、9.8亿美元的马来西亚吉隆坡人民广场项目、9.2亿美元的加蓬莱班巴至库巴穆图公路整治工程等重大项目。其中，埃及新首都项目在两国元首的共同见证下签约，是年度内中资企业在海外签署的最大项目；而印尼111标志塔项目高638米，建成后将成为东南亚地区第一高楼，标志着中国建筑将超高层建筑领域的优势成功带入“一带一路”。在非洲地区，中国建筑实施了大量路桥、机场基础设施项目，有力地推动了非洲“三网一化”建设。

三是依托品牌价值和管理优势，进一步完善市场布局。在发展海外业务过程中，中国建筑始终长期坚守业务所在市场，通过积极探索市场发展规律和符合当地市场的业务经营模式，贯彻“国际化”发展、“属地化”管理的策略，打造了包括香港、澳门、美国、阿尔及利亚、新加坡、中东、刚果（布）、越南、博茨瓦纳、巴基斯坦、马来西亚等稳定规模产出机构，为中国建筑海外业务的持续健康发展奠定了良好的基础。

“一带一路”倡议提出以来，中国建筑“大海外”平台优先向“一带一路”沿线国家倾斜，重点关注、研究和跟踪互联互通战略涉及的重点市场和重点项目，通过设立营销型机构加大市场布局，对重点市场和重点项目开展积极营销。2016年，新设亚洲区、亚太区、非洲区、欧洲西亚区、美洲及西语国家区五大区域，初步形成覆盖非洲、东盟及周边、中亚、中东欧、拉美地区重点和热点国家市场的营销网络，建立了跟随中国资金海外投向搜集项目信息并快速反应的机制。截至2016年，在“一带一路”沿线国家中，中国建筑已进入40余个国家开展业务。

四是开展境外投资和资本运作，推动商业模式向投资建造一体化综合服务商转型。除传统承包业务以外，中国建筑把握政策机遇，在“一带一路”沿线市场积极运作包括投资带动总承包、特许经营、地产开发等投资业务，力求提升海外经营规模和效益，推进集团公司向投资建造一体化综合服务商转型。中国建筑积极探索创新投资带动总承包模式，2016年，中国建筑顺应市场形势，在巴基斯坦及部分中东欧国家等加大力度探索BOT、PPP模式项目。同时，凭借在地产市场累积的运营经验和品牌信誉，中国建筑积极拓展境外尤其是发达国家地产业务。此外，中国建筑积极与丝路基金、亚投行等建立合作关系，借助新的融资机制和金融产品推动商业模式创新，助力“一带一路”项目营销。

二、借助优势，发挥积极作用

“一带一路”倡议为中国建筑发挥自身优势、拓展国际市场提供了巨大的机遇。中国建筑积极践行“一带一路”倡议，并在推进过程中发挥了积极的促进作用。

一是做出中国贡献。中国建筑深度贯彻共商、共建、共享原则，切实从当地政府和民众迫切需要解决的问题着眼，在项目选择上高度重视当地需求与“一带一路”倡议的契合，积极发展关乎民生的建设项目，增进民众福祉，提升当地经济发展水平。譬如在巴基斯坦，中国建筑客观研判，找准巴基斯坦政府最优先、最急迫建设的民生项目，成功获得中巴经济走廊最大的交通基础设施建设项目。

二是共享中国经验。在推进“一带一路”倡议过程中，中国建筑非常愿意将自身各方面经验分享出来，让他们少走弯路、迅速发展。比如中国建筑在刚果（布）修建的国家一号公路项目，在促进当地经济快速发展的同时，也将“要致富，先修路”这一中国老百姓普遍的共识传递给当地民众，共享中国发展经验。

三是展现中国品质。在践行“一带一路”倡议中，中国建筑以过硬的产品质量展现出当代中国制造，乃至中国创造的卓越品质，提高沿线国家与民众对“一带一路”倡议的认可水平与响应程度。比如，在阿尔及利亚上次近7级的大地震中，当地房屋震害严重，而中国建筑建造的房屋基本完好、无一倒塌，被当地政府和民众誉为“震不垮的丰碑”。

四是提供中国技术。中国建筑承建了世界一半以上的超高层建筑，相关技术能力居于全球领先地位。中国建筑将相关国内技术带到“一带一路”沿线国家，既拔高当地城市天际线，展现了我国城镇化建设的最新成果，又为企业赢得了广阔商机。比如，马来西亚吉隆坡标志塔项目建造过程中，中国建筑将国内超高层建筑技术移植马来西亚市场，带动中国技术、中国速度走出去。

三、树立开解，履行企业社会责任

中国建筑注重将社会责任与经营发展有机融合，努力树立“责任央企”形象，始终坚持互利共赢、共同发展的基本原则，围绕“拓展幸福空间”的企业使命，构建社会责任体系，全面推进社会责任理念融入公司战略、日常运营和员工日常工作，更好地服务“一带一路”倡议。

一是提供就业岗位。中国建筑一直保持开放心态，坚持唯才是举，积极引进优秀的属地化员工和国际化管理人才，并不断提升属地管理人员的层次，将重要管理岗位向他们开放。近年来，中国建筑海外机构平均属地化水平逐年提高，其中，美国公司、中东公司、新加坡南洋公司等重点机构的属地化比例已分别达到了98%、85%和81%，为当地创造了大量工作机会。中建阿尔及利亚公司对属地化员工设置量化目标，进行年度考核。对于中方管理人员，中国建筑实行语言津贴制度，创造各种机会，鼓励中方员工与属地化员工的交流融合，真正成为伙伴、朋友。

二是坚持合规运营。中国建筑严格遵守当地法律法规和标准规范，将中国建筑统一的管理体系针对当地法规要求和业务特点进行了优化，海外机构在制度、流程体现属地化因素和国际化特色。2016年，中建美国公司在合规经营方面的工作得到国资委政策法规局企业合规经营代表团的充分肯定；在第27届中美商贸联委会上，官庆董事长作为中国企业家代表就合规主题作了专题发言，获得中美政商等各界的一致认可。在安环、环保和职业健康方面，中国建筑对国内、海外机构同规划、同部署、同要求，充分保障属地员工的权益，让他们在中国建筑大家庭里安全、快乐地工作。

三是参与社区建设。中国建筑积极参与沿线地区社会公益事业，开展了多样化、务实的公益项目，涉及教育、医疗等多个领域，将触角延伸到基层社区和普通民众。比如，2016年，中建越南公司联合多家在越企业举办了爱心助学公益活动；中建中西非公司参加中国驻刚果（布）大使馆举办的慈善义卖活动，捐款资助当地医院、孤儿院、福利院；中建斯里兰卡分公司为当地敬老院义务修路、捐赠。这些公益项目满足了当地民众最迫切的现实需求，受到政府和民众的称赞。

从2013年国家提出“一带一路”倡议以来，中国建筑境外累计签署合同额601亿美元，完成营业额337亿美元，年均增幅分别高达21%和19%，占公司海外经营30多年来整体指标的44.4%和39.2%。2016年，在“一带一路”倡议带动下，公司海外营业收入首次突破百亿美元，海外经营又上了一个新台阶。

在“一带一路”沿线国家打造中国建筑装饰民企品牌

深圳市宝鹰建设控股集团股份有限公司

2017年5月14—15日，新中国成立以来最大的主场外交活动——“一带一路”国际合作高峰论坛在北京召开，29位国家元首、政府首脑，1500多名代表参会，共商“一带一路”建设合作大计，共谱互利合作美好蓝图。中国国家主席习近平出席开幕式并发表主旨演讲。

650多名中方参会代表中，宝鹰股份董事长古少波在列。这意味着，宝鹰股份深耕“一带一路”三年来取得的成果、经验获得了高度的认可和赞同。而此前不久的三天，上海证券报发表专题文章《宝鹰股份：一带一路上的文化建筑工》，当日微信公众号转载阅读量即达到30000余次。

宝鹰股份自2014年正式启动海外市场开拓计划以来，捷报频传。公司实际控制人、印尼宝鹰建设集团有限公司总裁古少明直接挂帅，提出把开拓海外市场视为“二次创业”，助力公司“二次腾飞”。通过多途径、多方法、新思路、新模式，迅速在印尼打开市场，随后逐步进军东南亚各个国家。在第十三届世界华商大会上，古少明提出“中国企业应以人文交流促进中国——东盟经贸合作”，被中国中央电视台、新华社、印度尼西亚商报、印尼度尼西亚国际日报等媒体广为报道，“以人文交流促进经贸合作”也正式成为宝鹰股份进军海外的指导精神。将建筑装饰主营业务与跨国人文交流传播有机结合，以集团战略的形式列入到海外市场开拓规划中，成为宝鹰股份独有的“基因”特征，也成为宝鹰股份迅速打开国际市场的制胜法宝之一。在短短三年间，宝鹰股份已完成了20多个国家和地区的市场开拓工作。

诚如《上海证券报》“文化建筑工”所形容，宝鹰股份走向国际以来，所取得的一系列业绩成果，既和建筑装饰主业关联，又和文化有着千丝万缕的关系。作为“2015年中国走进东盟十大成功企业”之一的宝鹰股份，既成为在“一带一路”上创建中国民营建筑装饰品牌的开拓者，又主动担当起了传播中国优秀传统文化的重任。三年磨一剑，宝鹰股份与时俱进，步伐坚定，励志要成为“一带一路”上的民企排头兵，将深圳质量、中国品牌带向全世界！

一、“一带一路”沿线国家市场开拓概述

（一）宝鹰股份简介

深圳市宝鹰建设控股集团股份有限公司（下称“宝鹰股份”）成立于1994年，现注册资本12.6亿元人民币。宝鹰股份是全国建筑装饰行业中拥有最齐全专业资质的企业之一。业务范围涵盖：装饰装修工程、幕墙钢结构工程、集成智能化工程、建筑消防工程、机电安装工程、安防技术工程、金属门窗工程、展览展会工程和医疗设备工程，专业为客户提供设计、施工、安装的综合解决方案及承建管理服务。

宝鹰股份拥有境内控股附属公司13家：深圳市宝鹰建设集团股份有限公司、深圳市中建南方建设集团有限公司、深圳高文安设计有限公司等。境内参股附属公司3家：深圳市国创智联网络系统有限公司、上海鸿洋电子商务股份有限公司（我爱我家网）等。境外控股附属公司9家：宝鹰国际投资控股有限公司、宝鹰

国际建设投资有限公司、印尼宝鹰建设集团有限公司、美国宝鹰集团有限公司、越南宝鹰集团有限公司、缅甸宝鹰集团有限公司、宝鹰集团澳洲有限公司、宝鹰中东公司中建思达工程（澳门）有限公司等。

深圳市宝鹰建设集团股份有限公司（以下简称“宝鹰建设”）是宝鹰股份的全资子公司，也是公司开展国内主营业务的重要载体。国内网络覆盖除台湾省外的华中、华东、华南、华西、华北五大区域，在北京、上海、武汉、广州、昆明、成都等地成立了分支机构并在各大城市设立了业务联络点，着力打造公共文化工程、体育场馆工程、高档酒店工程、机场地铁工程、医院装修工程、住宅精装工程六大拳头产品。

近年来，宝鹰建设打造出国家会议中心、武汉国际博览中心、武汉天河国际机场、深圳大运会体育场馆、天津医科大学总医院、山西图书馆、深圳观澜格兰云天大酒店、沈阳国际皇冠假日酒店、京基大梅沙喜来登国际酒店、三亚美高梅金殿大酒店、海南清水湾莱佛士酒店、云南海埂国际会议中心、深圳会展中心、广东省第十四届省运会主体育馆、深圳地铁一号线、西部通道深圳湾工程、广州塔金逸电影院、东部华侨城云海谷南区会所等一系列著名、优秀的经典工程。宝鹰建设获得全国建设工程鲁班奖、全国建筑工程装饰奖、全国建筑工程幕墙奖、省市级优质工程奖（施工、设计）上百项次。

宝鹰建设2010—2014年度连续五届入选“全国建筑业成长性企业100强”，2015年度“全国建筑业竞争力企业200强”，连续十二年稳居“中国建筑装饰行业100强企业”前列，并获得“改革开放30年全国建筑装饰行业发展突出贡献企业”“中国守合同重信用企业”“中国优秀诚信企业”“中国建筑业AAA级信用企业”“中国建筑装饰行业AAA级资信企业”“广东省优秀企业”“广东省全国名牌企业”“广东省守合同重信用企业”“广东省最佳诚信企业”“广东省优秀企业文化突出贡献单位”“广东省最佳雇主”“深圳市外地来深建设者之家”“深圳市劳动关系和谐企业”“深圳市青少年发展基金会20周年贡献企业”“深圳老字号”等荣誉称号。

（二）“一带一路”三年成果总结

2013年12月，宝鹰股份成功上市。上市后，面临国内严峻的经济形势及行业形势，宝鹰股份实时调整了公司发展战略。

宝鹰股份团队对当时的宏观环境进行了一定的研判。从经济形势上看，国内经济增速自2012年开始告别了10个点的高速增长，逐步放缓，进入经济新常态。从行业增速上看，建筑业总产值呈现出下降的迹象，并开启了连续10个季度增速下滑，增速逼近负增长区域的“寒冬”状态。此时此刻，刚刚上市的宝鹰股份势必要面对错综复杂的环境，作出最适合公司发展的战略决策。

而早在2010年，宝鹰股份全资子公司宝鹰建设就已经成立了西立班牙项目部，并展开有效的业务运作。在上市前，宝鹰股份系统总结了西班牙项目部的经验，并借鉴当时同行业企业跨国运作项目的典型案例，提出了开拓海外市场的想法。在此期间，宝鹰股份副总经理古朴也多次到印度尼西亚考察调研，寻找合适的发展机会。

此时，恰逢国家主席习近平提出“一带一路”伟大倡议，宝鹰股份更加坚定信心，并制定了上市后的公司“三大战略”。(1）坚持做大做强装饰装修主营业务，走精品工程之路，确保业绩持续健康增长；(2）积极参与“互联网+”，走投资并购之路，力促公司主营业务转型升级，推动公司发展高新技术产业；(3）践行国家“一带一路”倡议，深耕海外市场。其中，契合国家“一带一路”重大倡议，积极开展海外业务与“投资并购”将有机融合，共同服务于海外市场的探索。宝鹰股份实际控制人古少明认为，这将拉开宝鹰股份“二次创业”“二次腾飞”的序幕。

1. 海外平台建设成果斐然

宝鹰股份制定“三大战略”三年以来，多举措力保海外市场布局顺利开展。经公司决策层讨论，决定充分利用海内外资源，“造船出海”与“借船出海”并举，尽快建设自有平台以推进战略落地。

（1）设立印尼宝鹰建设集团有限公司。2014年7月，印尼熊氏集团与宝鹰建设签订战略合作协议，双方决定就工程项目咨询、规划、设计、施工等领域建立战略合作关系，这标志着宝鹰建设与熊氏集团的合作正式启动。2014年11月，印尼宝鹰建设集团（即前期的印尼宝鹰建设集团有限公司）在雅加达正式成立。

（2）并购深圳市中建南方建设集团有限公司。2014年9月，深圳市中建南方建设集团有限公司与宝鹰股份正式签订转让协议。宝鹰集团受让16位股东持有的中建南方51%的股权，成为其控股股东。此前，中建南方建设集团有限公司已有多年深耕中亚、东南亚、澳洲工程的经验。

（3）并购世界顶尖室内设计品牌“高文安”。2015年4月，宝鹰股份收购深圳市高文安设计有限公司60%的股权。这是公司在“以设计带动施工”理念指导下展开的首次对设计类公司的并购活动，“高文安”设计在世界上拥有较高的知名度，高文安先生本人亦为“香港设计之父”。“高文安”设计在澳洲、欧洲、东南亚一带均有代表作品。

（4）成立宝鹰国际建设投资有限公司。2016年7月，宝鹰股份在香港成立全资子公司宝鹰国际建设投资有限公司，立足香港，面向国际。

（5）成立美国宝鹰建设集团有限公司。2016年9月，宝鹰建设在纽约成立美国宝鹰建设集团有限公司，从事建筑咨询、设计、施工管理及美国当地法律允许范围内开展的经营活动，吹响进军美洲市场号角。

（6）成立缅甸宝鹰建设集团有限公司。2016年10月25日，宝鹰股份在缅甸仰光成立缅甸宝鹰建设集团有限公司，将目标锁定在缅甸的基础设施建设及建筑装饰市场，并力图打开缅甸电力建设网络。

（7）成立越南宝鹰建设集团有限公司、宝鹰集团澳洲有限公司、宝鹰中东公司。2017年，宝鹰股份相继在越南、澳大利亚、迪拜成立子公司，运营当地业务。

“借船出海”与“造船出海”并举，短短三年间，宝鹰股份的平台建设已由0到7，并随着新业务的开展不断增加，每一个平台都有新的在建项目并成功运转，将宝鹰股份最初的设想变成了现实，这无疑体现了宝鹰人的实干精神，也代表着宝鹰股份走向海外的进一步成熟、成长。

2.“一带一路”捷报频传，海外订单持续增长

三年来，宝鹰股份深耕“一带一路”沿线国家基建市场，海外市场版图终成雏形，建筑设计、建筑装饰设计与施工、智慧城市业务覆盖东南亚、中亚、欧洲、澳洲、北美洲20多个国家和地区，积累了丰富的海外基础设施建设施工经验和市场开拓经验。

2014年8月，印尼宝鹰和PULAUINTAN建筑公司在印尼雅加达签订战略合作协议，合作承建印尼陆军总医院；2015年3月，印尼宝鹰与印尼柯世模有限公司签订总金额10亿人民币项目；2015年5月，PULAUINTAN建筑公司和印尼宝鹰建设集团共同承建慈济医院第二期项目；2016年7月，印尼宝鹰分别与瓦而喀—翠—马依嘎有限公司印尼宝鹰签订了依萨综合楼群等两项合同；同月，宝鹰股份子公司中建南方建设集团中标越南岘港 JW 万豪酒店，合同价款总金额达 2.13 亿美元。2016 年 10 月，宝鹰国际建设投资有限公司与四川华西（越南）有限责任公司签订《越南岘港帝国高级别墅公寓酒店度假中心工程机电/装饰专业分包合同》合同。宝鹰国际建设投资有限公司与缅甸 AMM 公司签订缅甸南桑—迈彬—景栋 77 英里 230 千伏双路输电线项目服务合同……

2017 年 4 月 20 日，宝鹰股份发布公告，子公司印尼宝鹰与印尼建筑行业最大上市公司——印尼国有建设公司（WIKA）在雅加达签署战略合作协议，双方将在开发新增项目以及现有存量项目上展开广泛合作。宝鹰股份海外又一重要战略合作伙伴至此浮出水面。

数据显示，2016 年，宝鹰股份各平台签订的海外工程金额总计近 70 亿元，同比增长逾 300%，公司海外在手订单量已经占到了全年在手订单量的将近一半。

2016 年 1 月，由中国——东盟商务理事会、东盟北京委员会主办的中国——东盟迎新春增合作系列活动在北京举办，活动上公布了 2015 年“中国走进东盟十大成功企业”“东盟走进中国十大成功企业”奖项。宝鹰股份因在“一带一路”沿线国家特别是东盟国家中的突出表现，获评“2015 中国走进东盟十大成功企业”。

接下来，宝鹰股份将充分利用自身优势，努力拓展多元化海外业务，继续深化“一带一路”倡议内涵；将以智能化安装、智慧城市、智慧医疗等方面作为合作切入点，调整步伐走出去，继续深耕“一带一路”海外市场。

二、宝鹰股份成功密码：“三步走”“文化牌”“人才牌”

宝鹰股份这样一家深圳民营企业，如何能在短短三年内获得一系列成果？陌生的海外市场，政治环境差异、风土人情差异、宗教信仰鸿沟、经济文化差异，一系列的困难都可以说是“拦路虎”。万事开头难，但谋定而后动，可事半功倍。在确定走出去之初，宝鹰股份管理团队未雨绸缪，系统制定了“三步走”策略，并响应国家号召，重经贸，更重交流，打响文化牌。

（一）“三步走”

宝鹰股份的“三步走”策略，充分预见并考虑了将会遇到的困难及解决办法。宝鹰股份管理团队研究了近十年来其他企业走向海外的案例，从成功中找经验，从失败里看教训，最终确定了以“三步走”策略指导海外市场开拓规划。

三步走即：一是充分调研海外市场，制定走出去的实施方案。二是与当地企业战略合作，使海外战略方案正式落地。三是重视海外文化交流，以人文交流促进经贸合作。

印尼宝鹰建设集团的成立，即是在第一步、第二步指导下的产物。宝鹰股份管理团队认为，中国“一带一路”重大倡议、印尼的 2015—2019 中期改革日程和经济发展规划为其提供了强有力的政策支持和健康的市场环境。印尼是千岛之国，基础设施建设需求迫切，且华人占到了总人口的十分之一，具有先天人脉优势。总起来说，“天时地利人和”。

宝鹰股份管理团队通过与印尼熊氏集团的接洽、谈判，成功地与之签署合作协议，双方决定就工程项目咨询、规划、设计、施工等领域建立战略合作关系，这标志着宝鹰与熊氏集团的合作正式启动，也拉开了宝鹰进军海外市场的大幕。双方共同出资设立印尼宝鹰建设集团。这就为平台落地后的政策、法律及社会资源的了解和接洽扫除了障碍，使得印尼宝鹰建设集团能够迅速进入公众视野，并且通过印尼熊氏集团的影响力，接触到相关的产业，寻找项目发包方，以实现业绩从零到有的全面增长。

印尼宝鹰建设集团是宝鹰股份进军海外的第一站，此举是否成功影响到后续工作的开展，印尼宝鹰建设集团严格遵守当地法律，充分尊重当地习俗，雇用印尼员工，尊重其宗教信仰，并在薪资待遇上适当提高，制定薪酬上升体系。在工作中遇到观念的不统一，公司就邀请当地合作伙伴、工程师和施工人员到深圳参观交流，以推进项目的顺利进行。

印尼宝鹰设立不到一年，即签订了印尼钻石综合楼项目，并与当地公司合作承建陆军总医院，此举振奋人心，也给了刚刚落地的印尼宝鹰吃下了一颗定心丸。

2015 年 9 月，第十三届世界华商大会在印尼巴厘岛召开，印尼宝鹰建设集团有限公司总裁古少明应邀参加大会并做主题演讲。古少明在演讲中提出："中国企业应以人文交流促进中国—东盟经贸合作。"观点一出，立刻广受好评，中国中央电视台、新华社、印度尼西亚商报、印尼度尼西亚国际日报等媒体广为报道。而这一论断的由来，即是"重视海外文化交流，以人文交流促进经贸合作"第三步的发起开端。宝鹰股份在印尼展开的一系列文化交流活动，亦是对开拓海外市场起到了至关重要的作用。

缅甸宝鹰建设集团有限公司、美国宝鹰建设集团有限公司等平台的成立同样遵循了"三步走"策略，并成功揽入了相关项目。

(二)"文化牌"

"三步走"中的第三步，即是重视海外文化交流，以人文交流促进经贸合作。宝鹰股份在国内充分注重企业文化建设，积极传承中国优秀传统文化，以"智敏勇"为企业文化建设核心，并设立了"宝鹰讲堂"。("宝鹰讲堂"是宝鹰股份 2012 年底创立的非营利性高端文化讲堂。讲堂以保护和传承中国传统文化、鼓励科技与创新为宗旨。国学大哲文怀沙、三院院士马佐平等一大批各界泰斗曾在这里讲学，较好地弘扬了社会正能量，保护了文化的传承与延续。)

在走向国际的过程中，宝鹰股份充分认识到文化交流的重要性。无独有偶，2015 年 3 月，中国外交部长王毅在博鳌亚洲论坛上强调，要着力推进人文交流，让中国一东盟关系走得更近更亲。走进印尼后的宝鹰股份，抓住机遇，相继与印尼教育部、印尼文化旅游部、印尼统筹部、印尼工商会馆等政商界组织一起主办"21 世纪海上丝绸之路文化交流印尼行"系列活动，包括举办印尼宝鹰中国书画展、拍摄电视剧巨作《亲亲中国爹娘》、举办宝鹰杯·国际书画印创作大赛、举办抗日战争胜利七十周年教育图片展、向印尼红十字会捐赠画展拍卖所得等一系列活动，获得社会各界一致好评。

1. 举办印尼宝鹰中国书画展

2015 年 11 月，由 21 世纪海上丝绸之路协同创新中心、广东省广州市美术家协会和印尼教育文化部共同主办，宝鹰建设、印尼《国际日报》承办，印尼旅游部协办的"印尼宝鹰中国书画展"在印度尼西亚雅加达卡尔蒂妮宫举行，为中印尼人民奉献了一道文化大餐。

本次书画展为期三天，共展出篆刻、书法与水墨山水画等 88 幅作品，其中最引人注目的是全长 60 多米的《客家山居图》。这幅作品全长 60 米，由岭南当代 60 位书画名家共同完成，描绘了客家人生活的自然环境和风俗人情。

2. 拍摄电视剧巨作《亲亲中国爹娘》

2015 年 4 月，由宝鹰股份股东宝贤公司投资拍摄的国内首部反映中国和印尼两国人民友好的电视剧大作《亲亲中国爹娘》在中山影视城正式开拍。该剧以印尼熊氏集团董事长熊德龙先生的感人事迹为故事原型，向观众传达了浓浓的中华传统精神和客家情怀。

2015 年 10 月，受梅州市市委市政府的邀请，《亲亲中国爹娘》首发式于世界客商大会开幕之际在客都梅州举行。

3. 举办宝鹰杯·国际书画印创作大赛

2015 年 4 月，由广东广播电视台、深圳市宝鹰控股建设集团股份有限公司主办，珠江频道《文化珠江》栏目组和《国际日报》承办的

"宝鹰杯·国际书画印创作大赛"启动仪式在广州广东电视台中心举行。

2016年5月,"宝鹰杯·国际书画印创作大赛"颁奖仪式在广东画院举办,经过层层筛选后,来自中国内地、中国香港、中国澳门、中国台湾、美国、印尼等国家和地区的92位选手获得大奖。"宝鹰杯·国际书画印创作大赛"旨在全球兴起一股学习中国古诗词,学习中国传统书、画、印文化的热潮,促进古代经典诗词的传承与发展。

4. 向印尼红十字会捐款

2016年5月24日,印尼宝鹰中国书画邀请展中国组委会代表团在雅加达向印尼红十字会捐赠20亿印尼盾善款。印尼副总统尤素夫·卡拉、印尼红十字会代表吉南加、印尼《国际日报》董事长熊德龙、中国驻印尼大使馆领事部主任孙亮以及印尼宝鹰中国书画邀请展中国组委会代表-宝鹰股份董事长古少波、著名书画家周国城等出席当天的捐赠仪式。吉加南代表印尼红十字会接受捐赠。

这些人文交流,依托于"一带一路",依托于经济新常态下的新思维,践行了公司提出的"以人文交流促进经贸合作"的理念,它不仅让宝鹰股份获得了印尼民众、政界、商界的资源人脉,还吸引了很多印尼人到宝鹰就业。伴随着它的是十亿人民币的印尼钻石城市综合体项目、印尼国际人才公寓、印尼陆军总医院、印尼三军环保节能房等一系列工程纷至沓来。

未来,在开拓更多国家市场过程中,宝鹰股份依然会重打"文化牌",聚民心,得民意,反馈人民。

(三)靠组织和重人才

1. 充分依靠社会组织力量

谈及成功经验,又避不开一个重要话题:社会组织力量。宝鹰股份取得一系列成功,既有当地社会组织的帮助,也有国内社会组织的协助。饮水思源,宝鹰股份充分融入当地社会组织的同时,也担当起了中企进入印尼的桥梁和纽带。

2015年10月,由广东省贸促会、印尼工商会馆中国委员会共同主办的中国(广东)—印度尼西亚双边经贸合作交流会,在印度尼西亚首都雅加达召开。交流会上,印度尼西亚广东总商会正式宣告成立。印尼宝鹰建设集团总裁古少明荣任印度尼西亚广东总商会首任会长。

古少明表示,总商会成立后,将致力于为广东企业提供精准投资印尼相关服务,为广东企业与印尼各界合作搭建桥梁,帮助更多中国企业走进印度尼西亚。政通、商通、民通,则万事通,印度尼西亚广东总商会将在印尼努力打造中国企业与当地政界和谐共进、精准发力的新型政商关系,营造中国企业与印尼工商界同进同退、合作共赢的全面商务合作伙伴关系,建设中国企业与印尼民众相互支持、相互依赖的民企社会关系,为在印尼谋求发展的中国企业建设可以依靠、信赖的平台。

随后不久,为进一步推进印尼、中国广东两地经贸合作进程,10月9日起,印尼广东商会总会长古少明携中国知名企业中国航天科工深圳(集团)有限公司、广东五叶神品牌集团、深圳宝鹰集团赴雅加达、万隆两地,与印尼公共建设与住房部、投资协调统筹部、经济工业委员会、国有企业国务部、经济协调统筹部、海事渔业部、林业部、国家警察总署、旅游部9部委及部分国企进行推介及商务洽谈,并寻求在航天科技、跨境电商、基础设施建设、智慧城市、智能安保等领域的合作。

2. 打好"人才牌"

如果说"文化牌"是敲门砖,"人才牌"则是宝鹰海外战略的另一大法宝。为确保人才的可持续发展,集团与广西电力水利职业技术学院开展深度校企合作,成立"宝鹰建筑学院",培养专业技术人才。并与广东外语外贸大学等国内多所高校建立了合作关系,保障了公司在英语、越南语、印尼语、缅甸语等各专业管理人才的需求。未来宝鹰股份还将联合广东外语外贸大学与印尼大学进行跨国合作，拟在印尼举办 MBA 班，打造国际高端人才交流基地，培养青年企业家。

与此同时，宝鹰还积极与 21 世纪海上丝绸之路协同创新中心等智库展开合作。宝鹰股份副总裁古朴表示，一方面，宝鹰集团将在海外经营过程中得到的实践经历、调研数据提供给 21 世纪海上丝绸之路协同创新中心，为其进行的理论科学研究提供支持。另一方面，21 世纪海上丝绸之路协同创新中心作为国家“一带一路”智库合作联盟理事单位、中国—东盟思想库网络广东基地，多次为宝鹰股份投资海外市场提供了法律、政策支援，为宝鹰股份顺利开展海外业务作出重大贡献。

此外，宝鹰集团全面实施人才强企战略，加快人才队伍建设步伐，积极实施人才引进计划，加速推动产业转型升级。为结合企业高级管理人才的培养实际需要，由宝鹰集团副总裁古朴带队，派遣多名中高级管理人员参加广外企联 MBA 研修班的学习与交流。同时，宝鹰集团被获批设立“博士后创新实践基地”后，也在增强高端人才培养和核心技术创新方面取得了较大进展。

“三步走”“文化牌”“人才牌”是宝鹰短期取得相关成果的制胜法宝，而随着一系列前期洽谈业务的逐步落地、已签订单的逐渐开工以及海外市场拓展空间的加大，公司海外业务收入有望进一步提升。

开发“一带一路”沿线国家国计民生大项目

中工国际工程股份有限公司

一、承建白俄罗斯两个重点项目

（一）开发建设中白工业园

中白工业园位于白俄罗斯明斯克州斯莫列维奇区，距首都明斯克市中心25公里，毗邻明斯克国际机场，地理位置十分优越。它既是目前中白两国之间最重要的经贸合作项目，也是中国目前在海外建设规模最大、合作层次最高、政策最为优惠的经贸合作区之一。2010年3月，中白两国领导人就在白俄罗斯境内共同开发建设中白工业园达成共识。园区总面积91.5平方公里，其中一期面积为8.5平方公里。

中白工业园区开发股份有限公司是园区的开发主体，由中工国际工程股份有限公司于2012年发起设立。园区定位于集生态、宜居、兴业、活力、创新五位一体的国际新城。规划理念先进，重点引入电子信息、机械制造、精细化工、新材料、生物医药、仓储物流为主的各行业领头企业。政策条件优惠，2012年，白俄罗斯总统卢卡申科签发《总统令》，赋予符合主导产业的企业“十免十减半”的税收优惠。土地租用年限可达99年，为投资商创造最优政策环境。

2015年5月，中国国家主席习近平访问白俄罗斯期间，与卢卡申科总统共同莅临园区项目现场视察。习近平主席提出，要把中白工业园建设作为合作重点，发挥政府间协调机制作用，将园区项目打造成丝绸之路经济带上的明珠和双方互利合作的典范。

招商方面，目前已有招商物流、中国一拖、中联重科、中兴、华为、成都新筑、白俄罗斯纳米果胶、浙江永康弘福散热器、奥地利Kronospan电子印刷设备、广东亚一半导体、惠州沣元半导体、惠州超频三光电科技、上海宝莲华新能源、中电科电子技术、美国LPG激光、白俄哈斯雷伊特大数据等16家中外企业正式入园，并与中航工业、潍才动力等30家国内外企业签订了入园协议。

作为中国政府大力推进建设的“丝绸之路经济带”上的核心节点之一，中白工业园将为促进中国与欧亚各国之间在政治、经济、文化等多领域合作起到重要的作用。

（二）承建白俄罗斯年产 40 万吨漂白硫酸盐纸浆厂

白俄罗斯年产 40 万吨漂白硫酸盐纸浆厂位于白俄罗斯戈梅利州斯韦特洛戈尔斯克市，项目占地面积 1500 亩，总投资 8 亿美元。该项目是中国公司作为总承包商在海外承建的第一个大型纸浆项目，也是中工国际在欧洲执行的第一个总承包项目。项目建成后，将有效发挥当地森林资源优势，每年为白俄罗斯带来约 3 亿美元的外汇收入。

白俄罗斯 40 万吨纸浆厂项目的建设，充分展现了中工国际执行大型复杂项目的管理能力和技术水平，既为中工国际在浆纸工程建设领域的发展赢得了良好声誉，也为公司在海外浆纸工程承包业务的开展奠定了坚实的基础。

二、承建斯里兰卡玛度鲁河右岸发展项目

斯里兰卡是南亚次大陆以南印度洋上的岛国，终年如夏，风景秀丽，素有“印度洋上的明珠”之称。斯里兰卡是个以农业为主的国家，全国 72%的人口为农业人口，农业在国家经济中占比最大。

在“一带一路”倡议的背景下，中斯两国合作进入全面发展阶段，经贸合作水平不断提高，中国对斯里兰卡投资快速增长。2015 年 9 月，斯里兰卡西里塞纳总统为提振本国经济，提出“唤醒波隆纳鲁沃五年综合发展计划”。玛度鲁河右岸发展项目是该综合发展计划的重要组成项目之一，位列斯里兰卡的优先项目清单和 2016 年 4 月中斯两国政府签署的合作备忘录之中。

2016 年 10 月，中工国际签署了玛度鲁河右岸发展项目的商务合同，总金额 4.75 亿美元。项目位于斯里兰卡北中省波隆纳鲁沃地区。该地区曾是斯里兰卡内战的主要冲突地区，水资源贫乏，基础设施条件差。目前，当地农作物用水没有保障，收成极低。旱季时，居民不仅缺乏灌溉用水，无法耕种获取收入，而且连日常饮用水也严重缺乏。该项目将通过建设灌溉输水系统、新农村设施、自来水厂、太阳能设施、绿色旅游设施、道路等基础设施，为波隆纳鲁沃地区及周边提供充足的灌溉用水和饮用水资源，改善当地居民居住和生活环境，提高居民收入，使当地 14000 余户家庭受益，进而促进该区域的经济和社会综合稳定发展。

三、承建尼泊尔博卡拉地区国际机场项目

尼泊尔博卡拉地区国际机场项目是尼泊尔人民追求了 40 多年的梦想，被尼泊尔政府列为

“国家荣誉工程”，也是中尼两国迄今为止最大的经贸合作项目，以及中国政府对尼地震灾后重建援助重点项目，一直受到中尼两国政府和尼泊尔社会各界的高度关注。

该项目位于尼泊尔第二大城市及最负盛名的旅游胜地博卡拉市，由中工国际工程股份有限公司承建，按 EPC 总承包模式实施。项目内容为新建一座符合国际民航组织标准的4D级国际机场。

尼泊尔博卡拉地区国际机场建成后将是尼泊尔的第二个国际机场，也是最现代化的机场。新机场的建设将提升尼泊尔航空服务现代化水平和机场建设管理水平，加强尼泊尔的对外联系，促进航空业和旅游业的快速发展以及震后经济的复苏，实现尼泊尔人民将博卡拉和世界联结起来的梦想。同时，该项目的实施将进一步加强中尼两国友好关系，促进双边经贸合作与发展，对于推动“一带一路”倡议落实具有重要的示范意义。

乘“一带一路”东风 擘画“走出去”发展新蓝图

安徽省外经建设（集团）有限公司

近年来，全球经济格局发生了重大调整和变化，中国经济步入新常态，“一带一路”倡议的提出和落实，与我国倡导的“走出去”战略一脉相承。面对建设“一带一路”重大历史机遇，安徽省外经建设（集团）有限公司着眼全球市场，加大“走出去”力度，壮大自身实力，借乘东风，主动融入全球经济新格局，擘画企业发展的新图景，努力为中国企业“走出去”做出新的贡献。

一、公司发展概况

本公司是一家以经营建筑业、矿产业、房地产业、珠宝业、酒店旅游业和商贸物流业六大板块业务为主的大型综合性跨国企业。自1992年成立以来，公司积极响应国家“走出去”战略号召，大力发展外向型经济，在世界上近20个国家开展多元化经营活动，取得了良好的经济和社会效益，为中外友谊、经贸友好往来做出了一定贡献，受到了国家领导人和项目所在国首脑的充分肯定和赞扬。

近十多年来，公司连续四届被中央文明委评为“全国文明单位”，连续多年位列ENR全球最大250家国际承包商排行榜，并被评为全国优秀施工企业、全国外经贸先进企业、全国商务系统先进单位、中国建筑业竞争力百强企业、感动非洲十大中国企业、中国企业海外投资100强、对外工程承包及劳务输出“AAA”级信用企业、中国进出口银行“两优两贷最佳执行企业”、最具创新力走出去50强等称号。公司党委书记、董事长蒋庆德曾被授予“全国劳动模范”、中国“援外奉献金奖”、“国际投资战略家”、“2016国际跨国公司领袖”、柬埔寨国王勋章等，员工也多次被授予中国“援外奉献银奖”以及马达加斯加、科特迪瓦等国家“总统勋章”。

二、积极“走出去”，多元化经营百花齐放

（一）建筑业

公司先后在非洲、欧洲、亚洲、中南美洲和大洋洲等地区近30个国家圆满承建了近百个中国大中型援外项目、优惠贷款项目、驻外大使馆馆舍和经商处馆舍项目及一系列国际工程承包项目。其中，多个项目被商务部、外交部评为“样板”工程，成为所在国家城市的地标性建筑，被所在国政府和人民视为中外友谊的见证和丰碑。其中，援马达加斯加体育馆是我公司承建的第一个援外项目。通过精心组织、精心管理，凭借一流的质量，我公司提前三个月完成施工任务，因此赢得了两国政府和社会各界的高度赞扬，该项目被中马两国专家一致评为优良工程。为此，原外经贸部还在项目现场召开了第一次境外“全国援外项目质量现场会”，向有关企业推广我公司在工程质量管理方面的优秀经验。

（二）房地产业

近年来，公司将房地产开发作为一项重要产业来抓，先后在国内投资开发建设了芜湖外经广场、德盛广场、亳州外经钻石广场和汤池金孔雀别墅项目。2016年，我公司向贵州房地产市场进军，成立了贵阳德盛置业有限公司，

正在进行多个一级土地开发的房地产项目。境外房地产开发方面也是稳步前进，公司在莫桑比克先后投资建成华安大厦、华安公寓酒店、好运小区和好望小区等；在马达加斯加投资建成宝葫芦小区、彩虹小区、世纪家园小区和美景小区等；在马拉维投资建成“温暖之心”别墅项目和高级别墅项目，销售火爆，供不应求。

（三）酒店旅游业

公司旗下现有酒店20家，已开业15家，正在建设和规划设计中有5家。其中，莫桑比克马普托五星级酒店，建筑面积8万多平方米，是目前在非洲规模最大、功能最齐全、档次最高的五星级酒店。酒店享有得天独厚的地理位置，在整个非洲称得上首屈一指。

本着感恩社会、感恩上天眷顾、回馈社会的宗旨，公司在生态旅游投资巨大。在庐江县汤池镇投资兴建了安徽金孔雀温泉旅游度假村和金孔雀温泉养生中心，形成了满足不同游客需求的旅游产品。为扩大“温泉文化”的影响力，公司计划在国内贵阳投资建设金孔雀温泉旅游项目；并将已建成营业的金孔雀温泉养生中心，打造成专为老年人服务的养生基地，为国家养老福利事业排忧解难。另外，公司还在亳州市观堂镇投资建设一个国家4A级风景区“观堂镇生态旅游文化园”，目前正在规划设计中。

（四）珠宝产业

公司已分别在上海自贸区、安徽合肥注册成立了珠宝公司，在合肥、汤池、芜湖、亳州等地开办了多家珠宝实体经营店，并在金孔雀温泉旅游度假村内设立钻石、祖母绿加工厂，着力打造一个集钻石、祖母绿加工与销售于一体的国际贸易平台。2016年，德圣珠宝钻石加工中心全年完成22万颗钻石加工任务。目前，钻石、祖母绿的镶嵌和销售工作正在同时展开，计划于2018年完成珠宝业板块上市。

（五）商贸物流业

目前，公司已在国外开办14家天地亿万多连锁超市和5家建材加工厂，生意兴隆，赢得了较好的口碑。其中，在津巴布韦首都哈拉雷市区兴建的8.2万平方米的“龙城广场”大型商业中心项目，已成为整个南部非洲地区规模最大、档次最高、功能最全的商业广场之一，为国内商贸流通企业“走出去”搭建有力平台。

三、创新思维，大胆探索境外园区发展新模式

为积极响应国家出台的“在新兴经济体建立经合园区”政策，创新企业在境外发展的模式，2011年下半年，公司在莫桑比克贝拉市投资建设了经济贸易合作园区。贝拉市是莫桑比克的第二大港口和第二大经济中心，拥有较为齐备的基础工业体系，有铁路可直达内陆邻国，也是津巴布韦、赞比亚、马拉维和刚果（金）等内陆国家主要转口港之一。2012年，该园区被莫桑比克政府批准成为“莫桑比克第二个特别经济区”，货物进出免税成为现实，2015年1月，被安徽省商务厅评为“省级境外经贸合作区”。

合作区规划占地总面积约10平方公里，一期217.25公顷土地已购置完毕，其中占地5万平方米的物流中心、1万平方米的四栋仓库已建成并正常使用。公司率先入园的鼎盛国际物流中心已投入运营，拥有各式运输、配送车辆100余部。中国有色等中资企业已入区建设加工基地。作为合作区的配套项目，贝拉金沙滩五星级度假酒店已开业运营。近期，园区拆迁安置工作已基本结束，公司拟再投资3000万美元建设1万多平方米的免税大厅，为该园区成为我省乃至我国优势产业在南部非洲地区重要的物流中心而努力。

四、抢抓机遇，努力开拓“一带一路”沿线业务布局

近年来，在积极开拓海外现有市场的同时，公司紧跟“一带一路”倡议，积极谋篇布局，在东南亚、独联体等国家寻求发展机遇，开辟新市场，并取得了一些成果。

1. 援柬埔寨参议院办公楼项目。我公司承建的援柬埔寨参议院议长办公楼项目于2016年1月5日开工，2017年1月20日顺利竣工并完成移交。办公楼项目的成功建设是中柬两国政府和人民友好合作的完美体现，是中柬传统友谊的象征。柬埔寨国王特别为公司蒋庆德董事长颁发“萨哈棉黛”莫哈赛级别勋章（此勋章仅授予军队中最高领导），这是柬埔寨国王第一次为中国援外人员颁发勋章。

鉴于中柬两国处于政经合作的最佳时期，公司以援建柬埔寨办公楼项目为契机，紧抓市场发展机遇，先后对柬国的机场、公路、港口、码头、矿产资源、温泉旅游度假等产业进行了实地考察，并就一揽子项目与国防部签署了《战略合作框架协议》，以期全面打开柬埔寨市场。

2. 援白俄罗斯布列斯特州社会保障住房项目。公司中标了援白俄罗斯布列斯特州社会保障住房项目，该项目为四栋住宅楼，其中，布列斯特市东南小区2号和4号各80套住宅楼，平斯克市扎戈尔斯基小区3号和5号各80套住宅楼。项目于2016年8月9日开工，2017年3 31日竣工并顺利完成投运移交，得到了业主一致好评。近期，公司正在开工建设布列斯特医疗中心项目，又签署了新建莫子里彩钢卷厂项目。另外，公司珠宝业板块的镶嵌和销售工作正在积极推进，我们已与白俄罗斯珠宝公司接洽，并进行了深入商谈，达成基本合作意向。

基于在东欧地区打造酒店专业人才培训和交流基地的目的，公司有意在白俄罗斯和乌克兰拟投资建设度假村和酒店。公司计划在白俄罗斯首都明斯克市郊投资建设一座集游艇帆板、赛马运动和赌场于一体的娱乐休闲度假村，为两国政府合力打造的“一带一路”重点项目——中白工业园提供配套设施。同时，与乌克兰合作伙伴商定，在乌克兰首都基辅市中心合作打造中国公司在乌克兰的第一家星级酒店。

当前，公司正在全面启动莫桑比克钛锆矿项目，已先后五次赴乌克兰考察了钛锆矿选矿、高钛渣、钛白粉、海绵钛及后续钛合金产品生产技术，并与乌克兰国家钛科研设计院建立合作关系，着力为莫桑比克钛锆矿开采和钛产业园建设寻找技术支持。

五、德行善举，积极履行跨国企业社会责任

公司自成立以来，始终秉承厚德载物的中华文化和德行善举、尽责感恩的企业宗旨，积极参与希望工程、扶贫助困等慈善事业，在自然灾害中积极捐款捐物，为抗击灾难贡献力量。在非洲，公司一直以“感恩非洲人民、为非洲人民谋福祉”为使命，为当地百姓多提供就业机会，积极开展公益活动，自行出资修建道路、桥梁等公共设施，为灾民提供临时住所，赞助适龄儿童需要的用品，向所在国学校捐款捐物等。公司还出资近1亿元人民币，先后四次与北京同仁医院、海航集团，共同赴津巴布韦、莫桑比克和马拉维组织“中非光明行”慈善活动，帮助近2000名白内障患者免费实施复明手术，“中非光明行”活动在整个非洲再次掀起了一次中非友谊热潮。在津巴布韦钻石矿项目开发过程中，公司为矿区居民建造了拥有474套现代化住房的安置小区，被世界金伯利进程组织列为业内典范。据不完全统计，公司为国内外公益事业已花费8亿元人民币。

当前，中国正处在改革攻坚的深水区、转型发展的关键期，全体中国人正在为实现中华民族伟大复兴的“中国梦”而不懈奋斗。站在新的历史起点上，安徽外经积极搭乘“一带一路”快车，顺应时代潮流，稳抓战略机遇，不断求新求变。我们立志践行“中国梦”，实现“外经梦”，结合古丝绸之路文化理念，积极履行社会责任，树立有责任、有担当的中国企业形象，为提升中国软实力和国际影响力而砥砺奋进。

“一带一路”点亮快意电梯发展合作之路

快意电梯股份有限公司

随着高铁项目建设、19个国家49个港口项目建设等系列建设的推进，预计未来3~5年，电梯行业将至少有1%~3%的增长量来自于“一带一路”国家的建筑、交通、民生发展需求。与此同时，中国还计划建设泛亚高铁、中亚高铁、欧亚高铁、中俄加美高铁等四条世界级的高铁线路。这四条高铁线路长，跨越不同文化和不同地质条件的区域，投资大，这些都堪称是世界级的。

目前，中国作为全球第一大电梯生产国，国际知名品牌均在中国设厂。中国不但是电梯需求国，同时也是电梯出口大国。据悉，2016年中国电梯产量77.6万台，发货70万台，电扶梯出口7.64万台，出口量比2015年增长3%，当今全球约有70%的电梯在中国生产。中国不仅是电梯制造大国，也是世界电梯第一保有量大国，截至2016年12月31日，中国电梯保有量493.69万台。在电梯出口结构中，外资或者合资品牌仍占主导地位。但是经过20多年的发展，中国电梯品牌在国际上以优异的性价比和专业高效的服务，逐渐得到国际社会的广泛认可，中国民族电梯品牌企业的国际影响力不断加大。也正是在这样的背景下，快意电梯开始探索、实践“走出去”战略，积极参与海外市场竞争。

一、布局全球，源自对每一个细节的严格把控

在新加坡的SMRT轻轨上，在马来西亚吉隆坡IDCC高端购物城里，在印度新德里地铁上，在阿联酋Pearl Towers珍珠塔里，在澳大利亚、伊朗、俄罗斯、南非等多个国家里，人们在出行选择乘坐电梯的时候，都可以看到“IFE”的标识。也许，对于很多电梯乘客来说，“IFE”仅仅是一台电梯的商标，它给人们只是带来了安全、舒适、便捷的交通出行体验而已。然而，这也凝聚了中国电梯公司——“IFE”快意电梯积极“走出去”所付出的努力和汗水。

快意电梯成立于1998年，注册资金3.348亿元，是中国民族电梯品牌登陆A股上市企业代表之一。回首当年参与企业“走出去”战略的过程，快意电梯相关人员仍然感慨万千。据悉，快意电梯于2004年初开始进入新加坡市场，第一台快意电梯安装于新加坡华侨中学。正是这次在新加坡的起步，快意电梯逐渐开始了对海外市场的征战历程。据了解，新加坡一些建于20世纪六七十年代的老旧房屋一直没有安装电梯，出于改善居民生活的目的，新加坡政府打算出资为这些房屋安装电梯。当时，快意电梯曾经在华南农业大学教师宿舍装过电梯，积累了这方面的经验，便参与了新加坡建屋发展局（Housing Development Board，HDB）的公开招投标。

HDB是负责新加坡居住新镇的规划、建设和管理的政府职能机构，其电梯安装项目是世界上要求最严、规格最复杂的电梯项目之一，很多国际知名电梯品牌企业都望而却步。

当工程技术人员拿到新加坡方面提供的技术规格要求书之后，苛刻的条件和要求让整个项目组为之一震。技术规格要求不仅是全英文说明，而且厚达四五百页，而快意电梯的设计工程师团队当时可以说基本上没有接触过这类

英文技术要求条款。为啃下这块“硬骨头”，快意电梯组织专业人员花了6个月时间研究设计技术细节，最后让各项指标达到了新加坡方的要求。

新加坡，作为快意电梯参与国际竞争的起点，在企业“走出去”战略过程中，毋庸置疑占据了特殊意义。正是新加坡方的高标准，严要求，奠定了快意电梯海外市场开拓的高起点，市场份额也得到逐年提升。特别是在2013年“一带一路”倡议提出后，快意电梯“走出去”步伐加快，在中东、印尼、斯里兰卡和中国香港等相继成立子公司。到目前为止，产品已销往全球30多个国家和地区。据中国海关数据统计，快意电梯已经连续五年在中国电梯品牌出口排名中处于优势地位，已经成为代表中国民族电梯品牌参与国际竞争，与国外知名品牌同场竞技的重要力量。

二、客户满意，源自对承诺的担当

电梯是一个特种设备行业，每一部电梯都代表着制造厂家的责任，更代表快意人给予客户的承诺。电梯这种特殊产品，除了要重视生产和销售环节外，更重要的是安装调试和后期的维护、保养。目前市场上只有少数国际大品牌才有自己的公司进行专业安装和维保，较多企业都是委托合作伙伴或者分包给专业的安装维保公司，这样做可以节约管理上的成本。然而，快意电梯却在进军海外市场之初就组建了自己的安装维保队伍。目前，有120名工程技术人员可以服务于海外，服务市场直接定位到东南亚、中东、南美等地区，这成为快意电梯的核心竞争力之一。专业的安装维保团队有了，可是问题又来了，企业员工到了海外，如何和谐融入当地生活，如何保证人身安全？在阿富汗喀布尔某一城市综合体项目中，快意电梯的海外安装团队在项目介入时，却遇到了未曾想到的困难。虽然阿富汗已经进入国家重建期，但是众所周知，阿富汗目前仍然有零星战乱。快意电梯在阿富汗所服务的项目，位于当地人流较为集中的地段，既是该城市的最高建筑和地标项目，也是包含购物、酒店式公寓和住宅的综合性项目。在快意电梯安装团队进入阿富汗之前，公司特意就当地民族风俗、禁忌、安全注意等事项进行了专门培训。可是一下飞机，战争阴影下的紧张氛围，还是让我们的安装团队成员感到阵阵窒息。阿富汗街道上到处荷枪实弹的警察、匆匆而过的行人，都在透露着这里曾经因战争而留下的创伤。经过层层检查，快意电梯中方人员在阿方军警车的保护下，沿着崎岖的道路路过一段塔利班势力范围区域，终于顺利平安地到达项目现场。后来，一位快意电梯安装组员回忆说，那就是一场生与死的考验。在安装电梯作业时，虽然外面有层层阿方安保人员警卫，但是每当听到枪声在耳边响起，还是心惊胆战，脑海里曾经无数次闪过逃离、尽快回到祖国的念头。最终经过快意电梯中方人员不懈努力，以优质的服务赢得客户满意和尊重。

三、技术研发创新，实现快意电梯持续发展

快意电梯之所以能在国际市场上屡获佳绩，与其雄厚的技术研发实力密不可分。作为国家级高新技术企业，快意电梯始终坚持科技创新驱动产业升级，在技术研发上不断加大投入。目前，快意电梯已建立完善的专利申请及应用机制，已拥有各项专利140多项，其中，发明专利20多项，涉及电梯安全专利超过50多项。先后被认定为“国家火炬计划重点高新企业”“广东省省级企业技术中心”“广东省工程技术研究开发中心”等荣誉称号，长期承担省、市科研项目研发，先后与多家知名院校签订了长期产学研合作协议，创建协同创新平台，为企业持续创新、提升产品品质和技术附加值、满足全球客户多样化的需求，提供了坚实的技术

支撑。

在世界经济一体化的今天，全球化战略是本土企业持续发展前进的突围之路。快意电梯今天国际化战略的成功，正是顺应了当下全球经济的宏观趋势，多年来坚持以产品品质为核心，通过不断完善全球服务网络，勤练内功提升企业综合实力，助力海外市场开拓，品牌美誉度不断上升，赢得了全球广大客户的高度认可与信赖。未来，快意电梯将顺应时代潮流，借势电梯产业丝绸之路，全面融入“一带一路”建设中，用实际行动践行企业使命，为全球社会经济发展提供更多助力。

在“一带一路”项目建设中的实践和探索

中启控股集团股份有限公司

2012年，有着60余年发展历史的中启控股集团借力“走出去”，积极拓展海外市场，在柬埔寨金边成立中启海外公司。短短五年时间，公司抢抓国家“一带一路”建设机遇，在“走出去”过程中，创新实施“属地化”战略，扎根柬埔寨，并将业务成功拓展到东南亚等国际市场。柬埔寨桔井省经济特区、柬埔寨蒙多基里省经济特许地、柬埔寨西哈努克省云壤海龙湾海滩旅游度假区以及柬埔寨建筑工程等项目建设成绩斐然，公司在“一带一路”项目建设实践中不断探索和突破，推进项目实现大发展。

一、“一带一路”项目建设的投资背景

近年来，柬埔寨提出三个工业化发展方向：提高重要产业的产品附加值，挖掘现有产业的发展潜力，发展潜在的新兴工业，实现经济现代化和多元化。为此，柬埔寨扩大吸引外资规模，积极引进国外先进技术和产业，特别是吸引大型企业到柬工业园区或经济开发区进行投资。同时，柬埔寨实施开放经济、税收优惠政策，为外国投资者创造了和平稳定的政治和社会环境。柬埔寨巨大的经济发展潜力，使其成为各国企业家眼中的投资乐园。

随着中国—东盟自贸区的建立，区域内统一的大市场初步形成，中国企业的投资发展空间进一步拓宽，东盟国家已成为中国企业对外投资的第一大市场，中国企业对其投资金额迅速增长，领域不断扩大。在东盟国家中，柬埔寨更是成为中国企业的投资首选。大力推动丝绸之路经济带、21世纪海上丝绸之路建设和海上通道互联互通建设，为国内有经济实力进行海外投资的企业搭建了良好的投资及合作平台。

中柬友谊源远流长，在经贸领域的合作更是快速发展，并取得积极成果。为深入推进“一带一路”倡议，2016年10月，国家主席习近平访问柬埔寨，在习近平主席和洪森首相的共同见证下，中柬双方共签署30多份合作文件。从政治互信到经贸合作，再到人文交流，习近平主席的这次访问将进一步巩固中柬传统友谊，加快提升中柬在各个领域的合作水平，开启两国全面战略合作伙伴关系全面提速的新时代，两国合作将更加密切。

二、“一带一路”项目建设的基本情况

中启控股集团自在柬埔寨开展投资合作项目以来，深入推进“一带一路”倡议，项目投资建设取得良好发展。

1. 柬埔寨桔井省经济特区项目。项目位于柬埔寨东北部最大的国际陆路口岸桔井省斯努县，距离柬越国际陆路口岸1.5公里，距离柬埔寨首都金边240公里，距离越南胡志明港160公里。规划建设中的泛亚铁路柬埔寨金边至越南胡志明连接线途经桔井省斯努县。项目总规划面积约9平方公里，周边地区盛产木材、橡胶、木薯、大米、胡椒、咖啡、石材等。园区土地、电力供应充沛，劳动力充足，生产成本低廉；入园企业享受国家级机关及海关、商检、税务等一站式服务；园区进口生产设备、生产原材料等免关税；出口产品享受欧美最惠国和普惠制优惠政策。项目计划投资60000万美元，整体规划为经济作物、商贸物流等产业集聚园区，主要包括经济作物加工分区以及商贸仓储

物流分区、木材加工分区、橡胶加工分区、建材加工分区、石材加工分区等多个园区板块，规划建设热电厂、(储) 水厂、污水处理厂等，可容纳企业200余家，就业人数10万人。目前项目已获得柬埔寨发展理事会（CDC）批准文件，获得“经济特区”许可。2016年10月，项目被列入国家主席习近平出访柬埔寨期间两国签署的《关于共同推动产能与投资合作重点项目的谅解备忘录》中。2017年4月，项目又被列入我国商务部对外投资建设的103家重点工业园区之一。项目综合办公楼已建成使用，正在进行通路、通电、通水、通讯、排污（五通）和平地（一平）工程，现开工建设10万平方米钢结构标准厂房。

2. 柬埔寨蒙多基里省经济特许地项目。项目位于柬埔寨蒙多基里省，拥有9068公顷经济特许地，主要为林木采伐、橡胶及其他经济作物种植，可提供大量木材资源和橡胶资源，拥有巴劳、金车花梨、高棉酸枝、花梨、克隆、黄檀等珍贵木材。项目计划投资33000万美元。经过林业勘察专业机构的实地评估，9068公顷地上森林原木储藏量平均为100立方米/公顷，森林蓄积量约为149.26万立方米，商品锯材总储藏量约为90多万立方米。目前，9068公顷林区完成采伐1050公顷，归集原木23000立方米。办公生活区、锯材加工厂、橡胶苗圃、主要道路、边界路和蓄水坝等基础设施建设完成并投入使用。橡胶种植100公顷，木薯种植200公顷，腰果种植750公顷，花生套种30公顷，辣椒套种70公顷。林区木材加工厂一期建设厂房2200平方米，年木材加工能力10000立方米。木门、地板、装饰板、家具等木材深加工项目正在规划建设中。

3. 柬埔寨西哈努克省云壤海龙湾海滩旅游度假区项目。项目位于柬埔寨西哈努克省云壤县，距离西港国际机场3公里，距离金边190公里，距离暹粒300公里。项目规划面积200公顷，海岸线绵延1330米。云壤海滩被福布斯评为22个亚洲最美海滩之一。项目计划投资36000万美元，总建筑面积65万平方米，规划建设精品酒店、博彩娱乐城、度假别墅、游艇码头、游乐场、会议中心、餐饮购物中心等，是休闲居住、旅游度假、国际会议、商务接待等最佳一站式目的地。目前，项目已经柬埔寨发展理事会（CDC）审批通过，规划设计方案已批准通过，103公顷已获得土地证，项目前期地形勘测、地表清理已完成。项目分为三期开发建设，现开工建设一期精品酒店及151栋别墅工程，部分主体施工已完成，2017年末将全部完工。

4. 柬埔寨建筑工程施工项目。中启胶建海外工程有限公司于2012年在柬埔寨金边市注册成立，拥有柬埔寨最高建筑等级A级资质，主要承揽房建设计施工，道路桥梁施工，厂区设计施工，装饰装修等。

三、“一带一路”项目建设的发展前景

中启控股集团借助“一带一路”发展机遇，依托柬埔寨良好的政治经济优势，各项目建设的发展前景将更加广阔。

1. 柬埔寨桔井省经济特区项目。该项目是以桔井省为主体的区域性的经济发展带动区、新型工业化示范区和低碳经济先行区，是桔井省区域经济重要增长点之一，是以面向本地及海外市场为主的特色农特产品加工基地，是以农特产品加工业以及现代物流产业等多元化产业为一体的现代化综合工业园区。柬埔寨政府在2015年出台了《2015—2025十年工业发展规划》，着重发展工业，并出台相关的工业发展优惠政策。得益于当地政府的政策支持，桔井省经济特区项目建设推进顺利。农业是柬埔寨经济第一大支柱产业，农业人口占总人数的85%，占全国劳动力的78%，新建工业园区以农产品加工为主，该产业链不断升级必将提升桔井省

区域经济发展能力，加速工业化进程，实现当地经济的跨越式发展；同时还将增加当地劳动就业岗位，提高劳动者收入。项目经济效益、社会效益显著。

2. 柬埔寨蒙多基里省经济特许地项目。该项目拥有丰沛的木材资源，采伐的木材在柬埔寨加工后既可面向柬埔寨本国销售，也可向别的国家出口。柬埔寨政府鼓励发展木材深加工项目，增加产业附加值，促进国民就业和国家税收，要求对已采伐林地按计划种植橡胶等经济作物。柬埔寨木材市场潜力巨大，主要需求为建筑模板、木栈道、木门、地板、胶合板等木材产品。随着当地人口的快速增长以及建筑业、房地产业发展需求的增加，木材产品的消费总量也在逐年增加。2016 年柬埔寨建筑业同比增长 176.93%，新批建筑用地面积 1400 万平方米，对木质建材、装修材料等需求旺盛。各类板材和木材制品还可出口至中国、美国以及亚洲、欧洲、澳洲等很多国家和地区。近年来，这些国家和地区在建筑、家装等行业对木材的需求量越来越大，项目经济效益十分可观。

3. 柬埔寨西哈努克省云壤海龙湾海滩旅游度假区项目。近些年，柬埔寨旅游业日益繁荣，世界七大奇观之一的吴哥古迹等旅游风景区，每年吸引着数十万的外国游客，同时也吸引着具有国际管理经验的外商投资其酒店等旅游产业。该项目在建设过程中可充分利用柬埔寨的资源优势、地理区位优势、人力资源优势、产业发展政策优势，有力推进项目工程建设进程。在当前柬埔寨交通、道路、住宿等基础设施尚不完善的情况下，项目建成后将提升当地旅游业整体形象，改善当地住宿接待能力不足的局面，吸引大量的国内外游客，促进当地经济社会发展；同时对于柬埔寨而言，项目的建设发展也将促使更多柬埔寨国民投入其中，创造更多的就业机会。项目社会效益、环境效益和经济效益明显，发展前景可观。

4. 柬埔寨建筑工程施工项目。目前，柬埔寨的经济增长率为 7%，柬埔寨是亚洲经济增长率最快的国家之一。建筑业和房地产业均处于上升期，基础设施建设需求大，工程市场发展空间好。随着“一带一路”倡议的实施，作为中国的传统友好国家，柬埔寨在建工程项目中国公司排在首位。中启控股集团是中国建筑工程施工总承包特级资质企业、柬埔寨最高建筑等级 A 级资质企业，且拥有近 70 年的建筑工程施工经验，在柬埔寨的建筑工程施工市场上发展趋势良好。

四、结论

综上所述，中启控股集团作为青岛企业“走出去”的急先锋，在“一带一路”项目建设中取得丰硕成果，“一带一路”项目建设正在新的起点上向纵深迈进。今后，中启控股集团将继续坚定地推进“一带一路”项目建设，不断书写境外投资发展的新篇章。

加快建设烟台陆海双向战略支撑对接“一带一路”倡议

烟台港集团有限公司

烟台港自春秋时期以来就是中国北方重要的通商口岸、海上交通发祥地之一。1861 年烟台开埠，其后 30 年间成为山东唯一、中国北方三大通商口岸之一。1984 年烟台入列全国首批 14 个沿海开放城市。2015 年烟台成为“一带一路”倡议 15 个沿海港口城市之一。目前，烟台是全国唯一同时融入胶东半岛蓝色经济区、黄三角洲高效生态经济区、“一带一路”倡议的支点城市。

入列“一带一路”倡议支点城市，是烟台市、烟台港的重大战略机遇，对烟台的发展带来新机遇、提出新要求、赋予新使命。烟台作为首批沿海开放城市，向东不到 300 海里，与日本韩国等东北亚发达国家隔海相望；扼渤海湾入海口，向西融入环渤海经济圈和“蓝黄”两区，通过欧亚大陆桥辐射太平洋沿岸与中亚、西亚几至欧洲；居中国沿海南北沿线之要冲，紧靠国际主航道，处于东三省、环渤海与长三角、珠三角等最活跃经济带“十”字结点位置。烟台具有沟通东西、联结南北、陆海双向、辐射八方的独特区位优势，在“一带一路”建设中，成为陆上经济带与海上丝绸之路的交织枢纽，是陆海双向、南北联通、内外交融的桥头堡和不可或缺的战略支撑。

烟台港是烟台市融入“一带一路”建设的着力点和突破口，在烟台践行“一带一路”倡议过程中，具有责无旁贷的义务和先行先试的优势。

一、战略定位

发挥烟台港在环渤海南岸、胶东半岛东端港口群龙头港优势，融合烟台集开放城市、陆桥城市、港口城市为一体的特色优势，将烟台港建设成为“丝绸之路经济带和 21 世纪海上丝绸之路”的海陆双向战略支点，实现由亿吨大港向一流强港的转变。

二、战略目标

建设基地港口，形成战略支点；贯通东西南北，加快设施联通；辐射陆海双向，促进贸易繁荣。

三、战略重点与突破口

1. 加快港口建设，打造港口核心竞争力，建设陆海双向的战略堡垒。15 万吨集装箱码头竣工，可接卸目前世界上最大的集装箱船。4×15 万吨煤炭码头建成投产，龙口港区入列国家北煤南运第三条下水通道。40 万吨矿石码头具备投产条件，是环渤海唯一正式获批的超大型矿石码头。30 万吨原油码头和与之配套的 540 公里输油管道、300 万立方罐区已逐步投产。烟台港已成为东北亚为数不多的、同时拥有矿石、油品、煤炭、集装箱四大骨干货类最大级别深水码头的枢纽港之一。

2. 集聚陆上经济带合力，借力海上丝绸之路辐射全球，搭建世界第一的 FOB 烟台化肥物流平台。化肥是烟台港的传统优势货源，经过 20 多年的不懈努力，烟台港将化肥打造成闻名全球的质量品牌。烟台港化肥出口目地国涵盖世界五大洲 35 个国家和地区，包括美国、澳大利亚、墨西哥等素称质量标准全球最高的欧美国家。全国北到内蒙古、西到新疆、南到海南，每天都有十几列火车满载化肥源源不断汇集到烟台，再通过烟台港装船发往世界各地。由烟台港主导的“FOB烟台化肥论坛”已成功举办两届，凝聚全国主要的化肥生产企业、贸易商、物流公司以及口岸部门合力，努力提高出口化肥质量，增强中国企业话语权，维护中国企业在国际市场的合法权益。

3. 推进“外拓战略”，抢占海上丝绸之路战略要点，借力全程物流链建设，搭建全国第一的铝矾土一体化经营平台。2014年，烟台港集团与新加坡韦立国际集团、山东魏桥创业集团、几内亚UMS公司“三国四方”组建成立共赢联盟，共同开发几内亚铝土矿贸易产业项目，打造经济便捷、具有竞争力的“上下游一体化”产业物流链条。

几内亚博凯内港码头项目，是烟台港跨出国门、走向海外的第一站，也是烟台港打造全程物流链、提高核心竞争力的桥头堡，更被视为烟台港融入“一带一路”倡议的重要战略支撑。烟台港全权负责码头项目的建设运营及管理任务。截至目前，博凯内港码头项目第一港区4个码头已全部完工，第二港区首个码头也投产运营。由博凯矿业（几内亚）公司开采的几内亚铝土矿将通过博凯内港码头，由韦立集团自有船队承运，运抵三方合资的烟台港西港区318#码头，再由烟台港自有船队装船中转，经烟台港投资建设的滨州套尔河港区合资码头卸船，直送魏桥集团铝厂堆场。至此，一条自国外矿山到终端厂家用户，集多式联运为一体的完整产业链条全部建成。从2015年博凯内港码头投产运营以来，有超过1100万吨铝土矿被顺利运抵中国并投入生产，取得了良好的社会效益和经济效益。作为几内亚中国海上物流通道的返程部分，烟台港集团与韦立国际集团一起为客户提供烟台到几内亚的散杂货、集装箱运输服务，由于这条航线具有物流成本低廉和船东社会信誉良好等优势，吸取不少客户慕名前来洽谈业务。

4. 实施“西进战略”，整合港口资源，打通贯通欧亚大陆的陆上战略通道。先后整合烟台地方港、龙口港、蓬莱港，投资建设寿光港、滨州港、莱州港，合资合作经营朱旺港、东营港，有序控制环渤海南岸500多公里深水岸线资源，并通过海铁联运、陆铁联运、集装箱海上巴士、五定班列等，直接经济腹地由传统的山东、山西、河北、河南等内陆区域，迅速扩张到内蒙古、新疆、甘肃、云南、广西、贵州等传统的丝绸之路经济区域。

德龙烟铁路建设正在加紧推进，建成通车后，将成为胶东半岛北部新的铁路大动脉，通过石德—石太—太中银—兰新线，直抵阿拉山口，并入第二条亚欧大陆桥。届时，烟台港口的芝罘湾港区、龙口港区、西港区、蓬莱港区、莱州港区将实现“五港贯通”的铁路运输新格局，打通港口出境通道。

与此同时，中韩铁路轮渡项目规划的中方登陆点设在烟台，烟台港正参与构建由中韩铁路轮渡—德龙烟铁路—石太铁路—太中银铁路—兰新铁路所构成的新的以“两头在外”和“铁路直通”为特点的跨境欧亚大陆桥建设。根据设想，自韩国仁川经烟台西港区至阿拉山口的新型跨境欧亚大陆桥，全线共4527公里，其中海上距离460公里。与传统欧亚陆桥相比较，不仅缩短运距383公里，还节约了大量船—铁转换的时间和成本，是一条更加经济和便捷的陆海跨境大通道。

随着“一带一路”倡议的推进实施，烟台正由交通末端城市，迅速发展成为融合铁路、公路、海运、航空、管道多种运输方式于一体的交通枢纽城市，成为欧亚大陆桥陆上通道的重要门户和出海口。

5. 抢抓市场机遇，开通中非班轮，率先打通海上丝绸之路亚非间的商贸物流大通道。烟台港龙口港区早在十几年前，即抓住中国援建非洲各国的有利时机，开通中非杂货班轮。目前班轮业务已覆盖非洲25个国家，对非业务辐射全国20多个省市和地区，船期密度每月达到9~10班，货运量占全国对非贸易量的40%以上。

6. 长谋善断，积极融入中蒙俄经济带建设，密切关注北方航道形势演变，力争抓住战略机遇率先打通北方通道，建设新的海上丝绸之路。中蒙俄经济带缘于第一条亚欧大陆桥，是中国北方重要的能源安全战略通道。经东北亚方向的北方通道一旦开通，较传统的经东南亚的海上丝绸之路，海运时间由33天缩短为20天。届时，由于烟台靠近国际主航道，是华东地区距离北方航道最近的规模以上港口城市之一，新的海上丝绸之路必将为烟台大发展带来新的战略机遇。

7. 内引外联，打造四大基地港，夯实“一带一路”陆海双向桥头堡的长远根基。一是能源进口基地港。与中海油、中石油、中石化等合作，依托30万吨原油码头、300万立方罐区、540公里输油管道、1000万吨LNG等合作项目的落地实施，以及正在全力争取中的国家战略石油储备基地项目，打造中国北方重要的能源进口基地港。二是矿石分拨基地港。与中国五矿、巴西淡水河谷等合作，依托40万吨矿石码头、20万吨转水码头、滨州套尔河码头以及正在全力建设的德龙烟铁路，打造对海面向韩国日本、对内服务内陆钢厂的矿石中转分拨基地港。三是煤炭混配和中转基地港。作为环渤海港口群煤炭下水通道的重要补充，龙口港区平常重点发展煤炭混配业务，建设陆海双向的煤炭市场交易平台。遇到市场震荡或者台风、地震、战争等特殊状况，可以利用德龙烟铁路，迅速成为大秦线、朔黄线下水通道的最佳替代港。龙口港区已经建设了煤炭储备配送基地，搭建了煤炭交易信息平台，初步实现了煤炭经营的集聚效应。随着德龙烟铁路的建成通车，烟台港将利用铁矿石分拨上行和“三西”煤炭下水所形成的双向物流模式，打造煤炭下水基地。四是近洋集装箱干线港。烟台是全国承接日韩产业转移和双边贸易最活跃的地区之一。利用渤海湾七港直通的中转喂给网络，以及烟台直达长三角、珠三角、北部湾的集装箱巴士网络，打造烟台对日韩集装箱运输干线枢纽港。

打造国家向西开放平台 建设国际核心枢纽陆港

兰州国际港务区管委会

一、基本情况

2003年，原铁道部在全国布局建设18个铁路集装箱中心站，兰州铁路集装箱中心站是其中之一，于2009年11月选址于兰州市西固东川地区。2013年6月以来，按照省上部署抢抓落实“一带一路”倡议，加快甘肃省对外开放，建设外向型经济平台，打造“丝绸之路经济带黄金段节点”，借鉴其他省市发展陆港经济经验，启动了以兰州铁路集装箱中心站为龙头、以兰州铁路口岸为核心、具备陆港口岸功能的兰州国际港务区。甘肃省委主要领导在全省重大项目观摩期间指出，港务区要“构建国际化、现代化、专业化、规模化的物流大平台，形成四通八达的立体化交通物流体系”；甘肃省政府将港务区列为全省实施“十三五”规划的“标志性工程”和兰州市“一号工程”，作为带动甘肃经济社会发展的新引擎。

2016年以来，甘肃省和兰州市政府分别批复了兰州国际港务区规划《甘肃（兰州）国际陆港规划（2016—2020）》，规划建设面积14平方公里，定位为“甘肃（兰州）国际陆港，服务国家向西开放战略的重要平台、国际货运班列中转编组枢纽、国际贸易物资集散中心”。确定了“省市联动，向上争取以省为主、建设实施以市为主”的目标要求，将兰州国际港务区按照省级开发区给予政策支持，举全省之力加速推进，建设成为甘肃三大国际陆港之首。兰州市政府制定了“一年全面启动，两年初具规模，三年显现效益”的工作目标，市区联动推进港务区建设，形成了省、市、区“三级联动、同频发力”的港务区发展建设工作局面。

经过不懈努力，兰州国际港务区实现了跨越式发展。兰州国际港务区党工委、管委会正式成立，兰州铁路口岸临时对外开放已获批并基本建成，国家铁路一级物流基地兰州东川铁路物流中心建成运营，多式联运项目列入交通部全国首批多式联运示范工程正在建设。特别是在港务区组织发运的“兰州号”南亚公铁联运国际货运班列，促进了吉隆与尼泊尔之间的贸易往来，2016年贸易额突破40亿元。南亚国际班列实现了常态化运营，站稳了南亚新通道，开创了一条特色鲜明的国际贸易通道，为南亚国家国际贸易运输提供了便捷服务。

二、依托枢纽节点优势，打造服务于国家向西开放的重要平台

在“一带一路”建设上，兰州国际港务区的区位独特，具有区位、交通、功能、集散、分拨等优势。

（一）丝路商埠重镇优势

“云雷天堑，金汤地险，名藩自古皋兰。”金城兰州自古地处战略要冲，自秦汉以来就是“屏障中原，联络四域，襟带万里”的雄关，作为丝绸之路和唐蕃古道上横贯东西、连接欧亚的交通要道、商埠重镇和咽喉节点，是东西方文明的重要交汇地和商流物流交汇的战略枢纽，在整个世界的商贸历程上起到了重要的推动作用。兰州国际港务区位于兰州市“西大门”西固区（丝绸之路与唐蕃古道交汇处），自古以来就是边陲商埠重镇，我们将继续发挥其贸易物

流的优势，再现“甘肃第一海关”的功能作用。

（二）区位交通优势

一是“外引内联、东联西出”的区位优势。兰州属全国城镇体系九大综合交通枢纽、十大物流通道、21个物流节点城市之一，在全国大物流格局中拥有重要地位。二是“座中六连、九九归一”的交通优势。兰州是丝绸之路经济带黄金段上铁路、公路主要交通干线的汇集点。陇海、兰新、兰青、包兰、兰渝、兰成六大铁路干线交汇于此，连霍、青兰、兰海、京藏四条高速公路及G109、G312、G309、兰永一级公路在此汇聚，形成了互联互通的交通网络体系。

（三）物流集疏优势

一是工业产品集聚、要素密集。兰州是“一五”“二五”“三线”时期国家重点布局建设的工业城市之一，是工业集聚区和西北贸易的核心区，经过多年的建设发展，已拥有千万吨炼油、百万吨乙烯和铝产品加工基地，形成以石油化工、装备制造、有色冶金、能源电力、生物医药、建材为主体，与西北资源开发相配套，门类比较齐全的工业体系，是我国重要的原材料工业基地。二是整合集疏、分拨转运优势明显。在港务区建设的兰州铁路集装箱中心站是全国18个铁路集装箱中心站之一，兰州铁路物流中心是国家一级铁路物流基地，多式联运项目是国家多式联运示范工程，都具有整列编组、转运分拨、集疏运等功能。

（四）国际班列枢纽中转优势

截至2016年底，我国已有21个城市开通了去往欧洲、中亚、南亚等13个国家17个城市的集装箱班列。一是中欧、中亚班列中转优势。中欧、中亚班列面临着组织回程货源难度大、运营成本高、沿线交通基础设施和配套服务支撑能力不足等诸多困难和挑战。兰州国际港务区有责任、有义务，也有条件，发挥中欧班列向西发运时的枢纽及节点中转作用，化解和平衡中欧班列发运中的成本高、效益低、回程难等困难，发挥中欧国际货运班列“东来西出、西进东疏”的中转枢纽的作用。二是南亚班列编组枢纽优势，兰州—日喀则—尼泊尔加德满都，全长3000多公里，公铁联运仅需10天，大幅缩短了海运45天的运时，具有时间短、成本低、效率高的优势。兰州国际港务区铁路口岸临时对外开放已获批，已建成吞吐量达3050万吨的东川铁路物流中心，是全国18个铁路集装箱中心站之一、全国铁路一级物流基地，多式联运项目已列入全国首批多式联运示范工程，保税物流中心（B型）已基本建成，完全具备南亚国际货运班列编组枢纽、集散分拨的功能。

兰州国际港务区具有自古以来的区位通道优势，目前已形成完善的交通和基础设施条件，建立服务国家和国际班列向西开放的经济平台得天独厚。

三、依托一流智慧陆港，建设国际货运班列核心编组枢纽和国际物流集散转运中心

兰州国际港务区位于祖国的心脏和国家陆域版图几何中心——甘肃兰州，规划建设用地面积14平方公里，三大主导产业：现代国际综合物流、现代国际商贸、出口加工；重点建设三大国际贸易经济通道、五大核心功能、十大产业园（中心）和石化产品、铝产品、汽车、建材、冷链、粮食等十大物资集散中心。

（一）打造了三大国际贸易经济通道

1. 中欧国际班列贸易通道。以“兰州号”兰州至汉堡中欧国际货运班列为基础，以兰州铁路口岸为龙头，以国家级多式联运示范工程为平台，与其他开通中欧国际班列的省市以及沿海港口城市建立合作联盟，进而优化整合编组，提高运输效率，实现“联合走西口、集疏在兰州”。

2. 中亚国际班列贸易通道。以“兰州号”兰州至哈萨克斯坦阿拉木图国际货运班列和银

川至乌兹别克斯坦塔什干国际班列为基础，整合国内其他发往中亚的国际班列，逐步形成辐射中亚各国的中亚国际贸易通道。

3. 南亚国际班列贸易通道。“兰州号”南亚公铁联运货运班列（兰州—日喀则—尼泊尔）打通了全国唯一一条通往南亚的陆路公铁联运国际货运通道，自 2016 年 5 月 11 日在港务区首发以来，已实现了每周 1~2 列常态化运营规模，我们将依托货物集散转运功能形成规模化运输，汇集全国各地的生活及生产资料，在兰州国际港务区实现集结、整合、编组、发运。

（二）建设了五大核心功能

1. 铁路集装箱功能。兰州铁路集装箱中心站和兰州东川货运中心年吞吐量可达 3000 余万吨，将具有整列集装箱班列编组、集疏运等功能，是西北规模最大、功能最全的综合性铁路集装箱货运中心。

2. 口岸功能。兰州铁路口岸监管区紧邻铁路货运中心，配有全国联网的查验信息系统，可为进出口业务提供最为便捷的服务，可实现就地办单、无缝对接。

3. 保税功能。保税物流中心（B 型）主要建设物流分拨中心、保税监管仓库和跨境电商试验区等。

4. 多式联运功能。兰州国际港务区多式联运物流园是全国首批多式联运示范工程，主要建设物流通道设施、节点设施、智能化装卸与转运、信息平台等 7 大工程。

5. 智慧陆港功能。兰州国际港务区以建设一流智慧陆港为目标，主要建设“一中心、四平台”，建成后将实现与国际口岸的信息互联互通，为兰州国际港务区国际化提供保障。

（三）实施了十大产业园区建设

通过建设公路集装箱分拨物流园、进出口加工物流中心、冷链物流产业园、国际综合物流园、跨境电商产业园、国际商务贸易中心、汽车物流产业园、金凤国际陆港博览中心、大宗物资物流园以及综合客运枢纽中心等，重点为国际班列做好集疏运阵地建设、国内外贸易物流企业做好服务交流工作、到港务区发展的企业和合作城市做好“一站式”服务保障。

四、依托支持和协作，加快推进国际陆港建设

加快陆港建设、加快向西开放的步伐，不仅需要勇于探索的精神和勇气，更需要各方的支持与协作。

（一）功能和平台的建设需要国家和省上相关政策的支持

兰州国际港务区的建设意义非常重要，经过我们积极向上争取，已经得到了国家相关部委的大力支持。一是多式联运项目成功列入全国首批多式联运示范工程项目；二是港务区规划被列入国家“十三五”规划，并在港务区进一步融入国家“一带一路”倡议和项目建设方面得到了指导和支持；三是国家相关部委在兰州铁路口岸和保税物流中心（B 型）申报方面给予了支持和指导；四是兰州作为“一带一路”重要节点和枢纽列入国家《中欧班列建设发展规划（2016—2020）》；五是兰州国际港务区被列为甘肃省实施“十三五”规划标志性工程和兰州市“一号工程”。我们将紧抓“一带一路”倡议的契机，进一步积极对接国家相关政策，加快兰州国际港务区建设步伐。

（二）国际班列的发运和集疏需要和其他国家城市及国内省市建立交流合作关系

“一带一路”倡议的实施需要充分发挥海铁、公铁等多种运输方式的整体优势和组合效率，形成一体化组织、高效运行、优势互补、统筹发展的综合交通运输新格局，我们已通过建设多式联运示范工程、打造多式联运信息服务平台。对外，我们已与德国杜伊斯堡港等中欧、中亚等港口城市开展了友好城市合作交流和国际贸易合作业务。对内，通过联合“一带

一路”义新欧、渝新欧等国际班列节点园区和天津港、青岛港等沿海港口，在周边省市设立多式联运集货点，加强与西藏吉隆等边境口岸、荷兰鹿特丹等国际海港的联系，实现贸易畅通、互联互通和国际货运班列的良性健康发展。

（三）国际贸易和交流需要“一带一路”沿线城市的合作和参与

我们以中欧、中亚、南亚国际贸易为契机，依托“兰州号”国际货运班列，一是中欧贸易方面，加强与俄罗斯、德国、荷兰、波兰等欧洲国家的国际贸易合作，与荷兰鹿特丹等国际港口城市合作建设国际智慧陆港运行平台；二是中亚贸易方面，深化与哈萨克斯坦、乌兹别克斯坦等中亚国家经贸合作交流，打造“一带一路”中亚班列集疏运战略平台；三是南亚贸易方面，以与尼泊尔双边贸易为先导，延伸至印度、巴基斯坦等南亚国家，畅通瓜达尔港出海口。我们将发挥自身优势，积极与“一带一路”沿线相关城市建立国际贸易合作关系，加快兰州国际港务区的建设，做好“一带一路”国际班列货物的编组、集散和分拨服务的文章。

（四）兰州国际港务区发展需要加强合作与协作

兰州国际港务区正在建设和发展中，离不开社会各界的支持，希望加强与国内外城市的互动交流和国内外贸易企业的协同发展。我们将秉承开放开发、互利共赢的理念，进一步打造政策洼地和建设高地，积极营造“亲商、重商、安商、扶商”的投资环境，继续以“一企一策、因企施策”的创新模式，全力做好服务保障。下一步，我们将打造“国际国内法律服务、人力资源共享、财税金融服务”等公共服务免费使用平台，为国际、国内物流贸易企业提供“一站式”优质服务，努力使甘肃国际陆港兰州国际港务区成为“一带一路”倡议西部投资开发的热土。

努力构建向西开放的功能引领区

乌鲁木齐国际陆港区规划建设推进工作领导小组

随着中央新疆工作座谈会提出要推动新疆跨越式发展和长治久安，努力打造中国向西开放的桥头堡，新疆在面向亚欧、联通东西的物流枢纽作用日益凸显。2014年，第二次中央新疆工作座谈会，明确表示把新疆建设成丝绸之路经济带核心区，新疆在“一带一路”倡议中的地位进一步提升，成为建设丝绸之路经济带的前沿。新疆维吾尔自治区、乌鲁木齐市两级党委、政府高度重视新疆的发展机遇，努力推进丝绸之路经济带核心区建设，将乌鲁木齐打造成为丝绸之路经济带核心区的核心，建设核心区“五大中心”，即交通枢纽中心、商贸物流中心、金融中心、文化科教中心、医疗服务中心。2015年底，以乌鲁木齐综合保税区获批、西行班列集结中心建设为契机，建设乌鲁木齐国际陆港区。

乌鲁木齐国际陆港区规划建设，是自治区实施丝绸之路经济带核心区战略的重要支撑，也是乌鲁木齐市建设核心区“五大中心”和现代化国际城市的重大举措。乌鲁木齐国际陆港区承载场站建设、西行班列通道集结、国际贸易集聚发展三个层面的使命，呈现国际商贸物流全产业链发展格局。乌鲁木齐国际陆港区建设得到自治区、乌鲁木齐市两级党委、政府的大力支持。乌鲁木齐经开区（头屯河区）在推进乌鲁木齐国际陆港区建设的同时，正在抓紧推进乌鲁木齐国际陆港区贸易发展模式研究，并同步开展对外合作工作，认真践行“一带一路”倡议，发挥丝绸之路经济带核心区的核心作用。

一、建设背景与意义

（一）建设背景

一是建设乌鲁木齐国际陆港区符合“一带一路”倡议的需要。乌鲁木齐是新亚欧大陆桥境内外双向辐射最前沿的核心枢纽城市，具有极高的发展首位度、产业支撑基础、经济集聚发展能力、文化引领环境，在对外开放功能上与国家战略指向高度契合，在培育具有国际国内竞争力的产业发展支撑下，具备成为丝绸之路经济带国际枢纽中心城市的基础条件。二是新常态下的供给侧结构性改革对乌鲁木齐国际陆港区建设提出的新要求。物流产业作为现代服务业的重要组成部分，物流成本的降低和物流效率的提高对于供给侧结构性改革、降低制度性交易成本，对于产业结构优化升级和区域经济发展具有决定性作用。三是流通格局变化和物流业态创新给乌鲁木齐国际陆港区建设提供新动力。电商物流、多式联运、共同配送等新服务业态不断涌现，促使乌鲁木齐市通过乌鲁木齐国际陆港区建设，发挥物流业自身优势，为拓展发展空间、创新发展模式注入新的动力。四是实现全面建成小康社会目标对乌鲁木齐国际陆港区建设提出新期待。新疆全面建成小康社会，要求物流业创新物流运营组织和商业模式，加快全疆商贸服务体系和城乡物流配送网络建设，健全城乡物流配送服务体系，为全疆构建一个城乡一体、服务均等、生活便利的民生保障服务平台和基础服务载体。五是各级政府大力支持为乌鲁木齐国际陆港区建设创造新环境。《物流业发展中长期规划（2014—2020年）》，提出物流业是支撑国民经济发展的基础性、战略性产业，从政策层面、操作层面为物流业发展注入了新的强大动能。国家各部委及各级政府部门都出台了一系列促进物流业发展的指导意见、政策措施和试点示范工程。

（二）建设意义

建设乌鲁木齐国际陆港区是乌鲁木齐乃至新疆践行“一带一路”倡议的重要举措，体现了新疆的责任担当，对于推动新疆的全面开放、发挥开放前沿和国际枢纽作用，服务新一轮国家对外开放具有重要意义。加快乌鲁木齐国际陆港建设和发展，将有助于改变新疆在过去中国海权经济主导的通道末端、贸易末端、产业经济洼地的内陆腹地劣势局面，形成中国正在培育向西发展陆权经济的通道前端、贸易前端、国际产能合作、国家陆路门户的地缘优势；有利于新疆构建开放新平台、打造发展新模式。

一是承接国家产业转移，推进经济社会高效快速发展。为加快中西部地区经济社会发展，优化全国产业空间布局，国务院出台了《关于中西部地区承接产业转移的指导意见》，旨在进一步促进中西部地区承接沿海地区传统产业转移。新疆具备承接产业转移需要的能源、原材料等基础资源，乌鲁木齐作为新疆的首府、国际枢纽城市，拥有现代商贸物流和先进制造等高端产业要素集聚的基础条件。二是促进产业转型升级，打造经济发展平台和增长极。乌鲁木齐国际陆港区的建设，能够为乌鲁木齐外向型产业营造良好的产业发展环境，促进乌鲁木齐外向型产业扩张集聚，增加劳动就业机会和促进社会稳定，成为乌鲁木齐市、新疆维吾尔自治区乃至中亚地区经济社会发展的新引擎。三是抓住经济发展机遇，强化枢纽经济带动引领作用。内地众多城市都在积极组织开通经乌鲁木齐直达欧洲的亚欧铁路集装箱国际联运班列，并以此为支撑打造外向型产业集聚区。乌鲁木齐市要在实施“一带一路”倡议中凸显区位交通优势，构筑起高效快捷的国际物流服务和配套服务支撑体系，构建适应欧亚国际合作对接的现代产业体系，打造凝聚外向型产业集群式发展的乌鲁木齐国际陆港区和外向型产业集聚区。四是促进国际贸易便利，积极申报乌鲁木齐自贸园区。乌鲁木齐迎来自贸区申报建设的难得机遇，乌鲁木齐国际陆港区将与亚欧经贸合作区等共同支撑乌鲁木齐自由贸易试验区战略格局，是自贸区国际物流产业的支撑平台和国际加工产业的服务平台，通过自由贸易环境的顶层设计和营造，承接国内自由贸易区创新政策的复制移植，加之交通物流基础设施的不断完善，打造国际自由贸易园区。

二、功能定位

乌鲁木齐国际陆港区是以西站片区为核心，涵盖北站片区、八钢铁路场站区、三坪中心站、高铁片区、机场片区等面积约 120 平方公里的产城联动发展区域。乌鲁木齐国际陆港区按照场站建设、通道集结、贸易发展全产业链观念规划建设。

（一）产业布局及功能分区

乌鲁木齐国际陆港区产业布局为“四场站四中心四园区”，依托“四场站”（火车西站、火车北站、三坪中心站、国际机场）物流资源，搭建“四中心”［多式联运海关监管中心、保税物流中心（B 型）、西行班列集结中心、铁路国际快件交易中心］功能平台，拉动产业集聚发展，打造商贸物流功能完善的“四园区”（综合保税区、北站商贸物流产业区、空港物流服务产业区、铁路口岸服务产业区）。

具体的功能分区包括：国家铁路开放口岸、中国西行班列集结中心、多式联运海关监管中心、保税物流中心（B）型、国际快件中心、各类进境商品指定口岸、国际货物转运中心、零担货物拆拼箱中心、电子口岸拆拼箱中心、大宗商品交易平台。

（二）业务导向及发展目标

乌鲁木齐国际陆港区主要业务导向有：

1. 以多式联运海关监管中心为抓手，引导中欧/中俄/中亚/西亚班列在此集结，提供“铁铁、公铁、海铁、空铁、进口、出口及过境运输等多式联运的换装作业。

2. 以保税物流中心（B）型为抓手，吸引国际厂家、商家、贸易商、零售商在此集结，提供“保税展示、全球采购、厂商寄售、流通性加工、区域分拨配送”等增值服务。

3. 以国际快件中心为抓手，利用国际班列，设计国际快件搭载平台，开发“直邮包裹、分送集报”等跨境电商业务，把新疆国际陆港打造成“中国跨境电商的陆路门户”。

4. 以进境商品指定口岸为抓手，积极向出入境检验检疫总局申报设立“肉类、粮食、水果、冰鲜水产品、种苗、汽车整车等进境指定口岸”，为各类商贸物流在集结中心落地提供业务条件和环境支持。

5. 以“电子口岸服务平台”为抓手，通过建设线下多点作业、线上单一窗口，实现“申报、查验、放行、交易、结算、统计、数据交换和增值服务”等多功能的口岸政务和企业商务一体化工作平台。

6. 以大宗商品交易平台为抓手，借鉴国内外先进理念和成熟模式，建设大宗商品交易平台，发挥新疆的地缘优势、集结优势、产能转移和商贸环境优势，拓展新的经济增长点。

乌鲁木齐国际陆港区以丝绸之路经济带国际铁路主港为发展目标，“十三五”期间投资超千亿元，将实现年吞吐量近期2000万吨、远期1亿吨，把乌鲁木齐国际陆港区建设成“口岸功能领先，物流设施先进，物流效率最高，物流成本最低，产业环境友好”，引领新疆向西开放，促进首府国际化建设的创新发展区和推动新疆对外开放的功能引领区，成为丝绸之路经济带核心区综合交通枢纽和商贸物流中心的重要承载区。

三、当前全国班列运营格局及乌鲁木齐国际陆港区对策

在建设“丝绸之路经济带”倡议下，国内一些主要城市开通了对欧班列，主要有“渝新欧”“蓉新欧”“厦蓉新欧”“昆蓉新欧”“汉新欧”“郑新欧”“西新欧”等“五定”班列，此外，“粤新欧”“洛新欧”和苏州等地也发了零星不定期的国际班列。初步统计，截至目前，全国已开通中欧、中亚班列线路39条，涉及国内26个城市，总体上形成西、中、东三条通道，分别从阿拉山口（霍尔果斯）、二连浩特、满洲里三个方向出境。

2014年3月8日，新疆—中亚国际货运班列开行，正式步入丝绸之路西行国际货运班列的行列。截至目前，共开行去程班列150列（无返程）。“中欧班列”为我国实施向西开放、加强对外经贸合作提供有力支撑，同时也面临诸多问题亟须解决：一是各地政府独立组织，班列开行难保常态；二是班期不定频次不高，时效优势难以发挥；三是返程货源普遍不足，重去空回现象严重；四是议价谈判各自为战，同质竞争抢夺货源；五是收入依靠政府补贴，经济效益持续走低；六是设施设备亟须升级，服务体系有待优化。

乌鲁木齐国际陆港班列线路布局以国际化发展为定位，围绕“一带、两核、多支点”（一带：面向丝绸之路经济带，共商、共建、共享的和平发展、共同发展理念；两核：欧洲以德国杜伊斯堡港为核心、亚洲以乌鲁木齐国际陆港为核心，两港互为主港、互动合作；多支点：欧洲主要物流节点港、国内主要枢纽港，内外联动、海陆统筹的开放布局）的拓展目标，主动融入欧洲物流体系。对外方面，北线以白俄罗斯为主，辐射俄铁传统区域；中线以波兰、德国杜伊斯堡港、汉堡为主，辐射中亚和东欧、

西欧；南线以法国巴黎为主，打通与英国连接的通道，连接土耳其、伊朗等国，辐射南欧和西亚，最终形成辐射整个亚欧的班列线路网。国内方面，形成全面覆盖、多点支撑的布局。已与全国班列公司签订战略联盟协议，与国内主要海（陆）港洽谈深度合作。与昆明陆港合作，辐射东南亚；与深圳港合作，辐射香港；与厦门港合作，辐射台湾；与上海港合作，辐射长江经济带城市群；与青岛保税港合作，辐射日韩。在乌鲁木齐国际陆港、杜伊斯堡港作为主港的带动下，亚欧枢纽港多点联动，为建设中欧班列中国境内集结中心创造条件。

目前，国际方面，乌鲁木齐国际陆港区已导入德国杜伊斯堡港、波兰 PCC 多式联运、卢森堡国家铁路多式联运公司、法国劳尔集团，与经开区签约明确了在国际陆港的项目合作。近期，正在积极推进法国国家铁路公司、白俄罗斯铁路公司、德国汉堡港、荷兰鹿特丹港的项目合作。乌鲁木齐国际陆港区导入代表主流和主力的国际公司，不仅直接改善西向国际通道环境，也有利于吸引国内班列在国际陆港集结。国内方面，先后接洽了东部沿海的主要港口城市，包括：环渤海经济圈（沧州黄骅港/青岛保税港区/天津滨海新区）、长三角经济带（宁波北仑港/苏州高新区/南通港）、珠三角经济带（深圳盐田港/广州南沙港/广西北部湾港务集团）、海西经济带（厦门自贸区/福州江阴港）。同时，众多的中西部内陆城市（成都铁路港、昆明铁路港、宁夏中卫市、甘肃武威市）等也主动要求合作开发国际陆路通道。同时，已与全国班列公司签订战略联盟协议，正在筹划设立国际陆港班列控股公司，将以参股形式与全国中欧班列公司深度合作，引导各地班列公司业务与线路合作，避免恶性竞争，实现良性发展。

乌鲁木齐国际陆港区目前已开行从新疆到中亚、西亚、欧洲还有国内方向班列 142 班次。新疆—中亚国际货运班列已实现每周 1~2 列常态化运行；新疆—西亚、俄罗斯已开通测试班列；2017 年首次开通以乌鲁木齐为起始点和终点的“乌鲁木齐—杜伊斯堡”中欧班列，并即将开通波兰、卢森堡等国班列。

四、当前全国贸易格局及乌鲁木齐国际陆港区对策

当前，我国国际贸易产业主要集中在东南沿海地区，占全国国际贸易货值总额的 80%左右。海运在我国国际贸易运输方式中占 85%左右，成为贸易运输的主要载体。由于海运体量大、运输成本低，因此海运物流是国际贸易发展的最大推手。东南沿海的主要港口城市，正是因为航运的带动，成为我国最发达的贸易集聚地。目前，在丝绸之路经济带大通道贯通的大背景下，陆上物流通道已经打通，场站等地面物流设施完善，陆上货运组织方式成熟，由于陆运有着时效性高、运输成本折中的特点，因此高附加值、高时效性的快销品的运输方式从海运向陆运的转变，是平衡运输成本和运输时效的最佳解决方案，成为中亚、中俄、中欧贸易联系方式的又一选择。

乌鲁木齐国际陆港处于亚欧大陆桥的咽喉要塞，货运组织承东启西、物流功能辐射亚欧，是丝绸之路经济带核心的物流枢纽。目前，我们正在规划建设国际货运铁路口岸、多式联运海关监管中心、中欧班列新疆集结中心、保税物流中心（B 型）、铁路国际快件中心等一批重大物流设施工程，建成后，将极大提升国际陆港的国际化功能，突显在丝绸之路经济带商贸物流运输组织的枢纽地位，为建设丝绸之路经济带核心区商贸物流中心提供有力支撑。因此，国际陆港将顺势而为，充分发挥区位优势、交通优势，打造高效率、低成本的运营服务平台，吸引物流贸易集聚发展，建设面向全国的欧洲产品交易与分拨中心。

2015年中欧贸易货值6800亿美元，以海运方式运输的货值约99%，中欧贸易货值约40%为以肉类、奶制品、食品、酒类、高附加值产品为主的快销品，此类产品对时效性要求高。铁路班列与航运比，运输时效高，海运从欧洲到达中国沿海平均约需50天，铁路班列运输需8~10天。班列运输方式，既能满足货品对时效性的要求，又可为贸易商节省财务成本，是快销品贸易商们较为理想的选择。欧洲快销品性价比高，在国内有庞大的市场。据广州海关数据显示，仅德国、丹麦每月销往中国沿海的牛肉、猪副产品数量巨大，成就了番禺全国最大肉类交易分拨中心的地位。

乌鲁木齐铁路口岸临时开放已经获批，正在申报建设肉类、冰鲜水产品、水果、种苗、粮食、汽车整车等进境指定口岸，建成后将具备这些特种货品进口资质。我们已向丹麦皇冠等全球知名肉类出口商、广州番禺、香港等地肉类批发商及国际贸易专家征询意见，只要贸易成本合理、通关效率高效，肉类等对保质期有要求的快销品由海运方式向陆运方式转变，在国际陆港建立面向全国的交易分拨中心的条件是成熟的。以此类推，按照保税备货模式，分别设立酒类、食品类、奶制品类全国交易分拨中心。这些交易分拨中心群的建立，为建设丝绸之路经济带核心区商贸物流中心打下坚实基础。

同时，为提高国际陆港区运转效率、降低运行成本，增强竞争力，促进商贸和物流集聚发展，乌鲁木齐国际陆港区研究制定了班列返程、货物集结、贸易三方面服务业务涉及的相关支持政策，在运输和贸易环节实行政府购买服务，吸引车流集结和货物集结、带动贸易本地化。

五、当前全国陆港格局及乌鲁木齐国际陆港区对策

我国陆港起步比较晚但发展迅速，目前已初具规模，基本形成四个港群：东北陆港群、华北西北陆港群、山东半岛陆港群和东南西南华南陆港群。陆港群覆盖主要铁路枢纽站，发展较为成熟的陆港还同时与多个沿海港口建立合作伙伴关系。陆港建设模式主要有三种：一是沿海港口主导型，即沿海港口为争取货源主动与内陆地区合建的陆港，以天津港和宁波港为代表；二是内陆城市主导型，即内陆地区为发展本地经济建立的陆港，以南昌、西安为代表；三是港口和内陆城市合作型，即沿海和内陆地区基于各自发展需要建立的陆港，以哈尔滨、长春、沈阳与大连建立的陆港为代表。

尽管近年来我国陆港发展较快，但受地理区位、经济基础、产业布局和经营管理等条件不同的影响，不同地区的陆港发展水平存在较大差异，主要表现在：一是受交通基础设施的制约，跨境铁路、口岸公路建设水平滞后，运输方面缺乏与沿线国家统一的技术标准与法规；二是公共信息平台建设相对滞后，监管模式有待创新；三是缺乏多元化的陆港建设投资渠道。

在建设丝绸之路经济带的机遇下，乌鲁木齐国际陆港区建设应对陆港发展现状和问题，重点在统筹规划、合作机制、信息平台、运营机制等几方面提升优化。一是要加强统筹规划，把陆港建设规划与交通运输规划、城市规划、重大产业规划、工业园区规划、开放型经济园区规划很好地衔接起来，并加强对陆港内部水、电、路、公共信息平台和口岸功能建设的规划。二是加强与丝绸之路经济带沿线国家的互联互通，强化自治区各行业部门之间的横向联动，推动“一带一路”倡议下陆港建设协调机制，明确外办、交通、海关、边检、口岸等多个部门在相关工作的职责，统筹协调陆港重大问题，为国际陆港合作创造良好内部机制和环境。充分利用好上合组织等区域经济合作机制，配合国家外交、经贸、能源、资源、区域发展等战略，建立健全与周边国家的双边、多边、区域和次区域陆港合作机制。推进物流标准化工作，

帮助从事陆港业务的物流企业学习、掌握沿线国家有关海关、检验检疫、车辆担保等方面的法律法规和市场环境。三是争取海关、国检、铁路等有关部门在口岸通关、电子口岸、铁路运输等方面的相关政策保障和机制支持，充分发挥陆港货物通关便利和成本优势。完善电子口岸功能，建立陆港与海港的公共信息平台，并与税务、外汇、银行等物流港口外部信息资源进行电子联网，实现海陆两港的信息共享和系统集成。改革海关等口岸的监管和通关模式，提高通关效率，实现通关设备、设施的统一和对接，促使陆港成为通关的重要组成部分，缓解沿海港口通关压力。四是建立陆港间的“多对多”合作模式，即投资企业可以作为股东分享利益，陆港经营按照效率最大化原则选择多个合作伙伴。充分发挥市场机制作用，依据两港间资源的内在联系和空间的交通网络，实现资源集聚与共享。同时，调动铁路部门参与陆港建设和运营的积极性，充分发挥铁路在中长距离中连接陆港的作用。五是实现欧洲产品到达中国由海运向陆运方式的转移，在国际陆港实现交易分拨，需要财政补贴政策的引导，降低陆运成本，放大陆运高效的优势。财政政策在执行一个时期后，随着产业发展、物流集聚增加、运输条件改善逐步退出，最终进入市场化发展阶段。

真正承担起吉林向南开放的历史重任

吉林通化国际内陆港务区管委会

关于吉林未来五年的奋斗目标，吉林省第十一次党代会指出："改革开放成效明显提升，重要领域和关键环节改革取得突破性进展，国际国内合作进一步拓展，开放型经济新体制和全方位大开放新格局基本形成。"

报告指出，要深入实施长吉图战略，抓好开发开放平台建设，加快推进长春新区国际空港和国际陆港等开放平台建设，突出长春兴隆综合保税区、通化国际内陆港务区等园区建设，加大铁路、公路、桥梁、口岸、航线等重点项目规划建设力度，提高内外联通水平，加强与辽宁沿海经济带区域经贸互动，全力加快白通丹经济带建设，深入推动四辽铁通经济协作区建设，进一步畅通对外通道，建设国家"一带一路"向北开放的枢纽。

这些具体目标的提出，为吉林通化国际内陆港务区全面贯彻吉林省第十一次党代会精神，深入落实省委、省政府出台的《关于支持通化市建设向南开放窗口的若干意见》，扎实推进吉林省向南开放窗口建设，努力建设吉林向南开放窗口核心平台，带来了新机遇、新动力、新空间，特别是吉林省向南开放窗口建设的加快推进和大开放新格局的建设，为通化振兴发展集聚了强大动能。

一、贯彻新精神、增添新动能

未来五年是吉林深化改革开放、加快转变发展方式的攻坚阶段，是我省加快转型升级、决胜全面小康、建设幸福美好吉林的关键时期。我国仍处在可以大有作为的重要战略机遇期，外部环境总体有利于吉林省科学发展、加快振兴。特别是中央继续加大对东北地区的政策支持力度，为通化发展创造了难得的历史机遇。

吉林通化国际内陆港务区承担着吉林向南开放窗口建设的历史重任，也承担着振兴发展集聚强大动能的现实责任。因此，贯彻落实好省十一次党代会精神是港务区明确方向、提振精神、高效开拓、加快发展的首要任务。

加快吉林向南开放窗口建设，构建开放合作新格局，突出抓好港务区建设显得尤为重要，是深入实施全方位、宽领域、多层次的开放发展战略的新动能所在。着力打造全省国际物流新枢纽、开放发展新引擎、绿色转型发展新高地是市委对港务区发展的战略定位；完善提升港务区的服务功能和承载能力，深化与丹东港务实合作，加强通化港的运营和管理，加快构建集海陆空、跨境电子商务和对外经济合作服务于一体的全方位、立体化开放平台，打造东北东部融入"一带一路"新支点，是市委对港务区提出的新任务。我们要勇于担当，与省市相关部门、辽宁省、丹东市、丹东港通力合作，高效运行，全力完成任务目标。

二、拓宽新思路、发动新引擎

坚持把创新作为第一动力，加快形成以创新为主要引领和支撑的发展格局，是港务区拓宽工作思路的强大引擎。港务区是以综合物流园区、保税物流中心、铁路集装箱中心站、公路集装箱中心站为核心平台支撑，建设集保税加工、现代物流、产业合作、科技创新于一体的开放合作区。

2016年3月18日，省委、省政府7号文件

《关于支持通化市建设向南开放窗口的若干意见》出台，市委、市政府在“十三五”开局之年，全力以赴推进吉林向南开放窗口建设，通化港的建成并通关运营为港务区建设和发展打下了坚实的基础。实践证明，市委、市政府振兴发展的思路更加精准，向南开放的决心更加坚定。

通化港通关运营，完成了“建港出海”当年通关的工作任务，实现了通化由通到快、由交通末梢到开放前沿的历史性突破，标志着吉林向东向南双翼共进大开放蓝图的全面铺开，吉林和辽宁携手正以前所未有的速度和力度融入全球经济，让世界看到了东北地区联动振兴的广阔前景和美好未来。

当前，港务区将继续快速推进“以产兴港、以港带城、港城融合”全面建设，发挥通化港“港口内移、就地办单、多式联运”的新优势，领跑港城融合发展的新速度，加快把吉林通化国际内陆港务区建设成为全省国际物流新枢纽、开放发展新引擎、绿色转型发展新高地和东北东部融入“一带一路”新支点，在全面提升开放合作水平中，以更加开阔的国际视野，全力构建港务区建设新格局。

三、踏上新征程、完成新使命

吉林通化国际内陆港务区开创了吉林省“建港出海”的先河，在新征程上一路向南，高歌猛进，抓住机遇，乘势而上，以港务区的速度加快建设，继续发扬“开拓、高效、奉献、担当”的港务区精神，不辱使命，开启新航程。

2017年，港务区将秉承“三个尽快，三个必保”总体思路，即尽快占领市场、尽快完善功能、尽快展现形象；必保实现500万吨力争700万吨的工作目标、必保核心区功能完善、必保港务区有大的形象变化。全年将投资35亿元，推进17个重点项目建设，经过2~3年的努力，使港务区初具规模。

未来，港务区将围绕进出口加工业和服务业两大主导产业，重点推进供应链服务、国际商贸服务、临港制造、专业服务以及旅游服务和城市生活服务，与通化地区其他产业实现良好对接，协同发展。

港务区将在实现新一轮振兴发展的大潮中，百尺竿头更进一步，发挥吉林向南开放窗口核心平台优势，与国家战略性经济带互动共赢，为通化率先实现全面振兴作出新的贡献。

打造“一带一路”双向开放桥头堡

青岛胶州湾国际物流园

胶州市历史悠久，是华夏文明发祥地之一。早在4500年前，即有先民在这里刀工渔猎、繁衍生息，创造了新石器时代的三里河文化。唐朝设立板桥镇，北宋时期港盛州兴，海运贸易繁荣，特设市舶司、胶西商榷，是全国五大商埠之一，长江以北唯一的对外通商口岸，是古海上丝绸之路的北起航港，同沿线国家和地区经贸往来、人文交流绵延千年、史不绝书，素有“金胶州”之美誉。如今跨越千年，宏图再启，青岛胶州湾国际物流园未雨绸缪先行先试主动融入新的国家战略，唤醒了古埠的往日繁华。

一、园区概况

青岛胶州湾国际物流园位于青岛胶州市胶北街道办事处，规划面积17.8平方公里，占地面积10.6平方公里，其中物流运营面积6.87平方公里。园区是经山东省经贸委和青岛市政府批准的山东省重点物流园区。2010年11月，园区被省发改委确定为省级重点服务业园区。2012年底因区划合并、规模升级更名为山东国际物流港，是山东半岛最大、青岛市的陆路综合物流中心，是青岛市高端服务业“十个千万平方米工程”重点工程，“十二五”现代物流业发展规划重点项目。2015年园区荣获“国家优秀物流园区”，2016年荣获“国家示范物流园区”。

1. 区域枢纽。胶州市是山东半岛联结海内外的重要交通咽喉，海陆空铁综合交通网络发达。在“一带一路”建设中，青岛市被确定为新欧亚大陆桥经济走廊主要节点和“海上合作战略支点”的“双定位”城市。胶州市作为山东半岛重要的交通枢纽，为其提供强力支持。

2. 基础设施。园区拥有悬臂轨道龙门吊20台，起重能力40T的正面吊40台，集装箱专用卡车3台，大型安检仪1台，自有货车数量1352台，组织社会车辆2496台，监控系统1套，信息化系统1套，集装箱场站管理系统1套，卡口系统1套。园区有装卸线路13条，总长8600米。

3. 园区规划。园区规划布局“一核三区、一轴一带、两心四片”。一核，青岛胶州湾国际物流园发展核心区；三区，多式联运示范区、物流产业集聚区、智慧物流拓展区；一轴，沿北外环路新型物流集聚发展轴；一带，园区南侧的三里河公园景观带；两心，多式联运管理服务中心、生活配套服务中心；四片，保税物流片区、跨境电商片区、冷链物流片区、大宗商品贸易片区。

4. 服务能力。园区现有仓储面积233万平方米，2017年规划建设30万平方米的冷链物流仓储、10万平方米的保税物流仓储，仓储功能不断完善。信息资源实现共享。融入“互联网+”创新思维，建设园区综合信息、多式联运海关监管中心综合管理、中心站信息系统“三位一体”信息化管理服务平台，囊括了海关、国检、青岛中心站、青岛港等直通场站综合管理系统、信息发布系统、卡口智能监控系统、集拼管理系统、智能箱位识别系统等，实现信息资源第一时间交流、第一时间共享。

5. 社会贡献。重点物流项目集聚园区，现园区拥有企业310家，注册资本超过1000万元的企业64家，国家3A级以上物流企业17家，其中3A级企业8家、4A级企业5家、5A级企业4家。促进就业与税收，2016年园区实现就业12100人，税收3.9亿元，吞吐量12500万吨

二、创新做法

1. 开通“胶黄小运转”班列，推进港站互联。中铁联集青岛集装箱中心站与青岛港前湾港区黄岛站之间运行的“胶黄小运转”多式联运短途班列，是实现口岸功能向内陆延伸的有益尝试，是铁路轨线延伸至港口前沿的运输方式无缝衔接典型。目前，胶（州）黄（岛）小运转班列，全面实现了青岛前湾港与胶州铁路中心站的海铁联运，每日固定开行班列2对4列，截止到2016年底，累计完成281604TEU。

青岛铁路集装箱中心站海关多式联运监管中心建成运营后，积极促成海关、国检、中心站、青岛港四方“一体化”联合办公，使本地区及周边所有企业的进出口贸易均可实现在中心站就近通关、就近查验，并利用“胶黄小运转”集港绿色通道直接转运到港口出境，客户一次性即可完成所有运输环节；反之，进口货物到港后可以直接通过“胶黄小运转”通道直接转运到中心站，在中心站一次性实现通关、查验、转运。真正实现报关、商检、查验、放行、海铁联运交单“一站式”办理。

2016年，“青岛‘一带一路’跨境集装箱海铁公多式联运示范工程”是全国首批16个多式联运示范工程项目，青岛市海铁联运量达到48万TEU，同比增长60%，位居全国沿海港口首位。

2. 开行跨境国际班列，延伸联运网络。目前，园区开通了胶州至乌鲁木齐、西安、郑州、洛阳、宁夏西大滩、成都、新疆库尔勒省际固定班列7条，“中亚班列”“中韩快线”“中蒙班列”“东盟专线”“中乌直通班列”（试运行）等国际班列5条，成功打通中蒙俄、中国—中亚—西亚、中国—中南半岛等三大经济走廊。《中欧班列建设发展规划（2016—2020年）》中，“青岛号”中亚班列被列入直达班列规划，青岛市列入沿海重要港口节点城市，为开通“青满俄”班列、“青新欧”班列，打通新亚欧大陆桥经济走廊奠定坚实基础。一张北达俄蒙、南连东盟、东至日韩、西到欧洲，连通四大经济走廊的国际物流大通道网络将正式逐步形成。

随着胶州中心站与青岛港的通关“一体化”构想的付诸实施，青岛海铁联运“港站双轮驱动”模式初见成效，使得胶州的进出口货物通关便利程度普遍提高，多种运输方式衔接程度更加紧密，货物向东向西的流量流速不断攀升。在这种背景下，“丝绸之路经济带”向东部沿海延伸、“海上丝绸之路”向中西部地区拓展为胶州与青岛创造了难得的契机，从而实现“一带”与“一路”在青岛市的有机融合，全面带动沿黄河流域经贸发展，重点发挥胶州与青岛辐射内陆、连通东西、面向太平洋的战略支点作用。依托以上战略定位与节点联运设施完备的优势，园区积极承接国内、海外集装箱货物的双向“上陆下海”运输需求，挖掘以消费为引领、以供给为动力的跨境物流通道模式。

“青岛号”中亚班列于2015年7月1日开行，班列由青岛中心站始发，分别经阿拉山口—多斯特克和霍尔果斯—阿腾科里两条路线过境，运往中亚的哈萨克斯坦、乌兹别克斯坦等国家。目前，运转质量稳步提升，开行密度由初期的每周1列逐步增加到每周3列。截至2016年底，中亚班列完成集装箱办理量运量10418TEU。2016年，“青岛号”中亚班列在无补贴前提下，实现健康营运，其做法得到商务部、国家发改委、中铁总公司等国家部委的肯定，并列入《中欧班列建设发展规划（2016—2020年）》，作为中欧班列的枢纽节点，将承担中欧班列国际海铁联运功能。

3. 实施通关“一体化”，提高通关效率。

自青岛海关监管中心正式获批以来，为推动货物高效便捷进出，海关、国检先后入驻园区开展业务，多式联运口岸功能进一步完善。园区建设了8000平方米的海关、国检一体化专用仓库和查验平台，货物无须转场即可完成关检联合查验，切实提高了查验效率。这也是青岛首创的“三个一”通关报检一体化查验模式，海关、国检一个查验平台，一次报关、一次查验、一次放行，为企业节省查验费用50%以上。

2014年12月，青岛多式联运海关监管中心获海关总署批复，将打造成一处具备过境转运、直通监管、跨境电商集散和保税仓储、简单加工等功能的新型海关监管中心，承接和创新自贸区经验成果转化，特别是海关总署明确要求，依此研究探讨全国多式联运海关监管中心标准、监管流程和相关配套信息化系统平台建设，作为全国多式联运海关监管中心示范样板，在全国复制推广。

海关多式联运监管中心入驻胶州集装箱中心站以来，胶州市不断优化服务能力，提升贸易便利化水平，共服务胶州及周边地区外贸进出口企业1000余家。

与此同时，以青岛海关牵头的全国丝绸之路经济带海关区域通关一体化改革加紧推进，2015年4月13日，海关区域通关一体化应急协调中心海关总署青岛教育培训基地启用。2015年5月1日，丝绸之路经济带海关区域通关一体化改革应急协调中心在胶州挂牌，来自青岛、济南、郑州、太原、西安、银川、兰州、西宁、乌鲁木齐、拉萨等10个海关的业务、技术及12360热线70余名海关工作人员入驻联合办公，为青岛发展多式联运，更加紧密地融入“一带一路”打开了广阔的空间。

三、示范特色

1. 衔接紧密，缓解压力，践行多式联运绿色运输服务功能。近年来，随着青岛港吞吐量的迅猛增长，港区周边交通极为拥堵。依托铁路运输方式进行疏港操作，可以对积压在港口堆场的集装箱，开展一次性、大批量的快速疏运分流，改善了港区的生产环境。通过铁路运输方式，还可以缓解城市交通状况，取代并减少了集装箱卡车的过多使用，降低了汽车尾气排放量，有助于推动城市经济转型升级，践行绿色运输服务，优化城市综合功能。以“胶黄小运转”班列疏港为例，通过海铁联运，每趟班列可运40～50个车底，既可以装载40′（20′）集装箱40（80）～50（100）个，至少减少50台次的集装箱卡车进出港口。同时，各种运输方式的合理搭配，使各种运输方式扬长避短，实现了运输一体化，从而在整体上保证了运输过程的最优化和效率化，有效地解决了由于地理、气候、基础设施建设等各种市场环境差异造成的商品在产销空间、时间上的分离，促进了产销之间紧密结合以及企业生产经营的有效运转。以“中韩快线”为例，全程运输时间由11天缩短至4天，使得广东与韩国之间的贸易，在产销、供需之间的距离大幅缩小，加快了企业的资金周转率，降低了产品滞库时长，提高了企业的经济活力。

2. 循环利用，探索创新，推动铁路系统逐步融入市场竞争。铁路集装箱的运营模式有其特殊性。集装箱中心站是全国铁路集装箱的经营和管理部门，长期以来，铁路的集装箱被称之为“路用箱”，即集装箱只能在铁路系统内使用。在铁路运输中，“路用箱”与船公司海铁联运的自备箱待遇截然不同。对船务公司的返程空箱，铁路要征收50%的运费，而对返程的“路用箱”空箱则是运费全免，仅这一条便构成了“路用箱”运价的优势。但是“路用箱”如果不下海上船，也限制了自身的发展。“中韩快线”模式实现了铁路集装箱的上船出海，并完成了双重循环运输，为用户减少了港口调运空箱的成本，也避免了掏箱、再装箱的货物破损风险，减少了运载空箱的车底资源浪费。

3. 港站联动，关检协同，推动运输成本运输效率实现双赢。针对过境发往中亚的集装箱货物，通过青岛港疏港分流操作，利用“胶黄小运转”驳至胶州中心站，然后办理过境转关手续，既减少了青岛港的集装箱堆存压力，提高了转关手续办理效率，也为中亚班列的集装箱编组成列提供了更专业、贴心的服务。经过测算，通过胶州中心站，沿“新欧亚大陆桥”抵达欧洲阿姆斯特丹港的运输时间由海运的45天左右，可以缩短为15天左右，国际货运成本将大幅降低，运输时效将显著提升。进口货物报关环节提前，放行时间缩短，出港时间成本降低；出口货物运至监管中心即可办理关检通关手续，视同到达船舷边。

4. 注重培育，抱团发展，推动多式联运各项工作比翼齐飞。培育鼓励支持多式联运经营人以资产为纽带、集中核心优势资源成立经营联合体参与到货源组织、运输业务等多式联运业务中来。目前，中心站已吸引46家多式联运经营人到站开办运输业务。中远海运、新海丰、中外运、陆桥、凯航、青岛远洋大亚等“多式联运经营人”联合抱团发展，打造“一带一路”多式联运物流枢纽。截至2016年12月份，青岛铁路集装箱中心站完成集装箱作业量35.5万TEU，同比增长76%，运量在全国已建成的10个铁路中心站中位列第4位，增幅位居第1位。

四、发展愿景

1. 建设冷链物流基地，助推园区特色发展。根据国家《铁路冷链物流布局“十三五”发展规划》要求，在全国布局“二纵二横三放射”七条主要通道。郑青通道（郑州—青岛段）是铁路冷链首期发展“一纵一横”示范项目，青岛胶州湾国际物流园作为郑青冷链主通道的起点，将布局一级铁路冷链物流基地，承载该铁路冷链物流基地功能。

2. 拓展园区口岸功能，助推园区内涵发展。将积极申建保税物流中心（B型），拓展保税物流、保税仓库、简单加工等业务模式将吸引中远E环球等跨境电商平台龙头企业、B2B/B2C企业入驻园区，推动胶州市以及周边区域跨境电子商务的发展。有序推进胶州铁路陆运口岸开放工作，实现海关特殊监管区域与口岸联动发展，带动我市及周边区域贸易发展，促进产业转型升级。

3. 搭建平台招才引智，助推园区智慧发展。积极对接高端物流业态发展趋势，加快“引智”平台建设，与清华大学签署《战略合作框架协议》，引进清华大学胶州智慧物流研究中心，充分利用清华大学北卡EMBA商学院学员的人力资源优势，助推园区智慧发展。

4. 不断提升园区规格，助推园区联动发展。积极协调相关部门完善国家级示范物流园区的组织架构，提升园区规格，在青岛形成“海港、空港、陆港”三港鼎立、联动融合发展的局面。

加快愿景城建设

愿景集团

一、愿景城的基本情况

愿景城是立足巴州、覆盖西部、承接全国、面向亚欧，集商贸、物流、展示、交易、仓储等功能于一体的全服务、全业态、全智能、高效商贸国际物流园平台，将促进库尔勒的建设和发展，提升库尔勒市产业发展的吸引力，支撑新疆丝绸之路经济带的区域性交通枢纽中心、商贸物流中心建设。

愿景城以现代服务业及现代物流业“两轮驱动”，大力发展物流业+展贸业+电商业，创新物流经贸复合发展模式，建成国际企业总仓园、亚欧国家商务示范区、中国规模最大的库存商品交易集散中心等，吸引众多国内外市场资源聚集，促进国际商贸物流发展。

愿景城顺应世界与中国经济变化，遵循产业升级定律与市场成长规律，站在世界新高度，建设中国向西的桥头堡，践行“一带一路”倡议。愿景集团在国家级库尔勒经济技术开发区投资创建“东联西出”“西来东去”物流经贸复合链模式；拟承接全国产业转移、解决全国库存，辐射亚欧，聚集“一带一路”展贸、贸工、工贸、物流企业入驻和终端采购旅游；在库尔勒开发区重构物流生态链，带动国内地方产品向外快速流通，辐射欧亚大陆桥各国人口密集城市。

愿景城依托巴州开发区库尔勒综合保税区的全球物流支撑平台，聚合并充分发挥区域公路、铁路、航空资源的交通优势，整合国际国内贸易渠道，推动国际贸易发展，以专业展厅和短期展览会为品牌宣传，以“前店后仓”为创新经营模式，促进库尔勒国际物流区位优势的充分发挥，促进区域形成疆域枢纽，实现促进库尔勒城市建设、振兴巴州的目标。

愿景城创新应用互联网技术，推动“互联网+物流”行动，推进大数据、物联网技术与物流业的深度融合，推动物流业转型升级。加快现代信息技术在物流领域应用，完善跨境电商物流服务体系，夯实库尔勒国际物流枢纽组织基础。打造以电子商务和跨境电子商务服务为核心，以互联网平台、信息技术开发、金融、支付等技术和服务配套为支撑的互联网商贸创新营销体系，推进信息流、商流、物流、资金流的四流合一。

二、愿景城的历史背景

（一）愿景城建设充分响应“丝绸之路经济带”倡议

丝绸之路经济带，是中国与西亚各国之间形成的一个在经济合作区域，大致在古丝绸之路范围之上，包括西北陕西、甘肃、青海、宁夏、新疆等五省区，西南重庆、四川、云南、广西等四省市区。新丝绸之路经济带，东边牵着亚太经济圈，西边系着发达的欧洲经济圈，被认为是“世界上最长、最具有发展潜力的经济大走廊”。丝绸之路经济带地域辽阔，有丰富的自然资源、矿产资源、能源资源、土地资源和宝贵的旅游资源，被称为21世纪的战略能源和资源基地，但该区域交通不够便利，自然环境较差，经济发展水平却与两端的经济圈存在巨大落差，整个区域存在“两边高，中间低”的现象。

丝绸之路经济带建设意义重大。从国家层

面来看，打造“丝绸之路经济带”，有利于深化区域交流合作，通过互利共赢的经贸文化交流，密切我国同中亚国家的关系，进而推动欧亚大陆经济合作的深化。“丝绸之路经济带”的形成和拓展将使中亚国家可以便利地通往世界上经济发展最活跃的亚太地区。同时，也将促进中国的向西开放。而在欧美市场普遍不景气的背景下，拓展中亚、西亚和南亚市场，无疑对我国的出口具有积极意义。同时，建设“丝绸之路经济带”的倡议，将对未来欧亚大陆政治经济格局产生深远影响，共建“丝绸之路经济带”有利于相关区域更好地发挥区位、资源优势，统筹利用国际国内两个市场、优化配置市场资源，推动我国东西部经济的平衡发展。

近年来，美国在重返亚太的过程中，推出了“跨太平洋伙伴关系协议”和“新丝绸之路计划”，都把中国排除在外，遏制中国发展的意图十分明显。对此，应积极落实共建“丝绸之路经济带”的倡议，形成连接东亚、西亚、南亚的交通运输网络，进而取道中亚直接面向中东、欧洲大市场。通过打造这条我国深度开放的陆上大通道，将彻底打破美国在海路封锁我国的战略企图。“丝绸之路经济带”的建设，经济、贸易、货币联系的加强，将为欧亚大陆腹地的多边安全合作注入新的活力，为地区安全提供“内生动力”。因此，“丝绸之路经济带”不仅具有巨大的经济效益，还有着巨大的安全效益。

愿景城项目位于“丝绸之路经济带”上的巴音郭楞蒙古自治州的首府库尔勒市，该项目的建设充分响应了建设“丝绸之路经济带”的倡议，它的建设也必将对于丝绸之路经济带的推进起到积极作用。

（二）项目建设完全符合新疆商贸物流中心战略定位

新疆是我国向西开放的重要门户，东、南部与甘肃、青海和西藏接壤，北、西、西南分别与蒙古、俄罗斯、哈萨克斯坦、吉尔吉斯斯坦、塔吉克斯坦、阿富汗、巴基斯坦、印度等8个国家接壤。陆地边境线长达5600多公里，占中国陆地边境线的四分之一，是中国面积最大、陆地边境线最长、毗邻国家最多的省区。

新疆既是古丝绸之路的重要组成部分，也是现代“丝绸之路经济带”构建中最具地缘优势、区位优势和人文优势的核心地带，是丝绸之路经济带中最重要的战略枢纽。新疆具有相对完善的铁路、公路、航空及管道四位一体的综合立体交通网络，东联内地，西通欧亚，独特的区位、资源禀赋和产业发展潜力使新疆有条件成为“丝绸之路经济带”上最重要的国际物流中心、交通枢纽中心和新的经济高地。同时，新疆不仅是国际能源资源陆上大通道，也是我国未来的能源资源战略基地。随着国内能源资源需求的增加，新疆能源资源的通道作用和基地作用不断强化，在未来国际能源资源战略格局中，依托国际能源资源通道，有序开发新疆能源资源，共建“丝绸之路经济带”将成为确保我国能源安全的最大保障之一。

2016年4月24日，国家发展改革委、外交部、商务部联合发布了《推动共建丝绸之路经济带和21世纪海上丝绸之路的愿景与行动》，标志着中国“一带一路”规划正式启动。规划要求，发挥新疆独特的区位优势和向西开放重要窗口作用，深化与中亚、南亚、西亚等国家交流合作，形成丝绸之路经济带上重要的交通枢纽、商贸物流和文化科教中心，打造丝绸之路经济带核心区。“一带一路”倡议将新疆战略定位为商贸物流中心，本项目的发展目标也正是全力打造国际物流园，与新疆战略定位完全相符。

当前，中国面向欧洲的物流联动主要以海运为主，时间成本和风险成本巨大；而面向中亚和中东地区开放的口岸，城市虽多，但产品的品种、数量不足，更由于距离问题、时间问题等多方原因难以寻找到满意货源集散地。愿景城项目凭借自身地理坐标优势，向东联通连云港沿线，打通陆上到海上丝绸之路起点城市；向西联通瓜达尔港，打通丝绸之路经济带“中巴经济走廊”通道；结合本项目中的“中国库存商品交易中心”，打造愿景城，将产品与物流成本在此降至最低，最终通过“价格低洼效应”不断吸引来自世界各地的库存产品在此集散。由此可以看出，该项目的建设对于助推新疆打造“丝绸之路经济带”上的商贸物流中心具有积极意义。

（三）库尔勒市正打造为南疆门户和全疆重要的综合交通枢纽

库尔勒市地处欧亚大陆和新疆腹心地带，塔里木盆地东北边缘，北倚天山支脉库鲁克山和霍拉山，南距“死亡之海”世界第二大沙漠——塔克拉玛干沙漠直线距离仅70公里，是古丝绸之路中道的咽喉之地和西域文化的发源地之一，是南北疆重要的交通枢纽和物资集散地，也是该地区重要的政治、经济、文化中心。

库尔勒市是南北疆的重要交通枢纽，现已形成了城乡道路、过境公路、铁路、航空和管道运输等纵横交错的立体交通网，成为新疆境内仅次于首府乌鲁木齐的第二大交通枢纽。当前，新疆“三纵三横”交通路网建设中，有一半主要路网都在库尔勒接驳，西起伊犁霍尔果斯口岸，东至若羌县的218国道穿城而过，东至哈密、敦煌的314国道、接驳连霍高速的3012高速公路可直接抵达红旗拉普口岸。同时，已经建设完成的南疆铁路（陇海兰新线）和正在建设的“库格高速铁路”（库尔勒至格尔木）形成了对库尔勒出疆通道的完善和补充，也奠定了库尔勒在新疆立体交通建设的绝对优势，库尔勒成为全疆唯一一个拥有两条双向出疆通道的城市。库尔勒机场在新疆境内有开往乌鲁木齐、北京、山东、成都、且末、库车等地的航线。正在改扩建的库尔勒飞机场，已经成为全国重要的支线航班机场。

最近出台的《库尔勒综合交通枢纽规划》中，将新建两条国道高速连接线——新国道218线与国道314线联络线，第一条起点是库尔勒火车西站，经库尔勒市恰尔巴格乡、兰干乡、库兰公路，跨越孔雀河，再穿越英下乡、阿瓦提乡及阿瓦提农场，在库尔勒经济技术开发区南侧与新国道218线相连，全长28公里，按高速公路等级要求建设，道路红线宽度50米，两侧各布置50米绿化隔离带；另一条连接线是由库尔勒经济技术开发区北侧既有国道218线起向东穿越现有铁路线接新国道218线，全长6公里，按高速公路等级要求建设。此外，还将修建两条城市快速路：库尔勒市区铁克其路及库尉大道，这条路将作为库尔勒市与高速公路快速联系（10分钟上高速的战略要求）的通道进行改造建设。其中，铁克其路北起库尔勒火车东站，向西南与拟建的高速联络线相连，全长10公里；另外，库尉大道城区段，是将既有国道218线从库尔勒经济技术开发区北侧起向南至高速联络线部分全长8.8公里。

2016年2月，巴州政府发布的《巴音郭楞蒙古自治州国民经济和社会发展第十三个五年规划纲要》中明确部署，在铁路方面，“十三五”期间要“建成格尔木—库尔勒铁路”，“推进库尔勒经济技术开发区铁路专用线建设”，“完成省道S206博湖—库尔勒经济技术开发区”，“加快库尔勒国家级综合交通运输枢纽建设步伐”。良好的交通优势以及各级政府对库尔勒建设国家级综合交通枢纽的政策支持，为本项目建设国际物流园提供了重要支撑。

三、愿景城的意义

（一）有利于深入践行“一带一路”倡议

愿景城项目通过建设新疆地区专业批发市场集群平台、新疆电子商务总部基地、新疆现代商贸服务基地，全面打造“一带一路”上的国家级的物流园。推动中国经济向西发展，建立“丝绸之路经济带”，加强与中亚、西亚等地国家合作的一个重要内容就是深化“丝绸之路经济带”区域的物流合作与发展，降低“丝绸之路经济带”区域内的物流成本。

“丝绸之路经济带”区域物流产业作为“丝绸之路经济带”区域经济的基础性产业，其发展有利于促进“丝绸之路经济带”区域社会经济的发展，优化“丝绸之路经济带”区域产业布局，改善产业结构，提高企业经济效益和“丝绸之路经济带”区域经济综合能力，增强“丝绸之路经济带”区域经济竞争力。

本项目也正是在践行“一带一路”倡议下，努力打造集商贸、物流、展示、交易、仓储等功能于一体的全服务、全业态、全智能高效商贸物流平台，积极发展物流产业。

（二）有利于推进新疆和库尔勒市商贸物流中心建设

新疆地处亚欧大陆的中心，周边与 8 个国家相邻，拥有着 17 个一类口岸和 12 个二类口岸，这为新疆发展外贸提供了良好的地缘优势。在“一带一路”倡议中，新疆的战略定位之一也被明确为商贸物流中心。同时，“丝绸之路经济带”核心区地位的确立为新疆建设国际商贸物流中心提供了前所未有的机遇。然而，近年来，随着信息畅通、交通便捷，中亚商人开始直接与内陆省区开展贸易，越来越多的过境贸易、跨区贸易使得新疆逐渐沦为内陆向外出口的中转基地，新疆现有的资源、能源却不能得到充分的利用。本项目的实施，能够充分融合新疆本土优势，积极发展商贸产业，对于推进新疆商贸物流中心建设具有一定的推动作用。

库尔勒市是巴州自治区的政治、经济、文化中心，现已被列为国家重点发展的 47 个中等城市和新疆维吾尔自治区 3 个重点发展中等城市之一。库尔勒市正积极建设成为国际性物流集散中心，特别是库格铁路的建设将为库尔勒市建设物流中心提供前所未有的机遇。目前，正在积极打造和建设“一主两翼”的物流园区。其中，本项目所在的库尔勒经济技术开发区，正重点发展以保税、综合性多式联运、大宗散货（资源与能源）、航空物流、化危品综合物流园区。本项目的实施必然会为库尔勒市物流产业发展带来巨大动力，也会为国际性物流集散中心建设带来新的活力。

（三）有利于落实中央提出的“去库存化”战略

目前看来，产能过剩已愈发成为我国在对待经济增长的问题上不得不关注的焦点和亟待解决的问题。一些传统产业，如钢铁、水泥、煤炭等均呈现出严重的产能过剩的特征。据相关统计资料显示，2014 年我国钢铁行业产能利用率为 75.9%，产能过剩 24.1%。水泥产业的过剩率约 28%，累计过剩产能超 8 亿吨。平板玻璃与煤炭产业产能利用率均不足 70%。同样，LED、风电设备、光伏等新兴产业也同样出现了过剩局面或隐患。2015 年底，中央政府提出了“供给侧改革”，以去产能、去库存、去杠杆、降成本、补短板为重点推进供给侧结构性改革，目前，供给侧结构性改革已成为各级政府的重要施政战略。

本项目将“中巴经济走廊”和“中哈经济走廊”中方起点向东延伸至东部发达地区连云港，打通“丝绸之路经济带”与“海上丝绸之路”的通道（连霍高速、陇海兰新线），形成以库尔勒为中心的大型库存商品交易集散地，推进了连云港—库尔勒—巴基斯坦“瓜达尔港”的三港联动，能够大大吸引中国东部、中部区域库存商品向该地集散，并联动瓜达尔港向亚欧辐射流通，有利于把过剩产生能向国外疏散，能够坚实的推进中央“去库存”战略。

（四）有利于维护南疆地区的民族团结

新疆是一个多民族地区，民族团结是各族

人民的生命线，也是各族人民的共同利益所在。维护民族团结，维护新疆稳定，才能确保新疆实现跨越式发展和长治久安。

项目的建设，可以提供至少上千个子项目小额创业的机会，同时带动社会就业数万人，拉动社会消费及进出口贸易估计每年上千亿元，能够极大提升新疆物流枢纽价值中心的地位，对于构建和谐社会，促进民族团结，具有很大促进作用。

（五）有利于整合物流产业提升库尔勒城市品牌

愿景城是形成区域经济繁荣程度或经济水平优劣的一项重要的元素。大力发展物流业+展贸业+电商业，三维一体的国际物流园可带动整体经济的发展与腾飞，具有非常深远的积极意义。目前，巴州复合物流业还处于初级阶段，整体形象和层次一般，没有经过科学的培育发展，如果不进行整体战略规划并有序引导其发展壮大，而任由其自发发展，从现代快速经贸经验看，将不能满足人们日益升级的文化生活需求。随着城镇升级改造工程的逐步推进，城市功能的发展，深化并升级物流业将会是一个必然的发展历程。项目的建设能够整合物流资源，壮大物流产业，有利于提升城市形象，形成巴州新名片。

总之，愿景城项目积极响应“一带一路”倡议，符合新疆维吾尔自治区建设“丝绸之路经济带核心区”中的商贸物流中心战略定位，建设目标明确，经济效益良好，社会效益、生态效益明显，能够带动当地经济发展，促进与周边国家交流和往来，十分有利于维护新疆社会稳定。

加快建设海外临沂商城

临沂商城管理委员会

临沂商城国际化起源于2012年初。当时市委、市政府对临沂商城的发展做了全面评估，认为在内贸发展到一定规模的基础上，应大力推进外贸发展，实现“两个翅膀一起飞”。随着“一带一路”倡议的深入实施，临沂商城国际化进程加速，商贸物流产业转型升级迎来了重大发展机遇。

“一带一路”倡议是中国与亚非欧沿线国家为实现合作共赢、共同发展而建立的开放式互利共赢合作平台，基础设施的互联互通是“一带一路”建设的优先领域，各国基础设施的建设需要大量建材、基建等原料，“一带一路”沿线多为经济欠发达国家和地区，临沂商城的货源结构满足了这些发展中国家基础设施建设的需求。为加快融入“一带一路”倡议，推进“海外临沂商城”建设，临沂商城瞄准对接“一带一路”倡议的功能定位，以商贸为基础、物流为先导，以市场和园区建设为平台，以大项目好项目建设为支撑，打造共同发展的区域、构建共同发展的空间，实现物畅其流、互利互惠。

目前，已在巴基斯坦、尼日利亚和匈牙利等国开展商贸物流合作，“海外临沂商城”、海外仓已经建成的项目共有11个，累计面积4.5万平方米。据初步统计，这些海外仓、边境仓累计带动临沂出口4000万美元左右，2016年1—8月份，“海外临沂商城”实现市场交易额16亿元人民币。另外，一批国际国内货运班列相继开行，临沂相继开行了至广州、乌鲁木齐、西宁等国内和至德国汉堡、巴基斯坦瓜达尔港的国际货物班列。

“海外临沂商城”是临沂商城在海外建设项目的统称，项目根据海外市场需求、结合临沂商城自身拥有商品种类建设而成，无论其经营主体是政府、大型企业或商户等，无论其经营方式是商贸物流园区、海外仓或境外合作园区等，都冠以“海外临沂商城”的品牌。国外有很多与“海外临沂商城”类似的项目，如“温州城”“义乌城”“中国龙城”等，其中运作比较成功的“迪拜龙城”，目前已成中国境外最大的商品集散地。当前，临沂商城商户“走出去”呈现规模化、集中化、多业态的趋势，但大多数企业对外投资仍面临各种风险，如金融风险、政治安全风险、产权纠纷风险等。“海外临沂商城”采用“政府搭台、企业唱戏”的模式，是企业抱团出海的航母，由政府制定海外投资政策，统筹布局和组织引导，避免恶意竞争，为“走出去”的企业提供舒适的生产空间，降低投资风险。

墙内开花墙外香，临沂商城运用三十多年积淀的商贸物流优势，推动商城国际化发展，主动响应“一带一路”倡议，大力发展国际贸易，实行“旅游购物”贸易模式，积极争取“市场采购”贸易方式，打造国际工程物资集采集供基地。临沂商城新型市场业态的发展和“海外临沂商城”的建设引起了国内外的普遍认可和关注，中央电视台、新华社、人民日报、山东新闻、临沂新闻、创业故事和临沂日报等多家主流媒体、栏目对临沂商城进行集中宣传报道。一些大型央企主动来到临沂商城，提出要共同开发建设“海外临沂商城”，比如阿联酋瓜达尔港“中国临沂商城”，由临沂市政府与央企中国海外港口控股有限公司合作建设；日前，临沂商城与招商局物流集团签署战略合作协议，临沂商城商户通过租赁招商局物流集团在白俄罗斯建设的中白商贸物流园等“丝路驿站”，把临沂商城的门店开到国外。

一、“海外临沂商城”建设布局

依据国家“一带一路”倡议，根据临沂已建、在建及拟建海外商城的工作基础，海外商城建设布局考虑的因素主要有：一是结合拟布局国家或地区同中国的友好合作关系，考虑政局稳定的国家或地区；二是结合亚欧大陆桥、临新欧等重要陆路通道及海上主要航线，考虑重要物流节点、交通及区位优势明显的城市；三是结合拟布局国家或地区的经济发展状况、人口与市场规模，考虑其与临沂是否存在经济互补性。

1.“海外仓”布局。根据自身特点，充分发挥在生产资料专业市场的优势，积极参与“一带一路”沿线国家基础建设，“海外仓”布点主要围绕“一带一路”展开的（拟建设19处）：中哈边境、阿拉木图、塔什干、莫斯科、明斯克、华沙、法兰克福、布达佩斯、釜山、万象、伊斯干达、瓜达尔港、阿巴斯港、沙迦、多哈、麦纳麦、内罗毕、约翰内斯堡、莱基等。

2.“海外商城”布局。优先考虑出口导向，综合考虑城市区位、交通、经济发展等因素，主要在“一带一路”沿线发展中国家城市进行布局（拟建设19处）：横滨、吉隆坡、加尔各答、科伦坡、马尼拉、曼谷、胡志明市、比什凯克、杜尚别、阿什哈巴德、基辅、雅典、杜伊斯堡、热那亚、威尼斯、鹿特丹、安特卫普、德班、开罗等。

3.“辐射圈”布局。根据现有“海外商城”和“海外仓”布局，主要在“一带一路”重要节点城市，考虑大型海港、重要铁路线周边等因素，提升临沂海外商城向周边区域的辐射影响力（12个辐射圈）：中亚圈（核心城市：阿拉木图、塔什干），西亚圈（核心：阿巴斯、多哈），南亚圈（核心：瓜达尔港、加尔各答），东亚圈（釜山、横滨），中欧圈（核心：杜伊斯堡、法兰克福），西欧圈（核心：鹿特丹、安特卫普），东欧圈（核心：华沙、莫斯科），南欧圈（贝尔格莱德），东南亚圈（曼谷、万象），西非圈（尼日利亚莱基），东非圈（肯尼亚内罗毕），南非圈（约翰内斯堡）等。

二、“海外临沂商城”主要运作模式

“海外临沂商城”主要运作模式包括：

一是注重加强地方政府、企业与央企合作，进行境外投资，建设“海外临沂商城”。例如，临沂商城控股集团有限公司与央企中港控股公司合作方式，在巴基斯坦瓜达尔港建设“中国临沂商城商贸物流园区”，由临沂商城控股集团有限公司全额出资。

二是临沂商城企业与项目所在地国家财团、大型企业合作，成立合资公司，按照临沂商城提出的规划与建设方案，由项目所在地国家财团、大型企业全额投资建设，临沂商城提供管理团队、组织商户企业进行经营、招商，并按照约定好的比例分享收益。如法兰克福、阿联酋沙迦中国临沂商城。

三是临沂商城企业租用项目所在国已经开发建设好的物业，建设“海外临沂商城”。如计划建设的卡塔尔、南非中国临沂商城。

四是临沂商城企业租赁项目所在国当地已经建成仓库，建设“海外仓”。如肯尼亚内罗毕“临沂商城海外仓”、巴林龙城“临沂商城海外仓”。

三、“海外临沂商城”建设的特点

当前，全新的“海外临沂商城”版图正在积极构建，并逐步呈现出“分布广、模式新、规模大”三个特点。

一是分布广。已在阿联酋沙迦、巴基斯坦

瓜达尔港、德国法兰克福、美国加州帝国郡、卡塔尔多哈等多地建设“海外临沂商城”；拟在吉布提、南非、老挝、马来西亚等国家建设临沂商城展销中心、物流中心等。

二是模式多。“海外临沂商城”建设既有合作园区、物流中心等模式，也有货物仓储、保税中心等项目。如，“海外中欧商贸物流合作园区”。

三是规模大。“海外临沂商城”注重建设集仓储物流、商品展示和市场交易等功能于一体的区域性国际商贸物流城，着力打造沿“一带一路”国际经贸合作的精品工程、示范项目。

四、“海外临沂商城”建设的主要类型

1. 加快布局“海外商城”。对接“一带一路”，全面布局境外基地、“海外商城”，为临沂商品走出国门、走向世界搭建桥梁。提升匈牙利中欧商贸物流合作园区、肯尼亚内罗毕“临沂商城海外仓”、巴林“临沂商城海外仓”等3个项目运营管理水平，增强综合竞争力。加快推进德国法兰克福“临沂商城（欧洲）保税中心”等一批在建项目，近期开工建设巴基斯坦瓜达尔港自由区起步区“中国临沂商城”项目、阿联酋沙迦“中国临沂商城”、卡塔尔多哈“中国临沂商城”等3个项目；五年内再开工建设尼日利亚莱基自贸区“临沂商城”、美国加州帝国郡“临沂商城”、老挝万象“中国临沂商品城”、肯尼亚内罗毕“中国临沂商城”、哈萨克斯坦阿拉木图“中国临沂商城”以及南非约翰内斯堡“中国临沂商城”等6个项目，逐步建立起临沂商城在海内外产业优势互补、生产要素全球配置的发展格局。

2. 加快建设“海外仓”。推广“跨境电商+园区+会展+物流”模式，支持企业走出去布局跨境电商“海外仓”。支持中国（临沂）跨国采购中心、怡景丽家等企业走出去，重点在欧盟、美国、俄罗斯、南非等国家地区建设临沂商城“海外仓”。在“一带一路”沿线国家和地区，布局建设“海外仓”、分拨中心等营销机构，让更多企业融入境外流通体系。

3. 集中布局“边境仓”。加强与霍尔果斯、满洲里等边贸口岸合作，在中国-哈萨克斯坦合作中心、喀什疏勒县等地建设一批“边境仓”，推进“边境仓”向仓储运输、生产制造、销售运营、技术开发、金融服务等多个环节延伸，提升综合竞争力，掌握贸易主动权。加强与新疆、内蒙古、黑龙江、吉林、广西、云南等省边境经济开发区的联系合作，在重要边贸口岸开建“边境仓”。

五、“海外商城建设”重点推进项目

当前重点推进的项目有以下几个：①巴基斯坦（瓜达尔）中国临沂商城既是临沂商城与巴基斯坦经贸合作的开篇之作，也是临沂开拓南亚、中亚、中东和北非等地市场的大本营。2015年9月，临沂市政府与中国海外港口控股有限公司签署战略合作框架协议，围绕巴基斯坦瓜达尔港开展协作，并于2016年5月7日奠基。该项目一期计划投资2.5亿人民币，建设6800平方米商品展示中心和14000平方米仓库；二期占地1平方公里。②在匈牙利，已建成的中欧商贸物流合作园区，是临沂商城在欧洲建设的首个国家级境外经贸合作区、首个国家级商贸物流型境外经贸合作园区，以“一区多园、两地展示、双向代理、内外联动”模式进行运作。目前园区运营良好，现已入园企业150多户，被认定为首个国家级境外商贸物流型经贸合作区。③在德国，帕希姆—法兰克福“海外临沂商城”项目扎实推进，我市积极与林德国际物流集团合作，利用该集团在德国拥有帕希姆机场及附属的800公顷土地保税经济合作区、在法兰克福拥有2.3万平方米保税仓的优势，打造具有保税功能的“前店后仓”式的海外商城。④在卡塔尔，已经与中国再生资源开发有

限公司、卡塔尔 Ezdan 集团签约合作，打造卡塔尔“中国临沂商城”。⑤在尼日利亚，已与尼日利亚莱基自贸区开发公司签署合作协议，共同推进莱基中国商城开发建设，为临沂企业“走进非洲”搭建平台，共同将莱基自贸区打造成为尼日利亚拉各斯市以商贸物流为主要特色的“卫星城”。⑥在阿联酋沙迦，与阿联酋穆巴拉克集团积极对接，计划将沙迦“中国临沂商城”打造成以建筑装饰材料为主线、高档精品品牌为主打、批发和转口贸易为主营、线上展示与线下体验相结合、“海外仓”物流园为依托、生活配套设施完善的新型中国商品城。与此同时，在哈萨克斯坦、几内亚、乌干达和尼日利亚拉各斯、美国安大略等国家和地区，一系列“海外临沂商城”项目也正在密集推进中。临沂跨国采购中心、华盛外贸等在境外设立海外仓库、研发中心等营销机构 100 多个，构建了相对完善的国际营销网络。下一步，我们还将积极探索在南非、老挝、马来西亚等国家建设临沂商城展销中心、物流中心。

成果清单

“一带一路”国际合作高峰论坛成果清单

中国国家主席习近平在2013年提出共建丝绸之路经济带和21世纪海上丝绸之路的重要合作倡议。3年多来，“一带一路”建设进展顺利，成果丰硕，受到国际社会的广泛欢迎和高度评价。2017年5月14日至15日，中国在北京主办“一带一路”国际合作高峰论坛。这是各方共商、共建“一带一路”，共享互利合作成果的国际盛会，也是加强国际合作，对接彼此发展战略的重要合作平台。高峰论坛期间及前夕，各国政府、地方、企业等达成一系列合作共识、重要举措及务实成果，中方对其中具有代表性的一些成果进行了梳理和汇总，形成高峰论坛成果清单。清单主要涵盖政策沟通、设施联通、贸易畅通、资金融通、民心相通5大类，共76大项、270多项具体成果。

一、推进战略对接，密切政策沟通

（一）中国政府与有关国家政府签署政府间“一带一路”合作谅解备忘录，包括蒙古国、巴基斯坦、尼泊尔、克罗地亚、黑山、波黑、阿尔巴尼亚、东帝汶、新加坡、缅甸、马来西亚。

（二）中国政府与有关国际组织签署“一带一路”合作文件，包括联合国开发计划署、联合国工业发展组织、联合国人类住区规划署、联合国儿童基金会、联合国人口基金、联合国贸易与发展会议、世界卫生组织、世界知识产权组织、国际刑警组织。

（三）中国政府与匈牙利政府签署关于共同编制中匈合作规划纲要的谅解备忘录，与老挝、柬埔寨政府签署共建“一带一路”政府间双边合作规划。

（四）中国政府部门与有关国际组织签署“一带一路”合作文件，包括联合国欧洲经济委员会、世界经济论坛、国际道路运输联盟、国际贸易中心、国际电信联盟、国际民航组织、联合国文明联盟、国际发展法律组织、世界气象组织、国际海事组织。

（五）中国国家发展和改革委员会与希腊经济发展部签署《中希重点领域2017—2019年合作计划》。

（六）中国国家发展和改革委员会与捷克工业和贸易部签署关于共同协调推进“一带一路”倡议框架下合作规划及项目实施的谅解备忘录。

（七）中国财政部与相关国家财政部共同核准《“一带一路”融资指导原则》。

（八）中国政府有关部门发布《共建“一带一路”：理念、实践与中国的贡献》、《推动“一带一路”能源合作的愿景与行动》、《共同推进“一带一路”建设农业合作的愿景与行动》、《关于推进绿色“一带一路”建设的指导意见》、《“一带一路”建设海上合作设想》等文件。

（九）“一带一路”国际合作高峰论坛将定期举办，并成立论坛咨询委员会、论坛联络办公室等。

（十）中国国家发展和改革委员会成立“一带一路”建设促进中心，正式开通“一带一路”官方网站，发布海上丝路贸易指数。

二、深化项目合作，促进设施联通

（一）中国政府与乌兹别克斯坦、土耳其、白俄罗斯政府签署国际运输及战略对接协定。

（二）中国政府与泰国政府签署政府间和平利用核能协定。

（三）中国政府与马来西亚政府签署水资源领域谅解备忘录。

（四）中国国家发展和改革委员会与巴基斯坦规划发展和改革部签署关于中巴经济走廊项下开展巴基斯坦 1 号铁路干线升级改造和新建哈维连陆港项目合作的谅解备忘录。中国国家铁路局与巴基斯坦伊斯兰共和国铁道部签署关于实施巴基斯坦 1 号铁路干线升级改造和哈维连陆港项目建设的框架协议。

（五）中国商务部与柬埔寨公共工程与运输部签署关于加强基础设施领域合作的谅解备忘录。

（六）中国工业和信息化部与阿富汗通信和信息技术部签署《信息技术合作谅解备忘录》。

（七）中国交通运输部与柬埔寨、巴基斯坦、缅甸等国有关部门签署“一带一路”交通运输领域合作文件。

（八）中国水利部与波兰环境部签署水资源领域合作谅解备忘录。

（九）中国国家能源局与瑞士环境、交通、能源和电信部瑞士联邦能源办公室签署能源合作路线图，与巴基斯坦水电部签署关于巴沙项目及巴基斯坦北部水电规划研究路线图的谅解备忘录和关于中巴经济走廊能源项目清单调整的协议。

（十）中国国家海洋局与柬埔寨环境部签署关于建立中柬联合海洋观测站的议定书。

（十一）中国铁路总公司与有关国家铁路公司签署《中国、白俄罗斯、德国、哈萨克斯坦、蒙古国、波兰、俄罗斯铁路关于深化中欧班列合作协议》。

（十二）中国国家开发银行与印度尼西亚—中国高铁有限公司签署雅万高铁项目融资协议，与斯里兰卡、巴基斯坦、老挝、埃及等国有关机构签署港口、电力、工业园区等领域基础设施融资合作协议。

（十三）中国进出口银行与塞尔维亚财政部签署匈塞铁路贝尔格莱德至旧帕佐瓦段贷款协议，与柬埔寨经济财政部、埃塞俄比亚财政部、哈萨克斯坦国家公路公司签署公路项目贷款协议，与越南财政部签署轻轨项目贷款协议，与塞尔维亚电信公司签署电信项目贷款协议，与蒙古国财政部签署桥梁项目贷款协议，与缅甸仰光机场公司签署机场扩改建项目贷款协议，与肯尼亚财政部签署内陆集装箱港堆场项目贷款协议。

（十四）全球能源互联网发展合作组织与联合国经济和社会事务部、联合国亚洲及太平洋经济社会委员会、阿拉伯国家联盟、非洲联盟、海湾合作委员会互联电网管理局签署能源领域合作备忘录。

三、扩大产业投资，实现贸易畅通

（一）中国政府与巴基斯坦、越南、柬埔寨、老挝、菲律宾、印度尼西亚、乌兹别克斯坦、白俄罗斯、蒙古国、肯尼亚、埃塞俄比亚、斐济、孟加拉国、斯里兰卡、缅甸、马尔代夫、阿塞拜疆、格鲁吉亚、亚美尼亚、阿富汗、阿尔巴尼亚、伊拉克、巴勒斯坦、黎巴嫩、波黑、黑山、叙利亚、塔吉克斯坦、尼泊尔、塞尔维亚等 30 个国家政府签署经贸合作协议。

（二）中国政府与格鲁吉亚政府签署中国—格鲁吉亚自贸协定文件。

（三）中国政府与斯里兰卡政府签署关于促进投资与经济合作框架协议。

（四）中国政府与阿富汗政府签署关于海关事务的合作与互助协定。

（五）中国商务部与 60 多个国家相关部门及国际组织共同发布推进“一带一路”贸易畅通合作倡议。

（六）中国商务部与摩尔多瓦经济部签署关于结束中国—摩尔多瓦自贸协定联合可研的谅解备忘录，与蒙古国对外关系部签署关于启动中国—蒙古国自由贸易协定联合可行性研究谅解备忘录。

（七）中国商务部与尼泊尔工业部签署关于建设中尼跨境经济合作区的谅解备忘录，与缅甸商务部签署关于建设中缅边境经济合作区的谅解备忘录。

（八）中国商务部与斯里兰卡发展战略与国际贸易部签署投资与经济技术合作发展中长期规划纲要，与蒙古国对外关系部签署关于加强贸易投资和经济合作谅解备忘录，与吉尔吉斯斯坦经济部签署关于促进中小企业发展的合作规划，与捷克工贸部、匈牙利外交与对外经济部签署关于中小企业合作的谅解备忘录，与越南工业贸易部签署关于电子商务合作的谅解备忘录。

（九）中国国家发展和改革委员会与吉尔吉斯斯坦经济部签署关于共同推动产能与投资合作重点项目的谅解备忘录，与阿联酋经济部签署关于加强产能与投资合作的框架协议。

（十）中国农业部与塞尔维亚农业与环境保护部签署关于制定农业经贸投资行动计划的备忘录，与阿根廷农业产业部签署农业合作战略行动计划，与智利农业部签署关于提升农业合作水平的五年规划（2017 年—2021 年），与埃及农业和土地改良部签署农业合作三年行动计划（2018—2020 年）。

（十一）中国海关总署与哈萨克斯坦、荷兰、波兰等国海关部门签署海关合作文件，深化沿线海关“信息互换、监管互认、执法互助”合作。

（十二）中国海关总署与国际道路运输联盟签署促进国际物流大通道建设及实施《国际公路运输公约》的合作文件。

（十三）中国国家质量监督检验检疫总局与蒙古国、哈萨克斯坦、吉尔吉斯斯坦、乌兹别克斯坦、挪威、爱尔兰、塞尔维亚、荷兰、阿根廷、智利、坦桑尼亚等国相关部门签署检验检疫合作协议，与联合国工业发展组织、乌克兰和阿塞拜疆相关部门签署标准、计量、认证认可等国家质量技术基础领域合作协议，与俄罗斯、白俄罗斯、塞尔维亚、蒙古国、柬埔寨、马来西亚、哈萨克斯坦、埃塞俄比亚、希腊、瑞士、土耳其等国有关部门签署《关于加强标准合作，助推“一带一路”建设联合倡议》。

（十四）中国进出口银行与白俄罗斯、柬埔寨、埃塞俄比亚、老挝、肯尼亚、蒙古国、巴基斯坦财政部门签署工业园、输变电、风电、水坝、卫星、液压器厂等项目贷款协议，与埃及、孟加拉国、乌兹别克斯坦、沙特有关企业签署电网升级改造、燃煤电站、煤矿改造、轮胎厂等项目贷款协议，与菲律宾首都银行及信托公司签署融资授信额度战略合作框架协议。

（十五）中国国家开发银行与哈萨克斯坦、阿塞拜疆、印尼、马来西亚等国有关机构签署化工、冶金、石化等领域产能合作融资合作协议。

（十六）中国将从 2018 年起举办中国国际进口博览会。

四、加强金融合作，促进资金融通

（一）丝路基金新增资金 1000 亿元人民币。

（二）中国鼓励金融机构开展人民币海外基金业务，规模初步预计约 3000 亿元人民币，为“一带一路”提供资金支持。

（三）中国国家发展和改革委员会将设立中俄地区合作发展投资基金，总规模 1000 亿元人民币，首期 100 亿元人民币，推动中国东北地区与俄罗斯远东开发合作。

（四）中国财政部与亚洲开发银行、亚洲基础设施投资银行、欧洲复兴开发银行、欧洲投资银行、新开发银行、世界银行集团 6 家多边开发机构签署关于加强在“一带一路”倡议下相关领域合作的谅解备忘录。

（五）中国财政部联合多边开发银行将设立多边开发融资合作中心。

（六）中哈产能合作基金投入实际运作，签署支持中国电信企业参与“数字哈萨克斯坦2020”规划合作框架协议。

（七）丝路基金与上海合作组织银联体同意签署关于伙伴关系基础的备忘录。丝路基金与乌兹别克斯坦国家对外经济银行签署合作协议。

（八）中国国家开发银行设立“一带一路”基础设施专项贷款（1000亿元等值人民币）、“一带一路”产能合作专项贷款（1000亿元等值人民币）、“一带一路”金融合作专项贷款（500亿元等值人民币）。

（九）中国进出口银行设立“一带一路”专项贷款额度（1000亿元等值人民币）、“一带一路”基础设施专项贷款额度（300亿元等值人民币）。

（十）中国国家开发银行与法国国家投资银行共同投资中国—法国中小企业基金（二期），并签署《股权认购协议》；与意大利存贷款公司签署《设立中意联合投资基金谅解备忘录》；与伊朗商业银行、埃及银行、匈牙利开发银行、菲律宾首都银行、土耳其农业银行、奥地利奥合国际银行、柬埔寨加华银行、马来西亚马来亚银行开展融资、债券承销等领域务实合作。

（十一）中国进出口银行与马来西亚进出口银行、泰国进出口银行等“亚洲进出口银行论坛”成员机构签署授信额度框架协议，开展转贷款、贸易融资等领域务实合作。

（十二）中国出口信用保险公司同白俄罗斯、塞尔维亚、波兰、斯里兰卡、埃及等国同业机构签署合作协议，与埃及投资和国际合作部、老挝财政部、柬埔寨财政部、印尼投资协调委员会、波兰投资贸易局、肯尼亚财政部、伊朗中央银行、伊朗财政与经济事务部等有关国家政府部门及沙特阿拉伯发展基金、土耳其实业银行、土耳其担保银行、巴基斯坦联合银行等有关国家金融机构签署框架合作协议。

（十三）中国人民银行与国际货币基金组织合作建立基金组织—中国能力建设中心，为“一带一路”沿线国家提供培训。

（十四）中国进出口银行与联合国工业发展组织签署关于促进“一带一路”沿线国家可持续工业发展有关合作的联合声明。

（十五）亚洲金融合作协会正式成立。

（十六）中国工商银行与巴基斯坦、乌兹别克斯坦、奥地利等国家主要银行共同发起“一带一路”银行合作行动计划，建立“一带一路”银行常态化合作交流机制。

五、增强民生投入，深化民心相通

（一）中国政府将加大对沿线发展中国家的援助力度，未来3年总体援助规模不少于600亿元人民币。

（二）中国政府将向沿线发展中国家提供20亿元人民币紧急粮食援助。向南南合作援助基金增资10亿美元，用于发起中国—联合国2030年可持续发展议程合作倡议，支持在沿线国家实施100个“幸福家园”、100个“爱心助困”、100个“康复助医”等项目。向有关国际组织提供10亿美元，共同推动落实一批惠及沿线国家的国际合作项目，包括向沿线国家提供100个食品、帐篷、活动板房等难民援助项目，设立难民奖学金，为500名青少年难民提供受教育机会，资助100名难民运动员参加国际和区域赛事活动。

（三）中国政府与黎巴嫩政府签署《中华人民共和国政府和黎巴嫩共和国政府文化协定2017—2020年执行计划》，与突尼斯政府签署《中华人民共和国政府和突尼斯共和国政府关于互设文化中心的协定》，与土耳其政府签署《中华人民共和国政府和土耳其共和国政府关于互设文化中心的协定》。

（四）中国政府与联合国教科文组织签署《中国—联合国教科文组织合作谅解备忘录（2017—2020年）》。

（五）中国政府与波兰政府签署政府间旅游合作协议。

（六）中国政府倡议启动《“一带一路”科技创新合作行动计划》，实施科技人文交流、共建联合实验室、科技园区合作、技术转移等四项行动。

（七）中国政府与世界粮食计划署、联合国国际移民组织、联合国儿童基金会、联合国难民署、世界卫生组织、红十字国际委员会、联合国开发计划署、联合国工业发展组织、世界贸易组织、国际民航组织、联合国人口基金会、联合国贸易和发展会议、国际贸易中心、联合国教科文组织等国际组织签署援助协议。

（八）中国教育部与俄罗斯、哈萨克斯坦、波黑、爱沙尼亚、老挝等国教育部门签署教育领域合作文件，与塞浦路斯签署相互承认高等教育学历和学位协议，与沿线国家建立音乐教育联盟。

（九）中国科技部与蒙古国教育文化科学体育部签署关于共同实施中蒙青年科学家交流计划的谅解备忘录，与蒙古国教育文化科学体育部签署关于在蒙古国建立科技园区和创新基础设施发展合作的谅解备忘录，与匈牙利国家研发与创新署签署关于联合资助中匈科研合作项目的谅解备忘录。

（十）中国环境保护部发布《“一带一路”生态环境保护合作规划》，建设“一带一路”生态环保大数据服务平台，与联合国环境规划署共同发布建立“一带一路”绿色发展国际联盟的倡议。

（十一）中国财政部将设立“一带一路”财经发展研究中心。

（十二）中国国家卫生和计划生育委员会与捷克、挪威等国卫生部签署卫生领域合作文件。

（十三）中国国家旅游局与乌兹别克斯坦国家旅游发展委员会签署旅游合作协议，与智利经济、发展与旅游部签署旅游合作备忘录，与柬埔寨旅游部签署旅游合作备忘录实施方案。

（十四）中国国家新闻出版广电总局与土耳其广播电视最高委员会、沙特阿拉伯视听管理总局签署合作文件。中国中央电视台与有关国家主流媒体成立“一带一路”新闻合作联盟。

（十五）中国国务院新闻办公室与柬埔寨新闻部、文莱首相府新闻局、阿联酋国家媒体委员会、巴勒斯坦新闻部、阿尔巴尼亚部长会议传媒和公民关系局签署媒体交流合作谅解备忘录。

（十六）中国国务院新闻办公室与柬埔寨外交与国际合作部、文莱外交与贸易部政策与战略研究所、以色列外交部、巴勒斯坦外交部、阿尔巴尼亚外交部签署智库合作促进计划谅解备忘录。

（十七）中国国家开发银行将举办“一带一路”专项双多边交流培训，设立“一带一路”专项奖学金。

（十八）中国民间组织国际交流促进会联合80多家中国民间组织启动《中国社会组织推动“一带一路”民心相通行动计划（2017—2020）》，中国民间组织国际交流促进会和150多家中外民间组织共同成立“丝路沿线民间组织合作网络”。“一带一路”智库合作联盟启动“增进‘一带一路’民心相通国际智库合作项目”。

（十九）中国国务院发展研究中心与联合国工业发展组织签署关于共建“一带一路”等合作的谅解备忘录。丝路国际智库网络50多家国际成员和伙伴与中方共同发布《丝路国际智库网络北京共同行动宣言》。

（二十）中国国际城市发展联盟与联合国人类住区规划署、世界卫生组织、世界城市和地方政府组织亚太区签署合作意向书。

重大项目

“一带一路”国际合作重大工程项目盘点

三年来，“一带一路”建设从无到有、由点及面，取得长足进展，并且在政策沟通、设施联通、贸易畅通、资金融通、民心相通等方面都取得了显著的成果，而工程项目以及产能合作作为“一带一路”的重要组成部分，更是留下一行行坚实的足印。

项目1：三家央企联手收购土耳其第三大码头

所在国家：土耳其

建设地点：伊斯坦布尔

项目状态：已竣工

摘要：土耳其是丝绸之路经济带和21世纪海上丝绸之路沿线的重要节点，Kumport码头位于马尔马拉海西北海岸的Ambarli港区内，靠近伊斯坦布尔的欧洲部分，占据欧亚大陆连接处的重要战略地理位置，距离黑海航线必经的博斯普鲁斯海峡仅35公里，是黑海和地中海之间的咽喉要地，是土耳其第三大集装箱码头。

土耳其 kumport 港

项目2：沙特延布炼厂

所在国家：沙特

建设地点：延布

项目状态：已投产

摘要：2016年1月20日，中国在沙特最大的投资项目，中国石化首个海外炼化项目——延布炼厂项目正式投产启动。中国国家主席习近平和沙特阿拉伯国王萨勒曼共同出席中沙延布炼厂投产启动仪式。习近平指出，中沙在能源领域的互利合作给两国人民带来了实实在在的利益。

沙特延布炼厂

项目3：哈萨克斯坦苏克石油天然气公司（港资）

所在国家：哈萨克斯坦

建设地点：克孜奥尔达州

项目状态：在建

摘要：2010年，公司实际控制人名下的香港中科国际石油天然气投资集团有限公司开始介入苏克项目并完成大量前期资料收集、整理、研究工作，并组织专家团队分8个课题进行基础地质研究、勘探开发方案技术论证等工作。

经多名专家论证，确认苏克气田是一个超大型气田。

项目4：帕德玛大桥及河道疏浚项目

所在国家：孟加拉国

建设地点：孟加拉国达卡地区 Mawa 镇

项目状态：在建

摘要：全长6公里的帕德玛大桥由中铁大桥局承建，是连接中国与东南亚泛亚铁路重要通道之一，不仅连接孟加拉国南部21个区与首都达卡交通，结束了这些地区与达卡之间摆渡往来的历史，也使中国和印度泛亚铁路的南部对接，对深化中国与南亚及周边国家合作具有重要作用。

沙特延布炼厂

项目5：阿斯玛特·阿里汗桥（中孟友谊七桥）

所在国家：孟加拉国

建设地点：马达里普县阿里尔坎河

项目状态：已竣工

摘要：中孟友谊七桥全称阿斯玛特·阿里汗桥，位于孟加拉国巴里萨尔大区马达里普市东郊，路线全长4.96千米，主桥卡兹尔特克大桥长694.16米，宽13.3米。项目建成后有效缩短了孟西南地区至吉大港的运输距离。

中孟友谊七桥

项目6：丝路书香工程

所在国家："一带一路"沿线国家

建设地点："一带一路"沿线国家

项目状态：在建

摘要："丝路书香出版工程"是中国新闻出版业唯一进入国家"一带一路"战略的重大项目，于2014年12月5日正式获得中宣部批准立项，规划设计到2020年，其中2014—2015年重点项目包括5大类8项，涵盖重点翻译资助项目、丝路国家图书互译项目、汉语教材推广项目、境外参展项目、出版物数据库推广项目等。

项目7：中老铁路（玉溪—磨憨—万象）

所在国家：中国、老挝

建设地点：中国云南、老挝孟赛、琅勃拉邦、万荣、万象

项目状态：在建

摘要：中老铁路是联通中老两国的重要基础设施，也是泛亚铁路的重要组成部分。中老铁路建设的实施，对于发挥铁路在推进"一带一路"建设中的服务保障作用，实现"一带一路"沿线国家交通基础设施互联互通等具有重要推动作用。

挖掘机开挖友谊隧道

项目 8：中缅铁路（保山—瑞丽，大理—临沧，临沧—清水河）

所在国家：中国、缅甸

建设地点：云南保山市、德宏州、大理州、临沧市

项目状态：在建

摘要：中缅国际铁路起点为中国云南省昆明市，终点为缅甸最大城市仰光。按照规划，昆明至仰光铁路全长约 1920 公里，中国境内段昆明至瑞丽铁路全长 690 公里。据云南省发展和改革委员会提供的资料，目前昆明至瑞丽铁路已建成长 350 公里的昆明经广通至大理段，规划昆明至大理段在 2010 年以前改造为复线铁路；新建大理至瑞丽铁路长 340 公里，预计投资 100 亿元，目前已经动工建设。

项目 9：白俄罗斯中白工业园

所在国家：白俄罗斯

建设地点：白俄罗斯明斯克州斯莫列维奇区，距明斯克市 25 公里

项目状态：在建

摘要：中国—白俄罗斯工业园（简称：中白工业园）位于白俄罗斯首都明斯克近郊，由中白两国合资建设。中方股东为中工国际工程股份有限公司和哈尔滨投资集团有限责任公司，占 60%股份；白方股东为明斯克州政府、明斯克市政府和白俄罗斯地平线控股集团公司，占 40%股份。中国—白俄罗斯工业园重点发展的项目是电子信息、生物医药、精细化工、高端制造、物流仓储等产业。工业园位于明斯克国际机场附近，交通便捷，总用地面积 91. 5 平方公里，一期工程用地面积 8. 5 平方公里。

项目 10：中缅天然气管道项目

所在国家：中国、缅甸

建设地点：管道起自中缅天然气管道楚雄分输站，终点位于四川省攀枝花市仁和区

项目状态：已竣工

摘要：中缅油气管道是继中亚油气管道、中俄原油管道、海上通道之后的第四大能源进口通道。它包括原油管道和天然气管道，可以使原油运输不经过马六甲海峡，从西南地区输送到中国。2013 年 9 月 30 日，中缅天然气管道全线贯通，开始输气。

项目 11：“丝绸之路”生态文化万里行

所在国家：土库曼斯坦、意大利、中国等

建设地点：土库曼斯坦阿什哈巴德市、意大利米兰市，中国福建省泉州市等

项目状态：已竣工

摘要：丝绸之路生态文化万里行活动，以中华优秀传统文化为支撑平台，以弘扬生态文化，倡导绿色生活，共建生态文明为宗旨，向世界传播数千年中华民族之精华，证明中国乃是“聪明睿智之所居，万物才用之所聚，圣贤之所教，仁义之所施，诗书礼乐之所用，异敏技艺之所试”的文明礼仪之邦。

项目 12：霍尔果斯国际边境合作中心

所在国家：中国

建设地点：霍尔果斯边境

项目状态：在建

摘要：中哈霍尔果斯国际边境合作中心是建立在中哈两国霍尔果斯口岸的跨境经济贸易

区和区域合作项目，是中国与其他国家建立的首个国际边境合作中心，也是上海合作组织框架下区域合作的示范区，中哈霍尔果斯国际边境合作中心连接通道已经正式开始动工建设。

挖掘机开挖友谊隧道

项目13：马来西亚马中关丹产业园

所在国家：马来西亚

建设地点：马来西亚彭亨州关丹市

项目状态：在建

摘要：2012年4月1日，马来西亚总理纳吉布与时任中国国务院总理温家宝在出席中马钦州产业园区开园仪式时，提议中国在马来西亚创建“马中合作产业园”。对此，温家宝总理予以积极回应。同年6月，中马双方共同在吉隆坡签署了《关于马中关丹产业园合作的协定》。自此，由中马两国总理亲自推动、两国政府合作共建的马中关丹产业园区，与中马钦州产业园一起，成为世界上首个互相在对方建设产业园区的姊妹区。

资料来源：中国一带一路网。

指数排名

中国与“一带一路”沿线国家产业互补指数（中国出口、外国进口侧）

	SITC0+1 食品及活动物、饮料及烟类	SITC2+4 非食用原料、动植物油脂及蜡	SITC3 矿物燃料、润滑油及有关原料	SITC5 化学成品及有关产品	SITC6 按原料分类的制成品	SITC7 机械及运输设备	SITC8 杂项制品	SITC9 未分类的商品	综合产业互补指数
阿尔巴尼亚	0.27	0.47	0.18	0.93	1.34	4.46	3.13	0.00	2.16
阿富汗	0.28	—	0.08	4.81	2.58	533.67	54.55	0.00	182.45
阿曼	0.31	0.12	0.07	0.66	1.15	1.36	4.94	0.14	1.27
阿塞拜疆	0.17	0.29	0.45	0.61	0.87	1.21	3.94	0.02	1.13
埃及	0.15	0.08	0.11	0.45	0.92	2.05	6.40	0.06	1.60
爱沙尼亚	0.27	0.23	0.09	0.62	1.28	1.44	3.01	0.01	1.09
巴基斯坦	0.46	0.06	0.05	0.37	1.48	2.29	6.88	1.34	1.86
白俄罗斯	0.24	0.22	0.05	0.51	1.22	2.22	4.50	0.02	1.49
保加利亚	0.32	0.08	0.07	0.46	1.01	1.96	4.02	0.03	1.32
波黑	0.17	0.20	0.09	0.46	0.80	2.21	2.87	1.07	1.28
波兰	0.34	0.19	0.14	0.40	0.99	1.35	2.57	0.05	0.96
俄罗斯	0.21	0.21	1.27	0.45	1.34	1.02	2.17	0.18	1.05
菲律宾	0.24	0.31	0.07	0.52	1.72	1.12	6.15	0.19	1.39
格鲁吉亚	0.19	0.16	0.09	0.54	1.10	1.61	2.77	0.18	1.08
哈萨克斯坦	0.27	0.30	0.26	0.51	0.95	1.12	2.24	0.65	0.90
黑山	0.10	0.22	0.11	0.57	1.13	2.41	1.98	—	1.25
吉尔吉斯斯坦	0.20	0.21	0.07	0.55	0.99	1.83	3.00	0.14	1.17
柬埔寨	0.43	0.66	0.14	1.04	0.44	2.30	1.58	0.11	1.19
捷克	0.47	0.26	0.18	0.49	0.97	1.05	2.54	0.39	0.90
科威特	0.18	0.36	2.12	0.58	1.04	1.16	1.83	0.04	1.18
克罗地亚	0.21	0.31	0.08	0.43	0.97	2.03	2.02	0.56	1.13
拉脱维亚	0.20	0.17	0.11	0.53	1.21	1.91	2.78	0.01	6.91
黎巴嫩	0.18	0.26	0.06	0.50	1.17	2.23	3.18	0.02	1.33
立陶宛	0.21	0.18	0.06	0.44	1.40	1.94	3.55	0.03	1.30
罗马尼亚	0.36	0.23	0.16	0.44	0.84	1.34	3.02	0.03	1.00
马尔代夫	0.13	0.16	0.05	0.96	1.57	2.14	3.27	—	1.40
马来西亚	0.40	0.16	0.09	0.63	1.30	1.07	4.64	0.04	1.17

续 表

	SITC0+1 食品及活动物、饮料及烟类	SITC2+4 非食用原料、动植物油脂及蜡	SITC3 矿物燃料、润滑油及有关原料	SITC5 化学成品及有关产品	SITC6 按原料分类的制成品	SITC7 机械及运输设备	SITC8 杂项制品	SITC9 未分类的商品	综合产业互补指数
蒙古	0.31	0.64	0.06	0.80	0.88	1.46	4.38	12.42	1.75
尼泊尔	0.25	0.06	0.08	0.49	0.79	2.92	5.30	0.02	1.75
塞尔维亚	0.37	0.21	0.10	0.40	0.97	1.83	3.46	0.01	1.21
沙特阿拉伯	0.19	0.26	1.10	0.61	0.94	1.05	3.13	0.04	1.10
斯里兰卡	0.22	0.23	0.06	0.55	0.67	2.17	5.75	0.89	1.59
斯洛伐克	0.46	0.22	0.24	0.62	1.06	0.99	2.06	0.27	0.85
斯洛文尼亚	0.33	0.12	0.11	0.39	0.94	1.53	2.86	0.33	1.05
泰国	0.54	0.24	0.07	0.56	1.04	1.31	4.08	0.03	1.15
土耳其	0.82	0.09	0.18	0.42	1.08	1.68	4.16	0.01	1.30
文莱	0.18	0.51	0.14	0.68	1.14	1.19	2.41	0.18	0.95
乌克兰	0.27	0.19	0.05	0.34	1.22	2.20	4.43	0.09	1.46
新加坡	0.83	0.62	0.05	0.85	2.76	1.10	3.45	0.05	1.28
匈牙利	0.57	0.32	0.12	0.52	1.25	1.05	4.03	0.02	1.09
亚美尼亚	0.15	0.24	0.08	0.53	0.86	2.74	3.21	0.02	1.47
也门	0.10	0.24	0.96	0.79	1.58	2.90	8.14	0.00	2.35
以色列	0.38	0.32	0.08	0.51	0.75	1.57	2.85	0.15	1.05
印度	1.51	0.09	0.04	0.55	1.32	2.81	8.23	0.01	2.20
印度尼西亚	0.34	0.14	0.06	0.45	1.12	1.51	7.16	0.12	1.55
约旦	0.16	0.27	0.05	0.57	1.18	2.49	4.05	0.02	1.52

注：1. 根据联合国商品贸易数据库（http://comtrade.un.org）计算得出，数据库中将 SITC0 和 SITC1 两项初级产品合并计算，并将 SITC2 和 SITC4 两项初级产品合并计算。

2. 依据“一带一路”的相关研究文献，“一带一路”沿线国家主要有 65 个。出于数据的可获得性，本表只计算了中国与其中的 46 个国家产业互补指数。

3. 本表基于 2014 年的数据计算，部分国家（如阿曼、俄罗斯、吉尔吉斯斯坦、柬埔寨、科威特、黎巴嫩、马来西亚、尼泊尔、沙特阿拉伯、新加坡、匈牙利、也门、印度尼西亚）基于 2013 年数据计算。

资料来源：李永全主编：《“一带一路”建设发展报告（2016）》，社会科学文献出版社 2016 年版。

中国与“一带一路”沿线国家产业互补指数(中国进口、外国出口侧)

	SITC0+1 食品及活动物、饮料及烟类	SITC2+4 非食用原料、动植物油脂及蜡	SITC3 矿物燃料、润滑油及有关原料	SITC5 化学成品及有关产品	SITC6 按原料分类的制成品	SITC7 机械及运输设备	SITC8 杂项制品	SITC9 未分类的商品	综合产业互补指数
阿尔巴尼亚	1. 14	0. 39	0. 10	0. 03	0. 44	0. 02	3. 78	13. 77	1. 18
阿富汗	4. 72	0. 15	0. 00	0. 00	1. 67	0. 00	0. 00	16. 74	1. 23
阿曼	0. 85	0. 22	4. 62	0. 58	0. 48	0. 04	0. 05	1. 94	1. 09
阿塞拜疆	1. 21	0. 06	5. 73	0. 11	0. 10	0. 01	0. 01	0. 19	1. 12
埃及	6. 00	0. 31	1. 44	1. 68	2. 21	0. 23	1. 19	0. 83	1. 37
爱沙尼亚	3. 70	0. 52	0. 71	0. 54	1. 54	0. 87	2. 04	1. 46	1. 22
巴基斯坦	6. 90	0. 31	0. 16	0. 44	4. 93	0. 05	3. 57	0. 00	1. 59
白俄罗斯	5. 40	0. 18	2. 09	1. 39	1. 46	0. 38	0. 85	0. 69	1. 32
保加利亚	4. 79	0. 57	0. 78	0. 91	2. 50	0. 51	1. 91	0. 76	1. 31
波黑	2. 26	0. 89	0. 59	0. 66	2. 64	0. 38	3. 61	0. 59	1. 26
波兰	4. 68	0. 19	0. 26	0. 93	2. 24	1. 03	1. 92	0. 03	1. 31
俄罗斯	0. 99	0. 24	4. 36	0. 46	1. 15	0. 11	0. 16	0. 84	1. 12
菲律宾	2. 95	0. 63	0. 18	0. 37	1. 01	1. 55	1. 38	0. 11	1. 10
格鲁吉亚	10. 80	0. 80	0. 17	1. 06	2. 01	0. 62	0. 64	0. 39	1. 46
哈萨克斯坦	1. 11	0. 35	4. 79	0. 35	1. 01	0. 04	0. 04	0. 08	1. 11
黑山	9. 83	1. 45	0. 94	0. 38	2. 76	0. 18	0. 46	0. 03	1. 39
吉尔吉斯斯坦	5. 09	0. 29	0. 58	0. 14	1. 04	0. 27	1. 19	10. 45	1. 26
柬埔寨	1. 57	0. 21	0. 00	0. 02	0. 17	0. 20	11. 87	0. 01	1. 57
捷克	1. 66	0. 19	0. 16	0. 66	1. 88	1. 49	1. 67	0. 06	1. 13
科威特	0. 16	0. 01	5. 82	0. 32	0. 05	0. 03	0. 06	0. 00	1. 08
克罗地亚	4. 42	0. 58	0. 83	1. 09	1. 83	0. 59	2. 30	0. 39	1. 29
拉脱维亚	6. 51	0. 95	0. 46	0. 75	1. 97	0. 53	1. 32	1. 99	1. 29
黎巴嫩	6. 62	0. 77	0. 53	1. 08	1. 47	0. 37	1. 62	3. 38	1. 32
立陶宛	6. 55	0. 32	1. 08	1. 34	1. 16	0. 53	2. 15	0. 59	1. 38
罗马尼亚	3. 15	0. 36	0. 37	0. 51	1. 81	1. 13	2. 09	0. 72	1. 21
马尔代夫	37. 21	0. 14	0. 00	0. 01	0. 00	0. 00	0. 00	0. 00	2. 55
马来西亚	1. 37	0. 71	1. 38	0. 68	1. 06	1. 03	1. 32	0. 15	1. 06

续 表

	SITC0+1 食品及活动物、饮料及烟类	SITC2+4 非食用原料、动植物油脂及蜡	SITC3 矿物燃料、润滑油及有关原料	SITC5 化学成品及有关产品	SITC6 按原料分类的制成品	SITC7 机械及运输设备	SITC8 杂项制品	SITC9 未分类的商品	综合产业互补指数
蒙古	0.03	6.43	0.36	0.00	0.04	0.01	0.02	0.37	0.37
尼泊尔	7.70	0.31	0.00	0.54	5.70	0.02	2.07	1.07	1.58
塞尔维亚	7.09	0.33	0.23	0.82	2.37	0.81	1.86	0.19	1.40
沙特阿拉伯	0.33	0.03	5.30	0.95	0.15	0.05	0.06	0.02	1.09
斯里兰卡	9.56	0.25	0.16	0.15	1.56	0.15	6.75	0.07	1.73
斯洛伐克	1.36	0.15	0.29	0.49	1.91	1.56	1.38	0.04	1.11
斯洛文尼亚	1.50	0.28	0.41	1.84	2.34	0.98	1.45	0.09	1.16
泰国	5.05	0.33	0.33	1.11	1.43	1.16	1.27	0.29	1.25
土耳其	4.00	0.25	0.23	0.59	3.03	0.73	2.67	0.87	1.34
文莱	0.15	0.01	5.72	0.46	0.06	0.04	0.06	0.03	1.08
乌克兰	7.85	1.46	0.23	0.53	3.62	0.36	0.56	0.12	1.33
新加坡	0.87	0.05	1.08	1.25	0.44	1.25	1.22	2.01	1.07
匈牙利	2.91	0.20	0.22	1.08	1.21	1.42	1.30	0.67	1.15
亚美尼亚	10.45	1.44	0.37	0.14	3.39	0.05	1.02	1.36	1.46
也门	2.31	0.05	5.17	0.06	0.07	0.03	0.02	1.65	1.16
以色列	1.12	0.11	0.07	2.68	3.94	0.65	1.13	0.32	1.22
印度	3.97	0.30	1.21	1.19	2.74	0.41	1.89	0.26	1.32
印度尼西亚	0.00	0.00	0.00	0.00	0.00	0.00	0.00	0.24	0.01
约旦	7.38	0.51	0.01	3.25	1.07	0.27	3.07	0.06	1.45

注：1. 根据联合国商品贸易数据库（http://comtrade.un.org）计算得出，数据库中将 SITC0 和 SITC1 两项初级产品合并计算，并将 SITC2 和 SITC4 两项初级产品合并计算。

2. 依据“一带一路”的相关研究文献，“一带一路”沿线国家主要有 65 个。出于数据的可获得性，本表只计算了中国与其中的 46 个国家产业互补指数。

3. 本表基于 2014 年的数据计算，部分国家（如阿曼、俄罗斯、吉尔吉斯斯坦、柬埔寨、科威特、黎巴嫩、马来西亚、尼泊尔、沙特阿拉伯、新加坡、匈牙利、也门、印度尼西亚）基于 2013 年数据计算。

资料来源：李永全主编：《“一带一路”建设发展报告（2016）》，社会科学文献出版社 2016 年版。

"一带一路"沿线国家政策沟通指数排名结果

级别	排名	国家	高层交流频繁度	伙伴关系	政策沟通效度	双边重要文件数	驻我国使领馆数	政治稳定性	清廉指数	总评分	总评分（标准化）
顺畅型国家	1	俄罗斯	1.00	0.88	0.90	1.00	0.80	0.23	0.32	7.63	10.00
	2	巴基斯坦	0.80	1.00	1.00	0.80	0.80	0.01	0.35	7.38	9.68
	3	马来西亚	0.77	0.88	0.90	0.60	0.88	0.50	0.62	7.13	9.35
	4	泰国	0.80	0.88	0.90	0.60	1.00	0.09	0.45	7.02	9.21
	5	蒙古	0.84	0.75	0.80	0.60	0.96	0.67	0.46	6.91	9.06
	6	老挝	0.77	0.88	0.80	0.60	1.00	0.51	0.30	6.89	9.04
	7	柬埔寨	0.88	0.88	0.80	0.60	0.80	0.42	0.25	6.85	8.98
	8	哈萨克斯坦	0.88	0.88	0.80	0.80	0.40	0.36	0.35	6.66	8.74
	9	白俄罗斯	0.96	0.88	0.80	0.60	0.22	0.49	0.37	6.52	8.55
	10	印度	0.80	0.75	0.80	0.80	0.60	0.13	0.45	6.39	8.38
	11	斯里兰卡	0.66	0.75	0.70	0.80	0.88	0.27	0.45	6.26	8.21
	12	印度尼西亚	0.60	0.88	0.80	0.60	0.60	0.30	0.40	6.10	8.00
良好型国家	13	新加坡	0.84	0.00	0.90	0.40	0.88	1.00	1.00	5.76	7.55
	14	土库曼斯坦	0.72	0.75	0.80	0.60	0.22	0.56	0.20	5.74	7.53
	15	乌兹别克斯坦	0.66	0.75	0.70	0.80	0.44	0.28	0.21	5.71	7.48
	16	罗马尼亚	0.84	0.63	0.60	0.60	0.40	0.55	0.51	5.66	7.42
	17	尼泊尔	0.66	0.63	0.70	0.80	0.60	0.15	0.35	5.62	7.37
	18	塔吉克斯坦	0.66	0.75	0.70	0.80	0.22	0.15	0.27	5.45	7.15
	19	越南	0.70	0.88	0.10	0.60	0.80	0.58	0.37	5.22	6.85
	20	波兰	0.30	0.75	0.60	0.40	0.66	0.82	0.73	5.13	6.73
	21	塞尔维亚	0.72	0.75	0.60	0.20	0.22	0.45	0.49	5.03	6.60
	22	阿富汗	0.66	0.75	0.60	0.60	0.22	0.01	0.14	4.92	6.45
	23	乌克兰	0.50	0.75	0.40	0.60	0.60	0.22	0.31	4.76	6.25
	24	缅甸	0.70	0.88	0.20	0.40	0.60	0.14	0.25	4.75	6.22
	25	匈牙利	0.48	0.50	0.50	0.40	0.66	0.73	0.64	4.71	6.17
	26	阿联酋	0.20	0.75	0.60	0.20	0.48	0.79	0.83	4.59	6.02
潜力型国家	27	克罗地亚	0.48	0.63	0.50	0.40	0.24	0.69	0.57	4.48	5.88
	28	孟加拉国	0.24	0.63	0.60	0.60	0.48	0.08	0.30	4.20	5.51
	29	捷克共和国	0.72	0.00	0.50	0.40	0.44	0.88	0.61	4.02	5.28
	30	吉尔吉斯斯坦	0.50	0.00	0.70	0.80	0.44	0.20	0.32	3.90	5.12

续 表

级别	排名	国家	高层交流频繁度	伙伴关系	政策沟通效度	双边重要文件数	驻我国使领馆数	政治稳定性	清廉指数	总评分	总评分（标准化）
潜力型国家	31	以色列	0.24	0.00	0.90	0.20	0.96	0.16	0.71	3.88	5.08
	32	斯洛伐克	0.48	0.00	0.70	0.20	0.48	0.93	0.60	3.80	4.99
	33	埃及	0.55	0.00	0.80	0.40	0.44	0.07	0.44	3.80	4.98
	34	土耳其	0.36	0.00	0.80	0.40	0.72	0.12	0.54	3.77	4.94
	35	阿尔巴尼亚	0.33	0.50	0.50	0.40	0.24	0.50	0.39	3.75	4.91
	36	伊朗	0.60	0.00	0.70	0.20	0.66	0.11	0.32	3.68	4.82
	37	约旦	0.72	0.00	0.60	0.20	0.24	0.27	0.58	3.51	4.60
	38	亚美尼亚	0.24	0.00	0.80	0.60	0.24	0.52	0.44	3.40	4.46
	39	保加利亚	0.48	0.00	0.50	0.40	0.48	0.57	0.51	3.38	4.43
	40	卡塔尔	0.11	0.00	0.80	0.40	0.24	0.96	0.82	3.35	4.39
	41	沙特阿拉伯	0.30	0.00	0.70	0.60	0.24	0.35	0.58	3.31	4.34
	42	文莱	0.33	0.00	0.60	0.60	0.24	0.90	0.26	3.28	4.30
	43	拉脱维亚	0.48	0.00	0.50	0.40	0.24	0.68	0.65	3.27	4.29
	44	黑山	0.48	0.00	0.60	0.20	0.24	0.66	0.50	3.18	4.17
	45	巴林	0.60	0.00	0.50	0.40	0.24	0.09	0.58	3.18	4.17
	46	斯洛文尼亚	0.24	0.00	0.60	0.20	0.48	0.76	0.69	3.09	4.05
	47	马其顿	0.48	0.00	0.40	0.60	0.24	0.37	0.54	3.05	4.00
	48	马尔代夫	0.24	0.00	0.70	0.40	0.24	0.54	0.26	2.92	3.83
	49	科威特	0.12	0.00	0.60	0.40	0.48	0.54	0.52	2.85	3.74
	50	波黑	0.36	0.00	0.60	0.20	0.24	0.38	0.46	2.78	3.65
	51	摩尔多瓦	0.24	0.00	0.50	0.60	0.24	0.48	0.42	2.77	3.63
	52	阿曼	0.24	0.00	0.60	0.20	0.24	0.65	0.54	2.71	3.56
	53	爱沙尼亚	0.24	0.00	0.50	0.20	0.24	0.71	0.82	2.69	3.52
	54	菲律宾	0.30	0.00	0.10	0.60	0.96	0.17	0.45	2.67	3.50
	55	立陶宛	0.24	0.00	0.50	0.20	0.24	0.80	0.69	2.67	3.50
	56	阿塞拜疆	0.12	0.00	0.70	0.40	0.24	0.35	0.35	2.63	3.45
	57	格鲁吉亚	0.00	0.00	0.60	0.40	0.24	0.32	0.62	2.31	3.03
薄弱型国家	58	伊拉克	0.00	0.00	0.70	0.40	0.24	0.04	0.19	2.16	2.83
	59	东帝汶	0.12	0.00	0.40	0.20	0.24	0.36	0.33	1.83	2.40
	60	也门共和国	0.12	0.00	0.50	0.20	0.24	0.02	0.23	1.80	2.36
	61	叙利亚	0.00	0.00	0.50	0.40	0.24	0.00	0.24	1.76	2.31
	62	黎巴嫩	0.00	0.00	0.50	0.20	0.24	0.06	0.32	1.63	2.14
	63	不丹	0.00	0.00	0.30	0.00	0.00	0.73	0.77	1.35	1.77

资源来源：《中国经济年鉴——一带一路卷》编辑委员会编：《2015中国经济年鉴——一带一路卷》，中国经济年鉴2015年版。

“一带一路”沿线国家设施联通指数排名结果

级别	排名	国家	物流绩效指数	是否与中国直航	是否与中国海路联通	是否与中国铁路联通	电话线覆盖率	互联网普及率	石油输送力	天然气输送力	电力输送力	总评分	总评分（标准化）
顺畅型国家	1	俄罗斯	0.67	1	1	1	0.59	0.68	0.67	0	1	8.29	10
	2	哈萨克斯坦	0.68	1	1	1	0.56	0.6	0.53	0.4	0	6.7	8.08
良好型国家	3	卡塔尔	0.88	0	1	0	0.4	0.95	0.4	0.63	0	6.28	7.58
	4	沙特阿拉伯	0.79	0	1	0	0.36	0.67	1	0	0	5.82	7.02
	5	马来西亚	0.9	1	1	0	0.32	0.74	0.41	0.49	0	5.75	6.94
	6	罗马尼亚	0.82	0	1	0	0.46	0.55	0.41	0.41	0	5.46	6.59
	7	阿联酋	0.89	1	1	0	0.47	0.98	0.51	0	0	5.36	6.46
	8	越南	0.79	1	1	1	0.21	0.49	0.41	0	0	5.3	6.39
	9	白俄罗斯	0.66	0	1	1	1	0.6	0	0	0	5.26	6.35
	10	埃及	0.74	0	1	0	0.17	0.55	0.41	0.41	0	5.12	6.17
	11	乌兹别克斯坦	0.6	1	1	1	0.14	0.42	0	0.47	0	5.1	6.16
	12	捷克共和国	0.87	1	1	1	0.39	0.82	0	0	0	5.09	6.14
	13	伊朗	0.63	1	1	0	0.8	0.35	0.64	0	0	5.05	6.1
	14	斯洛伐克	0.81	0	1	1	0.37	0.87	0	0	0	5.05	6.09
	15	印度尼西亚	0.77	1	1	0	0.26	0.18	0.41	0.48	0	4.98	6
潜力型国家	16	土库曼斯坦	0.58	1	1	0	0.24	0.11	0	1	0	4.92	5.94
	17	科威特	0.75	0	1	0	0.32	0.84	0.5	0	0	4.91	5.93
	18	波兰	0.87	0	1	1	0.3	0.7	0	0	0	4.87	5.88
	19	缅甸	0.56	1	1	0	0.02	0.01	0	0.4	0.7	4.84	5.84
	20	斯洛文尼亚	0.85	0	1	0	1	0.81	0	0	0	4.65	5.61
	21	也门共和国	0.55	0	1	0	0.1	0.22	0.43	0.43	0	4.59	5.53
	22	新加坡	1	1	1	0	0.76	0.81	0	0	0	4.57	5.52
	23	阿塞拜疆	0.61	1	1	0	0.36	0.65	0.4	0	0	4.46	5.38
	24	文莱	0.62	0	1	0	0.28	0.72	0.4	0	0	4.42	5.34
	25	爱沙尼亚	0.84	0	1	0	0.69	0.89	0	0	0	4.42	5.33
	26	以色列	0.82	0	1	0	0.79	0.79	0	0	0	4.39	5.29
	27	匈牙利	0.87	0	1	0	0.63	0.81	0	0	0	4.3	5.19
	28	克罗地亚	0.76	0	1	0	0.77	0.74	0	0	0	4.27	5.16
	29	巴林	0.77	0	1	0	0.46	1	0	0	0	4.23	5.1

续表

级别	排名	国家	物流绩效指数	是否与中国直航	是否与中国海路联通	是否与中国铁路联通	电话线覆盖率	互联网普及率	石油输送力	天然气输送力	电力输送力	总评分	总评分(标准化)
潜力型国家	30	泰国	0.86	1	1	0	0.19	0.32	0.41	0	0	4.18	5.04
	31	塞尔维亚	0.74	0	1	0	0.82	0.57	0	0	0	4.14	4.99
	32	拉脱维亚	0.85	0	1	0	0.43	0.84	0	0	0	4.12	4.97
	33	伊拉克	0.58	0	1	0	0.12	0.1	0.66	0	0	4.12	4.97
	34	菲律宾	0.75	1	1	0	0.07	0.41	0.4	0	0	4.03	4.86
	35	立陶宛	0.78	0	1	0	0.43	0.76	0	0	0	3.99	4.81
	36	保加利亚	0.79	0	1	0	0.56	0.59	0	0	0	3.94	4.76
	37	摩尔多瓦	0.66	0	1	0	0.73	0.54	0	0	0	3.94	4.75
	38	黑山	0.72	0	1	0	0.57	0.63	0	0	0	3.92	4.73
	39	黎巴嫩	0.68	0	1	0	0.38	0.78	0	0	0	3.84	4.64
	40	蒙古	0.59	1	0	1	0.13	0.2	0.41	0	0.5	3.79	4.57
	41	吉尔吉斯斯坦	0.55	1	1	0	0.17	0.26	0	0	0.4	3.79	4.57
	42	土耳其	0.88	1	1	0	0.38	0.51	0	0	0	3.77	4.55
	43	乌克兰	0.75	0	1	0	0.55	0.46	0	0	0	3.76	4.53
	44	格鲁吉亚	0.64	1	1	0	0.58	0.48	0	0	0	3.7	4.46
	45	马其顿	0.63	0	1	0	0.39	0.68	0	0	0	3.7	4.46
	46	阿曼	0.75	0	1	0	0.2	0.74	0	0	0	3.69	4.45
	47	亚美尼亚	0.67	0	1	0	0.41	0.51	0	0	0	3.59	4.33
	48	阿尔巴尼亚	0.67	0	1	0	0.19	0.67	0	0	0	3.53	4.25
	49	约旦	0.72	0	1	0	0.11	0.49	0	0	0	3.32	4
	50	马尔代夫	0.69	1	1	0	0.14	0.49	0	0	0	3.31	4
	51	叙利亚	0.52	0	1	0	0.42	0.29	0	0	0	3.24	3.91
	52	斯里兰卡	0.68	1	1	0	0.27	0.24	0	0	0	3.18	3.84
	53	印度	0.77	1	1	0	0.05	0.17	0	0	0	2.99	3.6
	54	塔吉克斯坦	0.63	1	1	0	0.11	0.18	0	0	0	2.92	3.52
	55	巴基斯坦	0.71	1	1	0	0.07	0.12	0	0	0	2.9	3.5
	56	柬埔寨	0.69	1	1	0	0.06	0.07	0	0	0	2.81	3.39
	57	孟加拉国	0.64	1	1	0	0.01	0.07	0	0	0	2.73	3.29
	58	东帝汶	0.62	0	1	0	0.01	0.01	0	0	0	2.64	3.19
	59	阿富汗	0.52	0	1	0	0.01	0.07	0	0	0	2.59	3.12
薄弱型国家	60	波黑	0.69	0	0	0	0.46	0.75	0	0	0	1.9	2.3
	61	老挝	0.6	1	0	0	0.22	0.14	0	0	0	1.83	2.2
	62	不丹	0.57	0	0	0	0.07	0.33	0	0	0	0.98	1.18
	63	尼泊尔	0.65	1	0	0	0.06	0.15	0	0	0	0.86	1.03

资源来源：《中国经济年鉴——一带一路卷》编辑委员会编：《2015 中国经济年鉴——一带一路卷》，中国经济年鉴 2015 年版。

“一带一路”沿线国家贸易畅通指数排名结果

级别	排名	国家	关税水平	非关税贸易壁垒	贸易条件指数	双边贸易额	双边投资协定	中国对该国直接投资量	该国对中国直接投资量	跨国贸易自由度	商业管制	总评分	总评分(标准化)
顺畅型国家	1	新加坡	0.9	0.71	0.52	0.96	1	1	1	0.82	0.76	10.64	10
	2	印度尼西亚	0.84	1	0.32	0.95	1	0.95	0.64	1	1	10.23	9.62
	3	马来西亚	0.74	0.51	0.45	1	1	0.77	0.76	0.85	0.9	9.5	8.93
	4	泰国	0.81	0.51	0.4	0.95	1	0.8	0.68	0.88	0.77	9.24	8.69
	5	俄罗斯	0.48	0.61	0.32	0.98	1	0.86	0.7	0.85	0.77	9.12	8.57
	6	哈萨克斯坦	0.67	0.68	0.47	0.82	1	0.82	0.63	0.76	0.84	8.94	8.41
	7	土耳其	0.68	0.91	0.58	0.82	1	0.54	0.61	0.8	0.73	8.62	8.11
良好型国家	8	越南	0.77	0.63	0.53	0.94	1	0.72	0.38	0.81	0.68	8.49	7.99
	9	蒙古	0.99	0.6	0.38	0.66	1	0.68	0.56	0.83	0.77	8.38	7.88
	10	卡塔尔	0.92	0.66	0.51	0.73	1	0.42	0.68	0.76	0.78	8.32	7.82
	11	阿联酋	0.95	0.3	0.51	0.9	1	0.63	0.44	0.67	0.76	8.13	7.65
	12	沙特阿拉伯	0.52	0.58	0.44	0.96	1	0.72	0.35	0.75	0.75	8.08	7.6
	13	菲律宾	0.82	0.75	0.39	0.88	1	0.36	0.4	0.87	0.94	8.03	7.55
	14	巴基斯坦	0.74	0.51	0.33	0.77	1	0.52	0.51	0.91	0.82	7.91	7.44
	15	乌克兰	0.94	0.74	0.38	0.74	1	0.21	0.56	0.89	0.9	7.85	7.39
	16	伊朗	0.44	0.68	0.4	0.88	1	0.8	0	0.92	1	7.81	7.34
	17	科威特	0.96	0.69	0.7	0.77	1	0.15	0.43	0.87	0.77	7.69	7.23
	18	印度	0.66	0.59	0.4	0.94	1	0.51	0.27	0.62	0.86	7.56	7.11
	19	匈牙利	0.88	0.63	0.6	0.7	1	0.28	0.45	0.76	0.75	7.49	7.04
	20	柬埔寨	0.83	0.48	0.48	0.61	1	0.72	0.3	0.68	0.71	7.45	7
	21	斯里兰卡	0.68	0.54	0.31	0.61	1	0.39	0.49	0.88	0.99	7.38	6.94
	22	黎巴嫩	0.77	0.78	1	0.55	1	0.16	0.43	0.72	0.81	7.37	6.93
	23	捷克共和国	0.88	0.67	0.6	0.72	1	0.25	0.4	0.8	0.67	7.36	6.92
	24	缅甸	0.58	0.81	0.63	0.68	1	0.72	0	0.8	0.73	7.35	6.91
	25	乌兹别克斯坦	0.6	0.84	0.45	0.63	1	0.33	0.43	0.82	0.85	7.35	6.91
	26	波兰	0.88	0.83	0.75	0.77	1	0.25	0.09	0.76	0.78	7.23	6.8
	27	斯洛伐克	0.88	0.52	0.56	0.67	1	0.16	0.37	0.93	0.91	7.22	6.78
	28	格鲁吉亚	0.99	0.6	0.4	0.44	1	0.46	0.37	0.85	0.78	7.16	6.73
	29	保加利亚	0.88	0.78	0.57	0.54	1	0.26	0.39	0.73	0.82	7.16	6.73

续 表

级别	排名	国家	关税水平	非关税贸易壁垒	贸易条件指数	双边贸易额	双边投资协定	中国对该国直接投资资量	该国对中国直接投资资量	跨国贸易自由度	商业管制	总评分	总评分（标准化）
良好型国家	30	阿尔巴尼亚	0.92	0.63	0.98	0.36	1	0.16	0.53	0.7	0.77	7.11	6.69
	31	吉尔吉斯斯坦	0.92	0.67	0.16	0.65	1	0.56	0.17	0.83	0.76	7.1	6.68
	32	以色列	0.84	0.57	0.52	0.73	1	0.17	0.4	0.78	0.78	7.1	6.68
	33	老挝	0.6	0.44	0.71	0.57	1	0.81	0	0.87	0.7	7.08	6.65
	34	阿塞拜疆	0.86	0.78	0.91	0.47	1	0.13	0.41	0.67	0.75	6.98	6.57
	35	巴林	0.91	0.8	0.49	0.51	1	0.12	0.43	0.75	0.82	6.89	6.48
	36	白俄罗斯	0.6	0.69	0.5	0.5	1	0.28	0.6	0.65	0.67	6.86	6.45
	37	埃及	0.55	0.56	0.64	0.74	1	0.27	0.23	0.82	0.82	6.86	6.45
	38	阿曼	0.92	0.78	0.36	0.82	1	0.15	0.41	0.29	0.68	6.8	6.39
	39	斯洛文尼亚	0.88	0.83	0.58	0.54	1	0.14	0.34	0.72	0.66	6.71	6.31
	40	爱沙尼亚	0.88	0.67	0.58	0.41	1	0.16	0.4	0.78	0.82	6.66	6.26
	41	亚美尼亚	0.96	0.8	0.48	0.26	1	0.19	0.52	0.68	0.68	6.55	6.15
	42	立陶宛	0.88	0.67	0.65	0.52	1	0.19	0.34	0.62	0.57	6.51	6.12
	43	塞尔维亚	0.89	0.56	0.75	0.4	1	0.22	0.37	0.72	0.62	6.51	6.12
	44	罗马尼亚	0.88	0.56	0.55	0.62	1	0.17	0.15	0.69	0.91	6.48	6.09
	45	土库曼斯坦	0.6	0.76	0.63	0.72	1	0.1	0	0.92	0.91	6.47	6.09
	46	也门共和国	0.9	0.72	0.21	0.66	1	0.65	0	0.29	0.72	6.46	6.07
潜力型国家	47	摩尔多瓦	0.94	0.69	0.35	0.22	1	0.17	0.34	0.87	0.9	6.18	5.81
	48	伊拉克	0.6	0.51	0.46	0.83	0	0.26	0.28	0.87	0.9	6.07	5.71
	49	孟加拉国	0.71	0.7	0.54	0.73	0	0.32	0.18	0.89	0.68	5.99	5.63
	50	塔吉克斯坦	0.87	0.54	0.12	0.53	1	0.4	0	0.89	0.7	5.97	5.61
	51	马其顿	0.88	0.58	0.5	0.25	1	0.16	0.32	0.66	0.78	5.88	5.53
	52	克罗地亚	0.94	0.57	0.49	0.5	1	0.16	0.11	0.63	0.58	5.74	5.39
	53	拉脱维亚	0.88	0.51	0.69	0.5	0	0.16	0.39	0.72	0.73	5.63	5.3
	54	约旦	0.76	0.73	0.43	0.6	0	0.16	0.19	0.89	0.8	5.52	5.19
	55	文莱	0.94	0.57	0.45	0.52	0	0.21	0	0.96	0.96	5.33	5.02
	56	波黑	0.87	0.48	0.78	0.2	0	0.16	0.28	0.72	0.68	4.81	4.52
	57	叙利亚	0.6	0.63	0.21	0.41	1	0.1		0.62	0.67	4.76	4.47
	58	东帝汶	1	0.54	0.29	0.1	0	0.17		0.81	0.84	4.75	4.47
	59	尼泊尔	0.69	0.76	0.13	0.55	0	0.31		0.7	0.66	4.65	4.37
	60	黑山	0.88	0.57	0.29	0.1	0	0.16		0.79	0.76	4.46	4.19
	61	阿富汗	0.6	0.5	0.39	0.39	0	0.15		0.85	0.85	4.28	4.02

续表

级别	排名	国家	关税水平	非关税贸易壁垒	贸易条件指数	双边贸易额	双边投资协定	中国对该国直接投资资量	该国对中国直接投资资量	跨国贸易自由度	商业管制	总评分	总评分（标准化）
薄弱型国家	62	马尔代夫	0.6	0.51	0.35	0.18	0	0.17	0	0.78	0.8	3.73	3.5
	63	不丹	0.6	0.49	0.42	0.1	0	0.16	0	0.72	0.77	3.52	3.31

资源来源：《中国经济年鉴——一带一路卷》编辑委员会编：《2015中国经济年鉴——一带一路卷》，中国经济年鉴2015年版。

“一带一路”沿线国家资金融通指数排名结果

等级	排名	国家	货币互换合作	金融监管合作	投资银行合作	信贷便利度	信用市场规范度	总储备量	公共债务规模	货币稳健性	总评分	总评分（标准化）
顺畅型国家	1	新加坡	1	1	1.5	0.33	1	0.89	0.91	0.93	10.39	10
	2	泰国	1	1	1.5	0.83	0.91	0.83	0.84	0.71	10.26	9.87
	3	俄罗斯	1	1	1.5	0.33	0.83	0.96	0.41	0.89	9.84	9.47
	4	马来西亚	1	1	1.5	0.17	0.95	0.8	0.7	0.67	9.73	9.36
	5	印度尼西亚	1	1	1.5	0.5	0.82	0.77	0.33	0.92	9.68	9.32
	6	土耳其	1	1	1	0.83	0.82	0.8	0.92	0.91	9.46	9.11
	7	阿联酋	1	1	1	0.5	0.83	0.72	0.81	0.86	9.07	8.73
	8	卡塔尔	1	1	1	0.67	1	0.67	0.48	0.82	8.8	8.47
	9	巴基斯坦	1	1	1	0.5	0.8	0.47	0.91	0.62	8.65	8.32
	10	蒙古	1	1	1	0.67	0.87	0.33	0.66	0.8	8.56	8.24
良好型国家	11	文莱	0	1	1.5	0.67	0.95	0.38	0.69	0.84	7.72	7.43
	12	印度	0	1	1.5	0	0.69	0.9	0.64	0.69	7.57	7.29
	13	科威特	0	1	1	0.5	0.93	0.64	0.98	0.81	7.15	6.88
	14	以色列	0	1	1	0.17	0.91	0.75	0.91	0.92	7.12	6.85
	15	埃及	0	1	1	0.33	0.4	0.56	0.91	0.95	6.79	6.53
	16	哈萨克斯坦	1	0	1	0.83	0.93	0.61	0.42	0.87	6.78	6.53
	17	越南	0	1	1.5	0.17	0.92	0.61	0	0.61	6.77	6.52
	18	老挝	0	1	1.5	0.5	0.54	0.24	0.33	0.65	6.74	6.49
	19	约旦	0	1	1	0.17	0.67	0.54	0.48	0.95	6.39	6.15
	20	斯里兰卡	1	0	1	0.17	0.75	0.47	0.78	0.67	6.38	6.14
	21	菲律宾	0	0	1.5	0.33	0.91	0.75	0.98	0.97	6.32	6.08
	22	乌兹别克斯坦	1	0	1	1	0.54	0.28	0.57	0.65	6.26	6.02
潜力型国家	23	白俄罗斯	1	1	0	0.17	0.54	0.45	0.52	0.65	5.97	5.75
	24	柬埔寨	0	0	1.5	0.67	0.76	0.42	0.7	0.95	5.79	5.57
	25	缅甸	0	0	1.5	0.33	0.53	0.47	0.92	0.67	5.48	5.27
	26	波兰	0	0	1	0.67	0.87	0.78	0.61	0.98	5.14	4.94
	27	匈牙利	1	0	0	0.17	0.96	0.68	0.91	0.98	5.13	4.94
	28	沙特阿拉伯	0	1	1	0.17	0.9	1	0.77	0.79	5.09	4.9
	29	罗马尼亚	0	0	0	0.67	0.96	0.69	0.58	0.97	5.05	4.86
	30	格鲁吉亚	0	0	1	0.83	0.99	0.35	0.7	0.94	4.91	4.72

续表

等级	排名	国家	货币互换合作	金融监管合作	投资银行合作	信贷便利度	信用市场规范度	总储备量	公共债务规模	货币稳健性	总评分	总评分（标准化）
潜力型国家	31	阿尔巴尼亚	1	0	0	0.5	0.71	0.35	0.9	1	4.85	4.67
	32	塔吉克斯坦	0	0	1	0.83	0.88	0.19	0.82	0.9	4.77	4.59
	33	乌克兰	1	0	0	0.67	0.79	0.58	0.74	0.66	4.72	4.54
	34	亚美尼亚	1	0	0	0.67	0.96	0.33	0.59	0.96	4.7	4.52
	35	孟加拉国	0	0	1	0.17	0.8	0.57	0.9	0.69	4.64	4.47
	36	吉尔吉斯斯坦	0	0	1	0.17	0.86	0.33	0.95	0.85	4.64	4.47
	37	尼泊尔	0	0	1	0.83	0.73	0.27	0.87	0.66	4.58	4.41
	38	阿塞拜疆	0	0	1	0.33	0.83	0.55	0.66	0.71	4.5	4.33
	39	阿曼	0	0	1	0.83	0.93	0.56	0.24	0.78	4.45	4.29
	40	伊朗	0	0	1	0.17	0.31	0.28	0.67	0.67	3.86	3.71
	41	马尔代夫	0	0	1	0	0.54	0.12	0.35	0.65	3.39	3.26
	42	捷克共和国	0	0	0	0.83	0.96	0.7	0.79	0.97	3.36	3.23
	43	保加利亚	0	0	0	0.5	0.99	0.58	0.9	0.98	3.2	3.08
	44	立陶宛	0	0	0	1	0.94	0.48	0.76	0.91	3.12	3
薄弱型国家	45	拉脱维亚	0	0	0	1	0.93	0.47	0.71	0.92	3.07	2.96
	46	斯洛伐克	0	0	0	0.83	0.93	0.32	0.74	0.98	2.92	2.81
	47	黎巴嫩	0	0	0	0.17	0.68	0.68	0.71	0.96	2.78	2.67
	48	塞尔维亚	0	0	0	0.83	0.64	0.55	0.67	0.81	2.77	2.67
	49	马其顿	0	0	0	0.17	0.98	0.35	0.96	0.84	2.73	2.63
	50	克罗地亚	0	0	0	0.17	0.94	0.57	0.55	0.98	2.66	2.56
	51	巴林	0	0	0	0.17	0.98	0.43	0.76	0.89	2.65	2.55
	52	波黑	0	0	0	0.67	0.96	0.42	0.51	0.85	2.6	2.5
	53	斯洛文尼亚	0	0	0	0.83	0.78	0.22	0.71	0.85	2.59	2.49
	54	叙利亚	0	0	0	0.5	0.71	0.59	0.54	0.75	2.48	2.39
	55	黑山	0	0	0	0.67	1	0.17	0.49	0.97	2.47	2.37
	56	摩尔多瓦	0	0	0	0.17	0.95	0.35	0.74	0.8	2.45	2.36
	57	伊拉克	0	0	0	0	0.54	0.74	0.76	0.65	2.42	2.33
	58	爱沙尼亚	0	0	0	0.33	1	0.1	0.73	0.91	2.41	2.32
	59	阿富汗	0	0	0	0.83	0.54	0.46	0.57	0.65	2.37	2.28
	60	东帝汶	0	0	0	0.17	0.9	0.19	0.71	0.92	2.36	2.27
	61	也门共和国	0	0	0	0.5	0.7	0.43	0.43	0.8	2.26	2.18
	62	不丹	0	0	0	0.17	0.54	0.23	0.94	0.65	2.17	2.09
	63	土库曼斯坦	0	0	0	0.17	0.54	0.28	0.5	0.65	1.78	1.71

资料来源：《中国经济年鉴——一带一路卷》编辑委员会编：《2015中国经济年鉴——一带一路卷》，中国经济年鉴2015年版。

“一带一路”沿线国家民心相通指数排名结果

级别	排名	国家	旅游目的热度	来华旅游人数	科研合作	百万人拥有孔子学院数量	我国网民对该国的关注度	该国网民对我国的关注度	友好城市数量	民众好感度	总评分	总评分（标准化）
顺畅型国家	1	新加坡	0.80	0.75	1.00	0.20	0.58	1.00	0.48	0.80	6.43	10.00
	2	泰国	1.00	0.41	0.60	0.20	1.00	0.60	0.80	0.80	6.21	9.66
	3	俄罗斯	0.60	1.00	0.60	0.17	0.76	0.60	1.00	0.70	6.15	9.57
	4	马来西亚	0.80	0.73	0.60	0.12	0.84	0.60	0.66	0.70	5.73	8.91
	5	巴基斯坦	0.40	0.23	0.60	0.11	0.33	0.50	0.60	1.00	5.35	8.33
	6	印度尼西亚	0.60	0.52	0.40	0.11	0.68	0.50	0.70	0.80	5.32	8.28
良好型国家	7	蒙古	0.40	0.75	0.20	0.29	0.25	0.40	0.84	0.70	4.90	7.63
	8	匈牙利	0.40	0.29	0.60	0.27	0.16	0.40	0.96	0.70	4.90	7.62
	9	以色列	0.40	0.32	0.60	0.24	0.30	0.40	0.84	0.70	4.85	7.54
	10	土耳其	0.60	0.23	0.60	0.12	0.26	0.50	0.80	0.70	4.84	7.53
	11	波兰	0.40	0.27	0.60	0.16	0.56	0.50	0.88	0.60	4.63	7.21
	12	印度	0.60	0.40	0.60	0.10	0.51	0.50	0.60	0.60	4.61	7.17
	13	埃及	0.60	0.22	0.40	0.11	0.33	0.40	0.70	0.70	4.50	7.01
	14	柬埔寨	0.60	0.25	0.20	0.14	0.31	0.50	0.77	0.70	4.46	6.95
	15	罗马尼亚	0.40	0.25	0.60	0.21	0.14	0.40	0.88	0.60	4.42	6.88
	16	哈萨克斯坦	0.40	0.43	0.20	0.23	0.20	0.40	0.66	0.70	4.33	6.73
	17	尼泊尔	0.60	0.26	0.20	0.12	0.36	0.40	0.66	0.70	4.32	6.72
	18	白俄罗斯	0.20	0.29	0.00	0.22	0.16	0.40	84.00	0.80	4.22	6.57
	19	老挝	0.40	0.29	0.20	0.18	0.22	0.40	0.72	0.70	4.20	6.54
	20	吉尔吉斯斯坦	0.20	0.30	0.20	0.39	0.13	0.40	0.72	0.70	4.17	6.50
	21	斯洛文尼亚	0.20	0.28	0.40	0.37	0.12	0.20	0.60	0.70	4.11	6.40
	22	斯里兰卡	0.40	0.26	0.40	0.13	0.28	0.40	0.66	6.00	3.98	6.20
	23	黑山	0.20	0.14	0.20	1.00	0.11	0.20	0.48	0.60	3.98	6.19
	24	卡塔尔	0.40	0.28	0.40	0.00	0.17	0.40	0.48	0.70	3.95	6.14
	25	阿联酋	0.60	0.28	0.40	0.22	0.80	0.10	0.48	0.50	3.93	6.12
	26	克罗地亚	0.40	0.29	0.40	0.23	0.15	0.20	0.60	0.60	3.90	6.06
潜力型国家	27	伊朗	0.40	0.23	0.40	0.11	0.20	0.40	0.60	0.60	3.84	5.97
	28	立陶宛	0.20	0.28	0.40	0.29	0.12	0.40	0.60	0.60	3.84	5.97
	29	乌克兰	0.40	0.29	0.40	0.16	0.52	0.40	0.88	0.40	3.79	5.90

续表

级别	排名	国家	旅游目的热度	来华旅游人数	科研合作	百万人拥有孔子学院数量	我国网民对该国的关注度	该国网民对我国的关注度	友好城市数量	民众好感度	总评分	总评分（标准化）
潜力型国家	30	阿尔巴尼亚	0.20	0.29	0.20	0.29	0.14	0.20	0.48	0.70	3.73	5.81
	31	乌兹别克斯坦	0.20	0.26	0.20	0.14	0.13	0.40	0.55	0.70	3.71	5.78
	32	沙特阿拉伯	0.40	0.25	0.60	0.00	0.19	0.50	0.00	0.70	3.70	5.76
	33	捷克共和国	0.60	0.25	0.60	0.15	0.21	0.10	0.44	0.50	3.70	5.75
	34	约旦	0.40	0.29	0.20	0.27	0.21	0.20	0.48	0.60	3.64	5.67
	35	保加利亚	0.20	0.29	0.40	0.26	0.13	0.40	0.72	0.50	3.63	5.65
	36	孟加拉国	0.40	0.22	0.40	0.10	0.16	0.40	0.40	0.60	3.60	5.60
	37	爱沙尼亚	0.40	0.28	0.40	0.53	0.12	0.20	0.00	0.60	3.57	5.55
	38	塞尔维亚	0.20	0.14	0.40	0.26	0.14	0.20	0.60	0.60	3.57	5.52
	39	斯洛伐克	0.40	0.28	0.40	0.20	0.12	0.20	0.60	0.50	3.55	5.52
	40	阿塞拜疆	0.20	0.29	0.40	0.16	0.22	0.20	0.48	0.60	3.54	5.51
	41	塔吉克斯坦	0.20	0.29	0.00	0.17	0.12	0.20	0.60	0.70	3.52	5.48
	42	格鲁吉亚	0.20	0.28	0.40	0.22	0.13	0.10	0.48	0.60	3.50	5.45
	43	拉脱维亚	0.40	0.28	0.20	0.38	0.14	0.20	0.48	0.50	3.42	5.32
	44	马尔代夫	0.60	0.28	0.00	0.00	0.66	0.20	0.00	0.70	3.41	5.31
	45	越南	0.60	0.57	0.40	0.11	0.74	0.50	0.80	0.10	3.40	5.30
	46	土库曼斯坦	0.20	0.29	0.00	0.00	0.12	0.20	0.60	0.70	3.35	5.21
	47	亚美尼亚	0.20	0.28	0.40	0.29	0.12	0.20	0.48	0.50	3.31	5.15
	48	缅甸	0.40	0.27	0.00	0.00	0.50	0.40	0.66	0.50	3.28	5.10
	49	不丹	0.40	0.28	0.20	0.00	0.18	0.20	0.00	0.70	3.17	4.94
	50	科威特	0.20	0.28	0.20	0.00	0.14	0.50	0.00	0.70	3.10	4.83
	51	菲律宾	0.60	0.41	0.40	0.12	0.44	0.50	0.80	0.10	3.10	4.82
	52	文莱	0.40	0.28	0.20	0.00	0.24	0.20	0.48	0.50	3.08	4.80
	53	摩尔多瓦	0.20	0.14	0.20	0.26	0.12	0.20	0.48	0.50	2.94	4.57
	54	巴林	0.20	0.28	0.20	0.52	0.12	0.10	0.00	0.50	2.81	4.37
	55	伊拉克	0.20	0.25	0.20	0.00	0.20	0.20	0.00	0.60	2.65	4.12
	56	波黑	0.20	0.28	0.20	0.00	0.13	0.10	0.48	0.40	2.48	3.85
	57	马其顿	0.20	0.14	0.20	0.37	0.12	0.20	0.48	0.30	2.45	3.81
	58	叙利亚	0.20	0.25	0.20	0.00	0.43	0.20	0.48	0.30	2.34	3.65
	59	也门共和国	0.20	0.25	0.20	0.00	0.18	0.40	0.44	0.30	2.28	3.54
	60	阿曼	0.20	0.28	0.20	0.00	0.13	0.20	0.00	0.40	2.05	3.19
	61	黎巴嫩	0.20	0.29	0.20	0.22	0.14	0.20	0.00	0.30	1.98	3.09

续表

级别	排名	国家	旅游目的热度	来华旅游人数	科研合作	百万人拥有孔子学院数量	我国网民对该国的关注度	该国网民对我国的关注度	友好城市数量	民众好感度	总评分	总评分（标准化）
薄弱型国家	62	阿富汗	0. 20	0. 24	0. 20	0. 12	0. 16	0. 20	0. 00	0. 30	1. 84	2. 86
	63	东帝汶	0. 20	0. 14	0. 00	0. 00	0. 13	0. 20	0. 00	0. 20	1. 11	1. 72

资料来源：《中国经济年鉴——一带一路卷》编辑委员会编：《2015 中国经济年鉴——一带一路卷》，中国经济年鉴 2015 年版。

“一带一路”国别合作度测评结果

排名	国家	总得分	类别	排名	国家	总得分	类别
1	俄罗斯	85.09	深度合作	33	以色列	39.98	
2	哈萨克斯坦	81.25		34	马尔代夫	38.63	
3	泰国	74.01	快速推进型	35	约旦	38.39	
4	巴基斯坦	72.4		36	土库曼斯坦	37.71	
5	印度尼西亚	71.33		37	罗马尼亚	37.43	
6	越南	70.74		38	科威特	36.81	
7	马来西亚	69.89		39	阿塞拜疆	36.66	
8	新加坡	69.22		40	格鲁吉亚	35.94	
9	蒙古	67.62		41	保加利亚	34.17	
10	老挝	65.98		42	文莱	33.27	
11	土耳其	62.45		43	斯洛伐克	32.42	
12	波兰	61.82		44	巴林	30.82	
13	缅甸	61.43		45	亚美尼亚	30.34	
14	斯里兰卡	61.34		46	阿富汗	30	
15	柬埔寨	60.98		47	阿曼	27.1	
16	阿联酋	58.26	逐步拓展型	48	伊拉克	25.83	
17	埃及	57.99		49	斯洛文尼亚	25.22	
18	印度	57.74		50	克罗地亚	24.89	
19	吉尔吉斯斯坦	57.22		51	立陶宛	24.87	
20	白俄罗斯	56.58		52	阿尔巴尼亚	24.5	
21	伊朗	56.43		53	东帝汶	24.33	
22	塔吉克斯坦	53.4		54	爱沙尼亚	23.79	
23	沙特阿拉伯	51.66		55	黑山	22.31	
24	匈牙利	51.49		56	黎巴嫩	22.2	
25	卡塔尔	49.32		57	拉脱维亚	21.67	
26	乌兹别克斯坦	49.1		58	马其顿	21.52	
27	尼泊尔	47.73		59	叙利亚	20.75	
28	捷克	47.05		60	摩尔多瓦	19.26	
29	菲律宾	46.33		61	也门	18.73	
30	孟加拉	46.32		62	波黑	16.83	
31	乌克兰	43.75		63	巴勒斯坦	13.66	
32	塞尔维亚	42.68		64	不丹	8.67	
平均分							43.55

资料来源：国家信息中心“一带一路”大数据中心著：《“一带一路”大数据报告（2016）》，商务印书馆2016年版。

“一带一路”参与度得分前10名的省市区

排名	省/自治区/直辖市	总分	排名	省/自治区/直辖市	总分
1	广东	85.61	6	江苏	74.62
2	浙江	77.16	7	山东	73.3
3	上海	77.16	8	河南	69.19
4	天津	76.92	9	云南	68.9
5	福建	75.08	10	北京	68.25

资料来源：国家信息中心“一带一路”大数据中心著:《“一带一路”大数据报告（2016）》，商务印书馆2016年版。

设施配套指标得分高于平均分的省市区

排名	省/自治区/直辖市	设施配套得分
1	广东	20
2	山东	16.6
3	广西	16.56
4	云南	16.2
5	福建	15.64
6	江苏	15.4
7	浙江	15.4
8	新疆	15.4
9	天津	14.18
10	重庆	13.66
11	四川	13.6
12	河南	13.6
13	上海	12.62
14	辽宁	12.28

资料来源：国家信息中心“一带一路”大数据中心著:《“一带一路”大数据报告（2016）》，商务印书馆2016年版。

政策环境指标得分高于平均分的省市区

排名	省/自治区/直辖市	政策环境得分
1	甘肃	20
2	江苏	19.46
3	福建	18.54
4	广东	18.35
5	江西	17.69
6	上海	17.38
7	天津	17.06
8	安徽	16.76
9	陕西	16.55
10	吉林	16
11	新疆	16
12	浙江	15.95
13	河南	15.27

资料来源：国家信息中心“一带一路”大数据中心著:《“一带一路”大数据报告（2016）》，商务印书馆2016年版。

经贸合作指标得分高于平均分的省市区

排名	省/自治区/直辖市	经贸合作得分
1	北京	25.51
2	天津	25.27
3	广东	22.11
4	浙江	20.85
5	山东	20.37
6	湖北	19.31
7	上海	19.31
8	广西	18.55
9	云南	18.41
10	福建	18.35
11	江苏	17.64
12	江西	17.13
13	河南	16.89
14	陕西	16.57
15	黑龙江	16.18

资料来源：国家信息中心“一带一路”大数据中心著:《“一带一路”大数据报告（2016）》，商务印书馆2016年版。

人文交流指标得分高于平均分的省市区

排名	省/自治区/直辖市	人文交流得分
1	上海	16
2	北京	15.63
3	浙江	14.63
4	广东	14.25
5	河南	14
6	山东	13.73
7	四川	13.42
8	湖北	13.24
9	黑龙江	12.75
10	陕西	12.7
11	江苏	12.52
12	广西	12.1
13	天津	11.96
14	福建	11.9
15	云南	11.36
16	辽宁	10.44

资料来源：国家信息中心“一带一路”大数据中心著:《“一带一路”大数据报告（2016）》，商务印书馆2016年版。

综合影响指标得分高于平均分的省市区

排名	省/自治区/直辖市	综合影响得分
1	上海	11.85
2	广东	10.9
3	北京	10.77
4	福建	10.64
5	浙江	10.29
6	重庆	9.81
7	江苏	9.59
8	四川	9.52
9	河南	9.44
10	新疆	9.29
11	海南	9.04
12	云南	8.93
13	山东	8.6
14	陕西	8.59
15	天津	8.46

资料来源：国家信息中心“一带一路”大数据中心著:《“一带一路”大数据报告（2016）》，商务印书馆2016年版。

国内影响力得分排名前15的省市区

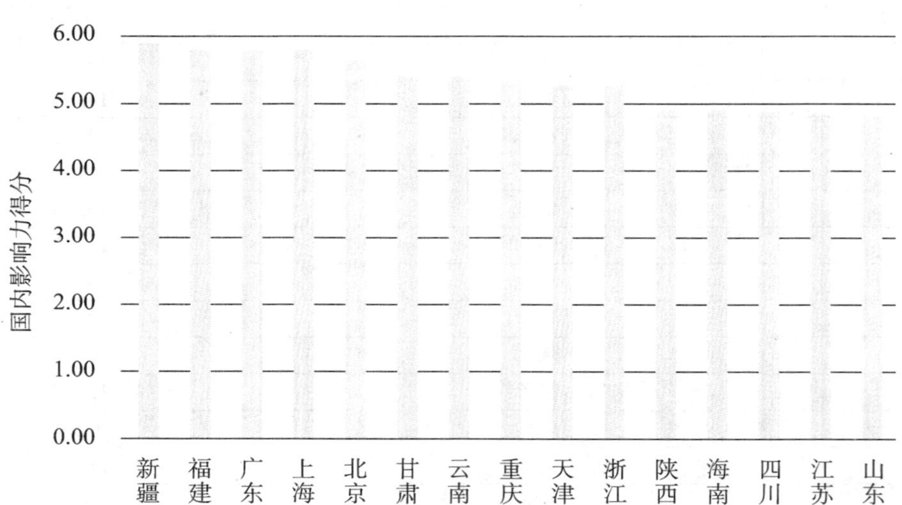

资料来源：国家信息中心"一带一路"大数据中心著：《"一带一路"大数据报告（2016）》，商务印书馆2016年版。

国外影响力得分排名前15的省市区

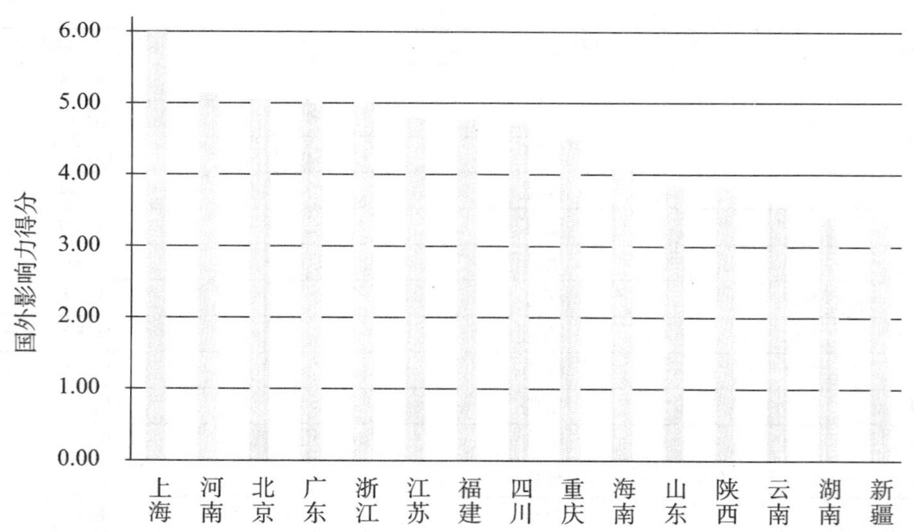

资料来源：国家信息中心"一带一路"大数据中心著：《"一带一路"大数据报告（2016）》，商务印书馆2016年版。

大事记

"一带一路"建设大事记
(2013年9月—2016年12月)

1. 2013年9月7日，习近平主席在访问中亚四国期间，在哈萨克斯坦首次提出共建"丝绸之路经济带"的合作倡议。

2. 2013年10月3日，习近平主席在访问东盟国家期间，在印尼提出建设"21世纪海上丝绸之路"的合作倡议。

3. 2013年11月12日，十八届三中全会通过《中央关于全面深化改革若干重大问题的决定》。《决定》提出："建立开发性金融机构，加快同周边国家和区域基础设施互联互通建设，推进丝绸之路经济带、海上丝绸之路建设，形成全方位开放新格局"。"一带一路"上升为国家政策。

4. 2014年5月19日，作为"丝绸之路经济带"首个实体平台，中国—哈萨克斯坦（连云港）物流合作基地启用，标志中哈两国依托新亚欧大陆桥，共建"丝绸之路经济带"进入实质性实施阶段。

5. 2014年12月11日，中央经济工作会议提出优化经济发展空间格局，重点实施"一带一路"、京津冀协同发展、长江经济带三大战略，争取2015年有个良好开局。

6. 2014年12月29日，丝路基金成立，资金规模为400亿美元，首期资本金100亿美元。外汇储备（占比65%）、中国投资有限责任公司（占比15%）、中国进出口银行（占比15%）、国家开发银行（占比5%）共同出资。

7. 2015年3月28日，国家发展改革委、外交部、商务部联合发布了《推动共建丝绸之路经济带和21世纪海上丝绸之路的愿景与行动》，就框架思路、合作重点、合作机制、中国各地方开放态势等方面予以明确说明。《愿景与行动》是"一带一路"倡议的最高纲领性文件，也是顶层规划设计，明确推进政策沟通、设施联通、贸易畅通、资金融通、民心相通五个方面。

8. 2015年5月8日，中俄双方共同签署并发表《关于丝绸之路经济带建设与欧亚经济联盟建设对接合作的联合声明》，"一带一路"与"欧亚经济联盟"实现对接。

9. 2015年9月28日，在北京举行的中欧经贸高层对话期间，中欧签署《关于欧盟与中国互联互通平台的谅解备忘录》，以期加强中国的"一带一路"倡议与欧盟倡导的互联互通之间的合作。

10. 2015年11月11日，巴基斯坦将2281亩瓜达尔港自贸区土地的使用权移交经中国海外港口控股有限公司，这标志着作为"一带一路"旗舰项目的中巴经济走廊建设取得实质性进展。

11. 2015年12月25日，《亚洲基础设施投资银行协定》正式生效，亚投行宣告成立，标志着全球迎来首个由中国倡议设立的多边金融机构，在国际经济治理体系改革进程中具有里程碑意义。

12. 2016年3月，《国民经济和社会发展第十三个五年规划纲要（草案）》将"一带一路"列入"十三五"时期主要目标任务和重大举措部分。"十三五"时期主要目标任务和重大举措主要分为六个方面，"一带一路"作为"深化改革开放、构建发展新体制"重要组成部分，在国际产能合作、贸易升级、高标准自由贸易区网络建设方面发力，基本形成开放型经济新体制新格局。

13. 2016年4月29日，中共中央政治局就历史上的丝绸之路和海上丝绸之路进行第三十一次集体学习。中共中央总书记习近平在主持学习时强调，“一带一路”建设是我国在新的历史条件下实行全方位对外开放的重大举措、推行互利共赢的重要平台。我们必须以更高的站位、更广的视野，在吸取和借鉴历史经验的基础上，以创新的理念和创新的思维，扎扎实实做好各项工作，使沿线各国人民实实在在感受到“一带一路”给他们带来的好处。

14. 2016年8月17日，推进“一带一路”建设工作座谈会在北京举行，习近平主席出席座谈会并发表重要讲话。习近平强调，总结经验、坚定信心、扎实推进，聚焦政策沟通、设施联通、贸易畅通、资金融通、民心相通，聚焦构建互利合作网络、新型合作模式、多元合作平台，聚焦携手打造绿色丝绸之路、健康丝绸之路、智力丝绸之路、和平丝绸之路，以钉钉子精神抓下去，一步一步把“一带一路”建设推向前进，让“一带一路”建设造福沿线各国人民。

15. 2016年9月3日，国家主席习近平在杭州出席2016年二十国集团工商峰会开幕式，并发表题为《中国发展新起点　全球增长新蓝图》的主旨演讲。习近平主席指出，“一带一路”倡议旨在同沿线各国分享中国发展机遇，实现共同繁荣。丝绸之路经济带一系列重点项目和经济走廊建设已经取得重要进展，21世纪海上丝绸之路建设正在同步推进。

16. 2016年9月27日，中共中央政治局就二十国集团领导人峰会和全球治理体系变革进行第三十五次集体学习。习近平总书记指出，要深入推进“一带一路”建设，推动各方加强规划和战略对接。要深化上海合作组织合作，加强亚信、东亚峰会、东盟地区论坛等机制建设，整合地区自由贸易谈判架构。

17. 2016年11月17日，中共中央政治局常委、国务院总理、国家能源委员会主任李克强主持召开国家能源委员会会议，审议通过《能源发展“十三五”规划》。李克强总理指出，要巩固与传统资源国家的互利合作，优化能源贸易结构，抓住“一带一路”建设重大机遇，推进能源基础设施互联互通，加大国际产能合作，带动有竞争优势的能源装备出口。

18. 2016年11月20日，亚太经合组织第二十四次领导人非正式会议2在秘鲁利马举行。国家主席习近平出席并发表题为《面向未来开拓进取　促进亚太发展繁荣》的重要讲话，指出要坚定不移破解区域互联互通瓶颈，深入落实北京会议通过的10年期互联互通蓝图，促进基础设施、规章制度、人员交流互联互通，构建全方位、复合型互联互通网络，加强“一带一路”倡议同有关各方发展战略及合作倡议对接。

19. 2016年11月29—30日，商务部推进“一带一路”建设工作座谈会在重庆召开。商务部综合司、欧亚司等13个司局和天津市、山西省等16省市商务厅负责人参会。

20. 2016年12月5日，中央全面深化改革领导小组第三十次会议指出，软力量是“一带一路”建设的重要助推器。软力量实为在“一带一路”实践层面已有重大进展情况下，进行理论研究和话语体系建设，加强国际传播和舆论引导。

附　录

携手推进“一带一路”建设

——在“一带一路”国际合作高峰论坛开幕式上的演讲

（2017年5月14日，北京）

中华人民共和国主席　习近平

尊敬的各位国家元首，政府首脑，

各位国际组织负责人，

女士们，先生们，朋友们：

“孟夏之日，万物并秀。”在这美好时节，来自100多个国家的各界嘉宾齐聚北京，共商“一带一路”建设合作大计，具有十分重要的意义。今天，群贤毕至，少长咸集，我期待着大家集思广益、畅所欲言，为推动“一带一路”建设献计献策，让这一世纪工程造福各国人民。

女士们、先生们、朋友们！

2000多年前，我们的先辈筚路蓝缕，穿越草原沙漠，开辟出联通亚欧非的陆上丝绸之路；我们的先辈扬帆远航，穿越惊涛骇浪，闯荡出连接东西方的海上丝绸之路。古丝绸之路打开了各国友好交往的新窗口，书写了人类发展进步的新篇章。中国陕西历史博物馆珍藏的千年“鎏金铜蚕”，在印度尼西亚发现的千年沉船“黑石号”等，见证了这段历史。

古丝绸之路绵亘万里，延续千年，积淀了以和平合作、开放包容、互学互鉴、互利共赢为核心的丝路精神。这是人类文明的宝贵遗产。

——和平合作。公元前140多年的中国汉代，一支从长安出发的和平使团，开始打通东方通往西方的道路，完成了“凿空之旅”，这就是著名的张骞出使西域。中国唐宋元时期，陆上和海上丝绸之路同步发展，中国、意大利、摩洛哥的旅行家杜环、马可·波罗、伊本·白图泰都在陆上和海上丝绸之路留下了历史印记。15世纪初的明代，中国著名航海家郑和七次远洋航海，留下千古佳话。这些开拓事业之所以名垂青史，是因为使用的不是战马和长矛，而是驼队和善意；依靠的不是坚船和利炮，而是宝船和友谊。一代又一代“丝路人”架起了东西方合作的纽带、和平的桥梁。

——开放包容。古丝绸之路跨越尼罗河流域、底格里斯河和幼发拉底河流域、印度河和恒河流域、黄河和长江流域，跨越埃及文明、巴比伦文明、印度文明、中华文明的发祥地，跨越佛教、基督教、伊斯兰教信众的汇集地，跨越不同国度和肤色人民的聚居地。不同文明、宗教、种族求同存异、开放包容，并肩书写相互尊重的壮丽诗篇，携手绘就共同发展的美好画卷。酒泉、敦煌、吐鲁番、喀什、撒马尔罕、巴格达、君士坦丁堡等古城，宁波、泉州、广州、北海、科伦坡、吉达、亚历山大等地的古港，就是记载这段历史的“活化石”。历史告诉我们：文明在开放中发展，民族在融合中共存。

——互学互鉴。古丝绸之路不仅是一条通商易货之道，更是一条知识交流之路。沿着古丝绸之路，中国将丝绸、瓷器、漆器、铁器传到西方，也为中国带来了胡椒、亚麻、香料、葡萄、石榴。沿着古丝绸之路，佛教、伊斯兰教及阿拉伯的天文、历法、医药传入中国，中国的四大发明、养蚕技术也由此传向世界。更为重要的是，商品和知识交流带来了观念创新。比如，佛教源自印度，在中国发扬光大，在东南亚得到传承。儒家文化起源中国，受到欧洲莱布尼茨、伏尔泰等思想家的推崇。这是交流的魅力、互鉴的成果。

——互利共赢。古丝绸之路见证了陆上“使者相望于道，商旅不绝于途”的盛况，也见证了海上“舶交海中，不知其数”的繁华。在这条大动脉上，资金、技术、人员等生产要素自由流动，商品、资源、成果等实现共享。阿拉木图、撒马尔罕、长安等重镇和苏尔港、广州等良港兴旺发达，罗马、安息、贵霜等古国欣欣向荣，中国汉唐迎来盛世。古丝绸之路创造了地区大发展大繁荣。

历史是最好的老师。这段历史表明，无论相隔多远，只要我们勇敢迈出第一步，坚持相向而行，就能走出一条相遇相知、共同发展之路，走向幸福安宁和谐美好的远方。

女士们、先生们、朋友们！

从历史维度看，人类社会正处在一个大发展大变革大调整时代。世界多极化、经济全球化、社会信息化、文化多样化深入发展，和平发展的大势日益强劲，变革创新的步伐持续向前。各国之间的联系从来没有像今天这样紧密，世界人民对美好生活的向往从来没有像今天这样强烈，人类战胜困难的手段从来没有像今天这样丰富。

从现实维度看，我们正处在一个挑战频发的世界。世界经济增长需要新动力，发展需要更加普惠平衡，贫富差距鸿沟有待弥合。地区热点持续动荡，恐怖主义蔓延肆虐。和平赤字、发展赤字、治理赤字，是摆在全人类面前的严峻挑战。这是我一直思考的问题。

2013 年秋天，我在哈萨克斯坦和印度尼西亚提出共建丝绸之路经济带和 21 世纪海上丝绸之路，即“一带一路”倡议。“桃李不言，下自成蹊。”4 年来，全球 100 多个国家和国际组织积极支持和参与“一带一路”建设，联合国大会、联合国安理会等重要决议也纳入“一带一路”建设内容。“一带一路”建设逐渐从理念转化为行动，从愿景转变为现实，建设成果丰硕。

——这是政策沟通不断深化的 4 年。我多次说过，“一带一路”建设不是另起炉灶、推倒重来，而是实现战略对接、优势互补。我们同有关国家协调政策，包括俄罗斯提出的欧亚经济联盟、东盟提出的互联互通总体规划、哈萨克斯坦提出的“光明之路”、土耳其提出的“中间走廊”、蒙古提出的“发展之路”、越南提出的“两廊一圈”、英国提出的“英格兰北方经济中心”、波兰提出的“琥珀之路”等。中国同老挝、柬埔寨、缅甸、匈牙利等国的规划对接工作也全面展开。中国同 40 多个国家和国际组织签署了合作协议，同 30 多个国家开展机制化产能合作。本次论坛期间，我们还将签署一批对接合作协议和行动计划，同 60 多个国家和国际组织共同发出推进“一带一路”贸易畅通合作倡议。各方通过政策对接，实现了“一加一大于二”的效果。

——这是设施联通不断加强的 4 年。“道路通，百业兴。”我们和相关国家一道共同加速推进雅万高铁、中老铁路、亚吉铁路、匈塞铁路等项目，建设瓜达尔港、比雷埃夫斯港等港口，规划实施一大批互联互通项目。目前，以中巴、中蒙俄、新亚欧大陆桥等经济走廊为引领，以陆海空通道和信息高速路为骨架，以铁路、港口、管网等重大工程为依托，一个复合型的基础设施网络正在形成。

——这是贸易畅通不断提升的 4 年。中国同“一带一路”参与国大力推动贸易和投资便利化，不断改善营商环境。我了解到，仅哈萨克斯坦等中亚国家农产品到达中国市场的通关时间就缩短了 90%。2014 年至 2016 年，中国同“一带一路”沿线国家贸易总额超过 3 万亿美元。中国对“一带一路”沿线国家投资累计超过 500 亿美元。中国企业已经在 20 多个国家建设 56 个经贸合作区，为有关国家创造近 11 亿美元税收和 18 万个就业岗位。

——这是资金融通不断扩大的 4 年。融资瓶颈是实现互联互通的突出挑战。中国同"一带一路"建设参与国和组织开展了多种形式的金融合作。亚洲基础设施投资银行已经为"一带一路"建设参与国的9个项目提供17亿美元贷款,"丝路基金"投资达40亿美元,中国同中东欧"16+1"金融控股公司正式成立。这些新型金融机制同世界银行等传统多边金融机构各有侧重、互为补充,形成层次清晰、初具规模的"一带一路"金融合作网络。

——这是民心相通不断促进的4年。"国之交在于民相亲,民相亲在于心相通。""一带一路"建设参与国弘扬丝绸之路精神,开展智力丝绸之路、健康丝绸之路等建设,在科学、教育、文化、卫生、民间交往等各领域广泛开展合作,为"一带一路"建设夯实民意基础,筑牢社会根基。中国政府每年向相关国家提供1万个政府奖学金名额,地方政府也设立了丝绸之路专项奖学金,鼓励国际文教交流。各类丝绸之路文化年、旅游年、艺术节、影视桥、研讨会、智库对话等人文合作项目百花纷呈,人们往来频繁,在交流中拉近了心与心的距离。

丰硕的成果表明,"一带一路"倡议顺应时代潮流,适应发展规律,符合各国人民利益,具有广阔前景。

女士们、先生们、朋友们!

中国人说,"万事开头难"。"一带一路"建设已经迈出坚实步伐。我们要乘势而上、顺势而为,推动"一带一路"建设行稳致远,迈向更加美好的未来。这里,我谈几点意见。

第一,我们要将"一带一路"建成和平之路。古丝绸之路,和时兴,战时衰。"一带一路"建设离不开和平安宁的环境。我们要构建以合作共赢为核心的新型国际关系,打造对话不对抗、结伴不结盟的伙伴关系。各国应该尊重彼此主权、尊严、领土完整,尊重彼此发展道路和社会制度,尊重彼此核心利益和重大关切。

古丝绸之路沿线地区曾经是"流淌着牛奶与蜂蜜的地方",如今很多地方却成了冲突动荡和危机挑战的代名词。这种状况不能再持续下去。我们要树立共同、综合、合作、可持续的安全观,营造共建共享的安全格局。要着力化解热点,坚持政治解决;要着力斡旋调解,坚持公道正义;要着力推进反恐,标本兼治,消除贫困落后和社会不公。

第二,我们要将"一带一路"建成繁荣之路。发展是解决一切问题的总钥匙。推进"一带一路"建设,要聚焦发展这个根本性问题,释放各国发展潜力,实现经济大融合、发展大联动、成果大共享。

产业是经济之本。我们要深入开展产业合作,推动各国产业发展规划相互兼容、相互促进,抓好大项目建设,加强国际产能和装备制造合作,抓住新工业革命的发展新机遇,培育新业态,保持经济增长活力。

金融是现代经济的血液。血脉通,增长才有力。我们要建立稳定、可持续、风险可控的金融保障体系,创新投资和融资模式,推广政府和社会资本合作,建设多元化融资体系和多层次资本市场,发展普惠金融,完善金融服务网络。

设施联通是合作发展的基础。我们要着力推动陆上、海上、天上、网上四位一体的联通,聚焦关键通道、关键城市、关键项目,联结陆上公路、铁路道路网络和海上港口网络。我们已经确立"一带一路"建设六大经济走廊框架,要扎扎实实向前推进。要抓住新一轮能源结构调整和能源技术变革趋势,建设全球能源互联网,实现绿色低碳发展。要完善跨区域物流网建设。我们也要促进政策、规则、标准三位一体的联通,为互联互通提供机制保障。

第三,我们要将"一带一路"建成开放之路。开放带来进步,封闭导致落后。对一个国家而言,开放如同破茧成蝶,虽会经历一时阵痛，但将换来新生。“一带一路”建设要以开放为导向，解决经济增长和平衡问题。

我们要打造开放型合作平台，维护和发展开放型世界经济，共同创造有利于开放发展的环境，推动构建公正、合理、透明的国际经贸投资规则体系，促进生产要素有序流动、资源高效配置、市场深度融合。我们欢迎各国结合自身国情，积极发展开放型经济，参与全球治理和公共产品供给，携手构建广泛的利益共同体。

贸易是经济增长的重要引擎。我们要有“向外看”的胸怀，维护多边贸易体制，推动自由贸易区建设，促进贸易和投资自由化便利化。当然，我们也要着力解决发展失衡、治理困境、数字鸿沟、分配差距等问题，建设开放、包容、普惠、平衡、共赢的经济全球化。

第四，我们要将“一带一路”建成创新之路。创新是推动发展的重要力量。“一带一路”建设本身就是一个创举，搞好“一带一路”建设也要向创新要动力。

我们要坚持创新驱动发展，加强在数字经济、人工智能、纳米技术、量子计算机等前沿领域合作，推动大数据、云计算、智慧城市建设，连接成21世纪的数字丝绸之路。我们要促进科技同产业、科技同金融深度融合，优化创新环境，集聚创新资源。我们要为互联网时代的各国青年打造创业空间、创业工场，成就未来一代的青春梦想。

我们要践行绿色发展的新理念，倡导绿色、低碳、循环、可持续的生产生活方式，加强生态环保合作，建设生态文明，共同实现2030年可持续发展目标。

第五，我们要将“一带一路”建成文明之路。“一带一路”建设要以文明交流超越文明隔阂、文明互鉴超越文明冲突、文明共存超越文明优越，推动各国相互理解、相互尊重、相互信任。

我们要建立多层次人文合作机制，搭建更多合作平台，开辟更多合作渠道。要推动教育合作，扩大互派留学生规模，提升合作办学水平。要发挥智库作用，建设好智库联盟和合作网络。在文化、体育、卫生领域，要创新合作模式，推动务实项目。要用好历史文化遗产，联合打造具有丝绸之路特色的旅游产品和遗产保护。我们要加强各国议会、政党、民间组织往来，密切妇女、青年、残疾人等群体交流，促进包容发展。我们也要加强国际反腐合作，让“一带一路”成为廉洁之路。

女士们、先生们、朋友们!

当前，中国发展正站在新的起点上。我们将深入贯彻创新、协调、绿色、开放、共享的发展理念，不断适应、把握、引领经济发展新常态，积极推进供给侧结构性改革，实现持续发展，为“一带一路”注入强大动力，为世界发展带来新的机遇。

——中国愿在和平共处五项原则基础上，发展同所有“一带一路”建设参与国的友好合作。中国愿同世界各国分享发展经验，但不会干涉他国内政，不会输出社会制度和发展模式，更不会强加于人。我们推进“一带一路”建设不会重复地缘博弈的老套路，而将开创合作共赢的新模式；不会形成破坏稳定的小集团，而将建设和谐共存的大家庭。

——中国已经同很多国家达成了“一带一路”务实合作协议，其中既包括交通运输、基础设施、能源等硬件联通项目，也包括通信、海关、检验检疫等软件联通项目，还包括经贸、产业、电子商务、海洋和绿色经济等多领域的合作规划和具体项目。中国同有关国家的铁路部门将签署深化中欧班列合作协议。我们将推动这些合作项目早日启动、早见成效。

——中国将加大对“一带一路”建设资金支持，向丝路基金新增资金1000亿元人民币，鼓励金融机构开展人民币海外基金业务，规模预计约3000亿元人民币。中国国家开发银行、进出口银行将分别提供2500亿元和1300亿元等值人民币专项贷款，用于支持“一带一路”基础设施建设、产能、金融合作。我们还将同亚洲基础设施投资银行、金砖国家新开发银行、世界银行及其他多边开发机构合作支持“一带一路”项目，同有关各方共同制定“一带一路”融资指导原则。

——中国将积极同“一带一路”建设参与国发展互利共赢的经贸伙伴关系，促进同各相关国家贸易和投资便利化，建设“一带一路”自由贸易网络，助力地区和世界经济增长。本届论坛期间，中国将同30多个国家签署经贸合作协议，同有关国家协商自由贸易协定。中国将从2018年起举办中国国际进口博览会。

——中国愿同各国加强创新合作，启动“一带一路”科技创新行动计划，开展科技人文交流、共建联合实验室、科技园区合作、技术转移4项行动。我们将在未来5年内安排2500人次青年科学家来华从事短期科研工作，培训5000人次科学技术和管理人员，投入运行50家联合实验室。我们将设立生态环保大数据服务平台，倡议建立“一带一路”绿色发展国际联盟，并为相关国家应对气候变化提供援助。

——中国将在未来3年向参与“一带一路”建设的发展中国家和国际组织提供600亿元人民币援助，建设更多民生项目。我们将向“一带一路”沿线发展中国家提供20亿元人民币紧急粮食援助，向南南合作援助基金增资10亿美元，在沿线国家实施100个“幸福家园”、100个“爱心助困”、100个“康复助医”等项目。我们将向有关国际组织提供10亿美元落实一批惠及沿线国家的合作项目。

——中国将设立“一带一路”国际合作高峰论坛后续联络机制，成立“一带一路”财经发展研究中心、“一带一路”建设促进中心，同多边开发银行共同设立多边开发融资合作中心，同国际货币基金组织合作建立能力建设中心。我们将建设丝绸之路沿线民间组织合作网络，打造新闻合作联盟、音乐教育联盟以及其他人文合作新平台。

“一带一路”建设植根于丝绸之路的历史土壤，重点面向亚欧非大陆，同时向所有朋友开放。不论来自亚洲、欧洲，还是非洲、美洲，都是“一带一路”建设国际合作的伙伴。“一带一路”建设将由大家共同商量，“一带一路”建设成果将由大家共同分享。

女士们、先生们、朋友们!

中国古语讲：“不积跬步，无以至千里。”阿拉伯谚语说，“金字塔是一块块石头垒成的”。欧洲也有句话：“伟业非一日之功”。“一带一路”建设是伟大的事业，需要伟大的实践。让我们一步一个脚印推进实施，一点一滴抓出成果，造福世界，造福人民!

祝本次高峰论坛圆满成功!

谢谢大家。

在“一带一路”国际合作高峰论坛欢迎宴会上的祝酒辞

（2017年5月14日，北京）

中华人民共和国主席 习近平

各位国家元首，政府首脑，国际组织负责人，各位来宾，女士们，先生们，朋友们：

大家晚上好！我谨代表中国政府和人民，代表我夫人，并以我个人名义，对大家出席“一带一路”国际合作高峰论坛表示热烈欢迎！

在座的很多朋友对北京并不陌生，也在这里留下了许多回忆。北京是千年古都，见证了历史的沧桑变迁。北京也是一座现代新城，随着中国发展不断展现新的风貌。北京更是一座国际化大都市，东西方不同文明时时刻刻在这里相遇和交融。

在北京，你可以游览古老的故宫、长城、天坛，也可以参观现代派的鸟巢、水立方、国家大剧院。你能听到中国传统的京剧和相声，也能欣赏来自西方的芭蕾舞和交响乐。你会碰到衣着新潮、穿行在世界名品商店里的中国青年，也能遇见操着流利汉语、在老胡同里徜徉的外国友人。

一滴水里观沧海，一粒沙中看世界。北京从历史上的小城，成为今天的国际化大都市，向我们揭示了一个道理：人类生活在共同的家园，拥有共同的命运，人类历史始终在不同民族、不同文化的相遇相知中向前发展。

2000多年前，我们的先辈们就是怀着友好交往的朴素愿望，开辟了古丝绸之路，开启了人类文明史上的大交流时代。

今天，我们传承古丝绸之路精神，共商“一带一路”建设，是历史潮流的沿续，也是面向未来的正确抉择。

“一带一路”建设承载着我们对文明交流的渴望，将继续担当文明沟通的使者，推动各种文明互学互鉴，让人类文明更加绚烂多彩。

“一带一路”建设承载着我们对和平安宁的期盼，将成为拉近国家间关系的纽带，让各国人民守望相助，各国互尊互信，共同打造和谐家园，建设和平世界。

“一带一路”建设承载着我们对共同发展的追求，将帮助各国打破发展瓶颈，缩小发展差距，共享发展成果，打造甘苦与共、命运相连的发展共同体。

“一带一路”建设承载着我们对美好生活的向往，将把每个国家、每个百姓的梦想凝结为共同愿望，让理想变为现实，让人民幸福安康。

今天，“一带一路”国际合作高峰论坛高级别会议成功举行，大家讨论热烈、成果丰硕。明天，我们将在雁栖湖畔举行圆桌峰会，共同规划“一带一路”建设合作大计。“一带一路”建设正站在新的起点上，开启新的征程。

我们正走在一条充满希望的道路上。我相信，只要我们相向而行，心连心，不后退，不停步，我们终能迎来路路相连、美美与共的那一天。我相信，我们的事业会像古丝绸之路一样流传久远、泽被后代。

现在，我提议，大家共同举杯，
为“一带一路”建设美好未来，
为各国发展繁荣，
为这次高峰论坛圆满成功，
为各位嘉宾和家人健康，
干杯！

开辟合作新起点　谋求发展新动力

——在“一带一路”国际合作高峰论坛圆桌峰会上的开幕辞

（2017年5月15日，北京）

中华人民共和国主席　习近平

各位国家元首，政府首脑，国际组织负责人：

我宣布，“一带一路”国际合作高峰论坛圆桌峰会开幕！

欢迎大家来到雁栖湖畔出席“一带一路”国际合作高峰论坛圆桌峰会，共商推进国际合作、实现共赢发展大计。

“一带一路”建设是我在2013年提出的倡议。它的核心内容是促进基础设施建设和互联互通，对接各国政策和发展战略，深化务实合作，促进协调联动发展，实现共同繁荣。

这项倡议源于我对世界形势的观察和思考。当今世界正处在大发展大变革大调整之中。新一轮科技和产业革命正在孕育，新的增长动能不断积聚，各国利益深度融合，和平、发展、合作、共赢成为时代潮流。与此同时，全球发展中的深层次矛盾长期累积，未能得到有效解决。全球经济增长基础不够牢固，贸易和投资低迷，经济全球化遇到波折，发展不平衡加剧。战乱和冲突、恐怖主义、难民移民大规模流动等问题对世界经济的影响突出。

面对挑战，各国都在探讨应对之策，也提出很多很好的发展战略和合作倡议。但是，在各国彼此依存、全球性挑战此起彼伏的今天，仅凭单个国家的力量难以独善其身，也无法解决世界面临的问题。只有对接各国彼此政策，在全球更大范围内整合经济要素和发展资源，才能形成合力，促进世界和平安宁和共同发展。

“一带一路”建设根植于历史，但面向未来。古丝绸之路凝聚了先辈们对美好生活的追求，促进了亚欧大陆各国互联互通，推动了东西方文明交流互鉴，为人类文明发展进步作出了重大贡献。我们完全可以从古丝绸之路中汲取智慧和力量，本着和平合作、开放包容、互学互鉴、互利共赢的丝路精神推进合作，共同开辟更加光明的前景。

“一带一路”源自中国，但属于世界。“一带一路”建设跨越不同地域、不同发展阶段、不同文明，是一个开放包容的合作平台，是各方共同打造的全球公共产品。它以亚欧大陆为重点，向所有志同道合的朋友开放，不排除、也不针对任何一方。

在“一带一路”建设国际合作框架内，各方秉持共商、共建、共享原则，携手应对世界经济面临的挑战，开创发展新机遇，谋求发展新动力，拓展发展新空间，实现优势互补、互利共赢，不断朝着人类命运共同体方向迈进。这是我提出这一倡议的初衷，也是希望通过这一倡议实现的最高目标。

我高兴地看到，这一倡议提出以后，得到国际社会积极响应和广泛支持。100多个国家和国际组织参与其中，一大批合作项目陆续启动，有的已经落地生根。基础设施联通网络初步成型，沿线产业合作形成势头，各国政策协调不断加强，民众已经开始从合作中得到实惠，彼此距离进一步拉近。

在这个基础上，中方倡议主办这次高峰论坛，目的就是共商合作大计，共建合作平台，共享合作成果，让“一带一路”建设更好造福各国人民。

昨天的高级别会议上，各国领导人、国际组织负责人和官、产、学各界代表提出了很多有见地的想法和建议，签署了多项合作协议。希望大家通过今天的圆桌峰会，进一步凝聚共识，为“一带一路”建设国际合作指明方向，勾画蓝图。具体而言，我期待会议在以下方面取得积极成果。

第一，推动互利共赢，明确合作方向。大雁之所以能够穿越风雨、行稳致远，关键在于其结伴成行，相互借力。这为我们合作应对挑战、实现更好发展揭示了一个深刻道理。

我们要本着伙伴精神，牢牢坚持共商、共建、共享，让政策沟通、设施联通、贸易畅通、资金融通、民心相通成为共同努力的目标。要坚持在开放中合作，在合作中共赢，不画地为牢，不设高门槛，不搞排他性安排，反对保护主义。

“一带一路”建设需要和平稳定环境。各国要加强合作，对话化解分歧，协商解决争端，共同维护地区安全稳定。

第二，密切政策协调，对接发展战略。加强政策协调，不搞以邻为壑，是应对国际金融危机的重要经验，也是当前世界经济发展的客观要求。大家基于自身国情制定发展战略，它们各有特色，但目标一致，有很多联系点和相通之处，可以做到相辅相成、相互促进。

我们要以此为基础，建立政策协调对接机制，相互学习借鉴，并在这一基础上共同制定合作方案，共同采取合作行动，形成规划衔接、发展融合、利益共享局面。我们要把“一带一路”建设国际合作同落实联合国2030年可持续发展议程、二十国集团领导人杭州峰会成果结合起来，同亚太经合组织、东盟、非盟、欧亚经济联盟、欧盟、拉共体区域发展规划对接起来，同有关国家提出的发展规划协调起来，产生“一加一大于二”的效果。

第三，依托项目驱动，深化务实合作。路是走出来的，事业是干出来的。美好的蓝图变成现实，需要扎扎实实的行动。

在基础设施联通方面，要推进铁路、公路等陆上大通道建设，加快海上港口建设，完善油气管道、电力输送、通信网络。

在实体经济合作方面，要大力推进经济走廊建设，办好经贸、产业合作园区，进一步促进投资、聚合产业、带动就业，走创新发展之路。

在贸易和投资自由化便利化方面，要推动自由贸易区建设，加强规则和标准体系相互兼容，提供更好的营商环境和机制保障，充分释放互联互通的积极效应。

在金融合作方面，要拓展融资渠道，创新融资方式，降低融资成本，打通融资这一项目推进的关键环节。

民心相通是“一带一路”建设国际合作的重要内容。我们要深入开展人文领域交流合作，让合作更加包容，让合作基础更加坚实，让广大民众成为“一带一路”建设的主力军和受益者。

各位同事！

雁栖湖是一个有历史积淀的地方，是一个启迪思想的地方，也是一个开启合作征程的地方。很多人形象地比喻说，“一带一路”就像一对腾飞的翅膀。让我们以雁栖湖为新的起点，张开双翼，一起飞向辽阔的蓝天，飞向和平、发展、合作、共赢的远方！

谢谢大家。

在“一带一路”国际合作高峰论坛圆桌峰会上的闭幕辞

（2017 年 5 月 15 日，北京）

中华人民共和国主席　习近平

各位同事：

刚才，我们完成了最后一个阶段会议的讨论，“一带一路”国际合作高峰论坛圆桌峰会即将闭幕。

为了本次会议，大家怀着增进友谊、促进合作、谋求发展的真诚愿望，从世界各地会聚北京。在热烈、友好、融洽的气氛中，我们围绕会议的主题议题畅所欲言，各抒己见，分享政策实践和合作体会，展望未来愿景和努力方向，提出了很多好建议、好点子。

对会议议程而言，一天的时间显得紧张了些，但我们直奔主题，谈得务实充分，既有深度，也有广度，收获了丰富成果。具体而言，我们在以下几个方面形成了广泛共识。

第一，我们致力于推动“一带一路”建设国际合作，携手应对世界经济面临的挑战。大家积极评价“一带一路”建设国际合作取得的进展，认为在当前世界经济形势下，“一带一路”建设对于挖掘新的经济增长点、增强各国内生发展动力、促进全球经济增长具有重要意义，有利于推动经济全球化向包容普惠方向发展。我们愿继续努力，推动“一带一路”建设取得更大进展，让各国政策沟通更有力，设施联通更高效，贸易更畅通，资金更融通，民心更相通。

第二，我们支持加强经济政策协调和发展战略对接，努力实现协同联动发展。大家在这方面有高度共识，都希望通过开展“一带一路”建设国际合作，形成政策协调、规划对接的合力。我们同意加强经济、金融、贸易、投资等领域宏观政策协调，共同营造有利的外部发展环境。我们支持构建开放型世界经济，推动自由贸易区建设，促进贸易和投资自由化便利化。我们期待围绕各自国家的发展战略以及国际和地区组织制订的合作规划加强有效对接，优势互补，协同并进。我们都重视创新发展，支持在跨境电子商务、大数据、智慧城市、低碳发展等前沿领域加强合作，培育新产业、新业态、新模式，挖掘增长新动力。

第三，我们希望将共识转化为行动，推动各领域务实合作不断取得新成果。大家都认为，互联互通有助于打破制约经济发展的瓶颈，对增强各国发展动力、改善民众福祉具有重要意义。“一带一路”建设国际合作要继续把互联互通作为重点，以重大项目和重点工程为引领，推进公路、铁路、港口、航空、油气管道、电力、通信网络等领域合作，打造基础设施联通网络。我们决定继续积极推进经济走廊建设，办好经贸、产业合作园区，加强国际产能和装备制造合作，推动实体经济更好更快发展。我们都重视投资和融资合作，支持扩大相互金融市场开放，鼓励开发性金融机构发挥重要作用，努力构建稳定、可持续、风险可控的金融保障体系。

第四，我们期待架设各国民间交往的桥梁，为人民创造更美好的生活。我们都认为，文明交流互鉴是古丝绸之路留下的精神财富，民心相通应该成为“一带一路”建设国际合作的重要组成部分。我们愿探讨多层次、宽领域的人文合作，加强教育、科技、文化、卫生、旅游、体育等领域交流合作，搭建更多合作平台，开辟更多合作渠道。我们愿积极创造条件，让社会各阶层、各群体都参与到合作中来，营造多元互动、百花齐放的人文交流局面。我们将顺应人民期待，加强环境保护、应对气候变化、反腐败等领域合作。我们还将完善签证便利化举措，让各国民间往来更顺畅、更舒心。

第五，我们坚信“一带一路”建设是开放包容的发展平台，各国都是平等的参与者、贡献者、受益者。我们将以海纳百川的胸襟，坚持共商、共建、共享原则，相互尊重、民主协商、共同决策，在开放中合作，在合作中共赢。大家充分肯定“一带一路”国际合作高峰论坛的作用。我愿在此宣布，中国将在2019年举办第二届“一带一路”国际合作高峰论坛。

本次高峰论坛为各方推进务实合作提供了平台。论坛期间，我们签署多项合作协议，达成多个合作项目，提出一系列合作举措。在这个基础上，我们汇总形成了成果清单，将在论坛闭幕后发布。相信这些成果将成为“一带一路”建设国际合作的有力支撑。

各位同事！

历史总是伴随着人们追求美好生活的脚步向前发展的。回首两千多年前，我们的先辈们正是迈着这样的脚步，靠着坚韧不拔的进取精神，开辟出联通亚欧大陆的丝绸之路，强有力地推动了人类文明发展进步。

今天，“一带一路”建设把沿线各国人民紧密联系在一起，致力于合作共赢、共同发展，让各国人民更好共享发展成果，这也是中方倡议共建人类命运共同体的重要目标。我们携手推进“一带一路”建设国际合作，让古老的丝绸之路重新焕发勃勃生机。新的起点上，我们要勇于担当，开拓进取，用实实在在的行动，推动“一带一路”建设国际合作不断取得新进展，为构建人类命运共同体注入强劲动力。

在会议闭幕之际，我向大家再次表示感谢。感谢你们对我本人和中国政府的信任，感谢你们在会议筹备和举办期间给予中方的大力支持。

最后，我宣布，“一带一路”国际合作高峰论坛闭幕！